Abbreviations

adj.	=	Adjective
adv.	=	Adverb
abb.	=	Abbreviation
conj.	=	Conjunction
n.	=	Noun
p.p.	=	Past participle
part.	=	Present participle
Ph.	=	Phrases
pl.	=	Plural
pref.	=	Prefix
prep.	=	Preposition
suf.	=	Suffix

Preface

The characteristic of a living language is that it keeps developing and progressing with the passage of time. Because of continuous changes and additions, a language keeps on enriching its vocabulary. Urdu being an ever- growing language, assimilates within it various internationally prevalent words and current terminologies. Terms and expressions are so well integrated in Urdu that they do not look unfamiliar at all. It is in this backdrop that a need was felt to compile a dictionary which could cater to the needs requirements of present times.

This being the need of the hour, a humble effort has been made, keeping the latest global trends of dictionary preparation in mind, to bring out an English to English, Hindi and Urdu dictionary. At the same time, every possible care is taken to include in it maximum possible words of common, day-to-day usage.

Usually, all well-known and reputed dictionaries have been compiled alphabetically. But a unique feature of this dictionary is that, alongside the alphabetical order, it brings into focus all the possible derivatives, related idioms and combinations of a given word at the same place. This arrangement makes it convenient for a person to instantly view a word in all its varied forms and usages without any difficulty. For instance "Time" has been dealt with comprehensively in all its possible aspects at the same place where it occurs in the dictionary:

Foot : *n.* (fut) end of lower limb; base; lower part; infantry पैर; पाँव आधार; मूल; पैदल सेना پیر؛ پاؤں؛ پا؛ پایہ؛ بنیاد؛ نچلا حصہ؛ پیادہ فوج

Have one's foot in the grave : *ph.* be very old क़बर में पैर लटकाए हुए होना قبر میں پیر لٹکائے ہوئے ہونا

On foot : *ph.* walking पैदल चलना پیدل چلنا

Put one's foot down . *ph.* protest; to be firm विरोध क.; अपनी बात पर अटल रहना احتجاج کرنا؛ اپنے موقف پر جمے رہنا

Put one's foot in it : *ph.* blunder

mistake मूर्खता से कोई बात क.
نامناسب بات کہنا یا کرنا؛ غلطی کرنا؛ حماقت کرنا

Foot-ball : *n.* (fut-bawl) well known game (a ball use in it) फुट बाल فٹ بال

Foot-board : *n.* a foot-rest पायदान
پائے دان

Foot fall : *n.* sound of foot step आहट; चाप; पदध्वनि پاؤں کی آہٹ؛ چاپ؛ قدموں کی آہٹ

Foot hill : *n.* hill at base of mountain गिरिपीठ; पादगिरी دامنِ کوہ کی پہاڑی

Foot hold : *n.* safe space or place for the foot पाँव रखने की जगह پاؤں رکھنے کی جگہ

Foot lights : *n.* lights along the front of the stage in a theatre रंगमंच के नीचे के लैम्प اسٹیج کی نیچی بتیاں

Foot man : *n.* man-servant अरदली اردلی

It will be safe to state that no dictionary exists today where one may have the privilege of consulting words from the three languages simultaneously i.e. English, Hindi and Urdu. If one existed earlier, the same has gone extinct and out of common reach. Therefore, another notable feature of the present undertaking has been to make available a dictionary that can cater to the needs of the users of both Hindi and Urdu languages.

Various dictionaries the authenticity whereof is well-established, have been consulted in the process of preparing this dictionary. Prominent among them are Webster English Dictionary, Collins English Dictionary, Hindi to English Dictionary, English to Urdu Dictionary, Urdu to English Dictionary, Oxford English Dictionary and Random house English Dictionary etc.

To err is human. Mistakes do creep in despite one's best efforts. My modest effort has been to minimize the errors to the best of my capability. But no body is perfect. Therefore suggestions and opinions from Scholars, Experts of the field, all beneficiaries, and one and all are welcome. It goes without saying that these suggestions and opinions shall be extremely valuable to eliminate the present shortcomings and bring about the desired improvements in the next edition.

And last but not the least, I am hugely indebted to all those who extended their cooperation and support to me to enable me to make this dictionary a reality.

Mahjabeen Akhtar

4 December 2012
New Delhi

भूमिका

प्रगतिशील भाषा की विशेषता यह है कि दिन प्रतिदिन इसमें परिवर्तन और परिवर्धन होते रहते हैं। इन्हीं परिवर्तनों और परिवर्धनों के परिणाम स्वरूप भाषा का शब्द भंडार निरन्तर समृद्ध होता रहता है। अतः उर्दू भाषा ने भी अंतर्राष्ट्रीय स्तर पर प्रचलित आधुनिक अभिव्यक्तियों और शब्दों को स्वयं में इस प्रकार समाहित कर लिया है कि ये अभिव्यक्तियाँ, मुहावरे और शब्द आदि अब बिल्कुल भी विजातीय प्रतीत नहीं होते। संभवतः यही वह समय था जब एक ऐसा शब्दकोश बनाए जाने की आवश्यकता महसूस की गई जो आधुनिक समय की आवश्यकताओं और अपेक्षाओं पर खरा उतर सके।

इसी आवश्यकता को ध्यान में रखते हुए, एक अंतर्राष्ट्रीय शब्दकोश को आधार बनाकर अंग्रेज़ी से अंग्रेज़ी, हिन्दी और उर्दू के अर्थों के साथ शब्दकोश बनाने की यह एक छोटी सी कोशिश की गई है। साथ ही इस बात का भी ध्यान रखा गया है कि सामान्य उपयोग के सभी शब्दों को इसमें एक ही जगह पर स्थान दिया जाए। सामान्यतः जाने-माने और प्रसिद्ध शब्दकोश वर्णमाला के आधार पर बनाए जाते हैं। किन्तु इस शब्दकोश की प्रमुख विशेषता यह है कि इसमें वर्णमाला के साथ-साथ शब्द दर शब्द को भी आधार बनाया गया है तथा इस बात का भी पूरा प्रयास किया गया है कि एक शब्द से बनने वाले तमाम पर्यायवाची और प्रचलित अन्य मुहावरे बिना किसी कठिनाई के पाठकों को एक ही स्थान पर प्राप्त हो जायें। उदाहरण के लिए "Time" शब्द से बनने वाले सभी पर्यायवाची, प्रविष्टियाँ और मुहावरे आदि इस शब्द के साथ ही दिए गए हैं जैसे:

Foot : *n.* (fut) end of lower limb; base; lower part; infantry पैर; पाँव आधार; मूल; पैदल सेना پیر؛ پاؤں؛ پا؛ پایہ؛ بنیاد؛ نچلا حصہ؛ پیادہ فوج

Have one's foot in the grave : *ph.* be very old क़बर में पैर लटकाए हुए होना قبر میں پیر لٹکائے ہوئے ہونا

On foot : *ph.* walking पैदल चलना پیدل چلنا

Put one's foot down : *ph.* protest; to be firm विरोध क.; अपनी बात पर अटल रहना احتجاج کرنا؛ اپنے موقف پر جمے رہنا

Put one's foot in it : *ph.* blunder

mistake मूर्खता से कोई बात क. نامناسب بات کہنا یا کرنا؛ غلطی کرنا؛ حماقت کرنا

Foot-ball : *n*. (fut-bawl) well known game (a ball use in it) फुट बाल فٹ بال

Foot-board : *n*. a foot-rest पायदान پائے دان

Foot fall : *n*. sound of foot step आहट; चाप; पदध्वनि پاؤں کی آہٹ؛ چاپ؛ قدموں کی آہٹ

Foot hill : *n*. hill at base of mountain गिरिपीठ; पादगिरी دامنِ کوہ کی پہاڑی

Foot hold : *n*. safe space or place for the foot पाँव रखने की जगह پاؤں رکھنے کی جگہ

Foot lights : *n*. lights along the front of the stage in a theatre रंगमंच के नीचे के लैम्प اسٹیج کی نیچی بتیاں

Foot man : *n*. man-servant अरदली اردلی

मेरी जानकारी में अभी तक ऐसी कोई शब्दावली उपलब्ध नहीं है जिसमें इन सभी भाषाओं का एक साथ उपयोग किया गया हो यदि कभी किसी ने यह प्रयास किया भी होगा तो आज वह पाठकों की पहुँच से बाहर है। इस शब्दकोश को तैयार करने का मुख्य उद्देश्य हिन्दी और उर्दू दोनों भाषाओं के पाठकों को लाभान्वित करना है।

इस शब्दकोश को तैयार करने में कई प्रसिद्ध शब्दकोशों से सहायता ली गई है जिनमें Websters English Dictionary, Collins English Dictionary, हिन्दी शब्दकोश, अंग्रेज़ी-उर्दू और उर्दू-अंग्रेज़ी लुग़त (शब्दकोश), अंग्रेज़ी डिक्शनरी, Oxford English Dictionary और Concise English Dictionary आदि प्रमुख हैं।

मानव-कार्यों का दोष रहित होना असंभव तथा कमियों का होना स्वभाविक है। यद्यपि मेरा यह प्रयास रहा है कि इसमें ग़लतियाँ न हों, फिर भी मेरा सभी पाठकों, विद्वानों और अनुवादकों आदि से अनुरोध है कि इस संबंध में अपने मूल्यवान व महत्त्वपूर्ण सुझावों, टिप्पणियों और राय आदि से मुझे अवगत कराने का कष्ट करें जिससे आगामी संस्करण में उन्हें दूर किया जा सके। में उन सभी के प्रति अपना आभार व्यक्त करती हूं जिन्होंने इस शब्दकोश को एक वास्तविकता का रूप देने और प्रकाशित कराने की दिशा में समय-समय पर अपना अमूल्य योगदान दिया।

महजबीं अख़्तर

4 दिसम्बर 2012
नई दिल्ली

پیش لفظ

زندہ زبان کی خوبی یہ ہے کہ اس میں آئے دن کچھ نہ کچھ تبدیلی و اضافہ ہوتا رہتا ہے۔ ان اضافوں اور تبدیلیوں سے ہی کوئی بھی زبان اپنے ذخیرۂ الفاظ میں اضافہ کرتی رہتی ہے۔ لہٰذا اردو زبان نے بھی بین الاقوامی سطح پر جدید اصطلاحات اور الفاظ کو بڑی خوبصورتی سے اپنے اندر اس طرح سمویا ہے کہ وہ الفاظ اور اصطلاحات اب نامانوس سے نہیں لگتے۔ غالباً اسی وجہ سے ایک ایسی لغت بنانے کی ضرورت شدت سے محسوس کی جارہی تھی، جو عصرِ جدید کے تقاضوں اور ضروریات کو پورا کرسکے۔

اسی ضرورت کے پیشِ نظر ایک بین الاقوامی لغت کے طرز پر انگریزی سے انگریزی، ہندی اور اردو معنی کے ساتھ ایک لغت بنانے کی ناقص سی کوشش کی گئی ہے۔ اور ساتھ ہی ساتھ یہ کوشش بھی کی گئی ہے کہ عام استعمال کے تمام الفاظ اس میں شامل ہوں۔ عموماً تمام معروف و مشہور لغات کی ترتیب حروفِ تہجی سے کی گئی ہے لیکن اس لغت کی نمایاں خوبی یہ ہے کہ اس میں حروفِ تہجی کے ساتھ ساتھ لفظ بہ لفظ ترتیب بھی رکھی گئی ہے۔ حتی الامکان کوشش یہ کی گئی ہے کہ ایک لفظ سے جتنے بھی سابقہ الفاظ اور محاورات مستعمل ہیں وہ قاری کو ایک ہی نظر میں معلوم ہوجائیں اور اس کی تلاش میں کسی قسم کی الجھن نہ محسوس ہو۔ مثال کے طور پر Foot ایک لفظ ہے اس کے جتنے بھی اندراجات و محاورات ہیں وہ اس کے ساتھ ہی دیے گئے ہیں۔ جیسے :

Foot : *n.* (fut) end of lower limb; base; lower part; infantry पैर; पाँव आधार; मूल; पैदल सेना پیر؛ پاؤں؛ پا؛ پایہ؛ بنیاد؛ نچلا حصہ؛ پیادہ فوج

Have one's foot in the grave : *ph.* be very old क़बर में पैर लटकाए हुए होना قبر میں پیر لٹکائے ہوئے ہونا

On foot : *ph.* walking पैदल चलना پیدل چلنا

Put one's foot down : *ph.* protest; to be firm विरोध क.; अपनी बात पर अटल रहना احتجاج کرنا؛ اپنے موقف پر جمے رہنا

Put one's foot in it : *ph.* blunder

mistake मूर्खता से कोई बात क.. نامناسب بات کہنا یا کرنا؛ غلطی کرنا؛ حماقت کرنا

Foot-ball : *n.* (fut-bawl) well known game (a ball use in it) फुट बाल فٹ بال

Foot-board : *n.* a foot-rest पायदान پائے دان

Foot fall : *n.* sound of foot step आहट; चाप; पदध्वनि پاؤں کی آہٹ؛ چاپ؛ قدموں کی آہٹ

Foot hill : *n.* hill at base of mountain गिरिपीठ; पादगिरी دامنِ کوہ کی پہاڑی

Foot hold : *n.* safe space or place for the foot पाँव रखने की जगह پاؤں رکھنے کی جگہ

Foot lights : *n.* lights along the front of the stage in a theatre रंगमंच के नीचे के लैम्प اسٹیج کی نیچی بتیاں

Foot man : *n.* man-servant अरदली اردلی

میرے خیال میں آج کل کوئی ایسی لغت موجود نہیں ہے جس میں یہ تمام زبانیں یکجا ہوں اور اگر کبھی بنائی گئی ہوگی تو اب مفقود و قاری کی دسترس سے دور ہے۔ اس لغت کو تیار کرنے کا خاص مقصد یہ ہے کہ اس سے اردو ہندی دونوں زبانوں کے جاننے والے فیض یاب ہوسکیں۔

اس لغت کو بنانے میں کئی موجودہ مشہور و معروف لغات سے استفادہ کیا گیا ہے جس میں سب سے زیادہ نمایاں نام Websters English, Collins English، ہندی ڈکشنری، انگریزی- اردو ڈکشنری، اردو - انگریزی لغت، ہندی - انگریزی ڈکشنری، Random House English Dictionary اور Oxford English Dictionary وغیرہ ہیں۔

کوئی بھی انسانی کام مکمل نہیں ہوتا۔ اس میں کچھ نہ کچھ غلطیاں اور خامیاں رہ ہی جاتی ہیں۔ پھر بھی میری ناقص سی کوشش یہ رہی ہے کہ اغلاط کم سے کم ہوں اس کے باوجود بھی میری تمام قارئین، اسکالرس اور مترجمین سے گزارش ہے کہ اس کے بارے میں اپنے مفید مشوروں اور آرا سے نوازیں تاکہ آئندہ آنے والے ایڈیشن میں ان خامیوں کو دور کیا جاسکے جو اس میں موجود ہیں۔ میں ان تمام لوگوں کی بھی شکرگزار ہوں جنھوں نے اس ڈکشنری کو منظرعام پر لانے میں میرے ساتھ تعاون کیا۔

مہ جبیں اختر

4 فروری 2012

نئی دہلی

A

A : first letter of English alphabet : one, for example a book etc. एक; कोई; प्रति; फी انگریزی حروفِ تہجی کا پہلا حرف اے؛ الف کا متبادل۔ ایک؛ کوئی؛ ایک چیز کو دوسری سے ممیّز کرنے کے لیے بولا جاتا ہے جیسے : a book; a uniform

Abaft : *n.* behind; after; on the back side of पीछे پیچھے؛ دنبالہ

Abandon : *v.* (a-bun-dun) to leave; give up स्वच्छन्ता; बेफ़िक्री; लापरवाही; छोड़ देना چھوڑ بیٹھنا؛ دست بردار ہونا

Abase : *v.* (a-bays) to make lower in rank or honour नीचा दिखाना; अवमानित करना; पदावनत करना ذلیل کرنا؛ تحقیر کرنا؛ بے عزتی کرنا

Abash : *v.* (a-bash) to be overwhelmed with shame; to be nervous लज्जित कर देना; पानी पानी कर देना; घबरा देना ذلیل کرنا؛ تحقیر کرنا؛ بے عزتی کرنا

Abate : *v.* (a-bayt) to make or become less कम हो; कम करना; घटाना; मन्द या शांत हो जाना کم ہونا؛ کم کرنا؛ گھٹنا؛ گھٹانا

Abattoir : *n.* (a-bay-toir) a slaughter house; butchery बूचड़ख़ाना; क़साईख़ाना مذبح خانہ؛ کمیلہ؛ بوچڑ خانہ

Abba : *n.* father अब्बा; पिता; बाप باپ؛ والد؛ ابا

Abbe : *n.* clergy man; christian priest पादरी پادری؛ راہب

Abbess : *n.* (ab-es) woman at head of nunnery मठाध्यक्षा صدر راہبہ

Abbey : *n.* (ab-i) abode of monks; church of abbey मठ; विहार خانقاہ؛ خانقاہ کا گرجا

Abbot : *n.* (ab-ut) man at the head of a monastery मठाध्यक्ष; मठाधीश صدر راہب

Abbreviate : (v.t)(a-bri-vi-ayt) to make shorter; breif संक्षिप्त करना; छोटा करना مختصر کرنا؛ اختصار کرنا

Abbreviation : *n.* shortening; short form of a word संक्षेप; संक्षिप्त रूप اختصار؛ مخفف

Abdicate : *v.t.* (ab-di-kayt) to give up throne गद्दी छोड़ना; त्याग देना دستبردار ہوجانا؛ چھوڑ دینا

Abdication : *n.* (ab-di-kay-shen) relinquishment राज्यत्याग; पदत्याग دست برداری

Abdomen : *n.* (ab-do-men) belly; stomach उदर; पेट شکم؛ پیٹ؛ بطن

Abdominal : *adj.* (ab-do-mi-nal) punchy पेट का; उदरीय پیٹ کا؛ شکم کا

Abdominous : (ab-do-mi-nus) having a big bulging belly; pauncy तुंदैला; तोंदीला توندیل؛ بڑے پیٹ کا

Abduct : (ab-dukt) carry off unlawfully भगा ले जाना; अपहरण करना اغوا کرنا؛ بھگا لے جانا

Abduction : *n.* (ab-duk-shen) to carry of illegally; kidnapping अपहरण; अपावर्तन اغوا

Abductor : *n.* (abduk-tor) kidnapper अपहर्ता; भगा ले जाने बाला اغوا کرنے والا؛ بھگا لے جانے والا

Abecedarian : *adj.* (ab-ci-de-rian) starting प्रारंभिक; वर्णानुक्रमिक ابتدائی؛ شروع کا

Abet : *v.* (a-bet) help to do wrong अवप्रेरित करना; उकसाना; दुरूत्साहित करना اعانتِ جرم کرنا؛ جرم میں مدد کرنا

Abetment : *n.* Act of abetting दुरूत्साहन; उकसाहट اعانتِ جرم

Abettor/Abette : *n.* one who abets दुरूत्साहक; अपराध-सहकारी جرم میں مدد کرنے والا

Abeyance : *n.* (a-bay-ans) not being in use suspension स्थगन التوا؛ کھٹائی میں پڑنا

Abhor : *v.* (ab-how) to hate; to detest संघृणा; नफ़रत करना نفرت کرنا؛ گھن کھانا

Abhorrence : *n.* (ab-haw-rens) hate घृण; नफ़रत; बीभत्सा نفرت؛ کراہت؛ گھن

Abhorrent : *adj.* hateful घृणित; बीभत्सा; घिनौना نفرت انگیز؛ کریہہ؛ گھناؤنا

Abidance : *n.* (abi-dance) dwelling निवास رہنا؛ قیام

Abide : *v.* (a-bid) accepted; to be true; to promise स्वीकार करना; मान लेना; सहना قائم رہنا (قول پر)؛ مان لینا؛ قبول کرلینا

Ability : *n.* (a-bil-i-ti) power to do; competency; capacity योग्यता; क्षमता; कुशलता قابلیت؛ قدرت

Abinitio : (ab-ni-shi-o) from starting प्रारंभ से شروع سے؛ ابتدا سے

Abirritant : *n.* (abri-tant) a drug which reduce burning sensation प्रदाहहर جلن کم کرنے والی دوا

Abirritate : *v.t.* (ab-ri-tat) to reduce burning sensation प्रदाह शान्त करना جلن ختم کرنا

Abject : *adj.* (ab-ject) mean; wicked; vile; low अधम; दयनीय; नीच حقیر؛ ذلیل؛ پست؛ کمینہ

Ablaze : *adj.* (a-blayz) on fire प्रज्वालित; जलता हुआ جلتا ہوا؛ دہکتا ہوا

Able : *adj.* (ay-bel) competent; capable; having power to do something योग्य; समर्थ; प्रतिभा قابل؛ لائق؛ اہل؛ ہوشیار

Abloom : *adj.* (ay-b-loom) ever green; blossomed फलता फूलता; पुष्पित سرسبزوشاداب

Ablutions : *n.* (ab-loo-shenz) an act of religion; to purify some parts of body before prayer प्रार्थना के लिए पवित्र होना; प्रक्षालन; स्नान وضو؛ غسل

Ably : *adj.* (ab-ly) skillfull; dexterity योग्य रीति से; कौशलपूर्वक بخوبی؛ بطریق احسن

Abnegate : *v.* (ab-ni-gate) to deny; to renounce अस्वीकार करना; इनकार करना انکار کرنا؛ منظور نہ کرنا؛ تیاگ دینا

Abnegator : *n.* renouncer अस्वीकर्ता; आत्मत्यागी تیاگ کرنے والا؛ انکار کرنے والا

Abnormal : *adj.* (ab-nor-mėl) not usual; unusual; not normal अप्रसम; अप्रसामान्य غیرمعمولی؛ خلافِ معمول

Abnormality : *n.* being abnormal अपसामान्यता; असामान्यता غیرمعمولی ہونا؛ خلافِ معمول ہونا

Aboard : *adj.* (a-boh-d) in or into a ship or aircraft सवार होना جہاز، کشتی یا طیارے میں سوار ہونا

Abode : *n.* (a-bod) dwellling; house आवास; निवास قیام گاہ؛ مسکن؛ گھر

Abolish : *v.* (a-bol-ish) to put an end उठा देना; समाप्त करना; अन्त करना بالکل ختم کردینا؛ منسوخ کرنا

Abolition : *n.* (a-bolish-en) end; complete समापन; अन्त انسداد موقوفی

Abominable : *adj.* (abo-mi-na-ble) hateful घृणित; घृणास्पद نفرت انگیز؛ کریہہ

Abominate : *n.* (abo-mi-nate) hatred; abhorrence नापसन्द करना نفرت کرنا؛ ناپسند کرنا

Abomination : *n.* (abo-mi-na-shen) hatred; scorn घृण; जुगुप्सा نفرت؛ گھن

Aboriginal : *adj.* (ab-o-rij-i-nal) tribal आदिम قبائلی؛ آدی واسی

Aborigines : *n.* (a-bow-rij-i-neez) people who have lived in country from the very begining आदिवासी; देसी; आदिवासी जातियाँ قدیم باشندے؛ اصلی باشندے

Abort : *adj.* (a-bor-t) miscarriage; to be useless गर्भपात होना; निष्फल; व्यर्थ या बेकार हो जाना اسقاط ہوجانا؛ بیکار ہوجانا

Abortion : *n.* (a-bor-shen) miscarriage गर्भपात; भ्रूणहत्या اسقاط

Abortive : *adj.* (a-bor-tive) before time; imperfect समय से पहले وقت سے پہلے؛ قبل از وقت

Abound : *n.* (a-bound) be plentiful भरपूर होना; विपुल होना کثرت یا فراوانی ہونا؛ بہتات ہونا

About : *adv.* (a-bout) here & there चारों ओर; आसपास تقریباً؛ یہیں کہیں؛ اردگرد

Above : *prep.* (a-buv) higher than; over के ऊपर; के परे; से परे سے اونچا؛ کے اوپر؛ یکسر مختلف

Above-board : oponly खुल्लम खुल्ला; प्रकट रूप دیانتدارنہ؛ برملا؛ کھلم کھلا

Above-cited/-quoted : above stated ऊपर दिया हुआ اوپر دیا ہوا؛ اوپر بیان کیا ہوا

Above-mentioned : above stated उपर्युक्त; ऊपर कहा हुआ مذکورہ بالا؛ مذکورہ

Abrade : *v.* (ab-rayd) to rub away घिस देना; छील देना کھرچ دینا؛ چھیلنا

Abrasion : *n.* (a-bray-zhen) rubbing away अपघर्षण; घिसाई خراش؛ رگڑنا؛ کھرچنا

Abrasive : *n.* (ab-ray-siv) causing abrasion अपघर्षक; अपघर्षी خراش لگانے والا

Abreast : *adv.* (a-brest) equal; side by side पंक्तिबद्ध; बराबर برابر؛ ساتھ ساتھ؛ ہمدوش

Abridge : *v.* (a-brij) to make shorter; to make brief संक्षिप्त करना خلاصہ لکھنا؛ تلخیص کرنا

Abridgement : *v.* (ab-rij-ment) to make brief; to do shorter संक्षेपण; संक्षेप خلاصہ؛ تلخیص؛ ملخص

Abroach : *adj.* (ab-roch) open खुला کھلا

Abroad : *adv.* (a-brod) out of his own country विदेश में; बाहर; चारों ओर ملک سے باہر؛ پردیس میں؛ ہر طرف

Abrogable : *adj.* (ab-roh-gay-bel) cancellable निराकरणीय منسوخ کرنے کے قابل

Abrogate : *n.* (ab-roh-gate) put an end (to a custom or law) निराकरण करना; रद्द करना; निरसन करना منسوخ کرنا؛ رد کرنا؛ ختم کرنا

Abrupt : *adj.* all of a sudden; suddenly आकस्मिक; एकाएक اچانک؛ ناگہانی

Abruptly: *adv.* suddenly यकायक یکا یک

Abruption/Abruptness : *n.* (ab-rupt-shen) sudden separation अवखण्डन اچانک علیحدگی

Abscess : *n.* (ab-ses) collection of pus in body फोड़ा; विद्रधि پھوڑا؛ دنبل

Absciss/Abscisse : *n.* (ab-ses) side of a triangle; an arm भुज سمت

Abscission : *n.* (ab-si-shen) fusion; melting away अपच्छेदन; विगलन پگھلا کر ملانا

Abscond : *v.* (ab-skond) to go away secretly प्रपलायन करना; फ़रार होना فرار ہونا؛ بھاگ جانا؛ روپوش ہوجانا

Abscondence : *n.* (abs-kond-èns) the act of absconding प्रपलायन فرار؛ روپوش

Absconder : *n.* (abs-kond-er) fugitive प्रपलायी; पलायक فرار ہونے والا؛ روپوش ہونے والا

Absence : *n.* (ab-sens) failure to be present; being absent अनुपस्थिति; ग़ैरहाज़िरी غیر حاضری؛ غیر موجودگی؛ عدم موجودگی

Absent : *adj.* not present अनुपस्थित; ग़ैरहाज़िर غائب؛ غیر حاضر؛ موجود نہ ہونا

Absent from : *Ph.* not be present अनुपस्थित रहना موجود نہ رہنا

Absent-minded : *Ph.* inattentive खोया-खोया; दुचित्ता غائب دماغ؛ گم؛ مستغرق

Absentee : *n.* (ab-sen-tee) one who is absent अनुपस्थित غیر حاضر؛ غائب باش

Absolute : *adj.* one free from control अप्रतिबंद्ध; निरपेक्ष; असीम; निरंकुश; पूर्ण; सम्पूर्ण مطلق؛ خودمختار؛ قطعی؛ یقینی؛ حتمی

Absoluteness : *n.* completeness; being absolute निरपेक्षता; सम्पूर्णता خودمختاری؛ مطلق العنانیت؛ قطعیت؛ کاملیت

Absolution : *n.* (ab-so-loo-shen) forgiveness क्षमादान; पापक्षमा مغفرت؛ نجات

Absolutism: *n.* despotism तानाशाही; निरंकुशता تاناشاہی؛ خودمختاریت

Absolutist : *n.* despotist तानाशाह; निरंकुशतावादी تاناشاہ؛ خودمختار

Absolve : *v.* (ab-zolv) to pardon (of sin); to set free पापमुक्त करना; निरपराध ठहराना; छुटकारा देना گناہ بخش دینا؛ بخشش کا اعلان کرنا؛ معافی دینا

Absonant : *adj.* (abso-nant) unmatched बेसुरा; बेतुका; असंगत بے تکا؛ بے میل؛ بے سرا

Absorb : *v.* (ab-zawb) to suck up; to sip; to suck dry सोख लेना; चूस लेना; मिला लेना چوس لینا؛ جذب کرنا؛ مدغم کرلینا

Absorbing : *adj.* occupying one's attention completely अवशोषक; अवचूषी دلکش؛ جاذب نظر

Absorption : *n.* (ab-zawp-shen) suction; drinking in of liquids अवचूषण جذب

Absorptive : *adj.* (ab-zawrb-tive) dryer अवशोषी; चूषक جذب کرنے والا؛ چوسنے والا

Absortivity : *adj.* capacity to absorb अवशोषकता قوتِ جذب؛ جذب کرنے کی طاقت

Abstain : *v.* (ab-stayn) to keep away (from) (से) परहेज़ करना;(से) अलग रहना (سے) پرہیز کرنا؛ باز رہنا؛ احتراز یا اجتناب کرنا

Abstainer : *n.* tee to taller परहेज़गार; त्यागी پرہیزگار؛ صوفی؛ متقی

Abstemious : *adj.* (ab-sti-mi-us) moderate in eating, drinking etc. संयमी; मिताहारी محتاط؛ اعتدال

Abstention : *n.* (ab-stè-shen) the act of keep away निवृति; अकरण باز رہنے کا عمل؛ اعتدال پسندی

abstinence : *n.* keep away परहेज़; त्याग; संयम پرہیز؛ تیاگ؛ اجتناب

Abstract : *adj.* (ab-strakt) non-material अमूर्त; निराकार (۱)خیالی؛ ذہنی مجردی (۲) نکالنا؛ الگ کرنا

Abstract-art : अमूर्त कला تجریدی مصوری

Abstracted : *adj.* taken out निकाला हुआ; अलग किया हुआ الگ کیا ہوا؛ نکالا ہوا

Abstraction : *n.* (abstrak-shen) state of being abstracted पृथक्करण; अमूर्तिकरण; कल्पना بے خبری؛ انہماک

Abstruse : *adj.* (ab-stroos) difficult; hard to understand दुरूह; गूढ़ مشکل؛ عسیرالفہم؛ سمجھ میں نہ آنے والا؛ پیچیدہ

Absurd : *adj.* (ab-sèd) very foolish; unreasonable बेतुका; निरर्थक بے تکا؛ نامعقول؛ فضول؛ لغو

Absurdity : *n.* (ab-sèd-i-ti) foolishness बेतुकापन; असंगति نامعقولیت؛ لغویت؛ بے وقوفی

Abundance : *n.* (a-bund-ans) plenty बहुतायत; अधिक्य; बाहुल्य فراوانی؛ کثرت؛ بہتات؛ افراط

Abundant : *adj.* plentiful; rich प्रचूर; भरपूर; बाहुल بھرپور؛ وافر؛ کثیر، فراواں

Abundantly : *adj.* sufficiently; much काफ़ी; बहुत بہت؛ کافی؛ بالکل

Abuse : *n.* (ab-yoos) swear words; ill use; revile गाली; दुर्व्यवहार; बुरा-भला گالی؛ برا بھلا؛ دشنام

Abusive : *adj.* with swear words अनुचित; निन्दात्मक دشنام آمیز؛ گالی دینا؛ برا بھلا کہنا

Abysmal : *adj.* (a-biz-mèl) very deep नितलीय; अगाध; अथाह بہت زیادہ؛ حد سے زیادہ؛ بے انتہا

Abyss : *n.* (a-bis) very deep; bottomless अतल; अगाध गर्त; वितल تحت الثریٰ؛ اتھاہ گہرائی؛ پاتال

Acacia : *n.* (a-kaysh) ferrugina बबूल; कीकर ببول؛ کیکر

Academic : *adj.* (a-ka-dem-ik) relating to education शैक्षिक; शास्त्रीय درسی؛ تعلیمی؛ جامعاتی

Academic-Council : विधा परिषद اکیڈمک کونسل

Academic-Qualification : शैक्षिक योग्यता تعلیمی قابلیت

Academic-Year : शिक्षा-वर्ष; शैक्षिक-वर्ष تعلیمی سال

Academy : *n.* (a-kad-è-mi) academy; school for higher learning परिषद; अकादमी اکیڈمی؛ اکادمی

Accede : *v.* (ak-seed) appointed; to agree (to proposal etc.) पद या कार्य भार ग्रहण करना; राज़ी होना فائز ہونا؛ راضی ہونا؛ مان لینا

Accelerate : *v.t.* (ak-sel-e-rayt) to make quicker गति या चाल बढ़ाना; तेज या तीव्र करना تیز تر کرنا؛ چال بڑھانا

Acceleration : *n.* act of accelerating गति वर्द्धन; त्वरण اسراع؛ تسریع

Accelerator : *n.* (ak-sel-è-ray-tar)

automobile's part for changing speed त्वरित्र مسرع؛ رفتار بدل

Accelerometer : *n.* an instrument which is used for speed measurement त्वरणमापी رفتار پیما

Accent : *n.* (ak-sent) stress on a syllable बल; स्वराघात; ज़ोर زور؛ تاکید؛ دباؤ

Accentuate : *v.t.* (ak-sent-ew-ayt) to stress बल या ज़ोर देना زور دینا؛ نمایاں کرنا؛ لہجہ میں زور دینا

Accentuation : *n.* stress on a syllable स्वराघात; बलाघात; प्रतलन تاکید؛ زور؛ دباؤ

Accept : *v.* (ak-sept) to give consent; approved; sanctioned स्वीकार करना; मंजूर करना قبول کرنا؛ منظور کرنا

Acceptable : *adj.* capable; pleasing to receiver स्वीकार्य; स्वीकार करना قابلِ قبول

Acceptance : *n.* (ak-sep-tens) accepting स्वीकृति; मंजूरी; अनुमोदन قبولیت؛ رضامندی یا منظوری

Access : *n.* (ak-ses) approach आगमन; पहुँच رسائی؛ پہنچ؛ وسیلہ؛ سبیل؛ راہ

Accessible : *adj.* (ak-ses-i-bel) approachable अभिगम्य; गम्य قابلِ رسائی

Accessary : *n.* (ak-ses-è-ri) additional helpful things सहायक; अनुषंगी (जुर्म) مددگار؛ شریک (جرم)؛ معاون (جرم)

Accession : *n.* (à-k-se-shen) coming to the throne गद्दीनशीनी تخت نشینی یا بڑھوتری؛ اضافہ (دولت وغیرہ میں)

Accessorial : *adj.* (ak-se-so-rial) extra अतिरिक्त علاوہ؛ ازیں

Accessory : *adj.* (ak-ses-e-ri) additonal helpful things अतिरिक्त; अतिरिक्त वस्तु; सहायक لازمہ؛ متعلقہ چیز

Accident : *n.* (ak-si-dent) sudden happening; disastrons event; घटना; आगन्तुक संयोग; इत्तेफ़ाक़; अप्रत्याशित घटना حادثہ؛ سانحہ؛ اتفاق؛ ناگہانی واقعہ

Accidental : *adj.* (ak-si-den-tèl) happening by unexpectedly chance; संयोगी; इत्तेफ़ाक़ी اتفاقی؛ حادثاتی

Accidentally : *adv.* by chance संयोग से; इत्तेफ़ाक़ से اتفاق سے

Accidie/Acedia : *adj.* (ak-si-diye) frustration; despair; disappointment निष्क्रियता مایوسی؛ ناامیدی

Acclaim : *v.t.* (ak-laym) to welcome अभिनंदन करना; तालियाँ बजाना; जयजयकार करना خوش آمدید کہنا؛ استقبال کرنا؛ مرحبا کہنا؛ نعرے لگانا

Acclamation : *n.* (ak-la-may-shen) loud shouts of joy or praise जयघोष; जयजयकार نعرہ ہائے تحسین

Acclamatory : *adj.* expressing applause अभिनन्दनमय; अनुमोदनमय پُرتحسین

Acclimatization : *n.* (ak-lim-atiza-shen) used to according the climate दशानुकूल; (परिस्थिति) अनुकूल حالات کے مطابق

Acclimatize : *v.t.* (ak-lim-a-tiz) to make or get used to a new climate (वातावरण, परिस्थिति) का आदी होना या बनना (ماحول کے مطابق) عادی یا خوگر ہونا یا بنانا

Acclimatized : *adj.* used to अनुकूल्य; आदी عادی؛ خوگر

Acclivity : *n.* (ak-li-vity) ascent; climb; rise चढ़ाई چڑھائی

Acclivous : *adj.* (ak-li-vous) ascent; acclivity चढ़ावदार; उत्प्रवण چڑھاؤدار

Accolade : *n.* (ak-o-lad) prize; reward; award आलिंगन; पुरस्कार انعام

Accomodate : *v.t.* (ak-om-o-dayt) to give room समायेजित जگہ دینا؛ ٹھہرانا

Accomodating : *adj.* willing to fit in with the wishes of others; adjustable nature नमनशील; सुनम्य صلح جو؛ مان جانے والا

Accomodation : *n.* (ak-om-o-day-shen) lodging for visitors आवास; स्थान جگہ؛ مہمان خانہ

Accompaniment : *n.* (ak-ump-i-niment) together; company; support संगत; संलग्न वस्तु معیت؛ ہمرکابی؛ رفاقت لازمہ

Accompany : *v.t.* to go with के साथ चलना या जाना ساتھ جانا؛ ہمرکاب ہونا

Accomplice : *n.* (ak-ump-lis) helper in crime सहापराधी; अभिषंगी شریکِ جرم

Accomplish : *v.t.* (ak-ump-lish) to finish successfully पूरा करना; सम्पादित करना انجام دینا؛ پورا کرنا؛ بجالانا

Accomplished : *adj.* skilled; artist; skilful निपुण; कुशल باکمال؛ ہنرمند

Accomplishment : *n.* achievement निष्पत्ति; सम्पादन تکمیل؛ کامیابی

Accord : *n.* (a-kaw-d) agreement मेल खाना; अनुरूप होना مطابقت؛ اتفاق رائے

Accordance : *n.* agreement अनुरूपता; समनुरूपता مطابقت؛ مناسبت

According : *adv.* agreeing अनुरूप ہم آہنگ

Accordingly : *adv.* thus; therefore; as a result; for this reason अत; इसलिए لہٰذا؛ اس لیے؛ چنانچہ

Accost : *v.t.* (a-kost) to go and address सम्बोधित करना; छेड़ना جاکر بات کرنا

Account : *v.* (a-kount) statement of money; computation; to give reason for; to consider हिसाब या लेखा; समझना; खयाल करना حساب کتاب؛ حساب؛ سبب بتانا؛ سمجھنا؛ خیال کرنا

On account of : *ph.* के कारण کے باعث؛ کی وجہ سے؛ کے سبب سے

On no account : *ph.* कदापि नहीं; हरगिज़ नहीं کسی صورت نہیں؛ ہرگز نہیں

Current account : *ph.* खाता (बैंक में) چالو کھاتہ (بنک میں)

Saving bank account : *ph.* (बैंक में) बचत का हिसाब (بنک میں) بچت کا حساب

Accountable : *adj.* responsible उत्तरदायी; ज़िम्मेदार جواب دہ؛ ذمہ دار

Accountancy : *n.* the work of keeping accounts लेखा विधि; लेखाशास्त्र حساب کتاب؛ محاسبی

Accountant : *n.* one who keeps accounts लेखाकार; लेखापाल منیم؛ محاسب

Accounting : *n.* science of accounts; a ledger लेखा शास्त्र; लेखा; हिसाब علمِ حساب کتاب؛ بہی کھاتہ

Accoutrements : *n.* (a-kootre-ments) furnishings; appurtenance सज्जा; साज़-सामान سازوسامان؛ لوازمات

Accredit : *v.t.* (ak-red-it) attribute का श्रेय देना (کوئی بات یا کام) کسی کی طرف منسوب کرنا

Accredited : *adj.* duly appointed प्रत्यायित; अधिकृत; मान्य مامور؛ تسلیم شدہ

Accredition : *n.* (ak-re-dish-èn) accrediting प्रत्यायन مامور کرنا

Accrete : *adj.* (ak-rete) growing; to be attached बढ़ना; जुड़ जाना بڑھنا؛ جُڑ جانا

Accretion : *n.* increase; to grow together वृद्धि; उपचय بڑھوتری؛ اضافہ؛ ایک ساتھ بڑھنا

Accretive : *adj.* growing together सहवर्धी ایک ساتھ بڑھنے والا

Accrue : *v.* (ak-roo) to obtain; to come as a natural result प्राप्त होना; उपार्जित حاصل ہونا؛ میسر آنا

Accumbent : *adj.* (a-kum-bent) lying लेटा हुआ لیٹا ہوا

Accumulable : *adj.* (a-kew-moo-lable) heap संचेय ڈھیر؛ انبار

Accumulate : *v.t.* to heap together संचेय करना; एकत्र करना انبار لگانا؛ جمع کرنا

Accumulation : *n.* heap संचयन ڈھیر؛ انبار

Accumulator : *n.* apparatus for storing electricity संचायक برقی خزانہ

Accuracy : *n.* (ak-ew-ray-si) being accurate परिशुद्धता دُرستی؛ صحت؛ کھراپن

Accurate : *adj.* (ak-ew-rat) free from error; absolutely correct परिशुद्ध; सही; ठीक درست؛ صحیح

Accurately : *adv.* correctly ठीक ठीक ٹھیک ٹھیک

Accursed/Accurst : *adj.* (a-ke-st) under curse अभिशप्त ملعون؛ لعین؛ مردود

Accusation : *n.* (a-k-ewzation) incrimination charge दोषारोपण; इलज़ाम الزام؛ اتہام

Accuse : *v.t.* (a-k-ewz) to say that someone is guilty of something दोष लगाना; आरोप लगाना قصوروار ٹھہرانا؛ الزام دینا

Accustom : *v.t.* (a-kus-tum) to get used आदत डालना; आदी या अभ्यस्त बनाना خوگر کرنا؛ عادت ڈالنا

Accustomed : *adj.* habituated; used to अभ्यस्त; आदी عادی؛ خوگر؛ رسیا

Ace : *n.* (ays) playing card of the value one इक्का (ताश का); प्रतियोगी; श्रेष्ठ (تاش کا) اِکّا؛ قابل

The ace of spades : (हुक्म का) इक्का (حکم کا) اِکّا

The ace of clubs : चिड़िया या फूल का इक्का (چڑیا یا پھول کا) اِکّا

The ace of diamonds : (ईंट का) इक्का (اینٹ کا) اِکّا

The ace of hearts : (पान का) इक्का (پان کا) اِکّا

Ace : *n.* small measure रत्ती (वज़न करना का माप) رتی (وزن میں)

Acerbate : *v.* (a-ser-bate) to vex; to tease; to mock चिढ़ाना; तंग करना چڑھانا؛ پریشان کرنا؛ تنگ کرنا

Acerbity : *n.* sour; tart खट्टापन; कसैलापन (ذائقے میں) کھٹا پن؛ کسیلا پن

Acescence : *n.* sour; tart खट्टा کھٹا

Acetic : *adj.* (a-set-ik) of the nature of vinegar शुक्तिक سرکے کا

Acetify : *v.* to made sour खट्टा बनाना; सिरका बना देना کھٹا بنانا؛ سرکہ بنا دینا

Acetous : *adj.* sour खट्टा کھٹا

Acetum : *n.* vinegar सिरका سرکہ

Ache : *n & v.* (ayk) continuous pain; to have an ache दर्द करना; पीड़ा مسلسل درد؛ درد ہونا یا کرنا

Achieve : *v.t.* (a-cheev) to finish; to accomplish प्राप्त करना; सफल होना حاصل کرنا؛ کامیاب ہونا

Achievement : *n.* success कार्यसम्पादन; सफलता; महान कार्य کامیابی؛ کارِنمایاں؛ بڑا کام

Achilles : *n.* (a-kil-eez) name of the bravest Greek in the Trojan war एकलीज़ ग्रीक की ट्रोजन जंग ये युद्ध के वीर जवान का नाम اکلیز (ٹروجن جنگ کے بہادر لاطینی فوجی کا نام)

Achromatic : *adj.* (a-kro-matik) colourless वर्णहीन; अवर्ण بے رنگ

Achromatic Film : *ph.* colourless film बेरंग फिल्म بے رنگ فلم

Acid : *n.* (ay-sid) any sour chemical खट्टा; अम्ल; तेज़ाबी تیزاب؛ تراشہ؛ ایسڈ

Acid : *adj.* having the properties of an acid तेज़ाबी; खट्टा; अम्लीय تیزابی؛ ترش رو

Acidity : *n.* (a-sid-i-ti) acidity खट्टापन; अम्लता تیزابیت؛ ترشی

Acknowledge : *v.t.* (ak-nol-ij) to confess स्वीकार करना; मान लेना ماننا؛ تسلیم کرنا

Acknowledgement : *n.* receipt; gift प्राप्ती-सूचना; पावती رسید؛ صلہ؛ معاوضہ

Acme : *n.* (ak-mi) highest point चरम बिन्दु; पराकाष्ठा اَوج؛ انتہا

Acne : *n.* (ak-ni) pimple मुँहासा مہاسہ

Acock : *adj.* (ak-ok) with rude behaviour अक्खड़पन से اکھڑپن سے؛ ترچھے پن سے

Acorn : *n.* (ay-kaw-n) fruit of the oak ओक का फल; बाँजफल بلوط کا پھل

Acoustic : *adj.* (ak-ous-tik) of the sense of hearing ध्वनिक; ध्वनि سمعی؛ سامعہ سے متعلق

Acoustics : *n.* science of sound ध्वानिकी; ध्वनिशास्त्र آواز؛ علم الصوت

Acquaint : *v.t.* (a-kwant) to make known or familiar (with) परिचय या जानकारी प्राप्त करना آگاہ کرنا؛ اطلاع دینا

Acquaintance : *n.* slight personal knowledge जानकारी; परिचित واقفیت؛ شناسائی؛ شناسا

Acquaintanceship/Acquainted : *n.* known; knowing परिचित; जानकार جان کار؛ واقف؛ شناسا

Acquiesce : *n.* agree silently; quite asent मौन स्वीकृति خاموش رضامندی؛ چپ چاپ منظور کرلینا

Acquirable : *n.* able to acquire प्राप्त; प्रापणीय حاصل کرنے کے قابل

Acquire : *v.t.* (a-kwier) to gain; to access; to obtain प्राप्त करना; पाना حاصل کرنا؛ پانا

Acquired : *adj.* gained उपार्जित; अवाप्त حاصل کیا ہوا؛ پایا ہوا

Acquirement : *n.* aquisition अर्जन; उपार्जन حصول؛ اکتساب

Acquisition : *n.* (a-kwi-zishen) aquirement अर्जन; प्राप्ति; अवाप्ति حصول؛ دستیابی

Acquisitive : *adj.* eager to acquire अर्जनशील; लोभी حصول کا متمنی؛ حریص

Acquit : *v.t.* (a-kwit) to declare not guilty निर्दोष ठहराना; दोष मुक्त करना; रिहा करना بَری کرنا؛ چھوڑنا

Acquittal : *n.* release; discharge विमोचन; दोषमुक्ति; छुटकारा بَری کرنا؛ برّیت

Acquittal of duty : *ph.* to free from responsibility निर्वाह; निष्पादन فرض سے بَری ہونا

Acquittance of debt : *ph.* to settle a debt or obligation भुगतान قرض سے بَری ہونا

Acquittance : *n.* release from debt चुकौती; भुगतान بیباقی؛ فارغ خطی

Acre : *n.* (ay-ker) 4840 square yards of land; acre **4840** वर्गफल भूमी; एकड़ ایکڑ؛ دو بیگہ

Acrid : *adj.* (ak-rid) bitter of smell or taste तीता; तिक्त دھانس دینے والا

Acridity : *n.* bitter smell or taste तिक्तता; कटुता دھانس؛ تیزی

Acrimonious : *adj.* (ak-ri-moh-ni-us) bitter उग्र; कटु تند؛ تلخ؛ تیز

Acrimony : *n.* (ak-ri-moni) bitterness of words or temper उग्रता; रूखाई تلخ کلامی؛ تند مزاجی

Acrobat : *n.* (ak-ro-bat) rope dancer कलाबाज़; नट نٹ؛ بازی گر

Acrobatics : *n & pl.* tricks of acrobat कलाबाज़ी; बाज़ीगरी بازی گری

Acrolith : *n.* (ak-ro-lith) wooden idol; wooden sculpture काष्ठोपल मूर्ति لکڑی کا مجسمہ

Acronym : *n.* (ae-k-ro-nim) a word formed from the initial letters of a group of words) परिवर्णी शब्द مخفف لفظ

Acrophohia : *n.* abnormal fear उत्तुगता-भीती غیر معمولی ڈر

Across : *adj.* (ak-ros) from one side to the other पार; चोड़ा; फैला हुआ پھیلا ہوا؛ چوڑا؛ وسیع

Come across : *ph.* to meet मुड भेड़ होना مُڈ بھیڑ ہونا

Run across : *ph.* मुड भेड़ होना (سے) مُڈ بھیڑ ہونا

Acrostic : *n.* a Hebrew poem in which stanzas begin with the letter of the alphabet in regular order परिवर्णी काव्य ایک قسم کی عبرانی نظم جس کے مصرعے ترتیب کے ساتھ حروف تہجی سے شروع ہوتے ہیں

Act : *n.* (akt) something done; doing कार्य; कर्म; काम (2) एक्ट (3) अदाकारी (۱) کام؛ فعل؛ کاروائی (۲) باب؛ ایکٹ؛ حصّہ (۳) اداکاری کرنا؛ پارٹ کرنا

Act on : *ph.* to have an effect on असर करना; प्रभाव डालना اثر کرنا؛ کارگر ہونا

Acting : *adj.* officiating कार्यकारी; कार्यवाही عوضی؛ قائم مقامی

Action : *n.* (ak-shen) work; being to do something; low-suit कार्य; काम کام؛ عمل؛ فعل؛ کاروائی کرنا؛ دعویٰ؛ نالش

Actionable : *adj.* against which legal action could be taken कार्यवाही करना قابلِ گرفت

Activate : *v.* to incite; cause to act प्रेरित करना شہ دینا؛ اکسانا؛ ترغیب دینا

Activation : *n.* the process of activating सक्रियण; उत्प्रेरण سرگرمی

Active : *adj.* (ak-tiv) working at work सक्रिय; क्रियाशील; फुरतीला سرگرم؛ مصروف کار

Active voice : *gramm.* denoting a voice of verb कर्तृवाच्य فعل معروف

Activity : *n.* (ak-ti-wi-ti) being active सरगरमी; हलचल; फुरती مستعدی؛ سرگرمی

Actor : *n.* (ak-tèr) man acting in a

theatre or picture अभिनेता; एकटर ایکٹر؛ اداکار

Actress : *n.* (ak-tres) woman acting in a theatre or picture अभिनेत्री; एकटरेस اداکارہ؛ ایکٹریس

Actual : *adj.* (ak-tew-el) real वास्तविक; असली حقیقی؛ واقعی؛ اصلی

Actuality : *n.* reality यथार्थत; वास्तविकता اصلیت؛ حقیقت

Actually : *adv.* actively; factually वस्तुत; वास्तव में دراصل؛ درحقیقت

Actuary : *n.* (ak-tew-e-ri) one who calculates rate of insurance premium बीमाकिक ماہر بیمہ؛ بیمے کا حساب کرنے والا

Actuate : *v.t.* (ak-tew-ayt) cause to act; to incite प्रेरित करना; प्रवृत करना شہ دینا؛ ترغیب دینا؛ اکسانا

Actuation : *n.* incitement प्रेरणा ترغیب؛ شہ

Acuate : *adj.* (ak-we-ayt) sharp; pointed नुकीला; कुशाग्र نکیلا؛ نوک دار

Acuity : *n.* pointedness; sharpness नुकीलापन نکیلا پن

Aculeate : *adj.* thorny; having a sting कँटीला; डंकदार نکیلا؛ ڈنک دار

Acumen : *n.* (ak-ew-mèn) quick perception विदग्धता; कुशाग्र बुद्धि فراست؛ زود فہمی

Acuminate : *adj.* & *v.* made sharp लम्बाग्र; नुकीला बनाना نکیلا بنانا

Acute : *adj.* severe pain पैना दर्द شدید درد

Acute Angle : *ph.* न्यून زاویہ ۹۰ ڈگری سے کم

Acutness : *n.* keenness; sharpness तेज़ी تیزی؛ شدت

A.D./Anno Domini : *n.* ईसवी सन عیسوی سن

Adactylous : *adj.* (à-dek-ti-lus) fingerless अंगुलिहीन بغیر انگلی کا

Adage : *n.* (à-dij) proverb; maxim wise; old saying कहावत کہاوت؛ مثل؛ مقولہ؛ ضرب المثل

Adagio : *adj.* (a-da-zio) slowly slowly धीरे-धीरे دھیرے دھیرے؛ آہستہ آہستہ

Adam : *n.* (ad-am) the firstman बाबा आदम آدم

Adam's Apple : *n.* lanyx; throat; voice box कंठ; मणि; टेंटुआ ٹینٹوا؛ کنٹھ

Adamant : *n.* (ad-a-ment) very hard stone; unyielding (person) वज्र; कठोर; अटल سنگ خارا؛ سخت؛ اٹل

Adamantine : *adj.* hard हीरकसम; वज्रसार سخت؛ الماسی

Adapt : *v.t.* (a-dept) to make fit; to render into the needed form अनुकूल करना; बनाना या बनना بدلنا؛ مطابق بنانا؛ اپنانا

Adaptable : *adj.* one who can adapt easily अनुकूलनीय نئے حالات میں ڈھل جانے والا؛ مطابقت پذیر

Adaptability : *n.* conformability अनुकूलनशीलता مطابقت پذیری

Adaptation : *n.* conditioning; adapting अनुकूलन بدلنا؛ مطابقت دینا

Adapted : *adj.* favourable; agreeable; conformable अनुकूल, अनुकूलित اپنانا، مطابق

Add : *v.t.* (ad) to put together; to increase; to make greater जोड़ना; मिलाना جوڑنا؛ جمع کرنا

Adding Machine : जोड़-यन्त्र جمع کرنے کی مشین

Addenda/Addendum : *n.* thing to be added (to book etc.) परिशिष्ट تتمہ؛ اضافہ (کسی کتاب میں)

Adder : *n.* (ad-èr) small poisonous snake विषैला साँप; गेहुअन افعی؛ سانپ

Addict : *v.t.* (a-dikt) be habituated; to devote व्यसनी; लतिया عادی ہونا؛ خوگر ہونا

Addicte : *adj.* in the habit of आदी عادی؛ دھتّی

Addicted to : *ph.* in the habit of आदी; लतिया عادی؛ لتیا

Addiction : *n.* habit आदत; व्यसन; लत عادت؛ لت

Addition : *n.* that which is added; to increase; to add; act of adding मिलाना; बढ़ाना ملانا؛ بڑھانا؛ شامل کرنا؛ جمع کا عمل

Additional : *adj.* extra अतिरिक्त مزید

Addle : *adj.* (ad-èl) go bad सड़ा होना (अंडा) خراب ہونا (انڈا)

Addle Brained : *ph.* foolish; stupid मूर्ख; उल्लू; उल्लू का पट्ठा بے وقوف؛ الو؛ الو کا پٹھا

Addled : *adj.* bad; spoiled; defective; faulty ख़राब (अंडा) خراب (انڈا)

Address : *n.* (1)name & place to which a letter is to be delivered (2)speech; oration (1)पता; सरनामा (2)भाषण; अभिनन्दन (۱)عنوان؛ سرنامہ (۲)تقریر؛ خطبہ

Pay (one's) addresses to : *ph.* to express love प्रेम का इज़हार करना اظہارِ عشق کرنا

Addressee : *n.* (ad-res-se) person to whom letter is addressed पानेवाला; प्रोषती مکتوب الیہ

Addressograph : *adj.* address writer पता-लेखी پتہ لکھنے والا

Adduce : *v.t.* presented; produced प्रस्तुत करना; उपस्थित करना پیش کرنا؛ سامنے رکھنا

Adduction : *n.* (a-duk-shen) near turning; near revolution अभिवर्तन تغیر پذیر

Ademption : *n.* (a-dèm-pshèn) fission; breaking विखण्डन پھٹنا یا پھاڑنا؛ توڑنا

Adenoid : *adj.* (ade-nyid) gland like; lymph like ग्रंथ्याभ; कंठशूल گلے کے غدود

Adept : *adj.* (adept) one skilled (in) निपुण; दक्ष ماہر؛ پختہ کار

Adequacy : *n.* (ad-e-kwacy) being enough पर्याप्तता; अपयुक्तता کفایت

Adequate : *adj.* enough; sufficient; ample पर्याप्त; यथेष्ट کافی؛ موزوں؛ مناسب

Adequately : *adv.* sufficiently पर्याप्ती; काफ़ी کافی

Adhere : *v.t.* (ad-hi-er) to stick fast चिपकना; जुड़ जाना چپکنا؛ چسپاں ہونا

Adherence : *n.* being faithful to a party चिपकाव; संसक्ति; लगाव; समर्थन حمایت؛ طرفداری

Adherent : *n.* supporter अनुषंगी; समर्थन देने वाला حامی؛ حمایتی؛ وابستہ

Adhesion : *n.* (ad-he-zshèn) being sticky चिपकाव چپکنے کا عمل؛ چپک؛ چپٹاؤ

Adhesive : *adj.* (ad-he-sive) sticky चिपचिपा; चेपदार لیسدار؛ چپچپا

Adhesive Tape : *ph.* sticky tape चिपकने वाला फ़ीता چیپ دار فیتہ

Adhibit : *v.t.* (àd-hi-bit) to use; to attach; to affix लगाना; देना استعمال؛ لگانا؛ دینا

Adhoc : *adj.* (àd-hok) (committee etc.) set up for special purpose तदर्थ (اس کام کے لیے) مخصوص؛ ایڈہاک

Adieu : *n.* (a-dew) good bye; farewell विदाई خدا حافظ؛ اللہ بیلی

Make one's adieu/take one's adieu : *ph.* bid good-bye विदा लेना خدا حافظ کہنا؛ الوداع کہنا

Adinterim : *adj.* (ad-in-tè-rim) temporary अस्थायी عارضی؛ غیر مستقل

Adipose : *n.* (adi-pose) fat; fats & oils; tallow चरबी; वसा چربی؛ چکنائی

Adiposity : *n.* fatness; plumpness; fleshiness; corpulence मोटापन; मोटापा موٹاپا؛ موٹاپن

Adit : *n.* (a-dit) access प्रवेश (मार्ग); पहुँच (راستے پر) رسائی؛ داخل ہونا

Adjacency : *adj.* neighbour; near; close निकटता; समीपता; पड़ोस پڑوس؛ قربت؛ نزدیکی

Adjacent : *adj.* (a-jay-cent) next to; lying near निकटवर्ती, मिला हुआ متصل؛ ملا ہوا؛ ملحق

Adjectival : *adj.* (aj-ek-ti-val) naming an attribute वैशेषणिक توصیفی

Adjective : *n.* word added to a noun telling more about it; attribute; epithet विशेषण اسم صفت

Adjoin : *v.t.* (ad-join) to be next; to be touching something लगा हुआ होना; लगा देना ملحق ہونا؛ متصل ہونا

Adjoing : *adj.* attached; enclosed; adjacent; appended लगा हुआ; सटा हुआ; संलग्न ملا ہوا، سٹا ہوا

Adjourn : *v.t.* (ad-jo-rn) to put off (meeting etc. for the time being) स्थगित करना (मीटिंग वगैरह) ملتوی کرنا (میٹنگ وغیرہ)

Adjourned : *adj.* postponed स्थगित ملتوی

Adjournment : *n.* breaking off स्थगन التوا

Adjudge : *v.t.* (a-juj) to decide judicially निर्णय देना; न्यायनिर्णय करना فیصلہ کرنا؛ عدالتی حکم دینا

Adjudgement : *n.* decision; court order; judicial order न्यायनिर्णय فیصلہ؛ عدالتی حکم

Adjudicate : *v.* (a-joo-di-kayt) to give judgement upon (quarrel, claim etc.) निर्णय देना; फ़ैसला सुनाना (عدالتی) حکم دینا؛ محاکمہ کرنا؛ فیصلہ سنانا

Adjudication : *n.* decision; justice निर्णय; न्याय فیصلہ؛ انصاف

Adjudicator : *n.* judge of a subordinate civil court निर्णायक منصف؛ حاکم

Adjunct : *n.* (ak-junkt) things added to a more important one अनुलग्न; सहायक متعلقات؛ ملحقات؛ زوائد

Adjunctive : *adj.* joining योजक; अनुबद्ध الحاقی؛ زائد

Adjuration : *n.* (a-joo-ray-shèn) oath क़सम; सौगंध; हलफ़ قسم؛ سوگند؛ حلف

Adjure : *v.* to pray; to ask an oath अभिशपथ; अभ्यर्थना قسم لینا؛ حلف لینا؛ (کو) قسم دینا

Adjust: *v.* (a-just) to set right; to arrange ठीक करना; लगाना لگانا؛ ترتیب دینا

Adjustable : *adj.* adjustment समंजनीय; समायोज्य قابل تطبیق

Adjustment : *n.* coordination समंजन; समायोजन تطبیق؛ انضباط؛ ہم آہنگی

Adjutage : *n.* (aj-oo-taje) tape; nozzle (water); faucet टोंटी ٹونٹی

Adjutant : *n.* (aj-oo-tant) army officer helping the commanding officer सहयोगी; सहायक نائب؛ معاون

Adjutant General : head of the deptt. of in the army सहायक सेनापति نائب سالار

Adjuvant : *adj.* helper; assistant; drug सहायक; सहौषध معاون؛ ڈرگ

Admeasure : *v.* (ad-mè-sur) to divide; to divide in two parts बाँटना; अनुभाजन करना; आवण्टन تقسیم کرنا؛ بانٹنا؛ دوحصوں میں الگ الگ کرنا

Adminicle : *n.* (admi-ni-kle) helping material सहायक (वस्तु) معاون چیز

Administer : *v.* (ad-min-is-ter) to control; to look after प्रशासन करना; संचालन करना; प्रबन्ध करना نظم ونسق چلانا؛ انتظام کرنا

Administer an oath : *ph.* शपथ दिलाना حلف دلانا

Administer medicine to someone : *ph.* किसी को दवा पिलाना या सेवन कराना کسی کو دوا پلانا یا کھلانا

Administration : *n.* government of a country प्रशासन; सरकार; शासन ملکی نظم ونسق

Administration of justice : *ph.* न्याय करना انصاف کرنا؛ عدل

Letters of administration : *ph.* प्रबन्ध पत्र پروانۂ انصرام تولیت

Administrative : *adj.* pertaining to administration प्रशासनिक انتظامی

Administrator : *n.* one who administers प्रशासक; प्रबन्धक ناظم؛ منصرم؛ مہتمم

Admirable : *adj.* (ad-mi-rable) praisable; worthy of admiration प्रशासनीय; अत्युत्तम قابل تعریف؛ سراہنے کے لائق

Admirably : *adv.* praisely उत्तम रीति से قابلِ تعریف انداز میں

Admiral : *n.* (ad-mi-rel) highest naval officer ऐडमिरल; नौसेनापति; नौसेनाध्यक्ष امیرالبحر

Admiration : *n.* (ad-mi-ray-stion) praise प्रशंसा تحسین؛ توصیف؛ مدح

Admire : *v.t.* (ad-mi-er) praise मन में प्रशंसा करना سراہنا؛ پسند کرنا؛ تعریف کرنا

Admirer : *n.* one who admires; lover प्रशंसक; अनुरागी قدردان؛ عاشق

Admissible : *adj.* (ad-mis-i-bel) acceptable; grantable; sanctionable स्वीकार्य قابلِ قبول؛ قابل تسلیم

Admissibility : *adj.* acceptibility; sanctionability स्वीकार्यता قبول کرنے کے لائق

Admission : *n.* (ad-mish-en) leave to enter; admitting something प्रवेश; ऐतेराफ़ داخلہ؛ اعتراف؛ اقبال

Admissive : *n.* one who accepts (grant, aid etc.) स्वीकर्ता وہ جو قبول کرے (گرانٹ، مدد وغیرہ)

Admit : *v.t.* let in प्रवेश करने देना; आने देना (۱) آنے دینا؛ داخل ہونے دینا (۲) اعتراف

کرنا؛ بادل ناخواستہ تسلیم کرنا

Admitable : *n.* enterable; admitting something प्रवेश्य; ऐतराफ़ करना قابلِ اعتراف؛ داخل ہونے کے لائق

Admittance : *n.* being admitted प्रवेश; प्रवेशाज्ञा گزر؛ داخلہ

Admix : *v.* (ad-miks) mix with each other; mix मिलाना ملانا

Admixture : *n.* (ad-miks-cher) act of mixing things अधिमिश्रण امتزاج؛ آمیزش

Admonish : *v.t.* (ad-mon-ish) warn (someone) with advice to do the right चेतावनी देना; सावधान करना فہمائش کرنا؛ کان کھولنا؛ تنبیہ کرنا

Admonition/ Admonishment : *n.* advice or warning चेतावनी; डाँट फिटकार فہمائش؛ تنبیہ

Adnate : *adj.* attached; enclosed; adjacent संलग्न ملا ہوا؛ ساتھ لگا ہوا؛ سٹا ہوا

Ado : *n.* (a-doo) fuss & excitement; trouble;· tumult; uproar बतंगड़; गड़बड़ी; हलचल ہنگامہ؛ تکلیف

Adobe : *n.* (adob) row brick (a house built by row brick) कच्ची ईंट (का मकान) کچی اینٹ (کا مکان)

Adolescence : *n.* youth किशोरावस्था; उठती जवानी اٹھتی جوانی؛ عنفوانِ شباب

Adolescent : *n.*&adj. (adc-les-ent) a young boy & girl किशोर; नवयुवक عنفوانِ شباب میں؛ نوجوانی میں

Adopt . *v.* (a-dopt) take child as one's own गोद लेना; लोपालक گود لینا؛ متبنیٰ بنانا

Adopt a motion : *ph.* accept a motion स्वीकार करना منظور کرنا

Adoptable : *adj.* able to accept अंगीकार्य; अपनाने योग्य اپنانے کے لائق؛ گود لینے کے لائق

Adoption : *n.* (adop-stion) the act of adopting अंगीकरण; दत्तक-ग्रहण اپنانا؛ گود لینا

Adorable : *adj.* (a-do-ray-ble) able to worship; lovable आराध्य قابلِ عبادت؛ لائق پرستش؛ قابلِ محبت

Adoration : *n.* (a-do-ray-stion) faith; worship; respect; feeling of great love & respect आराधना; श्रद्धा عبادت؛ تعظیم؛ احترام

Adore : *v.* (a-daw) to worship (God) आराधना करना; श्रद्धा रखना عبادت کرنا؛ بندگی کرنا؛ پوجا کرنا؛ پرستش کرنا

Adorer : *n.* worshiper; who worship God आराधक; भक्त; प्रेमी عبادت کرنے والا؛ پرستش کرنے والا

Adorn : *v.* (a-doh-n) make beautiful सजाना; सँवारना سجانا؛ آراستہ کرنا

Adornment : *n.* decoration सजावट; श्रृंगार; अलंकरण سجاوٹ؛ آرائش؛ زیبائش

Adrift : *adj.* (a-drift) floating about freely बहता हुआ بہتا ہوا؛ بہے چلے جانا

Adroit : *adj.* (adroit) clever; skilful दक्ष; चतुर; चालाक چالاک؛ ہوشیار؛ مستعد

Adroitness : *n.* cleverness; skillness; wisdom चालाकी; चतुराई چالاکی؛ ہوشیاری؛ مستعدی

Adscititious : *adv.* (add-ci-ti-shcs) extra; apart from this; spare अतिरिक्त علاوہ

Adsorb : *v.* to absorb; to soak अधिशोषण करना جذب کرنا

Adsorbent : *n.* one who absorbs अधिशोषक; अधिशोषी جاذب؛ جذب کرنے والا؛ چوسنے والا

Adsorbtion : *n.* absorbtion अधिशोषण جذب

Adulate : *v.* (ad-ew-layt) flatter to win favour चापलूसी करना چاپلوسی کرنا؛ خوشامد کرنا؛ تملق کرنا

Adulation : *n.* sycophancy चापलूसी; खुशामद چاپلوسی؛ خوشامد

Adulator : *n.* sycophant चापलूस; खुशामदी چاپلوس؛ خوشامدی

Adult : *adj.* mature; grown up व्यस्क; बालिग़; प्रौढ़ بالغ، جوان

Adult education : *ph.* प्रौढ़ शिक्षा تعلیم بالغاں

Adult Literacy : *ph.* प्रौढ़ शिक्षा تعلیم بالغاں

Adulthood : *n.* maturity व्यस्कता; प्रौढ़ता جوانی؛ نوجوانی

Adulterant : *n.* (a-dul-te-rent) mixing of impurities मिलावट; खोट کھوٹ؛ ملاوٹ

Adulterate : *v.* to mix खोट मिलाना; मिलावट करना ملاوٹ کرنا؛ کھوٹ ملانا

Adulteration : *n.* mixing of impurities मिलावट; अपमिश्रण ملاوٹ؛ آمیزش

Adulterator : *n.* one who mix up impurities अपमिश्रक ملاوٹ کرنے والا؛ کھوٹ ڈالنے والا

Adulterer : *n.* one who rape अन्यागामी; परस्त्रीगामी زانی؛ زناکار؛ زنا کرنے والا

Adulteress : *n.* a woman who commits adultery अन्यगामिनी; जारिणी زانیہ؛ زنا کرنے والی

Adultery : *n.* adultery; illegal relation अन्यगमन; परगमन بدکاری؛ زناکاری

Adumbral : *adj.* (a-dum-brel) shady छायामय; सायादार چھایا دار؛ سایہ دار

Adumbrate : *v.* an outline; a synopsis रूपरेखा प्रस्तुत करना; रेखाचित्र खींचना روپ ریکھا بنانا؛ خاکہ کشی؛ خاکہ کھینچنا

Adumbration : *n.* sketch; an outline रूपरेखा; पूर्वाभास روپ ریکھا؛ نقشہ کشی

Adust : *adj.* (a-dust) scorched; gloomy झुलसा हुआ; जला हुआ; उदास جلا ہوا؛ جھلسا ہوا؛ اداس

Advance : *v.* (ad-vahns) to move; to put forward आगे बढ़ना; उन्नति آگے بڑھنا؛ پیش قدمی کرنا؛ پیشگی دینا

Advance copy : *ph.* अग्रिम प्रति ایڈوانس کاپی

Advance pay : *ph.* पेशगी तंख्वाह پیشگی تنخواہ

In advance : *ph.* पहले से پہلے سے

Advanced : *adj.* superior (person); new (idea) विकसित; उन्नत; प्रगत ترقی یافتہ

Advancement : *n.* progress तरक्क़ी; उन्नति ترقی؛ برتری

Advantage : *n.* (ad-vahnt-ij) profit लाभ; फ़ायदा فائدہ؛ نفع

Take advantage of : *ph.* make use of fairly or unfairly से लाभ उठाना موقع کا فائدہ اٹھانا

Advantageous : *adj.* (ad-van-tay-jus) helpful; profitable लाभदायक; लाभप्रद مفید؛ سودمند

Advent : *n.* (ad-vent) arrival आगमन آمد؛ بعثت

Adventitious : *adj.* (ad-van-ti-shes) outward; external; exterior बाहरी باہری

Adventure : *n.* (ad-ven-cher) exciting event साहस करना; जोखिम مہم؛ کارنمایاں جانبازی کا کام

Adventurer : *n.* one who do exciting event जोखिम उठाने वाला مہم جو

Adventuress : *n.* woman who do exciting event जोखिम उठानेवाली स्त्री مہم جو عورت

Adventurous : *adj.* fond of adventure साहसी; उत्साही منچلا؛ طالع آزما یا جانباز

Adverb : *n.* (ad-verb) word added to verb, adjective to tell us something about it and question answer beginning with how, where, when, what etc. क्रियाविशेषण متعلق فعل

Adverbial : *adj.* related to adverb क्रियाविशेषणात्मक متعلق فعل کا

Adversary : *n.* (ad-ve-sa-ri) enemy विरोधी; शत्रु حریف؛ مدمقابل؛ مخالف

The adversary : *ph.* satan शैतान شیطان؛ ابلیس

Adverse : *adj.* (ad-ver-s) against प्रतिकूल; विरूद्ध مخالف؛ مخالفانہ

Adverse comment : *ph.* negative remark प्रतिकूल टोका; टिप्पणी क.. مخالفانہ طنز و تضحیک کرنا

Adverse criticism : *ph.* negative criticism कड़ी निन्दा کڑی تنقید؛ مخالفانہ تنقید

Adverse effect : *ph.* opposite effect प्रतिकूल प्रभाव डालना الٹا اثر ڈالنا

Adverse wind : *ph.* adverse air विरोध हवा بادِ مخالف

Adversity : *n.* misfortune; trouble दुर्भाग्य; तंगहाली; विपत्ति آفت؛ مصیبت؛ نحوست

Advert : *v.* to concentrate ध्यान दिलाना دھیان دلانا؛ توجہ دلانا

Advertence : *n.* attention; concentration of mind ध्यान دھیان

Advertent : *adj.* careful; alert; cautious सावधान ہوشیار

Advertise : *v.* to make known by public notice विज्ञापन करना या देना; घोषित करना اشتہار دینا؛ مشتہر کرنا

Advertisement/ Ad : *n.* (ad-ver-t-iz-ment) to spread; to make known by public विज्ञापन اشتہار

Advertiser : *n.* one who advertise विज्ञापन करने वाला; विज्ञापक مشتہر کرنے والا

Advertising : *v.* to make known by public; to spread in public विज्ञापन करना या देना اشتہار دینا؛ مشتہر کرنا

Advice : *n* (ad-vis) suggestion परामर्श; सलाह مشورہ؛ رائے؛ نصیحت

Advisability : *n.* (ad-viz-e-bility) being advisable; propriety; validity; appropriateness औचित्य مصلحت؛ قرینِ مصلحت ہونا

Advisable . *adj.* suitable; proper; appropriate उचित; उपयुक्त مناسب؛ قرینِ مصلحت

Advise : *v.* (ad-vyz) to give advice परामर्श या सलाह देना صلاح یا مشورہ دینا؛ سمجھانا

Adviser : *n.* one who advises परामर्शदाता; सलाहकार مشیر؛ صلاح کار

Advisory : *n.* the committee or board to give advices, the act of advises परामर्शी; सलाहकारी صلاح کاری؛ مشیری

Advocacy : *n.* (ad-vo-key-si) speaking in favour of; defence समर्थन; हिमायत; वकालत وکالت؛ حمایت؛ تائید

Advocate : *n*. (ad-vo-kit) pleader; lawyer अधिवक्ता; वकील وکیل؛ ایڈوکیٹ

Advocaty : *n*. to support; to depend on समर्थन करना; वकालत करना تائید کرنا؛ وکالت کرنا؛ حمایت کرنا

Adynamia : *n*. (a-dye-ne-mia) lifelessness; spritlessness निर्जीवता مردہ پن؛ بے کیفی

Adynamic : *adj*. lifeless; dead; spritless निर्जीव مردہ؛ بے امنگ

Adze : *adj*. curved tool for shaping large pieces of wood बिसुला بصولہ؛ تیشہ

Aegis : *n*. (ee-jis) patronage संरक्षण سرپرستی؛ پناہ

Under the aegis of : *ph*. की संरक्षण में کی پناہ یا سرپرستی میں

Aeon : *n*. (ee-on) an age; era; epoch; period; times युग زمانہ

Aerate : *v*. (ay-e-rayt) to put carbonic acid gas into हवा भरना; गैस भरना ہوا بھرنا؛ گیس بھرنا

Aerated water : *n*. cold drink containing carbonic acid gas सोडा लेमन بوتل لیمن؛ سوڈا

Aerator : *n*. one who put carbonic acid gas into वातक ہوا بھرنے والا

Aerial : *n*. (ay-eer-i-al) wire for sending & receiving radio waves वायवीय; हवाई तार ایریل؛ (لاسکی کا) ہوائی تار

Aero : *adj*. (ay-e-ro) of air वायु ہوائی

Aerobatics . *n*. (ay-robatics) performance of stunts as nose dives etc. in an airplane or glider हवाई करतब ہوائی کرتب

Aerobe : *n*. aerial navigation हवाबाज़; वायुजीव ہواباز

Aerodrome : *n*. flying ground हवाई अड्डा ہوائی اڈہ

Aerometer : *n*. an instrument which use to measure air वायु घनत्व मापी ہواپیما

Aeronautics : *n*. science of aerial navigation विमान-विज्ञान علم ہوابازی

Aeroplane : *n*. (ay-e-ro-playn) हवाई जहाज़; विमान ہوائی جہاز، طیارہ

Aesthetic/ Aesthetical : *adj*. (ees-thet-ik) concerning beauty in art संवेदनशीलता جمالیاتی

Aesthetics : *n*. study of beauty सौंदर्यशास्त्र جمالیات

Aestival : *n*. (ees-ty-val) summer season ग्रीष्मकालीन گرمی کا زمانہ

Aestivate : *v*. to spend summer season; to enjoy summer season ग्रीष्म बिताना گرمی کا موسم گزارنا

Aether : *n*. ether ईथर ایتھر

Aetiology : *n*. (eetio-logy) a science of rationalism हैतुकी معقولیت پسندی کا علم

Afar : *adj*. far away; so far दूर دور

Affability : *n*. (aff-a-bil-iti) friendly nature मिलनसारी خوش خلقی؛ مروت

Affable : *adj*. friendly मिलनसार; भद्र خلیق؛ خوش اخلاق

Affair : *n*. (a-fay-er) business matter मामला; कार्य; काम معاملہ؛ قضیہ؛ کام؛ بات

Love affair : प्रेम; प्रेम संबंध عاشقی؛ محبت

Affect : *v*. (a-fekt) have an affect on प्रभावित करना; प्रभाव डालना اثرانداز ہونا؛ اثر ڈالنا

Affectation : *n*. unnatural behaviour

दिखावा; ढोंग بناوٹ؛ تصنع

Affected : *n.* not natural (person or thing) बनावटी; दिखावटी بناوٹی (بات)؛ ظاہردار (شخص)

Affecting : *adj.* moving; exciting pity दर्दनाक (मंज़र) دردناک (منظر)

Affection : *n.* love स्नेह; अनुराग محبت؛ پیار؛ شفقت

Affectionate : *adj.* loving स्नेही; स्नेहमय محبّ؛ دلی؛ پیارا

Affectionately : *adv.* lovingly कोमलता से; प्यार से محبت سے؛ پیار سے

Affectionately yours : *ph.* subscription to letter to near relation आपका प्यारा آپ کا پیارا

Yours affectionately : *ph.* yours carely तुम्हारा प्यारा تمہارا مشفق

Affiance : *n.* (affi-ence) engaegment मंगनी; वाग्दान; विवाह प्रतिज्ञा منگنی؛ شادی کے لیے لڑکی روکنا یا پسند کرنا

Affiche : *n.* (a-fish) advertisement इश्तहार; विज्ञापन اشتہار

Affidavit : *n.* (af-i-day-vit) written statement made an oath हलफ़नामा; शपथपत्र حلف نامہ

Affiliate : *v.* (a-fil-i-ayt) to adopt a son; to attach (से) सम्बद्ध करना; पिता निर्धारित करना (۱) متبنّیٰ بنانا (۲) الحاق کرنا

Affiliated : *adj.* attached सम्बद्ध ملحقہ؛ الحاقی

Affiliated colleges : *ph.* colleges recognised by university सम्बद्ध कालिज الحاقی کالج

Affiliation : *n.* act of affiliating संबंधन; सम्बन्ध الحاق؛ ملحق

Affinity : *n.* (a-fin-i-ti) (1) relationship; (2)being of same family; (3)attraction (chemistry) (1)घनिष्ठ सम्बन्ध; (2) साम्य; सादृश्य; (3) आकर्षण (۱) قرابت داری؛ رشتہ داری؛ تعلق (۲) رشتہ (خاندانی یا نسلی) (۳) کشش (کیمسٹری)

Affirm : *v.* (af-erm) declare firmly निश्चयपूर्वक या दृढ़ता से कहना دعوے سے کہنا

Affirmation : *n.* manifestation; expression कथन; उक्ति; प्रतिज्ञापन; समर्थन اظہار (حلفی)

Affirmative : *n.&adj.* (a-fir-me-tive) not negative स्वीकारात्मक; सकारात्मक ایجاب؛ ایجابی

Answer in the affirmative : हाँ कहना جواب ہاں میں دینا

Affix : *n.* (af-iks) prefix or suffix जोड़; सम्बद्ध اضافہ؛ سابقہ؛ لاحقہ

Affixation : *n.* fix on; to fasten चिपकाना; सम्बद्ध करना چسپاں کرنا؛ چپکانا

Afflict : *v.* (a-flikt) to give pain दुख देना; कष्ट पहुंचाना دکھ دینا؛ ایذا دینا

Afflicted : *adj.* striken (with disease etc.) दुखी; पीड़ित دکھی؛ مصیبت زدہ

Affliction : *n.* pain; distress; sorrow दुख; तकलीफ़ دکھ؛ تکلیف

Affluence : *n.* (af-loo-ans) wealth; riches अमीरी; दौलतमन्दी دولتمندی؛ امارت؛ متمول

Affluent : *adj.* (af-loo-ent) wealthy; rich धनवान; दौलतमन्द متمول؛ امیر؛ دولت مند؛ مالدار

Afford : *v.* (a-fawrd) spare money or time for समर्थन होना استطاعت رکھنا؛ مقدور ہونا

Afforest : *v*. (a-fo-rist) plant with trees वनरोपण; वन लगाना جنگل لگانا

Afforestation : *n*. afforastation वनरोपण; वन लगाना جنگل لگانا؛ شجرکاری؛ بن لگانا

Affranchise : *n*. (1)Right to cast vote (2)to free from bondage (1)मताधिकार देना (2)मुक्त करना (۱) حق رائے دہی (۲)نجات دینا

Affray : *n*. (a-fray) fighting in public दंगा; हंगामा دنگا؛ فساد؛ مار کٹائی

Affright : *n*. (a-frit) fear डर; घबराहट; आतंक ہول؛ دہشت؛ ڈر

Affront : *v*. (a-frunt) be very rude (to someone) in public; publicly insult अपमानित करना; लज्जित करना برملا توہین کرنا؛ گستاخی سے پیش آنا

Afield : *adv*. (1) at a distance (2) far a field (1)दूर; बहुत दूर; बाहर (2)खेत में; खेत की ओर (۱) دور؛ بہت دور (۲)کھیت کی طرف؛ باہر کی طرف

Afire : *adj*. (a-fi-er) on fire; afflame प्रज्वलित; जलता हुआ بھڑکتا ہوا؛ فروزاں؛ جلتا ہوا

Aflame : *adj*. (a-flaym) on fire प्रज्वलित; जलता हुआ بھڑکتا ہوا؛ فروزاں؛ جلتا ہوا

Afloat : *adj*. (a-floht) floating तैरता हुआ; प्रवाहित بہتا ہوا؛ تیرتا ہوا

Afoot : *adj*. (a-fut) on foot walking पैदल; जारी; सक्रिय پیدل؛ پیادہ؛ حرکت میں؛ جاری

Afore : *adj*. (a-faw) in-front of के सामने; के आगे کے آگے؛ کے سامنے

Afore-said : *n*. already spoken पूर्वोक्त; उपर्युक्त مذکورہ بالا؛ اوپر کہا ہوا

Afore-thought : *n*. previously in mind पूर्वविचारित پہلے سوچا ہوا؛ پہلے خیال کیا ہوا

Afore-time : *adv*. & *adj*. formerly; former पहले; वक़्त से पहले پہلے؛ وقت سے پہلے

Afortiori : *adj*. (a-faw-tio-ryi) expressive; detailed स्पष्टतर; सुतरां واضح؛ تشریحی

Afoul : *adj*. (a-fawol) to be in the trouble (की) उलझन में पड़ना الجھن میں پڑنا؛ پریشانی میں پڑنا

Afraid : *adj*. (a-frayd) in fear भयभती; डरा हुआ ڈرا ہوا؛ خائف

Afresh : *adv*. (a-fresh) again; anew फिर (से); दुबारा; नए सिरे से پھر سے؛ نئے سرے سے؛ از سرنو

African : *adj*. (a-frican) a citizen of Africa अफ्रीकी افریقی؛ افریقہ کا باشندہ

Aft : *adv*. (aft) at or towards the stern दुम्बाल में (पिछला) جہاز کے پیچھے کی طرف یا پیچھے

After : *adv*. (ahf-ter) later; behind पीछे; बाद में پیچھے؛ بعد میں

After-grass : पिछली घास پچھلی گھاس

After-life : *n*. life after death परलोक (का जीवन) مرنے کے بعد کی زندگی

After most : *n*. hind; back part; position पिछला پچھلا

Aftermath : *n*. result परिणाम نتیجہ؛ انجام

Afternoon : *n*. time from noon to evening तीसरा पहर سہ پہر؛ تیسرا پہر

Afterthought : *n*. something thought of too late अनुबोध بعد کا خیال؛ بعد کی توجہ

Afterwards : *adv*. (ahf-ter-wahdz) later पश्चात; बाद में پھر؛ بعد میں

Aga : *n*. a cast of Muslims आग़ा آغا

Again : *adv* (a-gayn) once more दुबारा; फिर से; फिर دوبارہ؛ پھر سے؛ پھر

Again and again : बार-बार بار بار

Now and again : कभी-कभी کبھی کبھی؛ کبھی کبھار

Against : *prep.* (a-gaynst) opposite; contrary के विरुद्ध; के प्रतिकूल کے خلاف؛ برخلاف

Agape : *adj.* (a-gayp) open mouthed with wonder मुँह खुला होना (आश्चर्य से) حیرت سے منہ کھلا ہونا

Agaric : *n.* (ag-ric) name of a bush कुकुरमुत्ता ککرمتا

Agate : *n.* (ag-ayt) kind of precious stone अक़ीक़ गोमेद یشب؛ سنگ سلیمانی

Age : *n.* (ayj) length of one's life उमर; अवस्था عمر؛ سن

Age group : similar age group नयोवर्ग ہم عمر

Age limit : the verge of age आयु सीमा; वय-सीमा عمر کی حد

Age of discretion : *ph.* the age of intelligence विवेक-वय سمجھ بوجھ کی عمر؛ سمجھداری کی عمر

Come of age : *ph.* maturity वयस्कता بالغ ہونا

Old age : senile बुढ़ापा بڑھاپا

Under age : unmature नाबालिग़; अवयस्क نابالغ

Aged : *adj.* (ayj-id) senile; old बूढ़ा; बुड्ढा بوڑھا؛ بڈھا؛ عمر رسیدہ؛ سن رسیدہ

Agelong : *adj.* (ayj-long) going on for an age उमर भर; तमाम उमर عمر بھر کا؛ دائم العمر

Agency : *n.* (ay-jen-ci) business of an agent एजेंसी; अभिकरण; शाखा ایجنسی؛ آڑھت

Agenda : *n.* (ay-jent) items of a business etc. to be considered at a meeting कार्य सूची; कार्यक्रम; कार्यावली ایجنڈا؛ کارروائی نامہ

Agent : *n.* (ay-jent) person who act for another एजेंट; अभिकर्ता ایجنٹ؛ گماشتہ؛ کارندہ

Agglomerate : *v.* (ag-lo-me-rate) to collect एकत्र या संचित करना اکٹھا کرنا؛ جمع کرنا

Agglomeration : *n.* collection ढेर; संचय; समूह ڈھیر لگانا؛ جمع کرنا؛ اکٹھا کرنا

Aggluti/ Agglutinate : *adj.* to affix; pasted; sticked चिपकाया हुआ چپکایا ہوا

Agglutination : *n.* adhesion चिपकाव چپکاؤ

Aggradation : *n.* (ag-ra-day-shion) expansion of earth भूमिवृद्धि زمین کا پھیلاؤ

Aggrandize : *v.t.* (ag-rand-iz) make greater in power, rank or sight बढ़ाना; विवर्धन (طاقت) بڑھانا

Aggrandizement : *n.* increase in power etc. विवर्धन بڑھوتری؛ ترقی

Aggravate : *v.t.* (ag-ra-vayt) to make worse; to make angry गंभीर बनाना; बदतर कर देना بدتر کرنا؛ بھڑکانا؛ بگاڑنا

Aggregate : *n.* (ag-ri-gayt) total पूर्णयोग; कुल जोड़ کل جوڑ؛ مجموعہ؛ جملہ

Aggress : *v.* (agress) to attack आक्रमण करना; छेड़छाड़ करना حملہ کرنا؛ چھیڑ چھاڑ کرنا

Aggression : *n.* (agre-sh-en) attack आक्रमण; छेड़ छाड़ چھیڑ؛ حملہ؛ جارحیت

Aggressive : *adj.* quick to attack झगड़े की शुरूआत करने वाला ; جارحیت پسند؛ جھگڑے کی ابتدا کرنے والا

Aggressor : *n.* attacker; one who attack: agressive person आक्रमक; अभिधावक جھگڑالو؛ جارحیت پسند

Aggrieve : *v.* (a-greev) suffering pain; troublesome दुख या कष्ट देना; हानी पहुंचाना تکلیف دینا؛ دکھ دینا؛ نقصان پہنچانا

Aggrieved : *adj.* treated injustly दुखी; खिन्न دکھی؛ ستم زدہ

Aghast : *adj.* (a-gahst) struck with sudden surprise or terror भौचक्क; हैरत में ششدر؛ متحیر

Agile : *adj.* (aj-il) active; quick moving फुरतीला; कुशल; दक्ष پھرتیلا؛ چاق وچوبند

Agility : *n.* quickness फुरती; दक्षता پھرتی؛ چستی

Agio : *n.* (a-ji-o) a discount; brokerage बट्टा بٹہ

Agiotage : *n.* (a-jay-tij) speculation सट्टेबाज़ी سٹے بازی

Agist : *v.* (a-jis-t) to graze on wages (भाड़े पर) चराना (مزدوری پر) چَرانا

Agitate : *v.t.* (aj-i-tayt) to disturb; to cause anxiety; cause people to fight against Authority उत्तेजित करना؛ مضطرب کرنا؛ ہلچل ڈالنا؛ برانگیختہ کرنا؛ اُبھارنا

Agitation : *n.* movement आन्दोलन; उत्तेजना تحریک؛ حرکت

Agitator : *n.* one who agitate; one who participate in movement आन्दोलनकर्त्ता; आन्दोलक تحریک میں حصہ لینے والا

Agitprop : *n.* anti-government propaganda सरकार के विरूद्ध प्रचार حکومت دشمنی؛ حکومت کے خلاف پروپیگنڈہ

Aglow : *adj.* (a-gloh) shining प्रदिप्त; चमकदार درخشاں؛ چمکتا ہوا؛ دمکتا ہوا

Agnail : *n.* (a-gnel) painful; a corn on foot गलका تکلیف دہ؛ ناخن کی جڑ میں کھال کا ٹکڑا

Agnate : *adj.* (a-g-net) related by the father side सपिण्ड ہم نسل؛ ہم خاندان

Agnition : *n.* the relationship of agnates; alliance सपिण्डता ; برادری؛ جدی؛ ہم نسبی

Agnomen : (a-g-no-men) pen name; nick name उपनाम قلمی نام؛ پیار کا نام؛ عرف

Agnostic : *n.* (ag-nos-tic) agnostic अज्ञेयवादी لاادریہ

Agnosticism : *n.* agnosticism अज्ञेयवाद لاادریت

Ago : *adv.* (a-goh) in the past पहले ادھر؛ پہلے

Long ago : बहुत पहले بہت پہلے

Agog : *adv.* (a-gog) eager; excited उत्तेजित; विकल; उत्सुक مضطرب؛ مشتاق؛ بیتاب

Agon : *n.* (a-gon) dramatic dispute नाट्य-विवाद بناوٹی جھگڑا؛ دکھاوے کا جھگڑا

Agonic : *adj.* not forming an angle अकोण بے زاویہ؛ عدیم الزاویہ

Agonistic : *adj.* quarrelsome; dramatic विवादप्रिय; दिखावटी جھگڑالو؛ دکھاوٹی

Agonize : *v.t.* (1) torture; to cause to suffer agony (2) to quarrel; to try (1)तड़पना; तड़पाना; सताना (2)लड़ना; जूझना; संघर्ष करना (۱)ایذا دینا؛ تکلیف دینا (۲) لڑنا؛ جوجھنا؛ کوشش کرنا

Agonizing : *adj.* (a-go-niz-ing) causing agony तड़पन का कारण ذہنی کوفت کا موجب؛ ذہنی اذیت کا سبب

Agony : *n.* (ag-o-ni) mental agony;

mental torture; great mental pain घोर व्यथा; प्राण पीड़ा روحانی اذیت؛ ذہنی کوفت؛ سوہانِ روح

Agrarian : *adj.* (a-gray-ri-an) concerning agricultural land कृषिक; भूमि-सम्बन्धी زرعی

Agree : *v.t.* (a-gree) say yes; to give consent सहमत होना; मान लेना اقرار کرنا؛ مان لینا؛ متفق ہونا

Agreeable : *adj.* ready to agree राज़ी; मान लेने वाला; सहमत होने वाला ماننے والا؛ اقرار کرنے والا؛ اتفاق کرنے والا

Agreement : *n.* act of agreeing; pact राज़ीनामा; क़रारनामा عہدنامہ؛ معاہدہ

Agrestic : *adj.* (a-gray-istic) villager; rustic; rural देहाती; ग्रामीण گنوار؛ دیہاتی

Agricultural : *adj.* (ag-ri-kul-cherel) concerning farming land कृषिका زرعی؛ زراعتی

Agriculture : *n.* farming कृषि; खेतीबाड़ी زراعت؛ کاشتکاری؛ کھیتی باڑی

Agriculturist : *n.* farmer; tiller कृषिक; किसान کاشتکار؛ کسان

Agronomist : *n.* (ag-ro-no-mist) expert in farming कृषिशास्त्री ماہر علم زراعت؛ ماہر کاشتکار

Agronomy : *n.* (ag-ro-no-mi) science of farming कृषिशास्त्र; कृषिविज्ञान علم زراعت؛ علم کاشتکاری

Aground : *adv.* (a-ground) touching the border भूग्रस्त زمین سے لگا ہوا

Run aground : *ph.* भूमि से लगना زمین سے لگنا

Ah : (a-h) cry in grief; the voice of grief हा; हाय; आह آہ؛ ہائے؛ ہا

Aha : (a-ha) voice of joy अहा آہا

Ahead : *adv.* (a-hed) in front of आगे سامنے؛ آگے

Ahoy : *int.* (a-hoy) seaman's cry of warning or greeting हो; हाय्या हो ہو ہو؛ ہیا ہو (یعنی پکار یا سلام کے لیے ملاحوں کا لفظ)

Ahimsa : *n.* (a-him-sa) non-violence अहिंसा عدم تشدد

Aid : *v.t.* (ayd) to help; to support; to assist सहायता देना; मदद करना مدد دینا؛ امداد دینا

Aid : *n.* support; help; cooperation सहायता; मदद; सहयोग مدد؛ اعانت؛ امداد

Aide : *n.* supporter; helper सहायक; मददगार مددگار؛ امداد کرنے والا

Aide-de-camp : *n.* (ay-de-kawng) officer assisting a dignitary परिसहाय(क) ایڈی کانگ؛ مصاحب

Aide-memoire : *n.* (ayd-maym-wah) memorandum; written summary of diplomatic document स्मरणपत्र یادداشت؛ خلاصہ دستاویزات

Aided : *adj.* relief; assistance; support; help सहायता-प्राप्त; इमदादी مدد حاصل کرنا؛ امدادی

Aider : *n.* helper; supporter मददगार; सहायक مددگار؛ امداد کرنے والا

Aigrette : *n.* (ag-ret) a heron बगला بگلہ

Ail : *v.t.* (ayl) trouble afflict बीमार पड़ना; कष्ट देना بیمار پڑنا؛ علیل ہونا؛ تکلیف دینا

Ailing : *adj.* ill; sick; unwell बीमार; रोगी علیل؛ بیمار

Ailment : *n.* illness; sickness बीमारी; रोग بیماری؛ روگ؛ مرض

Aim : *n*. (aym) object; purpose; target; goal लक्ष्य; उद्देश्य مقصد؛ مدعا

Aimless : *adj*. without goal; without purpose लक्ष्यहीन; निरूद्देश्य بے مقصد؛ بے مدعا

Air : *n*. (ay-ir) wind वायु; हवा ہوا

Air-borne : *adj*. conveyed by air विमानवाहित; वायुवाहित ہوا بُرداشتہ؛ ہوائی جہاز میں لے جایا ہوا

Air-brake : *n*. air brake हवाई ब्रेक ہوائی بریک

Air-brick : *n*. air brick छिद्रदार ईंट سوراخ دار اینٹ

Air-condition : *n*. cooling or heating with electricity वातानुकूलित ایئر کنڈیشن

Air-conditioned : *adj*. filled with air-conditioning plant वातानुकूलित؛ ہوا بدل؛ ہوا بدل والا

Air-conditioning : *n*. cooling or heating electrically वातानुकूलित ہوا بدل لگانا، ایئر کنڈیشن لگانا

Air-craft : *n*. flying machine विमान; हवाई जहाज़ ہوائی جہاز؛ طیارہ

Air-crash : *n*. accident to air-craft हवाई हादसा ہوائی حادثہ

Air-dry : *v*. dry in air हवा में सुखाना ہوا میں سکھانا

Air-field : *n*. large open field हवाई-क्षेत्र; हवाई मैदान ہوائی میدان

Air-force : *n*. force who fights in air वायु सेना فضائی فوج

Air-graph : *n*. letter sent by air mail as small photographic negative एयर ग्रफ़; हवाई पत्र ایئر گراف؛ ہوائی خط

Air-gun : *n*. small gun हवाई बन्दूक़ ہوائی بندوق

Air-hostess : *n*. air-hostess विमान परिचारिका ایئر ہوسٹس

Air-lift : *n*. sending by air हवा बरदारी ہوابرداری؛ ہوائی لفٹ

Air-line : *n*. air way हवाई पथ; हवाई रास्ता ہوائی راستہ؛ ہوا راہ

Air-liner : *n*. air craft flying on a regular route विमान पथ جہاز کا مقررہ راستہ

Air-mail : *n*. mail sent by air हवाई डाक ہوائی ڈاک

Air-man : *n*. pilot विमान चालक ہواباز؛ طیارچی

Air-pressure : *n*. pressure of air वायु दाब ہوا کا دباؤ

Air-proof : *n*. air resistance वायुरूद्ध ہوا پروف

Air-pump : *n*. instrument for inflating a tube वायु पम्प ایئر پمپ؛ ہوا بھرنے کی نالی

Air-port : *n*. aerodrome हवाई अड्डा; हवाई पत्तन ہوائی اڈّہ

Air-raid : *n*. attack by air craft हवाई हमला ہوائی حملہ

Air-ship : *n*. flying machine lighter than air वायु पोत ہوائی جہاز

Air-strip : *n*. hard surface; run way हवाई पट्टी ہوائی پٹی؛ رن وے

Air-tight : *adj*. tightly closed वायुरूद्ध سربند؛ بند منہ کا

Air-way : *n*. air-line वायु मार्ग ہوائی راستہ

Air-worthy : *adj*. able to fly उड़न-योग्य اڑنے کے قابل

Airily : *adv*. cheerfully जीवन से भरपूर زندہ دلانہ

Airy : *adj*. (ayri) airy; heavenly हवाई آسمانی؛ ہوائی

Aisle : *n*. (a-il) passage between pews in church पार्श्ववीथी; रास्ता; पथ; गलियारा درمیانی راستہ (گرجا کا)؛ گلیارا

Aitch : *n*. (a-che) हकार; पुटठे की हड्डी پٹھے کی ہڈی

Ajar : *adv*. (a-jah) slightly open (door) अधखुला نیم وا؛ اَدھ کھلا

Ajar-person : rude behaviour person चिड़चिड़ा आदमी چڑ چڑا؛ بدمزاج آدمی

Ajar-things : matchless things अनमेल चीज़ें بے جوڑ چیزیں

Akimbo : *adv*. (a-kim-boh) with hands on hips कोलहे पर हाथ रखे हुए کولھے پر ہاتھ رکھے ہوئے

Akin : *adj*. (a-kin) relatives of same family सम्बंधी رشتے دار؛ قرابت دار

Alabaster : *n*. (ail-bas-ter) a type of white clay सिलखड़ी; भासाचूर्ण سیلکڑی

Alacrity : *n*. (a-lak-ri-ti) readiness; willingness; eagerness तत्परता; फुरती آمادگی؛ مستعدی

Alamode : *adj*. (a-la-mod) fashionable फैशनेबुल فیشن ایبل

Alarm : *n*. (a-lah-m) warning; warning signal चेतावनी; ख़तरे का संकेत; अलारम خطرے کی گھنٹی یا اطلاع؛ الارم

Alarm-bell : *n*. bell which gives sound signal संकट घंटी خطرے کی گھنٹی

Alarm-clock : *n*. table clock with alarm अलारम घड़ी الارم والا گھنٹہ

Alarmed : *adj*. allert; frightened with fear सतर्क; भयभीत دہشت زدہ؛ خوف زدہ

Alarming : *adj*. causing danger भयप्रद دہشت ناک؛ ہولناک؛ دہشت انگیز

Alarmist : *n*. person spreading alarming news भयप्रसारक دہشت انگیز افواہیں پھیلانے والا

Alas : *int*. (a-lahs) expressing sorrow or anxiety हन्त; हाय حیف؛ افسوس؛ ہائے ہائے

Albeit : *adj*. (aal-bi-it) although यद्यपि; हालाँकि حالانکہ

Albinism : *n*. (al-bi-nism) the sun flower रंजकहीनता سورج مکھی

Album : *n*. (al-bum) book of plain pages for pasting stamps, photos एलबम; संग्रहपुस्तक البم؛ مرقع

Albumen : *n*. (al-bew-men) white of egg श्वेतक; सफ़ेदी (अंडे की) انڈے کی سفیدی

Alchemist : *n*. (al-che-mist) an alchemist कीमियगर کیمیاگر

Alchemy : *n*. (al-che-my) alchemy कीमिया کیمیا

Alcohol : *n*. (al-ko-hol) pure spirit ऐलकोहल; मद्यसार روح شراب؛ الکحل

Alcoholic : *adj*. of alcohol मद्यसारिक; मादक; शराबी الکحلی؛ شرابی

Alcoholism : *n*. action of alcohol मदात्यय اثر شراب؛ الکحلیت

Alcove : *n*. (al-kov) an arch; vault शय्याकोष्ठ; महराब محراب

Alder : *n*. (al-der) senior आल्डर ایلڈر

Alderman : *n*. (al-de-man) senior member of a local council पीर; मुख्य کمیٹی کا بڑا آدمی؛ ایلڈر مین

Ale : *n*. (ayl) beer बियर; जो की शराब جو کی شراب؛ بوزہ

Aleatory : *n*. (a-le-a-tor) coincidence; accident भाग्याधीन; संयोग حادثہ؛ سانحہ

Alee : *n*. (a-lee) towards the side or part away from the wind; shelter

अनुवात سمت محفوظ کی طرف

Alembic : *adj*. (a-lem-bic) a still; retort भभका بھبکا

Alert : *adj*. (a-lert) watchful; careful चौकन्ना; चौकस; सतर्क چوکنا؛ چوکس

Alert : *n*. warning; warning alarm चेतावनी; संकट सूचना خطرے کی اطلاع؛ چیتاؤنی

Alert : *v*. to warn; to alert; to caution सावधान करना ہوشیار کرنا

Alertness : *n*. carefulness; quickness सतर्कता; चौकसी; स्फुर्ति چوکسی؛ ہوشیاری؛ پھرتی

Alexander : *n*. (a-lig-zen-der) Alexander सिकन्दर سکندر

Alfalfa : *n*. (al-fel-fah) a pulley गरारी; लसुनधास گراری؛لسن گھاس

Alfresco : *adj*. (al-fres-co) out बाहर باہر

Algebra : *n*. (al-jeb-ra) algebra बीजगणित الجبرا

Algebraic/ -al : *adj*. of algebra बीजीय الجبری

Algid : *adj*. (al-jid) cold शीत; शीतल ٹھنڈا؛ ٹھنڈ

Algidity : *n*. cold; winter season शीत ٹھنڈ؛ سردی

Algorism : (al-go-rism) the decimal system दशमलव प्रणाली علم اعشاریہ

Alias : *n*. (ay-li-as) assumed name; nick name उपनाम; उर्फ़ لقب؛عرف

Alibi : *n*. (al-i-bi) excuse अन्यत्रता; अन्यत्र स्थिति غیر حاضری کا عذر

Alien : *n*. *adj*. (ay-li-en) foreigner पराया; विदेशी غیر ملکی؛ اجنبی؛ پردیسی

Alienate : *v.t*. divert from; give to another संक्रमित करना; हस्तान्तरित करना منتقل کرنا؛ انتقال ملکیت کرنا

Alienation : *n*. alienating हस्तान्तरण انتقال ملکیت؛ بیگانگی

Alight : *adj*. (a-lit) (1) lighted up; burning (2) get down (from train) (1)जलता हुआ (2)उतरना (रेल से) (۱)فروزاں (۲) اترنا (ریل وغیرہ سے)

Align/ Aline : *adj*. (a-line) straight; tie up सीध; मिलाना या बाँधना سیدھ؛ ملانا یا باندھنا

Alignment : *n*. arrangement in straight line सीध; पंक्ति बन्धन; सरेखण صف بندی؛ قطار میں لگانا

Alike : *adj*. & *adv*. (a-lik) similar सदृश; समान; समान रुप से یکساں؛ایک سا

Aliment : *n*. (ali-ment) food; nourishment आहार; भोजन; खाना غذا؛ کھانا

Alimental/ Alimentary : *adj*. of food आहार का; पौष्टिक غذائی

Alimentary-canal : *n*. food passage throat to stomach पोषण-नाल; अन्ननाल غذائی نالی

Alimentation : *n*. nourishment भरणपोषण; संभरण غذائیت

Alimony : *n*. (aly-mo-ny) maintenance allowance निर्वाह व्यय; निर्वाह धन گزارہ بھتہ؛ گزارہ الاؤنس

Alive : *adj*. (a-liv) living; not dead जीवित; ज़िन्दा جیتا؛ جاگتا

Alkali : *n*. (al-ke-li) alkali (chemistry) (opposit to an acid) क्षार قلوی؛ الکلی

Alkaline : *adj*. alkaline क्षार قلوی؛ الکلی

Alkanet : *n*. (al-ke-net) Hina मेहँदी مہندی

All : *adj*. (awl) every one; the whole

सब; सभी; समस्त; सब कोई; प्रत्येक; सारा; पूरा ہر ایک؛ سب؛ سب کچھ؛ پورا؛ کل؛ تمام

All : *n.* the whole of सर्वस्व; सब कुछ سب کچھ؛ کل

Above-all : most; ahead of all सर्वाधिक عام طور پر؛ عموماً؛ سب سے زیادہ

After-all : even then; in spite of that फिर भी; तिसपर भी پھر بھی؛ اس پر بھی

For-all : not withstanding फिर भी پھر بھی

At-all : किसी तरह کسی طرح

All-along : equal निरन्तर; बराबर برابر

All-clear : all right सब ठीक سب ٹھیک

All-in-all : all told; one's all; all one's belongings/ possessions सब मिलाकर; सर्वस्व سب ملاکر؛ کل

All-over : end; complete समाप्त; पुर्णतया; सर्वत्र تمام؛ مکمل

All-right : all correct ठीक (ही); स्वस्थ; अवश्य ही ٹھیک (ہی)؛ ضروری ہی؛ ٹھیک

All-round : from all the four quarters चौतरफ़ा; सर्वतोमुखी چوطرفہ

All-the-same : even then; in spite that फिर भी; तिसपर भी پھر بھی؛ اس پر بھی

All-weather: per-envial; functioning or flowering round the year बारह मासी بارہ ماسی

Allay : *v.t.* (a-lay) make less; calm शान्त करना; कम कर देना افاقہ دینا؛ گھٹانا

Allegation : *n.* (a-ll-e-ga-shion) accusation आरोप الزام؛ ادعا

Allege : *v.t.* (a-lej) affirm; say finally आरोप लगाना; निश्चयपूर्वक कहना الزام لگانا؛ حتمی طور پر کہنا

Alleged : *adj.* (a-lejd) stated कथित; तथाकथित مبینہ

Allegiance : *n.* (a-lee-jens) loyalty; duty to निष्ठा; राजभक्ति فرمانبرداری؛ اطاعت

Allegoric/-al : *adj.* (a-lle-go-ric) symbolical; metaphorically लाक्षणिक مثالی؛ مجازی

Allegory : *n.* (al-i-ge-ri) symbolic अन्योकित; प्रतीक-कथा مثالیہ؛ مجازیہ

Allergy : *n.* (a-ler-ji) allergy एलर्जी الرجی

Alleviate : *v.t.* (a-lee-vi-ayt) make less; reduce कम करना; घटाना کم کرنا؛ گھٹانا

Alleviation : *n.* making less; reduction कमी; आराम; अपशम(न) : کمی؛ تخفیف؛ تسکین؛ آرام

Alley : *n.* (al-i) narrow street गली; पगडण्डी گلی؛ کوچہ

Alliance : *n.* (a-li-ens) agreement सन्धि; संश्रय میثاق؛ حلف؛ معاہدہ

Allied : *adj.* joined by pact संश्रित; सहबद्ध حلیف

Alligation : *n.* (a-lee-ga-shen) a mixture; combination मिश्रण مکسچر؛ آمیزش

Alligator : *n.* (a-lee-gat-er) crocodile मगरमछ; ऐलिगेटर مگرمچھ؛ گھڑیال

Allocate : *v.i.* (al-o-keyt) to set a part or; to prescribe; to determine विनिधान करना; निर्धारित करना مقرر کرنا؛ تجویز کرنا؛ تشخیص کرنا

Allocation : *n.* determination; prescribing नियतन; निर्धारण : مقرر کردہ؛ تجویز کردہ

Allocution : *n.* oration; speech; preaching भाषण; उपदेश تقریر؛ نصیحت

Allopathy : *n.* western medical system एलोपैथी; विषमचिकित्सा ایلوپیتھی

Allot : *v.t.* (a-lot) to give share बाँटना; बाँट देना حصہ دینا؛ الاٹ کرنا

Allotment : *n.* something allotted आवंटन; बँटाई کسی کے نام کی ہوئی

Allottee : *n.* (a-lot-ee) one to whom an allotment is made ग्राही; नियतभागी جس کے نام کی جائے؛ الاٹی

Allow : *v.t.* (a-lou) permit अनुमति देना; अन्दर आने देना اندر آنے کی اجازت دینا؛ جائز قرار دینا

Allowance : *n.* (a-lou-ans) money allowed अनुमति; अनुज्ञा وظیفہ؛ الاؤنس

Alloy : *n.* (a-loi) mixture of two or more metals मिश्रधातु; खोट بھرت (ایک قسم کی دھات)؛ دو دھاتوں سے ملا کر بنائی ہوئی دھات

Alloy : *v.t.* mix metals खोट मिलाना; मिश्रण करना کھوٹ ملانا؛ آمیزش کرنا

Allude : *v.* (a-lood) refer to संकेत करना اشارہ کرنا؛ کنایۃً کہنا

Allure : *v.* (a-lewr) to entice; to tempt लुभाना; मोहित करना; प्रलोभन देना; आकर्षण करना سبز باغ دکھانا؛ سجانا؛ موہ لینا

Allurement : *n.* tempting प्रलोभन; आकर्षण; मोह ترغیب؛ تحریص؛ کشش

Alluring : *adj.* attractive; tempting मोहक; आकर्षक پرکشش؛ لبھانے والا

Allusion : *n.* (a-loo-zhem) allusion; hint संकेत; इशारा تلمیح؛ کنایہ؛ اشارہ

Alluvial : *adj.* (a-loov-i-el) comprising silt deposited by river कछारी; जलोढ़ دریا برآمد؛ سیلابی

Alluvial soil : *ph.* कछारी سیلابی

Alluvion : *n.* a flood; volley कछार; बाढ़ سیلاب؛ باڑھ

Ally : *n.* (a-li) friend; assistant मित्र; बन्धु; सहायक دوست؛ رشتہ دار؛ مددگار

Ally : *v.* to make friend बन्धु बनाना; मित्र बनाना رشتہ پیدا کرنا؛ حلیف بنانا؛ دوست بنانا؛ متحد کرنا (ممالک کو)

Alma-mater : *n.* (al-ma-mey-ter) university; college अपना कालेज; अपनी पाठशाला या विद्यालय مادرِ علمی؛ مدرسہ؛ جامعہ

Almanac : *n.* (awl-me-nak) almanac; calender पंचांग; जंतरी تقویم؛ جنتری

Almightiness : *n.* (awl-mi-ti-ness) all powerfulness सर्वशक्तिमत्ता قادریت؛ قدرت

Almighty : *adj.* all powerful सर्वशक्तिमान قادرِ مطلق

Almighty God : *n.* God भगवान خدائے تعالیٰ

Almirah : *n.* (al-mi-reh) cupboard अलमारी الماری

Almond : *n.* (ahm-und) a kind of nut बादाम; वाताम بادام

Almond : *adj.* almond coloured; light yellow बादामी (रंग) بادامی (رنگ)

almost : *adv.* (awl-mohst) nearly लगभग; क़रीब क़रीब قریب قریب؛ تقریباً

Alms : *n.* (ahmz) charity भिक्षा; भीख; दान خیرات؛ دان؛ بھیک

Aloe : if अगर; अगरू; ऐलो اگر

Aloft : upper; upon ऊपर; ऊँचे पर اوپر

Alone : *adj.* (a-lohn) single; oneself अकेला; एकाकी اکیلا؛ تنہا؛ صرف

Along : *adv.* (a-long) from end to end of के समान्तर; एक तरफ़ से दूरी तरफ़ तक ایک سرے سے دوسرے سرے تک

All Along : *ph.* all the time सारा ज़माना سارا عرصہ

Along Shore : *ph.* अनुतट; तट के

पास کنارے تک؛ کنارے کے پاس

Along Side of : *ph*. together; accompany साथ साथ; समीप; पहलू ब पहलू; बग़ल में کے ساتھ؛ شانہ بشانہ؛ پہلو بہ پہلو

Along with : *ph*. together with के साथ کے ہمراہ؛ کے ساتھ

Aloof : *adj*. & *adv*. (a-loof) apart; away from अलग; दूर الگ؛ دور؛ فاصلے پر؛ علیحدہ

Keep Aloof : Keep away (से) अलग रहना; (से) दूर रहना (سے) الگ رہنا (سے دور رہنا)

Aloofness : *n*. Staying aloof दूरी علیحدگی

Aloud : *adv*. (a-loud) loudly ज़ोर से; ऊँचे स्वर में چلا کر؛ زور سے

Alow : *adv*. (a-low) under the deck डेक के नीचे ڈیک کے نیچے

Alpaka : *n*. (al-pah-ka) a type of cloth अलपाका الپاکا؛ الپاکا جانور کے اون سے بنا ہوا ایک قسم کا کپڑا

Alp : *n*. (aelp) highest point of mountain पर्वताशरवर پہاڑ کی چوٹی

Alpha : *n*. (al-fa) the first letter of the Greek alphabets यूनानी वर्णमाला का पहला अक्षर یونانی رسم الخط کا پہلا حرف

Alphabet : *n*. (al-fa-bet) letters of written language वर्णमाला; ककहरा الف بے؛ حروف تہجی

Alphabetical : *adj*. (al-fa-beti-kal) alphabetical; expressed by the letters of an alphabet वर्णानुक्रमिका; आनुबर्णिका ترتیب ابجدی؛ ترتیب حروف تہجی

Alphabetical order : *ph*. arragement of by written letters वर्णक्रम; वर्णानुक्रम ترتیب حروف تہجی

Alpine : *adj*. (al-pin) of the Alps कोहिस्तान अलप्स का (या के बारे में) کوہستان الپس کا (یا کے متعلق)

Already : *adv*. (al-red-i) before ; now पहले; पहले ही پہلے ہی؛ پہلے ہی سے

Alsation : *n*. (al-say-shen) kind of large wolf-like sheep dog अलसेशन कुत्ता السیشن کتا

Also : *adv*. (awl-soh) besides; too भी; और; इसी तरह بھی؛ اور؛ نیز؛ مزید

Altar : *n*. (awl-ter) slaughter house वेदी; बली देने की जगह قربان گاہ؛ مذبح گاہ

At the altar of : *ph*. in devotion की वेदी पर; की बलीगाह पर کی قربان گاہ پر

Altazimuth : *n*. (al-te-zi-meth) name of a king अल्टाजीमथ التمش

Alter : *v*. (awl-ter) change; become changed हेरफेर करना; बदल जाना تبدیل کردینا؛ بدل دینا؛ بدلنا

Alter Ego : *n*. a second self; a confidential friend अन्तरंग मित्र ضمیر؛ نفس؛ رازداں

Alteration : *n*. (awl-te-ray-shen) change; result of altering परिवर्तन; हेर-फेर; अदल-बदल; रद्दो-बदल تبدیلی؛ ہیراپھیری؛ ردوبدل

Altercate : *v*. (awl-ter-kayt) to quarrel; to dispute झगड़ना; लड़ाई करना لڑائی کرنا؛ جھگڑا کرنا

Altercation : *n*. quarrel; dispute झगड़ा; कलह; कहा-सुनी; विवाद لڑائی جھگڑا؛ بیص بیص

Alternate : *adj*. (awl-ter-nit) in turn एकान्तर; बारी बारी से باری باری؛ یکے بعد دیگرے

Alternately : *adv*. one after one; turn

by turn बारी बारी से; एकान्तरत باری باری سے

Alternating : *adj.* one after one; in turn बारी बारी; एकान्तर باری باری

Alternation : *n.* in turn एकान्तरण; प्रत्यावर्ती باری باری؛ یکے بعد دیگرے

Alternative : *adj.* second choice वैकल्पिक; विकल्पी متبادل صورت

Alternatively : *adv.* secondly विकल्पत; दूसरी ओर से دوسری طرف سے

Although : *conj.* (al-thouh) though; even यद्यपि; हाँलाकि اگرچہ؛ ہر چند؛ باوجودیکہ؛ گو

Altimeter : *n.* (al-ti-mee-ter) instrument for measuring height above sea level तुगंतामापी ارتفاع پیا؛ بلندی پیا

Altitude : **n.** (ahl-ti-tewd) height; altitude; elevation तुगंता; ऊँचाई بلندی؛ ارتفاع

Altogether : *adv.* (awl-to-gedh-er) completely पूर्ण रूप से; बिल्कुल ही سب ملاکر؛ فی الجملہ؛ کل؛ بحیثیت مجموعی

Altruism : *n.* (al-troo-izom) selflessness; regard for the good of others rather than one's own परोपकारिता; परहितवाद ایثار؛ بے غرضی

Altruist : *n.* having no selfish interest परोपकारी; परहितवादी بے غرض؛ ایثار کرنے والا

Alum : *n.* (al-um) a kind of salt फिटकरी; ऐलम پھٹکری

Aluminium : *n.* (alu-min-i-um) a bluish silver white metal एलुमिनियम المونیم دھات

Alumna : *n.* (a-lu-mna) student (female or girl) छात्रा; स्नातिका شاگردہ؛ طالبہ

Alumnus : *n.* (a-l-u-m-nus) student (boy or male) छात्र; विद्यार्थी شاگرد؛ طالبعلم

Alunite : *n.* (a-lu-naite) a kind of salt फिटकरी पत्थर پھٹکری پتھر

Always : *adv.* (awl-wez) at all times सदा; हमेशा; सदैव ہمیشہ؛ دائماً؛ ہر وقت

Am : *v.* Ist person of be हूँ ہوں

Amah : *n.* (a-ma) Aya; lady who look after the child आया آیا

Amalgam : *n.* (a-mal-gam) mixture of a metal with mercury पारदमिश्रण؛ ملغم؛ سیمابی آمیزش

Amalgamate : *v.* to make such mixture पारदमिश्रण करना سیمابی آمیزش کرنا؛ ملغم کرنا

Amalgamated : *adj.* to mix mercury पारदित; मिश्रित سیمابی آمیزش کیا ہوا؛ ملغم کیا ہوا

Amalgamation : *n.* mixing with mercury पारदन; मिश्रण سیمابی؛ آمیزش؛ ملغم

Amarant(h) : *n.* (a-me-rant) amaranth चौलाई چولائی

Amarantine : *n.* ever green; dark purple (1) सदाबहार; (2) (रंग) जामुनी या बैगनी (۱) رنگ؛ بیگنی یا جامنی (۲) سدابہار

Amass : *v.* (a-mas) accumulate ढेर लगाना; जमा करना جمع کرنا؛ ڈھیر کرنا

Amateur : *n.* (am-e-tewr) found of; one studying art etc. for the love of it शौक़ीन; अव्यवसायी شوقین؛ غیر پیشہ ور

Amateurish : *adj.* not perfect अव्यवसायी; अनाड़ी غیر پیشہ ورانہ

Amative : *n.* (a-ma-tive) lover प्रेमी; कामी عاشق؛ پریمی

Amaze : *v.* (a-mayz) to astonish चकित; भौंचक्का होना متحیر کرنا؛ بھونچکا رہ جانا

Amazement : *n.* astonishment अचंभा; विस्मय حیرت؛ استعجاب

Amazing : *adj*. astonishing आश्चर्यजनक; विस्मयकार حیرت انگیز

Ambages : *n*. (am-bay-jiz) an indirect way of speaking; prevarication; avidance; evasion टाल-मटोल ٹال مٹول

Ambassador : *n*. (am-bas-e-der) envoy राजदूत ایلچی؛ سفیر

Ambassadorial : *adj*. an ambassador's job राजदूती سفارتی

Ambassadress : *n*. women ambassador राजदूतनी (عورت سفیر)

Amber : *n*. (am-ber) kind of hard yellow gum for making overnaments तृणमणि; कहरुबा عنبر؛ کہربا

Ambergris : *n*. (am-ber-grees) sweet smelling substance तृणमणि عنبر

Ambidexter : *adj*. (am-bi-dax-ter) cheater; shyster; swindler धोखेबाज़ دھوکے باز

Ambient : *adv*. (am-bi-yant) nearly आस-पास का آس پاس کا؛ قریب کا

Ambiguity : *n*. (am-bi-gew-i-ti) having double meaning दिधार्थकता; अनेकार्थता ابہام؛ ایہام؛ شک

Ambiguous : *adj*. of double meaning or nature अस्पष्ट; संदिग्ध؛ ذومعنی ...

Ambit ... (۲) تمنا؛ آرز ... اولوالعز ...

Ambitious : *adj*. (em-bish-us) one with ambition महत्त्वाकांक्षी; अभिलाषी حوصلہ مند؛ اولوالعزم

Amble : *v*. (am-bel) move slowly; move gently; to stroll; to ramble टहलना آہستہ خرامی؛ چہل قدمی؛ سبک خرامی

Amblyopia : *adj*. (am-by-lo-piya) weak eye sight मन्द दृष्टि کم نظری

Ambo : *n*. (am-bo) stage (of theatre etc.) मंच اسٹیج

Ambrette : *n*. musk मुश्कदाना مشک

Ambrosia : *adj*. (am-bro-zia) ill luck; bad lot; misfortunate दुर्भाग्य بدقسمتی

Ambulance : *n*. (am-bew-lens) a hospital van for carying the sick अस्पताल गाड़ी؛ بیمار زخمیوں کو لے جانے والی گاڑی؛ ایمبولنس

Ambulate : *v*. move slowly; move gently चलना; टहलना چلنا؛ ٹہلنا

Ambulation : *n*. moving slowly टहल; चलन چہل؛ ٹہل

Ambuscade : *n.&v*. (am-bus-cade) to wait for an ambush घात (में रहना या बैठना) گھات (میں رہنا یا بیٹھنا)

Ambush : *v*. (am... ambuscade घात; घात लगाना گھات میں بیٹھنا؛ گھات ...

... leader अमीर امیر

...**ate** : *v*. (a-mee-lio-rayt) to ...m; to repair सुधारना; सुधरना بہتر بنانا؛ سدھارنا

Amelioration : *n*. reformation; modification; repair सुधार; उन्नति بہبودی؛ رفاہ؛ سدھار

Amen : *n*. (ay-men) aameen; may it be so आमीन (ऐसा ही हो) آمین

Amenable : *adj*. (amen-able) submissive आज्ञाकारी; अधीन اطاعت پذیر؛ فرمانبردار

Amenably : *adv*. (ameen-ably) submissively मित्रभाव से; सुखपूर्वक اطاعت پذیری سے

Amenability : *n*. ability प्रतिभा; योग्यता صلاحیت؛ قابلیت

Amend : *v*. (a-mend) to correct; to improve संशोधन करना; सुधारना سدھرنا؛ سدھارنا؛ تبدیل کرنا؛ ترمیم کرنا

Amendable : *adj*. that can be amended संशोधनीय ترمیم پذیر؛ قابل ترمیم؛ قابل اصلاح

Amended : *adj*. improved संशोधित ترمیم کیا ہوا؛ اصلاح کیا ہوا

Amendment : *n*. act of amending; alteration संशोधन; सुधार ترمیم؛ اصلاح

Amends : *n*. compensation क्षतिपूर्ति; हरजाना تلافی؛ ہرجانہ

Amenity : *n*. (a-mee-niti) ...antness मनोहरता خوشگواری ... *n*. facilties; things make life ... सुविधाएं; सुखसाधन سہولتیں؛ زندگی کی ...

Amenor... menstrual d... other than preg... ...بند ہونا ...of the

Ament : adj. (a-... foolish; stupid दुर्बलबुद्धि ...

Amentia : n. weakness mental weakness बुद्धिदुर्बलता ...

Amerce : *v*. (a-mer-s) to penalize; to pay a fine जुर्माना देना या लगाना جرمانہ دینا یا لگانا

America : *n*. (a-me-ri-ka) name of a country अमरीका امریکہ (ملک کا نام)

American : *adj*. a citizen of America अमरीकी امریکہ کا باشندہ؛ امریکہ میں رہنے والا؛ امریکہ کا شہری

Amiable : *adj*. (ay-mi-e-bel) loveable; kind hearted सौम्य; प्यारा; प्रिय نیک طبع؛ پیارا؛ دلآویز

Amiability : *n*. lovability; sociability सौम्यता; स्नेहशीलता; मिलनसारी دلآویزی؛ نیک طبعی؛ ملنساری

Amiably : adv. peacefully शान्तिपूर्वक; सुखपूर्वक از رہِ لطف

Amicable : *adj*. (am-ik-e-bel) (1)peaceful; friendly (2) lovable; a lover (1)सौहार्दपूर्ण; मैत्रीपूर्ण (2) स्नेहशील; स्नेही (۱) پرامن؛ دوستانہ (۲) آپس داری کا؛ محبانہ؛ دوستی کا

Amicably : *adv*. in an amicalbe way मित्रभाव से; आपस में دوستانہ طور پر؛ آشتی سے

Amid/Amidst : *prep*. (a-mid/a-midst) in the middle of बीच में; में بیچ میں؛ درمیان میں؛ کے مابین؛ میں

Amiss : *adj*.&*adv*. (a-mis) wrong; wrongly ग़लत غلط؛ غلطی سے

Take amiss : *ph*. be offended at it का (पर) बुरा मानना کا (پر) غصہ کرنا یا برا ماننا

... *n*. (am-i-ti) friendship; ... دوستی؛ میل جول ...

...-nia) a kind of ... امونیا گیس، ... نوشا...

Ammunition : *n.* (am-ew-nish-en) military stores गोला बारूद گولہ بارود

Amnesty : *n.* (am-nest-ti) general pardon राजक्षमा; सर्वक्षमा عام معافی؛ امان

Amoeba : *n.* (a-mee-ba) simplest form of animal life अमीबा; जीवाणु امیبا؛ بدلو

Amoebic-Dysentery : *n.* a kind of dysentery अमीबा-पेचिश امیبا پیچش

Amomum : *n.* (a-mo-mum) cardamon; a kind of spices इलायची الائچی

Among/ Amongst : *prep.* (a-mung/a-mungst) in the middle of में; बीच में; मिलकर میں؛ درمیان میں؛ بیچ میں

Amoral : *adj.* (a-mo-ral) non moral; without a sense of moral responsibility निनैतिक; सदाचर-निरपेक्ष غیر اخلاقی؛ بد اخلاق

Amorous : *adj.* (am-o-rus) in or of love आशिक़ाना; प्रणयी عاشقانہ؛ عشقیہ

Amorpous : *adj.* (a-mawr-fus) having no regular shape अनाकार; अनियतरुप بے شکل؛ غیر متشکل

Amortization : *n.* (a-mor-ti-ze-shen) rectification; revision परिशोधन; संक्रामण بدلنا؛ سدھارنا؛ تبدیل کرنا

Amount : *n.* (a-mount) total [illegible] रक़म; धनराशि [illegible] میزان

Amour [illegible]
प्रेम सम्[illegible]

Amp[illegible]
cur[illegible]

A[illegible]

Amphibian : *n.&adj.* (am-feeb-i-en) an animal capable of living in water and on land जलथलया; जलभूमिया; वह जानवर जो भूमि और जल दोनों में रह सके جل تھلیا؛ جل بھومیا؛ وہ جانور جو پانی اور زمین دونوں پر رہ سکے

Amphibious : *adj.* such animals जलथलया جل تھلیا؛ جل بھومیا

Amphitheatre : *n.* (am-fi-thi-et-er) full or half circle or oval with rising rows of seats गोल या अंडाकार तमाशागाह بیضوی شکل کا تھیٹر یا تماشا گاہ

Ample : *adj.* (am-pel) large sized; more than enough (1) लम्बा चौड़ा; विस्तृत; (2) पर्याप्त; काफ़ी; बहुत (۱) فراخ؛ کشادہ (۲) کافی؛ بہت

Amplification : *n.* (am-pli-fi-cay-shen) making large ऊँचा करना; बड़ा करना بلند کرنا؛ بڑا کرنا

Amply : *adv.* ambundently बड़ी हद तक; बहुत कुछ; प्रचुर मात्रा में بڑی حد تک؛ بہت کچھ

Amplifier : *n.* loud speaker लाउडस्पीकर لاؤڈ اسپیکر؛ بلندگو؛ [illegible] الصوت

Amplify : *v.* mak[illegible]
वर्धक; ऊँ[illegible]

[illegible] y small [illegible] g injection
[illegible] ut off a limb काट
[illegible] : *n.* to cut part of a body कاٹ ڈالنا (ہاتھ یا پاؤں) قطع عضو؛ عضو بری

[illegible]**ck** : *adv.* (a-muck) to lose self control हिंसोम्मत होना; आपे से बाहर होना آپے سے باہر ہونا؛ سر پر خون سوار ہونا

Run Amuck : *ph*. go mad and run wildly to kill people आपे से बाहर होना یوں مارنے دوڑنا جیسے سر پر خون سوار ہو

Amulet : *n*. (am-ew-let) charm against evil तावीज़; तन्त्र تعویذ؛ گنڈا

Amuse : *v*. (am-yooz) give pleasure दिल या मन बहलाना دل خوش کرنا؛ دل بہلانا

Amusement : *n*. that which amuses; feeling of ammusement मनोरंजन; मनोविनोद تفریح؛ کھیل؛ خوشی؛ گدگداہٹ

Amusing : *adj*. entertaining मनोरंजक; विनोदी; हास्यकर دلچسپ؛ تفریحی

Amygdalic : *adj*. (ay-mig-day-lic) almond coloured; light yellow बादामी بادامی

Anabatic : *adj*. (an-a-bay-tik) ascending आरोही فوقیت؛ بالادستی

Anabolism : *n*. (an-a-bo-lism) accumulation; heap; growth of capital by continued interest उपचय ڈھیر؛ انبار؛ اضافہ (اصل میں)

Anachronism : *n*. (a-nak-ro-nizm) mistake in dating; a thing ...raphically out of place कालदोष; سہو زبانی؛ دقیانوسی

A... blood...

Anaem... -nee-mia) death of अरक्तक ... خون کی کمی؛ قلتِ دم

Anaesthe... from it or unconscio...

Anaesthetic : ... drug for suspendin... निश्चेतक; बेहोशी بے حسی

Anaesthetist : *n*. specialist administering such drug निश्चेतक ماہر خدا

Anagram : *n*. (an-e-gram) word made from another by changing order वर्णविपर्यास صنعت مقلوب

Analgetic : *adj*. pair releiving (drug); paragoric drug पीड़ानाशक; पीड़ाहारी تکلیف ختم کرنے والی؛ آرام دہ

Analogy : *n*. (a-nal-o-ji) Partial likeness अनुरूपता; तुल्यरूपता : مشابہت؛ مماثلت

Analyse : *v*. (an-e-liz) break up into components विश्लेषण करना تجزیہ یا تحلیل کرنا؛ ترکیب نحوی کرنا

Analysis : *n*. process of analysing विश्लेषण تجزیہ؛ تحلیل؛ ترکیب نحوی

Analyst : *n*. one who analyse विश्लेषक ماہر تجزیہ

Analytical : *adj*. pertaing to analysis विश्लेषिक تجزیاتی؛ تحلیلی

Ananas : *n*. (a-na-nus) pineapple अनन्नास; अनानस اناناس

Anarchism : *n*. (a-nar-kizm) political theory that Govt. is undesirable अराजकतावाद لاحکومیت؛ فوضویت

Anachist : *n*. one who spread anarchy अराजकतावादी نراجی؛ بدنظمی پھیلانے والا

Anarchy : *n*. lack of government अराजकता; अव्यवस्था بدنظمی؛ نراج؛ فوضویت

Anathema : *n*. (an-the-ma) curge; ...iction अभिशाप بددعا

...tize : *v*. use a curse

...-mist) expert ماہر تش...

Anatomy : *n.* science of the structure of human body शरीर शास्त्र; चीर फाड़ تشریح الاعضا؛علم تشریح

Ancestor : *n.* (an-ses-ter) fore fathers of one's parents पूर्वज; पुरखा بزرگ؛ آبا و اجداد

Ancestral : *adj.* derived from ancestors पैतृक جدی؛ موروثی

Ancestry : *n.* all one's ancestors वंश; कुल نسل؛کل

Anchor : *n.* (an-ker) heavy iron hook let down a ship to keep it at rest लंगर لنگر

Anchor : *v.* hold a ship fast with anchor लंगर डालना (जहाज़ का) لنگر انداز ہونا؛ یا لنگر ڈالنا (جہاز کا)

Anchorage : *n.* place for anchoring लंगरगाह; लंगर डालने की जगह لنگر ڈالنے کا مقام؛لنگرگاہ

Ancient : *adj.* (ayn-shent) belonging to old times प्राचीन; पुराना پرانا؛ قدیم؛ بہت پرانا

Ancillary : *adj.* (an-si-la-ri) Assistant; helper; supporter सहायक معاون؛ مددگار

And : *conj.* as well; many और; तथा; एवं; व اور؛ کئی

Anecdote : *n.* (an-ik-... amusing sto... कि...

irregular (2)difficult (1)टेढ़ामेढ़ापन; टेढ़ामेढ़ा रास्ता (2) जटिलता (۱)ٹیڑھا میڑھاپن؛ ٹیڑھا میڑھا راستہ (۲)مشکل

Angel : *n.* (ayn-gel) heavenly spirit फ़रिश्ता فرشتہ

Angelic : *adj.* (an-gel-ik) like an angle स्वर्गदूत-तुल्य فرشتہ صفت

Anger : *n.&v.* (an-ger) rage; ire; make angry क्रोध; कोप; गुस्सा दिलाना غصہ؛ غصہ دلانا

Angle : *n.* (ayn-gel) corner space between two meeting lines; point of view कोण زاویہ؛ زاویۂ نظر

Anglicize : *v.* (ang-li-sz) make English अंग्रेज़ी (ढंग का) बनाना انگریزی ڈھنگ کا بنانا

Angling : *n.* fishing मछली का शिकार या पकड़ना مچھلی کا شکار

Anglo : *pref.* English अंगरेज़ी انگریزی؛ فرنگی

Anglo-Indian : *n.* one of mixed English & Indian race अंगलो-इंडियन اینگلو انڈین

Anglo-Mania : *n.* exce... unreasonable lov... अंगरेज...

...race of mixed ... अंगलो- ... انگریزی؛ اینگلو پاکستانی ... olently कोप से; गुस्से से ... غصے سے؛ ناراضگی سے ... *adj.* displeased क्रोधित; ख़फ़ा; ناراض؛ غصے؛ خفا

Anguish : *n.* (an-gwish) mental tedium; severe pain (esp. of mind) परिताप; तीव्र व्यथा ذہنی کوفت؛ اذیت؛ کوفت

... A.D. : *n.* (a-n... रसी ...

Angular : *adj*. (ang-ew-ler) (1)having sharp corner (2) (of person) with bones showing under the skin (3)rude (1)कोणीय (2)इकहरा; दुबला पतला (3) अखखड़ (۱) تیکھا (۲) دبلا پتلا (۳) بدلحاظ؛ اکھڑ

Angularity : *n*. sharpness; rudness; thin कोणिकता; अखखड़पन; दुबलापन ؛ تیکھاپن دبلا پن؛ بدلحاظی

Anil : *n*. (a-nil) indigo; deep blue dye नील نیل

Animadversion : *n*. (ayni-mad-version) criticism आलोचना; टिप्पणी ؛ تنقید؛ نکتہ چینی؛ تبصرہ

Animadvert : *v*. to criticise आलोचना क.; टिप्पणी करना تنقید کرنا؛ اعتراض کرنا؛ نکتہ چینی کرنا

Animal : *n*. (an-imal) a living thing पशु; जानवर; जन्तु حیوان؛ جانور؛ جاندار

Animal Kingdom : *n*. the living things world प्राणि जगत حیوانات کی دنیا

Animal spirits : *n*. high spirit जिन्दादिली زندہ دلی؛ خوش دلی

Animalize : *v*. to make animal पशु ...ा देना جانور بنا دینا؛ حیوان بنانا

Anim... : *v*. (an-i-mayt) give life to ...जीवित करना ؛ جلانا؛ جان ڈالنا؛ روح پھونکنا

Anim... जीवित; जी...

Animatio... ... amusing vivacity सजीव...

Animosity ... spiritedness enmi... hate वैर भाव; वैर نفرت

Anisel Aniseed : *n*. ... seed) the seed of the anise सौंफ سونف

Ankle : *n*. (ank-el) joint connected foot with leg टखना; गुल्फ ٹخنہ

Ankle Joint : *n*. joint of ankle गुल्फ-संधि ٹخنے کا جوڑ

Anklet : *n*. (ayn-k-let) an ornament which is wears in foot पायल; पाज़ेब پائل؛ پازیب

Annalist : *n*. (ayna-list) historian इतिहासकार تاریخ نگار؛ مورخ

Annals : *n*. (an-elz) history इतिहास; आख्यान تاریخ؛ وقائع

Anneal : *v*. to make strong तपाना; सुदृढ़ करना تپانا؛ مضبوط کرنا

Annex : *v*. (a-neks) to add; to join; to affiliate संलग्न करना; जोड़ना; (साथ में) लगा देना؛ (۱) شامل کرنا؛ جوڑنا (ساتھ میں) یا لگا دینا؛ الحاق کرنا (۲) قبضہ کرنا

Annexe : *n*. (an-ex) small building near large one संलग्न हिस्सा; उपभवन; उपगृह مکان کا چھوٹا ملحقہ حصہ؛ ذیلی مکان

Annexation : *n*. annexing संयोजन; अनुयोजन الحاق

Annihilate : *v*. (a-ni-e-layt) to destroy utterly विनाश करना; सत्यानाश करना; मिटा देना نیست و نابود کرنا یا برباد کر دینا؛ مٹا دینا

Annihilation : *n*. utter destruction विनाश; सर्वनाश; सत्यानाश تباہ کاری؛ بربادی

Annihilator : *n*. destructor सत्यानाशी; ...संक تباہ کاری کرنے والا؛ برباد کرنے والا

...sary : *n*. (an-i-ve-re-ri) ...ath function every ...धिन); जन्मदिवस ... برسی؛ سالگر...

...domini) Christian era ईसवी सन عیسوی سن

Annotate : *v.* (an-oh-tayt) write notes to or on व्याख्या करना; टीका करना شرح لکھنا یا کرنا

Annotation : *n.* writing notes व्याख्या; टीका شرح نویسی

Annotator : *n.* one who annotates टीकाकार; व्याख्या लेखक شارح

Announce : *v.* (a-nouns) make known publicly सूचित करना; घोषित करना اعلان کرنا؛ مطلع کرنا؛ تشہیر کرنا

Announcement : *n.* announcing; announce publicly घोषणा; सूचना; विज्ञापन اعلان؛ اطلاع؛ تشہیر

Announcer : *n.* one who announces; one who reads news on the radio घोषक; आख्यापक اعلان کنندہ؛ نشر کنندہ

Annoy : *v.* (a-noi) irritate चिढ़ाना; तंग करना برہم کرنا؛ چڑھانا

Annoyance : *n.* cause of irritation चिढ़; खीज برہمی؛ جھنجھلاہٹ

Annual : *adj.* (an-ew-el) yearly वार्षिक; सालाना سالانہ

Annual examiation : *n.* yearly test; yearly exam वार्षिक परीक्षा سالانہ امتحان

Annual function : *n.* yearly ceremony वार्षिक समारोह سالانہ تقریب

Annual issue : *n.* yearly public... वार्षिक प्रकाशन سالنامہ

Annually : *adv.* ...aw, year by ye...

Anr...

stip... n-ten-...

A...

agreement); rejected; to cancel; to rescined रद्द करना; मिटा देना رد کرنا؛ منسوخ کرنا

Annulate : *adj.* curly; ringed छल्लेदार چھلّے دار؛ چوڑی دار

Annulment : *n.* cancellation; rejection; rescission अभिशून्यता; निराकरण; विलोपन رد؛ تنسیخ

Annulose : *adj.* curly; ringed छल्लेदार چھلّے دار

Annunciate : *v.* to inform; to announce घोषित करना; सूचित करना اعلان کرنا؛ مطلع کرنا

Annunciation : *n.* announcement घोषणा اعلان؛ اطلاع

Annunciator : *n.* announcer घोषक اعلان کنندہ

Anodyne : *adj.* (a-no-da-in) pain killer; reliever पीड़ानाशक; वेदनाहर تکلیف ختم کرنے والا؛ آرام دہ

Anoint : *v.* (an-oint) pour or rub oil on body etc. बदन पर तेल लगाना; अभिषेक देना تیل لگانا؛ (بدن پر)؛ اصطباغ دینا

...ction;

Anointment : *n.* re...ugurating inanguration of ...kling water) or con...

...*j.* (a-nom-e-lus) not ...gular अनियमित بے قاعدہ؛ خلاف قیاس

...**aly** : *n.* irregularity अनियमतता; मान्यता بے قاعدگی؛ خلاف قیاس

Anon : *adj.* (a-non) immediatly; quickly; soon; urgently शीघ्र; जल्दी جلدی

Anonym : *n.* (a-no-nim) pseudonym

person; nameless person अज्ञातनाम व्यक्ति گمنام آدمی؛ نامعلوم شخص

Anonymity : *adj.* not known; no body knows गुमनामी گمنامی

Anonymous : *n.* nameless person; unknown person गुमनाम; अनाम گمنام آدمی؛ غیرمعروف شخص

Anonymous Letter : *n.* unsigned letter; without sign letter गुमनाम पत्र غیردستخط شدہ خط؛ گمنام خط

Another : *adj.* (a-ne-ther) other; additional; different दूसरा; एक और; कोई दूसरा; भिन्न دوسرا؛ ایک اور؛ کوئی دوسرا

Anserine : *adv.* like a swan; related to swan हंस जैसा; हंस सम्बन्धी ہنس جیسا؛ ہنس سے متعلق

Answer : *n.* & v. (ahn-sewer) reply; response जवाब; उत्तर; उत्तर देना جواب؛ جواب دینا

Answerable : *n.* responsible जवाबदेह; उत्तरदायी جواب دہ

Ant : *n.* (ant) tiny insect; a small ...ct चींटी چیونٹی

...in Ant : termit; a destructive ... دیمک

Antago... hostility; en... (ant-tag-o-izm) ...प्रतिरोध مخالفت؛ دشمنی؛ بیر

Antagonist : ... विरोधी; प्रतिद्वन्दी; ...

Antagonistic : adj. ...my ... विरुद्ध; प्रतिरोधी مخالفانہ؛ معاندانہ

Antaonize : v. to make ... one's enemy विरोध करना; विरोधी... دشمن بنانا؛ مخالفت کرنا؛ بیر ڈالنا

Antartic : *adj.* (ant-ahr-k-tik) on or near South Pole दक्षिण ध्रुवीय جنوبی؛ قطب جنوبی

Antartic : *n.* area round South Pole दक्षिण ध्रुव प्रदेश قطب جنوبی

Ante : *pret.* (an-ti) before; previously पूर्व; पहले का پہلے کا؛ سے قبل

Ante : *n.* (an-ti) wager; stake; to put on stake दाँव (पर रखना) داؤں (پر رکھنا)

Antecedence : *adj.* formerly; previously; priorly पूर्वता; प्राथमिकता اولیت

Antecedent : *adj.* (ant-i-see-dent) noun clouse reffered to by a relative pronoun पूर्व; पूर्ववर्ती پہلے کا؛ قبل؛ مرجع

Antecedents : *n.* past history (of) some one पूर्वचरित; पूर्व हालात پہلے کے حالات؛ حالات

Antechamber : *n.* baithak; outer room of a house बैठक; बाहरी कमरा; उपकक्ष بیٹھک؛ باہری کمرہ

Antedate : *v.* (an-t-i-dayt) give a date earlier than the read (on document etc.) पूर्वादिनांक پہلے کی تاریخ ڈالنا

Antediluvian : *adj.* old; backward पूराना; दकियानूसी پرانا؛ دقیانوسی

Antefix : *n.* (an-ti-fix) lease; a title deed पट्टा پٹا

Antelope : *n.* (anti-lohp) a stag; a dear like animal कुरंग; बारहसिंगा بارہ سنگا

...-meridiem / A.M. : *adv.* before ...र से पहले قبل نصف النہار؛ قبل دوپہر

...*di.* (an-ti-ney-tel) before ... پیدائش سے پہلے کا؛ جنینی ...

... aerial ऐन्टेना;

एरियल ایریل

Antenuptial : *adj.* (an-ti-nap-shel) before marriage विवाहपूर्व شادی سے پہلے؛ شادی سے قبل

Anterior : *adj.* (an-tee-rior) before पूर्व; पूर्ववर्ती; अगला پہلے؛ آگے؛ اگلا

Anteriorly : *adv.* previously पहले से پہلے سے

Anteroom : *n.* (anti-room) small room leading to larger one; Baithak छोटा कक्ष; बैठक بغلی کمرہ؛ بیٹھک

Anthem : *n* (an-them) song of praise वन्दना; गान ترانہ

National Anthem : *ph.* national song of a country क़ौमी तराना या वन्दना قومی ترانہ

Anthology : *n.* (anth-ol-o-ji) collection of poems or pieces of prose by different writers संग्रह; चयनिका مجموعہ؛ بیاض

Anthracite : *n.* (anth-ra-sit) hard coal झूठा कोयला; पत्थर का कोयला چھوٹا کوئلہ؛ پتھر کا کوئلہ

Anthropological : *adj.* (anth-ro-pol-o-ji-kal) related to anthropology मानव शास्त्रीय بشریاتی؛ انسانیاتی

Anthropologist : *n.* expert in anthropology मानव विज्ञानी ماہر بشریات؛ ماہر انسانیات

Anthropology : *n.* science of the human race dealing with its evolution; beliefs & customs मानव शास्त्र; मानव विज्ञान علم بشریات؛ علم انسانیات

Anti : *pref.* (ant-i) against विरोधी; प्रति توڑ؛ مار؛ شکن (لاحقہ)

Anti-Aircraft (Gun) : *n.* a huge gun हवामार तोप (توپ) طیارہ شکن

Anti-biotic : *adj.* a substance which prevents germs प्रतिजीव; प्रतिजीवाणु جراثیم کش دوا

Anti-christian : *adj.* against christian इसाई-विरोधी عیسائی مخالف

Anti-climax : *n.* (anti-kli-maks) dejection; sudden change from important to unimportant पस्ती; उतार; गिरावट اتار؛ تنزل؛ پستی

Anti-clockwise : *adj.* in the direction opposit to the one in which the hands of the clock moves घड़ी के उल्टे रूख़; वामावर्त گھڑی کے الٹے رخ؛ خلافِ ساعت

Anti-corruption : *adj.* against corruption भ्रष्टाचार विरोधी بدعنوانی کے خلاف؛ بدعنوانی مخالف

Anti-corruption : *n.* deptt. against corruption भ्रष्टाचार विरोधी विभाग بدعنوانی مخالف محکمہ

Anticipant : *n.* (an-tis-i-paynt) one who anticipate प्रत्याशा; पूर्वकता متوقع چیز کا اندازہ کرنے والا؛ پیش بندی کرنے والا

Anticipate : *v.* (an-tis-i-payt) expect; estimate पहले से ज्ञान हो जाना; महसूस करना; पूर्वानुमान करना; प्रत्याशा करना پہلے سے اندازہ کرنا؛ پہلے سے محسوس کرلینا

Anticipation : *n.* anticipating पूर्वाभास; पूर्वानुमान; प्रत्याशा توقع؛ پیش بینی

Antics : *n.* (an-tiks) amusing playful movements हरकतें; मसख़रापन مضحکہ خیز حرکات

Antidote : *n.* (an-ti-doht) a medicine to prevent effects of poison विषहर;

प्रतिविष تریاق

Antimony : *n*. (ant-i-me-ni) a bluish metal अंजन; सुर्मा سرمہ

Antipathy : *n*. (an-tip-a-thi) dislike वैर भाव دائمی نفرت

Antipode : *adj*. (an-ti-pod) opposite; contrary; reverse उल्टा الٹا؛ مخالف

Antipodes : *n*. (an-tipe-deez) region of the world situated opposite each other or opposite प्रतिध्रुव کرۂ ارض کے متقابل حصے

Antiquarian : *n*. & adj. (anti-kway-rian) antiquary पुरातत्त्व-विषयक آثار والا؛ اثری

Antiquary : *n*. one who studies collects or sells antiquities पुरावेत्ता; पुराविद پرانے آثار یا پرانی چیزوں کا جمع کرنے والا؛ آثار والا

Antiquated : *adj*. antique; old; not in fashion; out of fashion पुराना; अप्रचलित پرانا؛ کہنہ؛ فرسودہ

Antique : *adj*. (an-teek) in the style of past times पुराकालीन; प्राचीन قدیم؛ عتیق

Antiquity : *n*. (an-tik-wi-ti) distant past प्राचीन काल; पुराकाल عہد پارینہ؛ عہد رفتہ

Antiseptic : *adj*. a substance destroying germs प्रतिरोधी; रोगाणुरोधक جراثیم کش دوا

Antlers : *n*. (ant-le-z) one of a set of branching horns (of stag) मृगश्रृङ्ग شاخ در شاخ سینگ؛ شاخ آہو

Antonym : *n*. (ant-o-nim) word opposite in meaning tc another विपर्याय; विलोम ضد؛ الٹا

Antrum : *n*. (an-te-rum) : cave; ditch; pit गुहा; ग़ार غار؛ گڑھا

Anvil : *n*. (an-vil) iron block for hammering metals निहाई; अहरन; सन्दान اہرن؛ نہائی

Anxiety : *n*. (ang-zi-ti) feeling of fear about the future; mental uneasiness चिन्ता; फ़िक्र اندیشہ؛ فکر؛ پریشانی

Anxious : *adj*. (ank-stus) (1)worried (2)strongly wishing (1) चिन्तित; चिन्ताग्रस्त (2) उत्सुक (۱) پریشان؛ فکرمند (۲) آرزومند؛ متمنی؛ شائق

Anxiously : *adv*. keenly उत्सुकता से شوق سے

Any : *pron*. & *adv*. (an-i) some; a few कोई; कोई सा کوئی؛ کوئی سا

At any cost : *ph*. at any price किसी क़ीमत पर کسی قیمت پر

Anybody : *n*. any person हर कोई; कोई भी; हर एक ہر کوئی؛ ہر ایک؛ کوئی بھی

Anyhow/Anyway : *adv*. in any way किसी प्रकार; चाहे जैसे ہر طرح؛ کسی نہ کسی طرح؛ پھر بھی

Anyone/ Any-One : *n*. & adj. any body हर कोई; कोई; अकेला ہر کوئی؛ ہر ایک؛ کوئی؛ اکیلا؛ تنہا؛ کوئی

Apace : *adv*. (e-pays) quickly; fastly तेज़ी से; तीव्र गति से تیزی سے؛ جلدی سے؛ تیز تیز

Apache : *n*. (e-pash) rouge; scoundrel गुण्डा غنڈہ؛ بازاری آدمی

Apart : *adv*. (e-pah-rt) seperately अलग; पृथक الگ

Apartment : *n*. (a-pah-rt-ment) room; flat कमरा; फ़्लैट کمرہ؛ فلیٹ

Apathetic : *adj*. (ap-e-thetic) cruel;

rigid; rigorous; tyrant; atrocious उदासीन; विरक्त بے حس؛ ظالم

Apathy : *n*. (ap-e-thi) lack of feeling उदासीनता; भावशून्यता بے حسی؛ کٹھور پن

Apatio : *n*. (a-pysh-i-oh) wall-less covered extension of house बरसाती; साएबान برساتی؛ سائبان

Ape : *n*. (ayp) large tamess monkey वानर; बन्दर; लंगूर بوزنہ؛ لنگور؛ بے دم کا بندر

Ape : *v*. imitate foolishly नक़ल करने वाला; नक़्क़ाल نقل کرنا؛ ریس کرنا؛ نقل اتارنا

Apeak : *adj*. & *adv*. (a-peek) in a vertical line सीधा खड़ा عمودی

Aperient/ Aperitive : (a-pi-riyant) purgative; Jalap विरेचक; दस्तावर; रेचक دست آور؛ جلاب

Aperiodic : *adj*. (a-pee-rio-dic) disorderly; irregular अनियमित; अनियतकालिक بے قاعدہ؛ بے ضابطہ

Aperture : *n*. (a-per-cher) hole; gap; opening छिद्र; छेद; सूराख़ سوراخ؛ روزن

Apex : *n*. (ay-peks) pointed top of anything शिखर; शीर्ष; सिरा; नोक نوک؛ چوٹی؛ عروج

Aphonia : *n*. (ay-pho-nia) loss of voice स्वरहानि آواز کھو جانا

Aphorism : *n*. (af-e-rizm) a saying; proverb सूक्ति; सूत्र ضرب المثل؛ جامع کلمہ؛ کہاوت

Apiarian : *adj*. (ay-pie-ri-an) related to bee मधुमक्खी का شہد کی مکھی کا

Apiarist . *n*. a man who fostered bees for honey; one keeping bees for honey मधुमक्खी पालक نحل پرور

Apiary : *n*. (ay-pi-e-ri) place where bees kept मधुवाटिका شہد کی مکھی کا چھتہ مصنوعی مہال؛

Apical : *adj*. (ay-pi-kal) a peak; top; summit; apex अग्रस्थ; शिखर عروج؛ چوٹی

Apiculate : *adj*. (ay-pi-cu-late) sharp; intelligent तीक्ष्णाग्र عقلمند؛ ہوشیار

Apiculture : *n*. (ay-pi-e-kul-tur) keeping bees; bees foster मधुमक्खी-पालन نحل پروری

Apiece : *n*. (a-pees) by; to or for each प्रत्येक को; प्रत्येक فی؛ ہر ایک

Apish : *adj*. (ayp-ish) ape-like बन्दर की तरह; लंगूर जैसी ख़ासियत بوزنہ صفت

Aplomb : *n*. (ay-p-lomb) self confidence आत्मविश्वास; असंभ्रम خود اعتمادی

Apologetic/ apologetical : *adj*. regrettable क्षमायाचक; खेदसूचक عذر خواہ؛ معذرت آمیز

Apologize : *v*. (e-pol-e-ziz) to make an apology खेद प्रकट करना; क्षमा माँगना معذرت کرنا؛ عذر خواہی کرنا

Apology : *n*. (e-pol-e-ji) regrett क्षमायाचना; क्षमाप्रार्थना معذرت؛ عذر؛ اعتذار

Apoplexy : *n*. (ap-e-plek-si) falling sickness रक्ताघात مرگی

Apostacy / Apostasy : *n*. (e-pos-te-si) giving up one's religion धर्म त्याग; स्वधर्मत्याग ارتداد

Apostate : *n*. one who gives up one's religion धर्मत्यागी; संघत्यागी مرتد

Apostatize : *v*. to become apostate धर्म, पक्ष या दल त्याग देना مرتد ہوجانا؛ برگشتہ ہوجانا

Apostil : *n*. (e-pos-til) remarks; critical remarks; annotation comment; observation टिप्पणी؛ رائے زنی؛ تبصرہ؛ ریمارک

Apostle : *n*. (e-pos-el) one of the twelve disciples of Jesus ईसा का पट्टशिष्य حضرت عیسیٰ کا حواری

Apostrophe : *n*. (e-pos-tre-fi) the sign ['] showing possession or omission वर्णलोप का चिन्ह علامتِ اضافت

Apostrophe : *n*. (a-pos-tro-f) address; public speech सम्बोधन تقریر؛ خطبہ؛ خطاب

Apostrophize : *v*. to address; to give public speech सम्बोधन करना مخاطب کرنا؛ خطبہ دینا؛ خطاب کرنا

Apothecary : *n*. (e-poth-ek-e-ri) chemist औषधकार; औषध-विक्रेता دواساز؛ کیمسٹ

Apotheosis : *n*. (e-po-theo-sis) praise; admiration गुणगान; प्रशंसा حمد؛ ثنا؛ ستائش

Apotheosize : *v*. to praise महिमा क.; देवता बनाना حمد وثنا کرنا؛ ستائش کرنا

Appal : *v*. (e-pawl) terrify; terrorized; fear-stricken डरा देना; भयभीत क. خوف زدہ کرنا؛ ڈرانا؛ ڈرا دینا

Appaling : *adj*. fear; dread भयंकर; भयानक; विस्मयकारी خوف؛ ڈر؛ خطرناک

Apparatus : *n*. (ap-e-rey-tes) set of instruments assembled for an experiment सामग्री; उपकरण سامان تجربات؛ آلات تجربات

Apparel : *n*. (e-pa-rel) clothes; dress वेश-भूषा; परिधान لباس؛ پوشاک

Apparent : *n*. (a-pay-rent) clearly seen or understood प्रकट; स्पष्ट; प्रत्यक्ष واضح؛ صاف؛ بیّن

Apparently : *adv*. distinctly; clearly; obviously; ostensibly स्पष्ट रूप से; ऊपरी तौर पर بظاہر؛ نظر بظاہر

Apparition : *n*. (ap-e-rish-en) Ghost; spirit of dead person प्रेत; भूत سایہ؛ بھوت

Apparitor : *n*. (ap-e-ri-tor) peon; chowkidar चपरासी; परिचर چپراسی؛ چوب دار

Appeal : *v*. (e-peel) to ask earnestly for अपील करना; अनुरोध करना; निवेदन करना التجا کرنا؛ استدعا کرنا؛ اپیل کرنا

Appealing : *adj*. attractive; attracting आकर्षण دلکش؛ جاذب نظر؛ پرکشش

Appear : *v*. (e-pee-er) (1) come into view (2) to be present; to attend (1)दिखाई देना; प्रकट होना (2) पेश होना; उपस्थित होना (۱)نظر آنا؛ دکھائی دینا (۲)پیش ہونا؛ حاضر ہونا

Appearance : *n*. attendance; presence उपस्थिति; दर्शन; पेशी نظارہ؛ حاضر؛ پیشی؛ حاضری

Appease : *v*. (e-pee-z) pacify शान्त करना; सन्तुष्ट करना جوش فرو کرنا؛ غصہ ٹھنڈا کرنا

Appeasement : *n*. pacification तुष्टीकरण; अभिराधन; प्रसादन تشفی؛ تسلی؛ تسکین

Appellation : *n*. (e-pe-la-shen) name; title नाम; उपाधि نام؛ لقب، خطاب

Append : *v*. (e-pend) to join something at the end of साथ लगाना; जोड़ना; संलग्न करना ٹانکنا؛ نتھی کرنا؛ جوڑنا

Appendage : *n*. (a-pend-ij) something added संलग्न; अनुबन्ध تعلق؛ ملحقات؛ ذیل

Appendictis : *n*. (a-pend-i-si-tis) inflammation of the appendix

अपेनडिसाइटिस اپنڈے سائٹس؛ التہاب؛ زائدہ

Appendix : *n*. (e-pend-iks) (1)something added to the end of abric etc; (2)narrow tube attached to the large intestine परिशिष्ट; उण्डुकपुच्छा (۱)ضمیمہ (۲) بارہ انگشتی آنت معائے زائدہ

Apperception : *n*. (e-per-cep-shen) recognition; identity; self identification पहचान; आत्मचेतना پہچان؛ اپنے آپ کو پہچاننا

Appertain : *v*. (ap-er-tayn) belong to; concerned with सम्बन्ध रखना; होना (का) ملکیت ہونا؛ ملک ہونا؛ متعلق ہونا

Appetite : *n*. (ap-e-tit) desire for food अभिलाषा بھوک؛ اشتہا؛ خواہش

Appetizer : *n*. something taken to whet appetite; something that excites the appetite रूचिवर्द्धक; क्षुधावर्द्धक بھوک بڑھانے والی شے؛ اشتہا انگیز

Appetizing : *adj*. that whets appetite क्षुधावर्द्धक; आकर्षक اشتہا انگیز

Applaud : *v*. (ap-lawd) to praise loudly; clapping the hands तालियाँ बजाना; वाह वाह करना تحسین آفریں کہنا؛ واہ واہ کہنا

Applause : *n*. (a-plawz) praise; hurrah; very good शाबाशी; अनुमोदन تالیاں؛ واہ واہ؛ تحسین و آفریں؛ شاباشی

Apple : *n*. (*apl*) an apple; asaltish सेब سیب

Adam's apple : *ph*. the throat कठ; कंठा کنٹھ؛ کنٹھا

Apple of one's eye : *ph*. very dear to someone किसी का दुलारा या प्यारा کسی کی آنکھ کا تارا

Apple of discord : *ph*. bone of contention लड़ाई की वजह; झगड़े की जड़ فساد کی جڑ؛ وجہ نزاع

Appliance : *n*. (a-pl-i-ans) instruments or tools यन्त्र; उपकरण; साधित्र آلہ؛ وسیلہ

Applicability : *n*. (ap-li-kability) being applicable प्रयोजनीयता; उपयुक्तता موزونیت

Applicable : *adj*. suitable or right to be applied प्रयोज्य; लागू; उपयुक्त لاگو؛ چسپاں؛ موزوں؛ برمحل

Applicant : *n*. (ap-li-kent) aspirant; a petitioner आवेदक; प्रार्थी عرضی دینے والا؛ سائل؛ امیدوار

Application : *n*. request; petition प्रार्थना पत्र; आवेदक पत्र عرضی؛ درخواست

Applique : *adj*. & *n*. (ap-lee-k) applied or laid on and sewed or pasted on from one fabric to another; ornaments so applied गोटा-ठप्पा گوٹہ ٹھپا

Apply : *v*. (a-pli) (1)make formal request (2)to implement; to use (1)आवेदन करना; दरख़्वास्त देना (2) लागू करना; प्रयोग में लाना (۱)درخواست دینا؛ عرضی گزارنا (۲)استعمال میں لانا؛ کام میں لانا؛ لاگو کرنا یا ہونا

Appoint : *v*. (a-point) to select; to decide नियुक्त करना; निश्चित करना مقرر کرنا (جگہ یا وقت)؛ تعینات کرنا

Appointment : *n*. arrangement to meet some body; selection नियुक्ति; नियोजन وعدہ (ملاقات) کا؛ ملاقات کا وقت؛ تقرر

Have an appointment with : *ph*. have a rendezvous with से मिलने का वादा होना سے ملاقات کا وعدہ ہونا

Keep an appointment : *ph*.

meet someone as arranged वादे के मुताबिक़ पहुँच जाना حسب وعدہ پہنچ جانا

Break an appointment : *ph.* fail to do so वादा तोड़ना; वादा करके ना पहुँचना وعدہ خلافی کرنا؛ وعدہ توڑنا؛ وعدہ کرکے نہ پہنچنا

Apportion : *v.* (ap-por-shen) to devide बाँट देना; विभाजन करना بانٹ دینا؛ تقسیم کردینا

Apporionment : *n.* division; partition विभाजन; आवंटन تقسیم؛ بٹوارہ

Appose : *v.* (a-puaz) to keep near; to attach; to connect पास रखना; लगाना پاس رکھنا؛ لگانا

Apposite : *adj.* (a-pa-zit) appropriate; proper; suitable; right; correct उचित; ठीक مناسب؛ ٹھیک

Appraisal : *n.* (a-praizal) to fix price; to decide cost मूल्यनिर्धारण قیمت مقرر کرنا؛ شرح مقرر کرنا

Appraise : *v.* decided cost; fixed price; fixed value मूल्य, दर या कर नियुक्त करना شرح، قیمت، در یا ٹیکس مقرر کرنا

Appraisement : *n.* tax; percentage मूल्यांकन شرح؛ در؛ ٹیکس

Appreciable : *adj.* (a-preesh-e-able) noticeable अच्छा ख़ासा; काफ़ी; मूल्यांकन نمایاں؛ واضح؛ قابل قدر

Appreciate : *v.* (a-preesh-i-ayt) to judge or enjoy rightly मूल्यांकन करना; महत्त्व समझना قدردانی کرنا؛ داد دینا

Appreciation : *n.* (a-preeshi-ay-shen) judging or enjoying rightly मूल्यांकन; कदरदानी; क़दर قدردانی؛ لطف اندوزی

Apprehend : *v.* (ap-re-hend) (1)understand; fear (2)to arrest; to cought (1)समझना; डरना; आशंका करना (2)पकड़ना; गिरफ़्तार करना (۱) سمجھنا؛ ڈرنا؛ خوف ہونا (۲) گرفتار کرنا؛ حراست میں لینا؛ زیرحراست کرنا

Apprehension : *n.* (ap-re-henshen) fear; arrest आशंका; भय; गिरफ़्तारी; पकड़ اندیشہ؛ ڈر؛ گرفتاری

Apprehensive : *adj.* (a-pre-hensive) feeling afraid of आशंकित; फ़िकरमंद فکرمند؛ تشویش؛ پریشان

Apprentice : *n.* (a-prent-is) beginner; fresher; a novice; learner of a trade; in experience शिक्षार्थी; नौसिखिया کارآموز؛ نوآموز؛ اناڑی

Apprise : *v.* (ap-rize) to inform; to intimate सूचित करना; अवगत करना مطلع کرنا؛ آگاہ کرنا

Approach : *v.* (a-proch) (1) to draw near (2) to access (1)पास आना; समीप जाना (2)पहुँच; रसाई (۱) قریب آنا؛ پاس آنا؛ نزدیک جانا (۲) پہنچ؛ رسائی

Approachable : *adj.* accessible सुगम्य قابل رسائی

Approbate : *v.* (ap-ray-bat) to sanction मंजूर करना منظور کرنا

Approbation : *n.* (ap-ro-bay-shen) sanction; thinking well of अनुमोदन; मंजूरी منظوری؛ پسندیدگی؛ تعریف

Appropriate : *adj.* (a-prop-ri-ayt) suitable; proper; right उपयुक्त; उचित; ठीक مناسب؛ موزوں؛ برجستہ؛ برمحل

Appropriateness : *n.* suitability उपयुक्तता موزونیت؛ مناسبت

Appropriately : *adv.* suitably

उपयुक्तता से مناسب طریقے سے؛ موزوں طریقے سے

Appropriation : *n.* act of appropriating; acquisition अपनाव; विनियोग تصرف؛ قبضہ

Approval : *n.* (ap-rooval) sanction; good opinion; permition मंजूरी; स्वीकृति منظوری؛ پسند؛ پسندیدگی؛ اجازت

Approve : *v.* (a-proov) to sanction; to have a favourable opinion मंजूर करना; स्वीकृति देना منظور کرنا؛ منظوری دینا؛ پسند کرنا

Approver : *n.* crown witness वादा माफ़ गवाह وعدہ معاف گواہ؛ سلطانی گواہ

Approximate : *adj.* (a-proks-i-mayt) very near; nearly exact; near to correctness क़रीब क़रीब; निकट आना متصل؛ قریب؛ لگ بھگ؛ تقریباً

Approximately : *adv.* nearly लगभग; क़रीब تقریباً؛ تخمیناً؛ اندازاً

Approximation : *n.* nearness to truth अपगमन اندازہ

Apricot : *n.* (ayp-ri-kot) pale fruit with stone in it ख़ूबानी; ज़रदआलू خوبانی؛ زردآلو

April : *n.* (ayp-ril) fourth month of the western calender अप्रैल اپریل؛ انگریزی کلینڈر کا چوتھا مہینہ

Apriority : *adj.* (ayp-rie-rioty) precedence; priority पूर्वता اولیت

Apron : *n.* (ayp-ron) piece of cloth worn in front to keep the cloths clean एप्रन; पेटबन्द پیش بند؛ ایپرن

Apropos : *adj.* (ap-re-poh) Suited to the purpose उचित; उपयुक्त مناسب

Apropos of : about; concerning के विषय में; के बारे में کے بارے میں؛ کے متعلق

Apt : *adj.* (apt) (1) suitable; appropriate (2) quick to leave; able; intelligent (1)उपयुक्त; ठीक (2)योग्य; सुयोग्य (۱)موزوں؛ برمحل؛ برجستہ (۲) ذہین؛ ذکی؛ طباع

Aptly : *adv.* (apt-li) rightly उपयुक्त ढंग से; ठीक ही بہت موزوں، برمحل طور پر

Aptness : *n.* (apt-ness) suitability प्रवृति; उपयुक्तता موزونیت

Aptitude/Aptitudeness : *adj.* (Ap-ti-tewd) talent; natural ability उपयुक्तता; झुकाव میلان؛ مناسبت؛ رجحان

Appurtenances : *n.*pl. (a-pe-ye-nans-iz) appandages (of house) घर का सामान گھر کا سازو سامان؛ گھر کے لوازمات

Aquarium : *n.* (e-kua-ri-em) small glass pond in which living fish or water plants are kept मछली घार; जलजीवशाला ماہی خانہ؛ مچھلی گھر

Aquarius : *n.* (e-kua-ri-us) name of a star कुम्भ; कुम्भराशी صوت البروج؛ دلو؛ کنبھ

Aquatic : *adj.* (a-kwat-ik) growing or living in water जलचर; जलजलीय آبی

Aqueduct : *n.* (ak-ue-dukt) raised channel for water कृत्रिम जल-प्रणाल محرابی نالہ

Aqueous : *adj.* (ak-wi-us) growing or living in water जलीय; आबी آبی؛ مائی

Arabic : *n.* (a-ra-bik) the Arabic language; a language which spoken in Saudi Arabia अरबी عربی؛ عربی زبان

Arable : *adj.* (a-re-bl) suitable for plouging कृष्य; कृषि योग्य قابلِ کاشت

Arbiter : *n.* (ah-biter) an arbitrator; a judge; person with full power to decide विवाचक; पंच; निर्णायक ثالث؛ پنچ یا محکم

Arbiterage : *n.* decision; arbitration विवाचन; निर्णय صلح یا فیصلہ

Arbitrament : *n.* arbitration; decision विवाचन; निर्णय فیصلہ؛ صلح

Arbitrarily : *adv.* to do with their own wish मनमाने ढंग से؛ من مانے ڈھنگ سے؛ من مرضی سے

Arbitrariness : *n.* arbitrariness; self willingness मनमानापन من مانا پن؛ من مرضی

Arbitrary : *adj.* (ari-bit-rari) based as opinion rather than rules इच्छाधीन; विवेकाधीन; मनमाना خود مختارانہ؛ من مانی

Arbitrate : *v.* (ar-bit-rayt) to act as arbiter विवाचन करना; मध्यस्थ होना ثالثی کرنا

Arbitration : *n.* the act of arbitrating विवाचन; मध्यस्थता ثالثی

Arbitratior : *n.* person with full power to decide विवाचक; पंच; निर्णायक پنچ؛ ثالث

Arbor : *n.* (aar-bor) (1) tree (2) axle; axis; pivot (1)वृक्ष (2)धुरा; धुरी (۱) پیڑ (۲)دھرا؛ دھری

Arboraceous : *adj.* like a tree वृक्ष का सा; वृक्ष जैसा پیڑ جیسا؛ پیڑ کا سا

Arc : *n.* (ah-rk) part of a circle curve चाप قوس

Arc-Light : *n.* a kind of powerful light चाप प्रकाश برقی قوس

Arc-Lamp : *n.* an electric lamp चाप दीप قوسی لیمپ

Arcade : *n.* (ah-r-kayd) (1) rows of arches (2) covered street (1)आच्छादित मार्ग (2)छता; तोरणपथ (۱)چھتہ؛ محرابی قطار (۲) مسقّف راہ؛ چھتی گلی

Arcadian : *n.* villager; rustic देहाती دیہاتی؛ گنوار

Arcanum : *n.* (ah-r-kay-nam) secret रहस्य راز

Arch : *n.* (ah-r-k) curved structure मेहराब; चाप; डाट محراب؛ ڈاٹ؛ محرابی دروازہ

Arch-Bishop : *n.* chief bishop महाधर्माध्यक्ष لاٹ پادری

Arch-way : *n.* arched gateway तोरणद्वार; तोरणपथ محرابی دروازہ

Arched : *adj.* curved मेहराबी; चापाकार قوسی؛ محرابی

Archaeological : *adj.* (ah-ch-io-lo-gi-kal) of archaeology पुरातत्त्वीय اثریاتی

Archaeologist : *n.* Expert in archaeology पुरातत्त्वज्ञ; पुरा(तत्त्व)विद ماہرِ اثریات

Archaeology : *n.* a science or study of ancient monuments पुरातत्त्व; पुरातत्त्व-विज्ञान علم آثار؛ علم آثار قدیمہ

Archaic : *adj.* old; ancient पुराना; पुराकालीन; पुरातन پرانا؛ قدیم

Archer : *n.* (ah-che-r) one who shoots arrow धनुर्धर; तीरन्दाज़ تیرانداز

Archery : *n.* shooting of arrows धनुर्विद्या; तीरन्दाज़ी تیراندازی

Archipelago : *n.* (ah-ki-pel-e-go) number of islands lying close to one another द्वीपसमूह; द्वीपकुंज مجمع الجزائر

Architect : *n.* (ah-ki-tekt) one who design buildings वास्तुकार; निर्माता فنِ عمارت کا ماہر؛ معمار؛ ماہرِ تعمیرات

Architechtural : *adj.* of architecture इमारती عمارتی؛ تعمیراتی

Architecture : *n.* art & science of

building वास्तुकला; वास्तुशिल्प فنِ تعمیر

Archives : *n.* a place in which public records or historic documents are kept अभिलेख; पुराभिलेख محافظ خانہ؛ وہ جگہ جہاں تاریخی ریکارڈ رکھے جاتے ہیں

Archness : *n.* (ah-ch-nis) naughtiness; playfullness ढिठाई; नटखटपना ڈھٹائی؛ نٹ کھٹ پن؛ چلبلا پن

Arctic : *n & adj.* (ah-k-tik) area around the North pole; of or near North pole उत्तर ध्रुवीय قطب شمالی؛ قطب شمالی کا یا متعلق

The arctic ocean : ocean near North pole उत्तर ध्रुवीय समुंदर بحرِ منجمد شمالی

Ardent : *adj.* (ah-dent) (1) full of ardour (2) glowing; glittered; shining (1)उत्साही (2) प्रदीप्त; उद्दीप्त (۱) سرگرم؛ پرجوش (۲) چمکتا ہوا؛ دمکتا ہوا

Ardency : *n.* enthusiasm; zeal उत्साह; गरमी; उत्ताप گرمی؛ جوش؛ لگن؛ دھن

Ardour : *n.* (ah-der) zeal; enthusiasm गरमी; जोश شدت کی گرمی؛ گرم جوشی؛ سرگرمی

Ardous : *adj.* (ah-dew-es) difficult; entailing hard work कठिन مشقت طلب؛ دشوار

Area : *n.* (ay-ria) region; extent of surface; surface measure; space क्षेत्र; इलाका; मैदान رقبہ؛ قطعہ اراضی یا میدان

Areca : *n.* (ay-ri-ka) tree of betelnut सुपारी का पेड़ چھالیہ کا پیڑ؛ سپاری کا پیڑ

Areca-Nut : *n.* betalnut सुपारी; पूगी سپاری؛ چھالیہ

Arena : *n.* (a-reena) wrestling area; place for exercise अखाड़ा; रंगभूमि اکھاڑا یا میدان

Argent : *n.* (ar-je-nt) artificial silver नक़ली चाँदी نقلی چاندی

Argil : *n.* (a-gil) clay चिकनी मिट्टी چکنی مٹی

Argue : *v.* (ahr-g-ew) to give reasons (for or against) तर्क प्रस्तुत करना دلیل دینا؛ استدلال کرنا

Argument : *n.* (ahr-g-ew-ment) reason; discussion तर्क; दलील بحث؛ جھگڑا یا دلیل

Heated argument : *ph.* quarrel बहस करना; झगड़ा क. بحثا بحثی؛ جھگڑا کرنا

Argumentative : *adj.* (ahr-g-ew-ment-e-tive) quarrelsome झगड़ालू جھگڑالو

Aria : *n.* (a-ri-a) fast rhythmic movement ले; तान لے، تان

Arid : *adj.* (a-rid) dry; barren निर्जल; सूखा خشک؛ بے آب وگیاہ؛ سوکھا

Aridity : *n.* barrenness सूखापन; नीरसता بنجر ہونا؛ خشک ہونا

Aries : *n.* (a-rize) the first of the twelve signs of zodiac मेष; मेषराशि حمل؛ بارہ برجوں میں سے پہلا برج

Aright : *adv.* (a-rit) in the right way ठीक ठीक; ठीक से صحیح؛ ٹھیک ٹھیک

Arise : *v.* (e-riz) to stand up; to get up उठना; उठ खड़े होना اٹھنا؛ کھڑے ہونا

Arise of sun : *v.* to came into existence (of sun); rises of sun सूरज का उदय होना سورج طلوع ہونا؛ سورج نکلنا

Aristocracy : *n.* (e-ris-tok-re-si) Government by persons of high rank; the nobility; person of noble birth or high rank अभिजात वर्ग اشراف؛ طبقۂ امراء؛ اونچا طبقہ

Aristocrat : *n.* persons of high rank अभिजात; कुलीन امیر؛ اونچے طبقے کا فرد

Aristocratic : *adj.* of or like an aristocrate अभिजात; कुलीन امیرانہ؛ ٹھاٹ باٹ؛ شاہانہ

Aristotel : *n.* (a-ris-to-tal) the Greek philosopher (384-322 b.c.) अरस्तू ارسطو

Arithmetic : *n.* (a-rith-me-tik) science of numbers अंकगणित حساب؛علم حساب

Arithmetical : *adj.* of or like arithmetic अंकगणितीय حساب کا؛ حساب سے متعلق

Arithmetician : *n.* (a-rith-me-tee-shen) expert of arithmetic अंकगणितज्ञ حساب داں

Ark : *n & v.* (ah-r-k) (1)covered boat of Noah during the deluge (2)box (1)पोत; नाव (2)सन्दूक (۱)کشتیِ نوح(۲)صندوق

Arm : *n & V.* (ah-r-m) (1)One of the upper two hands (2) equip with arms (1)बाजू; बाँह (2) हथियारों से लैस करना; शस्त्र सज्जित करना (۱)بازو یا بانہہ (۲) اسلحہ؛ ہتھیار؛ مسلح کرنا؛ ہتھیاروں سے لیس کرنا

Arm in Arm : *ph.* hand in hand हाथ में हाथ डाले ہاتھ میں ہاتھ ڈالے

Receive with open arms : *ph.* to do zealous wellcome हार्दिक स्वागत करना پرجوش استقبال کرنا

Arm-pit : *n.* Flank; the hollow beneath shoulder बग़ल بغل

Armada : *n.* (ahr-may-da) Fleet of warships जलसेना جنگی بیڑا یا بحری فوج

Armament : *n.* (ahr-ma-ment) military forces; big guns, tank on a warship सेना; युद्ध सामग्री فوج؛ افواج؛ اسلحہ جنگ

Armature : *n.* (a-r-may-ture) steel covering for the body; armour; amulet कवच; आरमेचर آرمیچر؛ زرہ بکتر

Armillary: *adj.* (ar-mi-ll-ayri) curly; ringed छल्लेदार چھلے دار

Armistice : *n.* (ahr-mis-tis) agreement to stop fighting for a time युद्धविराम متارکہ جنگ؛ التوائے جنگ

Armlet : *n.* An ornament worn round the arm बाजूबन्द بازو بند

Armour : *n.* (ahr-me-r) defensive arms for the body; armlet; steel covering for the body कवच; बक्तर زرہ بکتر؛ بکتر بند

Armoured : *adj.* covered or equipped with armour कवचित; बक्तरबन्द بکتر بند

Armourer: *n.* one who makes or repairs arms शस्त्रसाज़ اسلحہ ساز

Armoury : *n.* (ahr-me-ri) a place where arms and instruments of war are deposited; arsenal; armour's workshop हथियारघर; शस्त्रागार اسلحہ خانہ؛ اسلحہ ساز کا مکان

Army: *n.* (ahr-mi) troops फ़ौज; सेना فوج؛ لشکر

Aroma: *n.* (e-roh-ma) fragrance सुगन्ध; सुरभि خوشبو؛ مہک

Aromatic: *adj.* (a-roh-mat-ik) fragrant सुगन्धित; सुरभित خوشبو دار؛ مہک دار

Around: *adj.* (e-round) encircling चारों ओर; इधर उधर گرد؛ گردا گرد

Arouse: *v.* (e-rouz) to stir up; to wake up जगाना; उत्तेजित करना ابھارنا؛ جگانا؛ اٹھانا

Arow: *adj*. (a-row) in a line पंक्तिबद्ध لائن میں؛ قطار میں

Arow: *n*. line पंक्ति; लाईन لائن؛ قطار

Arquebus: *n*. (a-rque-bus) an old gun पुरानी तोप پرانی توپ

Arrack: *n*. (a-rake) toddy; Juice of Palm tree ताड़ी تاڑی؛ نشہ (ایک قسم کا)

Arraign: *v*. (a-ren) to accuse अपराध लगाना الزام لگانا؛ ملزم ٹھہرانا

Arraignment : *n*. acuse; charge; incrimination आरोप; अपराध; गुनाह الزام؛ گناہ؛ جرم

Arrange: *v*. (e-ranj) to set in order व्यवस्थित करना; सजाना ترتیب دینا؛ بندوبست کرنا

Arrangement: *n*. act of arranging व्यवस्था; क्रम بندوبست؛ انتظام؛ ترتیب؛ اہتمام

In this arrangement: *ph*. इस व्यवस्था अनुसार اس ترتیب سے

Under this arrangement: *ph*. order इस व्यवस्था के अनुसार اس انتظام کے تحت

Arrant: *adj*. (ar-ant) out and out निरा; परले दरजे का نرا؛ بالکل پرلے درجے کا

Array: *n*. (e-ray) battle order; fine display तैयार रखना; व्यवस्थित करना صف بندی کرنا؛ سجاوٹ

Arrears: *n*. (e-ree-es) overdue (payment or work) बक़ाया بقایا (کام یا تنخواہ کا)

Arrest: *v*. (a-rest) to stop; to check; to seize by authority of law रोकना; गिरफ़्तार करना روکنا یا گرفتار کرنا؛ پکڑ لینا

Arresting: *adj*. attracting; intrigning रूचिकर; दिलचस्प دلچسپ؛ جاذب نظر

Arrival: *n*. (a-ri-vel) arriving; coming; act of reaching आगमन; पहुँच آمد؛ پہنچنا؛ تشریف آوری

Arrive: *v*. (a-riv) to come to a place पहुँचना; आना پہنچنا؛ آنا

Arrogance: *n*. (a-ro-gans) pride हेकड़ी; घमण्ड اکڑ؛ گھمنڈ؛ غرور یا خود پسندی

Arrogant: *adj*. (a-ro-gant) proud हेकड़; घमण्डी خود پسند؛ مغرور؛ متکبر

Arrow: *n*. (a-roh) things shot from a bow; its symbolic representation तीर; बाण; तीर का निशान تیر؛ تیر کا نشان

Arsenal: *n*. (ar-senel) store of weapans of war शस्त्रागार; आयुधशाला اسلحہ خانہ

Arsenic: *n*. (ar-senik) name of poisonous metal हरताल; संखिया سنکھیا؛ ہڑتال

Arson: *n*. (ar-sun) unlawfully setting on fire (of property) आगज़नी; गृहदाह آتش زنی یا آگ زنی

Art: *n*. (aa-rt) fun; skill; creation of beautiful things कला; हुनर; फ़न ہنر؛ ہنرمندی؛ کاریگری یا فن

Bachelor of Arts: *ph*. B.A. बी.ए. بی۔اے۔

Master of Art: *ph*. M.A. एम.ए. ایم۔اے۔

Artful: *adj*. cunning; crafty; tricky चालाक; चतुर عیار؛ چالاک

Artless: *adj*. simple; innocent भोला भाला; निष्कपट فطری؛ سیدھا سادھا؛ سادہ لوح؛ سادہ طبیعت؛ بھولا بھالا

Artery: *n*. (ah-te-ri) (1)blood vessel carrying blood from the heart (2) main road (1)धमनी (2)मुख्य मार्ग (۱) شریان (۲) شاہراہ؛ بڑے بڑے مقامات کو ملانے والی سڑک

Artesian: *n*. well spontaneously sending up a continuous stream of water बुम्प कूप فواری کنواں؛ فوارہ نما کنواں

Article: *n*. (ah-ti-kel) (1)thing (2)complete piece of writing in a periodical (3)seperate term in an agreement (1)वस्तु; पदार्थ (2)लेख; निबन्ध (3)अनुच्छेद (۱)چیز؛ شے (۲)مقالہ؛ مضمون (۳)دفعہ یا مشق

Articulate: *adj*. (ar-tik-ew-layt) clear (speech); speak clearly and distinctly सुस्पष्ट ٹھہر ٹھہر کر بولنا

Articulation: *n*. speaking clearly स्पष्ट उच्चारण صاف تلفظ؛ ترتیل

Artifice: *n*. (ar-ti-fis) (1)skillful way (2)cunning trick (1)कौशल (2) प्रयत्न; चाल; चालाकी (۱)تدبیر؛ استادی؛ کاریگر؛ دستکار (۲)چالبازی؛ حیلہ

Artificer : *n*. skilled workman कारीगर کاریگر؛ دستکار

Artificial: *adj*. (ar-ti-feesh-el) not natural नक़ली; बनावटी مصنوعی؛ بناوٹی؛ تصنع بھری؛ نقلی

Artificial rain: *ph*. rain caused नक़ली वर्षा مصنوعی بارش

Artificiality: *n*. fictitious; showy; spurious बनावट; नक़ली بناوٹ؛ تصنع

Artillery: *n*. (ar-til-e-ri) big guns बड़ी तोपें بڑی توپیں

Artillery man / Artillerist : *n*. gunner तोपची توپچی

Artisan : *n*. (ahr-t-i-zan) skilled workman कारीगर; शिल्पी; दस्तकार; शिल्पकार صناع؛ دستکار؛ کاریگر (عورت)

Artist : *n*. (ahr-ti-st) person who practises one of the fine arts esp. painting कलाकार; कलावन्त مصور؛ نقاش؛ فنکار؛ آرٹسٹ

Artiste: *n*. (ahr-teest) radio performer गायक; गायिका; नट; नर्तकी نٹ؛ پیشہ ور گویا

Artistic: *adj*. of art; pertaining to art or artist कलात्मक; कलापूर्ण (۱)فنکارانہ (۲)حسین و جمیل؛ خوبصورت

Artistically: *adv*. skillfully कलात्मक ढंग से فنکارانہ انداز سے

Arum: *n*. (a-rum) taro; name of a vegetable अरवी اروی (ایک سبزی کا نام)

Aryan : *n*. (a-a-riyan) name of a community आर्य آریائی؛ آریہ خاندان کا رکن

As : *adv*. (az) equally; for example; because;while; in the way that; like जैसा; के समान; क्योंकि; जिस समय; जैसे ही; जैसा कि; की हैसियत से; के रूप में; यद्यपि مثلاً؛ جیسے؛ اتنا ہی؛ چونکہ؛ جب؛ کی طرح؛ کہ جیسے

As for : *ph*. about this के विषय में کے بارے میں

As if : *ph*. for example मानो مثال کے طور پر

As well as : *ph*. and और اور

As usual : *ph*. in the customary manner; according to convention बदस्तूर; पहले की तरह پہلے کی طرح؛ بدستور

Asafoetida : *n*. (a-sa-feet-i-de) a kind of resinous gums हींग ہینگ

Asbestine : *adj*. (az-bes-tine) like a asbestos एस्बेस्टास जैसा ازبسٹس جیسا

Asbestose : *n*. (az-bes-tus) a fireproof mineral एस्बेस्टास; आग से न जलने वाली खनिज ازبسٹس؛ آگ سے نہ جلنے والی دھات

Ascend : *v.* (a-send) to go up; to climb चढ़ना; बढ़ना; ऊपर जाना چڑھنا؛ اوپر جانا؛ بڑھنا

Ascendancy/Ascendency : *n.* possesion of power प्रभुत्व ؛ فوقیت؛ تفوّق؛ بالادستی

Ascendant/Ascendent : *n.* & adj. angle which a star makes with the horizen (1)उदीयमान (2)प्रभावी; प्रबल; जन्मपत्री (3)पूर्वज; पूर्वपुरुष (۱) طالع (۲) ابھرتا ہوا (۳) آباد اجداد یا بزرگ آدمی

Ascent : *v.* to climb; act of climbing चढ़ना; ऊपर जाना چڑھنا؛ اوپر جانا

Ascent : *n.* loftiness; hight; upword scope; invasion चढ़ाई; आरोह چڑھائی؛ بلندی

Ascertain : *v.* (a-se-tayn) to find out; to make certain पता लगाना; जान लेना تحقیق کرنا؛ پتہ لگانا

Ascetic : *n.* (a-set-ik) leading a life of self denial तपस्वी; तापस; योगी زاہد؛ تارک الدنیا

Ascetical : *adj.* to abnegate the world तपोमय; तापसिक تارک الدنیا؛ دنیا چھوڑ دینا

Asceticism : *n.* (a-se-ti-sizm) abnegation तप; तपस्या زہد؛ ترک دنیا؛ ریاضت

Ascribe : *v.* (as-krib) to attribute पर आरोपित करना; के लिए उत्तरदायी; ठहरना نسبت دینا؛ منسوب کرنا؛ عائد کرنا

Ash : *n.* powder left after burning राख; जलने के बाद बचने वाला पाउडर; भस्म راکھ؛ خاک

Ash can : *n.* ash-pan राखदान راکھ دان

Ash tray : *n.* the small pot to put the cigarette ash राखदानी ؛ ایش ٹرے؛ راکھ دانی؛ خاکستر دان

Ashamed : *adj.* (a-shymd) affected by shame लज्जित شرمندہ؛ نادم

Ashes : *n.* pl. (ash-iz) burnt remain of human body मुर्दे के फूल (مردے کے) پھول

The Ashes : *n.* symbol of victory in anglo-Australian cricket; that which remain after the cremation ऐंगलो आस्ट्रेलियन क्रिकेट में विजय का निशान اینگلو آسٹریلین کرکٹ میں فتح کا نشان یا علامت؛ خاکستر

Ashlar : *adj.* (a-sh-ler) strong brick-laying चौका; संगीन चिनाई پکی چنائی

Ashore : *adv.* (a-ashaw-r) to or on the bank or edge स्थल पर; तट पर کنارے پر؛ ساحل پر؛ ساحل کی طرف

Asia : *n.* (ay-shia) Asia एशिया ایشیا

Asiatic : *adj.* related to Asia एशियाई ایشیائی

Aside : *adv.* (a-sid) on one side एक ओर; किनारे; अलग; दूर ایک طرف؛ ایک جانب

Aside from : *adv.* to leave; to omit को छोड़ कर کو چھوڑ کر

set Aside : *ph.* to cancel रद्द करना; एक ओर रख देना رد کرنا؛ الگ کر دینا

Asinine : *adj.* (a-si-nine) foolish; fool; stupid मूर्ख; बुद्धू; मूर्खतापूर्ण بیوقوف؛ بدھو؛ گدھے کا سا

Asininity : *n.* foolishness; stupidity मूर्खता; गधापन بیوقوفی؛ گدھا پن

Ask : *v.t* to inquire; to request पूछना; मालूम करना; निवेदन करना ؛ پوچھنا؛ دریافت کرنا/ درخواست کرنا

Ask-for : *ph.* to demand something कोई चीज़ मांगना کوئی چیز مانگنا؛ کسی شے کا سوال کرنا

Ask after (someone's) health : *ph.* to ask regarding (someone's) health किसी की सेहत या स्वास्थ्य के बारे में पता करना کسی کی صحت کے تعلق پوچھنا

Ask After (someone) : *ph.* to inquire (someone) किसी को पूछना کسی کو پوچھنا

Askance/Askant : *adv.* (a-skans); (a-skant) look side ways slyly (at someone) तिरछी नज़र से; संदेह से کنکھیوں سے دیکھنا؛ ترچھی نظر سے

Askew : *adj.* (as-kew) slanting; oblique तिरछा; टेढ़ा ترچھا؛ ٹیڑھا

Aslant : *adj.* (as-lant) across horizontal; transverse आर पार; आड़ा; टेढ़ा آرپار؛ آڑھا، ٹیڑھا

Asleep : *adv.* (as-leep) sleeping; numb सोता हुआ; सुप्ता خوابیدہ؛ سویا ہوا؛ خواب میں؛ سن

Asp : *n.* (asp) small poisonous snake विषैला साँप چھوٹا زہریلا سانپ؛ افعی

Aspect : *n.* (as-pekt) (1)appearance (2)way of look at anything (1)आकार; रूप; आकृति (2) पहलू; पक्ष; दृष्टिकोण (۱)بشرہ؛ شکل؛ چہرہ (۲)رخ؛ پہلو؛ نقطۂ نگاہ

Asperity : *adj.* (as-pay-riti) rude; irritable; grouch खुरदरापन; कठोरता; चिड़चिड़ापन کھردراپن؛ چڑچڑاپن

Asperse : *v.* (as-pers) to defame; to spray(1)छिड़कना (2) बदनाम करना (۱)بدنام کرنا (۲)چھڑکنا

Aspersion : *n.* (as-per-shen) fault finding निन्दा; कलंक; बदनामी بہتان؛ اتہام؛ تہمت؛ الزام

Asphalt : *n.* (as-falt) a mixture of tar & sand डामर تارکول اور ریت کا مکسچر؛ اسفالت

Asphalt : *v.* to give a smooth surface to road with asphalt सड़क पर डामर बिछाना سڑک پر اسفالت بچھانا.

Asphyxia : *n.* (as-fik-sia) to throttle; to strangle खासाविरोध سانس روک؛ گلا گھونٹ

Asphyxiate : *v.* to suffocate; to throttle the neck बेहोश कर देना या करना گلا گھونٹ دینا؛ بے ہوش کر دینا

Asphyxiation : *n.* throttle श्वासावरोधन گلا گھونٹ؛ سانس روک

Aspirant : *adj.* (as-pi-rant) applicant प्रार्थी; उम्मीदवार; आकांक्षी امیدوار؛ عروج و ترقی کا متمنی

Aspiration : *n.* (as-pi-ray-shen) (1)breath (2) eager desire; (1)श्वास (2)आकांक्षी; अभिलाष (۱) تنفس؛ سانس (۲)عروج کی تمنا

Aspire : *v.* (as-pire) (1)desire; be eager (for something) (2)to go up; to rise (1)अभिलाषा करना; आकांक्षा करना (2)चढ़ना; बढ़ना; ऊपर उठना (۱) آرزو کرنا؛ متمنی ہونا (۲) بڑھنا؛ اوپر اٹھنا؛ چڑھنا

Aspirin : *n.* (as-pi-rin) a drug for relieving pain ऐस्पिरिन اسپرین

Asquint : *adj.* be crossed eyed; look side ways; eye disease causing one to look side ways तिरछे; कनखियों से بھینگا پن؛ ترچھا؛ کنکھیوں سے

Ass : *n.* (as) donkey; stupid person गधा; मूर्ख گدھا؛ احمق؛ الو

Assagai : *n.* (as-gai) a spear; lance; favelin भाला; बरछा بھالا؛ برچھا

Assail : *v.t* (a-saye) to attack; to pounce टूट पड़ना; हमला करना ٹوٹ پڑنا؛ حملہ کرنا؛ بوچھار کرنا

Assailable : *adj.* attackable; open to attack आक्रमणीय جس پر حملہ ہو سکے

Assailant : *n.* Attacker; one who attacks आक्रमणकारी حملہ آور

Assasin : *n.* (a-sasin) a murderer हत्यारा; वधिक; छलधाती قاتل؛ ہتھیارا

Assasinate : *v.* (a-sas-i-nayt) to murder treacherously छिप कर हत्या करना دھوکے سے قتل کرنا

Assasination : *n.* treacherous murder हत्या; वध; छलघात قتل (دھوکے سے کیا ہوا)

Assault : *v.t.* (a-sawlt) to make violant and sudden attack आक्रमण करना; हमला करना; प्रहार करना دھاوا بولنا؛ ہلہ بولنا؛ حملہ کرنا

Assault : *n.* attack; make violent and sudden attack आक्रमण; हमला; प्रहार؛ حملہ؛ دھاوا؛ ہلہ

Assay : *v.t.* (a-say) test quality or purity of (metal etc.) परखना; जाँचना; कसौटी पर कसना پرکھنا؛ کسوٹی پر کسنا

Assay : *n.* test of purity परख; जाँच (खरे खोटे की) پرکھ؛ کس؛ جانچ

Assemblage : *n.* (a-sem-bel-age) collection;compilation; summation जमाव; संग्रह; संकलन جماؤ؛ جوڑ

Assemble : *v.t.* (a-sem bel) to put together; gather; together जुटना; पुरज़े जोड़ना جمع کرنا یا ہونا؛ پرزے جوڑنا

Assembly : *n.* number of persons assembled; public law सभा; जनसमुदाय اجتماع؛ اسمبلی؛ مجلس قانون ساز

Assembly plant : *n.* factory for assembling parts of machine पुरज़े जोड़ कर पूरी मशीन बनाने का कारखाना پرزے جوڑ کر پوری مشین بنانے کا کارخانہ یا فیکٹری

Asent : *v.t.* (a-sent) agree सहमति; सम्मति ماننا؛ ہاں کہنا

Assent : *n.* agreement मंजूरी; सम्मति منظوری؛ رضا مندی

Assentation : *n.* agreement; concurrence; consent सहमति منظوری؛ رضا مندی

Assentient : *adj.* agreed; concented सहमत رضا مند

Assert : *v.t.* (a-se-rt) (1) to state firmly (2) to insist (1)निश्चयपूर्वक या बलपूर्वक कहना; दावे के साथ कहना (2)इसरार क. (۱)پر زور آواز میں کہنا؛ وثوق سے کہنا؛ دعوے سے کہنا (۲)اصرار کرنا

Assert Oneself : *ph.* faithful to owns promise; to stand firmly to one's words अपने अधिकार पर दृढ़ रहना اپنی بات پر جمے رہنا؛ اپنی بات دعوے سے کہنا

Assertion : *n.* making a positive statement; a claim; suit दावा; दृढ़कथन بات جتانا؛ دعویٰ

Assertive : *adj.* over-cofident; decided; intransigence आग्रही; हठधर्मी برخود غلط؛ فیصلہ کن؛ ہٹ دھرمی

Assertiveness : *n.* over-confidence हठधर्मी होना برخود غلط ہونا

Assertor : *n.* one who say confidantly; one who makes a claim

दावा करने वाला; हिमायती; समर्थक وثوق سے کہنے والا؛ دعویٰ کرنے والا؛ حمایتی

Asses : *v.t.* (a-ses) fix (value or amount) निर्धारित करना या लगाना (कर या मूल्य) مقرر کرنا یا لگانا (محصول وغیرہ)؛ تشخیص کرنا

Assessee : *n.* fixer (value or amount) (कर) निर्धारिती مقرر کرنے والا یا لگانے والا (محصول وغیرہ)؛ تشخیص کنندہ

Assessment : *n.* appraisal (कर या मूल्य) निर्धारण; मूल्यांकन (محصول وغیرہ) مقرر کرنا یا لگانا

Assessor : *n.* appraiser; member of the jury निर्धारक تشخیص کنندہ؛ اسیسر

Asset : *n.* (as-et) quality or skill गुण; खूबी صلاحیت؛ خوبی

Assets : *n.*pl. property सम्पति; माल; दौलत سرمایہ؛ املاک؛ دولت

Assign : *v.t.* (a-sin) allot (someone) a share निश्चित करना; नियत करना; निर्धारित करना کام دینا یا سونپنا؛ تفویض کرنا

Assignment : *n.* fixed amount of workor study कार्यभार; नियत कार्य; कर्त्तव्य گھر کا کام؛ سبق کی مقررہ مقدار؛ تفویض

Assignation : *n.* (a-sin-nay-shion) appointment of time of place गुप्त मिलन ملاقات کے وقت (یا مقام) کا تعین

Assimilate : *v.* (a-sim-i-layt) become part of body पचा लेना جزو بدن کر لینا یا بنا؛ ہضم کر لینا

Assimilation : *n.* act of assimilating; taking into mind स्वांगीकरण; समीकरण; मिला लेना جذب؛ سمونا؛ ذہن نشین ہونا یا کرنا

Assist : *v.* (a-sist) to help; to aid सहायता करना; सहयोग देना اعانت کرنا مدد دینا

Assistance : *n.* help; aid सहायता; सहयोग مدد؛ اعانت؛ امداد

Assistant : *n.* (a-sis-tant) subordinate सहायक; सहयोगी; सहकारी; मददगार معاون؛ مددگار؛ ماتحت؛ نائب

Assize : *n.* (a-size) fixed price or value मूल्यनिर्धारण; निर्धारित मूल्य مقررہ قیمت

Associate : *v.t.* (a-so-shi-ayt) to join संघटित होना; सहयोगी या साझेदार बना लेना; संयुक्त करना; शामिल करना شرکت کرنا؛ شریک ہونا یا کرنا

Associate : *n.* companion; calleague साझेदार; साझी; सम्बद्ध तत्त्व; सहयोगी; संगी شریک؛ ساجھی؛ ساتھی؛ شریک کار؛ ہم صحبت

Association : *n.* (a-so-si-ay-shen) (1)organisation; organized body of people (2)associating (1)संस्था; सभा (2)साझेदारी; साथ (۱)انجمن (۲)شرکت؛ تعلق یا ساتھ

Assort : *v.t.* (as-sort) to seprate into classes; to devide into groups छाँटना; वर्गीकरण करना چھانٹ کر الگ کرنا؛ قسمیں الگ کرنا

Assorted : *adj.* varied; mixed वर्गीकृत; मिला जुला قسم قسم کا؛ کئی طرح کا؛ ملا جلا

Assortment : *n.* collection छँटाव; वर्गीकरण; चयन (کسی چیز کا) یکجا ہونا؛ اکٹھا ہونا

Assuage : *v.t.* (a-swayj) to lighten pain कम करना; हलका करना (درد وغیرہ) کم کرنا؛ دھیما کرنا؛ ہلکا کرنا؛ تخفیف کرنا

Assume : *v.t.* (a-sewm) to suppose; to presume मान लेना; कल्पना करना فرض کرنا؛ اختیار کرنا

Assuming : *adj.* (a-sew-ming) conceited; claiming greater than real importance अभिमानी; घमण्डी; अक्खड़ مغرور؛ گھمنڈی؛ برخود غلط؛ خود بیں

Assumption : *n.* (a-sump-shen) assuming; somthing assured कल्पना; पूर्वानुमान فرض کرنا؛ مفروضہ

Assumptive : *adj.* supposed; assumed; presumed कल्पित; माना हुआ فرض کیا ہوا؛ مانا ہوا

Assurance : *n.* (a-shoo-ranse) assuring विश्वास; भरोसा وثوق؛ اطمینان؛ بھروسہ؛ یقین دہانی؛ اعتماد؛ خود اعتمادی

Assure : *v.* to tell with confidence विश्वास दिलाना; भरोसा وثوق کے ساتھ کہنا؛ اطمینان کر لینا؛ یقین دلانا

Assured : *adj.* (1)insure (esp. one's life) (2) certain; sure (1)बीमाकृत (2)आश्वासित; सुनिश्चित (۱) بیمہ شدہ (۲) یقینی؛ حتمی

Assuredly : *adv.* certainly; surely निश्चय ही; विश्वासपूर्वक یقینی ہی؛ خود اعتمادی سے

Assurer : *n.* one who do insurance; insurance agent बीमाकर्ता; बीमा करना वाला بیمہ ایجنٹ؛ بیمہ کرنے والا

Aster : *n.* (as-ter) star तारा; तारक تارہ؛ ستارہ؛ نجم

Asterisk : *n.* (as-te-risk) star तारा; तारक ستارہ؛ نجم

Asterisk Mark : *n.* mark used in printing तारे का निशान (जो छपाई में प्रयोग होता है) ستارہ کا نشان (جو چھپائی میں استعمال ہوتا ہے)

Astern : *adv.* (a-ste-rn) in or at the sterm पीछे; पीछे की ओर جہاز کے پچھلی طرف؛ پیچھے

Asteroid : *n.* (as-te-roid) small planet ग्रहिका; छोटा तारा سیارچہ؛ چھوٹا ستارہ

Asthma : *n.* (as-ma) a lung disease दमा دمہ؛ ضیق النفس

Asthmatic : *adj.* one who suffering in asthma दमैल دمہ کا مریض

Astir : *adv.* & *adj.* (1) on the move (2)in excited state (1)उत्तेजित; घबराया हुआ (2)जागा हुआ حرکت میں (۱)ہلتا ہوا؛ حرکت میں (۲) جاگا ہوا (۳) سراسیمہ؛ گھبرایا ہوا

Astonish : *v.t.* (as-ton-nish) to surprise greatly चकित कर देना; अचंभे में डालना ششدر کرنا؛ حیرانی میں ڈالنا

Astonished : *adj.* surprrised; shocked भेंचक्का; विस्मित ششدر؛ حیران؛ بھونچکا؛ ہکا بکا

Astonishing : *adj.* surprising; amazing; shocking आश्चर्यजनक; विस्मयकारी تعجب انگیز؛ حیران کن؛ اچنبھا میں ڈالنے والا

Astonishment : *n.* surprise amazement; great wonder आश्चर्य; अचंभा حیرانی؛ تعجب؛ اچنبھا

Astound : *v.t.* (as-taund) shocked; over come with surprise भौंचक्का या विस्मित कर देना; आश्चर्यचकित कर देना بھونچکا یا ہکا بکا کرنا

Astray : *adv.* & *adj.* (as-tray) misled; away from right path भटका हुआ; गुमराह گمراہ؛ بھٹکا ہوا

Go Astray : *ph.* to go astray; to go away from right path भटक जाना بھٹک جانا

Astrictive : *adj.* over power क़ाबिज़ قابض

Astride/Astraddle : *adv.* (e-strid) one leg on each side of (horse etc.) टाँगें फैला कर (सवार होना घोड़े आदि पर) پر سوار (گھوڑے وغیرہ پر)؛ ایک ٹانگ ادھر ایک ادھر کیے ہوئے

Astringe : *adj*. (as-trin-g) (1)to tie (2)constipate (1)बाँधना (2)क़ब्ज़ पैदा करना (۱)باندھنا (۲)قبض پیدا کرنا

Astrolabe : *n*. (as-tro-layb) instrument for taking height (or stars etc.) तारों की ऊँचाई मापने का पुर्ज़ा या औज़ार اصطرلاب؛ ستاروں کی اونچائی ناپنے کا آلہ

Astro/Astrologer : *n*. (as-trol-o-jer) one practising astrology ज्योतिषि نجومی؛ جیوتشی

Astrology : *n*. (as-trol-o-gi) science of stars foretelling fortune फलित-ज्योतिषि علم نجوم؛ جیوتش

Astronomer : *n*. (as-tron-o-mer) expert in astronomy खगोलज्ञ ماہر فلکیات؛ ہیئت دان

Astronomical : *adj*. of astronomy खगोली فلکی؛ ہیئتی

Astronomy : *n*. (as-tro-no-mi) science of the stars etc. गणित ज्योतिष; खगोल विज्ञान فلکیات؛ علم ہیئت

Astute : *adj*. (as-tewt) shrewd; cunning; wily चतुर; धूर्त; घाघ; चालाक تیز فہم؛ ہوشیار؛ چالاک

Astutely : *adj*. shrewdly; cunningly चालाकी से; चतुराई से فراست سے؛ چالاکی سے

Astuteness : *n*. shrewdness; cunningness अक़ल; समझ فراست؛ عقل؛ فہم

Asunder : *adv*. (a-sunder) apart; in pieces दूर दूर; अलग अलग; टुकड़े टुकड़े ٹکڑے ٹکڑے؛ الگ الگ؛ دور دور

Asylum : *n*. (asi-lum) place of rest, peace & safety शरण; शरणस्थान جائے پناہ؛ پناہ گاہ

At : *prep*. near in time; in aplace; doing something में; पर; की ओर میں؛ پر؛ کی طرف؛ میں لگا ہوا (کام میں)

At any rate : *ph*. at any cost हर हालत में بہر صورت؛ کسی بھی قیمت پر

At daggers drawn : *ph*. में बहुत दुश्मनी میں سخت دشمنی

At first : *ph*. पहले; पहले पहले شروع شروع میں؛ پہلے

At large/At liberty : *ph*. आज़ाद; रूपोश آزاد؛ مفرور؛ روپوش

At last : *ph*. अधिकतर; ज़्यादा से ज़्यादा زیادہ سے زیادہ

At peace : *ph*. अमन की हालत में عالتِ امن میں

At the price : *ph*. इस मूल्य पर اس قیمت پر

At war with : *ph*. लड़ाई की हालत में حالتِ جنگ میں

At work : *ph*. कार्य में लगा हुआ کام میں لگا ہوا

Bad at something : *ph*. अयोग्य होना; निकम्मा होना نالائق ہونا؛ نکما ہونا

Good at something : *ph*. होशियार होना (کسی کام میں) ہوشیار ہونا

Atheism : *n*. (ai-thi-izm) belief that there is no God नास्तिकता کفر؛ انکار خدا؛ الحاد

Atheist : *n*. one who not belief in God नास्तिक; काफ़िर کافر؛ دہریہ؛ ملحد

Atheistic : *adj*. of atheist भगवान को ना मानना کافرانہ؛ ملحدانہ

Athenaeum : *n*. (a-they-ni-am) club; libray; reading room सभा या क्लब; पुस्तकालय; वाचनालय سائنسی سبھا یا کلب؛ لائبریری؛ پڑھنے کا کمرہ

Athirst : *adj*. (a-thir-st) (1)thirsty

(2)eager; keen (1)प्यासा; तृषित (2)उत्सुक (۱)پیاسا (۲)شائق؛ متمنی

Athlete : *n*. (ath-leet) (1)one trained to compete in games and sports (2)physically strong (1)खेल कूद में हिस्सा लेने वाला (2)व्यायामी; कसरती (۱)کھیل کود میں حصّہ لینے والا (۲) ورزشی؛ قوی

Athletic : *adj*. (ath-let-ik) of out door games & sports व्यायामी; बलिष्ठ ورزشی؛ کسرتی

Athwart : *adj*. (a-thw-art) against; crossed आड़ा; विरुद्ध; तिरछा; टेढ़ा خلاف؛ مخالف؛ آڑا؛ ترچھا

Atlantes : *n*. (at-lan-tez) Breast of man; upper front part of man's body पुरुषस्तम्भ مرد کا سینہ

Atlantic : *n*. (at-lan-tik) of or pertaining to Mt. Atles in Libya; of or pertaining to atlas अटलांटिक اٹلانٹک

Atlas : *n*. (at-las) book of maps एटलस; मानचित्रावली نقشہ؛ اٹلس

Atmology : *n*. (at-mo-logy) a science of air; a scince of environment वाष्पविज्ञान علم فضا؛ علم ہوا

Atmometer : *n*. an istrument which used for air measurement हवा मापी; वाष्पमापी ہوا ناپنے کا آلہ یا پیمانہ

Atomosphere : *adj*. (at-mos-fe-er) air surrounding the earth वायुमण्डल; परिमण्डल فضا؛ کرۂ ہوا

Atomospheric : *adj*. (at-mos-fe-rik) of atmosphere वायुमण्डलीय ہوائی؛ فضائی

Atomospherics : *n.pl.* atmospheric disturbances in radio reception वायुवैद्युत क्षोभ (ریڈیو میں) فضائی اثرات

Atoll : *n*. (at-ol) coral island प्रवालीद्वीप مونگے کا جزیرہ

Atom : *n*. (at-em) smallest unit of matter not divisible by chemical means; very small qunatity परमाणु ذرہ؛ ریزہ؛ ذرہ بھر؛ ذرا سا؛ جوہر

Blow to atoms : *ph*. devide into small pieces टुकड़े टुकड़े कर देना ریزہ ریزہ کردنیا؛ ٹکڑے ٹکڑے کر دینا

Atom Bomb : *n*. (at-las) atom bomb परमाणु बम; अणु बम ایٹم بم؛ جوہری بم

Atomic : *adj*. (a-tom-ik) of atom पटमाणविक جوہری؛ سالمی

Atomic Bomb : *n*. a bomb made by small units of chemical परमाणविक बम جوہری بم؛ ایٹم بم

Atomic energy : *n*. energy released by atomic fission परमाणविक جوہری توانائی

Atomic theory : *n*. theory that matter is made up of atoms परमाणविक ख़याल या नज़रया جوہری نظریہ

Atomic weight : *n*. comperative weight of the atom of a substance with respect to an atom of hydrogen परमाणविक वज़न جوہری وزن؛ ذری وزن؛ سالمی وزن

Atone : *v*. (a-tohn) make repayment for wrongdoing प्रायश्चित करना; हरजाना देना या भरना کفارہ دینا؛ تاوان بھرنا؛ تلافی کرنا

Atonement : *n*. repayment; penalty; recompense प्रायश्चित; हरजाना کفارہ؛ تلافی؛ ڈنڈ

Atonic/Atonal : *adj*. (a-ton-ik) weak; enervated; impotent शक्तिहीन; अतान کمزوری لانے والی؛ سستی

Atony : *n*. weakness शक्तिहीन کمزوری؛ لاغری

Atop : *adv.* (a-top) on top के शिखर पर; के ऊपर کی چوٹی پر؛ کے اوپر

Atrip : *adv.* (a-trip) to lift up उठाया हुआ اٹھایا ہوا

Atrium : *n.* (at-ri-um) (1)entrance (2)cavity (1)अलिद (2)परिकोष्ठ (۱)آنا؛ داخل ہونا؛ گزرگاہ (۲)خلا؛ گڑھا

Atrocious : *adj.* (a-troh-shus) wicked नृशंस; अत्याचार خبیث؛ نابکار؛ ظالم؛ بیدرد

Atrocity : *n.* (a-tros-i-ti) wickedness; cruelty नृशंसता ظلم؛ بیدردی؛ سفاکی

Atrophy : *n.* (a-tro-phy) to languish; to become lean & thin घुलना; घुलाना گھلنا؛ گھلانا

Attach : *vt.* (a-tach) to tie; to bind लगाना; जोड़ना; संलग्न करना نتھی کرنا؛ ساتھ لگانا

Attachment : *n.* ties of affection मोह; आसंग لگاؤ؛ وابستگی

Attache : *n.* (a-tash-ay) person attached to the staff of an ambassador सहचारी; अताशे اتاشی؛ عملہ سفارت کا ایک عہدیدار

Attache case : *n.* small suit case अटैची कैस; छोटा सूटकैस اٹیچی کیس؛ چھوٹا سوٹ کیس

Attack : *n.* (a-tak) (1)assault; make violent & sudden attack (2)seizure (by illness) (3)assail with force or words (1)आक्रमण; हमला; धावा (2)(बीमारी का) हमला (3)आक्षेप (۱)ہلہ؛ دھاوا؛ حملہ یا چڑھائی (۲) (بیاری میں) گرفتاری (۳)اعتراضات کی بوچھار کرنا

Attain : *vt.* (a-tayn) to reach; to accomplish प्राप्त करना; पहुँचना حاصل کرنا؛ پایۂ تکمیل کو پہنچانا؛ پہنچنا

Attainable : *adj.* accessible; that can be attained प्राप्य ممکن الحصول

Attainment : *n.* some thing attained; skill in some branch of knowledge लाभ; प्राप्ति حصول؛ استعداد؛ مہارت

Attaint : *v.* to defame; infamy to disrepute बदनाम करना; कलंकित करना بدنام کرنا؛ کلنک لگانا

Attaint : *n.* illfame; disrepute; infamy बदनामी; कलंक بدنامی؛ کلنک

Attar : *n.* (a-tar) other; different दूसरा; अलग مختلف؛ دوسرا

Attemper : *v.* (a-ttem-per) to moderate; to control; to soothe मन्द; कम या हल्का कर देना ہلکا یا کم کردینا؛ کنٹرول کرنا؛ خاموش کرنا

Attempt : *v.* (a-tempt) to make an effort (to do) प्रयत्न करना; प्रयास करना کوشش کرنا؛ سعی کرنا

Attempt : *n.* effort; endeavour प्रयत्न; प्रयास; कोशिश کوشش؛ سعی

Attempt the life of : *ph.* try to kill (some one) (किसी) को मार डालने की कोशिश کسی کو مار ڈالنے کی کوشش

Attemptable : *adj.* attainable; accessible कोशिश; यतनीय قابلِ سعی

Attend : *vt.* (a-tend) to give thought & care; to be present at उपस्थित या हाज़िर होना توجہ کرنا؛ حاضر ہونا؛ رفاقت کرنا

Attend to : *ph.* to take up हाथ में लेना ہاتھ میں لینا

Attendance : *n.* (a-tend-ens) presence; number of persons present उपस्थिति; हाज़िरी حاضری؛ حضوری؛ حاضرین کی تعداد

Attendant : *n.* (atend-ant) servant उपस्थित; हाज़िर; विद्यमान خادم؛ نوکر؛ مصاحب

Attention : *n.* (a-ten-shen) heed ध्यान; सावधान توجہ؛ دھیان

Attentive : *adj.* heedful सावधान; सतर्क متوجہ

Attest : *v.t.* (a-test) certify; prove; bear witness तसदीक़ करना; प्रमाणित करना تصدیق کرنا؛ گواہی دینا؛ توثیق کرنا

Attestation : *n.* verification; confirmation तसदीक़; प्रमाण تصدیق؛ توثیق؛ گواہی

Attic : *n.* (a-tik) a small garret अटारी اٹاری

Attire : *n.* (a-tier) dress; clothes कपड़े; पोशाक; वस्त्र پوشاک؛ لباس؛ کپڑے

Attitude : *n.* (at-i-tewd) pose; way of feeling, thinking or behaving मुद्रा; विन्यास; विचार भाव پوز؛ کھڑے ہونے کا انداز؛ اندازِ نظر؛ نقطۂ نظر؛ وضع

Attorney : *n.* (a-ter-ni) kind of lawyer अटार्नी; प्रतिनिधि وکیل؛ اٹارنی؛ مختار

Power of attorney : *n.* power of attorney मुख़्तारनामा مختار نامہ

General Attorney : *n.* मुख़्तारे आम مختار عام

Special attorney : मुख़्तारे ख़ास مختار خاص

Attract : *v.t.* (at-rakt) to pull towards आकर्षित करना; मोहित करना کشش ہونا؛ لبھانا؛ موہنا؛ دلکش

Attraction : *n.* (at-rak-shen) pull; charm आकर्षण; मोहनी کشش؛ جذب؛ دلکشی

Attractive : *adj.* pleasing; charming आकर्षक; मनोहर دلکش؛ کشش رکھنے والا

Attribute : *n.* (at-ri-bewt) trait; chracteristic; ascribe गुण; विशेषता وصف؛ صفت؛ منسوب کرنا

Attribution : *n.* act of attributing आरोपण انتساب؛ نسبت

Attributive : *adj.* naming an attribute गुणवाचक توصیفی

Attrited : *adj.* worn out घिसा हुआ گھِسا ہوا

Attrition : *n.* abrasion; rubbing for smoothening घिसाई; रगड़ رگڑ؛ گھسائی

Attune : *v.t.* (a-tewn) to bring into harmony with सुंर मिलाना; अनुकूल करना ہم آہنگ کرنا؛ سُر ملانا

Auberge : *n.* (au-berz) an inn; a tavern सराय سرائے

Auburn : *adj.* (awb-e-rn) reddish golden or brown सुनेहरा; कपिश سرخی مائل سنہرا یا بھورا

Auction : *n.* (awk-shen) public sale नीलाम; प्रतिक्रोश نیلامی؛ نیلام

Auction : *v.t.* to sell by auction नीलामी करना نیلامی کرنا

Auctioneer : *n.* (awk-she-nee-er) person who auctions नीलामकार نیلامی بولنے والا؛ نیلامیا

Audacious : *adj.* (aw-day-shus) bold; impudent साहसी; ढाठ; निर्लज्ज بہادر؛ نڈر؛ گستاخ

Audacity : *n.* (aw-des-i-ti) boldness; impudence बहादुरी; साहसिकता بہادری؛ گستاخی

Audible : *adj.* (awd-i-bel) loud श्रव्य; कर्णगोचर جو سنا جاسکے؛ گوش رس

Audience : *n.* (awd-i-ens) listeners; persons attending a meeting श्रवण;

हाज़रीन سامعین؛ حاضرین

Audit : *n.* (awd-it) examination of account; checking of account लेखा परीक्षा محاسبہ کرنا؛ پڑتال

Audit : *v.* to examine an account लेखा परीक्षा करना; पड़ताल करना محاسبہ کرنا؛ پڑتال کرنا

Audition : *n.* (aw-dish-en) an hearing to test the voice ध्वनि-परीक्षण آواز کا امتحان

Auditor : *n.* examiner लेखा परीक्षक محاسب

Auditor general : *n.* auditor general उप लेखा परीक्षक محاسب اعلیٰ

Auditorium : *n.* (aw-di-to-ri-um) place where the audience sits सभा भवन; प्रक्षागृह حاضرین کا مقام

Augean : *adj.* (aw-jee-an) full of filth गंदगी से भरा हुआ گندگی سے بھرا ہوا

Augean stables: *n.* (aw-jee-an-stay-bilz) repulsive filthy task गंदगी से भरा हुआ कार्य سخت غلیظ کام

Clear the augean stable : *ph.* to accomplish such task असंभव कार्य को संभव कर दिखाना ناممکن کام کو ممکن کر دکھانا

Auger/Augur : *n.* (awg-er) corpenter's drill बरमा; छेद करने की मशीन برما؛ بڑھئی کی سوراخ کرنے کی مشین

Aught : *n.* (awt) anything कुछ भी; किंचित کچھ؛ کچھ بھی

Augment : *v.* (awg-ment) to increase बढ़ना; बढ़ाना; वृद्धि بڑھانا؛ بڑا کرنا؛ اضافہ کرنا؛ بڑھنا

Augmentation : *n.* increasing; increament; addition बढ़ोतरी; वृद्धि اضافہ؛ بڑھوتری

Augur : *n.* (awg-er) soothsayer शगुनिया; नुजूमी (رومی) کاہن؛ نجومی

Augur : *v.t.* for telling; fore casting शकून निकालना; सगुनाना پیشگوئی کرنا؛ پیشگوئی کرنا

It augurs ill : *ph.* bad forcast अशुभ होना بری فال ہے؛ برا شگون ہے

Augury : *n.* forecast; foretelling the future शकुन; सगुन شگون؛ فال

August : *n.* & *adj.* (aw-gust) (1)eighth month of the western calendar (2)stately majestic (1)अगस्त (2)भव्य; प्रतापी; महान; सम्मान्य (۱)اگست (۲)عالی شان؛ جلیل القدر

Aulic : *n.* (aw-lik) acourtier; a sychophant दरबारी درباری

Aunt : *n.* (a-nt) parents sister or uncle's wife मौसी; बुआ; फूफी; मामी; चाची خالہ؛ پھوپھی؛ چچی؛ ممانی

Aunty : *n.* (ahn-ti) familiar form of aunt मौसी; बुआ; फूफी; मामी; चाची خالہ؛ پھوپھی؛ چچی؛ ممانی

Aura : *n.* (aw-ra) odour; atmosphere (1)परिमला (2)वातावरण (۱)بو (۲)ماحول؛ فضا

Aural : *adj.* (aw-rel) of ear श्रवण सम्बन्धी کان سے متعلق

Aurora : *n.* (aw-roh-ra) dawn; goddess of dawn सुबह की देवी; सवेरा; उषा; सुबह سویرا؛ نور کا تڑکا؛ طلوع فجر؛ فجر کی دیوی

Aurum : *adj.* (aw-rum) golden स्वर्ण; सुनहला گولڈن؛ سونے کا

Auspicate : *v.t.* (aws-pi-kate) to look for a good omen; to practice augury शकुन विचारना شگون نکالنا؛ فال نکالنا

Auspice/s : *n.* (aws-pi-se) good omen; augury शकुन; सगुन اچھا شگون؛ نیک فال

Under the auspices of : *ph.* helped and favoured by के तत्त्वविधान में کے زیر اہتمام؛ کے زیر سرپرستی

Auspicious : *adj.* (aws-pish-us) favourable; good; blessed; promising success शुभ; मुबारक; मांगलिक مبارک؛ نیک

Austere : *adj.* (aw-stee-ar) strictly moral; simple & plain मितहारी; कठोर; गंभीर کٹر؛ سادگی پسند

Austerity : *n.* too much simplicity कठोरता; सादगी; मितहारी سادگی؛ درشتی

Autarch : *adj.* (aw-tar-k) dictator तानाशाह تاناشاہ

Autarchy : *n.* (aw-tar-ki) Dictatorship; dictatorial conduct तानाशाही تاناشاہی

Autarky : *n.* self sufficiency; self depending; self reliance आत्म-निर्भर خودکفیل

Authentic : *adj.* (aw-then-tik) genuine; trustworthy असली; प्रमाणिक; वास्तविक; विश्वासनीय اصلی؛ مستند؛ معتبر

Authenticate : *v.t.* (aw-then-ti-kayt) to make authentic प्रमाणित करना تصدیق کرنا

Authenticity : *n.* (aw-then-tis-i-ti) being authentic प्रमाणिकता; वास्तविकता سند؛ معتبری؛ استناد

Author : *n.* (aw-ther) writer of a book लेखक; रचयिता; कर्ता مصنف؛ موجد؛ خالق؛ بانی

Authoress : *n.* (aw-the-ress) women author लेखिका مصنفہ

Authorship : *n.* to be a writer लेखक या रचयिता होना مصنف یا بانی ہونا

Authoritative : *adj.* (aw-the-ri-tay-tiv) having or showing authority सत्तावादी; प्रमाणिक مستند؛ معتبر

Authority : *n.* (aw-tho-ri-ti) power; right; permission (2)person with expert knowledge (1)अधिकार; सत्ता (2)विशेषज्ञ (۱)اختیار؛ اجازت؛ اقتدار (۲)ماہر

Authorization : *n.* (aw-the-rizayshen) act of authorizing प्राधिकरण; अनुमोदन اختیار؛ مجاز

Authorize : *v.t.* (aw-the-riz) to give authority अधिकार या प्राधिकार देना اختیار دنیا؛ اجازت دنیا

Auto : *prefix.* (aw-toh) (1)short form of authomobile (2)self; himself/herself (1)आत्मकथाकार; लेखक आपबीती या आपबीतीकार (2)स्वयं; खुद (۱)موٹر؛ آٹو (۲) خود؛ اپنے آپ

Autobiographer:*n.* (aw-to-bi-og-re-fi) one who writes life history आत्म-कथाकार سوانح عمری لکھنے والا؛ آپ بیتی لکھنے والا

Autobiography : *n.* life-history of a person written by himself आत्मकथा; आत्मचरित خودنوشت؛ سوانح عمری؛ آپ بیتی

Autochthon : *adj.* (aw-tak-then) native; an aboriginal; tribal देशी; आदिवासी دیسی؛ آدی باسی

Autocracy : *n.* (aw-tok-ra-si) Govt. by an autocrat एकन्त्र; निरंकुशता مطلق العنان حکومت؛ حکومت استبداد

Autocrat : *n.* (awt-o-krat) ruler with unlimited power तानाशाह مطلق العنان فرمانروا؛ خودرائے؛ خودسر؛ خودمختار

Autocratic : *adj.* like an autocrat निरंकुश; स्वेच्छाचारी مستبدانہ؛ استبدادی

Autograph : *n.* (awt-og-raph) one's own hand writing; signature निजी

पाण्डुलिपि; हस्ताक्षर دستخط؛ اپنی قلمی تحریر

Autography : *n.* a fun of one's own handwriting स्वहस्तलेखन; स्वहस्तलिपि خودنویسی؛ خودنوشت؛ مصنف کی تحریر

Autogiro : *n.* (aw-toh-ji-roh) aircraft which takes off and land straight up and down सीधी परवाज़ या उड़ान वाला विमान راست پرواز طیارہ؛ آٹو جائرو

Automatic : *adj.* (aw-to-mat-ik) self moving स्वचालित; स्वचल خودکار؛ خودحرکی

Automatically : *adv.* an appartus that having a self acting अपने आप से اپنے آپ سے

Automation : *n.* (aw-tom-a-shen) replacement of industrial workers by mechanical device स्वचलन خودحرکی؛ مشین؛ مشینیت

Automatism : *n.* the act of automation स्वचलता خودکاری

Automaton : *n.* (ow-tom-a-tun) machine with hidden motive power; person with almost mechanical action स्वचलित यन्त्र; यन्त्रवत चलने वाला प्राणी خودحرکی؛ کٹھ پتلی؛ کاٹھ کا اُلّو

Automobile : *n.* (owt-o-mo-beel) motor car मोटर; कार موٹر (کار)؛ گاڑی

Autonomous : *adj.* (aw-to-no-mus) self governing स्वतन्त्र; स्वाधीन (देश, राज्य या संस्था) خودمختار (ملک یا صوبہ یا ادارہ)

Autonomy : *n.* (aw-ton-o-mi) right of self government स्वशासन; स्वतन्त्रता; स्वाधीन خودمختاری؛ آزاد ریاست

Autopsy : *n.* (aw-top-si) post-mortem; examination of dead body शव-परीक्षण; पोस्टमार्टम لاش کا طبّی معائنہ؛ پوسٹ مارٹم؛ پس مرگ معائنہ

Autumn : *n.* (aw-tum) season between summer & winter शरत خزاں

Autumn corp : *n.* the kharif corp ख़रीफ़ خریف کی فصل

Autumnal : *adj.* of autumn; related to autumn शारद; शरत्कालीन خزاں کا؛ خزاں سے متعلق

Auxanometer : *n.* (awg-ze-no-meter) an instrument which measures increase वृद्धिमापी بڑھوتری ناپنے کا پیمانہ

Auxiliary : *adj.* (awg-zil-yari) (1)auxiliary verb (2)assisting (3)helfful (1)सहायक क्रिया (2)सहायक; मददगार (3)कारआमद; फ़ायदेमंद; लाभदायक (۱) معاون یا امدادی فعل (۲) مددگار؛ معاون؛ معین (۳)سودمند؛ مفید؛ کارآمد

Avail : *v.t.* (a-vayl) to be of help or use काम आना; लाभ उठाना مدد یا کام دینا؛ فائدہ اٹھانا

Avail oneself of : *ph.* to make use लाभ उठाना فائدہ اٹھانا

of no avail : *ph.* useless बेकार; बेफ़ायदा بے کار؛ بے فائدہ

to little avail : *ph.* useless बेकार; बेफ़ायदा بے کار؛ بے فائدہ

without avail : *ph.* useless बेकार; बेफ़ायदा بے کار؛ بے فائدہ

Available : *adj.* obtainable प्राप्य; उपलब्ध; सुलभ دستیاب؛ ممکن الحصول

Availability : *n.* being available प्राप्यता; सुलभता; उपलब्धता دستیابی؛حصول

Avalanche : *n.* (av-a-lanhnsh) mass of snow हिमपात; हिमधाव برفانی تودہ؛ برفانی بارش

Avarice : *n.* (aw-e-ris) parsimony;

greed कंजूसी; धनलोलुपता کنجوسی؛ حرص؛ طمع؛ لالچ

Avaricious : *adj.* miser; greedy कंजूस; धनलोलुप لالچی؛ حریص؛ طامع

Avast : *v.* (av-ast) to stop ठहरो; रोको ٹھہرو؛ روکو

Avatar: *n.* (av-tar) messanger of God अवतार; भगवान का भेजा हुआ दूत اوتار؛ پیغمبر

Ave : *interj.* (a-vee) welcom; reception स्वागतम; स्वगत استقبال؛ خوش آمدید

Avenge : *v.t.* (a-venj) to take revenge बदला लेना या चुकाना; प्रतिशोध करना بدلہ لینا؛ انتقام لینا؛ بدلہ چکانا

Avenger : *n.* revenger; who takes revenge प्रतिशोधी بدلہ یا انتقام لینے والا

Avenue : *n.* (av-e-new) road; road bordered by trees मार्ग; रास्ता; वृक्षविथि راستہ؛ راہ؛ دو رویہ درختوں والی سڑک

Avenues to success : *ph.* the way of success सफलता का मार्ग; कामयाबी का रास्ता طریقِ کامیابی؛ راہ کامرانی

Avenues of employment : *ph.* state with confidence दावे से कहना وثوق سے کہنا؛ دعوے سے کہنا؛ بزور کہنا

Aver : *v.t.* (a-ver) to state positively निश्चयपूर्वक कहना; प्रमाणित करना وثوق سے کہنا؛ دعوے سے کہنا؛ بزور کہنا

Averment : *n.* testimony; evidence; assertion प्रमाण; प्राक्कथन تصدیق؛ دعویٰ

Average : *adj.& n.* (a-ve-rij) (of) medium standard औसत; मध्यक; माध्य; औसत; माध्य اوسط درجے کا؛ اوسط

Averse : *adj.* (a-ve-rs) having no desire for (to or from) अनिच्छुक; प्रतिकूल متنفر؛ بیزار

Aversion : *n.* (a-ve-r-shen) strong dislike (to, from) विरूचि; घृणा نفرت؛ بیزاری

Avert : *v.t.* (a-vert) turn away; ward off हटाना; फेरना; मोड़ना; बाल बाल बचना; दूर करना ہٹانا؛ پھرنا؛ موڑنا؛ بال بال بچنا؛ دور کرنا

Avian : *n.* (ay-vi-an) bird; pertaining to bird पक्षी پرند

Aviary : *n.* (ayv-ya-ri) place for keeping birds दरबा; पक्षीखाना چڑیاخانہ؛ دربہ

Aviate : *v.* (ay-vi-ay-t) to do flying विमान चालाना; विमान में यात्रा करना ہوابازی کرنا؛ جہاز چلانا یا جہاز میں سفر کرنا

Aviation : *n.* the science of flying विमानन; वायुयान चालन; हवाबाज़ी ہوابازی

Aviator : *n.* pilot of an aeroplane वायुयान चालक; हवाबाज़ ہواباز؛ طیارچی

Aviculture : *n.* birds fostering पक्षी पालन پرند پالن

Avid : *adj.* (av-id) (1)very eager (for something) (2) greedy (1)उत्सुक; दिलदादाह (2) लोभी; लालायित (۱) مشتاق؛ دلدادہ؛ شیفتہ (۲) حریص؛ لالچی

Avidity : *n.* greediness; eagerness अतिलोभ; लालच; उत्सुकता طمع؛ حرص؛ لالچ؛ شیفتگی

Avion : *n.* (av-o-n) aeroplane हवाई जहाज़ ہوائی جہاز

Avocation : *n.* (a-vo-kay-shon) hobby शुग़ल; पेशा; व्यवसाय مشغلہ؛ شغل؛ پیشہ

Avoid : *v.t.* (a-void) to keep away from दूर रहना; (से) बचना; परिहार करना; टालना پہلوتہی کرنا؛ (سے) بچنا؛ کنی کترانا

Avoidable : *adj.* that can be avoided परिहार्य; वर्जनीय قابل احتراز؛ جس سے احتراز ہوسکے

Avoidance : *n.* act of avoiding परिहार; बचाव; परिवर्जन احتراز؛ گریز؛ کنارہ کشی

Avoirdupois : *n.* (av-e-dew-poiz)

system of weighing in lb and oz बरतानवी माप या तोल برطانوی تول

Avouch : *v.t.* (a-wa-ch) to give assurance; to take responsibility; state positively आश्वासन देना; जिम्मेदारी लेना; निश्चयपूर्वक या दावे के साथ कहना وثوق سے کہنا؛ یقین دلانا؛ ذمے داری لینا

Avouchment : *n.* assurance; guarantee; acceptance आश्वासन; गारंटी; स्वीकार; इक़बाल ذمہ داری؛ گارنٹی؛ اقبال

Avow : *v.t.* (a-vow) to confess; to declare positively; to state openly स्वीकार क॰; खुलेआम कहना اعتراف یا اقبال کرنا؛ حلفیہ کہنا؛ علی الاعلان کہنا

Avowal : *n.* confession आश्वासन; स्वीकृति اقرار؛ اعتراف؛ اقبال

Await : *v.t.* (a-wayt) to wait for प्रतीक्षा करना; राह देखना انتظار کرنا؛ راہ دیکھنا

Awake : *v.t.* (a-wayk) to rouse from (sleep or inactivity) जाग्रत; जागरूक جاگنا؛ بیدار ہونا؛ جاگ اٹھنا

Awaken : *v.t.* to awake जागरूक करना; जागना; उठाना; सचेत करना جگانا یا جاگنا

Awakening : *n.* (awayk-e-ning) esp. eye-opener उद्‌बोधन جگانے یا چونکا دینے والا حادثہ؛ انتباہ

Award : *n.* (a-wa-rd) (1)prize; prize in a competition (2)judgement (1)पुरस्कार; ईनाम (2)फैसला (۱)انعام؛ فیصلے میں ملنے والی چیز (۲) فیصلہ

Aware : *adj.* (a-way-er) conscious जानकार; अवगत; जाननेवाला آگاہ؛ باخبر؛ واقف

Awash : *adv.* to be flooded; to be flown बहता हुआ بہتا ہوا

Away : *adv.* (a-way) absent from; out of existence बाहर; दूर; अलग; ख़ातम (۱)دور؛ باہر؛ غیر حاضر (۲) کالعدم؛ ختم

Awe : *n.* (aw) sway; imposing quality श्रद्धायुक्त; विस्मय رُعب؛ جلال؛ احترام

Awe : *v.* to fill with awe विस्मित कर देना; भयभीत करना احترام کا جذبہ پیدا کرنا؛ رُعب جمانا

Awed : *adj.* filled with awe भयभीत مرعوب

Awesome : *adj.* causing awe विस्मयकारी بارُعب

Aweigh : *adj.* to pick up उठाया हुआ اٹھایا ہوا

Awestruck : *adj.* full of awe दहशतज़दा; खौफ़ज़दा دہشت زدہ؛ خوفزدہ

Awful/ Awfully : *adj.* (1) dreadful (2)terribly (1)हैबतनाक (2)बहुत; बहुत अधिक; भयंकर; डरावना (۱)ہیبت ناک (۲)بہت؛ نہایت

Awfulness : *n.* dreadfulness विस्मय; जलाल رُعب؛ جلال

Awhile : *adv.* (a-hwil) for a short time थोड़ी देर को; कुछ समय तक ذرا کے ذرا؛ تھوڑی دیر کو

Awkward : *adj.* (awk-we-rd) (1) not well designed for use; unskillful (2)uneasy (1)भद्दा; बेढंगा; अकुशल; अनुपयुक्त (2)घबराया हुआ; परेशान (۱)بھدّا؛ بھونڈا؛ بے ڈول؛ بہ سلیقہ؛ پھوہڑا؛ وضع؛ بے ڈھنگا (۲) گھبرایا ہوا؛ پریشان

Awkwardness : *n.* unskillfulness; uneasyness भोंडापन; परेशानी بھونڈاپن؛ پریشانی؛ مشکل

Awl : *n.* (awl) tool for making holes in leather सुतारी; सूआ سُوا؛ سُتاری (چمڑے میں سوراخ کرنے والی)

Awning : *n.* (awn-ing) overhead canvas covering for a large area सायबान; तिरपाल سائبان؛ شامیانہ؛ ترپال

Awry : *adj.* (e-ri) crossed; twisted; wrong तिरछा; टेढ़ा; ग़लत ترچھا؛ ٹیڑھا؛ غلط

Ax/ Axe : *n.* (aks) tool for hewing wood कुल्हाड़ी; कुल्हाड़ा کلہاڑی؛ کلہاڑا

Axial/ Axil : *n.* axis; axle अक्ष; एक्सिल محور

Axiom : *n.* (ak-si-um) principle or proposition as to which people in general agree अभिगृहीत بدیہی؛ بدیہیات میں سے؛ جامع کلمہ یا قول

Axiomatic : *adj.* pertaining to an axiom अभिगृहीतीय بدیہی

Axis : *n.* (ak-sis) axial अक्ष; धुरी; धुरा دُھرا؛ دُھری

Axle : *n.* (ak-sel) axis धुरी; धुरा; कीली دھری؛ دھرا؛ کیلی

Ay/Aye : *n.* yes; o.k. हाँ ہاں

Ayah : *n.* (ah-ya) nurse or lady's maid आया آیا؛ کھلائی

Aye : *adv.* always सदैव ہمیشہ؛ مدام

Aye-aye : *n.* a kind of squirrel गिलेहरी की एक क़िस्म گلہری کی ایک قسم

Azote : *n.* (a-zot) nitrogen नाइट्रोजन نائٹروجن

Azure : *n.* (azh-er) sky-blue; clear blue sky आसमानी रंग; नीला आकाश آسمانی رنگ؛ نیلگوں آسمان

Azure : *adj.* sky-blue; blue आसमानी; नीला آسمانی؛ نیلا؛ نیلگوں؛ کبود

Azurine : *n.* a colour चम्पई چمپئی

Azyme : *n.* (az-im) unleavened bread बेख़मीर की रोटी بنا خمیر کی روٹی

Azymous : *adj.* yeastless; leavenedless बेख़मीर بے خمیر

B

B : *n.* second alphabet of English language अंग्रेज़ी ज़बान का दूसरा अक्षर انگریزی حروفِ تہجی کا دوسرا حرف

Baa : *n.* (bah) cry of sheep or lamb भेड़ के चिल्लाने की आवाज़ بھیں بھیں (بھیڑ کے چلانے کی آواز)

Babble : *v.* (ba-be) (1)to make sounds like a baby (2) to talk foollishly (3)murmur (1)बच्चे की तरह बोलना; तुतलाना (2)बड़बड़ाना; बक बक करना (3)सरसराना; पानी का शोर के साथ बहना (۱)غوں غاں کرنا (بچہ کی طرح) (۲)بڑبڑانا؛ بک بک کرنا؛ تتلانا (۳)پانی کا شور کے ساتھ بہنا

Babble : *n.* (ba-be-l) lisping; stuttering तुतलाहट; बड़बड़; बड़बड़ाहट تتلاہٹ؛ بڑبڑ؛ بڑبڑاہٹ

Babe : *n.* (bayb) baby बच्चा; भोला भाला; नातजरबेकार; सीधा साधा شیرخوار؛ دودھ پیتا بچہ؛ ناتجربہ کار؛ سادہ لوح؛ سیدھا سادا؛ ننھا منا

Babel : *n.* (bay-bel) (1)father (2)tumult; confusion of voices (1)बाबुल (2)कोलाहल; खलबली; हड़बड़ी (۱)بابل (۲)ہنگامہ؛ شور وغوغا

Baboo : *n.* (bay-boo) father बाबू; पिता بابو؛ باپ

Baboon : *n.* (ba-boon) large monkey with dog like face बैबून میموں؛ بن مانس؛ بندر

Babul : *n.* (ba-bool) name of a tree बबूल ببول (ایک درخت کا نام)

Baby : *n.* (bab-bi) child in arms छोटा बच्चा; दूध पीता बच्चा شیرخوار؛ ننھا منا؛ گود کا بچہ؛ دودھ پیتا بچہ

Babylon : *n.* (bay-bi-lon) name of a country बाबिल بابل

Bachelor : *n.* (bach-e-ler) (1)un-married man (2)person who has taken a first university degree कुमार; अविवाहित (۱)کنوارا؛ مرد؛ غیرشادی شدہ (۲)فارغ التحصیل بی اے

Bachelor of Arts/ B.A. : *n.* First degree of university from Arts subjects बी.ए. بی اے

Bachelor of Science/ B.Sc. : *n.* first university degree from Science side बी.एस.सी. بی ایس سی

Bacillary : *adj.* (ba-si-le-ri) of rod shaped; bacterium दण्डाणु का; दण्डाकार; जरासीमी سلاخ نما؛ سیخ نما؛ جراثیمی؛ جراثیم کا

Bacillus : *n.* (ba-sil-lus) rod shaped; bacterium दण्डाणु; सलाख़ سلاخ؛ سیخ: جرثومہ؛ جراثیم

Back : *n.* (back) (1)hinder part of the body (2)back side of the house power; support (1)कमर; पीठ (2)पीछे; पिछवाड़ा (घर के पीछे का भाग) ताक़त; समर्थन (۱)پشت؛ کمر؛ پیٹھ (۲)پیچھے؛ پچھواڑا (گھر کا پیچھے کا حصہ) (۳)طاقت؛ حمایت

Back and forth : *ph.* back and forward आगे पीछे; इधर उधर؛ آگے پیچھے؛ ادھر اُدھر

Back down : *ph.* to leave the claim दावा छोड़ देना دعویٰ چھوڑ دینا

Back out of : *ph.* to deny; to go back upon or on'es word मुकरना; मुकर जाना; फिर जाना مکرنا؛ مکر جانا؛ حمایت ترک کرنا؛ پھر جانا

Behind ones back : *ph.* in the

absence of someone किसी के पीठ पीछे کسی کے پیٹھ پیچھے

Turn one's back on : *ph.* to turn to go; to leave the scene मुँह फेर लेना; किसी को पीठ दिखा कर जाना منہ پھیر لینا؛ کسی کو پیٹھ دکھا کر جانا

Back-ache : *n.* pain in back part of body पृष्ठशूल; कमर दर्द کمر درد

Back-bite : *v.t.* to speak evil of one behind or one's back पीठ पीछे निन्दा करना; चुग़ली खाना چغلی کرنا؛ چغلی کھانا؛ چغلخوری کرنا

Back-biter : *n.* one who speaks ill of चुग़लखोर چغلخور

Back-biting : *n.* speaking of ill of (somebody in his/her absence); the act of ill speaking चुग़ली; चुग़लखोरी چغلخوری؛ چغلی

Back-board : *n.* back side board पिछली तख़्ता; पृष्ठ-फलक پچھلا تختہ

Back-bone : *n.* spine; courage रीढ़ की हड्डी; हिम्मत; आधार ریڑھ کی ہڈی؛ ہمت؛ حوصلہ

Back-door : *n.* & *adj.* a secret door; stealthily; secretly चोर दरवाज़ा; चोरी से; गुप्त چوری سے؛ چور دروازہ؛ پوشیدہ طریقہ

Back-ground : *n.* distant part of a scene भूमिका پس منظر

Back-log : *n.* so many old orders पिछले आर्डरों का ढेर پچھلے یا پرانے آرڈروں کا ڈھیر

Back-number : *n.* old copy (of periodical or newspaper) पत्रिका या समाचारपत्र का पिछला अंक या नम्बर اخبار یا رسالے وغیرہ کا پچھلا یا گذشتہ شمارہ

Back-pay : *n.* old pay पिछला वेतन پرانی تنخواہ

Back-set : *n.* hindrance; defeat रोक; अवरोध; हार روک؛ ہار

Back-water : *n.* part of river not reached by its current; place or condition of mind untouched by progress पश्च जल; अप्रवाही जल; पिछड़ापन بند پانی؛ بند کھاڑی؛ ذہنی جمود

Back-woods : *n.* wild forest land from inhabited areas कान्तार; घना वन گھنا جنگل

Backing : *n.* support; help समर्थन; सहारा مدد؛ امداد؛ اعانت

With the backing of (someone): *ph.* with the help of (someone) support (किसी की) मदद से (کسی کی) کی مدد سے؛ کی اعانت سے

Backsheesh : *n.* tip; grant; a gift बख़शिश; ईनाम بخشش؛ انعام

Backslide : *v.t.* fall into bad old ways; give up one's principles तोबा तोड़ना; इन्कारी होना; धर्म त्याग देना توبہ توڑنا؛ برگشتہ ہونا؛ منحرف ہونا

Backside : *n.* back part of body; buttock पिछला हिस्सा; चूतड़; नितम्ब چوتڑ؛ پچھلا حصہ

Backward : *adj.* & *adv.* making litle progress पश्चगामी; फिसड्डी پیچھے؛ پھسڈی

Backwardness : *n.* vanquishedness पिछड़ापन پھسڈی پن؛ پچھڑاپن

bacon : *n.* (bay-kon) salted & dried meat of a pig (नमकीन) सूअर-मांस سور کا نمکین گوشت

Bacteria : *n.* (bak-tee-ria) germ जीवाणु جراثیم؛ جرثومہ

Bacterial : *adj.* of bacteria जीवाण्विक جراثیمی

Bacteriologist : *n.* expert in bacteriology जीवाणु विज्ञानी ماہر جراثیمیات

Bacteriology : *n.* study of bacteria जीवाणु विज्ञान علم جرثومات؛ علم جراثیم

Baculine : *n.* (bay-ku-line) punishment दण्ड سزا

Bad : *adj.* wicked; of poor quality बुरा; ख़राब; घटिया بداخلاق؛ بدکار؛ برا؛ خراب؛ گھٹیا

Go to the bad : *ph.* be ruined; ill fortune तबाह व बर्बाद होना; भाग्य बुरा होना; बुरी क़िस्मत होना تباہ و برباد ہونا؛ بدقسمت ہونا

Bad-company : *n.* worst company कुसंग; बरी संगत بری صحبت

Bad-conductor : *n.* in experienced conductor कुचालक اناڑی کنڈکٹر

Bad-tempered : *n & adj.* irritable; grouch; bad habit चिड़चिड़ा; बुरी आदत वाला چڑچڑا؛ بداخلاق؛ بدطینت

Badly : *adv.* in a wrong manner बुरी तरह से بری طرح سے؛ غلط طریقے سے

Badness : *n.* wickedness ख़राबी; दुष्टता خرابی؛ برائی

Badge : *n.* (baj) logo; some mark or design बिल्ला; बैज بلّا؛ نشان

Badger : *n.* (baj-er) a beast resembling the wild cat बिज्जू بجّو

Badger : *v.t.* to pester; to harras; to victimize; to trouble तंग करना; परेशान करना دق کرنا؛ تنگ کرنا؛ سخت پریشان کرنا

Badinage : *n.* & *v.* fun making; jocularity; to joke हँसी-दिल्लगी करना; मज़ाक़ करना ہنسی مذاق کرنا؛ دل لگی کرنا

Badminton : *n.* (bad-min-tun) name of a game बैडमिंटन بیڈمنٹن

Baffle : *v.* (bay-fal) (1)to make useless; good for nothing (2)cause uncertainly (3)to prevent; to detain (1)व्यर्थ या निष्फल कर देना (2)चकरा देना; घबरा देना (3)रोकना; बाधा डालना (۱)بے کار کردینا (۲)چکرا دینا؛ گھبرا دینا؛ حیران کردینا (۳)روکنا؛ رکاوٹ ڈالنا؛ مات دینا

Baffle : *n.* prevention; detaintion रोक; बाधा; बाधिका رکاوٹ؛ روک؛ رکاوٹ ڈالنے والا

Bag : *n.* sack or pouch बोरा; थैला; झोला; बैग بورا؛ تھیلا؛ بیگ؛ جھولا

Bag & Baggage : *n.* with one's belongings सामान; असबाब مع ساز و سامان؛ اسباب

Bagasse : *n.* (bay-gess) juiceless sugarcane खोई کھوئی؛ بوگس؛ باکس

Bagatelle : *n.* (bay-ge-tel) petty thing; contemptuous तुच्छ वस्तु حقیر چیز؛ کم قیمت چیز

Baggage : *n.* (bag-ij) traveller's luggage सामान; यात्री का यात्रा का सामान اسباب؛ سامان؛ مسافر کا سامانِ سفر

Baggy : *adj.* (of trousers etc.) hanging loose ढीला-ढाला; उभरा हुआ; फूला हुआ ڈھیلا ڈھالا؛ پھولا ہوا؛ ابھرا ہوا

Bagnio : *n.* (bay-nio) (1)jail (2)bathroom (1)कारागार; कैदखाना (2)स्नानशाला; स्नान घर (۱)قید خانہ؛ جیل (۲)غسل خانہ

Bail : *n.* (bayl) security; surety; guarantee; money demanded by court as security for freeing accused till trial; person who pays security; cross piece on to top of wickets in cricket ज़मानत; प्रतिभूति; ज़ामिन; क्रिकेट

की गुल्ली ضمانت؛ مچلکہ؛ ضامن؛ کرکٹ کی گلی

Go bail for (someone) : *ph.* (किसी की) ज़मानत देना (کسی کی) ضمانت دینا

Bail out (someone) : *ph.* ज़मानत देना (किसी की) (کسی کی) ضمانت دینا

Bail before arrest : *ph.* गिरफ़्तारी से पहले ज़मानत लेना ضمانت قبل از گرفتاری

Bailable : *adj.* offence for which someone can be bailed out क़ाबिले ज़मानत قابلِ ضمانت

Bailbond : *n.* surety bond ज़मानत नामा ضمانت نامہ

Bailiff : *n.* (bay-lif) minor court official for carrying out writs attachments etc. बेलिफ़; आसेधक پیادہ؛ قرقی والا؛ قارق

Bait : *n.* (bayt) (1)food etc. put on hook to catch fish (2)fascination (1)चारा; दाना (मछली के शिकार के लिए) (2)लुभाना (۱) چارہ؛ دانہ (مچھلی کے شکار کے لیے) (۲) ترغیب؛ تحریص

Bait : *v.* to put bail; to fascinate चारा लगाना; दाना डालना; प्रलोभन देना; लुभाना; ललचाना چارہ لگانا (مچھلی پکڑنے کے لیے)؛ دانہ ڈالنا؛ ترغیب دینا؛ للچانا؛ لبھانا

Bake : *v.* to cook or to cooked by dry heat in an oven पकाना; सेंकना پکانا؛ سینکنا (روٹی وغیرہ)

Bakelite : *n.* (bay-ke-lit) a celluloid like substance बेकेलाईट بیکلائیٹ

Baker : *n.* one who works in bakery नानबाई نانبائی

Bakery : *n.* place where bread is made and sold बेकरी; तनूर بیکری؛ تنور

Baking powder : *n.* powder which is used in cooking for soften the meat etc. पाक-चूर्ण بیکنگ پاؤڈر

Baksheesh : *n.* tip; a gift बख़्शिश بخشش انعام و اکرام

Balance : *n.* (bal-ans) pair of scales; instrument for measures the things etc. remainder तराज़ू; तुला; काँटा (۱) ترازو (۲) باقی

Bank balance : *ph.* money lying in bank; the amount which is deposit in bank बैंक में जमा रोकड़ بنک میں جمع رقم؛ بینک بیلنس

Balance in hand : *ph.* remainder amount रोकड़ बक़ाया; रोकड़ बाक़ी بقایا رقم؛ باقی بچی ہوئی رقم

Balance of mind : *ph.* sanity दिमाग़ी सन्तुलन ہوشمندی؛ قائمی ہوش و حواس

Balance of power : *ph.* steadiness in power or Govt. शक्ति सन्तुलन توازنِ اقتدار

Balance of trade : *ph.* व्यापारान्तर تجارت خارجہ کا توازن

Balance sheet : *ph.* statement of details of account; with the difference between credit and debit पक्का चिट्ठा آمد و خرچ کا گوشوارہ؛ واصل؛ باقی چٹھا

Balance wheel : *ph.* a wheel which keeps balance संतोलक चक्र या पहिया توازن قائم رکھنے والا پہیا

Balance : *v.* (1) to be in a state of quilibrium (2)weigh in the mind (1)संतुलन होना या रखना; बराबरी करना (2)तुलना करना; चुकता करना (۱) توازن قائم رکھنا؛ متوازن بنانا (۲) موازنہ کرنا

Balancing : *n.* steadiness संतोलन توازن

Balcony : *n.* (bal-ko-ni) platform with railing built outside a wall छज्जा; बारजा چھجہ؛ شہ نشیں

Bald : *adj.* (Bawld) hairless; with few hair गंजा گنجا؛ لنڈورا

Baldness : *n.* being bald गंज; गंजापन گنجاپن؛ گنج

Balderdash : *n.* (Bal-der-dash) twaddle; raving; prattle; gabble बकबक; प्रलाप بک بک؛ بکواس

Bale : *n.* (bayl) (1)large bundle of goods (2)jump out of an aircraft with a parachute (1)गांठ; गट्ठा (2)छलांग लगाना; छतरी से उतारना (۱)گانٹھ؛ گٹھا (۲)طیارے سے (پیراشوٹ کے ذریعے) چھلانگ لگانا

Balefire : *n.* fire आग آگ

Baleful : *adj.* evil; destructive हानिकार; अनिष्टकर مضرت رساں؛ تباہ کن

Balefully : *adv.* in a destructive manner हानिकारक مخربانہ

Balk/ Baulk : *n.* (bawk) (1)prevent; hinder (2)frustrate; disappoint (3)(of horse) refuse to go forward (1)बाधा; रूकावट (2)निराशा; विफलता (3)अड़ जाना (घोड़े का); रूक जाना (۱)مزاحم ہونا؛ روکنا (۲)محروم کرنا؛ بگاڑنا؛ مایوس کرنا (۳)اَڑنا (گھوڑے وغیرہ کا)؛ رک جانا

Ball : *n.* (bawl) (1)round object used in many games; missile fired from gun (2)social gathering for dancing (1)गेंद; कन्दुक; गोला (2)नाच; नाच सभा (۱) گیند؛ کرہ؛ گولا (۲)ناچ؛ رقص؛ محفل رقص

Ballad : *n.* (Baled) short story told in simple verse गाथा قصہ؛ آلہا

Ballast : *n.* (ba-last) gravel कंकड़; रोड़ी روڑی؛ کنکر

Ballerina : *n.* (ba-lle-ree-na) (women) dancer नर्तकी رقاصہ؛ ناچنے والی عورت

Ballet : *n.* (bal-et) dance by a group of artists in theatre नृत्य-नाटक رقص؛ ناچ؛ بیلے

Ballonet : *n.* (ba-lo-net) small ballon गुब्बारक چھوٹا غبارہ

Balloon : *n.* (ba-loon) bag filled with gas गुब्बारा غبارہ

Balloon-barrage : *n.* a circle of balloons गुब्बारों का घेरा غباروں کا گھیرا

Balloonist : *n.* one who goes up in a balloon गुब्बारे वाला; गुब्बारची غبارچی؛ غبارے والا

Ballot : *n.* (bal-et) a way of secret voting मतदान; गुप्त मतदान پوشیدہ رائے دہی؛ مخفی رائے دہی؛ پوشیدہ طریقے سے ووٹ ڈالنا؛ دکھائے بغیر ووٹ ڈالنا

Ballot-box : *n.* a box which is used in secret voting मतपेटी بیلٹ بکس؛ ووٹ ڈالنے کی پیٹی

Ballot-paper : *n.* ballot; ballot slip मतपत्र; मतपरची بیلٹ پیپر؛ پرچی (ووٹ کی)

Ballyhoo : *n.* (bailyhoo) noise; tumulted advertisement शोरगुल; धूमधामी विज्ञापन شور وغل؛ ہنگامہ خیز اشتہار

Balm : *n.* (bahm) ointment; fragrant; sweet smelling, that which gives piece of mind; (of air) soft, warm & smoothing; pleasent 1.मरहम, मलहम 2.सुगन्धित 3.सुहावना (۱)مرہم؛ بام (۲)خوشبودار (۳) ہلکی فرحت بخش ہوا

Balmy : *Adj*. sweet smelling; fragrant सुगन्धित خوشبودار

Balneal : *n*. (bail-ni-al) Bath स्नान غسل؛ نہانا

Balsam : *n*. (bal-sam) ointment; touch me not; The balsam flower मरहम; मलहम; गुलमेंहदी مرہم؛ بام؛ گلِ مہدی

Baluster : *n*. (bal-us-ter) strips of iron; sticks of other metal etc. छड़ (जंगले का) (جنگلے کی) لوہے کی چھڑ

Balustrade : *n*. (bal-us-trayd) row of bar like pieces called balusters जंगला; कटघरा کٹہرا؛ جنگلا

Bamboo : *n*. (bam-boo) (sticks of) plant with hard; hollow stem बांस; वेणु بانس

Bamboozle : *v*. (bam-boo-zel) deceive; befool; dupe धोका देना; बेवकूफ़ बनाना فریب دینا؛ دھوکہ دینا؛ بے وقوف بنانا

Ban : *n*. 1.order for bidding something 2. (v) prohibited; ban; restriction; to impose a ban 1.प्रतिबन्ध; रोक; अवैध 2. (v) रोक लगाना; मना क.; निषेध امتناع؛ مخالفت؛ قدغن؛ روک لگانا؛ منع کرنا

Banal : *adj*. (bayn-al) uninteresting; common; common place अत्यन्त साधारण; तुच्छ بے لطف؛ معمولی؛ گھٹیا؛ گھسی پٹی

Banality : *n*. ordinary matter; common thing तुच्छ बात; तुच्छता; घिसी पिटी बात معمولی بات؛ گھسی پٹی بات؛ گھٹیا بات

Banana : *n*. (ba-nah-na) small plantain केला کیلا

Banana Tree : *n*. the tree of banana केले का पेड़ کیلے کا پیڑ

Banausic: *adj*. (bay-na-sik) ordinary; common; simple साधारण; सीधी साधी سیدھی سادھی؛ سادہ

Band : *n*. 1. thin strip 2. group of persons 1.पट्टी; फीता; डोरी 2.मंडली; टोली; समूह; दल (۱) پٹی؛ ڈوری؛ فیتہ (۲) ٹولی؛ جتھا؛ جمعیت؛ حلقہ

Bandage : *n*. (band-ij) strip of cloth पट्टी پٹی

Bandanna : *n*. (ban-d-an) techni colour; handkerchief रंगबिरंगा रूमाल رنگ برنگا رومال

Bandeau : *n*. (ban-doo) hair-band; ribbon सरबन्द سربند

Banderol/Banderole: *n*. (ban-de-rol) a bunting; small flag झण्डी جھنڈی

Bandicoot : *n*. (ban-di-koot) bribe घूस رشوت

Bandit : *n*. (band-it) armed robber डाकू قزاق؛ رہزن

Bandoleer : *n*. (ban-de-le-ur) a firing cartridge; firing balls belt कारतूस की पेटी کارتوس کی پیٹی

Bandy : *v*. (band-i) toss; exchange (words of blows) एक दूसरे की तरफ़ फेंकना; चर्चा करना; कहना सुनना; लेना देना; तकरार; झगड़ा क. ایک دوسرے کی طرف پھینکنا؛ بحث ومباحثہ کرنا؛ تکرار کرنا؛ جھگڑا کرنا

Bandy-Legs : *n*. (of legs) crooked मुड़ी हुई टांगें; धनुर्जंघी مڑی ہوئی ٹانگیں؛ خم دار ٹانگیں

Bane : *n*. (bayn) ruin or destruction; poison विनाश; विष; हलाहल زہر؛ تباہی؛ بربادی؛ زہر ہلاہل

Baneful : *adj*. harmful हानिकारक; विनाशक; विषैला زہریلا؛ نقصاندہ؛ مضرت رساں

Bang : *n*. 1. violent blow; shut the door with a bang 2. sudden noise; make a bang 1.ज़ोर का घूंसा, बन्द क॰ ज़ोर से 2.धमाका; धड़ाका (۱) زور کا گھونسا؛ (دروازہ) زور سے بند کرنا (۲) دھماکا؛ زور کا شور

Bangle : *n*. (bang-el) ornamental metal band worn round the arm or ankle चूड़ी; कड़ा کڑا؛ چوڑی

Banian : *n*. (bani-aan) 1. trader; an upper under garment 2. name of a tree 1.बनिया; गंजी; बनियान 2.बरगद; बड़; वट (۱) بنیا؛ بنیان (۲) برگد؛ بڑ کا درخت

Banish : *v*. (ban-ish) drive away (from) the country देश निकाला देना; निर्वासित क॰; निकाल देना جلاوطن کرنا؛ شہر بدر کرنا؛ دیس نکالا دینا

Banishment : *n*. banishing देशनिकाला; निर्वासन جلاوطنی؛ اخراج؛ دیس نکالا

Banister : n. (ban-is-ter) grating; railing; fence जंगला; कटहरा جنگلہ؛ کٹہرا

Banjo : *n*. (ban-joh) a sort of guitar; type-writer like Japanese musical instrument बैनजू; गिटार की तरह का एक प्रकार का बाजा پچتارا؛ بینجو؛ ٹائپ رائٹر کی طرح کا ایک جاپانی موسیقی آلہ

Bank : *n*. 1. establishment set up for depositing money 2. edge (of sea) 1.बैंक; सराफा 2.तट; किनारा (समुन्दर का) (۱) بنک؛ بینک (۲) کنارا؛ تٹ (سمندر کا)

Banker : *n*. person engaged in banking business साहूकार; सराफ़ा; बैंकर ساہوکار؛ صرافہ؛ بینکر

Banking : *n*. business of a bank साहूकारी; महाजनी ساہوکاری؛ مہاجنی

Bankrupt : *n. & adj.* (bank-rupt) insolvent दिवालिया دیوالیہ؛ دیوالیہ پن

Bankruptcy : *n*. insolvency दिवाला; दिवालियापन دیوالہ؛ دیوالیہ پن

Banner : *n*. (ban-er) flag झंडा; ध्वज جھنڈا؛ پرچم؛ پھریرا

Banquet : *n*.(bank-wet) large formal feast भोज; प्रीतिभोज; दावत دعوت؛ ضیافت؛ خاص دعوت؛ خاص ضیافت

Banquette : *n*. (ban-ket) boundary wall; baricade आड़ آڑ

Banter : *n*. & *v*. fun; humour हँसी-दिल्लगी (क॰) ہنسی مذاق (کرنا)

Banyan: *n*. (ban-yan) name of a tree बरगद; बड़ برگد؛ بڑ کا درخت

Baptism : *n*. (bap-tism) Christian ceremony of sprinkling water on someone to accept him in that religion and give him a Christian name बपतिस्मा; नामकरण संस्कार بپتسمہ؛ اصطباغ؛ نام رکھائی

Baptist : *n*. one who baptizes बपतिस्मा-दाता بپتسمہ دینے والا؛ اصطباغی

Baptize : *v*. sprinkle water and give a Christian name to (someone) बपतिस्मा देना; नामकरण بپتسمہ یا اصطباغ دینا؛ نام رکھنا

Bar : *n*. 1. long stiff piece (of metal etc.) 2. that which stops or hinder progress 3. counter where intoxicants are sold and drunk 1.शलाका; छड़; डण्डा; सलाख 2.रोक; बाड़; मुल्ज़िमों का कटहरा 3.शराब-घर; मधुशाला (۱) سیخ؛ سلاخ؛ چھڑ؛ سریا (۲) روک؛ روکاوٹ؛ باڑ؛ ملزموں کا کٹہرا (۳) شراب گاہ؛ شراب پینے کی جگہ

Barb : *n*. (bahrb) fish hook काँटा; अनि مڑا ہوا پھل؛ کانٹا؛ انی

Barbarian : *n*.(bar-bay-rian) uncivilized person असभ्य; बर्बरा وحشی؛ غیرمہذب؛ بربری

Barbaric : *adj*. (bar-ba-rik) like barbarians असभ्य; गँवारू وحشیانہ؛ سفاکانہ؛ ظالمانہ

Barbarism : *n*. (bar-be-rizm) lack of culture; vulgar expression असभ्यता; गँवारपन; पशुपन وحشیانہ پن؛ جہالت؛ عدم تہذیب

Barbarity : *n*.(bar-ba-ri-ti) cruelty बर्बता; क्रूरता ظلم؛ سفاکی

Barbarous : *adj*. (bahr-be-rus) uncivilized or inhuman person असभ्य; ज़ालिम; गँवारू غیرمہذب؛ وحشی؛ ظالم

Barbate : *adj*. to grow a beard दाढ़ीदार داڑھی دار؛ ریش دار

Barbecue : *v*. to roast on iron rod सीख पर भूनना سیخ پر بھوننا

Barbed : *n*. (bahr-bd) wire etc. with barbs काँटेदार तार خاردار تار؛ کانٹے دار تار

Barber : *n*. (bahr-ber) hair dresser नाई; हज्जाम; बारबर نائی؛ حجام؛ باربر

Bard : *n*. (bahrd) wandering poet-singer भाट; चारण; शायर گویا؛ شاعر؛ بھاٹ

Bare : *adj*. (bay-er) not covered; nude नंगा; अनावृत ننگا؛ برہنہ؛ عریاں

Bare : *v*. uncovered प्रकट क.; नंगा क. بے نقاب کرنا؛ ننگا کرنا

Bare faced : *ph*. shameless निर्लज्ज; ढीट بے شرم؛ بے حیا؛ ڈھیٹ

Bare Footed : *ph*. shoesless नंगे पाँव; नंगे पैर ننگے پاؤں؛ ننگے پیر

Bare Headed : *ph*. without cap or uncovered head नंगे सर; खुले सर ننگے سر؛ کھلے سر

Barely : *adv*. in a bare way स्पष्टतया; साफ़-साफ़ سادہ؛ سادگی سے؛ بالکل معمولی

Bargain : *n*. (bah-gayn) buying and selling सौदा; समझौता سودا؛ معاملہ؛ سمجھوتہ

Good Bargain : *ph*. try for a good value अच्छा-सौदा اچھا سودا؛ اچھا معاملہ

Into the Bargain : *ph*. in addition आदि; ज़्यादा مزید؛ علاوہ

Not to have Bargain for : *ph*. not agree (for) तैयार न होना تیار نہ ہونا (کے لیے)

Strike a Bargain : *ph*. to agree on terms सौदा क.; मामला क. معاملہ طے کرنا؛ سودا طے کرنا

Barge : *n*. (bahrj) flat bottomed boat for trasporting goods बजरा; नौका بجرا؛ سپاٹ کشتی سامان ڈھونے کے لیے

Bark : *n*. (bah-k) 1. outer covering of trees 2. cry of dog and fox 1.छाल (वृक्ष का) 2.कुत्ते या लोमड़ी के भौंकने की आवाज़ (۱) چھال (۲) کتے یا لومڑی کے بھونکنے کی آواز

Bark : *v*. 1. take the bark off 2. cry (dog & fox etc.) 1.छाल उतारना 2.भौंकना (۱) چھال اتارنا (۲) بھونکنا

Barley : *n*. (bah-li) a kind of cereal जौ; यव جو

Pearl Barley : *n*. ground barely जौ का दलया جو کا دلیا

Barley-water : *n*. juice of barley; soup of barely आश जौ آش جو

Barn : *n*. (bahrn) farm-building to storing the grain & lay etc. बरवार, खत्ता کوٹھا؛ باڑا؛ کھتا

Barn-yard : *n*. space adjacent to

barn खत्ते का बाड़ा باڑے کا احاطہ

Barnacles : *n*. (barn-kals) nose forceps; nose tweezer नाक चिमटी ناک چمٹی

Barometer : *n*. (ba-rom-e-te) instrument for measuring pressure of air to know height of season वायुदाबमापी باد پیا؛ ہواپیا

Baron : *n*. (ba-run) Nawab; British nobleman नबाब; सामन्त نواب؛ یوروپی نواب؛ انگریز نواب

Baroness : *n*. wife of a baron नवाब बेगम نواب بیگم

Baronet : *n*. (ba-ro-net) English-man higher in rank than knight; hereditary leader छोटे नवाब; मोरोसी सरदार چھوٹے نواب؛ موروثی سردار

Barony/i : *n*. title of a baron नवाबी نوابی

Barracks : *n*. (ba-raks) place for housing soldiers बैरक; बारका بیرک؛ کوٹھریوں کی قطار (فوجیوں کی)؛ بارک

Barrage : *n*. (bar-rij) dam; heavy continuous gunfire बाँध; रोक; आड़; गोलाबारी بند؛ (توپوں کی) باڑھ؛ گولہ باری

Ballon barrage : anti aircraft barrier of balloons तय्यारा रोक; गुब्बारों की बाड़ طیارہ روک غباروں کی باڑھ

Barrater/Barrator : *n*. (be-re-ter) litigant, quarrelsome मुक़दमेबाज़; झगड़ा करने वाला; फ़सादी; नारद مقدمے باز؛ فسادی؛ جھگڑا کرنے والا؛ نارد

Barratry : *n*. 1. litigation 2. oceanic deceitfulness 1.मुक़दमेबाज़ी 2.समुद्री दग़ाबाज़ी مقدمے بازی؛ سمندری دغابازی

Barrel : *n*. (ba-rel) tube of gun revolver; large round wooden cask. बंदूक़ की नाली; पीपा بندوق ریوالور وغیرہ کی نالی؛ پیپا

Barren : *adj*. (ba-ren) sterile; tree not yeilding fruit; (land) producing no corps बाँझ; निष्फल; बंजर بانجھ؛ بنجر؛ بے برگ وبار

Barret : *n*. (ba-rit) cap टोपी ٹوپی

Barricade : *n*. (ba-ri-kayd) things put up in the way as obstruction मोरचा; रोक; रूकावट ناکہ بندی؛ مورچہ؛ روک؛ روکاوٹ

Put up a barricade : *ph*. to block मोरचा बन्दी क. ناکہ بندی کرنا

Barrier : *n*. (ba-ri-er) fence; obstruction; hinder घेरा; रोक; जंगला جنگلہ؛ کٹہرا؛ روک؛ گھیرا

Barring : *prep*. (bah-ring) except के सिवाय; को छोड़कर سوائے؛ (کو) چھوڑکر

Barrister : *n*. (ba-ris-ter) lawyer of a higher order बैरिस्टर; विधिवक्ता بیرسٹر؛ اونچے عہدے کا وکیل

Barrow : *n*. (ba-roh) small hand cart ठेला; हाथ गाड़ी ٹھیلا؛ ہتھ گاڑی

Wheel Barrow : *n*. barrow with one wheel एक पहिया वाली गाड़ी या ठेला ایک پہیا والی گاڑی

Barter : *n*. (bah-ter) trade by exchanging goods for goods instead of money अदला-बदली; वस्तु विनिमय مبادلہ؛ چیز کے بدلے چیز کا لین دین؛ ادلا بدلی

Basal : *n*. (ba-sal) foundation, basis आधार; नीव بنیاد؛ نیو

Base : *n*. (bays) bottom, foundation तल; पेंदा; तह تلا؛ پیندا؛ تہہ؛ بنیاد؛ پایہ

Base : *adj*. of inferior quality;

dishonourable नीच; कमीना; घटिया گھٹیا؛ پست؛ رذیل؛ کمینہ؛ نیچ

Base Born : *n.* illegal child; (of metal or coin) low in value हीनजाति; दोग़ला; खोट; मिलावट ناجائز اولاد؛ دوغلا؛ کھوٹ؛ ملاوٹ

Baseless : *adj.* infounded निराधार; निर्मूल بے بنیاد

Basement : *n.* part of building below ground level तहखाना تہ خانہ

Bashful : *adj.* (bay-sh-ful) reserved; shy संकोची; झेंपू شرمیلا؛ جھینپو

Bashfulness : *n.* shyness; modesty संकोच; लज्जापन شرمیلا پن؛ لجاپن

Basic : *adj.* (bay-sik) beginning; founded बुनियादी; मूल आधार بنیادی؛ ابتدائی

Basic Education : *n.* beginning education बुनियादी शिक्षा بنیادی تعلیم؛ ابتدائی تعلیم

Basic Pay : *n.* scale of pay without any addition of arrears बुनियादी तंखाहह; मूल वेतन بنیادی تنخواہ

Basic Principle : *n.* basic rules/ instruction मूल सिद्धान्त بنیادی اصول

Basil : *n.* (bay-zil) the holy basil plant तुलसी تلسی

Basilisk : *n.* (bay-zi-lisk) a type of American chameleon अमरीकी गिरगिट امریکی گرگٹ

Basin : *n.* (bays-in) a shallow pan; a washbasin; a metal pan use for washing hands तस्ला; चिलमची تسلا؛ چلمچی

Basis : *n.* (bays-is) foundation आधार; मूलाधार بنیاد

Bask : *v.* enjoy with warmth & sun light in winter धूप खाना या सेंकना دھوپ کھانا یا سینکنا؛ دھوپ میں بیٹھنا

Basket : *n.* (bas-ket) container made for plaited twigs टोकरी; डलिया ٹوکری؛ ڈلیہ

Waste paper basket : *ph.* basket for throwing in useless paper रद्दी की टोकरी ردّی کی ٹوکری

Basket Chair : *n.* wooden weaven chair बेंत की कुरसी بید کی کرسی

Bassinet : *n.* (bay-si-net) wooden weaven cradle बेंत का पालना بید کا پالنا

Bassoon : *n.* (bay-soon) a kind of flute; flageolet अलग़ोज़ा الغوزہ

Bastard : *n.& adj.* illegitimate (child); illegal child जारज; दोगला ناجائزہ اولاد؛ حرامی حرامزادہ

Baste : *v.* (bay-st) beat; (in cooking) to besmear; to anoint; to apply greasy substance पीटना; चुपड़ना پیٹنا؛ چپڑنا (گھی وغیرہ روٹی پر)

Bastinado : *v.* (besti-na-do) to beat on sole of the foot तलवों पर बेंत लगाना تلووں پر بید لگانا

Bastion : *n.* (bas-ti-en) tower of a fortress बुर्जी برجی (فصیل کی)

Bat : *n.* 1. wooden stick used for hitting the ball in cricket etc. 2. small winged quadruped which flies in night 1.बल्ला; बैट 2.चिमगादड़ (۱) بلا (کرکٹ کا)؛ بیٹ (۲) چمگادڑ

Batch : *n.* (bach) group; group of things of one kind टोली; जत्था; दल ٹولی؛ دستہ؛ جتھا

Bate : *v.* diminish; hold घटना; घटाना; रोकना گھٹنا؛ گھٹانا؛ روکنا

Bath : *n.* (bahth) washing of the body स्नान; नहाना نہانا؛ غسل کرنا

Bath-room : *n*. room in which one takes bath स्नान घर; स्नानगृह غسل خانہ؛ باتھ روم؛ حمام

Bath-Tub : *n*. vessel in which one takes bath स्नान टब; नांद نہانے کا ٹب؛ غسل کرنے کا ٹب

Bathe : *v*. (baydh) swimming; plunge into the sea or river for swimming or pleasure; wet and wash नहलाना; तैरना; धोना تیرنا؛ نہانا (سمندر وغیرہ میں)؛ غوطہ مارنا

Bather : *n*. (baydh-e-r) one who baths; an expert swimmer स्नान करने वाला; तैराक نہانے والا؛ تیراک

Bathing : *n*. (baydh-ing) going into the sea for swimming समुन्दरी स्नान سمندری غسل

Bathometer : *n*. instrument used for deepness of sea गहराई-मापी; (समुन्दर) سمندر کی گہرائی ناپنے کا آلہ

Batik : *n*. (ba-tik) printed linen छींट چھینٹ

Batiste : *n*. printed linen; muslin महीन छींट या मलमल مہین چھینٹ یا ململ

Baton : *n*. (bat-en) policeman's stick; wand; stick डण्डा (पुलिस का); सोंटा; छड़ी ڈنڈا (سپاہی کا)؛ چھڑی؛ سونٹا

Batsman : *n*.(bats-men) batter बल्लेबाज़ بلے باز

Battalion : *n*. (ba-tal-yen) army unit of about 1000 soldiers बटैलियन; वाहिनी پلٹن؛ بٹالین

Batten : *n*. (bay-ten) a plank; a small wooden strip तख़्ता (लम्बा और चौड़ाई कम); पट्टी (लकड़ी की) تختہ (لمبائی زیادہ اور چوڑائی کم)؛ پٹی (لکڑی کی)

Batter : *v*. (bat-er) pound; beating; strike violently; break मारना; कूटना; चिकना चूर क.; तोड़ना; बिगाड़ना مارنا؛ کوٹنا؛ مسمار کرنا؛ توڑنا؛ بگاڑنا

Battery : *n*. (bat-e-ri) 1. connected electric cells. 2. big guns with the man who work them बर्क़ी मोरचा; तोपख़ांना (۱)برقی مورچہ (۲) توپ خانہ

Batting : *n*. batsmanship बल्लेबाज़ी بلے بازی

Battle : *n*. (bat-el) war; fight; struggle; fight or struggle युद्ध; लड़ाई; संग्राम لڑائی؛ جنگ؛ کشمکش؛ جدوجہد

Battle-cry : *n*. लड़ाई का नारा لڑائی کا نعرہ

Battle-field : *n*. place where battle is fought लाड़ाई का क्षेत्र; रण क्षेत्र میدانِ جنگ؛ لڑائی کا میدان

Battle-ship : *n*. big ships which use in war जंगी जहाज़; रणपोत جنگی جہاز؛ لڑائی کے جہاز

Bauble : *n*. (bau-ble) toy; showy & cheap thing खिलौना; भड़कीली सस्ती चीज़ کھلونہ؛ بھڑکیلی سستی چیز

Baulk : *v*. (bawk) see Balk

Bawd : *n*. (baad) procuress; messenger (woman) कुटनी; दूती کٹنی

Bawdy : *n*. indecent; vulgar; uncivilized अशलील; गैर मुहज़्ज़ब نامعقول؛ غیر مہذب

Bawdy-house : *n*. a brothel वेश्यालय طوائف خانہ

Bawl : *v*. shout; cry out loudly चिल्लाना; चिल्लाकर कहना چلانا؛ چلا کر کہنا؛ چیخنا

Bawn : *n*. (baan) a compound (for cattle) बाड़ा (पशु का) باڑا (جانوروں کا)

Bay : *n*. 1. Inlet of the sea 2. recess (for window) 3. deep bark of (hounds) 1.खाड़ी; 2.महराब (खिड़की की) 3.भौंकना (शिकारी कुत्तों का) (۱) خلیج؛ کھاڑی (۲) کھڑکی کی محراب (۳) بھونکنا (شکاری کتوں کا)

Bayadere : *n*. dancer (woman or girl) नर्तकी; नाचने वाली रقاصہ؛ ناچنے والی عورت یا لڑکی

Bayonet : *n*. (bay-o-net) serious; critical संगीन سنگین

Bazar : *n*. (ba-zah-r) market place lined with shops बाज़ार; मंडी بازار؛ منڈی

B.C. : *n*. before Christian era ईसा पूर्व; ईसवी पूर्व (सन 70 ई.पू.) قبل مسیح؛ سنہ ۷۰ قبل مسیح

Be : *v*. (bee) exist; remain होना; जीवित होना; घटित होना ہونا؛ موجود ہونا؛ وجود میں آنا؛ جاری رہنا؛ عمل میں آنا

Beach : *n*. (beech) sandy or pebbly shore of the sea बालू; तट; समुद्र तट; किनारा ریت یا کنکر والا ساحل؛ ساحل سمندر؛ سمندر کا کنارا

Beacon : *n*. (bee-kon) warning or guiding light प्रकाशदीप; संकेत दीप روشنی کا منار؛ خطر الاؤ؛ رہ نما روشنی

Bead : *n*. (beed) small ball of wood etc. with hole for passing string; small drop (of dew) मनका; दाना; मोती (लकड़ी का); ओस का क़तरा موتی (لکڑی وغیرہ کا)؛ منکا؛ دانہ؛ قطرہ (شبنم وغیرہ کا)

Tell or round one's beads : *ph*. to remember God by feeling the beads of a rosary one by one माला जपना تسبیح وغیرہ پڑھنا

Beading : *n*. (beed-ing) decoration of beads on a piece of cloth मोती टाँकना; सजाना (मोती से) کپڑے پر موتی ٹانکنا؛ بیڈنگ

Beadle : *n*. (bee-dle) peon; worker चपरासी; कर्मचारी چپراسی؛ کرمچاری

Beadsman : *n*. (beeds-man) alms man फ़कीर; दुआ करने वाला; माला जपने वाला; साधू فقیر؛ دعا گو؛ تسبیح خواں

Beady : *adj*. (beed-i) small and bright छोटा चमकीला (मोती) ننھا چمکیلا (موتی)

Beagle : *n*. (bee-gal) hound; hunting dog; detective शिकारी कुत्ता; गुप्तचर شکاری کتا؛ جاسوس

Beak : *n*. (beek) bill of a bird; spout or lip of a vessel चोंच; टोंटी چونچ (پرندے کی)؛ (کسی برتن وغیرہ کی) ٹونٹی

Beaker : *n*. (bee-ker) glass vessel with a lip used in laboratories टोंटीदार बर्तन; शराब का प्याला; बीकर ٹونٹی دار برتن وغیرہ؛ شراب کی صراحی وغیرہ

Beam : *n*. (beam) 1. long heavy piece of wood; cross bar of a balance 2. smile 1.शहतीर; डण्डी (तराजू की) 2.मुस्कान; मुस्कुराहट (۱) شہتیر؛ ڈنڈی (ترازو کی) (۲) مسکراہٹ؛ مسکان

Beam-wind : *n*. crossed wind; horizontal air आड़ी हवा; आड़ी वायु آڑھی ہوا؛ ٹیڑھی ہوا

Bean : *n*. (been) a pod-hearing plant; its seed सेम; सेम का दाना سیم؛ سیم کا دانہ؛ سیم کی پھلی

Broad bean : *n*. wide peas; a kind of vegetable containing big peas within बाक़ला باقلا؛ باقلا کی پھلی

Bear: *n*. (bay-er) 1. a well known wild animal 2. carry; hold up 3. endure 1.भालू; रीछ 2.उठाना; वहन क.; 3.सहना; बर्दाश्त क.; झेलना (۱) بھالو؛ ریچھ (۲) اٹھانا؛

برداشت کرنا (۳) سہنا؛ جھیلنا؛ قابلِ برداشت

Bearable : *adj*. that which can be endured सहनीय; सह्य گوارا؛ قابلِ برداشت

Bearer : *n*. (bay-e-rer) house servant वाहक; धारक; बैरा بیرا؛ خدمتگار

Bearing : *n*. (bay-e-ring) 1. manner; behaviour 2. meaning 3. small ball in gun 1.आचरण; व्यवहार; बर्ताव 2.अर्थ 3.गोली (۱)برتاؤ؛ طریقہ؛ رویہ (۲)معنی (۳) گولی (بندوق کی)

Beard: *n*. (bee-e-rd) hair on the chin दाढ़ी داڑھی

Beast : *n*. (beest) animal चौपाया; पशु; जानवर جانور؛ چوپائے؛ حیوان

Beast of burden : *ph*. animals used to carry loads लददू जानवर لدّو جانور

Beast of prey : *ph*. brutal animal; brutal person हिंसक पशु या आदमी درندے یا وحشی انسان

Beastly : *adj*. nastly घृणित; जघन्य نفرت انگیز

Beastly weather : *ph*. unpleasant season ख़राब मौसम گندہ موسم؛ خراب موسم

Beat : *v*. (beat) hit as punishment; hit repeatedly; defeat मारना; पीटना; प्रहार क.; हराना; पराजित क.; مارنا؛ پیٹنا؛ زدوکوب کرنا؛ شکست دینا؛ ہرا دینا

- **Beat a retreat** : *ph*. retreat पसपा होना; पराजित होना پسپا ہونا؛ ہارنا

  Beat about the bush : *ph*. useless talk काम की बात न क. کام کی بات نہ کرنا

  Beat time : *ph*. made regular movements to show in music ताल देना تال دینا

Heart-beat : *n*. one complete pulsation of the heart दिल की धड़कन دل کی دھڑکن

Beaten : *adj*. (bee-ten) shaped by beating कूटना; पीटना کوٹنا؛ پیٹنا

Beaten path : *ph*. common route; well used way/ path देखा भाला रास्ता دیکھا بھالا راستہ

Beater : *n*. one who beats game शिकार हंकाने वाला شکار ہنکانے والا

Beating : *n*. punishment मार; मारपीट مار؛ مار پیٹ؛ زدوکوب

Give (someone) a beating : *ph*. beat (him) मारना; पीटना; ठोकना مارنا؛ پیٹنا؛ ٹھونکنا

Beau : *n*. (boh) fashionable man छैला; प्रेमी بانکا؛ چھیلا؛ عاشق

Beautiful : *adj*. pretty सुन्दर; खूबसुरत; रमणीय خوبصورت؛ حسین؛ خوشنما؛ دیدہ زیب

Beautifully : *adv*. of pretty खूबसूरती से خوبصورتی سے؛ دیدہ زیبی سے

Beautify : *v*. make beautiful खूबसूरत बनाना خوبصورت بنانا

Beauty : *n*. (bew-ti) prettiness; comeliness; loveliness सुन्दरता; सौंदर्य خوبصورتی؛ حسن؛ جمال

Beaver : *n*. (bee-ver) 1. a small wild animal 2. face. (1)ऊदबिलाव (2)चेहरा (۱)اودبلاؤ (۲)چہرہ

Becalm : *v*. to keep quite शांत करना خاموش کرنا؛ شانت کرنا

Because : *con*. on account of; for the reason क्योंकि; इसलिए کیونکہ؛ چونکہ؛ اس لیے

Bechance : *v*. to happen घटित होना;

आ पड़ना آ پڑنا؛ ظاہر ہونا

Beck : *n.* (bek) nod; call by nod इशारा (सर का); बुलाना (सर हिला कर) (سر کا) اشارہ؛ سر ہلا کر بلانا

Beck and call of : *ph.* under his order के हुकुम के मातहत کے حکم کے ماتحت

Beckon : *v.* (bek-en) make a sign with a finger to come इशारा क.; इशारे या संकेत से बुलाना اشارہ کرنا؛ اشارے سے بلانا؛ انگلی کے اشارے سے بلانا

Beckon : *n.* sign with bent finger (ऊंगली का) इशारा (انگلی کا) اشارہ

Becket bend : *n.* (bey-kit bend) a weaver knot जुलाहा गाँठ جولاہا گانٹھ یا گرہ

Becloud : *v.* (bee-ka-la-ud) obsure; confuse धुँधला क.; अस्पष्ट कर देना دھندلا کر دینا؛ غیرواضح کردینا

Become : *v.* (bee-kum) come to be; be suitable; be graceful हो जाना; उचित होना; शोभा देना ہو جانا؛ بن جانا؛ پھبنا؛ زیب دینا؛ موزوں ہونا

Becoming : *adj.* suitable; graceful उचित; शोभनीय پھبنے والا؛ موزوں

Bed : *n.* (bed) cot; piece of furniture to sit or sleep; bed; a bedstead चारपाई; खाट; पलंग چارپائی؛ پلنگ؛ بیڈ

Bed of the dry river : *n.* dry portion of the river दरिया की ख़ुश्क गुज़रगाह دریا کی خشک گزرگاہ

Flower bed : *n.* piece of ground for flowering plants फूलों की कियारी پھولوں کی کیاری؛ تختۂ گل

Foot of the bed : *n.* foundation खाट का पाँव की तरफ़ का हिस्सा पائنتی

Head of the bed : *n.* head of the cot खाट का सर की तरफ़ का हिस्सा سرہانا

Bed-bug : *n.* a small kind of insect खटमल کھٹمل

Bed-clothes : *n.* sheets & blankets ओढ़ना बिछोना; बिस्तर اوڑھنا؛ بچھونا؛ بستر

Bed-ridden : *adj.* confined bed by long illness शय्याग्रस्त صاحبِ فراش

Bed-room : *n.* room to sleep in शयन कक्ष; सोने का कमरा خوابگاہ؛ سونے کا کمرہ

Bed-sheet : *n.* bedcover; a sheet; cover-let चादर (पलंग की) چادر (پلنگ کی)

Bed-spread : *n.* a bed-sheet पलंगपोश پلنگ پوش

Bed-time : *n.* sleeping time; time to go to sleep शयन समय; सोने का टाईम سونے کا وقت

Bedabble : *v.* (be-dab-bal) to have a blot धब्बे डालना دھبے ڈالنا

Bedding : *n.* (bed-ing) articles that make up a bed बिस्तर; बिछोना بستر؛ بچھونا

Bedaub : *v.* (be-da-ub) to wear shyning clothes पोतना; भड़कीले कपड़े पहनाना; भड़क तड़क से सजाना پوتنا؛ بھڑکیلے چمکیلے کپڑے پہنانا؛ بھڑک تڑک سے سجانا

Bedazzle : *adj.* (be-da-zale) to be dazzled; to suffer a dazzling effect चौंधियाना; चमक लगना چندھیانا؛ چمک لگنا

Bedeck : *v.* (be-dek) adorn; to make up अलंकृत क.; सजाना; श्रृंगार क. سجانا؛ سنوارنا؛ سنگھار کرنا

Bedevil : *v* . (be-day-vil) torment; to spoil; be witch सताना; बिगाड़ना; जादू क. ستانا؛ بگاڑنا؛ جادو کرنا

Bedew : *v.* (be-dew) to wet; to soak;

तर कर देना; जल छिड़कना تر کر دینا؛ بھگو دینا (پانی سے)

Bedim : *adj*. (be-dim) obscured धूंधला कर देना دھندلا کر دینا؛ صاف نظر نہ آنا

Bedizen : *v*. (bee-di-zen) see Bedaub

Bedouin : *n*. (bay-do-in) the same nomad Arab बददू بدّو؛ بدوی

Bedrabbled : *adj*. (be-dra-bald) drenched in mud लथ-पत; कीचड़ भरा لتھ پت؛ کیچڑ بھرا

Bedraggle : *adj*. (be-dra-gal) to drag; to draggle लथेड़ना; मैला क.. لتھیڑنا؛ میلا کرنا؛ گندہ کرنا

Bee : *n*. (bee) honey-bee; flying insect yielding honey मधु मक्खी شہد کی مکھی

Have a bee in (one's) bonnet : *ph*. have a fad for संकी होना سنکی ہونا؛ کسی بات کا خبط ہونا

Beekeeping : *n*. to keeps bees for their honey; to foster bees for honey मधुमक्खी पालन شہد کی مکھی پالنا

Beehive : *n*. (vee-hiv) honey combs छत्ता نحل گاہ؛ چھتہ (شہد کی مکھی کا)

Beeline : *n*. (bee-line) straight line; the shortest route सीधा रास्ता; सीधी लाईन سیدھی قطار؛ سیدھا راستہ؛ سیدھی لائن؛ سیدھی لکیر؛ ناک کی سیدھ میں

Make a bee line : *ph*. straight line (for something); straight way किसी चीज़ तक सीधी क़तार लगाना या सीधे रास्ते जाना کسی چیز تک سیدھی قطار لگانا؛ کسی چیز تک سیدھے راستے جانا

Bees-wax : *n*. wax made by bees मोम; मधुमोम; मदन موم؛ شہد کی مکھی کا موم

Beef : *n*. (bee-f) meat from an ox, bull or cow गोमांस بڑا؛ گائے یا بیل کا گوشت؛ بڑا گوشت

Beef-steak : *n*. big slice of beef गोमांस का बड़ा टुकड़ा گائے یا بیل کے گوشت کا بڑا ٹکڑا یا قتلہ

Beef-tea : *n*. beef soup गोमांस की यख़नी या सूप ماءاللحم، بڑے گوشت کی یخنی یا سوپ

Beer : *n*. (beer) ale बियर; जो की शराब جو کی شراب؛ بوزہ؛ ایل (شراب کی ایک قسم)؛ بیئر

Beestings : *n*. (bees-tings) the first milk of cow after calving ख़ीस کھیس؛ گائے کا بچہ دینے کے بعد کا پہلا دودھ

Beet : *n*. a plant with a large sweet roots चुकन्दर چقندر

Red beet : *n*. red turnip लाल शलग़म لال شلجم

Beet Root : *n*. red turnip चुकन्दर چقندر

Beet sugar : *n*. sugar made of beet चुक़न्दर से तैयार की गई चीनी چقندر سے تیار کی گئی چینی

Beetle : *n*. (beetl) small six-footed insect भृंग; भौंरा بھونرا

Befall : *n*. (be-fawl) happen आ पड़ना; घटित होना واقع ہونا؛ آ پڑنا

Befit: *v*. (be-fit) be suitable for उचित होना; ठीक होना موزوں ہونا؛ مناسب ہونا؛ ٹھیک ہونا

Befitting : *adj*. suitable for उपयुक्त; उचित موزوں؛ مناسب

Befog : *v*. (be-fog) covered with fog; to obscure; to lose one's way; to wonder about; to mislead कुहरे से ढक लेना; धुंधला कर देना; भटकाना; बहकाना کہرے سے ڈھک لینا؛ دھندلا کر دینا؛ بھٹکانا؛ بہکانا

Befool : *v*. (be-fool) to deceive उललू

बनाना; बेवकूफ़ बनाना; धोखा देना الّو بنانا؛ بیوقوف بنانا؛ دھوکہ دینا

Before : *prep. & conj.* (be-fawr) in front of; preceding; ahead of के पहले; के पूर्व; के सामने; के आगे؛ کے پہلے؛ کے سامنے؛ سے قبل؛ سے پہلے؛ سے آگے

Before: *adj.* precedingly; in front of; ahead पहले; पूर्व; सामने; आगे ؛ پہلے؛ آگے؛ سامنے

Before-hand : *adj.* in readiness; in advance पहले से ही; वक्त से पहले پہلے ہی سے؛ قبل از وقت

Before-mentioned : *adj.* above cited उपर्युक्त مندرجہ بالا؛ اوپر ذکر کیا ہوا

Befoul : *adj.* (be-fawl) dirty; to defame गंदा कर देना; दूषित क. बदनाम कर देना گندہ کر دینا؛ خراب کر دینا؛ بدنام کر دینا

Befriend : *v.* (be-frend) help as a friend सहायता क.; मित्रवत व्यवहार क. مدد کرنا؛ دوستی کا حق ادا کرنا

Befuddle : *v.* (be-fadle) to confuse; intoxicated; out of sense; to stupefy चकरा देना; मतवाला बना देना (शराब से) उचेत कर देना چکرا دینا؛ متوالا بنا دینا (شراب سے)؛ مدہوش کر دینا

Beg : *v.* (beg) ask for; to request; to implore माँगना; प्रार्थना क. विनय क. مانگنا؛ التجا کرنا؛ منت کرنا

Beg off : *ph.* asked to be excused माफ़ी; क्षमा معافی؛ معذرت

Beg the question : *ph.* assume the truth of what one is trying to prove बग़ैर सबूत के मना लेना بلا ثبوت مان لینا

Go a begging/ Go begging : *ph.* be unwanted by everyone मुफ़्त में भी न पूछना; हक़ीर जानना مفت بھی نہ پوچھنا؛ حقیر جاننا

I beg to differ : *ph.* (way of) saying politely that one cannot agree मतभेद की जुर्रत क. اختلاف کی جرأت کرنا

I beg your pardon : *ph.* I am sorry; please excuse me मैं क्षमा चाहता हूँ; میں معافی چاہتا ہوں؛ معاف کیجیے؛ پھر سے کہیے از راہِ کرم

Beget : *v.* (be-get) to produce प्रजनन क.; पैदा क.; उत्पन्न क. کسی کا باپ بننا؛ پیدا کرنا

Beggar : *n.* (beg-er) person who beg भिखारी; भिखमंगा; भिक्षुक بھکاری؛ بھیک مانگنا؛ فقیر؛ سوالی؛ گدا

Beggar : *v.* make (someone) poor; to ruin the life निर्धन बना देना; गरीब कर देना; तबाह कर डालना کنگال کر دینا؛ تباہ کر ڈالنا؛ برباد کر دینا

Beggar description : *ph.* (of something) be too bad for word; be too good for them ज़बान (उस) को बयान नहीं कर सकती ناگفتہ بہ؛ زبان (اس) کے بیان سے قاصر ہے

Beggarly : *adj.* 1. fit for a beggar 2.mean; worthless 1.गरीब; निर्धन 2.कमीना; बेकार; निकम्मा (۱) گدایانہ؛ فقیرانہ؛ فقیروں کا سا (۲) کمینہ؛ ناکارہ؛ بیکار

Beggary : *n.* (beg-e-ri) 1. begging as a profession 2. extreme poverty 1.भिखारीपन; भिखमंगी; निर्धनता; कंगाली (۱) بھکاری پن؛ بھیک منگی؛ فقیری؛ غریبی؛ کنگالی

Begin : *v.* (be-gin) to commence; to

start आरम्भ क.; शुरु क. شروع کرنا؛ پہل کرنا؛ آغاز کرنا

Beginner : *n.* (be-gin-er) a person who has just started to do or learn something; novice नौसिखिया اناڑی؛ مبتدی

Beginning : *n.* (be-gin-ing) start; first part; doing for the first time प्रारंभ; शुरु; शुरुआत شروع؛ آغاز؛ ابتدا؛ شروعات

Begird : *v.* (be-gird) to tie belt; to encircle (पेटी) बाँधना; घेर लेना (پیٹی) باندھنا؛ گھیر لینا

Begone : *int.* (be-gon) be off हट जाओ; भाग जाओ دفع؛ دور؛ دور ہو؛ ہٹ جاؤ

Begrime : *adj.* (be-gi-rime) dirty; filthy; unclean मैला या गंदा क. میلا یا گندہ کرنا

Begrudge : *v.* (be-graj) to allow or give unwillingly; jealousy; grumble ईर्ष्या या डाह क.; जलना بیدلی سے دینا؛ حسد کرنا؛ جلنا؛ کڑھنا

beguile : *v.* (be-gil) to deceive; to cheat; to mislead; to allure धोखा देना; ठगना; बहकाना; फुसलाना دھوکے سے کام لینا؛ بہکانا؛ پھُسلانا

Begum : *n.* (be-gum) a woman; a lady; Mrs. बेगम بیگم

Behalf : *n.* (be-half) for some one; taking a side की ओर से; के पक्ष में کی خاطر؛ کی طرف سے

In behalf of : *ph.* for some one; taking a side की ओर से; के पक्ष में کی خاطر؛ کی طرف سے

In one's behalf of :*ph.* for some one; taking a side की ओर से; के पक्ष में کی خاطر؛ کی طرف سے

On behalf of : *ph.* for some one; taking a side की ओर से; के पक्ष में کی خاطر؛ کی طرف سے

On one's behalf : *ph.* for some one; taking a side की ओर से; के पक्ष में کی خاطر؛ کی طرف سے

Behave : *v.* (be-hayv) conduct; good conduct बरताव क.; व्यवहार क.; पेश आना; अच्छा व्यवहार क. پیش آنا؛ رویہ اختیار کرنا؛ اچھا برتاؤ کرنا

Behave yourself : *ph.* behave properly तमीज़ से काम लो تمیز سے کام لو

Behaviour : *n.*(be-hayv-yor) conduct; character बरताव; चालचलन; आचरण رویہ؛ طرزِ عمل؛ سلوک

Behead : *v.* (be-hed) to cut off the head; murdered सिर काटना; मार डालना سر قلم کرنا؛ قتل کرنا؛ مار ڈالنا

Behest : *n.* (fe-hest) command; order आदेश; हुकुम حکم؛ فرمان؛ آرڈر

Behind : *adv.* (be-hind) at the back of; after के पीछे; पीछे की ओर; बाद में کے پیچھے؛ پیچھے کی طرف؛ بعد میں

Behind hand : *adv.* late (with); after (others) समय के बाद; दूसरों के बाद بعد از وقت؛ دوسروں کے بعد

Behind one's back : *ph.* at the back of someone किसी के पीठ पीछे کسی کے پیٹھ پیچھے

Behind the scenes : *ph.* Back of the scene परदे के पीछे; परोक्ष में پردے کے پیچھے

Behold : *v.* to see देखना; अवलोकन क. مشاہدہ کرنا؛ دیکھنا

Beholden : *adj.* (be-hold-en) under an obligation आभारी احسان مند؛ مشکور؛ ممنون

Behoof on/of : *adv.* for someone; of;

cause of की ओर; से; के लिए; के कारण کی طرف؛ سے؛ کے لیے؛ کی وجہ سے

Behove/ Behoove : *v.* suitable; necessary उचित होना; आवश्यक होना مناسب ہونا؛ ضروری ہونا

Being : *(bee-ing)* life state of existence अस्तित्व; हस्ती وجود؛ ہستی؛ مخلوق

The supreme being : *n.* God परमात्मा; परमेश्वर خدائے تعالی؛ خدا؛ اللہ

Belabour : *v.* (be-lay-ber) thrash soundly बुरी तरह पीटना; मारना; घोर निन्दा क. مارنا؛ پیٹنا؛ زد و کوب کرنا؛ بری طرح پیٹنا

Belated : *adv.* (be-lay-ted) coming too late विलम्बित; अंधेरे में بعد از وقت؛ اندھیرے میں

Belaud : *adj.* (be-land) to praise प्रशंसा क.; तारीफ क. تعریف کرنا؛ حمد کرنا

Belay : *v.* (be-lay) double folded bund दुफन्दी बाँध लगाना دو پھندی باندھ لگانا

Belaying pin : *n.* a stake; peg खूँटी کھونٹی

Belch : *n.* (belch) eject डकार ڈکار

Belch : *v.* to eject (from the stomach) डकार लेना; डकराना ڈکار لینا؛ ڈکرانا (گائے، بیل کا)

Beldam(e) : *n.* (bel-dem/e) a witch; shrew चुड़ैल; डाइन چڑیل؛ ڈائن

Beleaguer : *v.* (be-leeg-er) to besiege; to encircle; to confine घेर लेना; घेरा डालना گھیر لینا؛ محاصرہ کرنا؛ (کو) محصور کرنا

Belfry : *n.* (bel-fri) part of church; a clock tower of a church घंटाघर; (गिरजा का) گھنٹہ گھر (گرجے کا)

Belie : *v.* (be-li) give false justification; fail to act up to; to misrepresent झूठा साबित क.; झुठलाना; मुकर जाना جھوٹا ثابت کرنا؛ جھٹلانا؛ مکر جانا

Belie (one's) hopes : *ph.* fail to justify आशाओं पर पानी फैर देना امیدوں پر پانی پھیر دینا

Belife : *n.* (be-leef) faith; creed विश्वास; यक़ीन یقین؛ عقیدہ؛ اعتقاد

Believable : *adj.* credible विश्वास योग्य; भरोस के क़ाबिल قابلِ اعتبار؛ لائق بھروسہ

Believe : *v.* (be-leev) accept as true मान लेना; विश्वास क. صحیح تسلیم کرنا؛ صحیح ماننا

Believer : *n.* one who believe ईमानदार; यक़ीन करने वाला ایماندار؛ مومن؛ یقین کرنے والا؛ ماننے والا

Belittle : *v.* (be-litl) make to seem unimportant; underrate छोटा क. या समझना; महत्व घटाना; अनादार क. اہمیت گھٹا کر بتانا؛ چھوٹا یا گھٹیا سمجھنا؛ بے عزت کرنا؛ برے الفاظ میں بیان کرنا

Bell : *n.* (bel) hollow metallic cup for ringing घण्टी; घण्टा گھنٹی؛ گھنٹہ

Bell the cat : *ph.* lead a dangerous movement ख़तरनाक मुहिम अंजाम देना بلی کے گلے میں گھنٹی باندھنا؛ خطرناک مہم انجام دینا

Belle : *n.* (bel) beautiful unmarried woman सुन्दरी; सर्वसुन्दरी حسینہ؛ خوبصورت لڑکی

Belle letters : *n.* (pl.) (bel-letr) literary writing ललित साहित्य علم ادب؛ ادب عالیہ

Bellicose : *adj.* (bel-i-kohs) fond of fighting; anxious to fight झगड़ालू; लड़ाकू; युद्धप्रिय جھگڑالو؛ لڑاکو؛ جنگجو

Bellicosity : *n.* the act of fighting युद्धप्रिय جنگ جوئی

Belligerence/Belligerency : *n.*

(be-lig-e-rens) being at war युद्धकारिता شریکِ جنگ ہونا؛ محاربت

Belligerent : *n.* (be-lij-e-rent) at war युद्धकारी; युद्धकरने वाला محارب؛ شریکِ جنگ

Bellow : *v.* (bel-oh) to cry of a cow or bull; utter such cry चीखना; चिल्लाना; गरजना چلانا؛ چیخنا؛ ڈکرانا؛ گرجنا

Bellow : *n.* (be-oly) cry; roar गरज; चीख़ چیخ؛ گرج

Bellows : *n.* (be-ouz) instrument for blowing धौंकनी دھونکنی

Belly : *n.* (bel-i) abdomen पेट; तोन्द پیٹ؛ شکم؛ توند

Belong : *v.* (be-long) have as a right का होना; का हक़ होना کا ہونا؛ کا حق ہونا

Belongings : *n.* the things that a person owns or has with him; possessions; personal belongings सम्पत्ति; सामान; माल अस्बाब مقبوضات؛ سامان؛ چیز؛ مال اسباب

Beloved : *adj.* (be-lov-id) much loved (person) परमप्रिय; महबूब محبوب؛ پسندیدہ؛ چہیتا

Below : *adj.* (be-loh) lower than नीचे; कम; के नीचे نیچے؛ کم؛ کے نیچے

Belt : *n.* (belt) girdle; wide strip; circle पेटी; कमरबन्द; घेरा پٹی؛ کمربند؛ گھیرا

Belvedere : *n.*(bel-vil-dray) a tower; turret बुर्ज برج؛ مینار؛ مینارہ

Bemire : *v.* besmeared with mud; to soaked in sludge; to drenched in slime कीचड़ से लथपथ क. کیچڑ سے لت پت کرنا

Bemoan : *v.* (be-mohn) to weep and wail; weeping & wailing; to lament; to cry रोना-पीटना; विलाप क. رونا پیٹنا؛ بین کرنا

Bemock: *v.&adj.* (bi-mok) to make fun; to ridicule; to deride खिल्ली उड़ाना; मज़ाक उड़ाना مذاق اڑانا؛ کھلّی اڑانا

Bemuddle : *v.&adj.* (bi-me-del) to get panicky; to lose nerve घबरा देना; परेशान कर देना گھبرا دینا؛ پریشان کردینا

Bemuse : *adj.* (bim-uze) to rendered senseless मदहोश कर देना مدہوش کردینا؛ بے خبر کردینا

Bench : *n.* (ben-ch) long seat; table; group of Judges (of the high court) बैंच; तख़्त بینچ؛ تخت؛ ججوں کا گروپ؛ جج کی کرسی

Bend : *v.* (bend) curve; turn मोड़ना; फेरना (की तरफ़); टेढ़ा क. موڑنا؛ (کی طرف) پھیرنا؛ ٹیڑھا کرنا

Bend : *n.* 1.curvature; a turning; bent 2. knot 1.मोड़; घुमाव; झुकाव 2.गांठ (۱)موڑ؛ جھکاؤ؛ گھماؤ (۲) گانٹھ

Beneath : *adv.* (be-neeth) below; unworthy of नीचे; तले; आयोग्य نیچے؛ شان کے خلاف؛ نازیبا

Benedick : *adj* . (be-nee-dik) newly married नवविवाहित نئی شادی شدہ

Benediction : *n.* (ben-e-dik-shen) blessing आशीर्वाद; मंगल-कामना دعائے خیر؛ آشیرواد

Benefaction : *n.* (ben-e-fak-shen) good deed (esp. giving a large sum for charitable) दान; उपकार عطیہ؛ خیرات

Benefactor : *n.* (ben-e-fak-ter) one who does good उपकारक; उपकारी محسن؛ خیرات دینے والا؛ معطی

Benefactress : *n.* (-ter-res) woman who does good उपकारिणी محسنہ

Beneficence : *n.* (be-nefi-sens)

doing good नेकी نیکی؛ فیاضی

Beneficent : *adj*. good and kind उपकारी; परोपकारी نیک؛ رحمدل محسن

Beneficial : *adj*. (ben-e-fis-el) profitable; useful लाभदायक; हितकारी سودمند؛ فائدے مند؛ منفعت بخش؛ مفید؛ کارآمد

Beneficiary : *n*. (ben-i-fish-e-ri) one who receives benefit लाभभोगी; लाभग्राही فائدہ اٹھانے والا؛ نفع اٹھانے والا

Benefit : *n*. (ben-e-fit) profit, adventage फ़ायदा; हित; भला فائدہ؛ نفع؛ منفعت؛ بھلا

Benevolence : *n*. (be-nev-e-lens) doing good शुभचिंता فیض رسانی؛ خیرخواہی

Benevolent : *n & adj*. (be-nev-e-lent) charitable; doing good परोपकारी; शुभचिंतक خیرات دینے والا؛ فیض رساں

Benighted : *adj*. (bi-ny-ted) backward; surrounded with darkness अंधेरे से घिरा हुआ; पिछड़ा हुआ پچھڑا ہوا؛ اندھیرے سے گھرا ہوا

Benign : *adj*. (be-nin) gentle (person) दयालू; सौम्य مہربان؛ شفیق؛ سازگار

Benignant : *adj*. (be-nig-nant) kind; compasionate दयालू; सौम्य; हितकारी مہربان؛ رحم دل؛ فیاض؛ مشفق

Benignity : *n*. (be-nig-ni-ti) being benign कृपा; सौम्यता; अनुग्रह مہربانی؛ فیاضی؛ شفقت

Benjamin : *ajd*. (ben-ja-min) darling; dear; the youngest; junior most लाडला; कनष्ठि لاڈلا؛ پیارا؛ سب سے چھوٹا (بچہ، بیٹا وغیرہ)

Bent : *n*. (bent) aptitude (for); interest (towards) झुकाव; रूचि; प्रवृति; मोड़ رغبت؛ میلان؛ رجحان

Benumb : *v*. (be-num) make numb सुन्न या शक्तिहीन कर देना سن کرنا؛ شل کرنا؛ بے حس ہونا

Bequeath : *v*. (be-kweadh) leave by will वसीयत क.; उत्तरदान क. وصیت کرنا

Bequest : *v*.(be-kwest) bequeathing; something bequeathed वसीयत; मीरास; तरका ورثہ؛ ترکہ؛ میراث؛ وصیت

Berate : *v*. (bi-rat) to scold; to rebuke sharply; a sharp primand डाँटना; फटकाराना ڈانٹنا؛ پھٹکارنا

Berceuse : *v*. (ber-so-ez) a lullaby लोरी لوری

Bereave: *v*. (be-reev) deprive (of) से वंचित क. छीन लेना; असहाय छोड़ देना لے لینا؛ سے محروم کرنا؛ بے سہارا چھوڑ دینا

Bereaved : *adj*. leave one sad and hopeless (by death) शोकसन्तप्त; शोकार्त्त محروم؛ موت کی وجہ سے اداس یا غمگین ہوجانا

Bereavement : *n*. being bereaved; great loss शोक; ग़मी; सोग; वियोग سوگ؛ ماتم؛ غمی؛ حرماں نصیبی؛ سخت محرومی

Bereft : *adj*. (be-reft) bereaved शोकार्ता محروم

Beret : *n*. (be-ret) cap टोपी ٹوپی

Beriberi : *n*. (be-ri-be-ri) a kind of desease बेरी-बेरी (रोग की एक किस्म) بیری بیری (ایک قسم کی بیماری)

Berm : *n*. (be-rm) track way; rail पटरी پٹری

Berry : *n*. (be-ri) a kind of small juicy fruits; respberry बदरी; बदर; सरसफल رس بھری؛ گوندنی

Berth : *n*. (be-rth) bed in a train or

ship; seat शायिका; लंगरगाह; गोदी (گاڑی وغیرہ کی) سیٹ بیٹھنے یا سونے کی؛ جہازگاہ

Beseech : *v.* (be-seach) implore; beg for विन्नती क.; विनयपूर्वक माँगना التجا کرنا؛ منت سماجت کرنا

Beseem : *adj.* (be-seem) suitable; right उचित होना; ठीक होना مناسب ہونا؛ ٹھیک ہونا

Beset : *v.* (be-set) attack from all sides; to pounce upon घेर कर (चारो तरफ से) हमला करना چاروں طرف سے گھیر کر حملہ کرنا؛ ٹوٹ پڑنا

Besetment : *n.* (be-set-ment) surrounded; a siege घेरा گھیرا

Besetting sin : *n.* sin or weakness पाप या कमज़ोरी گناہ یا کمزوری

Beside : *prep.* (be-sid) by the side of पास; बग़ल में; के साथ کے پہلو میں؛ کے ساتھ؛ کنارے کے نزدیک

Beside oneself : *ph.* beside oneself with grief; overwrought आपे से बाहर آپے سے باہر

Besides : *prep.* as well as; apart from this; except भी; के अतिरिक्त; के अलावा; इसके सिवाय; को छोड़ कर کے بھی؛ کے علاوہ؛ کو چھوڑ کر؛ اس کے سوائے

Besiege : *v.* (be-seej) surrounded with armed forces; assail with घेरा डालना; घेर लेना; बौछार क. محاصرہ کرنا؛ نرغے میں لینا

Beslaver : *v.* (be-sla-ver) to lick one's chaps; to buttering; to flatter; लार टपकाना; खुशामद क. لار ٹپکانا؛ خوشامد کرنا؛ چاپلوسی کرنا

Beslobber : *v.* (bi-slob-er) see Beslaver

Beslubber: *v.* (bi-sal-e-bur) besmear लेपना; पोतना; मैला करना لیپنا؛ پوتنا؛ میلا کرنا

Besmear : *v.* (be-sm-er) see Beslubber

Besmirch : *v.* (bes-merch) dirty; dim; to blemish; to stigma; blemished मैला क.; धुधला क.; कलंक लगाना; कलंकित क. میلا کرنا؛ دھندلا کرنا؛ کلنک لگانا

Besom: *n.* (bea-zom) broom झाड़ू جھاڑو

Besot : *v.* (bee-sat) to tipsy; to wayward; to befool मतवाला कर देना; मूर्ख बनाना متوالا بنانا؛ بیوقوف بنانا

Besotted : *v.* foolish; senseless मूर्ख; मदहोश بیوقوف؛ مدہوش

Besought : *pt.* (be-sawt) see Beseech

Bespangle : *v.* (bee-span-gle) to embroider the small shining tables of metal on sari etc. सितारे या चमकी लगाना ستارے یا چمکی لگانا

Bespatter : *v.* (be-spe-tor) 1. to ridicule; to blot 2. to defame; to slander 1.छींटे डालना; धब्बे डालना 2.बदनाम क.; निंदा क. (۱) چھینٹ ڈالنا؛ دھبے ڈالنا (۲) بدنام کرنا؛ رسوا کرنا

Bespeak : *v.* (be-speek) to ask; to demand; to inform; to intimate माँगना; सूचित क. فرمائش کرنا؛ اظہار کرنا

Besprinkle : *v.* to spray छिड़कना چھڑکنا

Best : *adj.* nicest; very good उत्तम; श्रेष्ठ; सर्वोत्तम بہترین؛ سب سے اچھا

Do one's best : *ph.* to try best बहुत कोशिश क. ہمت بھر کوشش کرنا

To the best of my knowledge : *ph.* as I understand it; as I know

जहां तक मैं जानता हूँ; जहाँ तक मुझे पता है جہاں تک میں جانتا ہوں؛ جہاں تک مجھے پتہ ہے

Bestead : *v.* (bes-ted) to help; to come into use सहायता क.; काम आना مدد کرنا؛ کام آنا

Bestial : *adj.* (bes-ti-el) like a beast; brutal पाशविक; जानवरो का सा بہیمانہ؛ حیوانوں کا سا؛ جانوروں کا سا

Bestiality : *n.* brutalness; beast पाशविकता; पशुता بہیمیت؛ حیوانیت

Bestir : *v.* (be-ster) exert; rouse or busy oneself; to endeavour प्रेरित क.; दौड़ धूप क. مستعدی دکھانا؛ دوڑ دھوپ کرنا

Bestir oneself : *ph.* to busy some work; to endeavour; to make efforts कार्य में लग जाना کام میں لگ جانا؛ دوڑ دھوپ کرنا

Bestman : *n.* the younger boy (esp. brother) who accompanies the bridegroom in various wedding functions शहबाला شہ بالا

Bestow : *v.* (be-stoh) to bestow; to confer (on or upon) देना; प्रदान क.; बख़्शना دینا؛ عطا کرنا؛ بخشنا؛ سرفراز کرنا

Bestrew : *v.* (be-strow) to scatter the wings/feathers; to disperse the wings पर छितराना پر پھیلانا

Bestride : *v.* (be-strid) stand or sit with one leg on each side टाँगे फैलाकर बैठना या खड़े होना دونوں ٹانگیں پھیلا کر کھڑے ہونا یا بیٹھنا

Bestrode/Bestridden : *v.* see Bestride

Bet : *v.* (bett) to stake; to wager बाज़ी या शर्त लगाना شرط لگانا؛ بازی لگانا؛ شرط بدنا

Bet : *n.* (bett) stake; wager बाज़ी; शर्त بازی؛ شرط

Betting: *n.* (bett-ing) see Bet

Betake : *v.* (be-tayk) go (to); apply oneself (to) जाना; लगाना; काम में लग जाना جانا؛ لگانا؛ اپنے آپ کو کام پر لگانا

Betel : *n.* (be-tel) betel leaf; tobacco; areca-nut पान; तम्बाकू; सुपारी پان؛ تمباکو؛ سپاری

Bethink : *v.* to think सोच विचार क.; याद क. سوچ بچار کرنا؛ یاد کرنا

Betide : *v.* (be-tid) to happen घटना; आ पड़ना; घटित होना واقع ہونا؛ پڑنا؛ ظہور پذیر ہونا

Betimes : *adv.* (be-timez) early; on right time पहले; शीघ्र; ठीक समय पर پہلے؛ جلدی؛ ٹھیک وقت پر

Betoken : *v.* (bi-toh-ken) to inform; to aware सूचित क.; जताना جتانا؛ اطلاع دینا؛ آگاہ کرنا

Betray : *v.* (be-tray) be false; unfaithful to; to violat the trust विश्वासधात क.; धोका देना دغا دینا؛ غداری کرنا؛ بے وفائی کرنا

Betrayal : *n.* (be-tray-el) treachery; violation of trust; infidelity; faithlessness विश्वासधात; बेवफ़ाई بے وفائی؛ غداری

Betroth : *v.* (be-trodh) to engage; promise to marry सगाई क.; मँगनी क. منگنی کرنا؛ سگائی کرنا؛ نسبت طے کرنا

Betrothal : *n.* (bi-troh-dhel) engagement; promise to marry मँगनी; सगाई منگنی؛ سگائی؛ نسبت

Betrothed : *adj.* (be-trohdnd) fiance मँगेतर منگیتر؛ منسوبہ

Better : *adj.* (bet-er) nicer बेहतर;

अधिक अच्छा بہتر؛ زیادہ اچھا

Better : *v.* make better; do better than बेहतर बनाना; से बेहतर कार्य क. بہتر بنانا؛ سے بہتر کام کرنا

Between : *adj.* (bi-twean) in the middle; during; among; in what seperates on from the other; by the joint action of (themselves) बीच में; मध्य में درمیان میں؛ بیچ میں؛ دو کے درمیان؛ مشترکہ طور پر؛ باہم

Betwixt : *adj.* (be-twikst) between (old use) के बीच کے درمیان

Beverage : *n.* (bev-e-rij) any kind of dirnk; syrup; juice etc. पेय مشروب؛ پینے کی چیز

Alcoholic Beverage : *n.* bear मदिरा شراب؛ نشے والی چیز یا مشروب

Bevy : *n.* (bev-i) group (of girls or woman); flock (of birds) टोली; मण्डली; झुण्ड (परिंदो का) جھرمٹ (عورتوں کا)؛ ٹولی؛ منڈلی؛ جھنڈ (پرندوں کا)

Bewail : *n.* (bi-wayl) mourn over; complain of (पर) मातम क.; (पर) विलाप क. (کا) ماتم کرنا؛ (کی) شکایت کرنا

Beware : *v.* (be-waye-er) be careful; be aware; be on guard चौकस क.; सचेत क. خبردار کرنا؛ آگاہ کرنا؛ خبردار ہونا

Bewilder : *v.* (be-wil-der) to puzzle; confuse greatly घबरा देना; चकित क. گھبرا دینا؛ حیران کرنا؛ الجھاؤ میں ڈالنا

Bewilderment : *n.* nervousness; panic; surprise; amazement घबराहट; हैरानी حیرانی؛ پریشانی؛ الجھن

Bewitch : *v.* (be-wich) to work magic on; to attract जादू क.; मोहित क. جادو کرنا؛ لبھانا؛ رجھانا؛ فریفتہ کرنا

Bewitching : *adj.* charming सम्मोहक دلفریب؛ لبھاؤنا

Bewitchment : *n.* alluring; attraction; charmingness सम्मोहन; वशीकरण دلفریبی؛ فریفتگی

Bey : *n.* (bay) a bag; a cast in Muslims बेग بیگ ۔

Beyond : *adv.* (bi-yond) on the farther side of; out of the reach of (के) पार; (के) परे; बाहर (کے) پار؛ (کے) دوسری طرف؛ کی دسترس سے باہر

Bezel : *adj.* (be-ze-l) of instrum तिरछी धार ترچھی دھار

Bhang : *n.* (bhang) an intoxincating drug भाँग بھنگ؛ نشے کی چیز

Bheesty/Bhisty : *n.* (bhi-sh-ti) a water carrier भिश्ती; पानी पिलाने वाला بہشتی؛ پانی پلانے والا؛ سقّہ

Bi : *prefix.* (bi) twice; having two layer अर्ध; द्वि دوہرا؛ دوبارہ

Biangular : *adj.* (bi-angu-ler) double angular; double faced द्विकोणीय دوکونہ؛ دو پہلو؛ دوکونے والا

Biannual : *adj.* half yearly; two times in a year अर्धवार्षिक; छमाही ششماہی؛ چھ ماہی؛ سال میں دو مرتبہ

Bias : *n.* (bi-es) prejudice; planning (towards) पक्षपात; तरफ़दारी; झुकाव تعصب؛ جانبداری؛ طرفداری؛ میلان

Biassed : *adj.* (b-est) prejudiced; inclined unfairly तरफ़दारी; पक्षपाती; झुका متعصّب؛ متعصّبانہ؛ جانبدار

Bib : *n.* (bib) piece of cloth using

under a baby's chin बिब; लार बन्द (बच्चों का) بب؛ شلوکہ؛ رال بند (جو بچوں کے گلے میں باندھ دیتے ہیں)

Bibcock : *n*. (bib-kok) tap; nozzle; (water) faucet; spigot टोंटी ٹونٹی

Bibelot : *n*. (bib-lot) small painting; small size work of art छोटी कलाकृति چھوٹی پینٹنگ یا ڈرائنگ

Bible : *n*. (bi-ble) Christian scriptures comprising the old and the new testaments बाईबल; धर्मग्रंथ (इसाईयो का) انجیل؛ بائبل

Biblical : *adj*. (bib-le-kel) of the Bible बाईबल सम्बन्धी بائبل کا؛ کتابی

Bibliography : *n*. (bib-li-og-re-fi) list of books about some special subject ग्रंथ सूचि کتابیات؛ کتاب نامہ

Bibulous : *adj*. (bi-bo-lous) drinker शराबी شرابی

Biceps : *n*. (bi-seps) large muscle in front part of the upper arm द्विशिर पेशी بازو کا دونو کی پٹھ

Bicker : *v*. (bi-ker) to quarrel; to argue झगड़ना; कलह क. جھگڑنا؛ بحث ومباحثہ کرنا

Bicycle : *n*. (bi-sikl) cycle; well-known two wheeled machine driven by pushing its pedals साईकिल سائیکل؛ بائیسکل

Bid/Bidding : *n*. 1. bidding at an auction 2. command 1.बोली; नीलामी 2.आदेश देना (۱)بولی؛ نیلامی (۲)حکم دینا

Make a bid for : *ph*. try to obtain कोशिश क.; प्रयत्न क کوشش کرنا؛ حاصل کرنے کی کوشش کرنا

Bide : *v*. (bid) wait for प्रतीक्षा क. انتظار کرنا

Bide (one's) time : *ph*. wait for the apportunity मौके की तलाश मे रहना موقع کی تلاش میں رہنا

Biennial : *adj*. (bi-en-i-el) two yearly दोसाला; द्विवर्षी دوسالہ

Bier : *n*. (bi-er) wooden case for dead body; coffin अर्थी; लकड़ी का बक्सा (अर्थी के लिए) تابوت

Bifid : *adj*. (bi-fid) two twigs; have two branches द्विशाखी دوشاخہ

Bifurcate : *v*. (bi-fer-kayt) divided in to two; seperated द्विशाखित होना تقسیم کرنا (دوحصوں میں سڑکوں کا)؛ علاحدہ کرنا؛ جدا کرنا

Bifurcation : *n*. seperation; divide into parts द्विशाखा تنصیف؛ علاحدگی؛ دوپارگی

Big : *adj*. 1. (big) huge; bulky; large 2. important 1.बड़ा; विशाल; लम्बा-चौड़ा; 2.महान (۱)بڑا؛ ضخیم؛ فراخ دل؛ مہان؛ لمبا چوڑا (۲)اہم

Bigamy : *n*. (big-e-mi) having two wives or two husbands at once द्विविवाह بیک وقت دو بیویاں یا دو شوہر رکھنا؛ تعدّد ازدواج

Bigamous : *adj*. (big-e-mes) related of having two wives or two husband at one time द्विविवाह से मुतालिक़ تعدِد ازدواج سے متعلق

Bight : *n*. (ba-it) of coast; bend; atrap; noose; snare खाड़ी; मोड़; फन्दा کھاڑی؛ موڑ؛ پھندا

Bigot : *n*.(big-et) narrow-minded and obstinate कट्टर; धर्मान्ध पुरुष کٹّر شخص؛ متعصب آدمی

Bigoted : *adj*. (big-e-ted) obstinate in belief कट्टर; धर्मान्ध متعصب؛ کٹّر

Bigotry : *n*. (big-et-ri) obstinacy in belief कट्टरता; धर्मान्धता تعصب

Bike : *n*. (ba-ik) bicycle (*v*.) ride on a bicycle साईकल; साईकल पर सवार होना سائیکل؛ سائیکل پر سوار ہونا

Bijou : *n*. (bee-sh-je) diamond रत्न ہیرا

Bijouterie : *n*. diamonds जवाहरात ہیرے؛ جواہرات

Bilateral : *adj*. (bi-lat-e-rel) on or with two sides द्विपक्षी; दुतरफ़ा دوطرفہ؛ دوطرح

Bile : *n*. (b-l) yellow fluid produced by liver; bad temper पित्त; चिड़चिड़ापन; बदमिज़ाजी صفرا؛ چڑچڑاپن؛ بدمزاجی

Bilge : *n*. (bil-j) bulge; lower hull उभार; पेंदा ابھار؛ پینڈا

Bilingual : *adj*. (bi-ling-gwel) speaking two languages द्विभाषी बोलने वाला دوزبانیں بولنے والا

Bilious : *adj*. (bil-yes) having too much bile; ill-tempered पित्तदोषग्रस्त; चिड़ाचड़ा بدمزاج؛ صفراوی؛ چڑچڑا

Bilk : *v*. (bilk) to deceive; to cheat; to defraud धोखा देना; ठगना دھوکہ دینا؛ ٹھگنا

Bill : *n*. (bil) 1. statement of money owing for goods; exchange; hand bill; poster 2. beak 3. proposed law to be discussed in parliament 1.बिल; हुण्डी; इश्तहार; विज्ञापन 2.चोंच 3.क़ानून का मसौदा (۱)بل؛ ہنڈی؛ اشتہار (۲)چونچ (۳)مسودۂ قانون

Bill poster / Bill Sticker : *n*. person who sticks bills on walls ईश्तेहार लगाने वाला اشتہار چسپاں کرنے والا؛ اشتہار لگانے والا

Billet : *n*. (bil-it) place where a soldier is lodged with a private family फ़ौजी को निजी घर में रखना نجی گھر جہاں فوجی کو رکھا جائے

Billiards : *n*. (bil-ye-rdz) in-door game played on a table with balls & sticks अण्टा; बिलियर्ड انٹا؛ بلیرڈ

Billingsgate : *n*. abuse; invective; violent invectives गाली; गाली-गलौज گالی؛ گالی گلوچ

Billion : *n*. (bil-yen) one million; million; one thousand million दस खरब; एक अरब دس کھرب؛ ایک ارب

Billow : *n*. (bil-oh) big wave of sea; sea लहर; मौज; समुन्दर بڑی لہر؛ موج؛ سمندر

Billy : *n*. 1. club 2. kettle 1.लाठी 2.देगची (۱)لاٹھی (۲) دیگچی

Billy goat : *n*. goat बकरा بکرا

Bimetallic : *adj*. made with who metals द्विधातु دودھاتی؛ دو دھات ملاکر بنائی ہوئی دھات

Bimonthly : *adj*. (bi-munth-li) happening twice every month द्विमासिक پندرہ روز؛ مہینے میں دو دفعہ

Bin : *n*. box or place with lid for storing बड़ा पीपा; खत्ता; कोठा بڑا پیپا؛ کھتا؛ کوٹھی

Coal bin : *n*. bin for storing coal कोयलादान کوئلہ دان

Dust bin : *n*. for throwing rubbish कोड़ा डालने का डिब्बा کوڑے دان

Binary : *adj*. (by-nary) which have double layer; two folded दोहरा; दो तह किया हुआ دوتہہ؛ دوہرا مڑا ہوا

Bind : *v*. (bind) tie; fasten together; bandage बाँधना; पट्टी बाँधना باندھنا؛ پٹی باندھنا

Snowbound : *ph*. cold; covered with snow; cold like ice ठंडा; बर्फ जैसा ठंडा برف سے ڈھکا ہوا؛ یخ بستہ برف جیسا ٹھنڈا

Binder : *n.* (bind-er) person who binds things, machine and books cover etc. जिल्दसाज़ جلد ساز

Binding : *n.* (bind-ing) act of binding; cover of book holding its pages जिल्दसाज़ी; जिल्द جلد سازی؛ جلد

Bine : *n.* (ba-in) creeper plant; growing plant of vegetables or flowers बेल; लता (फूलों की या सब्ज़ी की) بیل (پھولوں کی یا سبزی کی)

Bing : *n.* heap; pile ढेर ڈھیر

Binge : *adj.* (bin-z) rejoicing; merriment रंगरली رنگ رلی

Binoculars : *n.* (bi-nok-yu-le-z) a telescope द्विनेत्री; दूरबीन دوربین؛ دوچشمی دوربین

Biogarphic/Biographical : *adj.* (bio-gre-fik or fikal) of biography जीवन सम्बन्धी سوانحی؛ سوانح عمری سے متعلق

Biography : *n.* one's life story written by another जीवनी; जीवनचरित سوانح عمری؛ سوانح؛ سوانح حیات؛ سیرت؛ تذکرہ

Biological : *adj.* of biology (bio-loji-kel) जीव-विज्ञान सम्बन्धी حیاتیاتی

Biologist : *n.* (bi-ol-e-jist) expert in biology जीवविज्ञानी ماہر حیاتیات

Biology : *n.* (bi-ol-e-ji) science of life जीव विज्ञान حیاتیات

Bioscope : *n.* (bi-os-kop) cinema; bioscope; a movie चलचित्रदर्शी; बाईस्कोप بائیسکوپ؛ سنیما

Biped : *n.* (bi-ped) two legged living creature द्विपाद; दो पैरों वाला जीव دو پایہ؛ دو پیروں والا جانور

Biplane : *n.* (bi-playn) aircraft with two tiers of wings दो टायर वाला एयरकराफट دو سطحی طیارہ

Birch : *n.* (be-rch) the name of a tree and its wood भूर्ज (کی لکڑی) برچ

Bird : *n.* (be-rd) feathered creature पक्षी; चिड़िया پرندہ؛ چڑیا؛ پنچھی

Bird cherry : *n.* jambo; a black plum जामन جامن

Migratory birds : *ph.* the birds of passage मौसमी पक्षी موسمی پرندے

Old bird : *ph.* very cunning; shrewed (person); an old scoundrel घाग; पुराना; चालाक پرانا؛ گھاگ؛ چالاک

Bird of a feather : *ph.* persons have similar taste एक ही थैली के चट्टे-बट्टे ہم قماش لوگ؛ ایک ہی تھیلی کے چٹے بٹے

Kill two birds with one stone : *ph.* to accomplish two things at the same time एक पंथ दो काज; एक तीर से दो शिकार ایک پنتھ دو کاج؛ ایک تیر سے دو شکار

Bird's eye view : *ph.* to have a look around विहंगम दृष्टि طائرانہ نظر

Birds of passage : *ph.* migratory birds मौसमी पक्षी موسمی پرندے

Birds of prey : *ph.* the birds that hunting the others for food शिकारी पक्षी شکاری پرندے؛ شکار کرنے والے پرندے

Biretta : *n.* (bi-re-ta) cap टोपी ٹوپی

Birth : *n.* (be-rth) being born; coming into being जन्म; पैदाईश پیدائش؛ آفرینش؛ وجود میں آنا

Birth certificate : *n* to certify date of birth जन्मप्रमाणक پیدائشی سرٹیفکیٹ؛ تصدیق پیدائش

Birth control : *n.* to control birth rate

संतति निग्रह; बर्थ कन्टरोल برتھ کنٹرول

Birth date : *n.* date of birth जन्म तिथि تاریخ پیدائش

Birth day : *n.* birth anniversary वर्षगांठ; जन्मदिवस سالگرہ؛ پیدائش کا دن

Birth Mark : *n.* patch on body which is there right from birth जन्म चिन्ह پیدائشی نشان

Birth place : *n.* place of one's birth जन्म भूमि; जन्म स्थान پیدائش کی جگہ؛ جنم بھومی

Birth rate : *n.* number of births in one year for every 1000 persons जन्मदर شرحِ پیدائش

Birth register : *n.* the birth record or register जन्मपंजी پیدائش ریکارڈ رجسٹر

Birth right : *n.* privileges that a person has or to be entitled to as soon as he is born जन्मसिद्ध अधिकार پیدائشی حق

Biscuit : *n.* (bis-kit) small thin crisp bread बिस्कुट بسکٹ

Bisect : *v.* (bi-sect) divide into halves; divide into three parts द्विभाजित क.; अर्धित क.; दो टुकड़े क. تنصیف کرنا؛ تثلیث کرنا؛ دو ٹکڑے کرنا

Bisection : *n.* (bi-sek-shen) divide into two halves द्विभाजन; अर्धन تنصیف کرنا؛ دو ٹکڑے کرنا؛ آدھا آدھا کرنا

Bisector : *n.* bisecting line अर्धक; द्विभाजक ناصف؛ خطِ تنصیف

Bishop : *n.* (bish-up) clergy man of a high rank बिशप; धर्माध्यक्ष اُسقف؛ پادری

Bishopric : *n.* (bish-up-rik) district under a bishop; bishop's office धर्मप्रान्त; धर्माध्यक्ष का पद اسقف کا حلقہ؛ اسقف کا عہدہ

Bison : *n.* (bi-sun) wild ox; American buffalo जंगली भैंसा; अमरीकी भैंस ارنا بھینسا؛ امریکی بھینس

Bit : *n.* (bit) very small piece टुकड़ा; अंश چھوٹا سا ٹکڑا؛ ذرا سا ٹکڑا

Not a bit (of it) : *ph.* not at all; a little while बिलकुल नहीं; थोड़ी देर بالکل نہیں؛ تھوڑی دیر؛ ذرا

Bit by bit : *ph.* slowly; gradually थोड़ा थोड़ा कर के ذرا ذرا کرکے؛ آہستہ

Bit : *n.* an iron part of bridle put in the horses mouth लगाम; दहाना دہانہ؛ لگام

Bitch : *n.* (bich) female dog; she wolf or she fox कुतिया; लोमड़ी کتیا؛ بھیڑیے کی مادہ؛ لومڑی

Bite : *v.* (bit) cut with teeth काटना (दांतों से); डंक मारना; डसना (دانت سے) کاٹنا؛ ڈنک مارنا؛ ڈسنا

Biter : *n.* (bit-e-r) one who bites काटने वाला کاٹنے والا

Biting: *adj.* (bit-ing) pungent; sarcastic; stinged चुभता हुआ; तीखा; तेज़ چبھتا ہوا؛ طنز بھرا؛ تیز؛ سخت؛ تکلیف دہ

Bitter : *adj.* (bit-e-r) unpleasant; vitriolic कड़वा; कटु کڑوا؛ تلخ

Bitterly : *adv.* unpleasantly कड़वाहट से; कटुता से تلخی سے

Bitterness : *n.* unpleasantness; pungency कटुता; कड़वाहट; तीखापन تلخی؛ کڑواہٹ؛ تیکھاپن

Bivalve : *n.* (by-ve-lv) oyster shell; mother pearl सीपी سیپی

Bivouac : *n.* (biv-u-ak) soldier's open-air camp पड़ाव آسمان کے نیچے یا تلے

پڑاؤ؛ (رات کو کھلے آسمان کے نیچے) پڑاؤ ڈالنا

Biweekly : *adj*. two times in a week अर्द्धसाप्ताहिक ہفتے میں دو بار

Bizarre : *adj*. (bi-za-re) novel; peculiar अनोखा; गड़बड़; बेतुका انوکھا؛ گڑبڑ؛ بے تکا

Blab : *v*. (bi-leb) to open the secret; to blow the gaff भेद खोलना; गोपनीय बात प्रकट क.; बकना بھید کھولنا؛ پوشیدہ راز کھولنا یا افشاں کرنا

Black : *n*. (blak) colour opposite to white काला; कृष्ण سیاہ رنگ؛ کالا رنگ؛ کرشن

Jet black : *adj*. lustre black काला; बहुत काला کالا سیاہ؛ ایک دم کالا؛ چمکتا ہوا کالا

Black amoor : *n*. a negro हबशी حبشی

Black beetle : *n*. a cockroach तिलचटा تل چٹا

Black bird : *n*. kastoora; name of a bird कस्तूरा کستورا

Black board : *n*. a board (wooden) painted black used in schools श्यामपट्ट; ब्लैक बोर्ड تختۂ سیاہ؛ بلیک بورڈ

Black coffee : *n*. coffee taken without milk काली कॉफ़ी; काला क़हवा کالا قہوہ؛ کالی کافی

Black death : *n*. epidemic taking heavy toll काली वबा; वबा کالی وبا؛ وبا

Black eye : *n*. eye with bruise round it आँख जिस के चारों तरफ़ नील पड़ा हो آنکھ جس کے گرد نیل پڑا ہو

Black guard : *n*. scoundrel person बदमाश; गुण्डा بدمعاش؛ گنڈا؛ غنڈا

Black head : *n*. small pimples on the face मुहासे; कील کیل؛ مہاسے

Black hole : *n*. dark dungeon काल कोठरी کال کوٹھری

Black king : *n*. black polish for shoes काला पालिश (जूते के लिए) کالا پالش (جوتے کے لیے)

Black lead : *n*. graphite for pencil पेंसिल का सुमी پنسل کا سُرمہ

Black leg : *n*. 1. persons offering to work when others are on strike 2.swindler in horse races 1.हड़ताल तोड़ने वाला 2. घुड़ दौड़ का धोकेबाज़ जुवारी (۱) ہڑتال توڑنے والا؛ ہڑتال کا بھیدی (۲) گھوڑ دوڑ کا دھوکے باز جواری

Black list : *n*. list of undesirable persons काली सूची; हिट लिस्ट سیاہ لسٹ؛ سیاہ فہرست؛ ناپسندیدہ لوگوں کی فہرست؛ ہٹ لسٹ

Black mail : *n*. try to make money by threatening दबाव से ऐंठना; धमका कर धन वसूल क. افشائے راز کی دھمکی دے کر پیسہ اینٹھنا؛ بلیک میل

Black mailer : *n*. one who black mails बिलेकमैलर بلیک میلر

Black mark : *n*. record of offence in one's service book काला निशान; कलंक کالا نشان؛ کلنک کا ٹیکہ

Black market : *n*. unlawful buying and selling चोर बाज़ार چور بازار

Black marketeer : *n*. one who indulges in blackmarketing चोर बाज़ारी करने वाला چور بازاری کرنے والا

Black marketing : *n*. indulging in black market चोर बाज़ारी क. چور بازاری کرنا

Black out : *n*. obscure lights for safety during air-raids चिराग़ गुल; बलैक आउट بلیک آؤٹ؛ روشنی گل

Black smith : *n*. iron worker लोहार لوہار

Blacken : *v.* make black; speak evil of; blacken (someone's character) काला क.; बुराई क.; बदनाम क. کالا کرنا؛ بدگوئی کرنا؛ برائی کرنا؛ بدنام کرنا

Blackness : *n.* opposite whiteness कालापन; सियाही سیاہی؛ کالاپن

Bladder : *n.* (blad-er) bag in the body for urine; rubber bag in a football मूत्राशय; फुकना; थैली مثانہ؛ تھیلی؛ پھکنا

Blade : *n.* cutting part of a knife; flat, narrow leaf sword etc. (चाकू का) फल; पत्ती; धार (तलवार की) پھل (چاقو وغیرہ کا)؛ (گھاس وغیرہ کی) پتی؛ دھار (تلوار کی)

Blague : *n.&adj.* (blag) a gossiper; chatterer गपोड़ा; गप گپّی؛ شیخی باز؛ گپ

Blain : *n.* (blayn) a blister छाला; फफोला چھالا؛ پھپھولا

Blamable : *adj.* responsible जिम्मेवार; उत्तरदायी ذمے دار؛ جوابدہ

Blame : *n.* (blaym) fault finding; sinful; guilty कुसूरवार; गुनाहगार قصوروار؛ الزام تراشی؛ عیب جوئی؛ گناہ گار

Blameless : *adj.* innocent बेगुनाह; बेकुसूर بے گناہ؛ بے قصور

Blanch : *v.* (blan-ch) (cause to) become white or pale पीला पड़ना; रंग उड़ना या उड़ाना رنگ اڑنا یا اڑانا؛ پیلا پڑنا

Bland : *adj.* polite; ironical सौम्य; विनीत; मृदुल خوش خلقی؛ نرم گفتاری

Blandish : *v.* praise from selfish motive ; to flatter; to buttering चापलूसी क. चिकनी चुपड़ी बातें क. چاپلوسی کرنا؛ چکنی چپڑی باتیں کرنا

Blandishment : *n.* (bland-ish-ment) gentle words or manner to make someone to do something चापलूसी; प्रलोभन چکنی چپڑی باتیں؛ پھسلانا؛ للّو چپّو

Blank : *adj.* (blank) (paper etc.) with nothing written on it कोरा; सादा काग़ज़; खाली जगह کورا؛ سفید یا سادہ کاغذ؛ خالی جگہ؛ بے کیف

Blank cheque : *n.* plain cheque; nothing written on the cheque कोरा चेक سادہ چیک؛ بغیر رقم لکھا چیک

Blankness : *n.* (blank-ness) being blank ख़ाली जगह; रिक्त स्थान خلا؛ خالی جگہ

Blanket : *n.* (blank-et) thick woollen sheet कम्बल کمبل؛ کمل؛ کملی

Blanket : *v.* (blank-et) to hush up; to hide; to conceal दबाना; छिपाना دبانا؛ چھپانا

Blare : *n.* (bla-re) roar; anounce loudly गरजना; चिल्लाना; पुकार कर कहना گرجنا؛ اعلان کرنا؛ چلانا؛ چیخ کر کہنا

Blarney : *n.* (bla-ney) flattering talk चापलूसी; खुशामद چاپلوسی؛ خوشامد

Blaspheme : *v.* (blas-feem) say something against ईश-निन्दा क. کفر بکنا؛ خدا کی شان میں گستاخی کرنا

Blasphemer : *n.* one who blaspheme ईश-निन्दक کفر بکنے والا؛ بے حرمتی کرنے والا

Blasphemous : *adj.* (blas-fe-mus) using or containing blasphemy ईश निन्दापूर्ण بے ادبانہ؛ گستاخانہ (مقدس چیزوں کے متعلق)

Blasphemy : *n.* Impertinence; impudence ईश निन्दा گستاخی (مقدس چیزوں کے متعلق)؛ بے حرمتی (مقدس چیزوں کی)

Blast : *n.* (blahst) 1. explosion 2. a

blast of wind 1.धमाका; विस्फोट 2.ज़ोर का झोका (۱)دھماکہ؛ بھک سے اڑانا؛ دھماکہ (۲)زور کا جھونکا

Blast furnace : *n*. a vertical cylindrical furnace for smelting iron, copper, lead and tin ores ईंजन भट्टी; कलकी भट्टी کل کی بھٹی؛ انجن کی بھٹی

Blaze : *n*. (blayz) bright fire or light ज्वाला; धधक شعلہ؛ لپٹ؛ چمکنا

Blaze abroad : *ph*. make it known far and wide दूर दूर मशहूर क. دور دور مشہور کرنا

Blaze away : *ph*. to fire into the brown; to fire without break गोली दाग़ते जाना या चलाते जाना گولی داغتے جانا یا چلاتے جانا

Blaze the trail (for) others : *ph*. to remove obstacles for others दूसरों के लिए राह हमवार करना دوسروں کے لیے راہ ہموار کرنا

Blazer : *v*. (blay-zer) bright coloured jacket रंगीन जाकेट بلیزر؛ رنگین جیکٹ (کھلاڑیوں کا)

Blazon : *v*. (blay-zen) to publicize; to propagate चारों ओर प्रचार क. या घोषित क. چاروں طرف پھیلانا یا شہرت کرنا

Bleach : *v*. (bleech) make or become white; fade विरंजित क. رنگ اڑانا یا اڑنا

Bleaching powder : *n*. powder use for bleaching विरंजक पाऊडर بلیچنگ پاؤڈر؛ سفوف؛ رنگ کاٹ

Bleak : *adj*. (bleek) cheerless; unpleasant उजाड़; फीका; बेरंग اجاڑ؛ بے کیف؛ بے رنگ؛ بے لطف؛ مایوس کن

Blear : *adj*. (b-li-er) obscure; dim; hazy; foggy धुंधला دھندلا

Bleat : *n*. (bleet) cry of sheep, goat or calf मिमयाना ممیانا؛ میں میں (بکری یا بھیڑ وغیرہ کی)

Bleb : *n*. (b-leb) blister; bubble फफोला; छाला پھپھولا؛ چھالا؛ آبلہ

Bleed : *v*. (bleed) lose blood; drow blood from रक्त लेना; रक्त बहना خون بہنا؛ فصد کھولنا؛ خون لینا

Bleeding : *n*. (blee-ding) trickle of blood; ooze of blood रक्तस्रवण; रक्तस्राव خون کا بہنا؛ خون بہنا

Blemish : *n*. (ble-mish) mark marring the beauty दाग़; धब्बा داغ؛ دھبا

Blemish : *v*. (ble-mish) mark the beauty or perfection of दाग़ लगाना; कलंकित क. داغ لگانا؛ داغدار کرنا

Blench : *v*. (b-len-ch) jump back quickly in fear; to be nervous; to pale; to flinch; to quail घबरा जाना; पीला पड़ जाना; हिम्मत हारना سہم جانا؛ دبک جانا؛ گھبرا جانا؛ پیلا پڑ جانا؛ ہمت ہار جانا

Blend : *v*. (blend) mix together; (of colours) have no sharp contrast to mix मिलाना; सम्मिश्रण क.; मेल खाना; मिल जाना. ملانا؛ مرکب بنانا؛ ترکیب دینا؛ میل کھانا؛ امتزاج ہونا

Blend : *n*. (blend) mixture मिश्रण; सम्मिश्रण مرکب؛ امتزاج؛ ترکیب

Bless : *v*. (bles) to call down God's favour on; give a blessing अर्शीवाद देना; वरदान देना دعا دینا؛ دعا کرنا

Blessed : *adj*. (bles-ed) sacred; fortunate सौभाग्यशाली; धन्य مقدس؛ متبرک؛ خوش نصیب؛ مبارک

Blessing : *n.* the favour of God grace वरदान; कृपादान; ईश्वर की कृपा خدا کی رحمت؛ دعا

Blight : *n.* (blit) disease causing plants to wither पित्त रोग; विनाश; मुरझा जाना; नष्ट क. پت روگ؛ کیڑا؛ مرجھا دینا؛ تباہ کرنا

Blind : *n.* (blind) roll of cloth pulled down to shut window परदा; झिलमिली; आड़; ओट چلمن؛ پردہ؛ آڑ؛ اوٹ

Blind : *adj.* (blind) unable to see; having no opening अंधा; नेत्रहीन; बन्द اندھا؛ نابینا؛ بند

Blind : *v.* to make blind अंधा क. اندھا کرنا

Blind born : *adj.* who blind by birth; blind since birth; born blind जन्मांध; जन्म का अंधा پیدائشی اندھا؛ پیدائشی نابینا

Blind fold : *v.* to beleive without seeing anything आँखों पर पट्टी बांधना آنکھوں پر پٹی باندھنا

Blindage : *n.* (blind-age) a cover; shelter आड़; ओट آڑ؛ اوٹ

Blindman's buff : *n.* (the game) hide and seek आँखमिचौनी آنکھ مچولی (ایک طرح کا کھیل)

Blindness : *n.* being blind अंधापन; बेवकूफ़ी اندھاپن؛ کم عقلی

Blink : *v.* (blink) shut & open the eyes quickly; to glimmer; to twinkle पलक मारना; टिमटिमाना پلک جھپکنا؛ ٹمٹمانا

Blink : *n.* (blink) flash; blink; short sleep चमक; झपकी چمک؛ جھپکی

Bliss : *n.* (blis) perfect happiness आनन्द; खुशी ; خوشی؛ مسرت کامل؛ روحانی مسرت؛ سعادت

Blissful : *adj.* (blis-ful) perfectly happy आनन्दमय; सुखद مبارک؛ مسعود

Blister : *n.* (blis-ter) small swelling; bubble; see Bleb छाला; फफोला چھالا؛ پھپھولا؛ آبلہ

Blister : *v.* (blis-ter) cause or get bubble or bleb on छाले पड़ना या डालना چھالے پڑنا یا ڈالنا

Blith : *adj.* (bl-id) happy; pleased; good mood प्रसन्न; प्रफुल्ल خوش؛ مسرور

Blitz : *n.* (blitz) rapid and violent air attack हवाई आक्रमण; हवाई हमला اچانک سخت ہوائی حملہ؛ ہوائی یلغار

Blitzed : *adj.* (blitzed) destroyed by rapid and violent air attack हवाई आक्रमण में नष्ट ہوائی یلغار میں تباہ

Blizzard : *n.* (bilz-erd) severe snow storm with violent wind बर्फ़ानी तूफ़ान برفانی طوفان

Bloat : *v.* (bloot) to puff up; to pump in air; swell फूलाना; फूलना; सूजना پھلانا؛ پھولنا؛ سوجنا

Blob : *n.* (bloob) blot; chintz धब्बा; छींट دھبا؛ چھینٹ

Block : *n.* (block) 1. large solid piece; connected houses 2. piece of metal with designs engraved on it for printing 1.बड़ा टुकड़ा; भवनसमूह 2.ब्लाक; ठप्पा (۱) بڑا ٹکڑا؛ سلسلۂ عمارات (۲) بلاک؛ چھپائی کا سانچہ

Blockade : *n.*(blok-id) blocking up a place by army, warships etc. नाकाबन्दी ناکہ بندی

Raise a blockade : *ph.* end blockade नाकाबन्दी उठाना ناکہ بندی اٹھانا

Run the blockade : *ph*. end the blockade नाकाबन्दी तोड़ना ناکہ بندی توڑنا

Blockade : *v*. (blok-id) make a blockade of; to obstruct नाकाबन्दी क. ناکہ بندی کرنا

Blockhead : *n*. (blok-head) foolish; stupid मूर्ख; बेवकूफ़ بیوقوف؛ احمق؛ کاٹھ کا الّو

Bloke : *n*. (blok) person; a man आदमी; व्यक्ति آدمی؛ مرد

Blond : *adj*. (blond) with fair skin and light hair गोरा; गोरी گورا؛ گوری

Blood : *n*. (blud) red fluid in the body लहू; खून; रक्त خون؛ لہو

Blood-bank : *n*. place where blood in stored for transfusion रक्त (दान) बैंक بلڈ بینک؛ خون کا بینک

Blood-bath : *n*. massacre हत्याकाण्ड قتلِ عام

Blood-brother : *n*. real brother सगा भाई سگا بھائی

Blood-curdling : *adj*. exciting horror भयानक لرزہ خیز؛ بھیانک؛ دہلا دینے والی

Blood-donor : *n*. who donate the blood रक्तदान करने वाला خون کا عطیہ دینے والا

Blood-group : *n*. one of the four groups into which blood in classified for transfusion (A,B,O,AB) रक्त वर्ग; रक्त ग्रूप خون کی قسم؛ خون کا گروپ

Blood-guilty : *n*. a muderer; an assassin हत्यारा ہتیارا؛ خونی؛ قاتل

Blood-hound : *n*. kind of dog able to trace persons by smell शिकारी कुत्ता خونی کتا؛ ولایتی شکاری کتا

Blood-pressure : *n*. the pressure exerted by the blood on the inner walls of the arteries; B.P. रक्तचाप; रक्तदाब بلڈ پریشر؛ خون کا دباؤ

Blood-relation : *n*. consanguinity; family tie by blood रक्त सम्बन्धी خونی رشتہ

Blood-shed : *n*. killing; putting to death रक्तपात; हत्या व ग़ारतगरी قتل و غارت گری

Blood-shot : *adj*. red (eyes) खूनी (आँखें) خونی یا خون آلودہ (آنکھیں)؛ سرخ لال (آنکھیں)

Blood-sucker : *adj*. one who to suck the blood; a leech (a type of parasite) खून चूसने वाला; जोंक خون چوسنے والا؛ جونک

Blood-test : *n*. to examine the blood रक्त जाँच خون کی جانچ

Blood-thirsty : *adj*. eager to kill रक्तपिपास; खूंखार; जालिम خون کا پیاسا؛ ظالم؛ خونخوار

Blood-transfusion : *n*. the act of transfusion the blood रक्त-आधान خون تبدیل کرنا؛ انتقالِ خون

Blood-vessel : *n*. vein; artery रक्त की नाड़ी رگِ خون؛ خون کی رگ؛ خون کی نس

Bloodless : *adj*. (blud-les) without killing रक्तहीन; पुर अमन پرامن؛ بلاخونریزی

Bloody : *adj*. (blud-i) 1.covered with blood; with much bloodshed 2.unlucky; damned; ill-fated 1.रक्त का; खूनी लाल 2.मंहूस; कमबख़त (۱)خون آلود؛ خونریز؛ خونریزی؛ خونی (۲)کم بخت؛ ملعون؛ منحوس

Bloom : *n*. (bloom) flower; bud; blossom फूल; कली; कुसुम پھول؛ کلی

Bloom : *v*. (bloom) be in bloom फूलना; फलना; चिटकना; बौराना پھولنا؛ پھلنا؛ بہار پر آنا؛ جوبن پر آنا

Bloomer : *n*. (blom-er) blunder mistake ग़लती; सख़्त ग़लती سخت غلطی؛ سخت حماقت

Bloomers : *n*. (bloom-ez) womans loose outer garment for sports covering each leg from the knee to the waist सलवार زنانہ شلوار؛ زنانہ جانگیہ

Blooming : *adj*. (bloom-ing) flourishing पुष्पित; फलता फूलता کے جوبن پر آنا؛ بہار پر آنا

Blossom : *n*. (blas-em) flower; fruit of a tree कली; फूल; बौर; पुष्प پھول؛شگوفہ؛کلی

(Be) in blossom : *ph*. (of tree) have flowers बौर आना شگوفے پھوٹنا؛ پھول اگنا یا کھلنا

Blot : *n*. (blott) stain धब्बा; दाग़ دھبا؛ داغ

Blot : *v*. to stain; dry wet ink with the blotting paper धब्बा डालना; (सोखता से) सियाही सुखाना دھبا ڈالنا؛ (سیاہی چوس سے) سیاہی خشک کرنا

Blot-out : *v*. to ruin; to cover मिटाना; छिपाना; छिपा देना مٹانا؛ چھپانا؛ چھپا دینا

Blotch : *n*. 1.(bloch) dirty ink mark 2.bleb; blister 1.धब्बा या दाग़ (सियाही) 2.छाला; फफूला (۱)سیاہی کا بڑا سا دھبا یا داغ (۲)چھالا؛ آبلہ

Blotter : *n*. piece of blotting paper सोखता; सियाहीचूस سیاہی چوس؛ جاذب

Blotting-paper : *n*. paper of dry ink blots; see Blotter

Blouse : *n*. (blouz) outer garment (for woman) from neck to waist कुरती; बलाऊज़ بلاؤز؛ ساڑی کے ساتھ پہنے والی چھوٹی کرتی؛ چھوٹی قمیض (عورتوں کی)

Blow : *n*. (blow) fist; sudden fighting; sudden hitting घूंसा; मुक्का; हाथा पाई مکا؛ گھونسا؛ ہاتھا پائی

Blow hot and cold : *ph*. vascillate पसो पेश में पड़ना تذبذب میں پڑنا؛ پس و پیش میں پڑنا

Blow one's nose : *ph*. clear the nose नाक साफ करना ناک سنکنا یا صاف کرنا

Blow one's own trumpet : *ph*. praise him/her self अपनी प्रशन्सा आप क.. اپنی تعریف آپ کرنا؛ اپنا ڈھول پیٹنا

Blow up a tyre : *ph*. to inflate the type टायर में हवा भरना ٹائر میں ہوا بھرنا؛ پہیے میں ہوا بھرنا

Blow : *v*. (of air) be moving; force air upon, through or into फूँकना; बजना; बजाना; हवा भरना; फूंकें मारना پھونکنا؛ بجنا؛ بجانا؛ ہوا کا چلنا؛ ہوا بھرنا؛ پھونکیں مارنا

Blow-gun : *n*. a cannon; a gun तुफ़ंग تفنگ؛ توپ

Blow-hole : *n*. the hole which expel the air वायु छिद्र ہوا نکلنے کا سوراخ

Blow-out : *n*. sudden violent; bursting of a tyre फट जाना; हवा का ज़ोर से निकलना; फूंकों से बुझना (بھاپ کا) زور سے نکلنا؛ ٹائر کا پھٹ جانا؛ بجھانا؛ پھونکوں سے بجھانا

Blow-over : *adj*. to be finished; to cease थम जाना; रूक जाना शान्त हो जाना خاموش ہوجانا؛ رک جانا؛ تھم جانا

Blow-pipe : *n*. pipe for forcing air or gas into flame फूंकनी; धौंकनी پھکنی؛ دھونکنی

Blow-up : *n*. explosion; burst विस्फोट دھماکہ

Blowzed/blowzy : *adj*. (blo-zed)/(-zi) coarse-grained; unmannerly फूहड़ پھوہڑ

Blubber : *n*. (ble-ber) fat; grease;

tallow चरबी چربی؛ چکنائی

Blubber : *v.* (ble-ber) to sob; weeping; to weep bitterly सिसकना; रोना; बिलखना سسکنا؛ رونا؛ بلکنا

Blubbery : *adj.* faty; fat; swollen चरबीदार; मोटा; सूजा हुआ چربی دار؛ موٹا؛ سوجا ہوا

Bludgeon : *n.* (ble-gen) a club; a cudgel; a big stick गदा; सोंटा; लाठी گدا؛ سونٹا؛ لاٹھی

Bludgeon : *v.* to beat indiscreetly (by cudgel) अन्धाधुन्ध मारना; (लाठी से) अन्धाधुन्ध सोंटे से मारना اندھادھند مارنا (لاٹھی سے)؛ سونٹے سے مارنا

Blue : *adj.* (bloo) 1. azure; sky blue 2.dismal; sad; gloomy; depressed 1.नीला; आसमानी 2.उदास; बझा हुआ (۱) نیلا؛ آسمانی؛ نیلگوں (۲) اداس؛ افسردہ؛ پژمردہ؛ بجھا ہوا

Feel blue : *ph.* feel depressed उदास होना پژمردہ ہونا؛ افسردہ ہونا

One's in a blue moon : *ph.* rarely कभी-कभी شاذ و نادر؛ کبھی کبھار

The blues : *ph.* low spirit उदासी افسردگی؛ پژمردگی

Blue : *n.* azure colour नीला या आसमानी रंग; नील نیلا یا آسمانی رنگ؛ نیل

A bolt from the blue : *ph.* an unexpected calamity अचानक आ पड़नेवाली मुसीबत آفت ناگہانی؛ ناگہانی آفت

Blue-bird : *n.* the blue necked bird; any songbird नील कंठ نیل کنٹھ

Blue-black : *n.* colour of the unwashable ink हलकी नीली सियाही; बिलू बलेक ہلکی نیلی سیاہی؛ بلیو بلیک

Blue-blood : *n.* high decent कुलीन अभिजात; नसली खून اعلیٰ خون؛ نسلی خون

Blue-book : *n.* British parliamentary report अधिकृत रिपोर्ट پارلیمانی رپورٹ

Blue-print : *n.* white photographic print on blue paper; for building plan रुप रेखा; ख़ाका; नक़्शा خاکہ (مکان کا)؛ نقشہ (عمارت کا)

Blue-vitriol : *n.* copper sulphate नीला थोथा نیلا تھوتھا؛ طوطیا

Blueness : *n.* quality of being blue नीलाहट نیلاہٹ

Bluish : *adj.* somewhat blue हलका नीला; नीलाभ نیلا سا؛ ہلکا نیلا

Bluff : *n.* (blub) deception धोंस; झांसा دھونس؛ جھانسا

Bluff : *v.* (blub) to menace; to bluster; to deceive धोंस जमाना; धोंसना; झांसा देना دھونس جمانا؛ جھانسا دینا

Bluff : *adj.* 1. (bluf) steep bank of cliff; having a steep front 2. rude; out spoken 1.खड़ी चट्टान; सीधा साहिल 2.रुखा; स्पष्टवादी (۱) کھڑی چٹان؛ سیدھا ساحل (۲) روکھا؛ اکھڑ؛ صاف کہنے والا؛ منہ پھٹ

Blunder : *n.* (blun-der) foolish and careless mistake भद्दी भूल या चूक فاش غلطی؛ سخت حماقت یا غلطی

Blunder : *v.* (blun-der) to make a blunder भारी भूल क.; बुरी तरह चूक जाना سخت غلطی کرنا؛ حماقت کرنا

Blunder buss : *n.* a big gun बन्दूक़ بندوق

Blunder head : *adj.* foolish; stupid बुद्धु; मूर्ख احمق؛ بدھو بیوقوف

Blunt : *adj.* (blunt) 1.without point or shap edge 2.rude; out spoken; straight forward 1.कुन्द; कुण्ठित 2.रुखा;

स्पष्टवादी; मुंहफट (۱) کند؛ کھنڈا (۲) روکھا؛ اکھڑ؛ منہ پھٹ

Bluntly : *adv.* without politeness; clearly रुखाई से; स्पष्टता से روکھائی سے؛ اکھڑپن سے؛ دوٹوک؛ بدتمیزی سے

Bluntness : *n.* 1. rudeness; lack of politeness 2. without sharp edge 1.रुखाई; रुखापन 2.भोथरापन; धार का कुन्द होना (۱) اکھڑپن؛ صاف گوئی؛ بدتمیزی (۲) دھار کا کند ہونا

Blur : *v.* (bler) to become unclear; to obscure धुंधला कर देना या हो जाना دھندلا کردینا یا ہوجانا

Blur : *n.* (bler) dirty blot; obscureness धब्बा; दाग़; धुधंलापन دھبا؛ داغ؛ دھندلاہٹ

Blurb : *n.* (blerb) review of a book; to introduce a book विज्ञापन (पुस्तक का); परिचय (पुस्तक का) اشتہار (کتاب کا)؛ تعارف (کتاب کا)

Blurt : *v.* (blert) speak suddenly without thinking यूंही बोल उठना یونہی بول اٹھنا؛ بغیر سوچے سمجھے بولنا

Blurt-out : *v.* speak suddenly; out break (suddenly) कह डालना; फूट पड़ना کہہ ڈالنا؛ پھوٹ پڑنا (اچانک)

Blush : *v.* (blush) to feel shy; to blushed; become red in the face from shame or confusion शरमाना; लज्जित होना; लज्जा से मुख लाल हो जाना شرمانا؛ چہرے پر سرخی دوڑ جانا؛ شرم سے چہرہ لال ہوجانا

Blush : *n.* shyness; bashfulness लज्जा; शर्म شرم؛ حیا

Bluster : *v.* (blus-ter) be violent; be rough; threatening behaviour हंगामा क.; ज़बान चलाना زبان درازی کرنا؛ ہنگامہ کرنا؛ گرجنا

Bluster : *n.* (blus-ter) a dust storm; thunder; noisy behaviour; boasting आँधी; तूफान; गरज; डींग; हंगामा آندھی؛ طوفان؛ گرج؛ ہنگامہ؛ زبان درازی؛ ڈینگ

Boa : *n.* (boh-a) large snake which kills by crushing अजगर اژدہا

Boar : *n.* (baw) wild male pig जंगली सुअर جنگلی سور

Board : *n.* (bawd) 1. long thin flat piece of wood 2. (group of) persons consulting a business or department 1.तख्ता; लकड़ी का पट्टा 2.बोर्ड; समिति; मण्डल (۱) تختہ؛ لکڑی کا تختہ (۲) بورڈ کے ارکان؛ بورڈ

Above board : *ph.* openly; clearly खुल्लम खुल्ला کھلم کھلا؛ کھلے عام

Boarder : *n.* one who gets board at someone's house किसी के यहाँ पैसे देकर रहने वाला کسی کے یہاں پیسے دے کر رہنے والا

Boarding house : *n.* hostel; large resident for students बोर्डिंग हाऊस اقامتگاہ؛ ہوسٹل؛ بورڈنگ ہاؤس

Boarding school : *n.* residential school बोर्डिंग स्कूल; बोर्डिंग छात्रावास اقامتی درسگاہ؛ بورڈنگ اسکول

Boast : *n.* 1. proud words 2.something of which one is proud 1.डींग; बड़; शेख़ी 2.गर्व; गर्वोक्त (۱) ڈینگ؛ بڑ؛ شیخی (۲) فخر؛ باعث فخر

Boaster : *n.* (bohst-er) braggart; one who speaks proud words शेख़ी बाज़; डींग मारने वाला شیخی باز؛ شیخی خورا؛ بڑ ہانکنے والا؛ ڈینگ مارنے والا

Boastful : *adj.* fond of boasting खुद पसन्द خودپسند؛ دون کی لینے والا

Boastfulness : *n.* self praiseness खुद

पसन्दी خودپسندی

Boat : *n.* (boht) small open vessel; ship नाव; किशती کشتی؛ ناؤ

House-boat : *n.* a boat serving as a house; a house made in boat हाऊस बोट; नाव घर ہاؤس بوٹ؛ ناؤ گھر

Boat-bridge : *n.* a bridge made by boats नाव का पुल ناؤ کا پل؛ کشتیوں کا پل

Boat-man : *n.* one who takes people in boat माँझी; नाविक ملاّح؛ کشتی ران؛ مانجھی

Boat-race : *n.* a ferry race नौका दौड़ کشتی دوڑ

Boatel : *n.* (boht-el) hotel in a harbour होटल ہوٹل

Bob : *n.* (bob) 1. jerky movement 2. style of haircut (woman) 1.ऊपर नीचे हरकत 2.औरतों के कटे हुए बाल (۱)اوپر نیچے حرکت (۲) خواتین کے تراشے ہوئے بال

Bob : *v.* (bob) jerk up and down ऊपर नीचे हरकत देना या क.; डूबना ऊभरना; उछलना या उछालना اچھلنا یا اچھالنا؛ اوپر نیچے حرکت دینا یا کرنا؛ ڈوبنا ابھرنا

Bobbery : *adj.* (bobb-ery) hubbub noise; tumult; hue and cry गुलग़पाड़ा; शोरोगुल شور شرابا؛ غل غپاڑہ؛ ہلا گلا؛ شور وغل

Bobbin : *n.* (bob-in) roller for thread in sewing machine etc. फिरकी; बोबिन بابن؛ پھرکی (سلائی مشین کی

Bobstay : *n.* (bobs-tay) a stout thick rope रस्सा رسّا

Bode : *v.* (bohd) be a sign of (well, ill); to forecast शकुन होना; पेशगोई क. شگون ہونا؛ پیش گوئی کرنا

Bodement: *n.* an omen; an augury शकुन; पेशगोई شگون؛ پیش گوئی

Bodice : *n.* (bod-is) women's inner vest over stays; brasier चोली; कुरती چولی؛ محرم (عورتوں کا اندر چھاتی پر پہننے کا کپڑا)

Bodily : *adj. & adv.* of or in the body शारीरिक; सशरीर جسمانی؛ بدنی؛ جسمانی طور پر

Bodkin : *n.* (bod-kin) a big needle सुआ; सुतारी سوا؛ ستاری

Body : *n.* (bodi) physical structure of man and animal शरीर; बदन; तन; काया بدن؛ جسم؛ تن؛ کایا

Body-guard : *n.* person guarding an important personality अंगरक्षक; बोडी गार्ड محافظ دستہ؛ باڈی گارڈ

Bog : *n.* (bog) marsh दलदल دلدل

Bogey/ Bogy : *n.* (bogy) a ghost; goblin; devil भूत; हौआ; शैतान بھوت؛ ہوّا؛ شیطان

Bogged : *adj.* (bog-ged) sinking in a bog दलदल में फंसा हुआ دلدل میں پھنسا ہوا

Bogged down : *ph.* sunken down; unable to move forward उभर ना सकने वाला ; फंसा हुआ پھنسا ہوا؛ ابھر نہ سکنے والا

Boggy : *adj.* (bog-gi) harshy दलदली دلدلی

Bogie : *n.* (bogi) a wagon (railway) a compartment बोगी بوگی

Bogus : *adj.* (boh-gus) counterfiet; not genuine; sham; fictitious खोटा; जाली; नक़ली کھوٹا؛ جعلی؛ نقلی

Bohea : *n.* (bo-hi) inferior quality of black tea घटिया काली चाय گھٹیا کالی چائے

Bohemian : *n.* (bohim-yen) gypsy; unconventional कंजर; आवारा; बोहिमियाई

کنجر؛ غیر تہذیب یافتہ؛ آوارہ؛ بوہیمیائی

Boil : *n*. (bo-il) poisoned swelling फोड़ा; फुंसी پھوڑا؛ پھنسی

Boil : *v*. (bo-il) change into steam उबलना; खौलना; जोश में आना ابلنا؛ کھولنا؛ ابل پڑنا؛ جوش میں آنا

Boiler : *n*. metal container in engine etc. for boiling or heating liquids बोयलर; जोशदान بائلر؛ جوش دان

Boling-point : *n*. temperature at which something begins to change into steam क्वथनाक نقطۂ جوش

Boisterous : *adj*. (bois-te-rus) rude and rough; head strong अक्खड़; तुन्द اکھڑ؛ تند؛ تیز

Bold : *adj*. (bohld) shameless; without fear; well marked; clear निडर; निर्भीक; ढीठ; बेशर्म; स्पष्ट بے شرم؛ نڈر؛ بے حیا؛ واضح؛ نمایاں

Boldly : *adv*. fearlessly; shamelessly दिलेरी से; बेधड़क بے حیائی سے؛ ڈھٹائی سے؛ دلیری سے

Boldness : *n*. fearlessness; shamelessness बेधड़क; दिलेरी; निडरपन بے حیائی؛ دلیری؛ ڈھٹائی

Bole : *n*. (bol) body धड़; तन دھڑ؛ تن

Bolero : *n*. (bo-lay-roh) loose jacket (ladies) कोटी या जेकिट (औरतों की) کوٹی یا جیکٹ (عورتوں کی)

Bolshevik : *n*. (bol-she-vik) violently; revolutionery communist बालशेविक انتہا پسند؛ اشتمالی؛ بالشویک

Bolster : *n*. (bohl-ster) long pillow तकिया; मसनद; गद्दी تکیہ؛ مسند؛ گاؤ تکیہ

Bolster : *v*. (bohl-ster) to support; to help सहारा देना; तकिया लगाना سہارا دینا؛ تکیہ لگانا؛ شہ دینا

Bolt : *n*. (bohlt) metal fastening; metal screw fastened with a nut चटख़नी; सिटकिनी; बोल्ट چٹخنی؛ کھٹکا؛ بولٹ

A bolt from the blue : *ph*. an unexpected clamity नागहानी मुसीबत; आकस्मिक घटना اچانک صدمہ؛ ناگہانی مصیبت

Bolt : *v*. 1. fasten or joint with a bolt 2. run away suddenly 1.चटख़नी लगाना 2. भाग निकलना (۱)چٹخنی لگانا (۲) فرار ہوجانا؛ بھاگ نکلنا

Bomb : *n*. (bom) large metal shell filled with explosives बम; गोला (बारुद का) بم؛ بارود کا گولہ

Bomb : *v*. attack with bomb; drop bombs on बमबारी क.; बम फेंकना بم پھینکنا؛ بمباری کرنا

Bomber : *n*. aircraft carrying bombs बमवर्षक بمبار طیارہ

Bombing : *n*. dropping bombing बमबारी; गोला बारी بمباری؛ گولہ باری

Bombproof : *adj*. strong enough the resist the bomb explosions बमरोक; बम प्रूफ़ بم پناہ؛ بم پروف؛ جس پر بم اثر نہ کرے

Bombshell : *n*. shell fired by connon बम का गोला; आकस्मिक توپ کا گولہ؛ بم کا گولہ؛ اچانک صدمہ

Bombard : *n*. (bom-bahrd) attack with bombshell; attack with gunfire गोला बारी; बमबारी گولہ باری؛ بمباری

Bombardment : *n*. attack with bomb shell गोला बारी; बमवर्षा گولہ باری؛ بمباری

Bombast : *n*. (bom-bast) high

sounding language शेख़ी; डींग شیخی؛ ڈینگ

Bombastic : *adj*. promising much but not likely to do much बड़ा बोल بڑا بول؛ خالی وعدہ کرنے والا

Bon-bon : *n*. toys made by unrefined sugar; sweet खांड के खिलौने; मिठाई کھانڈ کے کھلونے؛ مٹھائی

Bon-voyage : *int*. (bon-vo-yahj) a good journey to you ख़ुदा हाफ़िज़; भगवान यात्रा सफल करे خدا حافظ؛ خدا سفر مبارک کرے

Bonafide : *adj*. (bohn-e-fidi) real; original असली; सच्चा اصلی؛ حقیقی؛ سچ مچ؛ واقعی

Bonafides : *n*. (pl.) in good faith नेकनियती; सदभावना خلوص؛ نیک نیتی

Bond : *n*. (bond) written agreement इक़रारनामा; सरकारी बाण्ड تحریری اقرارنامہ؛ سرکاری تمسک؛ بانڈ

Bondage : *n*. (bond-age) slavery; imprisonment गुलामी; कैदी غلامی؛ پابہ زنجیر؛ قیدی

Bonded : *adj*. (bond-id) held by customs till dues are paid पकड़ा हुआ پکڑا ہوا

Bonds : *n*. chains ज़ंजीर; बेड़ी زنجیر؛ بیڑی

In bonds : *ph*. imprisoned; enslaved गुलाम; कैदी پابہ زنجیر؛ قیدی؛ غلام

Bone : *n*. (bohn) hard material forming animal or man skeleton; dead body हड्डी; अस्थि ہڈی؛ ہڈی اعظم؛ نعش

Bone of contention : *n*. apple of discord झगड़े की जड़ جھگڑے کی جڑ

Bone setter : *n*. one who to set the bone after fracture etc. हड्डी बैठानेवाला ہڈی بٹھانے والا

To the bone : *ph*. thoroughly पूरी तरह; अच्छी तरह پوری طرح؛ اچھی طرح

Bonefire : *n*. (bon-fi-er) fire to burn rubbish होली; उत्सवाग्नि کوڑا کرکٹ جلانے کا الاؤ؛ جشن کا الاؤ

Bonne : *n*. (bon) woman servant नौकरानी نوکرانی

Bonnet : *n*. (bon-et) cover of engine (of motor car etc); turki cap मोटर के इंजन का ढक्कन; टोपी موٹر کے انجن کا ڈھکن؛ بے چھجے کی ڈوری والی ٹوپی

Bonnie/Bonny : *adj*. (bon-i) handsome; chearful कामनीय; हृष्ट-पुष्ट ہشاش بشاش؛ موٹا تازہ؛ ہینڈسم

Bonus : *n*. (boh-nus) dividend बोनस; अधिलाभ بونس؛ انعام؛ ترغیبی رقم

Bony : *n*. (boh-n-i) thin दुबला; हडीला دبلا؛ ہڈیوں کا ڈھانچہ

Boo-boo : *v.t.* weep noisily; weeping bitterly दहाड़े मार कर रोना چیخیں مار مار کر رونا؛ رونا پیٹنا

Boob : *n.&adj*. simple सीधा साधा سادہ لوح؛ سیدھا سادھا

Booby : *n.&adj*. (boo-bi) foolish person मुर्ख بے وقوف؛ احمق؛ گاؤدی

Booby-Trap : *n*. 1. a trick to catch an unwary person 2. hiden bomb 1.मूर्ख से मज़ाक़ 2.छल बल (۱)احمق سے مذاق (۲)چھپا بم

Booby-prize : *n*. prize awarded to the worst competitor फिसड्डी इनाम پھسڈی انعام

Boodle: *n*. (boo-del) 1. whole lot 2. graft 1.समुचा ढेर 2.रिशवत (۱)ڈھیر (۲)رشوت

Boohoo : *v.t.* (boo-hoo) weep noisily रोना पीटना; रोना धोना رونا پیٹنا؛ رونا دھونا

Book : *n.* (book) collection of folded sheets of paper with reading matter पुस्तक; ग्रन्थ; किताब کتاب؛ بیاض

Account book : *n.* Account record खाता کھاتہ؛ بہی

Bring to book : *ph.* require to explain his conduct स्पष्टीकरण माँगना مواخذہ کرنا؛ جواب طلبی کرنا

In good books : *ph.* have his favour महबूब होना किसी की नज़र में کسی کی نظر میں محبوب ہونا؛ منظورِنظر ہونا

Book : *v.* engage; give or receive order बुक करा लेना या देना (आर्डर) محفوظ کرنا یا کرانا؛ بک کرنا یا لینا (آرڈر)

Book-case : *n.* bookshelf पुस्तकों की अलमारी کتابوں کی الماری

Book-jacket : *n.* book cover पुस्तकों का कवर کتاب کا غلاف یا کور

Book-keeper : *n.* one who keeps business accounts मुनीम کھاتہ نویس

Book-keeping : *n.* art of keeping business accounts मुनीमी کھاتہ نویسی

Book-louse : *adj.* one who read or study too much किताबी कीड़ा کتابی کیڑا

Book-post : *n.* send or drop by post बुक पोस्ट بک پوسٹ

Book-shelf : *n.* see Book-case

Book-stall : *n.* stall for books and periodicals पुस्तकों की दुकान بک اسٹال؛ کتابوں یا رسالوں کی دکان

Book-worm : *n.* see Book-louse

Booking-clerk : *n.* clerk selling tickets टिकट बाबू ٹکٹ بابو

Booking-office : *n.* office for the sale of tickets टिकट घर ٹکٹ گھر

Bookish : *adj.* (bu-kish) see Book-louse

Booklet : *n.* small book पुस्तिका کتابچہ

Boom : *v.* 1. thunder 2. sudden increase in trade activity 1.तेजी 2.गरमबाज़ारी (۱)بادل کا گرجنا؛ گرجنا (توپوں کا) (۲)بازار تجارت کی ایک دم یا اچانک گرم بازاری

Boon : *n.* 1. blessing 2. favour 3. gift 1.वर 2.वरदान (۱)برکت (۲) عنایت (۳)تحفہ؛ عطیہ

Boon companion : *n.* associate in reverly ज़िन्दा दिल साथी ہم پیالہ؛ ہم مشرب؛ زندہ دل ساتھی

Boor : *n.* (boo-er) rough & ill mannered person गँवार; असभ्य غیرمہذب؛ گنوار؛ اجڈ

Boorish : *adj.* rough & ill mannered गँवार; असभ्य گنوار؛ اجڈ؛ غیرمہذب

Boorishness : *n.* being boorish असभ्यता گنوارپن؛ اجڈپن

Boost : *v.* advertising; increase up by publicity विज्ञापन क.. بڑھا چڑھا کر بتانا؛ تعریف کرکے کسی کی حمایت کرنا

Boot : *n.* foot covering shoes जूता; बूट بوٹ؛ جوتا

Boot : *v.* kick with boots on बूटों से मारना بوٹوں سے مارنا

Boot black : *n.* one who polishes boots बूट पालिश करने वाला بوٹ پالش کرنے والا؛ بوٹ پالش

Boot jack : *n.* apparatus for taking off boots जूता उतारने का औज़ार بوٹ اتار

Boot lace : *n.* cord for tying shoes or

boots जूता बाँधने की डोरी تسمہ؛ لیس

Bootee : *n*. (boot-ee) infants boots बच्चों का जूता بچوں کا جوتا؛ بچکانہ جوتا

Bootless : *adj*. without boot on नंगे पाँव ننگے پاؤں

Get the boot : *ph*. be dismissed बरख़ास्त होना برخاست ہونا

Booth : *n*. (boodh) 1. stall 2. place used for voting 1.दुकान 2.वोट डालने की जगह (۱)اسٹال؛ عارضی دکان (۲)ووٹ ڈالنے کی جگہ

Booty : *n*. (boot-i) things captured from the enemy in war लूट का माल مالِ غنیمت؛ لوٹ کا مال

Booze : *n*. (booz) bear; wine शराब شراب

Boozy : *n*. drinker शराबी شرابی

Borax : *n*.(baw-raks) white antiseptic powder सुहागा; बोरेक्स سہاگہ؛ بورک

Border : *n*. (bawd-er) 1. edge 2.boundry of a country 1.किनारा 2.सीमा (किसी मुल्क की) (۱)کنارہ؛ حاشیہ (۲)سرحد (کسی ملک کی)

Border-line : *n*. boundry line सीमा रेखा سرحد کی لائن

Bore : *n*. (bohr) 1. hole; cavity 2.hollow in side of a gun barrel 1.छेद; छिद्र 2.बन्दूक़ की नली (۱)سوراخ؛ چھید (۲)بندوق کی نالی

Boredom : *n*. (baw-dem) state of being bored ऊब; उचाट بوریت؛ اکتاہٹ

Born : *p.p.&adj*. (bow-n) 1. come into the world by birth 2. by natural ability 1.जन्म; जात 2.जन्म से; पेदाइशी (۱)پیدا ہونا (۲)پیدائشی؛ فطری

Borough : *n*. (bu-re) unit of British Parliaments urban Electoral college बर्तानिया का चुनाव क्षेत्र; नगर برطانیہ میں شہری حلقۂ انتخاب

Borrow : *v.t* (bor-roh) get on loan उधार लेना قرض لینا؛ ادھار لینا؛ عاریتہً لینا

Borrower : *n*. one who borrows उधार लेने वाला; कर्ज़ लेने वाला ادھار لینے والا؛ قرض لینے والا

Borstal ; *n*. jail for juvenile offenders बच्चों की जेल بچوں کی جیل

Boscage : *n*. (bos-kig) so many shurbs & trees in one place झाड़ी या वृक्ष का समूह جھاڑیوں یا درختوں کا جھرمٹ

Bosh : *int*. (bosh) foolish talk; nonsense अनाप-शनाप بیہودہ گوئی؛ بیکار بات

Bosom : *n*. (boo-zem) human breast; chest छाती; सीना چھاتی؛ سینہ

Bosom friend : *ph*. one who knows one's thoughts अंतरंग मित्र; खास मित्र دلی دوست؛ خاص دوست

Boss : *n*. (bos) master मालिक آقا؛ مالک

Boss about: *ph*. be boss of मालिक बना फिरना آقا بنا پھرنا

Botanical : *adj*. (bota-ni-kel) of botany वानस्पतिक نباتاتی

Botanist : *n*. expert in botany वनस्पतिशास्त्री ماہر نباتیات

Botany : *n*. (bote-ni) science of plants वनस्पतिविज्ञान نباتیات

Both : *(pron.,adj.,& adv.)* (bohth) the two दोनो دونوں

Bother : *v.t*. (bodher) be or cause trouble to तंग क.; परेशान क. ناک میں دم کرنا؛ پریشان کرنا

Bother/Botheration : *n*. trouble

चिन्ता; परेशानी زحمت؛ تکلیف

Bothersome : *adj*. causing bother कष्टप्रद; दिक़्क़ततलब زحمت؛ پریشانی؛ دقت طلب

Bottle : *n*. (botl) narrow-necked vessel for liquids बोतल; शीशी بوتل؛ شیشی

Bottle-gourd : *n*. name of a vegetable लोकी لوکی؛ ہرا گھیا

Bottle-neck : *n*. 1. narrow part of a bottle 2. narrow part or road 1.बोतल का गला 2.मार्गवरोध; अड़चन بوتل کا گلا؛ راستہ؛ رکاوٹ

Bottom : *n*. (bot-em) base; essential part; lowest part आधार; तल بنیاد؛ تہ؛ پیندا

Bottomless : *adj*. without bottom बिना आधार; बिना तल بغیر پیندے کے؛ بے پایاں

Bough : *n*. (bon) main branch of a tree coming direct from its trunk डाल; शाखा بڑی شاخ

Bouillon : *n*. (bow-li-yan) curry शोरबा شوربہ

Boulder : *n*. (bohl-der) large piece of stone rounded by water or weather घिसा हुआ या गोल मोल पत्थर گھسا ہوا یا گول مول پتھر

Boulevard : *n*. (bool-e-vah-d) wide streat चौड़ी सड़क या पथ چوڑی سڑک یا راستہ

Bounce : *v.t*. (bouns) rebound (of ball) उछालना اچھالنا یا اچھلنا (گیند کا)

Bound : *n*. limit in (or out) bounds सीमा में; हद के अन्दर حد کے اندر

Leap and bounds : *ph*. very quickly शीघ्रता से بڑی تیزی سے؛ جلدی سے

Bounteous/bountiful : *adj*. geneous उदार; दानी سخی؛ داتا؛ فیاض

Bounty : *n*. (bount-i) generosity उदारता; उदार; दान سخاوت؛ فیاضی

Bouquet : *n*. (boo-kay) bunch of flowers गुलदस्ता پھولوں کا گلدستہ

Bourgeois : *n*. (boo-zh-wah) member of the urban middle class of society मध्यवर्गी بورژوا؛ متوسط شہری طبقہ کا فرد

Bourgeois : *n*. (ber-jois) a size of printer type approximately equal to 9 point बुर्जोइस (छपाई में) ब्रीवियर से बड़ा और लांग प्राईमर से छोटा टाईप چھاپے کے اوسط درجے کے حروف

Borne : *n*. (bo-rn) limit सीमा حد

Bout : *n*. (ba-ut) 1. trial of strength 2. fit (of illness) 1.बलपरीक्षा 2.दौरा बीमारी के कारण से (۱)مقابلہ؛ زورآزمائی (۲)دورہ (بیماری کی وجہ سے)

Bow : *n*. (boh) 1. piece for shooting arrows 2. band; yeild 1.धनुष; चाप 2.झुकना; आदाब बजा लाना; नमस्कार क. (۱) کمان (۲) جھکنا؛ سرتسلیم خم کرنا

Bowel : *n*. (boul-e) intestine आंतें; अंतड़ी انتڑی؛ آنتیں

Bower : *n*. (bou-er) arbour कुंज کنج

Bowl : *n*. (bohl) large cup कटोरा; पियाला پیالہ؛ قدح؛ کٹورا

Box : *n*. (boks) hard receptacle with lid सन्दूक़; बकस صندوق؛ بکس

Box-office hit : *ph*. very successful picture बहुत कामयाब फिल्म بہت کامیاب فلم

Boxer : *n*. fighter fist मुक्केबाज़ مکے باز؛ گھونسے باز

Boxing : *n*. fighting with gloves मुक्केबाज़ी مکے بازی؛ گھونسے بازی

Boy : *n*. (boi) 1. male child 2. servant 1.लड़का; बालक 2.नौकर (۱)لڑکا؛ بچہ (۲)نوکر

Boyhood : *n.* age between childhood & youth लड़कपन لڑکپن

Boyish : *adj.* like a boy बालोचित طفلانہ

Boyishly : *adv.* in a boyish manner बालकपन से طفلانہ انداز سے

Boyishness : *n.* being boyish बालकपन طفلانہ پن

Boycott : *v.t.* (bo-e-kot) refuse to have anything to do with बहिष्कार क. بائیکاٹ کرنا؛ مقاطعہ کرنا؛ حقہ پانی بند کرنا

Brace : *n.* (brays) piece of wood or iron to hold things together लोहे या लकड़ी की पतली पट्टीयाँ لوہے کے پتر یا لکڑی کی پتلی تختیاں

Bracelet : *n.* (brays-let) band or chain as ornament कंगना کنگن؛ چوڑی؛ پہنچی

Bracing : *adj.* (brays-ing) health giving (climate) स्फूर्तिकारक (वातावरण) صحت بخش (ماحول)

Bracket : *n.* (brak-it) 1. pieces of wood for holding something 2.coupling marks [ ],( ) 1.दीवार-गीरी 2.ब्रैकेट [ ] ( ) (۱)دیوار گیری (۲) بریکٹ [ ] ( )-

Bracketed : *adv.* (brak-e-tid) together एक जगह; एक समय में؛ بیک وقت؛ یکجا

Brackish : *adj.* (brack-ish) saltish (water) खारा (जल) نمکین یا کھارا (پانی)

Brag : *n.* (brag) boast शेखी; डींग شیخی؛ ڈینگ

Brag : *v.* boasting शेखी बघारना; डींग मारना شیخی بگھارنا؛ ڈینگ مارنا

Brag gart : *n.* one who boasts शेखी बाज़; बड़बोल شیخی باز

Braid : *n.* (brayd) 1. plaited hair 2.lace 3. band 1.चोटी 2.फीता (۱) گندھے ہوئے بال؛ چوٹی (۲) فیتہ (۳) گوٹا

Braille : *n.* (brayl) system of printing for the blinds ब्रैल بریل؛ اندھوں کا رسم الخط

Brain : *n.* (brayn) grey matter in the head दिमाग़; भेजा دماغ؛ بھیجا؛ مغز

Brain fag : *n.* mental fatigue दिमाग़ी थकान دماغی تھکن

Brain fever : *n.* mental fever दिमाग़ी जवर دماغی بخار

Brain-wave : *n.* sudden bright idea सूझ اچانک سوجھی ہوئی بات

Brainless : *adj.* stupid निर्बुद्धि احمق؛ بیوقوف

Brainy : *adj.* clever होशयार ذہین؛ ذکی؛ ہوشیار

Brake : *n.* (brayk) apparatus to reduce speed रोक; ब्रेक بریک؛ روک

Bramble : *n.* (bram-b-el) a kind of thorny shrub काँटेदार झाड़ी; झड़ बेरी جھاڑ؛ جھڑ بیری؛ خاردار جھاڑی

Brambly : *adj.* thorny काँटेदार کانٹے دار

Bran : *n.* seperated husk भूसी; चोकर بھوسی؛ چوکر؛ بھوسا

Branch : *n.* (branh-ch) part of tree growing from trunk of tree शाख़; डाल شاخ؛ ٹہنی

Brand : *n.* piece of burning stick लुआठा; जलती लकड़ी جلتی ہوئی لکڑی

Brand-new : *adj.* conspicuously new बिल्कुल नया; अभिनव بالکل نیا؛ واضح طور پر

Brandish : *v.t.* (brand-ish) wave about (sword or flag) लहराना لہرانا

Brandy : *n.* (brand-i) strong liquor ब्राण्डी; शराब برانڈی؛ انگور کی شراب؛ شراب

Brash : *n*. (bash) 1.fragments 2.clippings 1.टुकड़े 2.छाँट (۱)ٹکڑے (۲)چھانٹ

Brass : *n*. (brahs) bright yellow metal पीतल پیتل؛ برنج

Brassy : *adj*. of brass पीतल का پیتل کا

Brassiere : *n*. (brass-yayr) stays चोली; अंगिया محرم؛ انگیا؛ چولی

Brat : *n*. (brat) child छोकरा چھوکرا

Bravado : *n*. (bre-vah-doh) boldness जुर्रत جرأت

Brave : *adj*. (brayv) daring बहादुर; दिलेर دلیر؛ بہادر

Bravery : *n*. (brave-e-ri) daring साहस; बहादुरी دلیری؛ بہادری؛ جرأت

Bravo : *int*. (brah-voh) welldone शाबाश; वाह-वाह شاباش؛ مرحبا؛ واہ واہ

Brawl : *n*. noisy quarrel झगड़ा; दंगा دنگا؛ فساد؛ جھگڑا

Brawn : *n*. muscle; strength बाहुबल; पठ्ठा پٹھا؛ قوت

Brawny : *adj*. having strong muscles तगड़ा; हट्टा-कट्टा مضبوط پٹھوں والا؛ کسرتی

Bray : *n*. (bray) cry of ass रेंकना (गधे का) گدھے کا رینکنا

Braze : *v*. polish with brass पीतल का रंग चढ़ाना پیتل کا رنگ چڑھانا

Brazen : *adj*. 1.made of brass 2.impudent 1.पीतल का 2.निर्लज्ज (۱)پیتل کا (۲)ڈھیٹ؛ گستاخ

Brazen faced : *adj*. shameless निर्लज्ज ڈھیٹ

Brazier : *n*. (bray-zh-er) 1. maker of brass ware 2. burning coal 1.ठठेरा 2.अंगीठी (۱)ٹھٹھیرا (۲)انگیٹھی

Breach : *n*. (breech) violation भंग; उल्लंघन خلاف ورزی؛ توڑنا (رول یا کانٹریکٹ کا)

Bread : *n*. (breed) food made by baking kneaded flour into loaves रोटी روٹی؛ ڈبل روٹی

Breadwinner : *n*. one who earns a living for family जीविका گھر بھر کا سرپرست

Breadth : *n*. (bredth) distance from side to side चौड़ाई; विस्तार چوڑائی؛ عرض

Breadth of mind : *ph*. liberal mindedness आज़ाद ख़याली آزاد خیالی؛ وسیع المشربی

Break : *n*. (brek) breaking टूटना; टूट जाना توڑنا؛ ٹوٹنا

Breakage : *n*. (brayk-ij) breaking टूटना; टूट-फूट ٹوٹنا؛ ٹوٹ پھوٹ

Breakfast : *n*. (brek-fast) first meal of the day कलेवा ناشتہ (صبح کا)

Breakneck : *adj*. dangerously fast (speed) अन्धाधुन بڑی خطرناک رفتار

Breakwater : *n*. embankment for breaking force of waves तरंग-रोध بند؛ پشتہ (سمندر کا)

Breast : *n*. (brest) chest; woman's milk producing parts छाती; सीना; छातियाँ سینہ؛ چھاتی؛ چھاتیاں؛ پستان

Make a clean breast of : *ph*. confess पाप कुबूल कर लेना اقبال جرم کرنا

Breath : *n*. (breth) 1.air drawn into & forced into lungs 2.fragrance 3.whisper 1.सांस; दम 2.महक 3.कानाफूसी (۱)سانس؛ دم (۲)مہک؛ خوشبو (۳)سرگوشی

Breathe : *v*. (breedh) draw air into the lungs and send it out सांस लेना; सांस खींचना سانس لینا؛ سانس کھینچنا

Breathless : *adj.* out of breath बेदम بے دم؛ دم نہ ہونا؛ سانس پھولنا

Breach : *n.* (breech) back part of the barrel of a gun बन्दूक की नाली का गोली वाला हिस्सा بندوق کی نالی کا گولی والا حصہ

Breeches : *n.* pl. (bri-ch-iz) knicker-bocker जाँघिया جانگھیہ؛ برجس

Breed : *v.* (breed, bred) 1. to produce; birth 2. nourish; to train; to educate 1.जन्ना; जन्म देना 2. पालना; शिक्षा देना (۱)پیدا کرنا؛ جنم دینا (۲)پالنا پوسنا؛ تربیت دینا

Breeder : *n.* one who breeds animals प्रजनक جانوروں کی تربیت کرنے والا؛ جانوروں کا پالن پوشن کرنے والا

Breeding : *n.* behaviour सौजन्य; शिष्टाचार رویہ؛ طور طریقہ؛ تہذیب؛ شائستگی

Breeze : *n.* (Breaz) 1.gentle wind 2.slight quarrel 1.समीर; हलकी हवा 2.हलका सा झगड़ा (۱)ہلکی ہوا؛ صبا (۲)ہلکا سا جھگڑا

Breezy : *adj.* 1.windy 2.gay; cheerful 1.हवादार; वातल 2.खुशदिल (۱)ہوادار (۲)خوش دل؛ زندہ دل

Brevet : *n.* (bre-vet) order letter आदेश-पत्र آرڈر لیٹر؛ حکم نامہ

Brevity : *n.* (brev-iti) briefness, short संक्षिपतता; संक्षिप्त اختصار؛ مختصر؛ مجمل

Brew : *n.* (broo) prepare a drink by boiling or soaking in water शराब या चाय बनाना شراب کشید کرنا؛ چائے بنانا

Brewer : *n.* (broo-er) maker of beer शराब बनाने वाला شراب بنانے والا؛ بوزہ کش

Brewery : *n.* (broo-e-ri) place where bear is brewed मधनिर्माणशाला; शराब बनाने का कारखाना بوزہ خانہ؛ شراب خانہ

Bribe : *v.* (brib) to give undue reward घूस देना या खिलाना رشوت دینا یا کھلانا

Bribe : *n.* illegal gratification घूस; रिश्वत رشوت؛ گھونس

Bribee : *n.* who takes bribe घूस ख़ोर رشوت خور؛ گھونس خور

Bribery : *n.* (brib-e-ri) giving or taking of bribe रिश्वत; घूसखोरी رشوت؛ گھونس

Brick : *n.* (brik) clay baked by fire ईंट خشت؛ اینٹ

Brickbat : *n.* (brik-bat) piece of brick रोड़ा; ईंट का टुकड़ा روڑا؛ اینٹ کا ٹکڑا

Bricklayer : *n.* workman building with bricks राज; राजगीर راج؛ معمار

Brickwork : *n.* parts of building that are made of bricks ईंट की इमारत خشتی حصہ عمارت کا؛ عمارت کا اینٹوں والا حصہ

Bridal : *adj.* (bridel) wedding शादी का; वधू का عروسی؛ شادی کا

Bride : *n.* (brid) newly-married woman दुलहन; वधू دلہن؛ عروس

Bridegroom : *n.* (brid-groom) man on his wedding day दुलहा; वर دولہا؛ نوشہ

Bridesmaid : *n.* girl attending bride वधू सखी دلہن کی سہیلی

Bridge : *n.*(brij) way or road over river etc. पुल پل

Bridle : *n.* (bridl) reins plus bit लगाम; बाग لگام مع دہانہ؛ باگ

Bridle : *v.* put bridle on (horse etc.); control लगाम लगाना; नियंत्रण क. لگام دینا (گھوڑے وغیرہ کو)؛ قابو میں رکھنا (جذبات وغیرہ کو)

Brief : *adj.* (breef) see Brevity

Briefcase : *n.* bag for documents etc. बिरीफकेस; बेग بریف کیس؛ بیگ

Briefly : *adj.* in short संक्षेप में مختصراً

Brier : *n.* (bri-er) thorny bush झाड़ी काँटेदार کانٹے دار جھاڑی

Brig : *n.* ship with two masts दो मस्तूली किशती دومستولی جہاز یا کشتی

Brigade : *n.* (bri-gayd) army unit of two to four battalions ब्रिगेड بریگیڈ؛ برگیڈ

Brigadier : *n.* (brig-e-di-er) officer in charge of brigade ब्रिगेडियर برگیڈیر

Brigand : *n.* (brig-end) robber डाकू; लुटेरा ڈاکو؛ قزاق؛ رہزن

Brigandage : *n.* (brig-endag) robbery राहज़नी ڈاکہ زنی؛ رہزنی؛ قزاقی

Bright : *adj.* (brit) shining चमकीला چمکیلا؛ روشن؛ چمکدار

Brightly : *adv.* in a shining manner आब-व-ताब से آب وتاب سے

Brightness : *n.* lustre कांति; चमक چمک دمک؛ آب وتاب

Brilliance : *n.* (bril-yens) intelligence; brightness प्रतिभा; चमक ذہانت؛ عقلمندی

Brilliancy :*n.*(bril-yens-i) intelligence; brightness प्रतिभा; चमक ذہانت؛ عقلمندی

Brilliant : *adj.* (bril-yent) intelligent; bright ذہین؛ چمکیلا

Brim : *n.* edge of cup or bowl etc. कटोरे और पियाले का किनारा کٹورے یا پیالے کا کنارہ

Full to the brim : *ph.* full to the edge किनारे तक भरा हुआ لبالب بھرا ہوا

Brimful : *adj.* full to the brim लबा-लब لبالب (بھرا ہوا)

Brimstone : *n.* (brim-stohn) sulphur गंधक گندھک

Brine : *n.* (brin) salted water खारा पानी کھارا پانی؛ نمکین پانی

Bring : *v.* come with लाना; ले आना لیتے آنا؛ لے آنا؛ لانا

Brinjal : *n.* a vegetable बैंगन بینگن

Brink : *n.* edge किनारा کنارا؛ لب

Briny : *adj.* salty नमकीन; खारा کھارا؛ نمکین

Brisk : *adj.* quick-moving फुरतीला; तेज़ پھرتیلا؛ چست؛ تیز

Brisket : *n.* (brisk-et) meat of chest छाती का मांस سینے کا گوشت

Bristle : *n.* (bris-el) short & stiff hair शूक और कड़े बाल چھوٹے اور سخت بال

British : *adj.* (brit-ish) of Britain अंग्रेज़ी, बरतानवी انگریزی؛ برطانوی

Britisher : *n.* Briton अंग्रेज़; बरतानवी انگریز؛ برطانوی

Briton : *n.* (brit-on) Englishman or woman अंग्रेज़ انگریز

Brittle : *adj.* (brit-er) hard but easily broken भुरभुरा بھر بھرا؛ بے لوچ

Brittleness : *n.* hardness but easily broken भुरभुरापन بھر بھراپن؛ بے لوچ پن

Broach : *v.* (brohch) open (a barrel); being to discuss खुलना; बहस छिड़ना کھلنا؛ بحث چھڑنا

Broad : *adj.* (browd) wide; liberal चौड़ा; आज़ाद ख़्याल چوڑا؛ کشادہ؛ وسیع الخیال

Broaden : *v.* make or become broad चौड़ा क. چوڑا کرنا؛ فراخ کرنا

Broadcast : *v.* (browd-kahst) scatter in all directions प्रसारित क.; फैलाना; बखेरना بکھیرنا؛ چھڑکنا؛ پھیلانا؛ نشر کرنا

Broadcasting : *v.* scattering फैलाना; प्रसारण क. پھیلانا؛ نشر کرنا

Brocade : *n.* (bro-kayd) silk cloth

with designs कमखुाब; ज़री؛ زربفت؛ کمخواب؛ زری

Broccoli : *n*. (brok-li) a vegetable name फूलगोभी پھول گوبھی

Brochure : *n*. (bro-shoo-er) stitched booklet; pamphlet पुस्तिका کتابچہ؛ رسالہ؛ پمفلٹ

Brogue : *n*. (brog) heavy leather's shoes मोटे चमड़े के जूते موٹے چمڑے کے جوتے

Broil : *n*. (bra-il) quarrel हंगामा; झगड़ा ہنگامہ؛ جھگڑا

Broke : *adj*. (browhk) turned by plough हल चली हुई ज़मीन ہل چلی ہوئی زمین

Broken : *p.p.* smashed; made spritless by grief टूटा हुआ ٹوٹا ہوا؛ دل شکستہ

Broker : *n*. (broh-ker) middle man; one who sells or buys for others दलाल دلال

Brokerage : *n*. commission दलाली دلّالی

Bromide : *n*. a type of paper ब्रोमाईड (एक तरह का काग़ज़)؛ برومائڈ (ایک قسم کا کاغذ)؛ کاغذ کی ایک قسم

Bronchial tube : *n*. breath tube सांस नली سانس کی نلی

Bronchitis : *n*. (bronk-i-tis) a type of disease (swelling in breath tube) सांस की नली में वरम سانس کی نلی میں ورم؛ حلق کا ورم

Bronze : *n*. (bronz) mixture of copper & tin काँसा کانسہ

Brooch : *n*. (brohch) ornamental safety pin जड़ाऊ पिन جڑاؤ پن؛ بروچ

Brood : *n*. all young birds hatched together झोल جھول

Brook : *n*. (bruk) small river; stream छोटी नदी; नाला چھوٹی ندی؛ نالا

Brook : *v*. allow of बरदाशत क.; सहना برداشت کرنا؛ سہنا؛ گوارا کرنا

Broom : *n*. (brum) brush with long sticks; instrument for sweeping झाड़ू جھاڑو

Broth : *n*. thin meat soup शोरबा; मांसरस پتلا شوربہ؛ یخنی

Brothel : *n*. (broth-el) house of prostitutes वेश्यालय قحبہ خانہ؛ کوٹھا؛ طوائف خانہ

Brother : *n*. (brodh-er) son of one's parent भाई بھائی

Brother-in-law : *n*. sister's husband; husband's brother बहनोई; देवर या जेट بہنوئی؛ دیور یا جیٹھ

Brotherhood : *n*. group of persons with common interest भाईचारा بھائی بند؛ بھائی چارا

Brougham : *n*. (bru-am) covered tanga बन्द घोड़ा गाड़ी بند گھوڑا گاڑی

Brow : *n*. (broh) forhead माथा; मस्तक ماتھا؛ پیشانی

Brow : *n*. arch of hair above eyes भौ; अबरू بھوں؛ ابرو

Brow-beat : *v*. frighten by rough treatment धमकाना ڈرانا؛ دھمکانا؛ گھڑکنا

Brown : *adj*. (brown) mixture of red, yellow and black भूरा بھورا؛ بادامی؛ خاکی

Brownie: *n*. (broun-i) good natured little fairy छोटी परी ننھی پری؛ نیک پری

Browse : *v*. (brouz) 1. eat 2. read 1.चरना 2. पढ़ना (۱) چرنا (۲) پڑھنا

Bruin : *n*. (broo-in) bear भालू بھالو

Bruise : *n*. (brooz) light injury हलकी चोट; ख़राश خراش؛ رگڑ؛ ہلکی چوٹ

Brumous : *adj*. fogy कुहरेदार کہرے دار

Brunette : *n*. (broo-net) European woman of dark complexion and black eyes श्यामला مغربی ملیحہ؛ پچھّم کی سانولی

Brunt : *n*. chief stress of attack धक्का; हमले का ज़ोर حملے کا زور؛ دھکا

Brush : *n*. bristled instrument for sweeping झाड़ू; कूँची جھاڑو؛ برش

Brusque : *adj*. rough (in speach or manners) अखड़; रूखा اکھڑ؛ بالکل اکھڑ

Brutal : *adj*. (broo-tel) savage; cruel पाशविक; क्रूर; बर्बर وحشیانہ؛ بہیمانہ

Brutality : *n*. (brootal-iti) cruelty पाशविकता بہیمت؛ سفاکی؛ حیوانیت

Brutalize : *v.t.* to make brutal कठोर बनाना وحشی بنانا

Brute : *n*. (broot) 1. animal 2. cruel man 1.पशु 2.जालिम (۱)حیوان؛ جانور (۲)ظالم؛ وحشی؛ بے حس

Bubble : *n*. (bub-el) transient बुलबुला بلبلہ؛ حباب

Buccaneer : *n*. (buk-e-nee-er) pirate जलदस्यु سمندری ڈاکو؛ بحری قزاق

Bucaneering : *v*. rowing for piracy जलदस्यु का जहाजों को लूटना سمندری ڈاکوؤں کا جہازوں کو لوٹنا

Buck : *n*. (buck) male deer नर मृग ہرن؛ سانبھر؛ چیتل

Bucket : *n*. (buk-et) pail बालटी; डोल بالٹی؛ ڈول

Buckle : *n*. (buk-el) metal fastener बकसुआ بکسوا؛ بکلس

Buckram : *n*. (buk-rem) rough starched cloth बुकरम گوند لگا ہوا کپڑا؛ بکرم

Bucolic : *adj*. (beokal-ik) rustic; villager देहाती; ग्रामीण گنوار؛ دیہاتی

Bud : *n*. flower not fully open कली गुंचा کلی؛ غنچہ

Budding : *adj*. beginning to grow; promising मुकुलन; उदीयमान پھوٹتا ہوا؛ ہونہار

Budge : *v.t.* (buj) to move slowly हिलना; हिलाना ہلنا؛ آہستہ آہستہ ہلانا

Budget : *n*. (buj-et) estimate of future income & payments बजट; आयव्ययक بجٹ؛ میزانیہ

Buff : *n*. (buf) buffalo's hide पाण्डु بھینس کی ادھوڑی

Buff : *adj*. brownish yellow (paper etc.) भूरा (काग़ज़) بادامی؛ بھورا

Buff-sheet : *n*. yellow paper भूरा काग़ज़ بادامی کاغذ

Buffalo : *n*. well known big black animal भैंस; भैंसा بھینس؛ بھینسا

Buffer : *n*. (buf-er) springed apparatus for lessening force of impact टक्कर रोक ٹکر روک

Buffet : *n*. (boof-ayt) counter where food is served आहार कक्ष بوفے؛ کھانا سرو کرنے کی جگہ

Buffet : *n*. blow (esp. with hands) थप्पड़; तमांचा تھپڑ؛ طمانچہ

Buffoon : *n*. (buff-oon) clown भाँड; मस्ख़रा بھانڈ؛ مسخرہ

Bug : *n*. small blood sucking insect खटमल کھٹمل

Bugbear : *n*. (bug-bay-er) object of baseless fear हौआ; बीजा ہیّا؛ ہوّا

Buggy : *n*. (bug-i) two wheeled carriage घोड़ा गाड़ी بگھی؛ گھوڑا گاڑی

Bugle : *n*. (bew-gl) musical wind

instrument बिगुल بگل

Bugler : *n.* one who blows a bugle बिगुल बजाने वाला بگل بجانے والا؛ بگلچی

Build : *v.t* . to construct; to make; to create बनाना; निमार्ण क. بنانا؛ تعمیر کرنا

Builder : *n.* one who builds building; building contractor निर्माता; राजगीर معمار؛ عمارتی ٹھیکیدار؛ راج

Building : *n.* structure; edifice भवन; इमारत عمارت؛ بلڈنگ

Built-up-area : *n.* style of construction निर्मित क्षेत्र عمارت والا رقبہ؛ عمارت بنا ہوا علاقہ

Bulb : *n.* (bulb) electric lamp बल्ब بلب

Bulbous : *adj.* (bul-bes) bulb shaped बल्ब की शकल का قمقمہ کی شکل کا؛ بلب کی طرح کا

Bulbul : *n.* (bul-bul) a bird बुलबुल بلبل

Bulge : *n.* (bulj) place with a swelling or curve उभार; फूलना ابھار؛ ناہموار ابھار؛ پھولنا

Bulge : *v.* (cause to) swell उभरा हुआ होना; फूलना; उभरना ابھرنا؛ ابھارنا؛ بے ڈول ہونا

Bulgy : *adj.* swelling or curving उभरा हुआ; फूला हुआ ابھرا ہوا؛ سوجا ہوا

Bulk : *n.* quantity or volume ढेर; अम्बार حجم؛ زیادہ مقدار؛ انبار

Bulky : *n.* heavy; weighty भारी- भरकम بھاری بھرکم

Bull : *n.* (bul) uncastrated male of ox साँड; नर سانڈ؛ نر

Bull-calf : *n.* young bull बछड़ा بچھڑا

Bull-dog : *n.* a strong breed of dogs बुल डाग بل ڈاگ؛ کتے کی ایک نسل

Blue bull : *n.* a type of cow नील गाय نیل گائے

Bulldoze : *v.* to move; to demolish with a bulldozer; to intimidate; to prevent हटाना; गिराना; रोकना; डराना; धमकाना ہٹانا؛ بلڈوزر سے گرانا؛ ڈرانا؛ روکنا؛ دھمکانا

Bulldozer : *n.* (bul-doh-zer) machine for shifting large quantity of earth-leveling land बुलडोज़र بلڈوزر؛ بیلچہ مشین

Bullet : *n.* (bul-et) leaden ball गोली گولی

Bullet-proof : *adj.* to prevent the bullet गोली रोक بلٹ پروف

Bulletin : *n.* (bul-et-in) periodical for Govt. news बुलेटिन; पत्रिका سرکاری خبرنامہ؛ بلیٹن

Bullion: *n.* (bul-yen) gold or silver सोना-चाँदी سونا چاندی

Bullock : *n.* (bul-ek) castrated ox बैल بیل؛ بدھیا

Bullock cart : *n.* two wheeled vehicle or carriage बैल गाड़ी بیل گاڑی

Bully : *n.* (bul-i) one who uses his strength to terrorize धौंसिया دبنگ؛ غنڈہ؛ دھونسیا

Bulwark : *n.* (bul-we-rk) defensive wall; defence आड़; बचाव; फसील فصیل شہر؛ شہر پناہ؛ بچاؤ؛ دفاع

Bum : *n.* either side of that part of body on which one sits चूतड़ چوتڑ؛ سرین

Bumble : *n.* see Beadle

Bump : *n.* dull blow धक्का; टक्कर دھچکا؛ دھکا؛ ٹکر

Bumper : *n.* a horizontal metal bar attached to the car or rear end of a car to protect against damage from impact बम्पर; टक्कर रोक بمپر؛ ٹکر روک

Bumpkin : *n.* (bum-kin) clumsy

villager देहाती; गंवार اجڈ؛ گنوار؛ گھامڑ؛ دیہاتی

Bumpy : *n.* road with many bumps ऊबड़ खाबड़ सड़क ناہموار سڑک؛ اوبڑ کھابڑ سڑک

Bun : *n.* small round sweet bread मीठी रोटी میٹھا کلچہ؛ میٹھی روٹی؛ بند؛ شیرمال

Bunch : *n.* number of things growing together; number of similar things gathered together; cluster गुच्छा; गुच्छ گچھا؛ خوشہ

Bund : *n.* (band) a dyke to prevent floods; an enbankment बंद; पुशता; बांध بند؛ پشتہ؛ باندھ

Bundle : *n.* (bun-del) so many things fasten together गठरी; पोटली پلندا؛ گٹھری؛ گٹھر؛ گٹھا

Bungalow : *n.* (bung-a-loh) single storeyed house बंगला; कोठी بنگلہ؛ کوٹھی

Bungle : *v.* (bung-el) to spoil गड़बड़ क.; घपला क. گڑبڑ کرنا؛ گھپلا کرنا

Bungler : *n.* one who bungles घपलेबाज़ گڑبڑ کرنے والا؛ گھٹالا کرنے والا؛ گھپلے باز

Bunk : *n.* (bunk) sleeping berth fixed to ship's wall (जहाज़ में) दीवार में लगी हुई सीट (جہاز میں) دیوارگیرنشست

Bunker : *n.* (bunk-e-r) part of steamer where coal is stored कोयला कोठरी (जहाज़ की) جہاز کی کوئلہ کوٹھری

Bunker : *n.* shelter तहखाना; तलघर تہ خانہ؛ پناہ گاہ

Bunkum : *n.* (bun-kem) pleasant but untrue talk बकवास; चिकनी चुपड़ी बातें ابلہ فریبی؛ بکواس؛ چکنی چپڑی باتیں

Bunny : *n.* (bun-i) rabbit; squirrel खरगोश; गिलहरी خرگوش؛ گلہری

Bunting : *n.* (bunt-ing) very small flag झण्डी جھنڈی

Buoy : *n.* (boi) anchored float पैराक पीपा پیراک پیپا

Buoyancy : *n.* gay; cheerfulness खुशमिज़ाजी ابھرنے کی صلاحیت؛ خوش مزاجی

Buoyant : *adj.* (boi-ant) hopeful; cheerful उल्लासी; खुशदिल خوش مزاج؛ خوش دل

Burble : *v.* (bur-bel) speak slowly बुदबुदाना; बड़बड़ाना بُدبُدانا؛ بڑبڑانا

Burden : *n.* (ber-den) heavy load बोझ; बार بوجھ؛ بار

Burdensome : *adj.* (-sem) tiresome; hard to bear बोझीला; भारी کڑا؛ سخت؛ اجیرن؛ بھاری

Bureau : *n.* (bew-roh) office दफ्तर; कार्यालय دفتر؛ محکمہ؛ بیورو

Bureaucracy : *n.* (bew-rok-rasi) Govt. by bureaucrats नौकरशाही دفتری حکومت؛ نوکرشاہی

Bureaucrat : *n.* (bew-ro-krat) Government employee सरकारी कर्मचारी اہلکار؛ سرکاری ملازم

Bureaucratic : *adj.* (bew-ro-krat-ik) of bureaucracy नौकरशाही نوکرشاہی؛ دفتری (ذہنیت)

Burette : *n.* (bew-ret) see Bottle

Burgher/Burgess : *n.* citizen नागरिक شہری

Burglar: *n.* (ber-g-ler) theif who breaks into a house by night संधमार; चोर نقب زن؛ سیندھ لگانے والا

Burglary : *n.* breaking into a house thus चोरी نقب زنی؛ چوری؛ سیندھ لگانا

Burgle : *v.* (ber-gl) break into house thus चोरी क.; सेंध लगाना نقب لگانا؛ چوری کرنا

Burgomaster : *n*. (bur-go-master) Mayor मेयर میئر

Burial : *n*. (bu-ri-al) put a dead body in the grave दफ़न क.. دفن کرنا؛ تدفین

Burial ground : *n*. place where dead body burying; Grave Yard; cemetry क़ब्रिस्तान قبرستان

Burke : *n*. (bur-ka) smother; hush up गला घोंटना; दबा लेना گلا گھونٹنا؛ دبا لینا

Burl : *n*. (bur-l) knot गांठ گانٹھ؛ گرہ

Burlap : *n*. (bur-lap) a sack cloth टाट ٹاٹ؛ بوریا

Burlesque : *n*. (be-r-lesk) amusing imitation with an air of seriousness प्रहसन متانت بھرا تمسخر؛ مضحکات

Burly : *adj*. (ber-li) big & strong person हट्टा कट्टा موٹا تازہ؛ ہٹا کٹا؛ مشٹنڈا

Burn : *v*. (bern) destroy by fire जला देना; जल जाना جلا ڈالنا؛ جلا دینا

Burner : *n*. part of a lamp from which flame arises (लेम्प का) कल्ला (لیمپ کا) گلہ

Burning : *n. & adj*. destroying; that which burns जलने वाला; जलता हुआ; भड़कता हुआ جلنے والا؛ جلتا ہوا؛ بھڑکتا ہوا

Burning ground : *n*. cemetry शमशान شمشان

Burnish : *v*. (be-r-nish) polish by rubbing चमकाना چمکانا

Burnous/Burnouse : *n*. (bur-noos/ bur-noz) : *n*. gown; a heavy overall चोग़ा لبادہ؛ چوغہ

Burrow : *n*. (bur-oh) hole dug (by fire or rabbit) in the ground बिल بھٹ؛ بل

Bursar : *n*. (bur-sar) cashier ख़ज़ानची خزانچی

Burst : *v*. (be-rst) explode फटना; फट जाना پھٹنا؛ پھٹ جانا

Bursting : *n*. explosion फटना پھٹنا

Bury : *v*. (be-ri) put a dead body in the grave दफ़नाना; गाड़ना دفن کرنا؛ لاش کو قبر میں دبانا

Bus : *n*. (bus) large public vehicle बस بس

Bush : *n*. (bush) shrub झाड़ी; झाड़ جھاڑی

Bushy : *adj*. full of shrubs; full of bushes झाड़ी दार جھاڑی دار

Bushel : *n*. (bush-el) eight gallon measure for grain & fruit फल या अनाज का 52 सेर का पैमाना; बुशेल پھل یا غلّے کا ۵۲ سیر کا ناپ؛ بشل

Business : *n*. (biz-nes) activity in trade व्यवसाय; व्यापार کاروبار؛ تجارت؛ بزنس

Businesslike : *adj*. practical & well ordered कार्यकुशल معاملے کے ڈھنگ کا؛ کاروباری طریقے سے

Businessman : *n*. man active in trade व्यवसायी تاجر؛ بزنس مین

Buskin : *n*. (bus-kin) a sandal-like covering for the foot and leg esp. worn by actors of ancient Greece; a type of bird सैंडल की तरह का जूता; गुरगाबी سینڈل کی طرح کا جوتا جیسا کہ قدیم یونان میں ایکٹر پہنتے تھے؛ گرگابی؛ مرغابی

Bust : *n*. (bust) sculpture of person's head & shoulders अर्धप्रतिमा; आवक्ष मूर्ति سر اور کندھوں تک کا مجسمہ؛ نیم مجسمہ

Bustle : *v*. (bus-el) move about noisily & fussily हलचल; हड़-बड़ी دوڑ دھوپ؛ ہلچل؛ کھلبلی پڑنا

Busy : *adj*. (biz-i) actively or fully

engaged; occupied; at work व्यस्त; काम में लगा हुआ مصروف؛مشغول (کام میں)

But : *conj.* still; that; on the contarary किंतु; परन्तु; मगर باہم؛لیکن؛مگر

Butcher : *n.* (buch-er) one who slaughters कसाई; बूचड़ قصائی؛قصاب

Butchery : *n.* (buch-e-ri) slaughter house बूचड़खाना مذابح؛بوچڑخانہ

Butler : *n.* (but-ler) senior servant of cooking ख़ानसामाँ خانساماں؛بٹلر

Butt : *n.* (but) end of a tool or weapon कुन्दा; दस्ता کندا؛دستہ

Butter : *n.* (but-er) fat derived from milk मक्खन مکھن

Butterfly : *n.* (but-er-fly) species of flying insect तितली تتلی؛تیتری

Buttock (s) : *n.* (but-ek) rump bum चूतड़; नितम्ब چوتڑ؛سرین

Button : *n.* (but-en) small disc stitched on to garment for fastening बटन; बुताम بٹن؛بوتام

Buttress : *n.* (but-res) support built against wall पुश्ता; टेक پشتہ؛اڑواڑ

Buxom : *adj.* (bux-om) healthy; fat मोटा-ताज़ा موٹا تازہ؛صحت مند

Buy : *n.* (bi) to acquire by paying a sum of money; get for money; purchase ख़रीदना; मोल लेना خریدنا؛مول لینا

Buyer : *n.* one who purchase; one who buys ख़रीदार; ग्राहक خریدار؛گاہک

Buzz : *n.* (buz) continous humming भिनभिनाहट بھنبھناہٹ

Buzzer : *n.* (buz-er) (elecric) buzzing signal गुंजक; बज़र بھونپو؛سیٹی؛گھنٹی

By : *prep.* (bi) near at hand पास; समीप کے قریب؛کے پاس

Bye-bye : *int.* (bi-bi) good bye ख़ुदा हाफ़िज़ خدا حافظ؛اللہ حافظ

C

C : *n.* (see) third letter of English alphabet; roman number 100 अंग्रेजी वर्णमाला का तीसरा अक्षर; रोमन गिन्ती में एक सौ انگریزی حروف تہجی کا تیسرا حروف؛ رومن گنتی میں ۱۰۰

Cab : *n.* (kab) horse-carriage बगघी; घोड़ा-गाड़ी بگھی؛ گھوڑا گاڑی؛ تانگہ

Cabal : *n.* (ka-bal) 1. political clique 2. secret intrigue 1.राजनीतिक दल 2.कुचक्र; षडयन्त्र (۱)سیاسی ٹولی (۲)خفیہ سازش؛ جوڑ توڑ

Cabbage : *n.* (kab-ij) a bulb-like vegetable comprising green leaves बंदगोभी; करमकल्ला بند گوبھی؛ کرم کلہ

Cabin : *n.* (kay-bin) small room कोठरी; कमरा; कैबिन کوٹھری؛ کمرہ (چھوٹا)؛ کیبن

Cabinet : *n.* (kab-i-net) group of senior ministers मंत्रीमण्डल کابینہ؛ وزارت

Cable : *n.* (kay-bel) thick & strong rope of wire केबिल; मोटा तार مضبوط رسا؛ موٹا رسا؛ بحری تار؛ زمین دوز تار

Cablegram : *n.* message sent by cable समुद्री तार بحری تار بھیجنا

Cabman : *n.* one who drives horse-carriage कोचवान; चालक کوچوان؛ گاڑی بان

Caboose : *n.* (kay-boos) kitchen of aeroplane रसोईघर; (जहाज़ का) (جہاز کا) رسوئی گھر؛ باورچی خانہ

Cacao : *n.* (ka-kayo) tree or seed of coco कोको का पेड़ या बीज کوکو کا پیڑ یا بیج

Cache : *n.* (kay-sh) secret store गुप्त भंडार خفیہ رسد؛ خفیہ بھنڈار

Cachet : *n.* (kay-she) stamp मोहर مہر

Cackle : *n.* (kak-el) noise made by a hen when laying an egg कूँ-कूँ; कुड़कुड़ाना کڑکڑانا؛ مرغی کی انڈے دیتے وقت کی آواز

Cactus : *n.* (kay-k-tus) a type of plant which have thorns; cactus केक्टस; नागफनी کیکٹس؛ ناگ پھنی

Cad : *adj.* (kad) rustic; mean; vile गँवार; नीच; पाजी گنوار؛ نیچ؛ پاجی

Cadaver : *n.* (kay-de-vor) dead body शव; लाश لاش؛ مردہ جسم؛ نعش

Cadet : *n.* (kay-det) student officer at a military college सेनाछात्र زیر تربیت فوجی افسر

Cadge : *v.* (kag) begging भीख माँगना بھیک مانگنا

Cadger : *n.* begger भिखारी; फ़क़ीर بھکاری؛ فقیر

Cadi : *n.* (kay-di) one who performs the ceremony of nikah क़ाज़ी قاضی

Cadmium : *n.* (kay-d-mi-am) a type of colour अरगज़ी रंग ارگزی رنگ

Cafe : *n.* (kaf-ey) small resturant काफ़ी हाऊस چھوٹا ریستوراں؛ کیفے

Cafeteria : *n.* (caf-e-tee-ria) resturant where customers serve themselves कैफेटेरिया کیفے ٹیریا؛ سیلف سروس ریستوراں

Caftan : *n.* (kay-f-tan) a type of dress ख़फ़्तान کفتان؛ ایک طرح کا لباس

Cage : *n.* (kayj) prison for birds or animals पिंजरा; कटघरा پنجرہ؛ کٹ گھرا؛ قفس

Caique : *n.* (ka-ik) boat किश्ती; नाव کشتی؛ ناؤ

Caisson : *n.* (kay-soon) a box full of gun powder बारुद का बकस या गाड़ी گولہ بارود سے بھرا ہوا بکس

Caitiff : *n.* (kay-tif) see Cad

Cajole : *v.* (ka-johl) flatter to do something फुसलाना چاپلوسی سے کام نکالنا؛ للّو پتّو کرنا؛ میٹھی میٹھی باتیں کرنا

Cake : *n.* (kayk) sweet bread made of flours and eggs केक کیک

Calabash : *n.* (kayl-bash) pumkin कद्दू; लोकी کدّو؛ لوکی؛ ہرا گھیا

Calaboos : *n.* (kayl-boos) jail; imprisonment जेलख़ाना قید خانہ؛ جیل

Calamitous : *adj.* causing calamity दुखद; दु:खपूर्ण منحوس؛ آفت رساں؛ تباہی؛ بربادی؛ مصیبت

Calamity : *n.* (ka-lam-iti) disaster; misfortune विपत्ति; संकट بدبختی؛ بدنصیبی

Calcium : *n.* (kal-si-um) soft metal present in chalk चूना چونا؛ کیلشیم

Calculate : *v.* (kal-kew-layt) count reckon हिसाब लगाना; गणना क.. حساب لگانا؛ شمار کرنا؛ اندازہ کرنا

Calculated : *adj.* deliberate; careful सुविचारित; उपयुक्त سوچا سمجھا ہوا؛ محتاط

Calculation : *n.* working with numbers गणना; हिसाब گننا؛ شمار کرنا؛ حساب

Calculus : *n.* (kayl-kew-lus) (disease) stone पथरी (बिमारी) پتھری (بیماری)

Calendar : *n.* (kal-en-der) alamanac; list of the days, week & months पंचांग کیلنڈر

Calf : *n.* (kahf) the young of cow बछड़ा بچھڑا

Calico : *n.* (kal-i-koh) long cloth (सादा) सूती कपड़ा لٹھا؛ سوتی کپڑا

Caliph : *n.* (kal-if) title of the senior most ruler of the Muslim world ख़लीफ़ा خلیفہ

Caliphate : *n.* (kal-i-fayt) caliph's office ख़िलाफ़त خلافت

Call : *v.* (kawl) shout बुलाना; पुकारना; चिल्लाना پکارنا؛ چلانا؛ بلانا

Calligapher : *n.* (ka-lig-re-fer) calligraphist सुलेखक; खुशनवीस خوش نویس؛ کاتب؛ خوش خط لکھنے والا

Calligraphy : *n.* (ka-lig-re-fi) fine hand writing सुलेख کتابت؛ خوش نویسی؛ خوش خطی

Callipers : *n.* (kal-i-pez) instrument for measuring the diameter of round objects परकार قطر پیما؛ پرکار

Callisthenics : *n.* (kalis-the-nics) exercise; gymnastics व्यायाम ورزش؛ کسرت

Callous : *adj.* (kal-es) insensitive; disregarding the feelings of others कठोर बेदर्द; निर्दय سنگدل؛ بے درد؛ بے حس؛ بے رحم

Callousness : *n.* being callous निर्दयता; बेदर्दी سنگدلی؛ بے رحمی؛ بے دردی؛ بے حسی

Callow : *adj.* (kay-lo) featherless; immature पंखहीन; कच्चा بے پروالا؛ کچا

Calm : *n.* (kahm) quietness शान्ति خاموش؛ پرسکون؛ ٹھہراؤ

Calm : *adj.* quiet; tranquil शान्त; प्रशान्त پرسکون؛ پرسکوت؛ خاموش

Calm : *v.* make or become calm शान्त कर देना خاموش کر دینا؛ تسکین دینا؛ تسلی دینا

Calmly : *adv.* (kalm-li) dispassionately; unperturbed शान्ति से نرمی سے؛ ٹھنڈے دل سے

Calmness : *n.* quietness शान्ति سکون؛ دلجمعی؛ سکوت

Calorie/calory : *n.* (kal-e-ri) unit of heat ऊष्मांक; कैलोरी حرارہ؛ حرارت کی اکائی

Calorimeter : *n.* instrument for measuring calories ऊष्मामापी حرارہ پیما

Calotte : *n.* (kay-lot) cap टोपी ٹوپی

Caltrop : *n.* (kayl-trop) a medicinal plant गोखरु گوکھرو

Calumet : *n.* (kay-lew-met) a hubble-bubble हुक़्क़ा حقہ

Calumniate : *v.* (ka-lum-ni-ayt) slander (someone) झूठा आरोप लगाना; निन्दा क. بہتان تراشی کرنا؛ اتہام لگانا؛ تہمت لگانا

Calmniation : *n.* slandering निन्दा افترا پردازی؛ بہتان تراشی

Calmnious : *adj.* one indulging in calumny निन्दक افترا پرداز (شخص)

Calumny : *n.* (kal-em-ni) slander निन्दा افترا؛ بہتان؛ اتہام

Calve : *v.* (cahv) give birth to (a calf) ब्याना (जानवर का) بچہ دینا؛ بیانا (جانوروں کا)

Calypso : *n.* (ka-lip-so) satirical west Indian song on current affairs sung in a plaintive tune शहर-आशोब (एक दर्द भरा नग़मा) شہرآشوب

Cambric : *n.* (kamb-rik) mercerized linen कैमरिक کیمرک؛ باریک کلف زدہ کپڑا

Camel : *n.* (kam-el) animal called the ship of desert ऊँट; ऊँटनी اونٹ؛ ناقہ؛ اونٹنی

Camelopard : *n.* ziraf; a kind of animal ज़िराफ़ زراف

Camera : *n.* (kam-e-ra) an apparatus for taking photographs कैमरा کیمرہ

In camera : *ph.* not in public बंद कमरे में بند کمرے میں؛ خفیہ

Cameraman : *n.* photographer (press or film) कैमरा मैन کیمرہ مین؛ فوٹوگرافر

Camion : *n.* (kay-mi-on) truck ट्रक ٹرک

Camouflage : *n.* (kam-oof-lahgh) disguise to deceive enemy छलावरण ہمرنگ زمین دام یا جال

Camp : *n.* (kamp) place to live in tents शिविर; पड़ाव ڈیرا؛ پڑاؤ؛ چھاؤنی

Campaign : *n.* (kam-payn) military operations with a set objective मुहिम; जंग; युद्ध مہم؛ جنگ

Campaign : *v.* to take part in or go on a compaign युद्ध में भाग लेना مہم یا جدوجہد میں حصہ لینا

Campanile : *v.* (kam-pe-ni-il) a clock tower घंटाघर گھنٹہ گھر

Camphor : *n.* (kam-fer) a strong smelling white substance कपूर کافور؛ کپور

Campus : *n.* (kam-pes) ground of university or college मैदान या अहाता (कॉलेज या यूनिवर्सिटी का) کیمپس؛ کالج یا یونیورسٹی کا احاطہ؛ جامعہ گاہ

Can : *n.* (kan) any metal container बालटी; कैन بالٹی؛ ڈبہ؛ کین

Can : (anxiliary) be able to (कर) सकना (کر) سکنا؛ ممکن ہونا

Canned milk : *n.* packed milk डिब्बा बन्द दूध ڈبے کا دودھ

Canal : *n.* (ke-nal) channel for water नहर نہر

Canard : *n.* (kay-nad) rumour झूठी अफ़वाह جھوٹی افواہ

Canary : *n.* (ke-nary-ri) a song bird from canary island कनारी चिड़िया جزائر کینری کی زرد بلبل

Cancel : *v.* (kan-sel) annul; cross-out

रद्द क. قلمرد کرنا؛ کاٹ دینا؛ منسوخ کرنا؛ قلمرد کرنا؛ رد کرنا

Cancellation : *n.* cancelling; crossing out मंसूखी منسوخی؛ تنسیخ؛ قلمزن کرنا

Cancelled : *adj.* crossed out रद्द किया हुआ منسوخ کیا ہوا؛ رد کیا ہوا

Cancer : *n.* (kan-s-er) 1. a disease; tumour 2. a sign of the Zodiac 1.कैंसर; सरतान 2.कर्क (राशि) (۱) سرطان؛ کینسر (۲) برج سرطان

Candid : *adj.* (kan-did) frank; straight forward निष्कपट; सरल; स्पष्टवादी; निष्पक्ष صاف دل؛ صاف گو؛ صاف باطن

Candidate : *n.* (kan-di-dayt) applicant उम्मीदवार; प्रत्याशी امیدوار؛ خواستگار

Candidature : *n.* (kand-i-day-cher) being a candidate उम्मीदवारी امیدواری؛ خواستگاری

Candle : *n.* (kand-el) wax cylinder with wick for light मोम बत्ती موم بتی؛ شمع

Candlestick : *n.* holder for candle शमादान شمع دان

Candour : *n.* (kand-er) quality of being candid निष्पक्षता; सरलता صاف گوئی

Candy : *n.* (kand-i) sugarcandy मिसरी مصری

Cane : *n.* (kayn) a thin bamboo like plant बेंत بید؛ بانس

Sugar-cane : *n.* a coarse perennial grass having tall stout canes that yield sugar ईख گنا

Canine : *adj.* (kay-nin) of or like dogs कुत्ते का सा کتے کا سا؛ کلبی

Canine teeth : *n.* pointed teeth श्वदन्त انیاب

Canister : *n.* (kay-nis-ter) small metal box कनस्तर کنستر؛ چھوٹا ڈبہ (چائے وغیرہ کا)

Canker : *n.* (kank-er) disease ulcer नासूर ناسور؛ السر

Cannibal : *n.* (kan-i-bel) person or animal eating human flesh नर भक्षी; आदमख़ोर آدم خور؛ مردم خور

Canning : *n.* (kan-ing) packing डिब्बाबंदी; टीनबंदी ڈبہ بند؛ ٹین بند

Cannon : *n.* (kan-en) large gun तोप (पुरानी क़िस्म की) پرانی قسم کی توپ

Cannon ball : *n.* a bomb shell तोप का गोला توپ کا گولہ

Canny : *adj.* (ka-ni) shrewd; sharp समझदार; चतुर سمجھدار؛ زیرک؛ ہوشیار

Canoe : *n.* (ka-noo) light boat डोंगी; डोंगा ڈونگی؛ ڈونگا؛ چھوٹی وہلکی کشتی

Canon : *n.* (kan-en) religious law क़ानून; नियम (धर्म के) شریعت؛ دینی فتویٰ

Canonical : *adj.* according to church laws ईसाइ क़ानून के मुताबिक़ عیسائی قانون کے مطابق

Canonize : *v.* place in the canon क़ानून-ए-कलीसा के मुताबिक़ قانونِ کلیسا کے مطابق

Canopy : *n.* (kan-e-pi) covering over a bed छतरी چھپرکٹ؛ سائبان

Cant : *n.* (kan-t) slope; toss ढाल; झुकाव; झटका; धक्का ڈھال؛ جھکاؤ؛ جھٹکا؛ دھکا

Cantankerous : *adj.* (kan-tank-rus) quarrelsome झगड़ालू جھگڑالو؛ لڑاکا

Cantaloup : *n.* (kan-ta-loop) a English muskmelon विलायती खरबूज़ा ولایتی خربوزہ

Canteen : *n.* (kan-teen) place where one can have food or drink on payment कैंटीन کینٹین

Canter : *v.* (kant-e) go at a slow or easy gallop पोइयों चलना میٹھا پویہ چلنا

Canter : *n.* easy gallop पोइया میٹھا پویہ

Canticle : *n.* (kan-ti-kal) a devotional song भजन بھجن

Cantle : *n.* (kayn-tal) a piece टुकड़ा ٹکڑا

Canto : *n.* (kant-oh) division of a long poem (मसनवी का) बाब باب (مثنوی کا)

Canton : *n.* (kant-en) sub-division of the country (in Switzerland) प्रान्त کانٹن

Cantonment : *n.* (kan-toon-ment) permanent military station छावनी چھاؤنی

Cantor : *n.* (kan-tor) singer गायक گانے والا؛ نغمہ سرا

Canvas : *n.* (kan-ves) strong coarse cloth कैन्वस; किरमिच کینوس؛ کرمچ

Canvass : *v.* (kan-ves) solicit; ask for support or votes माँगना; वोट माँगना مدد یا ووٹ حاصل کرنے کی کوشش کرنا؛ پبلسٹی

Canyon : *n.* (kan-yen) very deep valley दर्रा; घाटी; खडड درا؛ گھاٹی؛ کھڈ

Cap : *n.* (kap) soft brimless head dress टोपी; कैप ٹوپی؛ کلاہ؛ کیپ

Capable : *adj.* ((kayp-e-bel) able; having the power to do something योग्य قابل

Capability : *n.* (kayp-e-bil-i-ti) the ability to absorb or hold; ability योग्यता قابلیت

Capably : *adv.* ably योग्यता से قابلیت سے

Capacious : *adj.* (ke-pay-shes) spacious; roomy विशाल; बड़ा وسیع؛ فراخ؛ عریض

Capacity : *n.* (ke-pas-i-ti) the ability to absorb or hold; ability समाई; गुंजाइश گنجائش؛ وسعت؛ ظرف

Cape : *n.* (kayp) loose outer garment लिबादा لبادہ

Caper : *v.* (kayp-er) jump about playfully उछल कूद क.. کلیلیں کرنا؛ کود پھاند کرنا

Capillary : *adj.* thin; hair like केशिका شعری؛ بال جیسا باریک

Capita : *n.* (kay-pi-te) per head प्रतिव्यक्ति فی نفس

Capital : *n.* (kap-i-tel) 1. seat of a country's govt. 2. original income 1.राजधानी 2.पूँजी; मूलधन (۱)دارالحکومت؛ راجدھانی (۲)اصل آمدنی؛ پونجی

Capitalism : *n.* (kap-i-tel-izm) economic system based on free private enterprises पूँजीदारी سرمایہ داری؛ سرمایہ دارانہ نظام

Capitalist : *n.* person owning & controlling capital पूँजीपति سرمایہ دار

Capitulate : *v.* (ke-pit-ew-layt) accept defeat conditionally; surrender conditionally आत्मसमर्पण क..; हार मान लेना مشروط سپراندازی کرنا؛ مشروط ہار قبول کرنا؛ مشروط اطاعت کرنا

Capitulation : *n.* conditional surrender आत्मसमर्पण مشروط اطاعت

Capote : *n.* (k-pot) gown, a heavy over all लबादा; गाउन گاؤن؛ لبادہ

Caprice : *n.* (ke-prees) unreasoned change of mind or behaviour तरंग; लहर موج؛ ترنگ؛ لہر؛ من کی موج

Capricious : *adj.* (ke-pree-es) full of caprice मनमौजी; मौजी من موجیا؛ پل میں تولہ پل میں ماشہ

Capricorn : *n.* (kap-ri-kawn) a sign of the zodiac मकर राशी جدی

Caprine : *n.* (kap-ra-in) today आज آج

Capsicum : *n.* (kap-si-kum) a type of chilli पहाडी मिर्च شملہ مرچ؛ پہاڑی مرچ

Capsize : *v.* (kap-siz) over turn उलट जाना; उलटना الٹ جانا؛ الٹنا

Capsule : *n.* (kap-sewl) capsule; seed-case कैपसूल; बीज-कोष کیپسول؛ ڈوڈا

Captain : *n.* (kap-tin) commander; leader कप्तान کپتان؛ قائد؛ سردار

Captain : *v.* act as captain नेतृत्व क.. قیادت کرنا؛ سردار ہونا

Caption : *n.* (kap-shion) heading शीर्षक سرخی؛ عنوان

Captivate : *v.* (kap-ti-vayt) to make captive; charm लुभाना; मोह लेना اسیر کرنا؛ لبھانا؛ موہ لینا؛ فریفتہ کرنا

Captivating/Captive : *adj.* charming मोहक; मनोहर دلکش؛ دلفریب

Captive : *n.* (kap-tive) captured कैदी; बन्दी قیدی؛ اسیری

Captivity : *n.* (kap-tiv-i-ti-) state of being held captive बन्दी-स्थिति اسیری

Capture : *v.* (kap-cher) to make prisoner; to take by force बन्दी बनाना; जीत लेना قید کرنا؛ سر کرنا؛ فتح کرنا

Car : *n.* (kar) motor-car गाड़ी; कार کار؛ موٹر گاڑی؛ موٹر کار

Carafe : *n.* (kay-ref) long-necked water pot सुराही; क़राबा صراحی؛ قرابہ

Carat : *n.* (ka-ret) unit of weight for jewels; unit of quality for gold करात; कैरट قیراط (جواہرات تولنے کا وزن)

Caravan : *n.* (ka-re-van) company of travellers going together कारवाँ; काफ़िला قافلہ؛ کارواں

Caraway : *n.* (kar-way) cummin जीरा زیرہ

Carbolic acid : *n.* (kah-bol-ik-asid) acid made from coal-tar कार्बोलिक ऐसिड کاربالک تیزاب؛ کاربالک ایسڈ

Carbon : *n.* (kah-bon) chemical substance present in coal & diamonds कारबन; कार्बन کاربن

Carbuncle : *n.* (kah-bunk-el) 1. dark red precious stone 2. painful red swelling on the skin 1.मानिक; लाल 2.फोड़ा (۱)یاقوتِ احمر؛لعل (۲)دنبل

Carburettor : *n.* (kah-b-e-w-ret-er) part of engine in which petrol & air are mixed for explosion कारबूरेटर کاربوریٹر

Carcas/Carcass : *n.* (kah-kes) 1.dead body of an animal 2.framework 1.लाश; 2.ढाँचा (۱)مردار (۲)ڈھانچہ

Card : *n.* (kah-d) thick stiff paper; playing cards 1.कार्ड; मोटा काग़ज़ 2.ताश; पत्ते (۱)کارڈ؛ موٹا کاغذ (۲)تاش؛ گنجفہ

Card-board : *n.* (kahr-d-boh-d) stift board गत्ता; दफ़्ती گتہ؛ دفتی

Cardamom : *n.* (kah-di-mem) kind of spice इलायची الائچی

Cardigan : *n.* (kah-r-di-gen) knitted jacket (बुनी हुई ऊनी जैकेट) بنی ہوئی جیکٹ (اونی)؛ سوئیٹر بنا ہوا

Cardinal : *adj.* (kar-di-nel) chief; important एहम; प्रधान اہم؛ افضل

Care : *n.* (kay-er) looking after;

anxiety; benevolent watch परवाह; चिन्ता; परेशानी پرواہ؛ دیکھ بھال؛ فکرمندی؛ پریشانی

Who cares / I do not care : *ph.* who take heed; who gives attention कौन परवाह करता है; कोई परवाह नहीं کوئی پرواہ نہیں؛ کون پرواہ کرتا ہے

Careful : *adj.* taking care; done with care सावधन; सतर्क محتاط؛ خبردار

Careless : *adj.* lacking care असावधान; लापरवाह غافل؛ لاپرواہ؛ بےفکر؛ بے پرواہ

Careen : *v.* (kay-rin) to bend झुकाना جھکانا

Career : *n.* (ke-re-er) progress through life; occupation जीवन; जीविका; पेशा زندگی کا ڈھب؛ پیشہ؛ ذریعۂ معاش

Careerist : *n.* opportunist स्वार्थजीवी ابن الوقت؛ اپنی ترقی کی فکر کرنے والا

Caress : *n.* (ke-res) loving touch; kiss प्यार; दुलार; चुम्बन; चुमकारना; चुमना پیار؛ دلار؛ چمکار؛ پچکار؛ پیار سے ہاتھ پھیرنا؛ چومنا

Cargo : *n.* (kah-g-oh) goods carried in ship जहाज़ से भार ले जाना جہاز سے سامان لے جانا

Caricature : *n.* (ka-ri-ke-tew-er) imitation to someone's features व्यंग्यचित्र خاکہ اڑانا؛ مضحک خاکہ؛ مضحک نقل

Caricaturist : *n.* one who imitates; imitator नक़्क़ाल; अनुकारक خاکہ اڑانے والا؛ نقال؛ مضحک

Carnage : *n.* (kahn-ij) bloodshed हत्याकाण्ड خونریزی؛ قتل عام

Carnal : *adj.* (kah-nl) bodily; sensual शारीरिक; विषयी جسمانی؛ نفسانی

Carnation : *n.&adj.* pink colour; pinkish गुलाबी रंग; गुलाबी گلابی رنگ؛ گلابی

Carnival : *n.* (kah-ni-vel) noisy public merry making आनन्दोत्सव; रंग रलियाँ رنگ رلیاں؛ جشن عیش وعشرت

Carnivorous : *adj.* (kah-n-iv-e-res) flesh-eating (animal) मांसाहारी (जानवर) گوشت خور (جانور)؛ درندہ

Carol : *n.* (ka-rel) joyous song आनन्दगान خوش کن نغمے

Carousal : *n.* (ke-ronz-el) noisy drinking party पानगोष्ठी بلانوشوں کی محفل

Carouse : *v.* (ka-rong) drink heavily बहुत पीना; खुल खेलना; बहुत पी जाना خوب پینا؛ کھل کھیلنا؛ بہت پی جانا

Carp : *v.* (kah-p) find fault (at some one) दोष निकालना; नुक्ताचीनी क. اعتراض کرنا؛ نکتہ چینی کرنا

Carpenter : *n.* (koh-p-en-ter) skilled workman preparing wooden material बढ़ई بڑھئی؛ نجار

Carpentry : *n.* (kah-p-ent-ri) work of a carpenter बढ़ईगीरी بڑھئی کا کام

Carpet : *n.* (kah-pet) a thick woolen covering for floors क़ालीन; ग़ालीचा قالین؛ غالیچہ

Carpus : *n.* (kar-pus) wrist कलाई کلائی

Carriage : *n.* (ka-rij) vehicle गाड़ी; वाहन گاڑی؛ گھوڑا گاڑی

Carrier : *n.* (ka-ri-er) person engage in carrying goods on payment; support for luggage on bicycle etc. वाहक; कैरियर باربردار؛ بارگیر؛ کیریئر

Carrion : *n.* (ka-ri-en) 1. dead decaying flesh 2. garbage 1.सड़ा-गला मांस 2.कूड़ा करकट (۱)مردار؛ سڑا ہوا گوشت (۲)کوڑا کرکٹ

Carrot : *n*. (ka-ret) vegetable with sweet yellow roots गाजर گاجر

Carry : *v*. (ka-ri) lift & take along ले जाना; ढोना اٹھا کر لے جانا؛ اٹھا لے جانا

Carry-forward : *ph*. take ahead आगे ले जाना آگے لے جانا؛ آگے بڑھانا

Carry-on : *ph*. go ahead जारी रखना; करना عمل کرنا؛ جاری رکھنا

Carry out : *ph*. implement पूरा क.; पालन क. عمل کرنا؛ تعمیل کرنا

Cart : *n*. (kah-t) strong two wheeled vehicle बैल गाड़ी; छकड़ा; ठेला بیل گاڑی؛ چھکڑا؛ ٹھیلا

Put the cart before the house : *ph*. do thing in the wrong way उलटी गंगा बहना; उलटा काम क. الٹی گنگا بہنا؛ الٹا کام کرنا

Carte Blanche : *n*. blank cheque पूर्णाधिकार سیاہ سفید کا اختیار

Cartel : *n*. (ka-tayl) challenge लिखित चुनौती چیلنج؛ للکار

Carter : *n*. (kah-t-en) man incharge of a cart गाड़ीवान; छकड़ा वाला; छकड़ा बान گاڑی بان؛ چھکڑا بان؛ چھکڑا والا

Carton : *n*. (kah-t-en) 1. target 2.card board box 1.निशाना 2.दफ़्ती का डिब्बा (۱)نشانہ (۲)دفتی کا ڈبہ؛ گتے کا ڈبہ

Cartoon : *n*. (kah-toon) amusing drawing dealing with current events व्यंग्यचित्र; कारटून کارٹون

Cartoonist : *n*. who made amusing drawing कारटूनिस्ट; व्यंग्य चित्रकार کارٹونسٹ

Cartridge : *n*. (kah-t-rij) small case containing bullet and explosive कारतूस; गोली کارتوس، گولی

Cartulary : *n*. (kah-tu-leri) record; register रिकार्ड; रजिस्टर ریکارڈ؛ رجسٹر

Carve : *v*. (kah-v) to make statue by cutting खोदकर मूर्ति बाना مجسمہ بنانا

Carving : *n*. piece of wood with carved design नक़्क़ाशी منقش لکڑی

Cascade : *n*. (kas-kayd) small water fall जलप्रपात; सोपानी पात جھرنا؛ پانی کی چادر

Case : *n*. (kays) 1. dispute to be decided in law court 2. box or container 3. event; state; condition 1.मुक़दमा 2.डिब्बा; पेटी 3.घटना; अवस्था (۱)مقدمہ (۲)ڈبہ؛ پیٹی؛ صندوق (۳)صورت؛ حالت؛ بیماری

Casemate : *n*. (kas-met) a small window मोखा; कमांचा موکھا؛ چھوٹی کھڑکی

Casement : *n*. (kays-ment) ordinary window खिड़की کھڑکی؛ دریچہ

Cash : *n*. (kash) money in coin or notes रोकड़; नक़द; नक़दी نقد؛ رقم؛ نقدی

Cash-book : *n*. account book for cash रोकड़-बही کیش بک؛ نقد کھاتہ

Cash-box : *n*. box for cash नक़दी-बक्स نقدی بکس؛ کیش بکس

Cash-memo : *n*. receipt for cash payment नक़द पर्ची کیش میمو

Cashew : *n*. (kay-shoo) a type of dryfruit काजू کاجو

Cashier : *n*. (ka-she-er) person receiving & paying out cash in a bank or office etc. कैशियर کیشیئر؛ خزانچی

Casing : *n*. (kays-ing) covering खोल خول؛ تارپوش؛ کور

Casino : *n*. (kay-si-no) 1.dancing school 2. gambling house 1.नृत्यशाला

2.जुआखाना (۱)ڈانسنگ اسکول (۲)جوا خانہ

Cask : *n.* (kahsk) wooden barrel for liquid पीपा (लकड़ी का) لکڑی کا پیپا

Casket : *n.* (kabsk-et) small ornamental box सन्दूकचा صندوقچہ؛ ڈبیہ؛ ڈبہ

casserole : *n.* (kas-rol) hot case; hot dish कैसरोल کیس رول؛ ہاٹ کیس

Cassia : *n.* (kay-sia) fistula; lignea अमलतास; तेजपात املتاس؛ تیزپات

Cassock : *n.* (kay-sak) over coat; a gown चोग़ा; गाऊन چوغہ؛ گاؤن

Cassytha : *n.* (kay-si-tha) filiformis आकाशबेल آکاش بیل؛ امر بیل

Cast : *v.* (kahst) 1.throw (away, off, on etc.) down 2.cast a vote 3.scatter 1.फेंकना; डालना 2.वोट डालना 3.बिखेरना (۱) پھینکنا؛ ڈالنا (۲)ووٹ ڈالنا (۳) بکھیرنا

Caste : *n.* (kahst) one of the fixed social classes जाति; वर्ग ذات؛ ذات پات

Castellated : *adj.* (kas-te-la-ted) with turrets कंगूरेदार کنگورے دار؛ برجی دار

Castigate : *v.* (kas-ti-gate) rebuke officially दण्ड देना (सरकारी तौर पर) سرکاری طور پر سرزنش کرنا

Castigation : *n.* (kas-ti-ga-shion) reprimand; officially rubuke दण्ड (सरकारी) سرکاری سرزنش

Castle : *n.* (kah-sel) residence and fortress गढ़; महल قلعہ؛ کوٹ؛ کوٹلہ؛ گڑھی

Build castle in the air : *ph.* daydreams हवाई महल बनाना ہوائی قلعے بنانا؛ خیالی پلاؤ پکانا

Castor : *n.* (kahs-te) 1.small wheel under heavy furniture 2.a variety of medicine 1.छोटा पहिया 2.एरण्ड (۱)چھوٹا پہیہ (۲)ارنڈ

Castor-oil : *n.* a variety of oil एरण्ड का तेल ارنڈی کا تیل؛ روغن بید انجیر

Casual : *adj.* (kaz-u-el) fortuitous; happening by chance आकस्मिक اتفاقی

Casual-leave : *n.* fortuitous leave आकस्मिक छुट्टी اتفاقی چھٹی

Casually : *adv.* by chance आकस्मात اتفاقاً

Casualty : *n.* (kazh-u-el-ti) accident; injured; wounded; killed दुर्घटना; घायल; मृत حادثہ؛ مجروح؛ زخمی؛ مقتول

Cat : *n.* (kat) a well known pet animal बिल्ली بلی

Cataclysm : *n.* (kat-e-klizm) sudden upheaval महाप्रलय; जलप्रलय; क्रांति طوفان؛ انقلاب

Catalogue : *n.* (kat-e-log) list सूची; तालिका کیٹیلاگ؛ فہرست

Catapult : *n.* (kate-pult) shaped weapon for shooting stones गुलेल غلیل؛ گوپیا

Cataract : *n.* (kat-e-rakt) 1.large waterfall 2.an eye disease 1.प्रपात; महाजलप्रपात 2.मोतियाबिन्द (۱)آبشار (۲)موتیابند؛ موتیا

Catarrh : *n.* (ke-tahr) cold नज़ला; ज़ुकाम نزلہ؛ زکام

Catastrophe : *n.* (ke-tas-tre-fi) sudden accident causing great suffering महविपति بلائے ناگہانی؛ آفت؛ تباہی

Catch : *n.* (kach) capture पकड़ना; फांसना; गिरफ़त मे लेना پکڑنا؛ پھانسنا؛ گرفت میں لینا

Catching : *adj.* attractive आकर्षक;

मुग्धकारी دلکش؛ لبھاؤنا

Catechetical : *adj.* (kayti-ka-ti-kal) related to religious education धर्मशिक्षा-सम्बन्धी مذہبی تعلیم سے متعلق

Catcheism : *n.* (kat-e-hizm) religious creed in the form of questions & answers प्रश्नोत्तरी धर्म सम्बन्धी دینی سوال و جواب

Catechize : *v.* (kat-e-kiz) teach by question & answers प्रश्नोत्तरी द्वारा धर्मशिक्षा देना سوال جواب کے ذریعے مذہب کی تعلیم دینا

Categorical : *adj* . (kat-e-go-ri-kal) absolute सुस्पष्ट مطلق؛قطعی

Categorically : *adv.* absolutely सुस्पष्टता से صاف صاف طور پر؛قطعی طور پر

Catagory : *n.* (kat-e-ge-ri) class; type वर्ग; श्रेणी قسم؛ درجہ؛ زمرہ

Cater : *v.* (kay-ter) provide food etc. to someone खान-पान का प्रबन्ध क. دعوت یا کھانے پینے کا انتظام کرنا

Caterer : *n.* manager of hotel प्रबन्धक ہوٹل کا مالک یا ناظم

Caterpillar : *n.* (Kat-e-pi-ler) larva of moths कीड़े का पहल रुप پتنگے کا پہل روپ

Cathedral : *n.* (ke-theed-rel) Bishop's church कैथीड्रल اُسقف کا گرجا گھر

Catholic : *n.* (kath-e-lik) member of the church of Rome रोमन कैथोलिक رومن کیتھولک

Catholic : *adj.* libral; broadminded उदार; उदारमना وسیع المشرب؛ فراخدل؛ بے تعصب

Catholicism : *n.* (kath-e-li-sizm) catholic teachings कैथोलिक शिक्षा کیتھولک تعلیمات

Cattle : *n.* (kat-el) domesticated beasts ढोर; मवेशी مویشی؛ گائے بیل

Cattle-lifting : *n.* stealing of cattle मवेशी की चोरी مویشی کی چوری

Cauldron/caldron : *n.* (kawl-dren) larg boiling pot कड़ाही کڑھاؤ

Cauliflower : *n.* (kol-i-flou-er) cabbage like vegetable with white flower on the top फूलगोभी پھول گوبھی

Cause : *n.* (kawz) reason कारण; वजह سبب؛ باعث؛ وجہ

Causeway : *n.* (kawz-way) raised path or road पक्का नदी पथ اونچا راستہ (دلدلوں وغیرہ میں سے)

Caustic : *adj.* (kawz-tik) 1.burning away by chemical action 2.bitter; sarcastic 1.प्रदाहक (۱) کیمیائی عمل سے جلانے والا (۲)طنزآمیز؛ تیکھا

Cauterize : *v.* (kawt-e-riz) burn (with hot iron) दाग़ना داغنا؛ داغ دینا

Caution : *n.* (kaw-shen) taking care सावधानी; सतर्कता; चौकसी احتیاط؛ چوکسی؛خبرداری

Cautious : *adj.* careful चौकस; सावधान; सतर्क چوکس؛ خبردار؛ محتاط

Cautiously : *adv.* carefully चौकसी से; सतर्कता से احتیاط سے

Cavalcade : *n.* (key-wel-kad) proccession जुलूस جلوس

Cavalier : *n.* (kav-e-li-er) knight; horseman घुड़सवार شہسوار

Cavalry : *n.* (kev-el-ri) army trained to fight on horse back घुड़सवार फ़ौज گھڑسوار فوج

Cave : *n.* (kayv) a hollow in a hill गुफा غار؛ کھوہ؛ گپھا

Cave : *v.* hollow out गुफ़ा खोदना گپھا کھودنا؛ غار کھودنا

Caveat : *n.* (kav-i-et) warning चेतावनी وارننگ؛ سرزنش؛ تنبیہ

Cavern : *n.* (kav-e-rn) see Cave (*n*)

Cavil : *v.* (kav-il) find fault बाल की खाल निकालना; नुक्ताचीनी क. بیہودہ اعتراض کرنا؛ مین میخ نکالنا؛ خورہ گیری کرنا؛ نکتہ چینی کرنا

Cavity : *n.* (kay-vi-ti) hollow space गुहिका; कोटर; विवर خلا؛ گڑھا

Cavort : *n.* (kay-vo-rt) to do gambols कूद-फाँद क. کود پھاند کرنا؛ اچھل کود کرنا

Caw : *n.* (kaw) cry of a crow काँव-काँव; काँय-काँय کائیں کائیں (کوے کی)

Cawsey : *n.* (kawz-i) see Causeway

Cayenne : *n.* (kay-en) chilli लाल मिर्च لال مرچ

Cease : *v.* (sees) come to a stop समाप्त होना या करना ختم ہونا یا کرنا

Cease fire : stop firing युद्ध विराम گولہ باری بند کرنا؛ جنگ بندی کرنا

Ceaseless : *adj.* never ending लगातार; निरन्तर مسلسل؛ دائمی؛ لگاتار

Cecity : *adj.* (see-siti) blindness अन्धापन اندھاپن

Cedar : *n.* (see-dahr) a kind of ever green tree देवदार دیودار؛ قیدار

Cede : *v.* (seed) give up to another (part of one territory) दे देना; हार मानना (علاقہ) حوالے کرنا یا سپرد کرنا؛ ہار ماننا

Ceding : *n.* to give सौंपना(علاقے کی سپردگی

Ceiling : *n.* (see-l-ing) under surface of thc roof अन्दर की या भीतरी छत اندرونی چھت

Ceiling fan : *n.* ceiling fan छत का पंखा چھت کا پنکھا

Ceiling price: *n.* maximum price उच्चतम मूल्य انتہائی مقررہ قیمت

Celadron : *n.* (se-le-don) willow green काही کاہی؛ سبز کاہی

Celastrus : *n.* (se-les-tus) paniculatus मालकाँगनी مالکنگنی

Celebrate : *v.* (se-leb-ret) to perform with ceremony मनाना (उत्सव) منانا

Celebration : *n.* (se-leb-ray-shen) act of celebrating; ceremony मनाना; जश्न منانا؛ ادا کرنا؛ جشن

Celebrity : *n.* (se-leb-ri-ti) being famous; famous person प्रसिद्ध (व्यक्ति) شہرت؛ ناموری؛ مشہور شخص

Celerity : *n.* (se-le-re-ti) quickness शीघ्रता; फुरती; तेज़ी چستی؛ پھرتی؛ تیزی

Celeste/Celestial : *adj.* of the sky; heavenly आसमानी فلکی؛ آسمانی؛ ملکوتی

Celibacy : *n.* (sel-i-bay-si) state of living unmarried अविवाहित مجرد

Celibato : *adj.* & *n.* (person) who has taken a vow not to marry अविवाहित مجرد کا حلف اٹھانے والا؛ مجرد

Cell : *n.* (n) (sel) 1.cell battery 2.small room for one person 3.unit of living 1.बैटरी सेल 2.कोठरी; कक्ष 3.कोशिका (۱) بیٹری سیل (۲) حجرہ؛ خانقاہ (۳) خلیہ

Cellar : *n.* (sel-er) underground room for storing तहखाना تہ خانہ؛ زمین دوز اسٹور

Cellophane : *n.* (sel-e-fayn) a kind of transparent wrapping paper सैलोफेन شفاف گرد پوش؛ سیلوفین

Cellular : *adj.* (sel-u-ler) formed of cells कोशिकीय خانہ دار؛ جوف دار

Celluloid : *n.* (sel-u-loid) an inflamable plastic material सैलूलायड سلولائیڈ

Celluloso : *n.* (sel-u-lohs) a part of plant सैलूलोज کیسلین؛ پیڑ کا ایک حصہ

Cement : *n.* (se-ment) a type of clay used in building सीमेंट سیمنٹ

Cemetery : *n.* (sem-e-te-ri) burial place कब्रिस्तान قبرستان؛ گورستان

Cense : *n.* (sem-se) to burn incense धूप देना; धूनी देना دھونی دینا؛ دھوپ دینا

Censer : *n.* (sen-sor) a thurible धूपदान دھون دان؛ اگردان

Censor : *n.* (sens-er) official empowered to examine निरीक्षक محتسب؛ ناظر

Censor : *v.* to examine as a censor निरीक्षण क.; नियन्त्रण क. احتساب

Censorship : *n.* duties of a examinor; duties of a censor नियन्त्रक की ड्यूटी محتسب کی ڈیوٹی

Censorios : *adj.* (sens-aw-ri-es) critic निन्दा करने वाला نکتہ چیں؛ عیب جو

Censure/Censuro : *n.&v.* 1. blame or disapproval 2.express blame or disapproval 1.निन्दा 2.निन्दा क. (۱)ملامت؛ مذمت؛ الزام (۲)ملامت کرنا؛ مذمت کرنا

Census : *n.* (sens-us) counting गणना; जनगणना گننا؛ شمار کرنا؛ مردم شماری

Cent : *n.* (sent) 100th part of a dollar; hundred; percent डॉलर का सौवाँ हिस्सा; सौ; शत سینٹ؛ سو؛ فیصدی

Cent percent : *ph.* hundred out of hundred; 100 out of 100 शत प्रतिशत سو فیصدی

Centaur : *n.* (sent-awr) mythical monster half man half beast किन्नर قنطر؛ قنطورس

Centenary : *n.&adj.* (sen-teen-e-ri) period of one hundred years; 100th anniversary शताब्दी سو سال (کا)؛ صدسالہ سالگرہ (یا برسی)

Centennial : *adj.* see Centenary

Centennium : *n.* period of 100 years शताब्दी صدی؛ سو سال کا وقت

Centi : *pref.* (sent-i) hundredth part शतांश سواں حصہ

Centigrade : *n.* (sen-ti-grayd) system of marking temperature सेंटिग्रेड سینٹی گریڈ

Centigramme : *n.* (sen-ti-gram) 100th part of a gramme सेंटिग्राम سینٹی گرام

Centimetre : *n.* (sen-ti-meetre) 100 part of a metre सेंटिमीटर سینٹی میٹر

Centipede : *n.* (sent-i-peed) poisonous insect having a body with numerous points कनखजूरा; शतपद کنکھجورا؛ ہزار پا

Central : *adj.* (sent-rel) of the centre chief; most inportant केन्द्रीय مرکزی؛ نمایاں؛ اہم

Centralization:*n.*(sent-re-li-zay-shen) bringing to the centre केन्द्रीकरण مرکز پر لانا

Centralize : *v.* (sent-re-liz) bring to the centre; bring under the Central Govt. केन्द्रित क. ایک مرکز پر لانا؛ مرکز کے تحت لانا

Centre : *n.* (sen-ter) middle point; middle part केन्द्र; मध्यबिन्दु مرکز؛ مرکزی مقام؛ مرکزی علاقہ

Centrifugal : *adj.* (sen-trif-ew-gel)

tending to move away from centre अपकेन्द्री مرکز گریز؛ سینٹری فیوگل

Centripetal : *adj*. (sen-trip-e-tel) tending to move towards the centre अभिकेन्द्र مرکز خواہ

Centuple/Centuplicate : *adj*. (sen-tup-le) (-kate) hundred times सौगुना سوگنا

Century : *n*. (sench-e-ri) 100 years; one hundred शताब्दी; सदी سو برس؛ صدی

Ceramic : *n*. (se-ram-ik) a type of clay चीनी मिट्टी چینی مٹی

Cere : *n*. (se-re) wax membrance मोम झिल्ली موم جھلی

Cere-cloth : *n*. oil-cloth; tarpaulin मोम-जामा موم جامہ

Cereal : *n*. (se-ri-al) grain; corn अनाज; अन्न اناج؛ غلّہ

Cerebrum : *n*. (se-re-bram) the brain दिमाग़ دماغ؛ مغز

Cerement : *n*. (se-re-ment) shroud कफ़न کفن

Ceremonial : *adj. & n*. (se-re-moh-nial) special ceremony आनुष्ठानिक; रैतिक مجلسی آداب؛ آداب محفل؛ تقریب کا؛ تہوار کا

Ceremonious : *adj*. fond of or marked by ceremony پابند رسوم؛ پرتکلف

Ceremony : *n*. (se-re-me-ni) special performance on sad or happy occassion धर्मक्रिया تقریب؛ تہوار

Cerise : *n*. (se-reez) light red हलका लाल ہلکا سرخ

Certain : *adj*. (ser-tin) sure; fixed निश्चित; पक्का یقینی؛ صحیح؛ پریقین؛ پکا؛ مقررہ

Certainly : *adv*. surely निश्चित रुप से; अवश्य; बेशक یقیناً؛ قطعاً؛ بے شک

Certainty : *n*. being certain; undoubted fact निश्चित; निश्चय پکی بات؛ یقینی بات

Certificate : *n*. (ser-tif-i-kayt) testimony; evidence; proof प्रमाण-पत्र سند؛ تصدیق؛ صداقت نامہ؛ سرٹیفکیٹ

Certificated : *adj*. having a certificate प्रमाणित سند یافتہ؛ تربیت یافتہ

Certify : *v*. (ser-ti-fi) declare a fact through certificate प्रमाणित क.; प्रमाण देना تصدیق کرنا

Certitude : *n*. (ser-ti-tewd) being certain निश्चय تیقن؛ یقین

Cerulean : *n*. (se-rul-en) sky blue; light blue आसमानी; हलका नीला آسمانی؛ ہلکا نیلا (رنگ)

Ceruse : *n*. (see-ros) white lead सफ़ेदा سفیدہ

Cervine : *adj*. (ser-va-in) like a dear मृगीय ہرن جیسا؛ ہرن سے مشابہ

Cessation : *adj*. (se-sa-shen) ceasing; pause; stop अन्त; समाप्ति; विराम اختتام؛ خاتمہ؛ انجام؛ آخر؛ وقفہ؛ توقف

Cession : *v*. see Cede

Cesspool : *n*. (ses-pool) pit into which a drain empties गंदा होज़ گندہ حوض؛ گندے پانی کا چہ بچہ

Chafe : *v*. (chef.) to peel; take off. छीलना (रगड़कर) چھیلنا (رگڑ کر)

Chaff : *n*. (chahf) husks; outer cover of grain भूसी; चूकर چھلکا؛ بھوسی؛ چوکر

Chaffer . *n*. (chahf-er) bargaining मोल-तोल مول تول؛ مول بھاؤ

Chaffing-dish : *n*. grate; fireplace

अँगीठी; आतिशदान آتش دان؛ انگیٹھی

Chagrin : *n.* (she-green) annoyance खीज جھنجھلاہٹ

Chagrined : *adj.* annoyed खीज खाया हुआ جھنجھلایا ہوا

Chain : *n.* (chayn) metal rings linked together ज़ंजीर; श्रृंखला زنجیر؛ چین؛ سلسلہ؛ لڑی

Chair : *n.* (chay-er) piece of furniture used for sitting कुर्सी کرسی

Arm chair : a chair with handles बाजूदार कुर्सी بازودار کرسی

Easy chair : chair who provides rest आराम कुर्सी آرام کرسی

Take the chair/ be in the chair : *ph.* preside अध्यक्षता क. صدارت کرنا

Chairman : *n.* person presiding at a meeting अध्यक्ष; सभापति صدر؛ کرسی نشین؛ صدر جلسہ

Chaise-longue : *n.* easy chair आराम कुर्सी آرام کرسی

Chaik : *n.* (chawk) soft limestone for writing चाक; खड़िया چاک؛ کھڑیا

Chaik-out : *ph.* draw up (programme etc.) रुपरेखा प्रस्तुत क. بنانا یا مرتب کرنا (پروگرام وغیرہ)

Challenge : *n.* (chal-enj) invitation to fight or a game चुनौती چیلنج

Chamber : *n.* (chaym-ber) room कमरा; कक्ष کمرہ

Chamberlain : *n.* (chaym-ber-layn) manager of the royal household प्रबन्धक سرائے حاجب

Chamber-maid : *n.* woman servant नौकरानी خادمہ؛ نوکرانی

Chameleon : *n.* (ke-meel-i-en) lizard like animal able to change its colour for camouflage बहुरुपी; गिरगिट گرگٹ

Chamois : *n.* (sham-wah) a kind of small hilly antelope साँभर; साम्बर سابر

Chamois-leather : *n.* soft leather साँभर-चर्म سابر کا چمڑہ

Champ : *v.* (champ) chewing चबाना چبانا

Champion : *n.* (cham-pi-en) 1.individual or team taking first place in a competition 2.supporter 1.सर्वविजय 2.समर्थक (۱) چیمپین؛ میر (۲) حامی

Champion : *v.* (cham-pi-en) to support (someone or his cause) समर्थन क. حمایت کرنا

Chance : *n.* (chahns) opportunity; something happening without known cause or intention अवसर; मौक़ा موقع؛ اتفاق

Chancel : *n.* (chahn-el) eastern end of church for priest and choir गिरजे की मेहराब گرجا گھر کی محراب

Chancellor : *n.* (chahns-e-le-r) chief minister of the state; head of university कुलाधिपति وزیر اعظم؛ امیر جامعہ؛ چانسلر

Chancellor of the exchequer : *n.* chief finance minister in the U.K. वित्तमंत्री برطانوی وزیر خزانہ

Chancellory : *n.* (chahns-e-le-ri) position; office or establishment of a chancellor कुलपति का कार्यालय या दफ़्तर; कुलपति-पद چانسلر کا دفتر یا عملہ؛ چانسلر کا عہدہ؛ دیوانِ وزارت

Chancery : *n.* (chans-e-ri) lord

chancellor's court; final court of justice कार्यालय; उच्चन्यायालय چانسلر کی عدالت؛ عدالتِ عالیہ

Chandelier : *n*. (shand-e-lee-er) branched support for hanging candles दीपवृक्ष; झाड़ شیشے کا جھاڑ؛ جل چراغ

Chandler : *n*. (chand-le-*) one who sells candles; groceries etc.; grocer मोमबत्ती बनाने या बेचने वाला; पंसारी شمّاع؛ پرچون فروش

Change : *v*. (chaynj) put or come in a different place; exchange (money); make or become different बदलना (घर); भुनाना; बदलवाना; परिवर्तन होना بدلنا؛ تبدیل کرنا (رہائش)؛ (روپیہ) بھنانا؛ بدلوانا؛ متغیر ہونا؛ تبدیل ہونا

Change : *n*. (chaynj) changing; difference परिवर्तन; अन्तर تبدیلی؛تغیر

Changeable : *adj*. (chaynj-e-bel) likely to change; often changing परिवर्तनीय; परिवर्तनशील غیر مستقل؛ بے ثبات؛ متلون؛ گھڑی میں تولہ گھڑی میں ماشہ

Changeless : *adj*. unchanging अपरिवर्तिता غیر تغیر پذیر؛ نہ بدلنے والا

Changeling : *n*. (chaynj-ling) ugly child left by fairies in place of a lovely one lifted by them बदला हुआ बच्चा بدلا ہوا بچہ

Changing : *adj*. often changing परिवर्तनशील متلون؛ گھڑی میں تولہ گھڑی میں ماشہ

Channel : *n*. (chan-el) 1.canal; narrow stretch of water joining two seas 2.way by which news, ideas etc. may trave 1.नहर 2.माध्यम; मार्ग; सरणी (۱)رودبار؛ آبنائے (۲)ذریعہ؛ وسیلہ؛ واسطہ

Chant : *n*. (chant) song ; melody; often repeated tune गीत; राग نغمہ؛ گیت؛ دُھن

Chant : *v*. (chant) to hum; to sing a song; to praise गाना; गुनगुनाना; गुणगान क. گیت گنگنانا؛ گیت گانا؛ تعریف کرنا

Chanter : *n*. singer गायक نغمہ سرا؛ گیت گانے والا

Chanticleer : *n*. (chanti-ki-ler) cock; male of hen; hen मुरगा; मुरगी مرغا؛ مرغی

Chaos : *n*. (kay-os) confusion; complete obsence of order अव्यवस्था; दुर्व्यवस्था ابتری؛ سخت بدنظمی

Chap : *n*. (chap) 1.boy; man 2.crack in skin 3.cheek 4.fissure 5.jaw 1.लड़का; व्यक्ति 2.बिवाई 3.गाल 4.दरार 5.जबड़ा (۱)لڑکا؛ آدمی؛ بھلامانس؛ مرد (۲)بوائی؛ کھال پھٹنا (۳)گال (۴)دراڑ (۵)جبڑا

Chap book : *n*. (chap-buk) cheep popular pamphlet containing ballads etc. फेरी-पुस्तिका قصہ؛ کہانی

Chapel : *n*. (chap-el) church in private house etc. प्रार्थनालय ملحقہ گرجا

Chapiter : *n*. (chap-it-er) 1.head; summit 2.top; upper part (of anything) 1.शीर्ष; चोटी سر؛ اوپر؛ اوپر کا حصہ

Chaplain : *n*. (chap-len) priest in charge of a chapel पुरोहित ملحقہ گرجا کا پادری

Chaplet : *n*. (chap-let) necklace; wreath for the head कण्ठी; पुष्प मुकुट نیکلس؛ پھولوں کا تاج

Chapman : *n*. (chap-men) pedlar फेरीबाला پھیری والا

Chapter : *n*. (chap-ter) division of a book अध्याय باب؛ فصل

A Chapter of : *ph*. many बहुत; کئی بہت

Char : *v*. (chah-rr) make or become by burning झुलसना; जला कर कोयला बनाना या हो जाना جھلسنا؛ جل کر کوئلہ ہوجانا یا بنانا

Charred : *adj*. (chahrd) burnt thus जल कर कोयला बना हुआ جل کر کوئلہ بنا ہوا

Character : *n*. (ka-rak-te-r) 1.nature; behaviour 2.peculiarity; person in a play etc. 3.persons who is well-known 1.स्वभाव; चरित्र 2.लक्षण; विशेषता; गुण 3.महापुरुष; महामानव (۱)خصوصیت؛ کردار (۲)سیرت؛ برتاؤ (۳)مشہور شخصیت؛ مشہور آدمی

Characteristic : *adj*. (ka-rak-te-ris-tik) showing the character of a person, thing, place etc. विशिष्ट کسی شخص، چیز یا جگہ کی خصوصیت یا وصف؛ مخصوص

Characterize : *v*. (ka-rak-te-riz) show the character of चरित्र चित्रण क. خاصیت بیان کرنا؛ امتیازی وصف بتانا

Charade : *n*. (sha-rad) a riddle; puzzle पहेली پہیلی

Charcoal : *n*. (chahr-kohl) fuel made by burning wood काठकोयला لکڑی کا کوئلہ

Charge : *n*. (chahrj) 1.accusation 2.attack at high speed 3.price asked for goods or services 4.(be) in change of 1.आरोप; दोषारोप 2.धावा; हमला 3.प्रभार; भाड़ा; मुल्य; दाम 4.पदभार सौंपना; कार्यभार देखना (۱)الزام؛ اتہام؛ تہمت (۲)حملہ؛ چڑھائی (۳)قیمت؛ اجرت؛ خرچ (۴)ذمہ دار ہونا

Charge : *v*. (chahrj) to entrust; to accuse; to load a gun; to make a charge against दोषारोपण क.; भार डालना; कार्यभार सौंपना; धावा बोलना; बन्दूक भरना سپرد کرنا؛ الزام لگانا؛ چڑھائی کرنا؛ دھاوا بولنا؛ بندوق بھرنا

Free of charge : *ph*. without price मुफ़्त; निःशुल्क مفت

Charge D' affaires : *n*. (shahzh-ay-da-fay-er) deputy ambassador or ambassador in a minor state प्रभारी राजदूत; उपराजदूत ناظم الامور

Charge sheet : *n*. allegation sheet आरोप पत्र چارج شیٹ

Chargeable : *adj*. (charhj-e-bel) liable to be accused of wrong doing; liable to be charged अभियोज्य; आदेय قابل مواخذہ؛ قابل وصول؛ واجب الوصول

Charger : *n*. (chahr-j-er) cavalier's horse युद्धाश्व घोड़ा رسالے کا گھوڑا

Chariot : *n*. (cha-ri-et) two wheeled horse-cart रथ رتھ

Charioteer : *n*. (che-ri-e-tee-er) chariot driver सारथी رتھ بان

Charitable : *adj*. 1.pertaining to charity 2.(persons) having charity 1.ख़ैराती 2.दानशील; परोपकारी (۱)خیراتی (۲)سخی؛ داتا

Charity : *n*. (cha-riti) 1.help to the poors 2. love of humanity 1.दानशीलता 2.प्रेम (۱)سخاوت؛ خیرات (۲)محبت

Charivari : *adj*. (sha-ri-va-ri) tumult; noise ग़ुलगपाड़ा شور وغل

Charlady : *n*. (chahr-lady) lady who cleans household utensils महरी برتن دھونے والی؛ مہری

Charlatan : *n*. (sharhl-e-ten) 1.quack 2.one who pretends to skill and knowledge 1.कठवैद 2.कपटी; धूर्त (۱)نیم حکیم؛ عطائی (۲) جھوٹا مدعی؛ ڈھونگیا

Charm : *n.* (chahrm) 1.magic; incantation 2.beauty; attraction 3.amulet 1.मन्त्र; तन्त्र मन्त्र 2.आकर्षण; मोहक; सौम्यता 3.तावीज़; गंडा; टोना (۱)جادو؛ سحر؛ افسوں (۲) حسن و جمال؛ دلربا؛ دلکش؛ دلفریب (۳) تعویذ؛ گنڈا؛ ٹوٹکا

Charming : *adj.* full of charm सौम्य; मोहक دلکش؛ دلفریب؛ دلربا

Charmed : *n.* (chahrmd) under the influence of magic मुग्धित; मोहित مسحور؛ سحرزدہ

Charmer : *n.* one who charms; beauty जादूगर; सम्मोहक ساحر؛ عشوہ طراز حسینہ

Charnel-house : *n.* (char-nel-house) mortuary मुर्दा घर مردہ خانہ

Charpoy : *n.* (char-pai) coat चारपाई; खटिया چارپائی

Chart : *n.* (chahrt) map; graph; table मानचित्र; नक़शा; चार्ट نقشہ؛ چارٹ

Charter : *n.* (chah-ter) written statement of rights अधिकार पत्र اختیار؛ استحقاق؛ حق

Charwoman : *n.* (chahr-wum-en) woman hired by the day for doing chores; a woman labourer मज़दूरनी; महरी مزدور عورت؛ مزدورنی؛ نوکرانی

Chary : *adj.* (chay-e-ri) shy; sparing (in doing); cautious संकोची; सावधान شرمیلا؛ جھجکنے والا؛ کنجوس؛ خبردار؛ چوکنا

Chase : *v.* (chays) run after to capture, kill or drive पीछा क.; पीछे पड़ना پیچھا کرنا؛ تعاقب کرنا

Chase : *n.* act of chasing पीछा تعاقب؛ پیچھا

Give chase to : *ph.* run after; try to catch पीछा क.; पकड़ने की कोशिश क. تعاقب کرنا؛ پکڑنے کی کوشش کرنا

Chasm : *n.* (kazm) fissure; deep difference दरार; गहरा मतभेद زمین میں گہرا شگاف؛ گہرا اختلاف

Chassis : *n.* (shas-ee) base frame of a motor car चौकी; न्याधार موٹر کا نچلا ڈھانچہ

Chaste : *adj.* (chayst) pure in thought and deed (esp. sexually pure) साधू; सन्त پارسا؛ نیک؛ پرہیزگار؛ پاکدامن

Chasten : *v.* (chays-en) correct through punishment or pain; purifying the soul सज़ा देकर सुधारना; आत्मा मारना تادیب کرنا؛ سزا دے کر لانا؛ نفس مارنا

Chastise : *v.* (chas-tiz) to punish or scold severely; to beat severely दण्ड देना; सज़ा देना سخت سزا دینا؛ بری طرح مارنا

Chastisement : *n.* severe punishment दण्ड; सज़ा سخت سزا؛ مار

Chastity : *n.* (chas-ti-ti) virtuous शुद्धता پاکدامنی؛ پاکیزگی

Chat : *n.* (chat) easy familiar talk बात-चीत; गप शप بات چیت؛ گپ شپ

Chat: *v.* have a friendly talk गपशप उड़ाना گپ بازی کرنا؛ بات چیت کرنا

Chateau : *n.* (sha-to) palace महल محل

Chattel(s) : (chat-el) movable property चल-सम्पति جائداد منقولہ

Chatter : *n.* (chat-er) chirping; warbling चहक; चहचहाहट; बकबक چہک؛ چہچہاہٹ؛ بک بک

Chatter : *v.* talk quickly and foolishly; to chirp; to warble बकबक क.; चहचहाना; चहकना بک بک کرنا؛ چہکنا؛ چہچہانا

Chatter box : *n*. talkative; one who chatters बकवादी; गप्पी; बक्की بکواسی؛ باتونی؛ گپی

Chatty : *adj*. (chat-i) fond of chatting गप्पी; बातूनी گپی؛ گپ شپ کا شائق؛ باتونی

Chauffer : *n*. (chauf-er) a grate; fire pot अँगीठी آتش دان؛ انگیٹھی

Chauffeur : *n*. (shoh-fe-r) driver of a private car चालक; शोफ़र ڈرائیور؛ شوفر

Cheap : *adj*. (cheep) inexpensive; of low quality सस्ता; घटिया ارزاں؛ سستا؛ گھٹیا؛ پست

Cheapen : *v*. to make or become cheap सस्ता होना या क. ارزاں یا سستا ہونا یا کرنا

Cheapness : *n*. inexpensiveness; low quality सस्तापन ارزانی؛ گھٹیاپن

Cheat : *v*. (cheet) to obtain by dishonest means धोका देना; ठगना دھوکا دینا؛ دغابازی کرنا؛ بے ایمانی کرنا؛ ٹھگنا

Cheater : *n*. swindler; dishonest धोकेबाज़ دھوکے باز

Check : *v*. (chek) test accuracy of; to examine जाँच क. معائنہ کرنا؛ جانچ پڑتال کرنا

Checkmate : *n*. to defeat हराना; पराजय क. ہرانا؛ مات دینا

Cheek : *n*. (cheek) each side of face below the eyes 1.गाल 2.गुस्ताख़ी (۱) گال؛ رخسار (۲) گستاخی

Cheekily : *adv*. saucily; impudently गुस्ताख़ी से گستاخی سے؛ شوخی سے

Cheeky : *n*. (cheeki) impudent ढीठ; गुस्ताख़ گستاخ؛ ڈھیٹ

Cheer : *v*. (chee-er) to feel or make someone; to feel happier दिल बहलाना دلداری کرنا؛ دل بہلانا

Cheer : *n*. gladness; solace; shout of encouragement प्रसन्नता; दिलासा; जय जय कार خوشی؛ دلاسا؛ نعرۂ تحسین

Cheer up : *ph*. become happy प्रसन्न हो जाना خوش ہوجانا

Cheerful : *adj* . happy; full of gaiety प्रसन्न; प्रफुल्ल شادماں؛ خوش باش

Cheerless : *adj* . gloomy उदास; खिन्न اداس؛ افسردہ؛ پژمردہ

Cheese : *n*. (cheez) solid obtained from curds पनीर پنیر

A cheese : *n*. a piece of cheese पनीर का टुकड़ा پنیر کا ٹکڑا

Cheetah : *n*. (chee-ta) a leopard; panther चीता چیتا

Chef : *n*. (she-f) cook; person who cook the food रसोइया باورچی؛ کھانا پکانے والا

Chemical : *adj*. (kem-i-kel) of or made by chemistry रसायनिक; रसायन کیمیاوی

Chemise : *n*. (she-meez) loose fitting vest (worn by woman) शिमीज़; ज़नाना बनियान شمیز؛ زنانہ بنیان

Chemist : *n.n*. (kem-ist) one who knows chemistry; druggist रसायनज्ञ; औषध विक्रेता کیمیادان؛ کیمسٹ؛ دوافروش

Chemistry : *n*. (kem-ist-ri) physical science dealing with elements and its combination रसायनविज्ञान کیمسٹری؛ علم کیمیا

Cheque : *n*. (chek) written order to bank for payment चैक; धनादेश; हुण्डी چیک؛ ہنڈی

Cheque-book : *n*. bound book comprising a number of cheques

चैक-बुक چیک بک

Chequer : *v.* (chek-er) to make chess board like pattern; to break uniformity चारख़ानेदार; रंगबिरंगी क. شطرنجی نمونہ بنانا؛ چار خانے دار بنانا؛ رنگ برنگا بنانا

Chequered : *adj.* lacking continuity उतार-चढ़ाव वाला; चारख़ानेदार; रंगबिरंगा غیر مسلسل؛ چارخانے دار؛ رنگ برنگا

Chequered careear : *ph.* course of life with frequent changes of fortune बुरा भला जीवन بری بھلی زندگی

Cherish : *v.* (che-rish) regard tenderly; to foster प्यारा समझना عزیز جاننا؛ پیارا سمجھنا؛ پالنا پوسنا

Cheroot : *n.* (she-root) cigar open at both ends चुरुट چُرٹ

Cherry : *n.* (che-ri) a delicious red fruit with stone in the middle चैरी; गेलास; ओलची چیری؛ شاہ دانہ؛ گیلاس

Bird cherry: *n.* a black plum जामुन جامن

Cherub : *n.* (che-rub) 1.angel of second order 2.small beautiful and innocent child 1.केरुबीम; देवदुत 2.भोला भाला सुन्दर शिशु (۱)فرشتہ؛ کروبی (۲)ننھا خوبصورت معصوم بچہ

Chess : *n.* (ches) well-known indoor game played with 32 pieces called chessman शतंरज شطرنج

Chess-board : *n.* chequered board with 64 squares for playing chess बिसात शतरंज की بساط شطرنج کی

Chess-men : *n.* pieces with which chess is played मोहरे (शतरंज के) مہرے (شطرنج کے)

Chest : *n.* (chest) upper front part of the body छाती; सीना سینہ؛ چھاتی

Chestnut : *n.* (ches-nut) tree with reddish brown nuts; the oak tree बलूत का वृक्ष شاہ بلوط

Chevy : *n.* (che-vy) hunt शिकार شکار

Chevy : *v.* to hunt शिकार क. شکار کرنا

Chew : *v.* (choo) crush (food etc.) between teath चबाना چبانا

Chewing-gum : *n.* (choo-ing-gum) sweetened gum चिविंगगम; चबीना چبینہ گوند؛ چیونگم

Chic : *n.* (shik) tip-topping; finishing touches टीप-टाप ٹیپ ٹاپ

Chic : *adj.* fashionable फैशनेबुल فیشن ایبل

Chicane : *v.* (shi-ken) to trick; to cavil धोखा देना; कुतर्क क.; बाल की खाल निकालना دھوکہ دینا؛ نکتہ چینی کرنا؛ بال کی کھال نکالنا

Chick : *n.* (chik) young chicken चूज़ा; चिंगना چوزہ؛ مرغی کا بچہ

Chicken : *n.* (chick-en) young of a domestic bird; its meat चूज़ा; चिंगना; मांस (मुर्गे का) پالتو پرندے کا بچہ؛ چوزہ؛ چینگا؛ (مرغے کا) گوشت

Chicken-pox : *n.* a diseas with red spots on the skin सीतला; छोटी माता سیتلا؛ چھوٹی چیچک

Chide : *v.* (chid) to scold झिड़कना; डाँटना; निन्दा क. ڈانٹنا؛ ڈپٹنا؛ جھڑکنا؛ سخت سست کہنا

Chief : *n.* (cheef) leader; ruler नेता; मुख्य; प्रधान لیڈر؛ نیتا؛ سردار؛ حاکم

Chiefly : *adv.* (cheef-ly) mainly मुख्यतया خاص طور پر؛ اغلباً

Chiffon : *n.* (shi-fon) net जाली جالی

Chieftain : *n.* (sheef-tin) chief of tribe सरदार; मुखिया سردار؛ شیخ؛ قبیلہ کا سردار

Chigoe : *n.* (chi-go) a flea पिस्सू پسّو

Child : *n.* (child) young human being शिशु; बालक بچہ؛ بچی

Childhood : *n.* period when one is a child बालक पन بچپن؛ عہد طفلی

Childish : *adj.* (of behaviour) proper to child बचकाना طفلانہ؛ بچوں کا سا؛ بچکانہ

Childless : *n.* one having no child निःसन्तान بے اولاد

Childlike : *adj.* innocent and frank like a child बालसुलभ; बालोचित بے لوث؛ صاف گو

Children : *n.* (child-ren) more than one child बालक; बालिकाएँ بچے؛ بچیاں

Chill : *n.&adj.* (chil) unpleasant cold शीत; ठंढक سخت ٹھنڈ؛ سردی

Chilli/chilly : *n.* (chili) chilly; a small red hot-tasting pod of a type of capsicum सूखी लाल मिर्च سوکھی لال مرچ

Chilly : *adj.* (chil-i) rather cold; cold mannered; unfriendliness ठण्ढा; रुखा; रुखाई से ٹھنڈا؛ سرد؛ بے مہر؛ سردمہر؛ روکھا؛ روکھائی سے

Chime : *n.* (chim) tuned set of bells सामंजस्य ہم آہنگ گھنٹیاں

Chimney : *n.* (chim-ni) 1.structure for carrying away smoke from fire 2.glass tube protecting flame of oil-lamp 1.धुआँरा; चिमनी 2.लेम्प की चिमनी (۱)دودکش؛ چمنی (۲)لیمپ کی چمنی یا شیشہ

Chimpanzee : *n.* (chim-pen-zee) a kind of ape बनमानुष; चिम्पैंज़ी چمپانزی؛ لنگور کی ایک نسل؛ بن مانس

Chin : *n.* (chin) part of face under the mouth ठुड्डी; ठोडी ٹھوڑی

China-clay/china : *n.* (chi-ne/-kilay) baked and glazed fine white clay चीनी मिट्टी چینی مٹی (برتن بنانے والی)

China-ware : *n.* vessels made by glazed fine white clay चीनी मिट्टी के बरतन چینی مٹی سے بنے ہوئے برتن

Chine : *n.* (cha-in) ridge (hill) चोटी (पर्वत की) چوٹی (پہاڑ کی)

Chink : *n.* (chin-k) narrow crack दरार درز؛ شگاف؛ دراڑ

Chintz : *n.* (chints) colourfully printed cloth; printed glazed cotton छींट چھینٹ

Chip : *n.* (chip) small piece; splinter टुकड़ा; छिप्टी; छीलन ٹکڑا؛ چھپٹی؛ چھیلن

Chipmunk : *n.* (chip-mank) squirrel गिलहरी گلہری

Chirayta : *n.* (chi-ra-ya-ta) chirata; worm wood चिरायता; घुन لکڑی کا کیڑا؛ گھن

Chirognomy : *n.* (kie-ro-no-my) palmistry हस्तरेखा-विज्ञान علم دست شناسی

Chirograph: *n.* (kie-ro-graf) documents दस्तावेज़ دستاویز

Chirography : *n.* (kie-ro-grafi) manuscript हस्तलिपि مسودہ؛ ہاتھ سے لکھا ہوا

Chirp : *n.* (cherp) sound of sparrows etc. चूँ-चूँ; चहचहाना; चीं-चीं چہچہانا؛ چوں چوں؛ چیں چیں

Chirr : *n.* (chir) clinking sound; jingling झंकार جھنکار

Chirrup : *n.* (chi-rup) repeated chirps चहचहाना چہچہانا

Chisel : *n.* (chiz-el) tool with steel edge for shaping wood छेनी; टाँकी چھینی؛ ٹانکی

Chit : *n*. (chit) a slip; a briefly scribed letter चिट्ठी; रुक्का; पर्ची رقعہ؛ پرچی؛ چٹھی

Chit-chat : *n*. gossip; tittle-tattle गप-शप گپ شپ

Chivalry : *n*. (shiv-el-ri) code of honour of knights क्षात्रधर्म نائٹوں کا ضابطۂ اخلاق

Chloroform : *n*. (kloh-re-fawrm) a kind of anaesthetic क्लारोफार्म کلوروفارم

Chorophyll : *n*. (klo-re-fil) green colouring matter in plants पर्णहरित; क्लोरोफिल کلوروفل؛ خضرہ

Chock : *n*. (chak) log; block लक्कड़; गट्ठा لکڑ؛ گٹھا

Chockful : *adj*. over crowded; packed to full खचाखच کھچاکھچ

Chocolate : *n*. (chok-e-lit) sweet made of milk and coca beans चाकलेट چاکلیٹ

Chocolate-colour : *n*. catechu colour कत्थई रंग کتھئی رنگ

Choice : *n*. (chois) choosing; preference चुनाव; पसन्द انتخاب؛ پسند

Choir : *n*. (kwi-er) persons trained to sing together गायक-मण्डली طائفہ؛ گروپ کا مل کر گانا

Choke : *v*. (chohk) be unable to breath; suffocate दम घुटना گلے میں پھنس جانا؛ سانس لینے میں دقت ہونا؛ دم گھٹنا؛ گلا دبانا

Choler : *n*. (kol-er) anger; rage क्रोध; गुस्सैल غصہ؛ غصہ ور

Cholera : *n*. (kol-e-ra) fatal disease of the bowls हैज़ा; कालरा ہیضہ؛ کالرا

Choose : *v*. (chooz) to select चुनना; पसन्द क. چننا؛ پسند کرنا

Chop : *v*. (chopp) to cut into small pieces (meat etc.) टुकड़े टुकड़े क.; कीमा बनाना ٹکڑے ٹکڑے کرنا؛ قیمہ بنانا

Chopper : *n*. a chopper with a broad blade; dagger गँडासा; छुरा گنڈاسا؛ چھرا

Choppy : *adj*. (chop-i) 1.with short rough waves (sea) 2.continuously changing wind 1.तरगित 2.अस्थिर वायु تلاطم خیز؛ بدلتی رہنے والی ہوا

Chopsticks : *n*. sticks used by the chinese to eat rice or food खाने की तीलियाँ (जो चीनी लोग प्रयोग करते है) کھانے کی تیلیاں (جو چینی لوگ کھانا کھانے کے لیے استعمال کرتے ہیں)

Choral : *adj*. (kaw-rel) of a choir समवेत طائفے کا

Chord : *n*. (koh*d) string of harp etc. तार; तन्त्री تار؛ تانت

Choreography : *n*. (ko-ri-o-grafi) the art of dance नृत्यकला رقص کرنے کا فن

Chorister : *n*. (ko-rist-er) member of a choir गायक چوکی کا گویا

Chorus : *n*. (koh-rus) group of singers गायक दल چوکی؛ طائفہ

Chose : *v*. (chooz) see Choose

Christ : *n*. (krist) Jesus Christ मसीह حضرت عیسیٰ مسیح

Christen : *v*. (kris-ten) to give name (someone) (at the time of baptism) (بپتسمہ کے وقت) نام رکھنا

Christendom : *n*. (krist-en-dem) Christian people & countries मसीही जगत; इसाई जगत مسیحی دنیا کے لوگ

Christian : *adj*. (kres-ti-en/kris-chen) of Jesus Christ and his teachings

मसीही; ईसाई عیسوی؛ مسیحی

Christian-era : *n*. Christian year ईसवी सन عیسوی سن

Christianity : *n*. (khis-ti-an-ity) Christian religion ईसाई धर्म عیسائی مذہب؛ عیسائیت

Christmas : *n*. (kris-mes) yearly celebration of the birth of Christ on 25th Dec. खीस्त जन्मोत्सव; बड़ा दिन کرسمس؛ بڑا دن (عیسائیوں کا)

Chrome : *n*. (krohm) colour obtained from chronium क्रोम کروم

Chromium : *n*. (krohm-iem) a kind of metal क्रोमियम کرومیم؛ ایک قسم کی دھات

Chronicle : *n*. (kron-i-kel) record of events in order of time इतिहास تاریخ؛ وقائع

Chronological : *adj*. (kron-o-loj-i-kel) in order of time कालक्रमिक; तैथिक تاریخی

Chronology : *n*. (kro-nol-e-ji) study of dates تاریخ نگاری

Chrysalis : *n*. (kris-e-lis) insect in its second stage of development; undeveloped कोषावस्था پیلہ؛ پیلے کا خول

Chrysanthemum : *n*. (krisan-the-mum) a kind of flower like marigold गुलदाऊदी گلِ داؤدی

Chubby : *adj*. (chub-bi) plump and round faced मोटा- ताज़ा گول مٹول

Chuck : *v*. (chuk) throw (away); give up फेंक देना; छोड़ देना پھینک دینا؛ چھوڑ دینا

Chuckle : *v*. (chuk-el) laugh with closed mouth मुँह बन्द कर के हँसना; धीरे-धीरे हँसना منہ بند کرکے دبی دبی ہنسی ہنسنا؛ کھی کھی کرنا

Chuddar : *n*. (chud-er) sheet (cloth) चादर چادر

Chum : *n*. (chum) close friend यार; सखा یار؛ دوست

Chummy : *adj*. (chum-i) sociable मिलनसार ملنسار

Chump : *n*. (chump) 1.block of wood 2.foolish लक्कड़; मूर्ख لکڑ؛ بیوقوف

Chunk : *n*. big piece of meat, cheese etc. मांस या पनीर का बड़ा सा टुकड़ा گوشت یا پنیر کا بڑا سا ٹکڑا

Chupatty : *n*. (cha-pa-ti) bread चपाती; रोटी چپاتی؛ روٹی

Church : *n*. (cherch) building for public Christian worship चर्च; गिरजा گرجا؛ کلیسا

Church-yard : *n*. walled enclosure round Church used as graveyard क़ब्रिस्तान قبرستان؛ گورستان

Churlish : *adj*. (cherl-ish) rude and selfish; miser अभद्र; कंजूस بدتمیز؛ کنجوس

Churn : *v*. (chern) to make (butter) in a churn मथना; बिलोना; मन्थन क. متھنا؛ بلونا؛ مکھن نکالنا

Ciborium : *n*. (si-bo-r-i-am) canopy छतरी چھتری؛ کینوپی

Cicerone : *n*. (si-se-ron) guide गाईड گائیڈ

Cider : *n*. (sider) liquor made from apple juice सेब की शराब سیب کی شراب

Cider ale : *n*. (sider-ayl) liquor made from apple juice सेब की शराब سیب کی شراب

Cigar : *n*. (si-gahr) roll of tobacco leaves for smoking चुरुट; सिगार سگار؛ چرٹ

Cigarette : *n.* tobacco rolled in thin paper for smoking सिगरेट سگریٹ

Cinchona : *a.* (sin-ko-na) cinchona सिंकोना سنکونا

Cincture : *n.* (sink-cher) a girdle कमरबंद کمربند

Cinder : *n.* (sind-er) small piece of wood or coal partly burn अंगार; अवस्कर ادھ جلا کوئلہ یا لکڑی

Cinema : *n.* (sin-e-ma) picture house सिनेमा; चलचित्र घर سنیما؛ فلم کدہ

Cinematograph : *n.* projector चलचित्र दिखाने का आला فلم نما؛ متحرک تصویریں دکھانے کا آلہ

Cingulum : *n.* (sin-gu-lum) see Cincture

Cinnabar : *n.* (sin-na-bar) vermilion सिन्दूर سندور

Cinnamon : *n.* (sin-e-men) bark of a tree used for seasoning दालचीनी دارچینی

Cipher/Cypher : *n.* (sin-fer) 1.zero 2.secret writing 1.शून्य 2.बीज लेख (۱)صفر؛ زیرو (۲)خفیہ تحریر

Circa : prep. (sirka) about; near about लगभग قریب؛ لگ بھگ؛ تقریباً

Circle : *n.* (sir-kal) compass; round घेरा; दायरा گھیرا؛ دائرہ

Circlet : *n.* (sir-ke-lit) ring; headband अँगूठी; शिरोबन्ध انگوٹھی؛ ہیئر بینڈ

Circuit : *n.* (sir-kit) 1.path of electric current 2.area; touring 1.क्षेत्र 2.दौरा (۱)برقی رو کا راستہ (۲)رقبہ؛ دورہ؛ گشت

Circuit-house :*n.* residence for officials making a circuit सरकिट हाउस; विश्राम भवन سرکٹ ہاؤس؛ آرام گھر

Circular : *n.* (serk-ew-ler) announcement etc. sent to number of people गश्ती चिट्ठी گشتی مراسلہ

Circular : *(adj)*. in the shape of a circle गोल گول؛ مدور

Circulate : *v.* (serkew-layt) go round continuously प्रचलित होना; प्रचार पाना گردش کرنا؛ پھیلنا

Circulation : *n.* circulating or being circulated; dissemination प्रचार; प्रचलन گردش؛ دوران

Circumcise : *v.* (serk-em-siz) cut off the skin covering to the end of the male sex organ ख़तना; मुसलमानी ختنہ؛ مسلمانی

Circumference : *n.* (serkum-fe-rens) line marking out a circle घेरा محیط؛ گھیرا

Circumlocution : *n.* (serkum-loh-kew-shen) round about way of expressing something घुमा फिरा कर बात क. پیچیدہ گفتگو؛ گھما پھرا کر بات کرنا

Circumnavigate : *v.* (serk-em-nav-i-gayt) to sail round जलपथ से परिक्रमा क. کے گرد جہاز میں چکر لگانا

Circumnavigation : *n.* sail round with ship परिनौसंचालन جہاز میں گرداگرد چکر

Circumscribe : *v.* (serk-em-skrib) confine सीमित क. کے گرد گھیرا ڈالنا؛ محدود کرنا

Circumspect : *n.* (serk-em-spekt) cautious; prudent सावधान; चौकस; सतर्क محتاط؛ دانشمند؛ چوکس

Circumstance : *n.* (serkem-stens) fact of detail ब्योरा; तफ़सील تفصیل؛ شرح

Circumstantial : *adj.* (serk-em-stan-shel) (of evidence etc.) based on details (rather than direct proof) पारिस्थितिक प्रमाण या साक्ष्य قرائنی؛ واقعاتی

Circumvent : *v.* (serk-em-vent) to defeat (plan, purpose etc.) out wit; to deceit मात देना; धोका देना مات دینا؛ ناکام کر دینا؛ دھوکہ دینا

Circus : *n.* (serk-es) 1.show of performing animals etc. 2.meeting place of several streets 1.सरकस 2.चौक (۱) کرتب گاہ؛ سرکس (۲) چوک؛ بڑا چوک

Cirrus : *n.* (se-rus) cloud पक्षाभ-मेघ بادل

Cist : *n.* (sist) stone coffin पत्थर का ताबूत پتھر کا تابوت

Cistern : *n.* (sis-tern) water tank टंकी; हौज़; कुण्ड پانی کا ٹینک؛ حوض

Citadel : *n.*(sit-e-del) fortress for protecting a city गढ़; क़िला شہر کی حفاظت کرنے والا قلعہ

Citation : *n.* (si-tay-shen) citing; reference उपनय; हवाला देना مثال دینا؛ حوالہ دینا

Cite : *v.* (sit) quote as example हवाला देना حوالہ دینا

Cite an instance : *ph.* give an example उद्धरण देना; हवाला देना مثال دینا؛ حوالہ دینا

Citizen : *n.* (sit-i-zen) one who lives in a city नागरिक شہری؛ شہر کا باشندہ

Citizenship : *n.* being a citizen नागरिकता شہریت

Citron : *n.* (sit-ron) large lomon like fruit गलगल; तुरंज چکوترا؛ ترنج

Citrous : *adj.* (sit-rse) lemon-like (fruits) तुरंज़ी; निम्बू-वंश ترنجی

City : *n.* (siti) large town; its inhabitats नगर; नागरिक شہر؛ بلدہ؛ شہری

Civet : *n.* (siv-it) cat like animal गन्धबिलाव مشک بلاؤ

Civic : *adj.* (siv-ik) of a town नागरिक بلدیاتی؛ شہری

Civics : *n.* (civ-iks) study of the rights and duties of citizens नागरिक-शास्त्र علم شہریت؛ سوکس

Civil : *adj.* (siv-il) of human society; polite नागरिक; शिष्ट; सभ्य معاشرتی؛ اجتماعی؛ شائستہ؛ خلیق

Civil-marriage : *n.* court marriage क़ानूनी विवाह قانونی شادی؛ کورٹ میرج

Civil-service : *n.* govt. service सरकारी नौकरी; लोक सेवा سرکاری نوکری

Civilian : *n.* (si-vil-yen) not serving with the armed forces असैनिक غیرفوجی (اہلکار)

Civility : *n.* (si-vil-i-ti) politeness; decency सभ्यता; शिष्टाचार شائستگی؛ تہذیب

Civilization : *n.* (siv-i-liza-shen) courtesy; decency सभ्यता تہذیب وتمدن

Civilize : *n.* (siv-i-liz) to make cultured or courteous सभ्य बनाना مہذب بنانا؛ سدھارنا

Civilized : *adj.* (div-i-liz-ed) courteous सभ्य مہذب؛ خوش اخلاق؛ شائستہ

Clack : *n.* (klak) prattle; gabble; rapping; rap-trap बक-बक; खट-खट بک بک؛ کھٹ کھٹ

Claim : *n.* (klaym) act of claiming दावा; माँग دعویٰ؛ مطالبہ

Claimant : *n.* (klay-mant) one who makes the claim दावेदार دعویدار

Clamant : *adj.* (klam-ent) calling

loudly चिल्लाने वाला چلانے والا؛ آسمان سر پر اٹھانے والا

Clamber : *v.* (klam-ber) climb with difficulty कठिनाई से चढ़ना بڑی مشکل سے چڑھنا

Clammy : *adj.* (klam-i) adhesive; greasy; sticky चिपचिपा چپچپا

Clamorous : *adj.* (klam-e-rus) clamouring (person) चिल्लाने वाला; शोर मचाने वाला چلانے والا؛ شور مچانے والا

Clamour : *n.* (klam-er) confused noise कोलाहल; शोर شور وغوغا؛ شور وغل

Clamp : *n.* (klamp) screwed instrument for holding things tight सन्धर; शिकंजा شکنجہ

Clan : *n.* (klan) branch of tribe गोत्र; वंश چھوٹا قبیلہ؛ برادری

Clandestine : *adj.* (klan-des-tin) secret (meeting etc.) गुप्त خفیہ؛ چوری چھپے؛ چوری چوری

Clang : *n.* (klang) loud dull sound of hammer on anvil टन टन; झनझनाना ٹھن ٹھن؛ جھنجھنانا

Clank : *n.* (klank) singing sound of chain or sword झनझनाहट; झनकार جھنکار؛ جھنک

Clansman : *n.* (klans-man) member of clan क़बाईली قبائلی

Clap : *n.* (klap) slap; buffet थप्पड़; तमांचा تھپڑ؛ طمانچہ

Clap : *v.* (klap) 1.clapping; applause 2.flap wings 1.ताली बजाना 2.पर फड़फड़ाना (۱)تالی بجانا (۲)پر پھڑ پھڑانا

Claret : *n.* (kla-ret) a kind of red wine सुर्ख़ शराब سرخ شراب؛ صہبا

Clarification : *n.* (kla-ri-fi-kay-shen) making clear स्पष्टीकरण توضیح؛ وضاحت

Clarify : *v.* (kla-ri-fi) make or become clear स्पष्ट क.; निर्मल क. صاف کرنا یا ہونا؛ واضح کرنا یا ہونا

Clarity : *n.* (kla-ri-ti) clearness स्पष्टता; स्वच्छता وضاحت؛ صفائی

Clarinet : *n.* (kla-ri-net) clarionet शहनाई شہنائی

Clarion : *n.* (kla-ri-on) bugle; trumpet तुरही بگل؛ ترم

Clash : *n.* (klash) loud sound; disagreement; collision टकराने की आवाज़; भिड़न्त; टक्कर ٹکرانے کی آواز؛ اختلاف؛ تصادم؛ ٹکر

Clasp : *n.* (klahsp) 1.buckle 2.firm hold 1.बकसुआ 2.पकड़; जकड़ (۱) بکسوا (۲) پکڑ؛ گرفت

Clasp-knife : *n.* folding knife खटकेदार चाकू کھٹکے دار یا کمانی دار چاقو

Class : *n.* (klahs) division; group of students; people etc. वर्ग; कक्षा درجہ؛ کلاس؛ طبقہ؛ جماعت طلبا کی یا لوگوں کی

Class-conciousness : *n.* realizing one's class in society वर्गचेतना اونچ نیچ کا احساس

Class-fellow : *n.* colleague सहपाठी ہم جماعت

Class-room : *n.* class कक्षा جماعت

Classic : *adj.* (klas-ik) of the highest standard of the ancients पुरातन; क्लासिकल کلاسیکی

Classical : *adj.* (klas-i-kal) best and highest scriptural उच्च श्रेणी शास्त्रीय بہترین؛ کلاسیکل

Classification : *n.* (klas-i-fikayshen)

classifying वर्गीकरण درجہ بندی

Classify : *v.* (klas-i-fi) to arrange in classes or grade वर्गीकरण क॰ ترتیب دینا؛ درجہ بندی کرنا

Clatter : *n.* (klat-er) rap-trap; rapping raving; gabble खट-खट; बक-बक کھٹ کھٹ؛ بک بک؛ شور وغل

Clause : *n.* (klawz) part of a sentence, article of the constitution खण्डवाक्य; धारा; दफ़ा شق یا دھارا (آئین کی)

Clavicle : *n.* (kla-vi-kal) the collar-bone; an ornament worn around the neck हँसुली ہنسلی؛ ایک زیور کا نام جو عورتیں گردن میں پہنتی ہیں

Claw : *n.* (klaw) pointed nail of the foot of animal or bird पंजा; चंगुल پنجہ؛ چنگل (جانور یا پرندے کا)

Clay : *n.* (klay) sticky earth hard-baked चिकनी मिट्टी چکنی مٹی

Clean : *adj.* (kleen) free from dirt; clear स्वच्छ; साफ़; शुद्ध; निर्मल صاف؛ ستھرا؛ پاک؛ بے داغ؛ مصفی

Cleaner : *n.* person or thing that cleans क्लीनर; मार्जक صاف کرنے والا؛ کلینر

Cleanliness : *n.* (kleen-li-nes) condition of being clean स्वच्छता; सफ़ाई صفائی؛ ستھرائی

Cleanly : *adv.* (kleen-li) having clean habits स्वच्छता-पसंद صفائی پسند

Cleanly : *adv.* (kleen-li) tidily स्वच्छता से صفائی سے

Cleanse : *v.* (kleenz) wash; to make thoroughly clean शुद्ध क॰; साफ़ क॰ دھونا؛ اچھی طرح سے دھونا؛ مانجھنا

Clear : *adj.* (klee-er) easy to see through; distinct; free of obstacles; pure स्पष्ट; स्वच्छ; पारदर्शक صاف شفاف؛ واضح؛ صاف

Clear : *v.* get or make clear; leave off (road etc. for traffic) स्पष्ट क॰ या होना; साफ़ क॰ صاف کرنا یا ہونا؛ واضح کرنا یا ہونا

Clear-cut : *adj.* distinct; not dubious सुस्पष्ट واضح؛ غیر مبہم

Clearance : *n.* being or making clean स्मय पर रुकावटों को दूर क॰ بروقت رکاوٹوں کو دور کرنا

Clearing : *n.* land made clear of trees; clearing of cheques निवृक्ष क्षेत्र; वृक्षहीन क्षेत्र; निकासी (चैक) جنگل سے پیڑ کاٹ کر کاشت کے قابل بنا ہوا قطعہ اراضی؛ چیک کلیر کرنا

Clearing-house : *n.* place where banks adjust mutual accounts; any exchange centre वितरण केन्द्र حساب گھر؛ مبادلہ گاہ

Clearly : *adv.* obviously स्पष्टतया; साफ़-साफ़ بلاشبہ؛ صاف صاف

Clearness : *n.* being clear; distinctness स्पष्टता وضاحت؛ صفائی

Cleat : *n.* (kleet) foil पन्नी پنّی

Cleavage : *n.* (kleev-ij) act of cleaving फटना; फाड़ना پھٹنا؛ پھاڑنا

Cleave : *v.* (kleev) split asunder फ़ाड़ना; दो टुकड़े कर देना; चीरना پھاڑنا؛ دو ٹکڑے کر دینا؛ چیرنا

Cleft : *n.* (kleft) crack दरार; फटना شگاف؛ دراز؛ درز؛ دراڑ

Clemency : *n.* (klem-ens-i) 1.mildness 2.mercy 1.फटना; फाड़ना 2.दयाशीलता (۱) پھٹنا؛ پھاڑنا (۲) رحم؛ رحمدلی

Clement : *adj.* (klem-ent) merciful;

wild (weather) दयाशील; अच्छा मौसम نرم دل؛ رحمدل؛ اچھا موسم

Clench/ Clinch : *v*. (klench) close tightly; grip जकड़ना; पकड़ में लेना; दाँत पीसना بھینچنا؛ گرفت میں لینا؛ دانت بھینچنا

Clerestory : *n*. (kleos-ta-ri) a ventilator रौशनदान روشن دان

Clergy : *n*. (kelr-ji) ministers of Christian church पुरोहित; फ़ादर پادری

Cleric : *n*. see Clergy

Clerical : *adj*. (kle-ri-cel) of the clergy; of the work of a clerk पुरोहिती; लिपिक-विषयक پادریوں سے متعلق؛ منشیانہ کام سے متعلق

Clerk : *n*. (klahrk) employee for doing table work लिपिक; मुंशी; कलर्क کلرک؛ محرر؛ منشی

Clerk of court : *n*. employee who do table work in courts पेशकार منشی؛ کورٹ میں کام کرنے والا منشی

Clever : *adj*. (klev-er) 1.quick & neat in movement 2.skilful 1.चतुर 2.निपुण (۱) پھرتیلا؛ چست؛ چالاک (۲) ماہر؛ ہنرمند

Cleverly : *adv*. quickly; in a tidily manner फुरती से; सफ़ाई से پھرتی سے؛ صفائی سے

Cleverness : *n*. being clever चतुराई; प्रवीणता چالاکی؛ پھرتی؛ زیرکی

Clew : *n*. (klue) ball of yarn लच्छी دھاگے کی لچھی

Cliche : *n*. (klee-shay) printing ठप्पा; छापा ٹھپا

Click : *n*. (klik) short sharp sound (of watch) (घड़ी की) टिक टिक (گھڑی کی) ٹک ٹک

Client : *n*. (kli-ent) one seeking professional person's advice; customer मुवक्किल; ग्राहक مؤکل؛ گاہک

Cliff : *n*. (klif) steep face of rock खड़ी चट्टान کھڑی چٹان

Climate : *n*. (kli-mit) weather conditions जलवायु; हवा-पानी موسم؛ آب و ہوا

Climatic : *adj*. (kli-mat-ik) of climate जलवायु संबंधी موسمی؛ موسم سے متعلق

Climatology : *n*. (kli-mata-lo-gy) a science of climate जलवायु विज्ञान علم آب و ہوا

Climax : *n*. (kli-maks) point of greatest interest in a story पराकाष्ठा اوج کمال؛ نقطۂ عروج

Climb : *v*. (kli-m) go up; act of climbing चढ़ना; अरोहण اوپر چڑھنا؛ چڑھائی؛ چڑھنا

Clinch : *v*. (kli-nch) to settle; to decide तय क.; निश्चित क. طے کرنا؛ فیصلہ کرنا

Cling : *v*. (kling) to stick; to hold tight चिपक जाना; लिपटना; चिपटना چپک جانا؛ لپٹنا؛ چمٹنا

Clinic : *n*. (kli-nik) place where doctors treat patients चिकित्सालय مطب؛ کلینک

Clink : *n*. (klink) sound of coins or ginnies झनकार सिक्कों या अशरफ़ी की سکوں یا اشرفی کی جھنکار

Clinquant : *n*. (klink-kant) artificial gold नक़ली सोना نقلی سونا

Clip : *n*. (klip) a device for holding things together किलप; चुटकी کلپ؛ چٹکی

Clippers : *n*. scissor; instrument for

clipping कैंची; कतरनी قینچی؛ کترنی

Clipping : *n.* newspaper cutting अखबार की कतरन اخبار کا تراشہ

Clique : *n.* (kleek) group; team; gang गुट; मंडली ٹولی؛ منڈلی؛ جتھا

Cliquism : *n.* (kleek-izm) groupism गुटबन्दी گروپ بندی

Cloak : *n.* (klohk) 1.loose outer garment 2.disguise 1.लिबादा; 2.आड़; ओट (۱)لبادہ؛ چغہ (۲) آڑ؛ پردہ؛ اوٹ

Cloak-room : *n.* place for keeping luggage in custody for a short while अमानती सामानघर امانت گاہ؛ سامان گاہ

Clod : *n.* (klod) a lump of earth; bumpkin ढेला; गँवार ڈھیلا؛ گنوار

Clod-hopper : *n.* bumpkin; villager गँवार گنوار؛ دیہاتی

Clog : *v.* (klog) choke अड़ना اڑنا

Cloister : (klois-ter) monastry मठ خانقاہ (عیسائیوں کی)

Close : *v.* (klohz) shut; end बन्द क. بند کرنا؛ میچنا؛ ختم کرنا

Close with an offer : *ph.* accept it मान लेना مان لینا؛ قبول کر لینا

Closely : *adv.* (klohs-li) carefully निकट से; ध्यानपूर्वक بغور؛ قریب سے

Closeness : *n.* (klohs-nis) nearness निकट; पास قرب؛ نزدیکی

Closet : *n.* (klozet) small room for study or secret meeting कोठरी; छोटा कमरा کوٹھری؛ چھوٹا کمرہ؛ حجرہ؛ خلوت خانہ

Closing-date : *n.* last date अन्तिम तिथि آخری تاریخ

Closure : *n.&v.* (klohzh-er) closing or being closed बन्द हो जाना; समाप्ति خاتمہ؛ بند ہو جانا

Clot : *n.* (klot) lump of thick blood थक्का منجمد خون

Cloth : *n.* (klawth) woven stuff वस्त्र کپڑا

Clothes : *n.* dress पहनावा; पोशाक کپڑے؛ لباس؛ ڈریس؛ پوشاک

Bed-clothes : *n.* bed linen पलंग की चादर چادر؛ پلنگ پوش

Clothesline : *n.* washline अलगनी الگنی

Clothier : *n.* (klo-dhier) merchant बज़ाज़; वस्त्र विक्रेता تاجر؛ بزاز

Cloud : *n.* (kloud) mass of vapour floating in the sky मेघ; घटा بادل؛ گھٹا

Cloudless : *adj.* clear; without cloud साफ़; बिना बादल صاف؛ بغیر بادل؛ صاف آسمان

Cloudy : *adj.* (kloud-i) (of sky) clouded over मेघाच्छादित ابر آلود

Clout : *n.* (klot) loincloth for infants पोतड़ा (बच्चे का) پوتڑا (بچے کا)

Clout : *n.* blow; tightly closed hand; fist घोंसा گھونسہ؛ مکا

Clove : *n.* (klohv) seasoning flower with bud; spice लोंग لونگ

Clover : *n.* (klohv-er) a kind of grass grown for fodder तिपतिया ترفل

Clown : *n.* (kloun) actor performing foolish antics भाँड; मसखरा مسخرہ؛ نقال؛ بھانڈ

Cloy : *v.* (kloi) become weary through excess of sweetness छका देना جی بھر دینا یا بھرنا

Club : *n.* (klubb) society for entertainment कलब; सभा انجمن؛ بزم؛ کلب

Cluck : *n.* (kluk) noise of a hen कुट

कुट ; कुड़कुड़ाना (मुर्ग़ी का) کٹ کٹ؛ کڑکڑانا (مرغی کا)

Clue : *n.* (kloo) hint to help or solve mystery सूत्र; सुराग़; इशारा سراغ؛ اتا پتا؛ اشارہ

Clump : *n.* (klump) lump; heap; sole of a shoe डला; ढेर; तला (जूते का) ڈلا؛ ڈھیر؛ (جوتے کا) تلا

Clumsiness : *n.* (klum-zi-ness) ungrace fulness अनाड़ीपन; भद्दापन; फूहड़पन بھداپن؛ بھونڈاپن؛ پھوہڑپن

Clumsy : *adj.* (klumzi) ungraceful; unsuitable बेडोल; बेढंगा بے ڈول؛ ناموزوں

Cluster : *n.* (klus-te-r) things growing together; bunch; group गुच्छा; झुण्ड समूह گچھا؛ خوشہ؛ جھرمٹ

Clutch : *v.* (kluch) 1.seize in fear or anger 2.clutch 3.snatch (at) 1.चुगंल में जकड़ना 2.कलच (कार का) 3.छीनना; झपटना (۱) چنگل میں جکڑنا؛ خوف یا غصے کے مارے پکڑنا (۲) کلچ (کار کا) (۳) چھیننا؛ جھپٹنا

Clutch bag : *n.* ladies small hand bag ज़नाना छोटा बैग زنانہ چھوٹا بیگ

Clutter : *n.* (klut-er) Jumble; confused noise; litter घाल-मेल; कोलाहल; कूड़ा करकट گڈمڈ؛ شوروغل؛ کوڑا کرکٹ

Co : *pref.* (ko) with; jointly साथ; सह مع؛ ساتھ

Co-ed : *n.* (koh-ed) teaching of boys & girls together सहशिक्षा مخلوط تعلیم

Co-education : *n.* see Co-ed

Co-exist : *v.* (koh-eg-zist) exist together एक साथ होना ایک ساتھ ہونا

Co-existence : *n.* existing together सहभाव; मिल जुल कर रहना مل جل کر رہنا

Co-op : *n.* (koh-op) co-operative stores सहकारी स्टोर کوآپریٹو اسٹور

Co-operate : *v.* (koh-op-e-rayt) work together सहयोग देना تعاون کرنا؛ مشترکہ طور پر کام کرنا

Co-operation : *n.* (koh-ope-ray-shen) working together सहयोग تعاون؛ اشتراک

Co-operative : *adj.* (koh-op-e-ray-tiv) helping सहयोगी معاون

Co-operator : *n.* helper; assistant सहयोगी; सहकारी معاون؛ مددگار

Co-opt : *v.* (koh-opt) add (a member) सहयोजित क. ساتھی نامزد کرلینا

Co-ordinate : *adj.* (koh-or-d-i-nayt) of the same rank & importance; equal in status समकक्ष; सयमान ہم مرتبہ؛ ہم رتبہ؛ ہم پلہ

Co-ordination : *n.* co-ordinating समन्वयन ربط دہی؛ ارتباط

Co-owner : *n.* one who co-owns सह-स्वामी مشترکہ مالک

Co-partner : *n.* combined companion in business सहभागी; साझेदार مشترکہ بزنس ساتھی یا شریک

Coach : *n.* (kohch) 1.four-wheeled carriage driven by horses; railway carriage 2.teacher 1.रथ; रेल का डिब्बा 2.शिक्षक (۱) بگھی؛ ریل کا ڈبہ (۲) استاد

Coach-man : *n.* one who drive carriage कोचवान کوچوان؛ بگھی چلانے والا

Coadjutor : *n.* (ko-ad-ju-tor) assistant; helper सहयोगी; सहायक مددگار؛ معاون

Coagulate : *v.* (koh-ag-ew-layt) to become somewhat solid जमना या

जमाना منجمد ہونا یا کرنا

Coagulation : *n*. solidification जमाव انجماد؛ جماؤ

Coal : *n*. (kohl) solid black universal fuel कोयला کوئلہ؛ پتھر کا کوئلہ

Coalesce : *v*. (koh-e-les) unite; come together सम्मिलित हो जाना; मिलना; एक हो जाना جڑنا؛ ملنا؛ ایک ہوجانا

Coalescence : *n*. coalescing सम्मिलन اتحاد؛ یکجا ہوجانا؛ امتزاج

Coalition : *n*. (koh-e-lish-en) union (esp. of political parties) सम्मिलन; सहमिलन اتحاد؛ اشتراک؛ گٹھ جوڑ (سیاسی پارٹیوں کا)

Coarse : *adj*. (kawrs) rough; unrefined; inferior quality खुरदरा; अपरिष्कृत; घटिया کھردرا؛ ملاوٹی؛ گھٹیا قسم کا

Coast : *n*. (kohst) shore तट; समुद्रतट ساحل؛ ساحل سمندر

Coast-guard : *n*. shore guard; shore keeper तट रक्षक ساحل کی حفاظت کرنے والا

Coat : *n*. (koht) 1.sleeved outer garment 2. covering of paint 1.कोट 2. रंग की तह (۱) کوٹ (۲) تہہ؛ کوٹ (رنگ کا)

Coax : *v*. (kohks) into doing something with love फुसलाना; खुशामद क. پیار یا خوشامد سے منانا یا پھسلانا

Cob : *n*. (kob) head of maize गुल्ली; बुट्टे के ऊपर का हिस्सा بھٹے کے اوپر کا حصہ

Cobble : *v*. (kobl) to mend (shoes etc.); to patch ठीक क.; मरम्मत क.; थिगली लगाना ٹھیک کرنا؛ مرمت کرنا؛ پیوند لگانا

Cobbler : *n*. a mender; a shoe-maker मोची موچی؛ جوتے گانٹھنے والا

Cobra : *n*. (kohb-ra) a poisonous snake नाग; फणी کالا ناگ؛ ایک زہریلا سانپ

Cobweb : *n*. (kob-web) spider's net मकड़ी का जाला مکڑی کا جالا

Cocaine : *n*. (ko-kayn) strong drug used for deadening pain कोकीन کوکین (ایک دوا کا نام جو درد کو ختم کرنے کے لیے دی جاتی ہے)

Cochineal : *n*. (koch-i-neel) insect; small kind of creature किरिमदाना کیڑا؛ مکوڑہ؛ حشرہ

Cock : *n*. (kok) male of hen मुरग़ा; नरपक्षी مرغ؛ مرغا

Cock-a-doodle-doo : *n*. child's imitation of the crowing of cock कुकड़ूँ-कूँ ککڑوں کوں

Cockcrow : *n*. (kok-kroh) day break सुबह का समय; मुरग़ो की बाँग का समय تڑکا؛ نور کا تڑکا؛ مرغ کی بانگ کا وقت

Cockney : *n*. (kok-ni) London English लन्दनी ज़बान لندنی زبان

Cockerel : *n*. young cock मुरग़े का बच्चा مرغ کا پٹھا؛ جوان مرغ؛ مرغ کا بچہ

Cockpit : *n*. place for a pilot in a plane जहाज़ चालक की सीट ہواباز کی نشست؛ پائلٹ کی سیٹ

Cockscomb : *n*. cock's red crest कलग़ी کلغی (مرغ کی)

Cocksure : *adj*. quite sure of सुनिश्चित جسے کسی بات کا پورا یقین ہو

Cockroach : *n*. (kok-roch) large dark-brown insect तिलचटा تل چٹا

Cocktail : *n*. (kok-tayl) mixed liquors मिली-जुली शराब ملی جلی شراب؛ کاک ٹیل

Cocktail-party : *n*. party where liquor is served पानगीष्ठी کاک ٹیل پارٹی

Cocoa : *n*. (koh-koh) a kind of delicious beverage कोको کوکو

Coconut : *n*. (koh-koh-nut) nut of the coco-palm नारियल ناریل؛ کھوپرا

Cocopalm : *n*. (koh-koh-pahm) tree yeilding coconut नारियल का पेड़ ناریل کا پیڑ

Cod/Codfish : *n*. (kod) a kind of large sea fish कोड; समुन्दरी मछली کاڈ؛ سمندری مچھلی

Cod liver oil : *n*. (kod-liver-oil) oil obtained from fish's liver मछली का तेल مچھلی کا تیل

Code : *n*. (kod) collection of laws नियमावली مجموعۂ قوانین

Code-language : *n*. system of secret writing or messages कूट भाषा اشارات؛ خفیہ تحریر

Code-word : *n*. secret words संकेत शब्द خفیہ الفاظ

Codex : *n*. (ko-dex) old writing प्राचीन पाण्डुलिपि قدیم تحریر

Codification : *n*. (kodi-fi-kay-shen) codifying वर्गीकरण تدوین

Codifier : *n*. one who codifiy संहिताकार مدوّن

Codify : *v*. (koh-i-fi) put into the form of code संहिताबद्ध क. مدون کرنا؛ تدوین کرنا

Coerce : *n*. (koh-ers) to force someone मजबूर क.; दबाव डालना مجبور کرنا؛ دباؤ ڈالنا

Coercion : *n*. (koh-er-shen) forcible compulsion ज़बरदस्ती; बल प्रयोग جبر؛ دباؤ

Coercive : *adj*. high handed अवपीड़क جابرانہ؛ تشدد آمیز

Coffee : *n*. (ko-fi) a kind of tea like beverage क़ाफी; कहवा قہوہ؛ کافی

Coffer : *n*. (kof-er) stong box for valuables तिजोरी تجوری؛ خزانہ

Coffin : *n*. (kof-in) box for dead body ताबूत; शवपेटी تابوت؛ مردے کے لیے لکڑی کا بکس

Drive a nail into (someone's) coffic : *ph*. make sure of his end ताबूत में कील गाड़ना تابوت میں میخ گاڑنا

Coffle : *n*. (ko-fi-l) caravan; convoy क़ाफ़िला قافلہ

Cog : *n*. (kog) one of the teeth on a wheel दाँत دندانہ

Cogent : *n*. (koh-jent) powerful argument ज़ोरदार दलील زوردار دلیل

Cogitable : *adj*. (koh-ji-table) thinkable; contemplatable चिन्तनीय غور وفکر

Cogitative : *adj*. thougtful चिन्तनशील ہوشمند؛ بامروت

Cognate : *n. & adj*. having much in common with सजात رشتہ دار؛ قرابت دار؛ ہم اصل یا متجانس لفظ

Cognation : *n*. relation सम्बन्ध; रिश्ता رشتہ؛ تعلق

Cognition : *n*. mental faculty of knowing (as opposed to feeling) ज्ञान; बोध ادراک قوتِ مدرکہ

Cognizable : *adj*. (of offence) that police can take notice of ज्ञेय; संज्ञेय قابلِ دست اندازی پولیس

Cognizance : *n*. (kog-ni-zans) having knowledge of; hearing ज्ञान; सुनवाई آگاہی؛ سنوائی

Cognize : *v*. to know; to become aware of जानना جاننا؛ معلومات ہونا

Cognoscible : *adj*. see Cognizable

Cohabit : *v.* (ko-hab-it) to live together as husband and wife esp. without being married सहवास क. میاں بیوی کی طرح رہنا بغیر شادی کئے؛ مباشرت کرنا

Cohabitation : *n.* intercourse सहवास مباشرت؛ صحبت؛ ہم بستری

Coheir : *n.* (ko-ayer) two persons entitled to legacy सहदायाद ہم وارث

Cohere : *v.* (ko-hier) stick together चिपकना چسپاں ہونا؛ چپکنا؛ جڑنا

Coherence/Coherency : *n.* good association सम्बद्धता ربط؛ پیوستگی

Coheren : *adj.* (ko-hee-e-rent) (of speech or ideas) not rambling संसक्त باترتیب؛ باربط (تقریر یا خیالات وغیرہ)

Cohension : *n.* (ko-hee-zhen) cohering संसक्ति; सम्बद्धता اتصال؛ چسپیدگی

Cohensive : *adj.* clinging; adhesive ससक्तिशील; ससंजक چپکنے والا؛ چسپاں ہونے والا

Coif : *n.* (ko-if) a cap which covers the ear कनटोप کن ٹوپ؛ کانوں کو ڈھکنے والا ٹوپا

Coign of vantage : *n.* observing centre प्रेक्षण स्थान مرکزِ مشاہدہ

Coil : *n. & v.* (koil) something coiled twist into rings कुण्डल; कुण्डली; कुण्डल बनाना کنڈل؛ کنڈلی؛ کنڈل بنانا؛ کنڈل مار کر بیٹھنا (سانپ کا)

Coin : *n. & v.* (koin) piece of metal money; make (metal) into coins मुद्रा; सिक्का; सिक्का ढालना سکہ؛ سکے ڈھالنا

Coincide : *v.* (koh-in-sid) correspond in area or outline ठीक बैठना; मेल खाना ٹھیک بیٹھنا؛ میل کھانا

Coition : *n.* (ko-i-shen) sexual enjoyment संभोग جنسی لطف

Colander : *n.* (ko-len-der) sieve छलनी چھلنی

Cold : *adj.* (kold) not hot; cool; lifeless ठंडा; शीत; बेजान ٹھنڈا؛ یخ؛ سرد؛ مردہ؛ بے جان

Cold war : *n.* war of propaganda शीत युद्ध سرد جنگ؛ اعصابی جنگ

Collaborate : *v.* (ko-lab-o-rayt) work together सहयोग देना ایک ساتھ کام کرنا؛ مل جل کر کام کرنا

Collaboration : *n.* collaborating सहयोग اشتراک؛ تعاون

Collapse : *v.* (ko-laps) fall down unconcious ढह जाना بے ہوش ہوکر گر جانا

Collar : *n.* (kol-lerr) coller of shirt कालर کالر (قمیض وغیرہ کی)

Collar-bone : *n.* the collar bone हंसली ہنسلی

Collate : *v.* (ko-late) to tally; to compare मिलाना; ملانا

Collateral : *adj.* parallel समानान्तर؛ برابر؛ متوازی؛ ایک سے

Collation : *n.* Comparision; tallying (of account etc.) मिलान; परितुलन ؛ موازنہ؛ تقابل

Colleague : *n.* (kol-eeg) one of the person working together सहयोगी; सहकर्मी رفیق کار؛ ہمکار

Collect : *n.* (ko-le-kt) collecting; prayer एकत्र; निवेदन مجموعہ؛ دُعا

Collect : *v.* to come or bring together एकत्र क. या होना اکٹھے ہونا یا کرنا

Collection : *n.* (ko-lek-shen) number of things collected together; collecting एकत्रीकरण; उगाही ؛ مجموعہ؛ جمع کرنا؛ اکٹھا کرنا

Collective : *adj*. on a joint basis सामूहिक مجموعی؛ اجتماعی

Collectively : *adj*. jointly सामूहिक रूप से مجموعی طور پر؛ اجتماعی طور پر

Collector : *n*. chief revenue officer of a district; person who collect जिलाधीश; कलेक्टर کلکٹر؛ ڈپٹی کمشنر؛ جمع کرنے والا؛ فراہم کرنے والا

College : *n*. (kol-ej) institution for higher or professional education कालेज; महाविद्यालय کالج

Collegian : *n*. member of college कालेज का विद्यार्थी کالج کا طالب علم

Collide : *v*. (ko-lid) come together violently टकराना ٹکرانا؛ متصادم ہونا

Collision : *n*. impact; crash; difference of opinion टक्कर; संघर्ष ٹکر؛ تصادم؛ اختلاف

Collocate: *v*. (kol-e-ket) to put; to decorate रखना; सजाना رکھنا؛ سجانا

Collocation : *n*. (kol-e-ke-shen) foundation; setting up स्थापना; बुनियाद تاسیس؛ بنیاد

Colloquial : *adj*. (kolo-ki-al) style of conversation बोल चाल की शैली بول چال کی زبان

Collude : *v*. (ko-lud) engage in; intrigue साँठ-गाँठ; गठजोड़ سازباز؛ سازش؛ گٹھ جوڑ

Collusion : *n*. intrigue; under hand plot साँठ-गाँठ; गठजोड़ سازباز؛ سازش؛ گٹھ جوڑ

Collyrium : *n*. (ko-li-ri-um) antimony ground into fine powder सुरमा سرمہ

Colon : *n*. (kolon) a symbol of punctuation अपूर्ण विराम; कोलन کولن

Colonel : *n*. (ker-mel) army officer कर्नल کرنل؛ پلٹن کا افسر

Colonist : *n*. (kol-oh-nist) settler उपनिवेशक آبادکار

Colonization : *n*. (kol-oh-ne-zay-shen) settlement; establishment उपनिवेशन آبادکاری

Colonize : *v*. (kol-niz) to form a colony; establish a new colony उपनिवेश बसाना نوآبادکاری کرنا؛ نئی بستی بسانا

Colony : *n*. (kol-o-ni) place where people live together बस्ती; नगर آبادی؛ بستی

Colo(u)ration : *n*. (kol-re-shen) to dye; to make something colourful रंगाई رنگنا؛ رنگنائی

Colossal : *adj*. (ko-los-el) immense विराट; विशाल بڑا؛ عظیم

Colossus : *n*. (ko-los-us) immense human statue विशाल मूर्ति بہت بڑا انسانی مجسمہ

Colour : *n*. (kol-er) hue रंग رنگ

Colour : *v*. to paint; dye रंगना; रंग क. رنگنا؛ رنگ کرنا

Colours : *n*. (kol-er-z) flag झंडा جھنڈا

Come off with flying colours : *ph*. succeed विजयी کامیاب

Colt : *n*. (koh-lt) young horse बछेड़ा بچھیرا

Coltish : *adj*. (kohl-tish) naughty; playful चुलबुला چلبلا

Column : *n*. (kol-um) pillar; one of the various type lengths on a page स्तम्भ; खम्भा ستون؛ کھمبا؛ صفحہ کا کالم

Coma : *n*. (ko-ma) stupor बेहोशी مدہوشی؛ بے ہوشی

Comb : *n.* (ko-mb) a comb; comb shaped appliance for weaving कंघा; कपड़ा बुनने का औज़ार کنگھا؛ کپڑا بننے کا اوزار

Combat : *n.* (kum-bat) fight लड़ाई لڑائی

Combination : *n.* (kom-bi-nay-shen) joining or putting together संयोग اتحاد؛ اتفاق

Combine : *v.* (kom-bin) join together मिलना; मिलाना ملنا؛ ملانا؛ یکجا ہونا

Come: *v.* (kum) arrive; to reach आना; पहुँचना آنا؛ پہنچنا

Come of an age : *ph.* attain maturity; adolescence वयस्क हो जाना; बालिग़ होना بالغ ہونا

Comedy : *n.* (kom-e-di) drama or picture with happy ending प्रहसन طربیہ

Comeliness : *n.* loveliness चारूता خوبصورتی؛ دلکشی

Comely : *adj.* (kum-li) handsome (person) सुहावना; मनोरम خوبصورت؛ حسین

Comestibles : *n.* (ko-mes-ti-blz) Food; nutrition खाद्य غذا؛ خوراک

Comet : *n.* (kom-et) star like body with a blazing tail धूमकेतु; पुच्छलतारा دمدار ستارا؛ دمدار تارا

Comfit : *n.* (kum-fit) sweets मिष्टान्न; मिठाई مٹھائی

Comfor : *n.* (kum-fert) relief from pain; kindness to one who is suffering आराम; सुख; दिलासा آرام؛ تسکین؛ تسلی؛ تشفی

Comical : *adj.* ludicrous हास्यास्पद بے ڈھنگا

Coming : *adj.* (kum-ing) guest; visitor आगमी, आने वाला مہمان؛ آنے والا

Comity : *n.* (kom-i-ty) civility; decency; etiquette शील; सौजन्य; शिष्टाचार شائستگی؛ سلیقہ؛ آداب

Comma : *n.* (ko-ma) a comma अल्पविराम کوما

Command : *v.* (kom-ahnd) to order; to control आदेश देना; हुक्म देना حکم دینا؛ قابو پانا

Command on language : *ph.* skill in its use नियंत्रण; जबान पर नियंत्रण होना زبان پر قدرت ہونا

Commandant : *n.* (kam-an-dant) officer in command कमाण्डेंट; आदेशक; नायक; सेनापति سالار؛ کمانڈنٹ

Commander : *n.* person in command नायक; सेनापति سالار؛ کمانڈر

Commander in chief : *n.* chief commander प्रधान सेनापति اعلیٰ کمانڈر

Commandment : *n.* (ko-manhd-ment) divine law ईश्वरीय आदेश خدائی فرمان؛ حکمِ الٰہی؛ خدائی قانون؛ حکمِ ربی

Commando : *n.* (ko-man-do) a group of army कमाण्डो فوجی دستہ

Commemorate : *v.* (ka-me-mo-rate) to celebrate in memory स्मरणोत्सव मनाना; गुणगान क. منانا؛ یادگار قائم کرنا (کسی شے کی)؛ یاد دلانا (تحریر یا تقریر میں)

Commemoration : *n.* (-shen) celebration in memory स्मरणोत्सव; कीर्तिगान یادگار؛ تقریب؛ فاتحہ

Commence : *v.* (ko-mem-s) begin; to start प्रारम्भ क.; श्री गणेश क. شروع کرنا؛ ابتدا کرنا؛ کام شروع کرنا

Commencement : *n.* (-ment) start; beginning प्रारम्भ; श्रीगणेश آغاز؛ ابتدا

Commend : *v.* (ko-mend) to recommend; to praise; to entrust (someone) for safe keeping सौंपना; सिपुर्द क.; प्रशंसा क.; सराहना क. سفارش کرنا؛ سپرد کرنا؛ تعریف وتوصیف کرنا؛ عنایت کرنا

Commendable : *adj.* praisable प्रशंसनीय; सराहनीय لائق تعریف؛ پسندیدہ

Commendation : *n.* (ko-men-day-shen) 1. praise 2. recommendation 1.प्रशंसा 2.सिफ़ारिश (۱)تعریف؛ تحسین؛ مدح (۲)سفارش

Commendatory : *adj.* praise; recommended प्रशंसात्मक; सिफ़ारिशी تعریفی؛ سفارشی

Commensal : *adj.* living in close association सहभोजी ہم پیالہ؛ ہم نوالہ

Commensurate : *adj.* (ko-men-sew-rayt) proportionate अनुरूप; आनुपातिक مطابق؛ مناسب؛ ہم نسبت؛ کے مناسب

Comment : *n.* (ko-ment) criticism आलोचना; टिप्पणी تنقید؛ تبصرہ

Commentary : *n.* (kom-en-tary) detailed comments टीका; व्याख्या شرح؛ تفسیر

Commentarator : *n.* one who comments टीकाकार کنٹریٹر؛ تفسیر نگار؛ شرح نگار

Commerce : *n.* (kom-ers) trade व्यापार تجارت؛ بیوپار؛ لین دین

Commination : *n.* (ko-mi-na-shen) threat धमकी دھمکی

Commingle : *v.* (ko-min-gle) to mix मिश्रण क. ملانا؛ آمیزہ بنانا

Commiserate : *v.* (ko miz-rayt) sympathize सहानुभूति क. या रखना ہمدردی کرنا؛ غم خواری کرنا

Commiseration : *n.* (ko-miz-ray-shen) sympathy सहानुभूति ہمدردی؛ غم خواری

Commission : *n.* (ko-mish-en) body of persons; payment made as sale of goods; authority आयोग; दलाली; आढ़त; अधिकार کمیشن؛ دلالی؛ آڑھت؛ اختیار؛ مختارنامہ

Commit : *n.* (ko-mitt) perform; entrust to someone for safe keeping जुर्म करना; सिपुर्द क.; के हवाले कर देना جرم کرنا؛ مرتکب ہونا؛ سپرد کرنا؛ تحویل میں دینا (کسی کی)

Commitment : *n.* (ko-mit-ment) promise वादा وعدہ

Commitee : *n.* (ko-mit-i) group of persons कमेटी; समिति کمیٹی؛ انجمن؛ مجلس

Sub-commitee : *n.* smaller group उपसमिति ذیلی کمیٹی

Municipal committee: *n.* municipality नगरपालिका کمیٹی؛ بلدیہ

Commode : *n.* (ko-mod) a moveable piece of furniture, something in the form of a chair, with a hinged flap concealing a chamber pot; commode कमोड کموڈ

Commodious : *adj.* (ko-mod-iyus) big; huge बड़ा; लम्बा चौड़ा بڑا؛ لمبا چوڑا

Commodity : *n.* (ko-mod-i-ti) thing; goods माल; जिन्स چیز؛ جنس؛ سامانِ تجارت

Common : *adj.* (kom-en) general सामान्य عام

Common sense : *n.* general power of understanding सामान्य बुद्धि سوجھ بوجھ؛ عقل سلیم؛ سمجھ

Common wealth : *n.* group of several independent states राष्ट्रमण्डल دولتِ مشترکہ

Commotion : *n*. (ko-moh-shen) noise; din; excitement हुल्लड़; उत्तेजना شور وغل؛ ہنگامہ؛ اضطراب؛ بے چینی

Communal : *adj*. (kom-ew-nel) sectarian साम्प्रदायिक فرقہ وارانہ

Commune : *n*. (kom-ewn) the smallest administrative unit of country समुदाय ملکی انتظام کا سب سے چھوٹا مرکز

Communicate : *v*. (ko-mew-ni-kayt) to inform; to pass on सूचित क.; बताना اطلاع یا خبر دینا؛ مطلع کرنا

Communication : *n*. (kanew-ni-kay-shen) act of communicating सूचना; संदेश خبر رسانی؛ اطلاع دینا؛ ترسیل

Commumon : *n*. (ko-mewn-yen) sharing भागीदारी شرکت؛ رفاقت

Communique : *n*. (ko-mewn-i-kay) official statement सरकारी सूचना سرکاری بیان؛ اعلامیہ

Communism : *n*. (kom-eu-nizm) Russian socialism in which property is owned by the community साम्यवाद روسی اشتراکیت؛ اشتمالیت

Communist : *n*. (kom-ew-nist) believer in communism साम्यवादी؛ اشتمالی اشتراکی

Community : *n*. (ko-mewn-i-ti) all the persons living in one place; nation; group with common descendents समुदाय; समूह; बिरादरी (کسی علاقے کی) پوری آبادی؛ قوم؛ برادری

Commute : *v*. (ko-mewt) interchange बदल लेना بدلنا؛ بدلے میں لینا

Compact : *n*. (kom-pakt) argeement समझौता سمجھوتہ؛ معاہدہ؛ عہد و پیمان؛ اقرار؛ قول وقرار

Compact : *adj*. packed together closely and neatly सुसम्बद्ध صفائی سے کس کر بندھا ہوا

Companion : *n*. (kom-pen-yen) comrade साथी; सखी ساتھی؛ سہیلی؛ رفیق

Company *n*. (kom-pe-ni) being together with other persons; body of persons; business concern in which several persons combine as owners संगति; समूह; कम्पनी ساتھ؛ معیت؛ رفاقت؛ صحبت؛ جماعت؛ گروہ؛ شرکت؛ کمپنی؛ مشترکہ تجارتی ادارہ

Comparative : *adj*. (kom-pe-rative) judged by comparison तुलनात्मक تقابلی

Compare : *v*. (kom-pay-er) judge one in the light of the other; to note the difference तुलना क.; मिलाना موازنہ کرنا؛ مقابلہ کرنا؛ ملانا

Comparison : *n*. (kom-pa-ri-zen) the act of comparing तुलना; मिलाना مقابلہ؛ موازنہ؛ تقابل

Compartment : *n*. (kom-pahrt-ment) a separate division of a structure; a separate division in a railway coach कक्ष; डिब्बा (रेल का) کمرہ؛ حصہ؛ ڈبہ (ریل کا)

Compass : *n*. (kom-pas) an instrument who tells directions कुतुबनुमा; कम्पास قطب نما؛ کمپاس

Compassion : *n*. (kum-pash-en) pity; sympathy तरस; सहानुभूति رحم؛ ترس

Compassionate : *adj*. (-nayt) having compassion दयालू رحمدل؛ ترس کھانے والا

Compatriot : *n*. (kom-pat-ry-ayt) a fellow countryman हमवतन; देश भाई ہم وطن

Compeer : *n.* (kom-pi-er) a person of equal rank, status or ability; a companion हमजोली; साथी ساتھی؛ ہمجولی؛ سہیلی

Compel : *v.* (kom-pel) force someone to do; to obtain by force विवश क.; मजबूर कर देना مجبور کرنا؛ لاچار کر دینا؛ زبردستی حاصل کرنا

Compensate : *v.* (kam-pen-sayt) to make amends to (someone) for loss or injury पूर्ति क.; बराबर कर देना; मुआवजा देना تلافی کرنا؛ معاوضہ دینا؛ بدلہ دینا

Compensation : *n.* something given as reparation for loss, injury etc.; indemnity क्षतिपूर्ती; हरजाना تلافی؛ معاوضہ؛ ہرجانہ؛ عوض؛ بدلہ

Compete : *v.* (kom-peet) to take part in contest or competition प्रतियोगिता में भाग लेना مقابلہ میں حصہ لینا

Competence/Compentency : *adj.* & *n.* ability; efficiency योग्यता قابلیت؛ اہلیت

Competent : *adj.* (kom-pi-tent) having skill etc.; sufficient to do something सुयोग्य; सक्षम اہل؛ قابل؛ لائق؛ مجاز

Competition : *n.* (kom-pe-tish-en) contest; competition; examination प्रतियोगिता; होड़ مقابلہ؛ مقابلے میں حصہ لینا

Competitor: *n.* rival प्रतिद्वन्द्वी; प्रितियोगी مقابلہ کرنے والا؛ حریف؛ مدمقابل

Compilation : *n.* (kom-pi-lay-shen) act of compiling संचयन; संकलन تالیف؛ تدوین

Compile : *v.* collect information and arrange in a book संकलित क.; एकत्र क. مرتب کرنا؛ تدوین کرنا؛ تالیف کرنا

Complain : *v.* (kom-playn) express suffering; express dissatisfaction दुखड़ा रोना; कष्ट बताना شکایت کرنا

Complainant : *n.* plaintiff शिकायत करने वाला شاکی؛ مستغیث

Complaint : *n.* (kom-playnt) the act of complaining شکایت؛ استغاثہ

Complete : *adj.* (kom-pleet) whole; finished पूर्ण; सम्पूर्ण; पूरा پورا؛ مکمل؛ ثابت

Completion : *n.* (kom-plee-shen) state of being complete सम्पूर्ण; पूर्ति تکمیل؛ پورا؛ مکمل

Complex : *adj.* (kom-pleks) made up of parts; abnormal mental state मिश्रित; जटिल; मनोग्रन्थि مرکب؛ پیچیدہ؛ نفسیاتی الجھن؛ ذہنی تناؤ

Complexity : *n.* (kom-plek-si-ti) complication जटिलता پیچیدگی

Complexion : *n.* (kom-plek-shen) natural colour of skin रंग-रूप رنگ روپ

Compliance : *n.* (kom-pli-ans) action of complying पालन; स्वीकृति تعمیل؛ اطاعت؛ فرمانبرداری

Compliant : *n.* (kom-pli-ant) obediant; one who comply the order आज्ञाकारी; नमनशील فرمانبردار

Complicacy : *n.* (kom-pli-kay-si) complication जटिलता پیچیدگی

Compication : *adj.* see Complicacy

Compliment : *n.* (komp-li-ment) admiration प्रशंसा تعریف

Complimentary : *adj.* (-e-ri) loudatory प्रशंसात्मक تعریفی

Comply : *v.* (kom-pli) to obey; to do पालन क.; पूरा क. تعمیل کرنا؛ حسب خواہش کام کرنا

Component : *n.* (kom-po-nent) part

अंग ؛جز حصہ

Compose : *v.* (kom-pohz) constitute; put together or order; (printing) set up; to make; to write; calm बनाना; संघटित क.; रचना; लिखना; शान्त क.; कम्पोज़ क. بنانا؛ سنوارنا؛ ترکیب دینا؛ لکھنا؛ سکون؛ دل جمعی؛ کمپوز کرنا (چھپائی میں)

Composition : *n.* (kom-po-zish-en) combining; act of composing in literary form; making संयोजन; रचना; संघटन بنانا؛ یکجا کرنا؛ لکھنا؛ تحریر

Compost : *n.* (kom-post) manure made with garbage कूड़ा खाद کوڑا کرکٹ سے بنی ہوئی کھاد

Composure : *n.* (kom-pose) peace; undisturbed condition शान्ति; धैर्य امن و امان؛ سکون

Compound : *n.* (kom-pa-und) basic part; material; thing; mixture यौगिक; मिश्रण چیز؛ شے؛ اصل حصہ؛ آمیزہ؛ مرکب

Comprehend : *v.* (kom-pre-hend) understand fully or completely समझना پوری طرح سمجھنا؛ ادراک کرنا

Comprehension : *n.* (kom-pre-hen-shen) understanding power of mind to do समझ; परिज्ञान سمجھ؛ فہم؛ ادراک

Comprehensive : *adj.* that can be comprehended; detailed व्यापक; विस्तार قابل فہم؛ تفصیل

Compress : v. (kom-pres) press together दबाना; सम्पीडित क. بھینچنا؛ دبانا (زور سے)

Compression : *n.* (kom-presh-en) pressing together दबाव دباؤ؛ داب

Comprise : *v.* (kom-priz) consist of समाविष्ट क.; के बराबर होना پر مشتمل ہونا؛ کو شامل ہونا

Compromise : *n.* (kom-pro-miz) settlement of a dispute समझौता; मध्यमार्ग مصالحت؛ تصفیہ؛ مفاہمت؛ سمجھوتہ

Comptroller : *n.* (old spelling of) controller लेखा-नियन्ता ناظر؛ نگراں

Compulsion : *n.* (kom-pul-shen) compelling or being compelled दबाव; बलप्रयोग; मजबूरी; विवशता مجبوری؛ زبردستی؛ جبر

Compulsory : *adj.* (-se-ri) that must be done; necessary अनिवार्य; आवश्यक لازمی؛ ضروری

Compunction : *n.* (kom-punk-shen) regret खेद افسوس؛ رنج

Computation : *n.* (kom-pew-tay-shen) calculation परिकलन; संगणना حساب؛ شمار

Compute : *v.* (kom-peut) to calculate हिसाब लगाना; परिकलन क. حساب لگانا؛ شمار کرنا؛ گننا

Comrade : *n.* (kom-rayd) trusted companion; communist कोमरेड; साथी; सखा ساتھی؛ رفیق؛ اشتراکی

Concave : *adj.* (kon-kayv) curving inwards अवतल محدب

Conceal : *v.* (kon-seal) hide; keep secret छिपाना; गुप्त रखना چھپانا؛ مخفی رکھنا

Concealment : *n.* act or state of hiding संगोपन; छिपाव اخفا؛ چھپانا

Concede: *v.* (kon-seed) to admit मान लेना; स्वीकार क. مان لینا؛ تسلیم کرنا

Conceit : *n.* (kon-seet) too much pride in oneself अहंकार; घमण्ड گمان؛ تکبر

Conceited : *adj.* full of conceit गर्वीला;

अहम्मन्य مغرور؛ گھمنڈی؛ خود پسند؛ متکبر

Conceive : *n*. (kon-seev) become pregnant; from an idea गर्भ धारन क.; कल्पना क.; विचार क. حاملہ ہونا؛ سوچنا؛ تصور کرنا

Concentrate : *n*. (kon-sen-trayt) act of concentration सार متوجہ ہونا

Concentration : *n*. full attention केंन्द्रीकरण توجہ

Concept : *n*. (kon-sept) idea विचार; संकल्पना تصور؛ خیال؛ ذہنی شکل

Conception : *n*. idea; plan; conceiving भावना; गभधारण تصور؛ حمل

Concern : *v*. (kon-sern) be related (with) से सम्बन्ध रखना سے تعلق رکھنا؛ سے متعلق ہونا

Concession : *n*. (kon-sesh-en) act of conceeding अनुदान; प्रदान; छूट مراعات؛ رعایت؛ چھوٹ

Conciliate : *v*. (kon-sil-i-ayt) win the support सहानुभूति प्राप्त क. ہمدردی حاصل کرنا

Conciliation : *n*. (kon-si-li-ay-shen) act of conciliting समझौता; मेलमिलाप مصالحت؛ صلح؛ سمجھوتہ

Conciliatory : *adj*. (-te-ri) conciliating समझौताकारी مصالحت آمیز

Concise: *adj*. (kon-sis) terse; brief संक्षिप्त مختصر؛ اختصار پسند

Conciseness: *n*. brevity संक्षिप्तता؛ اختصار؛ ایجاز

Conclave : *n*. (Konk-lay-ve) secret meeting गुप्त सभा خفیہ میٹنگ

Conclude : *v*. (kon-clood) come or bring to an end समाप्त क. या होना ختم کرنا یا ہونا

Conclusion: *n*. (kon-kloozh-en) end; finish; complete; inference; decision समाप्ति; अन्त; निष्कर्ष فیصلہ؛ بالآخر؛ آخر میں؛ نتیجہ

Conclusive : *adj*. (kon-kloos-iv) decisive; ending doubt निर्णायक فیصلہ کن

Concoct : *v*. (kon-kokt) to prepare by brewing; invent पकाना; गढ़ना; कल्पना क. پکانا یا بنانا؛ قصہ وغیرہ گھڑنا یا بہانہ تراشنا

Concoction : *n*. (kon-kok-shen) concocted mixture; false excuse काढ़ा; कपट जाल جوشاندہ؛ بناوٹی بات

Concord : *n*. (kon-kred) friendship; act of conciliting मैत्री; समझौता دوستی؛ مصالحت؛ سمجھوتہ

Concourse : *n*. (kon-kors) crowd; rush भीड़ بھیڑ؛ ہجوم

Concrete : *n*. (kon-kreet) concrete कंकरीट روڑی؛ پتھری

Concur : *n*. (kon-ker) agree in opinion (with someone) सहमत होना اتفاق رکھنا؛ متفق ہونا

Concurence : *n*. (kon-ke-rens) agreement; cooperation सहमति; सहयोग اتفاق رائے؛ تعاون؛ اشتراک

Concuss : *v*. (kon-kus) to push; to move धक्का देना; हिला देना دھکا دینا؛ ہلا دینا

Condemn : *v*. (kon-den) censure; blame निन्दा क. عیب لگانا؛ برا بھلا کہنا

Condemnation : *n*. (kon-dem-nay-shen) sentence; censure; blame; misfortune दण्डादेश; निन्दा; बदकिसमति سزا کا حکم؛ ملامت؛ بدقسمتی

Condensation : *n*. (kon-den-say-shen) condensing; abridgement संघनित क.; गाढ़ा क.; सांक्षेत क. انجماد؛ تکثیف؛ اختصار

Condenser : *n.* apparatus for condensing संघनित करने का यन्त्र या आला آلۂ تکثیف

Condescend: *v.* (kon-de-send) stoop to someone lower झुकना جھکنا؛ فروتنی کرنا

Condign : *adj.* (kon-da-in) appropriate; suitable उपयुक्त مناسب؛ موزوں

Condiment : *n.* (kon-di-ment) spice मसाला مسالہ

Condition : *n.* (kon-dish-en) circumstances; that on which another thing depends शर्त; स्थिति; अवस्था; दशा شرط؛ حالت؛ کیفیت

Conditional : *adj.* depending on other factors; not certain शर्तबन्द; प्रतिबन्धित مشروط

Condole : *v.* (kon-dohl) sympethise संवेदना या सहानुभूति प्रकट क॰ تعزیت کرنا؛ پرسا دینا؛ ماتم پرسی کرنا

Condom : *n.* (kon-dom) cap टोपी ٹوپی

Condonation : *n.* (kon-do-na-shen) forgiveness क्षमा; माफ़ी معافی؛ عفو

Condone : *v.* (kon-dohn) forgive क्षमा क॰ معاف کرنا؛ نظرانداز کرنا؛ درگذر کرنا

Condor : *n.* (kon-dor) eagle गीध; गिद्ध گدھ

Conduce : *v.* (kon-dews) cause; lead (to a result) कारण बनना या होना باعث ہونا یا بنا

Conducive : *adj.* leading (to) (का) कारण (کا) باعث

Conduct : *n.* (kon-dukt) moral behaviour व्यवहार; आचरण; चरित्र اخلاق و عادات؛ طرزعمل؛ طورطریقہ؛ چال چلن

Conduction : *n.* (kon-duk-shen) conducting of heat or electricity चालन ایصال

Conductor : *n.* (kon-duk-ter) one selling tickets on bus कंडक्टर کنڈکٹر

Confabulation : *n.* (kon-fa-bo-la-shen) chattering गप-शप گپ شپ

Confect : *v.* (kon-fekt) to prepare तैयार क॰ تیار کرنا؛ بنانا

Confection : *n.* (kon-fek-shen) sweetmeats मिठाई مٹھائی؛ شیرینی

Confectioner : *n.* (kon-fek-she-ner) sweet-seller हलवाई حلوائی

Confectionery : *n.*(kon-fek-she-ne-ri) cakes; pastries; sweets मिष्ठान्न; केक کیک؛ پیسٹری

Confederation : *n.* (kon-fe-de-ra-shen) permanent union of sovereign states संघठन ممالک منسلکہ؛ نیم وفاق

Confer : v. (kon-fer) bestow right or favour; consult together प्रदान क॰; वार्तालाप क॰ عطا کرنا؛ دینا؛ مرحمت کرنا؛ صلاح مشورہ کرنا

Conference : *n.* (kon-fe-rens) discussion; consultation सम्मेलन; परामर्श کانفرنس؛ جلسہ؛ مشورہ؛ مذاکرات؛ گفت وشنید

Confess : *v.* (kon-fes) to admit; to accept स्वीकार क॰; मानना; क़बूल क॰ اعتراف کرنا؛ غلطی ماننا؛ قبول کرنا

Confession : *n.* (kon-fesh-en) confessing अपराध स्वीकार क॰ اقبال (جرم)؛ اعتراف (گناہ)

Confidant : *n.* (kon-fi-dent) person to whom private matters are confided अन्तरंग मित्र رازدار؛ ہمراز

Confide : *v*. (kon-fid) tell (a secret) बतलाना (راز کی بات) بتانا

Confidence : *n*. (kon-fi-dens) trusting intimacy; secret विश्वास; गोपनीय बात اعتماد؛ بھروسہ؛ راز کی بات

Confident: *adj*. trusting firmly आश्वस्त معتمد؛ باوثوق

Confiential : *adj*. (kon-fi-den-shel) secret गुप्त; गोपनीय خفیہ؛ پوشیدہ؛ مخفی

Configuration: *n*. (kon-fi-go-ray-shen) form; shape आकृति; रूप; आकार شکل؛ صورت؛ وضع؛ قطع

Confine : *v*. (kon-fin) keep within limits सीमित क.; परिरोध क.؛ حد کے اندر رکھنا؛ روکنا

Confinement : *n*. imprisonment; period immediately following delivery कारावास; कैद; प्रसव قید و بند؛ قید؛ حالت زچگی

Confirm : *v*. (kon-ferm) make firmer; make permanent; ratify पुष्टी क.; पक्का क.; अनुमोदन क. ؛ مستحکم کرنا؛ پکا کرنا؛ مستقل کرنا؛ تصدیق کرنا

Confirmation : *n*. (kon-fer-may-shen) confirming; ratification पुष्टीकरण; अनुमोदन تصدیق؛ توثیق

Confirmed : *adj*. (kon-fer-md) unlikely to change; ratified पक्का; सुदृढ़ تصدیق شدہ؛ مصدقہ

Confiscate : *v*. (kon-fis-kayt) seize by public authority ज़ब्त क.; अधिहरण क.; जब्ती ضبط کرنا؛ قرق کرنا

Confiscation: *n*. seizing; seizure ज़ब्ती ضبطی؛ قرقی

Conflagration : *n*. (kon-flag-ray-shen) great fire अग्निकांड آگ؛ آتش زدگی

Conflict : *n*. (kon-flikt) quarrel; battle; disagreement संघर्ष; युद्ध لڑائی؛ جھگڑا؛ اختلاف رائے

Conformity : *n*. (kon-for-m-i-ti) agreement (with); compliance (with) अनुरूपता; अनुपालन مطابقت؛ اطاعت؛ تعمیل

Confound : *v*. (kon-found) confuse; mix up चकरा देना; गड़बड़ कर देना; मिला देना پریشان کرنا؛ حیران کرنا؛ گڈمڈ کردینا

Confounded : *adj*. confused हैरान; भौचक بھونچکا؛ حیران

Confront : *v*. (kon-frunt) come face to face सामना क.; सम्मुख क. روبرو ہونا؛ دوچار ہونا

Confrontation : *n*. mingle; mix मिलाना; सम्मुख होना; सामना ملانا؛ روبرو ہونا

Confuse : *v*. (kon-fewz) see Confound

Confused : *adj*. see Confounded

Confusion : *n*. (kon-few-zhen) disorder गड़बड़ گڑبڑ؛ الجھاؤ

Conge : *n*. (kon-shez) 1.dismissal 2.permission 1.विसर्जन 2.अनुमति (۱)برخاستگی (۲)اجازت

Congeal : *v*. (kon-jeel) (of blood) make or become thick जमना या जमाना جمنا یا جمانا (خون کا)

Congenial : *adj*. according अनुकूल مطابق

Congeniality : *adv*. accordingly अनुकूलता مطابقت

Congested : *adj*. (kon-ges-ted) over crowded घना; भीड़ ہجوم؛ بھیڑ بھاڑ

Congratulate : *v*. (kon-gra-tew-layt) felicitate बधाई देना مبارکباد دینا

Congratulation : *n*. (-lay-shen) felicity مبارک باد

Congregate : *v*. (kong-re-gayt) come or bring together एकत्र क. या हो जाना جمع ہونا؛ اکٹھا ہونا یا کرنا

Congregation : *n*. (kong-re-zay-shen) body of people taking part in religious service; meeting सभा; धर्म संघ مذہبی اجتماع؛ میٹنگ؛ شرعی احکام

Congress : *n*. (kong-res) political party; metting of delegates for discussion कांग्रेस; सम्मेलन کانگریس پارٹی؛ مجلس مندوبین

Conjecture : *n*. (kon-jek-cher) guess अनुमान; कल्पना قیاس؛ اندازہ

Conjugal : *adj*. (kon-joo-gel) of wedded life वैवाहिक जीवन ازدواجی زندگی

Conjugate : *v*. (kon-joo-gayt) give the various forms of (a verb) क्रियारूप बनाना گردان کرنا

Conjuction : *v*. (kon-junk-shen) connecting word; connection समुच्चयबोधक; संयोग (۱)حرف عطف (۲)جوڑ؛ میل؛ اتحاد

Conjuration: *n*. (kon-joo-ray-shen) incantation; sorcery अभिचार; तंत्र-मंत्र جھاڑ پھونک؛ جادوٹونا

Conjure : *v*. (kon-joo-er) entreat solemnly निवेदन क. صدق دل سے دعا کرنا

Conjuror : *n*. (kon-joo-rar) magician जादूगर جادوگر

Connect : *v*. (ko-nekt) join; be united जोड़ना; मिलाना جوڑنا؛ جڑنا؛ ملانا

Connection : *n*. (ko-nek-shen) relation; union; being connected संयोजन تعلق؛ رابطہ

Connivance : *n*. (konni-vans) over looking (at) देखी अनदेखी क. نظرانداز کرنا؛ چشم پوشی کرنا

Connive : *v*. overlook अनदेखी چشم پوشی

Connotation : *n*. (kano-tay-shen) secondary meaning स्वगुणार्थ; अर्थ अभिधान ضمنی مفہوم

Connote : *v*. (ko-noht) suggest in addition to the primary meaning स्वगुणार्थ देना پوشیدہ مفہوم دینا

Conquer : *v*. (konk-er) defeat; overcome विजयी होना; हराना فتح کرنا؛ شکست دینا؛ زیر کرنا

Conqueror : *n*. one who conquers; victor विजेता فاتح؛ غلبہ پانے والا

Conquest : *n*. (kon-kwest) act of conquering; victory विजयी فتح؛ غلبہ

Consanguinity : *n*. (kon-san-gwin-i-ti) relationship by birth or blood सगोत्रता قربت داری؛ خونی رشتہ

Conscience : *n*. (kon-shens) moral sense; inner voice अन्तःकरण; विवेक ضمیر؛ دل کی آواز

Concious : *adj*. (kon-shus) awake; aware (of) होश में; चेतन; सचेतन ہوش میں؛ واقف؛ آگاہ؛ باخبر

Conscript : v. (kon-skript) enlist compulsorily अनिवार्य भर्ती; जब्री भर्ती جبری بھرتی

Consecrate : *v*. (kon-se-krayt) devote (to); dedication a purpose अर्पित क.; समर्पित क. نذر یا وقف کرنا

Consecration : *n*. (-kray-shen) dedication समर्पित نذر؛ وقف

Consectary : *n.* (kon-sek-tary) reslult निष्कर्ष نتیجہ؛ حاصل

Consecution : *n.* (kon-se-kew-sh‿n) judgement; idea अनुमान اندازہ

Consecutive : *adj.* (kon-sek-ew-tive) uninterrupted; one after another निरन्तर; लगातार لگاتار؛ مسلسل؛ متواتر

Consecutively : *adv.* one after the other; interruptedly निरन्तर متواتر؛ لگاتار؛ پے در پے

Consent : v. (kon-sent) permit or agree (to do) सहमति देना; राज़ी होना رضامندی یا منظوری دینا؛ راضی ہونا

Consequence : *n.* (kon-se-kwens) result; outcome; an unplesant result परिणाम; निष्कर्ष; नतीजा رزلٹ؛ انجام؛ نتیجہ

Conservation : *n.* (kan-ser-vay-shen) preservation; to keep safe संरक्षण; रक्षण محفوظ کرنا

Conservative : *adj.* narrow minded रुढ़िवादी دقیانوسی

Conservatoire : *n.* music school संगीत शिक्षालय میوزک اسکول؛ جہاں موسیقی سکھائی جاتی ہے؛ مدرسۂ موسیقی

Conserve : *v.*(kon-serv) keep safe सुरक्षित रखना محفوظ رکھنا

Consider : *v.* (kon-sid-er) think carefully विचार क..; सोचना; समझना غور کرنا؛ سوچنا؛ سمجھنا

Considerable : *adj.* (kon-sid-e-re-bel) worthy of being considered विचारणीय; विषेश قابلِ غور؛ قابلِ ذکر

Considerate : *adj.* kindly thoughtful दूसरे का ध्यान या ख़्याल रखने वाला; विचारशील بامروت؛ بالحاظ؛ خیال رکھنے والا

Consideration : *n.* point of views; respectation सोच विचार; ध्यान سوچ؛ لحاظ؛ مروت؛ غور؛ تامل

Consign : *v.* (kon-sin) send ; to hand over भेजना; हवाले कर देना بھیجنا؛ ارسال کرنا

Consignee : *n.* (kon-si-nee) one to whom send something जिस को माल भेजा जाये مرسل الیہ

Consignment : *n.* (-ment) goods consigned परेषित माल بھیجا ہوا مال؛ مرسلہ مال

Consist : *v.* (kon-sist) be composed (of) (से, का) बना होना سے بنا؛ سے مرکب ہونا

Consistence/-ency : *n.* not being contradictory; density अविरोध; सुसंगति موافقت؛ یکسانی؛ ہم آہنگی

Consolation : *n.* (kon-so-lay-shen) act of consoling दिलासा; तसल्ली تسلی؛ تشفی؛ دلاسا؛ ڈھارس

Console : *v.* sympathize with दिलासा देना تسلی دینا؛ دلاسا دینا

Consolidate : *v.* (kon-so-li-dayt) make strong; make solid दृढ़ क..; संघटित क.. مستحکم ہونا؛ استوار ہونا

Consolidation : *n.* (-shen) consolidating दृढ़ीकरण استحکام؛ پیوستگی

Consonant : *n.* (kon-so-nant) non vowel letter अनुरुप; सन्नादी; समस्वर حرفِ صحیح

Consort : *n.* (kon-sert) husband or wife पति; पत्नी زوج؛ شوہر یا بیوی

Conspectus : *n.* (kons-pek-tus) sketch रुपरेखा خاکہ

Concpicuous : *adj.* (kon-spik-ew-us) readily seen स्पष्ट; सुस्पष्ट واضح؛ بین

Conspiracy : *n.* (kon-spi-re-si)

plotting; plot षडयन्त्र; साजिश سازش

Constable : *n*. (kun-sta-bel) policeman सिपाही سپاہی

Constabulary : *n*. (kon-stab-ew-le-ri) police force in a town or district रक्षादल پولیس فورس

Constancy : *adj*. (kon-stan-si) firmness; stability; regularity स्थिरता; नियमितता استقلال؛ ثابت قدمی

Constant : *adj*. (kon-stant) never ending; firm; regular स्थिर; अटल ہمیشہ کا؛ دائمی؛ مستقل

Constellation : *n*. (kon-ste-lay-shen) group of fixed stars नक्षत्र; तारामंडल (ستاروں) کا جھرمٹ یا مجمع

Consternation: *n*. (kons-ter-nay-shen) terror आंतक دہشت

Constipation : *n*. (kons-te-pay-shen) an abdomen diseas क़ब्ज़ قبض

Constituency : *n*. (kons-ti-to-ensy) area where elections to be held निर्वाचन क्षेत्र چناؤ حلقہ

Constitute : *v*. (kon-sti-tewt) appoint; elect संघटित क.; नियुक्त क. مقرر کرنا؛ متعین کرنا

Constitution : *n*. (-tew-shen) 1.laws of a state or orgnization 2.structure of a body 1.संविधान 2.शरीर गठन (۱) آئین؛ دستور؛ اصول (۲) بدن؛ جسم

Constitutional : *adj* . pertaining to constitution संविधानी آئینی؛ دستوری

Constrain : *v*. (kon-strayn) to compel; to force बाध्य क.; निरोध क. مجبور کرنا؛ دباؤ ڈالنا

Constriant : *n*. compulsion; compelling दबाव; ज़बरदस्ती زبردستی؛ مجبوری

Construct : *v*. (kon-strukt) to build निमार्ण क. تعمیر کرنا؛ بنانا

Construction : *n*. act of building निर्माण; रचना تعمیر؛ ساخت

Constructive : *adj*. not destructive रचनात्मक تعمیری؛ اصلاحی

Construe : *v*. (cons-tro) interpret अर्थ लगाना وضاحت کرنا؛ تشریح کرنا

Consult : *v*. (kon-sult) to take advice परामर्श लेना या क. صلاح کرنا؛ پوچھنا؛ مشورہ کرنا

Consultant : *n*. expert from whom one seeks special advice مشیر؛ جس سے صلاح لی جائے

Consultation : *n*. act of consulting परामर्श; मशविरा صلاح؛ مشورہ

Consumable : *adj* . (kon-sewm-able) useable; eatables व्यय करने के योग्य; उपभोज्य برتنے کے لائق؛ کھانے کے لائق

Consume : *v*. spend; destroy; use up; eat or drink; eatables व्यय क.; उपभोग क.; समाप्त क. برت ڈالنا؛ برتنا؛ کھانا پینا؛ ختم کرنا

Consumer : *n*. person who uses goods उपभोक्ता صارف

Consummate : *v*. (kon-sew-mayt) to complete पूरा क. پورا کرنا

Consummation : *n*. (-may-shen) perfection पूर्णता تکمیل؛ مکمل کرنا

Consumption : *n*. (kon-sump-shen) use; spend; taking as food ख़र्च; व्यय; उपयोग; खपत خرچ؛ صرف؛ استعمال؛ کھانا؛ پینا

Contact : *n*. (kon-takt) 1.relation; connection; meeting 2.touch 1.सम्पर्क 2.स्पर्श (۱) رابطہ؛ تعلق؛ اتصال (۲) چھونا

Contagion : *n.* (kon-tay-jen) spreading disease छूत रोग چھوت کی بیماری؛ متعدی مرض

Contagious : *adj.* (kon-tay-jus) spreading by touch छूत का چھوت والی؛ متعدی؛ وبائی

Contain : *v.* (kon-tayn) hold; include; have रखना; शामिल होना رکھنا؛ شامل ہونا؛ مشتمل ہونا

Contemplate : *v.* (kon-temp-layt) to look attentatively; meditate غور سے دیکھنا؛ دھیان سے دیکھنا، سوچنا

Contemplation : *n.* (-lay-shen) contemplating अवलोकन; चिन्तन غور و فکر

Contemporary : *adj.* living at the same period or time; same age समकालीन ہم عصر؛ معاصر

Contempt : *n.* (kon-tempt) state of being despised; insult; scorn घृणा; अवज्ञा حقارت؛ ذلت؛ سبکی؛ توہین

Contempt of court : *n.* wilful disregard of the authority of a court of law अवमानना (अदालत) توہینِ عدالت؛ عدالت کے حکم کی نافرمانی کرنا

Contemptible : *adj.* (kon-temp-ti-bel) deserving contempt अवमान्य; तिरस्करणीय قابلِ ملامت؛ لائقِ ملامت

Contemptuous : *adj* . (-tew-us) person showing contempt; attitude of contempt सावज्ञ; सावमान; तिरस्कारपूर्ण متکبر؛ متکبرانہ؛ حقارت آمیز؛ ذلت آمیز

Contend : *v.* (kon-tend) struggle; contest; fight ; argue संघर्ष क.; लड़ना; विवाद क. तर्क क. جدوجہد کرنا؛ مقابلہ کرنا؛ دلیل دینا؛ بحث کرنا

Content : *adj* . (kon-tent) satisfied सन्तुष्ट; सहमत مطمئن؛ راضی؛ صابر؛ شاکر؛ رضامند

Contention : *n.* (kon-ten-shen) dispute; contest; claim; strife विवाद; प्रतियोगिता; संघर्ष تکرار؛ مقابلہ؛ دعویٰ؛ جدوجہد

Contentment : *n.* satisfaction सन्तोष اطمینان؛ تسلی؛ قناعت؛ صبر؛ شکر

Contents : *n.* that which is contained in something; list of articles विषय सूची; विषय مضمون؛ فہرست مضامین

Contest : *n.* (kon-test) competition; quarrel; fight प्रतियोगिता; संघर्ष; कलह; विवाद مقابلہ؛ لڑائی؛ جھگڑا

Context : *n.* (kon-tekst) what comes before and after a word or statement सन्दर्भ; पूर्वापर सम्बन्ध سیاق و سباق؛ سلسلۂ بیان

Contexture : *n.* fabric; structure वस्त्र; बनावट کپڑے؛ تانا بانا؛ بناوٹ

Contiguity : *n.* (kon-ti-gew-ti) being contiguous; proximity संसक्ति; सामीप्य اتصال؛ مقاربت

Contiguous : *adj.* (-tig-ew-us) touching; adjacent संलग्न; सटा हुआ متصل ہونا؛ سٹا ہوا

Continent : *n.* (kon-ti-nent) very large land mass महाद्वीप برّاعظم

Continental : *adj* . having to do with any continent महाद्वीपय برّاعظم کا

Contigency : *n.* (kon-tin-jen-si) possible event अनिश्चय; आकस्मिकता اتفاقی حالات؛ اتفاق

Contingent : *adj* . accidental; happening by chance अनिश्चित; आकस्मिक اتفاقیہ؛ ہنگامی

Continual : *adj* . regular; continuous

लगातार; निरन्तर مسلسل؛ لگاتار

Continuation : *n*. (kon-tin-ew-ay-shen) continuing अवस्थिति; जारी रहना جاری رہنا؛ سلسلہ وار

Continue : *v*. (kon-tin-ew) go further without break; began again जारी रहना; चलता रहना جاری رہنا یا رکھنا؛ دوبارہ شروع کرنا

Continuity : *n*. (kon-ti-new-ti) going on without a break निरन्तरता تسلسل؛ دوام

Continuous : *adj*. (kon-tin-ew-us) continuing without break निरन्तर; अविराम مسلسل؛ غیر منقطع

Contort : *v*. (kon-tort) to twist; to bend severely; to wrench ऐंठना; मरोड़ना اینٹھنا؛ مروڑنا

Contour : *n*. (kon-toar)the outline of a land or body; sketch रुपरेखा خاکہ

Contraception : *n*. (kon-tra-sep-shen) prevention by artificial means of conception; preventing the sperm from reaching the ovum; preventing implantation गर्भनिरोध حمل روکنے والا

Contraceptive : *adj*. (-tive) relating or used for contraception गर्भनिरोधक حمل روکنے والی

Contract : *n*. (kon-trakt) legal agreement; business agreement संविदा-पत्र; ठेका معاہدہ؛ عہدنامہ؛ ٹھیکہ

Contraction : *n*. (kon-trak-shen) shrinking or contracting सिकुड़न سکڑنا؛ اینٹھن

Contractor : *n*. (-te-r) one who usually does work for others on contract ठेकेदार ٹھیکیدار

Contradict : *v*. (kon-tre-dikt) deny statement; be contrary to खण्डन क.; प्रतिकूल या विरोधी होना تردید کرنا؛ الٹ ہونا؛ برعکس ہونا

Contradiction : *n*. denial खण्डन تردید

Contradictory : *n*. confilicting विरोधी; खण्डनात्मक متضاد؛ اختلاف رائے

Contrary : *adj* . (kon-tra-ri) opposite विरुद्ध; विपरीत مخالف؛ متضاد

Contrast : *v*. (kon-trahst) compare (with); show a difference वैषम्य; विषमता; भेद दिखलना; तुलना क. موازنہ کرنا؛ مقابلہ کرنا؛ فرق دیکھنا

Contrast : *n*. act of contrasting वैषम्य; विषमता موازنہ؛ مقابلہ؛ محاکمہ

Contravene : *v*. (kon-tra-veen) infringe; conflict with; contradict उल्लंघन क.; विरोध क.; खण्डन क. خلاف ورزی کرنا؛ مخالفت کرنا؛ تردید کرنا

Contravention : *n*. (-shen) infringement; conflict; contradiction خلاف ورزی؛ مخالفت؛ تردید

Contribute : *v*. (kon-tri-bewt) grant for help; aid चन्द देना; सहयोग देना چندہ دینا؛ مدد دینا

Contribution : *n*. (-shen) grant; aid चन्दा; सहयोग چندہ؛ اعانت؛ مدد

Contrite : *adj*. (kon-trit) penitent पश्चातापी تائب

Contrivance : *n*. (kon-try-vance) invention आविषकार ایجاد

Control : *n*. (kon-trohl) authority; rule नियन्त्रण; शासन اختیار؛ اقتدار؛ تسلط

Controller / Competroller : *n*. (kon-troh-ler) person who controlls नियन्त्रक; शासक ناظر؛ ناظم

Controversial : *adj*. (kon-tro-ver-shel) likely to cause controversy विवादशील نزاعی؛ جھگڑے کا

Controversy : *n*. (kon-tro-versi) prolonged argument; disagreement विवाद; वादविवाद نزاع؛ مباحثہ؛ اختلاف

Controvert : *v*. (kon-tro-vert) to contradict खण्डन क. تردید کرنا

Contumacious : *adj*. (kon-tew-may-shes) impolite अक्खड़; हटीला اکھڑ؛ ضدی؛ ہٹیلا

Conundrum : *n*. (konn-drum) riddle; problem पहेली; समस्या پہیلی؛ مسئلہ؛ مشکل

Convalescent : *n*. (kon-ve-les-ent) recovering from illness स्वास्थ्य लाभ करने वाला رو بہ صحت مریض

Convene : *v*. (kon-veen) call together (meeting); come together (for a meeting) आयोजन क.; बुलाना اجلاس بلانا؛ اکٹھے ہونا؛ مجتمع ہونا؛ جمع ہونا

Convenient : *adj* . (kon-vee-ni-ent) suitable सुखकर; सुविधाजनक مناسب؛ موزوں

Convention : *n*. (-shen) meeting (for important discussion) सभा; सम्मेलन میٹنگ؛ اجلاس؛ جلسہ؛ اجتماع

Conversation : *n*. (kon-ver-say-shen) talking; chitchat बात-चीत; वार्तालाप باتیں کرنا؛ بات چیت

Converse : *v*. (kon-vers) to talk; to chat बातें क. باتیں کرنا

Converse : *adj*. (idea or statement) opposite (of) उलटा; विपर्याय عکس؛ الٹ

Conversely : *adj* . on the other hand उलटे; विलोमत الٹ؛ عکس؛ معکوس

Conversion : *n*. (kon-ve-shen) change; change to another religion धर्म परिवर्तन تبدیلی؛ تغیر؛ تبدیلی مذہب

Convert : *v*. (kon-vert) change; change to another religion or idea बदलना; धर्म परिवर्तन क. تبدیل کرنا؛ ایک مذہب سے دوسرے مذہب میں بدلنا

Convertible : *adj*. (kon-vert-i-bel) that can be changed परिवर्तनीय تغیر پذیر؛ تبدیلی کے قابل

Convey : *v*. (kon-vey) take from one place to another; communicate (news, ideas etc.) ले जाना; पहुंचा देना منتقل کرنا؛ لے جانا؛ پہنچانا

Conveyance : *n*. (kon-vay-ans) vehicle वाहन سواری؛ گاڑی

Convict : *v*. (kon-vikt) to prove or declare guilty दोषी सिद्ध क. مجرم قرار دینا یا ثابت کرنا

Convict : *n*. criminal; felon दोषी; पापी مجرم؛ گنہگار

Conviction : *n*. (kon-vik-shen) sentence; proof of guilt सज़ा; जुर्म का इक़रार سزایابی؛ اقبالِ جرم

Convince : *v*. (kon-vins) make (someone) agree, understand or realize the truth; to prove guilty; feel certain मनवाना; स्वीकार कराना قائل کرنا؛ یقین دلانا؛ باور کرانا

Convivial : *adj* (kon-viv-ial) jovial; gay मौजी ; प्रफुल्ल; हंस-मुख موجی؛ ملنسار؛ خوش مزاج؛ ہنس مکھ

Convocation : *n*. (kon-vo-kay-shen) meeting of a university etc. to award degrees दीक्षान्त समारोह جلسۂ تقسیم اسناد

Convoke : *v*. (kon-vohk) to call

together सभा बुलाना या आयोजित क.. اجلاس منعقد کرنا

Convolution : *n.* (kon-vo-loo-shen) coil; curl round and round बल; कुण्डल; मरोड़ کنڈل؛ لچھا؛ بل

Convoy : *v.* (kon-voy) escort साथ जाना ساتھ جانا؛ رہنمائی کرنا

Convulsion : *n.* (kon-vol-shen) a violent involuntary contraction of a muscle or muscles; disturbance; spasm; burst ऐंठन; मरोड़; लहर اینٹھن؛ مروڑ؛ لہر

Cook : *v.* (kuk) to prepare food; one who cooks खाना पकाना; रसोइया کھانا پکانا؛ خانساماں

Cookery : *n.* (kook-eri) art of cooking पाकशास्त्र طباخی؛ پکانے کا فن

Cookie : *n.* (kuk-ee) plain bun; biscuit सादा बन्द; बिस्कुट سادہ بند؛ بسکٹ

Cool : *adj.* (kool) slightly cold; pleasant शीतल نیم سرد؛ ٹھنڈا؛ خوشگوار حد تک سرد

Coop : *adj.* (koop) small cage; basket दरबा; टोकरा دربہ؛ ٹوکرا

Cop : *n.* (kop) top शिखर بلندی؛ اونچائی

Copal : *n.* (kopal) resin राल رال

Cope : *v.* (n.&v.) 1.covering over a bed 2.struggle successfully 1.वितान 2.निबट लेना (۱) چھپرکھٹ؛ سائبان (۲) نبٹ لینا

Copier : *n.* (ko-pi-yar) photo copy machine; one who make copy प्रतिलिपिक; नक़ल करने वाला فوٹو کاپی مشین؛ کاپی کرنے والا؛ نقل کرنے والا

Copious : *adj* . (koh-pi-ous) abundant बहुत अधिक وافر؛ لبریز؛ بہت زیادہ

Copper : *n.* (kop-er) a kind of metal ताँबा تانبہ

Copy : *n.* (kop-i) reproduction; book प्रतिलिपि نقل؛ نسخہ؛ کتاب

Copy right : *n.* (kop-i-rit) exclusive legal right on the production of a book प्रकाशनाधिकार حقِ تصنیف

Coral : *n.* (koh-rel) secretion of a kind of sea insect मूंगा مونگا؛ مرجان

Cord : *n.* (kohrd) 1.thick string or rop 2.spine 1.डोरी 2.रीढ़ की हड्डी (۱) ڈوری؛ طناب (۲) ریڑھ کی ہڈی

Cordial : *adj* . (kohr-diyal) jovial; gay स्नेहपूर्ण خوش مزاج؛ ملنسار

Cordon : *n.* (kor-don) circle; bandage घेरा; फीता گھیرا؛ فیتہ

Corduroy : *n.* (kord-uri) thick cotton मोटा सूती कपड़ा موٹا سوتی کپڑا

Core : *n.* (kohr) hard middle part बीजकोष; गूदा گودا؛ مغز

Coriander : *n.* (kori-an-der) a kind of vegetable धनिया دھنیا

Corium : *n.* (ko-ri-um) skin चर्म کھال

Cork : *n.* (kork) stopper डाट کارک؛ ڈاٹ

Cormorant : *adj.* (kor-me-rant) glutton पेटू; खाऊ پیٹو؛ کھاؤ

Corn : *n.* (korn) any cereal plant like wheat etc.; maize गल्ला; अनाज; मक्का; मकई غلہ؛ اناج؛ دانہ؛ مکا؛ مکئی

Corner : *n.* (kor-ner) point where two lines meet; bend; angle कोना; नुक्कड़; कोण گوشہ؛ کونا؛ نکڑ؛ موڑ؛ زاویہ

Cornice : *n.* (kor-nis) protruding line in upper part of a wall or column कारनिस; कंगनी کارنس؛ منڈیر

Corollary : *n.* (ko-rol-e-ri)

consequence परिणाम نتیجہ؛ رزلٹ

Corona : *n.* (ko-ro-na) crown मुकुट تاج

Coronation : *n.* (ko-ro-nay-shen) ceremony of crowning a king or queen राज्याभिषेक تاجپوشی کی تقریب

Coronet : *n.* (ko-ro-nayt) see Corona

Corporal : *adj* . (kor-po-rel) physical शारीरिक جسمانی

Corporation : *n.* (kor-po-ray-shen) group of persons elected to govern a town; limited firm निगम; नगर पालिका; फर्म بلدیہ؛ کارپوریشن؛ ادارہ؛ فرم

Corporeal : *adj* . see Corporal

Corps : *n.* (kohps) branch of army फ़ौज فوج کا شعبہ

Corpse : *n.* (korps) dead human body शव; लाश نعش؛ لاش

Corpulence : *adj.* fat; bulky; heavy मोटा موٹا

Corpulent : *n.* fatness; heavyness मोटापन موٹاپن

Corpus : *n.* (*pl.*) a collection of writings esp. by a single author on a specific topic लेखों का मजमुआ مجموعۂ تحریر

Corral : *n.* (koral) a compound; an enclosure; yard बाड़ा باڑا

Correct : *adj* . (korekt) right ठीक ٹھیک؛ صحیح؛ درست

Correction : *n.* (ko-rek-shen) something that corrects; an improvement सुधार; दुरुस्ती تصحیح؛ اصلاح؛ درستی

Correspond : *v.* (ko-res-pond) 1.write letter to and receive replies from (with) 2.be in harmony (with) 1.पत्राचार क.; लिखा-पढ़ी क. 2.अनुकूल होना (۱)خط و کتابت کرنا؛ مراسلت کرنا؛ لکھا پڑھی کرنا (۲)مطابقت کرنا

Correspondence : *n.* 1. letter-writing 2.similarly 1.पत्राचार 2.अनुरुपता (۱)خط و کتابت (۲)مطابقت؛ مماثلت؛ یکسانیت

Correspondent : *n.* one who writes letters संवाददाता; पत्रव्यवहारी مراسلہ نگار؛ نامہ نگار

Corridor : *n.* (ko-ri-dor) passages between rooms गलियारा غلام گردش؛ گلیارہ

Corroborate : *v.* (ko-rob-o-rayt) to attest पुष्टि क. تصدیق کرنا؛ توثیق کرنا

Corroboration : *n.* (-ray-shen) attestation पुष्टिकरण تصدیق؛ توثیق

Corrode : *v.* (ko-rod) to destroy; to ruin नष्ट क. या हो जाना برباد کرنا یا ہوجانا؛ تباہ کرنا یا ہوجانا

Corrosion : *n.* (ko-ro-zen) oxidization ज़ंग زنگ

Corrugte : *v.* (ko-ro-gayt) to wrinkle झुर्रियाँ डालना या पड़ना شکن، جھریاں ڈالنا یا پڑنا

Corrupt : *adj* . (ko-rupt) accepting bribes भ्रष्ट; दुष्ट رشوت خور؛ بدعنوان

Corruption : *n.* (-shen) bribery भ्रष्टाचार رشوت ستانی؛ بدعنوانی

Corsage : *n.* (kor-say-z) braizier; vase चोली ; गुलदस्ता محرم؛ چولی؛ گلدستہ

Corset : *n.* (kor-set) braizier चोली چولی؛ محرم

Cortege : *n.* (kor-tayg) procession जुलूस جلوس

Cortex : *n.* (kor-teks) bark छाल چھال؛ درخت کی چھال

Coruscant : *adj.* (ko-ros-kant) shining; lustre चमकदार; दमकदार چمکدار؛ دمکدار

Coryza : *n*. (ko-ri-ez) cold नज़ला نزلہ

Cosher : *v*. (ko-sher) to pamper; to feast बहुत लाड़ प्यार क.; दावत उड़ाना بہت لاڈ پیار کرنا؛ دعوت اڑانا

Cosmetics : *n*. (koz-met-iks) stuff used for make up सिंगार का सामान سنگار کا سامان؛ غازہ وگلگونہ

Cosmopolitan : *adj*. (koz-mo-pol-i-tun) belonging to different parts of the world; liberal-minded सर्वदेशीय; विश्वव्यापी جہاں گشت؛ پردیسی؛ آزاد خیال

Cosmos : *n*. (koz-mos) universe विश्व کارخانۂ قدرت؛ نظام کائنات

Cosset : *v*. (kos-it) to pamper बहुत लाड़ प्यार क. بہت لاڈ پیار کرنا

Cost : *n*. (kost) expense; charge; price मूल्य; क़ीमत; व्यय خرچ؛ مصارف؛ صرف؛ قیمت

At all cost : *ph*. surely; हर क़ीमत पर بہرصورت؛ ہر قیمت پر

Costly : *adj*. (kost-li) expensive; valuable मूल्यवान; क़ीमती مہنگا؛ گراں؛ بیش قیمت؛ قیمتی

Costa : *n*. (kos-ta) rib; one of the front bones of chest पुर्शका پسلی

Coster : *n*. (cos-ter) hawker; pedlar फेरीवाला پھیری والا

Costive : *adj*. (kos-tiv) miser; reluctant कृपण; कंजूस; अनिच्छुक کنجوس؛ بیدل

Costume : *n*. (kos-tewn) clothes वेशभूषा; पहनावा لباس؛ پوشاک

Cosy : *adj*. (koh-zi) warm and comfortable सुखद گرم اور آرام دہ

Cosy : *n*. cap टोपी ٹوپی

Cot : *n*. (kot) small bed esp. for a child खाट; खटिया کھٹولی؛ کھاٹ؛ کھٹیا

Cote : *n*. (kot) an enclosure; a compound बड़ा; भेड़ख़ाना باڑا؛ بھیڑ خانہ

Coterie : *n*. (kot-ri) see Clique

Cottage : *n*. (kot-taj) poor village's house; small bunglow झोंपड़ी; बंगला; छोटी कोठी جھونپڑی؛ بنگلہ؛ چھوٹی کوٹھی

Cotter : *n*. (kot-er) wedge फन्नी; पच्चर فانہ؛ پچڑ

Cotton : *n*. (kot-en) 1.wool 2.well-known fibre used for summer clothings सूती कपड़े کپاس؛ روئی؛ سوتی کپڑے

Couch : *n*. (kooch) bed; bed like seat कोच; गद्देदार पलंग کوچ؛ گدے دار پلنگ

Cough : *n*. (kof) a disease खाँसी کھانسی؛ کھنکھار

Cough : *v*. to expel air from lungs with force खाँसना کھانسنا؛ کھنکھارنا

Whooping cough : *n*. a disease काली खाँसी کالی کھانسی

Could : *p.p.* of can

Coulee : *n*. (ko-li) ravine खड्ड گہری کھائی

Coulisse : *n*. (ko-lees) groove खाँचा; नाली کھانچہ؛ جھری؛ نالی

Couloir : *n*. (ko-lo-vr) see Coulee

Council : *n*. (koun-sil) group of persons to give advice परिषद; सभा کاؤنسل؛ مجلس؛ مجلس شوریٰ

Councillor : *n*. (koun-se-ler) member of council सभासद کاؤنسلر؛ رکن مجلس

Counsel : *n*. (koun-sel) advice; consultation; lawyer परामर्श; सलाह; वकील مشورہ؛ صلاح؛ وکیل

Counsellor : *n*. advisor परामर्शदाता;

सलाहकार صلاح کار؛ مشیر

Count : *v.* (kount) enumerate; reckon up; include; counting; process of counting गिनना; गणना क. شمار کرنا؛ گنتی کرنا؛ گننا؛ جوڑنا

Countenance : *n.* (koun-te-nens) face; composure मुख; मुखड़ा; धैर्य; शान्ती چہرہ؛ شکل؛ امن؛ سکون

Counter : *n.* (koun-ter) long table in shop at wihich money is received काउन्टर کاؤنٹر

Countrified : *adj.* villager; rustic देहाती گنوار؛ دیہاتی

Country : *n.* (kant-ri) region; rural districts देश; मातृभूमि; देहात ملک؛ سرزمین؛ دیہاتی علاقہ

Countryside : *n.* open land जमीन; खेत; देहात زمین؛ کھیت؛ دیہات

County : *n.* (koun-ti) a district ज़िला ضلع

Coup : *v.* (kop) move चाल; हरकत حرکت؛ چال

Coupdetat: *n.* (koo-de-tah) violent change in govt. आकस्मिक शासन परिवर्तन انقلاب؛ حکومت کا تختہ الٹنا

Coupe : *n.* (koop) a four horse carrige बग्धी بگھی

Couple : *n.* (kup-el) two persons or things युगल; जोड़ा; वर-वध جوڑا؛ میاں بیوی

Couplet : *n.* (kup-lit) a typical hindi poetic metre दोहा دوہا

Coupon : *n.* (ko-pan) a short slip; coupon कोपन کوپن

Courage : *n.* (ku-rij) bravery साहस; हिम्मत بہادری؛ ہمت؛ جرأت؛ دلاوری

Courageous : *adj.* (-us) possessing or expressing courage; brave साहसी; वीर بہادر؛ جرأت مند؛ دلاور؛ باہمت

Courier : *n.* (koo-ri-er) a person acting as messenger सन्देशहर; हरकारा کوریئر؛ ہرکارہ

Course : *n.* (kohrs) course of teaching; onward movement; ground for horse race or golf نصابِ تعلیم؛ رفتار؛ گولف یا گھڑ دوڑ کا میدان

Of course: *ph.* certainly अवश्य; निसन्देह یقیناً؛ بے شک

Courser : *n.* (kors-er) a type of bird नुकरी نقری؛ ایک قسم کا پرندہ

Court : *n.* (kohrt) place where law-cases are heard; space न्यायालय; मैदान عدالت؛ کچہری؛ میدان

Court-martial : *n.* (kohrt-mahr-shel) military court फौजी अदालत فوجی عدالت؛ کورٹ مارشل

Courteous : *adj.* (ke-rt-e-us) showing good manners सुसभ्य; शिष्ट مہذب؛ خوش اخلاق؛ شائستہ

Courtesan: *n.* (kohrte-zen) a prostitute; a dancing girl वेश्या طوائف؛ ناچنے والی

Courtesy : *n.* (kert-e-si) courteous behaviour शिष्टाचार; भद्रता خوش اخلاقی؛ شائستگی

Courtyard : *n.* (kohrt-yard) an open space or area of ground surrounded by building आँगन آنگن؛ صحن

Cousin : *n.* (kuz-en) first cousin चचेरा, फुफेरा, मौसेरा भाई बहन چچیرا، پھپھیرا، خلیرا بھائی یا بہن

Cove : *n*. (kov) inlet छोटी खाड़ी چھوٹی کھاڑی

Cover : *v*. (kov-er) put or lay something over ढकना; छुपाना ڈھکنا؛ ڈھانکنا؛ چھپانا

Cover : *n*. (kuv-er) lid ढक्कन سرپوش؛ غلاف

Covert : *adj*. (kuv-ert) secret गुप्त مخفی؛ پوشیدہ؛ چھپا ہوا

Covet : *v*. (kuv-et) desire eagerly लालच क.; लोभ لالچ کرنا؛ طمع کرنا

Covetous : *adj*. (kuv-e-tus) greedy लोभी; लालची لالچی؛ حریص

Covetousness : *n*. greedyness लोलुपता; लालच لالچ؛ حرص

Covey : *n*. (ku-vi) cluster group; band झुण्ड; दल ٹولی؛ جتھا؛ جھنڈ

Cow : *n*. (kou) a well known domestic animal yeilding milk गाय گائے

Coward : *n*. & *adj*. not couragious; not brave डरपोक; कायर بزدل؛ ڈرپوک؛ کم ہمت

Cower : *v*. (kuo-er) crouch; shrink झुकना; दुबकना; सिकुड़ना جھکنا؛ دبکنا؛ سکڑنا

Cowl : *n*. (ka-ul) cap टोपी ٹوپی

Cowrie : *n*. (kau-ri) cowry कौड़ी کوڑی

Coxa : *n*. (koks) hip; thigh joint नितम्ब کولہا

Coxcomb : *n*. (koks-kom) 1.foppish person; fop 2.cock's red crest 1.छैला; बाँका 2.कलगी (۱)چھیلا؛ بانکا (۲)کلغی

Coy : *adj*. shy; coquettish लजीला; नखरेबाज़ شرمیلا؛ نخرے باز

Coyote : *n*. (kai-aut) a wolf भेड़िया بھیڑیا

Coze : *v*. (koz) chattering गपशप क. گپ شپ کرنا

Cozen: *v*. (kozen) to deceive धोका देना دھوکہ دینا

Cozy : *adj* . (kozi) see Cosy

Crab : *n*. (krab) 1.a kind of edible water insect 2.scorpio 1.केकड़ा 2.कर्क (۱)کیکڑا؛ (۲)سرطان

Crab : *adj* . peevish चिड़चिड़ा چڑچڑا

Crack : *n*. (krak) line showing break of something चटकना; दरार درز؛ دراز؛ شگاف؛ بال آنا

Cracker : *n*. (-er) 1.small fire work 2.biscuit 1.पटाख़ा 2.बिस्कुट (۱)پٹاخا (۲)بسکٹ

Crackle : *n*. (krak-el) repeated small cracking sounds चटचटाना; चरचराना چیخ؛ چڑچڑاہٹ

Cradle : *n*. (kray-del) baby's bed पालना پالنا؛ جھولا؛ پنگوڑا

Craft : *n*. (krahft) skill; trade requiring manual skill कौशल; दस्तकारी کاریگری؛ حرفت؛ دستکاری

Craftsman : *n*. skilled worker शिल्पी; कारीगर دستکار؛ کاریگر

Crafty : *adj*. (krah-f-ti) cunning; deceitful चालबाज़; धोकेबाज़ چالباز؛ دھوکے باز

Crag : *n*. (krag) high steep rock or cliff घाटी گھاٹی؛ ڈھلواں چٹان

Cram : *v*. (kram) 1.fill to over flowing 2.fill the head with facts; learn 1.खाचाखच भरना 2.रटना या पढ़ाना (۱)لبالب بھرنا یا کچھا کچھ بھرنا (۲)رٹنا؛ پڑھانا

Cramp : *n*. (kramp) clamp; restriction शिंकजा; रोक شکنجا؛ روک

Crampon : *n.* (krampon) thorn काँटा کانٹا

Crane : *n.* (krayn) a kind of long beaked bird; machine for lifting heavy weights (1) सारस (2) क्रेन (۱)سارس؛ کونج (۲) کرین

Cranium : *n.* (kray-ni-um) bony part of head enclosing brain कपाल; खोपड़ी کھوپڑی؛ کاسۂ سر

Crank : *adj* . (krank) ecentric person सनकी سنکی؛ سودائی؛ خبطی

Crankle : *v.* (krank-al) to walk zigzag टेढ़ा मेढ़ा चलना ٹیڑھا میڑھا چلنا

Cranny : *n.* (kran-i) crack; fissure दरार دراڑ؛ شگاف؛ درز

Crash : *n.* (krash) noise; sound of impact; illusion धमाका; धमाके से गिरना دھاکہ؛ دھاکے سے گرنا یا ٹکر کھانا؛ ٹکر؛ تصادم

Air crash : *ph.* air mishap वायु घटना ہوائی حادثہ

Crash programme : *n.* big effective programme زوردار منصوبہ

Crasstitude : *adj* . (kras-ti-tewt) foolishness बुद्धूपन بدھوپن؛ بیوقوفی

Crate : *n.* (krat) basket टोकरा ٹوکرا؛ باسکٹ

Crater : *n.* (kray-ter) mouth of a valcano; hole जवालामुख; गढ़ा آتش فشاں پہاڑ کا دہانہ؛ جوالہ مکھ؛ گڑھا

Cravat : *n.* (kravat) an ornament worn around the neck; a muffler; tie गुलुबन्द; टांई; मफलर گلوبند؛ مفلر؛ ٹائی

Crave : *v.* (krayv) to do request; ask earnestly for निवेदन क.; याचना क. التجا یا التماس کرنا؛ ملتجی یا ملتمس ہونا

Craven : *adj.* (kray-ven) cowardly (person) कायर; डरपोक ڈرپوک؛ بزدل؛ کم ہمت

Craving : *n.* (kraving) yearning; longing ललक; लालसा آرزو؛ تمنا؛ للک

Crawl : *v.* (krowl) 1. to move on hands and knees; go very slowly 2.be servile 1.रेंगना 2.घिघयाना (۱)رینگنا؛ پیٹ کے بل چلنا؛ بہت آہستہ چلنا (۲) گھگھیانا

Craze : *n.* (krayzer) concentration; mania; ecentricity धुन; सनक دھن؛ سنک

Crazy : *adj.* (kray-zi) insane; mad; enthusiasm for something पागल; सनकी پاگل؛ سودائی؛ کسی چیز کے لیے جوش ہونا؛ سنکی

Creak : *n.* (kreek) shrill noise of shoes or wheel etc. चरचराना; चरचराहट چرچراہٹ یا چوں چوں (پہیے یا جوتے وغیرہ کی)

Cream : *n.* (kream) oily part of milk मलाई; क्रीम ملائی؛ کریم

Creamery : *n.* (-e-ri) shop where cream milk etc. are sold दूध या हलवाई की दुकान دودھ یا حلوائی کی دکان

Crease : *n.* (kreez) a rumple चुन्नट چنٹ

Creasy : *adj.* (-i) have a rumple चुन्नट दार چنٹ دار

Create : *v.* (kri-ayt) cause something to come into being उत्पन्न क.; बनाना پیدا کرنا؛ وجود میں لانا

Creation : *n.* (-ay-shen) act of creating रचना; आविष्कार پیدائش؛ تخلیق؛ آفرینش

Creator : *n.* (-ter) one who creates सृष्टिकर्ता; भगवान; प्रभू خالق؛ موجد؛ خالق کائنات؛ خدائے تعالیٰ

Creature : *n.* (kree-cher) living being; animal प्राणी; जीव; मनुष्य حیوان؛ جانور؛ مخلوق

Credence : *n.* (kree-dens) confidence; believing विश्वास یقین؛ اعتماد

Credentials : *n.* (kre-den-shelz) attestation paper; confirmation letter प्रत्यय-पत्र تصدیق نامہ

Credibility : *n.* (kre-di-bi-lity) trustworthyness विश्वसनीयता بھروسے کا؛ قابلِ اعتبار

Credible : *adj.* (kred-i-bel) that can be belived; reliable विश्वास योग्य; विश्वासनीय قابلِ یقین

Credit : *n.* (kred-it) business reputation; money lying in one's account in bank मान्यता; भरोसा; जमा-बाक़ी نیک نامی؛ ساکھ؛ شہرت؛ روپیہ

Creditable : *adj.* believable प्रशंसनीय قابلِ یقین؛ قابلِ وثوق

Credulity : *adj.* (kredew-li-ti) innocence; simplicity भोलापन بھولا پن؛ سادگی

Credulous : *adj.* (kred-ew-lus) innocent भोला بھولا؛ سادہ طبیعت

Creed : *n.* (kreed) beliefs or opinions धर्मसार; धर्ममत عقائد؛ مذہب؛ مسلک

Creek : *n.* (kreek) narrow inlet खाड़ी کھاڑی

Creel : *n.* (kreel) a large basket;coop टोकरा ٹوکرا

Creep : *v.* (kreep) see Crawl

Creeper : *n.* (-er) plant that creeps along the ground or over walls etc. बैल; लता بیل (جو دیوار کے سہارے یا زمین پر پھیلتی ہے)

Cremate : *v.* (kre-mayt) burn dead body दाहसंस्कार क. لاش جلانا؛ نعش سوزی

Cremation : *n.* (kre-may-shen) cremating दाहसंस्कार نعش سوزی

Crematory : *n.* (-te-ri) place for cremation शमशान شمشان بھومی

Crepuscular : *adj* . (kreps-kew-ler) not clear; foggy धुँधला دھندلا؛ مدھم

Crescendo : *n.* (kre-shen-do) ascent आरोह چڑھنا؛ اوپر جانا

Crescendo : *adj* . ascending; a rider अरोही اوپر چڑھنے والا؛ سوار

Crescent : *n.* (kres-ent) new moon बालचद्रा نیا چاند؛ ہلال

Cresset : *n.* (kres-it) a torch मशाल مشعل

Crest : *n.* (krest) cock's comb; top part कलग़ी; शिखा; चोटी کلغی؛ چوٹی؛ بلندی

Crew : *n.* (krew) all the employees of ship or aircraft कर्मीदल जहाज़ का جہازراں؛ جہاز کا عملہ

Crib : *n.* (krib) baby's bed; manger; stall; hut खटोला; नाँद; गोशाला; झोंपड़ी کھٹولا؛ پلنگڑی؛ ناند؛ گئوشالہ؛ جھونپڑی

Crick : *n.* (krik) torsion; convolution ऐंठन; मरोड़ اینٹھن؛ مروڑ

Cricket : *n.* (krik-et) a game played with ball-bat; kind of hopping insect क्रिकेट; झींगुर کرکٹ؛ جھینگر

Cricketer : *n.* (-e-ter) cricket player क्रिकेट का खिलाड़ी کرکٹر؛ کرکٹ کا کھلاڑی

Crier : *n.* (kri-er) merchant; one who make a noise फेरीवाला; चिल्लानेवाला پھیری لگانے والا؛ ڈھنڈورچی

Crime : *n.* (krim) offence; wrong act अपराध جرم؛ غلطی

Criminal : *adj* . (krim-i-nel) one who

commits crime; guilty अपराधी مجرم

Crimp : *v.* (krimp) made wavy लहरदार बनाना لہردار بنانا

Crimson : *n.* (krim-zen) deep red colour कृमिजी (रंग) قرمزی (رنگ)

Cringe : *adj.* (krinj) to shrink; to beseech very humbly सिकुड़ना; नाक रगड़ना سکڑنا؛ ناک رگڑنا

Crinkle : *n.* (krinkl) torsion; crease मरोड़; सिलवट مروڑ؛ سلوٹ

Cripple : *n.* (krip-el) lame; a lame person; unable to walk लंगड़ा لنگڑا

Crisis : *n.* (kri-sis) turning point; difficult time (of history); very dangerous situation संकट; संकटावस्था; संकटकाल بحران؛ نازک دور؛ سخت خطرہ

Crisp : *adj.* (krisp) brittle; wavy मुरमुरा; ख़स्ता; लहरदार خستہ؛ بھربھرا؛ لہردار

Criterion : *n.* (kri-tee-ri-en) principle; standard कसौटी اصول؛ معیار

Critic : *n.* (krit-ik) reviewer; fault founder आलोचक; समीक्षक تنقیدنگار؛ تبصرہ نگار؛ نقاد؛ نکتہ چیں؛ عیب جو

Critical : *adj.* (krit-i-kel) relating to criticism; fault finding आलोचनात्मक; छिद्रान्वेषी تنقیدی؛ نکتہ چیں

Critically : *adv.* in a critical manner आलोचनात्मक ढंग से ناقدانہ؛ تنقیدی نظر سے

Criticism : *n.* (krit-i-sizm) criticising; fault finding आलोचना; समीक्षा تنقیدنگاری؛ تبصرہ نگاری؛ تنقید؛ تبصرہ

Criticize : *v.* give a criticism of; find fault of with समीक्षा करना; आलोचना क. تبصرہ کرنا؛ تنقید کرنا؛ نکتہ چینی کرنا

Critique : *n.* criticism समीक्षा تنقید؛ تبصرہ؛ نکتہ چینی

Croak : *n.* (krohk) sound of frog or crow टर्र-टर्र; काँव-काँव ٹرٹر؛ کائیں کائیں

Croceate : *adj.* (kro-si-at) saffron (coloured) केसरिया (रंग) زعفرانی (رنگ)

Crochet : *n.* (kroh-shay) hooked needle for knitting करोशिया کروشیا

Crockery : *n.* (krok-e-ri) pots & dishes made by baked clay चीनी या मिट्टी के बर्तन چینی یا مٹی کے برتن

Crocodile : *n.* (kro-ko-dil) a kind of alligator मगर مگرمچھ؛ گھڑیال

Crocodile-tears : *ph* . insincere sorrow कपटी या घड़ियालू आँसू ٹسوے بہانا؛ ریاکاری کے آنسو؛ مگرمچھ کے آنسو

Crone : *n.* (kron) old women बुढ़िया بڑھیا؛ بزرگ عورت

Crook : *n.* (krook) swindler; turn धोके-बाज़; मोड़ دھوکے باز؛ موڑ

Croon : *v.* (kroon) sing in a quite voice गुनगुनाना گنگنانا

Crooner : *n.* (-ner) one who sing in a quite voice गुनगुनाने वाला گنگنانے والا

Crop : *n.* (krop) agricultural produce of a season उपज; फ़सल فصل؛ پیداوار

Crore : *n.* (kror) ten million करोड़ کروڑ

Cross : *n.* (kros) stake; transverse सूली; आड़ा-तिरछा صلیب؛ آڑا؛ ترچھا

Cross-bow : *n.* old kind of bow आड़ी कमान ٹیڑھی کمان

Cross-breed : *n.* hybrid; mixed parentage दोग़ला دوغلا

Cross-cut : *n.* oblique; slanting cut तिरछी काट ترچھی کاٹ

Cross-examine : *v.* question closely

जिरह جرح

Cross-eyed : *n.* squint eyed भैंगा بھینگا

Cross-heading : *n.* main heading केन्द्र शीर्षक اصل عنوان

Cross-purpose:*n.* misunderstanding ग़लतफ़हमी غلط فہمی

Cross-reference : *n.* reference from one part of a book to another अन्योन्य सन्दर्भ باہمی حوالہ؛ باہم دگر حوالہ

Cross-road : *n.* place where two roads cross चौराहा چوراہا

Cross-wise : *adv.* across आड़े तिरछे کے سامنے؛ کی راہ میں؛ آڑے ترچھے

Cross-word puzzle : *n.* squares for writing letters across and downwards to spell out words वर्ग पहेली ٹکراتے ہوئے لفظوں والا معمہ؛ لفظی چوکور

Crossing : *n.* cross roads चौराहा چوراہا

Level crossing : *n.* rail gate रेल का फाटक ریل کا پھاٹک

Crotch : *n.* (kroch) thorn काँटा کانٹا

Crotchet : *n.* (kroch-it) hooked needle for knitting क्रोशिया کروشیا

Crouch : *v.* (krouch) stoop; to beseech very humbly झुकना; नाक रगड़ना جھکنا؛ ناک رگڑنا

Croup : *n.* (krop) rump पुठ्ठा; पिछली पीठ پٹھا؛ پچھلی پیٹھ

Crow : *n.* (kroh) a well known black bird कौआ کوا؛ غراب

Crow : *v.* cry; to make happy sounds कुकडूँ-कूँ क.; बाँग देना; किलकारना ککڑوں کوں کرنا؛ بانگ دینا؛ کلکاریاں مارنا

Crowd : *n.* (krowd) mob; multitude भीड़-भाड़ مجمع؛ اژدہام؛ ہجوم

Crown : *n.* (krown) diadem; monarch's head-dress ताज تاج

Crucial : *adj* . (kroo-shel) critical संकटकालीन بحرانی؛ نازک

Crucifixion : *n.* (kroo-si-fik-shen) crucifying क्रूसारोपण سولی دینا؛ تصلیب

Crucify : *v.* (kroo-si-fi) put to death by nailing to a cross क्रूस देना سولی دینا؛ صلیب پر چڑھانا

Crude : *adj.* (krood) not refined; impolite; rude कच्चा; अनगढ़; असभ्य خام؛ کچا؛ اکھڑ؛ ناشائستہ

Cruel : *adj.* hard; hard hearted क्रूर; निर्दय ظالم؛ سنگدل؛ ستمگر

Cruelty : *n.* being cruel; cruel act क्रूरता; निर्दय ظلم؛ جفاکاری؛ ستم

Cruet : *n.* (kro-it) bottle; a small container शीशी شیشی

Cruise : *v.* (krooz) sail about for pleasure समुद्री यात्रा या पर्यटन क. سمندری سیر کرنا

Cruiser : *n.* (-er) large war ship क्रूज़र تیز رو جنگی جہاز

Crumb : *n.* (krumb) piece टुकड़ा ٹکڑا؛ ریزہ

Crumble : *v.* break into small pieces टुकड़े टुकड़े हो जाना ریزہ ریزہ ہوجانا

Crumbly : *adj.* brittle; crispy भुरभुरा خستہ؛ بھربھرا

Crunch : *v.* (krunch) to chew चबाना چبانا

Crupper : *n.* (krop-er) rump पुट्ठा پٹھا

Crus : *n.* (kros) foul wind पाद ریاح؛ پاد

Crusade : *n.* (kroo-sayd) war against evil धर्मयुद्ध; जिहाद جہاد

Crush : *v.* (krush) press; ground; pound; overpower; destroy कुचलना; रौंदना; पीसना; परास्त कर देना کچلنا؛ پیسنا؛ روندنا؛ مغلوب کرنا؛ تباہ و برباد کردینا

Crust : *n.* (krust) outer part of a bread; hard surface रोटी का छिलका; पपड़ी روٹی کا چھلکا؛ پپڑی؛ تہہ؛ پرت

Crutch : *n.* (kruch) support for cripple बैसाखी بیساکھی؛ چھڑی

Crux : *n.* (kruks) crucial point; riddle कठिनाई; पहेली; रहस्य مشکل؛ پہیلی؛ راز

Cry : *v.* (kri) shout; wail; shrill call; shed tears ऊँची आवाज़ में पुकारना; चीख़ना; चिल्लाना; रोना اونچی آواز میں پکارنا؛ چیخنا؛ چلانا؛ رونا

Crying : *adj.* shouting; weeping; demanding attention चीखना; रोना; असहनीय چیخنا؛ چلّانا؛ رونا؛ قابلِ توجہ

Crypt : *n.* (kript) basement तहख़ाना تہہ خانہ

Cryptic : *adj.* (krip-tik) secret; with a meaning not easily seen रहस्यमय; गुप्त; गूढ़ پیچیدہ؛ پوشیدہ؛ خفیہ

Crypto : *adj.* (kripto) secret गुप्त خفیہ؛ پوشیدہ

Cryptogram : *n.* (-gram) secret message गुप्त संदेश خفیہ پیغام

Crystal : *n.* (kris-tel) quartz; glass ware; glass बिल्लौर; शीशे का बर्तन بلور؛ آبگینہ؛ شیشے کا برتن؛ شیشہ

Crystalline : *adj.* (-te-lin) of or like crystal पारदर्शक بلورین

Cub : *n.* (kub) young lion, tiger, bear or fox शेर, रीछ या लोमड़ का बच्चा شیر، ریچھ یا لومڑ کا بچہ

Cube *n.* (kewb) solid body with equal square sides घन مکعب

Cube-root : *n.* number that twice multiplied into itself gives the given number घनमूल جذرِ مکعب

Cubic : *adj.* (kewb-ik) cube shaped घनीय مکعب نما

Cubicle : *n.* (kewb-i-kel) small division of a room; single seated room in hotel कोठरी; कक्षक کوٹھری؛ چھوٹا کمرہ؛ حجرہ؛ اقامتی خوابگاہ

Cubit : *n.* (kewb-it) 18 to 22 inches; हाथ (लग भग) 18 से 22 इंच ہاتھ: زراع

Cuckoo : *n.* (koo-koo) kind of singing bird कुक्कू; पपीहा; कूक کوئل نما پرندہ؛ کوکو؛ ککو؛ پپیہا

Cucumber : *n.* (kew-kum-ber) kinds of solid vegetables ककड़ी या खीरा ککڑی یا کھیرا

Cucurbit : *n.* (kew-ker-bit) a kind of vegetable कद्दू کدو

Cud : *v.* (kud) to chew जुगाली क.. جگالی کرنا

Cuddle : *v.* (kud-el) hug; to cling close together; nestle together साथ लगाना; सटकर लेटना ساتھ لگانا؛ چمٹانا؛ بغلگیر ہوکر سونا

Cudgel : *n.* (kuj-el) short thick stick छोटा डण्डा چھوٹا ڈنڈا

Cudgel : *v.* to beat with a cudgel छोटे डण्डे से मारना; गदका چھوٹے ڈنڈے سے پیٹنا؛ گدکا

Cue : *n.* (kew) hint; indication; mood संकेत; मनोभाव اشارہ؛ موڈ

Cuff : *n.* (kuf) wrist-end of a shirt;

sleeve; slap; quick blow कफ़ थप्पड़; तमाचा كف؛ آستین کی سنجاف؛ تھپڑ؛ طمانچہ

Cuirass : *n.* (kew-rass) breast-plate; vest कवच; उरस्त्राण; सदरी زرہ بکتر؛ بکتر بند؛ صدری

Cuisine : *n.* (kew-zin) kitchen रसोइघर باورچی خانہ

Cull : *v* . (kul) to pick up; to pluck the flowers चुनना; बीनना; तोड़ना (फूल) چننا؛ بیننا؛ توڑنا (پھول)

Cullet : *n.* (kulet) broken glass टूटा-फूटा काँच ٹوٹا پھوٹا کانچ

Culm : *n.* (kalm) stem नाल نال

Culminate : *v.* (kul-me-nayt) end; reach the higest point ख़तम होना; चरम बिन्दू पर पहूँचना ختم ہونا؛ انتہا پر پہنچنا

Culmination : *n.* higest point of achievement चरम बिन्दू انتہا؛ عروج

Culpa : *n.* (kulpa) mistake दोष غلطی

Culpable : *adj.* (kul-pe-bel) deserving punishment आपराधिक لائق تعزیر؛ سزا کا مستحق

Culprit : *n.* (kul-prit) guilty person दोषी; अपराधी مجرم

Cult : *n.* (kult) ceremonious worship; system of belief & worship पूजा; उपासना دینی رسوم؛ مذہب؛ مسلک

Cultivate : *v.* (kul-ti-vayt) till (land); help to grow crops खेती क॰; जोतना ہل چلانا یا کاشت کرنا؛ فصل اُگانا یا پیدا کرنا

Cultivated : *adj.* tilled; having good manners & education कृष्ट; सभ्य زیر کاشت؛ مہذب؛ شائستہ

Cultivation : *n.* tilling; sowing; engendering खेती; जुताई; कृषि; पैदा क॰ کاشت کاری؛ کاشت؛ پیدا کرنا

Cultivator : *n.* peasant किसान; कृषक کاشتکار؛ کسان؛ مزارع

Cultrate : *adj.* (kul-trit) pointed; sharp नुकीला نکیلا؛ تیز

Cultural : *adj.* (kul-che-rel) relating to culture सांस्कृतिक ثقافتی؛ تمدنی؛ تہذیبی

Culture : *n.* (kul-cher) intellectual development सांस्कृति ثقافت؛ تمدن؛ تہذیب

Cultured : *adj.* (kul-che-rd) having culture of mind सुसंस्कृति شائستہ؛ تہذیب یافتہ

Culvert : *n.* (kal-vert) small bridge for crosing the road पुलिया پلیا

Cumber : *n.* (kum-ber) heavy भार بوجھ

Cumbrous : *adj.* (kum-bres) troublesome भारी; बोझिल تکلیف دہ؛ پریشان کن

Cumbersome : *adj.* heavy; troublesome भारी; बोझिल تکلیف دہ؛ بوجھل

Cummin : *n.* (kum-min) cummin seed ज़ीरा زیرہ

Cumulate : *adj.* (kumew-layt) collect; gather संचित جمع کرنا؛ اکٹھا کرنا

Cumulation : *n.* (-shen) collection संचयन; ढेर; प्रचयन جمع کرنا؛ اکٹھا کرنا؛ مجموعہ

Cumulus : *n.* (ku-mu-lus) pile; heap ढेर ڈھیر

Cunning : *adj.* (kun-ing) clever; crafty चालाक; धूर्त چالاک؛ چالباز؛ فریبی

Cup : *n.* (kup) small vessel for drinking tea etc. प्याला; कटोरा پیالی؛ پیالہ؛ کٹورا

Cupboard : *n.* (kub-erd) shelved cabinet for crockery etc. अलमारी نعمت خانہ؛ برتنوں کی الماری؛ الماری

Cupid : *n.* (kew-pid) God of love; the

son of the Godess Venus कामदेव؛ کیوپڈ؛ محبت کا دیوتا

Cupidity : *n.* (kew-pid-i-ti) greed लोभ لالچ؛ حرص

Cupule : *n.* (kew-pu-le) small cup प्यालिका; चषिका چھوٹا پیالہ؛ چھوٹی پیالی

Cur : *n.* (ker) worthless; worthless dog; snappish; ill mannered; selfish fellow निकम्मा; कटखना कुत्ता; नीच; पाजी; कमीना आदमी نکما؛ کٹکھنا یا بازاری کتا؛ پاجی؛ رذیل؛ کمینہ آدمی

Curator : *n.* (kew-ray-tor) guardian अभिभावक سرپرست؛ نگہبان

Curb : *v.* (kurb) to keep undercontrol; control (a horse) वश में रखना; लगाम देना (घोड़े को) بس میں رکھنا؛ (گھوڑے کو) لگام دینا

Curcuma : *n.* (kur-ku-ma) termeric हल्दी ہلدی

Curd : *n.* (kerd) solidified milk दही دہی

Curdle : *v.* (cause to) form into curds; congeal दही जमना या जमाना; जमना या जमाना دہی جمنا یا جمانا؛ جمنا یا جمانا

Cure : *v.* (kew-er) heal; correct; curing; treatment; remedy रोगमुक्ति; दवा; औषधि; चिकित्सा; उपचार علاج کرنا؛ تندرست کرنا؛ اصلاح کرنا؛ خرابی دور کرنا؛ علاج

Curable : *adj.* that can be cured उपचार योग्य; चिकित्स्य قابلِ علاج

Curative : *adj.* that which cures रोगहर; रोगनाशक شفابخش

Curfew : *adj.* (kur-few) orders to remain in houses घरबन्दी; करफ़्यू کرفیو؛ خانہ بندی

Curio : *n.* (kew-rio) rare & valued work of art कलाकृति نادر نمونہ؛ نوادر

Curiosity : *n.* (kew-ri-os-i-ti) inquisitiveness; eagerness to learn जिज्ञासू تجسّس؛ اشتیاق؛ سیکھنے کی لگن

Curious : *adj.* (kew-ri-us) eager to learn जिज्ञासू مشتاق؛ جاننے کا شائق

Curiously : *adj* . strangly विचित्रता से عجیب انداز سے؛ عجب طرح

Curl : *n.* (kerl) spiral lock of hair घुंघरयाले बाल; घुंघरयालापन گھنگھریالے بال؛ گھنگھریالا پن

Curly : *adj* . full of curls घुंघराला; छल्लेदार گھنگھریالے؛ چھلے دار

Curmudgeon : *n.* (kur-me-zen) miser; stingy person कंजूस; चिड़चिड़ा کنجوس؛ خسیس؛ چڑچڑا

Currant : *n.* (ku-rant) dried grapes किशमिश کشمش؛ منقی؛ مویز

Currency : *n.* (ku-ran-si) monetary system of a country मुद्रा; चल मुद्रा (کسی ملک کا) نظامِ زر؛ کرنسی

Current : *adj.* (ku-rent) in common use; stream of air or water चालू; प्रचलित; धारा वायू या जल की : چالو؛ رائج الوقت؛ (پانی کا) دھارا یا ہوا کی لہر

Curriculum : *n.* (ku-rik-ew-lum) preseribed course of study पाठ्यक्रम نصابِ تعلیم

Currish : *n.* (ku-rish) snarling; snappish; mean; bad-tempered गुर्रानेवाला; कटखाना; नीच; चिड़चिड़ा غرّانے والا؛ کٹکھنا؛ نیچ؛ چڑچڑا؛ بدمزاج

Curry : *n.* (kerri) broth सालन شوربا؛ سالن

Curse : *n.* (kers) prayer against someone शाप-अभिशाप; अपशब्द بددعا؛ لعنت؛ گالی

Cursed : *adj.* (kers-id) deserving to be cursed; hateful अभिशप्त; घृणित ملعون؛ سخت ناپسند

Cursive-writing : *n.* scribble writing घसीटा मारना; घसीटा लिखाई شکستہ تحریر؛ گھسیٹواں تحریر

Cursory : *adj.* (kerse-ri) hurried सरसरी; शीघ्रता से بہ عجلت؛ سرسری؛ جلدی جلدی

Curtail : *v.* (kur-tayl) to make shorter घटाना; कम करना کم کرنا؛ مختصر کرنا؛ گھٹانا

Curtailment : *n.* shortening काँट छाँट; संक्षेपण; कमी کاٹ چھانٹ؛ تخفیف؛ کمی

Curtain : *n.* (ker-ten) havging cloth; something that hides परदा; पट; ओट پردہ؛ اوٹ

Curvature : *n.* & *adj.* (ker-vay-tur) curving; bent; turn झुकाव; गोलाई मोड़; घुमाव جھکاؤ؛ گولائی؛ موڑ؛ خمیدگی

Curve : *n.* (kerv) bent line; large bend वक्र रेखा; मोड़; घुमाव خط منحنی؛ خم؛ موڑ

Curvilinear: *n.* bent line वक्र रेखा خط منحنی

Curvet : *n.* (kervet) gambol; hopping & jumping उछल-कूद اچھل کود

Cuscus : *n.* (kus-kus) fragrant root of a typical grass used for cooling purpose ख़स خس

Cushion : *n.* (kush-en) stuffed bag गद्दी کش؛ تکیہ؛ گدی

Cusp : *n.* (kusp) point; end; an edge नोक; सिरा; किनारा سرا؛ کنارہ؛ نوک

Cuspidor : *n.* (kus-pi-der) a spittoon पीकदान; उगालदान اگالدان؛ پیک دان

Cussedess : *n.* (kus-id-nis) refractoriness हठीलापन ہٹیلاپن؛ ضدی پن

Custard : *n.* (kus-tard) a type of sweet dish कस्टर्ड کسٹرڈ

Custodian : *n.* (kus-toh-di-en) one who has custody of someone अभिरक्षक نگراں؛ ناظم

Custody : *n.* (kus-toh-di) detention हिरासत حراست

Custom : *n.* (kus-tum) practice habitual with a particular social group प्रथा; रिवाज رسم؛ رواج

Custom-house : *n.* office at port where customs are collected सीमाशुल्क-कार्यालय کسٹم گھر؛ دفتر کروڑ گیری

Customer : *n.* person who gives his custom to a tradesman ग्राहक; गाहक مستقل گاہک یا خریدار؛ خریدار

Customes : *n.* (kus-tums) import & export duties करोड़गीरी कार्यालय محصول درآمد و برآمد

Cut : *v.* (kut) trim; diminish; divide with a sharp tool काटना; कतरना; घटाना کاٹنا؛ کترنا؛ گھٹانا

Cutch : *adj.* not ripe कच्चा کچا

Cute : *adj.* (kute) pretty; shrewd आकर्षक; चतुर خوبصورتی؛ من موہنی؛ چالاک

Cutis : *n.* (kut-is) skin चर्म; त्वचा کھال

Cutlar : *n.* (kut-lar) one who make knife छुरी-साज़ چھری ساز

Cutlass : *n.* (kut-las) a sword तलवार تلوار

Cutlet : *n.* (kut-let) kabab made with potato आलू के कटलेट آلو کے کٹلیٹ یا کباب

Cutter : *n.* (kut-er) one who cut the things or clothes काटने वाला کاٹنے والا

Cutthroat : *n.* murderer हत्यारा قاتل

Cutting : *n.* (kut-ing) clipping;

something cut from plant कतरन; कलम تراشہ؛قلم

Cycle : *n.* (sik-el) bicycle; round (of something) साईकिल; चक्र; चक्कर ؛سائیکل چکر؛ دور

Cyclist : *n.* (sik-list) person who rides a bicycle साईकिल चलाने वाला ؛سائیکل سوار سائیکل چلانے والا

Cyclone : *n.* (sik-lohn) storm moving in a circle चक्रवात; बवण्डर ؛طوفانی بگولہ ساحلی طوفان

Cyclopaedia : *n.* (sik-lo-pi-dia) a book with information on every branch of knowledge विश्वकोश انسائیکلوپیڈیا؛ دائرۃ المعارف؛مخزن علوم

Cylinder : *n.* (sil-in-der) roller shaped solid or hollow object बेलन; गोल ؛بیلن اُسطوانہ

Cyma : *n.* (sai-ma) lotus कमल کمل

D

D : *n*. (dee) fourth letter of the English alphabet; Roman numeral standing for 500 अंग्रेज़ी वर्णमाला का चौथा हरफ़; रोमन में 500 के लिए D का प्रयोग किया जाता है। انگریزی حروفِ تہجی کا چوتھا حرف؛ رومن میں ۵۰۰ کے لیے 'ڈی' کا استعمال کیا جاتا ہے

Dab : *v*. (dabb) apply lightly (ointment etc.); pat आहिस्ता लगाना (मरहम); थपथपाना آہستہ لگانا (مرہم وغیرہ)؛ تھپتھپانا

Dabber : *n*. one who pat (someone or child for sleeping) थपकने वाला تھپتھپانے والا

Dabble : *v*. (dab-el) splash in water; wet; sprinkle; take an interest (in something) but not seriously पानी में हाथ पाँव मारना भिगोना; छीटें उड़ाना; ऊपरी तौर से दिलचस्पी लेना پانی میں ہاتھ پاؤں مارنا؛ بھگونا؛ چھینٹیں اڑانا؛ کوئی کام دل بہلاوے کے طور پر کرنا

Dacoit : *n*. (da-ko-it) bandit डाकू ڈاکو؛ ڈاکہ ڈالنے والا

Dacoity : *n*. to rob डकैती ڈکیتی

Dactylology : *n*. (dak-ti-lo-lagy) a language of indication or hint संकेत भाषा اشاروں کی زبان

Dad : *n*. (dad) short form of daddy; father अब्बा; बाबा ابّا؛ باوا

Daddy-long legs : *n*. a kind of insect with long legs पतंगा لم ڈھینگ؛ پتنگا

Daemon : *n*. (di-mon) evil spirit; evil minded person नरकदूत; दुष्ट आत्मा بھوت پریت؛ شیطانی خیالات کا آدمی

Daft : *adj*. (daft) foolish; stupid; idiot; silly मूर्ख; बावला; पागल بیوقوف؛ باؤلا؛ پاگل؛ گدھا

Daffodil : *n*. (day-fo-dil) a kind of tall yellow flower जल नरगिस آبی نرگس

Dagger : *n*. (dag-er) a well known double edged weapon छुरा; कटार کٹار؛ خنجر؛ چھرا

Dahlia : *n*. (dayl-e) a kind of flower डालिया ایک قسم کا پھول؛ ڈھیلیا

Daily : *adj*. (day-li) every day दैनिक; प्रतिदान روزانہ؛ ہر روز

Daily-paper : *n*. newspaper published every day दैनिक अख़बार روزنامہ؛ اخبار

Daintiness : *n*. (dayn-ti-ness) fine taste नफ़ासत पसन्दी نفاست پسندی؛ نفاست

Dainty : *adj*. (dayn-ti) delicately pretty; choice food रुचिकर; सुकुमार; स्वादिष्ट भोजन या आहार نازک؛ نفیس؛ مزیدار کھانا

Dairy : *n*. (day-e-ri) place where milk, cream and butter are ready for bulk purchase डेरी ڈیری

Dairy-farm : *n*. farm where cattle are bred डेरी-फार्म ڈیری فارم

Dais : *n*. (day-is) stage; plateform मंच اسٹیج؛ تماشا گاہ؛ چبوترہ

Dak : *n*. (dak) mail डाक ڈاک

Dak-runner : *n*. post-man हरकारा ڈاکیہ

Dale : *n*. (dayl) a valley घाटी گھاٹی

Dalliance : *n*. (dayl-i-ens) merriment; regaling; mirth आमाद-प्रमोद; खुशी خوشی؛ شادمانی

Dally : *v*. (dayl-i) to entertain; to

waste time मन बहलाना; समय बर्बाद क. دل بہلانا؛ وقت برباد کرنا

Dam : *n*. (daym) wall built to hold back water बाँध; बन्द بند؛ پشتہ؛ ڈیم

Damage : *n*. (dam-ij) harm; injury; shock हानि; नुक़सान; हरजा; ज़ख़म; सदमा نقصان؛ ہرج؛ ضرر؛ زخم؛ صدمہ

Damascene : *adj*. (daym-seen) related to damashq दमिश्क़ी دمشقی

Dame : *n*. (daym) women महिला عورت

Damn : *v*. (dam) condemn to eternal punishment नरक में डालना; लानत भेजना جہنم واصل کرنا؛لعنت بھیجنا

Damnable : *adj*. (dam-ne-bel) deserving damnation; hateful नरक योग्य; घृणित لعنت کا مستحق؛ لائقِ نفریں

Damnation : *n*. (-nay-shen) being damned नरकदण्ड; नरकवास; निन्दा عذابِ دائمی؛ نفریں؛ پھٹکار؛ مردود ٹھہرانا

Damned : *adj* . (damd) cursed; very bad नरकवासी; घृणित معلون؛ بہت بُرا؛ مکروہ؛ ناپسندیدہ

Damnify : *v* . (daym-ni-fie) to suffer a loss नुक़सान पहुँचना نقصان پہنچنا

Damp : *adj*. (damp) moist तर; गीला; नम نمی؛ سیلا ہوا؛ مرطوب؛ تر

Dampen : *v*. make damp; make sad नम क.; भिगोना; उदास क. گیلا کرنا؛ نمی پہنچانا؛ افسردہ کرنا

Dampness : *n*. state of being damp नमी; सील نمی؛ سیل؛ سیلن؛ رطوبت

Damsel : *n*. (dam-zel) girl; young unmarried woman किशोरी; युवती لڑکی؛ دوشیزہ

Dance : *n*. (dahns) rhythmical movement of feet & body to music नृत्य; नाच ناچ؛ رقص

Dancer : *n*. (-er) one who dances नर्तक; नर्तकी رقاصہ؛ ناچنے والا

Dancing girl : *n*. woman who is advancing by profession नर्तकी رقاصہ

Dandify : *v*. (dan-di-fie) to do make up; बनाव श्रृंगार क. بناؤ سنگار کرنا

Dandle : *v*. (dandle) to toss; to throw up उछालना اچھالنا؛ اوپر اچھالنا

Dandruff : *n*. (dan-druf) scaly scruf on scalp रूसी بفا؛ خشکی

Dandy : *adj*. (dandy) toppish; showy; prankish बाँका; छैला بانکا؛ چھیلا

Danger : *n*. (dayn-jer) risk; peril ख़तरा; जोखिम خطرہ؛ جوکھم

Dangerous : *adj*. (-rus) perilous; harmful; unsafe ख़तरनाक; संकटपूर्ण خطرناک؛ پرخطر؛ ہولناک

Dangle : *v*. (dang-gal) to swing झूलना جھولنا

Dank : *adj*. (dank) see damp

Dap : *v*. (dap) to dip; to throw up डुबकी लगाना; उछालना ڈبکی لگانا؛ اچھالنا

Dapper : *adj*. (dayp-e-r) neat & clean; active साफ़-सुथरा; फुरतीला صاف ستھرا؛ پھرتیلا

Dappled : *adj*. (dayp-peld) spotted; varigated चितकबरा چتکبرا

Dare : *v*. (day-e-r) be bold enough to साहस क.; हिम्मत क. جرأت کرنا؛ ہمت کرنا؛ جسارت کرنا

Daredevil : *n*. & *adj*. foolishly bold; foolishly bold action निडर; बेबाकाना نڈر؛ درانہ؛ بے باکانہ

Daring : *adj*. (day-e-ring) bold and adventurous साहसिक بہادر؛ نڈر

Dark : *adj*. (dah-rk) having no light; almost black gloomy अँधेरा; काला; उदास اندھیرا؛ تاریک؛ اداس؛ غمگین

Darkness : *n*. Oppisite of light; night; blackness अँधेरा; कालापन اندھیرا؛ تاریک؛ کالاپن

Darling : *n*. (dar-ling) much loved person प्रेमपात्र محبوب؛ پیارا

Darn : *n*. (darn) darning रफू رفو

Dart : *v. n*. (daht) to move forward; arrow; small pointed weapon तेज़ी से बढ़ना; तीर; छोटी बरछी تیزی سے بڑھنا یا بڑھانا؛ تیر؛ چھوٹی برچھی

Dart - Board : *n*. board for playing dart बरछियों का निशाना (کھیل) برچھیوں کا ہدف

Dash : *v*. (dash) to throw violently; collision; to destroy; to smash फेंकना; धक्का देना; टक्कर देना; ख़ाक में मिलाना; तोड़ देना پھینکنا؛ دھکا دینا؛ ٹکر؛ خاک میں ملانا؛ پاش پاش کرنا

Dashing : *adj*. (dash-ing) bold बहादुर بہادر؛ جری

Dastard : *n*. (das-terd) brutal; coward बुज़दिल; तेज़; जोशीला بزدل؛ ستمگر؛ تیز؛ جوشیلا

Dastardly : *adj.&adv*. cowardly कायर; डरपोक بزدلانہ؛ ڈرپوک

Data : *n*. (day-ta) given facts आँकड़े امور معلومہ؛ مفروضات

Date : *n*. (dayt) indication of day according to calendar reckoning; date तिथि; ख़जूर تاریخ؛ کھجور

Date-Palm : *n*. tree on which dates grows ख़जूर का पेड़ کھجور کا پیڑ

Dating : *n*. (dayt-ing) fixed date तिथि-निर्धारण مقررہ تاریخ

Dative : *n*. (day-tiv) the fourth day of lunar fortnight चतुर्थी چاند کی پندرہویں تاریخ

Datum : *n*. (day-tum) base; foundation आधार بنیاد؛ اساس

Datum-Line : *n*. base line आधर रखना بنیادی لائن

Datura : *n*. (day-tue-re) the thorn apple which is a powerful narcotic धतूरा دھتورہ

Daub : *v*. (dab) to besmear; to white wash पोतना; लेपना پوتنا؛ لیپنا

Daughter : n. (dau-ter) a person's female child पुत्री; बेटी بیٹی؛ لڑکی؛ دختر؛ بنت

Daughter in law : *n*. son's wife पुत्र-वधू بہو؛ بیٹے کی بیوی

Daunt : *v*. (dawnt) to discourage डराना; भयभीत क.; हिम्मत तोड़ना دھمکانا؛ حوصلہ شکنی کرنا؛ ہمت توڑنا

Dauntless : *adj*. condaunted निडर; निर्भीक نڈر؛ مرعوب نہ ہونے والا؛ دھمکی میں نہ آنے والا

Daw : *n*. (dau) crow कौआ کوا

Dawdle : *v*. (daw-del) waste time in loitering समय गँवाना; आवारगी क. مٹرگشت کرنا؛ بیکار پھرتے رہنا

Dawn : *n*. (dawn) day break; beginning भोर; प्रारम्भ سویرا؛ تڑکا؛ فجر؛ آغاز

Day : *n*. (day) period between sun rise and sunset दिन دن

Day-Book : *n*. account book बही; रोज़नामचा بہی کھاتہ؛ روزنامچہ

Day-Break : *n.* dawn भोर سویرا؛ تڑکا؛ فجر

Day Dream : *n.* reverie दिवा स्वप्न خیالی پلاؤ

Day School : *n.* non-residential school स्कूल مدرسہ؛ اسکول

Day Time : *n.* day दिन; दिवस دن

Day's Wage : *n.* daily wage रोज़ाना; दिहाड़ी روزانہ کی مزدوری؛ روزانہ کی اجرت

Daze : *v.* (dayz) to stupefy हक्का-बक्का हो जाना; चकित क. بدحواس کردینا؛ گھبرادینا

Dazzle : *v.* (daz-el) to make unable to see by projecting to much light चौंधियाना; चकाचौंध होना چندھیانا؛ چکاچوندھ ہونا

Dead : *n.* (ded) those who have died मुतक; मुर्दा مردہ؛ میت

Deaden : *v.* (ded-en) to take away feeling; to make as dead बेहिस क.; ज़ोर कम क. بے حس کرنا؛ زورکم کرنا

Deadly : *adj.* (ded-li) fatal घातक; भयंकर جان لیوا؛ مہلک

Deaf : *adj.* (def) unable to listen or hear बहरा بہرا؛ کم سننے والا

Deafen : *v.* (def-en) to make almost deaf बहरा कर देना شور سے کانوں کے پردے پھاڑنا

Deafening : *adj.* great noise अधिक शोर بے حد شور؛ کانوں کے پردے پھاڑنے والا شور

Deal : *n.* (deel) business agreement; bargain व्यापार; सौदा کاروباری معاہدہ؛ سودا

Dealer : *n.* (deeler) trader व्यापारी تاجر؛ بیوپاری

Dealings : *n.* (deel-lingz) business relations लेन-देन; सम्पर्क; सम्बन्ध لین دین؛ مراسم؛ تعلقات

Deambulation : *n.* (dee-em-bu-lay-shen) stroll; leisurely walk; morning walk चहलक़दमी چہل قدمی

Dean : *n.* (deen) chairman; president; head अध्यक्ष چیئرمین؛ صدر؛ سربراہ

Dear : *adj.* (dee-r) much loved प्रिय; प्यारा پیارا؛ دلارا؛ محبوب؛ عزیز

Dearly : *adv.* loving प्यार से; शौक़ से پیار سے؛ محبت سے؛ شوق سے

Dearness : *n.* high rates महँगापन; महँगी مہنگاپن؛ گرانی

Dearness Allowance : *n.* special pay to offset dearness महँगाई भत्ता مہنگائی الاؤنس

Dearth : n. (de-rth) scarcity of food अभाव; कमी; अकाल گرانی؛ کال

Death : *n.* (dayth) demise; the end of life मृत्यु; मौत موت؛ زندگی کا خاتمہ؛ انتقال؛ مرگ؛ قضا

Death Rate : *n.* rate (per thousand) of those dying every year मृत्यु दर شرح اموات (فی ہزار سالانہ)

Debacle : *n.* (de-bahk-el) collapse (of government); sudden failure आकस्मिक विध्वंस; पराजय خاتمہ (حکومت کا)؛ یکدم ناکامی

Debar : *v.* (de-bahr) to shut out; to prevent बकिष्कृत क.; रोकना; निकाल देना ممنوع قرار دینا؛ خارج کردینا؛ روکنا

Debark : *v.* (dee-bark) to get down उतरना اترنا

Debase : *v.* (de-base) to adultrant खोट मिलाना ملاوٹ کرنا

Debatable : *adj.* (de-bayt-e-bel) open to question विवाध; विवादास्पद غور طلب؛

مابہ النزاع

Debate : *n*. (de-bayt) discussion वादविवाद; बहस بحث؛ مباحثہ

Debauch : *v*. (de-bawch) to corrupt in character बहकाना; चरित्र बिगाड़ना آوارہ کرنا؛ عیاش بنانا؛ بہکانا

Debauched : *adj*. (de-bawcht) profligate बदकार بدکار؛ عیاش

Debauchee : *n*. (de-bo-shee) profligate विलासी; बदकार بدکار؛ عیاش

Debauchery : *n*. (de-bawch-e-ri) habitual lewdness विलासिता; बदकारी عیاشی؛ بدکاری

Debility : *n*. (de-bil-i-ti) poor health; weakness दुर्बलता; कमज़ोरी ضعف؛ کمزوری؛ کم ہمتی

Debit : *n*. (de-bit) account खाता کھاتہ

Debonair / Debonnaire : *adj*. good tempered; cheerful प्रसन्नचित्त; खुशमिज़ाज خوش مزاج؛ ملنسار

Debouch : *v*. (de-ba-uch) to come out; to rise (as sun) निकलना نکلنا؛ طلوع ہونا

Debris : *n*. (dayb-ree) wreckage मलबा; कचरा ملبہ؛ کچرا

Debt : *n*. (det) something that one owes (to another) ऋण; कर्ज़; आभार ادھار؛ قرض؛ قرضہ

Debtor : *n*. (det-e-r) one owing to another ऋणी; कर्ज़दार قرض دار؛ مقروض؛ مدیون

Debut : *n*. (day-boo) first appearance of young woman in society or on stage प्रथम अभिनय پہلا تعارف

Decade : *n*. (dek-ayd) period of ten years दशक; दहाई دہ سالہ؛ دس سال کی مدت؛ عرصہ

Decadence : *n*. (dek-a-dens) gradual fall अवनति; गिरावट زوال؛ گراوٹ

Decadent : *adj*. (dek-a-dent) fallen to lower level गिरता हुआ گرتا ہوا؛ انحطاط پذیر؛ زوال پذیر

Decamp : *v*. (de-kamp) to lift up camp; to run away secretly पड़ाव उठाना; चम्पत हो जाना پڑاؤ اٹھانا؛ چمپت ہوجانا؛ خاموشی سے بھاگ جانا

Decapitate : *v*. (de-kap-i-tayt) to be head सिर काटना سر قلم کرنا؛ سر کاٹنا؛ گردن مارنا؛ گردن زنی کرنا

Decay : *v*. (de-kay) to rot; to decrease freshness सड़ना; बिगड़ना گلنا؛ سڑنا؛ خراب ہونا

Decadence : *n*. decomposition; fermentation; roting सड़ना; गलना سڑنا؛ گلنا

Decease : *n*. (de-sees) death; demise मृत्यु; मौत مرگ؛ موت

Deceased : *adj*. (de-seast) dead person दिवंगत; मृत متوفی؛ آنجہانی؛ مرنے والا

Deceit : *n*. (de-seet) act of deceiving धोखा; छल فریب؛ دھوکہ؛ دغا؛ مکر

Deceitful : *adj*. one in the habit of deceiving धोखा देदे वाला; धोखेबाज़; कपटी دھوکہ دینے والا؛ فریبی؛ مکار

Deceive : *v*. (de-seev) to cheat; to defraud धोखा देना; ठगना دھوکہ دینا؛ فریب دینا؛ دغابازی کرنا؛ ٹھگنا

Deceiver : *n*. one who deceives धोखेबाज़; कपटी; छली دغاباز؛ فریبی؛ حیلہ باز

December : *n*. (de-sem-ber) last

month of the calander year दिसम्बर دسمبر

Decency : *n.* (dee-sen-si) being decent; good manners शालीनता; मर्यादा سلیقہ؛ شائستگی

Decent : *adj.* (dee-sent) proper; satisfactory; not immodest उचित; सन्तोषजनक; शालीन مناسب؛ اطمینان بخش؛ کافی اچھا؛ معقول

Deception : *adj.* (de-sep-shen) deceiving धोखा; कपट دھوکہ؛ فریب

Deceptive : *v.* (de-sep-tiv) deceiving धोखे में डालने वाली; कपटी دھوکے میں ڈالنے والی؛ فریب دینے والی

Decide : *v.* (de-sid) to settle निर्णय क.; निश्चय क. فیصلہ کرنا؛ طے پانا

Decided : *adj.* (di-sid-id) definit निश्चित قطعی؛ اٹل

Decidedly : *adv.* definitely निश्चित रूप से یقیناً؛ قطعاً

Deciding : *adj.* (de-sid-ing) settlement निर्णायक فیصلہ کن

Deciduous : *adj.* (de-sid-u-us) temporary; unstable अस्थायी عارضی؛ غیر مستقل

Decimal : *n.* (des-i-mel) one tenth; point used to denote; a decimal (as in 2.5) दशमलव اعشاریہ؛ نقطۂ اعشاریہ

Decimate : *v.* (desi-mayt) to destroy very large part एक बड़ा अंश लेना या मार डालना بڑے حصے کو تباہ یا ہلاک کر ڈالنا

Decision : *n.* (de-sizh-en) act of deciding; settlement निर्णय; फ़ैसला فیصلہ؛ قطعی رائے؛ کسی مسئلے کا حل

Decisive : *adj.* (de-si-siv) conclusive; absolute निर्णायक; निश्चायक فیصلہ کن؛ قطعی

Decivilize : *adj.* (de-siv-i-lized) indecent; rustic असभ्य غیر مہذب؛ گنوار

Deck : *n&v.* (dek) one of the wooden or steel floors of a ship; to decorate छत; सजाना عرشہ (جہاز کا)؛ سجانا؛ سنوارنا؛ آراستہ کرنا

Decker : *n.* a vessel that has only one deck or storey एक मंज़िल یک عرشہ

Double Decker : *n.&adj.* two stories bus डबल डेकर बस ڈبل ڈیکر بس

Declaim : *v.* (de-klaym) to announce; to critisize; ill speaking निन्दा क.; घोषित क. اعلان کرنا؛ تنقید کرنا

Declamation : *n.* (de-klay-may-shen) impassioned speech भाषण جوشیلی تقریر

Declamation contest : *n.* contest about such recitation भाषण का मुक़ाबला خطابت کا مقابلہ

Declamatory : *adj.* (de-klam-a-tory) impassioned भावुकतापूर्ण (भाषण) خطیبانہ (تقریر وغیرہ)

Declaration : *n.* (dek-lar-ray-shen) open statement; solemn statement घोषणा; विज्ञप्ति; घोषता-पत्र ڈیکلریشن؛ اعلان؛ حلفیہ بیان

Declare : *v.* (de-kal-lay-e-r) to state solemnly; to state openly घोषित क.; बता देना اعلان کرنا؛ حلفیہ بیان دینا

Declension : *n.* (dek-len-shen) slope; decline अवनति; अपकर्ष ڈھال؛ اتار؛ انکار

Declination : *n.* (dek-le-ne-shen) descent; bent; curvature उतार; झुकाव اتار؛ جھکاؤ

Decline : *v.* (de-klin) to refuse; to become weaker अस्वीकार क.; इनकार क.; कमज़ोर होना या انکار کرنا؛ مسترد کرنا؛ کمزور یا ضعیف ہونا

Declining : *n.* downward; slope ढलान; उतार ڈھلان؛ اتار؛ زوال؛ انحطاط

Declivity : *n.* (dek-li-viti) slope ढाल ڈھال

Decoct : *v.* (de-kokt) to boil उबालना ابالنا

Decoction : *n.* (de-kok-shen) a liquid medicinal remedy for cold & cough जोशाँदा جوشاندہ

Decollate : *v.* (de-ko-layt) to be head सिर काटना سر کاٹنا؛ سر قلم کرنا

Decompose : *v.* (de-kom-poz) to rot سڑ جانا؛ گل جانا

Decomposition : *n.* (de-kompo-zi-shen) rotting (of body etc.) सड़ना; गलना (शरीर का) سڑنا؛ گلنا

Decontrol : *adj.* (de-kon-trol) uncontrol विनियन्त्रण بے قابو؛ بے اختیار

Decor : *n.* (de-kor) furnishing; beautification सजावट سجاوٹ

Decorate : *v.* (de-ko-rayt) to adorn; to put ornaments on; to set nicely सजाना; विभूषण آراستہ کرنا؛ سجانا؛ زیور پہنانا

Decoration : *n.* (de-ko-ray-shen) adorning सजावट سجاوٹ؛ آرائش

Decorous : *adj.* (de-ko-rus) dignified (behaviour etc.) मर्यादित; समुचित قابل قدر؛ شاندار (برتاؤ وغیرہ)

Decorticate : *n.* (de-kor-ti-kayt) peet; skin; husk छिलका; खाल; भूसी; छाल چھلکا؛ کھال؛ بھوسی؛ چھال

Decorum : *n.* (de-koh-rum) proper and formal behaviour; politeness मर्यादा; शालीनता; शिष्टाचार سلیقہ؛ ادب؛ آداب؛ تہذیب

Decoy : *v.* (de-ko-i) to trap; to lure; to attarct फँसाना; लुभाना پھنسانا؛ لبھانا

Decrease : *v.* (di-krees) to make or become less; to lessen घटना; कम हो जाना; घटाना کم ہونا یا گھٹنا؛ تخفیف کرنا یا گھٹانا

Decrease : *n.* act of decreasing; lessening कमी تخفیف، کمی

Decree : *n.* (de-kree) command of ruler or gvernment verdict of a law court आदेश; डिगरी حکم؛ فرمان؛ فیصلہ؛ ڈگری

Decry : *n.* (de-kri) condemn; disparage निन्दा क. مذمت کرنا؛ برائی کرنا؛ عیب نکالنا؛ نقص نکالنا

Dedicate : *v.* (de-di-kayt) to devote; to surrender समर्पित क. نذر کرنا؛ منسوب کرنا؛ حوالے کرنا

Dedication : *n.* (de-di-kay-shen) a name and often a message, prefixed to a book; surrender पुस्तक के पहले पृष्ठ पर लिखे गए समर्पण वचन; समर्पण; उदघाटन انتساب؛ سپردگی؛ افتتاح

Deduce : *v.* (de-duse) to deduct; to conclude निगमन क.; परिणाम निकालना گھٹانا؛ نکالنا؛ نتیجہ نکالنا

Deduct : *v.* (de-dukt) to take away (amount from) काटना; निकालना کم کرنا؛ تخفیف کرنا؛ کاٹنا؛ نکالنا

Deduction : *n.* (de-duk-shen) act of deducting; rebate कटौती; छूट کٹوتی؛ چھوٹ

Deed : *n.* (deed) act; something

done; legal document कार्य; कर्म; काम; दस्तावेज़ کار؛ فعل؛ کام؛ عمل؛ قانونی کاغذات؛ دستاویز

Deem : *v.* (deem) to consider समझना; ख़याल क.. خیال کرنا؛ باور کرنا؛ سمجھنا

Deep : *adj.* (deep) going for down; much below; far into; depth गहरा; नितल; बहुत अन्दर گہرا؛ عمیق؛ بہت نیچے؛ بہت اندر

Deepen : *v.* (deep-en) to make or become deep गहरा क.. या बनाना گہرا کرنا یا بنانا

Deepness : *n.* (deep-ness) depth; profundity गहराई گہرائی

Deer : *n.* (dee-i-r) beautiful goat like animal हरिण; मृग ہرن؛ مرگ؛ آہو

Deface : *v.* (dee-fas) to destroy; to spoil; to ruin बिगाड़ना; विरुप क.. بگاڑنا؛ مسخ کرنا؛ برباد کرنا

Defacto : *adv.* (de-fak-to) in fact; in reality असल में; वास्तव में اصل میں؛ حقیقت میں

Defalcate : *v.* (de-fal-kayt) to embezzle ग़बन क..; हड़पना غبن کرنا؛ ہڑپنا

Defalcation : *n.* (de-fal-kay-shen) embezzlement ग़बन غبن؛ خیانت

Defamation : *n.* (def-e-may-shen) dishonour; disrepute; slandering मानहानि; बदनामी بدنامی؛ رسوائی؛ ہتک عزت

Defame : *v.* (de-faym) to speak evil of; to slander; to destroy the good fame मानहानि क..; बदनाम क.. بدنام کرنا؛ رسوا کرنا؛ بدسلوکی کرنا

Default : *v.* (de-fawlt) to fail to do something; to fail to pay on time समय पर भुगतान ना क..; चूक जाना کوتاہی کرنا؛ غفلت کرنا

Defaulter : *n.* (de-fawlt-er) person who fails to perform duty चूककर्ता غیر حاضر؛ قصوروار

Defeat : *n.* (de-feet) overcome; conquer पराजय; हार; असफलता فتح؛ شکست؛ ہار؛ ناکامی

Defecate : *v.* (de-fay-kayt) to refine; to purify शुद्ध क..; साफ़ क.. صاف کرنا؛ خالص بنانا

Defect : *n.* (de-faykt) fault; blemish; flaw कमी; दोष; ख़राबी کمی؛ عیب؛ داغ؛ دھبہ؛ برائی؛ خرابی

Defection : *n.* failure; desertion अभाव; कमी; नुक़सान ناکامی؛ کمی؛ نقصان

Defective : *adj.* having defect; not upto the mark ख़राब; दोषी نکما؛ خراب؛ خام

Defence : *n.* (de-fens) resistance to attack; military forces pleading the defendant's case रक्षा; बचाव; सफ़ाई حملے کا مقابلہ؛ حفاظت؛ دفاع؛ فوج؛ صفائی؛ جواب دعویٰ

Defend : *v.* (de-fend) to ward off attack; to fight against invader; to protect; to plead the case; to support रक्षा क..; बचाव क..; समर्थन क..; सफ़ाई देना بچاؤ کرنا؛ دفاع کرنا؛ حفاظت کرنا؛ صفائی پیش کرنا؛ تائید کرنا

Defendant : *n.* person against whom a legal action is brought प्रतिवादी; मुद्दालेह مدعا علیہ

Defensible : *adj.* (de-fen-si-ble) suitable उचित مناسب

Defensive : *adj.* (de-fen-siv) guarding; of defence सुरक्षा; रक्षात्मक

دفائی؛ مدافعت

Defer : *v.* (de-fer) to put off टालना; आस्थगित क॰ ملتوی رکھنا؛ ٹالنا؛ موقوف رکھنا

Deference : *n.* (def-e-rens) postponing; respect टालना; सम्मान التواء؛ ادب

Deferential : *adj.* (def-e-ren-shial) showing great respect श्रद्धापूर्ण مؤدب؛ تعظیمی

Defiance : *adj.* (de-fi-ans) disobedience; challenge अवज्ञा; चुनौती نافرمان؛ بدتمیز؛ چیلنج

Defiant : *n.* (de-fi-ant) disregard; in subordination अवज्ञाकारी; विद्रोही نافرمانی؛ حکم عدولی

Dificiency : *n.* (de-fish-en-si) being deficient अपूर्णता; कमी نقص؛ کمی؛ کوتاہی

Deficient : *adj.* (de-fish-ent) lacking; defective अपूर्ण ناقص؛ خام؛ ناتمام

Deficit : *n.* (def-i-sit) amount by which something is too short; loss; shortage घाटा; कमी خسارہ؛ ٹوٹا؛ گھاٹا؛ کمی

Defilade : *v.* (de-fi-layd) to sit behind a screen; to take a cover आड़ में बैठना; आड़ लेना آڑ میں بیٹھنا یا آڑ لینا

Defile : *n.* (de-fil) long narrow pass between hills or rocks; gorge घाटी تنگ راہ؛ گھاٹی

Defile : *v.* to make dirty; to pollute दूषित क॰; अपवित्र क॰; भ्रष्ट क॰ میلا کرنا؛ گندہ کرنا؛ غلیظ کرنا؛ آلودہ کرنا

Define : *v.* (de-fin) to give the exact meaning of; to describe clearly; to clarify; to explain; to describe limits of परिभाषा देना; निश्चित क॰; निर्धारित क॰; सीमा निर्देश क॰ معین معنی بیان کرنا؛ واضح کرنا؛ تشریح کرنا؛ حد قائم کرنا

Definite : *adj.* (def-nit) exact; clear; explicit निश्चित; सुस्पष्ट واضح؛ معین؛ ٹھیک ٹھیک؛ صاف صاف

Definitly : *n.* (de-fi-nit-li) decidedly; clearly निश्चित रूप से واضح طور پر؛ ٹھیک ٹھیک طور پر؛ معین طور پر

Definition : *n.* (def-i-ni-shen) statement of the meaning परिभाषा تعریف؛ واضح بیان

Definitive : *adj.* (de-fin-i-tiv) decisive; final निर्णायक; अन्तिम فیصلہ کن؛ قطعی؛ آخری

Deflect : *v.* (de-flekt) to turn a side; to deny मुड़ना; विक्षेपित क॰ مڑنا؛ منحرف ہونا

Deflection : *n.* (de-flek-shen) inclination; flexion; bias; bent; curvature झुकाव; विक्षेप; मोड़ جھکاؤ؛ انحراف

Deflower : *v.* (de-flower) to destruct; to ravage; to violate बिगाड़ना; विनाश क॰; फूल तोड़ना برباد کرنا؛ بگاڑنا؛ پھول توڑنا

Deform : *v.* (de-fo-rm) spoil the form विरूपित क॰; रूप बिगाड़ना شکل صورت بگاڑنا؛ خراب کرنا

Deformation : *n.* being deformed विरूपण بدنمائی؛ بدصورتی

Deformed : *adj.* (de-formd) disfigured विरूपित; विकलांग بدشکل؛ بدصورت؛ لنگڑا؛ لولا

Deformity : *n.* see deformation.

Defraud : *v.* (de-frawd) to gain by deceit कपट से लेना فریب سے حاصل کرنا؛ ٹھگنا؛ دھوکہ دینا

Defray : *v.* (de-fray) to settle; to pay off चुकाना چکانا

Deft : *adj*. (deft) skillful; expert; dexterous; efficient निपुण; माहिर ماہر کاریگر؛ ماہر

Defunct : *adj*. (de-funkt) end; old; out of fashion ख़त्म; पुराना; रिवाज; समाप्त हो जाना ختم؛ پرانا؛ رواج؛ ختم ہوجانا

Defy : *v*. (de-fi) to resist openly; to refuse to obey चुनौती देना; विरोध क.; अवज्ञा क. مقابلہ کرنا؛ پرواہ نہ کرنا؛ اطاعت نہ کرنا

Degenerate : *v*. (de-jen-e-rayt) to become worse बिगड़ जाना; ख़राब हो जाना بگڑ جانا؛ خراب ہوجانا

Degeneration : *n*. (de-jen-e-ray shen) act of degenerating पसती; ज़िल्लत تنزل؛ انحطاط؛ پستی؛ ذلت

Degradation : *n*. (de-gray-shen) deformation बदनामी بدنامی

Degrade : *v*. (de-grayd) to reduce in rank; to lower in estimation दरजा घटना; पद से हटाना; नज़रों से गिराना عہدہ سے گرانا؛ عہدہ سے ہٹانا؛ نگاہوں سے گرانا

Degree : *n*. (de-gree) rank; point in scale; point of temperature; university diploma दरजा; श्रेणी; डिगरी; सनद درجہ؛ درجۂ حرارت؛ ڈگری؛ سند

Dehumanize : *adj*. (de-hu-may-nize) cruel; inhuman कठोर; अमानवीय ظالم؛ حیوان

Dehydrate : *v*. (de-hy-de-rayt) without water; to an hydrate; a type of desease पानी की कमी होना پانی کی کمی ہونا

Dehyderation : *n*. shortage of water in human body पानी की कमी جسم میں پانی کی کمی (ایک قسم کی بیماری)

Deify : *v*. (de-i-fie) to worship; to respect; to adore पूजा क.; आदर क. عبادت کرنا؛ عزت دینا

Deign : *v*. (d-ayn) be kind enough (to do something) कोई कार्य कृपा के तौर पर करना نوازش یا عزت افزائی کے طور پر کرنا

Deity : *n*. (dee-i-ti) god; goddess देवता; देवी دیوتا؛ دیوی

Deject : *v*. (de-jekt) to make sad; to disharten उदास क.; निरुत्साह कर देना اداس یا رنجیدہ کرنا؛ افسردہ یا بددل کرنا

Dejected : *adj*. (de-jek-tid) sad; gloomy उदास; ग़मग़ीन; निरुत्साह اداس؛ غمگین؛ دل شکستہ

Dejection : *n*. (de-jek-shen) sadness; melancholy उदासी; दिलगीरी اداسی؛ افسردگی؛ دلگیری؛ رنجیدگی

Delate : *v*. (de-layt) told; to reveal; to report बताना; प्रकट क.; रिपोर्ट क. بتانا؛ ظاہر کرنا؛ رپورٹ کرنا

Delay : *v*. to linger wait; to make or be slow देर क.; रोकना; अटकाना (کام) لٹکائے رکھنا؛ تاخیر کرنا؛ سستی کرنا؛ دیر کرنا

Delay : *n*. lingering; putting off देर تاخیر؛ التوا؛ دیر

Delectable : *adj*. (de-lay-ktay-ble) joyable; blissable; comfortable सुखद آرام دہ؛ خوشی دینے والا

Delectation : *n*. (del-e-kt-shen) pleasure; happiness सुख; आनन्द خوشی؛ مسرت؛ آرام

Delegate : *n*. (del-e-gayt) representative प्रतिनिधि نمائندہ؛ مندوب

Delegation : *n*. (del-e-gay-shan) team of delegates प्रतिनिधि-मण्डल وفد؛ مندوبین؛ نمائندوں کی جماعت

Delete: *v.* (de-leet) to cut; to exclude; to erase काटना; निकाल देना; मिटाना ؛کاٹنا؛ نکال دینا؛ مٹانا

Deliberate : *v.* (de-lib-e-rayt) to consider carefully; to take advice with others; to do purposely सुविचारित; विमर्शित; जान बूझ कर किया हुआ ؛غور کرنا؛ سوچنا؛ صلاح مشورہ کرنا؛ جان بوجھ کر کیا ہوا

Deliberately : adv. purposely जान बूझ कर किया हुआ جان بوجھ کر کیا ہوا

Deliberation : *n.* (-ray-shen) slow and carefully action; discussion विचार-विमर्श غور وفکر؛ غور وخوض

Deliacacy : *n.* (del-i-kesi) fineness of form and texture; dainty; rare and delightful food कोमलता; बारीकी; नज़ाकत; स्वादिष्ट खाद्य نفاست؛ نزاکت؛ لقمۂ تر؛ مزے کی چیز

Delicate : *adj.* (deli-kit) soft; tender; pretty कोमल; सुन्दर ؛نرم؛ ملائم؛ خوبصورت؛ چھریرا

Delicious : *adj.* (de-lish-us) tasteful सुस्वाद; सवादिष्ट مزے دار؛ ذائقہ دار؛ خوشگوار

Delict : *n.* (de-likt) offence; fault; violation अपराध; उल्लंघन جرم؛ غلطی؛ خلاف ورزی

Delight : *n.&v.* (de-lit) pleasure; pleasant effect; please हर्ष; आनन्द; सुख; खुश करना या होना ؛خوشی؛ مسرت؛ مزا؛ لطف؛ حظ؛ خوش کرنا یا ہونا

Delighted : *adj.* (de-lit-id) pleased हर्षित; सुखी; आनन्दित خوش؛ مسرور؛ محظوظ

Delightful : *adj.* pleasing आनन्दप्रद; रूचिकर راحت بخش؛ مسرت بخش

Delimit : *v.* (de-lim-it) to draw the limits ofसीमा निर्धारित क. حدبندی کرنا

Delimitation : *n.* (de-lim-i-tay-shen) delimiting सीमा निर्धारण; सीमांकन ؛حدبندی؛ تعینِ حدود

Delineate : *v.* (delin-i-at) to draw; to paint; to draw out line रूप-रेखा बनाना; चित्रित क. خاکہ بنانا؛ مصوری کرنا

Delineation : *n.* (delin-a-shen) sketching; painting; drawing चित्रकारी مصوری؛ خاکہ؛ پینٹنگ؛ ڈرائنگ

Delinquency : *n.* (de-lin-kwen-si) guilt; offence; neglect of duty अपराध; चूक; कर्तव्यच्युति جرم؛ غلطی؛ فرض ناشناس؛ ادائے فرض سے کوتاہی

Deliquent : *adj.* (de-lin-kewnt) guilty; offender; defaulter अराधी; दोषी ؛مجرم؛ فرض ناشناس

Deliquesce : *v.* (de-li-kews) to melt; to rot; to perspire; to ooze गलना; पिघलना; पसीजना گلنا؛ پگھلنا؛ پسیجنا

Deliration : *n.* (de-li-ray-shen) insanity; madness पागलपन ؛پاگل پن؛ خبطی پن

Delirious : *n.* (de-lee-ri-us) affected with delirium प्रलापी; उन्मत्त ؛ہذیان میں مبتلا؛ بدحواس

Delirium : *n.* (-um) disordered state of mind with confused speech उत्तेजना; सरसाम ہذیان؛ سرسام

Delitescent : *adj.* (delit-i-sent) invisible; hidden अप्रकट غیرمرئی؛ جو نظر نہ آسکے؛ چھپا ہوا

Deliver : *v.* (de-liv-e-r) to leave; to give (a lecture etc.) देना; बाँटना (خطوط) بانٹنا؛ تقسیم کرنا (ڈاک وغیرہ) (خطبہ) دینا؛ تقریر کرنا

Deliverance : *n.* (de-liv-e-rans)

rescue; being set free छुड़ाई; मुक्ति; रिहाई; सुपुर्दगी رہائی؛ نجات؛ مخلصی؛ آزادی

Delivery : *n*. (de-liv-e-ri) surrender; child birth जन्म; प्रसव ؛ حوالگی؛ سپردگی؛ پیدائش؛ ولادت

Dell : *n*. (del) a valley घाटी گھاٹی

Delude : *v*. (de-lood) mislead; to deceive धोखा देना; बहकाना; मोहित क. بہکانا؛ سبز باغ دکھانا؛ دھوکا دینا

Deluge : *n*. (del-ewj) great flood; the great flood in time जल प्रलय; तुफ़ान-ए-नूह طوفان؛ سیل؛ سیلاب؛ طوفان نوح

Deluxe : *adj*. (de-luks) specific; special; prominent विशिष्ट; सुखद ؛ خاص؛ مخصوص؛ ممتاز؛ نمایاں

Delve : *v*. (del-v) to search; to investigate; to discover खोज क. تلاش کرنا؛ ایجاد کرنا؛ دریافت کرنا

Demand : *v*. (de-mand) ask for; to dum माँगना; दावा क. مانگنا؛ طلب کرنا؛ مقرر کرنا؛ حد متعین کرنا

Demarcate : *v*. (de-mar-kay-t) to fix; to fix boundry line निर्धारित क.; सीमांकन क. مقرر کرنا؛ حد متعین کرنا

Demarcation : *n*. (-shen) boundry line; boundry सीमांकन; सीमा ؛ باؤنڈری لائن؛ باؤنڈری

Demarche : *n*. (de-masch) action; proceedings कार्यवाही کارروائی؛ عمل

Demean : *v*. (de-meen) to insult; to humitate नीचा दिखाना; बेइज़्ज़ती क. نیچا دکھانا؛ بے عزتی کرنا

Demeanour : *n*. (de-mean-o-r) behaviour; conduct बरताव; सुलूक ؛ سلوک؛ طرز عمل؛ رویہ

Dement : *v*. (de-ment) to make a fool; to befool पागल बनाना; बेवकूफ़ बनाना پاگل بنانا؛ بیوقوف بنانا

Demerit : *n*. (de-may-rit) default; defect; vice दोष; अवगुण ؛ عیب؛ کمی؛ خرابی؛ برائی

Demi : *pref*. (dem-i) half अर्ध ؛ آدھا؛ نصف

Demi-Official : *n*. (letter) written as personel letter अर्धसरकारी (पत्र) نیم سرکاری (مراسلہ وغیرہ)

Demise : *n*. (de-miz) death देहान्त; निधन موت؛ وفات

Demission : *n*. (de-mi-shen) resignation इस्तीफ़ा; त्यागपत्र ؛ استعفیٰ؛ مستعفی ہونا

Demit : *v*. to resign; to give up the post त्यागपत्र देना مستعفی ہونا؛ استعفیٰ دینا

Democracy : *n*. (de-mok-re-si) government of the people by the people for the people लोकतन्त्र; प्रजातन्त्र جمہوری حکومت؛ جمہوریت؛ عوامی حکومت

Democrat : *n*. (de-mo-krat) one who like democracy लोकतन्त्री جمہوریت پسند

Democratic : *adj*. (-ik) of or like democracy; supporting democratic system लोकतान्त्रिक; प्रजातान्त्रिक جمہوریت پسندانہ؛ جمہوری؛ جمہوریت پسند

Demode / Demoded : *adj*. (de-mode / de-mod-id) old; not new; used पुराना پرانا؛ استعمال شدہ

Demoiselle : *n*. (dem-vaz-e-l) girl; young unmarried woman; female child युवती; कुमारी; किशोरी لڑکی؛ دوشیزہ

Demolish : *v*. (de-mol-ish) to pull

down; to destroy ढाना; गिरा देना; विध्वंस क. ڈھانا؛ مسمار کرنا؛ گرا دینا؛ برباد کر دینا

Demolition : *n.* (-shen) pulling down; destroy विध्वंस; विनाश انہدام؛ مسماری؛ بربادی

Demon : *n.* (dee-men) evil super natural being; evil spirit नरकदूत; पिशाच; दुष्ट आत्मा آسیب؛ بھوت؛ پریت؛ بدروح

Demonstrate : *v.* (de-mon-strayt) to show clearly; to protest (against) दिखाना; स्पष्ट क.; प्रदर्शन क. دکھانا؛ توضیح کرنا؛ اظہار کرنا؛ مظاہرہ کرنا؛ احتجاج کرنا

Demonstration : *n.* (-shen) protest; showing दिखाना; प्रदर्शन دکھانا؛ احتجاج

Demoralize : *v.* (de-mor-la-iz) discourage; down moral धैर्य भंग क. ہمت توڑنا؛ بد دل ہونا؛ اخلاقی طور پر گرانا

Demote : *v.* (de-mot) to de-rank; to declass; to remove from high office पद घटाना; अपदस्थ क. درجہ گھٹانا؛ اختیارات چھین لینا

Demotion : *n.* (-shen) descending rank पदावनति تنزلی

Demur : *v.* (de-me-r) to hesitate; to object because of things आपत्ति क. پس و پیش کرنا؛ اعتراض کرنا؛ جھجکنا

Demure : *adj.* (de-mi-r) calm; cool; composed शान्त; गम्भीर سنجیدہ؛ متین

Den : *n.* (den) wild animal's lair; haunt माँद; अड्डा بھٹ (جنگلی جانوروں کا) اڈّہ

Denary : *adj.* (de-nay-ri) ten fold दस गुना دس گنا

Dendrology : *n.* (dend-ro-logy) a science of trees वृक्ष विज्ञान علمِ درخت

Denial : *n.* (de-ni-el) refusal; deprivation; contradiction अस्वीकृति; आत्मदमन; खण्डना انکار؛ محروم رکھنا؛ تردید

Denigrate : *v.* (den-i-grayt) to defame बदनाम क. بدنام کرنا

Denigration : *n.* (-shen) defamation बदनामी بدنامی

Denizen : *adj.* (den-i-zen) inhabitate; resident; native; in mate निवासी; नागरिकता-प्राप्त; देसी رہنا؛ سکونت رکھنا؛ باشندہ؛ دیسی؛ گھر میں رہنے والا

Denominate : *v.* (de-nom-i-nayt) to give name; to describe नामकरण क.; कहना نام رکھنا؛ کہنا؛ بیان کرنا

Denomination : *n.* (de-nom-i-nay -shen) naming; baptism; nomenclature; class; sect नामकरण; वर्ग गिरोह نام رکھنا؛ فرقہ؛ گروہ

Denote : *v.* (de-not) to signify; to indicate सूचित क.; का अर्थ रखना; छोतित क. ظاہر کرنا؛ سمجھانا؛ بتانا؛ لقب ہونا؛ تعبیر ہونا

Denounce : *v.* (de-nouns) to cause publicly दोषीरोपण क.; निन्दा क. اعلانیہ مجرم ٹھہرانا؛ مذمت کرنا

Dense : *adj.* (dens) thick; heavy गाढ़ा; भारी; घना کثیف؛ گاڑھا؛ وزنی؛ گھنا

Denseness : *n.* (-nes) thickness गाढ़ापन کثافت؛ گاڑھاپن؛ ٹھوس پن

Density : *n.* (den-si-ti) being dense; relation of weight to volume; foolishness गाढ़ापन; घनत्व; मूर्खता ٹھوس پن؛ گاڑھاپن؛ ثقل نوعی؛ بیوقوفی پن

Dent : *n.* (dent) a small pit; a contraction छोटा गडढा; घनत्व; मूर्खता چھوٹا گڈھا؛ پچک؛ نشان

Dental : *adj*. (dental) related to teeth; of the teeth दन्तय دانتوں کے متعلق؛ دانتوں کا؛ دندانی

Dentist : *n*. (-tist) tooth doctor दाँतों का डाक्टर معالج دندان؛ دندان ساز

Dentifrice : *n*. tooth powder मंजन منجن

Denture : *n*. (dench-e-r) plate of artificial tooth बत्तीसी (नक़ली) (مصنوعی) دانتوں کا سیٹ یا چوکا؛ نقلی دانتوں کا سیٹ

Denude : *v*. (de-newd) to make bare; to make naked नंगा क. ننگا کرنا

Denunciation : *n*. see denounce

Deny : *v*. (de-ni) contradict; to say no; to declare not to be true खण्डन क.; नकारना تردید کرنا؛ تکذیب کرنا؛ رد کرنا؛ انکار کرنا

Deodorant : *n*. (de-od-rent) any thing that destroys offensive odors; deodrant गन्धहर بدبو ختم کرنے والا

Depart : *v*. (de-part) to go away; to start on a journey चले जाना; प्रस्थान क.; मृत्यू हो जाना چلے جانا؛ رخصت ہونا؛ روانہ ہونا؛ مرجانا

Departed : *adj*. dead; deceased दिवंगत; मृत متوفی؛ آنجہانی؛ مرحوم

Departed soul : *ph*. dead person दिवंगत مرحوم؛ آنجہانی

Department : *n*. (de-pahrt-ment) branch of administration विभाग; क्षेत्र محکمہ؛ شعبہ

Departmental : *adj*. of a department विभागीय محکمے کا؛ محکمانہ

Departure : *n*. (de-pahr-cher) going away; setting out प्रस्थान روانگی

Depasture : *v*. (de-pas-cher) to graze चरना या चराना چرنا یا چرانا

Depend : *v*. (de-pend) to trust; to be dependent upon; to rely on निर्भर होना; भरोसा या विश्वास रखना بھروسا کرنا؛ اعتماد کرنا؛ تکیہ کرنا؛ وابستہ ہونا؛ منحصر ہونا؛ وابستہ ہونا

Dependant : *n*. (de-pend-ent) supported member of family; servant निर्भर; नौकर منحصر؛ دست نگر؛ متوسل؛ ملازم؛ نوکر

Dependence : *n*. (de-pend-ens) act of depending निर्भरता; भरोसा; विश्वास انحصار؛ تابعداری؛ آسرا؛ بھروسہ؛ یقین

Dependent : *adj*. depending (on or upon) (पर) निर्भर; (से) आक्षित (پر) منحصر؛ (سے) وابستہ

Depict : *v*. (de-pikt) to represent in drawing or painting चित्रित क.; व्याख्या क. تصویر یا نقشہ کھینچنا؛ بیان کرنا

Depiction : *n*. (de-pik-shen) act of depicting; describing चित्रण; व्याख्या تصویر کشی؛ حلیہ بیان کشی

Deplane : *v*. (de-playn) to get down the plane जहाज़ से उतरना جہاز سے اترنا

Deplete : *n*. (de-plect) use up; exhaust प्रयोग कर लेना; समाप्त कर देना استعمال کرلینا؛ ختم کردینا

Depletion : *n*. (-shen) being exhausted सामप्त; रिक्तीकरण خاتمہ؛ ختم ہونا

Deplorable : *adj*. (dep-loh-ray-bel) blame worthy खेदजनक; दुःखद افسوسناک؛ شرمناک؛ نہایت برا

Deplore : *v*. (de-plohr) to lament; to condemn दुःख प्रकट क.; दुःखी होना; बुरा भला कहना ماتم کرنا؛ غم کرنا؛ برا بھلا کہنا؛ مورد الزام ٹھہرانا

Deploy : *v*. (de-ploi) (of troops) to spread out from column into line; to adjust फैलाना (लाईन में); फैलना; फैलाव صف بندی کرنا؛ لگانا؛ ترتیب دینا

Deployment : *n*. (-ment) spread out; adjustment लगाना; फैलाव صف بندی؛ تطبیق؛ انضباط؛ ترتیب

Deplume : *v*. (dip-loom) to clip the wings or feathers पंख काट देना پر کاٹ دینا

Deport : *v*. (de-poh-t) to send out of the country निर्वासित क.; जिला वतन क. ملک بدر کرنا؛ جلا وطن کرنا

Deportation : *n*. (de-por-tay-shen) banishment निर्वासन; जिला वतन جلاوطن؛ ملک بدر؛ اخراج

Deportment : *n*. (de-port-ment) behaviour; way of bearing onself बरताव; व्यवहार طور؛ طریق؛ رویہ؛ طرز عمل؛ برتاؤ

Depose : *v*. (de-pohz) to remove from high office; to curtail the powers; dethrone (a king); to give evidence on oath अपदस्थ क.; गद्दी से उतारना; बयान देना معزول کرنا؛ اختیارات چھین لینا؛ تخت سے اتارنا؛ حلفی بیان دینا

Deposit : *v*. (de-poz-it) to put (money in bank account) to put in someone's care or custody जमा क.; अमानत रखना جمع کرانا؛ تحویل میں دینا

Deposit : *n*. money etc. deposited; sediment जमा; धरोहर; निक्षेप وہ رقم جو بنک میں جمع کرائی جائے؛ بیعانہ؛ تہہ نشیں

Depositor : *n*. (de-poz-it-er) one who deposit in bank जमाकर्ता بنک میں رقم جمع کرنے والا

Depot : *n*. (depoh) store house डिपो; आगार; फ़ौजी भण्डार ڈپو؛ گودام؛ کوٹھی؛ فوجی گودام

Depravation : *n*. (dep-rayv-e-shen) make bad; depraved state of morals भ्रष्टता; विकृति سیاہ کاری؛ برائی؛ بدکاری؛ بگاڑ

Deprave : *v*. (de-prayv) to make bad; corrupt morally चरित्र बिगाड़ना; भ्रष्ट क. بگڑنا؛ خراب کرنا

Depraved : *adj*. (de-prayvd) corrupt; disolute चरित्रहीन فاسق و فاجر؛ بدکار

Depravity : *n*. (deprow-i-ti) depraved state of morals; corruption भ्रष्टता; चरित्रहीनता فسق و فجور؛ سیاہ کاری؛ بدکاری

Deprecate : *v*. (dep-ri-kayt) to disapprove of hold back with prayer की निन्दा क.; का विरोध क.; अनुचित समझना ناپسندیدگی یا ناخوشی کا اظہار کرنا؛ نہ ہونے کی دعا کرنا

Deprecation : *n*. (dep-ri-kay-shen) strong expression of disapprobation; disapproval विरोध ناپسندیدگی کا اظہار؛ مخالفت

Depreciate : *v*. (de-pre-si-ayt) to lessen in price; be little मूल्य घटाना; तुच्छ समझना قدر و قیمت گھٹانا؛ بے وقعت کرنا

Depreciation : *n*. (-ay-shen) lessening of value अवमूल्यन کم قدری؛ کم قیمت

Depredation : *n*. (dep-ri-day-shen) plundring; pillage; marauding लूट-मार; लूट-पाट لوٹ مار؛ لوٹ پاٹ

Depredator : *n*. plunderer; pillager; marauder लुटेरा لٹیرا؛ لوٹ مار کرنے والا

Depress : *v*. (de-pres) to press down; to sadden; to weaken दबाना; झुकाना; उदास क.; कम क. بددل کرنا؛ دبانا؛ جھکانا؛ کم کرنا

Depressing : *adj*. making sad or

unhappy निराशजनक افسردہ کن؛ افسردگی خیز؛ ناامید

Depression : *n*. (de-presh-en) being bent or pressed; hollow palace दबाव; गढ़ा; गहराई دباؤ؛ جھکاؤ؛ دبا ہوا ہونا؛ نشیب؛ گڑھا

Deprivation : *n*. (dep-ri-vaysh-en) felt loss; kidnapping; abduction हानि; अपहरण حرمان؛ محرومی؛ صدمۂ جانکاہ؛ اغوا

Deprive : *v*. (de-priv) to kidnap; to abduct अपहरण क. اغوا کر لینا؛ غائب کر دینا

Depth : *n*. (depth) quality or amount of being deep गहराई گہرائی؛ عمیق

Depth Charge : *n*. bomb set to explode at a desired depth of the sea जलबम بحری بم

Depurate : *v*. (de-pew-rayt) to purify; to rectify; to unadulterate शुद्ध क.; ख़ालिस बनाना خالص کرنا؛ خالص بنانا

Deputation : *n*. (de-pu-tay-shen) to appoint on loan प्रतिनियुक्ति ڈیپوٹیشن؛ قائم مقام بنانا

Depute : *v*. to appoint a person for a short period; to appoint not regular प्रतिनियुक्त क. ڈیپوٹیشن پر تقرر کرنا

Deputy : *pref*. (de-pu-ty) a prefix used as deputy commissioner; deputy seceratry etc. उप; प्रतिनिधि ڈپٹی؛ نائب؛ قائم مقام

Derail : *v*. (de-rail) to trackless; out of strips पटरी से उतरना پٹری سے اترنا

Derange : *v*. (de-raynj) to put out of working order; to disarrange; to disorder उलट पुलट क.; अस्तव्यस्त कर देना الٹ پلٹ کرنا؛ بے ترتیب کر دینا

Deranged : *adj*. (de-raynjd) mad; insane पागल پاگل؛ دیوانہ

Derangement : *n*. (-ment) madness; state of disorder उलट-पुलट; पागलपन پاگل پن؛ دیوانگی؛ پراگندگی؛ بے ترتیبی

Derelict : *adj*. (de-re-likt) abandoned परित्यक्त; छोड़ा हुआ ترک کیا ہوا؛ متروکہ؛ چھوڑا ہوا

Dereliction : *n*. (-lik-shen) neglect (of duty) चूक; कर्तव्यत्याग; लापरवाही فرض سے کوتاہی؛ غفلت شعاری

Deride : *v*. (de-rid) to laugh; to scorn; to mock उपहास क. ہنسی اڑانا؛ مذاق اڑانا

Derision : *n*. (de-rizh-en) act of deriding; scornfull laughter; mockery उपहास تضحیک؛ ہنسی؛ تمسخر

Derisive : *adj*. (de-ri-siv) showing scorn उपहासक; उपहासपूर्ण تضحیک آمیز؛ نفرت آمیز

Derivation : *n*. (de-ri-vay-shen) first form and meaning of word; extraction मूल; उदभव; उत्पत्ति اصل؛ بنیاد؛ اشتقاق؛ اصل؛ نسل

Derivative : *adj*. (de-riv-e-tiv) (thing or word) derived from व्युत्पन्न; व्युत्पादित مشتق؛ ماخوذ

Derive : *v*. (de-riv) to get; to originate; to obtain प्राप्त क.; व्युत्पन्न क.; उत्पन्न होना حاصل کرنا؛ نکلنا؛ ماخوذ ہونا

Derm : *n*. (derm) inner skin; skin अन्तरत्वचा اندرونی کھال؛ کھال

Dermatologist : *n*. (derm-e-te-logist) skin sperialist त्वचा विशेषज्ञ ماہر امراض جلد

Derogate : *v*. (de-ro-gayt) to degenerate; to become worse बिगड़ जाना; ख़राब हो जाना; घट जाना بگڑ جانا؛ خراب ہو جانا؛ گھٹ جانا

Derogation : *n.* (-gay-shen) see degeneration

Derogatory : *n. & adj.* (-tory) disrespected; disregrated अनादरपूर्ण; उपमानजनक بے عزتی؛ بے حرمتی

Derringer : *n.* (de-rin-ger) small pistol छोटी पिस्तौल چھوٹی پستول

Dervish : *n.* (der-vaysh) a muslim mendicant; dervesh दरवेश درویش؛ دنیا سے بے خبر

Descant : *v.* (des-kant) to comment; to sing; to explain in detail टीका-टिप्पणी क.; गाना; विस्तृत व्याख्या क. تنقید کرنا؛ گانا؛ تشریح کرنا؛ وضاحت سے بیان کرنا

Descend : *v.* (de-sand) to come or go down; slope उतरना; नीचे आना; ढलान اترنا؛ نیچے اترنا؛ ڈھلان

Descendent : *n.* (de-sen-dent) one who descends as; off spring नसल; औलाद نسل؛ اولاد؛ خلف

Descent : *n.* (de-sent) descending; down ward slope उतार; ढलान; नीचे; पीढ़ी اتار؛ تنزل؛ ڈھلان؛ نسل؛ پیڑھی

Describe : *v.* (des-krib) to explain; to pull; to built वर्णन क.; खींचना; बनाना بیان کرنا؛ کھینچنا؛ بنانا

Description : *n.* (des-krip-shen) narration; commentary वर्णन; ब्यान وضاحت؛ توصیف؛ بیان

Descriptive : *adj.* (-tiv) narrative वर्णनात्मक توصیفی؛ بیانی

Descry : *v.* (dis-cry) to see; to recognize; to guess देखना; पहचानना; भाँपना دیکھنا؛ پہچاننا؛ بھانپنا

Desert : *n.* (de-ze-rt) dry land covered with sand मरूस्थल; रेगिस्तान; मरूभाम ریگستان؛ صحرا؛ بیابان

Desert : *v.* to leave without help; to leave without support साथ छोड़ देना; दग़ा देना ساتھ چھوڑنا؛ دغا دینا

Desert : *n.* punishment or award what one deserves सज़ा या पुरस्कार سزا یا انعام جس کا کوئی مستحق ہو

Deserter : *n.* (de-ze-t-r) (soldier or sailer) runaway; who truant भगोड़ा بھگوڑا؛ مفرور

Desertion : *n.* (de-ze-r-shen) traitorousness; treachery ग़द्दारी; बेवफ़ाई غداری؛ بے وفائی؛ ساتھ چھوڑ دینا

Deserve : *v.* (de-ze-rv) to be worthy of योग्य होना مستحق ہونا؛ حقدار ہونا

Deserving : *adj.* worthy of योग्य; सुपात्र لائق؛ مستحق

Desiccate : *v.* (des-i-kayt) to dry सुखाना سکھانا؛ خشک کرنا

Desiccation : *n.* (-kay-shen) dryness सूखा हुआ خشک؛ سوکھا ہوا

Desiderate : *v.* (de-zed-rayt) to like; to desire; to require चाहना چاہنا

Design : *n.* (de-zin) pattern; sketch or plan; outline; project डिज़ाइन; ख़ाका; रूपरेखा; अभिकल्प ڈیزائن؛ نقشہ؛ خاکہ؛ نمونہ؛ منصوبہ

Designate : *v.* (dez-ig-nayt) to point out; to indicate स्पष्ट बताना; नाम रखना معین کرنا؛ صراحت کرنا؛ نام رکھنا

Designation : *n.* (-shen) post; rank; status; name; title पदनाम; नाम; लक़ब عہدہ؛ درجہ؛ نام؛ لقب

Desipience : *n.* (desip-ens) stupidity;

foolishness; silliness मूर्खता بیوقوفی؛ حماقت؛ احمقانہ حرکت

Desire : *n.* (de-zi-er-) strong wish चाहना; चाहत; इच्छा خواہش؛ حسرت؛ چاہت

Desirous : *adj.* (de-zi-e-rus) fealing desire इच्छुक خواہاں؛ خواستگار؛ شائق

Desist : *v.* (de-zist) to give up claim; to refrain (from) छोड़ देना; (से) बाज़ रहना دستبردار ہونا؛ باز رہنا

Desk : *n.* (desk) sloping table for writing डेस्क; मेज़ ڈیسک؛ میز

Desolate : *adj.* (des-o-layt) ruined; laid waste; deserted; uninhabitated; helpless; lonely उजाड़; वीरान; अकेला; उदास اجاڑ؛ ویران؛ غیرآباد؛ بدنصیب؛ اکیلا

Desolation : *n.* (-lay-shen) ruiness; loneliness; grief तबाही; अकेलापन; उदासी بربادی؛ تباہی؛ اکیلاپن؛ اداسی؛ مایوسی

Despair : *n.* (des-pay-er) hopelessness निराशा; हताश ناامیدی؛ مایوسی؛ یاس

Desperate : *adj.* (des-pe-rit) filled with despair निराशाजनक قطعاً مایوس

Despicable : *adj.* (dis-pik-bel) mean; frivolous; insignificant नीच; तुच्छ ہیچ؛ غیراہم؛ معمولی

Despise : *v.* (des-piz) to feel contempt for; to look down upon; mean तुच्छ समझना; नीच; घृणा से देखना نفرت کرنا؛ حقارت سے دیکھنا؛ کمینہ؛ سفلہ

Despite : *prep.* (des-pit) in spite of; not with standing के बावजूद; के होते हुए भी باوجود؛ باوصف؛ کے ہوتے ہوئے

Despoil : *v.* (des-poil) rob; plunder छीनना; लूट लेना چھیننا؛ لوٹ لینا

Despoilation : *n.* (-lay-shen) plundering; robbery डाका; लूट ڈاکہ؛ لوٹ

Despond : *v.* (des-pond) to be dejected; to be frustrated उदास होना; निराश होना اداس ہونا؛ ناامید ہونا

Despot : *n.* (des-pot) dictatorship तानाशाही تاناشاہی

Dessert : *n.* (de-ze-rt) curd and sugar mixed दही चीनी دہی چینی

Destination : *n.* (des-ti-nay-shen) place for which a person or thing is bound; aim उद्देश्य; लक्ष्य منزل مقصود؛ مقصد؛ نشانہ

Destine : *v.* (des-tin) to be intended by fate क़िस्मत में होना مقدر میں ہونا؛ قسمت میں ہونا

Destined : *adj.* intended by fate मुक़द्दर; क़िस्मत مقدر؛ قسمت

Destiny : *n.* (des-ti-ni) fate भाग्य قسمت؛ مقدر؛ تقدیر

Destitute : *adj.* (desti-teut) extremely poor मुफ़लिस; ख़ाली مفلس؛ قلاش؛ خالی

Destroy : *v.* (des-troi) to ruin; leave no trace of; to kill नष्ट क.; बरबाद क.; विनाश क.; मार डालना تباہ و برباد کرنا؛ برباد کرنا؛ تلف کرنا؛ مار ڈالنا

Destroyer : *n.* light small fast warship armed with tarpedoes ध्वंसक जहाज़ تباہ کن جہاز

Destruction : *n.* (-truk-shen) destroying; cause of ruin विनाश; नाश; ध्वंस تباہی؛ بربادی؛ ہلاکت؛ تخریب یا باعث بربادی

Destructive : *adj.* (-tiv) causing destruction विनाश; विध्वंसक بربادکنندہ؛ تباہ کن

Detach : *v.* (de-tach) unfasten; remove; send (troops etc.) on duty अलग क.; भेज देना الگ کرنا؛ جدا کرنا؛ علیحدہ کرنا؛ (فوج وغیرہ کو) خاص مہم پر بھیجنا

Detachment : *n.* seperating; force sent असम्बद्ध; फ़ौज की टुकड़ी या दल علیحدگی؛ فوج یا بیڑے کا دستہ

Detail : *n.* & *v.* (dee-tayl) comprehensive explanation; describe fully तफ़सीली ब्यान; विस्तृत वर्णन क. تفصیلی بیان؛ مفصل بیان کرنا؛ وضاحت سے بیان کرنا

Detailed : *v.* (-tayld) full account विस्तृत; तफ़सीली مفصل؛ تفصیل

Detain : *v.* (de-tayn) to keep waiting; to hinder अटकाना; रोकना; रोके रखना منتظر رکھنا؛ بٹھائے رکھنا؛ باز رکھنا؛ روکنا

Detainee: *n.*(-tay-ni) detenu; arrested person नज़रबन्द; हवालात में रखना نظر بند؛ زیر حراست؛ بطور سزا روکا ہوا

Detect : *v.* (de-tekt) to discover; to find out पता लगाना; खोज लेना پتہ لگانا؛ غلطی پکڑنا

Detection : *n.* (de-tek-shen) detecting; discovery खोज; सुराग़रसानी گرفت؛ انکشاف

Detective : *adj.* (-tiv) person detecting crimes & criminals; detecting police force गुप्तचर; जासूस سراغ رساں؛ سراغ رسانی؛ خفیہ پولس (سراغ رساں)؛ جاسوس

Detent : *n.* (de-tent) dog कुत्ता کتا؛ سگ

Detente : *n.* (de-tant) softness नरमी نرمی؛ ملائمت

Detention : *n.* (de-ten-shen) arrest; detaining; political imprisionment कारावास; कैद; नज़रबन्दी (राजनीति) ; حراست؛ روک؛ مزاحمت؛ سیاسی نظر بندی

Detenu : *n.* (det-e-new) political prisioner क़ैदी; नज़रबन्द قیدی؛ سیاسی نظر بندی

Deter : *v.* (de-te-r) hinder रोकना ; باز رکھنا؛ مانع ہونا

Determent : *n.* (-ment) prevention; redress निवारण; रोकना روکنا؛ باز رکھنا

Deterent : *adj.* & *n.* (de-ter-ent) serving to hinder अपमार्जक; रूकावट سدراہ؛ حوصلہ شکن؛ رکاوٹ

Deterge : *v.* (de-terj) to clean साफ़ क. صاف کرنا

Deteriorate : *v.* (de-tee-ri-o-rayt) to make or become worse बिगाड़ना या बिगड़ना بگاڑنا یا بگڑنا

Deterioration : *n.* (-ay-shen) worsening; decadence बिगाड़; अवनति بگاڑ؛ ابتری؛ زوال

Determination : (de-te-r-mi-nay-shen) resolve; assesment; appraisal; fixing up निश्चय; संकल्प; दृढ़ता; निर्धारण ثابت قدم؛ ارادہ؛ عزم؛ رقم کی تشخیص؛ تعین؛ تجدید

Determine : *v.* (de-ter-min) to fix up; to resolve निर्धारित क.; तय क.; निश्चय क. معین کرنا؛ تعین کرنا؛ تہیہ کرنا؛ ارادہ کرنا

Determined : *adj.* (-mind) resolute कृतसंकल्प مضبوط؛ ثابت قدم

Determinant : *adj.* & *n.* delimiting; absolute; decisive factor हदबन्दी करने वाला; निश्चित حد بندی کرنے والا؛ قطعی؛ فیصلہ کن عنصر

Determinism : *n.* theory that human actions are not voluntary नियतिवाद جبر

Detest : *v.* (de-test) hate घृणा क.;

नफ़रत क.، بے حد نفرت کرنا

Detestable : *adj.* deserving to be hated intensely घृणित نہایت قابلِ نفرت

Detestation : *n.* intense hate; acute hate घृणा شدید نفرت

Dethrone : *v.* (de-thorn) to depose अपदस्थ क.; गद्दी से उतारना تخت سے اتارنا؛ معزول کرنا

Dethornement : *n.* act of deposition गद्दी से उतार देना تخت سے اتارنا؛ معزولی

Detonate : *v.* (det-to-nayt) explode with a very loud noise विस्फोट होना; दाग़ना دھاکے کے ساتھ اڑانا؛ داغنا

Detonation : *n.* (-ay-shen) exploding; explosion विस्फोट; धड़ाका انفلاق؛ پھٹنا؛ دھماکہ

Detonator : *n.* part of a bomb that sets off the explosion विस्फोट-प्रेरक بم کی بتی

Detour : *n.* (de-tu-r) circle; spiral road चक्कर; चक्करदार रास्ता या मार्ग چکر؛ چکردار راستہ

Detract : *v.* (de-traykt) to take away (from) घटाना; कम क.، کم کرنا؛ گھٹانا

Detriment : *n.* (det-ri-ment) injury; harm हानि; नुक़सान ضرر؛ نقصان؛ مضرت

Detrimental : *adj.* (-men-tal) harmful; injurious हानिकर; हानिकारक ضرر رساں؛ نقصان دہ

Detrition : *n.* (det-ri-shen) abrasion घिसाई گھسائی

Detritus : *n.* (det-ri-tus) wreckage; debris मलबा ملبہ

Detruncate : *v.* (de-trun-kayt) incomplete; to curtaril; to cut काटना; अपूर्ण; अधूरा کاٹنا؛ کم کرنا؛ ادھورا؛ نامکمل

Deuce : *n.* (d-us) a playing card with two pips; a devil; an evil spirit दुक्का; दुक्की; शैतान; पिशाच دکا، دوکی (کارڈ میں)؛ شیطان؛ چڑیل

Devastate : *v.* (dev-es-tayt) to ruin; to lay waste उजाड़ना; सर्वनाश क.، برباد کرنا؛ ویران کرنا

Devastation : *n.* (-vay-shen) laying waste सर्वनाश; विध्वंस; तबाही تباہی؛ بربادی؛ ویرانی؛ تاراج؛ غارت گری

Develop : *v.* (de-vay-lop) to grow larger or fuller process film विकसित क.; चित्र उभारना بڑھنا یا بڑھانا؛ فلم وغیرہ کو دھوکر تصویر نکالنا

Developer : *n.* solution used in developing photographic negatives फोटो बनाने के लिए प्रयोग होने वाला द्रव عکسی محلول

Development : *n.* developing or being developed विकास; वृद्धि; परिवर्तन نشوونما؛ بالیدگی؛ ترقی؛ ارتقاء؛ تبدیلی

Deviate : *v.* (dee-vi-ayt) to turn away (from right path) पथभ्रष्ट होना; विचलित होना ہٹنا؛ منحرف ہونا

Deviation : *n.* unsteadiness; moving about; deviating विचलन; अपसरण تجاوز؛ انحراف؛ کج روی

Device : *n.* (dee-vis) scheme; trick; method; instrument युक्ति; उपाय; साधन; चाल تدبیر؛ طریقہ؛ آلہ؛ چال

Devise : *v.* (de-viz) to plan; to invent अविष्कार क.، تدبیر کرنا؛ ایجاد کرنا

Devil : *n.* (de-vil) evil spirit; satan; demon नरकदूत; शैतान; राक्षस آسیب؛ بھوت

پریت؛ شیطان

Devious : *adj*. (dee-vi-us) not straight forward; remote चक्करदार; अकेला; दूर پیچیدہ؛ پیچ دار؛ ٹیڑھا میڑھا؛ اکیلا؛ دور

Devolution : *n*. (dee-vo-loo-shen) delegation सुपुर्दगी سپردگی

Devolve : *v*. (dee-volve) to take responsibility; to entrust; to hand over; to assign; to delegate ज़िम्मा लेना; सौंपना; सुपुर्द क॰ ذمہ لینا؛ سونپنا؛ سپرد کرنا

Devote : *v*. (de-voht) to give up (one self to); to concentrate अर्पित क॰; दे देना; समर्पित क॰ نذر کرنا؛ وقف کرنا؛ مخصوص کرنا؛ دے دینا

Devoted : *adj*. given up to; very loving and loyal समर्पित; निष्ठावान; ईमानदार مخصوص کیا ہوا؛ وقف کیا ہوا؛ وفادار؛ جاں نثار؛ ایماندار

Devotee : *n*. (dev-o-tee) a person devoted to some form of religion भगत زاہد؛ عابد؛ بھگت؛ عقیدتمند

Devotion : *n*. (de-voh-shen) being devoted; deep love; worship; loyalty; affection भक्ति; श्रद्धा; उपासना; निष्ठा نذر؛ وقف؛ شدید الفت؛ عبادت

Devour : *v*. (de-vou-er) to eat greedily खा जाना; निगल जाना; नष्ट क॰ بے تحاشا کھا جانا؛ نگل جانا؛ برباد کرنا

Devout : *adj*. (de-vout) devoted भक्त; श्रद्धालू دیندار؛ پرخلوص؛ سچا

Dew : *n*. (dew) liquified vapour drops ओस اوس؛ شبنم

Dhow : *n*. (da-ou) a heran; a stork like bird बगुला بگلا؛ لق لق

Diabetis : *n*. (di-e-bee-teez) disease (causing excessive sugary urine) मधुमेह ذیابیطس؛ شگر کی بیماری

Diablerie : *n*. (dee-ab-li-ri) sorery; mischief जादू-टोना; नटखटपन جادو ٹونا؛ شرارت

Diabolical : *adj*. (die-a-bo-lik) wicked; mischievious शैतानी; दुष्ट شیطانی؛ شرارتی

Diabolism : *n*. worship of an evil spirit; great sin; sorcery नरकदूत पूजा; महापाप; जादू-टोना شیطان کی پوجا؛ گناہ عظیم؛ جادوٹونا

Diachronical : *adj*. (die-a-kron-ik-al) historical ऐतिहासिक تاریخی

Diacritical : *adj*. (die-a-krit-ik-al) qualifying; specific characteristic विशेषक مخصوص؛ خاص

Diadem : *n*. (die-o-daym) crown मुकुट تاج؛ کلاہِ شاہی

Diagnosis : *n*. (die-og-noz-is) finding of the disease (रोग) निदान (مرض) کی تشخیص؛ شناخت

Diagonal : *n*. (di-e-ge-nal) straight line between angle विकर्ण وتر

Diagram : *n*. (di-e-gram) figure chart to illustrate something आरेख; रेख- लेख تشریحی خاکہ؛ نقشہ

Dial : *n*. (di-el) part of machine with pointer to indicate speed; ring up on phone डायल; पट्ट; नम्बर मिलाना (फ़ोन का) ڈائل؛ منہ (گھڑی)؛ نمبر ملانا؛ فون کا نمبر ملانا

Dialect : *n*. (di-e-lekt) spoken language बोली خاص بولی

Dialectology : *n*. (-to-logy) science of language बोली विज्ञान زبان کا علم

Dialogue : *n.* (di-e-log) writing in the form of a conversation; conversation; talk संवाद; कथोपकथन مکالمہ؛ بات چیت؛ گفتگو

Dialysis : *n.* (di-e-li-sis) an artificial respiratory system अपोहन ڈائلسس

Diameter : *n.* (di-e-meet-er) line through centre of a circle व्यास قطر

Diamond : *n.* (di-e-mand) a kind of gem; one of a suit of playing cards हीरा; ईंट का पत्ता ہیرا؛ الماس؛ اینٹ کا پتا

Diamond jubilee : *n.* sixtieth anniversary साठ साला जशने यादगार شصت سالہ جشن یادگار

Diaper : *n.* (di-e-per) bib; embroidery बिब; फूलकारी بب؛ پھول کاری

Diaphanous : *adj.* (di-e-fe-nus) transparent पारदर्शक شفاف؛ صاف

Diaphragm : *n.* (di-e-fram) midriff; wall of a muscles between chest and abdomen मध्यपट پردۂ شکم؛ حجاب حاجز

Diarrhoea : *n.* (di-e-ree-a) looseness of bowels अतिसार; दस्त اسہال؛ دست

Diary : *n.* (dI-e-ri) daily record of engagements डायरी; दैनिकी روزنامچہ؛ ڈائری

Dibber : *n.* (dib-er) a kind of small scraping instrument खुरपी; खुरपा کھرپی؛ کھرپا

Dice : *n.* (dis) small marked piece cast in gambling; checker पाँसा; चार ख़ानेदार बनाना پانسہ؛ کعبتین؛ چارخانے دار بنانا

Dicker : *n.* (dik-er) ten दस دس

Dicker : *v.* to barter; to haggle अदला बदली क.; सौदेबाज़ी क. ادلا بدلی کرنا؛ سودے بازی کرنا؛ مول تول کرنا

Dictaphone : *n.* (dik-ta-phon) dictaphone डिक्टाफ़ोन ڈکٹافون

Dictate : *v.* (dik-tayt) to write down; to note down; to issue an order लिखना; आदेश देना; हुक्म चलाना لکھانا؛ نوٹ کرنا؛ حکم چلانا؛ آرڈر دینا

Dictates : *n.* controlling principles; command हिदायत; हुक्म; आदेश ارشاد؛ ہدایت؛ حکم؛ فرمان

Dictation : *n.* (dik-tay-shen) speaking to someone that he may write श्रुतलेख املا

Dictator : *n.* (dik-tay-ter) absolute ruler तानाशाह آمر؛ حاکم؛ مطلق العنان حاکم؛ ڈکٹیٹر؛ تاناشاہ

Dictatorship : *n.* rule of a dictator; absolute government (with a bad sense) तानाशाही آمریت؛ حکومت مطلقہ

Dictionary . *n.* (dik-she-ne-ri) a book containing words of a language कोश; शब्दकोश لغت؛ ڈکشنری؛ قاموس

Dictum : *n.* (dik-tum) adage; proverb; old saying उक्ति; कथन ضرب المثل؛ کہاوت؛ مقولہ؛ مثل

Die : *v.* (di) to cease to live; to become extent मरना; मर जाना; ग़ायब हो जाना مرنا؛ مرجانا؛ فوت ہوجانا؛ معدوم ہوجانا

The die is cast : *ph.* the irrecoverable decision has been taken आख़िरी फ़ैसला कर लिया जो होना है हो قطعی فیصلہ کرلیا جو ہو سو ہو

Die : *n.* metalic pattern or block ब्लाक; डाई ڈائی؛ بلاک

Diesel : *n.* (dee-zel) high powered engine oil डीज़ल ڈیزل

Diet : *n*. (di-et) food to which one is limited आहार; भोजन پرہیزی غذا؛ غذا؛ کھانا

Dietary : *n*. daily food दैनिक आहार روزمرہ کی غذا

Differ : *v*. (dif-er) to be different; to have a different opinion भिन्न होना; असहमत होना مختلف ہونا؛ اختلاف کرنا

Difference : *n*. (-rens) being different; unlikeness; lack of agreement फ़रक़; भिन्नता; विवाद مختلف؛ فرق؛ عدم مشابہت؛ اختلاف

Different : *adj*. not the same; dissimilar; unsuited भिन्न; दूसरा; असाधारण الگ؛ دوسرا؛ مختلف؛ بے جوڑ؛ انمل

Differential : *adj*. (-ren-shel) of difference भेदिय تفریق کا؛ تفریقی

Differential Calculus : *n*. brach of mathematics अवकलन-गणित احصاءِ تفریقی؛ تفریقی احصاء

Differentiate : *v*. (-shi-aty) to note the difference भेद क.; विशिष्टता पहचानना فرق کرنا؛ امتیاز کرنا

Differentiation : *n*. (dif-e-ren-si- ay-shen) bring out the difference भेदिकरण क.; विशिष्टीकरण فرق کرنا؛ تفریق کرنا

Difficile : *adj*. (dif-i-seel) curved; bent; oblique टेढ़ा; तिरछा ٹیڑھا؛ ترچھا؛ مڑا ہوا

Difficult : *adj*. (dif-i-kelt) not easy; complicate कठिन مشکل؛ دشوار؛ پیچیدہ

Difficulty : *n*. (-kul-ti) being difficult; obstacle कठिनाई; अड़चन مشکل ہونا؛ روک؛ دشواری؛ رکاوٹ

Diffidence : *n*. (dif-i-dens) lack of self confidence; shyness आत्मसन्देह; संकोच بے حوصلگی؛ شرمیلا پن

Diffident : *adj*. shyful; bashful संकोची شرمیلا؛ لجیلا

Diffluent : *adj*. (di-fu-lu-ent) fluid; fickle; unsteady तरल مائع؛ سیال؛ ناپائدار

Diffuse : *v*. (di-fewz) to spread in every direction फैलना; फैलाना پھیلنا؛ پھیلانا

Diffusion : *n*. (di-few-zhen) spreading विस्तार; प्रसारण; फैलाव پھیلاؤ؛ انتشار؛ نفوذ

Dig : *n*. (dig) engraving; carving; excavation खुदाई کھدائی

Dig : *v*. to dig; to engrave; to excavate खोदना کھودنا

Digamy : *n*. (di-gay-mi) remarriage पुनर्विवाह دوبارہ شادی

Digest : *v*. (di-jest) to prepare food in stomach for assimilation पचाना; हज़्म क. ہضم کرنا؛ پچانا

Digest : *n*. (di-jest) compendium; digest सार-संग्रह ڈائجسٹ

Digestibility : *n*. capability of being digested easily जल्दी पच जाना زود ہضم ہونا

Digestion : *n*. (di-jes-shen) act of digesting पाचन शक्ति ہضم کرنا

Digestive : *adj*. of digestion पाचक نظامِ ہضم کا

Digging : *n*. (dig-ging) excavation; engraving खुदाई کھدائی

Digit : *n*. (dij-it) any one of the numbers from 0 to 9 अंक; नम्बर صفر سے ۹ تک کا کوئی بھی ہندسہ؛ نمبر

Dignified : *adj*. (dig-ni-fid) honourable सम्मानित; गौरवपूर्ण باعزت؛ آبرومندانہ

Dignify : *v*. (dig-ni-fi) to give dignity

सम्मानित क. عزت بخشنا

Dignitary : *n.* high status person; elevated officer or authority उच्चाधिकारी اعلیٰ عہدہ دار

Dignity : *n.* excellence; high position मान मर्यादा; गरिमा شان وشوکت؛ شان وشکوہ

Dike / Dyke : *n.* (da-ik) dam; canal बाँध; नहर باندھ؛ نہر

Dilapidate : *v.* (di-lap-i-dayt) to ruin; to desrtoy नष्ट क.; बरबाद क. برباد کرنا؛ ختم کرنا

Dilemma : *n.* (di-lem-a) awkward situation द्विविधा; दुबिधा گومگو؛ دوہری مشکل

Dilettante : *n.* (di-li-tayn-ti) art lover; fond of fine things कलाप्रेमी; शौकीन آرٹ سے محبت کرنے والا؛ شوقین

Diligence : *n.* (dil-i-jens) steady attention to work परिश्रम; कर्मिष्ठ تندہی؛ سرگرمی

Diligent : adj. (dil-i-jent) hard working परिश्रमी; उद्यमी محنتی؛ مستعد

Dilly-Dally : *v.* (dil-e-day-li) to hesitate; to hitch; to shilly-shally हिचकिचाना ہچکنا؛ ہچکچاہٹ؛ تذبذب میں پڑنا

Dilute : *v.* (di-lewt) solving in water पानी मिलाना; फीका या हलका क. پانی ملاکر ہلکا کرنا؛ پانی میں گھل جانا؛ پتلا کرنا؛ پھیکا کرنا

Dilution : *n.* (di-lew-shen) diluting फीकापन; अवमिश्रण ہلکا کرنا؛ تخفیف کرنا؛ پھیکاپن

Dim : *adj.* (dim) fade; not bright धीमा; फीका; धुँधला دھندلا؛ مدھم؛ دھیما؛ ہلکا؛ پھیکا

Dimension : *n.* (dimen-shen) measurment of length; breadth; thickeness; extent विस्तार; माप; लम्बाई-चौड़ाई بُعد؛ طول؛ عرض؛ گہرائی یا موٹائی میں سے ایک بُعد؛ ناپ

Dimidiate : *adj.* (di-mid-i-it) half आधा آدھا؛ نصف

Diminish : *v.* (dim-i-nish) lessen (in size) घटाना; कम क. گھٹانا؛ کم کرنا

Diminutive : *adj.* (di-min-en-tiv) very small; tiny बहुत छोटा; छोटा सा بہت چھوٹا؛ ننھا سا

Dimple : *n.* (dim-pel) a small pit on cheek (which is a symble of beautiy) गाल पर हँसने में पड़ने वाला गढ़ा گال پر ہنسنے میں پڑنے والا گڑھا

Din : *n.* (din) loud; confused noise शोरगुल; हल्ला; कोलाहल غل؛ شور وغل؛ غوغا؛ شور وغوغا

Dine : *v.* (din) to have dinner खाना खाना کھانا کھانا

Dingle : *n.* (ding-el) a valley; a mountain pass घाटी گھاٹی

Dingy : *adj.* (din-ji) dirty; untidy; foggy मैला; धुँधला; गदला غلیظ؛ میلا؛ گندہ؛ دھندلا؛ گدلا

Dinner : *n.* (din-e-r) a night meal; heavy supper रात्रि भोज; दावत شام یا رات کا کھانا؛ عشائیہ؛ دعوت

Dint : *n.* (dint) a pit; a scar गढ़ा; निशान گڑھا؛ نشان

Dip : *v.* (dip) to immerse for a time; dim डुबा कर निकाल लेना; मध्यम रोशनी ڈبوکر نکال لینا؛ مدھم روشنی

Diploma : *n.* (dip-lo-ma) diploma; a certificate डिप्लोमा; सनद سند؛ ڈپلوما

Diplomacy : *n.* (dip-lom-e-si) cleverness; being politic; opportunist; being an envoy व्यवहार-कौशल; राजनय;

कूटनिति حکمت عملی؛ موقع پرست؛ موقع شناس؛ سفارت

Diplomat : *n.* (dip-lo-mat) envoy; employee of embassy राजनयिक; कूटनीतिज्ञ سفیر؛ ایلچی؛ رکن سفارت

Diplomatic : *adj.* (-may-tik) manoeuvre; planned movement कूटनितिक عسکری حرکت؛ منظم چال

Dire : *adj.* (di-e) dreadful; extreme awful भीषण; भयानक; घोर ہولناک؛ دہشت ناک؛ انتہائی خوفناک یا ہیبت ناک

Direct: *adj. & adv.* (di-rekt) going straight; send (to); show the way सीधा; (की) ओर भेजना; (का) मार्ग दिखाना سیدھا؛ براہ راست؛ کی طرف بھیجنا؛ (کی) راہ دکھانا

Direction : *n.* (di-rek-shen) side; course; directing; order; address दिशा; ओर; निर्देशन; आदेश; पता; ठिकाना رخ؛سمت؛ طرف؛ جانب؛ ہدایت؛حکم؛ پتہ؛ ٹھکانا

Directive : *n.* (-tive) detailed instructions निर्देश-पत्र ہدایت نامہ

Director : *n.* (-ter) one who directs निदेशक; संचालक; अध्यक्ष مہتمم؛ ناظم؛ ڈائریکٹر

Directory : *n.* (-ri) printed book of names and addresses निर्देशिका ڈائریکٹری؛ ابجدی فہرست جس میں نام اور پتے درج ہوتے ہیں

Direful : *adj.* see Dire

Dirge : *n.* (drej) funeral song शोकगीत; विलाप गीत نوحہ؛ مرثیہ

Diriment : *n.* (di-ri-ment) one who reject something रद्द करने वाला رد کرنے والا

Dirk : *n.* (dirk) a dagger; poniard कटार کٹار

Dirt : *n.* (dert) filth; mud; dust; dirty; accretions मैल; धूल; कीचड़; गन्दगी; मिट्टी نجاست؛ غلاظت؛ کیچڑ؛مٹی؛ دھول؛میل کچیل؛ گندگی

Dirt Cheap : *ph.* very cheep; inferior बहुत सस्ता بہت سستا؛ بہت کم قیمت

Dirt Track : *n.* route strewn with gravels कंकड़ीला पथ या मार्ग کنکریلا راستہ

Dirty : *adj.* (derti) filthy; very untidy गन्दा; मैला آلودہ؛ نجس؛ میلا کچیلا؛ گندا؛ غلیظ

Disability : *n.* (dis-a-bil-i-ti) being disable निर्योग्यता ناقابلِ کار ہونا؛ ناکارہ ہونا

Disable : *v.* (dis-ay-bel) to make unable; to cripple अशक्त कर देना; विक्लांग कर देना ناقابل بنا دینا؛ معذور کر دینا

Disabled : *adj.* (-beld) rendered unable to work by injury or disease अशक्त ناکارہ

Disaccord : *n.* (dis-kard) difference of opinion; disunion मतभेद; फूट اختلاف الرائے؛ پھوٹ

Disadvantage : *n.* (dis-advan-tij) difficult condition; loss; injury प्रतिकूल परिस्थिति; घोटा; हानि ناموافق صورت حال؛ دقت؛ دشواری؛ نقصان؛ ضرر

Disadvantagious : *adj.* (-tay-jus) unfavourable; harmful प्रतिकूल; असुविधाजनक; हानिकारक; अलाभकारी ناموافق؛مضر؛ نقصان دہ؛مضرت رساں

Disaffiliate : *v.* (dis-e-fi-li-ayt) disconnect असम्बद्ध क.. الحاق نہ کرنا؛ لاتعلقی کا اظہار کرنا؛ الگ کرنا

Disaffiliation : *n.* (-liay-shen) disconnection असम्बद्धीकरण غیرالحاق؛ لاتعلق؛ الگ

Disaffirm : *v.* (dis-e-firm) to reject रद्द क॰ رد کرنا

Disagree : *n.* (dis-ag-ree) take a different view असहमत اختلاف رائے

Disagreeable : *adj.* (-e-bel) unpleasant अप्रिय; अरुचिकर نامرغوب؛ ناپسند؛ ناگوار

Disagreement : *n.* difference असहमति; भेद; भिन्नता; विवाद اختلاف؛ ناموافقت؛ نااتفاقی

Disallow : *v.* (dis-e-lov) to refuse to allow; to reject स्वीकृति न देना; अस्वीकार क॰ اجازت نہ دینا؛ نامنظور کرنا؛ قبول نہ کرنا

Disannul : *v.* (dis-e-nul) to reject रद्द कर देना رد کر دینا

Disappear : *v.* (-pee-er) to go out of right; to vanish अदृश्य हो जाना; लुप्त हो जाना غائب ہوجانا؛ نظروں سے اوجھل ہوجانا

Disappoint : *v.* (dis-e-po-int) to shatter hope हताश या निराश क॰ ناامید کرنا؛ امید توڑنا؛ مایوس کرنا

Disappointment : *n.* being disappointed निराशा; विफलता مایوسی؛ ناامیدی؛ ناکامی

Disapprove : *v.* unaccepted; to dislike अस्वीकृत क॰; नापसन्द क॰ منظور نہ کرنا؛ قبول نہ کرنا؛ ناپسند کرنا

Disarm : *v.* (dis-ahrm) to take away war weapons निरस्त्र कर देना; शस्त्र छीन लेना اسلحہ چھین لینا؛ نہتا کر دینا

Disarmament : *n.* giving up use of armed forces निरस्त्रीकरण تخفیف فوج؛ تخفیف اسلحہ

Disarrange : *v.* scattered; to helter-shelter अस्तव्यस्त कर देना; गड़गड़ कर देना الٹ پلٹ کر دینا؛ بکھیر دینا

Disarrangement : *n.* disorder अव्यवस्था; गड़बड़ी; उलटपुलट بدانتظامی؛ بے ترتیبی

Disarray : *v.* undressed; disordered विवस्त्र कर देना; अव्यवस्थित कर देना بے لباس کر دینا؛ غیر منظم کر دینا

Disarticulate : *adj.* (dis-ah-tik-ew-layt) not clear साफ़ न होना صاف نہ ہونا

Disassemble : *v.* to dislocate the parts of machine पुरज़े अलग कर देना; खोलना پرزے الگ کرنا؛ کھولنا

Disaster : *n.* (dis-zahs-ter) great or sudden misfortune; ruiness घोर विपत्ति; संकट; महाविपदा مصیبت؛ سانحہ؛ آفت؛ بربادی؛ تباہی

Disastrous : *adj.* (-trus) ruinous; aweful; causing great difficulties अतर्थकारी تباہ کن؛ برباد کن؛ خوفناک؛ مہیب؛ مشکل آفریں

Disavow : *v.* (dis-e-vou) to deny; to refuse मुकर जाना; अस्वीकार क॰; इनकार कर देना انکار کرنا؛ نہ ماننا؛ منع کر دینا؛ مکر جانا

Disband : *v.* (dis-e-band) to break; to dislocate तोड़ देना; भंग कर देना توڑ دینا؛ ناکارہ کر دینا

Disbelief : *v.* (dis-bi-leef) unreliance; distrust; non-confidence अविश्वास تعین نہ ہونا؛ اعتبار نہ ہونا؛ اعتقاد نہ ہونا

Disburs : *v.* (dis-be-rs) to payout money चुकाना; व्यय क॰; वितरण क॰ روپیہ ادا کرنا؛ روپیہ بانٹنا؛ خرچ کرنا

Disbursment : *n.* payment; delivery अदायगी; भुगतान بھگتان؛ ادائیگی

Disc : *n.* (disk) flat circular piece

चकती; चक्र; डिस्क ٹکیہ؛ قرص؛ چپٹی گولی

Discard : *v.* (dis-kard) to throw away as useless फेंक देना; अलग कर देना; निकाल देना پھینک دینا؛ نکال دینا؛ الگ کر دینا

Discern : *v.* (di-se-rn) to see clearly देख लेना; भाँप लेना بھانپ جانا؛ صاف صاف دیکھ لینا

Discerning : *adj.* able to judge well कुशाग्रबुद्धि; विवेकी صاحب فہم و بصیرت؛ صاحب ادراک

Discernment : *n.* keen in sight विवेक; बुद्धि ادراک؛ بصیرت؛ نکتہ رسی

Discharge : *v.* (dis-chahrj) to carry out; to remove; unburden; to dismiss; to perform बजा लाना; उतारना; ख़ाली क.; बरख़ास्त क.; छुड़ाना; पूरा क.; अदा क. بجا لانا؛ عہدہ برآ ہونا؛ اتارنا؛ خالی کرنا؛ برخاست کرنا؛ چھڑانا؛ پورا کرنا؛ ادا کرنا

Disciple : *n.* (di-se-pel) follower of a great teacher चेला; शिष्य چیلا؛ مرید؛ شاگرد

Disciplinarian : *n.* (-nay-ri-en) person competent to maintain discipline अनुशासक سخت گیر؛ نظم و ضبط قائم رکھنے والا

Disciplinary : *adj.* (dis-ip-li-nay-ri) of discipline; promoting discipline अनुशासनिक ضبط و انضباط کے متعلق؛ تادیبی

Discipline : *n.* (dis-ip-lin) controlled state; order; training; self control अनुशासन; विधा विशेष; आत्मनिग्रह; आत्मनियन्त्रण ضبط؛ نظم و ضبط؛ انضباط؛ تربیت

Disclose : *v.* (dis-kloz) to reveal प्रकट क.; अनावृत क. کھولنا؛ افشا کرنا؛ منکشف کرنا

Disclosure : *n.* (-zher) something disclosed प्रकटीकरण; प्रकट की गई बात انکشاف

Discolour . *adj.* fed रंग ख़राब हो जाना بدرنگ ہونا؛ رنگ خراب ہو جانا

Discomfit : *v.* (dis-kom-fit) to defeat हरा देना; पराजय क. ہرا دینا

Discomfiture : *n.* defeat पराजय; असफलता ہار؛ ناکامی

Discomfort : *n.* (dis-kom-fort) lack of comfort; uneasiness असुविधा; अशान्ति; बेचैनी بے آرامی؛ بے چینی؛ بے کلی

Discommend : *v.* (dis-kom-end) to criticise निन्दा क.; बुराई क. تنقید کرنا؛ برائی کرنا

Discommode : *v.* (dis-ko-mod) to be in trouble तकलीफ़ में होना تکلیف میں ہونا

Discompose : *v.* to disturb; to perturb to व्याकुल होना بے چین ہونا؛ پریشان ہونا

Discomposure : *n.* disturbence; quietlessness बेचैनी; परेशानी بے چینی؛ پریشانی

Disconcert : *v.* to make useless व्यर्थ कर देना بے کار کر دینا

Disconnect : *v.* to detach from; to take apart अलग क.; असम्बद्ध क. جدا کرنا؛ الگ الگ کرنا؛ الگ الگ کر دینا

Disconnection : *n.* separation; apartition; unfasten असम्बद्धीकरण علیحدگی؛ جدا کرنا؛ الگ کرنا

Disconsolate : *adj.* frustrated; disappointed; dishartened निराश; उदास ناامید؛ محروم؛ مایوس؛ اداس

Discontent : *n.* (dis-kon-tent) dissatisfaction; grievance असन्तोष;

असन्तुष्टी ناخوشی؛ بے اطمینانی؛ شکایت

Discontent : *v.* to dissatisfy; displease असन्तुष्टी उत्पन्न क. بے اطمینانی پیدا کرنا

Discontinuity : *n.* gap; discrepance; incoherence अन्तराल; असंगति خلا؛ فرق؛ غیر مسلسل؛ بے ربطی

Discord : *n.* (dis-kord) lack of harmony; disagreement; strife अनबन; बेसुरापन; फूट بے آہنگی؛ ناموافقت

Discordant : *adj.* at variance with; harsh बेमेल; विसंवादी; असंगत ناموافق؛ ناگوار؛ کرخت

Dicount : *n.* deduction; rebate; concession; exemption छूट; बट्टा; कटौती کٹوتی؛ چھوٹ؛ کم کرنا؛ رعایت

Discountenance : *v.* to dislike; to discourage नापसन्द क.; निरूत्साह क. ناپسند کرنا؛ ہمت توڑنا

Discourage : *v.* (dis-ke-rij) to lessen confidence and courage हिम्मत तोड़ना; हतोत्साह क. ہمت توڑنا؛ بددل کرنا

Discouragement : *n.* cowardness; timidity; depression अनुत्साह; निरूत्साहन بزدلی؛ بے ہمتی؛ بے دلی

Discourse : *n.* (dis-koh-rs) lecture; treatise भाषण; निबन्ध خطبہ؛ مقالہ

Discourteous : *adj.* (dis-kor-ti-us) rude; indecent अभद्र; रूखा کج خلق؛ ناشائستہ؛ روکھا

Discourtesy : *n.* (-te-si) lack of courtesy; lack of decency रूखापन; बेरूखी کج خلقی؛ ناشائستگی؛ بے رخی

Discover : *v.* (dis-kuv-er) to invent; to find out; to bring into light खोज निकालना; पता लगाना ایجاد کرنا؛ دریافت کرنا؛ انکشاف کرنا؛ پتہ لگانا

Discovery : *n.* (-e-ri) something discover; invention; search खोज; अविष्कार دریافت؛ انکشاف؛ ایجاد؛ تلاش

Discredit : *v.* (dis-red-it) to defame; to end बदनाम क.; समाप्त क. بدنام کرنا؛ ختم کرنا

Discreet : *adj.* (dis-kreet) wise; prudent; alert बुद्धिमान; सतर्क; सावधान عقلمند؛ ہوشمند؛ ہوشیار

Discrepancy : *adj.* difference; anomaly अन्तर فرق؛ امتیاز

Discrete : *adj.* (dis-keret) not continuous; seperate अलग; असतत غیر مسلسل؛ غیر متواتر

Discretion : *n.* wisdom; prudence समझबूझ; सावधानी; बुद्धिमानी عقلمندی؛ ہوشیاری؛ سمجھ بوجھ

Discoursive : *adj.* rambling बेसिलसिला; लगातार न होना بے سلسلہ؛ لگاتار نہ ہونا

Discus : *n.* (dis-kes) circle; round चक्र; चक्का چکر؛ گول؛ دائرہ

Discuss : *v.* (dis-kus) to exchange ideas; to talk about; to confer विचार-विमर्श क.; वादविवाद क. تبادلۂ خیالات کرنا؛ بات چیت کرنا؛ بحث کرنا

Disdain : *v.* (dis-dayn) to dislike; to contempt घृणा क. نفرت کرنا

Disease : *n.* (di-zeez) illness बीमारी; रोग بیماری؛ مرض؛ روگ

Diseased : *adj.* (zoozd) ill; afflicted with disease रोगी; अस्वस्थ بیمار؛ غیر صحتمند

Disembark : *v.* (dis-em-bahrk) to get

down from a ship जहाज़ से उतरना या उतारना جہاز سے اترنا یا اتارنا

Disembogue : *v.* (di-sim-bog) to fall; to come down गिरना या गिराना گرنا یا گرانا

Disembosom : *v.* (di-sim-bo-zem) to manifest; to make devident; to reveal प्रकट क॰ ظاہر کرنا؛ انکشاف کرنا

Disembroil : *v.* (di-sem-bra-il) to disentangle; to solve; to set a right सुलझाना سلجھانا؛ حل کرنا

Disengage : *v.* to separate; apart; not together अलग क॰; जुदा क॰ الگ کرنا؛ جدا کرنا؛ علیحدہ کرنا

Disentangle : *v.* to unravel; to extricate सुलझाना; छुड़ाना سلجھانا؛ چھڑانا

Disfavour : *v.* (dis-fay-ve-r) to disapprove; to dislike अवज्ञा क॰; नापसन्द क॰ ناپسند کرنا؛ نامنظور کرنا

Disfeature : *v.* to spoil the shape विरूपित क॰ شکل بگاڑنا؛ روپ بگاڑنا

Disfigure : *v.* (dis-fig-er) to spoil the shape विरूपित क॰ شکل بگاڑنا؛ صورت بگاڑنا

Disgorge : *v.* (dis-gorj) to vomit; to teturn; to fall down उगलना; वापस क॰; गिरना या गिराना اگلنا؛ واپس کرنا؛ گرانا یا گرنا

Disgrace : *n.* (dis-grays) dishonour; disrepute बदनामी; रूस्वाई بے عزتی کرنا؛ ذلت؛ بدنامی؛ رسوائی

Disgruntled : *adj.* grouch; irritable; peevish चिड़चिड़ा چڑچڑا؛ جھلانے والا

Disguise : *v.* (dis-giz) to change appearance भेस बदलना; छुपाना بھیس بدلنا؛ اصلیت چھپانا

Disgust : *n.* (dis-gust) loathing; dislike घृणा; नफरत نفرت؛ تنفر؛ کراہت

Dish : *n.* (dish) container for food; food डिश; डोंगा; पकवान ڈش؛ قاب؛ ڈونگا؛ پکوان

Disharten : *v.* (dis-ahrt-en) discourage; depress हताश क॰ ہمت توڑنا؛ دل توڑنا؛ مایوس کرنا

Dishevel : *v.* (di-she-vel) seattered; helter-shelter अस्तव्यस्त कर देना الٹ پلٹ کردینا؛ بکھیر دینا

Dishonest : *adj.* (dis-on-est) having no integrity; not honest; unscrupulous कपटी; बेईमान بے ایمان؛ کپٹی؛ بددیانت

Dishonesty : *n.* lack of integrity कपट; बेईमानी بے ایمانی؛ کپٹ؛ بددیانتی

Dishonour : *n.* (dis-on-er) loss of honour; disgrace अपमान; अनादर; कलंक بے عزتی؛ رسوائی؛ بدنامی

Disinfect : *v.* (dis-in-fect) to free from infection रोगाणुओं से मुक्त क॰ وبائی اثر دور کرنا؛ جراثیم سے پاک کرنا

Disinfactant : *adj.* disinfecting (medicine); disinfection medicine रोगाणुनाशी جراثیم کش؛ جراثیم کش دوا

Disingenuous : *adj.* (di-sin-je-nu-us) not honest; unscrupulous कपटी بے ایمان؛ بددیانت

Disinter : *v.* (dis-in-ter) to take out from the grave; to investigate खोद कर निकालना (क़ब्र से); खोज निकालना قبر سے کھود نکالنا؛ کھوج نکالنا

Disinterested : *adj.* (dis-int-e-res-ted) having no selfish interest; free from selfish motive; not guided self interest निस्वार्थ; निष्काम بے غرض؛ بے لوث

Disjoint : *v.* seperated; apart; not together अलग करना; जोड़ से अलग करना الگ کرنا؛ جوڑ سے الگ کرنا

Disk : *n.* see disc

Dislike : *v.* to be displeased with नापसन्द क.. ناخوش ہونا؛ ناپسند کرنا

Dislocate : *v.* (dis-lo-kayt) to put out of position (जोड़) अलग कर देना (ہڈی) اتار دینا؛ (جوڑ) الگ کر دینا

Dislocation : *n.* putting or being out of position हड्डी का उतरना; अव्यवस्था (ہڈی) کا اتارنا؛ یا اترنا؛ انتظام میں خلل ڈالنا

Dislodge : *v.* to expel; to discharge हटाना; निकाल देना ہٹانا؛ نکال دینا؛ نکالنا

Disloyal : *adj.* (dis-loi-el) unfaithful; not loyal निष्ठाहीन; विश्वासघाती بے وفا؛ غدّار

Dismal : *adj.* (diz-mel) sad; miserable निराशजनक; निरानन्द ملول؛ افسردہ؛ غمگین

Dismantle : *v.* (dis-mant-el) to take away; to take to pieces विघटित क..; विखण्डित क.. اتارنا؛ ٹکڑے ٹکڑے کرنا

Dismay : *n.* (dis-may) feeling of fear and discouragement; disappointment व्याकुलता; घबराहट ہول؛ دہشت؛ مایوسی

Dismiss : *v.* (dis-mis) to expel out from the office पदच्युत क..; निकाल देना; सेवामुक्त क.. برخاست کرنا؛ برطرف کرنا؛ نکال دینا

Dismissal : *n.* (-el) being turned out of service पदच्युति; बरख़ास्तगी برخاستگی؛ برطرفی

Disobey : *v.* (dis-o-bay) to breach of order; to refuse to obey अवज्ञा क..; आज्ञा भंग क.. نافرمانی کرنا؛ کہنا؛ نہ ماننا

Disabeyal : *n.* failure to obey अवज्ञा نافرمانی

Disoblige : *v.* (dis-o-blij) to reject the request निवेदन ठुकराना درخواست ٹھکرانا

Disorder : *v.* to disperse; to scatter अस्तव्यस्त कर देना گڑبڑ کر دینا؛ الٹ پلٹ کر دینا

Disorganize : *v.* (dis-o-ge-niz) to put out of order; to render useless विसंघटित क..; संगठन भंग क.. ابتری میں ڈالنا؛ ناکارہ کرنا؛ بیکار کرنا

Disown : *v.* (dis-own) unapprove; to reject; to refuse अस्वीकार क..; रद्द कर देना نامنظور کرنا؛ رد کر دینا؛ انکار کر دینا

Disparity : *n.* (dis-pa-ri-ti) inequality; difference असमानता; विभिन्नता نابرابری؛ فرق

Dispatch : *v.* (dis-patch) to send; to send by post भेजना; डाक से भेजना بھیجنا؛ ڈاک سے بھیجنا

Dispatcher : *n.* sender भेजने वाला بھیجنے والا

Dispel : *v.* (dis-pel) to disperse the mob; to scatter तितर बितर कर देना تتر بتر کر دینا؛ بکھیر دینا

Dispensary : *n.* (dis-pen-sari) a clinic दवाख़ाना ڈسپنسری؛ دواخانہ

Dispensation : *n.* (dis-pen-say-shen) distribution; exemption; management वितरण; रिहाई; छुटकारा; प्रबन्ध تقسیم؛ رہائی؛ چھٹکارا؛ انتظام

Dispense : *v.* (dis-pens) to distribute देना; प्रदान क..; बाँटना بانٹنا؛ تقسیم کرنا؛ دینا

Dispense - with : *ph.* to leave out छोड़ देना چھوڑ دینا؛ ترک کر دینا

Disperse : *v.* (dis-pers) to go in different directions; scattered छितराना; बिखेरना منتشر ہونا؛ تتر بتر ہونا

Dispersion : *n.* act of dispersing छितराव; छिन्न भिन्नता منتشر کرنا یا ہونا

Display : *n.* (dis-play) exhibition; arrange or decorate things for show प्रदर्शनी; सजाना (نمائش کے لئے) نمائش؛ سجانا

Displease : *v.* (dis-pleez) to fail to satisfy; to annoy अप्रसन्न क.॰ آزردہ کرنا؛ ناراض کرنا

Displeased : *adj.* (-ed) annoyed; dissatisfied अप्रसन्न; नाराज़ ناراض؛ آزردہ

Displeasure : *n.* (dis-plezh-er) anger; state of not being pleased; disapprobation; disfavour अप्रसन्नता; क्रोध خفگی؛ غصہ؛ آزردگی

Disposal : *n.* (dis-po-sal) charge given; arrangement; settling; ending; sale व्यवस्था; निपटारा; विक्रय سپردگی؛ تحویل؛ انتظام؛ نپٹانا؛ فروخت؛ ٹھکانے لگانا

Dispose : *v.* (dis-pohz) to finish with; to sell; to end समाप्त क.॰; निपटाना; बेचना ختم کرنا؛ انجام دینا؛ فروخت کرنا

Disposition : *n.* (dis-po-sish-en) person's nature; qualities of mind and character; inclination मिज़ाज; मनोवृति; झुकाव طبیعت؛ مزاج؛ رفتارِ طبع؛ سیلان

Dispraise : *n.&v.* criticism; to criticise निन्दा; निन्दा क.॰ تنقید؛ تنقید کرنا

Disproof : *n.* (dis-proof) proving to be wrong खण्डन تغلیط؛ بطلان

Disprove : *v.* (dis-proov) to prove to be wrong खण्डन क.॰ غلط ثابت کرنا

Dispute : *n.* (dis-pewt) heated argument; quarrel विवाद; कलह; झगड़ा جھگڑا؛ بحث؛ تکرار؛ مناقشت

Dispute : *v.* to argue; to quarrel; object to झगड़ना; विवाद क.॰; खण्डन क.॰ جھگڑنا؛ بحث کرنا؛ تکرار کرنا؛ معترض ہونا

Disqualification : *n.* (dis-quali-fi-ke-shen) unfitness; inability; unworthiness अयोग्यता; अपात्रता نااہلیت؛ نالائقی؛ ناقابل

Disqualify : *v.* to declare unfit अयोग्य ठहराना نااہل قرار دینا

Disquiet : *v.* (dis-kwi-et) to perturb; make worried; to disturb mentally अयोग्य ठहराना گھبرا دینا؛ پریشان کرنا؛ بے چین کرنا؛ تشویش میں ڈالنا

Disquiet : *n.* perturbation; worry अशान्त या बेचैन कर देना تشویش؛ بے چینی؛ فکر

Disquisiton : *n.* (dis-kewi-zi-shen) arrangement प्रबन्ध انتظام

Disrate : *v.* (dis-rayt) to degrade पदावनत क.॰; दरजा घटाना درجہ گھٹانا

Disregard : *v.* (dis-re-gah-d) to disdain; inattention; to pay no attention अनादर क.॰; अवहेलना क.॰; लापरवाही क.॰ بے اعتنائی برتنا؛ بے التفاتی کرنا؛ لاپروائی برتنا

Disrelish : *v.* (dis-re-lish) see dislike

Disrepute : n. (dis-re-put) infamy; ill fame; notoriety बदनामी; रूसवाई بدنامی؛ رسوائی

Disrespect : *n.* (dis-res-pakt) insult; affront निरादर توہین؛ بے عزتی

Disroot : *v.* (dis-root) to dig out; to eradicate; to dislocate उखाड़ना; निकाल देना اکھاڑنا؛ نکال دینا

Disruption : *n.* (dis-rup-shen) act of rending asunder; split of organization भंग; विघटन توڑنا؛ ٹوٹنا؛ انتشار

Disruptive : *adj*. (-tiv) causing disruption विघटनकारी انتشار انگیز؛ شرانگیز

Dissatisfaction : *n*. (dis-say-tis-fi-kay-shen) discontent;discontentment असन्तोष بے اطمینانی؛ ناخوشی

Dissect : *v*. (di-sekt) to cut up विच्छेदन क.; विश्लेषण क. چیر پھاڑ کرنا؛ عمل تشریح کرنا

Dissection : *n*. (di-sek-shen) dissecting विच्छेदन; विश्लेषण چیر پھاڑ؛ تشریح

Dissemblance : *n*. (dis-em-b-lens) hypocrisy; fraud; imposture ढोंग ڈھونگ؛ ڈرامے بازی

Dissemble : *v*. (dis-em-bel) to hide; inattention छिपाना; ध्यान न देना; अन्देखा क. چھپانا؛ دھیان نہ دینا

Desseminate : *v*. (di-sem-i-nayt) scattered (seeds etc.); to broadcast; to spread widely छितराना; बिखेरना; फैलाना; प्रचार क. بیج ڈالنا؛ تخم ریزی کرنا؛ پھیلانا؛ نشر و اشاعت کرنا

Dissension : *n*. (di-sen-shen) difference of opinion; ill-feeling; rift मतभेद; मनमुटाव; अनबन مختلف الرائے؛ من مٹاؤ؛ ان بن

Dissent : *v*.& *n*. (di-sent) think differently; difference of opinion असहमत होना; विरोध क.; असहमति مختلف انداز سے سوچنا؛ اختلاف رکھنا؛ اختلاف الرائے

Dissertation : *n*. (di-zer-tay-shen) research thesis; research work शोध-प्रबन्ध تھیسس؛ تحقیقی مقالہ

Disservice : *n*. (di-ser-vis) loss हानि نقصان

Dissever : *v*. (di-ser-ver) to divide in two parts; to seperate विभाजित क.; अलग क. دو حصوں میں تقسیم کرنا؛ الگ کرنا

Dissidence : *n*. (dis-i-dens) disagreement; difference of opinion मतभेद اختلاف؛ اختلاف الرائے

Dissimilar : *adj*. different; unmatching; unequal असमान; असमरूप مختلف؛ بے میل؛ بے جوڑ؛ غیر مساوی

Dissimulate : *v*. (di-si-mu-layt) to hide; to deceive छिपाना; धोखा देना چھپانا؛ دھوکہ دینا

Dissipate : *v*. (dis-i-payt) to scatter; to disappear; to squander छितराना; ग़ायब हो जाना بکھیرنا؛ غائب ہوجانا؛ اڑادینا

Dissociable : *adj*. (dis-so-shi-abl) unsociable बेमिलनसार کم آمیز؛ غیر ملنسار

Dissocial : *adj*. anti-social समाजविरोधी غیر معاشرتی؛ غیر سماجی

Dissociate : *v*. (dis-soh-shi-ayt) to declare lack of contact (from) सम्बन्ध तोड़ना; अलग क. قطع تعلق کرنا؛ اظہار بے زاری کرنا

Dissolute : *adj*. (dis-o-loot) immoral; licentious दुराचारी; आवारह آوارہ؛ عیاش؛ بدچلن

Dissolution : *n*. (dis-zoh-shen) disintegration घुलावट; विघटन حل ہونا؛ گھلنا؛ ملنا (پانی وغیرہ میں)

Dissolve : *v*. (dis-zolv) to melt; to change into liquid विघटित, लुप्त या विलीन हो जाना; घुलना گھلنا؛ گھلانا؛ حل ہونا یا کرنا

Dissonance : *adj*. (dis-o-nans) out of tuning; inharmonious बेसुरापन; विस्वरता بے سراپن

Dissuade : *v*. (dis-a-ayd) to turn

away; to prohibit रोकना; (परामर्श द्वारा) मना क. روکنا؛ خلاف مشورہ دینا

Distaff : *n.* (dis-taf) a big size needle; an awl सूजा; तकुआ سوا؛ بڑی سوئی

Distance : *n.* (dis-tans) space between two points; space of time; gap दूरी; फ़ासला مسافت؛ مدت؛ فاصلہ؛ دوری

Distaste : *n.* (dis-tayst) lack of interest; hate अरूचि; नफ़रत دلچسپی نہ ہونا؛ نفرت

Distend : *v.* (dis-tend) to spread; to expand; to stretch फैला देना; पसारना پھیلانا؛ پسارنا

Distinct : *adj.* (dis-tinkt) different; sepearte; clearly seen भिन्न; अलग; सुस्पष्ट مختلف؛ الگ؛ واضح؛ بین

Distinction : *n.* (-shen) eminent success श्रेष्ठता; प्रतिष्ठा امتیازی کامیابی

Distinctive : *adj.* prominent विशेषक; विशेष نمایاں؛ خاص

Distinguish : *v.* (dis-ting-u-ish) differntiate (from or between); make or become prominent भेद क.; पहचानना امتیاز کرنا؛ فرق کرنا؛ نمایاں ہونا یا کرنا؛ پہچانا

Distinguished : adj. (-isht) eminent विख्यात مشہور؛ نمایاں

Distort : *v.* (dis-tort) to twist of shape; to prevent; changed विकृत क.; बदलना (विचार) شکل بدلنا؛ بدلنا(خیالات وغیرہ)

Distract : *v.* (dis-trakt) to draw away; to confuse दूसरी ओर आकर्षित क.; घबरा देना; ध्यान भंग क. توجہ ہٹانا؛ گھبرا دینا؛ دھیان ہٹانا

Distracted : *adj.* (-ed) with confused mind; frightened डरा हुआ; व्याकुल; दुचित्ता سراسیمہ؛ گھبرایا ہوا؛ ڈرا ہوا

Distraught : *adj.* (dis-traut) harrassed; worried परेशान; विक्षिप्त پریشان؛ فکرمند

Distress : *n.* (dis-tres) great sorrow; pain; affliction; confiscation कष्ट; विपत्ति; संकट; ज़ब्ती; कुर्की رنج؛ تکلیف؛ دکھ؛ درد؛ مصیبت؛ ضبطی؛ قرقی

Distressed : *adj.* (dis-trest) struck with sorrow व्यथित; विपदग्रस्त غمگین؛ غمزدہ؛ حزیں

Distribute : *v.* (distrib-ewt) to deal out; to divide; to spread बाँटना; वर्गीकरण क.; फैलाना بانٹنا؛ تقسیم کرنا؛ پھیلانا؛ بکھیرنا

Distribution : *n.* (-bew-shen) act of distributing; division वितरण; बंटन تقسیم؛ بانٹنا

Distributor : *n.* one who distribute वितरक تقسیم کرنے والا؛ بانٹنے والا؛ تقسیم کنندہ

Distributory : *n.* (-bew-te-ri) branch of irrigational canal वितरक नदी نہر کی شاخ

District : *n.* (dis-trikt) part of country; region ज़िला; क्षेत्र ضلع؛ علاقہ

District Magistrate : *n.* officer acting as judge ज़िलाधीश ضلع مجسٹریٹ؛ ضلع حاکم؛ فوجداری

Distrust : *n.* (dis-trust) disbelief; non-confidence; doubt अविश्वास; शंका; सन्देह بے یقینی؛ شک؛ اعتماد نہ ہونا؛ بھروسہ نہ ہونا

Disturb : *v.* (dis-terb) to make uneasy; to hinder; to disorder; to upset arrangement घबरा देना; व्याकुल क.; बाधा डालना; अस्तव्यस्त कर देना مشکل بنا دینا؛ پریشان کرنا؛ رکاوٹ ڈالنا؛ خلل ڈالنا؛ درہم برہم کر دینا

Disturbance : *n*. (-ans) being disturbed; political disorder; violent demonstration अशान्ति; गड़बड़; उत्तेजना خلل؛ گڑبڑ؛ ہلچل؛ فساد؛ ہنگامہ

Disunion : *n*. (dis-u-ni-an) separation; dissension विच्छेद; जुदाई; अनबन; फूट ؛ جدائی؛ علیحدگی؛ فراق؛ ہجر؛ ان بن؛ پھوٹ

Disunite : *v*. (dis-u-nit) to separate; to rift अलग क.; फूट डालना الگ کرنا؛ پھوٹ ڈالنا

Ditch : *n*. (di-tch) trench; moat; sewer; drain-pipe; water course खाई; नाली; नाला کھائی؛ نالی؛ خندق؛ نالا

Dither : *n*. (did-ar) trembling; shuddering; quivering थरथराहट تھرتھراہٹ؛ کپکپاہٹ

Diurnal : *adj*. (di-er-nel) daily; of daytime दैनिक روزانہ؛ روزمرہ؛ دن کا

Divagate : *v*. (die-ve-gayt) to lose one's way; to go astray; to wander about भटक जाना بھٹک جانا؛ راستہ بھول جانا

Divan : *n*. (di-vayn) sofa सोफा صوفہ

Divaricate : *v*. (die-vay-ri-kayt) to divide विभाजित क.; बाँटना تقسیم کرنا؛ بانٹنا

Dive : *n*. (div) a type of ship or boat; a submarine पनडुब्बी آبدوز؛ آبدوز کشتی

Dive : *v*. (div) to have a dip (in a river); to plauge डुबकी लगाना; ग़ोता लगाना غوطہ لگانا؛ ڈبکی لگانا

Diving dress : *n*. a dress which is use during diving ग़ोता लगाने के कपड़े/वस्त्र غوطہ زنی کا لباس

Diver : *n*. (di-ver) one who dives ग़ोतामार غوطہ خور؛ غوطہ مار؛ غواص

Diverge : *v*. (di-ver-j) to go in different ways भिन्न दिशाओं में जाना راہیں الگ ہونا؛ جدا ہونا (راستہ وغیرہ)

Divers : *adj*. (di-ve-rz) several unnamed (objects); miscellaneous; various विविध متفرق؛ مختلف النوع

Diverse : *adj*. (di-ver-s) different; not similar; unlike भिन्न; असमान مختلف

Diversify : *v*. (di-ve-si-fi) to introduce variety into विभिन्नता पैदा क. تنوع پیدا کرنا

Diversion : *n*. (-zen) turning side (of trafic etc.); amusement; deviation विपथन; विचलन; मनोरंजन; विशाखन انحراف؛ تفریح؛ موڑنا (ٹریفک وغیرہ کا)

Diversity : *n*. (di-ve-si-ti) variety; several; difference विविधता; असमानता; भिन्नता تنوع؛ اختلاف

Diver : *v*. (di-ve-t) to turn in an other direction मोड़ना; पलटना; दूसरे मार्ग पर जाना موڑنا؛ پھیرنا؛ رخ پلٹنا

Dives : *adj*. (di-vz) a rich person; a wealthy man; aristocrate धनी; अमीर امیر؛ رئیس؛ مالدار شخص

Divest : *v*. (di-vest) to strip of clothes; to deprive विवस्त्र कर देना; वंचित क. (अधिकार) کپڑے اتارنا؛ محروم کر دینا؛ چھین لینا (حق)

Divide : *v*. (di-vid) separation (into); to split up; to make into parts विभाजन क.; अलग क.; वर्गीकरण क.; बाँटना تقسیم کرنا؛ بانٹنا؛ پھوٹ ڈالنا؛ ٹکڑے کرنا

Dividend : *n*. (div-i-dend) number to be divided by another periodical payment लाभांश; भाज्य مقسوم؛ منافع (کمپنی کا وقتاً فوقتاً ہونے والا)

Dividers : *n.* pair of measuring compasses; separator प्रकार; विभाजक پرکار؛ تقسیم کرنے والا

Divine : *adj.* (di-vin) relating to God; sacred; excellent ईश्वरीय; उत्कृष्ट خدائی؛ الٰہی؛ مقدس؛ شاندار

Divine : to guess अनुमान क॰ اندازہ کرنا؛ قیاس کرنا

Divinity : *n.* (di-vin-ity) God; The Almighty; Diety ईशवर; देवता خدائے تعالیٰ؛ اللہ تعالیٰ؛ خدا؛ دیوتا

Divisible : *adj.* that can be divided भाज्य; विभाज्य منقسم؛ تقسیم

Division : *n.* dividing or being divided; sharing; disagreement; administrative area विभाजन; बँटवारा; मतभेद; भाग; प्रभाग تقسیم؛ بٹوارہ؛ اختلاف الرائے؛ ڈویژن؛ درجہ

Divisor : *n.* (di-vi-zer) number by which another is divided भाजक; गुणक مقسوم علیہ؛ تقسیم کنندہ

Divorce : *n.* (di-vo-rs) dissolution of marriage; separation विवाह-विच्छेद; तलाक़ طلاق؛ جدائی؛ علیحدگی

Divorcee : *n.* divorced तलाक़शुदा طلاق شدہ

Divulge : *v.* (di-vulj) to let out (a secret) प्रकट क॰; प्रसिद्ध क॰ فاش کرنا؛ ظاہر کرنا؛ افشا کرنا

Dizziness : *n.* headache; botheration सरदर्द; चक्कर دورانِ سر؛ سردرد؛ چکر

Dizzy : *adj.* (diz-i) giddy; confused भौंचक्का; व्याकुल سرگراں؛ چکرایا ہوا؛ بھونچکا؛ بے چین

Do : *v.* (doo) to act; to implement; to perform पालन क॰; पूरा क॰ کرنا؛ پورا کرنا؛ بجالانا

Do-Nothing : *adj.* good for nothing; idler नाकारह; बेकार ناکارہ؛ بے کار

Doings : *n.* what one does; big events महत्त्वपूर्ण घटनाऐं کام؛ کرتوت؛ اہم واقعات

Docile : *adj.* (do-sil) easily controlled or managed; submissive; obedient आज्ञाधीन; विनीत; आज्ञापरायण مطیع؛ فرمانبردار؛ اطاعت پذیر

Dock : *n.* (dok) place for ships to stay गोदी گودی (جہاں جہاز رکتے ہیں)

Docket : *n.* (dok-it) lable; ticket; slip चिप्पी; टिकट لیبل؛ سلپ؛ چپی؛ ٹکٹ

Doctor : *n.* (dok-ter) (abb. Dr.) physician; surgeon; holder of a doctorate डाक्टर; आचार्य; वैध; चिकित्सक; डाक्टर की उपाधि ڈاکٹر؛ حکیم؛ طبیب؛ ڈاکٹر فاضل

Doctorate : *n.* highest university degree विश्वविद्यालय की सबसे बड़ी डिगरी; डाक्टरेट پی ایچ ڈی کی ڈگری؛ ڈاکٹریٹ؛ سند فضیلت

Doctrine : *n.* (dok-trin) body of a religion's teaching धर्मसिद्धान्त کسی مذہب کی تعلیم؛ مذہبی عقائد

Document : *n.* (dok-ew-ment) written statement प्रलेख; दस्तावेज़; लिखित प्रमाण دستاویز؛ کاغذات

Documentary : *n.* (-e-ri) film dealing with any field of knowledge वृत्तचित्र دستاویزی فلم

Documentary : *adj.* based on documents दस्तावेज़ी دستاویزی

Dodder : *n.* (dod-e) parasite creeper अमरबेल; आकाशबेल امربیل؛ آکاش بیل

Dodder : *v.* to tremble; to quiver; to shiver; to shudder काँपना; थर्राना کانپنا؛ تھرانا

Doddle : *v.* (dod-e-l) to stagger; to lotter; to stumble लड़खड़ाना; डगमगाना لڑکھڑانا؛ ڈگمگانا

Dodge : *v.* (doj) to change position quickly; avoid; to move to and fro; to use trick; to parry; to evade इधर उधर हटना; वार ख़ाली देना; बचना; चकमा देना ادھر ادھر ہٹنا؛ وار خالی دینا؛ بچنا؛ چکمہ دینا

Doe : *n.* (doh) female of dear; female of rabbit मृगी; (ख़रगोश आदि की) मादा ہرنی؛ مادہ خرگوش

Doe-Skin : *n.* skin of dear; outer covering of flesh खाल; मृग चर्म کھال؛ جلد

Doff : *v.* (dof) to bring down; to unload; to leave उतारना; छोड़ देना اتارنا؛ چھوڑ دینا

Dog : *n.* a well known animal कुत्ता کتا

Dog tired : *adj.* tired थका माँदा تھکا ماندہ

Dog's ear : *n.* curved corner of page मुड़ा हुआ कोना ورق کا مڑا ہوا گوشہ

Dogged : *adj.* (dog-id) stubborn; strong दृढ़; हटीला ضدی؛ سخت

Doggedly : *adv.* perservingly दृढ़निश्चय से مستقل مزاجی سے؛ استقلال سے

Dogma : *n.* (dog-ma) system of belief धर्मसिद्धन्त عقیدہ؛ مذہبی عقائد

Doit : *n.* (da-it) an obsolete Indian coin worth one eighth of a pice दमड़ी دمڑی

Doldrums : *n.* (dol-drumz) regions of windless calm; sadness विषुव-प्रशान्त मण्डल; उदासी طبقہ سکون؛ اداسی

Be in doldrums : *ph.* to be heart sick दिलगीर होना دلگیر ہونا

Dole : *n.* (dohl) alms; charity; help; grief ख़ैरात; दान; भिक्षा; मदद; ग़म خیرات؛ مدد؛ غم

Doll : *n.* (dol) toy in human form गुड़िया; पुतली گڑیا؛ گڈا؛ لعبت

Dollar : *n.* (dol-er) a U.S. coin डालर ڈالر

Dolorous : *n.* (do-lo-res) sorrowness; grief; sadness उदास دکھ؛ تکلیف؛ اداسی

Dolt : *adj.* (dolt) foolish मूर्ख بے وقوف

Domain : *n.* (do-mayn) territory देश; मुलक; प्रदेश; इलाका ریاست؛ ملک؛ علاقہ مقبوضات

Dome : *n.* (dom) dome गुम्बद گنبد

Domestic : *adj.* (do-mes-tik) of home; tamed घरेलू; पालतू گھریلو؛ خانگی؛ پالتو

Domesticate : *v.* (-kayt) to tame animals etc सभ्य बनाना; पालतू बनाना سدھانا (جانوروں وغیرہ کو)؛ پالتو بنانا

Domicile : *n.* (dom-i-sil) dwelling place निवास स्थान سکونت؛ جائے بود و باش؛ وطن

Dominant : *v.* (dom-i-naynt) to become a chief; to over power प्रमुख बनना; प्रबल होना مکھیا بننا؛ غلبہ پالینا

Dominate : *v.* to have control over प्रशासन क.; शासन में रखना حکومت کرنا؛ غلبہ یا تسلط رکھنا

Domination : *n.* (-ay-shen) being victorious; being dominated शासन; प्रधानता غلبہ؛ تسلط؛ زیر تسلط آنا

Dominator : *n.* one who controls शासक غلبہ پانے والا

Domineer : *v.* (do-mi-ni-r) to

command over whelming; to hold influence; to hold sway धौंस जमाना; रोब जमाना; धाक जमाना دھونس جمانا؛ دھاک جمانا؛ رعب جمانا

Dominion : *n*. (do-min-yer) rule; control शासन; नियन्त्रण تسلط؛ حکومت

Don : *v*. (don) to wear; to put on पहन लेना پہن لینا؛ زیب تن کرنا

Don : *n*. expert; head; fellow पिशेषज्ञ; अध्यक्ष; साथी ماہر؛ سربراہ؛ ساتھی

Donate : *v*. (do-nayt) to bestow; to give; to grant देना دینا؛ عطا کرنا

Donation : *n*. (-shen) giving; bestowing दान; चन्दा دان؛ چندہ

Donjon : *n*. (don-jon) turret बुर्ज برج

Donkey : *n*. (donk-i) ass; silly गधा; मूर्ख گدھا؛ بیوقوف

Donor : *n*. (do-nor) bestower दाता دینے والا؛ عطا کرنے والا

Doom : *n*. (dom) ruin; fate; destiny; death सर्वनाश; सत्यानाश; भाग्य; मौत; परिणाम تباہی؛ قسمت؛ انجام؛ موت

Doomsday : *n*. the last judgement day अन्तिम; न्याय का दिन یوم آخرت؛ آخرت

Door : *n*. (dohr) entrance that can be closed द्वार; दरवाज़ा دروازہ؛ اندر جانے کا راستہ؛ در؛ اندر جانے کا راستہ؛ دروازہ

Out of door : *ph*. out; out side; exterior बाहर باہر

Next door : *ph*. neighbour पड़ोस پڑوس

Door Frame :*n*. threshold चौखट چوکھٹ

Door Keeper : *n*. a watchman; gate keeper दरबान دربان

Door post : *n*. see Door Frame

Door way : *n*. opening entrance द्वार

Dormant : *adj*. (dohr-ment) sleeping; not active सोया हुआ; बेकार خوابیدہ؛ سویا ہوا؛ بے کار

Doormition : *n*. (-mi-shen) slumber; death नींद; मृत्यु نیند؛ موت

Doormitory : *n*. (do-mit-e-ri) sleeping room for many in hostel शयनशाला ڈارمیٹری؛ خوابگاہ؛ (ہوسٹل وغیرہ کی)

Dory : *n*. (doh-ri) a boat; ferry नौका چھوٹی کشتی؛ نوکا؛ ریس والی کشتی

Dope : *n*. (dop) varnish; paint; polish; grease रोग़न; वारनिश روغن؛ پالش؛ وارنش

Dosage / Dose : *n*. (dohs-iz/ dohz) amount of medicine taken over मात्रा; खुराक خوراک (دوا وغیرہ کی)

Dossier : *n*. (dohz-i-er) file; a case file फ़ाइल; मिसिल فائل؛ ریکارڈ

Dot : *n*. (dott) tiny round mark; spot बिन्दु; धब्बा; नुकता نقطہ؛ بندی؛ دھبہ

Dotage : *n*. (doht-ij) childishness of old age; weakness of brain; old age desease दिमाग़ी कमज़ोरी سٹھیانا؛ دماغی کمزوری؛ ایک قسم کی بیماری

Dote : *v*. (doht) to be foolishly fond of (on) सठिया जाना سٹھیا جانا؛ مخبوط الحواس ہونا

Doting : *adj*. (doht-ing) passionately fond लटटू; मोहित شیدائی؛ فریفتہ

Dotation : *n*. (do-tay-shen) see donation

Double : *adj*. dub-et) twice as much or as many दुगना; दूना دگنا؛ دہرا

Double : *n*. person's wraith; substitute; mistakable for another प्रतिरूप; स्थानापन्न अभिनेता ہمزاد؛ ہو بہو وہی

Doubt : *n.* (dout) uncertainty सन्देह شک؛ شبہ

No doubt/ without doubt : *ph.* doubtlessly निस्सन्देह یقیناً؛ لازماً

Doubt : *v.* to doubt; to hesitate in believing सन्देह क.; अविश्वास क. شک کرنا؛ شبہ کرنا؛ ماننے میں پس و پیش کرنا

Doubtful : *adj.* doubting; suspected सन्देही; अनिश्चित مشتبہ

Dough : *n.* (doh) kneaded flour गुँधा हुआ आटा گندھا ہوا آٹا

Dour : *adj.* (dohr) cruel; rigid; rigorous कठोर; सख़्त ظالم؛ سخت؛ سنگدل

Douse : *v.* (do-ves) extinguish; drench बुझाना; भिगो देना بجھانا؛ شرابور کردینا (پانی سے)؛ بھگو دینا

Dove : *n.* (duv) a kind of bird पड़की; फ़ाख़्ता فاختہ؛ قمری

Dove cot : *n.* pigeon house पिंजरा; काबक کابک؛ پنجرہ

Dove turtle : *n.* dove voice काल्हक फ़ाख़ता فاختہ کی آواز

Dowager : *n.* (dow-erj) widow विधवा بیوہ

Dowdy : *adj.* (dowd-i) coarse-grained; unmannerly फूहड़ پھوہڑ

Down : *prep.* (doun) below; beneath; opposite of up नीचे; नीचे की ओर نیچے؛ (اوپر کا مخالف) نیچے کی طرف

Down : *adj.* at a lower level; bring down; defeat; put down; lower position नीचे की ओर; नीचे लाना; डाल देना; पराजय क.; दरजा घटाना نیچے کی طرف؛ نیچے لانا؛ ڈال دینا؛ شکست دینا؛ کم تر درجہ

Downcast : *adj.* sad; looking downwards उदास; नीची مغموم؛ نیچی

Downfall : *n.* sudden fall from prosperity सत्यानाश زوال

Downhill : *n.* towards the foot of the hill पहाड़ की चोटी से नीचे की ओर; ढाल پہاڑ کی چوٹی سے نیچے کی طرف؛ ڈھال

Downpour : *n.* heavy fall (esp. of rain) मूसलाधार वर्षा موسلادھار بارش؛ بوچھاڑ

Downright : *adj.* (down-rit) straight forward; honest; thorough साफ़-गो; इमानदार; बिलकुल صاف گو؛ دیانتدار؛ بالکل؛ یکسر

Downstairs : *n.* lower floor निचली मंज़िल نچلی منزل

Downtrodden : *adj.* oppressed पददलित مظلوم؛ ستم رسیدہ؛ پسے ہوئے

Downwards : *adj.* beneath; below नीचे की ओर نیچے؛ نیچے کی طرف

Downy : *adj.* (dou-ni) covered with down रोमदार روئیں دار

Dowry : *n.* (dou-ri) property and other things which girl brings in her marriage दहेज جہیز

Doze : *v.* (douz) to sleep lightly ऊँघना; झपकी लेना اونگھنا؛ جھپکی لینا

Doze : *n.* half sleep ऊँघ; झपकी اونگھ؛ جھپکی

Dozen : *n.* (duz-en) set of twelve things दर्जन درجن؛ بارہ چیزوں کا سیٹ

Dr. : *n.* (dok-ter) abbreviation of Doctor डाक्टर का संक्षेप; वैद ڈاکٹر؛ طبیب؛ ڈاکٹر کا مخفف

Drab : *adj.* (drab) light brown; dull colour हलका भूरा; नीरस; बेरंग ہلکا بادامی رنگ؛ پھیکا رنگ؛ بے رنگ

Drachm : *n.* (drahm) 1/16th ounce; 1/8th ounce for medical substance

डराम ڈرام (طبی)

Draconian : *adj*. cruel; rigid कठोर; सख़्त ظالم؛ سخت

Draft : *n*. (drahft) first rough copy of document; written order for payment of money मसौदा; ख़ाका; धनादेश; हुण्डी مسودہ؛ خاکہ؛ ڈرافٹ

Drag : *v*. (dragg) pull along घसीटना; खींचना گھسیٹنا؛ کھینچنا

Dragon : *n*. (dray-gon) a large fire-spitting snake अजगर; परदार साँप اژدھا؛ پردار سانپ

Dragoon : *n*. (dray-goon) soldier on horseback घुड़सवार सिपाही پیادہ فوج کا سوار؛ گھڑسوار سپاہی

Drain : *n*. (drayn) a channel for carrying out unwanted liquids नाली; मोरी نالی؛ سیور لائن؛ موری

Drainage : *n*. (-ij) system of drains नालियाँ; जल निकास तंत्र نالیوں کا جال؛ نالیاں

Drake : *n*. (drayk) male duck नर बतख़ نربطخ؛ نربط

Dram : *n*. (dram) see Drachm

Drama : *n*. (drah-ma) a stage play; a composition now usually in prose नाटक; नाटय कला ڈرامہ؛ ناٹک؛ تمثیل

Dramatis Personae : *n*. character of a drama नाटक के कलाकार تمثیل کے کردار؛ ڈرامے کے کردار

Drape : *v*. (drayp) to hang; to decorate लटकाना; सजाना لٹکانا؛ سجانا؛ آراستہ کرنا

Draper : *n*. (drayper) dealer in cloth वस्त्रव्यापारी بزاز

Drapery : *n*. (-ri) trade of or goods sold by a draper; curtains वस्त्रव्यापार; परदे بزازی؛ پردے

Draught : *n*. (drahft) current of air; dose of liquid medicine; pulling झोंकना; खुराक; घूँट; खिंचाव ہوائی جھونکا؛ خوراک؛ گھونٹ؛ کھینچاؤ

Draughtsman : *n*. one who draws map or outline नक़्शानवीस نقشہ نویس

Draw : *n*. to pull; to pull out: to attract खींचना; निकालना; आकर्षित क. کھینچنا؛ نکالنا؛ لبھانا

Drawback : *n*. disadvantage कमी; त्रुटि خرابی؛ عیب؛ نقص

Drawer : *n*. one who draws खींचने वाला; दराज़ کھینچنے والا؛ دراز

Drawers : *n*. (draw-erz) tight two legged trouser; cupboard with drawers जाँघिया; दराज़ زیر جامہ؛ دراز

Drawing : *n*. sketch; act of drawing pictures चित्रांकन; रेखण; चित्रकारी; चित्र تصویر؛ خاکہ؛ تصویر کشی؛ ڈرائنگ

Drawing-room : *n*. a room in house which is reserve for guests बैठक بیٹھک.

Drawl : *v*. (dra-al) to speak slowly धीरे धीरे बोलना آہستہ آہستہ بولنا؛ دھیرے بولنا

Dray : *n*. (dary) cart; a trolly; barrow ठेला ٹھیلا؛ ہتھ گاڑی

Dread : *n*. (dred) fear; anxiety; terrible आशंका; भयानक; ख़ौफ़नाक اندیشہ؛ خطرناک؛ خوفناک؛ ہولناک

Dreadnaught : *n*. (-not) battleship रणपोत; जंगी जहाज़ جنگی جہاز

Dream : *n*. (dreem) what we seen to see during sleep; happy idea; wish सपना; कल्पना; आरज़ू خواب؛ آرزو؛ مسرت بخش

تصور

Dreary : *adj.* (dree-e-ri) dull; gloomy; depressing निरानन्द; नीरस; उदास؛ بے کیف؛ تیرہ و تار؛ اداس کرنے والا

Drench : *v.* (draynch) to wet thorougly भिगो देना; शराबोर कर देना شرابور کردینا؛ بھگو دینا

Dress : *n.* (dres) any clothing; put bandage (round wound etc.) adorn पहनावा; पोशाक; वस्त्र; पट्टी क.; सजाना لباس؛ پوشاک؛ پٹی باندھنا (زخم وغیرہ پر)؛ سجانا؛ آراستہ کرنا

Dress coat : *n.* tailed coat दुमेदार कोट دمدار کوٹ

Dresser : *n.* (dray-ser) person who employed to help doctor to dress wounds ड्रेसर نائب جراح؛ ڈریسر

Dressing : *n.* bandage; act of dressing मरहम पट्टी; पट्टी क.; श्रृंगार مرہم پٹی؛ مرہم پٹی کرنا؛ پٹی کرنا؛ سنگار

Dressing-down : *n.* rebuke डाँट-डपट ڈانٹ ڈپٹ

Dressing room : *n.* room attached to bed room for toilet; room for dressing wounds श्रृंगार कक्ष; मरहम पट्टी करने का कक्ष سنگارخانہ؛ مرہم پٹی کرنے کا کمرہ

Dressing table : *n.* table at which one sits for make-up श्रृंगार-मेज़ سنگارمیز

Drey : *n.* (dray) squirrel's nest गिलहरी का घोंसला گلہری کا گھونسلا

Dribble : *n.* (drib-el) fall in small drops; seepage टपकना; रिस्ना ٹپکنا؛ رسنا

Dried : *adj.* (dra-id) arid; tedious शुषिकत خشک؛ سوکھا ہوا

Drift : *v.* (drift) be carried along lightly; to lead on an aimless life बह जाना; बेमतलब घूमना फिरना؛ بہنا؛ بہے چلے جانا؛ بے مقصد زندگی گزارنا چلنا

Drift : *n.* current; drifting; meaning धारा; बहाव; अर्थ مطلب دھارا؛ بہاؤ؛

Drill : *n.* (dril) instrument for boring holes; military or physical exercise बरमा; व्यायाम; ड्रिल; कसरत برما؛ ورزش و قواعد (ملٹری)؛ مشق (ملٹری کی)؛ ڈرل؛ کسرت

Drily : *adj.* (dri-li) coldly रुखेपन से روکھے پن سے؛ رکھائی سے

Driness : *n.* (dri-ness) parched condition; aridity शुष्कता; सूखापन خشک ہونا؛ سوکھا ہوا ہونا

Drink : *v.* (drink) to swallow liquid; to drink liquor habitually पीना; मदिरा सेवन क. پینا؛ شراب کا عادی ہونا

Drip : *v.* see Dribble

Drive : *v.* (driv) to force to move; to force; to bring by force हाँकना; प्रेरित क.; घेर कर लाना ہانکنا؛ ہانک کر لے جانا؛ مجبور کرنا؛ جبراً لانا؛ گھیر کر لانا

Drivel : *n.* (dri-vel) saliva लार رال

Driver : *n.* (driv-er) person who drives चालक ڈرائیور؛ ہانکنے والا

Drizzle : *v.* (driz-el) to fall as fine drops of rain फुहार पड़ना پھوار پڑنا

Drizzle : *n.* fine drops of rain फुहार; झींसा پھوار؛ ترشح

Droit : *n.* (dra-it) right अधिकार حق

Droll : *adj.* (drohl) queen; odd; comical हास्यकार; विनोदक; विचित्र; अनूठा مضحکہ خیز؛ عجیب؛ انوکھا

Drollery : *n.* waggery; buffoonery; jesting; funniness मसख़रापन; दिल्लगी

مسخرہ پن؛ دل لگی

Dromedary : *n.* (drom-e-de-ri) one humped camel एक कोहान वाला ऊँट ایک کوہان والا اونٹ

Drone : *n.* (drohn) male bee; idler नर मक्खी; आलसी شہد کی نر مکھی؛ سست؛ کاہل

Drool : *n.* see Drivel

Droop : *v.* (droop) to let fall; to sag झुकाना; झुकना جھکانا؛ جھکنا

Droop : *n.* drooping state; languish कुमहलाना; दुर्बल اضمحلال؛ پژمردگی؛ کمھلانا

Drop : *n.* (drop) a small quantity of liquid; falling बूँद; गिरना قطرہ؛ بوند؛ گرنا

Dropsy : *n.* (drop-si) a disease causing thirst that is not quenched जलोदर استسقا؛ جلودھر

Dross : *n.* (dros) scum of molten metals लोहमैल; धातुमैल دھات کا میل

Drought : *n.* (drout) continuously dry weather; dryness सूखा; शुष्कता خشک سالی؛ سوکھا

Drove : *n.* (drov) clump; cluster; crowd; mob झुण्ड; भीड़ جھنڈ؛ بھیڑ

Drover : *n.* (drov-er) a herdsman; grazier चरवाहा; पशु व्यापारी چرواہا؛ جانوروں کا تاجر

Drown : *v.* (drown) going down in water; overwhelm डूब जाना; दबा देना ڈوب جانا؛ غرق ہوجانا؛ دبا دینا

Drowse : *v.* (drow-z) to doze; sleepiness ऊँघना; झपकी लेना اونگھنا؛ جھپکی لینا

Drowsiness : *n.* being half-asleep; doze ऊँघ; झपकी اونگھ؛ جھپکی

Drowsy : *adj.* (drow-zi) dozing; half-asleep उनींदा; निद्रालु اونگھتا ہوا؛ نیم خوابیدہ

Drub : *v.* (drab) to defeat हरा देना ہرا دینا

Drudge : *v.* (druj) to work hard and long चक्की पीसना; कोल्हू के बैल की तरह चलते रहना چکی پیسنا؛ کولہو کے بیل کی طرح چلتے رہنا

Drudgery : *n.* (druj-e-ri) hard menial work नीरस या नीच काम; चाकरी چاکری؛ مزدوری

Drug : *n.* (drug) simple substance used as medicine; narcotic औषधि; दवा; नशा लाने वाली दवा دوا؛ نشہ آور دوا

Drug Store : *n.* apothe cary's shop औषधालय دواؤں کی دکان

Druggist : *n.* (drug-ist) seller of drugs etc. औषध-विक्रेता دوافروش؛ عطار؛ دواساز

Drugget : *n.* mat; carpet; a cotton carpet दरी دری

Drum : *n.* (drum) hollow cylinder with tight skin मृदंग; ढोल ڈرم؛ ڈھول؛ نوبت؛ نقارہ

Drummer : *n.* (drum-er) player of drum ढोलकिया ڈھول بجانے والا

Drunk : *adj.* (drunk) intoxicated मतवाला; मदोन्त; मस्त نشہ میں؛ پیے ہوئے؛ متوالا؛ مست

Drunkard : *n.* (drunk-erd) one who habitually gets excessively drunk शराबी; मद्यप; नशेबाज़ شرابی؛ نشے باز

Drunkenness : *n.* state of being often and heavily drunk मतवालापन; मस्ती; नशा بلانوش ہونا؛ متوالا پن؛ مستی؛ نشہ

Drupe : *n.* (drup) a fruit which have stone गुठलीदार फल گٹھلی دار پھل

Dry : *adj.* (dri) without moisture;

without rain सूखा; नीरस سوکھا؛ خشک سالی؛ خشک

Dry cleaning : *n.* washing clothes without water निर्जल धुलाई بغیر پانی کے کپڑوں کی دھلائی؛ ڈرائی کلین

Dual : *adj.* (du-al) double in amount दुगना دوگنا

Dub : *n.* (dub) drumbeat; blow थाप; धक्का تھاپ؛ دھکا

Dubious : *n.* (dewb-i-us) doubtful; uncertain vague सन्दिग्ध; अनिश्चित; अस्पष्ट مشکوک؛ مشتبہ؛ مبہم؛ غیریقینی

Duchess : *n.* (duch-es) wife or widow of a duke डचेस; नवाब बेगम نواب بیگم؛ ڈچس

Duck : *n.* (duk) a kind of waterfowl; zero in cricket बतख़ بطخ؛ مرغابی؛ کرکٹ کے کھیل میں زیرو یا صفر

Duckling : *n.* young duck बतख़ का बच्चा بطخ کا بچہ

Duct : *adj.* (dukt) flexible लचकीला; नर्म; लचकदार لچکیلا؛ نرم؛ ملائم؛ لچک دار

Dud : *n.* (dud) idle person; indolent; without employment निकम्मा आदमी; बेकार ست؛ نکما؛ بے کار

Dude : *n.* (dewd) a dandy; foppinsh person छैला چھیلا؛ بانکا

Dudgeon : *n.* (dew-jen) anger; fury; displeasure क्रोध; मनोमलिन्य; नराज़गी غصہ؛ ناراضگی

Due : *adj.* (dew) to be given; to be paid necessary; scheduled to come देय; आनेवाला; अनिवार्य واجب الادا؛ ضروری؛ آنے والا

Due date : *n.* fixed date or day नियत दिवस या तिथि; भुगतान तिथि مقررہ تاریخ یا دن؛ ادائیگی کی تاریخ

Duel : *n.* (dew-el) unlawful fight द्वन्द्व युद्ध ڈوئل؛ مبارزت

Dues : *n.* (dewz) sum of money to be paid चुंगी; शुल्क چنگی؛ واجبات؛ واجب الادا رقم

Duet : *n.* (dew-et) piece of music for two voices or instrument युगलगान; युगलवादन دوگانہ؛ دوگان

Duffer : *adj.* (duf-er) deceiver; faker; pedlar धोखेबाज़; नक़लची; फेरीवाला دھوکے باز؛ نقلچی؛ پھیری والا

Dug : *n.* (dug) the udder थन تھن

Dugong : *n.* (doo-gong) a sea-cow समुद्री गाय ڈوگانگ؛ سمندری گائے

Duke : *n.* (dewk) British noble man डियूक; नवाब ڈیوک؛ نواب

Dukedom : *n.* dukes domain; being a duke नवाबी राज्य; नवाबी نوابی ریاست؛ نوابی

Dulcify : *v.* (dul-si-fie) to appease शान्त क. جوش فرو کرنا؛ غصہ ٹھنڈا کرنا

Dull : *adj.* (dul) bunt; not bright; stupid मन्द; कुष्ठित; मन्दबुद्धि کند؛ پھیکا؛ ہلکا؛ کم عقل

Duly : *adv.* (duli) regularly; systematically बाक़ायदा باقاعدگی سے؛ اصولی طور سے

Dumb : *adj.* (dum) unable to speak; unable to talk; quiet; uncomplaining person गूँग گونگا؛ بے زبان

Dumb-bell : *n.* short bar with weight at ends डम्बेल ڈمبل

Dumbfound : *v.* (dum-found) to strike dumb with suprise अवाक कर देना; हक्का बक्का कर देना ششدر کر دینا؛ ہکا بکا کر دینا؛ گم سم کر دینا

Dumbfounded : *adj*. (dum-found-id) struck dumb with surprise भौचक्का; गुमसुम بے سخن؛ گم سم؛ بھونچکا؛ خاموش

Dumbness : *n*. being dumb गूँगापन; मौन گونگاپن؛ گنگ

Dummy : *n*. (dum-i) figure at dresser's shop; something resembling other in shape but not in quality: foolish डम्मी; कठपुतली; मूर्ख نقل؛ کاٹھ کی چیز؛ (چھپائی میں) ڈمی؛ بیوقوف

Dump : *n*. (dump) rubbish heap; garbage कूड़े का ढेर; घोरा کوڑا کرکٹ؛ کوڑی؛ گھورا

Dumpish : *adj*. depressed उदास; दिलगीर اداس؛ افسردہ؛ دلگیر

Dumps : *n*. (dumps) depression उदासी; निराशा اداسی؛ دلگیری؛ افسردگی

Dun : *adj*. (dun) greyish सुर्मई; धुंधला سرمئی؛ دھندلا

Dun : *n*. an urgent request or demand of payment तक़ाज़ा क. ادائیگی کا مطالبہ یا تقاضہ

Dunce : *n*. (duns) slow learner; foolish मन्दमति; मन्दबुद्धि; मूर्ख کند ذہن؛ بیوقوف؛ احمق

Dunderhead/ed : *adj*. foolish मूर्ख بے وقوف؛ احمق؛ کم عقل

Dune : *n*. (don) a heap of sand बालू का टीला ریت کا ٹیلہ

Dung : *n*. (dung) animal refuse; manure लीद; गोबर; खाद گوبر؛ لید؛ کھاد

Dungeon : *n*. (dunj-en) a death cell; solitary cell; black hole; a basement कालकोठरी; कारागार; तहख़ाना کال کوٹھری؛ تہہ خانہ؛ قید خانہ

Dunghill : *n*. heap of dung घोरा; कूड़े का ढेर کوڑی؛ گھورا

Duologue : *n*. (dew-log) conversation; negotiation वार्तालाप بات چیت؛ گفتگو

Dupe : *v*. (dewp) to deceive; to make use of thus धोखा देना; उल्लू बनाना دھوکہ دینا؛ فریب دینا؛ الّو بنانا

Dupe : *adj*. fool; deceived person मूर्ख; गधा; धोखा खाया हुआ الّو؛ گدھا؛ احمق؛ فریب زدہ

Duplex : *n*. (dewp-leks) double story; double folded दोहरा; दो मंज़िला دومنزلہ؛ دوہرا

Duplicate : *v*. (dewp-li-kayt) to make an exact copy of document; reproduce exactly अनुलिपि बनाना کاپی تیار کرنا؛ اصل کے مطابق نقل تیار کرنا

Duplication : *n*. (-key-shen) replica; repetition अनुलिपि; द्विरावत्ति نقل؛ نقش ثانی

Duplicity : *n*. (dewp-lis-i-ti) double dealing छल-कपट; धोखेबाज़ी دورخی چال؛ فریب کاری

Durability : *n*. (dew-re-bil-i-ti) being durable स्थायी; टिकाऊ پائیدار؛ مضبوط؛ دیرپا

Durance : *n*. (dew-rayns) imprisonment; captivity कारावास; क़ैद قید؛ جیل میں ڈالنا

Duration : *n*. (dew-ray-shen) length of time अवधि; कालावधि; मियाद مدّت؛ دوران؛ میعاد

Duress : *n*. (dew-rays) pressure; restriction; imprisonment दबाव; बाध्यता; कारावास دباؤ؛ رکاوٹ؛ قید

During : *prep*. (dew-ring) throughout

the period of की अवधि में کے دوران میں

Dusk : *n*. (dusk) twilight; obscurity झुटपुटा; गुमनामी شام کا دھندلکا؛ گمنامی

Dust : *n*. (dust) cloud of earth; dead human body; loose earth; powder धूल; राख; मिट्टी گرد؛ غبار؛ خاک؛ لاش؛ نعش؛ میت

Dust bin : *n*. a box or pot which is used for garbage कचरा-पेटी کوڑے دان

Dust cart : *n*. a garbage trolly कचरा गाड़ी کوڑا گاڑی

Dust cover : *n*. a dust sheath; dust covering आवरण گرد پوش؛ غبار پوش

Dust devil : *n*. a whirl wind बगूला بگولہ؛ آندھی

Dust storm : *n*. very strong wind आँधी; झक्कड़ آندھی؛ جھکڑ

Duster : *n*. cloth for dusting झाड़न جھاڑن

Dusty : *adj*. (dusti) covered with dust; like dust धूल भरा غبار آلودہ؛ گرد آلود؛ غبار آسا

Dutiable : *adj*. (dew-ti-ay-bl) taxable शुल्कयोग्य قابلِ محصول

Dutiful : *adj*. doing one's duty well and willingly कर्तव्यनिष्ठ; आज्ञाकारी فرض شناس؛ فرمانبردار

Duty : *n*. (dew-ti) what one is obliged to do; responsibility; tax कर्तव्य; कार्य; शुल्क; कर فرض منصبی؛ فرض؛ فریضہ؛ ذمہ داری؛ محصول

Duty free : *n*. tax free निःशुल्क غیر محصول

Dwarf : *adj*. (dowrf) under sized बौना بونا؛ ٹھگنا؛ ناٹا؛ بالشتیا

Dwarfish : *n*. a pigmy; undersize बौना بونا؛ ناٹا؛ ٹھگنا

Dwell : *v*. (dwel) to live; to speak or write at length निवास क.; बसना; विस्तारपूर्वक निरूपण क.; देर तक लिखना या बोलना رہنا؛ بسنا؛ تفصیل سے لکھنا یا بولنا

Dweller : *n*. one who dwells; one who live निवासी ساکن؛ باشندہ؛ رہنے والا

Dwelling : *n*. house etc. घर; निवास گھر؛ مکان؛ مسکن

Dwelling place : *n*. residence; house निवासस्थान مسکن؛ مکان؛ گھر

Dwindle : *v*. (dwind-el) diminish कम या क्षीण हो जाना; घटना; घुलना سمٹنا؛ گھٹنے؛ گھٹتے بالکل کم رہ جانا؛ گھلنا

Dye : *v*. (di) to colour रंगना; रंग देना رنگنا؛ رنگ دینا؛ رنگ چڑھانا

Dye : *n*. colour; colour for hair रंग; ख़िज़ाब رنگ؛ خضاب

Dye Stuff : *n*. stuff from which dye is made रंग सामग्री جس سے رنگ تیار کیا جائے

Dyer : *n*. (di-er) one who dyes clothes रंगरेज़ رنگریز

Dying : *n*. (di-ing) colouring रंगाई رنگائی

Dying : *adj*. expressed at the time of death; (person) who is passing away मृत्युकालीन; मरणासन्न مرتے دم؛ مرتے وقت کا؛ حالت نزع میں

Dyke : *n*. (dik) dam; wall round coast to hold back sea-water बाँध بند؛ پشتہ؛ باندھ

Dyke : *n*. canal नहर نہر

Dynamic : *adj*. (di-nam-ik) giving motion; active; forceful गतिक; गतिशील حرکت دینے والا؛ محرک؛ چست؛ اثر آفریں

Dynamics : *n*. (iks) a branch of mathematics dealing with motion गति विज्ञान مرکبات

Dynamite : *adj*. destroyer; devaster प्रध्वंसक; डाइनेमाइट ڈائنامائٹ

Dynamo : *n*. (di-ne-moh) machine for generating electricity डायनामो ڈائنمو؛ برق آفریں

Dynasty : *n*. (di-nas-ti) succession of rulers राजवंश شاہی سلسلہ؛ خاندان سلاطین

Dysentery : *n*. (disen-tri) diseased condition of intestine पेचिश پیچش

Dyspepsia : *n*. (dis-pep-si-a) indigestion अपच; बदहज़मी بدہضمی

E

E : *n*. (ee) fifth letter of English alphabet इंग्लिश वर्णमाला का पाँचवा अक्षर ای؛ انگلش حروفِ تہجی کا پانچواں حرف

Each : *adj*. (eech) every प्रत्येक; एक एक ہر ایک؛ ایک ایک

Eager : *adj*. (ee-ger) keen उत्सुक; इच्छुक شائق؛ شوقین؛ متمنی؛ سرگرم

Eagerly : *adv*. keenly उत्सुकतापूर्वक سرگرمی سے

Eagerness : *n*. keenness उत्सुकता; चाव شوق؛ سرگرمی

Eagle : *n*. (ee-gel) tawny; a well-know bird of prey उक़ाब عقاب؛ شاہین

Eagle eyes : *adj*. sharp vision; fast vision तीव्रदृष्टि تیز نگاہ؛ عقاب جیسی نگاہ

Eagle wood : *n*. aloe wood अगर या ऊद की लकड़ी اگر یا عود کی لکڑی

Eaglet : *n*. young eagle छोटा उक़ाब بچہ عقاب؛ عقاب کا بچہ؛ چھوٹا عقاب

Ear : *n*. (ee-er) organ of hearing कान کان

Ear drum : *n*. part of ear against which sound waves strike कर्णपटह; कान का परदा کان کا پردہ؛ کان کا ڈھول

Ear mark : *n*. set aside something for some purpose; to separate अलग क. الگ کرنا؛ کسی خاص مقصد کے لیے متعین کرنا

Ear ring : *n*. ornament for ears कर्णफूल (کان کی) بالی؛ آویزہ؛ کرن پھول

Ear shot : *n*. range of hearing श्रवण सीमा سن سکنا؛ آواز سن سکنا؛ حد سماعت

Ear wax : *n*. refuses of ear कान का मैल کان کا میل

Earl : *n*. (erl) a noble man अर्ल; नवाब ارل؛ نواب

Early: *adj*.&*adv*. in good time; before sunrise; before time प्रातःकालीन; यथासमय جلد؛ جلدی؛ سویرے؛ قبل از وقت؛ پیش از وقت

Earn : *v*. (ern) to obtain; to acquire by labour प्राप्त क.; कमाना حاصل کرنا؛ پانا؛ کمانا

Earnest : *adj*. (er-nest) eager and serious गम्भीर; उत्साही; जोशीला واقعی درپے؛ سچ مچ کوشاں؛ جوشیلا

Earnest : *n*. money advanced to give surety of buying बयाना; पेशगी زرپیشگی؛ بیعانہ

Earning : *n*. wages; salary etc. कमाई تنخواہ؛ مشاہرہ؛ کمائی

Earth : *n*. (erth) this world; this planet; dry land; soil पृथ्वी; धरती; संसार; मिट्टी دنیا؛ گیتی؛ ارض؛ کرۂ ارض؛ خشکی؛ زمین؛ مٹی

Earth quake : *n*. voilent shaking of the earth's surface भूकम्प; भूंचाल زلزلہ؛ بھونچال

Earth worm : *n*. a soil insect; a mean fellow केंचुआ; कमीना کیچوا؛ کمینہ؛ بزدل

Earthen : *adj*. (-en) made of backed clay मिट्टी का مٹی کا؛ گلی

Earthen ware : *n*. pots made of backed clay मिट्टी के भांडे مٹی؛ گلی ظروف؛ مٹی کے برتن

Ease : *n*. (eez) rest; comfort; facility; freedom from difficulty सुख; चैन;

आसानी آرام؛ آسائش؛ سہولت؛ آسانی

Easel : *n.* (ee-zel) wooden frame for picture चित्राधार (لکڑی کا) ایزل؛ فریم

Easement : *n.* (eez-ment) alleviation; leisure असुविधा; आराम آسانی؛ آسائش؛ آرام

Easily : *adv.* (ee-zi-li) conveniently आसानी से آسانی سے

Easiness : *n.* (eez-i-ness) convenience; carelessness सरलता; लापरवाही آسانی؛ لاپرواہی

East : *n.* (eest) opposite of west पूर्व; पूरब مشرق؛ پورب

The east : *n.* the eastern countries पूरबी देश مشرقی ممالک

Easterly : *adj.*& *adv.* lying towards the east पूरबी; पूर्वी مشرقی

Eastern : *adj.* of or living in the East पूर्वी; पूरबी مشرقی

Easter : *n.* (ees-ter) anniversary of Christ's supposed resurrection ईस्टर ایسٹر؛ عیدالفصح

Easy : *adj.* (ee-zi) not difficult सरलता; सहजता آسانی

Easy going : *adj.* (a person) not taking trouble आरामतलब; सुस्त; आरामपसन्द آرام طلب؛ سست؛ آرام پسند

Eat : *v.* (eet) to chew and swallow खाना खाना کھانا تناول فرمانا

Eatable : *adj.* fit to be eaten खाद्य کھانے کے لائق یا قابل

Eatables : *n.* the food which to be eaten खाना اشیائے خوردنی

Eating : *n.* to chew and swallow खाना खाना کھانا کھانا

Eavedorop : *v.* (ee-vez-drop) listen secretly to private conversation कनसुई लेना چھپ کر سن گن لینا

Ebb : *v.* (eb) flow back from the land; become weak उतर जाना; कम होना; दुर्बल होना اترنا؛ کم ہونا؛ کمزور ہونا

Ebony : *n.* (eb-o-ni) a kind of black wood आबनूस آبنوس

Ebriety : *n.* (eb-ri-e-ti) intoxicatedness; drunkenness मतवालापन; नशा متوالا پن؛ نشہ

Ebullience : *adj.* (e-bel-yens) boiling; exuberance उबाल; उफान; उल्लास ابال؛ جوش

Ecentric : *adj.* (ek-sent-rik) abnormal; whimsical; capricious सनकी; मौजी; वहमी سنکی؛ وہمی؛ خبطی

Ecclesiastic : *n.* (ek-lee-zi-as-tik) clergyman पुरोहित; पादरी پادری؛ پروہت

Ecdysis : *n.* (ek-di-sis) slough केंचुली کینچلی (سانپ کی)

Echo : *n.* (ek-oh) sound reflected or sent back गूँज; प्रतिध्वनि گونج

Eclat : *n.* (eyk-lat) brilliant success अपूर्व सफलता شاندار کامیابی

Eclipse : *n.* (ee-k-lips) darkness over sun or moon; dimness ग्रहण; तेजहानि; तेज भंग گرہن (سورج یا چاند)؛ روشنی کم ہوجانا

Solar eclipse : *n.* darkness over sun सूरज ग्रहण سورج گرہن؛ کسوف

Lunar Eclipse : *n.* darkness over moon चन्द्र ग्रहण خسوف؛ چاند گرہن

Eclipse : *v.* to cause eclipse; to cut off light from ग्रस्त क.; निस्तेज कर देना گرہن لگنا؛ ماند کرنا

Ecology : *n.* (ee-ko-logi) the branch of biology परिस्थिति विज्ञान علم معیشت حیوانات

Economic : *adj.* (ee-ko-nom-ik) pertaining to economics; effecting saving; profitable आर्थिक; किफ़ायत पसन्द; नफ़ाबख़्श معاشی؛ اقتصادی؛ کفایت شعارانہ؛ نفع بخش؛ منفعت بخش

Economical : *adj.* (i-kel) pertaining to economics मितव्ययी; कमख़र्च معاشی؛ کفایت شعار؛ کم خرچ؛ نفع بخش

Economics : *n.* (-iks) science dealing with state economy अर्थशास्त्र معاشیات؛ اقتصادیات

Economist : *n.* (-o-mist) expert of economics अर्थशास्त्री ماہر معاشیات

Economize : *v.* spendless; to be thrifty कम ख़र्च; किफ़ायत से काम लेना کم خرچ؛ کفایت سے کام لینا

Economy : *n.* (e-kon-o-mi) saving; economics मितव्यय; किफ़ायत; अर्थशास्त्र بچت؛ کفایت؛ معاشیات

Ecstasy : *n.* (ek-ste-si) feeling of spiritual uplift; rapture हर्षोन्माद; उल्लास وجد؛ حال

Eczema : *n.* (ek-zi-ma) a kind of disease; eczema एकज़िमा; पामा (चर्म रोग) اگزیما؛ ایک قسم کی جلد کی بیماری

Edacious : *adj.* (e-day-sus) gluttonous; voracious पेटू; खाऊ پیٹو؛ کھاؤ

Eden : *n.* (ee-den) paradise in which according to Christians Adam lived; delightful place अदनवाटिका; खुशी का मक़ाम باغ عدن؛ جنت؛ خوشی کا مقام

Edge : *n.* (ej) brink; sharp side; sharpness; boundary; nervousness किनार; धार; तीक्ष्णता; कोर; घबराहट کنارا؛ دھار؛ تیزی؛ حد؛ گھبراہٹ

Edgy : *adj.* (ej-i) sharp; rude पैना; चिड़चिड़ा تیز؛ اکھڑ؛ چڑچڑا

Edible : *adj.* (ed-i-bel) fit to be eaten खाद्य; भोज्य کھانے کے قابل؛ خوردنی

Edibles : *adj.* (ph.) eatable things खाद्य पदार्थ اشیائے خوردنی

Edict : *n.* (ee-dikt) order proclaimed by authority आदेशपत्र; फ़रमान فرمان

Edifice : *n.* (ed-i-fis) large and imposing building भवन; इमारत شاندار عمارت

Edit : *v.* (ed-it) to prepare for publication सम्पादित क.; सम्पादन क. ایڈٹ کرنا؛ مدوّن کرنا

Edition : *n.* (ish-en) form in which book is published संस्करण ایڈیشن؛ اشاعت

Editor : *n.* one who prepares the work of another for publication; one who edits सम्पादक مدیر؛ ایڈیٹر

Editorial : *n.* (edi-toh-ri-el) leading article in a newspaper or periodical सम्पादकीय اداریہ؛ ادارتی مقالہ

Educate : *v.* (ed-ew-kayt) to teach; to instruct; to train शिक्षा देना; पढ़ाना; लिखाना تعلیم دینا؛ تربیت دینا؛ تربیت کرنا؛ پڑھانا لکھانا

Education : *n.* instruction; teaching; training; ability; knowledge शिक्षा; विकास; तालीम; पढ़ाई تعلیم؛ تربیت؛ قابلیت؛ علم

Educational : *adj.* pertaining to education शिक्षा सम्बन्धी; शैक्षिक تعلیمی؛ علمی

Educationist : *n.* expert in education शिक्षाशास्त्री ماہر تعلیم

Educative : *adj*. (ed-ew-kay-tiv) instructive शिक्षाप्रद بصیرت افروز؛ حقائق افروز

Educator : *n*. (ed-ew-kay-ter) instructor; teacher शिक्षक معلم؛ استاد

Educe : *v*. (ed-ew-s) to increase; to produce; to procreate उत्पन्न क.; विकसित क. بڑھانا؛ وجود میں لانا؛ ظاہر کرنا

Edulcorate : *v*. (edal-kay-rayt) to purify; to soften नरम करना خالص کرنا؛ نرم کرنا

Eel : *n*. (eel) a pain balm बाम بام (درد وغیرہ کے لیے)

Efface : *v*. (ee-fas) to erase; to undo मिटा देना مٹا دینا؛ ختم کردینا

Effect : *n*. (e-fekt) result; outcome; reaction परिणाम; फल; प्रभाव نتیجہ؛ انجام؛ اثر؛ ردعمل

Effective : *adj*. (-ive) having great effect; attractive प्रभावी; प्रभावकारी; प्रभावक مؤثر؛ اثرآفریں؛ دلکش؛ دلنشیں

Effeminacy : *n*. (e-fem-i-naysi) being effiminate ज़नाना पन; नामर्दी زنانہ پن؛ نامردی

Effeminate : *adj*. (-nayt) womanish; unmanly स्त्रैण; पौरूषहीन زنانہ؛ نامردوں سا

Effervesce : *v*. (e-fer-vays) to give off bubbles of gas बुदबुदाना بلبلے چھوڑنا

Effervescence : *n*. Act of effervecing; giving of bubbles बुदबुदाहट بلبلے چھوڑنا؛ حباب زائی

Effete : *adj*. (e-feet) very weak and exhausted अशक्त; थका हुआ ناتواں؛ مضمحل

Efficacious : *adj*. (ef-i-kay-shus) producing the desired result प्रभावोत्पादक مجرب؛ تیر بہدف؛ تاثیر رکھنے والی؛ کارگر

Efficacy : *n*. (ef-i-ke-si) power to produce the desired result क्षमता تاثیر

Efficiency : *n*. (e-fish-en-si) competence; capacity to produce desired results प्रगुणता; निपुणता; कौशल اہلیت؛ قابلیت؛ لیاقت؛ استعداد

Efficient : *adj*. (-ent) producing an effect कार्यकुशल; प्रगुण; कार्यक्षम اثرآفریں؛ لائق؛ کارگزار

Effigy : *n*. (ef-i-ji) statue; figure (for burning) पुतला; मूर्ति; प्रतिमा مورت؛ پتلا

Effloresce : *v*. (e-flo-res) to blossom; to open खिलना کھلنا؛ شگوفہ پھوٹنا

Effluvium : *n*. (e-flo-vi-um) bad smell दुर्गन्ध بدبو

Effort : *n*. (ef-ert) endeavour; exertion प्रयास; प्रयत्न سعی؛ کوشش

Effrontery : *n*. (ef-ron-teri) contumeliousness; impudence; shameless boldness ढिटाई; गुस्ताख़ी ڈھٹائی؛ گستاخی

Effulge : *v*. (e-fulj) to glitter; to shine चमकना چمکنا

Effuse : *v*. (e-fews) to pour; to expand; to extend उँडेलना; फैलाना انڈیلنا؛ پھیلانا؛ وسعت دینا

Effusion : *n*. (-shen) expansion; extension फैलावर پھیلاؤ؛ وسعت

Egest : *v*. (ee-jest) to take out; to bring out; to expel निकालना نکالنا؛ خارج کرنا

Egg : *n*. (eg) facters in shell अण्डा انڈا؛ بیضہ

Ego : *n*. (eg-o) self apraise अहम انا؛ خودپسندی

Egotism : *n*. (eg-o-tizm) practice of talking about oneself; self-praise अहंकार; अहंभाव خودپسندی میں؛ انانیت؛

Egregious : *adj*. (eg-ri-jes) notorious; infamous कुख्यात بدنام؛ رسوا

Egret : *n*. (eeg-ret) a heron बगुला بگلا

Egypt : *n*. (ee-jipt) name of a country मिस्र مصر

Egyptian : *n*. (-shiyan) who belongs to Egypt मिस्री مصری

Eight : *n*. (ayt) the number greater by a unit than seven; 8 number आठ آٹھ؛ ہشت؛ (تاش) اٹھّا

Eighteen : *n*. number comes after seventeenth 18 अठारह اٹھارہ

Eighteenth : *adj*. next in order after the seventeenth; 18th अठारवाँ اٹھارواں

Eighth : *adj*. the number greater by a unit than seventh; 8th आठवाँ آٹھواں

Eighty : *n*. (ay-ti) eight times ten; one more than seventy nine; 80 अस्सी اسّی

Either : *adj*. (ai-ther) each; one of the two प्रत्येक; दोनों; दोनें में से कोई एक ہر ایک؛ دونوں میں سے کوئی ایک

Ejaculate : *v*. (ee-jak-eco-layt) exclaim बोल पड़ना; बोल उठना کہہ اٹھنا؛ بے ساختہ کہنا

Eject : *v*. (ee-jaykt) to evict निकाल फेंकना; बाहर कर देना نکالنا؛ بیدخل کرنا

Ejectment : *n*. (-ment) eviction निष्कासन اخراج؛ بے دخلی

Eke : *v*. (eek) to make (out) supplies; lengthen पुरा क.; कमी पूरी क.; लम्बा क. پورا کرنا؛ کمی پورا کرنا؛ لمبا کرنا

Elaborate : *adj*. (e-lab-o-rayt) in detail विस्तृत مفصل

Elaborate : *v*. to describe in detail विस्तार देना تفصیل سے بیان کرنا

Elaboration : *n*. (-shen) detail description विस्तरण; विस्तार تفصیل (سے بیان کرنا)

Elapse : *v*. (e-laps) (of time) to pass व्यतीत होना; गुज़रना; बीत जाना گزرنا؛ بیت جانا؛ بیتنا

Elastic : *adj*. (e-las-tik) not hard; flexible लचीला; लचकदार لچکدار؛ لچیلا

Elated : *adj*. (e-layt-id) in high spirits because of success घमण्ड से; गर्व से فخر کرنے والا؛ نازاں

Elbow : *n*. (el-boh) band of the arm कोहनी کہنی

Elder : *adj*. (el-der) older ज्येष्ठ; जेठा بڑا؛ عمر میں بڑا

Elderly : *adj*. (-liy) rather older प्रौढ़; अधेड़ قدرے عمر رسیدہ؛ ادھیڑ

Elders : *n*. persons deserving respect गुरूजन بزرگ

Eldest : *adj*. oldest; first born सबसे बड़ा; पहलोटी का سب سے بڑا؛ پہلوٹی کا؛ عمر میں سب سے بڑا

Elect : *v*. (e-lekt) to choose (someone) by vote; to select चुनना; निर्वाचित क. چننا؛ منتخب کرنا؛ انتخاب کرنا

Election : *n*. (e-lek-shen) choosing by vote; election चुनाव; निर्वाचन انتخاب؛ چناؤ

Electioneer : *v*. (elek-she-neer) to work for a person in an election; to support for candidate चुनाव में दौड़ धूप क. انتخاب میں کسی کی حمایت کرنا؛ جتانے کے لیے دوڑ دھوپ کرنا

Elective : *adj.* (e-lek-tiv) filled by election; choosen निर्वाचित; निर्वाचक انتخاب سے منتخب ہونے والا؛ انتخابی

Elective subject : *n.* selected subject in univ; one of the optional subject in which it is compulsory for a candidate to qualify for passing the examination वैकल्पिक विषय انتخابی مضمون

Elector : *n.* Selector निर्वाचक; मतदाता انتخاب کرنے والا؛ رائے دہندہ

Electorate : *n.* (e-lek-to-rayt) whole body of electors निर्वाचक समूह رائے دہندگان

Electric : *adj.* (e-lek-trik) pertaining to electricity विद्युत का برقی؛ بجلی کا

Electric cell : *n.* apparatus for producing electric current विद्युत उत्पन्न करने वाले यन्त्र بیٹری؛ بجلی پیدا کرنے والے کل پرزے

Electric chair : *n.* chair used for electrocution विद्युत की कुर्सी برقی کرسی؛ بجلی کی کرسی

Electric charge : *n.* amount of electricity विद्युत बार या चार्ज برقی بار

Electric current : *n.* current of electricity विद्युत धारा برقی رو

Electric lamp : *n.* lamp which lighten with electricity विद्युत से जलने वाला लैम्प برقی لیمپ؛ بجلی کا لیمپ

Electric shock : *n.* effect of sudden discharge of electricity बिजली का झटका بجلی کا جھٹکا؛ شاٹ

Electrician : *n.* (e-lek-trish-en) skilled worker attending to electric equipment बिजली मिस्त्री; विद्युत विशेषज्ञ الیکٹریشین؛ بجلی کا مستری؛ بجلی والا

Electricity : *n.* (e-lek-tris-i-ti) colourless lightening; electric power विद्युत; बिजली بجلی؛ برق؛ برقی قوت

Electrify : *v.* (e-lek-tri-fi) instal electric light etc. in building विद्युतन क.; बिजली लगाना بجلی لگانا؛ بجلی کی لہر دوڑا دینا

Electro planting : *n.* electric polish विद्युद-लेपन بجلی ملمع؛ الیکٹروپلیٹنگ

Electrocute : *v.* (-tro-kewt) execute by means of an electric current बिजली से जान लेना بجلی سے جان لینا

Electrocution : *n.* electrocuting विद्युतमारण برقی کرسی پر بٹھانا

Electrolysis : *n.* (-trol-i-sis) seperation of a substance into its chemical parts by electric current विद्युत-अपघटन برقی پاشیدگی؛ برق پاشی

Electron : *n.* (e-lek-tron) sub-atomic particle consisting of negative electric charge revolving round the nucleus of an atom इलेक्ट्रान الیکٹرون؛ برقیہ

Electronics : *n.* (-iks) science of free electrons इलेक्ट्रानिक برقیات

Eleemosynary : *adj.* (e-lee-imos-in-e-ri) charitable खैराती خیراتی

Elegance : *n.* (el-e-gans) beauty; grace; being well dressed लालित्य; चारूता خوبصورتی؛ شستگی؛ حسن و جمال؛ پاکیزگی؛ شان؛ خوش پوش

Elegant : *adj.* well dressed; beautiful रमणीय; ललित; सुरूचिपूर्ण; सुचारू; सुशिष्ट خوبصورت؛ حسن و جمال؛ حسین وجمیل

Elegy : *n.* (el-e-ji) poem or song

lamenting the dead शोकगीत; करूणगीत مرثیہ؛ نوحہ

Element : *n.* (el-e-ment) substance which cannot be separated into simpler substance part तत्त्व; अवयव عنصر؛ حصہ

Elemental : *adj.* (-el) primordial; fundamental; radical मौलिक; मूल ابتدائی؛ بنیادی؛ اہم

Elementary : *adj.* see elemental

Elementary Education : *n.* primary education; not fully developed education प्रारम्भिक शिक्षा ابتدائی تعلیم؛ بنیادی تعلیم

Elephant : *n.* (el-e-fant) large well known animal हाथी; गज ہاتھی؛ فیل

White elephant : *n.* large well known white animal सफ़ेद हाथी سفید ہاتھی

Elephant's foot : *n.* a type of vegetable ज़िमिकन्द زمیں قند

Elevate : *n.* (el-e-vayt) lift up ऊपर उठाना; ऊँचा क. اونچا اٹھانا؛ بلند کرنا

Elevation : *n.* (-vay-shen) height; high position; attitude; high place ऊँचाई; उत्थान; ऊँचा स्थान اونچائی؛ اعلیٰ درجہ؛ اونچا درجہ

Elevator : *n.* (el-e-vay-ter) lift लिफ़्ट; उठाऊ لفٹ؛ اٹھاؤ

Eleven : *n.* 11 number in counting; number comes after ten and before twelve ग्यारह گیارہ

Eleventh : *n.* 11th; the number comes before twelvth & after tenth ग्यारहवाँ گیارھواں

Elf : *n.* any small and mischievous creature बौना; भुत्ना شریر؛ بونا؛ بھتنا

Elicit : *v.* (e-lis-it) draw out (from) (निष्कर्ष) निकालना; प्रकाश में लाना (جواب) نکلوانا؛ (تعریف) کرانا؛ روشنی میں لانا

Eligibility : *n.* (e-lij-i-bil-i-ti) fitness (for) योग्यता; पात्रता اہلیت؛ صلاحیت؛ قابلیت؛ استعداد؛ موزونیت

Eligible : *adj.* (el-ij-e-bel) fit to be chosen (for) योग्य; उपयुक्त کا اہل؛ کی اہلیت رکھنے والا

Eliminate : *v.* (e-lim-i-nayt) to leave out of consideration निकाल देना; अलग कर देना نظرانداز کرنا

Elite : *n.* (ay-leet) high class people; high group society विशिष्ट वर्ग مخصوص طبقہ؛ اعلیٰ طبقے کے لوگ؛ ممتاز افراد

Elixir : *n.* (e-lik-zer) a medicinal powder; wonderfully useful thing अक्सीर اکسیر

Ellipse : *n.* (e-lips) regular oval दीर्घवृत; अण्डकार بیضوی شکل

Elocution : *n.* (el-o-kew-shen) art of effective public speaking वक्तृत्वकला فن خطابت؛ خطابت

Elongate : *v.* (ee-long-ayt) to make larger or longer खींचना; लम्बा क. کھینچنا؛ لمبا کرنا

Elop : *v.* (e-lohp) (of woman) to run away (from home with lover) भाग जाना; निकल जाना (کے ساتھ) نکل جانا؛ بھاگ جانا؛ غائب ہوجانا

Elopement : *n.* running away भाग जाना; निकल जाना نکل جانا؛ بھاگ جانا

Eloquence : *n.* (el-o-kwen)

persuasive (and impassioned) speech वाग्मिता; वाक्पटुता پرجوش تقریر: خوش بیانی؛ فصاحت

Eloquent : *adj*. (-kwent) fluent; impassioned वाग्मितापूर्ण; भावपूर्ण فصیح؛ پرجوش

Else : *adv*. (els) otherwise; another अन्य; अतिरिक्त; और; नहीं तो; अन्यथा ورنہ؛ نہیں تو؛ کوئی اور؛ علاوہ

Elsewhere : *adv*. in, at or to some other place और कहीं; कहीं और کہیں اور؛ اور کہیں

Elucidate : *v*. (e-loo-si-dayt) to explain; to clarify स्पष्ट क.; प्रकाश डालना واضح کرنا؛ بیان کرنا

Elude : *v*. (ee-lood) to escape by some trick from चतुराई से बच निकलना; टाल जाना سے بچ نکلنا؛ طرح دے جانا

Elusion : *n*. evasion by trick; escape; fallacy बचाव; बच निकलना گریز؛ بچاؤ؛ بچ نکلنا؛ مغالطہ آمیزی

Elusive : *adj*. (e-loo-siv) seeking escape दुर्ग्राहय فراری؛ فرار پسند

Elusory : *adj*. (e-loo-se-ri) evasive दुर्ग्राहय; मायावी; भ्रामक بچ نکل جانے والا؛ طرح دے جانے والا

Elysium : *n*. (i-liz-i-um) abode of the blessed after death; ideal happiness सवर्ग; आनन्द; धाम جنت؛ رضوان؛ بہشت

Emaciate : *v*. (e-may-shi-ayt) to make lean; to waste away क्षीण या कृश क.; घुलाना دبلا کرنا؛ لاغر کرنا؛ گھلانا

Emanate : *v*. (em-a-nayt) to issue (from) प्रकट होना; निकलना نکلنا؛ جاری کرنا

Emancipate : *v*. (eman-si-payt) to set free; to liberate मुक्त क.; उद्धार क. آزاد کرنا؛ نجات دینا

Emancipation : *n*. (-pay-shen) such liberation मुक्ति; उद्धार نجات؛ آزادی

Embalm : *v*. (em-bahm) to preserve (dead body) with balm शव का संलेपन क. حنوط کرنا؛ محفوظ کرنا

Embank : *v*. (em-bank) to make dam बाँध बनाना باندھ بنانا؛ پشتہ بنانا

Embankment : *n*. (em-bank-ment) wall or dam etc. to hold back water dyke तटबंध; बाँध; पुश्ता پشتہ؛ بند؛ باندھ

Embargo : *n*. (em-bahr-goh) temporary stoppage of trade घाटबन्दी; निषद عارضی تجارتی بندش

Embark : *v*. (em-bahrk) to go on board a ship जहाज़ पर चढ़ना या चढ़ाना جہاز پر سوار ہونا یا کرنا

Embarrass : *v*. (em-ba-ras) to discomfort mentally put into dilemma परेशान क.; व्याकुल क. پریشان کرنا؛ مشکل میں ڈالنا

Embassador : *n*. (em-ba-sa-dor) envoy राजदूत سفیر؛ قاصد؛ ایلچی

Embassy : *n*. (em-ba-si) function of an ambassador; office of an ambassador राजदूतावास; राजदौत्य سفارت؛ سفارت خانہ

Embattled : *adj*. (em-ba-tt-ed) fortified फ़सीलदार فصیل دار

Embed : *v*. (em-bed) to fix; to set जड़ना; लगाना جڑنا؛ لگانا

Embellish : *v*. (em-bel-ish) to make beautiful; to decorate सजाना; सँवारना; अलंकृत क. سجانا؛ سنوارنا

Embellishment : *n.* decoration; ornaments सजावट; अलंकरण; ज़ेवरात تزئین؛ آرائش؛ زیورات

Ember : *n.* (em-be-r) small piece of burning fuel in dying fire अंगारा انگارا

Embezzle : *v.* (em-bez-el) to defalcat; fraudulently use ग़बन क. غبن کرنا

Embezzelement : *n.* defalcation (of) ग़बन غبن

Embitter : *v.* (em-bit-er) to increase bitter feelings कटुता बढ़ाना تلخ بنانا؛ تلخی پیدا کرنا

Eblazon : *v.* (em-blay-zen) to decorate; to make beautiful सजाना; अलंकृत क. سجانا؛ زیورات سے آراستہ کرنا

Emblem : *n.* (em-blem) symbol प्रतीक نشان؛ علامت

Emblement : *n.* (em-bli-ment) production उपज پیداوار

Emblic myrobalan : *n.* (em-blik-my-re-be-len) a type of fruit आँवला آنولہ

Embody : *v.* (em-bodi) to give concrete form; to include मूर्त रूप देना; सम्मिलित क. ٹھوس شکل دینا؛ شامل کرنا

Embog : *v.* (em-bog) to be caught in a mire दलदल में फँसना دَل دَل میں پھنسنا

Embolden : *n.* (em-bohl-den) encourage प्रोत्साहित क.; हिम्मत बढ़ाना ہمت بڑھانا؛ جی بڑھانا؛ جرأت دلانا؛ ہمت بندھانا

Embonpoint : *n.* (em-bon-point) fatness; fleshiness मोटापन موٹاپا؛ موٹاپن

Emboss : *v.* (em-bos) to engrave; to etching; to carve नक़्क़ाशी क. نقاشی کرنا؛ کندہ کرنا

Embossment : *n.* (-ment) engraving; carving नक़्श; उभार نقش؛ ابھار

Embower : *v.* (em-bou-er) to place in arbour कुंज में रखना کنج میں رکھنا؛ حجلہ میں رکھنا

Embrace : *v.* (em-brays) to put one's arms round (someone) lovingly आलिंगन क.; गले लगाना گلے لگانا؛ محبت سے ملنا؛ قبول کرنا

Embrangle : *v.* (em-bre-ngl) to complicate; to lose nerve उलझाना; घबरा देना الجھانا؛ گھبرا دینا

Embrocate : *v.* (em-bro-kayt) to rub मालिश क. مالش کرنا

Embrocation : *n.* (-kay-shen) medicine to rub on मालिश; मलहम ضماد؛ لیپ؛ مالش؛ مرہم

Embroider : *v.* (em-broid-er) to decorate (cloth) with designs in needle work बेल बूटे काढ़ना سوزن کاری کرنا

Embroidery : *n.* (-ri) ornamental needle work फुलकारी; कढ़ाई سوزن کاری؛ کشیدہ کاری؛ گل کاری؛ پھلکاری

Embroil : *v.* (em-broil) to cause to me mixed up in quarrel उलझना; उलझाना الجھنا؛ الجھانا

Embryo : *n.* (em-bri-oh) unborn or unhatched offspring भ्रूण جنین

Embryology : *n.* (-ol-o-ji) science of the embryo भ्रूणविज्ञान جینیات

Embryonic : *adj.* (em-brion-ik) immature अविकसित; प्रारम्भिक غیر پختہ؛ خام؛ جنینی؛ ابتدائی

Emend : *v.* (em-end) to revised; to correct; to improve संशोधित क.; सुधारना نظر ثانی کرنا؛ سدھارنا؛ اصلاح کرنا

Emendation : *n.* correctness; improvement; revision संशोधन; सुधार اصلاح؛ سدھار؛ نظر ثانی

Emerald : *n.* (em-e-rald) bright green precious stone मरकत; पन्ना زمرد؛ پنّا

Emerge : *v.* (e-merj) to come into view निकलना; प्रकट होना نکلنا؛ ظاہر ہونا؛ وجود میں آنا؛ ظہور میں آنا؛ برآمد ہونا

Emergence : *n.* (-ens) coming out निर्गमन ظہور؛ برآمد

Emergency : *n.* (e-mer-jen-si) sudden happening आपत्काल; आपात; आकस्मिक संकट ناگہانی ضرورت؛ ہنگامی صورت حال

Emergent : *adj.* (-jent) that occasions emergency coming out (from) निर्गमी; आकस्मिक; आपातिक ناگہانی؛ ہنگامی؛ نکلنے والا

Emery paper : *n.* (em-e-ri) sand paper रेग-माल ریگ مال

Emeute : *n.* (e-met) a riot; disturbance दंगा دنگا؛ فساد

Emigrant : *n.* (em-i-grant) person who settle other country प्रवासी تارک وطن

Emigrate : *v.* (em-i-grayt) to go away from one's country to settle elsewhere उत्प्रवास क. ترکِ وطن کرکے جانا

Emigration : *n.* leaving the country to settle elesewhere उत्प्रवास; प्रवास ترکِ وطن

Eminence :*n.* (em-i-nens) hill टीला ٹیلہ

Eminent : *adj.* (em-i-nent) prominent; distinguished श्रेष्ठ; प्रतिष्ठित; उच्च نمایاں؛ مشہور؛ ممتاز

Emissary : *n.* (em-i-se-ri) one sent on an unpleasant mission राजदूत; गुप्तचर سفارتی نمائندہ؛ بھیدیا

Emission : *n.* (e-mish-en) act of emitting निकालना; छोड़ना; स्राव اخراج؛ نکالنا؛ چھوڑنا

Emit : *v.* (e-mit) to take out; to discharge; to leave छोड़ना; निकालना نکالنا؛ چھوڑنا

Emolument : *n.* (emol-ew-ment) salary; income; pay on monthly basis आयप्राप्ति; उपलब्धि مشاہرہ؛ تنخواہ

Emotion : *n.* (e-mo-shen) feeling; sentiment; fervour मनोभाव; भाव; मनोवेश احساس؛ جذبہ؛ جوش؛ ولولہ

Emotional : *adj.* sentimental भावुक جذباتی

Empanel : *v.* (em-pay-nel) to enlist the name सूची में नाम लिखाना فہرست میں نام درج کرانا

Emperor : *n.* (em-pe-rer) king; ruler of empire सम्राट شہنشاہ؛ بادشاہ

Emphasis : *n.* (em-fe-sis) stress laid on words; importance ज़ोर; महत्त्व; बल تاکید؛ زور؛ اہمیت

Emphasize : *v.* (em-fe-siz) to lay emphasis on (word, fact etc.); to give importance पर बल देना; को महत्त्व देना پر زور دینا؛ کو اہمیت دینا

Emphatically : *adv.* (-i-ke-li) with emphasis बल देकर; ज़ोर देकर پرزور طریقے سے؛ زور دے کر

Empire : *n.* (em-pi-er) group of countries under one ruler; very big concern साम्राज्य; प्रभुत्व سلطنت؛ عظیم کاروبار

Empiric : *adj*. (em-pi-rik) based on observation and experiment अनुभववादी تجربی؛ علمی

Empirical : *adj*. (-ri-kel) experimental आनुभविक تجربی

Empiricism : *n*. (-sizm) philosophical doctrine that experience is the only source of knowledge अनुभाववाद تجربیّت

Emplane : *v*. (em-playn) to get on an aeroplane हवाई जहाज़ पर चढ़ना ہوائی جہاز پر سوار ہونا

Employ : *n*. (emploi) use servces; keep as servant काम में लाना; प्रयोग क.; नौकर रखना کام میں لانا؛ کام لینا؛ ملازم رکھنا

Employed : *adj*. appointed नियुक्त مقرر کیا ہوا

Employee : *n*. (em-ploi-ee) one employed for wages; wage-earner कर्मचारी; काम; पेशा نوکر؛ ملازم؛ مزدور

Employment : *n*. being employed; service; work; profession रोजगार; नौकरी; काम; पेशा نوکری؛ ملازمت؛ روزگار؛ کام؛ پیشہ

Employment exchange : *n*. department for placing job-hunters in job रोज़गार दफ़्तर محکمۂ روزگار؛ روزگار دفتر؛ ایمپلائمنٹ ایکسچینج

Emporium : *n*. (em-por-i-um) a place of trade; a market बाज़ार; हाट ایمپوریم؛ بازار

Empower : *v*. (em-pou-er) to authorize अधिकार देना; शक्ति देना اختیار دینا؛ مجاز کرنا

Empress : *n*. (en-pres) ruler (woman); emperor's wife साम्राज्ञी ملکہ؛ (عورت) حکمراں

Emptiness : *n*. (em-ti-ness) being vacant ख़ालीपन خالی پن

Empty : *adj*. (em-ti) vacant; blank; unoccupied ख़ाली; रिक्त; खोखला خالی؛ کھوکھلا

Empyren : *n*. (em-pie-ri-an) paradise; heaven स्वर्ग جنت

Emulate : *v*. (em-ew-layt) to initiate (someone) बराबरी की चेष्टा क. ہمسری کی کوشش کرنا؛ برابری کی ریس کرنا؛ ریس کرنا

Emulation : *n*. imitation होड़; बराबरी का प्रयास ریس؛ ہمسری کی کوشش

Emulator : *adj*. (em-o-laytor) desirous इच्छुक; अभीलाषी خواہشمند؛ شائق؛ خواستگار

Emulsion : *n*. (e-mul-shen) creamy mixture of oil and water पायस; मिश्रण روغن آب؛ تیل اور پانی کا شیرہ

En block : *adv*. (en-blok) in group सामूहिक रूप से گروپ میں؛ تمام کے تمام

Enable : *v*. (en-ay-bel) to make able (to do) योग्य बनाना या करना قابل بنانا؛ قابل کرنا

Enact : *v*. (e-nakt) to make law क़ानून बनाना قانون بنانا؛ قانون وضع کرنا

Enactment : *n*. enacting or being enacted विधिकरण قانون سازی؛ وضع؛ قانون

Enamel : *n*. (e-nam-el) smooth hard and glossy coating on metal मीनाकारी میناکاری؛ اینمل

Enamour : *v*. (e-nam-er) to inspire with love मोहित क. فریفتہ کرنا؛ گرویدہ کرنا

Encage : *v*. (en-kage) to keep in prison पिंजड़े में बन्द क. پنجرے میں قید کرنا

Encamp : *v.* (en-kamp) to settle in the form of a camp शिविर लगाना; पड़ाव या डेरा डालना پڑاؤ ڈالنا؛ چھاؤنی چھانا؛ ڈیرہ ڈالنا

Encase : *v.* (en-kays) to put into a case; to surround as with a case डिब्बे में बन्द क.; गिलाफ़ चढ़ाना; ढाँकना ڈبے میں بند کرنا؛ غلاف چڑھانا؛ ڈھانکنا

Encash : *v.* (en-kaysh) to change in coins नक़द भुनाना بھنانا (نقد)؛ کیش کرانا

Enceinte : *n.* surrounding; boundary घेरा; चार दिवारी گھیرا؛ چاردیواری

Enceinte : *adj.* pregnant गर्भवती حاملہ

Encephalic : *adj.* (en-ke-fal-lik) related to brain मस्तिष्क का دماغ کا

Encephalitis : *n.* (-it-is) brain fever मस्तिष्क ज्वर دماغی بخار

Encephalon : *n.* (-lon) brain मस्तिष्क دماغ

Enchain : *v.* (en-chayn) to put into shackles बेड़ियाँ डालना; बद्ध क. بیڑیاں ڈالنا؛ قید کرنا

Enchant : *v.* (en-chant) to work magic on; to delight जादू क.; मोहित क.; मन्त्र मुग्ध क. جادو کرنا؛ سحر کرنا؛ لبھانا

Enchanter : *n.* one who charms magician जादूगर جادوگر؛ ساحر

Enchantment : *n.* magic जादू جادو؛ سحر

Enchantress : *n.* woman who enchants जादूगरनी; मोहिनी جادوگرنی؛ ساحرہ

Enchase : *v.* (en-chays) to fix; to set; to engrave जड़ना; बैठाना; नक़्क़ाशी क. جڑنا؛ بٹھانا؛ نقاشی کرنا؛ سنوارنا

Enchiridion : *n.* (en-ki-rid-i-on) booklet; a pamphlet पुस्तिका کتابچہ؛ پمفلٹ

Encircle : *v.* (en-ser-kel) to surround घेरे में लेना گھیرے میں لینا

Enclasp : *v.* (en-klasp) to clasp जकड़ना لپٹانا؛ جکڑنا

Enclose : *v.* (en-klohz) to shut in; to add लगाना; घेरना; संलग्न क. احاطہ کرنا؛ گھیرنا؛ شامل کرنا؛ ملفوف کرنا

Enclosure : *n.* (en-kloh-zhe) act of enclosing; enclosed land; paper enclosed with a letter जोड़ना; घेरा; संलग्न (पत्र) ملفوف کرنا؛ (ملفوف) کاغذ

Encomiast : *n.* (en-koh-mi-ayst) an admirer; an eulogist प्रशंसक مداح؛ تعریف کرنے والا؛ سراہنے والا

Encomium : *n.* (en-koh-mi-um) formal eulogy; admiration; praise गुणगाा; प्रशंसा; प्रशस्ति مدح؛ مدحت؛ قصیدہ؛ تعریف

Encompass : *v.* (en-kum-pas) to surround (as guard) घेरा डालना; घेरना کے گرد حلقہ ڈالنا؛ گھیرنا

Encore : *interj.* (en-ko-er) a new; fresh फिर से پھر سے؛ نئے سرے سے

Encounter : *n.* (en-kount-er) unexpected meeting; fight मुठभेड़; भिड़न्त مڈبھیڑ؛ مقابلہ

Encourage : *v.* (en-ku-rij) to give courage साहस दिलाना; प्रोत्साहित क. ہمت بندھانا؛ دل بڑھانا

Encouragement : *n.* act of encouraging प्रोत्साहन; बढ़ावा; समर्थन حوصلہ افزائی؛ بڑھاوا؛ ہمت افزائی

Encouraging : *adj.* that encourages प्रोत्साहक ہمت افزا؛ حوصلہ افزا

Encroach : *v.* (en-krohch) usurp;

intrude (upon) अनधिकार-प्रवेश; अतिक्रमण क.. غاصبانہ قبضہ کرنا؛ بیجا مداخلت کرنا

Encroachment : *n.* unsurption; intrusion अनधिकार प्रवेश; अतिक्रमण غاصبانہ قبضہ؛ بیجا مداخلت

Encrust : *v.* (en-krust) to form cursts on the surface पपड़ी जमना پپڑی جمنا

Encumber : *v.* (en-kum-ber) to burden भार डालना بوجھ ڈالنا

Encumbrance : *n.* (-brens) burden भार بوجھ؛ بار

Encyclopaedia : *n.* (en-siklo-pee-dia) a book with alphabetically arranged, information on every branch of knowledge विश्वकोष دائرۃ المعارف؛ مخزن علوم؛ انسائیکلوپیڈیا

End : *n.* (end) last point; limit; result अन्त; सीमा; सिरा; परिणाम; फल ختم: خاتمہ: سرا؛ کنارا؛ نتیجہ

Ending : *n.* concluding part of story etc. समाप्ति; अन्त کہانی وغیرہ کا خاتمہ؛ انجام؛ آخری حصہ

Endanger : *v.* (en-dayn-jer) to expose to danger जोखिम में डालना; संकट में डालना خطرے میں ڈالنا؛ جوکھوں میں ڈالنا

Endear : *v.* (en-dee-er) to make (oneself) dear प्रिय बनाना پیارا یا لاڈلا بنانا؛

Endearing : *adj.* (manners etc.) rousing affection प्रीतिकर; प्रिय پیارا؛ قابل قدر

Endearment : *n.* act expressing affection लाड़-प्यार; प्रेमालिंगन لاڈ؛ پیار؛ چاؤ چونچلے

Endeavour . *v.* (en-dev or) to try hard प्रयत्न क.. بڑی کوشش کرنا

Endeavour : *n.* effort; attempt प्रयत्न; प्रयास کوشش؛ سعی

Endive : *n.* (en-div) light purple colour हल्का कासनी ہلکا کاسنی رنگ

Endorse : *v.* (en-doh-r-s) to write one's name at the back of document; to approve पृष्ठांकन क..; समर्थन क..; अनुमोदन देना پشت پر دستخط کرنا؛ ظہری تصدیق کرنا؛ منظوری دینا

Endorsement : *n.* endorsing; sanction पृष्ठांकन; अनुमोदन; मंजूरी تصدیق ظہری؛ منظوری

Endow : *n.* (en-dou) to give regular income for another benefit; to give for alms धन प्रदान क..; दान क.. خیرات کرنا؛ وقف کرنا؛ آمدنی کے لیے عطیہ دینا

Endowment : *n.* (-ment) charity; endowing; natural gifts दान; वृत्तिदान; प्रतिभा خیرات؛ وقف؛ جبلی صلاحیتیں

Endurance : *n.* (en-dew-rayns) patience; tolerance; for bearance धैर्य; सहनशक्ति; तितिक्षा برداشت؛ جبر؛ حوصلہ

Endure : *v.* (en-dew-er) to suffer; to bear; to tolerate सहना; झेलना; बना रहना بھگتنا؛ جھیلنا؛ سہنا؛ برداشت کرنا

Enemy : *n.* (en-e-mi) rival; opponent शत्रु; बैरी; दुश्मन حریف؛ دشمن؛ مخالف؛ عدو؛ بیری

Energetic : *adj.* (en-er-je-tik) full of energy बलवान; उग्र; प्रभावशाली طاقتور؛ توانا؛ باہمت؛ مستعد؛ سرگرم

Energize : *v.* (-giz) to impart energy बल प्रदान क..; शक्ति देना توانائی عطا کرنا؛ ہمت دینا

Energumen : *adj.* (en-gewru-ayn) full

of passionate; fanatic उत्साही; कट्टर پرجوش؛ ولولہ انگیز

Energy : *n*. (en-er-ji) power; vigour; capacity of work बल; शक्ति; कर्म शक्ति قوت؛ طاقت؛ زور؛ قوت عمل

Enervate : *v*. (e-ner-vayt) to weaken दुर्बल या कमज़ोर बनाना کمزور کردینا؛ لاغر کردینا

Enervation : *n*. weakness दुर्बलता کمزوری

Enfeeble : *v*. (en-fee-bel) to weaken अशक्त या दुर्बल क. لاغر کردینا؛ کمزور کردینا

Enfold : *v*. (en-fold) to roll up; to reel; to wind; to cover लपेटना या ढकना لپیٹنا؛ ڈھکنا

Enforce : *v*. (en-fohrs) to put in force; to impose; to compel प्रवर्तित क.; लागू क.; बाध्य क.; दबाव डालना نافذ کرنا؛ لاگو کرنا؛ مجبور کرنا؛ دباؤ ڈالنا

Enforcement : *n*. enforcing; giving effect to प्रवर्तन; दबाव; बाध्यकरण عمل؛ نفاذ؛ درآمد؛ لاگو؛ دباؤ

Enfranchise : *v*. (en-fran-chiz) to give the right to vote; to set free (slaves) मताधिकार देना; मुक्त क. حق رائے دہی؛ ووٹ ڈالنے کا حق دینا؛ غلاموں کو آزاد کرنا؛ آزادی دینا

Engage : *v*. (en-gayj) to employ; to promise; to betroth; to reserve; to attract; to busy नौकर रखना; सगाई क.; ख़ास तौर पर रखना; आकर्षित क.; व्यस्त होना نوکر رکھنا؛ خدمت حاصل کرنا؛ منگنی کرنا؛ وعدہ کرنا؛ مخصوص کرنا؛ لبھانا؛ مصروف ہونا

Engaged : *adj*. busy व्यस्त مصروف

Engagement : *n*. promise to marry; battle सगाई; वादा; मुठभेड़ منگنی؛ ملاقات کا وعدہ؛ لڑائی

Engaging : *adj*. (en-gay-jing) attractive मनोहर دلکش

Engender : *v*. (en-jen-der) to produce पैदा क. پیدا کرنا

Engine : *n*. (en-jin) machine producing power or motion इंजन; कल انجن؛ کل

Engineer : *n*. person who designs machines etc. इंजीनियर انجینیئر؛ مہندس

Engineering : *n*. a science of machine or tools इंजीनियरिंग; यंत्र शास्त्र علم مشین؛ انجینیئرنگ

English : *n*. (ing-lish) language of Britain and USA अंगरेज़ी انگریزی زبان

Engraft : *v*. (in-graft) imposed; transplanted; projected क़लम लगाना; आरोपित क. قلم لگانا؛ پیڑ پودے لگانا

Engrave : *v*. (en-grayv) to carve; to etching; to cut or design into hard materials नक़्श क.; उत्कीर्ण क. نقاشی کرنا؛ کندہ کرنا؛ کھودنا

Engraving : *n*. carving; etching उत्कीरर्ण; नक़्क़ाशी نقاشی؛ کندہ کرنا

Engross : *v*. (en-gros) to engage in; to take up all the time or attention तन्मय या तल्लीन क. منہمک کرنا؛ مشغول کرنا

Engrossing : *adj*. interesting; entertaining मनोरंजक; दिलचस्प دلچسپ؛ تفریحی

Engrossment : *n*. interest; entertainment मनोरंजन دلچسپی؛ تفریح

Engulf : *v*. (en-gulf) to swallow up निगल जाना نگل جانا

Enhance : *v*. (en-hans) to add (value

or attraction) बढ़ाना قیمت یا دلکشی بڑھانا

Enhancement : *n*. addition वृद्धि بڑھوتری

Enigma : *n*. (enig-ma) puzzling (question etc.) पहेली; रहस्य; समस्या پہیلی؛ چیستاں؛ عقدہ؛ مسئلہ

Enjoin : *v*. (en-join) to guide; to command आदेश देना; लागू क. ہدایت دینا؛ حکم دینا؛ لاگو کرنا

Enjoy : *v*. (en-joi) to take joy in आनन्द प्राप्त क. لطف اٹھانا؛ لطف لینا

Enjoyment : *n*. joy: use आनन्द; उपयोग لطف؛ استفادہ

Enkindle : *v*. (en-kindl) to smoulder; to burn; to provoke सुलगाना; प्रज्वलित क.; उत्तेजित क. سلگانا؛ جلانا؛ روشن کرنا؛ بھڑکانا

Enlace : *v*. (en-lays) to roll up; to wind up; to entangle लपेटना; उलझाना لپیٹنا؛ الجھانا

Enlarge : *v*. (en-lahrj) to make or become larger; to release (on bail) बढ़ाना या बढ़ना; रिहा क. بڑھانا یا بڑھنا؛ رہا کرنا (ضمانت پر)

Enlargement : *n*. enlarged photograph; enlarging वृद्धि; चित्रवर्धन بڑی کی ہوئی تصویر: بڑھنا یا بڑھانا

Enlighten : *v*. (en-li-ten) to give more knowledge; to make broad minded; to civilize सूचित क.; जानकारी देना; प्रबुद्ध क. آگاہ کرنا؛ واقف کرنا؛ روشن خیال کرنا؛ تہذیب سے آشنا کرنا

Enlightenment : *n*. act of enlighten प्रबोधन روشن خیال

Enlist : *v*. (en-list) to take into or enter the armed forces (फौज में) भरती क. या होना (فوج میں) بھرتی کرنا یا ہونا

Enliven : *v*. (en-liven) to make lively जान डालना جان ڈال دینا

Enmass : *adj*. (en-mahs) all together सामूहिक रूप से سبھی؛ ایک ساتھ

Enmesh : *v*. (en-maysh) to entrap; to snare; to entangle; to involve फँसाना; उलझाना پھنسانا؛ الجھانا

Enmity : *n*. (en-mi-ti) hostility शत्रुता; बैर دشمنی؛ عداوت

Ennoble : *v*. (en-noh-bel) to make noble अभिजात वर्ग का सदस्य बनाना لارڈ بنانا؛ نواب بنانا؛ شرافت پیدا کرنا

Ennui : *n*. (en-ui) boredom; weariness उचाट; ऊब; थकावट اچاٹ؛ اوب؛ تھکاوٹ

Enormous : *adj*. (enor-mus) very great; immense विशाल; बहुत बड़ा عظیم؛ بہت بڑا

Enough : *adj*. (e-nuf) sufficient; considerable; as mush as required काफ़ी; पर्याप्त کافی؛ بہت؛ معقول؛ جتنا چاہیے

Enounce : *v*. (ei-onus) to pronounce; to proclaim व्यक्त क.; घोषित क.; उच्चरण क. نمایاں کرنا؛ واضح کرنا؛ اعلان کرنا

Enquire : *v*. (en-kuire) to ask; to hold enquiry पूछना; पता क. پوچھنا؛ دریافت کرنا؛ معلوم کرنا

Enrage : *v*. (en-rayj) to fill with anger क्रोध क. غصہ دلانا

Enrapture : *v*. (en-rap-cher) to fill with delight मोहित क.; आनन्दविभोर क. وجد میں لانا؛ کیفیت طاری کرنا

Enrich : *v*. (en-rich) to make rich धनी बनाना مالامال کرنا؛ امیر بنانا

Enroll/Enrol : *v*. (en-rohl) to put on

roll; to enlist नाम लिखाना; भरती क.; सदस्य बनाना نام درج کرانا؛ بھرتی کرنا؛ ممبر بنانا

Enrolment : *n.* enlistment भरती; नामांकन بھرتی؛ نام درج کرنا

Enroute : *adv.* (en-rut) on the way (to) मार्ग में; रास्ते में (کو) جاتے ہوئے؛ راستے میں

Ensconce : *v.* (ens-kons) to hide; to patronage छिपाना; आश्रय देना چھپانا؛ پناہ دینا؛ سہارا دینا

Enshroud : *v.* (en-shroud) to hid छिपाना; परदा डालना چھپانا؛ پردہ ڈالنا

Ensign : *n.* (en-sain) flag; symbol ध्वज; झण्डा; प्रतीक پرچم؛ جھنڈا؛ نشان

Enslave : *v.* (en-slayv) to make slave दास बनाना غلام بنانا

Enslavement : *n.* slavery गुलामी غلامی

Ensnare : *v.* see Enmesh

Ensphere : *v.* (en-is-peher) to surround; to enclose घेरना; घेर लेना گھیر لینا؛ گھیرنا

Ensue : *v.* (en-sew) to happen later; to take place पीछे (घटित) होना; परिणाम निकलना بعد کو ہونا؛ نتیجہ نکلنا

Ensuing : *adj.* following as consequence; following आगामी; अनुवर्ती نتیجے کے طور پر سامنے آنے والا؛ بعد کا

Ensure : *v.* (en-shoo-er) to make certain निश्चित क.; निरापद क. پکا کرنا؛ یقینی بنانا

Entangle : *v.* (en-tang-el) to catch in net उलझाना; फँसाना الجھانا؛ مشکلات میں پھنسانا

Entellus :*n.* (en-tay-lus) ape लंगूर لنگور

Entente : *n.* (en-tent) pact; treaty समझौता معاہدہ؛ سمجھوتہ

Enter : *v.* (en-ter) to go into; to come inside; to put or bring in; to put down in writing प्रवेश क.; लिखना; नाम लिखाना داخل ہونا یا کرنا؛ لکھنا؛ اندراج کرانا

Enterprise : *n.* (en-ter-priz) work; courage; fondness for adventure कार्य; उत्साह; साहस کام؛ ہمت؛ مہم پسندی؛ مہم جوئی

Enterprising : *adj.* showing enterprise उत्साही; साहसी منچلا؛ باہمت؛ مہم جو

Entertain : *v.* (en-ter-tayn) hospitality; to receive (people) as guests; to give food or drink; to accept स्वागत क.; अतिथि-सत्कार क.; ले लेना مہمان نوازی کرنا؛ کھانا کھلانا؛ دعوت کرنا؛ لے لینا؛ قبول کرنا

Entertainment : *n.* amusement; show; hospitality मनोरंजन; तमाशा; अतिथि-सत्कार تفریح؛ تماشا؛ دعوت؛ مہمان نوازی

Enthral/ Enthrall : *v.* (en-thrawl) enslave; to charm दास बनाना; मोहित क. غلام بنانا؛ گرویدہ کرنا

Enthrone : *v.* (en-throhn) to place on throne गद्दी पर बैठाना تخت نشین کرنا

Enthusiasm : *n.* (en-thew-zi-azm) passionate zeal; intense interest उत्साह; उमंग ولولہ؛ جوش؛ گہری دلچسپی

Enthusiastic : *adj.* full with enthusiasm उत्साही; उत्साहपूर्ण جوش سے بھرپور

Entice : *v.* (en-tis) to tempt; to lead astray लुभाना; फुसलाना; प्रलोभन देना ورغلانا؛ پھسلا کر لے جانا؛ لبھانا

Entire : *adj.* (en-ti-er) whole; not broken सम्पूर्ण; कुल; अखण्ड; समूचा سارا؛ تمام؛ صحیح سالم

Entirely : *adj.* wholly; fully; completely सम्पूर्णता پوری طرح؛ سارا؛ پورے طور پر؛ مکمل طور پر

Entitle : *v.* (en-ti-tel) to give title शीर्षक रखना عنوان لگانا

Entity : *n.* (en-ti-ti) being; existence अस्तित्व; हस्ती ہستی؛ ذات؛ وجود

Ento : *n.* (en-to) end; last अन्त آخر؛ اختتام؛ ختم

Entomb : *v.* (en-tomb) to bury दफ़नाना دفنانا

Entomology : *n.* (en-te-mo-logi) a science of insects कीट विज्ञान علم حشرات؛ کیڑے مکوڑوں کا علم

Entourage : *n.* (en-to-rahz) atmosphere; surroundings; companion वातावरण; परिसर ماحول؛ گرد و نواح؛ ساتھی

Entrails : *n.* (en-traylz) bowels ओझड़ी اوجھ؛ اوجھڑی؛ بٹ

Entrance : *n.* (en-trans) act of entering; place of entering; entering प्रवेश; प्रवेश द्वार داخل ہونا؛ آنا؛ گزرگاہ؛ دروازہ؛ داخلہ

Entrant : *n.* (en-trant) one entering for competition; contestant; competitor प्रवेशक; प्रतियोगी امیدوار؛ حریف؛ مقابلے والا

Entrap : *v.* (en-trap) to lead astray; to mislead; to enmesh फँसाना; बहकाना; फुसलाना پھنسانا؛ بہکانا؛ پھسلانا

Entreat : *v.* (en-treet) to request earnestly अनुनय-विनय क.; घिघियाना گڑگڑوانا؛ لتماس کرنا؛ التجا کرنا

Entrepot : *n.* (en-tre-pot) godown गोदाम گودام

Entrepreneur : *n.* (en-tray-prayner) a contractor ठेकेदार ٹھیکیدار

Entrust : *v.* (en-trust) to hand over; to assign सौंपना; सिपुर्द क. سونپنا؛ سپرد کرنا

Entry : *n.* (en-tri) entrance; inlet; admission; entrance gate प्रवेश; प्रवेश-द्वार داخلہ؛ دروازہ

Entwist : *v.* (en-twist) to twist; to twine बटना بٹنا؛ بل دینا

Enucleate : *v.* (en-u-ke-li-ayt) to take out; to bring out; to clear; to explain; to persuade निकालना; समझाना; स्पष्ट क. نکالنا؛ سمجھانا؛ واضح کرنا؛ وضاحت کرنا

Enunciate : *n.* (enun-shi-ayt) to pronounce; to state clearly निरूपित क.; प्रस्तुत क. تلفظ ادا کرنا؛ وضاحت سے پیش کرنا

Envelop : *v.* (en-vel-up) cover on all sides ढकना; लपेटना ڈھانپنا؛ لپیٹنا

Envelope : *n.* (en-ve-lohp) paper cover for letter etc. लिफ़ाफ़ा لفافہ

Enviable : *adj.* (en-vi-able) worth envying ईर्ष्य قابلِ رشک

Envious : *adj.* (en-vi-us) full of envy ईर्ष्यालु حاسد؛ حسد کرنے والا؛ جلنے والا

Environ : *v.* (en-vi-ron) to encircle; to besiege घेरना گھیرنا

Environment : *n.* (en-vi-e-ren-ment) surroundings; atmosphere पर्यावरण; वातावरण گرد و پیش؛ ماحول

Envoy : *n.* (en-voi) diplomatic representative दूत; उपराजदूत سفارتی نمائندہ: ایلچی: قاصد

Envy : *n.* (en-vi) jealousy; desire to

equal; heart burning ईर्ष्या; डाह; जलन حسد؛ جلن؛ رشک

Epic : *n.* (ep-ik) long poem dealing with heroic deads वीरकथा; महाकाव्य رزمیہ

Epicure : *n.* (ep-i-kew-er) one who is dainty in eating स्वादलोलुप; चटोरा خوش خور؛ خوش خوراک؛ چٹورا

Epidemic : *n.* (ep-i-dem-ik) wide spread disease महामारी; वबा وبا

Epigram : *n.* (ep-i-gram) a joke; an anecdote चुटकुला چٹکلہ

Epilepsy : *n.* (ep-i-lep-si) feeling disease मिरगी مرگی؛ صرع

Episode : *n.* (ep-i-sohd) separate event उपकथा; घटना ضمنی قصہ؛ ضمنی واقعہ

Epistle : *n.* (e-pis-tal) a letter; a writing sent to a person पत्र; चिट्ठी خط؛ مکتوب؛ نامہ؛ رقعہ

Epistolary : *n.* (epis-to-layri) a journalist; pressman पत्रकार جرنلسٹ؛ صحافی

Epithalamium : *n.* (epi-thay-miyam) bridal songs; wedding songs विवाह गीत شادی کے گیت

Epitome : *n.* (epit-o-mi) short summary सारांश; निष्कर्ष خلاصہ؛ تلخیص؛ لب لباب

Epoch : *n.* (ee-pok) period of history marked by special events युग; काल دور؛ زمانہ

Epopee/ Epos : *n.* (e-pop-i) see Epic

Equal : *adj.* (ee-kwel) of same size; fair समान; तुल्य برابر؛ مساوی؛ منصفانہ

Equality : *n.* (ee-kwal-i-ti) state of being equal समानता; बराबरी مساوی؛ برابری

Equalize : *v.* (ee-kwe-liz) to make equal बराबर क.; समान क. (ایک دوسرے کے) برابر کرنا؛ مساوی کرنا

Equanimity : *n.* (ee-kwe-ni-miti) patience; fortitude धीरज; धैर्य صبر؛ تحمل؛ برداشت

Equestrian : *n.* (ee-kwes-tri-an) horse-rider घुड़सवार گھڑسوار

Equilibrium : *n.* (ee-kwi-lib-ri-um) state of being balanced सन्तुलन; साम्य توازن؛ تناسب

Equinox : *n.* (ee-kwi-noks) parts of year when the day and the night are of equal length विषुव اعتدال شب و روز

Equip : *v.* (e-kwip) supply (with); prepare सज्जित क.; लैस क. (ساز و سامان سے) لیس کرنا؛ تیار کرنا

Equipment : *n.* things needed; arms सज्जा; लवाज़मा; साज़-सामान; उपकरण ساز و سامان؛ اسلحہ؛ ہتھیار؛ لوازمہ

Equitable : *adj.* (ek-wi-tay-bel) just; impartial; reasonable उचित; न्यायसंगत منصفانہ؛ معقول؛ مناسب

Equitation : *n.* (ek-wi-tay-shen) horse riding घुड़सवारी گھڑسواری

Equity : *n.* (ek-wi-ti) fairness; principles of justice निष्पक्षता; समदृष्टि; साम्या انصاف؛ معدلت؛ اصولِ انصاف

Equivalent : *adj.* (e-kwiv-e-lent) equal (to); synonymous (to) तुल्यमान; समान; बराबर; समानार्थ مساوی؛ ہم معنی؛ برابر

Equivocal : *adj.* (e-kwiv-o-kel) having double meaning; doubtful अनेकार्थक; अनिश्चित ذومعنی؛ مشتبہ

Equivocate : *v.* (e-kewi-vo-kayt) to gain time; to avoid; to evade टाल जाना; गोल-मोल बात क. ٹال جانا؛ گول مول بات کرنا

Era : *n.* (ee-ra) period of history starting from particular event युग; काल سن؛ زمانہ

Christian Era : *n.* The era is used in all Christian countries, which was intended to commence with the birth of Christ ईसवी सन عیسوی سن

Eradicate : *v.* (e-rad-i-kayt) pull by root; destroy जड़ से उखाड़ना; नष्ट क. جڑ سے اکھاڑنا؛ قلع قمع کرنا؛ استیصال کرنا

Erase : *v.* (e-rayz) to rub out मिटाना; लुप्त क. مٹانا؛ محو کرنا

Eraser : *n.* piece of rubber; rubber रबर ربر

Ere : *prep.* (ay-e) before से पहले سے پہلے

Erect : *adj.* (e-rekt) on end ऊँचा; खड़ा اونچا؛ کھڑا

Erect : *v.* to set erect; to build; to set up खड़ा क.; निर्माण क.; स्थगित क. سیدھا کھڑا ہونا؛ تعمیر کرنا؛ بنانا؛ قائم کرنا

Erection : *n.* (e-rek-shen) standing upright; building स्थापना; निर्माण; भवन استادگی؛ خیزش؛ تعمیر؛ عمارت

Erode : *v.* (e-rohd) to eat away खा जाना; काट डालना; कट जाना کھا جانا؛ کاٹ ڈالنا؛ کٹ جانا

Erosion : *n.* (e-roh-zhen) eroding; being eroded खा जाना; कट जाना کھا جانا؛ کٹ جانا

Erotic : *adj.* (e-rot-ik) of sexual love कामविषयक عاشقانہ؛ عشقبازانہ

Err : *v.* (er) do or be wrong पाप क.; भूल होना; ग़लत क. غلطی کرنا؛ خطا کرنا؛ غلط ہونا

Errand : *n.* (e-rend) short journey to take massage दूतकार्य پیغام پہنچانے کے لیے چکر؛ سندیسے کا سفر

Erratum : *n.* (e-ray-tum) mistake in printing or writing अशुद्धि طباعت یا کتابت کی غلطی

Erroneous : *adj.* (e-roh-ni-us) incorrect अशुद्ध; ग़लत غیر صحیح؛ نادرست؛ غلط

Error : *n.* (e-rer) mistake; omission भूल; ग़लती; त्रुटि غلطی؛ بھول چوک؛ سہو؛ فروگذاشتہ

Ersatz : *adj.* (e-ar-zets) artificial; fabricated; fictitious नक़ली; झूठी; ग़लत نقلی؛ جھوٹی؛ غلط

Eruct : *v.* (e-rukt) to swallow डकार लेना ڈکار لینا

Erupt : *v.* (e-rupt) to burst out फटना پھٹنا (آتش فشاں پہاڑ کا)

Eruption : *n.* burst out; out break फटना; अकासमिक हंगामा پھٹنا؛ اچانک ہنگامہ

Escalate : *v.* (es-kay-layt) to increase बढ़ाना بڑھانا

Escalator : *n.* an endless belt so that steps ascend or descend continuously; moving stairs चलती सीढ़ी چلتی سیڑھی

Escapade : *n.* (es-kay-ped) mischieviousness; wickedness शरारत; चुलबुलापन شرارت؛ شیطانی

Escape : *v.* (es-kayp) to get free; be saved; abscond बच निकलना; बच जाना;

निकल भागना; भाग जाना بچ نکلنا؛ بچ جانا؛ بال بال بچنا؛ فرار ہو جانا؛ بھاگ جانا

Escape : *n*. act of escaping; absconding; means of escaping बचाव; मुक्ति; छुटकारा بچاؤ؛ بچنا؛ فرار؛ راہِ فرار

Escapism : *n*. (es-kay-pizm) being an escapist पलायनवाद فرار پسند؛ فراری

Escapist : *n*. (-pist) see Escapism

Eschen : *v*. (es-choo) to abstair from से दूर रहना; से परहेज़ क. سے باز رہنا؛ سے پرہیز کرنا؛ سے بچنا؛ سے دور رہنا

Esculent : *n*. (es-kew-lent) food; eatable खाद्य کھانا؛ کھانے لائق

Esoteric : *adj*. (es-te-rik) secret गोपनीय پوشیدہ؛ مخفی

Especial : *adj*. (es-pay-shial) particular; peculiar; proper उत्कृष्ट; विशिष्ट; ख़ास خاص؛ مخصوص

Especially : *adv*. (es-pesh-e-li) particularly; mainly; properly; specially विशेषकर; विशेष रूप से; मुख्यता से خاص کر؛ خصوصاً؛ خاص طور پر

Espial : *n*. (es-pi-al) view; sight दर्शन; आलक्षण دیکھنا؛ زیارت کرنا

Espier : *n*. (es-pi-er) viewer; spectator; visitor दर्शक ناظر؛ دیکھنے والا

Espionage : *n*. (es-pio-nashz) spying; intelligence work; detecting जासूसी; गुप्तचर्या جاسوسی؛ سراغ رسائی

Esplanade : *n*. (es-play-nad) a crossing market place चौक; मैदान چوک؛ میدان

Espouse : *v*. (es-pous) support समर्थन क. تائید کرنا

Esprit decorps : *n*. (es-pi-ree-dekohz) devotion to one cause; devotion to fellow workers दल भावना مقصد سے وفاداری؛ جماعت کی عزت کا احساس

Espy : *v*. (es-pi) to catch sight of देखना; पता लगा लेना; ताड़ लेना; भाँपना دیکھنا؛ پتہ لگالینا؛ تاڑ لینا؛ بھانپنا

Esquire : *n*. (es-kwier) English man's title of courtesy (written in address after his name as Esq. and never combined with Mr. in the same name); armour-bearer of knight श्री; श्रीमान صاحب؛ نائٹ؛ فوجدار؛ نائٹ کا اسلحہ بردار

Essay : *n*. (es-kay) (1) to treatise; short prose composition (2) attempt (1) निबन्ध (2) प्रयास; प्रयत्न مضمون؛ مقالہ؛ کوشش

Essence : *n*. (es-eus) inner nature of things; substance; extract; perfume तत्त्व; सार आसव; अरक़; परिमल; सुगन्ध؛ جوہر؛ اصل؛ ست؛ روح؛ عطر؛ عرق

Essential : *adj*. (e-sen-shel) necessary; requisite; most important अनिवार्य; आवश्यक; महत्त्वपूर्ण; मुख्य ضروری؛ لازمی؛ اہم

Establish : *v*. (es-tab-lish) to set up; to put on sound; footing; to run; to start; to prove स्थगित क.; स्थिर क.; प्रतिष्ठित क.; सिद्ध क.; प्रमाणित क. قائم کرنا؛ چلانا؛ مستقل بنیادوں پر استوار کرنا؛ جاری کرنا؛ ثابت کرنا؛ واضح کرنا

Establishment : *n*. organization; persons; employed; house-hold संगठन; नौकर-चाकर; घर-गृहस्थी ادارہ؛ محکمہ؛ دکان؛ کارخانہ؛ عملہ؛ گھرداری

Estate : *n*. (es-tayt) landed property

जागीर; सम्पत्ति; भूमि ریاست؛ تعلقہ؛ جاگیر؛ جائیداد

The fourth estate : the press पत्र-कार اخبارات؛ صحافت

Three Estates : in English parliament नवाब; पादरी और जन प्रतिनिधि نواب، پادری اور عوامی نمائندے

Esteem : *n*. (es-teem) respect; honour; prestige सम्मान; आदर; मान عزت؛ ادب؛ احترام

Esteem : *n*. have high opinion के लिए अच्छी राय रखना کے متعلق اچھی رائے رکھنا

Estimable : *adj*. (es-ti-mab-bel) deserving esteem; respectable; honourable माननीय; आदरणीय قابلِ عزت؛ لائق احترام

Estimate : *n*. (es-ti-mit) judgement; approximate; calculation; opinion विचार; अनुमान; अनुमानित ख़र्च رائے؛ اندازہ؛ تخمینہ

Estimate : *v*. to judge the worth of; to form opinion अनुमान लगाना; विचार बना लेना (خرچ وغیرہ کا) اندازہ لگانا؛ تخمینہ لگانا؛ رائے قائم کرنا

Estimation : *n*. (-may-shen) opinion; esteem अनुमान; आकलन; आदर; सम्मान رائے؛ اندازہ؛ احترام؛ عزت؛ ادب

Estival : *n*. (es-tic-vel) summer season ग्रीष्म कालीन گرمی کا موسم

Estrade : *n*. (es-trayd) stage मंच اسٹیج

Estranage : *v*. (es-traynj) to alienate; to make unfriendly उदासीन कर देना; अलग कर देना; विरक्त क. بیگانہ کرنا؛ کھنچ جانا؛ الگ کر دینا

Estrangement : *n*. (quarrel between friends; separation विरक्ति; मनमुटाव; अलगाव کشیدگی؛ رنجش؛ علاحدگی؛ جدائی

Estuary : *n*. (es-tew-e-ri) tidal mouth of river ज्वारनदमुख; मुहाना دریا کا مد و جزر والا دہانہ؛ موہانہ

Esurient : *n*. (es-u-er-en-s) greedyness लालच لالچ

Esurient : *adj*. (-ent) hungry; craving; greedy; covetous भूखा; लालची بھوکا؛ لالچی

Etcetera/ Etc : *n*. (et-set-ra) and other things; and so on आदि; इत्यादि وغیرہ؛ الخ

Etceteras : *n*. sundries; miscellenious प्रकीर्णक متفرقات

Etch : *v*. corrode; metal plate with acid उरेहना; निक्षारण क. تیزابی نقش بنانا

Eternal : *adj*. (ee-ter-nel) without beginning or end; everlasting शाश्वत; अनन्त ابدی؛ ازلی؛ ہمیشہ رہنے والا

Eternity : *n*. (-ni-ti) time without end; future life अनन्तकाल; पारलौकिक जीवन دوام؛ ابدیت؛ آخرت

Ether : *n*. (ee-ther) colourness volatile liquid; sky ईथर; आकाश ایتھر؛ آسمان

Ethereal : *adj*. (ee-thee-ri-el) of unearthly delicacy; heavenly सकुमार; स्वर्गीय نہایت لطیف؛ آسمانی

Ethical : *adj*. (eth-i-kal) pertaining to moral questions नैतिक اخلاقی

Ethics : *n*. (eth-iks) science of morals नीतिशास्त्र; आचार शास्त्र اخلاقیات؛ علم اخلاق

Ethnology : *n*. (eth-no-lo-ji) science of mankind मानवजाति-विज्ञान علم نسلیات

Ethology : *n.* see Ethics

Ethos : *n.* (e-thos) nature; behaviour प्रकृति; स्वभाव عادت؛ برتاؤ

Etiquette : *n.* (et-i-ket) conventional; social behaviour शिष्टाचार آداب محفل؛ مجلسی آداب

Etui : *n.* (et-vi) small box डिबिया ڈبیہ

Etymology : *n.* (et-i-mol-o-ji) science of the origin of words निरूक्ति विज्ञान علم اشتقاق الفاظ

Eudemania : *n.* (yoo-do-mo-niye) joy and peace; happiness and peace सुखशान्ति امن و امان؛ سکھ شانتی

Eulogist : *n.* (yoo-lo-jist) admirer; one who praise; a fan प्रशंसक تعریف کرنے والا؛ سراہنے والا؛ قدردان؛ مدح کرنے والا

Eulogize : *v.* (yoo-lo-giz) to praise highly प्रशंसा क.; गुणगान क. مدح کرنا؛ تعریف کرنا؛ تعریف میں زمین آسمان کے قلابے ملانا

Eulogy : *n.* (yool-o-ji) high praise प्रशंसा; गुगाण مدح؛ تعریف

Eunuch : *n.* (yoo-nek) castrated man खोजा خواجہ سرا

Euphemism : *n.* (yoo-fe-mizm) use of soft expression for something bad मंगल भाषित बری بات کے لیے ملائم لفظ کا استعمال کرنا؛ ہجو ملیح

Euphemistic : *adj.* (yoo-fe-mis-tik) soft expression; soft spoken मंगल भाषी ملائم لہجہ؛ نرمی سے بولنا

Euphony : *n.* (yoof-o-ni) pleasing sound of words स्वरमाधुर्य (الفاظ) کا ترنم

Europe : *n.* (yoo-rop) Europe यूरोप یورپ

Evacuate : *v.* (e-vak-ew-ayt) to withdraw from (place); to empty खाली या रिक्त क.; छोड़ देना چھوڑ آنا؛ خالی کر آنا؛ نکل آنا

Evacuation : *n* (ay-shen) evacuating निकास انخلا

Evacuee : *n.* (e-vak-ew-ee) person who is evacuated शरणार्थी مہاجر؛ پناہ گزیں

Evade : *v.* (e-vayd) to escape by trick; to dodge; to avoid बच निकलना; टाल जाना; पी जाना بچ نکلنا؛ ٹال جانا؛ پی جانا

Evaluate : *v.* (e-vel-vayt) to assess मूल्यांकन क. (قیمت وغیرہ) مقرر کرنا یا لگانا

Evaluation : *n.* (-shen) assessment मूल्यांकन क. (قیمت وغیرہ) مقرر کرنا؛ لگانا

Evanesce : *v.* (e-v-nc) to get out of sight; to disappear ओझल हो जाना; लुप्त हो जाना اوجھل ہوجانا؛ غائب ہوجانا

Evaporate : *n.* (e-vap-o-rayt) change into vapour वाष्पित क.; ओझल हो जाना; भाप बन जाना اڑ جانا؛ بخارات بننا یا بنانا؛ بھاپ بن جانا؛ اوجھل ہوجانا

Evaporation : *n.* act of vaporizing वाष्पण تبخیر؛ ابخارات

Evasion : *n.* (e-vay-zhen) clever escape; excuse बच निकलना; बहाना; टाल मटोल بچ نکلنا؛ حیلہ؛ بہانہ؛ لیت ولعل؛ عذر؛ ٹال مٹول

Evasive : *adj.* (e-vay-siv) fraudulent; dissimulator कपटी; कुटिल دھوکہ باز؛ دغا باز؛ فریبی

Eve : *n.* (eev) the first woman हव्वा; अम्मा हव्वा حوا؛ اماں حوا

Eve : *n.* evening before special day; whole day पूर्वसन्ध्या; पूर्वदिन (کسی تقریب سے پہلے کی) شام؛ تمام دن

On the eve of : *ph*. immediately before पूर्व پہلے؛ ذرا پہلے

Even : *adj*. (eev-en) level; smooth; uniform समतल; बराबर; एकरूप ہموار؛ یکساں؛ صاف؛ باقاعدہ

Even number : *n*. the number which is divided by number 2 जुफ़्त न.. جفت عدد

Evening : *n*. (eev-ning) close of the day; from the afternoon to bedtime; early night सन्ध्या; शाम; सांयकाल شام؛ سانجھ؛ تیسرے پہر سے سونے کے وقت تک؛ سرشام

Event : *n*. (e-vent) happing; result घटना; परिणाम واقعہ؛ نتیجہ

Eventual : *adj*. (e-ven-tew-el) final; ultimate अन्तिम; सम्भाव्य آخری؛ شدنی

Eventuality : *n*. (-al-i-ti) possible event; emergency सम्भाव्यता; सम्भाव्य घटना امکانی صورت؛ ہنگامی صورتِ حال

Eventually : *adv*. ultimately आख़िरकार آخرکار

Ever : *adj*. (ev-er) always; at any time सदा; सदैव ہمیشہ؛ ہمیشہ کے لیے؛ ہروقت؛ ہمہ وقت

Ever after : *adv*. always after that सदैव اس کے بعد ہمیشہ؛ ہمیشہ

Ever green : *adj*. perennial; a plant having white or pink flower सदा बहार ہمیشہ سرسبز و شاداب رہنے والا؛ سدابہار

Ever lasting : *adj*. going on for ever अनन्त دائمی؛ ابدی؛ لازوال

Ever more : *adv*. for ever सदा-सर्वदा ہمیشہ؛ ہمیشہ کے لیے

Every : *adj*. (ev-ri) each; all हर कोई; हर ہر؛ ہرایک؛ ہرکوئی

Every now and then/ Every now and again : *ph*. from time to time; often प्रायः; अकसर; समय समय पर اکثر؛ اکثر و بیشتر

Every otherday : *ph*. alternate day; each second day एक दिन छोड़ कर ایک دن چھوڑ کر

Every third day : *ph*. each third day हर तीसरे दिन ہر تیسرے دن

Everybody : *n*. every person; all person प्रत्येक व्यक्ति; हर कोई ہرایک؛ ہر شخص؛ سب؛ سبھی؛ تمام لوگ

Everyone : *n*. every person; each person हर एक; हर कोई ہرایک؛ ہرکوئی؛ ہر شخص

Everything : *pron*. all things; all that matters सब कुछ ہر شے؛ تمام چیزیں؛ سبھی کچھ؛ سب کچھ

Everywhere : *adv*. in all places; on all sides सब जगह ہر جگہ؛ ہر طرف؛ ہرسو

Evict : *v*. turn out by force of law; eject बेदख़ल क..; निकाल देना بے دخل کرنا؛ نکال دینا

Eviction : *n*. (e-vik-shen) ejectment बेदख़ली بے دخلی

Evidence : *n*. (ev-i-dens) Testimony; proof प्रमाण; सबूत گواہی؛ شہادت

Lead evidence : *ph*. bring forth witnesses सबूत पेश क.. واہیاں پیش کرنا

Evident : *adj*. (ev-i-dent) obvious सुस्पष्ट; प्रकट ظاہر؛ بیّن

Evidently : *adv*. obviously स्पष्ट रूप से ظاہر ہے کہ

Evil : *n*. (ee-vil) wicked; sinful बुरा; पापी برا؛ بد؛ بدکار؛ گنہگار

The evil one : *n*. devil शैतान ابلیس؛ شیطان

Evince : *v*. (e-vins) to show प्रदर्शित क. دکھانا

Evoke : *v*. (e-vohk) to call बुलाना بلانا

Evolution : *n*. (e-vo-loo-shen) movement; development चाल; गति; विकास چال؛ حرکت؛ ارتقا

Evolve : *v*. (e-volv) to develop gradually and naturally विकसित होना نشوونما پانا؛ ارتقا پذیر ہونا

Ewe : *n*. (yew) female sheep भेड़ी بھیڑ کی مادہ

Ewer : *n*. (yoo-er) a pitcher घड़ा گھڑا

Ex : *pref*. (eks) former; old (ex minister; ex-director etc.) भूतपूर्व; पुराना سابق (سابق وزیر یا ڈائریکٹر)؛ پرانا

Ex-parte : *adj*. (eks-pahr-tee) without hearing the other party एक पक्षीय; एकतरफा یک طرفہ

Exacerbate : *v*. (eks-esr-bayt) to provok; to tease; to irritate उत्तेजित करना; चिढ़ाना; तीव्र क. ورغلانا؛ اشتعال دلانا؛ طیش میں لانا؛ برہم کرنا؛ چڑھانا

Exact : *adj*. (ig-zakt) correct; precise सही; यथार्थ; सुनिश्चित صحیح؛ درست؛ بالکل ٹھیک

Exacting : *adj*. severe कड़ा سخت گیر

Exaction : *n*. (ig-zak-shen) exacting (money etc.) आहरण استحصال

Exactly : *adv*. precisely तथ्यत; ठीक ठीक ٹھیک ٹھیک بالکل؛

Exactness/ Exactitude : *n*. accuracy; being precise यथार्थता درستی؛ جچا تلا ہونا

Exaggerate : *v*. (ig-zaj-e-rayt) to overstate बढ़ा चढ़ा कर बातें क. مبالغہ آمیزی کرنا؛ بڑھا چڑھا کر بیان کرنا

Exaggerate : *n*. magnificence बढ़ाना مبالغہ

Examination : *n*. (ig-za-i-nay-shen) test; close inspection परीक्षा; इम्तहान امتحان؛ مشاہدہ

Examine : *v*. (ig-zam-in) (1) to test; to put question; to scrutinize (2) to question in law court (1)परीक्षा लेना; परखना; जाँचना (2) बयान लेना (कोर्ट में) (۱)امتحان لینا؛ پرکھنا؛ جانچنا (۲)عدالت میں بیان لینا

Example : *n*. (ig-zamp-el) instance; pattern; make an example उदाहरण; नमूना; आदर्श उपस्थित क. مثال؛ تمثیل؛ نمونہ؛ کسی کو دوسروں کے لیے مثال بنانا

Examinate : *adj*. (ig-zam-i-nit) dead; unconscious; spiritless; lifeless; inanimate मृत; निश्चेतन; निर्जीव مرا ہوا؛ بے ہوش؛ بے حس وحرکت

Exarch : *n*. (ak-sak) Bishop राजपाल; बिशप پادری

Exasperate : *v*. (ig-zas-pe-rayt) to make very angry उत्तेजित क.; भड़काना اشتعال دلانا؛ سخت غصہ دلانا؛ بھڑکانا

Exasperation : *n*. (-shen) anger प्रकोप; क्रोध غصہ؛ اشتعال

Excavate : *v*. (eks-kay-vayt) to dig; to take out by digging; to make hollow खुदाई क.; खोखला क. کھودنا؛ کھدائی کرنا؛ کھوکھلا کرنا

Excavation : *n*. excavating खुदाई کھدائی؛ احتفار

Exceed : *v*. (ek-seed) to go beyond the set limits; surpass हद से आगे बढ़

जाना; सर्वश्रेष्ठ होना حد سے بڑھنا؛ سبقت لے جانا

Exceedingly : *adv.* extremely अत्यधिक; अत्यन्त بے حد؛ بہت سے

Excel : *v.* (ek-sel) surpass बढ़कर होना; श्रेष्ठ होना بازی لے جانا؛ سبقت لے جانا

Excellence : *n.* (ek-si-lens) surpassing merit श्रेष्ठता; विशिष्टता برتری؛ فضیلت؛ مشرف

Excellency : *n.* courtesy title when speaking to or to Governor or his wife परमश्रेष्ठ; माननीय (گورنر یا سفیر کا لقب) فضیلت مآب؛ عزت مآب

Excellent : *adj.* (ek-se-lent) very good उत्तम; श्रेष्ठ; बढ़िया اعلیٰ؛ بہت عمدہ؛ بہت بڑھیا

Except : *prep.* (ek-sept) but; save को छोड़ कर; के अतिरिक्त; के सिवाय کے سوا؛ بجز؛ ماسوا

Exception : *n.* excepted things; objection अपवाद; आपत्ति مستثنیٰ؛ استغنا؛ اعتراض

Excess : *n.* (ek-ses) more than enough अधिकता; अधिशेष حد سے زیادہ؛ ضرورت سے زیادہ

Exchange : *v.* (ek-chaynj) to give (one thing) for another; to exchange mutually; to barter आदान प्रदान क.; विनिमय क. ادلا بدلی کرنا؛ تبادلہ؛ مبادلہ کرنا

Exchange : *n.* act of changing; barter; (foreign exchange) foreign currency विनिमय; आदान प्रदान مبادلہ؛ زرمبادلہ

Exchequer : *n.* (eks-chek-er) public treasury अर्थविभाग خزانۂ عامرہ

Excise : *n.* (ek-siz) government duty on home made goods उत्पाद शुल्क چنگی؛ داخلی محصول

Excite : *v.* (ek-sit) to rouse; to provok; to stir up उत्तेजित क.; भड़काना; उकसाना ابھارنا؛ برانگیختہ کرنا؛ بھڑکانا؛ اکسانا

Excitement : *n.* being excited; exciting event उत्तेजना; क्षोभ جوش؛ پرجوش واقعہ

Exclaim : *v.* (eks-klaym) to cry; to shout; to squeak चिल्लाना; पुकार उठना چلانا؛ پکار اٹھنا

Exclaimation : *n.* sudden short cry चिल्लाहट; चीख़; पुकार چیخ؛ پکار؛ ہانک

Exclude : *v.* (eks-klood) to shut out (from); to seperate निकाल देना; अलग कर देना خارج کردینا؛ نکال دینا؛ الگ کردینا

Exclusive : *adj.* (eks-kloo-siv) peculiar विशिष्ट مخصوص

Excogitate : *v.* (eks-ko-ji-tayt) to solve the problem उपाय निकालना حل نکالنا؛ راستہ تلاش کرلینا

Excommunicate : *v.* (eks-ka-mew-ni -kayt) to expel; to boycott निकाल देना; बहिष्कार क. نکال دینا؛ حقہ پانی بند کرنا؛ بائیکاٹ کرنا

Excoriate : *v.* (eks-ko-ri-ayt) to peel out; to denounce उधेड़ना; छीलना; घोर निन्दा क. چھیلنا؛ ادھیڑنا؛ مذمت کرنا؛ مجرم ٹھہرانا

Excoricate : *v.* (eks-ko-ri-kayt) to bark; to peel छिलका या छाल निकालना چھلکا یا چھال نکالنا

Excrete : *v.* (eks-ki-rayt) to expel; to seperate निकालना; अलग क. نکالنا؛ الگ کرنا

Exculpate : *v.* (eks-kal-payt) to prove guiltless; to prove innocent

निर्दोष ठहराना; दोषमुक्त क॰ بے گناہ ثابت کرنا؛ بے گناہی ثابت کرنا

Excursion : *n*. (eks-ke-shen) journey for pleasure सैर; पर्यटन تفریحی سفر؛ سیر سپاٹا

Excuse : *n*. (eks-kews) forgiveness; reason to be excuse; reason for riddance; apology; pardon क्षमा-याचना; क्षमा; माफ़ी; क्षमाप्रार्थना عذر؛ معافی؛ حیلہ؛ بہانہ

Exeat : *n*. (eks-i-ayt) leave छुट्टी چھٹی

Execrate : *v*. (eks-i-krayt) to hate घृणा क॰ نفرت کرنا

Execration : *n*. (-shen) hate घृणा نفرت

Execute : *v*. (ek-se-kewt) to perform; to do; to carry out; to kill पालन क॰; पूरा क॰; अमल में लाना; फाँसी देना تعمیل کرنا؛ پورا کرنا؛ عمل میں لانا؛ پھانسی دینا

Execution : *n*. (-kew-shen) carrying out; legal putting to death पालन; फाँसी کرنا؛ گردن زنی؛ پھانسی

Executioner : *n*. person employed to execute criminals जल्लाद جلّاد

Executive : *adj*. (eg-jek-ew-tiv) having to do with executing कार्यकारी عاملہ

Executive : *n*. administrative officers of the government; working committee of body; boss कार्यपालिका; प्रशासक انتظامیہ؛ مجلس عاملہ؛ افسرِ اعلیٰ

Executor : *n*. (eg-zek-ew-ter) one who execute a will निष्पादक; निर्वाहक وصی؛ وصیت کی تعمیل کرنے والا

Executrix : *n*. (-iks) woman executor निष्पादिका وصیّہ

Exemplary : *adj*. (eg-zemp-le-ri) serving as an example; serving as a warning उदाहरणात्मक; निदर्शनात्मक مثالی؛ سبق آموز؛ عبرتناک

Exempli Gracia : (abb as e.g.) for example; for instance उदाहरण के बतौर مثلاً؛ مثال کے طور پر

Exemplification : *n*. example उदाहरण مثال

Exemplify : *v*. (eg-zemp-li-fi) to show or prove by example उदाहरण द्वारा समझाना مثال دے کر سمجھانا

Exempt : *v*. (eg-zempt) to set free मुक्त कर देना مستثنیٰ قرار دینا

Exemption : *n*. (-shen) free; rebate; concession; liberty; relaxation छूट; माफ़ी; (वि)मुक्ति چھوٹ؛ معافی؛ رعایت

Exequatur : *n*. (eg-si-qu-et-r) recognition letter; accredition letter मान्यता पत्र تصدیق نامہ

Exercise : *n*. (ek-ser-siz) physical drill; rehearsal अभ्यास; कसरत; व्यायाम; क़वायद (फौजी) ورزش؛ (فوجی) مشق؛ کسرت

Exercitation : *n*. (-tay-shen) (1)drill; exercise (2)lecture (1)अभ्यास; व्यायाम (2)भाषण (۱)ورزش؛ کسرت؛ مشق (۲)تقریر

Exert : *v*. (eg-zert) to take physical exercise; to make use of अभ्यास क॰; काम में लाना مشق کرنا یا کرانا؛ کام میں لانا

Exfoliate : *v*. (eks-fo-li-ayt) to scrach the surface; to peel; to bruise छीलना چھیلنا؛ کھال اتارنا

Exhalation : *n*. (eks-lay-shen) evaporation; vapour भाप; वाष्पण تبخیر؛ بخارات؛ بھاپ

Exhale : *v*. (eks-sayl) to breathe out

श्वास निकालना; निःश्वास छोड़ना سانس باہر نکالنا؛ سانس باہر چھوڑنا

Exhaust : *v.* (ig-zawst) to tire out; to use up completely; to finish; to spend; to empty थका देना; समाप्त कर देना; व्यय कर देना; खाली कर देना تھکا دینا؛ ختم کر دینا؛ خرچ کر دینا؛ خالی کر دینا

Exhaust fan : *n.* providing outlet for air वायु निकालने वाला पंखा ہوا نکالنے والا مخرج

Exhaustion : *n.* utter fatigue; complete consumption थकान; समाप्ति سخت تھکان؛ تھکاوٹ؛ ختم

Exhaustive : *adj.* thorough (writing); fatiguing सम्पूर्ण; थकाने वाला جامع؛ مکمل؛ تھکانے والا

Exhibit : *v.* (ig-zib-it) to show; publicity show; submitted for scrutiny; to display प्रदर्शित क.; दिखाना; प्रदर्शन نمائش لگانا یا کرنا؛ دکھانا؛ پیش کرنا

Exhibition : *n.* (ek-si-bish-en) public display प्रदर्शनी نمائش

Exhort : *v.* (ig-zau t) to direct; to precept उपदेश देना اخلاق سکھانا؛ نصیحت دینا

Exhume : *v.* (eks-hewm) to dig out खोद कर निकालना کھود کر نکالنا

Exigency : *n.* (ek-si-jen-si) condition calling for urgent action अत्यावश्यकता ہنگامی صورت حال

Exigent : *adj.* important अत्यावश्यक; अनिवार्य ضروری؛ بہت اہم

Exile : *v.* (ek-zil) to banish देश निकाला देना; निर्वासित क. جلاوطن کرنا؛ دیس نکالا دینا

Exile . *n.* banishment निर्वासन; देशनिकाला جلاوطنی؛ دیس نکالا

Exist : *v.* (eg-zist) to be; to have life; to be present; to live with difficulty होना; उपस्थित होना; जीवित होना ہونا؛ زندہ ہونا؛ موجود ہونا؛ بمشکل زندگی بسر کرنا

Existence : *n.* being; reality; living in difficult condition अस्तित्व; सत्ता ہستی؛ وجود؛ دن کاٹنا؛ بمشکل زندگی بسر کرنا

Exit : *n.* (eg-zit) passage for going out निकास باہر جانے کا راستہ

Exodus : *n.* (ek-so-dus) going out (of many people) प्रस्थान ہجرت؛ مہاجرت

Exorbitant : *adj.* (ig-zo-r-bi-tant) for too great (demand or cost) अत्यधिक; अतिशय بے اندازہ؛ بہت زیادہ (قیمت یا مانگ)

Exorcism : *n.* (ek-sa-sizm) hocus pocus झाड़ फूँक; अपदूत-निरासन جھاڑ پھونک

Exorcist : *n.* (-sist) one who cures by the magic of charm झाड़ फूंक करने वाला; ओझा اوجھا؛ جھاڑ پھونک کرنے والا

Exorcize : *v.* (-size) to hocus pocus झाड़ फूँक क. جھاڑ پھونک کرنا

Exoteric : *adj.* (ek-so-te-rik) external; popular बाहरी; लोकप्रचलित باہری؛ مشہور؛ عام

Exotic : *adj.* (ig-ag-zat-ik) enticing; attractive आकर्षक; मोहक دلکش؛ دل کو لبھانے والی

Expand : *v.* (aks-pand) to spread out; to dilate; to develop फैलाना; प्रसारित क.; फुलाना; बढ़ाना; विस्तारित क.; विकसित क. پھیلانا؛ نشر کرنا؛ پھلانا؛ بڑھانا؛ ترقی کرنا

Expanse : *n.* (eks-pens) wide area; sky; firmament विस्तार; आकाश پھیلاؤ؛ وسعت؛ پہنائے؛ آسمان

Expansion : *n.* (-pan-shen)

expanding फैलाव; प्रसारण; विस्तारण پھیلاؤ؛ توسیع؛ وسعت

Expatriation : *n.* see Exile

Expect : *v.* (eks-pek) to look forward to as; to think आशा क.; अपेक्षा क.; राह देखना امید کرنا؛ توقع کرنا؛ خیال کرنا

Expectancy : *n.* (-tan-si) state of expecting प्रतीक्षा; सम्भावना امید کی حالت

Expectation : *n.* (ay-shen) expecting; probability प्रतीक्षा; अपेक्षा; सम्भावना امید؛ توقع؛ امکان

Expectorate : *v.* (eks-pay-kt-rayt) to split; to hawk; to clear the throat थूकना; खंखारना تھوکنا؛ کھنکھارنا

Expectoration : *n.* (-ray-shen) spittle; saliva; phlegm; clear the throat थूक; बलग़म; खखार تھوک؛ بلغم؛ کھنکھار

Expediency : *n.* (-eks-peed-yen-si) compulsion; helplessness; thinking what is useful rather than what is just इष्टसिद्धि; सवार्थ مجبوری؛ مصلحت

Expedient : *adj.* (-yent) suited to time or occasion उचित; कार्यसाधक مناسب؛ موزوں

Expedite : *v.* (eks-pe-dit) to speed up work प्रगति देना; आगे बढ़ाना; शीघ्र निबटाना (کام) جلدی کرنا؛ چلتا کرنا؛ جلدی ختم کرنا

Expedition : *n.* (-en) journey with purpose अभियान مہم

Send out an expedition : *ph.* to send a group on journey with purpose अभियान भेजना مہم بھیجنا

Expeditious : *adj.* (-dish-us) done quickly; promt शीघ्र किया हुआ; फुरतीला جلدی کیا ہوا؛ پھرتیلا

Expel : *v.* (eks-pel) to drive out निकालना; निकाल बाहर क.; बहिष्कृत क. نکالنا؛ نکال باہر کرنا؛ بائیکاٹ کرنا

Expulsion : *n.* (eks-pul-shen) discharge; out turn निष्कासन; निकालना; बाहर क. خروج؛ نکالنا؛ باہر کرنا

Expend : *v.* (eks-pend) to expense; to consumpt खर्च क.; व्यय क. خرچ کرنا؛ پیسہ لگانا؛ صرفہ کرنا

Expenditure : *n.* (eks-pen-di-cher) money spent व्यय; खर्च; खर्चा خرچ؛ رقم؛ صرفہ

Expensive : *adj.* (-siv) costly; precious बहुमूल्य; महंगा; कीमती مہنگا؛ قیمتی

Experience : *n.* (eks-pee-ri-ens) knowledge or skill gained अनुभव تجربہ

Experienced : *adj.* (-ensd) having experience; skilled अनुभवी تجربہ کار؛ پختہ کار

Experiment : *n.* (eks-pe-ri-ment) careful test or trial परीक्षण تجربہ؛ آزمائش

Expert : *n.* (eks-per-t) person with special skill; specialist विशेषज्ञ; निपुण ماہر؛ تجربہ کار

Expiate : *v.* (eks-pi-ayt) to make amends प्रायश्चित क. کفارہ ادا کرنا

Expire : *v.* (eks-pi-er) to come to an end; to die बीत जाना; मरना; अन्त होना; समाप्त होना (مدت) ختم ہونا؛ مرنا؛ دم دے دینا

Expiry : *n.* (-ri) termination; end अन्त; समाप्त ختم؛ اختتام

Explain : *v.* (eks-playn) to tell in detail; to clarify; to give reasons for; to reply to objection स्पष्ट क.; व्याख्या

क॰; समझाना; कारण बताना تشریح کرنا؛ سمجھانا؛ وضاحت کرنا؛ توجیہ پیش کرنا؛ جواب دہی کرنا

Explanation : *n*. (-nay-shen) commentory; clarification; reply to objection स्पष्टीकरण; व्याख्या; सफ़ाई تشریح؛ توضیح؛ وضاحت؛ جوابدہی

Expletive : *n*. (eks-plee-tiv) abuse गाली گالی

Explicit : *adj*. (eks-plis-it) cleary and fully expressed सुस्पष्ट; साफ़ साफ़; सुनिश्चित واضح؛ صریح؛ قطعی؛ صاف صاف

Explode : *v*. (eks-plȍhd) to burst with loud noise विस्फोट होना; फटना پھٹنا؛ دھماکے سے پھٹنا

Exploit : *n*. (eks-plo-it) great deed; doing कारनामा; करतूत کارنامہ؛ کرتوت؛ کارنمایاں

Exploitation : *n*. (-tay-shen) full use; unfair; profit उपयोग; शोषण پورا استفادہ؛ ناجائز؛ انتفاع

Exploration : *n*. (-ray-) travelling in unknown lands; search; research छानबीन; खोज; खोजयात्रा غیرمعروف علاقے کی سیاحت؛ تلاش؛ تحقیقات؛ چھان بین

Explore : *v*. (eks-plohd) to travel to learn about; to search; to scruitinize; to see possibilities छानबीन क॰; खोज क॰; अन्वेषण क॰ غیرمعروف علاقے کی سیاحت کرنا؛ تلاش کرنا؛ چھان بین کرنا؛ جائزہ لینا

Explorer : *n*. traveller गवेषक; अन्वेषक سیاح؛ سیاحی کرنے والا

Explosion : *n*. (eks-ploh-zhen) loud burst धमाका; विस्फोट دھماکہ؛ زور کا دھماکہ

Explosive : *n*. gun powder विस्फोटक माददा آتش گیر مادہ

Explosive : *adj*. that can explode विस्फोटक; विस्फोटी دھماکے سے پھٹنے والا؛ بھک سے اڑ جانے والا (مادہ)

Export : *v*. (iks-pohrt) to send out निर्यात क॰; बाहर भेज देना برآمد کرنا

Export : *n*. good sent to other countries; such trade निर्यात; रफ़तनी برآمدی تجارت؛ رفتنی

Export duty : *n*. export charges निर्यात शुल्क برآمدی فیس

Exportation : *n*. see Export

Exported : *n*. send out goods निर्यात की हुई वस्तुऐं برآمدات

Exporter : *n*. one who exports निर्यातक برآمدکنندہ

Exports : *n*. (eks-plohrts) exported goods निर्यात की हुई वस्तुऐं برآمدات

Expose : *v*. (eks-pohz) to leave unprotected; to let out secret evils of (someone) आरक्षित छोड़ देना; जोखम में डालना; भरम खोलना غیرمحفوظ خطرے میں ڈالنا؛ چھوڑنا؛ رسوا کرنا؛ الم نشرح کرنا؛ بھرم کھولنا

Exposed : *adj*. left open; revealed अरक्षित; अनाश्रित افشا کیا ہوا؛ ظاہر کیا ہوا

Exposition : *n*. (eks-po-zish-en) (1)expounding; explanation (2)exhibition; display व्याख्या; प्रदर्शनी (۱)بیان؛ تشریح (۲)نمائش؛ سجاوٹ

Exposure : *n*. (eks-poh-zher) being exposed; exposing; shelterlessness; showing अनाश्रयता; प्रदर्शन; खुला होना کھلا ہوا ہونا؛ کھولنا؛ نمائش

Expostulate : *v*. (eks-pos-tew-layt) to hesitate हिचकिचाना رد و کد کرنا؛ ہچکچانا؛ تامل کرنا

Expound : *v*. (eks-pound) to explain (theory etc.) व्याख्या क.; स्पष्ट क.; समझाना پیش کرنا؛ سمجھانا

Express : *v*. (eks-pres) to show clearly; to state squeezly प्रकट क.; व्यक्त क.; निचोड़ना ظاہر کرنا؛ بیان کرنا؛ اظہار کرنا؛ نچوڑنا

Express : *adj*. (eks-pres) definite; clearly expressed; doing quickly निश्चित; स्पष्ट; शीघ्रता से किया हुआ : قطعی؛ واضح؛ صریح؛ تیزی سے کیا ہوا

Expression : *n*. (eks-presh-en) expressing the meaning, word or phrase; looks व्याख्या; आभ्व्यक्ति; मुहावरा; रूख़ मुद्रा : اظہار بیان؛ الفاظ؛ کلمات؛ نظریں؛ چہرہ؛ بشرہ

Expulsion : *n*. (eks-pul-shen) boycott बहिष्कार بائیکاٹ؛ حقہ پانی بند کرنا

Expunge : *v*. (eks-punj) to delete (words from books) काट देना; निकाल देना (عبارت سے) خارج کرنا؛ نکال دینا

Expurgate : *v*. (eks-per-gayt) to take out objectionable matter from book परिशोधन क.; छाँटना قابلِ اعتراض حصے نکال دینا (کتاب سے)؛ چھانٹنا

Expurgation : *n*. taking out; deletion परिशोधन اِخراج؛ چھنٹائی

Exquisite : *adj*. (eks-kwiz-it) very beautiful and delightful; wonderful उत्कृष्ट; उत्तम نہایت عمدہ؛ بہت خوشنما؛ شاندار

Exanguine : *adj*. (eks-sen-gi-vin) anaemic रक्तहीन خون کی کمی ہونا

Exscind : *v*. (eks-sind) to select छाँटना چھانٹنا؛ انتخاب کرنا

Exserted : *adj*. (eks-sert-id) to expel; to exclude बाहर निकला हुआ باہر کیا ہوا؛ باہر نکلا ہوا

Exsiccate : *v*. (eks-si-kayt) to dry सूखना سوکھنا

Extant : *adj*. (eks-taynt) existing वर्तमान موجود

Extempore : *adj*. (eks-temp-pore) immediate; on the spot; instantaneous तात्कालिक (बोलना या लिखना) فوراً؛ بنا تیاری کے (بولنا یا لکھنا)

Extend : *v*. (eks-tend) to lengthen; to enlarge लम्बा क.; बड़ा क.; फैलाना; विस्तार क. तानना : لمبا کرنا؛ بڑا کرنا؛ وسیع کرنا؛ پھیلانا؛ تاننا

Extension : *n*. extending; being extended; additional part or connection विस्तार; प्रसार; फैलाव : وسیع پھیلاؤ؛ وسعت؛ ایکسٹینشن؛ اضافہ

Extent : *n*. (1)length (2)limit (1)विस्तार; लम्बाई (2)सीमा (۱)طول؛ لمبائی (۲)حد

Exterior : *n*. (eks-tee-ri-er) outer surface; outer condition बाहरी हालत ظاہری صورت؛ ظاہری حالت

Exterminate : *v*. (ek-ter-mi-nayt) to uproot; to end नष्ट क.; विनाश क. قلع قمع کرنا؛ ختم کرنا؛ مٹا دینا

Extermination : *n*. uprooting; ending विध्वंस قلع قمع؛ اختتام

External : *adj*. of outside बाहरी بیرونی

Extinct : *adj*. (ek-stinkt) extinguished; lifeless; dispirited बुझा हुआ; ठंडा بجھا ہوا؛ ٹھنڈا

Extinguish : *v*. (ek-ting-wish) to put out; to dispirit; to end बुझाना; समाप्त क. بجھانا؛ ٹھنڈا کرنا؛ ختم کرنا

Extirpate : *v.* (eks-ter-payt) to uproot; to end उखाड़ना; मिटा देना; विनाश क. ختم کرنا؛ مٹا دینا؛ برباد کردینا

Extol : *v.* (eks-tol) to praise; to admire गुणगान क.; प्रशंसा क. تعریف کرنا؛ حمد کرنا؛ گن گان کرنا

Extort : *v.* (eks-tort) to obtain by threats; to snatch धमकी से लेना; छीन लेना دھمکی سے لینا؛ چھین لینا

Extortion : *n.* obtaining by threat लूट; खसोट جبراً لینا؛ استحصال؛ لوٹ

Extra : *adj.* (eks-tra) additional; more than enough; better; extra ordinary अतिरिक्त; अधिक; विशेष; असाधारण زائد؛ فالتو؛ مزید؛ فاضل؛ غیر معمولی؛ بہتر

Extract : *n.* (eks-traykt) quotation; essence उद्धरण; सार; सत्त; निचोड़ کوٹیشن؛ ست؛ جوہر؛ نچوڑ

Extract : *v.* to desire; to extort; to essence; to take out from book प्राप्त क.; ऐंठना; सार या अर्क़ निकालना; उद्धरण क. (पुस्तक से) حاصل کرنا؛ اینٹھنا؛ عرق نکالنا؛ (کتاب سے) نچوڑ لینا

Extraneous : *adj.* (eks-tray-ni-us) foreign; outer असम्बद्ध; बाहरी غیر متعلق؛ باہری

Extraordinary : *adj.* (eks-tra-ordi-neri) unusual; astonishing असाधारण; निराला غیر معمولی؛ نرالا

Extravagance : *n.* (eks-trav-e-gens) spending too much; wastefulness अपव्यय; फ़िज़ूलखर्ची فضول خرچی؛ اسراف

Extravaganza : *n.* (-genza) useless work or behaviour; useless talk बेतुका कार्य; बेतुका व्यवहार; बेतुकी बात فضول کام؛ بے تکا برتاؤ؛ بے تکی بات

Extreme : *adj.* (eks-treem) last; farthest possible अन्तिम; आख़िर; दूरत्तम; अत्यधिक آخری؛ انتہائی؛ حد درجہ؛ از حد

Extremist : *n.* person with extreme views उग्रवादी انتہاپسند

Extremity : *n.* (eks-treem-i-ti) limit सिरा; छोर; सीमा حد؛ انتہا؛ سرا؛ چھور

Extricate : *v.* (eks-tr-kayt) to free; to disentangle (from) छुड़ाना; मुक्त क. رہا کرنا؛ (مشکلات سے) نکالنا

Extrication : *n.* release; liberation; salvation मुक्ति رہائی؛ چھٹکارا

Extrinsic : *adj.* (eks-trin-sik) (1)outer (2)unimportant (1)बाहरी (2)अनावश्यक (۱)باہری (۲)غیر ضروری

Extrude : *v.* (eks-trod) to expel; to exclude बाहर निकालना; निष्कासन क. باہر نکالنا

Extrusion: *n.* (eks-tro-zen) exclusion निष्कासन اخراج

Exuberance : *n.* (eg-zoob-e-rens) abundance बाहुल्य; आधिक्य افراط؛ بہتات؛ کثرت؛ ریل پیل

Exudation : *n.* (eks-soo-day-shen) siepage; leakage रिसाव; स्राव رساؤ؛ رسنا

Exude : *v.* (eg-zewd) to discharge through small holes रिसना; चूना; टपकना پسیجنا؛ رسنا؛ ٹپکنا؛ چونا

Exude : *n.* perspire पसीना پسینہ

Exult : *v.* (eg-zult) to rejoice greatly; to be exceptionally happy उल्लासित होना; अत्यानन्दित होना; फूले ना समाना خوش ہونا؛ بغلیں بجانا؛ پھولے نہ سمانا

Exultant : *adj.* happy उल्लसित خوش؛ خوش وخرم

Exultation : *n.* (eg-zul-tay-shen) rejoicing उल्लास خوشی

Exuviae : *n.* (eg-zew-ie) slough (of snake) केंचुली (साँप की) کینچلی (سانپ کی)

Eye : *n.* (ie) organ of sight; look; attention; small hole of needle नेत्र; आँख; दृष्टि; ध्यान; नाका सूई का آنکھ؛ چشم؛ نظر؛ بصارت؛ دھیان؛ سوئی کا ناکہ

Eye-ball : *n.* ball of eye आँख का ढेला; नेत्रगोलक آنکھ کا ڈھیلا

Eye-brow : *n.* arched hair above eye भौंह بھوں؛ ابرو

Eye-glasses : *n.* lens for adjusting weak sight; spectacles ऐनक; चश्मा عینک کا شیشہ؛ چشمہ

Eye-hole : *n.* hole in door through which one may look सुराख़ سوراخ (جس سے بند دروازے سے باہر دیکھا جاسکے)

Eye-witness : *n.* one who can testify from his own observation प्रत्यक्षदर्शी چشم دید گواہ؛ عینی شاہد

Eyelash : *n.* hair over eyelids बरौनी پلک؛ مژہ

Eyeless : *adj.*&*n.* blind अन्धा اندھا

Eyelet : *n.* small hole for button cord or rope काज کاج؛ تکمہ

Eyelid : *n.* cover of eye पपोटा پپوٹا

Eyesight : *n.* sight; vision दृष्टि نظر؛ بصارت؛ نگاہ

Eyesore : *n.* any ugly thing annoying to watch आँख का काँटा آنکھوں میں خار؛ کانٹا

F

F : *n*. (ef) sixth letter of the English alphabet अंग्रेज़ी वर्णमाला का छटवाँ अक्षर انگریزی حروفِ تہجی کا چھٹا حروف

Fable : *n*. (fay-bel) short fanciful tale with moral नीतिकथा; कहानी حکایت؛ کہانی؛ قصہ

Fabled : *adj*. (fay-beld) legendary; fictitious मनगढ़न्त; काल्पनिक افسانوی؛ من گھڑت

Fabric : *n*. (fab-rik) (1)woven material (2)building (3)skeleton; structure(1)कपड़ा; वस्त्र (2)भवन (3)ढाँचा; बनावट (۱) کپڑا (۲) عمارت (۳) ڈھانچہ؛ بناوٹ

Fabricate : *n*. (-ri-kayt) (1)to make up (2)to forge (1)घड़ना; कल्पना क. (2)जालसाज़ी क.; जाली बनाना (۱) گھڑنا؛ بنانا (۲) جعل سازی کرنا؛ جعلی بنانا

Fabrication : *n*. (-ay-shen) forgery; act of fabricating जालसाज़ी; छल रचना جعلسازی؛ دھوکہ؛ فریب

Fabulist : *n*. (fay-bo-list) a story teller; a chatterer कथाकार; गप्पी; गपोड़िया کہانی سنانے والا؛ گپّی

Fabulous : *adj*. (fab-ew-lus) enormous; difficult to believe in विशाल; काल्पनिक; मनगढ़न्त بے انتہا؛ ناقابلِ یقین

Facade : *n*. (fay-sad) a piece of chess मोहरा مہرہ

Face : *n*. (fays) (1)part of body from forehead to chin; front (2)stand out bravely; not be frightened (1)मुख; आगा; सामना (2) सामना क.; ना डरना (۱) چہرہ؛ شکل؛ سامنے کا حصہ (۲) ڈٹ کر مقابلہ کرنا؛ سامنا کرنا؛ نہ ڈرنا؛ خوفزدہ نہ ہونا

In the face of : *ph*. despite; against के सामने; के बावजूद کے باوجود؛ کے مقابلے میں

Face value : *n*. endorsed price अंकित मूल्य طے شدہ قیمت

Facet : *n*. (fay-sit) aspect पहलू پہلو

Facetiae : *n*. (fay-si-shi-ee) jokes चुटकुले لطیفے

Facetious : *adj*. (fa-see-shus) humrous विनोदशील ہنسی کی بات؛ مزاحیہ بات

Facial : *n*. (fay-shel) face; mouth मुख; आनन منہ؛ چہرہ

Facile : *adj*. (fas-il) (1)easy (work) (2)fluent सरल; सहज; सुसाध्य (۱) آسان (کام)؛ سہل (۲) روانی والا

Facilitate : *v*. (fa-sil-i-tayt) to make work easier सरल बनाना آسان بنانا؛ آسان کرنا

Facility : *n*. (fay-sil-i-ti) ease; convenience सुविधा; सहूलियत سہولت؛ آسانی

Facsimile : *n*. (fak-sim-ilee) an image; replica प्रतिकृति; अनलिपि عکس؛ نقشِ ثانی

Fact : *n*. (fakt) truth; what has happened; reality सत्य; सच्चाई; असलियत; वास्तविकता حقیقت؛ امر واقعہ؛ سچائی؛ اصلیت

Factitious : *adj*. artificial नक़ली; बनावटी نقلی؛ بناوٹی

Factor : *n*. (fak-ter) (1)condition causing result (2)whole number by which figure can be divided exactly (1)बात; कारण (2)गुणन खण्ड (۱)بات؛ سبب (۲)جزوضربی

Factory : *n.* (fak-te-ri) workshop फैक्टरी; कारख़ाना فیکٹری؛ کارخانہ

Factual : *adj.* (fak-tew-al) pertaining to facts तथ्यपूर्ण; वास्तविक واقعاتی؛ حقیقی

Faculty : *n.* (fak-el-ti) ability; power of mind; power of doing things क्षमता; योग्यता; शक्ति; कार्यशक्ति قابلیت؛ اہلیت؛ صلاحیت؛ استعداد

Fad : *n.* (fayd) mania; craze; caprice; eccentricity सनक; झक سنک؛ جھک

Faddish : *n.&adj.* eccentric; crazy; whimsical सनकी; झक्की سنکی؛ جھکی

Fade : *v.* (fayd) wither or to grow pale; to cause to loose colour सूखना; मुरझा जाना; रंग फीका पड़ जाना سوکھنا؛ رنگ پھیکا پڑ جانا

Faeces : *n.* (fi-seez) dregs तलछट تل چھٹ

Fag : *v.* (fagg) to tire out; to toil (at something) घोर परिश्रम क.; कड़ी मेहनत क. تھکا دینا؛ سخت محنت کرنا

Fag : *n.* hard work; fatigue परिश्रम; थकावट مشقت؛ تھکان

At the fag end of the day : *ph.* in the evening सांझ; काम की पूर्ति شام؛ کام کا خاتمہ

Fagged out : *adj.* to be dead tired थका-माँदा होना تھکا ماندہ ہونا

Faggot : *n.* (fag-et) bundle of fire wood (लकड़ियों का) गट्ठा ایندھن کا گٹھا

Fahrenheit : *n.* (fah-e-ren-hit) thermometer scale with 32° as freezing and 212° as boiling point फारनहाइट मापी فارن ہائٹ پیمانہ (حرارت پیما کا)

Fail : *v.* (fayl) to flop; to be unsuccessful; to disappoint end; to go to waste असफल होना; निराश क.; समाप्त हो जाना; बेकार जाना فیل ناکام ہونا؛ ہونا؛ مدد کو نہ پہنچنا؛ ختم ہوجانا؛ رائیگاں جانا

Failing : *n.* weakness कमज़ोरी; कमी; असफलता کمزوری؛ کمی؛ ناکامی

Failure : *n.* (fay-ew-er) act of failing; bankrupt; person or thing that fails; weakness असफलता; कमी; दिवालिया; कमज़ोरी ناکامی؛ کمی؛ نقصان؛ دیوالیہ؛ ناکام؛ نامراد؛ کمزوری

Fain : *adj.* (fayn) willing (to do); eager ख़ुश; तैयार; उत्सुक خوش؛ آمادہ؛ تیار

Fain : *adv.* willing; gladly ख़ुशी से; शौक़ से خوشی سے؛ بصد شوق

Faint : *v.* (faynt) to become unconscious बेहोश हो जाना بے ہوش ہوجانا

Faint : *n.* fainting; state of fainting बेहोशी; ग़श; ग़शी بے ہوش ہونا؛ غش کھانا؛ بیہوش؛ غشی؛ غش

Fair : *adj.* (fay-er) exhibition-cum-market; white skined; readable; clear & clean copy; just; justice मेला; गोरा; स्पष्ट (नक़ल); न्याय میلہ؛ گورا؛ صاف (نقل)؛ منصف؛ جائز؛ منصفانہ؛ منصفی

Fairness : *n.* justice; beauty न्याय; सौन्दर्य انصاف؛ خوبصورتی

Fairy : *n.* (fay-e-ri) an imaginative airy being परी پری

Fairy tale : *n.* tale about fairies; untrue story परीयों की कहानी; मनगढ़न्त क़िस्सा پریوں کی کہانی؛ من گھڑت قصہ

Faith : *n.* (fayth) trust (in); system of religious; belief; beliefs विश्वास; निष्ठा ईमान; धर्म بھروسہ؛ اعتماد؛ یقین؛ ایمان؛ عقیدہ

Faithful : *adj.* keeping faith; loyal and true; exact ईमानदार; वफ़ादार; यथार्थ; ठीक ایماندار؛ وفادار؛ اصلی؛ ٹھیک؛ اصل کے مطابق

Faithless : *adj.* unbelieving; disloyal बेईमान; झूठा; विश्वासघाती بے ایمان؛ غدّار؛ بے وفا

Fake : *n.* (fayk) sham; pretend नक़ली; जाली; बनावटी نقلی؛ جعلی؛ بناوٹی

Fakir : *n.* (fak-ir) beggar फ़क़ीर فقیر

Falchion : *n.* (fal-shen) sword तलवार تلوار

Falcon : *n.* (fawk-en/ fol-ken) a well known bird of prey बाज़ باز؛ شکرا

Faldstool : *n.* (fald-stol) a sadle; a small square piece of mat आसन آسن

Fall : *v.* (fawl) to come down; to ruin; to defeat; to diminish गिरना; गिर पड़ना; नष्ट हो जाना; हार जाना; घटा देना گرنا؛ گر پڑنا؛ برباد ہوجانا؛ ہار جانا؛ گھٹا دینا

Fall : *adj.* ruined; defeated; not standing नष्ट; विनाश; तबाह हाल; पराजयी; हारा हुआ; गिरा हुआ تباہ و برباد؛ تباہ حال؛ شکست خوردہ؛ گرا ہوا

Fall : *n.* ruin; defeat; slope; autumn विनाश; पराजय; ढाल; शरत بربادی؛ شکست؛ ڈھال؛ خزاں

Fall asleep : *ph.* sleep सो जाना سو جانا

Fall back on : *ph.* to rely on; to make use of का आश्रय लेना کا سہارا لینا؛ پر اکتفا کرنا

Fall behind : *ph.* to leave behind पीछे छोड़ देना پیچھے چھوڑ دینا

Fall down and dead : *ph.* to come down and dead गिर कर मर जाना گر کر مر جانا

Fall foul of : *ph.* quarrel with लड़ पड़ना; टकराना لڑ پڑنا؛ ٹکرانا

Fall in : *ph.* get into line पंक्ति में खड़ा होना (फ़ौज में) صف بندی کرنا (فوج میں)

Fall in love (with) : *ph.* to make in affection मुहब्बत में गिरफ़तार होना محبت کا قیدی بننا

Fall in with : *ph.* to agree to or with; to be defeated मानना; मान लेना; सहमत हो जाना; पराजय होना متفق ہوجانا؛ سے اتفاق کرنا؛ ماننا؛ ہار مان لینا؛ شکست اٹھانا

Fall into pieces : *ph.* to break into small pieces टुकड़े टुकड़े हो जाना ٹکڑے ٹکڑے ہوجانا؛ پاش پاش ہوجانا

Fall on evil time : *ph.* be in misfortune बुरे दिन आना برے دن آنا

Fall short (of) : *ph.* be not enough कम रह जाना ناکافی ہونا

Fallacius : *adj.* (fal-e-shi-us) based on fallacy; wrong भ्रामक; भ्रमपूर्ण; दोष مغالطہ آمیز؛ غلط؛ جھوٹ

Fallacy : *n.* (fal-e-si) false reasoning दोष; भ्रम مغالطہ

Fallen : *adj.* (fawl-en) ruined; defeated; not standing नष्ट; तबाह व बरबाद; हारा हुआ; गिरा हुआ تباہ حال؛ تباہ و برباد؛ شکست خورہ؛ گرا ہوا

Fallopian tube : *n.* (fal-o-pi-an tube) fallopian pipe डिम्बवाही नली فلوپین نلی

Fallow : *adj.* (fal-oh) uncultivated land बंजर; ख़ाली غیر مزروعہ زمین؛ بنجر زمین

False : *adj.* (fawls) untrue; lier;

disloyal; not genuine झूठा; बेवफ़ा; नक़ली جھوٹا؛ دروغ گو؛ بے وفا؛ مصنوعی؛ نقلی

Falsehood : *n.* (fawls-hud) lie; telling lie असत्यता; कपट; झूठ कहना جھوٹ؛ دروغ؛ کذب؛ جھوٹ کہنا

Falsification : *n.* (-si-fi-kay-shen) deceitfulness जालसाज़ी جعلسازی

Falsifier : *n.* (fawls-i-fier) a forgerer; a conspirer जालसाज़ جعلساز

Falsify : *v.* (fawl-si-fi) prove to be wrong; alter to deceive झुठलाना; जालसाज़ी क. جھٹلانا؛ جعل سازی کرنا

Falsity : *n.* (fawl-si-ti) in correctness; disohonesty; deceitness; disloyalty असत्यता; बेईमानी; कपट; विश्वासघात دروغ گوئی؛ بے ایمانی؛ دھوکہ بازی؛ بے وفائی

Falter : *v.* (fawl-ter) to stagger; to stammer; to waver डगमगाना; हकलाना; हिचकना ڈگمگانا؛ ہکلانا؛ ہچکنا

Fame : *n.* (faym) reputation; good public report शुहरत; नेकनामी شہرت؛ نیک نامی

Familiar : *adj.* (fa-meel-li-er) well-known; intimate; bold घनिष्ठ; अन्तरंग; निडर جانا پہچانا؛ واقف؛ آشنا؛ شناسا؛ نڈر

Familiarity : *n.* (-ya-ri-ti) being familiar घनिष्ठता; मेल जोल; अतिपरिचय; निडरता واقفیت؛ آشنائی؛ میل جول؛ بے تکلفی

Family : *n.* (fam-i-li) a clan; wife and children of a man परिवार; घराना فیملی؛ گھرانہ؛ پریوار؛ بیوی بچے

Family planning : *n.* birth control परिवार नियोजन ضبط تولید؛ خاندانی منصوبہ بندی؛ برتھ کنٹرول

Famine : *n.* (fam-in) utter scarcity; extreme scarcity of food अकाल; भुखमरी قحط؛ خشک سالی؛ بھکمری

Famish : *v.* (fay-mish) to starve भूखों मरना بھوکوں مرنا

Famous : *adj.* (fay-mus) widely known; celebrated प्रसिद्ध; विख्यात; नामी مشہور و معروف؛ مشہور؛ نامی گرامی

Fan : *n.* (fayn) (1) fan (2) great admirer; enthusiast (1)पंखा (2)शौक़ीन (۱)پنکھا (۲)شائق؛ شوقین

Film fan : *n.* admirer of films फिल्मों का शौक़ीन فلموں کا شوقین

Fanatic : *adj.* (fanat-ik) over zealous in religious matter कट्टर; हटधर्मी مذہبی جوش والا؛ جوشیلا؛ کٹّر

Fanaticism : *n.* (fan-nat-sizm) violent; unreasonable; enthusian कट्टर; हठधर्मी تعصب؛ کٹّر پن

Fancied : *adj.* (fayn-sid) imaginary; popular काल्पनिक; लोकप्रिय تصوراتی؛ مقبول

Fancier : *adj.* (fayn-si-er) dreamer; enthusiast; specialist स्वपनद्रष्टा; शौक़ीन; पारखी خواب دیکھنے والا؛ شوقین؛ ماہر؛ پارکھی

Fanciful : *adj.* (fayn-si-ful) whimsical; imaginary; odd मौजी; काल्पनिक; अनोखा موجی؛ ترنگی؛ تصوراتی؛ انوکھا

Fancy : *n.* (fan-si) imagination; something imaginal कल्पना; कल्पनाशक्ति تصور؛ تخیّل

Fancy : *v.* supposed; to like; picture in mind कल्पना क.; समझना; पसन्द क. خیال کرنا؛ سمجھنا؛ بہت پسند کرنا؛ تصور کرنا

Fang : *n.* (fang) long sharp tooth शिकारी जानवर का बड़ा दाँत شکاری جانور کا بڑا دانت؛ کھیس

Fantail : *n.* (fayn-tail) pigeon कबूतर کبوتر

Fantastic : *adj.* (fayn-tas-tik) unreal; odd; eccentric काल्पनिक; अनोखा; मौजी; तरंगी غیرحقیقی؛ انوکھا؛ عجیب؛ موجی؛ ترنگی

Fantasy/Phantasy : *n.* (fan-ta-si) imagination; whim; product of fancy; illusion कल्पना; स्वप्न-चित्र; सनक تصور؛ تخئیل؛ خواب و خیال؛ سنک؛ ترنگ

Far : *adj.* (fahr) distant (in time or place); much (more) दूर; लम्बा; बड़ा; परला دور؛ بعید؛ بہت؛ زیادہ؛ بڑا

Far : *adv.* till now; upto there; till there; upto here अब तक; वहाँ तक; तब तक; यहाँ तक اب تک؛ وہاں تک؛ تب تک؛ یہاں تک

Farce : *n.* (fas) mockery तमाशा; ढोंग تماشا؛ ڈھونگ

Farcy : *n.* (fa-si) a flowery decoration lace; acreeper बेल بیل؛ لیس

Fare : *n.* (fay-er) money charged for journey भाड़ा; किराया کرایہ؛ بھاڑا

Farewell : *n.* (fay-e-wel) leave taking; good bye विदाई وداع؛ رخصت؛ الوداع؛ خدا حافظ

Farina : *n.* (fay-ra-in) flour; starch मैदा; मण्ड میدا؛ کلف

Farm : *n.* (fahrm) agricultural land; land for breeding (cattle etc.) फ़ार्म; खेत; खेती; जानवरों का बाड़ा کھیت؛ کھیتی؛ مزروعہ؛ زمین؛ اراضی؛ جانوروں کا باڑ

Farmer : *n.* (fah-rm-er) peasant कृषक; किसान کسان؛ کاشتکار

Farming : *n.* agriculture खेती; कृषि کھیتی؛ کاشتکاری

Farmyard : *n.* space enclosed by farm building बाड़ी; चौक باڑی؛ چوک؛ احاطہ

Farrow : *v.* (fay-row) to foal; to reproduce ब्याना بیانا (گائے بھینس کا)

Fart : *n.* (fahrt) foul wind (discharge from the posterior opening) पाद ریاح؛ پاد

Farther : *adv.* (fahr-ther) a head; in future; before; far away; away आगे; भविष्य में; पहले; बहुत दूर; दूर آگے؛ مستقبل میں؛ پہلے؛ بہت دور؛ دور

Farthing : *n.* (fahr-dhing) quarter penny दूमड़ी خاردنگ؛ پیسہ؛ دمڑی

Fascicle : *n.* (fas-i-kal) bundle; small book; booklet; bunch पुलिंदा; पुस्तिका; गुच्छा بنڈل؛ گٹھا؛ پلندہ؛ چھوٹی کتاب؛ گچھا

Fascinate : *v.* (fas-i-nayt) to attract greatly मोहित क.; मोह लेना; वश में करना موہ لینا؛ گرویدہ کرلینا؛ بس میں کرلینا

Fascinating : *adj.* attracting; charming मोहक; लुभावना; मनोहर دلکش؛ لبھاؤنا؛ پرکشش

Fascination : *n.* attraction; charm आकर्षण; कशिश کشش؛ دل کشی؛ دلفریبی؛ دلربائی

Fascine : *n.* (fa-seen) bundle; package गट्ठा; पूली بنڈل؛ گٹھا

Fascism : *n.* (fas-sizm) mathod of Italian nationalist and anti-communist revolution of 1922 फासिज़्म فسطائیت؛ فاشیت

Fascist : *adj.* one subscribing to fascism ideas फ़िस्ताई فسطائی؛ فاشستی؛ فاشی

Fashion : *n.* (fash-un) prevailing style; custom; manner फैशन; रिवाज; रीति فیشن؛ رواج؛ وضع قطع

Fashionable : *adj.* following the fashion फ़ैशनप्रिय; शौकीन; लोकप्रिय प्रचलित فیشن ایبل؛ خوش پوش؛ شوقین

Fast : *adj.* (fast) firmly fixed; tight; active; sharp बाँधा हुआ; कसा हुआ; पक्का; फुरतीला; तेज़ بندھا ہوا؛ مضبوط؛ پکا؛ کسا ہوا؛ پھرتیلا؛ تیز

Fast : *n.* act of fasting उपवास; अनशन روزہ

Fast : *adv.* quickly; firmnessly तेज़ी से; दृढ़ता से تیزی سے؛ جلدی سے؛ مضبوطی سے

Fasten : *v.* (fas-en) to tie or join together बाँधना; जोड़ लगाना; कसना باندھنا؛ جوڑ لگانا؛ کسنا

Fastening : *n.* something that fasten बाँधने के लिए बटन कुण्डी आदि باندھنے کے لیے کنڈی؛ تکمہ؛ بٹن

Fastidious : *adj.* (fas-ti-di-us) easily irritated; pettish तुनकमिज़ाज; नाज़ुक मिज़ाज تنک مزاج؛ نازک مزاج

Fat : *n.* (fat) oily substance in animal bodies चरबी; वसा چربی؛ روغن؛ چکنائی

Fat : *adj.* plump; covered with fat मोटा; मांसल; चरबीदार موٹا؛ فربہ؛ موٹا تازہ؛ چربیلا؛ چربی دار

Fat-head : *adj.* silly; foolish; weak minded मूर्ख; बेवकूफ़ بیوقوف؛ احمق؛ سادہ لوح

Fatal : *adj.* (fay-tal) causing death घातक; प्राणहर; विनाशक مہلک؛ کاری

Fatality : *n.* death by accident; problem; disaster; difficulty अपमृत्यू; विपत्ति حادثے میں ہلاکت؛ مصیبت

Fate : *n.* (fayt) one's future fixed by fate end भाग्य; नसीब; क़िस्मत; अन्त; मृत्यू تقدیر کا لکھا؛ قسمت؛ تقدیر؛ انجام؛ حشر؛ موت

Fated : *adj.* fixed by fate क़िस्मत का लिखा نوشتۂ تقدیر؛ قسمت کا لکھا

Fatful : *adj.* decisive; having for reaching results; prophetic भाग्यनिर्णायक; महत्त्वपूर्ण; भाग्यसूचक فیصلہ کن؛ اہم؛ دور رس نتائج والا؛ قسمت کے بارے میں پیشن گوئی

Father : *n.* (fah-dher) male parent; ancestor; founder; priest पिता; बाप; पूर्वज पुरोहित باپ؛ ابا؛ والد؛ مورثِ اعلیٰ؛ بانی؛ پادری

Father in law : *n.* father of one's wife or husband ससुर سسر؛ خسر

Father land : *n.* mother land जन्मभूमि; मातृभूमि وطن؛ دیس

Fathom : *n.* (fadh-um) six foot measure for depth of water दो गज़ गहराई; छः फुट (پانی کی) دوگز گہرائی؛ چھ فٹ

Fatigue : *n.* (fa-teeg) tiredness; weariness थकावट; थकान تھکن؛ تھکاوٹ؛ تھکان

Fatness : *n.* (fayt-ness) plumpness; fleshiness मोटापन; मोटापा موٹاپن؛ موٹاپا

Fatuity : *n.* (fa-tu-iti) stupidity; foolishness; silliness मूर्खता; बेवकूफ़ी بیوقوفی پن؛ احمق پن

Fatuous : *adj.* (fay-to-us) silly; foolish मूर्ख; बेवकूफ़ بیوقوف؛ احمق

Fatten : *v.* (fat-en) to make for grow fat मोटा क.. या होना موٹا کرنا یا ہونا

Fatty : *adj.* yielding fat चरवीदार; मोटा چربی دار؛ موٹا

Fault : *n.* (fawlt) mistake; misdeed; defeet भूल; ग़लती; दोष; क़सूर غلطی؛ قصور؛ خطا؛ کمی

Faun : *n.* (fawn) Roman God of woods and fields with goats' horns and legs बनदेवता فون؛ جنگل کا دیوتا

Fauna : *n.* (pl.) (faw-ne) animals (of an area) जीवनजन्तु حیوانات (کسی خطے کے)

Favour : *n.* (fay-ve) kindness; sympathy; partiality; help कृपा; पक्षपात; सहायता مہربانی؛ کرم فرمائی؛ ہمدردی؛ طرفداری؛ مدد

Favour : *v.* to aid; to oblige; to support मदद क.; कृपा क.; पक्षपात क. مدد کرنا؛ مہربانی کرنا؛ کرم کرنا؛ حمایت کرنا

Favourable : *adj.* favouring; helpful अनुकूल; सहायक; महरबान مہربان؛ موافق؛ مناسب؛ حال

Favourite : *adj.&n.* (fay-ve-rit) specially favoured प्रेमपात्र; कृपापात्र; मुँहलगा منظورِنظر؛ پسندیدہ

Favouritism : *n.* practice of favouring unequally पक्षपात; तरफ़दारी جانبداری؛ پاسداری؛ طرفداری

Fawn : *n.* (fawn) young dear हिरण का बच्चा; हरनौटा; मृगशावक ہرن کا بچہ؛ غزال؛ ہرنوٹا

Fawn : *v.* to show pleasure by wagging tail; to try to win favour; to flatter लुरियाना; प्रेम दिखाना; चापलूसी क. خوشامد کرنا؛ چاپلوسی کرنا؛ محبت جتانا

Fealty : *n.* (fee-al-ti) loyalty; faith; fidelity निष्ठा; स्वामिभक्ति وفاداری؛ نمک حلالی؛ بھروسہ؛ یقین؛ عقیدت

Fear : *n.* (fee-er) anxiety; dread; awe भय; भीति; डर; आशंका; श्रद्धा ڈر؛ خوف؛ اندیشہ؛ کھٹکا؛ احترام

Fearful : *adj.* terrible; dreadul; afraid डरा हुआ; डरावना خوفناک؛ ڈراؤنا؛ ڈرا ہوا

Fearless : *adj.* without fear; dreadless; dauntless निडर; निर्भय; निर्भीक بیخوف؛ نڈر؛ ہمت والا؛ دھمکی میں نہ آنے والا

Feasible : *adj.* (fee-zi-bel) practicable; probable; suitable साध्य; सम्भाव्य; उचित; उपयुक्त قابلِ عمل؛ اغلب؛ قرینِ قیاس؛ مناسب

Feast : *n.* (feest) rich meal for special occasion; banquet; festivity दावत; प्रीतिभोज; त्योहार; उत्सव دعوت؛ ضیافت؛ جشن؛ تہوار

Feat : *n.* (feet) work of great skill; performance; jugglery साहसिक कार्य; करतब; कमाल کرتب؛ کمال؛ کارنامہ

Feather : *n.* (fedh-er) plume; plumage पंख; पर پنکھ؛ پر

Feather head : *adj.* foolish; stupid; idiot मूर्ख بیوقوف؛ احمق

Feature : *n.* (fee-cher) part of face; face; prominent parts चेहरे का कोई अंश; चेहरा; आकार; नैन नक़्श; रूप ناک نقشہ؛ چہرے کا کوئی حصہ؛ چہرہ؛ نقش؛ نمایاں حصہ

Febricity : *n.* (feb-ri-si-ti) fever ज्वर بخار

Febricula : *n.* temperature हरारत; ज्वरांश حرارت؛ ٹمپریچر

February : *n.* (feb-rew-e-ri) second month of western calender फ़रवरी فروری

Feces : *n.* (fee-seez) dregs तलछट تلچھٹ

Feckless : *adj.* (fayk-les) careless लापरवाह; बेफ़िक्र لاپرواہ؛ بےفکر

Feculence : *n.* (fay-kew-lens) dirtiness; filthiness; filth; morbidity;

garbage गन्दगी; कूड़ा करकट; मैला گندگی؛ میلا؛ کوڑا کرکٹ

Feculent : *adj*. (-lent) dirty; filthy; morbid; fetid गन्दा; मैला; दुगन्धयुक्त گندا؛ میلا؛ بدبودار

Fecund : *adj*. (fee-kund) fertilizing उपजाऊ زرخیز

Federal : *adj*. (fed-e-rel) based on federation संघीय وفاقی

Federation : *n*. (-ray-shen) political union of self-governing state संघ وفاق

Fee : *n*. (fee) charge for professional services or advice, tip फीस; शुल्क; टिप فیس؛ حقِ خدمت؛ ٹپ

Feeble : *adj*. (fee-bel) weak दुर्बल; अशक्त کمزور؛ ناتواں

Feed : *v*. (feed) to give food खिलाना; भोजन देना غذا بہم پہنچانا؛ کھلانا

Feed : *n*. food for animals; fodder चारा چارا

Feeder : *n*. (fee-der) fosterer; nourisher पोषक پالنے والا

Feeding : *v*. grazing; eating चरना; खाना چرنا؛ کھانا

Feel : *v*. (feel) to touch; to fumble for; to know by touch; to appear to the senses स्पर्श क.; छूना; महसूस क. چھونا؛ لمس کرنا؛ چھوکر معلوم کرنا؛ محسوس کرنا

Feel : *n*. sensation of touch स्पर्श لمس؛ احساس

Feeler : *n*. hint thrown to asses situation टोह (دوسرے کے دل کا حال جاننے کو) کہی ہوئی بات؛ ٹوہ

Feeling : *n*. sense of touch; awareness; condition of emotions स्पर्श; ज्ञान; भाव; भावना احساس؛ شعور؛ دلی کیفیت

Feet : *n*. (pl. of foot) lower part of the body पैर پیر؛ پاؤں

Feign : *v*. (fayn) to pretend बहाना क.; स्वाँग भरना; अभिनय क. حیلہ کرنا؛ بہانہ کرنا؛ تصنع کرنا

Feint : *n*. (faynt) pretence; stratagen बहाना; छल कपट; दाँव पेंच; चाल بہانہ؛ چھل کپٹ؛ داؤں پیچ؛ چال

Felicitate : *v*. (feli-si-tat) to congratulate बधाई देना या कहना مبارکباد دینا یا کہنا

Felicity : *n*. (-ti) great happiness; good fortune आनन्द; खुशी; सौभाग्य خوشی؛ سرور؛ خوش قسمت

Fell : *v*. (fel) to cause to fall; to knock down गिराना; मार कर गिराना گرانا؛ مار کر گرانا

Fell : *n*. skin; a blister खाल; छाला کھال؛ چھالا

Fellow : *n*. (fel-oh) man; companion; member; colleague व्यक्ति; पुरुष; मित्र; साथी; संगी; सहकर्मी آدمی؛ شخص؛ ممبر؛ ساتھی؛ ساجھی؛ سنگی؛ ہم پیشہ

Fellowship : *n*. companionship; friendly association; membership भाईचारा; संग; संसर्ग; मैत्रीभाव; सदस्यता بھائی چارا؛ ساتھ؛ دوستی؛ رکنیت

Felon : *n*. (fel-en) criminal महापराधी سنگین مجرم

Felonious : *adj*. (fel-enus) wicked; vile; mean दुष्ट; कमीना; नीच بدمعاش؛ کمینہ

Felony : *n*. (fel-e-ni) serious crime (such as murder or burglary) महापराध سنگین جرم

Felt : *n*. (1)wool pasted together as a pad (2)past p. of feel (1)नमदा (2)महसूस किया हुआ या क॰ نمدہ؛محسوس کرنا یا کیا ہوا

Female : *n*. (fee-mayl) opposite of male; woman मादा; स्त्री; तिरिया; नारी مادہ؛عورت

Feminine : *adj*. (fem-i-nin) of like or suitable for woman स्त्रीसम्बन्धी; नारीजातीय زنانہ؛نسوانی

Fen : *n*. (fayn) marsh; bog दलदल; कीचड़ دلدل؛ کیچڑ

Fence : *n*. (fens) hedge; barrier of wooden stakes; surrounding wall बाड़ा; घेरा; अहाता; बाड़ باڑ؛ جنگلا؛ احاطہ؛فصیل

Fence : *v*. to put up fence; surround a place with wall or fence; to practice swordmanship बाड़ा लगाना; पटेबाज़ी क॰ جنگلا یا باڑ لگانا؛ احاطہ لگانا؛شمشیرزنی کی مشق کرنا

Fencing : *n*. fence; swordmanship; practice of swordmanship बाड़ा;पटेबाजी; तेगज़नी جنگلا؛شمشیرزنی؛ تیغ زنی؛ پٹے بازی

Fend : *v*. (fend) to defend; to care (for); to protect रोकना; ख़याल रखना (وار) روکنا؛ کا خیال رکھنا؛ کی حفاظت کرنا

Fend for onself : *ph*. maintain oneself खुद अपना प्रबन्ध क॰ خود اپنا خیال رکھنا یا انتظام کرنا

Fennel : *n*. (fay-nel) anise; anised सौंफ़ سونف

Fenugreek : *n*. (fay-no-greek) finugreek मेथी میتھی

Feoff : *n*. (fef) property; land जागीर; ज़मीन جاگیر؛ جائیداد؛ زمین

Feoffee : *n*. the holder of a property जागीरदार; ज़मीनदार جاگیردار؛ زمین دار

Feretory : *n*. (fe-re-tri) bier; tomb अर्थी; समाधि; मक़बरा ارتھی؛مقبرہ

Ferment : *n*. (ferment) yeast; leaven; tumult जामन; ख़मीर; उत्तेजना خمیر؛ ہیجان؛ ہنگامہ

Ferment : *v*. to leaven; to yeast; to tumult ख़मीर उठना या उठाना; उत्तेजित होना خمیر اٹھنا؛ اٹھانا؛ جوش میں آنا

Ferocious : *adj*. (fe-roh-shus) cruel; fierce क्रूर; उग्र ظالم؛ سفاک؛تندخو

Ferocity : *n*. (fe-ros-i-ti) cruelty; fierceness उग्रता; क्रूरता تندخوئی؛ سفاکی

Ferret out : *v*. to seak; to search; to investigate खोज निकालना; पता लगाना ڈھونڈ نکالنا؛ پتہ لگانا

Ferry : *n*. (fe-ri) boat for carrying across the river; place for such boats नौका; नौकाघाट گھاٹ کی کشتی؛ گھاٹ

Ferry man : *n*. a boatman; a sailor माँझी; नाविक ملاح؛ ناوِک؛ مانجھی

Fertile : *adj*. (fer-til) producing much उपजाऊ زرخیز

Fertilize : *v*. (fert-ti-liz) to make fertile; to enrich by adding manure उपजाऊ बनाना; खाद डालना زرخیز بنانا؛ کھاد ڈالنا

Fertilizer : *n*. chemical substance used for making land fertile or soil खाद کیمیاوی؛ کھاد

Fervency : *n*. (fer-ven-si) excitement; enthusiasm; fervour; zeal जोश; सरगर्मी; उत्सुकता جوش؛ سرگرمی؛ جوش وخروش

Fervent/ Fervid : *adj*. (-t/-vid) (1)hot

and glowing (2)passionate (1)उत्तप्त (2)जोशीना; उत्साही; सरगर्म (۱)تپا ہوا؛ گرم سرخ (۲)پرشوق؛ پرولولہ؛ جوشیلا

Fervour : *n*. (fer-ver) warmth of feeling; zeal जोश; सरगर्मी; उत्तेजना جوش؛ ولولہ؛ شوق؛ تپش؛ سرگرمی

Festival : *n*. (fes-ti-val) day of rejoicing; public celebration उत्सव; पर्व; त्योहार; समारोह; मेला تہوار؛ تیوہار؛ جشن؛ میلا

Festive : *adj*. (fes-tiv) of festival; gay आनन्दमय; खुशी का مسرت کا؛ خوش باش! ہشاش بشاش

Festivity : *n*. (fes-tiv-i-ti) being merry; rejoicing and feasting आमोद-प्रमोद; आनन्दोत्सव خوشی؛ مسرت؛ جشن

Festivities : *n*. (pl.) joyful events ख़ुशी का मौक़ा تقریب؛ خوشی کی تقریب

Fetch : *v*. (fech) to go and get ले आना; जाकर लाना या उठा लाना جا کر لانا؛ جا کر اٹھا لانا؛ جا کر لے آنا

Fete : *n*. (fet) public celebration मेला; उत्सव جشن؛ میلا؛ تہوار

Fetid : *adj*. (fet-id) emitting foul smell; bad odour बदबूदार; दुर्गन्धयुक्त بدبودار؛ دُرگندھ

Fetish : *n*. (feet-ish) amulet तावीज़ تعویذ

Fetor : *n*. (feet-or) bad smell; bad odour बदबू; दुरगन्ध بدبو؛ درگندھ

Fetter : *n*. (fet-er) shackle for prisioner's foot बेड़ियाँ بیڑیاں؛ جولاں

Fetter : *v*. to put in fetter or shackle; to restrain बेड़ियाँ डालना; रोकना; बाधा डालना بیڑیاں ڈالنا؛ روکنا؛ مزاحمت کرنا؛ رکاوٹ بننا

Fetters : *n*. (ph.) restraint; restriction; ban रोक; बन्द; रुकावट روک؛ مزاحمت؛ بند؛ رکاوٹ

Fettle : *n*. (fay-tel) condition दशा حالت

Feud : *n*. (fewd) long standing tribal quarrel; family quarrel; quarrel some दुश्मनी; लड़ाई; झगड़ा پرانی قبائلی خانہ جنگی؛ خاندانی جھگڑا؛ لڑائی؛ جھگڑا

Feudal system : *n*. Feudalism; jaghirdari जागीरदारी جاگیرداری؛ منصب داری

Feudalism : *n*. see Feudal system

Feudatory : *n*. (few-day-teri) a holder of a fief सामन्त جاگیردار

Fever : *n*. (fee-ver) disease condition of body marked by high temperature ज्वर; बुख़ार بخار؛ تپ

I am running a fever : *ph*. I am suffering from fever मुझे बुख़ार है مجھے بخار ہے

Feverish : *adj*. causing fever; infected with fever; agitated ज्वारग्रस्त; बुख़ार वाला; उत्तेजित; वियाकुल بخار والا؛ مضطرب؛ بے چین؛ بے کل

Few : *n*. (few) some; not many कुछ; थोड़े से; इने-गिने کچھ؛ چند؛ بہت کم؛ تھوڑا سا؛ گنے چنے

A few : *ph*. some कुछ کچھ

The few : *ph*. the small number कुछ एक जो چند ایک جو

Quite a few : *ph*. many बहुत से بہت سے

Few and far between : *ph*. only occasional कभी कभार کبھی کبھار

Fiasco : *n*. see Failure

Fiat : *n*. see Decree

Fib : *n*. (fib) lie; gossip; hearsay झूठ; गप جھوٹ؛ گپ

Fibber : *n.* a lier; a chattrer; a boastful; a gossiper झूठा; गप्पी; गपबाज़ جھوٹا؛ گپّی؛ گپوڑا؛ شیخی باز

Fibre : *n.* (fi-ber) (1)thread-like substance of animal or plant body (2)texture (1)सूत्र; रेशा (2)बनावट (۱)ریشہ؛ نس؛ تار (۲)بناوٹ؛ ساخت

Fibula : *n.* (fi-bew-le) (1) buckle (2)bone of human body below the knee (1)बकलस (2)पिंडली की बाहरी हड्डी (۱) بکسوا؛ بکلس (۲) پنڈلی کی باہر کی طرف کی ہڈی

Fichu : *n.* (fi-sho) a rochet; an overall cover cloth दुपट्टा دوپٹہ

Fickle : *adj.* (fik-el) (of mood or weather) often changing अस्थिर; चलचित मتلون؛ ناپائیدار

Fictile : *adj.* (fik-ta-il) earthen; ceramic; plastic मिट्टी का; पिलास्टिक का مٹی کا؛ گلی؛ پلاسٹک کا

Fiction : *n.* (fik-shen) novel; story which is not true; something made up कथा; साहित्य; कल्पना ناول؛ افسانہ؛ گھڑا ہوا؛ قصہ

Fictitious : *adj.* false; untrue; fable; hypothetical झूठ; ग़लत; मन गढ़त; फ़र्ज़ी جھوٹا؛ غلط؛ من گھڑت؛ فرضی

Fictive : *adj.* (fik-tiv) imaginative; unreal कल्पनक; कल्पित تصوراتی؛ تخیلی؛ غیر حقیقی

Fidelity : *n.* (fee-det-it-i) faithfullness; truth ईमानदारी; निष्ठा; सच्चाई ایمانداری؛ سچائی

Fidget : *n.* (fig-it) restlessness; uneasiness बेचैनी; बेकली بے چینی؛ بے کلی

Fief : *n.* (feef) property; land जागीर جاگیر؛ زمین؛ جائیداد

Field : *n.* (feeld) land used for corps or sports etc.; ground; branch of knowledge; battlefield खेत; ज़मीन; मैदान (खेल का) रणभूमि کھیت؛ ارضی؛ زمین (کھیل کا)؛ میدان؛ شعبۂ معلومات؛ میدان جنگ

Field-marshal : *n.* army officer of highest rank फ़ील्ड मारशल سالارِ جنگ؛ فیلڈ مارشل

Fiend : *n.* (fi-end) (1)devil; wicked person (2)enthusiast (1)नरकदूत; राक्षस; बदमाश; दुष्ट (2)शौक़ीन (۱)شیطان؛ بہت برا آدمی (۲)شوقین

Fierce : *adj.* (fi-ers) very cruel; violent; angry; intense हिंस्र; ज़ालिम; ख़ँख़ार; उग्र; तीव्र ظالم؛ غصبناک؛ سخت شدید؛ خونخوار

Fiery : *adj.* (fi-e-ri) like fire; flaming अग्निमय; प्रज्वलित; जोशीला آگ کا سا؛ شعلہ فشاں؛ جوشیلا

Fiesta : *n.* (fi-as-te) a religious festival एक धारमिक त्योहार ایک مذہبی تہوار

Fife : *n.* (fa-if) flute बासुरी; वंशी; मुरली بانسری

Fifteen : *n.* (fif-teen) the number greater by a unit than fourteen; fifteen number in counting पन्द्रह پندرہ

Fifteenth : *adj.* the unit coming next after the fourteenth; fifteenth पन्द्रहवाँ پندرھواں

Fifth : *adj.* the unit coming next after the fourth; fifth पाँचवाँ پانچواں

Fiftieth : *adj.* next in order after the forty ninth; fiftieth पचासवाँ हिस्सा پچاسواں حصہ

Fifty : *n.* (fif-ti) five times ten; fifty; next in order after the forty nine पचास پچاس

Fig : *n.* (fig) sweat blue seedy fruit अंजीर انجیر

Wild fig : *n.* a kind of fruit गूलर گولر

Fig-boy : *n.* a pick pocket जेब कतरा جیب کترا

Fight : *v.* (fit) engage in conflict लड़ना; लड़ाई क. لڑنا؛ لڑائی کرنا

Fight : *n.* battle; struggle; opposition लड़ाई; संघर्ष; मुक़ाबला لڑنا؛ لڑائی کرنا؛ لڑائی؛ جدوجہد؛ مقابلہ

Figurative : *adj.* (fig-u-ray-tiv) mataphorical लाक्षणिक مجازی

Figure : *n.* (fig-er) symbol for a number (esp. 0 to 9) form; shape; personality; diagram गिन्ती; रूप; आकार; आरेख; व्यक्तित्व; शकल; चित्र ہندسہ؛ شکل؛ صورت؛ شخصیت؛ شکل؛ نقشہ

Figurehead : *n.* one who holds a high position without real power कट-पुतली کٹ پتلی

Filch : *v.* (fil-ch) to steal; take something away secretly चुराना; उड़ा ले जाना چُرانا؛ اڑا لے جانا

Filcher : *n.* (-er) stealer; burglar; thief; a pilferer चोर; उचक्का; उठाईगीरा چور؛ اچکا؛ اٹھائی گیرا

File : *n.* (fil) holder for keeping papers in order; folder; instrum; row फ़ाइल; रेती; पंक्ति مسل؛ فائل؛ ریتی؛ قطار

File : *v.* to put in file; to use a file on; to suite a case फ़ाइल में लगाना; रेती से घिसना; कैस दायर क. مسل میں فائل میں لگانا؛ ترتیب وار رکھنا؛ ریتی سے رگڑنا؛ کیس فائل کرنا

Filings : *n.* bits field off बुरादा; चूरण بُرادہ؛ چورا

Filial : *adj.* (fil-i-el) (love or duty) due from son or daughter पुत्रीय; पुत्रोचित فرزندانہ؛ پسرانہ

Filibuster : *n.* (fil-i-bus-ter) obtructing tactics; hurdles; obstructions उड़ंगेबाज़ी; रुकावट اڑنگے بازی؛ رکاوٹ

Filigree : *n.* (fil-igri) golden embroidery जरदोज़ी का काम دردوزی کا کام

Fill : *v.* (fil) (1) to make or become full; to insert in (2) to appoint (1)भरना; भर देना; पूरा भर देना (2)नियुक्त क. (۱)بھرنا؛ بھر جانا؛ بھر دینا؛ پر کردینا (۲)تقرر کرنا

Fillet : *n.* (fil-it) lace; slice फ़ीता; कतला فیتا؛ قتلہ

Fillip:*n.*(fil-ip) a pinch; encouragement; boosting up; inspiration चुटकी; प्रोत्साहन; बढ़ना; प्रेरणा چٹکی؛ بڑھاوا؛ اکسانا؛ ہمت افزائی؛ حوصلہ افزائی

Film : *n.* (film) cinema picture; sheet for taking motion picture फ़िल्म; चलचित्र فلم؛ متحرک تصویر

Film roll : *n.* number of pieces in roll फ़िल्म की रील فلم؛فلم کی ریل

Film star : *n.* well known cinema actor or actress फ़िल्म-स्टार اداکارہ یا اداکار؛ فلمی ستارہ

Filter : *n.* (fil-ter) a piece of tattered cloth फ़िल्टर; साफ़ी; छन्ना فلٹر؛ صافی؛ چھننا

Filth : *n.* (fil-th) foul dirt गन्दगी; मैल گندگی؛ غلاظت؛ میل

Filthy : *adj.* dirty; foul; unclean गन्दा;

मैला گندا؛ میلا؛ غلاظت بھرا

Fimbriate : *adj*. (fin-bri-ayt) frilled झालरदार جھالردار

Finable : *adj*. (fie-ne-bel) punishable दण्डनीय لائق سزا

Final : *adj*. (fi-nel) last; conclusive; absolute; for the final contest अन्तिम; आख़िरी; निर्णायक آخری؛ فیصلہ کن؛ قطعی؛ آخری مقابلے میں آنے والا

Finally : *adv*. etarnally; endlessly; eventually; after all; at long last; for ever अन्त में; अन्तिम रूप से; सदा के लिए آخر میں؛ اختتام میں؛ آخرکار؛ انجام کار؛ ہمیشہ کے لیے

Finance : *n*. (fi-nans) money matters; money arrangement वित्त; अर्थ; अर्थव्यवस्था مال؛ روپیہ؛ پیسہ؛ مال کا انتظام

Financial : *adj*. (-shel) of finance वित्तीय; वित्त مالی؛ مالیاتی

Financing : *n*. money arrangement वित्त प्रबन्ध مالی انتظام

Find : *n*. (find) search; some rare thing found प्राप्ति; उपलब्धि دریافت؛ چھان بین

Find : *v*. to meet with; to discover; to get; to see; to come to know; to learn by experience पता लगाना; ढूँढ निकालना; जान लेना; अनुभव क.. کو ملنا؛ دریافت کرنا؛ حاصل کرنا؛ دیکھنا؛ معلوم کرنا؛ تجربہ سے حاصل کرنا

Findings : *n*. (pl.) decision (of court); conclusion निर्णय; निष्कर्ष فیصلہ؛ فتویٰ؛ نتیجہ

Fine : *n*. (fin.) money paid as punishment अर्थदण्ड جرمانہ

Fine : *adj*. (fin) thin; delicate; good; sharp पतला; कोमल; तीक्ष्ण; सुन्दर پتلا؛ باریک؛ نازک؛ عمدہ؛ اچھا؛ تیز

Finess : *n*. thiness; sharpness; clearness बारीकी; कोमलता; तीक्ष्णता; शुद्धता باریکی؛ عمدگی؛ تیزی؛ دھار؛ صفائی

Finesse : *n*. (fin-e-s) cunningness; cleverness चालाकी; कपट; कौशल چالاکی؛ چھل؛ کپٹ؛ ہوشیاری

Finger : *n*. (fing-er) digit; anything like it; thumb उँगली; हस्तांगुली; अंगूठा انگلی؛ انگشت نما؛ انگوٹھا

Finger print : *n*. thumb impression उँगली छाप انگلی کا چھاپہ؛ نشان

Finical/ Finicky : *adj*. (fin-i-kal/ fin-i-ki) easily irritated; pettish; fastidious तनुकमिज़ाज; नकचढ़ा; नाजुक मिज़ाज تنک مزاج؛ نک چڑھا؛ نازک مزاج

Finish : *v*. (fin-ish) to end; to polish समाप्त क.. या होना; परिष्कृत क.. ختم کرنا یا ہونا؛ پالش کرنا

Finish : *n*. (1)end (2)polish (1)अंत; समाप्ति (2)परिष्कार (۱)خاتمہ؛ آخری منزل (۲)چمک؛ دمک؛ پالش

Finite : *adj*. (fi-nit) limited सीमित; सीमाबद्ध محدود؛ منتہی

Fir : *n*. (fer) hilly tree growing like umbrella देवदारु صنوبر؛ شمشاد؛ دیودار

Fire : *n*. (fi-er) something burning; flame; conflagration; shooting आग; अग्नि; अग्निकाण्ड; ज्वाला; गोलाबारी آگ؛ آتش؛ شعلہ؛ آتشزدگی؛ گولہ باری

Fire : *v*. to cause to burn; to strike fire; to shoot आग लगाना या सुलगाना آگ لگنا یا لگانا؛ آگ جلنا یا جلانا؛ رگڑ سے جلانا؛ فائر کرنا؛ بندوق چلانا

Fire alarm : *n*. an awareness of fire अग्निचेतावनी آگ لگنے کا الارم

Fire arms : *n*. guns अग्नि-शस्त्र آتشیں اسلحہ

Fire brand : *n*. (1)burning wood (2)kindler of strife (1)जलती हुई लकड़ी (2)अशान्ति फैलानेवाला (۱)جلتی ہوئی لکڑی (۲)مفسد؛ فتنہ انگیز

Fire brigade : *n*. group of men who put out fires फ़ायर ब्रिगेड; आग बुझाने वाला दल فائر بریگیڈ؛ آگ بجھانے والا عملہ

Fire cracker : *n*. an explosice stuff; fire work पटाख़ा پٹاخا

Fire fly : *n*. glow worm जुगनू جگنو

Fire irons : *n*. tongs, poker and shovel चिम्टा, सलाख़ और कड़छा چمٹا، سلاخ اور کڑچھا

Fire man : *n*. member of fire brigade आग बुझाने वाला آگ بجھانے والا

Fire place : *n*. place where fire may be made; a hearth चूल्हा; अँगीठी چولہا؛ انگیٹھی

Fire-proof : *adj*. that neither burns nor break when heated अग्निसह فائر پروف؛ غیر آتشگیر

Fire wood : *n*. wood for burning इन्धन; जलाऊ लकड़ी ایندھن؛ جلانے کی لکڑی

Fire works : *n*. display device containing gun-powder आतिशबाज़ी آتشبازی

Firing : *n*. (fi-ur-ing) shooting; fuel गोलाबारी; इन्धन گولہ باری؛ ایندھن

Firkin : *n*. (fer-kin) a cask; a barrel; drum; tin पीपा; टीन; कैन پیپا؛ ٹین؛ کین

Firm : *n*. (firm) company कंपनी; फ़र्म فرم؛ کمپنی

Firm : *adj*. not changing; not easily moved; unyielding; solid; inexorable दृढ़; स्थिर; पक्का; अटल پکا؛ مضبوط؛ پائیدار؛ جما ہوا؛ نہ ماننے والا؛ اٹل

Firmament : *n*. (ferme-ment) sky आकाश آسمان؛ فلک

First : *adj*. (ferst) coming before all others प्रथम پہلا؛ اولین

Firth : *n*. (ferth) estuary मुहाना; तंग खाड़ी دریا کا دہانہ؛ موہانہ

Fiscal : *adj*. (fis-kel) of public money वित्तीय مالی؛ مالیاتی

Fish : *n*. (fish) sea animal मछली مچھلی

Fish : *v*. to catch fish मछली पकड़ना مچھلی پکڑنا؛ ماہی گیری

Fish farm : *n*. place for breeding fish or fishing मछली का फ़ार्म مچھلی کا فارم؛ ماہی گاہ

Fish farming : *n*. fish fostering मछली पालना مچھلی پالنا

Fisherman : *n*. man who catches fish मछवारा; मछेरा; धीवर ماہی گیر؛ مچھیرا؛ دھیور

Fishery : *n*. (fish-e-ri) artificial place for fishing मतस्य क्षेत्र فشری؛ ماہی گاہ

Fishing : *n*. to catch fish मछली पकड़ना ماہی گیری؛ مچھلی پکڑنا

Fishing-line : *n*. string for catching fish मछली पकड़ने की डोरी مچھلی پکڑنے کی ڈوری

Fishing rod : *n*. rod or hook for catching fish बन्सी; काँटा بنسی؛ کانٹا (مچھلی پکڑنے کا)

Fishy : *adj*. (fish-i) doubtful सन्देजनक مشکوک؛ مشتبہ

Fission : *n*. (fish-en) breaking विखण्डन پھٹنا؛ پھاڑنا؛ انفلاق

Fissure : *n*. (fish-er) deep crack (in rocks etc.) दरार; फटना بڑا شگاف؛ بڑی درز؛ پھٹنا

Fist : *n*. (fist) tightly closed hand; blow घूँसा; मुक्का; मुट्ठी مُکّا؛ گھونسا؛ مٹھی

Fisticuffs : *n*. (fist-i-kufs) boxing मुक्केबाज़ी; घूँसेबाज़ी مکے بازی؛ گھونسے بازی

Fistula : *n*. (fis-tu-la) sinus; tube नासूर; नलिका ناسور؛ ٹیوب

Fit : *adj*. (fit) suitable; right; proper; healthy उपयुक्त; ठीक; उचित; स्वस्थ مناسب؛ موزوں؛ ٹھیک؛ درست؛ تندرست؛ صحت مند

Fit : *n*. sudden attack (of illness); seizure; fitting (of dress) दौरा; घुमड़ी; काट (کپڑوں کی) دورہ؛ گھومٹا؛ فٹنگ

Fit : *v*. to be the right size and shape; to be suitable ठीक आना; उपयुक्त होना فٹ آنا؛ ٹھیک آنا؛ ٹھیک ہونا

Fitness : *n*. suitability; appropriateness; ability; healthiness उपयुक्तता; योग्यता; स्वस्थता مناسب؛ موزوں؛ قابلیت؛ صحت؛ تندرستی

Fittings : *n*. (pl.) things fixed in building (like electric wire & plumbering etc.) फिटिंग (بجلی کی یا نل وغیرہ کی)

Five : *n*. (fiv) number comes after four; five; 5 पाँच پانچ

Fix : *v*. (fiks) to make (something) fast; to settle; to make permanent; to install; to drive (into); to come to an understanding; mutually decided जड़ना; लगाना; बैठाना; गाड़ना; स्थिर क.; समझौता क.; निर्धारित क. جڑنا؛ بٹھانا؛ جوڑنا؛ لگانا؛ نصب کرنا؛ گاڑنا؛ مقرر کرنا؛ سمجھوتہ کرنا؛ طے کرنا

Fixation : *n*. (-ay-shen) fixing of (wages etc.) निर्धारण تعین

Fixed : *adj*. (fiksd) not moving; unchanging; settled जड़ा हुआ; जमा हुआ; अटल; निश्चित جڑا ہوا؛ جما ہوا؛ غیر تغیر پذیر؛ اٹل؛ مقررہ

Fixture : *n*. (fiks-cher) something fixed in place लगी हुई वस्तु لگی ہوئی چیز

Fixtures : *n*. (pl.) electric and sanitary fittings उपस्कार; जुड़नार جڑی ہوئی چیزیں یا لگا ہوا سامان

Fizzle : *v*. (fiz-el) to have a thrilling sensation; to express intense joy or pain through muffled spirant sounds सनसनाना; सी सी क. سنسنانا؛ سی سی کرنا

Fizzle out : *v*. useless; good for nothing बेकार होना या रहना بے کار رہنا یا ہونا؛ کارآمد نہ ہونا

Fizzy : *n*. a nurmurer बुदबुदाने वाला بُدبُدانے والا

Flabbergast : *v*. (flab-er-gast) to amaze; to astonish; to surprize विस्मित कर देना या होना ہکابکا کرنا یا ہونا؛ حیران رہ جانا

Flabby : *adj*. (flab-i) loose; flaccid; weak ढीला; थलथला; दुर्बल ڈھیلا؛ تھل تھلا؛ کمزور

Flaccid : *adj*. see flabby

Flag : *n*. (flayg) banner; bunting ध्वज; झण्डा; झण्डी جھنڈا؛ پرچم؛ جھنڈی

Flag : *v*. to signal with flag झण्डी फहराना جھنڈی ہلانا

Flagellate : *v*. (flay-je-layt) to castigate; to whip; to punish कोड़े मारना या लगाना; चाबुक मारना; दण्ड देना کوڑے مارنا یا لگانا؛ سزا دینا؛ چابک مارنا

Flagellation : *n*. (-lay-shen) castigation; punishment कोड़ों की मार کوڑوں کی مار؛ سزا

Flagellum : *n*. (flay-je-lam) scourage; whip lash कोड़ा; चाबुक کوڑا؛ چابک

Flageolet : *n*. (-layt) (1)flute; pipe (2)bean (1)मुरली (2)सेम (۱)مُرلی؛ پائپ بین (۲)سیم (سبزی)

Flagon : *n*. (flay-gon) long necked clay water pot सुराही صراحی

Flagrant : *adj*. (flayg-rent) glaring सुस्पष्ट برملا؛ اعلانیہ

Flake : *n*. (flayk) (1)layer; flat piece (2)spark (1)परत; पपड़ी; पत्तर (2)चिंगारी (۱)پرت؛ پپڑی؛ پتّر (۲)چنگاری

Flam : *n*. (flaym) dodge and duplicity छल कपट دھوکہ دہی؛ چھل کپٹ

Flam : *v*. to dodge छल-कपट क. چھل کپٹ کرنا

Flamboyant : *adj*. (flaym-boi-int) showy; ostentatious भड़कीला; चमकदार بھڑکیلا؛ چمکدار

Flame : *n*. (flaym) burning gas; bright light; passion ज्वाला; शोला; लौ; आवेश شعلہ؛ لو؛ تیز روشنی؛ جذبہ

Flame : *v*. to send out flames; to blaze with anger शोले निकालना; क्रोध में लाल पीला होना شعلے نکالنا؛ غصہ میں لال پیلا ہونا

Flaming : *adj*. burning; glowing; ardent; showy प्रज्वलित; प्रदीप्त; जोशीला; भड़कीला جلنا؛ چمکنا؛ جوشیلا؛ بھڑکیلا

Flannel : *n*. (flan-el) soft woolen material फ़लालेन فلالین؛ ایک قسم کا کپڑا

Flap : *v*. (flayp) to strike; to flutter थपथपाना; फड़फड़ाना تھپتھپانا؛ پھڑ پھڑانا

Flare : *v*. (flay-er) to be provoked; to be excited; to be started भड़कना; धधकना; उभड़ना اشتعال بھڑکنا؛ طیش میں آنا؛ اشتعال دلانا

Flash : *n*. (flay-sh) sudden burst of flame शोला; कौंध; दमक; चौंध; क्षण दीप्ति شعلہ؛ التہاب؛ کوندھ؛ چوندھ؛ دمک

Flash light : *n*. flashing light (for taking snaps) torch फ़लैश लाईट; बैटरी; टोरच فلیش لائٹ؛ بیٹری؛ ٹارچ

Flask : *n*. (flahsk) narrow-necked-bottled थरमस; छोटे मुँह की बोतल تھرمس؛ چھوٹے منہ کی بوتل

Flat : *adj*. (flayt) level and horizontal for pressing level; iron for pressing cloths सपाट; चपटा; समतल; बराबर; ईस्त्री چپٹا؛ سپاٹ؛ ہموار؛ مسطح؛ لوہا؛ استری

Flat : *n*. level portion; set of rooms on one floor समतल भूमि; फलैट; कक्ष چپٹا حصہ؛ فلیٹ

Flatten : *v*. (flat-en) make or become flat बराबर क.; चौरसाना; चपटा क. या होना چپٹا ہونا یا کرنا؛ ہموار ہونا یا کرنا؛ برابر کرنا

Flatter : *v*. (flat-e) to praise from selfish motive चापलूसी क.; ख़ुशामद क. خوشامد کرنا؛ چاپلوسی کرنا

Flatter : *n*. sycoplant; toady चापलूस; ख़ुशामद خوشامدی؛ چاپلوس؛ ٹوڈی

Flatter : *n*. (-ri) sycophancy; adulation चापलूसी; ख़ुशामद چاپلوسی؛ خوشامد

Flattery : *n*. (-ri) sycophancy; adultation चापलूसी; ख़ुशामद چاپلوسی؛ خوشامد

Flatulence : *n*. (flat-ew-lens) wind in the stomach वाई; बादी; उदर-वायु نفخ؛ اپھار؛ بھاری پن؛ بادی

Flaunt : *v.* (flawnt) to display proudly by waving about इठला कर या इतरा कर गर्व से दिखाना اِٹھلا کر یا اِترا کر فخر سے دکھانا

Flavour : *n.* (flay-ver) (1)taste (2)odour (1)सुस्वाद; मज़ा (2)सुगन्ध; महक; खुशबू (۱)مزہ؛ ذائقہ؛ لذت (۲)خوشبو؛ مہک

Flaw : *n.* (flaw) some imperfection; crack; fault दोष; दरार کمی؛ نامکملیت؛ درار

Flax : *n.* (flaks) linseed cloth कतान; फ़्लैक्स کتان؛ فلیکس

Flax seed : *n.* linseed अलसी السی

Flax weed : *n.* a medicinal herbs ख़ूबकलाँ خوب کلاں

Flay : *v.* (flay) to take the skin off; to castigate चमड़ा उतारना; खाल खींचना; कोड़े मारना چمڑا اتارنا؛ کھال کھینچنا؛ کوڑے مارنا

Flea : *n.* (flee) kind of small blood sucking insect पिस्सू پسّو

Fleam : *n.* (fleem) a lancet; surgical knife नश्तर نشتر

Fleck : *n.* (flek) small patch; particle (of dust etc.) धब्बा; दाग़; चकत्ता; कण داغ؛ دھبہ؛ ددوڑہ؛ ذرہ

Flee : *v.* (fli) to run away; to escape; to disappear भागना; फ़रार हो जाना; निकल जाना بھاگنا؛ فرار ہونا؛ نکل بھاگنا؛ غائب ہوجانا

Fleece : *n.* (flees) wool on sheep ऊन پشم؛ اُون (بھیڑ کے اوپر کی)

Fleece : *v.* to cheat; to cut down in the wool लूटना; ऊन कतरना لُوٹنا؛ اون کترنا

Flesh : *n.* (fle-sh) bodily stuff between skin & bones; pulp; body; human nature; kith and kin मांस; गूदा; शरीर; मानव स्वभाव; सम्बन्धी گوشت؛ گودا؛ جسم؛ انسانی فطرت؛ عزیز؛ رشتے دار

Flexible : *adj.* (fleck-si-bel) very easily bent; soft; elastic; resilient; obedient नम्म; लचीला; नमनीय; आज्ञाकारी نرم؛ ملائم؛ لچکدار؛ فرمانبردار

Flick : *n.* (flik) stroke; shining; twinkingling; shimmer झटका; झिलमिलाहट; चमक جھٹکا؛ جھلملاہٹ؛ چمکنا؛ ٹمٹماہٹ

Flicker : *v.* (flick-er) to shine unsteadily; twinkle; to shimmer झिलमिलाना; टिमटिमाना جھلملانا؛ ٹمٹمانا؛ بھڑکنا

Flier : *n.* (fli-er) pilot (of aeroplane or aircraft) विमानचालक ہوا باز؛ پائلٹ

Flight : *n.* (flit) flying; journey made by flying; stairs between two landings उड़ान; उड्डयन; सोपान-पंक्ति اڑان؛ پرواز؛ طیرائی؛ ہوائی سفر؛ زینہ

Flim-flam : *n.* (flim-flaym) nonsense; trickery अण्ड-बण्ड; बकबक; बकवास اول فول؛ بکواس؛ بک بک

Flimsy : *adj.* (flim-zi) light & thin; trivial; fragile हलका; पतला; नाजुक; कच्चा; तुच्छ ہلکا؛ پتلا؛ نازک؛ دھان پان؛ کچا؛ معمولی سا

Flinch : *v.* (flinch) to shrink; to try to avoid; to hesitate; to wince दबना; पीछे हटना; मुँह मोड़ना; हिचकना; सिकुड़ जाना دبنا؛ پیچھے ہٹنا؛ پہلوتہی کی کوشش کرنا؛ ہچکچانا؛ جھرجھری لینا

Fling : *v.* (fling) to throw down; to throw violently; to over throw; to disregard फेंकना; पटकना; गिरा देना; त्यागना پھینکنا؛ پٹخنا؛ گرا دینا؛ التفات نہ کرنا؛ چھوڑ دینا

Flint : *n.* (flint) hard stone used for

striking fire चकमक पत्थर چقماق پتھر

Flip : *n.* (flip) toss टास; उछालना ٹاس؛ اچھالنا

Flippant : *adj.* (fil-paynt) impudent; saucy चंचल; शोख़; ढीठ شوخ؛ چنچل؛ گستاخ

Flirt : *n.* (flert) woman who flirts with man चुलबुली लड़की या स्त्री; तितली چلبلی؛ عشوہ گر؛ ناز نخرے والی؛ تتلی

Flirt : *v.* to make love just by the way; to blawdish दिखावटी प्रेम क.; हाव भाव दिखाना تفریحاً محبت کرنا؛ ناز نخرے دکھانا؛ ناز و انداز کرنا

Flit : *v.* to move quickly; to depart फुर्ती से पार जाना; चल देना تیزی سے گزر جانا؛ چل دینا

Flitter : *n.* (flit-er) to flap; to throb फड़फड़ाना پھڑ پھڑانا

Float : *v.* to swim on the surface of liquid; to drift तैरना; तिराना; बहना या बहाना تیرنا یا تیرانا؛ بہنا یا بہانا

Flocculent : *adj.* made of wool; woolly ऊन से बना हुआ; ऊनी اون سے بنا ہوا؛ اونی

Flocculus : *n.* (flo-kew-lus) bunch; skein (of thread); an ornament गुच्छा; लच्छा; एक ज़ेवर (पैरों में पहनने वाला) گچھا؛ لچھا؛ ایک قسم کا زیور (جو عورتیں پیروں میں پہنتی ہیں)

Flock : *n.* (flok) group of animals or birds रेवड़; झुण्ड; गल्ला ریوڑ؛ جھنڈ؛ گلّہ

Flock: *v.* to gether or more in crowds एकत्र होकर बैठना या चलना مل کر بیٹھنا یا چلنا

Flog : *v.* (flog) to castigate; to lash with a stick कोड़े लगाना; छड़ी से पीटना کوڑے لگانا؛ لکڑی سے یا چھڑی سے مارنا

Flood : *n.* (flud) spate; torrent; deluge बाढ़; सैलाब; प्रलय سیلاب؛ طوفان؛ چڑھاوا؛ طوفانی بارش؛ طغیانی؛ باڑھ

Floor : *n.* (flohr) bottom surface of room; bottom; storey फ़र्श; तह (ज़मीन); तल्ला فرش (کمرے کا)؛ تہہ؛ منزل

Floor : *v.* to pave; to knock down फ़र्श बनाना; हरा देना; मार गिराना فرش بنانا؛ پچھاڑ دینا؛ مار گرانا

Flop : *v.* (flop) to flutter; to throw down फड़फड़ाना; पटकना پھڑ پھڑانا؛ پٹخنا؛ پھینکنا

Flora : *n.* (floh-ra) vegetable growth (of an area) पेड़ पौधे; बनस्पति نباتات (کسی خطے کی)؛ وناسپتی

Florescent : *adj.* (flo-re-sent) blossomed; flowering; prospering पुष्पित; कुसुमित پھول کھلنا؛ شگوفے پھوٹنا؛ بہار آنا

Florid : *adj.* (flo-rid) rosy; pinky; red; gaudy; ornate गुलाबी; लाल; भड़कीला; अलंकृत گلابی؛ لال؛ بھڑکیلا؛ سجا ہوا

Floriferous : *adj.* see Florescence

Flounce : *v.* (fla-un-s) to make efforts; to try one's level best हाथ पैर मारना ہاتھ پاؤں مارنا؛ کوشش کرنا

Flounder : *v.* (flounder) to stumble; to make mistake; to stammer लड़खड़ाना; घपला क.; हकलाना لڑکھڑانا؛ گھپلا کرنا؛ ہکلانا

Flour : *n.* (flou-er) meal; power of wheat आटा آٹا

Flourish : *v.* (flo-rish) to thrive; to prosper; to brandish उन्नति क.; हिलाना; लहराना ترقی کرنا؛ ہلانا؛ لہرانا؛ پنپنا

Flourish : *n.* decoration; adorning अलंकरण; सज धज زیبائش؛ سجاوٹ؛ سج دھج

Flout : *v.* (flout) to treat with

contempt निरादर क.; अवज्ञा क. تحقیر کرنا؛ بے عزتی کرنا

Flow : *v.* (floh) glide along; rise (of tide) बहाव; ज्वार भाटा بہاؤ؛ جوار بھاٹا

Flow : *n.* flowing movement; flood tide बहाव; ज्वार भाटा بہاؤ؛ جوار بھاٹا

Flower : *n.* (flou-er) blossom पुष्प; कुसुम گل؛ پھول

Fluctuate : *v.* (fluk-tew-ayt) to rise and fall घटना बढ़ना; बदलते रहना گھٹنا بڑھنا؛ بدلتے رہنا

Fluctuation : *n.* rise and fall घटाव बढ़ाव کمی بیشی

Flue : *n.* (fluh) chimny; net; opening धुआंकश; जाल; छेद چمنی؛ جال؛ چھید؛ سوراخ

Fluency : *n.* (flo-en-si) flow; an unbroken sequence प्रवाह روانی

Fluent : *adj.* (floo-ent) able to speak smoothly and readily प्रवाही; धाराप्रवाह جس کی زبان میں روانی ہو؛ زبان آور

Fluey : *adj.* (flu-ee) hairy; woolly रोयेंदार روئیں دار

Fluff : *n.* (flif) small and soft hair on body रोवाँ رُواں

Fluid : *adj.* (floo-id) able to flow; in the form of liquid तरल مائع؛ سیال؛ رقیق

Fluke : *n.* (flewk) barb; fish hook काँटा کانٹا (مچھلی پکڑنے کا)

Flummery : *n.* (flum-e-ri) (1)buttering; nonsense (2)oatmeal (1)चापलूसी; बकवास (2)दलिया (۱)خوشامد؛ بکواس (۲)دلیہ

Flump : *v.* (flump) to throw down; to dash down पटक देना; नीचे गिरा देना پٹک دینا؛ نیچے گرا دینا

Flunk : *v.* (flunk) to leave; to shrink (work) छोड़ देना; जी चुराना (काम से) چھوڑ دینا؛ جی چرانا (کام سے)

Flunkey : *n.* (flenk-i) peon; guard चपरासी; पहरेदार چپراسی؛ پہرے دار

Flurry : *n.* (flu-e-ri) puff; whiff; jet झोंका جھونکا

Flush : *v.* (flush) to become red through rush of blood to the skin लाल हो जाना سرخ ہونا

Flush : *n.* sudden rush of water; flushing of the face पानी का बहाव; लालिमा پانی کا بہاؤ؛ چہرے کی سرخی؛ تمتماہٹ

Flute : *n.* (floot) a well known musical instrument मुरली; बंशी بانسری؛ نے

Flutter : *v.* (flut-er) to flap quickly; to confuse फड़फड़ाना; घबरा देना پھڑپھڑانا؛ گھبرا دینا

Fluvial : *n.* (floo-i-al) a river नदी ندی

Flux : *n.* (fluks) constant change; discharge; tide परिवर्तन; स्राव; ज्वार مسلسل تبدیلی؛ بہاؤ؛ جوار بھاٹا

Fly : *n.* (fli) a kind of flying insect मक्खी مکھی

Fly-wheel : *n.* heavy wheel फ़्लाई व्हील فلائی وہیل

Flying : *n.* act of flying प्रवाह; उड़ान پرواز؛ اُڑان

Foal : *n.* (fohl) young horse बछेरनी; बछेड़ा بچھیرا؛ بچھیرنی

Foam : *n.* (fohm) froth फेन; झाग جھاگ

Foam : *v.* to form or send out foam फेनदार होना جھاگ لانا یا نکالنا

Foamy : *adj.* frothy झागदार جھاگ دار

Fob : *n.* (fohb) pocket जेब جیب؛ پاکٹ

Focal : *adj*. (foh-kel) at a focus; of a focus केन्द्रीय; नाभीय ماسکہ پر؛ ماسکہ کا؛ مرکزی

Focus : *n*. (foh-kus) meeting point of rays centre नाभि; फ़ोकस; केन्द्र ماسکہ؛ نقطۂ ماسکہ؛ فوکس؛ مرکز

Focus : *v*. to converge; to adjust in focus फोकस क.; केंद्रित क. مرتکز ہونا یا کرنا؛ فوکس کرنا؛ ماسکہ پر لانا

Fodder : *n*. (fod-er) dried food; hay etc. for cattle चारा چارا؛ جانوروں کی غذا

Foe : *n*. (foh) enemy; rival शत्रु; बैरी دشمن؛ حریف

Foetid : *n*. (foet-id) bad smell दुर्गन्ध بدبو

Foetus : *n*. (feet-tus) the womb; pregnancy गर्भ رحم؛ بچہ دانی

Fog : *n*. (fog) thick mist कोहरा; कुहरा کہر؛ کہرا؛ سخت دھند

Fog : *v*. (1) to envelop as in fog (2) to bewilder; to perplex (1)कोहरे से ढक जाना (2)घबरा देना (۱) کہر کی طرح ڈھانپ لینا (۲) بھونچکا کرنا؛ ششدر کرنا

Foggy/Fogey/ Fogy : *adj*. (fogi) covered with fog; confused (ideas etc.) कोहरेदार; धुँधला; परेशान کہر آلود؛ دھندلا؛ مدھم؛ پریشان (خیال وغیرہ)

Foible : *n*. (foi-bel) weakness; feebleness दुर्बलता; कमज़ोरी کمزوری؛ ناتوانی

Foil : *n*. (fo-il) paper like metallic sheet; blunt flency swords; defeat पर्णी; पन्नी; गत्का; विफल बना देना پنّی (کسی دھات کا) ورق؛ گتکا؛ ناکام بنا دینا

Foist : *v*. (fo-ist) to impose; to enforce acceptance गले पड़ना; गले मढ़ना گلے منڈھنا؛ زبردستی گلے پڑنا

Fold : *n*. (fold) an enclosure; a compound बाड़ा; भेड़शाला باڑا؛ بھیڑ شالا

Folder : *n*. (-er) booklet; file; advertisement पुस्तिका; फाइल; इश्तहार کتابچہ؛ فائل؛ اشتہار

Foliage : *n*. (fohl-i-ij) leaves पत्ते; बेल बूटे پتے؛ بیل بوٹے

Foliate : *adj*. (fohl-i-ayt) leaf-like पत्तीदार پتی دار

Folio : *n*. (fol-i-o) page पन्ना صفحہ؛ ورق

Folk : *n*. (fohk) people in general; public जनता; लोक لوگ؛ عوام؛ عوام الناس

Folk-customs : *n*. traditional or old beliefs of people लोकरीति لوک رواج؛ عوامی معتقدات

Folk-dance : *n*. traditional dance लोकनृत्य لوک ناچ

Folk-drama : *n*. traditional theatre play लोकनाटय لوک ڈرامہ؛ لوک ناٹک

Folk-lore : *n*. old tales of people; traditional tales लोक साहित्य لوک کہانیاں

Folk-song : *n*. traditional songs of people लोकगीत لوک گیت

Folk-tale : *n*. traditional stories of people लोक कथा لوک کہانیاں

Follow : *v*. (fol-oh) to go after; to be after; to pursue; to act on guidance; to move along; to understand; to maintain continuity पीछे हो लेना; पीछा क.; समझना; अनुसरण करना پیچھے جانا؛ پیچھے چلنا؛ پیچھا کرنا؛ پیروی کرنا؛ راستے پر چلنا؛ سمجھنا؛ تسلسل قائم رکھنا

Follower : *n*. (-er) supporter शिष्य; अनुयायी پیرو؛ حامی

Following : *n*. undermentioned नीचे लिखा हुआ; निम्नलिखित مندرجہ حسب ذیل؛ ذیل

Folly : *n*. (fol-i) foolishness; silliness मूर्खता; बेवकूफ़ी بیوقوفی؛ حماقت

Foment : *v*. (foh-ment) to put warm water on; to brew; to stimulate; to excite सैंकना; उकसाना; भड़काना گرم پانی کی سینکائی کرنا یا ٹکور کرنا؛ مواد پکنا؛ ہمت بندھانا؛ بھڑکانا؛ اکسانا

Fomentation : *n*. fomenting गर्म पानी आदि की सेंकाई گرم مائع کی ٹکور یا سینکائی

Fond : *adj*. (fond) affectionate; dear; inclined to स्नेहशील; प्रिय; शाईक़ پیارا؛ عزیز؛ شائق

Font : *n*. (font) fountain जलकुण्ड چشمہ

Food : *n*. (food) nutrition; anything to eat आहार; भोजन; खाना غذا؛ خوراک؛ کھانے کی چیز؛ کھانا

Foodstuffs : *n*. (pl.) materials used as food खाद्यपदार्थ اشیائے خوردنی

Fool : *n*. (fool) silly; stupid; person without much sense; clown मूर्ख; मूढ़; मसख़रा مسخرہ؛ بیوقوف؛ احمق؛ گاؤدی

All fool's day/ April fool : *ph*. 1st of April when western people try to make a fool of others by extending false invitations or informations etc. अप्रैल .फूल اپریل فول

Fool proof : *adj*. so simple or easy than even a fool cannot make a mistake जिसमें ग़ल्ती का गुमान न हो جس میں غلطی کا امکان نہ ہو

Fool's cap : *n*. ancient jester's cap with bells मसख़रे की टोपी مسخرے کی ٹوپی

Foolery : *n*. (fool-e-ri) foolish act or thing मूर्खता احمقانہ حرکت؛ حماقت

Foolhardy : *adj*. (-hahr-di) foolishly venturous दु:साहसी خواہ مخواہ خطراب لینے والا

Foolish : *adj*. (fool-ish) silly; stupid मूर्ख; बेवकूफ़; नासमझ بے وقوف؛ احمق؛ گاؤدی؛ ناسمجھ

Foolscape : *n*. (fools-kep) writing paper of 13½ x 8½ size फुलिसकेप لکھنے یا چھاپنے کا مستطیل پیپر؛ فلسکیپ

Foot : *n*. (fut) (1)end of lower limb (2)base; lower part; infantry (1)पैर; पाँव (2)आधार; मूल; पैदल सेना (۱)پیر؛ پاؤں؛ یا (۲)پایہ؛ بنیاد؛ نچلا حصہ؛ پیادہ فوج

Have one's foot in the grave : *ph*. be very old क़बर में पैर लटकाए हुए होना قبر میں پیر لٹکائے ہوئے ہونا

On foot : *ph*. walking पैदल चलना پیدل چلنا

Put one's foot down : *ph*. protest; to be firm विरोध क.; अपनी बात पर अटल रहना احتجاج کرنا؛ اپنے موقف پر جمے رہنا

Put one's foot in it : *ph*. blunder mistake मूर्खता से कोई बात क. نامناسب بات کہنا یا کرنا؛ غلطی کرنا؛ حماقت کرنا

Foot-ball : *n*. (fut-bawl) well known game (a ball use in it) फुट बाल فٹ بال

Foot-board : *n*. a foot-rest पायदान پائے دان

Foot fall : *n*. sound of foot step आहट; चाप; पदध्वनि پاؤں کی آہٹ؛ چاپ؛ قدموں کی آہٹ

Foot hill : *n*. hill at base of mountain

गिरिपीठ; पादगिरी دامنِ کوہ کی پہاڑی

Foot hold : *n*. safe space or place for the foot पाँव रखने की जगह پاؤں رکھنے کی جگہ

Foot lights : *n*. lights along the front of the stage in a theatre रंगमंच के नीचे के लैम्प اسٹیج کی نیچی بتیاں

Foot man : *n*. man-servant अरदली اردلی

Foot mark : *n*. foot print पद चिन्ह نقش پا؛ نقش قدم؛ پاؤں کے نشان

Foot note : *n*. note at the foot of a printed page फुटनोट حاشیہ

Foot pad : *n*. unmounted highway man; robber प्यादा; बटमार پیادہ؛ رہزن

Foot path : *n*. path for passengers पटरी فٹ پاتھ؛ پگڈنڈی

Foot print : *n*. see Foot mark

Foot rest : *n*. see Foot board

Foot rule : *n*. one foot long ruler फुटा فٹا؛ پیمانہ

Foot soldier : *n*. a pawn प्यादा پیادہ

Foot step : *n*. step; foot fall पग; पगध्वनि; पदचाप قدم؛ پاؤں کی آہٹ؛ قدموں کی چاپ

Foot way : *n*. see Foot path

Foot wear : *n*. shoes; slipper; sandal जूता; चप्पल; स्लीपर جوتا؛ چپل؛ سلیپر

Fop : *n*. (fop) showy; a p foppish person छैला چھیلا

Fopery : *n*. foppishness छैलापन چھیلا پن

Foppish : *n*. see Fop

For : *prep*. (for) in place of; as being; because of; instead of; in the interest of; reply to; till; upto के लिए; के हेतु; की जगह; के बदले में; के पक्ष में; तक کے بجائے؛ بطور؛ باعث؛ کے بدلے یا عوض میں؛ کے مفاد میں؛ کے جواب میں؛ تک

For good : *ph*. forever सदा के लिए ہمیشہ کے لیے

For all that : *ph*. despite all that इन सब बातों के बावजूद ان تمام باتوں کے باوجود

For me part : *ph*. as fas as I am concerned अपनी सीमा तक; जहाँ तक मेरा सम्बन्ध है اپنی حد تک؛ جہاں تک میرا تعلق ہے

Forage : *n*. (fo-rij) food for horses or cattle चारा چارہ (گھوڑوں یا جانوروں کے لیے)

Forage : *v*. to search; to ravage चारा खोजना; लूट मार क. چارے کی تلاش کرنا؛ لوٹ مار کرنا

Foray : *n*. (fo-ray) sudden attack छापा; लूट मार چھاپا؛ اچانک ہلّہ؛ ہلّہ بولنا

Forbear : *v*. (for-bay-er) refrain परहेज़ क. احتراز کرنا؛ صبر کرنا

Forbearance : *n*. patience परिहार; धैर्य صبر؛ برداشت

Forbears : *n*. (pl.) (-z) ancestors पूर्वज بزرگ؛ باپ دادا

Forbid : *v*. (for-bid) order not to do something मना क.; निषेध क. منع کرنا؛ قدغن لگانا؛ ممانعت کرنا

Forbidden : *adj*. not permitted वर्जित; निषिद्ध ممنوعہ

Force : *n*. (fohs) strength; group of armed man; control; power बल; सेना; नियन्त्रण; शासन طاقت؛ مسلح فوجی دستہ؛ قابو؛ اختیار یا اقتدار

Force : *v*. to use force बलपूर्वक कोई कार्य कराना زبردستی کوئی کام کرانا

Come into force : *ph*. to

implement लागू क.; जारी क. لاگو کرنا؛ جاری کرنا

By force : *ph*. to compel ज़बरदस्ती क. مجبور کرنا؛ زبردستی کرنا

Forceful : *adj*. Full of force or strength सशक्त; ज़ोरदार; बलवान زوردار؛ قوی؛ طاقتور

Forceps : *n*. (for-seps) instruments for gripping things चिमटी; सेंड़सी جراحی چمٹی؛ سنسی

Forcible : *adj*. (fohr-si-bel) done by the use of force बलकृत; ताक़त से بزور؛ طاقت سے

Forcibly : *adj*. by force बलपूर्वक طاقت سے؛ قوت سے؛ زبردستی

Ford : *n*. (fohrd) shallow part of river घाट گھاٹ؛ پایاب مقام

Fore : *n*. (fohr) front part अग्र भाग اگلا حصہ؛ سامنے کا حصہ

To the fore : *ph*. in front; front; in advance अगला भाग; समय से पूर्व; पहले ही آگے؛ اگلا حصہ؛ وقت سے پہلے؛ پہلے ہی

Forebode : *v*. to have feeling of impending misfortune पूर्वज्ञान होना بدقسمتی کے بارے میں پہلے سے آگاہ ہونا

Forecast : *n*. foretelling; telling about future predict पूर्वानुमान پیش گوئی؛ پیش آگاہی (مستقبل کے بارے میں)

Forefathers : *n*. (fohr-fah-dherz) ancestors पूर्वज; पूरखा بزرگ؛ آبا و اجداد

Forefinger : *n*. trigger finger तर्जनी انگشتِ شہادت

Forego : *v*. (forgoh) to give up छोड़ देना چھوڑ دینا

Foregone : *adj*. (fohr-gon) already settled पूर्वनिश्चित طے شدہ؛ ناگزیر

Foreground : *n*. (fohr-ground) part of near view अग्र भूमि پیش منظر

Forehead : *n*. (fo-red) brow माथा; मस्तक; ललाट ماتھا؛ پیشانی؛ جبیں

Foreign : *adj*. (for-rin) alien विदेशी; परदेसी غیرملکی؛ پردیسی

Foreign affairs : *n*. (pl.) external affairs; country's foreign relations विदेशी सम्बन्ध اُمور خارجہ

Foreign office : *n*. Ministry with foreign affairs विदेशी कार्यालय وزارتِ امور خارجہ؛ دفتر امور خارجہ

Foreign minister : *n*. Minister for foreign affairs विदेश मंत्री وزیرِ امورِ خارجہ

Foreigner : *n*. person from a foreign country; out sider परदेशी; अजनबी; बाहर वाला غیرملکی؛ اجنبی؛ پردیسی؛ باہر والا

Forenoon : *n*. before noon पूर्वाह्न دوپہر سے پہلے

Forensic : *adj*. (fo-ren-sik) judicial अदालती عدالتی

Forest : *n*. (for-rest) jungle; wood जंगल; वन جنگل؛ بن

Forest department : *n*. forest office वन निभाग فاریسٹ آفس

Forestall : *v*. (fohr-stawl) to deal with beforehand; to prevent others from doing damage to it पहले से ही निवारण क.; रोकथाम क. پیش بندی کرنا؛ بندوبست کرکے رکھنا؛ روک تھام کرنا

Foretell : *n*. see Forecast

Foretime : *n*. before time समय से पहले; प्राचीन وقت سے پہلے؛ پرانا زمانہ

Forever : *adv.* at all time सदा के लिए ہمیشہ کے لیے

Foreword : *n.* (forh-wer-d) introduction to a book प्राक्कथन دیباچہ؛ پیش لفظ

Forfeit: *n.* (fohr-fit) fine जुर्माना; अर्थदण्ड جرمانہ؛ فائن

Forfeit : *v.* to lose by fault or neglect से वंचित हो जाना; खो बैठना سے محروم ہوجانا؛ حق ساقط ہو جانا؛ ضبط ہوجانا

Forfeiture : *n.* (for-fi-cher) forfeiting; thing forefeited ज़ब्ती; ज़ब्त की हुई चीज़ ضبطی؛ ضبط شدہ چیز

Forgather : *v.* (fohr-ga-ther) to meet; to keep contact मिलना; मेल रखना ملنا؛ میل جول رکھنا

Forgave : *v.* (p.t. of forgive) to pardon; to remit माफ़ किया معاف کیا

Forge : *n.* (fohrj) smithy; furnance लुहार की दुकान; भट्ठी لوہار کی دکان؛ لوہار خانہ؛ بھٹی

Forge : *v.* to shape (metal) by beating or hammering etc; to make a false invitation of document गढ़ना (तपा कर); नक़ली बनाना گھڑنا (تپا کر) گرم لوہے یا کسی دھات کو پیٹ کر کچھ بنانا؛ جعلی کاغذات بنانا یا کرنا؛ جعلسازی کرنا

Forger : *n.* one who forges जालसाज़ جعلساز؛ دھوکے باز

Forgery : *n.* (fohr-j-e-ri) act of forging; fake documents जालसाज़ी; जाली पेपर बनाना جعلسازی؛ نقلی یا جعلی دستاویزات

Forget : *v.* (fohr-get) to lose rememberance of; to cease to think; not to consider भूल जाना; भूलना; भुला देना; बिसारना بھول جانا؛ بھولنا؛ بھلانا؛ بھلا دینا؛ خیال نہ کرنا

Forget-me-not : *n.* a river side plant with small blue flower एक पौधा (जिसमें नीले रंग के पुष्प निकलते हैं) मत भूल ایک پودا (جس میں نیلے رنگ کے چھوٹے چھوٹے پھول کھلتے ہیں) مت بھول

Forgive : *v.* (for-giv) to pardon; to remit (debit) to over look क्षमा क.; माफ़ क.; जाने देना; छोड़ देना معاف کرنا یا کردینا؛ بخش دینا؛ بخشنا؛ جانے دینا؛ چھوڑ دینا

Forgiveness : *n.* (for-giv-nes) pardon क्षमा; माफ़ी معافی؛ عفو؛ درگذر

Forgo : *v.* (for-goh) do without ना क.; जाने देना; छोड़ देना کے بغیر گزارہ کرنا؛ چھوڑ دینا؛ دستبردار ہونا؛ سے پرہیز کرنا

Forgot : *v.* (fohr-got) (p.t. of forget) to neglect भुलाया गया بھلایا گیا

Forgotten : *v.* (-en) (p.p. of forget) not remember भूला या भुलाया بھولا یا بھلایا

Forgotten : *adj.* not remembered भूला हुआ فراموش شدہ

Fork : *n.* (fohr-k) spoon like thing with sharp spikes काँटा کانٹا (جو کھانے میں استعمال کیا جاتا ہے)

Knife and fork : *n.* छुरी-काँटा چھری کانٹا

Forlorn : *adj.* (for-lohn) forsaken; wretched असहाय; निराश; उदास; अकेला; लाचार بیکس؛ تنہا؛ نا امید؛ مایوس؛ لاچار

Form : *n.* (for-m) shape; fashion; manners; pattern; physical condition; class रूप; आकार; आकृति; हालत; कक्षा; दरजा شکل؛ صورت؛ وضع قطع؛ طور طریقہ؛ رویہ؛ نمونہ؛ حالت؛ جماعت؛ درجہ

Form : *v.* to make; to come; to shape; to take the form; to come into being; to make or become part of बनाना; गढ़ना; उत्पन्न क.; रचना; रूप धारण क.. بنانا؛ تشکیل کرنا؛ شکل اختیار کرنا؛ وجود میں آنا؛ جزو بننا یا بنانا

Formal : *adj.* (for-mal) ceremonious; customary; according to set form; of the outward shape; official औपचारिक; रीतिक; बाहरी; आकारी; रख रखाउ वाला پرتکلف؛ رسمی؛ دستور کے مطابق؛ ظاہری (شکل)؛ باضابطہ؛ رکھ رکھاؤ والا

Formality : *n.* (for-mal-i-ti) observance of custom; official manner; formal manner; politeness औपचारिकता; तकल्लुफ़; लोकाचार رسم و رواج کی پابندی؛ باضابطہ؛ تکلف

Format : *n.* (for-mayt) shape, style, size or make up of a publication ग्रन्थाकार اشاعت یا کتاب کا سائز وغیرہ؛ کتاب کی تقطیع اور حجم

Formation : *n.* (-shen) forming; something form निर्माण; संघटन; बनावट; रचना بنانا؛ گھڑنا؛ تشکیل؛ صورت

Former : *adj.* (for-mer) of old times; past पुराना; भूतपूर्व; पहला پرانا؛ قدیمی؛ سابق؛ گذشتہ

Formidable : *adj.* (formi-day-bel) causing fear; hard to overcome भयानक; विकट; कठिन ڈراؤنا؛ خوفناک؛ سخت

Formless : *adj.* (form-les) shapeless; incorporeal निराकार; बेढंगा; बेडौल بے ڈھنگا؛ بیڈول؛ بدشکل

Formula : *n.* (for-m-ew-la) set form of words; prescription; recipe; rule सूत्र; नुसखा; नियम ترتیب؛ الفاظ؛ نسخہ؛ اصول

Formulate : *v.* (-layt) to lay down clearly and exactly सूत्रबद्ध क.; बनाना بنانا؛ وضع کرنا (اصول یا قانون وغیرہ)

Forsake : *v.* (for-sayk) to leave; to relinquish; to resign छोड़ देना; त्याग देना; अलग हो जाना چھوڑ دینا؛ تیاگ دینا؛ الگ ہوجانا

Forsooth : *adv.* (fohr-soth) undoubtedly; certainly; of course निस्संदेह; निश्चय ही بے شک؛ یقیناً؛ قطعاً

Forswear : *v.* (for-sway-er) to deny on oath शपथपूर्वक अस्वीकार क.; क़सम खा कर त्याग देना حلفیہ انکار یا تردید کرنا؛ قسم کھاکر چھوڑ دینا

Fort : *n.* (fohrt) castle; military defence क़िला; गढ़ قلعہ؛ حصار؛ فوج کا حفاظتی انتظام

Forte : *n.* (forte) specific ability; speciality विशेष योग्यता; विशिष्टता مخصوص قابلیت؛ خاصیت

Forth : *adj.* (fohr-th) face to face; infront सामने; आगे سامنے؛ آگے

Fortieth : *adj.* (for-t-i-eth) 40th; number comes after thirty nine चालीसवाँ چالیسواں

Fortify : *v.* (for-ti-fi) strengthen; against attack क़िलेबन्दी क. قلعہ بندی کرنا

Fortitude : *n.* (for-ti-tewd) endurence; passions धैर्य; सहनशक्ति برداشت؛ صبر؛ تحمل

Fortnight : *n.* (fohr-nit) period of two consecutive weeks पखवाड़ा پندرہ روزہ؛ پندرھواڑہ

Fortuity: *n.* (for-tew-it-ti) coincidence; chance इत्तेफ़ाक़ اتفاق

Fortunate : *adj*. (for-too-nayt) lucky सौभाग्यशाली; भाग्यवान خوش نصیب؛ خوش قسمت

Fortune : *n*. (for-chun) fate; good luck भाग्य; क़िस्मत تقدیر؛ نصیب؛ قسمت

Fortune teller : *n*. astrologer ज्योतिषि نجومی؛ جیوتشی

Forty : *n*. 40; number comes before forty one चालीस چالیس

Forum : *n*. (fo-rum) stage; court; public place मंच; अदालत; चौक اسٹیج؛ عدالت؛ چوک

Forward : *adj*. (for-werd) in front; before time आगे; अग्रवर्ती; समय से पहले آگے؛ پیش؛ قبل از وقت

Fossorial : *n*. (fo-so-ri-al) digger खोदने वाला کھودنے والا

Foster : *v*. (fors-ter) to bring up; to parent; to nourish पोषण क.; पालन पोषण क. پالنا پوسنا؛ پالنے والا؛ مربی

Foul : *adj*. (foul) dirty; stinking; soiled घृणित; दुर्गन्ध; बदबूदार; मैला; गन्दा گندا؛ غلیظ؛ میلا؛ بدبودار

Found : *v*. (found) to lay the basis of; to establish (city) स्थापित क.; नीव डालना بنیاد رکھنا؛ بنا ڈالنا

Foundation : *n*. (-day-shen) base; founding नींव; आधार; बुनियाद بنیاد؛ تاسیس

Foundation-stone : *n*. a stone in the foundation of a building आधारशिला سنگِ بنیاد

Founder : *n*. (founder) one who founds संस्थापक بانی؛ موسس

Founder : *v*. to fill with water & sink डूब जाना; डुबाना; गिर पड़ना (پانی میں) ڈوب جانا؛ ڈبانا؛ گر پڑنا

Foundary/ Foundry : *n*. (found-ri) workshop for moulding metals etc. ढलाई घर; ढलाईख़ाना صفّارخانہ؛ فونڈری

Fount : *n*. (fount) spring; set of printer's type (1)फ़ौव्वारा (2)टाईप (۱)چشمہ؛ فوارہ (۲)مکمل ٹائپ

Fountain : *n*. (foun-tin) spring फ़ौआरा; स्रोत; झरना چشمہ؛ فوارہ؛ سوت (پانی کا)؛ جھرنا

Fountain-head : *n*. original source of water मूलस्रोत سرچشمہ

Fountain-pen : *n*. pen with ink-fountain फाउण्टेनपेन خود نویس؛ سیاہی دار قلم؛ فونٹین پین

Four : *n*. (fohr) 4; number comes after three चार چار؛ چہارم

Fourteen : *n*. (fohr-teen) 14; next in order after thirteen चौदह چودہ

Fourteenth : *adj*. 14th; number comes after thirteenth चौदहवाँ چودھواں

Fourth : *adj*. 4th; number comes before fifth चौथा چوتھا

Fowl : *n*. (foul) any bird (old use); domestic hen or cock मुरग़ा; मुरग़ी کسی بھی قسم کا پرندہ؛ مرغی یا مرغا (پالتو)

Fowl : *n*. hunting birds चिड़ियों का शिकार چڑیوں کا شکار

Fox : *n*. (foks) (1)a dog like cunning animal (2)crafty person (1)लोमड़ी (2)चालाक; छलिया (۱)روباہ؛ لومڑی؛ لومڑ (۲)چالاک شخص؛ عیار

Fox-brush : *n*. tail of a fox लोमड़ी की दुम لومڑی کی دم

Fracas : *n*. (fra-kas) noisy quarrel दंगा; अपद्रव جھگڑا؛ فساد؛ ہلڑ؛ دنگا

Fraction : *n*. (frak-shen) small piece;

part of whole number; fragement अंश; टुकड़ा; कसर; बटा چھوٹا سا حصہ؛ ٹکڑا؛ کسر؛ بٹا

Fracture : *n*. (frak-cher) breaking (of bone) टूटना (हड्डी का) (ہڈی کا) ٹوٹنا

Fragile : *adj*. (fraj-jil) easily broken; delicate सुकुमार; दुर्बल; कमज़ोर; नाजुक جلدی ٹوٹ جانے والا؛ نازک؛ کمزور

Fragment : *n*. (frag-ment) part (broken off) टुकड़ा; अंश; भाग ٹکڑا؛ حصہ؛ ٹوٹا ہوا حصہ

Fragmentation : *n*. (-tay-shen) breaking into meagre small-holdings अखण्डन भूमि के टुकड़े क.. اراضی کے ٹکڑے ٹکڑے کرنا

Fragrance : *n*. (frag-rens) sweet smell सुगन्ध; खुशबू خوشبو؛ سوگندھ

Fragrant : *adj*. sweet smelling सुगन्धित; खुशबूदार معطر؛ خوشبودار

Frail : *adj*. (frayl) weak; unchaste (woman) दुर्बल; कमज़ोर کمزور؛ بے عصمت

Frailty : *n*. (-ti) weakness; liability to err कमज़ोरी; भंगुरता کمزوری؛ خطاپذیری

Frame : *n*. (fraym) basic structure; body; wooden border ढाँचा; बनावट; पंजर (शरीर); चौखटा ڈھانچہ جسم؛ لکڑی کا چوکھٹا؛ فریم

Frame : *v*. to give shape; to put in fram बनाना; गढ़ना; चौखटा लगाना وضع کرنا؛ تشکیل دینا؛ بنانا؛ چوکھٹا لگانا

Frame charges : *v*. to blame; to put allegations आरोप लगाना الزام لگانا؛ قصوروار ٹھہرانا؛ مجرم گردانا

Frame work : *n*. anything giving shape and support नीव; सहारा بنیاد؛ سہارا

Franc : *n*. (frank) french silver coin फरान्क فرانک

Franchise : *n*. (fran-chiz) right to vote in election suffrage मताधिकार حق رائے دہی

Frank : *adj*. (fraynk) candid; open; guiltless सच्चा; सरल; निष्कपट راستباز؛ صاف دل؛ سچا

Frank : *v*. to put a machine stamp on मशीनी टिकट लगाना مشینی ٹکٹ لگانا

Franking machine : *n*. ticket machine (who put stamps on postcards or envelopes etc.) टिकट मशीन ٹکٹ مشین

Frankly : *adv*. unreservedly, openly साफ़-साफ़; खुल कर; स्पष्ट रूप से صاف صاف؛ کھل کر؛ بے کھٹکے

Frankness : *n*. candour स्पष्टता صاف دلی

Frankincense : *n*. (frank-in-sens) benzoin लोबान لوبان

Fratic : *adj*. (fran-tik) wildly excited; frenzied उत्तेजित; उग्र مضطرب؛ بدحواس؛ پاگل

Frater : *n*. (frayt-er) brother; companion भाई; साथी بھائی؛ ساتھی

Fraternal : *adj*. (fra-ter-nel) brotherly भाईचारे का; भ्रात्रीय برادرانہ؛ بھائی چارے کا

Fraternity : *n*. (-ni-ti) brotherly feeling; society of men with similar interest बन्धुता; भाईचारा; भ्रातृसंघ اخوت؛ بھائی چارا؛ برادری

Fraud : *n*. (frawd) criminal deception छल; धोखा; कपट دھوکا؛ دغا؛ فریب؛ فراڈ

Free : *adj*. (fri) independent; self governing; unrestricted; unlimited; without payment स्वतंत्र; आज़ाद; मुफ़्त;

मुक्त آزاد؛ خود مختار؛ بے قید و بند؛ پابندیوں سے آزاد؛ لامحدود؛ مفت؛ فری

Free booter : *n.* robber डाकू; लुटेरा راہ زن؛ ڈاکو؛ لٹیرا

Free hand : *adj.* done without the help of ruler etc. केवल हाथ से खिंचा हुआ صرف ہاتھ سے کھنچا ہوا

Free hand : *n.* freedom of act स्वतन्त्रता آزادی

Free lance : *adj.* journalist not on the staff of a periodical स्वतन्त्र पत्रकार غیر ملازم صحافی

Free man : *n.* one who is not slave आज़ाद آزاد

Free mason : *n.* member of a secret (mainly christian) society फ्री-मेसन فری میسن

Free thinker : *n.* rationalist नास्तिक; स्वतंत्र دہریہ؛ آزاد خیال

Free thought : *n.* rationalism नास्तिकता; आज़ाद ख़्याली آزاد خیالی

Free will : *n.* power of directing one's efforts स्वेच्छा اختیار

Freedom : *n.* being free; liberty आज़ादी; स्वतन्त्रता آزادی؛ حریت

Freez : *v.* (freez) to turn from fluid or liquid into solid; stiffen जमना; अकड़ जाना منجمد ہونا یا کرنا؛ اکڑ جانا یا سخت ہو جانا

Freight : *n.* (fret) rent; load; cargo शुल्क; भाड़ा; भार; (जहाज़ी) माल کرایہ؛ بھاڑا؛ بوجھ؛ کارگو؛ جہازی مال

French : *n.* (fren-ch) one who belongs to France फ्रांसीसी فرانسیسی

French chalk : *n.* soap-stone; silica; talc सेलख़ड़ी; खड़िया मिट्टी سیلکھڑی؛ کھڑیا مٹی

Frenzied : *adj.* (fren-zid) mad; senseless पागल; उन्मत पاگل؛ مخبوط الحواس

Frenzy : *n.* (fren-zi) madness पागलपन پاگل پن

Frequency : *n.* (free-kwen-si) repeated occurence प्रायिकता; बारम्बारता بار بار ہونا؛ کثرت وقوع

Frequent : *adj.* (-kwent) happening often; constant; fast बारंबार होने वाला; निरन्तर; तीव्र اکثر ہونے والا؛ کثیر الوقوع؛ اکثر؛ لگاتار؛ تیز

Frequently : *adv.* oftenly; regularly बारंबार اکثر؛ باقاعدگی سے

Fresh : *adj.* (fraysh) new; not tired; not stale; vigorous ताज़ा; नवीन; हरा-भरा; चुस्त; फुरतीला تازہ؛ نیا؛ تازہ دم؛ ہرا بھرا؛ چست؛ پھرتیلا

Freshman/ Fresher : *n.* first year student नया विद्यार्थी (کالج کا) پہلے سال کا طالب علم

Fret : *v.* (freth) to irritate; to chafe चिढ़ाना; तंग क.; खीजना; कुढ़ना; परेशान क. چڑانا؛ غصہ دلانا؛ پریشان کرنا؛ دق کرنا

Friable : *adj.* (fri-bel) crisp; dry and powdery भुरभुरा; करारा بھربھرا؛ خستہ؛ کرارا

Friction : *n.* (frik-shen) conflict; bad feeling caused by different of opinion; rubbing खिंचाव; मनमुटाव; रगड़ کھینچاؤ؛ اختلاف؛ کشمکش؛ رگڑ

Friday : *n.* (fri-di) day following Thursday शुक्रवार; जुमा جمعہ؛ آدینہ

Friend : *n.* (frend) companion; intimate companion; supporter; sympathiser मित्र; समर्थक; शुभचिन्तक دوست؛ یار؛ رفیق؛ ہمدرد؛ معاون

Friendship : *n.* being friends मित्रता دوستی

Fright : *n.* (frit) sudden and violent fear भीति; आतंक ڈر؛ آتنک

Frighten : *v.* (fri-ten) to fill with fright or fear भयभीत क.; डराना; दहलाना ڈرانا؛ دہلانا؛ دھمکانا

Frightful : *adj.* horrible डरावना; भयंकर خوفناک؛ ڈراؤنا؛ بھیانک

Frigid : *adj.* (fri-jid) very cold; apathetic; stiff; sexually cold शीत; भावहीन; निमर्द; रूखा ٹھنڈا؛ سرد؛ بے حس؛ روکھا؛ نامرد

Frigidity : *n.* (fri-jid-i-ti) being frigid; unfriendlyness ठंडापन; रूखापन ٹھر؛ ٹھنڈاپن؛ سردمہری

Frill : *n.* (fri-ll) festoon; fringe झालर جھالر

Fringe : *n.* (frinj) ornamental border; edge झब्बा; किनारा جھالر؛ کنارا

Frippery : *n.* (frip-ri) ostentation; pompousness तड़क-भड़क; ठाट बाट ٹرک بھڑک؛ شان وشوکت

Frisik : *n.* (frisik) gambol; hopping and jumping उछल कूद; कलेल اچھل کود؛ کلیل

Fritter : *v.* (frit-er) to destroy नष्ट क. برباد کرنا

Frivolity : *n.* (fri-vol-i-ti) being frivolous; something not serious चपलता; छिछोरापन بیہودگی؛ غیرسنجیدگی؛ چھچھوراپن

Frivolous : *adj.* (friv-o-lus) foolish; not serious तुच्छ; छिछोरा; ओछा; चंचल بیہودہ؛ غیرسنجیدہ؛ چھچھورا؛ اوچھا؛ چنچل

Frog : *n.* (frog) tode; small well known animal able to live in both water and land मेंढक مینڈک؛ مینڈکی

Frogman : *n.* underwater soldier गोताख़ोर غوطہ خور؛ آبدوزی سپاہی

Frolic : *n.* (fro-lik) gay party; merry making; lively play अमोद-प्रमोद; कलेल; कूद-फाँद بزمِ طرب؛ رنگ رلیاں؛ پرلطف کھیل؛ کود پھاند

Frolic : *v.* to gambol उछल कूद क.; कूद-फाँद क. اچھل کود کرنا؛ کودنا پھاندنا

Frolicsome : *adj.* mirthful and sportive चंचल; ज़िंदादिल دل لگی باز؛ چنچل؛ زندہ دلی

From : *prep.* sent by से کی طرف سے؛ از طرف؛ منجانب

Frond : *n.* (frond) leave; letter पत्ता; पत्र پتا؛ خط

Front : *n.* (frunt) foremost part; outer part; seen of actual fighting in war अग्र भाग; सामना; अगाड़ी मोरचा بیرونی حصہ؛ محاذِ جنگ

Frontage : *n.* (frunt-ij) extent of land or building along its front सामने का स्थान; अगाड़ी سامنے کا حصہ؛ سامنا؛ پیش؛ ماتھا

Frontal : *adj.* (frun-tel) on or to the front; of the front अगाड़ी; सामने का آگے؛ سامنے؛ آگے والا؛ سامنے والا

Frontier : *n.* (front-i-er) part of a country bordering on another सीमा; सरहद سرحد؛ حد

Frontiers : *n.* (pl.) boundaries सरहदें سرحدیں

Frontlet : *n.* (frunt-lit) forehead माथा ماتھا؛ پیشانی

Frost : *n.* (front) see Frigidity

Frost-bite : *n.* damaging effect of

frost हिमदाह پالے سے عضو مارا جانا

Frosty : *adj*. (fros-ti) freezing; covered with frost; cold; old बहुत ठण्डा; रुखा; बूढ़ा; वृद्ध منجمد؛ پالے سے ڈھکا ہوا؛ سرد لہرانہ؛ بوڑھا

Froth : *n*. (froth) (1)foam (2)rubbish (1)झाग; फेन (2)रद्दी चीज़ें या बातें (۱)جھاگ؛ کف (۲) بے کار چیزیں یا باتیں

Frou-frou : *n*. rustle सरसराहट سرسراہٹ

Frounce : *n*. (frauns) to adorn with plaits झुर्री पड़ना شکن ڈالنا

Frown : *n*. (froun) scowl भ्रभंग; तेवर تیوری؛ کڑے تیور

Frown : *v*. to scowl; to wrinkle up one's forhead; to rebuke त्योरी चढ़ाना; भौहें चढ़ाना; अप्रसन्नता प्रकट क.. تیوری چڑھانا؛ بھویں چڑھانا؛ ناراضگی ظاہر کرنا

Frowing : *adj*. scowling घूरते हुए گھورتے ہوئے؛ چیں بجیں ہوکر

Frowzy : *adj*. (frouz-i) dirty; filthy; muddy गँदला; मैला گندہ؛ گدلا؛ میلا

Froze : *v*. (frouz) past participle of freeze जमा हुआ جما ہوا

Frozen : *adj*. no longer fluid जमा हुआ جما ہوا؛ جمایا ہوا

Fructify : *v*. (fruk-ti-fi) to bear fruit; to make fruitful; to fertilize फलना; फलदार बनाना; उपजाऊ बनाना پھلنا؛ بارآور ہونا؛ بارآور کرنا

Frugal : *adj*. (froo-gel) thrifty; costing little मिताहारी; मितव्ययी; सस्ता کفایت شعار؛ کم خرچ؛ سستا؛ کفایتی

Frugality : *n*. (-i-ti) being thrifty; sparing use मिताहारिता; किफ़ायत; मिताव्ययिता; कम ख़र्ची کفایت شعاری؛ کم استعمال

Fruit : *n*. (froot) edible part of certain trees; profit; gain; result फल; लाभ; आय; परिणाम پھل؛ میوہ؛ نفع؛ فائدہ؛ آمدنی؛ نتیجہ

Fruitful : *adj*. producing good results; producing fruits; profitable फलवान; लाभदायक بارآور؛ نتیجہ خیز؛ پھلدار؛ فائدہ مند

Fruitfulness : *n*. being fruitful फलवान होना بارآور ہونا

Fruition : *n*. (froo-i-shen) realization (of plan) सफलता تکمیل؛ حصول؛ کامیابی

Frump : *adj*. (frump) coarse-grained; sloven; unmannerly फूहड़ پھوہڑ؛ بدسلیقہ

Frustrate : *v*. (frus-trayt) to disappoint; to defeat हतोत्साह क..; विफल क..; मात देना مایوس کرنا؛ ناکام بنانا؛ محروم کرنا

Frustration : *n*. (-tray-shen) defeat; disappointment आशभंग; हार; पराजय شکست؛ مایوسی؛ محرومی

Frutex : *n*. (froot-eks) shrub; bush झाड़ी; छोटी झाड़ी جھاڑی؛ چھوٹی جھاڑی

Fry : *v*. (fri) cooked in oil, fat etc. तलना تلنا

Fry : *n*. young fish मछली के बच्चे; चारा مچھلی کے بچے؛ چارا

Frying pan : *n*. utencil used for frying कड़ाही فرائی پین؛ کڑھائی

Fuddle : *v*. (fud-el) to make tipsy मतवाला बनाना متوالا بنانا

Fudge : *n*. (jodz) twaddle; gabble; tattle; make up story बकवाद; अनाप शनाप; गप; झूटी कहानी لغویات؛ بکواس؛ جھوٹا قصہ

Fuel : *n*. (fi-uel) firewood; anything

for buring; petrol; the matter of heat इन्धन; जलावन ایندھن؛ پٹرول

Fugitive : *n*. (few-ji-tiv) traunt भगोड़ा بھگوڑا (آدمی)؛ فرار ہوجانے والا

Fugitive : *adj*. unsteady; flying; running away भगोड़ा; फ़रारी بھاگ جانے والا؛ بھگوڑا؛ فراری؛ فرار ہونے والا

Fulcrum : *n*. (ful-krun) support of lever आधार; टेक ٹیک؛ بنیاد؛ نصاب

Fulfil : *v*. (ful-fil) to accomplish; to carry out पूरा क..; सम्पूर्ण क.. پورا کرنا؛ انجام دینا؛ تکمیل کرنا؛ تعمیل کرنا

Fulfilment : *n*. accomplishment; carrying out पूर्ति; पालन تعمیل؛ تکمیل؛ حصول

Fulgency : *n*. (ful-dzensi) splendour चमक; रोशनी چمک؛ روشنی

Fulgurate : *v*. (ful-gew-rayt) to flash; to glitter कौंधना کوندھنا؛ چمکنا

Fulguration : *n*. (-shen) a flash; a sudden trail of brilliant light; momentry glitter कौंध; अचानक; चमक کوندھ؛ اچانک چمک؛ کڑک

Full : *adj*. (ful) filled; complete; of its maximum strength पूर्ण; पूरा; भरा हुआ; भरपूर بھرا ہوا؛ مکمل؛ بھرپور

Fully : *adj*. (ful-i) completely; exactly पूर्णयता; भरपूर; पूरा-पूरा پوری طرح؛ بالکل؛ پورا پورا

Fullness/Fulness : *n*. being full पूरा होना پورا ہونا

Fuller : *n*. (ful-er) washerman धोबी دھوبی

Fulminate : *v*. (ful-mi-nayt) to thunder गरजना; कौंधना; कड़कना گرجنا؛ کوندھنا؛ کڑکنا

Fulsome : *adj*. (fal-sam) offensive अरूचि; घृणित ناگوار

Fumble : *n*. (fa-mb-el) to grope about टटोलना; गड़बड़ कर देना ٹٹولنا؛ الٹ پلٹ کرنا

Fume : *n*. (fewm) adorous smoke or vapour धूर्म; धुआँ دھونی؛ بخارات

Fulmigate : *v*. (fewm-i-gayt) to smoke; to disinfect by means of fumes धूमीकरण دھونی دینا؛ دھواں دینا

Fun : *n*. (fun) mirth; amusement कौतुक; दिल्लगी دل لگی؛ تفریح

Function : *n*. (funk-shen) special activity; office or public ceremony; business कार्य; व्यापार; कर्तव्य; समारोह; उत्सव تقریب؛ فرضِ منصبی؛ مقصد؛ کام؛ عہدہ؛ بزنس

Functionary : *n*. (-e-ri) official अधिकारी اہلکار

Fund : *n*. (fund) money; stock; capital निधि; भण्डार; पूंजी فنڈ؛ مالی وسائل؛ پونجی؛ سرمایہ

Fundamental : *adj*. (fund-e-ment-el) basic; primary पारम्भिक; मौलिक بنیادی؛ ابتدائی

Funeral : *n*. (feun-e-rel) the solemnization of a burial; last rites including burial procession दाह संस्कार; क्रिया تجہیز و تکفین؛ تدفین

Fungus : *n*. (fun-gus) fungus; mushroom फफूँद; खुमी پھپھوندی؛ مشروم

Funnel : *n*. (fun-el) the hallow of a chimney; outlet for smoke चिमनी چمنی؛ دودکش

Funniment : *n*. (fun-i-ment) joke मज़ाक़ مذاق

Funny : *adj*. (fun-i) silly; laughable

हास्यकर; मज़ाकिया مضحکہ خیز؛ احمقانہ

Fur : *n.* (fer) soft kind wool; the soft hairy skin of animals लोम; समूर پوستین؛ فر؛ نرم بال (جانور کے)؛ پشم؛ سمور

Furs : *n.* (pl.) (furz) cloths made with fur लोम से बने वस्त्र پشمینہ؛ فر سے بنے کپڑے

Furbelow : *n.* (fer-bi-lo) golden or silver lace गोटा گوٹا

Furbish : *v.* (fer-bish) polish चमकना; माँजना چمکانا؛ مانجھنا

Furious : *adj.* (few-ri-us) violent प्रचण्ड غضبناک

Furl : *v.* (ferl) to roll up; to draw up लपेटना; तह क.; समेटना لپیٹنا؛ تہہ کرنا؛ سمیٹنا

Furlong : *n.* (fer-long) furlong फरलांग فرلانگ

Furlough : *n.* (fer-loh) temporary leave of absense छुट्टी; घर जाने के लिए कुछ समय का अवकाश (सिपाहियों का) فرلو؛ لمبی چھٹی؛ سپاہیوں کی لمبی رخصت

Furnace : *n.* (far-nes) large over; enclosed fire place भट्टी; अग्निकुण्ड بھٹی

Furnish : *v.* (fer-nish) to supply; to decorate with furniture जुटाना; सज्जित क.; उपस्कृत क. مہیا کرنا؛ ساز و سامان سے آراستہ کرنا؛ فرنیچر لگانا

Furnishings : *n.* (pl.) fittings साज़ सामान ساز وسامان

Furniture : *n.* (fer-ni-cher) moveable items of house गृह सजावट सामग्री ساز و سامان؛ میز کرسی وغیرہ

Furore : *n.* (few-er-rar-e) enthusiasm; excitement जोश; उमंग جوش؛ امنگ

Furrow : *n.* (fer-roh) long cut made by plough; wrinkle हल रेखा; झुर्री ہل کی لکیر؛ لکیر؛ ہلائی؛ شکن؛ جھرّی

Further : *adj.* (fer-ther) more; forward और; अधिक; अगला اور؛ آگے؛ اگلا

Further : *adv.* more distant और आगे اور آگے: دور؛ آگے

Further : *v.* to push forward बढ़ाना; प्रोत्साहन देना ترقی دینا؛ بڑھانا

Furtive : *adj.* (fer-tiv) done by stealth; thievish; shy; clandestine गुप्त; चोरी का چوری کا؛ مسروقہ؛ عیارانہ؛ مخفی؛ خفیہ

Fury : *n.* (few-ri) wild rage; madness क्रोध; पागलपन طیش؛ غضبناکی؛ پاگل پن

Fuse : *v.* (fewz) to melt; to be broken पिघलाना; गलाना پگھلنا؛ پگھلانا؛ فیوز ہونا

Fuss : *n.* (fus) flurry; noise शोर-गुल; कोलाहल; खलबली شور وغل؛ بھگدڑ؛ ہلچل؛ ہنگامہ؛ شور وغوغا؛ کھلبلی

Futile : *adj.* (few-til) useless; worthless व्यर्थ; तुच्छ; फ़िजूल بیکار؛ فضول؛ ناکارہ؛ بے فائدہ

Futility : *n.* (few-ti-li-ti) worthlessness; uselessness व्यर्थता ناکارہ

Future : *n.* (few-cher) time to come; porspects; coming after the present भविष्य; भविष्यकाल مستقبل؛ آئندہ؛ آنے والا زمانہ یا دور؛ مواقع؛ امکانات

Fuzz : *n.* (fuz) small and soft hair on the body रूआँ رُواں

G

G : *n*. (jee) seventh letter of English alphabet which has the hard sound equivalent to urdu alphabet گ except before e or i when it has the soft sound jee अंग्रेज़ी वर्ण माला का सातवाँ अक्षर جی، انگریزی حروفِ تہجی کا ساتواں حرف

Gab : *v*. (gab) talk idly बक बक क.. بک بک کرنا؛ بکواس کرنا

Gab : *n*. talk; gift of the gap; prattle बक बक; बकवास گفتگو؛ گفتگو کا سلیقہ؛ بکواس

Gabble : *n*. (gay-bel) muttering; murmuring बड़बड़ाहट; बड़बड़ाना بڑبڑاہٹ؛ بڑبڑانا

Gabby : *n*. (gab-i) muttering; murmuring बक्की; बड़बड़िया بکّی؛ بڑبڑیا

Gaberdine : *n*. (gay-ber-din) a gown; a heavy overall लबादा لبادہ؛ گاؤن

Gaby : *n*. (gab-i) owl; foolish उल्लू; बुद्धू اُلو؛ بیوقوف

Gad : *v*. (gadd) go about idly फिरना; भटकना سرگشتی کرنا؛ پھرنا

Gadget : *n*. (gaj-et) a small useful contrivance छोटा सा उपयोगी यन्त्र چھوٹا سا مفید آلہ

Gaff : *n*. (gayf) a lance; spear बरछा; भाला برچھا؛ بھالا

Gag : *n*. (gag) something put in one's mouth; restraint मुँह में ठोसने का कपड़ा; ढाटा منہ میں ٹھونسنے کا کپڑا؛ ڈھاٹا

Gage : *n*. (gayj) bail; surety; gurantee; challenge ज़मानत; चुनौती ضمانت؛ چیلنج

Gaiety : *n*. (gay-i-ti) cheerfulness; merriment प्रसन्नता; आनन्द; प्रमोद خوشی؛ شادمانی

Gain : *v*. (gayn) to get; to be victorious; to make or become better; advance पाना; प्राप्त क.; जीतना; बढ़ना پانا؛ حاصل کرنا؛ فتح کرنا؛ بہتر بنانا یا ہونا؛ بڑھنا

Gain : *n*. profit; benefit; thing gained लाभ; नफ़ा; वृद्धि نفع؛ منافع؛ فائدہ؛ حاصل شدہ چیز

Gainsay : *v*. (gain-say) to deny; to contradict; to oppose विरूद्ध कहना या करना خلاف کہنا؛ اختلاف کرنا؛ مخالفت کرنا

Gait : *n*. (gay-te) manner of walking चाल; ढंग; चाल-ढाल چال ڈھال؛ ڈھنگ

Gala : *n*. (gay-le) public merry making; festivity उत्सव; त्योहार جشن؛ ضیافت

Galaxy : *n*. (gal-ak-si) the milky way आकाशगंगा; मंदाकिनी کہکشاں

Gale : *n*. (gayl) strong wind झक्कड़ سخت آندھی؛ جھکڑ؛ تند ہوا کا جھونکا

Gall : *n*. (gawl) bile पित्त پت؛ صفرا

Gall bladder : *n*. part of body containing gall पित्ता پتہ؛ زہرہ

Gallant : *adj*. (gal-ant) brave; showy; amorous; attentive to women शूरवीर; भड़कीला; नारीसेवापरायण دلیر؛ جانباز؛ بھڑکیلا؛ عاشقانہ؛ نظرباز

Gallantry : *n*. bravery; sexual immorality in men वरिता; दिलेरी; नारीभक्ति بہادری؛ دلیری؛ نظربازی

Galleon : *n*. (gal-i-on) ship; a big vessel to sail on sea जहाज़ جہاز

Gallery . *n*. (gal-e-ri) art salon; corridor; lowest class in theatre गैलरी;

दर्शक-वृन्द تصویر خانہ؛ گیلری؛ برآمدہ؛ غلام گردش؛ کوریڈور

Art gallery : *n.* art exhibit place कला भवन تصویر خانہ

Play to the gallery : *ph.* to play with passions जनता के जज़्बात से खेलना عوام کے جذبات سے کھیلنا

Galley : *n.* (gal-i) kitchen; galley proof in printing छपाई में गेली प्रूफ़ باورچی خانہ؛ گیلی پروف

Galliard : *n.* (gae-lia-rd) a gay; brisk man बांका पुरूष زندہ دل آدمی

Galligaskins : *n.* (gali-gas-kinz) pajama पाजामा پاجامہ

Gallimaufry : *n.* (gali-manf-ri) hotch-potch; a preparation of rice and pulse boiled together खिचड़ी کھچڑی

Gallipot : *n.* (gali-pot) a jar मरतबान مرتبان

Gallivant : *v.* (gali-vant) to wander आवारागर्दी क. آوارہ گردی کرنا

Gallon : *n.* (gal-on) liquid measure of 8 pint गैलन; आढ़क گیلن؛ تقریباً پانچ سیر

Galloon : *n.* (ga-loon) a lace; ribbon; tape; strap; shoelace; fillet फ़ीता; लैस فیتہ؛ لیس؛ بیل

Gallop : *v.* (gal-up) to move fast; race सरपट दौड़ना या दौड़ाना سرپٹ دوڑنا یا دوڑانا؛ ریس لگانا

Gallows : *n.* (gol-ohz) wooden framwork for hanging criminals फाँसी; फाँसी का तख़्ता پھانسی؛ پھانسی کا تختہ

Galore : *adv.* (gal-ohr) (things) in plenty; to much बहुत; अधिक; ढेर सा بہت؛ بہت زیادہ؛ ڈھیر سا

Galvanize : *v.* (gal-ve-niz) to coat (iron sheet etc. with zink etc.) by galvanism; to encourage जस्ता या क़लई चढ़ाना; उत्तेजित क. قلعی کرنا یا چڑھانا؛ ہمت دلانا

Gamble : *v.* (gam-bel) to play for money; play games of chance जुआ खेलना جوا کھیلنا؛ قمار بازی کرنا؛ جوئے بازی کرنا

Gambler : *n.* one who gambles जुआरी; घूतकर جواری؛ قمار باز؛ جوئے باز

Gambling : *n.* game of chance; yoke जुआ جُوا

Gamboge : *n.* (gam-bo-ohz) gum; wood gum गोंद گوند

Gambol : *v.* (gam-bel) to skip; to prank; to frisk उछल कूद क. اچھلتے کودتے پھرنا؛ کلیلیں کرنا؛ اچھلنا کودنا

Game : *n.* (gaym) sports; playful contest खेल کھیل؛ ورزشی کھیل؛ مقابلہ جاتی کھیل

Gamma rays : *n.* (gam-e-rays) X-rays of short wave length गामा किरण گاما شعائیں؛ چھوٹی ایکسرے

Gammer : *n.* (gam-mer) old woman बुढ़िया بڑھیا

Gammon : *n.* (gay-men) a leg; foot; thigh टाँग; पैर; जांघ ٹانگ؛ پیر؛ جانگھ

Gammon : *v.* (gay-men) to hoax; to fasten जल देना; बाँधना پانی دینا؛ باندھنا

Gander : *n.* (gan-der) male goose; fool हंस; बुद्धू; सीधा ہنس؛ بیوقوف؛ سادہ لوح؛ سیدھا سادا

Gang : *n.* (gang) a group; a band; a group of workers or labourers etc. दल; गिरोह; समूह جھنڈ؛ گروپ؛ گروہ؛ ٹولی؛ دستہ

Gangster : *n.* (gang-ster) member of

criminal gang डाकू مجرم ڈاکو؛ ڈکیت؛ جرائم پیشہ

Gaol : *n.* (jayl) prison; a place of confinement क़ैदखाना; जेल; कारागार جیل؛ قیدخانہ؛ محبس

Gaol-bird/ Jail-bird : *n.* habitual criminal आदी मुजरिम عادی مجرم

Gaoler : *n.* jailer; one incharge of gaol कारापाल داروغۂ جیل

Gap : *n.* (gayp) breach; wide separation of ideas छेद; दराज़; दरार; घाटी شگاف؛ دراڑ؛ فرق تباین

Gape : *v.* (gayp) to open the mouth wide; to yawn मुँह फाड़ना; मुँह फैलाना; मुँह फाड़ कर देखना; जँमाई लेना منہ پھاڑنا؛ منہ پھیلانا؛ منہ پھاڑ کر دیکھنا؛ جمائی لینا

Garage : *n.* (ga-rij/ ga-rahzh) place for storage of motor vehicels गैरज گراج؛ موٹرخانہ

Garb : *n.* (gahrb) dress पहनावा; वेशभूषा لباس؛ پوشاک؛ پہناوا

Garbage : *n.* (garb-ij) reject material; waste material; rubbish कूड़ा; कूड़ा कचरा; मैला کوڑا کرکٹ؛ غلاظت؛ میلا؛ گندگی

Garden : *n.* (gahr-den) public park; small garden in a house बाग़; बगीचा; वाटिका گلستاں؛ چمن؛ گلزار؛ باغ؛ باغیچہ؛ گلشن

Gardener : *n.* one who employed to look after a garden माली باغبان؛ مالی

Gardening : *v.* horticulture बाग़बानी باغبانی

Gargle : *v.* (gahr-gel) gurgle liquid in the throat कुल्ला क.; गरारे क. غرارے کرنا؛ کلی کرنا

Gargoyle : *n.* (garga-il) gutter; kennel; drain pipe परनाला پرنالا

Garish : *adj.* (gar-ish) showy; bright; glittering भड़कीला; चटकीला; चमकीला بھڑکیلا؛ چٹکیلا؛ چمکیلا

Garland : *n.* (gahr-land) circle of flowers or leaves used for decoration माला; गजरा ہار (پھولوں کا)؛ گجرا

Garlic : *n.* (gahr-lik) onion like plant whose bulb is used in cooking लहसुन لہسن

Garment : *n.* (gahr-ment) any article of clothing कपड़ा; वस्त्र کپڑا؛ لباس

Garnish : *v.* (gahr-nish) to decorate सजाना; अलंकृत क. سجانا؛ سنوارنا

Garnishment : *n.* (-ment) decoration सजावट سجاوٹ

Garrison : *n.* (ga-ri-son) soldiers to defend the fort रक्षकसेना قلعہ کی محافظ فوج

Garrulity : *n.* (ga-rew-li-ti) talkativeness बातूनीपन باتونی پن

Garrulous : *adj.* (-lus) talkative (person) बातूनी باتونی

Garter : *n.* (gahr-ter) band worn round the lege to keep socks or stocking in place गेटिस; मोज़ा-बन्द گیٹس؛ موزہ بند

Gas : *n.* (gass) any air like vapour; coal gas used for cooking गैस; कोयले की गैस گیس؛ کوئلے کی گیس؛ زغالی گیس

Gascon : *adj.* (gas-kon) boastful शेख़ीबाज़ شیخی باز

Gaseous : *adj.* (gas-i-us) of or like gas गैसीय گیس کا (سا)؛ گیس دار

Gash : *n.* (gaysh) deep cut or wound गहरा घाव گہرا زخم

Gasification : *n.* production of gas

from coal गैसीकरण کوئلہ یا معدنی گیس بنانا؛ گیس سازی

Gasolene : *n.* (gas-o-leen) petrol गैसोलिन پٹرول

Gasp : *v.* (gasp) to pant for breath हाँपना; साँस फूल जाना ہانپنا؛ سانس پھول جانا

Gasper : *n.* (gas-per) cheep cigrett सस्ता सिगरेट سستا سگریٹ

Gastric : *adj.* (gas-trik) of stomach उदर सम्बन्धी معدے کا؛ معدی؛ متعلقہ معدہ

Gate : *n.* (gayt) barred opening in a wall फाटक; द्वार پھاٹک؛ دروازہ؛ گیٹ

Gate crash : *v.* entring daringly without permission अनामंत्रित अतिथि درّانہ چلے آنا؛ بلا اجازت اندر گھس آنا

Gate keeper : *n.* a guard; a watchman चौकीदार چوکیدار

Gateway : *n.* the way through a gate फाटक; रास्ता پھاٹک کا راستہ؛ گزرگاہ

Gather : *v.* (gadh-er) to get come or bring together; to collect एकत्र क. या होना; जमा क. اکٹھا ہونا یا کرنا؛ جمع ہونا

Gathering : *n.* meeting; nammed margin; crowd सभा; भीड़; चुनट اجتماع؛ بھیڑ؛ چنٹ

Gauche : *adj.* (gosh) mannerless; shapeless फूहड़; भद्दा پھوہڑ؛ بھدّا

Gaud : *n.* (go-ad) ornament; finery आभूषण; सजावट का सामान زیور؛ کھلونا

Gaudily : *adj.* splendidly मान से; आन बान से آن بان سے

Gauge : *n.* (gayj) standard measure माप; नाप ناپ؛ پیمانہ

Gauge : *v.* to measure the contents of a vessel मापना ناپنا

Gaunt : *adj.* (go-ant) lean; thin; weak दुबला; पतला; मरयल لاغر؛ دبلا؛ پتلا؛ کمزور

Gauntlet : *n.* (gawnt-let) an iron glove for defence लोहे का पंजा فولادی دستہ؛ آہنی دستانہ

Gauze : *n.* (gawz) thin transparent net like material जाली; गाज جالی؛ گاج

Gauzy : *adj.* meshed; fitted with grating जालीदार جالی دار

Gawk : *adj.* (gok) silly; foolish; stupid बुद्धू; गावदी بیوقوف؛ بدھو؛ گاؤدی

Gawky : *adj.* unsystematic, disorderly; silly बेढंगा; भोंडा; भद्दा; फूहड़ بے ڈھنگا؛ بھونڈا؛ بھدا؛ بیوقوف؛ پھوہڑ

Gave : *v.* (gayv) past tense or past participle of give दिया دیا

Gay : *adj.* (gay) cheerful; merry; full of fun प्रफुल्ल; खुश; ज़िंदादिल خوش؛ شادماں؛ مسرور؛ دلشاد؛ زندہ دل؛ ہنس مکھ

Gaze : *n.* (gayz) long and steady look घूरना; टिकटिकी; ताक ٹکٹکی؛ غور کی نظر؛ گھورنا

Gazebo : *n.* (gay-zi-bo) a tower; turret बुर्ज برج؛ مینار

Gazelle : *n.* (ga-zel) small and graceful antelope चिकारा غزال

Gazette : *n.* (ga-ze-t) gazette; an official periodical with Government notification राजपत्र; गज़ट گزٹ؛ اعلامیہ

Gazetted : *adj.* published in gazette; officer whose appointment is published in gazette राजपत्रित گزٹ شدہ؛ گزیٹیڈ

Gazetteer : *n.* (ga-zi-tee-er) geographical dictionary भूगोल कोश;

गज़ेटियर جغرافیائی فرہنگ: گزیٹیر

Gear : *n.* (gee-er) furniture; particular equipment; set for toothed wheels; system which control power and speed साज़ सामाना; गियर ساز و سامان؛ گیئر؛ دندانے دار چکر

Gecko : *n.* (gay-ko) lizard छिपकली چھپکلی

Geese : *n.* (gees) a swan हँस ہنس

Gehenna : *n.* (gi-hen-a) a hell नरक جہنم؛ دوزخ

Geisha : *n.* (gay-she) a female dancer नर्तकी رقاصہ

Gelatine : *n.* (ge-le-teen) glue सरेस سریش؛ گوند

Gelid : *adj.* (jel-id) frozen; cold बर्फ़ के समान; ठंडा; जमा हुआ یخ بستہ؛ ٹھنڈا؛ برف کی طرح ٹھنڈا؛ جما ہوا

Gem : *n.* (jem) precious stone; jewel मणि; रत्न قیمتی پتھر؛ گوہر

Gemini : *n.* (jem-i-nie) the third sign of zodiac मिथुन جوزا؛ متھن

Gendarme : *n.* (zhend-ahr-m) (French) armed policeman सशस्त्र पुलिसमैन مسلح سپاہی

Gender : *n.* (jen-der) class according to sex लिंग; व्याकरण का जाति विभाग جنس؛ تذکیر و تانیث

General : *adj.&n.* (jen-e-rel) common; briefly comprising all; an army rank साधारण; सामान्य; सार्वजनिक; जनरल; सेनापति عام؛ معمولی؛ مجمل؛ جرنیل؛ سپہ سالار

General secretary/ Secretary General : *n.* chief secretary जनरल सेकरेट्री معتمد عمومی؛ جنرل سکریٹری

Generality : *n.* (-li-ti) general statement; general rule सामान्य बात; सामान्य नियम عام بات؛ قاعدہ کلیہ

Generalize : *v.* (gen-e-ra-liz) to draw general conclusion सामान्य नियम का रूप देना; सामान्य परिणाम निकालना عمومی نتائج اخذ کرنا؛ عام اصول بنالینا یا قرار دینا

Generally : *adv.* (-rali) usually; collectively; commonly सामान्यता; प्रायः; व्यापक रूप से عام طور پر؛ عموماً؛ مجموعی طور پر

Generate : *v.* (jen-e-rayt) to make; to produce उत्पन्न क.; बनाना بنانا؛ پیدا کرنا

Generation : *n.* (-shen) age-group; generating पीढ़ी; पुश्त; उत्पादन; उत्पत्ति نسل؛ پیڑھی؛ پشت؛ پیدا کرنا؛ پیدائش

Generator : *n.* machine for generating electricity जनरेटर; विद्युत जनक यन्त्र या मशीन جنریٹر؛ برق آفریں

Generosity : *n.* (jen-e-ros-i-ti) nobility of mind; being generous; liberality उदारता; दानशीलता; सज्जनता سخاوت؛ فیاضی؛ کریم النفسی

Generous : *adj.* (jen-e-rus) liberal; ready to give freely; munificent दानी; दाता فیاض؛ سخی

Genesis : *n.* (jen-e-sis) beginning; creation प्रारम्भ; उत्पादन آغاز؛ پیدائش؛ تخلیق

The book of genesis : *n.* the first book of the Bible पहली पुस्तक; उत्पत्ति ग्रन्थ توریت کا پہلا باب؛ کتاب پیدائش؛ کتابِ تخلیق

Genial : *adj.* (jee-ni-el) sympathetic; sociable; gay; happy आनन्ददायक; हृदयग्राही; हँसमुख; सामाजिक; मिलनसार ہمدرد؛ غمگسار؛ ملنسار؛ خوش مزاج؛ دلکشا؛ خوش دل

Genie : *n.* (jee-ni) sprite; jinnee जिन; जिन्न جن

Genitive : *n.&adj.* (jen-i-tiv) possesive सम्बन्धकारक حالتِ اضافی

Genius : *n.* (jee-ni-us) exceptional ability; intellect; a man having extraordinary power प्रतिभा; प्रवृत्ति; विशिष्टता عظیم ذہانت؛ غیر معمولی ذہانت

Genocide : *n.* (jen-o-sid) massacre of a whole group of another जातिसंहार نسل کشی

Genteel : *adj.* (jen-teel) stylish; very polite भद्र; कुलीन; बना ठना مہذب؛ شائستہ؛ بنا ٹھنا؛ جیالا؛ بے حد شریف؛ متواضع

Gentile : *n.&adj.* (jen-til) non-Jewish (person) ग़ैर-यहूदी غیر یہودی

Gentle : *adj.* (jen-tel) soft; mild; well-born; amiable धीमा; मन्द; कोमल; सौम्य; कुलीन نرم؛ دھیما؛ نیک طبع؛ شریف؛ عالی خاندان

Gentle-man : *n.* good-mannered person सज्जन شریف؛ نیک؛ بھلا مانس

Gentle-man's agreement : *n.* agreement binding only in honour सौम्यता से किया गया समझौता شریفانہ معاہدہ

Gentlemanly : *adj.* good mannered सौम्यता شریفانہ

Gentleness : *n.* amiability कोमलता; सौम्यता شرافت؛ نیک طبعی؛ نیک خصلت

Gentry : *n.* (jent-ri) gentlemen as a class कुलीन वर्ग; आर्य लोग شرفاء کا طبقہ؛ رؤسا

Genuine : *adj.* (jen-u-in) true; real; authentic; sincere यथार्थ; वास्तविक; शुद्ध; प्रमाणिक خالص؛ اصلی؛ سچا؛ دراصل

Genuinely : *adv.* truly; really; sincerely वास्तविकता से; असली में سچ مچ؛ دل سے؛ بے بناوٹ

Genus : *n.* (jeen-us) kind; class वर्ग; प्रकार جنس؛ قسم

Geographer : *n.* (ji-og-re-fer) one learned in geography भूगोलज्ञ; भूगोल वेत्ता ماہر علم جغرافیہ؛ علم جغرافیہ داں

Geography : *n.* (ji-og-re-fi) study of earth surface भूगोल علم جغرافیہ؛ جغرافیہ

Geology : *n.* (ji-ol-o-ji) science of the earth history भूविज्ञान ارضیات؛ علم طبقات الارض

Geometry : *n.* (ji-om-et-ri) science of the properties and relation of lines, angles; surfaces, magnitudes रेखागणित جیومیٹری

Germ : *n.* (jerm) tiny living things causing disease कीटाणु جراثیم؛ جرثومہ

Germicide : *n.* (-mi-sid) germ destroying medicine जीवाणु-नाशी दवा جراثیم کش دوا

Germane : *adj.* (jer-mayn) pertinent; related संगत; संबद्ध متعلقہ؛ سے متعلق

Germinate : *v.* (jer-mi-nayt) to begin to grow (of seeds); to develope; to cause to sprout अंकुरित होना; फूटना; उगना پھوٹنا؛ اُگنا

Gerrymander : *v.* (jer-i-men-der) to confuse; to mess गोल माल क. گول مال کرنا

Gerund : *n.* (je-rund) verbal noun (ending in -ing) क्रियावाचक संज्ञा مصدری اسم

Gestate : *v.* (jes-tayt) to be pregnant गर्भवती होना حاملہ ہونا

Gesticulate : *v.* (jes-ti-kew-layt) to

hint; to gesture संकेत क.; अंगसंचालन क. اشارہ کرنا؛ انگلی سے اشارہ کرنا

Gesticulation : *n.* (-lay-shen) hint; gesture; indication अंगसंचालन; इशारा; संकेत اشارہ؛ حرکت

Gesture : *n.* (jes-cher) meaningful movement of hand or body संकेत; इशारा اشارہ؛ حرکت

Get : *v.* (get) to obtain; to acquire; to win; to receive; to catch; to arrive प्राप्त क.; पा लेना; जीतना; पकड़ना; पहुँचना حاصل کرنا؛ پا لینا؛ جیتنا؛ وصول کرنا؛ پکڑنا؛ پہنچنا

Get-at-able : *adj.* accessible जो प्राप्त हो सके جس تک رسائی ہو سکے؛ قابلِ پہنچ

Get-up : *n.* lay out (of newspapers etc.); custume; style गठन; पहनावा; रूपसज्जा ترتیب (اخبار وغیرہ کی)؛ لباس؛ وضع قطع

Geyser : *n.* (gee-zer) an apparatus for heating water rapidly गीज़र گیزر

Ghastly : *adj.* (ga-st-li) horrible भयानक; डरावना بھیانک؛ مہیب؛ ڈراؤنا

Gherkin : *n.* (ger-k-in) a cucumber खीरा کھیرا

Ghost : *n.* (gohst) spirit of a dead person; soul भूत; प्रेत بھوت؛ روح

GI : *n.* (jee-i) soldier अमरीकी फ़ौजी जवान امریکی فوجی جوان

Giant : *n.* (ji-ent) huge superhuman being; one unnaturally large and tall राक्षस; विशाल; देव; भीमकाय मनुष्य جن؛ دیو؛ عفریت؛ بہت بڑا؛ قومی ہیکل انسان

Giaour : *n.* (jao-ar) non-muslim ग़ैर-मुसलमान غیرمسلم

Gibbet : *n.* (jib-it) execution; death by hanging; noose फाँसी; फंदा پھانسی؛ پھندا

Gibbet : *v.* to execute; to hang (by the neck) to noose फाँसी देना; फाँसी पर लटकाना پھانسی دینا؛ پھندا لگا کر مارنا؛ پھانسی پر لٹکانا

Gibbous : *adj.* (gib-us) bulgy; hunchbacked उभरा हुआ; कुबड़ा ابھرا ہوا؛ کبڑا

Gibe : *n.* (ja-ib) taunt; derision; ridiclue ताना; मज़ाक़; उपहास طعنہ؛ مذاق

Gibe : *v.* to taunt; to deride; to ridiclue उपहास क.; ताना मारना طعنہ مارنا؛ مذاق اڑانا

Giddiness : *n.* (gid-i-nis) vertigo; circuition सरचक्कर; घुमेरी; घुमड़ी سرچکر؛ گھمیری؛ گھمڑی

Gift : *n.* (gift) present; talent (for) दान; देन; उपहार; प्रतिभा; योग्यता ہدیہ؛ تحفہ؛ خداداد قابلیت

Gigmanity : *n.* (gig-man-iti) middle class मध्यवर्ग درمیانی طبقہ؛ متوسط طبقہ

Gild : *v.* (gild) to cover with gold-leaf; to make golden सोने का पतरा चढ़ाना; मुलम्मा क. سونے کا پتر چڑھانا؛ ملمع کرنا

Gin : *n.* (jin) liquor; a type of light bear जिन (एक क़िस्म की हलके नशे वाली शराब); मदिरा جن (ایک قسم کی ہلکے نشے والی شراب)

Ginger : *n.* (jin-jer) spicy root अदरक ادرک

Dry ginger : *n.* a dry spicy root सोंठ سونٹھ

Gingerly : *adj.* alertly; frightenedly डरते हुए; सावधानी से ڈرتے ہوئے؛ ہوشیاری سے

Gingham : *n.* (gin-gem) striped cotton धारीदार कपड़ा دھاری دار کپڑا

Gipsy : *n.* (jip-si) nomad कंजर; रोमणी; जिप्सी کنجر؛ خانہ بدوش؛ جپسی

Giraffe : *n.* (ji-rahf) small camel like animal with striped ज़िराफ़; ज़िराफ़ा زراف؛ زرافہ

Girandole : *n.* (ji-ran-dol) ear-ring कर्णफूल (کان میں پہننے کا زیور) کرن پھول

Gird : *v.* (gerd) to put on (a sword etc.); to fasten (with a belt etc.) लगाना; बाँधना (पेटी आदि) لگانا (تلوار وغیرہ)؛ باندھنا (پٹی یا بیلٹ وغیرہ)

Girder : *n.* (gar-der) beam; girder गर्डर; शहतीर گارڈر؛ شہتیر

Girdle : *n.* (ger-del) belt; girdle कमरबन्द; पेटी; घेरा کمربند؛ پٹی؛ پٹکا

Girl : *n.* (gerl) female child; young unmarried woman; daughter बालिका; बाला; किशोरी; कन्या لڑکی؛ دوشیزہ؛ بیٹی

Best Girl : *n.* a beloved; darling; sweet heart प्रेमिका محبوبہ؛ معشوقہ

Girl friend : *n.* a (female) friend; female companion सखी; साथी (लड़की) سکھی؛ ساتھی؛ دوست (لڑکی)

Girl guide : *n.* member of an organisation for girls which is a counter part of boy scouts बाल चारिका گرل گائیڈ

Gist : *n.* (jist) brief summary; substance; main points सारांश; आधार خلاصہ؛ ماخذ؛ اہم نکات

Gittern : *n.* (getr-n) a typical stringed Indian musical instrument सितार ستار

Give : *v.* (giv) to deliver; to pay; to present; to handover; to bestow प्रदान क.; देना; अर्पित क.; सौंपना دینا؛ عطا کرنا؛ بخشنا؛ ادا کرنا؛ پیش کرنا؛ سپرد کرنا؛ سونپنا

Give a trial to : *ph.* try; give a chance to की जाँच क.; को अवसर देना کی آزمائش کرنا؛ کو موقع دینا

Give in : *v.* to yeild पराजय मानना ہار ماننا

Give out : *v.* to announce प्रकट क.; बात फैलाना ظاہر کرنا؛ اعلان کرنا

Give up : *v.* to leave; to part with त्यागना; छोड़ना; प्रथक क. ترک کرنا؛ چھوڑنا؛ تیاگ دینا

Given : (p.p. of give) (giv-en) handed over; agreed upon; stated दिया हुआ; निश्चित; कहा हुआ دیا ہوا؛ مقررہ؛ مذکورہ

Gizzard : *n.* (giz-er-d) bird's second stomach पेषणी سنگدانہ؛ پوٹا

Glabrous : *adj.* (glei-bres) like baldness; smooth बिना रोम के; कोमल گنجے سر کی مانند؛ صاف

Glacial : *adj.* (glay-shel) of ice; icey; made of ice हिमानी; बर्फ़ीला برفانی؛ برفیلا

Glaciers : *n.* (pl.) glas-i-er) slow moving mass of ice; river of ice बर्फ़ के बड़े बड़े तोदे; बर्फ़ की नदी برفانی تودہ؛ دریائے یخ

Glacis : *n.* (gla-sis) slope ढाल; पुश्ता ڈھال؛ پشتہ

Glad : *adj.* (glayd) happy; gay प्रसन्न; खुश; मनोहर; रमणीय خوش؛ مسرور؛ شادماں؛ خوش وخرم

Gladden : *v.* to make glad; to pleased प्रसन्न या खुश क. خوش کرنا؛ باغ باغ ہونا

Glade : *n.* (glayed) open space in forest; a lawn in a wood वनपथ; वन का मैदान جنگل میں کھلا میدان؛ جنگل کے بیچ میں کھلا میدان

Gladiator : *n.* (glad-i-ay-ter) one professionally fighting duels तलवारिया;

तमाशगर تماشا گر؛ مبارز

Gladness : *n.* happyness; delight; pleasure ख़ुशी; प्रसन्नता خوشی؛ مسرت؛ شادمانی

Gladsome : *adj.* (glayd-som) gay; delightful; pleasing प्रसन्न; आनन्द خوش و خرم

Glair : *n.* (glay-er) whiteness; whitewash सफ़ेदी سفیدی

Glamorous : *adj.* (glam-e-rus) full of glamour मोहक دلفریب؛ دلرُبا؛ نظر فریب

Glamour : *n.* (galm-er) enchantment मोह; माया; मोहकता دلفریبی؛ دلرُبائی

Glance : *v.* (glahns) fake quick look (at, over or through); to look with a quick gaze सरसरी दृष्टि डालना (پر) اُچٹتی ہوئی نظر ڈالنا؛ سرسری نظر ڈالنا

Gland : *n.* (gland) a small part of the human body ग्रन्थी; गिल्टी; गांठ غدود؛ غدّہ؛ گانٹھ

Glandular : *adj.* (gland-ew-ler) of or like glands ग्रन्थीय غدودی؛ غدّی

Glare : *n.* (glay-er) dazzling light; fierce stare (चका) चौंध; दीप्ति; कोपदृष्टि چندھیا دینے والی روشنی؛ خیرہ کن روشنی؛ نگاہِ کرم

Glaring : *adj.* (-ring) showy dazzling; (of errors) easily seen चमकीला; चटकीला خیرہ کن؛ چکاچوند کرنے والا؛ فاش

Glass : *n.* (glahs) a transparent material; an artificial transparent substance; drinking vessels made of glass; (also looking glass) mirro कांच; शीश; काँच का सामान; दर्पण; गिलास شیشہ؛ کانچ؛ آئینہ؛ گلاس

Glass house : *n.* glass hot house for plants काँच का घर پودوں کے لیے گرم خانہ؛ کانچ کا گھر

Glasses : *n.* (glah-sis) spectacle; bivoculars ऐनक; दूरबीन عینک؛ چشمہ؛ چھوٹی دوربین

Glassy : *adj.* (glah-si) like glass; made or resembling glass काँच जैसा या काँच का बना हुआ شیشے جیسا؛ شیشے کا بنا ہوا

Glaze : *v.* (glayz) to put glasses; to furnish or cover with glass शीशे लगाना; काँच चढ़ाना; पालिश क. شیشے لگانا؛ شیشے کا روغن کرنا

Gleam : *n.* (gleem) short flash of soft light; a sudden shoot of light; brief show झलक; चमक; किरण شعاع؛ جھلک؛ کرن

Gleam : *v.* to emit short light; to hold out (hope for a short while) झलकना; गरजना جھلکنا؛ گرجنا

Glean : *v.* (gleen) to pick up grain after harvest; to pick up ears of corn बालें जमा क.; थोड़ा थोड़ा कर के जमा क. بالیں جمع کرنا؛ تھوڑا تھوڑا کر کے جمع کرنا؛ خوشہ چینی کرنا

Glee : *n.* (gle) joy at success; joy; meriment प्रसन्नता; हर्ष; उल्लास خوشی؛ فرحت

Gleet : *n.* (gleet) a thin matter issuing from ulcers पीप; मवाद پیپ؛ مواد

Glen : *n.* (glen) narrow valley; dale कन्दरा घाटी; तंग घाटी وادی؛ تنگ گھاٹی

Glib : *adj.* (glib) quick and smooth in speech but not sincere धाराप्रवाह چرب زبان؛ طرّار

Glide : *v.* (glid) to move smoothly; to fly in glidder सरकना; फिसलना; बेइंजन त्यारे में सफ़र क. سرکنا؛ آہستہ آہستہ حرکت کرنا؛

گلائڈر سے سفر کرنا؛ بے انجن طیارے میں پرواز کرنا

Glider : *n*. air craft without engine गलाइडर; विसर्पक بے انجن طیارہ؛ گلائڈر

Glimmer : *n*. (glim-er) weak uncertain light टिमटिमाहट مدھم روشنی؛ ٹمٹماہٹ؛ جھلملاہٹ

Glimmer : *v*. to shine faintly टिमटिमाना جھلملانا؛ ٹمٹمانا

Glimpse : *n*. (glimps) brief imperfect view (of) स्थल दृष्टि; सरसरी निगाह جھلک؛ سرسری نگاہ

Glimpse : *v*. to catch imperfect view झलक पाना; झाँकना; देख लेना سرسری نگاہ سے دیکھنا؛ جھلک پانا؛ جھانکنا؛ دیکھ لینا

Glint : *n*. (gi-lint) gleam; glitter चमकना; झिलमिलाना; चमक दमक چمک دمکنا؛ دمک؛ جھلملانا

Glissade : *n*. (gil-sad) slipperiness; skid फिसलन پھسلن

Glisten : *v*. (glis-en) shine like wet surface; to sparkle with light; to shine चमकना; झिलमिलाना; जगमगाना چمکنا؛ دمکنا؛ جھلملانا؛ جگمگانا

Glitter : *v*. (glit-e-r) to gleam; to sparkle; to shine brightly चमकना; झिलमिलाना; जगमगाना چمکنا، دمکنا، جھلملانا

Glitter : *n*. flash of light; showiness चमक-दमक; तड़क-भड़क چمک؛ دمک؛ تڑک بھڑک

Gloaming : *n*. (glom-ing) twilight; the morning or evening hour when the sunlight is very faint झुटपुटा جھٹپٹا

Gloat : *v*. (gloht) gaze greedily (over) घुरना; आँखें सेंकना ناز نخرہ سے دیکھنا؛ گھورنا؛ آنکھیں سینکنا

Global : *adj* . (gloh-bel) world wide; embracing all of a group विश्व; व्यापक; सार्वभौम دنیا بھر کا، عالمگیر، مجموعی

Globe : *n*. (glob) sphere with world map; the earth गलूब; पृथ्वी; गोला گلوب؛ کرہ زمین؛ کرۂ زمین

Golbe trotter : *n*. one who travels across the world just for sight seeing भू-पर्यटक سیاح؛ جہاں گشت؛ جہاں گرد

Globular : *adj*. (glob-ew-ler) globe-shaped गोलाकार کروی

Globule : *n*. (glob-ewl) drop of liquid बूंद قطرہ؛ بوند

Gloom : *n*. (glom) darkness; semi-darkness; sadness; cheerlessness अंधेरा; अन्धकार; उदासी اندھیرا سا؛ تاریکی؛ تیرگی؛ اندھیرا؛ اداسی

Gloomy : *adj*. dark; sad अंधेरा; उदास تاریک؛ اندھیرا؛ اداس

Gloria : *n*. (glor-i-a) praise; honour प्रंशसा; मान تعریف؛ عزت

Glorify : *v*. (gloh-ri-fi) give glory to; to extol प्रशंसा क.; महिमा क. ثنا کرنا؛ حمد کرنا؛ تعریف کرنا؛ ستائش کرنا

Glorious : *adj*. (gloh-ri-us) magnificent; noble; illustrious महान; यशस्वी; शानदार عظیم؛ جلیل؛ پُرشکوہ؛ شاندار

Glory : *n*. (glo-ri) honour; renown; reason for pride; adoration of God; beauty and magnificent कीर्ति; मान; गर्व; महिमा; प्रशंसा; परमानन्द ناموری؛ مایہ ناز؛ ثنا؛ ثنا کرنا؛ حمد؛ ستائش؛ شان؛ جلوہ؛ تجلی؛ گھمنڈ

Gloss : *n*. (glos) bright smooth surface; sheen चमकती हुई सतह; चमक-दमक چمکتی ہوئی سطح؛ چمک دمک

Glossary : *n*. (glosh-sary) list of

difficult words; explanatory notes शब्द कोश; शब्दावली فرہنگ؛ حاشیہ؛ تشریحات

Glossy : *n.* (glosi) bright; showy; shining चमक-दमक; भड़कीला; चमकदार چمک دمک؛ بھڑکیلا؛ چمکدار

Glove : *n.* (gluv) cover for hand दस्ताना دستانہ

Glow : *n.* (gloh) to shine without flame; brightness and warmth without flame टिमटिमाहट; चमक; लाल होना; तपना ٹمٹماہٹ؛ چمک؛ دہکنا؛ سرخ ہونا؛ تپنا

Glow-worm : *n.* a worm that shines in the dark दीपकीट جگنو؛ کرمکِ شب تاب

Glue : *n.* (gloo) kind of sticky substance सरेश سریش؛ گوند؛

Glue : *v.* to stick with glue चिपका देना چپکانا؛ جوڑنا

Glut : *v.* (glat) to devour; to saturate ढकोसना; निगलना نگلنا؛ ٹھونسنا

Glutton : *n.* (glut-en) one who eats too much; excessive eater पेटू; बहुत खाने वाला کھاؤ؛ پیٹو؛ پرخور؛ خوش خوراک

Glycerin/Glycerine : *n.* (glis-e-rin) sticky substance obtained from oil use in manufacturing soap गिलसरीन گلیسرین

Glyptics : *n.* (g-lip-tiks) engraving; etching; carving; designing नक्क़ाशी نقاشی

Gnarl : *n.* (nal) a knot; knob; node गाँठ; घुन्डी گانٹھ؛ گرہ؛ گھنڈی

Gnash : *v.* (nesh) to grind the teath in anger दाँत पीसना (क्रोध में) دانت پیسنا (غصہ میں)

Gnat : *n.* (not) mosquito; a small stinging insect मच्छर; पिस्सू پسّو؛ مچھر

Gnaw : *v.* (naw) to bite steadily; to corrode दाँत से काटना; कुतरना; नष्ट क.; सताना دانت سے کاٹنا؛ کترنا؛ کاٹنا؛ برباد کرنا؛ ستانا

Gnome : *n.* (nom) dwarfish; dwarf; pigmy बौना; छोटे क़द बाला بونا؛ پستہ قد، بہت چھوٹے قد والا

Go : *v.* (goh) to move away; to pass; to move जाना; चलना; बीत जाना; गुज़रना; चले जाना جانا؛ رخصت ہونا؛ روانہ ہونا؛ چلنا؛ حرکت کرنا؛ گذرنا؛

Goad : *v.* (goud) to pick; to stimulate; to incite अंकुश मारना; उद्यत क.; उकसाना رغبت دینا؛ اکسانا؛ آنکس مارنا

Goal : *n.* (gohl) destination; objective; final purpose लक्ष्य; उद्देश्य; इष्ट; ध्येय انتہائی مدعا؛ منزلِ مقصود

Goat : *n.* (goht) he-goat; she-goat बकरा; बकरी بکرا؛ بکری

Goather : *n.* one looking after flocks of goats चरवाहा; गिल्लाबान چرواہا؛ گلہ بان؛ راعی

Gobble : *v.* (go-bel) see Glut

Goblet : *n.* (go-blet) a large cup; bowl-shaped drinking glass चषक; जाम; प्याला جام؛ ساغر؛ پیالہ؛ کٹورا

Goblin : *n.* (gob-lin) ugly; mischievous elf भद्दा; पिशाज; बेताल بھدا؛ بھتنا؛ بے تال

God : *n.* (god) the Almighty; deity; supreme power; the creator परमात्मा; ईश्वर; भगवाना; परमेश्वर خدائے تعالیٰ؛ اللہ تعالیٰ؛ بھگوان؛ دیوتا

God child : *n.* god daughter; god son धर्मपुत्र; धमपुत्री دینی بیٹی؛ دینی بیٹا؛ دینی بچہ

God father : *n*. god make parent धर्मपिता دینی باپ

God fearing : *adj* . who fears god धार्मिक خدا ترس؛ خدا سے ڈرنے والا؛ مذہبی

God forsaken : *adj*. wretched (place) शपित स्थान لعنتی (جگہ)؛ ملعون (مقام)

God mother : *n*. god female parent धर्ममाता دینی ماں

God send : *n*. unexpected piece of good fortune ईश्वरीय वरदाना دولتِ خدا داد؛ چھپر پھاڑ کر ملی ہوئی دولت

God speed : *adv*. good-bye; good spced खुदा हाफ़िज़ सफलता خدا حافظ؛ کامیابی؛ نیک شگون

Goddess : *n*. female god देवी دیوی

Godless : *adj*. infidel; wicked नास्तिक; विधर्मी بے دین؛ کافر، خبیث

Godly : *adj* . obeying god धार्मिक; भक्त خدا پرست؛ دیندار

Godown : *n*. (go-down) warehouse गोदाम گودام

Going : *n*. (go-ing) way; route; path मार्ग; गुज़रगाह; चाल راستہ؛ گذرگاہ

Goffer : *v*. (gof-e*) to rumple; to creased चुन्नट डालना; चुन्ना چنٹ ڈالنا؛ چننا

Goggles : *n.pl*. (go-gals) sun glasses धूप-चश्मा دھوپ کا چشمہ؛ دھوپ کی عینک

Gold : *n*. (gohld) a precious metal सोना; स्वर्ण سونا؛ طلا؛ زر؛ اشرفی

Gold smith : *n*. a worker in gold सुनार سنار؛ زرگر

Golden : *adj* . of the colour of gold; bright precious; made of gold सुनहला; स्वर्णमया سنہری؛ زریں؛ سونے کا بنا ہوا

Golf : *n*. (gohlf) name of a game; Golf गोल्फ گولف؛ ایک کھیل کا نام

Gone : *adj* . (gone) (p.p., of go) past; dead गया हुआ; गत; मरा हुआ گزرا ہوا؛ مرا ہوا؛ بیتا ہو؛ رفتہ؛ گذشتہ؛ گیا ہوا۔

Gong : *n*. (go-ng) an alligator; a crocodile; a wall clock घड़ियाल; घंटा گھڑیال؛ مگرمچھ؛ گھنٹہ

Good : *n*. (gud) virtue; proper; nice; suitable; kind अच्छा; उचित; भला اچھا؛ نیک؛ ٹھیک؛ صحیح؛ عمدہ؛ مناسب؛ موزوں

Good afternoon : *n*. salutation afternoon; adieu after noon दोपहर के बाद का सलौम سلام سہ پہر؛ دوپہر کے بعد کا سلام

Good bye : *n&int*. farewell; salutation at parting विदाई خدا حافظ؛ سلام وداع

Good day : *n*. salutation; adieu नमस्कार سلام

Good evening : *n*. salutation after sun-set सांय का सलाम شام کا سلام

Good fellow : *n*. good-friend; good companion अच्छा मित्र اچھا ساتھی؛ اچھا دوست

Good looking : *adj*. pretty प्रियदर्शी خوبصورت؛ دلکش؛ دلفریب

Good morning : *n*. greetings exchanged upto lunch time सुबह का सालाम صبح بخیر؛ صبح کا سلام

Good night : *n*. salutation at parting after dusk रात का सलाम شب بخیر؛ رات کا سلام

Goodness : *n*. being good भलाई; अच्छाई اچھائی؛ نیکی؛ خوبی

Goods : *n.pl*. (guds) wares; things carried by rail or road माल; पदार्थ; चल सम्पत्ति مال؛ مال اسباب

Goods train : *n*. train for carrying

things मालगाड़ी مال گاڑی

Goodwill : *n.* established custom of a business firm सदभाव; मित्रभाव ساکھ؛ خیر خواہی؛ خیر سگالی؛ خیر اندیشی

Goose : *n.* (goos) small swan-like bird; fool हंस; मूर्ख; सीधा-सादा ہنس؛ بھولا؛ سادہ لوح

Goosy : *adj.* (gos-i) foolish; silly मूर्ख بے وقوف؛ احمق

Gore : *n.* (go*) clot of blood; tringle piece जमा हुआ खून; तिकोना टुकड़ा جما ہوا خون؛ تکونا ٹکڑا

Gorgeous : *adj.* (go*-jus) richly coloured; magnificent; splendid चमकीला; भड़कीला شاندار؛ زرق برق؛ چمکیلا

Gorget : *n.* (gor-jit) collar; necklece कण्ठा कण्ठी کنٹھا؛ نیکلس

Gorgon : *n.* (gor-gon) a witch; shrew चुड़ैल چڑیل

Gorilla : *n.* (go-ril-a) largest kind of ape गोरिला; वन मानुष بن مانس؛ گوریلا

Gormandize : *v.* (go*-man-diz) to eat revenously; to eat greedily निगलना; ठोंसना بھوکوں کی طرح کھانا؛ ندیدوں کی طرح نگلنا؛ ٹھونسنا

Gorse : *n.* (go*-s) shrub; bush; thicket झाड़ी جھاڑی

Gory : *adj.* (gor-i) blood smeared; drenched in blood रक्तरजित; लहुलुहान لہولہان؛ خون میں نہایا ہوا

Goshawk : *n.* (gos-hawk) a falcon; a hawk बाज़ باز؛ شاہین

Gospel : *n.* (gos-pel) holy book of the Christions; God's word; happy news ईसाई धर्म की पुस्तक; सुसमाचार انجیل؛ خوش خبری

Gospel truth : *n.* absolute truth वेदवाक्य قطعی صداقت

Gossamer : *n.* (gos-me*) cobweb; gauze; net जाला; जाली جالا؛ جالی؛ جال

Gossamery : *adj.* (-ri) thins; fine; subtle बारीक; महीन باریک؛ مہین

Gossip : *n.* (gos-ip) idle talk; tattler गप-शप; गप्पी گپ؛ شپ؛ گپی

Gossip : *v.* to prate; to chat गप-शप लगाना گپ شپ لگانا

Gouge : *v.* (gouz) to scoop out as with a chisel खाँचा काटना; छैनी या बरमे से कुरेदना چھینی سے کریدنا؛ چھید کرنا یا کاٹ کر نکالنا

Gourd : *n.* (goh*d) large melon-like vegetable पेठा پیٹھا؛ تونبا؛ تونبی

Bitter gourd : *n.* the name of a vegetable which is bitter in taste करेला کریلا

Gout : *n.* (gont) a painful disease; rheumatism; drop; clot गठिया रोग; बूँद; थक्का وجع المفاصل؛ گٹھیا؛ بوند؛ تھکا

Gouty : *adj.* (-i) suffering from gout गठिया रोग से पीड़ित گٹھیا والا

Govern : *v.* (guv-e*n) rule; control शासन क.; संचालन क. حکومت کرنا؛ تسلط قائم کرنا

Governance : *n.* (guv-e-nes) rule; control शासन; अधिकार حکومت؛ اختیار

Governess : *n.* (guv-e*-nes) paid lady teacher in private house; a tutoress पत्र گورنس؛ آتون؛ اُستانی

Government : *n.* (-ment) governing; body of persons who govern; party in power शासन; सरकार اربابِ حکومت؛ اقتدار؛ سلطنت؛ برسر اقتدار جماعت

Governor : *n.* (-ne*) official

governing to province राज्यपाल; अध्यक्ष گورنر؛ صوبہ دار حاکم؛ ناظم اعلیٰ

Gown : *n.* (goun) a large upper garment; wonen's dress; cloak गाउन; चोग़ा; लबादा گاؤن؛ چغہ؛ لبادہ

Grab : *v.* (grayb) snatch selfishly; snatch छीनना; छीन झपट क. زبردستی چھیننا؛ جھپٹنا

Grace : *n.* (grays) beauty of shape; god's mercy मनोहरता; भगवान की कृपा حسن؛ جمال؛ خدا کا لطف و کرم

Graceful : *adj.* beautiful मनोहर حسین شاندار؛

Graceless : *adj* . depraved; abundoned रुपहीन بدقسمت؛ بدسلیقہ

Gracile : *adj.* (gray-sail) thin; slim and smart दुबला; पतला; छरेहरा دبلا؛ پتلا؛ چھریرا

Gracious : *adj.* (gray-shes) graceful; merciful; kind दयालु; रमणीय; कृपालू شاندار؛ رحیم؛ کریم؛ مہربان

Graciously : *adv.* kindly महरबानी करके مہربانی سے؛ از راہِ کرم

Gradation : *n.* (gray-day-shen) a regular advance order; grading क्रम; वर्गीकरण درجہ بندی؛ ترتیب

Grade : *n.* (grayd) stage; degree; rank श्रेणी; वर्ग; दरजा; क्रम; पदवी درجہ؛ رتبہ؛ گریڈ؛ تنخواہ کی درجہ بندی

Gradual : *adj.* (grad-ew-el) proceeding or changing by degrees; occurring in course of time धीरे-धीरे; क्रमश رفتہ رفتہ؛ آہستہ آہستہ؛ درجہ بدرجہ

Gradually : *adv.* (grad-ew-el-) slowly not abruptly; step by step धीरे-धीरे; क्रमश دھیرے دھیرے؛ رفتہ رفتہ

Graduate : *n.* (grad-ew-it) person with university degree प्रमाणपत्र पत्र प्राप्त करनेवाला سند یافتہ؛ فارغ التحصیل؛ گریجویٹ

Graft : *n.* (graft) tiny branch of one plant joined to another; piece of skin transplanted क़लम; पैवन्द قلم؛ پیوند؛ جلدی پیوند

Grain : *n.* (grayn) cereal; 1/60th ounce; all kind of corn अन्न; रत्ती غلہ؛ اناج؛ ذرہ؛ رتّی

Gram : *n.* (gram) kind of pulse चना; अनाज چنا؛ نخود

Grammar : *n.* (gram-e-*) rule of language structure व्याकरण; गिरामर گرامر؛ قواعد؛ صرف و نحو

Grammarian : *n.* (gra-may-ri-en) expert in grammer व्याकरणाचार्य گرامرداں؛ نحوی

Grammatical : *adj.* (gra-mat-i-el) of grammar व्याकरण से सम्बन्धित صرفی یا نحوی؛ صرف نحو کے متعلق

Gramme : *n.* (gram) metric unit of weight ग्राम گرام

Gramophone : *n.* (gram-o-fohn) device for playing music etc recorded on discs गरामोफ़ोन گراموفون

Granary : *n.* (grane-ri) storehouse for threshed corn खलियान اناج کا گودام

Grand : *adj.* (greand) great; magnificent; illustrious महान; विशाल; श्रेष्ठ بڑا؛ عظیم؛ بزرگ

Grandchild : *n.* (grand-child) child of a son or daughter पोता; पोती; दोहता; नाती پوتا؛ پوتی؛ دیوھتا؛ دیوھتی

Grandeur : *n*. (grad-ye*) magnificence; greatness श्रेष्ठता; एश्वर्य عظمت؛ شان وشوکت؛ بڑائی؛ جاہ وجلال

Grandfather : *n*. father's or mother's father दादा; नाना دادا؛ نانا

Grandmother : *n*. mother's or father's mother दादी या नानी دادی یا نانی

Grandly : *adv*. splendidly श्रेष्टता से; एश्वर्य से شان وشوکت سے

Granite : *n*. (gre-nit) grey rock used for building; hard and durable stone ग्रेनाइट سنگ مرمر کی قسم کا ایک پتھر؛ گرینائٹ

Grant : *v*. (grahnt) to sanction; to allow; to give देना; बख़्शना; मंजूर क.. عطا کرنا؛ دینا؛ منظور کرنا

Grant-in-aid : *n*. grant for help सहायता करने के लिए रक़म देना امدادی عطیہ؛ عطیہ برائے امداد

Grape : *n*. (grayp) vine fruit अंगूर; दाख انگور

Graphite : *n*. (graf-it) black lead पैंसिल का मसाला (پنسل کا) سرمہ

Grapple : *v*. (grap-el) to sieze firmly; struggle close quarters; to fasten पकड़ना; बांधना; मुठभेड़ होना مضبوطی سے پکڑنا؛ تھامنا؛ دو بدو لڑنا

Grapy : *adj*. (grei-pi) of grapes अंगूरों से भरा हुआ انگوروں کے گچھوں سے بھرا ہوا؛ انگوروں سے بھر پور

Grass : *n*. (grahs) small leaves on very small stalks growing abundantly घास; शस्य گھاس

Grass-hoper : *n*. chirping insect झींगुर; टिड्डा جھینگر؛ ٹڈا

Grassy : *adj*. (grah-si) covered with grass शस्य पूर्ण; हरा-भरा گھاس دار؛ ہرا بھرا؛ سبزہ زار؛ سرسبز

Grate : *n*. (grayt) fireplace आतिरदान; अंगीठी آتش دان؛ چولہا؛ بھٹی

Grate : *v*. to rub in to small pieces; to rub small bits छीलना; रगड़ना رگڑنا؛ چھیلنا؛ کدوکش کرنا

Grateful : *adj*. thankful मनोहर; कृतज्ञ; सुखकर شکر گزار؛ ممنون؛ متشکر؛ احسان مند

Gratification : *n*. (grayt-ifi-kay-shen) satisfaction; pleasure आनन्द; पारितोषक تسکین؛ اطمینان؛ تسلی فرحت

Gratify : *v*. (grat-i-fi) to satisfy (desire, etc.) प्रसन्न करना کی تسکین کرنا؛ کو خوش کرنا

Gratifying : *adj*. satisfying सुखद; संतोषप्रद اطمینان بخش؛ تسلی بخش؛ طمانیت بخش

Gratis : *adj&adv*. (gray-tis) free of charge; free निःशुल्क; बिना मूल्य के; बिना कीमत بلا قیمت؛ بلا معاوضہ؛ مفت

Grtitude : *n*. (grat-i-tewd) thankfulness धन्यवाद; आभार; कृज्ञता شکر گزاری؛ احسان مندی

Gratuitous : *adj*. (gra-tew-i-tus) see Gratis

Gratuity : *n*. (gra-tew-i-ti) gift for service; money given in lieu of pension उपहार; भेंट; इनाम; ग्रेज्वेटी انعام؛ بخشش؛ گریجویٹی

Gratulate : *v*. (gray-tew-layt) to congralute बधाई देना مبارک باد دینا

Gravamen : *n*. (gray-va-man) complaint शिकायत; शिकायत नामा شکایت؛ شکایت نامہ

Grave : *n*. (gra-yv) the place in which

the dead body burried क़बर قبر

Graveyard : *n*. (g-ayv-yah*d) cemetry क़बरिस्तान; शम्शान घाट قبرستان؛ گورستان

Gravestone : *n*. (-stohn) tomb stone लोहे-मज़ार لوحِ مزار؛ سنگ مزار

Gravel : *n*. (grav-el) small pebbles for paving roads बजरी بجری؛ کنکر

Gravitate : *v*. (grav-i-tayt) be attracted to or towards; to tend to the centre of attraction केन्द्र की ओर खिंचना; किसी चीज़ की ओर झुकना مائل ہونا (کی طرف)؛ جھکنا (کی طرف)؛ کھنچنا کسی چیز کی طرف

Gravitation : *n*. (gravi-tay-shen) universal force of gravity; act of tending to the centre आकषर्ण शक्ति کششِ ثقل؛ کشش

Gravity : *n*. (grav-i-ti) attraction between any two material objects; relative weight आकषर्ण शक्ति; भार کششِ ثقل؛ کشش زمین؛ وزن مخصوص

Gray : *adj*. (gray) white and black mixed सुरमई سُرمئی

Graze : *v*. (grayz) to feed on grass; to feed on growing grass घास चरना; घास चराना گھاس چرنا؛ گھاس چرانا

Grease : *n*. (grees) the soft animal fat वस्त; चर्बी چربی؛ چکنائی؛ گریس

Grease : *v*. (greez) to apply grease ग्रीस लगाना; चिकना क. گریس لگانا؛ چکنا کرنا

Greasy : *adj*. (greezi) oily; covered with grease; slippery चिकना; चर्बीदार پھسلن والا؛ چکنا؛ چربی دار

Great : *adj*. (grayt) big; eminent; noted; important उत्तम; बड़ा; महान عظیم؛ نمایاں؛ بڑا؛ اہم

Greatness : *n*. great distinction; importance महानता; बड़ापन عظمت؛ اہمیت

Greed : *n*. (greed) avidity लोभ لالچ

Greedy : *adj*. (gr-eedi) ravenous; avid लालची लोभी لالچی؛ حریص

Greek : *n*. (greek) greek national or native; Greek language यूनानी; युनानी भाषा اہل یونان؛ یونانی زبان

Green : *adj*. (green) mixture of blue and yellow; not ripe; inexperience; raw हरा; कच्चा; बिना अनुभव سبز؛ ہرا؛ کچا؛ ناتجربہ کار

Green-grocer : *n*. dealer in fresh vegitables कुंजड़ा کنجڑا؛ سبزی فروش

Greenery : *n*. (green-ri) green plants हरियाली ہریالی؛ سبزہ

Greet : *v*. (greet) to wish; to welcome; to address स्वागत क.; अभिनन्दन क. خوش آمدید کہنا؛ خیر مقدم کرنا؛ مخاطب کرنا

Greeting : *n*. a kind of salutation at meeting नमस्कार سلام؛ آداب وکورنش

Gregarious : *adj*. (gre-gay-ri-us) living in large groups सामूहिक گلوں میں رہنے والا؛ غول پسند

Grenade : *n*. (gre-nayd) small bomb छोटा बम; हथगोला چھوٹا بم؛ دستی بم؛ ہتھ گولا

Grey : *n*. (gray) blackish भूरा; सुरमई بھورا؛ خاکستری؛ سُرمئی

Greyhound : *n*. (gre-i-hound) a tall hunting dog शिकारी कुत्ता ایک لمبا پھرتیلا شکاری کتا؛ شکاری کتا

Grief : *n*. (greef) deep sorrow शोक; ग़म افسوس؛ غم

Grievance : *n.* (gree-vanse) cause for complaint; ground of complaint शिकायत; पीड़ा परिवेदना وجہ شکایت؛ شکایت

Grieve : *v.* (greeve) to afflict; to lament दुख देना; शोक क. دکھ پہنچانا؛ رنجیدہ کرنا

Grill : *v.* (gril) to roast भूनना بھوننا

Grim : *adj.* (grim) ugly; ill looking; horrible; hideous; fierce looking भयंकर; घिनौना; क्रूर : ڈراؤنا؛ خوف ناک ؛ بھیانک؛ تندخو

Grimace : *n.* (grim-is) mournful looks बना हुआ मुँह بنا ہوا منہ؛ رونی صورت

Grin : *v.* (grin) to show teeth; smile दाँत निकालना مسکرانا؛ دانت نکالنا

Grind : *v.* (grind) to pulverize; to reduce to powder पीसना; पाउडर बनाना پیسنا؛ باریک کرنا

Grip : *n.* (grip) tight hold पकड़; चुंगल گرفت؛ مضبوط گرفت؛ پکڑ

Gripe : *v.* (grip) to clutch; to squeeze कसकर पकड़ना; भींचना پکڑنا؛ مروڑنا؛ بھینچنا

Grit : *n.* (grit) small bit of stone कंकरी کنکری؛ ریزہ

Groan : *n.* (grohn) deep moan of distress कराहना کراہ

Grocer : *n.* (grol-se*) a dealer in dry food etc पंसारी پنساری؛ کریانہ فروش

Grocery : *n.* grocer's trade; grocer's shop पंसारी की दुकान या काम پنساری کا کام؛ پنساری کی دوکان

Groom : *n.* servant incharge of horses साईस سائس

Bride-groom : *n.* a man newly married दुल्हा; वर دولہا؛ نوشہ

Groove : *n.* (groov) long narrow channel; a hollow channel खाँचा; नाली نالی؛ جھری

Grope : *v.* (grohp) to feel one's way as in the dark; to feel about blindly टटोलना; अन्धे की भाँती खोजना ٹٹولنا؛ اندھے کی طرح ٹٹولنا

Gross : *n.* (gros) twelve dozen; total (amount) बारह दर्जन; सम्पूर्ण (रक़म) گروس؛ مجموعی؛ کل (رقم)

Grotesque : *adj.* (gro-tesk) queer; unpleasent विकृत; विरुप; भोंड़ा : عجیب؛ بھدا؛ مضحکہ خیز؛ بھونڈا

Ground : *n.* (ground) land; floor; surface of the earth; cause ; valid reason पृथ्वी; भुमि; बुनियाद; करण : زمین؛ بنیاد؛ وجہ؛ سبب؛ باعث

Group : *n.* (groop) party; crowd; cluster झुण्ड; दल; संघ; समुदाय; जत्था : ٹولی؛ جماعت؛ جتھا؛ جھنڈ

Grouse : *n.* (grous) any bird of the pheasant kind तीतर تیتر؛ درّاج

Grouse : *v.* to complaint; to grumble शिकायत क.; बड़बड़ाना : شکایت کرنا؛ بڑبڑانا؛ شکوہ کرنا

Grove : *v.* (grohv) a walk shaded by trees; copse कुंज; वृक्ष समुह; बाग़ वाटिका سایہ دار سیرگاہ؛ پیڑوں کا جھنڈ

Grow : *v.* (groh) to increase; become larger बढ़ना; उगना بڑھنا؛ اُگنا؛ نشوونما ہونا

Growl : *v.* (groul) to snarl; low threatning sound of dog; to murmur गर्राना; बड़बड़ाना غرانا؛ بڑبڑانا

Grown up : *adj.* (grohn-up) mature; adult बालिग़; जवान بالغ؛ جوان

Growth : *n.* process of growing;

becoming bigger उगना; बढ़ना نشوونما؛ اُگنا؛ بڑھنا

Grub : *n*. (grab) a small destructive worm कीट کرمک؛ کیڑا

Grudge : *n*. (gruj) envy; illwill; feeling of bitterness ईर्षा بغض؛ حسد؛ دشمنی

Grudge : *v*. to envy; to repine ईर्षा क. حسد کرنا؛ دشمنی کرنا

Gruel : *n*. (groo-el) thin porridge; oatmeal boiled in water लपसी; दलिया پتلا دلیہ؛ لپٹا

Gruesome : *adj* . (groo-sum) horrible (event,visage,etc) ख़ोफनाक; दहशतनाक خوفناک؛ دہشت ناک

Grumble : *n*. (grum-bel) grouse; low noise like thunder पत्र بڑ بڑ؛ شکایت؛ گونج؛ گرج

Grumble : *v*. to growl; to murmur गुर्राना; बड़बड़ाना غرانا؛ بڑبڑانا

Grunt/Gruntle : *v*. (grunt) to murmur like a hog; gruff sound of a pig सुअर की भांति गुर्राना سور کی طرح غرانا؛ غرّش

Guarantee : *n*. (ga-ran-tee) surety; pledge ज़मानत ضمانت؛ گارنٹی

Guard : *n*. (gah*d) defencer; watchman; defender रक्षक; सन्तरी نگہبان؛ پاسبان؛ پہریدار

Guardian : *n*. (gah*-dien) one who has the care when there is no parent alive संरक्षक سرپرست؛ ولی؛ محافظ؛ پاسبان؛ نگہبان

Guava : *n*. (gwah-ve) a kind of fruit अमरूद امرود

Guerilla/Guerrilla : *n*. (ge-ril-e) armed force that combats stronger regular forces, such as the army or police गौरीला सिपाही گوریلا سپاہی؛ گوریلا دستہ

Guess : *n*. (ges) rough estimate; conjecture अनुमान; अंदाज़ा قیاس؛ اندازہ؛ اٹکل

Guest : *n*. (gest) visitor; one who is entertained by another अतिथि مہمان

Guest-house : *n*. place for lodging guests in अतिथि के रहने की जगह مہمان خانہ

Guidance : *n*. (gid-ens) direction; guiding नेतृत्व; निर्देशन; मार्ग-दर्शन; भविष्यवाणी رہبری؛ رہنمائی؛ ہدایت

Guide : *n*. (gid) one who shows the way; instructor; director मार्ग-दर्शक; निर्देशक; गाइड رہبر؛ رہنما؛ قائد

Guide-book : *n*. book which guide the reader गाईड-पुस्तक گائیڈ بک

Guild : *n*. (gild) a society; fraternity; association of members of a trade समाज; संघ; मण्डली انجمن پیشہ وراں؛ گروہ؛ برادری

Guile : *n*. (geil) deceit; artifice छल; कपट; धोखा دھوکہ؛ چھل؛ کپٹ

Guillotine : *n*. (gil-o-tinor-teen) machine for beheading criminals सर काटने की मशीन سرقلم کرنے کی مشین؛ گردن زن

Guilt : *n*. (gilt) offence; crime; wrongdoing अपराध; पाप; दोष گناہ؛ قصور؛ جرم؛ خطا

Guilty : *adj* . (gi-l-ti) corrupt; wicked; crimnal पापी; अपराधी; दोषी مجرم؛ گناہ گار؛ خطا کار؛ عاصی

Guinea : *n*. (gini) a gold coin worth 21 shillings गिनी; 21 शिलिंग का सिक्का گنی؛ اکیس شلنگ کا سکہ

Guinea-pig : *n.* white pig shaped mouse use for drugs experiments अमरीकी चूहा जो औषधियों के परीक्षण के लिए प्रयोग किया जाता है امریکی چوہا جو دواؤں کے تجربے کے لیے استعمال کیا جاتا ہے۔

Guise : *n.* (giz) style of dress; pretence; a manner वेश; भेस لباس؛ قطع؛ طرزِ لباس؛ وضع؛ بھیس

Guitar : *n.* (gita-r) a stringed musical instrument सितार; वीणा ستار؛ وینا

Gulf : *n.* (fulf) larg bay खाड़ी خلیج

Gullet : *n.* (gul-et) passage for food in the throat कण्ठ; गला حلقوم؛ نرخرا؛ گلا؛ حلق

Gulp : *v.* (gulp) to swallow greedily; to swallow eagerly ठोंसना; निगल जाना ہڑپ جانا؛ نگل جانا؛ نگلنا

Gum : *n.* (gum) fleshy socket of the teeth; viscous juice of tree मसूढ़ा; गोंद مسوڑھا؛ گوند

Chewing gum : *n.* a preparation for chewing चूसने वाला गोंद; चिविंगम چیونگ گم

Gummy : *adj.* (gum-i-) sticky; consisting of gum चिपचिपा; लेसदार چپچپا؛ لیسدار؛ چیپ دار

Gun : *n.* (gun) device for shooting; a musket; cannon बन्दूक; तोप بندوق؛ توپ

Gun Boat : *n.* small warship with heavy guns अगन बोट اگن بوٹ

Gun Cottan : *n.* acid soaked explosive cotton बारुदी रूई تیزابی روئی، بارودی روئی

Gun Powder : *n.* explosive mixture बारुद بارود

Bren-Gun : *n.* powerful gun ब्रेन गन برین گن

Machine Gun : *n.* a powerful gun मशीन गन مشین گن

Sten Gun : *n.* small machine gun मशीनगन اسٹین گن

Tommy Gun : *n.* a powerful gun टामी गन ٹامی گن

Gunfire : *v.* firing of gun तोप दाग़ना توپ داغنا

Gunner : *n.* gun operator तोपची توپچی؛ توپخانے کا سپاہی

Gurgle : *n.* (ga-rgl) sound of water coming out of neck ग़रारा करने की अवाज़ غرارہ کرنے کی آواز؛ غلغل گڑگڑ کی آواز

Gush : *v.* (gush) to flow or rush out with violence; to rush outflow वेग से बह उठना کثرت سے بہنا؛ پھوٹ نکلنا

Gust : *n.* (gust) sudden blast of wind हवा का झक्कड़ تیز جھونکا؛ ہوا کا جھکڑ

Gusty : *adj.* (gas-ti) stormy तूफानी; वायु मय طوفانی

Gut : *n.* (gut) intestine अंतड़ी آنتیں؛ آنت

Gut : *v.* to plunder लूटना لوٹنا

Guts : *n.pl.* stamina; courage जुर्रत; हिम्मत جرات؛ ہمت

Gutter : *n.* (gut-er) passage for dirty water; shallow channel on roadside जल मार्ग; परनाला گٹر؛ نالہ؛ سڑک کی نالی

Gutter child : *n.* stray child लावारिस लड़का آوارہ لاوارث لڑکا

Gutter press : *n.* low type of news paper or periodical घटिया समाचार पत्र; पत्रिका گھٹیا اخبار

Guttle : *v.* (gat-l) to gormandize बेसब्री

से खाना بے صبری سے کھانا؛ بہت زیادہ کھانا

Gymkhana : *n.* (gim-kah-ne) public place for display of athletics जिमख़ाना جمخانہ

Gymnasium : *n.* (jim-nay-nm) room with apparatus for physical training व्यायामशाला ورزش گاہ

Gymnast : *n.* (jim-nast) one skilled in gymnastics व्यायामिक جمناسٹک کا ماہر؛ ورزشی

Gymnastics : *n.* (jim-nas-tik) concerning physical training; athletic exercises व्यायाम; कसरत ورزش؛ کثرت

Gypsum : *n.* (zi-psa-m) a class of fossils खाड़िया मिट्टी کھریا مٹی؛ ملتانی مٹی

H

H : *n*. (aych) eighth letter of the English alphabet अंग्रेजी वर्ण माला का आठवाँ अक्षर انگریزی حروفِ تہجی کا آٹھواں حرف

Habeas corpus : *n*. (hay-bi-us-cor-pus) writ requising production of person in court in order to inquire into legality of his arrest परवाना-ए-हाज़री मुल्ज़िम پروانۂ حاضری ملزم

Habiliment : *n*. (ha-bi-li-ment) dress वस्त्र; वेश-भूश ڈریس؛ پوشاک؛ لباس

Habit : *n*. (hab-it) one's usual practice; aptitude; custom आदत; ख़स्लत عادت؛ خصلت؛ طبیعت

Habitable : *adj*. (hab-i-tayb-el) fit to be lived in बसने के योग्य قابل رہائش؛ قابلِ بودوباش

Habitat : *n*. (heb-itat) natural abode (of animal or plant) (किसी जीव या पौधे का) असली स्थान (کسی جانور یا پودے کا) اصلی علاقہ

Habitation : *n*. (hab-i-tay-shen) living in; place of abode; dwelling निवास स्थान; गृह جائے رہائش؛ مسکن؛ سکونت

Habitual : *adj*. (habit-ewel) usual; regular; from habit स्वाभाविक; व्यवहारिक مداحی؛ معمولی؛ عادی؛ داخلِ عادت

Habituate : *v*. (ha-vit-ew-ayt) to accustom आदी عادی بنانا؛ خوگر کرنا

Hack : *v*. (hak) to chop roughty काटना کاٹنا؛ سختی سے کاٹنا

Hackney : *n*. (hak-ni) a hired horse घुड़सवारी का घोड़ा گھڑسواری کا گھوڑا

Hackney Carriage/-Coach : *n*. coach for hire किराय की गाड़ी کرائے کی گاڑی

Hades : *n*. (hay-deez) realm of the dead below the word; hell नरक; पाताल پاتال؛ دوزخ؛ جہنم

Haft : *n*. (hahft) handle (of knife, dagger etc) दस्ता; मुठ دستہ؛ قبضہ؛ مٹھ

Hag : *n*. (haeg) ugly old woman; witch चुड़ैल; पिशाचनी; जादूगरनी بدصورت بڑھیا؛ جادوگرنی؛ ڈائن؛ چڑیل

Haggard : *adj*. (hag-e-rd) deformed; ugly कुरुप; दुर्बल (منہ) لاغر؛ بدصورت؛ اترا ہوا

Haggle : *v*. (hag-el) to beat down the price in buying; to dispute over price क्रय विक्रय में वाद विवाद क. مول تول کرنا؛ سودا کرنا

Hail : *n*. (hayl) frozen raindrop ओले اولا؛ ژالہ

Hail stone : *n*. see Hail

Hair : *n*. (hay-er) thread like growth on body केश; बाल بال؛ رواں

Hair breadth : *n*. very small distance बहुत कम अंतर بہت کم فاصلہ

Hair cut : *n*. cutting हजामत حجامت

Hair do : *n*. dressing of the hair बाल बनाना بال بنانا

Hair dresser : *n*. one who cuts hair नाई حجام؛ نائی

Hair-splitting : *n*. going into uncalled- for details बाल की खाल उतारना موشگافی؛ بال کی کھال اتارنا

Hairy : *adj* . (hay-e-ri) full of hairs; covered with hair बालों वाला; केश दार بالدار؛ بالوں سے بھرا ہوا؛ بالوں والا

Hale : *adj*. (hayl) healthy स्वस्थ; हट्टाकट्टा خوش باش

Hale : *v* . to pull violently घसीटना گھسیٹنا

Hale and hearty : *adj*. going strong and happy खुश خوش باش

Half : *n*. (half) one of two equal parts आधा نصف؛ آدھا

Half bred : *adj*. mongrel; mean तुच्छ; नीच کمینہ؛ دوغلہ

Half moon : *n*. the moon when half its face illuminated अर्ध चंद्र نصف چاند؛ آدھا چاند

Half past : *adj*. thirty minutes past full hour साढ़े ساڑھے

Half pay : *n*. half salary अर्ध वेतन نصف معاوضہ؛ آدھی تنخواہ

Half read : *adj*. superficially read अध-पढ़ نیم خواندہ

Half way : *adv*. in the middle बीच में درمیان میں؛ بیچ میں

Hall : *n*. (hant) a large room; large public room हाल; बड़ा कमरा ہال؛ جلسہ گاہ؛ بڑا کمرہ

Hall Mark : *n*. mark of the standard of silver or gold मुहर مہر(سونے چاندی کے اسٹینڈرڈ کی)

Hallo/Hello : *int*. (hay-lo/hey-) used for calling attention हैलो-हैलो ہیلو ہیلو

Hallow : *v*. (hal-o) to make holy; to consecrate पवित्र क.; शुद्ध क. پاک کرنا؛ مقدس کرنا

Hallucinate : *v*. (ha-loo-si-nayt) to blunder; to mistake भूल क.; चूक क. غلطی کرنا؛ چوک کرنا

Hallucination : *n*. (ha-loo-si-nay-shen) illusion; delusion; mistake; मतिभ्रम; भूल; चूक فریبِ نظر؛ غلطی؛ بھول چوک

Halo : *n*. (hay-lo) a circle round the sun or moon सूर्य या चन्द्रमा के चारों ओर का मण्डल ہالہ(سورج یا چاند کے گرد)

Halt : *v*. (hawlt) to stop in a march or journey पड़ाव डालना; ठहरना پڑاؤ ڈالنا؛ رکنا؛ ٹھہرنا

Halter : *n*. (hawl-te*) a rope to tie about the neck of a horse बागडोर باگ ڈور؛ رسہ

Halve : *v*. (hahv) to divide in two parts दो भाग क. نصف کرنا؛ آدھا کرنا

Ham : *n*. (ham) thigh of a hog salted जंघा; कुन्हा سور کی نمکین ران

Hamlet : *n*. (ham-let) small village छोटा गाँव چھوٹا گاؤں

Hammer : *n*. (ham-er) an instrument to drawn nails हथौड़ा ہتھوڑا

Hamper : *n*. (ham-per) large basket टोकरा ٹوکرا

Hamper : *v*. to obstruct; to entangle उलझाना; रोड़ा अटकाना; रुकावट डालना روڑا اٹکانا؛ رکاوٹ ڈالنا؛ الجھانا

Hand : *n*. (hand) palm with finger; front end of upper limb हाथ ہاتھ؛ دست

Hand bill : *n*. printed advertisement distributed by hand दस्ती इश्तेहार دستی اشتہار

Hand book : *n*. small guide book गाईड बुक رہنما یا رہبر کتاب

Hand ful : *n*. as much as a hand holds मुट्ठी भरा مٹھی بھر

Hand out : *n*. clothing, food or money given to a needy person;

press note; given out to publicize something भीख; इलानिया بھیک؛ اعلانیہ

Handicape : *n.* (hand-i-kap) disadvantage; impediment विघ्न; रुकावट رکاوٹ؛ مزاحمت

Handicapped : *adj.* (hand-i-kap-d) suffering under some disability; disabled घाटे में; विक्लांग خسارے میں؛ معذور

Handicraft : *n.* (handi-kraft) a manual occupation शिल्प; दस्तकारी دستکاری

Handkerchief : *n.* (hank-er-chif) a piece of cloth used for wiping the face रुमाल رومال؛ دستمال

Handle : *n.* (hand-el) part held or operated by hand दस्ता دستہ

Handie : *v.* deal tactfully with से निबटना سے نپٹنا

Handloom : *n.* (hand-loom) loom worked by hand करघा کرگھا

Handmade : *adj.* made by hand हाथ से बना हुआ ہاتھ کا بنا؛ ہاتھ سے بنایا ہوا

Handmaid : *n.* (hand-mayed) maid; servant दासी; सेविका لونڈی؛ کنیز؛ نوکرانی

Handsome : *adj.* (hand-sum) good looking; beautiful सुन्दर خوبصورت

Handwriting : *n.* style of writing तहरीर; ख़त طرزِ تحریر؛ خط

Handy : *adj.* (han-di) not far away; convenient; ready निकट; दक्ष; सुखदायक; कुशल قریب ہی؛ برتنے میں سہل؛ تیار؛ آرام دہ

Hang : *v.* (hang) put to death by hanging; to susped; to choke फांसी देना; लटकाना پھانسی دینا؛ لٹکانا

Hanger : *n.* (han-g-er) shed for aircraft हवाइ जहाज़ों के लिए रोड ہوائی جہازوں کے لیے شیڈ

Hanger-on : *n.* a dependant अनुचर; दास وابستہ؛ دامن گیر

Hangman : *n.* executioner जल्लाद جلّاد

Hanker : *v.* (hank-er) crave; to long for अभिलाशा क.; आशा क. چاہنا؛ آرزو کرنا؛ متمنی ہونا

Haphazard : *n.* (hap-ha-ze-rd) mere chance यूंही یونہی؛ اتفاق سے؛ اتفاقی

Hapless : *adj.* (hap-les) nuhappy; unfortunate अभागा بدنصیب؛ کم نصیب

Haply : *adv.* (hap-li) perhapes भाग्य से; संयोग वश شاید

Happen : *v.* (hap-en) occur; to come to pass आ पड़ना; पेश आना واقع ہونا؛ پیش آنا؛ آپڑنا

Happening : *n.* occurring; event वाक़य; वाक़य होना واقعہ؛ واقع ہونا

Happy : *adj.* (hap-i-) pleased; felicitous प्रसन्न خوش؛ مسرور

Hara-Kiri : *n.* (hah-re-kee-ri) ceremonial suicide (formerly common in japan) ख़ुदकशी خودکشی؛ ہاراکری

Harass : *v.* (ha-res) to trouble; to vex पीड़ा देना; सतान پریشان کرنا؛ دق کرنا؛ ستانا؛ زچ کرنا

Harassment : *n.* (ha-res-ment) vexation; harassing दिक़ क.; सताना دق کرنا؛ پریشان کرنا

Harbinger : *n.* (her-bind-zer) forerunner; a messanger हरकारा; संदेश वाहक پیشوا؛ خبر رساں

Harbour : *n* (har-ber) port; shelter for ships बन्दरगाह بندرگاہ

Hard : *adj*. (hard) firm; solid ठोस; कठिन سخت؛ مضبوط؛ ٹھوس

Harden : *v*. (hard-en) to make obdurate कड़ा होना سخت کرنا

Hardihood : *n*. boldness; stoutness वीरता; साहस بہادری؛ جرأت

Hardly : *adv*. with difficulty; scarcely कठिनता से; मुशकिल से مشکل سے؛ دقت سے؛ بدقت

Hardship : *n*. severe suffering; difficulty; oppression परिश्रम; कठिनता سختی؛ مصیبت

Hardware : *n*. (hard-wa-er) wares made of iron, steel etc. लोहे की वस्तु آہنی اشیاء

Hardy : *adj*. (har-di) daring; strong; bold शक्तिशाली; दृढ़ جفاکش؛ قوی؛ مضبوط؛ بہادر؛ جری؛ جرأت مند؛ دلاور

Hare : *n*. (hay-er) a rabbit; a swift animal शशक; ख़रगोश خرگوش

Harlequin : *n*. (hah*-le-kwin) buffoon; comic character नट; मस्ख़रा مسخرا؛ نٹ

Harlot : *n*. (ha-rlet) a prostitute वैश्या; रंडी فاحشہ؛ رنڈی

Harm : *n*. (hah-rm) damage हानि; दुख نقصان؛ دکھ

Harmful : *adj*. damaging; noxious; hurtful; mischievous दुखदाई; हानि पूर्ण نقصان دہ؛ ضرر رساں؛ مضر

Harmonious : *adj*. (hah-rmoh-ni-us) concordant; musical सुरुप; सुरीला ہم آہنگ؛ سُریلا

Harmonica : *n*. (har-mo-ni-ke) mouth organ मुँह का बाजा منہ کا باجا؛ ماؤتھ آرگن

Harmonium : *n*. (har-moh-ni-um) organ like musical instrument with key board हारमोनियम ہارمونیم

Harmonize : *v*. (har-mo-niz) to adjust in fit proportions सुर मिलाना; एक ले में होना ہم آہنگ ہونا یا کرنا؛ موافق ہونا؛ سرملانا

Harmony : *n*. (-ni) pleasing combination; just proportion of sound उचित; अनुसार موافقت؛ ہم آہنگی؛ مطابقت

Harp : *n*. (hah-rp) triangular stringed instrument वीणा بربط

Harrow : *v*. (ha-roh) draw harrow over सुहागा फेरना سہاگہ پھیرنا

Harrow : *n*. heavy plank etc. for breaking soils सुहागा سراون؛ سہاگہ

Harry : *v*. (ha-ri) to tease; to rob दिक़ क.; लूटना دق کرنا؛ لوٹنا

Harsh : *adj*. (har-sh) irritating; severe सख़्त; दुखदाई تکلیف دہ؛ سخت

Hart : *n*. (hah-rt) male deer; stag बारहसिघा بارہ سنگھا؛ ہرن

Harvest : *n*. (hah-r-vest) cutting and gathering the crop कृषि काटने का समय فصل کاٹنے کا موسم

Haste : *n*. (hayst) hurry; quickness शीघ्रता; फुर्ती جلدی؛ تیزی؛ پھرتی

Hasten : *v*. (hays-ten) act with speed शीघ्रता क.; दौड़ाना جلدی کرنا؛ دوڑانا

Hastily : *adv*. (lays-ti-li) hurriedly शीघ्रता से جلدی سے، تیزی سے

Hasty : *adj*. (hays-ti) sudden; quick; rash साहसी; उतावला; चतुर جوشیلا؛ جلد باز

Hat : *n*. (hayt) western headgear; cap टोपी ہیٹ؛ ٹوپی

Hatch : *v*. (hach) to produce young

from eggs अंडे से बच्चे उत्पन्न क; पलान बनाना انڈے سینا؛ منصوبے باندھنا

Hatchet : *n.* (hach-et) small axe कुल्हाड़ी کلہاڑی؛ بسولہ

Bury The Hatchet : *ph.* end long standing quarrel झगड़ा समाप्त क. جھگڑا ختم کرنا

Hate : *v.* (hayt) violent dislike; to detest घृणा क. نفرت کرنا

Haughty : *adj.* (hawt-i) arrogant; proudy; lofty अभिमानी; घमण्डी مغرور؛ متکبر

Haul : *n.* (hawl) a hard pull; violence in dragging घसीटना; खींचना گھسیٹنا؛ کھینچنا

Haunch : *n.* (hawnch) part of body between ribs and thighs नितम्ब; कूल्हा کولہا؛ پیٹھ

Haunt : *n.* (hawnt) a place of resort बसेरा; अड्डा نشست؛ اڈّہ

Haven : *n.* (hay-ven) harbour; safe place बन्दरगाह; शरणस्थान بندرگاہ، محفوظ مقام؛ امن کی جگہ

Havoc : *n.* (hav-ek) devastation; destruction विनांश; विध्वंस تباہی؛ بربادی

Hawk : *n.* (hok) falkon like bird of prey बाज़ باز؛ شاہین؛ شکرا

Hawker : *n.* (ho-ker) a pedler फेरी वाला; खौंचे वाला پھیری والا؛ خوانچے والا

Hay : *n.* (hay) dried grass सूखी घास سوکھی گھاس

Hazard : *n.* (haz-e-rd) risk; danger जोखम; भय جوکھم؛ خطرہ

Hazardous : *adj.* (-us) dangerous; risky आपत्ति जनक جوکھوں والا؛ خطرے والا

Haze : *n.* (hayz) thick fog; thin mist धुंध; गुबार دھند؛ کہر؛ غبار

Hazel : *n.* (hay-zel) the nut tree अख़रोट का वृक्ष اخروٹ کا درخت

Hazy : *adj .* (hay-zi) foggy; vague; dark धुन्धला; अस्पष्ट دھندلا؛ کہر دار؛ مشکوک

He : *pron.* (hee) he; him; his वह وہ

Head : *n.* (hed) upper part of the body; top of body; a chief सिर; मुखिया سر؛ دماغ؛ سردار

Headache : *n.* (hay-d-ek) pain in the head सिर दर्द سردرد؛ دردِ سر

Heading : *n.* (hay-ding) subject or words at the head of writing; title किसी लेख का विषय سرخی؛ عنوان

Headland : *n.* (hayd-land) a narrow area of land jutting out into a sea समुद्रगत-भूमि سمندر کے پاس کی زمین

Headlong : *adj&adv.* rash; with the head for most; precipitately; thoughtess and hurried बिना सोच विचार के; अन्धा धुन्ध بے تحاشا؛ اندھا دھند؛ جلد بازی کا

Headman : *n.* chief of the village or tribe मुखिया سردار

Headmaster : *n.* chief teacher in school हैड अध्यापक ہیڈ ماسٹر

Headquarters : *n.* chief office or residence of Army मुख्य स्थान صدر مقام؛ ہیڈ کوارٹر

Headsman : *n.* executioner जल्लाद; घातक جلّاد

Headstron : *adj.* self-willed; ungovernable; unrestrained वश में न आने वाला سرکش؛ خودسر

Headway : *n.* progress उन्नति ترقی

Heal : *v.* (heel) to cure; to reconcile व्याधि से मुक्त क.; घाव भरना شفا دینا؛ تندرست کرنا

Health : *n.* (helth) freedom from pain or sickness आरोग्य; स्वास्थ تندرستی؛ صحت

Healthy : *adj.* (hel-thi) free from sickness आरोग्यता; निरोग; स्वस्थ صحت مند؛ تندرست

Heap : *n.* (heep) a pile ढेर; अम्बार ڈھیر؛ انبار

Hear : *v.* (hee-er) to perceive by the ear; to listen सुन्ना; कान धरना سننا؛ کان دینا

Hearing : *n.* the sense by which sounds are perceived; date of trial श्रवण शक्ति; सुनवाई قوت سامعت؛ سننے کی قوت؛ قوت سامعہ؛ پیشی؛ سنوائی (مقدمے کی)

Hearken . *v.* (hah-r-ken) to listen; to attend सुनना; कान धरना; ध्यान देना سننا؛ دھیان سے سننا؛ کان دھرنا

Hearsay : *n.* (hear-say) rumour; common talk चर्चा افواہ؛ سنی سنائی؛ شنیدہ

Hearse : *n.* (hee-rs) a close carriage to carry the dead body शव को उठाने वाली गाड़ी مردے کو اٹھانے والی گاڑی

Heart : *n.* (hah-rt) blood pumping organ under breast; centre; seat of motions हृदय; मध्य का भाग دل؛ قلب؛ مرکز

Heart Searching : *n.* sincere appraisal of one's actions & feelings हृदय टटोलना دل ٹٹولنا

Heart ache : *n.* grief; sorrow मानसिक व्यथा افسوس؛ دکھ؛ رنج؛ درد دل

Heart-broken : *adj.* grieved टूटा हुआ दिल; दिल शिकस्ता دل شکستہ؛ شکستہ دل

Hearten : *v.* to encourage; to give courage साहस बढ़ाना ہمت بڑھانا؛ دل بڑھانا؛ ہمت دلانا

Heartening : *adj.* encouraging साहस बढ़ाना ہمت افزا

Hearth : *n.* (har-th) fireplace अग्नि कुंण्ड; अंगीठी انگیٹھی؛ چولہا؛ آتشدان

Heartily : *adv.* enthusiastically जोश से جوش سے

Heartiness : *v.* (hah-rti-nes) sincerity; vigour सच्चाई; ताक़त صداقت؛ سچائی؛ طاقت

Heartless : *adj.* cruel जालिम ظالم؛ سنگدل

Hearty : *adj.* (hah-sti) enthusiastic; strong पुरजोश; दृढ़ پرجوش؛ تندرست

Heat : *n.* (heet) great warmth; hotness ताप; वेग گرمی؛ حرارت؛ تپش

Heat-wave : *n.* period of unusually hot weather बहुत गर्मी; सख़्त ताप سخت گرمی؛ گرم لہر؛ سخت گرم موسم؛ سخت تپش

Heath : *n.* (hee-th) a plant; common ground झाड़ी; झाड़ी दार मैदान جھاڑی؛ جھاڑی دار میدان

Heathen : *n.* (hee-dhen) pagan; unbeliever धर्म विरोधी; नास्तिक کافر؛ ملحد

Heave : *v.* (heev) to lift; to pull up; to utter उठाना; खींचना; भरना اٹھانا؛ کھینچنا؛ بھرنا

Heaven : *n.* (hev-en) abode of God and his angels; paradise; the sky आकाश; स्वर्ग آسمان؛ عالم بالا؛ جنت؛ فردوس

Heavenly : *adj.* of from or like heaven; extreamly beautiful आकाश; बहुत सुन्दर آسمانی؛ پیکر جمال؛ بہت خوبصورت؛ پری پیکر؛ پیکرِ حسن و جمال

Heavily :adv. (he-vli) sorrowfully; with heaviness भार से; तीव्रता से; दुख से افسوس سے؛ گرانی سے؛ بھاری پن سے

Heaviness : *n*. (hev-i-ness) depression of mind; weight दुख; भारी पन; बोझ افسوس؛ بوجھ

Heavy : *adj*. (hevi) weighty भारी بھاری؛ وزنی

Hebrew : *n*. (he-brn) a Jew; the Jewish language यहूदी; यहूदी भाषा عبرانی؛ عبرانی زبان

Heckle: *v*. (hek-el) harass the speaker with questions प्रश्नों से तंग क.. مقرر پر سوالات کی بوچھاڑ کرنا؛ مقرر کو سوالات کرکے پریشان کرنا

Hectic : *adj*. (hek-tik) flushed; exciting क्षयरोग का; उत्तेजक; आरक्त; लाल دق کا؛ سِل کا؛ لال بھبوکا؛ بیماری سے سرخ؛ ہیجان خیز

Hecto : *pref*. (hek-toh) hundred सौ سو

Hector : *n*. (hek-ter) a bully; a brag तीस मार खाँ; शेख़ी बाज़ تیس مارخان؛ شیخی باز

Hedge : *n*. (hej) row of bushes; fence बाड़; काँटेदार झाड़ियों की बाड़ باڑ؛ کانٹے دار جھاڑیوں کی باڑ

Hedgehog : *n*. (hej-hog) rabbit-like animals with quills सेई; ख़ार पुश्त سیئی؛ خارپشت

Heed : *n*. (heed) attention; caution; care ध्यान توجہ؛ دھیان

To Pay Heed : *ph*. to pay close attention (to someone or something) की ओर ध्यान देना; पर कान धरना کی طرف توجہ دینا؛ پرکان دھرنا

Heedful : *adj*. cautious; attentive; careful सचेत; सावधान محتاط

Heedless : *adj*. careless अचेत; लापरवाह بے پرواہ؛ غافل

Heel : *n*. (heel) back part of foot; hind part of foot एड़ी ایڑی

Heifer : *n*. (hef-er) a young cow बछिया بچھیا

Height : *n*. (hit) elevation; extension; loftiness; extreme ऊँचाई; उच्चता بلندی؛ اونچائی؛ انتہا؛ عروج

Heighten : *v*. (hit-en) to improve; to exalt; to make higher; to enhance ऊँचा क..; बढ़ाना بلند کرنا؛ بڑھانا؛ اونچا کرنا

Heinous : *adj*. (hay-nus) atrocious (of crime); very wicked पापी; दुष्ट سخت ظالمانہ؛ وحشیانہ؛ سنگین جرم

Heir : *n*. (he-er) one entiled to legacy; one having full right to succession उत्तराधिकारी وارث

Heirdom : *n*. title to legacy उत्तराधिकारी का हक़ حق وراثت؛ وراثت

Heiress : *n*. (heeres) a female heir उत्तराधिकारी (स्त्री) وارثہ

Heirship : *n*. see Heirdom

Helicopter : *n*. (hel-i-kop-ter) air craft हैलीकोपटर ہیلی کوپٹر

Helium : *n*. (hee-li-um) light gas हैलियम गैस ہیلیم گیس

Hell : *n*. (hel) place of purnishment after death; residence of wicked spirits नर्क جہنم؛ دوزخ

Helm : *n*. (helm) handle for moving the rudder of a boat; a head piece पतवार; लोहे की टोपी چپّو؛ خود

Helmet . *n*. (hel-met) soldier's metal head cover लोहे की टोपी ہیلمیٹ؛ خود

Helmsman : *n*. (hel-ms-man) steersman चप्पू चलाने वाला; मांझी ملاح؛ پتوار چلانے والا

Help : *n*. (help) support; aid; assist सहायता; मदद مدد؛ اعانت؛ سہارا؛ حمایت

Help : *v*. to support; to assist सहायता क.; मदद क. مدد کرنا؛ اعانت کرنا؛ حمایت کرنا

Helper : *n*. (hel-per) one who helps सहायक; सहायता करने वाला مددگار؛ معاون

Helter-skelter :*adv*. in hurried confussion ख़लबली में; गड़बड़ में افراتفری میں؛ گڑبڑ میں؛ کھلبلی میں

Hem : *n*. (hem) edge of cloth गोट; किनारा (कपड़े का) گوٹ؛ مغزی؛ سنجاف

Hemi : *pref*. (hem-i) half अर्ध; आधा آدھا؛ نصف؛ نیم

Hemisphere : *n*. (hem-i-sfee-er) half the earth; the half of a globe अर्ध गुलोब نصف کرہ

Hemp : *n*. (hemp) a plant of which ropes are made; jute fibre पटसन پٹ سن؛ سن؛ سن کا ریشہ

Hemstitch :*n*. (hem-stich) ornamental stitching एक प्रकार की कढ़ाई سنجاف کشیدہ کاری

Hen : *n*. (hen) female of cock;female bird मुर्गी; पक्षी की मादा مرغی؛ پرندے کی مادہ

Hence : *adv*. (hens) away; from this cause इसी कारण से; इसी वास्ते اس لیے؛ اس واسطے

Henceforth/Henceforward : *adv*. from this time on अबसे; आगे से آئندہ؛ اب سے؛ آج سے

Henchman : *n*. (hench-men) unquestioning political supporter; attendant; page दास; गुलाम; पिट्टू غلام؛ خادم؛ پٹھو؛ ملازم

Hencoop : *n*. (hen-kop) a cage for poultry कुकड़ियों का पिंजरा مرغیوں کا پنجرہ یا دربہ

Henna : *n*. (hen-e) a kind of plant used for dying skin or hair red मेंहदी مہندی؛ حنا

Henpecked : *adj*. (hen-pekd) governed by a wife; one ruled by his wife स्त्री के अधीन زن مرید

Hepta : *pref*. (hep-ta) seven सात سات

Heptagon : *n*. (hep-ta-gon) a figure of seven equal sides; seven sided polygon सात कोनिया مسبّع؛ سات اضلاع کی شکل

Her : *pron*. (her) belonging to a female उस स्त्री का या को ضمیر مؤنث؛ واحد غائب

Herald : *n*. (he-reld) ruler's announcer; messanger घोषण करने वाला; दूत شاہی نقیب؛ منادی کرنے والا؛ قاصد

Herb : *n*. (he-rb) plant with soft stem used as medicine; a plant of esculent kind जड़ी बूटी جڑی بوٹی

Hercules : *n*. (her-kew-leez) son of Zeus who performed the famous twelve labours which no one else could हरकुलैस ہرکولیس؛ ہرقل

Herculean : *adj*. (her-kew-leen) having or needing great powers of body or mind कठिन; मुशकिल صبرآزما؛ کٹھن؛ سخت مشکل

Herd : *n*. (herd) flock; company of animals going to gether जानवरों का झुंड

या समूह گلّہ؛ ریوڑ؛ گروہ

Herdsman : *n*. (herdz-man) man who looks after the herds; one that tends herds गडरया; चरवाहा; पशु. पालक گڈریا؛ گوالا؛ راعی؛ گلہ بان

Hereabout : *adv*. (hera-ba-ut) about this place इधर-उधर اِدھر اُدھر

Hereafter : *n*. (hera-fter) future; the life to come; a future state आगे; इस के उपरान्त مستقبل؛ آئندہ زندگی میں؛ آگے؛ بعدازیں

Hereby : *adv*. by this; by means of this इससे; इस के द्वारा اس سے؛ اس کی رو سے؛ بذریعہ؛ ہذا

Hereditament : *n*. (heridi-tament) an inheritance पैतृक सम्पति جدّی جائداد

Hereditary : *adj*. (he-red-i-to-ri) descending by inheritance परम्परा प्राप्त; पैतृक موروثی؛ جدّی؛وراثتی

Heresy : *n*. (he-re-si) unorthordox belief; wrong belief धर्म विरुद्ध بدعت

Heretic : *n*. (he-re-tik) one who errs in religious faith नास्तिक کافر یا بدعتی

Heretofore : *adj*. (he-re-to-for) formerly; previously इस से पूर्व قبل ازیں؛ اس سے پہلے

Herewith : *adj*. (here-with) with this इसे के साथ اس کے ساتھ

Heritage : *n*. (he-ri-tij) something in herited; inheritance विरासत; बपौती ورثہ؛ ترکہ

Hermit : *n*. (her-mit) one living in solitude; a solitary devout person तपस्वी; संयासी گوشہ نشین؛ سنیاسی

Hermitage : *n*. (her-mite-j)hermit's cell कुटी; आश्रम کٹیا؛ حجرہ

Hern/Heron : *n*. (hern) a large water fowl ; strok-like bird बगुला بگلا

Hernia : *n*. (her-nia) rupture आंत उतरना آنت اترنا

Hero : *n*. (hee-roh) a brave man; a great warrior शूरवीर; योद्धा شجاع؛ بہادر؛ رستم زماں؛ سورما

Heroic : *adj* . (hee-ro-ik) brave; noble; epic वीरता से; योग्यता से بہادرانہ؛ دلیرانہ

Heroin : *n*. (he-roh-in) a morphia preparation अफीम; अफ़ीम से बनी हुई افیم؛ افیم سے بنی ہوئی

Heroine : *n*. (hee-ro-in) a female hero; main woman character in the novel नायिका ہیروئن؛ بہادر عورت

Heroism : *n*. (he-roh-izm) great courage; qualities of a hero शूरवीरता بہادری؛ مردانگی؛ عالی حوصلگی؛ جوانمردی

Hesitate : *v*. (hes-i-tayt) to pause; to delay; to doubt झिझकना; संदेह क. جھجکنا؛ ہچکچانا؛ شش و پنج میں پڑنا

Hesitation : *n*. (has-i-tay-shen) doubt; in termission संदेह; दुविधा شش و پنج؛ جھجک؛ ہچکچاہٹ

Hessian : *n*. (hesh-en) sack-cloth टाट; बोरिया ٹاٹ؛ بوریا

Heterodoxy : *n*. (ho-te-ro-dok-si) heresy नास्तिकता کفر؛ بدعت

Hew : *v*. (hiw) to chop; to cut with an axe काटना; चीरना (कुल्हाड़ी से) کاٹنا؛ چیرنا (کلہاڑی سے)

Hexagon : *n*. (hek-se-gon) a figure of six equal sides षटकोण; षट भुज مسدس؛ شش پہلو

Heyday : *n*. (hey-day) prosperous times बहार रुत بہار؛ عروج

Hiccough : *n*. (hi-coof) a convulsive effort of the stomach हिचकी ہچکی

Hidden : *adj*. (hi-dn) secret; unseen; mysterious छिपा हुआ; गुप्त خفیہ؛ پوشیدہ

Hide : *v*. (heid) to conceal छिपाना چھپانا

Hide : *n*. tough skin of animals खाल; चमड़ा کھال؛ چمڑا

Hide And Seek : *n*. game आँख मिचोली آنکھ مچولی

Hide Bound : *adj* . narrow minded तंग-नज़र تنگ نظر؛ تنگ خیال

Hideous : *adj*. (hid-e-us) very ugly; horrible डरावना; भयानक خوفناک؛ بھیانک؛ ڈراؤنا

Hie : *v*. (hei) to hasten शीघ्र क.; जलदी क.. جلدی کرنا

High : *adj*. (hi) raised above others; elevated अंहकारी; गर्वी بلند؛ اونچا؛ اعلیٰ

Highland : *n*. (hei-laynd) a mountainous country पहाड़ी देश; पर्वतीय देश پہاڑی ملک؛ کوہستان

Highlights : *n*. part (of a picture) reflecting most light; major point चित्र का रोशन पहलू تصویر کا روشن پہلو؛ اہم نکات

Highness : *n*. (hei-ness) title of princes श्रीमान; महाराज حضور؛ جناب

Highway : *n*. (hei-way) a road प्रधान; मुख्य सड़क; महान सड़क شاہراہ؛ شارعِ عام

Highwayman : *n*. (hei-way-man) a robber on the highway लुटेरा; डाकू لٹیرا؛ راہزن؛ بٹ مار

Hike : *n*. (hik) long tramp; long walk लमबी पैदल यात्रा لمبا پیدل سفر

Hilarity : *n*. (hilae-ri-ti) mirth; cheerfulness ख़ुशी; आनन्द; प्रसन्नता مسرت؛ خوشی؛ قہقہے

Hill : *n*. (hil) small mountain; rock पहाड़ी پہاڑی؛ ٹیلا

Hillock : *n*. (hil-lok) small hill पहाड़ी; टीला پہاڑی؛ ٹیلا

Hilly : *adj*. (hili) full of hills पहाड़ी से पूर्ण; पर्वतमय پہاڑیوں کا سلسلہ؛ پہاڑیوں سے بھرا ہوا

Hilt : *n*. (hilt) handle of a sword or dagger तलवार का दस्ता قبضہ یا دستہ(تلوار یا خنجر وغیرہ کا)

Him : *pron*. the objective form of he इस व्यक्ति को; उस को; इसको اس کا؛ اس کو؛ اسے

Hind : *n*. (hind) a female deer हिरणी; बारासिंघि ہرنی؛ بارہ سنگھے کی مادہ

Hind : *adj*. at the back पीछे का پیچھے کا

Hinder : *v*. (hin-der) to obstruct; to stop; to impede रोकना; अटकाना روکنا؛ راہ میں حائل ہونا؛ منع کرنا

Hinderance : *n*. (hi-de-rens) an impediment; things that hinders रुकावट; रोक; टोक روک؛ ممانعت؛ رکاوٹ

Hindermost : *adj*. the last; farthest back अन्तिम; सबसे पिछला سب سے پچھلا؛ سب سے پیچھے کا

Hinge : *n*. (hing) joint; a joint on which a door move क़बज़ा; चूल چول؛ قلابہ؛ قبضہ

Hint : *n*. (hint) indication संकेत; इशारा اشارہ؛ کنایہ

Hinterland : *n*. (hint-er-land) area behind port or sea-shore भीतरी प्रदेश داخلی علاقہ

Hip : *n*. (hip) thigh joint कूल्हा; पुट्ठा کولہا؛ پٹھ

Hip-Hip-Hurrah : *int*. cheer of approval हिप-हिप-हुरे ہپ ہپ ہرّے؛ زندہ باد

Hippopotamus : *n*. (hip-o-pot-e-mus) a river horse दरयाई घोड़ा دریائی گھوڑا

Hire : *v*. (hi-er) to take or give on rent किराय पर लेना या देना کرائے پر لینا یا دینا؛ کرائے پر اٹھانا

Hireling : *n*. (hi-er-ling) person whose services may be hired श्रमी; ठेके पर काम करने वाला مزدور؛ ٹھیکے پر کام کرنے والا

His : *pron*. possessive form of he उसका اس کا

Hiss : *n*. (his) sound of boiling water; sound of like a serpent पानी उबालने पर सूं सूं की आवाज़; साँप की सरसराहट سوں سوں کی آواز (پانی کے کھولنے سے پہلے)؛ سانپ کی سرسراہٹ

Historian : *n*. (his-toh-ri-en) a writer of facts & events; a writer of history लिखने वाला مورّخ؛ تاریخ داں

Historic/Historical : *adj*. (his-to-rik, -kal) of importance in history; of real history इतिहासिक; तारीख़ी تاریخی؛ اصلی؛ حقیقی

History : *n*. (his-to-ri) description of any type of past events; chronicle इतिहास تاریخ؛ سابقہ؛ حالات یا واقعات تاریخ وار

Hit : *v*. (hit) to strike चोट मारना مارنا؛ چوٹ مارنا؛ ضرب لگانا

Hicth : *v*. (hich) to pull with jerk; to catch झटके से खींचना جھٹکے سے کھینچنا؛ الجھنا

Hither : *adv*. (hidh-er) in this direction; to this place इस ओर; इधर; अबतक ادھر؛ اب تک

Hitherto : *adv*. (hidh-er-to) till now; to this time; yet अब तक; यहाँ तक اب تک؛ یہاں تک

Hive : *n*. (hiv) a place of bees living; a swarm of bees मक्खियों का छत्ता چھتہ؛ شہد کی مکھیوں کا چھتہ

Hoard : *n*. (hoh-rd) a hidden stock; a treasure जरवीरा; दफ़ीना ذخیرہ؛ دفینہ؛ خزانہ

Hoarse : *n&adj*. (hoh-s) having a rough deep voice; (of throat) sore गला बैठना; भारी बैठी हुई आवाज गلا بیٹھنا؛ بھاری بیٹھی ہوئی آواز

Hoary : *adj*. (ho-ri) white with age सफ़ेद होना (उमर के कारण) سفید؛ نورانی؛ عمر رسیدہ

Hoax : *n*. (hohks) to deceive; to impose upon धोखा देना دھوکہ دینا؛ فریب دینا

Hobble : *v*. (hob-el) to limb लंगड़ा कर चलना لنگڑا کر چلنا

Hobby : *n*. (ho-bi) a favourite thing or amusement; a play thing मश्ग़ला; हाबी; खिलौना مشغلہ؛ ہابی؛ شغل؛ کھلونہ

Hobby-Horse : *n*. rocking wooden hoarse (लकड़ी का) झूलना घोड़ा (لکڑی کا) جھولنا گھوڑا

Hockey : *n*. (ho-ki) game played with a ball and a curved stick हाकी का खेल ہاکی کا کھیل

Hog : *n*. (hog) swine; pig; dirty and greedy person सूअर; गंदा लालची आदमी سور؛ گندا لالچی آدمی

Hoggish : *adj.* (ho-gish) selfish; brutish; greedy स्वार्थी; लालची لالچی؛ خودغرض

Hoist : *n.* (ho-ist) instrument for raising उठाना; बुलन्द साज़ بلند ساز؛ مرفع؛ اٹھانا

Hold : *v.* (ho-ld) to keep; to stop; to grasp पकड़ना; थामना پکڑنا؛ تھامنا

Holdall : *n.* (hohld-awl) portable wrapping for bedding etc बिस्तर बन्द; होलडाल ہولڈال؛ بستر بند

Holder : *n.* one who holds something रखने वाला دار؛ رکھنے والا

Holdling : *n.* possession; under possession क़ब्ज़ा; कब्जे में قبضہ؛ زیر قبضہ

Hole : *n.* (hohe) cavity; a hollow place छिद्र; छेद سوراخ؛ چھید

Holiday : *n.* (hol-i-day) off-day; a day of freedom अवकाश; छुट्टी का दिन چھٹی کا دن؛تعطیل؛ چھٹی

Holiness : *n.* (ho-li-nes) the pope's title; piety पादरी की पदवी; नेकी پوپ کا خطاب؛ نیکی

Hollow : *adj.* (hol-oh) not solid; empty खोखला کھوکھلا

Hollow-Caust : *n.* (hol-o-kawst) wholesale sacrifice; general destruction of human lives by fire सबकी कुर्बानी سب کی قربانی؛ اتلاف جان آگ سے

Holy : *adj.* (hoh-li) sacred; pure; religious पवित्र پاکیزہ؛ مقدس؛ پاک

Homage : *n.* (hom-ij) tribute of respect; tribute श्रद्धांजली; सम्मान تعظیم؛ خراج عقیدت

Home : *n.* (ho-hm) a place of constant residence घर; जन्म भूमी گھر؛ وطن

Homely : *adj.* (ho-hm-li) coarse; plain and simple साधारण; सादा سیدھا سادہ؛ کھردرا

Homesick : *n&adj.* (person) sad for being away from home घर की याद में परेशान या वियाकुल گھر کی یاد میں پریشان

Homework : *n.* (ho-hm-work) school assignment to done at home घर का कार्य گھر کا کام

Homeopathy : *n.* (hoh-mi-op-et-hi) system of treatment of diseases by drugs एक प्रकार की चिकित्सा ہومیوپیتھی؛ ایک قسم کا علاج

Homicide : *n.* (hom-i-sid) murder; a man slayer; killer नर हिंसा; क़त्ल; कातिल قتل؛ قاتل

Homogeneous : *adj.* (hoh-moh-jee-ni-us) of the same kind एक प्रकार के ہم قسم؛ متجانس؛ ایک طرح کے

Homonym : *n.* (hom-o-nin) word of same form or sound but different in meaning एक उच्चराण के शब्द परन्तु अर्थ अलग متجانس لفظ؛ ہم آواز الفاظ مگر معنی مختلف

Homophony : *n.* (homo-fo-ni) similarity; in sound समध्वनि ہم آہنگی

Homosapiens : *n.* mankind as species पुरुष वर्ग; मानव जाति نوع بشر؛ نوع انسانی؛ نسل؛ انسانی

Honest : *adj.* (-on-est) sincere; upright; straight forward इमानदार; सच्चा دیانتدار؛ سچا؛ ایماندار

Honesty : *n.* (on-esti) justice; truth सच्चरित्रता; ईमानदारी دیانتداری ایمانداری؛ سچائی؛

Honey : *n.* (hun-i) sweet concoction

of bees; nectar collected by bees मधु; शहद شہد؛ عسل

Honey Comb : *n.* (hun-i-kohm) network of bees cells मधुमक्खियों का छत्ता شہد کی مکھیوں کا چھتہ

Honey Moon : *n.* holiday taken by newly married couples; first month after marriage हनी-मून ماہِ عسل؛ ہنی مون

Honorarium : *n.* (on-e-ray-ri-um) allownce for honorany duty ओनोरेरियम اعزازی تنخواہ؛ اعزازیہ

Honorary : *adj.* (on-e-re-ri) duty or job without pay अवैतिनिक प्रतिष्ठा देने वाला بلا تنخواہ؛ اعزازی

Honour : *n.* (on-e-r) diguity; virtue; fame and respect मान; सम्मान; आदर قدر ومنزلت؛ نیکنامی؛ اعزاز؛ عزت؛ احترام

Honour(one's) Promise :*ph.* commitment वादा पूरा क. وعدہ وفا کرنا؛ ایفائے عہد کرنا؛ وعدے پر قائم رہنا؛ وعدہ ایفا کرنا

Honourable : *adj.* (o-nra-b-el) worthy of respect; title of judges पूजनिय; आदरणीय قابلِ احترام؛ عزت مآب؛ معزز ججوں کا لقب

Hood : *n.* (hud) an upper covering for head; covering for eyes of birds or animals टोपी; पट्टा ٹوپ؛ ٹوپی؛ پٹہ

Hoodwink : *v.* (hun-wink) to deceive; to blind; to hide; to trick धोखा देना; अन्धा क. دھوکہ دینا؛ فریب دینا؛ جل دینا؛ اندھا کرنا؛ چھپانا

Hoof : *n.* (huf) horny part of a horse's foot खुर; सुम کھر؛ سُم

Hook : *n.* (huk) curved piece of metal; bent piece of iron हुक; कुन्डी; काँटा ہک؛ کانٹا؛ آنکڑا

Hooligan : *n.* (hool-li-gen) street rough; wicked person गुन्डा غنڈا؛ بازاری آدمی

Hoop : *n.* (hup) anything circular; rim round wheel घेरा; चक्कर پہیہ؛ چکر؛ حلقہ؛ گھیرا

Hoot : *n.* (hoot) cry of owl; to shout उल्लू की चीख; पुकार الو کی چیخ؛ پکار

Hop : *v.* (hop) to leap on one leg; to walk lamely लंगड़ाना; एक टांग से चलना لنگڑانا؛ ایک ٹانگ سے چلنا

Hope : *n.* (hohp) expectation; confidence in a future event आशा; भरोसा آس؛ امید؛ توقع؛ رجا؛ بھروسہ

Hopeless : *adj.* without hope; incurable निराश; निराशाजनक ناامید؛ ناقابلِ علاج

Horizen : *n.* (ho-ri-zen) the line at which earth or sky seem to meet क्षितिज افق

Horizontal : *adj.* (ho-ri-zon-tel) level with ground क्षितिज के समान्तर افقی

Horn : *n.* (ho-sn) trumpet; the defensive weapon on animal's head सींग سینگ

Hornet : *n.* (hor-ni) large stinging in sect बर्र की जाति का कीट بھڑ

Horny : *n.* (hor-ni) made of horns; callous सींघ निर्मित سینگ کا بنا ہوا

Horoscope : *n.* (ho-ro-skohp) posititon of stars at birth जन्म पत्री; जन्म कुण्डली زائچہ؛ جنم پتری

Horrible : *adj.* (ho-ri-bel) terrible; dreadful भयंकर; भयानक; डरावना دہشت ناک؛ خوفناک؛ بھیانک

Horrid : *adj.* (ho-rid) hideous;

enormous भयंकर; भयानक; ख़ौफनाक بھیانک؛ خوفناک

Horrify : *v.* (ho-ri-fi) fill with horror डराना; खोफ़ज़दा क.. خوفزدہ کرنا؛ دہشت زدہ کرنا

Horror : *n.* (ho-rer) terror भय خوف؛ دہشت

Horse : *n.* (ho-rs) a kind of animal अश्व; घोड़ा گھوڑا؛ اسپ

Horseman : *n.* expert rider; one skilled in riding अश्वारोही; घुड़सवार گھڑسوار؛ شہسوار

Horticulture : *n.* (ho-rti-kel-cher) gardening; art of cultivating gardens माली का कार्य باغبانی

Horticulturist : *n.* (-ist) one who is skilled in gardening माली باغبان؛ مالی

Hose : *n.* (hohz) stockings मोज़े; जुर्राब موزے؛ جراب

Hosier : *n.* (hoh-zier) one who sells stockings मोज़े विक्रेता موزہ فروش

Hosiery : *n.* (hoh-zhi-ri) men's vests & socks जुर्राबें; बनियानें आदि جرابیں اور بنیانیں وغیرہ

Hospital : *n.* (hos-pi-tel) place for patient treatment चिकित्सालय اسپتال؛ شفاخانہ

Hospitality : *n.* (hos-pi-tal-i-ti) generosity to guests आतिथि सत्कारता مہمان نوازی

Host : *n.* (hohst) one who entertain guests मेज़बान अतिथि की आव-भगत करने वाला میزبان

Hostage : *n.* (hos-tij) prisoner held as surety बन्धक व्यक्ति یرغمال

Hostel : *n.* (hos-tel) large residence for students सराय; छात्रवास; होस्टल ہوسٹل؛ اقامت گاہ؛ قیام گاہ؛ (طلبا کے لیے)

Hostess : *n.* (-es) a female host अतिथि सत्कार करने वाली स्त्री میزبانہ؛ میزبان خاتون

Hostile : *adj.* (hos-til) unfriendly शत्रु; बैरी مخالف؛ دشمن؛ معاندانہ

Hostility : *n.* (hos-li-li-ti) enmity शत्रुता; विरोध عداوت؛ دشمنی؛ مخالفت

Hot : *adj.* (hot) very warm; of high temperature गर्म; जोशीला بہت گرم؛ تپتا ہوا؛ جوشیلا

Hotel : *n.* (hot-ek) modern inn होटल ہوٹل

Hound : *n.* (hound) hunting dog शिकारी कुत्ता شکاری کتا

Hour : *n.* (over) the 24th part of a day; space of 60 minutes घन्टा گھنٹہ؛ ساٹھ منٹ کا ٹائم

Hourly : *adj.* (our-li) every hour प्रति घन्टा ہر گھنٹہ

House : *n.* (hous) building for living in; place of people abode निवास; स्थान; घर گھر؛ مکان؛ مسکن

Household : *n.* (hous-hold) a family living together कुटुम्ब; घराना کنبہ؛ گھرانہ؛ اہل خانہ

Hovel : *n.* (lov-el) tiny wretched; a shed झौंपड़ा; कुटी; साएबान چھپر خانہ؛ سائبان؛ جھونپڑا

Hover : *v.* (hov-er) remain in air almost motionless; to hang over head मंडलाना منڈلانا؛ منڈلاتے رہنا

How : *adv.* (how) in what manner कैसे; क्यों कर; किस तरह کیسے؛ کیونکر؛ کس طرح

However : *conj.* nevertheless; yet;

atleast फिर भी; बहर हाल پھر بھی؛ تاہم؛ بہر کیف؛ بہر حال

Howl : *n*. (howl) the cry of a wolf or dog; long cry of pain कुत्ते या भेड़िये की चीख़; वावेला کتے یا بھیڑیے کی چیخ؛ کراہ؛ واویلا

Hubble-Bubble : *n*. hookal हुक़्क़ा حقہ

Huddle : *n*. (ha-dl) crowd; tumult भीड़ انبوہ؛ مجمع

Hue : *n*. (hew) colour; clamour; रंग; कोलाहल رنگ؛ شور

Huff : *v*. (haf) to bully चिड़चिड़ क.; ख़फ़ा होना خفا ہونا؛ ناراض ہونا

Hug : *v*. (hag) to embrace fondly छाती से लगाना چھاتی سے لگانا

Huge : *adj*. (hewz) very great विशाल; बड़ा بہت بڑا؛ بہت وسیع؛ عظیم

Hukster : *n*. (ha-ks-ter) a retailer of small wares फेरी वाला پھیری والا

Hull : *n*. (hul) shell; husk छिलका چھلکا

Hullo : *int*. see Hallo

Hum : *v*. (hum) to buzz; to murmur continuously भिनभिनाना بھنبھنانا؛ گھوں گھوں کرنا

Human : *n*. (haw-man) man; woman; child मानव; स्त्री; बालक انسان؛ بشر؛ آدمی عورت؛ بچہ

Humane : *adj*. (hew-mayn) kind and tenderred; good natured दयालु; परोकपकारी مہربان؛ نیک دل؛ شریف النفس؛ نرم دل

Humanism : *n*. (hew-me-nizm) devotion to human interest as apposed to spiritual matters मानव मित्रता انسان دوستی؛ بشر دوستی

Humanity : *n* (hew-man-i-ti) benevolence; compassion मानवता; मनुष्यता انسانیت

Humble : *adj*. (hum-bel) submissive; meek; modest विनीत; नम्रता عاجز؛ منکسر المزاج

Humble Bee : *n*. large kind of bee भिनभिनाने वाली मक्खी بھنبھنانے والی مکھی

Humid : *adj*. (hew-mid) moist; damp; wet गीला; तर مرطوب؛ نمدار؛ تر

Humidity : *n*. (hew-mi-di-ti) dampness; moisture अर्द्रता; तरी گیلا پن؛ نمی

Humiliate : *v*. (hew-mil-i-ayt) to make humble ज़लील क. ذلیل کرنا؛ شرمندہ کرنا

Humiliation : *n*. being humiliated रुस्वाई ज़िल्लत تذلیل؛ رسوائی؛ ذلّت

Humility : *n*. freedom from pride; modesty meekness जिल्लत; पस्ती ذلت؛ پستی؛ عاجزی؛ عجز و انکساری

Humorous : *adj*. (hew-me-rus) jocular रसिक; विनोद ظریف؛ مزاحیہ؛ خوش طبع

Humour : *n*. (hew-me-r) fun and jocking; jocularity हंसी; ठट्ठा مذاق؛ مزاح

Hump : *n*. (hump) lump on camel's back; raised back of human being कुब; कोहान کُب؛ کوہان؛ کبڑ

Hump Back : *n*. hunch back; crooked back कुबड़ा کبڑا؛ کوز پشت

Humpty Dumpty : *n*. healthy; faty person गोलमटोल व्यक्ति گول مٹول آدمی؛ صحت مند آدمی

Hunch : *v*. (hansh) to jostle कोहनी से मारना کہنی سے مارنا

Hunch : *n*. (hunch) see Hump

Hunch Back : *n*. person with raised back कुबड़ा کبڑا؛ کوز پشت

Hundred : *n.* (hum-dred) ten times ten एक सौ سو؛ ایک سو؛ صد

Hunger : *n.* (hung-er) desire of food; need for food भूख بھوک؛ کھانے کی خواہش

Hunger Strike : *n.* refusal to eat or drink till grievance is redressed भूख हड़ताल بھوک ہڑتال

Hungry : *adj.* (hung-e-ri) in want of food; desirous भूखा بھوکا؛ خواہشمند؛ کامتمنی

Hunt : *v.* (hunt) to chase animals for food शिकार क.; पीछा क. شکار کرنا؛ شکار کھیلنا؛ پیچھا کرنا

Hunter : *n.* one who hunts शिकारी شکاری؛ صیاد

Huntsman : *n.* hunter शिकारी شکاری؛ شکار کرنے والا

Hurdle : *n.* (her-del) artificial barrier बाधा رکاوٹ

Hurdle Race : *n.* race in which hurdles have to be crossed रुकावटों वाली दौड़ رکاوٹوں والی دوڑ؛ روک دوڑ

Hurl : *v.* (he-rl) to throw with violence शक्ति से फेंकना پھینکنا؛ اچھالنا؛ زور سے پھینکنا

Hurrah : *n.* (hu-rah) shout of triumph आहा; शाबाश آہا؛ شاباش

Hurricane : *n.* (he-ri-kayn) storm with violent wind; a violent storm जोर की आंधी; तूफान طوفان باد و باراں؛ زوردار آندھی

Hurriedly : *adv.* (he-rid-li) quickly शीघ्रता से تیزی سے؛ جلدی سے

Hurry : *n.* (he-ri) haste; quickness फुर्ती; तेज़ी جلدی؛ عجلت

Hurry up : *pl.* be quick शीघ्र करो جلدی کرو

Hurt : *n.* (he-rt) injury; striking; damage घाव; अघात چوٹ؛ ضرب؛ نقصان

Hurtle : *v.* (her-tel) (cause to) rush violently जोर से गिरना زور سے پڑنا یا گرنا

Husband : *n.* (huz-bend) married man स्वामी میاں؛ شوہر؛ خاوند

Husbandman : *n.* farmer कृषक; किसान کسان

Husbandry : *n.* (haz-ban-dri) tillage; cultivation खेती; कृषि کاشت؛ کاشتکاری

Hush : *adj&v.* (hush) silent; quiet; silence; to make quiet ख़ामोश; चुप कराना; ख़ामोश कराना خاموش؛ چپ کرنا؛ خاموش کرانا

Hush-Hush : *n.* criminal or mysterious silence for suppression पुरइसरार ख़मोशी پراسرار خاموشی

Hushmoney : *n.* a bribe to induce secrecy चुप कराना; किसी अपराध को छिपाने के लिये दी हुई घूस اخفائے جرم کے لیے رشوت

Husk : *n.* (husk) dry outer covering of grain; covering of fruites छिलका چھلکا؛ بھوسا

Hussy : *n.* (hu-si) a worthless woman; ill mannered woman ढीठ लड़की; छिनाल; दुष्टा بدتمیز عورت؛ زبان دراز یا بدتمیز لڑکی

Hustle : *v.* (hus-el) to shake together; push one's way roughly मिलकर धकेलना مل کر دھکیلنا؛ کہنیاں مار مار کر آگے بڑھنا

Hut : *n.* (hut) cottage; roughly built shelter कुटी; झौंपड़ी جھونپڑا؛ جھونپڑی؛ کٹیا

Hyacinth : *n.* (hi-e-sinth) a kind of flower; a colour सिम्बल का पुष्प; सिम्बली रंग سنبل کا پھول؛ سنبلی رنگ

Hybrid : *adj&n.* (hib-rid) animal or

plant of mixed parentage दोग़ला دوغلا؛ میل دار

Hydrant : *n.* (hid-rant) pipe with nozzle in street; a machine for raising water पानी ऊपर उठाने का नल نل؛ بازار میں لگا ہوا پانی کا نل

Hydro-Eletricity : *n.* (hid-roh-elek-tri-siti) electricity produced by water power जल विद्युत برقابی بجلی؛ پن بجلی

Hydrogen : *n.* (hid-ro-jen) lightest gas; a gaseous element सबसे सूक्ष्म वायु तत्व ہائیڈروجن

Hydrogen Bomb : *n.* atom bomb charged with hydrogen compound सूक्ष्म वायु बम ہائیڈروجن بم

Hydrogenphobia : *n.* a disease occassioned by the bite of a mad dog; dread of water पागल कुत्ते से होने वाली बामीरी; पानी से डर की बीमारी پاگل کتے کے کاٹنے سے ہونے والی بیماری؛ پانی سے ڈرنے کی بیماری

Hyena/Hyaena : *n.* (hi-ee-ne) wolf like wild animal लगड़-बगड़ لکڑبگا؛ لگڑ بگڑ؛ بھیڑیے کی شکل کا جنگلی جانور

Hygiene : *n.* (hi-jeen) science of good health आरोग्य शास्त्र ہائجین؛ حفظانِ صحت

Hymn : *n.* (him) song of praise to god; a divine song भजन حمد؛ بھجن

Hyper : *pref.* (hi-per) too; much बहुत ही از حد؛ بہت سی

Hyperbola : *n.* (-bo-la) figure from cone अतिपरवलय شکل ہذلولی

Hyperbole : *n.* (-li) exaggeration as a literary device अत्युक्ति; अतिश्योक्ति مبالغہ؛ اغراق

Hyphen : *n.* (hi-fen) the mark used for joining words हाईफ़न ہائی فن؛ نشانِ الحاق

Hypnotic : *n.* (hip-no-tik) narcotic सवापक; निद्रा लाने वाली दवा या औषधि نیندآور دوا

Hypnotism : *n.* (hip-no-tism) producing of hypnosis सम्मोहन विद्या تنویم؛ عملِ تنویم

Hypnotize : *v.* (hip-no-tiz) to produce by pnosis सम्मोहित क. عملِ تنویم کرنا

Hypo : *n.* (hi-poh) a chemical used for developing films हाईपो ہائپو

Hypocrisy : *n.* (hi-pok-ri-si) pretence of virtue; pretence छल; कपट حیلہ؛ بہانہ؛ دھوکہ

Hypocrite : *n.* (hip-o-krit) false pretender छलिया; कपटी دھوکہ باز؛ منافق؛ حیلہ باز

Hypotenuse : *n.* (hi-pot-e-news) in a right angled triangle the side opposite a right angle त्रिभुज में समकोण के सामने की रेखा وتر

Hypothesis : *n.* (hi-poth-e-sis) something asumed as a basis of reasoning; assumption परिकल्पना مفروضہ؛ خیال؛ قیاس

Hypothetical : *adj.* (hi-poth-e-ti-kal) supposed काल्पनिक فرضی؛ قیاسی؛ مفروضی

Hysteria : *n.* (his-tee-ri-a) nervous disorder; morbid excitement हिस्टीरिया; वातोन्माद ہسٹریا؛ اختنا الرحم

Hysterics : *n.* attack of hysteria हिस्टीरिया का दौरा या मूर्च्छा ہسٹریا کا دورہ

I

I : *n*. (lie) ninth letter of English alphabet अंग्रेजी वर्ण माला का नोवाँ अक्षर انگریزی حروف تہجی کا نواں حرف

I : *pron*. (iie) the speaker; the writer himself; my self मैं; लिखने वाला; करने वाला میں؛ لکھنے والا؛ بولنے والا

Ice : *n*. (eis) frozen water हिम; बर्फ़ برف

Ice Berg : *n*. floating mass broken off a glacier; floating mountain of ice हिम शैल برف کا تودہ؛ تیرتا ہوا برف کا تودہ

Ice Cream : *n*. (eis-kreem) cream flavoured and frozen आइसक्रीम; मलाई की बर्फ़ قلفی؛ ملائی کی برف؛ آئس کریم

Ice Wool : *n*. fine glossy knitting-wool चम्कदार ऊन چمکدار اون؛ اچھی کوالٹی کی اون

Icicle : *n*. (is-i-kel) hanging mass of ice बर्फ का बड़ा टुकड़ा برف کا لمبا ٹکڑا

Iconoclast : *n*. (eiko-no-klast) a breaker of images or statue मूर्ति तोड़ने वाला بُت شکن

Icy : *adj*. (i-si) very cold; full of ice; cold; covered with ice ठन्डा; हिम निर्मित برفانی؛ ٹھنڈا؛ سخت سرد؛ برف سے ڈھکا ہوا

Idea : *n*. (i-dee-a) thought; plan; opinion विचार; सम्मति خیال؛ رائے؛ قیاس؛ تصور

Ideal : *adj* . (i-dee-al) extremely good; perfect; imaginary आदर्श; काल्पनिक بہترین؛ مثالی؛ خیالی

Identification : *n*. (i-den-ti-fi-kay-shen) recognition पहचान شناخت؛ نشاندہی

Identify : *v*. (i-dent-i-fi) to recognize पहचानना شناخت کرنا؛ نشاندہی کرنا

Identity : *n*. (i-dent-i-ti) recognition of individuality पहचान شناخت؛ پہچان

Ideology : *n*. (id-e-ol-o-ji) out look; system of ideas विचार धारा; सिद्धान्त نقطۂ نگاہ؛ نظریہ؛ نظریاتی نظام

Idiocy : *n*. (id-io-si) want of understanding मूर्खता; पागलपन دیوانگی؛ پاگل پن

Idiom : *n*. (id-i-um) a particular mode of speech मुहावरा; बोली محاورہ؛ طرز کلام

Idiomatic : *adj*. according to idiom; standard; phraseological मुहावरे से युक्त بامحاورہ، ٹکسالی

Idiosyncracy : *n*. (id-i-o-sin-kre-si) behaviour etc. peculiar to some one मिज़ाज مزاج؛ طبیعت؛ خاصہ

Idiot : *n*. (id-i-nt) stupid person; a natural fool मुर्ख; बेवकूफ़ بے وقوف؛ احمق

Idle : *adj*. (i-del) lazy; unemployed आलसी; बेकार سست؛ بیکار

Idleness : *n*. (i-del-nes) laziness; sloth आलस्य; काहिली سستی؛ کاہلی؛ آرام طلبی

Idol : *n*. (i-del) image of God प्रतिमा; मूर्ति بت؛ مورتی

Idolater : *n*. (i-dol-e-ter) idol worshipper मूर्ति पूजक; आस्तिक بت پرست؛ صنم پرست

Idolatry : *n*. (i-dol-e-tri) idol worship; worship of images मूर्तिपूजा بت پرستی؛ صنم پرستی

Idolize : *v*. (i-do-liz) admire too much; to worship to love पूजना; देवता; मानना; आकर्षित होना پرستار ہونا؛ محبت کرنا؛ پرستش کرنا

Igneous : *adj*. (ig-ne-us) made by molten matter नारी; अतिश फिशाँ ناری؛ آتشیں؛ آتش فشاں

Ignite : *v*. (ig-nit) set on fire; to light आग लगाना; जलाना روشن کرنا؛ آگ لگانا

Ignition : *n*. (ig-nish-en) setting on fire आग लगाना या लगना; जलाना آگ لگانا یا لگنا؛ جلانا؛ تپانا

Ignoble : *adj*. (ig-noh-bel) dishonourable; worthless; mean अकुलीन; नीच بے عزت؛ کم اصل؛ کمینہ؛ کم ظرف؛ رذیل

Ignominy : *n*. (ig-no-mi-ni) disgrace; reproach; shame अपमान فضیحت؛ بے شرمی؛ رسوائی؛ کھلی بے عزتی

Ignorance : *n*. (ig-no-rens) state of being ignorant; want of knowledge अनाड़ी पन; जहालत لاعلمی؛ بے خبری؛ جہالت

Ignorant : *adj*. (ig-no-raynt) illiterate; void of knowledge अज्ञानी; अनाड़ी لاعلم؛ ناواقف؛ جاہل

Ignore : *v*. (ig-wh-r) refuse to take notice of अस्वीकार क. نظرانداز کرنا؛ پرواہ نہ کرنا

Il : *pref*. (il) opposite of not ना; गेर कानूनी; ख़िलाफ़ نا؛ بے؛ غیر؛ خلاف

Ill : *adj*. (il) (of person) in bad health; not in good health रोगी; बीमार بیمار؛ علیل؛ مریض

Ill-Bred : *adj*. (ili-bred) impolite; badly brought up असभ्य; अविनीत بے ادب؛ ناشائستہ؛ بدتربیت

Ill-fated : *adj*. destined to misfortune बदनसीब, बदक़िस्मत بدنصیب؛ بدقسمت

Illegle : adj. (i-lee-gel) contrary to law; unjust अवैधानिक; नियम विरुद्ध خلافِ قانون؛ غیرقانونی

Illegible : *adj*. (i-lej-i-bel) unreadable जो पढ़ा ना जा सके جو پڑھا نہ جاسکے؛ جو پڑھے کے قابل نہ ہو

Illegitimacy : *n*. (-lej-) being illegitimate हरामी होना حرامی ہونا؛ ناجائز ہونا

Illegitimate : *adj*. illegal; born out of wedlock हरामी; ग़ैर क़ानूनी غیرقانونی؛ ناجائز؛ حرامی

Illiation : *n*. (ile-i-shen) inference परिणाम; फल; नतीजा نتیجہ؛ حاصل

Illiberal : *adj*. (il-ebral) sparing; mean; stingy कमीना; कंजूस کنجوس؛ کمینہ

Illicit : *adj* . (ili-sit) unlawful नियम विरुद्ध خلافِ قانون

Illitercy : *n*. (ill-it-re-si) being illiterate; निरक्षरता جہالت؛ ناخواندگی

Illiterate : *adj*. (i-lit-e-rit) unlearned; one unable to read or write अनपढ़; असभ्य ناخواندہ؛ جاہل؛ ان پڑھ

Illness : *n*. (il-nes) sickness; being ill; weakness बीमार होना; बीमारी علالت؛ بیمار ہونا

Illogical : *adj*. (ilo-dzi-kal) contrary to rules of reasoning न्यायशास्त्र के विरुद्ध خلافِ منطق

Illude : *v*. (ili-ud) to deceive धोखा देना دھوکہ دینا؛ فریب دینا

Illuminate : *v*. (i-loom-i-nayt) to enlighten; decorate with bright lights उजाला क. روشن کرنا؛ چراغاں کرنا

Illumination : *n*. decoration with lights; brightness ज्योति; प्रकाश روشنی؛ چمک؛ چراغاں

Illusion : *n*. (i-loozh-en) a false show; misleading appearance; false idea धोखे की टट्टी; छल فریب نظر؛ دھوکہ؛ موہوم پیکر؛ غلط خیال

Illusive : *adj*. (i-looziv) deceptive छलिया فریب دہ؛ چھلیا

Illusory : *adj*. un real वहमी; ख़यालीं وہمی؛ غیر حقیقی

Illustrate : *v*. (il-us-trayt) to explain with example व्याख्या क.. واضح کرنا

Illustrated : *adj*. pictorial चित्रों के साथ باتصویر

Illustration : *n*. explanation; illustrating; picture व्याख्या; दृष्टान्त; चित्र تشریح؛ وضاحت؛ مثال؛ تصویر

Illustrious : *adj*. (i-lus-tri-us) noble; eminent; celeberated प्रसिद्ध; प्रख्यात مشہور؛ نامور؛ لائق؛ روشن

Illwill : *n*. (il-vil) hostile feeling शत्रुता; ईर्षा کینہ؛ بغض؛ دشمنی

Im : *pref*. opposite of not ना; ख़िलाफ़; ग़ैर نا؛ بے؛ غیر؛ خلاف

Image : *n*. (im-ij) picture; reflection; idea; idol चित्र; कल्पना; मूर्ति; विचार تصویر؛ عکس؛ خیال؛ مجسمہ

Imagery : *n*. suggestion of mental pictures कल्पनिक चित्र خیالی تصویریں؛ لفظی تصویریں

Imaginary/Imaginative : *adj*. fancied; ideal; unreal कल्पनिक; निर्मूल فرضی؛ غیر حقیقی؛ موہوم

Imagination : *n*. (i-may-ij-nay-shen) fancy; power of the mind to imagine मन की कल्पना تخیل؛ پرواز خیال

Imagine : *v*. to think mistakenly; to supose कल्पना क.. فرض کرنا؛ خیال کرنا

Imbecile : *adj*. (im-be-seel) stupid; weak minded; silly मूर्ख; बेवकूफ بے وقوف؛ احمق؛ فاتر العقل

Imbibe : *v*. (im-bib) to drink; to absorb; to assimilate ग्रहण क..; पी लेना; दिमाग़ में बिठाना پینا؛ جذب کرنا؛ ذہن نشین کرنا

Imbitter : *v*. (im-bi-ter) to make bitter कड़वा क..; क्रोधित क.. تلخ یا ترش کرنا؛ کڑوا کرنا

Imbrue : *v*. (im-bru) to soak गीला क..; भिगोना تر کرنا؛ گیلا کرنا؛ بھگونا

Imbue : *v*. (im-bew) to tincture deeply; to saturate गाढ़ा रंग चढ़ाना; नस-नस में बैठ जाना رنگ چڑھانا؛ رگ وپے میں سرایت کر جانا

Imitate : *v*. (im-i-tayt) to follow; to copy अनुकरण क.. نقل اتارنا یا کرنا؛ کاپی کرنا

Imitation : *n*. (im-i-tay-shen) copy; act of copying अनुकरण نقل؛ کاپی؛ تقلید

Imitator : *n*. one who copies or imitates अनुकारी تقلید یا نقل کرنے والا

Immaculate : *adj*. (i-ma-kew-layt) spotless; pure; undefiled पवित्र; निर्दोषी بے داغ؛ بے عیب؛ پاک

Immanent : *adj*. (im-e-nent) inherant; internal भीतरी; वास्तविक فطری؛ طبعی؛ جبلی

Immaterial : *adj* . (im-e-tee-ri-el) incorporeal; unimportant अध्यात्मिक; निष्प्रयोजन غیر مادی؛ غیر ضروری؛ غیر اہم

Immature : *adj*. (im-e-tew-er) not perfect; not ripe; not fully developed कच्चा; अधूरा کچا؛ خام؛ ادھورا؛ ناپختہ

Immeasurable : *adj*. (im-e-ziu-ra-bel) not bounded; immense; that cannot be measured अगाध; असीम بے اندازہ؛ بے حد؛ لامحدود

Immediate : *adj.* (im-mee-di-et) instant; without interval; next तत्काल فوری؛ قریب ترین؛ اگلا

Immediately : *adv.* (imi-diet-ly) instantly तत्काल فوراً

Immemorial : *adj.* (im-e-moh-ri-el) indefinitely ancient; ancient beyond memory प्राचीन; पुरातन قدیمی؛ بہت ہی پرانا

From time immemorial : *ph.* from very ancient time बहुत प्राचीन काल में بڑے پرانے زمانے میں

Immense : *adj.* (i-mens) very large; huge बहुत बड़ा بہت بڑا؛ بے حد بڑا؛ عظیم

Immensity : *n.* (i-men-si-ti) great size; unbounded greatness or vastness अनन्तता لاانتہائی وسعت یا عظیم

Immensurable : *adj.* (i-men-siu-ra-bel) not to be measured जिस का माप न हो सके ناقابل پیمائش

Immerge/Immerse : *v.* (im-ers) to sink; to plunge under water डुबोना; डूबना ڈبونا؛ ڈوبنا

Immersion : *n.* (eme-rshen) a dipping under water डुबकी लगाना غوطہ لگانا؛ ڈبکی لگانا؛ غوطہ زنی

Immethodical : *adj.* (ime-tho-di-kal) irregular अव्यवस्थित بے قاعدہ

Immigrant : *n.* (im-i-grent) settler from abroad; one who immigrates देशान्तर में बसने वाला غریب الوطن؛ نو آباد؛ متوطن

Immigrate : *v.* (im-i-grayt) come as settler; to enter or pass into other country किसी देश में जा बसने वाला غیر ملک میں جا بسنا؛ آبادکاری یا توطن کے لیے آنا

Immigration : *n.* (im-i-gray-shen) coming into country for settlement; passing into a place देशान्तर वास آبادکاری کے لیے آنا؛ غیر ملک میں سکونت اختیار کرنا

Imminent : *adj.* (im-i-nent) impending (danger, death etc.) सर पर सवार होना; निकट; समीप سر پر سوار ہونا؛ قریب؛ نزدیک

Immobility : *n.* (imo-bi-leit) immovableness निश्चलता; धीरता حالت سکون

Immoderte : *adj.* (imod-e-rit) excessive अत्याधिक; परिमित بے حد؛ حددرجہ

Immodest : *adj.* (immod-est) impudent; indecent; shameless गुस्ताख़; निर्लज; बेशर्म گستاخ؛ بے حیا؛ بے شرم

Immolate : *v.* (i-mo-layt) to sacrifice बलिदान قربانی کرنا

Immoral : *adj.* (i-mo-rel) dishonest; unethical; irreligious दुराचारी; अधर्मी بدکردار؛ بے ایمان؛ غیر اخلاقی

Immortal : *adj.* (imor-tel) perpetual; never dying; living for ever अमर; अविनाशी امر؛ غیر فانی؛ کبھی نہ مرنے والا؛ ابدی؛ امٹ

Immortalize : *v.* (-liz) to make immortal स्थिर क.; अमर क. امر کرنا؛ قائم رکھنا

Immovable : *adj.* (i-moov-e-bel) unshaken; stable; that which can not be moved अचल; स्थिर مستقل؛ ساکن؛ غیر متحرک

Immovable Property : *n.* land

building etc अचल सम्पत्ति جائداد غیر منقولہ

Immune : *adj.* (i-mewn) protected (from disease etc.) से बचा हुआ; बीमारी आदि से (بیماری وغیرہ سے) سے بچا ہوا؛ سے محفوظ

Immunity : *n.* (i-mewn-i-ti) exemption; privilage; freedom मुक्ति; आज़ादी; छुटकारा بریت؛ آزادی؛ چھٹکارا؛ نجات

Immure : *v.* (im-mu-er) to enclose घेरना; बन्द क. گھیرنا؛ بند کرنا

Immutable : *adj.* (immu-ta-bel) invariable; unallerable अटल; दृढ़ مستقل؛ اٹل

Imp : *n.* (imp) devil's child; a punvy devil; mischievous child; little devil पिशाज; शैतान شیطان کا بچہ؛ بھتنا

Impact : *n.* (im-pakt) striking; impression; push टक्कर; धक्का ٹکر؛ تصادم؛ دھکا

Impair : *v.* (im-pay-er) damage; weaken हानि पहुंचाना; निर्बल कर देना نقصان پہنچانا؛ کمزور کر دینا

Impalpable : *adj.* not perceptible by touch सुक्ष्म; महीन غیر محسوس؛ باریک

Impalpaile : *adj.* (im-pal-pel) that cannot be perceived by touch; not easily grasped by mind गैर महसूस; कठिनाई से बुद्धि में आने वाला غیر محسوس؛ عسیر الفہم؛ دِقت سے سمجھ میں آنے والا

Imparity : *n.* (im-pe-ri-ti) disproportion; inequality असमानता; भेद اختلاف؛ نابرابری؛ فرق

Impart : *v.* (im-pah-rt) to communicate; to grant; to give share; disclose भाग देना; सूचित क. مطلع کرنا؛ بخشنا؛ دینا؛ ظاہر کرنا

Impartial : *adj.* (im-pah-r-shet) equitable; just अपक्षपाती بے تعصب؛ منصف مزاج

Impassable : *adj.* that cannot be pass; impossible to traverse असम्भव دشوار گزار؛ ناقابلِ گزر

Impasse : *n.* (im-pahs) blind alley; deadlock बन्द गली; छुट्टी بند گلی؛ تعطیل

Impassible : *adj.* (im-pahs-i-bil) in capable of pain; unmoved न सहने योग्य पीड़ा بے احساس؛ درد سے مبرّا

Impassion : *v.* to arouse the passions of; inflame जोश दिलाना جوش دلانا؛ جذبات ابھارنا

Impassive : *adj.* (im-pas-iv) unmoved बेहिस; ठन्डे दिल व दिमाग़ का بے حس؛ ٹھنڈے دل و دماغ کا

Impatient : *adj.* (im-pay-shent) eager; restless; intolerant बेचैन بے صبر؛ برداشت نہ کرنے والا

Impeach : *v.* (im-peech) to accuse by public authority; to raise doubts about दोषी ठहराना; उत्तर मांगना الزام لگانا؛ جواب طلب کرنا

Impeachment : *n.* (im-peed) legal accusation; strong criticism राज्य कर्मचारी पर दोषारोपण بہتان؛ الزام؛ کڑی نکتہ چینی

Impede : *v.* (im-peed) obstruct रूकावट روکنا؛ روڑا؛ اٹکانا؛ راہ میں حائل ہونا

Impediment : *n.* (im-ped-i-ment) obstruction रूकावट روکاوٹ

Impel : *v.* (im-pel) to urge forward ढकेलना; उकसाना ڈھکیلنا؛ اُکسانا

Impend : *v.* to hang over सर पर

लटकना; समीप आना سر پر چھاجانا

Impenetrable : *adj*. impervious; impassable अगम्य; असम्भव دشوار گزار؛ ناقابل گزر؛ جس میں کچھ سرایت نہ کر سکے

Impenitence : *n*. (im-pe-nit-ns) obduracy निष्ठुरता سنگدلی

Imperative : *adj*. (im-pe-re-tiv) urgent; authoritative अनिवार्य; सत्तावादी اشد ضروری؛ سخت آمرانہ؛ تحکمانہ

Imperceptible : *adj* . (im-per-sep-ti-bel) not to be perceived सूक्ष्म; अदृश्य غیر محسوس؛ ناقابل ادراک

Imperfect : *adj*. (im-per-fekt) incomplete; defective अपूर्ण; दोषयुक्त نامکمل؛ ناقص؛ ادھورا

Imperfection : *n*. (-fek-shen) being incomplete; fault; weakness अपूर्ण होना; कमज़ोरी ادھورا ہونا؛ کمزوری

Imperial : *adj* . (im-pee-ri-el) royal; of an emperor राज्य सम्बन्धी; तजस्वी شہنشاہانہ؛ شہنشاہی؛ خسروانہ؛ خسروی

Imperialism : *n*. (-izm) extension of the empire; colonisation साम्राज्यवाद سامراجی؛ شہنشاہیت

Imperil : *v*. (im-pe-ril) to endanger (one's life etc.) जोखों में डालना خطرہ میں ڈالنا؛ جوکھم میں ڈالنا

Imperious : *adj*. (im-pee-ri-us) haughty; authoritative; lordly गर्वीला; अभिमानी مغرور؛ آمرانہ؛ تحکمانہ؛ دبدبہ والا

Impersonal : *adj*. (im-per-se-nel) not influenced by personal feelings अव्यक्तिक بے لاگ؛ بے تعصبانہ

Impersonate : *v*. to play the role; prelend to be another person का अभिनय क.; की मूर्ति होना کا کردار ادا کرنا؛ جعلی شخصیت اختیار کرنا

Impersonation : *n*. embodiment मूर्त रूप مورتی

Impertinence . *n*. (im-per-ti-nens) rudeness; folly; intrusion ढिठाई; अशिष्टता; घृष्टता گستاخی؛ بدتمیزی

Impertinent : *adj*. (-nent) rude; cheeky; impudent आवनीत; निष्प्रयोजन گستاخ؛ بے لگام؛ بدتمیز

Imperturbable : *adj* . (im-per-te-bi-bel) calm; composed (person) शान्त مستقل مزاج؛ ٹھنڈے دل و دماغ کا (آدمی)

Impervious : *adj*.(im-per-vi-us) impassable; inaccessible अगम्य دشوار گذار؛ غیر نفوذ پذیر

Impetuous : *adj* . (im-pet-ew-us) moving violently; violent; fierce प्रबल; तीव्र; क्रोधी اندھا دھند کام کرنے والا؛ تیز؛ شدید

Impetus : *adj*. (im-pe-tus) moving or driving force; force प्रेरणा زور؛ طاقت؛ مہیج

Impiety : *n*. (im-pi-e-ti) wickedness; lack of piety अधर्म; दुराचारी; दुष्टपन ناپارسائی؛ بدمعاشی؛ ناپاکی

Impinge : *v*. (im-pin-dz) to fall or strike against टक्कर खाना ٹکر کھانا

Impious : *adj*. (im-pi-us) not pious बुरा ناپاک؛ برا

Impish : *adj*. (im-pish) mischievious person or affair शरारत भरा شرارت بھرا

Implant : *v*. (im-plahnt) to insert; to instil in the mind गाड़ना; दिमाग़ में डालना گاڑنا؛ پودا لگانا؛ ذہن میں ڈالنا

Implausible : *adj*. (im-plo-a-zibl) not plausible; undesirable अरूचि कर;

अनुचित ناپسندیدہ

Implement : *n.* (im-ple-ment) tools; instrument; agricultural tools शस्त्र; हथियार ہتھیار؛ اوزار کھیتی باڑی وغیرہ کے

Implement : *v.* to carry into effect लागू क.; अमल में लाना عمل میں لانا؛ جامۂ عمل پہنانا

Implementation : *n.* putting into effect परिपालन; अभिपूर्ति; पालन جامۂ عمل پہنانا؛ عمل میں لانا

Implicate : *v.* (im-pli-kayt) to involve; to entangle उलझन में डालना; उलझाना الجھانا؛ الجھن میں ڈالنا

Implicit : *adj.* (im-plis-it) implied; absolute अस्पष्अ; अव्यक्त مضمر؛ مقدر

Implore : *v.* (im-ploh-r) to beseech; to beg विनती क.; चाहना منت کرنا؛ التجا کرنا؛ چاہنا

Imply : *v.* (im-pli) to suggest संकेत क. اشارہ کرنا

Impolite : *adj.* (im-po-lit) rude; uncivilized असभ्य ناشائستہ؛ بے ادب؛ غیر مہذب

Impolitic : *adj.* (im-pol-i-tik) not judicious; imprudent; inexpedient असभ्यता; अश्लीलता کوتاہ اندیشی؛ ناعاقبت اندیشی

Import : *v.* (im-poh-rt) to bring in from abroad; bring goods from foreign land आयात; बाहर से लाना باہر سے لانا؛ درآمد کرنا

Importance: *n.* (im-po-r-tens) significance; consequence; moment महत्व اہمیت؛ وقعت؛ رتبہ

Important : *adj.* (-tant) momentous; urgent आवश्यक; जरुरी ضروری؛ اہم؛ وقیع

Importer : *n.* one who imports goods आयातकर्त्ता درآمد کنندہ؛ درآمد کرنے والا

Importunity : *n.* (im-por-tu-miti) incessant; solicitation अतिप्रार्थना; आग्रह اصرار

Impose : *v.* (im-pohz) to lay on; to levy ज़िम्मे क. लगाना (कर आदि) ذمہ لگانا؛ عائد کرنا (ٹیکس وغیرہ)

Imposition : *n.* (-zish-en) act of imposing tax etc.; deception लगान टेक्स आदि; धोखा; ठगी ٹیکس وغیرہ لگانا؛ نفاذ کرنا؛ دھوکہ؛ ٹھگی

Impossible : *adj* . (im-pos-i-bil) not possible; impracticable असम्भव ناممکن؛ غیر ممکن

Impost : *n.* (im-pou-st) tax; custom कर; टेक्स محصول؛ ٹیکس

Impostor : *n.* (im-pos-ter) a cheater; swindler धोखे बाज़; फरेबी فریبی؛ دھوکہ باز

Imposture : *n.* (im-pos-cher) fraud दग़ा; धोखा دغا؛ فریب؛ دھوکہ

Impotence : *n.* (im-po-tens) incapacity; lack of invirility निपुंसकता; दुर्वलता نامردی؛ کمزوری

Impotent : *adj.* (im-po-tent) not virile; powerless; weak निपुंसक; निर्बल نامرد؛ بے حس؛ کمزور

Impound : *v.* (im-pound) to confiscate; to enclose बन्द क.; घेरना ضبط کرنا؛ بند کرنا؛ گھیرنا

Impoverish : *v.* (im-pov-e-rish) to make poor असमर्थ क.; निधर्न बनाना مفلس کردینا؛ محتاج کردینا؛ غریب کردینا

Impracticable : *adj.* (im-prak-ti-kay-bel) not practicle; impossible असम्भव ناممکن؛ ناقابلِ عمل

Imprecate : *v.* (im-pre-kayt) to in voke evil; to curse शाप देना; कोसना بددعا دینا؛ کوسنا

Impregnable : *adj.* (im-preg-ne-bel) safe; again attack अजय; दृढ़; मज़बूत ناقابلِ تسخیر؛ نہایت مستحکم؛ بہت مضبوط

Impregnate : *v.* (im-preg-nayt) to make prolific; to make pregnant गर्भवती क. حاملہ کرنا

Impress : *v.* (im-pres) to stamp; to make mark by pressing; fix deeply; to influence deeply प्रभावित क. ٹھپہ لگانا؛ نقش کرنا؛ متاثر کرنا

Impression : *n.* (im-pre-shen) print of a stamp or seal; mark made by pressing विचार; चिन्ह; प्रभाव; मोहर نقش؛ ٹھپا؛ مہرنشان؛ خیال؛اثر

Impressive : *adj.* (-siv) forcible; making deep impression on the mind चित पर प्रभाव डालने वाली مؤثر؛ دلنشیں؛ اثر آفریں

Imprest : *n.* (im-prest) money advanced for official purpose सरकारी पैशगी रक़म سرکاری ضرورت کی پیشگی رقم؛ سرکاری پیشگی

Imprint : *v.* (im-print) to impress छापना چھاپنا

Imprison : *v.* (im-priz-en) to put into prison क़ैद क.; जेल में डालना قید کرنا؛ جیل میں ڈالنا

Imprisonment : *n.* (-ment) putting into prison; confinement in prison कारावास; क़ैद قید؛ اسیری

Improbable · *adj* (im-probe-bel) incredible; unlikely अनहोनी; असम्भव خلافِ قیاس؛ بعید از قیاس

Improbity : *n.* (im-pro-bi-ti) baseness बईमानी; अधर्मी بے ایمانی؛ مشرک

Impromptu : *adj.* (im-prom-tew) extrompaneous तात्कालिक; फौरन कहना فی البدیہہ؛ فوراً کہنا

Improper : *adj.* (im-prop-er) incorrect; indecent; unfit अनुचित; अयोग्य غلط؛ نازیبا؛ ناجائز

Impropriety : *n.* (im-pro-ri-e-ti) in correctness; indecency ग़ल्ती غلطی؛ غیرشریفانہ حرکت

Improve : *v.* (im-proov) to become better; to raise from good बढ़ाना; सुधारना بہتر بنانا؛ بہتر ہونا

Improvement : *n.* making or growing better, advancement; reform उन्नति; बेहतरी; सुधार بہتری؛ اصلاح؛ ترقی

Improvise : *v.* (im-pro-viz) present impromptu तत्काल कविता कहना فی البدیہہ نغمہ سرائی کرنا

Imprudence : *n.* (im-pro-dens) indiscretion; folly अविवेक; अविनय کوتاہ اندیشی؛ کم عقلی

Imprudent : *adj.* rash; not cautious; injudicious अदूरदर्शी; अविवेक کوتاہ اندیش؛ کم عقل

Impudence : *n.* (im-pew-dens) insolence; shamelessness ढिठाई; गुस्ताख़ी گستاخی؛ بے حیائی

Impudent : *adj.* (im-pew-dent) insolent; shameless ढीठ; निलर्ज; गुस्ताख बے حیا؛ گستاخ؛ ڈھیٹ

Impugn : *v.* (im-pewn) to challenge; to assault अपमान क.; विरोध क. بے عزتی کرنا؛ چیلنج کرنا؛ اعتراض کرنا

Impuissant : *adj.* (im-pew-i-saynt) incapable; week अशक्त; असमर्थ نالائق؛ نااہل؛ کمزور

Impulse : *n.* (im-puls) natural reaction; force; idea धक्का; भाव اضطراری حرکت؛ دھکا؛ خیال

Impunity : *n.* (im-pew-ni-ti) exemption from punishment दण्ड से मुक्ति سزا سے بریت

Impure : *adj.* (im-pew-er) not pure; adulterated अशुद्ध; मिलावट वाला ملاوٹی؛ ناخالص؛ ملاوٹ والا

Imputation : *n.* (im-pew-tay-shen) allegation; charges आरोप; लांछन الزام؛ بہتان

Impute : *v.* (im-piwt) to ascribe; to charge upon आरोप लगाना; लांछन लगाना تہمت لگانا؛ الزام لگانا

In : *prep.* with in bounds of space; time or circumstances; inside; during में; से; भीतर ; के अन्दर میں؛ کے اندر؛ کے دوران میں

In : *pref.* opposite of; not ना; गैर; बे بے؛ غیر؛ خلاف

In no time : *ph.* very quickly बहुत शीघ्र آناً فاناً؛ جلدی؛ فوراً

In order to : *ph.* so that; for the purpose के लिए آناً فاناً؛ جلدی؛ فوراً

In respect of : *ph.* regarding के सिलसिले में کے سلسلے میں؛ کے مفہوم میں

In support of : *ph.* in order to promote की हिमायत में; के हक़ में کی حمایت میں؛ کے حق میں

In that case :*ph.* then इस सूरत में اس صورت میں

In this connection : *ph.* regarding it इस सिलसिले में اس سلسلے میں؛ اس ضمن میں

Inability : *adj.* (in-e-bie-li-ti) inefficiency; weakness अयोग्यता نا قابلیت

Inaccurate : *adj.* (in-ak-ew-rayt) incorrect; not accurate गलत; अशुद्ध غلط

Inactive : *adj.* (in-ak-tiv) not active आलसी بے عمل؛ بے حرکت

Inadvertent : *adj.* (in-ad-ver-tant) careless; inattentive; negligent लापरवाह لاپرواہ؛ غافل؛ سست

Inane : *adj.* (in-ayn) silly; void; sensless; useless; empty मूर्ख; ख़ाली; बेकार بے وقوف؛ خالی؛ بیکار

Inanimate : *adj.* (in-nay-mayt) dead; dull जीवहीन; निर्जीव; हतोत्साह مردہ؛ بے کیف؛ بے جان

Inanition : *n.* emptiness ख़ालीपन خلا؛ خالی پن

Inanity : *adj.* silliness मूर्खता; बेवकुफी بے وقوفی

Inapt : *adj.* (in-apt) irrelevant; unsuitable अनुपयुक्त غیر متعلق؛ ناموزوں

Inaptitude : *n.* (in-ap-ti-tewd) unfitness; inability अयोग्यता; अप्रवीणता نالائقی؛ نااہلیت؛ ناموافقت

Inaudible : *adj* . (in-awd-ibel) too low to be heard बहुत धीमा जो सुनाई न दे कर्णागोचर بہت دھیما جو سنائی نہ دے

Inaugural : *adj.* (in-awg-ew-ral) opening ceremony उदघाटन समारोह افتتاحی تقریب

Inaugurate : *v.* (in-awg-ew-rayt) to open at special ceremony उदघाटन افتتاح کرنا

Inauguration : *n*. opening ceremony उदघाटन افتتاح

Inaurate : *v*. (ino-rayt) to cover with gold सोने का मुल्लमा चढ़ाना سونے کا ملمع کرنا

Inborn : *adj*. (in-born) innate जन्मी; वास्तविक پیدائشی؛ حقیقی

Incage : *v*. (in-kaj) to shut up बन्द क.; कैद क.; पिंजड़े में बन्द क. بند کرنا؛ قید کرنا؛ پنجرے میں بند کرنا

Incalculable : *adj*. (in-kal-ku-label) beyond calculation अनगिनत; बेहद بے حد؛ بے شمار؛ بے حساب

Incandescent : *adj*. (in-kan-des-ant) giving white light चमकता हुआ دہک کر سفید روشنی دینے والا؛ تاباں؛ تابندہ

Incantation : *n*. (in-kan-tay-shen) magical formula; enchantment; a charm जादू; मंत्र افسوں؛ جادو؛ منتر

Incapable : *adj*. (in-kay-pabel) unfit; inefficient अयोग्य نالائق؛ نا اہل؛ نا قابل

Incarcerate : *v*. (in-kar-si-rayt) to imprison कैद क.; बन्द क. قید کرنا؛ بند کرنا

Incarceration : *n*. (-shen) imprisonment कैद قید

Incarnation: *n*. (in-kar-ne-shen) the act of assuming a body अवतार اوتار

Incase : *ph*. if अगर اگر

Incendiarism : *n*. (in-sen-di-e-rizm) practice of setting fire to property आगज़नी; गृहदाह آتش زنی

Incendiary : *n&adj*. (in-sen-di-e-ri) burning; setting fire आग लगाने वाला جلانے والا؛ آگ لگانے والا؛ آتش زن

Incense : *n*. (in-sens) sweet smelling smoke सुगन्ध; धूप बत्ती की सुगन्ध بخورات کی دھونی؛ دھوپ بتی کی خوشبو

Incentive : *n*. (in-sent-iv) motive शौक़ محرک؛ شوق؛ جذبہ

Inception : *n*. (in-sep-shen) begining आरम्भ आदि آغاز؛ ابتدا؛ شروع

Incessant : *adj*. (in-se-saynt) continuous निरन्तर; लगातार مسلسل؛ لگاتار؛ پے در پے

Inch : *n*. 1/12th foot इन्च انچ؛ انچ

Incidence : *n*. (in-si-dens) extent of effect असर; प्रभाव اثر؛ حلقۂ اثر؛ دائرہ عمل

Incident : *n*. (in-si-dent) episode in a larger event; occurance दुर्घटना واقعہ؛ حادثہ؛ ماجرا

Incidental : *adj*. casual; subsidiary आकस्मिक; प्रासंगिक اتفاقی؛ ضمنی

Incipient : *adj*. (in-sip-i-ent) begining; in early stages आरम्भ होने वाला; प्रारंभक شروع ہونے والا؛ ابتدائی

Incise : *v*. (in-siz) to make cut in; to engrave नक्काशी क.; काटना; तराशना; चीरना نقش کھودنا؛ چیرنا؛ کاٹنا؛ تراشنا

Incision : *n*. (in-sizh-en) cutting; engraving नक्काशी نقاشی؛ کھودنا

Incisive : *adj*. (in-si-siv) cutting; trenchant remark काटने वाला; चुभने वाला रिमार्क کاٹنے والا؛ تلخ یا چبھنے والا ریمارک

Incite : *v*. (in-sit) to rouse; to stir up प्रोत्याहित क.; उत्तेजित क. اکسانا؛ ابھارنا

Incivility : *n*. (in-si-vil-i-ti) rudeness असभ्यता; अशिष्टता اکھڑپن؛ بدتمیزی؛ ناشائستگی؛ بدتہذیبی

Inclement : *adj*. (in-klem-ent) rough; cold and stormy weather कड़ा तेज़ और तूफ़ानी मौसम خراب، طوفانی اور سرد موسم

Inclination : *n*. (in-kli-na -shen)

tendency; affection अभिलाषा; चितवृत्ति جھکاؤ؛ رجحان

Inclined : *v.* (in-kli-n) to bend; to be disposed झुकाना; चाहना جھکنا؛ راغب ہونا

Inclined : *adj.* sloping; leaning झुका हुआ; ढलवान جھکا ہوا؛ مائل؛ ڈھلوان

Inclose : *v.* (in-klohz) to shut in बन्द क. بند کرنا

Include : *v.* (in-k-lood) to contain; to reckon as part of the whole मिलाना; समावेश क. شامل کرنا؛ مشتمل ہونا

Inclusion : *n.* (in-kloo-zhen) including समावेशा شمولیت

Incogitancy : *n.* (inko-zitan-si) want of thought अचिंत्यता; बेपरवाही بے فکری؛ بے پرواہی

Incoherent : *adj.*(in-ki-hee-e-rent) disagreeing असम्बन्ध; बेजोड़; बेमेल بے جوڑ؛ بے میل

Incoherence : *n.* being incoherent असम्बन्धी بے ربطی

Incombustible : *adj.* (in-kum-bus-tibel) not to be consumed by fire ना जलने योग्य نہ جلنے والا؛ غیر آتش گیر

Income : *n.* (in-kum) revenue; profit; money received आय; आमदनी آمدنی؛ محاصل؛ فائدہ

Income-tax : *n.* tax on net income आयकर انکم ٹیکس؛ محصول آمدنی

Incomparable :adj. (inkum-pay-ray-bel) excellent; matchless अनुपम; अतुल्य; बे जोड़ بے مثال؛ نادر؛ بے جوڑ

Incompetent :adj. (in-kom-pi-tent) in efficient; not adequate; unsuitable अयोग्य; अक्षम نا قابل؛ نالائق

Incomplete : *adj.* (in-kom-pleet) not perfect; not complete अपूर्ण; अधूरा نامکمل؛ ناتمام؛ ادھورا

Incomputable : *adj.* (in-kom-pu-t-abel) incalculable आगण्य; अनगिनत لاتعداد؛ بے حساب؛ ان گنت

Incongruity : *n.* (in-kong-roo-i-ti) unsuitableness; being out of place अनुचित; असंगति ناموافقت؛ بے محل ہونا؛ بے جوڑ ہونا

Incongruous : *adj.* (-us) out of place बेतुका; बेमेल بے جوڑ؛ بے محل؛ ناموافق

Inconsiderable : *adj.* (in-kom-sid-rayb-el) not worth considering; very small बहुत ही थोड़ा; बहुत ही कम ناقابلِ اعتنا؛ بہت ہی تھوڑا؛ بہت ہی کم

Inconsiderate : *adj.* (in-kom-sid-rayt) selfish स्वार्थी خودغرض

Inconsistence : *n.* incongruity असंगत; असम्बन्ध نامطابقت

Inconsistent : *adj.* incompatible (with) बेमेल; बेजोड़ بے میل؛ بے جوڑ

Inconstant : *adj.* (in-kons-tant) not firm; unsteady; variable; fickle अस्थिर; चंचल بے ثبات؛ متلون

Inconvenience : *n.* (in-kon-ve-ni-ens) discomfort कष्ट; तकलीफ़ تکلیف؛ حرج

Inconvenient : *adj.* (-vee-ni-ent) not comfort कष्टदायक تکلیف دہ

Incorporal : *adj.* spiritual आत्मा सम्बन्धी; अशतेर روحانی؛ غیر جسمانی

Incoporate : *v.* (in-kor-pe-rayt) to form into one body संयुक्त क.; मिलाना مجسم کرنا؛ ملانا

Incorporation : *n*. (-shen) uniting; making company संयुक्त होना; कंम्पनी बनाना या बनना متحد ہونا یا کرنا؛ کمپنی بنا دینا یا بننا

Incorrect : *adj*. (inka-rekt) not correct गलत غلط

Incorrigible : *adj*. incurably bad सुधारातीत ناقابلِ اصلاح

Incorrupt : *adj*. (in-ko-rapt) honest; free from corruption पवित्र; शुद्ध; कोरा ایماندار؛ پاک صاف

Incorruptible : *adj*. (in-ko-rup-ti-bel) one who cannot be bribed ईमानदार; जिसे घूंस से ना ख़रीद सके دیانت دار؛ ایماندار؛ جسے رشوت نہ خرید سکے

Incrassate : *v*. (in-kra-e-set) to thicken मोटा होना; गढ़ा करना موٹا ہونا؛ گاڑھا کرنا

Increase :v. (in-kreez) to grow; to add; to promote बढ़ना; उन्नति देना بڑھنا؛ ترقی دینا؛ بڑھانا

Incredible :*adj*. (inkre-dibel) not to be believed अविश्वासी ناقابلِ اعتبار

Incredulous : *adj*. (in-kred-ew-lus) sceptical; doubting संदेह; संशयी بے اعتقاد؛ شکی

Increment : *n*. (in-kre-ment) increase (of pay etc.); profit वृद्धि; बढ़ोतरी اضافہ؛ بڑھوتری؛ انکریمنٹ

Incriminate :*v*. (in-krim-nayt) to accuse; to charge with crime दोष लगाना; दोष देना الزام دینا؛ ملزم قرار دینا؛ الزام لگانا

Incubate : *v*. (in-kew-bayt) to hatch eggs अन्डे सेना انڈے سینا

Incubator : *n*. (-tor) apparatus for hatching eggs mechanically अन्डे सेने की मशीन انڈے سینے کی مشین

Incubus : *n*. (in-kiu-bus) a horrible night-mare रात्रि का भयानक सपना رات کا بھیانک خواب

Inculcate : *v*. (in-kal-kayt) to impress दिल पर प्रभाव डालना دلنشین کرنا؛ خوب ذہن نشین کرنا

Inculpable :adj. (inka-lpay-bel) just; unblamable निर्दोषी; बेक़सूर; साफ कहने वाला بے قصور؛ صاف گو

Incumbent :*adj*. (in-kum-bent) lying or leaning upon झुका हुआ جھکا ہوا

Incur : *v*. (in-kar) to become liable सिर पर लेना; ऋणी होना مستوجب سزا ہونا؛ سر پر لینا؛ مول لینا

Incurable : *adj*. (in-kiew-rabel) that which cannot be cured; not to be cured निरूपाय; लाईलाज; आसाध्य لاعلاج

Incursion : *n*. (inka-rshen) invasion चाढ़ाइ; आक्रमण حملہ؛ چڑھائی

Incurvate : *v*. (inkar-vayt) to bend झुकाना; टेढ़ा क.. خم دینا؛ ٹیڑھا کرنا؛ جھکانا

Indebted : *adj*. (in-det-i) in debt; obliged अनुगृहीत; एहसानमंद مقروض؛ احسان مند

Indecency : *n*. (indi-sensi) unbecoming; obscenity अशलीलता; अशिष्टता فحش؛ بدزیب؛ ناشائستگی

Indecent : *adj*. obscene; improper अशलील; अशिष्ट فحش؛ ناشائستہ

Indecision : *n*. (in-de-sizh-en) slowness in making up one's mind दुविधा; हिचकिचाहट تذبذب؛ پس وپیش

Indecorous : *n*. (in-de-koh-rus) lacking decorum; indecent अनुचित;

असभ्य نازیبا؛ ناشائستہ؛ ناروا

Indeed : *adv.* (in-deed) in fact; really; in truth; in reality वास्तव में; बेशक سچ مچ؛ فی الحقیقت؛ یقیناً؛ بے شک

Indefatigable : *adj.* (in-di-fae-teeg-a-bel) untired; unwearied with labour अशिथिल; अश्रान्त بے تکان؛ انتھک

Indefeasible : *adj.* (in-di-feez-i-bel) (right etc.) that cannot be defeated अलोप्य ناقابلِ زوال؛ ناقابلِ انکار

Indefensible : *adj.* (in-di-fensi-bel) that cannot be defended अरक्षणीय ناقابلِ حفاظت

Indefinable : *adj.* (-fin-) that cannot be defined अकथनीय غیر تعریف پذیر

Indefinite : *adj.* (in-def-i-nit) not definite; vague अनिश्चित; अनियमित مبہم؛ غیر واضح؛ غیر معین

Indelible : *adj.* (in-del-i-bel) not to be erased अक्षय لازوال؛ جومٹ نہ سکے

Indemnity : *n.* (in-dem-niti) compensation; payment to compansate for loss हानि की पूर्ति; प्रतिफल ہرجانہ؛ تاوان؛ معاوضہ

Indent : v.&*n.* (in-dent) to place order; order for goods; dent; depression माल का आर्डर भिजवाना; माल की मांग का आर्डर; दंदाना; दराज़ مال کا آرڈر بھجوانا؛ مال کی فرمائش کا آرڈر؛ دندانہ؛ شگاف

Independence : *n.* (indi-pen-dens) freedom स्वतंत्रता; स्वाधीनता آزادی؛ استقلال

Independent : *adj.* (-dent) free; seperate; self dependent स्वतंत्र; आज़ाद آزاد؛ خودمختار؛ جدا؛ علاحدہ

Indescribable : *adj.* (in-dis-kri-bay-bel) that can not be describe अवर्णनीय ناقابلِ بیان؛ بیان سے باہر

Indestructible : *adj.* (-trakti-bel) that cannot be destroyed अमर; अविनाशी امر؛ غیر تباہ کن؛ لازوال؛ طوفانی؛ غیر فانی

Indeterminable : *adj.* (-deter-mina-) not to be fixed; not to be defined बे अन्त; अनिश्चित لاانتہا؛ غیر معین

Index : *n.* (in-deks) alphabetical list of words in a book; sign of power in algebra सूची; बीजगणित में ताक़त का निशान اشاریہ؛ الجبرا میں طاقت کا نشان

India : *n.* (in-di-e) a country south of pakistan भारत ہندوستان؛ ہند

India-ink : *n.* black pigment काली सियाही کالی سیاہی

India-Paper : *n.* very thin & costly paper used for printing भारतीय काग़ज़ انڈیا پیپر؛ ہندی کاغذ (جو پرنٹنگ میں استعمال ہوتا ہے)

India-Rubber : *n.* ordinary pencil eraser रबर ربر

Indian : *adj.* (in-di-en) of India भारतीय ہندی؛ ہندوستانی

Indicant : *adj.* (in-di-kant) showing दर्शक; बोधक مظہر

Indicate : *v.* (in-di-kayt) to point out बताना; दिखाना اشارہ کرنا؛ ظاہر کرنا؛ بتانا

Indicatior : *n.* any thing that indicates; pointer दर्शक; निशानी; सुई نشانی؛ علامت؛ سوئی؛ بتانے والا آلہ

Indict : *v.* (in-dikt) to accuse दोष लगाना; कलंक लगाना الزام دینا؛ جرم لگانا؛ الزام عائد کرنا

Indictment : *n.* (-ment) accusation;

formal accusation कलंक; दोष الزام؛ فرد جرم لگانا

Indifference : *n*. (-dit-rens) lack of interest; negligence अपेक्षा; उदासीनता بے لگاؤ؛ مفلسی؛ غریبی؛ محتاجی

Indifferent : *adj*. (-rent) impartial; neither favouring nor opposing; careless; not interested निरपेक्षा; बेपरवाह بے لگاؤ؛ بے سروکار؛ نہ موافق نہ مخالف؛ دلچسپی نہ لینے والا؛ بے پروا

Indigence : *n&adj*. (in-di-zens) poverty; want; need निर्धनता; गरीबी تنگدستی؛ مفلسی؛ غریبی؛ محتاجی

Indigent : *adj*. needy; poor निर्धन; गरीब مفلس؛ تنگدست؛ غریب؛ قلاش؛ محتاج

Indigenous : *adj*. (in-dig-e-nus) native देशी ملکی؛ دیسی

Indigestible : *adj*. (in-di-ges-ti-bel) न पचने योग्य ناقابلِ ہضم؛ محتاج الہضم

Indigestion : *n*. (-je-shen) not digestible बद हज़मी بدہضمی؛ سوءِ ہضم

Indigestible : *adj*. ((in-di-jes-ti-bel) not digestible; that can not be properly digested ना पचने योग्य محتاج الہضم

Indignance : *n*. (in-dig-nens) great anger क्रोध; गुस्सा سخت غصہ؛ طیش؛ برہمی

Indignant : *adj*. flamed with anger ख़फ़ा; रुष्ट برہم؛ سخت خفا

Indignity : *n*. (in-dig-ni-ti) insult अपमान; अनादर بے عزتی

Indigo : *n*. (in-di-goh) deep blue dye; a plant used for dying blue; deep blue नील; गहरा नीला نیل؛ گہرا نیلا

Indirect : *adj*. (in-di-rekt) not straight; forward; not honest जटिल; कुटिल; पेचदार پیچدار؛ ہیر پھیر والا

Indiscernible : *adj*. (in-di-se-r-nibl) not visible अगोचर; अस्पष्ट جو نظر نہ آسکے

Indiscipline : *n*. (in-dis-ip-lin) lack of discipline अनुशासनहीनता بد نظمی

Indiscreet : *adj*. (in-dis-krit) imprudent अविवेकी; अदूरदर्शी ناعاقبت اندیش؛ بے شعور؛ غیر دانشمند

Indiscriminate : *adj*. (-krim-i-nayt) mixed up; not well thought out; not selected अव्यवस्थित; गडडमडड; अविवेकी خلط ملط؛ گڈ مڈ؛ ملا جلا؛ بلا تفریق

Indiscriminately : *adv*. sweepingly; not wisely अन्धाधुन्ध اندھا دھند

Indispensable : *adj*. (in-dis-pen -sibel) absolutely; necessary आवश्यक ناگزیر؛ ضروری؛ لازمی

Indisposed : *adj*. (in-dis-poh-zd) not well; ill; not in perfect health बीमार; प्रतिकूल; असमर्थ علیل؛ بیمار؛ طبیعت ناساز

Indisputable : *adj*. (in-dis-pew-te-bel) undeniable uncontrovertible निर्विवाद; निश्चित یقینی؛ حتمی؛ ناقابلِ تردید

Indissoluble : *adj*. (in-di-sol-ew-bel) that cannot be dissolve अटूट; टिकाऊ; अविसर्जनीय جسے توڑا نہ جا سکے؛ جو حل نہ ہو سکے پانی وغیرہ میں؛ مستحکم

Indistinct : *adj*. (in-disti-ngkt) not clear; not distinct अस्पष्ट دھندلا؛ مبہم؛ غیر واضح

Indistinctness : *n*. not clearness अस्पष्टता دھندلاپن

Indistinguishable : *adj*. that cannot be distinguished; that cannot be recognised अगोचर; अदृश्य ناقابلِ تمیز؛ ناقابلِ شناخت

Individual : *adj*. (ind-i-vid-ew-el) single; undivided; special एकाकी; व्यक्तिका विशेष انفرادی؛ خاص؛ واحد؛ ایک

Individualism : *n*. egoism; freedom of the individuals व्यक्तित्व; व्यक्तिवाद انانیت؛ انفرادیت

Individuality : *n*. individual character; personality व्यक्तिकता; विशष्टता انفرادیت؛ شخصیت

Individually : *adv*. one by one व्यक्तिगत रुप से; एक एक करके ایک ایک کرکے؛ فرداً فرداً؛ الگ الگ

Indivisible : *adv*. (in-di-vizl-bel) that cannot be divided; not divisibel अभाज्य ناقابلِ تقسیم

Indocile : *adj*. indo-usel) intractable जो सधाया ना जासके جس کو تربیت نہ دی جاسکے

Indoctrinate : *v*. (in-dok-tri-nayt) fill the mind (with); to teach शिक्षा देना; दिल में अच्छी तरह बिठाना تعلیم دینا؛ دل میں اچھی طرح بٹھانا

Indolence : *n*. (in-dolens) laziness; habitual idleness आलसीपन; सुस्ती کاہلی؛ سستی؛ آرام طلبی

Indolent : *adj*. (-lent) lazy; careless; habitually; idle निरुत्साही; निरुधोगी سست؛ کاہل؛ نکما؛ آرام طلب

Indomitable : *adj*. (in-dom-i-te-bel) unyielding; untamable न दबने वाला نہ دبنے والا؛ ڈٹ جانے والا؛ غیر مغلوب

Indoor : *adj*. (in-dohr) carried on inside building अन्दर क. اندرونی؛ داخلی؛ اندر کا

Indoor Games : *n*. games that can be played indoor अन्दर के खेल اندرونی کھیل

Indoors : *adv*. in building अन्दर اندر

Indorse : *v*. (in-doerz) to sanction लेख के पृष्ट पर हस्ताक्षर क. منظور کرنا

Indubitable : *adj*. (in-dewbi-ta-bel) beyond doubt; not doubtful; right and accepted निश्चित; अवश्य بے شبہ؛ یقینی؛ غیر مشتبہ؛ مسلمہ

Induce : *v*. (in-dews) to persuade; cause ध्यान दिलाना; रुचि दिलाना; कारण होना آمادہ کرنا؛ مائل کرنا؛ ترغیب دینا؛ وجہ ہونا؛ باعث ہونا

Inducement : *n*. something that induces; motive प्रोत्साहन; लालच; उकसावट ترغیب؛ لالچ؛ تحریص

Induct : *v*. (in-dukt) install (into office); lead (into room or to seat) बिठाना (कार्यलय आदि में); ले जाना فائز کرنا؛ بٹھانا؛ لے جانا

Induction : *n*. (in-duk-shen) introduction (into office) कार्यालय में बिठाना عہدے پر فائز ہونا یا بٹھانا

Indulge : *v*. (in-dulz) to gratify; to satisfy अनुग्रह क.; प्रसन्न क. خوش کرنا؛ نازبرداری کرنا

Indulgence : *n*. (-ens) kindness; forgive nature; कृपा; अनुग्रह شفقت؛ عفو و درگزر

Indulgent : *adj*. very kind बहुत मेहरबान; दयालू بہت ہی مہربان؛ شفیق؛ مشفق

Industrious : *adj*. (in-dus-tri-us) diligent; labourious परिश्रमी; अधोगी محنتی؛ مشقتی

Industry : *n*. (in-das-tri) hard and steady work; diligence; manufactures व्यवसाय; परिश्रम; उधोग محنت؛ لگاتار؛ محنت؛

صنعت وحرفت؛ صنعت

Inebriety : *n*. (ini-bre-iti) drunkenness; dead drunken मद्यपेयी; मदहोशी مدہوشی؛ مست رہنا

Inedible : *adj*. (in-ed-i-bel) not eatable; not edible अरवाद्य; अभक्ष्य نہ کھانے کے لائق؛ ناخوردنی

Ineffable : *adj*. (in-ef-a-bel) inexpressible; too great for words निष्प्रभा الفاظ سے ماورا؛ بیان سے باہر

Ineffaceable : *adj*. (in-fays-abel) that cannot be destroyed अमिट آمٹ؛ لافانی؛ جو مٹایا نہ جاسکے

Ineffective : *adj*. (in-e-fek-tiv) not effective; that produces no effect निष्प्रभाव; अप्रभावी بے اثر؛ غیر موثر

Inefficacious : *adj*. (in-efi-kay-shus) not effective; not efficacious प्रभावशून्य اثر نہ کرنے والی (دوا)

Inefficiency : *adj*. (in-efi-shen-si) not efficiency; being in efficient अयोग्यता; अक्षमता نالائقی؛ نکما؛ بے کار

Inefficient : *adj*. incapable of doing one's duty well; inactive निकम्मा; निगुणा نالائق؛ نکما؛ بے کار

Inelegance : *n*. (in-ele-gens) being unrefined बेढंगापन ناشائستگی

Inelegant : *adj*. unrefined बेढंगा; असुन्दर بے ڈھنگا؛ بدصورت

Ineligible : *adj*. (in-elij-bel) not eligible; not fit to be chosen न चुन्ने योग्य; अयोग्य نا قابل؛ نااہل

Inept : *adj*. (in-ept) silly; unfit; incapable अयोग्य; अनुचित احمقانہ؛ نالائق؛ نااہل

Ineptitude : *n*. being out of place; unfitness असंगत; मूर्खता بے محل ہونا؛ بے ہودگی

Inequality : *n*. (in-ekwal-i-ti) lack of equality असमानता; असमतलता ایک سا نہ ہونا؛ ہموار نہ ہونا؛ یکساں نہ ہونا؛ ناہمواری

Inequity : *n*. (in-ek-wi-ti) injustice अन्याय; पक्षपात ظلم؛ ناانصافی

Ineradicable : *adj*. (in-erad-i-kabel) ineffaceable अमिट امٹ

Inert : *adj*. (in-ert) sluggish; without power to move or act आलसी; मतिहीन سست؛ بے حس وحرکت؛ جامد

Inertia : *n*. (in-er-shi-e) sloth; laziness सुस्ती; काहिली سستی؛ کاہلی

Inestimable : *adj*. incalculable; invaluable बहुत अधिक; अनमोल بے اندازہ؛ بے حد؛ بہت ہی زیادہ؛ انمول

Inevitable : *adj*. unavoidable अनिवार्य; अपरिहार्य ناگزیر؛ لاعلاج؛ بےعلاج

Inexact : *adj*. (in-ig-zakt) wrong; not quite correct अयथार्थ; अतथ्य; अशुद्ध ناقص؛ غیر صحیح؛ غلط

Inexcusable : *adj*. (in-e-kewz-abel) not to be excused अक्षम्य نا قابلِ معافی؛ نا قابلِ عفو

Inexhaustible : *adj*. (in-ig-zhawst-i-bel) unending; not to be drained अनन्त; असीम; अक्षय لازوال؛ جو ختم نہ ہوسکے؛ غیر مختتم؛ بے حد

Inexhaustive : *adj*. not to be exhausted अमिट نہ ختم ہونے والا؛ امٹ

Inexorable : *adj*. (in-ek-se-ray-bel) relentless; not to be moved by entreaty कठोर; निर्दयी سخت؛ بے رحم؛ سنگ دل؛ کٹھور

Inexpedient : *adj*. unfit; not expedient अनुचित نامناسب؛ بے محل؛ خلاف مصلحت

Inexpensive : *adj*. (in-eks-pen-siv) cheap सस्ता; कमक़ीमत سستا؛ ارزاں؛ گھٹیا؛ کم قیمت

Inexperience : *n*. (in-eks-pee-ri-ens) lack of experience अनाड़ीपन; अनुभवहीनता ناتجربہ کاری

Inexperienced: *adj*. not experienced अनाड़ी; अनुभवहीन ناتجربہ کار

Inexpert : *adj*. (in-eks-pert) unskilled; unhandy; not expert अप्रवीण; अदक्ष اناڑی؛ بے سلیقہ

Inexplicit : *adj*. (in-eks-pli-sit) not clear; foggy अस्पष्ट دھندلا

Inexpressible : *adj*. (in-eks-pres-i-bel) unutterable; unexplainable अवर्णनीय بیان سے باہر؛ ناقابلِ بیان

Infallible : *adj*. (in-faw-li-bel) unerring; incapable; of erring; innocent बेचूक; अभ्रान्त; मासूम بے چوک؛ جس سے غلطی ممکن نہ ہو؛ معصوم

Infamous : *adj*. (in-fe-mus) ill fame; notorious बदनाम بدنام؛ رسوا؛ رسوائے عالم

Infamy : *adj*. (in-fe-mi) ill fame बदनामी بدنامی؛ رسوائی

Infancy : *n*. (in-fan-si) early child hood बचपन; बालकपन بچپن؛ عالم طفلگی؛ ایام طفلی؛ عالم طفولیت؛ شیر خوارگی

Infant : *n*. (in-fain-t) child; baby; a young child बच्चा; नवयुवक بچہ؛ شیر خوار؛ طفل

Infanticide : *n*. (in-fan-ti-sid) murder of infant; new born infant murder शिशु वध; बालहत्या بچہ کشی؛ طفل کشی؛ نوزائیدہ بچے کو مار ڈالنا

Infantry : *n*. (in-fant-ri) foot soldiers पैदल सेना پیدل فوج؛ پیادہ فوج

Infantuate : *v*. (in-fat-ew-ayt) to befool; fill with foolish love मूर्ख बनाना; मोहित क॰ بے وقوف بنانا؛ فریفتہ کرنا

Infect : *v*. (in-fekt) fill with disease germs संक्रामिक रोग چھوت لگانا؛ بیماری کے جراثیم پھیلانا

Infection : *n*. (in-fek-shen) disease spread by germs संक्रमण; छूत متعدی یا وبائی مرض

Infectious : *adj*. (in-fek-shus) spreading by infection छूतहा متعدی؛ وبائی

Infecundity : *n*. (in-fe-kun-di-ti) sterility बाँझपन بانجھ پن؛ بنجر پن

Infer : *v*. (in-fer) to conclude; to deduce निषकर्श निकालना; अनुमान करना نتیجہ نکالنا؛ نتیجہ اخذ کرنا

Inference : *n*. (in-fe-rens) conclusion फल; निष्कर्ष نتیجہ؛ حاصل

Inferior : adj. (in-fee-ri-er) lower in rank मातहत; कम दरजा کم مرتبہ؛ ماتحت؛ خراب؛ گھٹیا

Inferiority : *n*. lowerness घटियापन; अपकर्ष گھٹیاپن

Inferiority Complex : *n*. feeling of one's inherent weakness which leads one to have pretensions to its opposite quality हीन भावना; मनोग्रंथि احساس کمتری؛ احساسِ کہتری

Infernal : *adj*. (in-fer-nal) hellish; outrageous नारकी; राक्षसी جہنمی؛ دوزخی؛ سخت ظالمانہ؛ نفرت انگیز

Infertile : *adj*. (in-fer-til) barren अवसर بنجر

Infidel : *n*. (in-fi-del) unbeliever; disbeliever in the true religion नास्तिक کافر؛ لامذہب؛ ملحد؛ بے دین

Infiltrate : *v*. (in-fil-trayt) permeate अन्त; सरण क.; फैल जाना سرایت کرنا؛ پھیل جانا

Infinite : *adj*. (in-fi-nit) unlimited अपरिमित; असीमित لامحدود؛ لامتناہی؛ بے حد

Infinitesimal : *adj*. (in-fin-i-tes-i-mel) infinitely small बहुत छोटा از حد چھوٹا

Infinity : *n*. (in-fin-i-ti) infinite number; immensity अनन्तता لامتناہی؛ بے انتہائی

Infirm : *adj*. (in-fer-m) weak; weak of body or mind दुर्बल; निर्बल کمزور؛ ناتواں؛ نحیف ونزار

Infirmity : *n*. (in-fer-mi-ti) weakness दुर्बलता کمزوری؛ ناتوانی

Infix : *v*. (in-fiks) to drive in; to fasten गाड़ना; जकड़ना گاڑنا؛ جکڑنا

Inflame : *v*. (in-flaym) to set on fire आग लगाना آگ لگانا

Inflammable : *adj*. easily set on fire जल्दी से जलने योग्य آتش گیر؛ جلدی بھڑک اٹھنے والا

Inflate : *v*. (in-flayt) to swell with wind; to fill with air or gas हवा भरना; फुलाना ہوا بھرنا؛ پھلانا؛ گیس بھر کر

Inflation : *n*. artificial increase in prices मुद्रास्फीति افراطِ زر

Inflect : *v*. (in-fle-kt) to bend; to conjugate मोड़ना; झुकाना; शब्द रूप चलाना موڑنا؛ جھکانا؛ گردان کرنا

Inflection : *n*. inflecting; conjugation रुपरचना; रुपान्तरण تصریف؛ گردان

Inflexible : *adj*. (in-flek-si-bel) not flexible; firm; unyielding; unbending जो झुक न सके; जो मुड़ न सके بے لوچ؛ بے خم پذیر؛ جو مڑ نہ سکے؛ جو جھک نہ سکے

Inflict : *v*. (in-flikt) to lay a punishment upon दन्ड देना; ज़ख्म लगाना سزا دینا؛ زخم لگانا

Influence : *n*. (in-floo-ens) contact; ascendant power प्रभाव; व्यवहार اثر ورسوخ؛ اختیار

Influential : *adj*. exercising influence प्रभावशाली مؤثر؛ بارسوخ

Influenza : *n*. (in-floo-en-za) disease; feverish cold which is infectious एक प्रकार का शीत प्रधान ज्वर انفلوئنزا؛ وبائی زکام

Infold : *v*. (in-fould) to enclose लपेटना لپیٹنا

Inform : *v*. (in-fohr-m) to intimate; to tell सूचित क. اطلاع دینا؛ خبر دینا؛ مطلع کرنا

Informal : *adj*. (in-for-mel) not formal; simple and homely नियम विरुद्ध; सीधा साधा غیر رسمی؛ سیدھا سادہ؛ بے تکلفانہ

Informant : *n*. (info-rma-nt) informer; one who gives news निवेदक; विज्ञापक; जासूस مخبر؛ جاسوس؛ خبر دینے والا؛ مخبری کرنے والا

Information : *n*. (in-for-may-shen) news; intelligence given knowledge सूचना; घोषणा اطلاع؛ خبر؛ معلومات

Informer : *n*. (in-for-mer) one who informs against some one विज्ञापक जासूस مخبر؛ مخبری کرنے والا

Infrequent : *adj*. (in-free-kwent) uncommon; seldom occuring विरल;

कभी कभी; अनित्य کبھی کبھی؛ شاذونادر؛ قلیل الوقوع

Infringe : *v.* (in-frinj) to violate rule etc. प्रतिज्ञा भंग क॰ اقرار و رول کو توڑنا؛ خلاف ورزی کرنا

Infront of : *adj.* before; ahead सामने; आगे آگے؛ سامنے؛ آگے آگے

Infuriate : *v.* (in-few-ri-ayt) to enrage क्रोध में लाना; भड़काना طیش میں لانا؛ بھڑکانا؛ طیش دلانا

Infuse : *v.* (in-fewz) to instil; to inspire; to pour मन में बिठाना; उडेलना; डालना دل میں بٹھانا؛ زندگی کی روح پھونکنا؛ انڈیلنا؛ ڈالنا

Ingenerate : *v.* (in-je-ne-rayt) to produce उत्पन्न क॰ پیدا کرنا

Ingenious : *adj.* (in-jee-ni-us) witty; clever; inventive चतुर; प्रवीन برجستہ؛ حاضر جواب؛ خوش تدبیر؛ طباع

Ingenuity : *n.* (in-jen-ew-i-ti) cleverness चतुराई; प्रवीणता اختراع پسندی؛ خوش تدبیری

Ingenuous : *adj.* (in-jen-ew-us) fair; noble; frank; artless निष्कपट; साफ दिल صاف گو؛ بے ریا؛ بے تصنع؛ صاف دل

Ingenuousness : *n.* artlessness; frankness साफ़ दिली صاف دل؛ بے ریائی

Inglorious : *adj.* (in-glo-ri-us) disgraceful; obscure शर्मनाक; गुमनाम شرمناک؛ گم نام

Ingot : *n.* (ing-ot) brick- shaped mass of cast metal ईंट (सोने चाँदी आदि की) اینٹ(سونے چاندی وغیرہ کی)

Ingraft : *v.* (in-graft) to fix deeply वृक्ष में पेवन्द लगाना قلم لگانا

Ingratitude : *n.* (in-grat-i-tewd) unthankfulness; ungratefulness कृतघ्नता; अकृतिज्ञाता احسان فراموشی؛ ناشکرگزاری؛ ناشکری

Ingredient : *n.* (in-gree-di-ent) a part of mixture; a part of any compound अंश جز؛ جزو

Ingress : *n.* (in-ggres) entrance प्रवेश का अधिकार داخلہ

Ingulf : *v.* (in-galf) to swallow down निगल लेना نگل لینا

Inhabit : *v.* (in-hab-it) to dwell; to occupy; to live in निवास क॰; रहना बसना رہنا بسنا؛ بودوباش رکھنا؛ سکونت اختیار کرنا

Inhabitant : *n.* resident; one living in a place निवासी; रहने वाला ساکن؛ باشندہ رہنے والا

Inhale : *v.* (in-hayl) to breath; to draw in breath भीतर को सांस लेना; दम लेना سانس لینا؛ سانس اندر کو کھینچنا

Inherent : *adj.* (in-hee-e-rent) in born; in nate स्वभाविक; अन्तखर्ति پیدائشی؛ خلقی؛ جبلی

Inherit : *v.* (in-he-rit) receive as legacy; to posses by inheritance पैतृक धन पाना; पैतृक सम्पत्ति पाना وراثت میں پانا؛ ترکہ میں ملنا

Inheritance : *n.* inheriting; inherited things पैतृक धन; पैतृक सम्पत्ति ورثہ؛ ترکہ؛ وراثت

Inhibit : *v.* (in-hib-it) to obstruct; to hinder रूकावट رکاوٹ ڈالنا؛ مزاحمت کرنا

Inhibition : *n.* obstruction; hinderence रूकावट رکاوٹ؛ مزاحمت

Inhospitable : *adj.* not hospitable;

unfriendly; unkind to guests आतिथ्य विमुख نامہمان نواز

Inhuman : *adj*. (in-hew-men) brutal; cruel treatment; cruel क्रुर; अत्याचारी ظالم؛ جابر

Inimical : *adj* . (in-i-mi-kal) hostile; harmful; unkind शत्रु دشمن؛ ناموافق؛ عداوتی

Inimitable : *adj*. (in-mi-tabel) unique अनुपम; अद्वितीय یگانہ؛ بےنظیر؛ یکتا؛ لاثانی

Iniquity : *n*. (in-ik-wi-ti) injustice; unfairness; sin अन्याय; पाप; अपराध بے انصافی؛ نا انصافی؛ گناہ

Initial : *n*. (i-nee-shel) sign with one's initial; the first letter of a name छोटे हस्ताक्षर क.; नाम का पहला अक्षर; पहला مخفف دستخط کرنا؛ نام کا پہلا حرف؛ ابتدائی

Initiate : *v*. (ini-shi-ayt) to begin; to originate आरम्भ क. شروع کرنا؛ باضابطہ شروع کرنا

Initiative : *n*. (inee-shi-ay-tiv) first step; capacity to initiate प्रथम कदम; पहल करने का साहस پہلا قدم؛ اول قدم؛ پہل کرنے کی ہمت

Inject : *v*. (in-jekt) to throw drug into body with syringe भीतर डालना; दवा आदि सिरंज से जिसम के अन्दर डालना ٹیکہ لگانا؛ دوا جسم میں چڑھانا (سرنج کے ذریعے)

Injection : *n*. (in-jek-shen) injecting; fluid injected टीका लगाना; टीका ٹیکہ لگانا؛ ٹیکہ؛ انجکشن

Injudicial : *adj*. (in-judi-cial) not according to law नियम विरुद्ध خلافِ قانون؛ قانون کے خلاف

Injudicious : *adj*. (in-joo dishi-us) unwise; short sighted अविवेकी غیردانشمندانہ؛ کوتاہ اندیش

Injunction : *n*. (in-junk-shen) order; judicial restraining order हुकम; आज्ञा حکم؛ حکمِ امتناعی؛ ہدایت

Injure : *v*. (inj-er) harm; hurt; wound; to cause mental pain हानि पहुचाना; दुख देना نقصان پہنچانا؛ ضرب لگانا؛ زخمی کرنا؛ دکھ دینا

Injurious : *adj*. (in-ju-ri-us) unjust; hurtful; harmful पीड़ाकर; हानिकारक ضرر رساں؛ نقصان پہنچانے والی

Injury : *n*. (inj-e-ri) harm; outrage; wound पीड़ा; हानि; ज़ख़्म ضرر؛ نقصان؛ زخم

Injustice : *n*. (in-jus-tis) unfair dealing; lack of justice अन्याय; अनीति نا انصافی؛ ظلم

Ink : *n*. a cloured or black liquid used for writing or printing स्याही سیاہی؛ روشنائی

Ink-pot : *n*. ink container दवात دوات

Inkling : *n*. a hint; suspicion संकेत; ख़्याल اشارہ؛ شبہ؛ خیال

Inland : *adj*. (in-land) away from coast; interior देश का भीतरी भाग اندرونی علاقہ؛ ساحل سمندر سے دور؛ اندرونی

Inlay : *v*. (in-lay) to set; to insert जड़ना; नगीना बिठाना مرصّع کرنا؛ جڑنا؛ نگینہ بٹھانا

Inlet : *n*. (in-let) very small bay between islands; entrance प्रवेश मार्ग; आने का रास्ता خلیج؛ کھاڑی؛ داخلہ

Inmate : *n*. (in-mayt) a lodger; an occupant; prisoner एक ही घर में साथ रहने वाला; क़ैदी ہم خانہ؛ گھر میں رہنے والا؛ قیدی

Inmost : *adj*. most in ward; deepest with in यात्री गृह; सराय بالکل اندرونی؛ سرائے

Inn : *n*. public house for travelers सराय سرائے

Innate : *adj*. (in-nayt) in born जन्मी;

प्राकृतिक خلقی؛ جبلی؛ پیدائشی

Inner : *adj.* (in-e-r) inside भीतरी اندرونی؛ گہرائی سے

Innermost : *adj.* see Inmost

Innings : *n.* (in-ingz) teams for batting क्रिकेट की पारी کرکٹ کی باری؛ اننگ

Innocence : *n.* (in-o-sens) simplicity of heart and mamners निर्दोषता बेगुनाही; भोलापन معصومیت؛ بیگناہی؛ بھولا پن

Innocent : *adj.* (in-o-sent) sinless; harmless निर्दोष; निष्पाप; सादा معصوم؛ بے گناہ؛ بے ضرر

Innovate : *v.* (in-o-vayt) to introduce novelties अविष्कार क.. ایجاد کرنا؛ نیا خیال یا چیز رائج کرنا

Innumerable : *adj.* (i-newm-e-re-bel) not to counted; countless; not to be numbered अनगिनत; असंख्य بے شمار؛ بے حساب؛ ان گنت

Inoculate : *v.* (in-ok-ew-layt) to bud; inject disease vaccine for cure पेवंद लगाना; टीका लगाना پیوند لگانا؛ ٹیکہ لگانا

Inoculation : *n.* (in-ok-lay-shen) a grafting in the bud; injecting vaccine पेवंद; टीका پیوند؛ انجکشن؛ ٹیکہ

Inoffensive : *adj.* (ino-fen-siv) harmless हानि रहित بے ضرر

Inofficious : *adj.* (ino-fin-shi-us) inattentive to others कृपाहीन غیر ملتفت؛ ناملنسار

Inopportune : *adj.* (ino-por-tiun) inconvenient; not opportune बेमौक़ा; अनुचित نامناسب؛ بے محل؛ بے موقع

Inordinate : *adj.* (in-or-di-nayt) irregular; disorderly; extra ordinary delay अपरिमित; अस्तव्यस्त غیر معمولی؛ بے حد؛ بے فائدہ

Inquest : *n.* (in-kwest) judicial inquiry तहक़ीक़ात تفتیش؛ تحقیقات

Inquire : *v.* (in-kw-er) to ask; to ask about पूछना; जांचना پوچھنا؛ دریافت کرنا؛ جانچنا

Inquiry : *n.* (in-kw-eri) investigation; search पूछताछ; तहक़ीक़ात پوچھ تاچھ؛ تحقیقات

Inquistition : *n.* (in-kwi-zi-shen) judicial; official or religious investigation तहक़ीक़ात تحقیقات

Inquisitive : *adj.* (in-kwiz-i-tiv) curious; fond of prying अनवेषण करने वाला; राज जाननें की कोशिश करने वाला لوگوں کے راز جاننے کی کوشش میں لگا رہنے والا؛ متجسس؛ متلاشی

Inroad : *n.* (in-rohd) incursion; forcible encroachment धावा; चढ़ाई حملہ؛ چڑھائی؛ زبردستی چڑھ دوڑنا

Insalubrious : *adj.* (in-saloobri-us) unhealthy अस्वास्थ्यकर مضر صحت

Insalubrity : *n.* being insalubrious; being unhealthy अस्वास्थ्यकर होना غیر صحت بخش ہونا

Insane : *adj.* (in-sayn) mad; very fool दीवाना; बावला پاگل؛ خبطی؛ دیوانہ؛ پرلے درجے کا احمق

Insanitary : *adj.* (in-san-i-te-ri) not sanitary सफ़ाई के नियमों के विरुद्ध صفائی کے اصولوں کے خلاف

Insanity : *adj.* (in-say-ni-ti) madeness; foolishness; पागलपन; दीवानगी جنون؛ دیوانگی؛ پاگل پن

Insatiable : *adj.* (in-sash-i-abel) unquenchable; not to be satisfied

अतृप्त; अतिलोलुप نہ بجھنے والی پیاس؛ لالچ

Insatiety : *n.* the state of being unsatisfied असन्तुष्ट; अतृप्त لالچ؛ حرص

Inscribe : *v.* (in-skrib) to write upon; to engrave on लिखना; खोदना لکھنا؛ کندہ کرنا؛ کھودنا

Inscription : *n.* something engraved नक़्श; कतबा نقش؛ کتبہ

Insect : *n.* (in-sekt) small kind of creature; a creeping animal कीड़ा; कृमि کیڑا؛ مکوڑا؛ حشرہ؛ کرم

Insecticide : *n.* (in-sek-ti-sid) poison for killing insects कीड़े मारने की दवा کیڑے مار دوا

Insecure : *adj.* (in-se-kew-e-r) unsafe असुरक्षित غیر محفوظ؛ مخدوش؛ خطرے میں

Insensible : *adj.* (in-sens-i-bel) unconcious; unaware बेहोश; अचेतन بے ہوش؛ غافل

Insensitive : *adj.* (in-sens-i-tiv) not sensitive असंवेदी بے حس؛ بے ذوق

Inseperable : *adj.* not to be disjointed प्रथक न करने योग्य ناتفریق پذیر؛ غیر منفک؛ جدا نہ ہوسکنے والا

Insert : *v.* (in-se-rt) to add; to publish in periodical; to trust in लिख देना; भरना اضافہ کرنا؛ اخبار وغیرہ میں شائع کرنا؛ اندراج کرنا

Inside : *n.* (in-sid) inner or internal part भीतरी भाग اندرونی حصہ

Insidious : *adj.* (insi-di-us) deceitful; shy; treacherous मक्कार; छलिया مکار؛ عیار؛ چالاک

Insight : *n.* (in-sit) inspection; power of seeing with the mind परख; पहचान بصیرت؛ دقت نظر؛ شناخت

Insignia : *n.* (in-sig-ni-e) badge or emblem of office or dignity अधिकार; चिन्ह نشان؛ تمغہ

Insignificance : *n.* (in-sig-ni-fi-kayns) being insignificant; unimportance तुच्छता; अपमान بے قدری؛ غیر اہم ہونا

Insignificant : *adj.* unimportant; contempt तुच्छ; हक़ीर غیر اہم؛ حقیر

Insincere : *adj.* (in-sin-see-er) hypocritical person; unfaithful कपटी; छलिया منافق؛ منافقانہ

Insincerity : *n.* hypocrisy पाखण्ड; कपट; कुटिलता منافقت؛ خلوص نہ ہونا

Insinuate : *v.* (in-sin-ew-ayt) to hint artfully; to introduce subtly संकेत से कहना; संकेत क.. اشارہ کرنا؛ کنایۃً شامل کرنا؛ چوٹ کرنا؛ تعریض کرنا

Insinuation : *n.* indirect suggestion संकेत; चोट چوٹ؛ تعریض

Insist : *v.* (in-sist) to demand persistently (on) to urge हठ क..; दृढ़ क..; ज़िद क.. اصرار کرنا؛ ضد کرنا؛ زور دینا

Insistence : *n.* insisting हट; दृढ़; ज़िद اصرار؛ تاکید؛ ضد

Insistent : *adj.* that insists हठ करने वाला اصرار کرنے والا؛ ضد کرنے والا

Insobriety : *n.* (in-so-bri-e-ti) intemperance; drunkenness मतवालापन; मदमस्ती شراب خوری؛ متوالاپن؛ کثرت شراب خوری؛ کثرت میخواری

Insolence : *n.* (in-so-lens) impudence; pride; haughtiness धृष्टता; अविनय شوخی؛ گستاخی

Insolent : *adj.* impudent (person) गुस्ताख़; ढीठ; अक्खड़ گستاخ؛ ڈھیٹ؛ اکھڑ؛ بددماغ

Insoluble : *adj.* (in-sol-o-bel) that cannot be dissolved; not to be dissolved जो न घुल सके غیر منحل؛ جو گھل نہ سکے

Insolvency: *n.* (in-sol-ven-si) bankruptcy; inability to pay debts दिवाला دیوالہ؛ دیوالیہ پن

Insolvent : *adj.* not able to pay debts दिवालिया دیوالیہ

Insomnia : *n.* (in-som-ni-a) sleeplessness; sleeplessness as disease निद्रा का अभाव بے خوابی؛ بے خوابی کی بیماری

Insomuch : *adv.* to such a degree or extent that इतना कि اتنا......کہ

Inspect : *v.* (ins-pekt) to examine; to visit officially; to examine carefully निरीक्षण क.; ग़ौर से देखना معائنہ کرنا؛ بغور دیکھنا؛ ملاحظہ کرنا

Inspection : *n.* official visit निरीक्षण معائنہ

Inspector : *n.* one who inspects निरीक्षण करने वाला انسپکٹر؛ ناظر؛ معائنہ کرنے والا

Inspiration : *n.* (in-spi-ray-shen) divine message; infusion of feelings वही; इलहाम; आकाश-वाणी وحی؛ الہام؛ اِلقا

Inspire : *v.* (in-spi-er) to infuse life; to fill with divine message सांस लेना; आकाश-वाणी होना روح پھونکنا؛ وحی بھیجنا؛ الہام ہونا

Instable : *adj.* (ins-tay-bel) in constant; changing अचल; अस्थिर غیر مستقل؛ بدلنے والا

Install : *v.* (in-stawl) to invest; to place someone in authority काम सौंपना; जगह देना قبضہ دینا؛ گدی پر بٹھانا؛ کام سونپنا

Instalment : *n.* (in-stawl-ment) part payment क़िस्त قسط

Instance : *n.* (in-stans) example उदाहरण مثال

For instance : *ph.* for example उदाहरण के लिए مثال کے طور پر

Instant : *n.* (in-stant) moment क्षण لمحہ؛ لحظہ؛ آن؛ گھڑی

Instant : *adj.* immediate; of the present month; urgent अचानक; जारी महीना; बहुत अनिवार्य فوری؛ اچانک؛ ماہِ رواں؛ اشد ضروری

Instantly : *adv.* immediately उसी क्षण فوراً؛ فی الفور

Instead : *adv.* (in-sted) in place of बदले में; पलटे में کی بجائے؛ کے بدلے میں؛ بعوض

Instigate : *v.* (in-sti-gayt) urge; cause; to tempt उकसाना; भड़काना اکسانا؛ بھڑکانا

Instigation : *n.* instigating प्रेरणा; उकसाहट ترغیب دینا؛ تحریک؛ انگیخت

Instinct : *n.* (ins-tinkt) a natural desire; a natural avertion; inborn tendency स्वभाविक प्रवृति جبلت؛ وجدان؛ نقش

Institute : *n.* (in-sti-tewt) organisation for special purpose संस्था ادارہ

Institute : *v.* to establish स्थापित क. قائم کرنا؛ جاری کرنا؛ رائج کرنا

Institution : *n.* organised society संस्था; सभा تنظیم؛ سبھا؛ ادارہ

Instruct : *v.* (ins-trukt) to teach; to inform; to train शिक्षा देना; सिखलाना;

सूचना देना پڑھانا؛ مطلع کرنا؛ سکھانا؛ تعلیم دینا

Instruction : *n.* teaching; direction शिक्षा تعلیم؛ معارف

Instrument : *n.* (ins-tru-ment) a tool; simple but delicate apparatus शस्त्र; हथियार آلہ؛ اوزار؛ ہتھیار

Insubordinate : *adj.* (in-sub-or-di-nayt) disobedient अवज्ञाकारी; अनाज्ञाकारी نافرمان

Insubordination : *n.* disobedience आज्ञा भंग; अविनय; अवज्ञा نافرمانی؛ حکم عدولی

Insufficiency : *n.* (in-sa-fi-shi-en-si) inadequency; incompetency कम होना; अपर्याप्त होना ناکافی ہونا

Insufficient : *adj.* incompetent; inadequate कम; न्यून کم؛ ناکافی

Insular : *adj.* (in-sew-ler) of an island द्वीपयि جزیرے کا؛ جزائری

Insult : *n.* (in-sult) affront; to abuse अपमान بے عزتی؛ توہین؛ ہتک

Insult : *v.* to abuse; to offer indignity अपमान क.; अनादर क. ذلیل کرنا؛ ہتک کرنا؛ بے عزتی کرنا

Insuperable : *adj.* (insiu-perabel) insurmonutable दुस्तर; अलंघ्य غیر مغلوب

Insurance : *n.* (in-shoo-e-rans) assurance; insuring; sum insured; बीमा; बीमे की रक़म بیمہ؛ بیمہ کی رقم

Insure : *v.* (in-shoo-er) to make certain; to take out insurance policy सुरक्षित करना بیمہ کرنا یا کرانا؛ بیمہ کی رقم محفوظ کرنا؛ محفوظ کرنا

Insurgence : *n.* (in-ser-jens) revolt विद्रोह; बग़ावत بغاوت

Insurgent : *adj.* rebel. बाग़ी; विद्रोही باغی

Inssurrection : *n.* (in-sa-rek-shen) people's planned rebellion; a rebellion; a sedition. विद्रोह; विपल्य حکومت کے خلاف باغیانہ تحریک؛ بغاوت؛ سرکش

Intact : *adj.* (in-takt) entire; unimpaired सम्पूर्ण; अरवंड; अक्षत مکمل؛ صحیح؛ سالم؛ بالکل محفوظ؛ ثابت

Integer : *n.* (in-te-jer) whole number; पूर्ण संख्या صحیح عدد

Integral : *adj.* (in-teg-rel) entire सम्पूर्ण پورے کا پورا؛ کافی؛ مکمل

Integral Calculus : *n.* method of calculating the amount of the change of continously varying function समाकलन गणित (ریاضی) علم الاحصاء

Integrate : *v.* (in-tay-ge-rayt) to make complete; to form one whole पूरा क.; समूचा क. پورا کرنا؛ مکمل کرنا؛ تکمیل کرنا؛ مدغم کرنا

Integrity : *v.* (in-teg-ri-ti) honesty; completeness सत्यनिष्ठा; ईमानदारी; सम्पूर्णता; अखंडता دیانت؛ دیانت داری؛ ایمانداری؛ پورا ہونا؛ سالمیت

Integument : *n.* (in-tegu-ment) covering कवच; परदा; छाल; झिल्ली پردہ؛ چھال؛ چھلکا؛ جھلی

Intellect : *n.* (in-te-lekt) power of reasoning; understanding ज्ञान; बुद्धि; समझ سمجھ؛ عقل؛ ذہانت؛ فہم و فراست؛ عقل

Intelligence : *n.* (in-tel-i-jens) intellect; understanding information बुद्धि; ज्ञान; समाचार; ख़बर عقل؛ ذہانت؛ فہم؛ فراست؛ خبر؛ اطلاع

Intelligence Department : *n.* secret bureau ख़ुफिया विभाग; गप्तचर विभाग خفیہ شعبہ؛ مخفی ڈپارٹمنٹ

Intelligent : *adj*. skilful; knowing; having intelligence बुद्धिमान; समझदार; ज्ञानी سمجھدار؛ ذہین؛ عقیل؛ فہیم

Intelligible : *adj*. (in-tel-i-jib-el) clear; that can be understood; easily understood समझ में आने योग्य قابل؛ فہم؛ جوسمجھ میں آسکے

Intend : *v*. (in-tend) to mean; to design अभिप्राय रखना; अर्थ रखना ارادہ رکھنا؛ نیت رکھنا؛ مطلب رکھنا

Intense : *adj*. (in-tens) extreme; ardent; attentive प्रचण्ड; तीव्र شدید؛ بہت؛ سخت؛ گرم

Intensify : *v*. to render तीव्र क.; बढ़ाना زیادہ کرنا؛ شدت اختیار کرنا

Intensity : *n*. (in-ten-si-ti) being intense तीव्रता; तेज़ी; प्रबलता زور؛ شدت

Intent : *n*. (in-tent) aim; purpose; design अर्थ प्रयोजन; उद्देश्य نیت؛ ارادہ؛ منشا؛ مقصد

Intention : *n*. (in-ten-shen) purpose; design प्रयोजन; अभिप्राय ارادہ؛ منصوبہ؛ مقصد؛ مطلب؛ منشا

Intentionally : *adv*. purposely जानबूझ कर; सभिप्राय جان بوجھ کر؛ قصداً؛ ارادتاً

Intently : *adv*. with concentration केंद्रिकरण से غور سے؛ توجہ سے

Inter : *v*. (in-ter) to bury दफ़न क.; गाड़ना دفن کرنا؛ گاڑنا

Inter Alia : *ph*. among other things दूसरी बातों के अतिरिक्त منجملہ؛ علاوہ دوسری باتوں کے

Intercalary : *adj*. (in-ter-kal-e-ri) additional बढ़ाया हुआ بڑھایا ہوا

Intercede : *v*. (in-ter-seed) to plead; to pass between सिफ़ारिश क.; मध्य में पड़ना شفارش کرنا؛ بیچ میں پڑنا

Intercept : *v*. (in-ter-sept) to stop; to seize in passage ठहराना; रोक लेना راہ میں روک لینا یا ٹھہرانا؛ روکنا؛ ٹھہرانا؛ پکڑ لینا

Intercession : *n*. (in-ter-se-shen) mediation; interposition मेल बनाने के लिए मध्यस्थ बनाना سفارش؛ شفاعت

Interchange : *v* . to exchange (compliments etc.) आपस में कहना آپس میں کہنا؛ ایک دوسرے کو بھیجنا

Interclude : *v*. (inter-klud) to shut out बन्द क.; रोकना روکنا؛ بند کرنا؛ قطع تعلق کرنا

Intercourse : *n*. (in-ter-kors) social communication; sexual contact अपसी सम्पर्क; मैथुन; समागम باہمی روابط؛ مباشرت؛ ارتباط؛ میل ملاپ

Interdict : *v*. (in-ter-dikt) to restrain; a prohibitory decree निषेध; रुकावट منع کرنا؛ رکاوٹ ڈالنا

Interest : *n*. (int-e-rest) curiousity; profit liking; sum paid by borrowing; direct attention सम्बन्ध; लाभ; ब्याज; आकृशित होना دلچسپی؛ شوق؛ فائدہ؛ سود؛ توجہ مبذول کرانا

Interesting : *n*. attracting and holding the attention; exciting; interest रोचक; मनोरंजक دلچسپ

Interfere : *v*. (in-te-r-fee-r) to interpose; to intervene बीच में पड़ना; वाधा डालना دخل اندازی کرنا؛ دخل دینا؛ مداخلت کرنا

Interference : *n*. interfering बाधा مداخلت

Interior : *adj*. (in-tee-ri-er) internal; inside भीतरी; अन्तस्थ اندرونی؛ اندر؛ اندرونِ ملک

Interjacent : *adj*. (in-ter-ja-sent) intervening मध्य का; बीच का درمیانی؛ بیچ کا

Interject : *v*. (in-ter-jekt) to come between; to insert; to exclaim बीच में पड़ना; मध्य में बोल उठना درمیان میں بول اٹھنا؛ بیچ میں پڑنا

Interjection : *n*. (in-ter-jek-shen) exclamation विस्मयबोधक (अव्यय) حرف ندبہ و فجا؛ فجائیہ

Interlace : *v*. (in-ter-les) to intermix to mix together परस्पर मिला देना خلط ملط کر دینایا کرنا؛ ملا دینا؛ باہمی میل جول رکھنا

Interlope : *v*. (in-ter-loup) to intrude बिना अधिकार के प्रवेश क. مداخلت کرنا

Interlude : *n*. (int-e-r-lood) light short play between two acts of larger drama; interval नक़ल; अंतराल نقل؛ وقفہ

Intermarriage : *n*. marriage out side kith and kin कुटुब से बाहर विवाह خاندان یا نسل سے باہر شادی

Intermediary : *adj*. go between; mediator बीच का; मध्यवर्ती درمیانی؛ ثالث

Intermediate : *adj*. coming between; pre university examination; Higher Secondary बिचला; माध्यमिक ہائرسیکنڈری؛ انٹر؛ انٹرمیڈیٹ

Interment : *n*. burial शव गाड़ना تدفین؛ دفن کرنا

Interminable : *adj*. (in-ter-mi-nay-abel) endless कभी समाप्त न होने वाला अंतहीन; असीम لامتناہی؛ کبھی ختم نہ ہونے والا

Intermittent : *adj*. with some intervals विरामी, आंतरागिक وقفہ والا

Intermix : *v*. (inter-miks) see Interlace

Intern : *v*. (in-tern) keep under restraint नज़र बन्द क. نظر بند کرنا؛ زیر نگرانی رکھنا

Internal : *adj*. (in-te-r-nel) inner; inward भीतरी; आन्तरिक اندرونی؛ داخلی

International : *adj*. existing between nations अंतराष्ट्रीय بین الاقوامی

Internecine : *adj*. (in-ter-ne-sin) fatal; destructive; dangerous परस्पर नाश करने वाला مہلک؛ خطرناک

Internment : *n*. detention नज़रबन्दी نظر بندی

Interpellation : *n*. (in-ter-pe-le-shen) a summon; a call बुलावा طلبی؛ بلاوا

Interpolate : *v*. (in-ter-po-layt) to make misleading insertions; to insert words improperly मिलाना; अक्षर बीच में डालना الحاق کرنا؛ الفاظ ٹھونسنا

Interpose : *v*. (in-ter-pohz) to mediate; to interrupt (with remark) बीच में पड़ना; व्यवधान क. بات کاٹنا؛ بیچ میں بول اٹھنا؛ دخل دینا

Interpret : *v*. (in-ter-pret) to explain; to act as interpreter; to expound व्याख्या क.; अनुवाद क. تفسیر کرنا؛ تشریح کرنا؛ وضاحت کرنا؛ ترجمانی کرنا

Interpretation : *n*. (in-ter-pret-ay-shen) explanation; expounding; interpreting व्याख्या; अनुवाद تفسیر؛ ترجمہ؛ تشریح؛ ترجمانی

Interpreter : *n*. one who interprets; translator व्याख्या करने वाला مترجم؛ ترجمان

Interregnum : *n*. (in-ter-reg-num) period during which a state has no normal ruler अराजक काल; मध्यावकाश عبوری حکومت؛ عبوری دور

Interrogate : *v.* (in-te-ro-gayt) to examine by asking question पूछ-ताछ क. پوچھ گچھ کرنا؛ تفتیش کرنا؛ پوچھ تاچھ کرنا

Interrogation : *n.* an enquiry; examination; question पूछ-ताछ; प्रश्न پوچھ تاچھ؛ تفتیش؛ استفہام

Interrupt : *v.* to hinder; to break the continuity बीच में रोकना; विघ्न क. سلسلہ توڑنا؛ مداخلت کرنا؛ سلسلہ منقطع کرنا؛ بات کاٹنا

Intersect : *v.* (in-ter-sekt) to cut; to cross each other; pass across काटना; बीच में से दो करना کاٹنا؛ قطع کرنا؛ کاٹتے ہوئے گزرنا

Intersection : *n.* cutting काटना کاٹنا؛ تقاطع

Interwine : *v.* to unite by twisting; to coil together आपस में बट कर मिलाना; बल दे कर एक क. گوندھنا؛ بل دے کر ایک کرنا؛ بٹ کر ملانا

Interval : *n.* (inte-r-vel) space; line between two events अन्तर; फासला وقفہ؛ فاصلہ

Intervene : *v.* (in-ter-veen) to interpose; to interfere; to mediate बीच में आना; बीच में पड़ना; हस्तक्षेप क. بیچ بچاؤ کرنا؛ مخل ہونا؛ مداخلت کرنا؛ بیچ میں پڑنا

Intervention : *n.* intervening बीच बिचाव; हस्तक्षेप; दख़ल مداخلت؛ بیچ بچاؤ؛ دخل

Interview : *n.* meeting; personal meeting of the candidate for job; formal meeting भेंट वारता; इन्टरव्यू انٹرویو؛ ملاقات

Interweave : *v.* (in-ter-wiv) to mix one another मिलाना; जोड़ना جوڑنا؛ ملانا؛ ایک دوسرے کے ساتھ ملانا

Intestine : *adj.* internal भीतरी; घरेलू; देशी; स्वदेशी اندرونی؛ دیسی؛ گھریلو؛ خانگی

Intestines : *n.* the bowels आँते; अंतड़ियाँ انتڑیاں؛ آنتیں

Intimacy : *n.* (in-ti-may-si) close familiarity घनिष्ठता; अनैतिक प्रेमसंबध بے تکلفی؛ گہری دوستی

Intimate : *adj.* (in-ti-mayt) inward; familiar घनिष्ठ; आत्मीय ملاقات

Intimate : *v.* to announce; hint; to make known सूचना देना; संकेत क. اطلاع دینا؛ مطلع کرنا؛ اشارہ کرنا

Intimation : *n.* a hint; announcement सूचना; संदेश; इशारा آگاہی؛ اطلاع؛ اشارہ

Intimidate : *v.* to frighten; frighten with threats डराना; धमकाना; भय देना ڈرانا؛ دھمکانا

Into : *prep.* (in-tu) (movement) inwards; inside; multiple के अन्दर; में तक; गुणा کے اندر؛ میں؛ ضرب

Intolerable : *adj* . (in-tol-e-ray-bel) unbearable; insufferable असहनय; जो हसन न हो सके ناقابلِ برداشت؛ ناقابل

Intolerant : *adj.* one averse to toleration हटधर्म; कट्टर نامتحمل؛ متعصب؛ ہٹ دھرم؛ کٹر

Intomb : *v.* to bury शव गाड़ना; दबाना دفن کرنا؛ دبانا (زمین میں)

Intonation : *n.* (in-to-nay-shen) intoning; accent स्वर-शैली; स्वर; लय لحن سے پڑھنا؛ لہجہ؛ آواز کا اتار چڑھاؤ

Intoxicant : *adj.* (in-tok-si-kent) something that intoxicates शराब; नशे

वाली चीज़ شراب؛ نشہ آور شے

Intoxicate : *v.* (in-tok-sit-kayt) to make drunk मतवाला क.; मदोन्मत्त क. مدہوش کرنا؛ متوالا بنانا؛ مخمور کرنا؛ نشہ چڑھانا

Intractable : *adj.* (in-trak-tay-bel) unruly; not easily controlled दुरदम्य; न दबने योग्य خودسر؛ سرکش؛ بے لگام

Intramural : *adj.* (in-tra-mew-ral) situated or done within the walls; inner घर के भीतर; भीतरी داخلی؛ گھر کے اندر

Intransigent : *adj.* (in-tranz-i-jent) uncompromising in politics कट्टर; उनम्य کٹر؛ سخت

Intrepid : *adj.* (in-trep-id) fearless; brave निडर; शूरवीर; साहसी نڈر؛ بہادر؛ دلیر؛ بے خوف

Intrepidity : *n.* (in-tre-pid-i-ti) fearlessness; bravery निर्भयता; शूरवीरता بے خوفی؛ بہادری؛ دلیری

Intricacy : *n.* (int-ri-ke-si) perplexity; being intricate उलझन; गहनता پیچیدہ پن؛ پیچیدگی؛ الجھاؤ؛ الجھن

Intricate : *adj.* (int-ri-kayt) perplexing उलझा हुआ پیچیدہ؛ الجھاہوا

Intrigue : *n.* (in-treeg) under hard plot; secret love offair षडयन्त्र; प्रपंच; गुप्त इश्क़ سازش؛ ساز باز؛ گٹھ جوڑ؛ پوشیدہ معاشقہ

Intrinsic : *adj.* (in-trin-sik) existing with in; essential; natural यर्थाथ; स्वाभाविक; सच्ची باطنی؛ داخلی؛ ذاتی؛ اصلی؛ حقیقی

Introduce :*v.* (int-ro-dews) to make known; to usher in आरम्भ क.; प्रवेश क.; प्रवृत क. تعارف کرنا؛ آشنا کرانا؛ ملاقات کرنا؛ شروع کرنا

Introduction : *n.* (int-ro-duk-shen) preface; forward; introducing (of person or subject) भूमिका; प्रस्तावना; परिचय ملاقات پیش لفظ؛ تمہید؛ دیباچہ؛ تعارف؛ ملاقات

Intrude : *v.* (in-trood) to force (into); to thrust in; to enter uninvited ठूसना; बल पूर्वक घुसना ٹھونسنا؛ گھسنا؛ زبردستی سر پر مسلط ہونا

Intruder : *n.* uninvited person; one forcing entry without permission बे बुलाया मेहमाना या अथिती; खुद ही घुस आने वाला ناخواندہ مہمان؛ یونہی گھس آنے والا

Intrusion : *n.* (in-troozh-en) encroachment अनुचित हस्तक्षेप; घुसपैठ بیجا مداخلت؛ خلل اندازی

Intuition : *n.* (in-tew-shen) sudden insight अन्तेज्ञनि; अन्तर्दृष्टि وجدان؛ چھٹی حس بیدار ہونا

Intwine : *v.* (int-win) to twist मरोड़ना مروڑنا؛ بل دینا؛ اینٹھنا

Intwist : *v.* (in-twist) to twist together मरोड़ना; ऐंठना; बल देना مروڑنا؛ اینٹھنا؛ بل دینا

Inundate : *v.* (i-nandeit) to flood डुबोना زیر آب کرنا؛ سیلاب میں غرق کرنا؛ ڈبونا

Inure : *v.* (i-new-e-r) to habituate अभ्यस्त क. عادی بنانا

Invade : *v.* (in-vayd) to attack आक्रमण क.; हमला क. چڑھائی کرنا؛ حملہ کرنا

Invalid : *n.* (in-ve-leed) one disabled by sickness or injury दुर्बल; निर्बल ناتواں؛ کمزور؛ مریض؛ بیمار؛ ناکارہ

Invalidate : *v.* to make invalid निर्बल बनाना; अमान्य क.; रद्द क. کالعدم قرار دینا

Invalidity : *n.* being invalid अमान्यता; असमर्थता کالعدم ہونا

Invalidation : *n.* declaring invalid अमान्यकरण کالعدم قرار دیا جانا

Invaluable : *adj*. (in-val-yew-e-bel) priceless अनमोल; अमूल्य بے بہا؛ انمول

Invariable : *adj*. (in-ve-ria-bel) unchangeable अटल; अचल بلاتغیر؛ اٹل

Invasion : *n*. (in-vay-zhen) attack; invading आक्रमण; हमला حملہ؛ چڑھائی

Inveigh : *v*. (in-vay) to speak with violent or invective language; to say loudly (against) फटकारना; अपशब्द कहना; घोर निन्दा क.. برا بھلا کہنا؛ پھٹکارنا؛ لعن طعن کرنا؛ کے خلاف برسنا

Inveigle : *v*. (in-veeg-el) to entice; to coax (into doing evil) मजबूर क..; बहकाना; फुसलाना مجبور کرنا؛ پھسلانا؛ بہلانا

Invent : *v*. (in-vent) to creat; to forge अविष्कार क..; गढ़ना; कल्पना क.. ایجاد کرنا؛ تصور کرنا؛ بنانا

Invention : *n*. new kind of thing process अविष्कार ایجاد

Inventor : *n*. one who invents अविष्कारक; ईजादकर्ता موجد

Inventory : *n*. (in-vent-e-ri) a detailed list; a catalogue of goods सम्पत्ति-सूची; सामान सूची فرد؛ جائداد کی فہرست

Inverse : *adj*. (in-ve-rs) inverted उलटा معکوس؛ اُلٹا

Invert : *v*. (in-vert)to put upside down उलटा करना الٹا کرنا؛ اوندھا کرنا

Invest : *v*. (in-vest) to lay out; to confer; to array पूंजी लगाना; आभूषित क.. روپیہ لگانا؛ خرچ کرنا؛ آراستہ کرنا

Investigate : *v*. (in-ves-ti-gayt) to search out; to inquire; scrutinise पूछताछ क..; जाँच क..; छान-बीन क.. تفتیش کرنا؛ تحقیقات کرنا؛ چھان بین کرنا

Investigation : *n*. inquiry; research जाँच-पड़ताल; खोज बीन تحقیقات؛ تفتیش؛ چھان بین

Investiture : *n*. awarding; appointing प्रतिष्ठान; नियुक्त क.. خطاب وغیرہ دینا؛ عطا کرنا؛ عہدے پر فائز کرنا

Investment : *n*. investing; the investing money धन लगाने का कार्य; व्योपार में लगाई हुई पूंजी روپیہ لگانا؛ رقم لگانا؛ بیوپار میں لگائی ہوئی رقم

Inveterate : *adj*. (in-vet-e-rit) deep rooted; obstinate पुराना; पक्का; कट्टर; हटीला ضِدّی؛ پکا؛ راسخ؛ ہٹیلا؛ گہرا؛ پرانا

Invidious : *adj*. (in-vid-i-us) harmful owning to injustice; envious कपटी घृणित بے انصافی کے باعث ناگوار؛ عداوتی

Invigilate : *v*. (in-vij-e-layt) to supervise during examination परीक्षा में निरीक्षण क.. امتحان کے دوران نگرانی کرنا

Invigilator : *n*. supervisor; one who supervise during examination निरीक्षक امتحان میں نگرانی کرنے والا؛ نگراں

Invigorate : *v*. (in-vi-go-rayt) to strengthen शक्ति या पुष्टी प्रदान क..; मज़बूत बनाना جان ڈالنا؛ طاقت دینا؛ قوت دینا

Invincible : *adj*. (in-vins-i-bel) unconquerable न जीते जाने वाला ناقابلِ تسخیر؛ جسے شکست نہ دی جاسکے

Inviolable : *adj*. not to be broken पक्का; अलंघ्य پکا؛ استوار

Invisible : *adj*. (in-viz-i-bel) not visible; imperceptible गुप्त; अदृश्य جو نظر نہ آسکے؛ پوشیدہ؛ غیر مرئی

Invitation : *n*. request (to come); bid न्योता; बुलावा دعوت؛ بلاوا

Invite : *v.* (in-vit) to ask someone to come; to bid न्योता देना; बुलावा देना دعوت دینا؛ بلاوا دینا

Invocation : *n.* (in-vo-kay-shen) imploration; invoking प्रार्थना; याचना; झाड़फूंक دعا؛ التجا؛ منتر

Invocate : *v.* to implorate; to pray प्रार्थना क॰; याचना क॰ التجا کرنا؛ دعا کرنا

Invoice : *n.* (in-vois) list of goods dispatched along with their quantity and rate etc; consignment चालान; बीजक چالان؛ بیجک

Invoke : *v.* (in-vohk) call on (God) for help; to pray प्रार्थना क॰; बुलाना دعا کرنا؛ خدا کا نام لینا؛ التجا کرنا

Involuntory : *adj.* (in-vol-en-try) unintentional; not done willingly अनिच्छा पूर्वक بلا ارادہ کرنا؛ نادانستہ

Involve : *v.* (in-volv) to entangle फँसाना; उलझाना پھنسانا؛ الجھانا؛ مصیبت میں مبتلا کرنا

Invulnerable : *adj.* that connot be harmed; that cannot be wounded जिसे हानि ना पुहँचाया जासके جسے ضرور نہ پہنچایا جاسکے؛ جسے زخم نہ لگایا جاسکے

Inward : *adj.* (in-we-rd) internal भीतरी; आन्तरिक اندرونی؛ باطنی؛ دلی

Inwardly : *adv.* in the inner self मन ही मन; भीतर ही भीतर دلی طور پر؛ روحانی طور پر

Inweave : *v.* (in-wiv) to knitt; to entwine मिलाकर बुनना ملا کر بننا

Inwrap : *v.* to involve लपेटना; घबराना پریشان کرنا؛ لپیٹنا

Iodine : *n.* (i-o-dean) well known element आयोडीन آیوڈین

Ion : *n.* (i-on) electrically charged atom etc आयन برق پارہ؛ برقپارہ

Iota : *n.* (i-oh-te) jot; little कण; रत्ती ذرہ؛ رتی

Ipso Facto : *adv.* by that every fact इसी कारण से; इसी बात से اسی وجہ سے؛ اسی باعث

Iracible : *adj.* (ira-si-bel) irritable; provocative क्रोधी; उग्र; चिड़चिड़ा زودرنج؛ اشتعال انگیز؛ چڑچڑا

Irate : *adj.* (i-rit) angry क्रुद्ध; उत्तेजित ناراض؛ خفا

Ire : *n.* (i-re) anger; rage क्रोध; रोष غصہ؛ طیش؛ خفگی؛ ناراضگی

Irenic/Irenical : *adj.* peaceful; calm शान्त; शान्तिप्रिय خاموش؛ پرسکون

Iridiscent : *adj.* (i-ri-des-ent) shining with changing colours रंगदीप्ति قوس و قزح جیسا؛ بوقلموں؛ رنگین والا

Iris : *n.* (i-ris) rainbow; eye membrane; a flower इन्द्रधनुष; आँख की पुतली; एक प्रकार का फूल قوس قزح؛ آنکھ کی تپلی؛ ایک قسم کا پھول

Irksome : *adj.* (er-k-sum) tedious; boring; tiredsome कष्टप्रद; भारी; थकानेवाला; उबानेवाला بھاری؛ دشوار؛ مشکل؛ تھکا دینے والا؛ اکتا دینے والا

Iron : *n.* (ei-ern) kind of metal; pressing iron लोहा; इस्तरी لوہا؛ استری

Iron Monge : *n.* dealer in iron hardware लोहिया لوہے کا مال بیچنے والا

Iron Smith : *n.* one who works in iron लोहार لوہار

Iron works : *n.* steel factory; hardware factory लोहे का काम; लोहे का

कारखाना آہنگر؛ لوہے کے سامان کا کارخانہ

Ironical : *adj*. (i-ron-i-kal) full of irony; bantering व्यंग्यभाषी طنزیہ؛ طنز سے بھرا؛ طنز آمیز

Irony : *n*. (i-re-ni) adoption of an other's viewpoint for ridiculing; ill timed-event व्यंग्य; विडम्बना طنز؛ مذاق؛ ستم ظریفی؛ بدقسمتی؛ قدرت کی ستم ظریفی

Irradiate : *v*. (ire-i-dient) to brighten चमकाना; प्रदीप्त क.. چمکانا؛ روشن کرنا

Irrational : *adj*. (i-rash-e-nel) lacking the power of reason बुद्धिहीन قوت استدلال سے محروم؛ بے عقل

Irreconcilable : *adj*. (i-re-kon-sil-abel) incompitable; disagreeing अशाम्य; परस्पर-विरोधी منافی؛ ایک دوسرے کی ضد؛ متضاد؛ صلح نہ کرنے والا

Irrefagable : *adj*. (ire-fra-ga-bel) not to confuted अखण्डनीय; निरुत्तर لاجواب

Irrefutable : *adj*. (ire-fewt-bel) that cannot be refuted अखण्डनीय ناقابلِ تردید

Irregular : *adj*. (i-reg-ew-ler) disorderly; not regular; against rules क्रमहीन; असाधारण; अनियमित بے قاعدہ؛ بے ضابطہ؛ خلافِ قاعدہ

Irregularity : *n*. not being regular अवैधता; अनियामितता بے قاعدگی؛ بے ضابطگی؛ بے اصولی؛ بے ترتیبی

Irrelevancy : *n*. (ire-livan-si) state of being irrelevant असम्बन्ध; असंगत بے لگاؤ؛ بے تعلق

Irrelevant : *adj*. not relevant; not to the purpose असम्बन्ध; बे लगाव بے لگاؤ؛ بے تعلق

Irremediable : *adj*. (ire-mee-di-a-bel) that cannot be remedied अपूरणीय ناقابلِ تلافی

Irremovable : *adj*. that cannot be removed अस्थानान्तरीय جسے ہٹایا نہ جا سکے

Irreparable : *adj*. (i-rep-e-re-bel) that cannot be repaired अपूरणीय; मरम्मत के अयोग्य ناقابلِ تلافی؛ ناقابلِ مرمت

Irrepressible : *adj*. uncontrollable अदम्य نہ رکنے والا؛ نہ دبنے والا

Irresolute : *adj*. (iri-zo-loot) wavering; not determined अनिश्चयी; दुलमुल متلون مزاج؛ ڈانواں ڈول؛ متذبذب؛ غیر مستقل مزاج

Irrespective : *adj*. (ir-res-pek-tiv) regardless निरपेक्ष بلا لحاظ

Irresponsible : *adj*. not accountable; not responsible ग़ैरज़िम्मेदार; लापरवाह غیر ذمہ دار؛ بد لحاظ

Irresponsibility : *adj*. lack of responsibility ग़ैरज़िम्मेदारी; लापरवाही غیر ذمہ داری؛ بد لحاظی؛ لاپرواہی

Irretrievable : *adj*. (iritri-vable) irreparable; which cannot be retrieved असाध्य; असुधार्य ناقابلِ تلافی (نقصان)؛ لاعلاج؛ واپس نہ اٹھایا جاسکنے والا (قدم)

Irrevocable : *adj*. (i-rev-o-kay-bel) unalterable अटल اٹل؛ ناقابلِ تنسیخ

Irrigate : *v*. (iri-gayt) to water; supply land with water पानी देना; सींचना آب پاشی کرنا؛ سینچنا؛ آبیاری کرنا

Irrigation : *n*. (iri-gay-shen) irrigating सींचाई; पानी देना آبیاری؛ آبپاشی؛ پانی دینا

Irritant : *n&adj*. (i-ri-tant) causing irritation उत्तेजक; उत्तेजित करने वाला ہیجان میں لانے والا

Irritate : *v.* (iri-tayt) to vex; to enrage; to provoke उत्तेजित क.; भड़काना بھڑکانا؛ غصہ دلانا

Irritation : *n.* (iri-tay-shen) annoyance; soreness; excitement झल्लाहट; जलन; उत्तेजना; खाज; खुजली جھلاہٹ؛ جلن؛ ہیجان؛ کھجلی؛ خارش

Irruption : *n.* (ira-pshen) an inroad आक्रमण करना; टूट पड़ना دھاوا بولنا؛ ٹوٹ پڑنا

Islam : *n.* (iz-lam;is-lahm) religion of Muslims इसलाम; मज़हब (मुसलमानों का) اسلام؛ مذہب اسلام؛ مسلمانوں کا مذہب

Island : *n.* (i-land) land surrounded by water टापू; द्वीप جزیرہ؛ ٹاپو

Isolate : *v.* (i-so-layt) to separate प्रथक; अलग क. الگ تھلگ کرنا؛ الگ کرنا؛ جدا کرنا؛ علیحدہ کرنا

Issue : *n.* (i-ssiu) event; offsprings; to come out; to publish; edition औलाद; फलप्राप्ति; जारी क. اولاد؛ واقعہ؛ واقع ہونا؛ شائع کرنا؛ جاری کرنا؛ شمارہ نمبر

Itch : *n.* (ich) a disease; tickling irritation खाज; खुजली کھجلی؛ خارش؛ ایک قسم کی بیماری

Irritation : *n.* (iri-tay-shen) the act of irritating; something that irritates उत्तेजन; प्रकोपन; चिड़चिड़ाहट جھلاہٹ؛ کوفت؛ غصہ؛ سوزش

Item : *n.* (i-tem) seperate article in list इकाई; वस्तु چیز؛ اکائی؛ شق

Iterate : *v.* (it-e-rayt) say again and again बार बार कहना دہرانا؛ بار بار کہنا

Itinerate : *v.* (i-tin-rayt) to travel; going from place to place घूमना; दौरा क. سیاحی کرنا؛ دورہ کرنا؛ جگہ جگہ جانا؛ گھومنا پھرنا

Itinenary : *n.* record of travel; guide book सफ़रनामा; गाईड पुस्तक سفر نامہ؛ سیاحت نامہ؛ رہنما کتاب

Ivory : *n.* (i-ve-ri) the tusk of an elephant हाथी दाँत ہاتھی دانت؛ عاج

Ivy : *n.* (i-vi) well known climbing plant इशके पेंचाँ की बल عشق پیچاں کی بیل

J

J : *n*. (jay) tenth letter of english alphabet अंग्रेजी वर्ण माला का दसवाँ अक्षर انگریزی حروف تہجی کا دسواں حرف؛ جے

Jab : *v*. (jay-bb) aim blow at घोंसा मारना گھونسا مارنا؛ مکا مارنا

Jabber : *v*. (jab-e-r) to talk much; to talk fast and indistinctly बकवास क.. بڑبڑانا؛ جوش میں بڑبڑانا؛ بکواس کرنا؛ لایعنی باتیں کرنا

Jack : *n*. (jak) machine for raising heavy objects जैक جیک؛ بھاری مشین کو اٹھانے یا اونچا کرنے کی کل

Jack-Ass : *n*. male ass; fool गधा; बेवकूफ़ گدھا؛ بے وقوف

Jack-in-the-box : *n*. children's playing toy in the form of figure on spring jumping out of the box when it is opened डिब्बे का भुत्ना ڈبے کا بھتنا

Jack-of-all-trades : *n*. person knowing something of many trades हर फ़न जानने वाला ہرفن مولا

Jackal : *n*. (jak-awl) dog like animal; a wild animal गीदड़ گیدڑ؛ شغال

Jacket : *n*. (jak-et) short coat; a closewaistcoat; loose paper cover of a book जाकट; वास्कट; पुस्तक का काग़ज़ का कवर جاکٹ؛ واسکٹ؛ کتاب کا گرد پوش

Jade : *n*. (jayd) (1) a kind of green precious stone (2) wench (1) एक प्रकार का क़ीमती पत्थर (2) फ़ाहिशा; छिनाल (۱) ایک قسم کا قیمتی پتھر (۲) فاحشہ؛ چھنال

Jaded : *adj*. (jay-id) tired; weary थका मांदा تھکا ماندہ؛ تھکاہارا

Jag : *n*. (jag) sharp protection of rock चट्टान की नोक چٹان کی نوک

Jagged/Jaggy : *adj*. (jag-id) notched दन्दानेदार نوکدار؛ دندانے دار

Jail : *n*. (jayl) prison; goal जेल قید؛ جیل؛ قیدخانہ

Jam : *n&v*. (jaym) (1) a conserve of fruits (2) to squeezed tightly (1) मुरब्बा (2) जाम होना (۱) جام؛ مربہ (۲) جکڑ جانا؛ جام ہوجانا یا ہونا؛ ٹھونسنا

Janitor : *n*. (jay-ni-ter) door-keeper द्वारपाल دربان

January : *n*. (jan-ew-e-ri) first month of the year जनवरी का मास جنوری؛ ماہ جنوری

Japan : *n*. (japan) a varnish; name of a country रोगन; एक देश का नाम जापान روغن؛ ایک مُلک کا نام جاپان

Japanese : *n*. a native of Japan; Japanese language जापान-निवासी; जापानी भाषा جاپانی؛ جاپان کا رہنے والا؛ جاپانی زبان

Jar : *n*. (jah-r)(1) tall round vessel; an earthen vessel; container (2)jarring sound; a harsh sound (3) shock; thrill (1)मिट्टी का मटका; मरतबान(2) तकरार; कड़वा शब्द (3) सदमा; झुरझुरी (۱) مرتبان (۲) مٹی کا برتن (۳) تکرار: ناگوار آواز (۳) دھچکا؛ صدمہ؛ جھرجھری

Jar : *v*. to clash; to disagree; to irritate असहमत होना; झगड़ना; अप्रिय लगना تکرار کرنا؛ بحث کرنا؛ ناگوار گزرنا؛ ناگوارِ خاطر ہونا

Jasmine : *n*. (jas-meen) a kind of white flower; a shrub with a fragrant flower चमेली چمیلی؛ یاسمین

Jaundice : *n*. (jawnd-is) disease

burning the skin yellow; a distemper पान्डुरोग; कामला रोग یرقان؛ پیلیا

Jaunt : *v.* (jawnt) to walk about टहलना ٹہلنا؛ چہل قدمی کرنا

Jaw : *n.* (jaw) bone in which the teeth are fixed जबड़ा جبڑا

Jawan : *n.(je-wan)* a soldier फौजी فوجی؛ فورس کا جوان

Jaws : *ph.* mouth with teeth and bones; mouth दहाना; मुँह دہانہ؛ منہ

Jay : *n.* a bird with gaudy feathers; kind of noisy bird with bright feathers नील कंठ نیل کنٹھ

Jay-Walker : *n.* careless pedestrian बेपरवाई से चलने वाला بے پروائی سے چلنے والا

Jazz : *n.* (jaz) popular Negro music of U.S. जाज़ संगीत جاز؛ جاز ناچ؛ جاز موسیقی

Jealous : *adj.* (jel-us) resentful; suspicious ईर्षा करने वाला; बदगुमान حاسد؛ بدگمان

Jealousy : *n.* (jel-e-si) suspicious; being jealous ईर्षा; डाह حسد؛ بدگمانی

Jeer : *v.* (jee-er) to scoff; to flout बोली अथवा ताना मारना; उपहास क.. مذاق اڑانا؛ فقرے کسنا؛ پھبتی کسنا

Jeep : *n.* small general purposes motor vehicle जीप; जीप कार جیپ کار؛ جیپ

Jehovah : *n.* (je-hoh-ve) personal name of God according to Jews अल्लाह; खुदा خدا؛ یہوواہ؛ اللہ

Jelly : *n.* (jek-i) a light, transparent; sizy broth; soft gumlike substance लप्सी; मीठी चटनी; मेवों की चाशनी جیلی؛ رُب؛ لعاب

Jeopardize : *v.* (jep-er-diz) to hazard; endanger (life, service etc.) खतरे अथवा जोखों में डालना خطرے میں ڈالنا (نوکری یا زندگی وغیرہ)

Jeopardous : *adj.* hazardous; dangerous भययुक्त پرخطر

Jeopardy : *n.* danger; peril भय; संशय خطرہ؛ اندیشہ

Jerk : *n.* (je-rk) jolt; sudden sharp pull झटका; हिचकोला جھٹکا؛ ہچکولہ

Jersy : *n.* (je-r-ji) close fitting woolen sweater with sleeves जर्सी; सुएटर جرسی؛ سوئٹر

Jest : *n.* (je-st) joke; fun उपहास; मज़ाक़ مذاق؛ ٹھٹھا

Jest : *v.* to speak lightly; to divert by words or actions दिल बहलाना یونہی کہہ دینا؛ مخول کرنا؛ ہنسی کرنا

Jester : *n.* joker मसख़रा; भांड مسخرا؛ بھانڈ

Jet : *v.* to shoot forward धार पड़ना; बहना دھار پڑنا؛ بہنا

Jet : *n.* stream; black shining coal जेट; फ़ब्वारा; चमकदार कोयला جٹ؛ دھارا؛ فوارہ؛ چمکدار کوئلہ

Jet black : *n.* shining dark black; very dark black बहुत काला سیاہ کالا؛ چمکدار کالا؛ بہت کالا

Jet Plane/ Aircraft : *n.* an aeroplane powered by one or more jet engines; aeroplane driven forward by jet of gas directed backward from it जेट हवाई जहाज़ جٹ طیارہ؛ جٹ ہوائی جہاز

Jetty : *n.* (jet-i) landing pier; a small pier into a river खम्बा; स्तून کھمبا؛ ستون؛ بندرگاہ سے جہاز تک جانے والا پل

Jew : *n.* (jeeu) one of the Jewish

people; Hebrew यहूदी یہودی

Jewry : *n*. (-ri) the Jews; Jewish quarter in a town यहूदी; यहूदी बस्ती یہودی؛ یہود؛ بستی کا یہودی علاقہ

Jewel : *n*. (jew-el) a gem; precious stones जवाहिर جواہر؛ نگ؛ نگینہ؛ قیمتی پتھر

Jeweller : *n*. (jew-el-er) one who deals in precious stones; trader in jewels; one who sets jewels जौहरी; सुनार جوہری؛ سنار؛ جڑائی کا کام کرنے والا

Jewellery/Jewelry : *n*. jewels; gold or silver ornaments जवाहिरात; गहना جواہرات؛ زیور؛ زیورات؛ گہنا

Jewess : *n*. female Jew यहूदी औरत یہودن

Jig : *n*. a kind of old rustic dance अलबेला नाच البیلا ناچ؛ مستانہ وار رقص

Jigsaw : *n*. (jig-saw) machine fret-saw लकड़ी में बेल बूटे काटने का छोटा मशीनी औज़ार لکڑی میں بیل بوٹے کاٹنے کا چھوٹا مشینی آرہ

Jilt : *v*. (jil-t) reject lover विवाह की हामी भर के फिर जाना شادی کا قرار کرکے پھر جانا

Jingle : *v*. (jing-el) a rattle; tinkling sound झंकार جھنکار؛ چھن چھن؛ چھنا کا

Jinnee : *n*. (jinn) ghost जिन; भूत جن؛ بھوت؛ دیو

Jiu-Jitsu : *n*. (joo-jit-soo) japanese art of wreslting जापानी कुश्ती جاپانی کشتی (کا فن)

Job : *n*. (job) piece of work नौकरी نوکری؛ کام

Jobber : *n*. broker दलाल; ठेकेदार دلال؛ بدعنوان؛ رشوت ستاں؛ ٹھیکیدار

Jobbery : *n*. corruption भ्रष्टाचार؛ بدعنوان؛ رشوت ستانی

Jocose : *adj*. (jo-kohz) humorous; merry विदूषक; हंसी का مسخرہ؛ ہنسی کا؛ دلگی باز

Jocoseness : *n*. (-nes) merriment ठट्ठा; मखौल ہنسی؛ مسخرہ پن

Jocular : *adj*. (jok-ew-ler) see Jocose

Jocund : *adj*. (jo-kund) jovial; merry; blith; cheerful जिन्दा दिल; हंस मुख अनन्दी; प्रमुदित زندہ دل؛ خوش باش؛ رنگیلا؛ ہنس مکھ

Joggle : *n&v*. (jog-el) slight jerk; to shake; to push; to move to and fro with light jerk हचकोला; हचकोला देना या खान; रुक कर चलना; कोहनी मारना ہچکولہ؛ ہچکولہ دینا؛ یا کھانا؛ آہستہ چلنا؛ کہنی مارنا

Join : *v*. to connect; to unite; to combine; to close जोड़ना; मिलाना; इकट्ठा क.. جوڑنا؛ ملانا؛ شامل کرنا؛ اکٹھا کرنا

Joint : *n*. (jo-int) union of bones; junction जोड़ جوڑ

Jointure : *n*. (join-cher) estate settled on wife हक़े-मेहर; स्त्री धन وثیقہ زوجہ؛ حق مہر؛ استری دھن

Joke : *n*. (johk) jest ठट्ठा; हंसी; मख़ोल; आनन्द; उल्लास لطیفہ؛ مذاق؛ چٹکلا؛ ہنسی؛ مخول

Joker : *n*. jester मसख़रा; भांड مسخرہ

Jollity : *n*. (jo-li-ti) merriment प्रसन्नता خوشی؛ عیش

Jolly : *adj*. (jol-i) merry; gay; pleasant (time etc) प्रसन्न; प्रफुल्ल; आनन्दित خوش باش؛ زندہ دل؛ مزے کا؛ خوشی کا (وقت)

Jolt : *n*. (johlt) sudden shake; to shake to and fro हचकोला; झोंका; झटका ہچکولہ؛ جھٹکا؛ ہچکا؛ جھونکا

Jostle : *v.* (jos-el) to push roughly; to push with the elbow टकराना; कोहनी से धकेलना ٹکرانا؛ کہنی سے ڈھکیلنا

Jot : *n&v.* (jott) point; to write hurriedly तिल; कण; तुरंत कुछ लिखना (संक्षेप में) ذرہ؛ نقطہ؛ جلدی سے کچھ لکھنا

Journal : *n.* (je-r-nel) daily newspaper; paper published daily समाचार पत्र اخبار؛ روزنامچہ

Journalist : *n.* a writer of journals; person engaged in journalism सम्पादक; पत्रकार ایڈیٹر؛ صحافی؛ اخبارنویس

Journalism : *n.* work of writing or editing news paper पत्रकारिता اخبارنویسی؛ صحافت

Journalize : *v.* to record daily events in a journal; to enter transaction in journal बही खाते में लिखना روزنامچہ میں لکھنا؛ بہی میں لکھنا

Journey : *n.* (je-r-ni) travel यात्रा سفر؛ مسافت؛ فاصلہ

Journeyman : *n.* a hired workman ठेके पर काम करने वाला اجرت پر کام کرنے والا

Joust : *n.* (joost) tournament; mock fight; knights combat झूठी लड़ाई جھوٹی لڑائی؛ اسپ سوار بانکوں میں نیزہ بازی کا مقابلہ

Jovial : *adj.* (joh-vi-el) merry; gay आनन्दी; प्रसन्नचित खوش طبع؛ زندہ دل؛ ہنس مکھ؛ خوش مزاج

Jovialness/Jovialty : *n.* merriment; festivity हर्ष; खुशी عشرت؛ خوشی؛ شادمانی

Jowl : *n.* (joul) jaw-bone जबड़े की हड्डी جبڑے کی ہڈی

Cheek by jowl . *ph.* Intimate; very close एक दूसरे से बहुत निकट ایک دوسرے کے بہت قریب

Joy : *n.* (joi) deep pleasure; gladness; mirth आनन्द; खुशी خوشی؛ شادمانی؛ بڑی خوشی

Joyous/Joyful : *adj.* (joi-us) happy; pleasing; merry प्रसनन्ता; खुश شاد؛ خوش؛ سرور؛ شاداں؛ خوش کن؛ مسرت آفریں

Jubilant : *adj.* very happy; exultant हर्षित; प्रफुलित्त شاداں وفرحان؛ شاداں

Jubilate : *v.* to show joy; to exult खुशी मनाना خوشی منانا

Jubilee : *n.* (joob-i-lee) celebrations on the 50th auniversary of any one पचासवी सालगिराह جوبلی؛ جشن زریں؛ جشنِ پنجاہ سالہ

Judge : *n.* (juj) officer in a court of judicature; one appointed to decide न्यायधीश جج؛ منصف؛ حاکم؛ قاضی

Judge : *v.* act as judge in court of law; to give verdict; to decide न्याय क. جج کرنا؛ فیصلہ سنانا؛ منصفی کرنا؛ فیصلہ کرنا

Judgement : *n.* (juj-ment) judging; decision of judge फैसला; निर्णय; राय فیصلہ؛ حکم؛ رائے؛ فتویٰ

Judgement day : *n.* day of final judgement on humanity क़यामत قیامت؛ روزِ جزا وسزا

Judicature : *n.* (joo-di-kay-cher) all the judges and law officers; systems of courts न्याय सभा; फैसला करने का अधिकार ملک کے جملہ جج؛ نظامِ عدالت

Judicial/Judiciary : *adj.* of or by law-court; done in due form of justice कचहरी का; धर्म शास्त्र अनुसार; न्यायालय सम्बन्धी عدالتی؛ متعلقہ عدالت

Judicious : *adj.* (joo-dish-us) person with good sense; prudent; wise न्याय युक्त; उचित عقلمند؛ پرتمیز؛ معاملہ فہم

Judiciously : *adv.* wisely; with good sense सविवेक; विवेकपूर्वक معاملہ فہمی سے؛ تدبر سے

Judiciousness : *n.* wiseness; sincerness समझदारी; अक़्लमंदी معاملہ فہمی؛ تدبر؛ سمجھ داری؛ عقلمندی

Jug : *n.* (jug) a large vessel for liquids with handle and lip; a deep drinking vdssel जग सुराही جگ؛ قرابہ؛ صراحی

Juggle : *v.* (jug-el) to play tricks by slight of hand; to play conjuring tricks हाथ की सफ़ाई दिखाना ہاتھ کی صفائی دکھانا؛ شعبدے بازی دکھانا

Juggler : *n.* conjurer मायवी; छली مداری؛ شعبدے باز؛ بازی گر

Jugular : *adj.* (jug-ew-ler) of the neck कण्ठय گلے کا؛ گردن کا

Jugular veins : *n.* & *pl.* great veins of neck राह रग شہ رگ

Jugulate : *v.* (jay-gu-layt) to cut the neck गला काटना گلا کاٹنا

Juice : *n.* (joos) liquid part of something; sap in vegetables; fluid in animals रस; अर्क़ رس؛ عرق؛ رطوبت

Juice : *adj.* full of juice; succulent रसीला; रसपूर्ण رس بھرا؛ رسیلا؛ عرق دار

Jujitsu/Jujutsu : *n.* see Jiu-jitsu

Jujube : *n.* (j-u-jub) a pulpy fruit उन्नाब; खांसी नज़ले की यूनानी दवा عناب؛ کھانسی نزلہ کی یونانی دوا

July : *n.* (jooli) seventh month of the year जुलाई; अंग्रेजी साल का सातवाँ माह ماہ جولائی؛ جولائی؛ انگریزی سال کا ساتواں مہینہ

Jumble : *v.*(jum-bel) to mix confusedly together; to be mixed up अस्तव्यस्त कर देना; गडमड कर देना; बिना क्रम के मिश्रण क. مخلوط کرنا؛ ملانا؛ گڈمڈ کرنا یا ہونا

Jumbled : *adj.* mixed up गडड़मडड़ گڈمڈ

Jump : *v.* (jump) to leaping; to pass (over) by leaping छलांग लगाना; कूदना چھلانگ لگانا؛ کودنا؛ پھلانگنا

Jump : *n.* a leap; the acts of jumping; sudden rise (in prices) अचानक कीमतें बढ़ जाना چھلانگ؛ یکا یک چڑھ جانا

Jumper : *n.* one who jumps कूदने वाला; छलाँग लगाने वाला چھلانگ لگانے والا؛ کودنے والا

Jumper : *n.* loose outer jacket; woman's loose garment जमपर; कुरता جمپر؛ کرتا؛ عورتوں کی ڈھیلی قمیض

Junction : *n.* (junk-shen) railway station where many lines converge जंक्शन; मिलाप की जगह جنکشن؛ مقام اتصال؛ ملاپ کی جگہ

Juncture : *n.* (junk-cher) joing place; critical time; particular moment घटनास्थल; संकट काल مقام اتصال؛ نازک وقت؛ خاص مرحلہ؛ خاص موقع

June : *n.* (joon) sixth month of the year जून; अंग्रेजी साल का छटवाँ माह جون؛ انگریزی سال کا چھٹا مہینہ

Jungle : *n.* (jung-el) thick forest; land overrun with trees जंगल; बन جنگل؛ بن

Jungle : *adj.*of jungle वहशी وحشی

Junior : *n.* (joo-ni-er) younger; lower in rank; one lower in office छोटा; पदवी

में कम چھوٹا؛ جونیئر، کم سن؛ خورد

Junk : *n.* (junk) old things of little or no value काट कबाड़; बेकार माल کاٹ کباڑ؛ ردی مال؛ بے کار چیزیں

Jupiter : *n.* (jewp-i-ter) one of the superior planets; the Roman God of Gods बृहस्पति; जुपिटर مشتری؛ (رومن) سب دیوتاؤں کا دیوتا

Juridical : *adj.* (joo-rid-i-kel) legal कानूनी قانونی

Jurisdiction : *n.* (joo-ris-dik-shen) legal authority; authority to control अदालती अधिकार; प्रभुत्व عدالتی اختیارات؛ حاکمانہ اختیارات؛ عملداری

Jurisprudence:*n.* (joo-ris-proo-dens) science of law कानून का उसूल اصولِ قانون؛ اصول فقہ

Jurist : *n.* (joo-rist) member of jury माहिरे कानून ماہر قانون؛ فقیہ

Jury : *n&pl.* (juries) person sworn to render true verdict in law court जूरी جیوری؛ ممبرانِ جیوری

Juryman : *n.* member of jury जूरी का सदस्य جیوری کا رکن

Just : *adj.&adv.* upright; honest; exactly; hardly quiet; much; only सत्यवादी; मुन्सिफ़; सिर्फ़; बस; बहुत راست؛ منصف؛ بالکل ٹھیک؛ مشکل سے؛ صرف؛ بس؛ بہت

Justice : *n.* (jus-tis) exercise of judicial authority in up holding right; equity; right law; judge न्याय; निष्पक्षता عدل؛ انصاف؛ قانونی کارروائی؛ جج

Justifiable : *adj.* (jus-ti-fi-abel) that which can be justified; conformable to justice उचित; ठीक قابلِ توجیہ؛ مناسب؛ ٹھیک

Justification : *n.* Justifying; vindication; defence छुटकारा; निर्दोषी क. توجیہ کرنا؛ جواز پیش کرنا؛ بریت؛ بچاؤ

Justify : *v.* (jus-ti-fi) to prove to be just; to prove to be just and right उचित सिद्ध क.; निर्दोषी ठहराना ٹھیک ثابت کرنا؛ جواز پیش کرنا؛ توجیہ کرنا

Jut : *v.* (jut) to push or shool out; to protrude (out) बाहर को झुकना; उभारना (سے) باہر کو نکلا ہوا ہونا؛ باہر کو جھکنا؛ ابھارنا

Jute : *n.* (joot) fibre of an indian plant मूंज; सन; पटसन سن؛ پٹ سن؛ مونج

Juvenile : *n.* (joov-e-nil) young person; youthful युवावस्था نوجوان؛ نو عمر؛ کم سن

Juvenility : *n.* youthfulness नवयौवन; कैशोर्य; जवानी نوعمری؛ جوانی؛ طفولیت

Juxtapose : *v.* (juks-te-pohz) to put side by side एक दूसरे के मकाबले में ایک دوسرے کے مقابلے میں

Juxtaposition : *n.* placing side by side आमने सामने रखना آمنے سامنے رکھنا

K

K : *n*. (kay) eleventh letter of English alphabet अंग्रजी वर्ण माला का ग्यारवाँ अक्षर انگریزی حروفِ تہجی کا گیارہ حرف

Kangaroo : *n*. (kang-e-roo) Australian animal carring its young in its belly pouch कंगारू کنگارو؛ کنگرو

Keel : *n*. (kil) the bottom of a ship जाहज़ का निचला भाग جہاز کا نچلا حصہ؛ جہاز کا پیندا

Keen : *adj*. sharp; biting (wind); alert(mind); acute (sight);eager उत्सुक; चतुर; तीक्षण; ठंडी हवा; तेज़ تیز؛ نوکدار؛ سخت سرد ہوا؛ تیز؛ حساس؛ خواہشمند؛ متمنی

Keenly : *adv*. eagerly उत्सुकतापूर्वक متمنی؛ شوق سے

Keenness : *n*. eagerness; sharpness; force उत्सुकता; खुवाहिश; शोक़; तेज़ी; चाव خواہش؛ شوق؛ رغبت؛ شدت؛ تیزی

Keep : *v*. (keep) to retain; to maintain; to hold रखना; रक्षा क. قبضہ کرنا؛ حفاظت کرنا؛ رکھنا

Keeper : *n*. (keep-er) one who keeps or holds anything; curator रखनेवाला; मुहाफ़िज़ رکھنے والا؛ محافظ؛ نگہبان

Keeping : *n*. maintenance रख रखाव; अनुरक्षण; हिफ़ाज़त نگہداشت؛ حفاظت

Kennel : *n*. (ke-nel) hut for dogs; a cot for dogs; a water course कुत्तों के रहने का घर; नाली کتوں کے رہنے کا گھر؛ سگ خانہ؛ نالی

Kernel : *n*. (ke-r-nel) inner part of nut etc.; essential part; substance with in a shell गूदा; मगज़; महत्वपूर्ण तत्त्व या अंश مغز؛ گودا؛ گری؛ اہم نکات

Kerosene : *n*. (ke-ro-sin) paraffin oil घास्लेट; मिट्टी का तेल مٹی کا تیل؛ گھاسلیٹ

Kettle : *n*. (ket-el) metal vessel with spout केतली; देग; पतीला کیتلی؛ دیگچہ؛ دیگ

Kettledrum : *n*. small drum ताशा; नक्कारा ڈنکا؛ نقارہ

Key : *n*. (kee) instrument to open a lock कुंजी; चाबी کلید؛ کنجی؛ چابی

Key : *n*. solution or answer to exercise etc; guide (to some subject) हल; गाईड حل؛ ترجمہ؛ شرح؛ رہنما؛ گائیڈ (کسی مضمون کی)

Khaki : *adj*. (kah-ki) dull brown ख़ाकी; मटयाला خاکی؛ مٹیالا

Khaki : *n*. dull brown uniform of army ख़ाकी वर्दी خاکی وردی (آرمی کی)

Kick : *v*. (kik) strike with foot; blow with foot ठोकर मारना; दुलत्ती झाड़ना ٹھوکر مارنا؛ لات مارنا؛ دولتی جھاڑنا

Kick : *n*. blow with foot ठोकर; दुलत्ती; लात دولتی؛ ٹھوکر؛ لات

Kid : *n*. child; young goat बच्चा बकरी का मेमना بچہ؛ بکری کا میمنا؛ بکری کا بچہ

Kidnap : *v*. (kid-nap) to steal children बच्चों को भगा ले जाना اغوا کرلینا؛ بچہ چرالینا؛ بچوں کو بھگالے جانا؛ بچوں کو بہکا کرلے جانا

Kidnapping : *n*. taking away अपहरण اغوا

Kidney : *n*. (kid-ni) one of the two glands secreting urine गुरदा; वृक्क گردہ؛ کلیہ

Kill : *v*. (kil) to deprive of life; to

destroy; put to death मार डालना مار ڈالنا؛ تباہ کرڈالنا؛ قتل کرڈالنا

Kiln : *n.* (kil) large furnace for burning or drying; oven to dry bricks or lime भट्टी; आवा بھٹہ؛ پژاوہ؛ اینٹوں کا بھٹہ؛ کمہار کا آوا

Kin : *n.* (kin) family कुंबा; खानदान کنبہ؛ خاندان

Kin : *n&pl.* cows (old use) गायें گائیں

Kind : *adj.* (kind) (1) favourable; good; considerate (2) species; race; variety; goods (1) दयालू; रहमदिल (2)प्रकार; किस्म; वर्ग (۱) مہربان؛ رحمدل؛ خلیق؛ شفیق (۲) جنس؛ نوع؛ قسم

Kindle : *v.* to set on fire; to catch fire आग लगाना; आग भड़काना آگ پکڑنا؛ آگ لگانا؛ روشن کرنا

Kindly : *adv.* in kind manner दयालूपन से مہربانی سے؛ شفقت سے

Kindness : *n.* benevolence; kind act or behaviour दयालूपन; महरबानी; करम مہربانی؛ نوازش؛ کرم

Kindred : *n.* (kind-red) blood relation; relation रिश्तेदार; सम्बन्धी خونی رشتہ؛ رشتہ دار

Kinetic : *adj.* (ki-net-ik) pertaining to motion गतिज; गत्यातमक متحرک؛ حرکت کرنے والا

King : *n.* (king) male sovereign; monarch राजा; सम्राट बادشاہ؛ راجہ؛ سمراٹ

King of beasts : *n.* lion or tiger शेर شیر ببر؛ شیر

King of birds : *n.* hawk उक़ाब عقاب

Kingdom : *n.* (king-dum) country rules by a king or queen; dominion of a king राज्य بادشاہت

Kingly : *adj.* royal; noble राजकीय شاہی

Kingship : *n.* being king राज पद; राजतनत्र بادشاہی

Kinow/Kinnow : *n.* (kin-oh) hybrid plant or its fruit bred by grafting orange to tangerine कीनू کینو؛ سنترہ کی قسم کا پھل

Kinsfolk : *n.* (kinz-fouk) relations भाईचारा; बिरादरी; नातेदारी برادری؛ رشتہ داری

Kinship : *n.* relationship by blood or marrige नातेदारी رشتہ داری (خونی یا شادی کے تواسطت سے)

Kinsman : *n.* a man of the same family सम्बन्धी رشتہ دار

Kiosk : *n.* (ki-odk) small enclosed stall; telephone booth समाचार पत्र या टेलीफन का बूथ اخبار کا کھوکھا یا ٹیلیفون کا بوتھ

Kismet : *n.* (kis-met) fate; destiny किस्मत; तक़दीर قسمت؛ تقدیر

Kiss : *n.* (kis) touch with the lips; salute given by joining lips चुम्बन; बोसा چومنا؛ بوسہ

Kiss : *v.* touch with the lips चुम्बन लेना چومنا؛ بوسہ لینا

Kit : *n.* personal equiment of traveller; short form of kitten; wooden tub सामान; बिल्ली का बच्चा; लकड़ी का टब گٹھری؛ سامان؛ بلی کا بچہ؛ بلوٹا؛ لکڑی کا ٹب

Kit-Bag : *n.* basket; bag for kit थैला बैग; झोला تھیلا؛ بیگ؛ جھولا

Kitchen : *n.* (kich-en) a room used for cooking भोजनालय باورچی خانہ؛ مطبخ

Kite : *n.* (kit) bird of prey; a play thing

चील; पतंग چیل؛ پتنگ؛ کنکوا

Kith : *n.* relative रिश्तेदार; नातेदार عزیز؛ رشتہ دار؛ دوست

Kitten : *n.* (kit-en) young of a cat बिल्ली का बच्चा بلی کا بچہ؛ بلوٹا

Kitty : *n.* (kit-i) pet name for kitten बिल्ली का नाम; छोटी मानो بلی کا پالتو نام؛ چھوٹی مانو

Kiwi : *n.* (ki-wi) kind of bird found in Newzealand कीवी; न्यूज़ीलेन्ड का पक्षी کیوی؛ نیوزی لینڈ میں پایا جانے والا پرندہ

Knack : *n.* (nak) skill; dexterity; readiness महारत; फुरती; ढंग سلیقہ؛ ہنر؛ مہارت؛ پھرتی؛ ڈھنگ

Knag : *n.* (nayg) knot in wood लकड़ी की गांठ گانٹھ؛ لکڑی کی گانٹھ

Knap : *v.* (nagp) to bite; to break asunder काटना; तोड़ना کاٹنا؛ توڑنا

Knapsack : *n.* (nap-sak) a big bag; a soldier's bag झोला; सिपाही का थैला جھولا؛ بقچہ؛ سپاہی کا تھیلا

Knave : *n.* (nayv) dishonest man; scoundrel दुष्ट; मक्कार; कपटी بدمعاش؛ مکار؛ بددیانت؛ بے ایمان

Knavery : *n.* (nay-v-ri) deceit; dishonesty दुष्टता; कपटता دھوکہ؛ فریب؛ بددیانتی؛ بے ایمانی؛ دغا بازی

Knead : *v.* (need) to work dough with the fist गूथना; सानना گوندھنا؛ سانا

Knee : *n.* (nee) a joint between the leg and thigh घुटना گھٹنا

Knee-cap : *n.* upper bone of knee घुटने की चपनी گھٹنے کی چپنی

Knee-joint : *n.* joint of the knee घुटने का जोड़ گھٹنے کا جوڑ

Kneel : *v.* (neel) go down on the knees; to bend or rest on knees घुटने टेकना گھٹنے ٹیکنا؛ گھٹنوں کے بل کھڑے ہونا

Knell : *n.* (nel) the sound of a funeral bell; bell sounded among Christians some one's death मातमी घंटे की ध्वनि ماتمی گھنٹی کی آواز؛ کسی کی موت پر بجنے والی گھنٹی

Knife : *n.* (nib) sharp blade on a handle; instrument for cutting fruits & vegetable etc चाकू; छुरी چاقو؛ چھری پھل یا سبزی کاٹنے کا چاقو یا چھری

Knight : *n.* (nit) armoured warrior of noble birth title; a champion वीरोपधि; फौजदार فوجدار؛ منصب دار؛ نائب؛ بہادری کا خطاب؛ غازی مرد

Knit : *v.* (nit) to weave without a loom; join बुनना; जाली बुनाना; जोड़ना; मिलाना بننا؛ جالی بننا؛ جوڑنا؛ ملانا

Knob : *n.* (nob) knot; rounded end गांठ; गन्थि; लड्डू; मोठ گانٹھ؛ ابھار؛ لٹو؛ موٹھ

Knock : *v.* (nok) strike hard blow; light tap(at door); to blow जोर से मारना; दस्तक देना; खटखटाना زور سے مارنا؛ ضرب لگانا؛ دستک دینا؛ کھٹکھٹانا

Knock-out : *n.* blow that knocks out opponent शत्रू को पछाड़ने वाली चोट; पछाड़ حریف کو پچھاڑنے والی ضرب؛ پچھاڑ

Knot : *n.* (not) tie; complicated problem; a difficulty गांठ; गिरह; कठिन گرہ؛ گانٹھ؛ مشکل؛ عقدہ

Knotty : (Adj.) (not-i) having knots; complicated गांठ वाला; गिरहदार; कठिन گرہ دار؛ گانٹھوں والا؛ پیچیدہ

Kow : *v.* (noh) to understand; to

recognise जानना; पहचानना جاننا؛ سمجھنا؛ پہچاننا

Knowledge : *n.* (nol-ij) knowing; learning; perception ज्ञान; एहसास علم؛ واقفیت؛ احساس؛ ہنر

Kockle : *n.* (kuk-el) bone at finger joint; joint of the finger उंगली के जोड़ की हड्डी; उंगली का जोड़ انگلی کا جوڑ؛ انگلیوں کے جوڑ کی ہڈی

Koran : *n.* (ko-ran) Muslim Scriptures कुरान قرآن شریف؛ قرآن

Kremlin : *n.* (krem-lin) russian citadel क्रेमलिन रूसी क़िला کریملن؛ روسی قلعہ

L

L : *n.* (el) twelfth letter of the English alphabet अंग्रेज़ी वर्णमाला का बारहँवा अक्षर; ऐल ؛ انگریزی حروف تہجی کا بارہواں حرف؛ ایل

Label : *n.* (lay-bel) a short directing upon anything परचा; चिट; लेबल ؛ سرنامہ؛ لیبل؛ چٹ

Label : *v.* to affix a lable on anything; mark with lable लेबल चिपकाना نام پتہ لگانا؛ لیبل لگانا

Labial : *adj.* (lay-bi-el) pertaining to lips; uttered by the lips जो होंटों से उच्चारण हों; होटों का ہونٹوں کا؛ شفوی؛ بہ لب

Laboratory : *n.* (lab-o-re-te-ri) place for scientific experiments; a chemist's work room रसायनशाला لیباریٹری؛ تجربہ گاہ

Laborious : *adj.* (la-boh-ri-us) hard working (person); diligent in work; work needing great effort परिश्रमी ؛ محنتی؛ محنت طلب؛ مشقت طلب کام

Labour : *n.* (lay-ber) hard work; pain; toil; work; child birth परिश्रम; काम; बच्चा जनने की पीड़ा محنت؛ مزدوری؛ کام؛ بچہ پیدا ہونے کی تکلیف

Labourer : *n.* (lay-be-rer) heavy manual worker; workman श्रमी; मज़दूर مزدور؛ محنت کش؛ مزدوری کرنے والا

Labyrinth : *n.* (lab-e-rinth) maze; confused network भूलभुलैया ؛ بھول بھلیاں؛ گورکھ دھندا

Lac : *n.* (lak) resinous substance; number 100000 लाख; एक लाख ؛ لاکھ؛ ایک لاکھ نمبر

Lace : *n.* (lays) ornamental piping; a plaited cord of gold or silver गोटा; किनारी; फीता لیس؛ فیتہ؛ کناری

Lacerate : *v.* (las-e-rayt) to tear in pieces; to tear roughly टुकड़े टुकड़े क.; फाड़ना ٹکڑے ٹکڑے کرنا؛ چیرنا پھاڑنا

Lack : *n.* (lak) shortage; need; want आवश्यकता; न्यूनता کمی؛ قلت؛ ضرورت؛ حاجت

Laconic/Laconical : *adj.* (lako-nik) very brief; concise; pithy संक्षेप ؛ مختصر؛ بلیغانہ انداز سے؛ بہت مختصر

Lacquer/Lacker : *n.* (lak-er) hard varnish लाख का रोग़न لاکھ کا روغن

Lactic : *adj.* (lak-tik) of milk दुग्ध का دودھ کا؛ لبنی

Lactometer : *n.* (lak-to-me-ter) instrument for testing milk दुग्ध जाचँने का शस्त्र شیر پیما؛ شیربین؛ لیکٹو میٹر

Lacuna : *n.* (lakew-ne) gap; missing portion in manuscript रिक्त; रिक्तस्थान; अन्तराल خلا؛ گم شدہ حصہ؛ بیاض

Lad : *n.* (layd) boy; young fellow बालक; लड़का; किशोर; युवक لڑکا؛ نوجوان

Ladder : *n.* (lad-er) a frame with steps for climbing सीढ़ी; लकड़ी का ज़ीना سیڑھی؛ لکڑی کا زینہ

Laddie : *n.* (lad-i) child; lad; boy बालक; लड़का لڑکا؛ بچہ؛ طفل

Lade : *v.* (layd) put cargo on board ship जहाज़ पर माल लादना جہاز پر مال لادنا

Ladle : *n.* (layd-el) a large deep spoon; a vessel कड़छी; चमचा ؛ ڈوئی؛ چمچہ؛ کڑچھا؛ کڑچھی؛ کفگیر

Lady : *n.* (lay-di) a female; a woman; a good manner women स्त्री; नारी؛ خاتون؛ بیگم؛ عورت؛ مہذب عورت

Lady Love : *n*. sweetheart महबूबा प्रयेसी محبوبہ معشوقہ

Lag : *v*. (lag) keep behind; to stay behind; to loiter पीछे रह जाना; धीरे चलना; पिछड़ना پیچھے رہ جانا؛ دیر کرنا؛ آہستہ چلنا

Laggard : *adj*. (lag-e-rd) one who lags; sluggish सुस्त; आलसी سست رفتار؛ پھسڈی؛ پیچھے رہ جانے والا؛ کاہل

Lagoon : *n*. (le-goon) small lake; salt-water lake छोटी झील چھوٹی جھیل

Lair : *n*. (lay-er) den; lying place of beasts; a couch of wild animals जंगली पशुओं का निवास स्थान; भट غار؛ بھٹ؛ جنگلی جانوروں کی غار

Laissey-Faire : *n*. (lay-say-fay-er) government policy of non-interference with individual action in trade and commerce अहस्तक्षेप حکومت کی عدم مداخلت (صنعت وتجارت وغیرہ میں)

Laity : *n*. (lay-e-ti) laymen; people as distinguished from the clergy; non-professionals संसारी غیر پادری؛ دنیا دار؛ عوام؛ غیر پیشہ ور؛ دنیادار لوگ

Lake : *n*. (layk) large tract of water surrounded by land; a large inland water; a colour एक प्रकार का रंग جھیل؛ ایک قسم کا رنگ

Lakh : *n*. (lak) 1,000,00 number लाख; एक लाख لاکھ؛ ایک لاکھ

Lama : *n*. (lah-me) buddhist priest in Tibet or Mongolia लामा لاما

Lamb : *n*. (lam) young sheep भेड़ का बच्चा بھیڑ کا بچہ؛ برّہ

Lame : *adj*. (laym) crippled; hobbling; limping लंगड़ा; लूला لنگڑا؛ لولا؛ ناقص

Lament : *v*. (le-ment) to bewail; to express great regret for मातम क. ماتم کرنا؛ آہ وزاری کرنا؛ افسوس کرنا

Lamentable : *adj*. (le-men-tay-bel) regrettable अफ़सोसनाक افسوس ناک

Lamentation : *n*. lamenting; dirge; are expression of sorrow रोना; पीटना; शोक विलाप ماتم؛ مرثیہ؛ نوحہ؛ رونا

Lamp : *n*. (lamp) device for giving light; a light made with oil and a wick दीपक; लैम्प لیمپ؛ چراغ

Lampblack : *n*. a fine soot; pigment made from soot काजल کاجل

Lampoon : *n*. (lam-poon) abusive satire; personal satire अपमान; आक्षेप ہجو؛ مذمت؛ ہجو قبیح

Lance : *n*. (lan-s) long spear झाला; बरछा نیزہ؛ بھالا؛ برچھا

Lance : *v*. pierce with lance भाला; मारना نیزہ مارنا

Lancer : *v*. soldier armed with lance भाला बाज़ सवार या फ़ौजी نیزہ باز سوار یا فوجی

Lancet : *n*. (lahn-set) pointed two edged surgical knife; small pointed instrument नशतर; चीरने फाड़ने की छुरी نشتر؛ چیرنے پھاڑنے کی چھری

Land : *n*. (land) solid part of earth's surface; earth; region भूमि; पृथ्वी; देश زمین؛ اقلیم؛ ملک؛ خشکی

Landlady : *n*. woman keeping an in; mistress of an inn भटयारन; सराय की मालकिन بھٹیارن؛ سرائے کی مالکن؛ سرائے والی

Landlord : *n*. big landowner; owner of building जमीदार; मालिक मकान زمیندار؛ مالک مکان

Landmark : *n.* a mark of boundaries; milestone सीमा चिन्ह حدود کا نشان؛ سنگ میل

Landslide : *n.* fall of rock; party's big loss in elections भू-स्खलन; स्यासी हार ہبوط ارض؛ سیاسی شکست فاش

Lane : *n.* (layn) a narrow street; alley; narrow path तंग गली پگڈنڈی؛ گلی؛ کوچہ؛ تنگ گلی

Language : *n.* (lang-wij) expressing of thoughts in words; human speech बोली; भाषा زبان؛ بولی؛ لسان

Languid : *adj.* (lang-wid) weak from exhaustion; weak निर्बल; सुस्त کمزور؛ سست؛ نڈھال

Langwish : *v.* to grow feeble; to pine; lose health and strength दुर्बल होना ناتواں ہونا؛ صحت و طاقت زائل ہوجانا؛ نڈھال ہونا

Languor : *n.* (lang-ger) a feeling of laziness; oppressive silence; want of strength or spirit दर्बलता; निर्बलता کمزوری؛ سستی

Lantern : *n.* (lant-e-rn) closed lamp; a case for candle लालटैन لالٹین؛ قندیل

Lap : *n.* (lap) waist to knees of sitting person गोद; आंचल; पल्ला گود؛ آغوش؛ آنچل؛ پلا

Lap : *v.* to lick up with tongue; to wrap round चाटना; लपेटना چاٹنا؛ چپڑ؛ چپڑ پی جانا؛ سڑکنا؛ لپیٹنا

Lap Dog : *n.* small pet dog छोटा सा पालतू कुत्ता چھوٹا سا پالتو کتا

Lapidary : *n.* (lay-pi-deri) a polisher of precious stones जोहरी; पच्चीकार جوہری؛ پچی کا؛ سنگ ساز

Lapidary : *adj.* of stones; engraved on stone पत्थर का; पत्थर पर नक़्श پتھر کا؛ پتھر پر کندہ

Lapidate : *v.* (-dayt) to stone; to kill by stoning पत्थर से मारना پتھر سے مارنا؛ سنگ سار کرنا

Lapse : *n* (laps) slight mistake; slip of memory भूल; चूक; अशुद्धि سہو؛ بھول؛ ذراسی غلطی؛ فروگذاشت

Lapse : *v.* fall (from good ways); be lost; pass (away) गिरना; हक़ समाप्त होना; (सम्य) गुज़रता जाना گرنا؛ حق جاتا رہنا؛ (وقت) گزرتا جانا

Lapwing : *n.* (lap-wing) a crow-like sea bird समुदरी कौवा; टिटहरी سمندری کوا

Lard : *n.* (lah-rd) fat of swine; melted fat of pig सुअर की चर्बी سور کی چربی

Larder : *n.* (lah-de-r) netted almirah for storing food खाद्य-भंण्डार نعمت خانہ

Large : *adj.* (lah-rj) big; capacious; copious विशाल; बड़ा وسیع؛ فراخ؛ بڑا؛ کشادہ

Lark : *n.* (lah-rk) a small singing bird; crested चण्डूल چنڈول؛ چکاوک

Larva : *n.* (lah-rva) insect in first stage of its life कीट; डिंब لاروا؛ (کیڑے مکوڑوں کا) پہلی روپ

Larynx : *n.* (la-rinks) upper part of windpipe नरख़रा نرخرہ؛ حجرہ

Lash : *n.* (lash) part of a wnip; astroke चाबुक; कोड़ा چابک کی رسی؛ کوڑا کا تسمہ

Lash : *v.* to scourge; to flog चाबुक से मारना; कोड़े लगाना کوڑے لگانا؛ چابک سے مارنا

Lass : *n.* (les) young unmarried woman; girl कन्या; बाला لڑکی؛ دوشیزہ؛ کنواری لڑکی؛ کنواری دوشیزہ

Lassie : *n.* see Lass

Lassitude : *n*. (las-i-tewd) tiredness; fatigue थकावट; सुस्ती ضعف؛ ماندگی؛ تھکن؛ تھکاوٹ

Lasso : *n*. (las-oh) long rope with knot for catching cattle कमंद; फन्दा مویشی پکڑنے کی کمند؛ پھندا

Last : *adj*. (lahst) coming after all others; end; latest अन्तिम; पिछला آخری؛ پچھلا

Lasting : *adj*. durable; perpetual; permanent स्थिल; स्थायी; मज़बूत پائیدار؛ دائمی؛ مضبوط؛ مستقل

Latch : *n*. (lach) bar for fastening door दरवाज़े की बिल्ली دروازے کی بلی

Late : *adj*. (layt) after the right time; tardy; deceased; dead देर से आने वाला; दिवंगत; स्वर्गीय دیر سے؛ بعد از وقت آنے والا؛ متوفی؛ مرحوم

Lately : *adv*. recently; a short while ago थोड़े दिन हुए; अभी-अभी ابھی کچھ عرصہ قبل؛ ابھی ابھی؛ حال میں

Latent : *adj*. (lat-ent) secret; hidden गुप्त; भीतरी خفیہ؛ پوشیدہ

Lateral : *adj*. (lat-e-ral) of at; from the side पार्शव بغلی

Latest : *adj*. (lay-test) most recent नवीनतम تازہ ترین؛ جدید ترین

Lather : *n*. (ladh-er) mass of froth from soap फेन; झाग جھاگ؛ پھین

Latin : *n*. (lay-tin)ancient Roman language लेटिन भाषा لاطینی زبان

Latitude : *n*. (lat-i-tewd) region; line parrallel to equator; freedom; liberty इलाका; फैलाव; स्वातंन्त्रता; छूट علاقہ؛ خطہ؛ عرض البلد؛ آزادی

Latrine : *n*. (la-treen) privy टट्टी; संडास پاخانہ؛ ٹٹی

Latter : *adj*. (lat-er) modern; more recent; the last of two अन्तिम زیادہ قریبی؛ آخری؛ مؤخرالذکر

Laud : *n*. (lawd) praise प्रशंसा حمد؛ تعریف؛ ثنا؛ حمد وثنا

Laud : *v*. to praise; to extol; to praise and glorify प्रशंसा क. حمد وثنا کرنا؛ تعریف کرنا؛ حمد کرنا

Laudable : *adj*. praise worthy प्रशंसा के योग्य قابلِ تعریف

Laudation : *n*. (lawd-a-shen) praise प्रशंसा; स्तुति ثنا؛ حمد؛ تعریف

Laudanum : *n*. (lawd-e-num) opium solution in alcohol शराब में मिलाई हुई अफ़ीम شراب میں حل کی ہوئی افیم

Laudatory : *adj*. (-teri) expressing praise प्रशंसात्मक مدحیہ؛ تعریفی

Laugh : *n*. (lahf) chuckling sound; expression of sudden merriment हंसी; खिलखिलाना قہقہہ؛ ہنسی؛ کھلکھلانا

Laugh : *v*. to make chuckling sounds हसंना; खिलखिलाकर हंसना قہقہہ لگا کر ہنسنا؛ کھلکھلا کر ہنسنا؛ قہقہہ لگانا یا مارنا

Laughing-stock : *n*. object of general derision जिस की सब खिल्ली उड़ाऐं جس کا سب مذاق اڑائیں

Laughter : *n*. act or sound of laughing; convulsive merry noise जोर की हंसी قہقہہ؛ ہنسی

Launch : *n*. (lawnch) sliding of ship; a flat bottomed boat एक चोड़े पेंदे का जहाज़ या नाव ایک چوڑے پیندے کی کشتی؛ دریائی اسٹیمر

Launch : *v.* set newly built ship afloat; to start जहाज़ दरया में उतारना; आरंभ क.; शुरु क. جہاز سمندر میں اتارنا؛ شروع کرنا

Laundered : *adj.* (lawn-de-rd) washed धुला हुआ دھلا ہوا

Launderer : *n.* washerman धोबी دھوبی

Laundress : *n.* (lawnd-res) washer woman धोबिन دھوبن

Laundry : *n.* (lawnd-ri) a shop for washing clothes; clothes washing business धोबी घाट; कपड़ें धोने का स्थान دھوبی گھاٹ؛ دھوبی کا کام؛ کپڑوں کی دھلائی کا کارخانہ

Lava : *n.* (lal-ve) hot molten matter thrown out by volcanoes; liquid matter discharged by volcanoes ज्वालामुखी; पर्वत में से पिघला हुआ निकलने वाला लावा या पदार्थ لاوا

Lavatory : *n.* (law-e-to-ri) place for washing hands and body; a bathing place; water closet मुँह हाथ धोने का स्थान منہ ہاتھ دھونے کا کمرہ؛ وضوخانہ؛ طہارت خانہ

Lave : *v.* to wash; to bath धोना; नहाना دھونا؛ نہانا

Lavish : *v.* (lav-ish) to give generously; to waste; to scatter profusely व्यर्थ व्यय क. دل کھول کر خرچ کرنا؛ اڑانا؛ خرچ کرنا

Lavishly : *adv.* a bundantly खुले हाथों فراخدلی سے؛ بے اندازہ

Law : *n.* (lou) rule of action; piece of legislation; rule; regulation; custom; law of nature नियम; क़ानून; कानूने-कुदरत قانون؛ ضابطۂ قانون؛ قاعدہ؛ اصول؛ ضابطہ؛ ریت؛ رواج؛ قانونِ قدرت

Law-Abiding : *adj.* obeying the law कानून को मानने वाला قانون کو ماننے والا؛ قانون کی پابندی کرنے والا

Law Court : *n.* court of law अदालत کچہری؛ عدالت

Lawful : *adj.* according to the law; rightful; legal नियम के अनुसार قانون کے مطابق؛ قانونی؛ قانون کی نظر

Lawless : *adj.* against the law; illegal; violating the law नियम के विरुद्ध خلافِ قانون؛ غیر قانونی؛ قانون شکن

Lawn : *n.* plot of grass kept closely mowed; fine muslin घास पूर्ण क्षेत्र व मैदान; बारीक मलमल سبزہ زار؛ گھاس کا تختہ زار؛ لان؛ باریک ململ

Lawsuit : *n.* a proces in law मुक़द्दमा مقدمہ؛ نالش

Lawyer : *n.* (law-yer) legal practitioner; advocate वकील وکیل؛ قانون داں

Lax : *adj.* (laks) loose; not light; negligent ढीला; निर्बल; बेपरवा ڈھیلا؛ کمزور؛ بے پرواہ

Laxative : *n.* (lak-se-tiv) an opening medicine पेचिश की औषधी دست آور دوائی؛ قبض کشا؛ ملین

Laxity : *n.* (lak-si-ti) looseness; carelessness; immorality ढीलापन; बेपरवाई; बद अख़लाकी ڈھیلاپن؛ بے پروائی؛ بداخلاقی

Lay : *v.* (lay) put on surface; to place; to spread; to impose; to prostrate रखना; लिटाना; फैलाना رکھنا؛ لگانا؛ لٹانا؛ پھیلانا

Lay : *n.* poem intending for singing; song; row; stratum संगीत; गीत گیت؛ گانا

Layer : *n*. (lay-er) plaster covering a surface तह; परत پرت؛ طبق؛ تہ

Layman : *n*. (lay-man) one who is not priest; one of the laity दुनियादार; सामान्य जन دنیادار

Layout : *n*. arrangement; design; plan ख़ाका; नक़्शा نقشہ؛ ترتیب؛ خاکہ

Laziness : *n*. (lay-zi-nes) idleness; indolence सुस्ती; आलस्य کاہلی؛ سستی؛ آرام طلبی

Lazy : *adj*. (lay-zi) idle; sluggish; indolent सुस्त; आलसी سست؛ کاہل؛ آرام طلب

Lazy Bones : *n*. lazy person आलसी मनुष्य کاہل آدمی؛ جس کی ہڈیوں میں سستی پڑی ہو

Lead : *n*. (led) a kind of metal; the heaviest metal except gold सीसा; रांग سیسہ؛ رانگ

Lead : *v*. (leed) to guide; to conduct; to induce मार्ग निर्देशक; आगे चलना; ले जाना رہنمائی کرنا؛ قیادت کرنا؛ آگے چلنا؛ لے جانا

Lead Pencil : *n*. ordinary pencil पेंसिल (سکے کی) پنسل

Leader : *n*. (lee-der) commander; conductor मुखिया; अगुवा رہنما؛ سردار؛ قائد؛ رہبر

Leadership : *n*. leading अगुवाई सरदारी; रहबरी قیادت؛ رہنمائی؛ رہبری؛ سرداری

Leading : *adj*. principal; gong before; chief प्रधान; बड़ा سب سے بڑا؛ مقدم؛ سب سے اہم

Leading Article : *n*. newspaper article giving editorial comments मुख्य लेख اداریٔ مقالہ؛ اداریہ؛ افتتاحیہ

Leaf : *n*. (leef) part of tree or book; sheet growing on plants, trees etc. पत्ता; वरक़ پتا؛ ورق؛ برگ

Leafage : *n*. (leef-ag) foliage पत्ते پتے

Leaflet : *n*. (leef-let) a small leaf; hand bill छोटा पत्ता; दस्ती इश्तेहार پتی؛ چھوٹا سا پتا؛ دستی اشتہار

Leafy : *adj*. full of leaves पत्तेवाला پتے دار؛ پتوں سے بھرا ہوا

League : *n*. (leeg) welfare union; union युनियन اتحاد؛ جماعت؛ لیگ

Leak/leek : *n*. (leek) hole; long chink; a breach which lets in water छिद्र छेद; दड़ाड़ سوراخ؛ چھید؛ درز؛ شگاف؛ دراڑ

Leaky : *adj*. (li-ki) letting water in or out टपकता हुआ ٹپکتا ہوا؛ ٹپکنے والا

Lean : *adj*. (leen) thin; not fat दुबला; पतला دبلا؛ پتلا؛ لاغر

Lean : *v*. (leen) to rest against; to bend towards झुकना; सहारा लेना جھکنا؛ سہارا لینا

Leaning : *n*. tendency झुकाव; प्रवृति میلان؛ رجحان؛ رغبت

Leap : *n*. (leep) jump; bound छलांग; कूद جست؛ کود؛ چھلانگ

Leap-Year : *n*. year with 29 days to February लीप का साल لیپ کا سال (جس میں فروری میں ۲۹ دن ہوتے ہیں)

Learn : *v*. (ler-n) to gain knowledge पढ़ना; सीखना پڑھنا؛ سیکھنا؛ علم حاصل کرنا

Learned : *adj*. (le-r-ned) scholarly (person); skillled विद्वान; पंडित عالم؛ فاضل؛ چالاک

Learning : *n*. (ler-ning) knowledge gained by careful study विद्यया علم؛ علم وفضل

Lease : *n.* (lees) legal agreement; temporary contract for possession of house or land किराय पर देना پٹہ؛ کرایہ پر دینا

Leasehold : *n&adj.* (land) held for term of years पट्टे पर ली हुई ज़मीन پٹے پر لی ہوئی (اراضی)

Least : *adj.* (leest) the smallest छोटे से छोटा; बहुत कम چھوٹے سے چھوٹا؛ بہت کم؛ بہت چھوٹا؛ نہایت چھوٹا

Leather : *n.* (ledh-er) tanned skin; an animals hide dressed चमड़ा; खाल چمڑا؛ چرم؛ کھال

Leathern : *adj.* made of leather चमड़े से निर्मित چمڑے کا بنا ہوا

Leave : *n.* (leev) permission; license; farewell अवकाश چھٹی؛ اجازت؛ الوداع؛ رخصت

Casual Leave : *n.* letter अकासमिक अवकाश اتفاقی چھٹی؛ اتفاقی رخصت

Earned Leave/Privilege Leave : *n.* letter अर्जित अवकाश استحقاقی رخصت یا چھٹی

Medical Leave : *n.* leave for illness बीमारी की छुट्टी علالت کی رخصت یا چھٹی؛ بیماری کی رخصت

Leaven : *n.* (lev-en) substance of ferment; yeast ख़मीर خمیر

Lecture : *n.* (lek-cher) talk; discourse on any subject लेकचर; उपदेश لیکچر؛ خطبہ؛ سبق

Lecturer : *n.* college teacher; one who talks to an audience लेकचरार; उपदेशक لیکچرار؛ مقرر

Lecturership : *n.* lecturer's job परोफ़ेसरी پروفیسری

Ledger : *n.* (lej-e-r) chief book of accounts; book of accounts खाता; बही खाता کھاتہ؛ بہی کھاتہ

Lee : *n.* (li) shelter against wind वायु से आड़ ہوا سے آڑ؛ ہوا سے پناہ

Lee-Ward : *adj.* toward the shore or side on which the wind blows उस दिशा में जिस ओर की वायु बहती हो جس طرف ہوا چل رہی ہو

Leech : *n.* (leech) blood sucking worm living in water जोंक جونک

Left : *adj.* opposite to the right; past tense of leave बायाँ; छोड़ा गया بایاں؛ چھوڑا گیا

Leg : *n.* (leg) lower limb between the knee and foot part of clothes टाँग पाँएचा ٹانگ؛ پائنچہ

Legacy : *n.* (leg-e-si) property etc. left in person's will; bequest made by will उत्तर दान मृत्य पत्र दूारा प्राप्त धन ورثہ؛ ترکہ؛ میراث؛ وقف

Legal : *adj.* (lee-gel) according to law; lawful; pertaining to the law नियम के अनुसार; शास्त्रनुकूल قانونی؛ جائز؛ قانون کے مطابق

Legality : *n.* (li-gal-i-ti) lawfulness; being lawful धर्मानुसारता قانون کے مطابق ہونا؛ جواز؛ رواداری

Legalize : *v.* to make lawful; to authorize प्रमाणित क. جائز بنانا؛ قانونی صورت دینا؛ مطابق قانون قرار دینا

Legend : *n.* (lej-end) traditional story; a fabulous narration कथा; कहानी; दास्तान افسانہ؛ روایت؛ داستان

Legendary : *adj*. fabulous मन घड़त من گھڑت؛ روایتی

Leggy : *adj*. lanky-legged लम्बी लम्बी टाँगों वाला لمبی لمبی ٹانگوں والا

Legible : *adj*. (lej-i-bel) easily read जो स्पष्ट पढ़ा जा सके صاف جو آسانی سے پڑھا جا سکے

Legion : *n*. (lee-jen) Roman army division फौजी दल فوجی دستہ؛ لشکر؛ انبوہ

Legion : *adj*. very large number बहुत بہت؛ بہت زیادہ

Legislate : *v*. (lej-is-layt) to make laws नियम बनाना قانون بنانا

Legislation : *n*. making laws नियम बनाना قانون سازی

Legislative : *adj*. law making नियम बनाने वाला قانون ساز

Legislative/Assembly : *n*. public law making body विधान सभा مجلسِ قانون ساز

Legislator : *n*. one who makes laws; member of parliament विधायक قانون ساز؛ رکن مجلس قانون ساز

Legislature : *n*. (lej-is-lay-cher) law making body; the power that makes laws विधान मण्डल مجلس قانون ساز؛ مقننہ

Legitimate : *adj*. (le-jit-e-mayt) proper and lawful; born in wedlock वास्तविक; हलाल-जादा; वैध حق دار؛ جائز؛ مستحق؛ حلال زادہ

Leisure : *n*. (lezh-er) spare time; freedom from work अवकाश; स्वतंत्रता فرصت؛ آزادی؛ کام سے چھٹی

Lemon : *n*. (lem-en) well known sour fruit नींबू لیمو؛ نیبو

Lemonade : *n*. (le-men-aid) water sugar and lemon juice शिकंजबीन; शरबत ترنجاب؛ شکنجبین؛ لیمونیڈ

Lend : *v*. (lend) to give on loan; to grant the use of anything उधार देना; किराये पर देना قرض دینا؛ ادھار دینا؛ کرائے پر دینا؛ عاریۃً دینا؛ مستعار دینا

Length : *n*. distance (of space or time); measurement of cloth; space of time लम्बाई; दूरी طول؛ کپڑے کی لمبائی؛ عرصہ

Lengthen : *v*. to make longer लम्बा क..; बढ़ाना لمبا کرنا یا ہونا؛ طول دینا؛ بڑھانا

Lengthy : *adj*. rather long; tediously long; very detailed अति लम्बा بہت لمبا؛ طول طویل؛ بہت تفصیلی

Leniency : *adj*. (lee-ni-en-si) mildness; gentleness नर्मी; कोमल نرمی؛ بردباری

Lenient : *adj*. gentle; softening; not severe कोमल; नर्म نرم؛ ملائم

Lenity : *n*. (leni-ti) mildness; mercy कोमलता; दया رحم؛ حلم

Lens : *n*. (lenz) curved glass for spectacles चश्मे का शीश عدسہ؛ چشمے کا شیشہ

Lentil : *n*. kind of pulse or its plant मसूर की दाल या इस का पौधा مسور؛ مسور کا پودا

Leopard : *n*. (lep-ered) tiger like animal with dark spots on brown coat चीता; तेंदुआ چیتا؛ تیندوا

Leper : *n*. (lep-er) one suffering from leprosy कुष्टी; कोढ़ी کوڑھی؛ جذامی

Leprosy : *n*. (lep-ro-si) dangerous disease gradually eating away parts of body कोष्ठ; कोढ़ جذام؛ کوڑھ

Less : *adj*. (les) smaller; inferior थोड़ा;

न्यून کم؛ کمتر؛ تھوڑا

Lessen : *v.* to become less; to degrade घटाना; कम क. گھٹانا؛ کم کرنا

Lesser : *adj.* not so great as the other छोटा چھوٹا

Lesson : *n.* (les-en) a task to learn or red; a precept; warning सबक; शिक्षक سبق؛ عبرت؛ نصیحت

Let : *n.* (let) hindrance; obstruction अवरोध; रुकावट روکاٹ؛ اڑچن

Let : *v.* to allow; to permit; to hire out आज्ञा देना; किराय पर देना اجازت دینا؛ کرایہ پر دینا

Lethal : *adj.* (lee-thel) designed to cause death मुहलिक مہلک

Lethargic : *adj.* (lethah-r-jik) lacking energy lazy; sleepy कम हिम्मत; सुस्त आलसी بے ہمت؛ کم ہمت؛ ست؛ خواب آلودہ

Letharg : *n.* lack of energy सुस्ती; काहिली سستی کاہلی؛ بے ہمتی؛ کم ہمتی

Letter : *n.* (let-er) written message; one of the characters of the alphabet चिठ्ठी; पत्र; वर्ण माला का अक्षर خط؛ مراسلہ؛ رقعہ نامہ؛ حروفِ تہجی

Letter Box : *n.* box to put letters लेटर बोक्स لیٹر بکس

Letters : *n.* literature; learning विद्या साहित्य علم و ادب؛ علمیت

Level : *n.* (lev-el) flat; plain; position समतल; सपाट; प्रतिष्ठा سطح؛ ہموار؛ حیثیت

Level : *v.* to make even हमवार क.; बराबर क. ہموار کرنا؛ ایکسار کرنا؛ برابر کرنا

Lever : *n.* (lee-ver) bar for raising heavy weights उत्तोलक بوجھ اٹھانے کی کل؛ لیور

Levity : *n.* (lev-i-ti) frivolity; lack of seriousness; in constancy; lightness लघुता; चंचलता; ओछापन ہلکاپن؛ مزاج میں لڑکپن؛ غیر سنجیدہ پن

Levy : *v.* (le-vi) to impose (tax, ransom etc) कर लगाना ٹیکس لگانا یا عائد کرنا

Lewd : *adj.* (lewd) lustful; lascivous कामुक; लम्पट بدمعاش؛ بدکار

Lexicography : *n.* (lek-si-kog-re-fi) dictonary writing कोश-कला لغت نویسی

Lexicon : *n.* dictionary शब्द कोश لغت؛ ڈکشنری؛ قاموس؛ فرہنگ

Liability : *n.* being liable उत्तरदायित्व; भार; ऋण ذمہ داری؛ بار؛ قرضہ

Liable : *adj.* (li-e-bel) legally responsible उत्तरदाता ذمہ دار؛ قانوناً جوابدہ

Liaison : *n.* (li-ay-zohn) connection सम्पर्क رابطہ؛ ربط

Liaison-Officer : *n.* one keeping the press or public informed of activities of government सम्पर्क-अधिकारी افسر رابطہ

Liar : *n.* (li-er) one who tells lie झूठा جھوٹا؛ دروغ گو

Libel : *n.* (li-bel) printed defamation; written charge against a person अपमान लेख; निन्दा पत्र توہین آمیز تحریر؛ بہتان؛ ہجو

Libellous : *adj.* defamatory (writting) अपमानकारी ہتک آمیز؛ توہین آمیز (تحریر)

Liberal : *adj.* (lib-e-rel) generous; having cultural training उदार; दयालू فیاض؛ فراخ دل؛ شائستہ؛ تعلیم یافتہ

Liberality : *n.* generosity; broad-minded; munificence दानशीलता; उदारता فیاضی؛ سخاوت؛ آزاد خیالی

Liberalize : *v.* to make liberal स्वतन्त्र-विचार बनाना آزاد خیال بنانا

Liberate : *v.* (lib-e-rayt) to set free; to release बन्धन से मुक्त क. آزاد کرنا؛ آزادی دینا

Liberty : *n.* (lib-er-ti) freedom; sovereignty; independence स्वतन्त्रता آزادی؛ خود مختاری

Librarian : *n.* (lib-ray-rian) one incharge of library पुस्तकालय का अध्यक्ष محافظ کتب خانہ؛لائبریرین؛ ناظمِ کتب خانہ؛ مہتمم کتب خانہ

Library : *n.* (lib-re-ri) collection of books; large collection of books पुस्तकालय لائبریری؛ کتب خانہ

Lice : *n.pl.* (lis) a small insect जूँए جوئیں

Licence : *n.* (li-sens) permission आज्ञा; लैसन्स لائسنس؛ سرکاری اجازت

Licentiate : *n.* (li-sen-shie-ayt) one who has a licence लैसन्स वाला प्रमाण पत्र वाला لائسنس دار؛ سرکاری اجازت نامہ والا

Licentious : *adj.* lewd; unrestrained व्यभचारी; लम्पट; दुराचारी آوارہ؛ بدکار؛ عیاش؛ اوباش

Lichen : *n.* (li-ken) kind of moss growing like crust on stone, etc. काई; लाईकेन کائی؛ لچن

Lick : *v.* (lik) to lap; to stroke with the tongue चाटना چاٹنا؛ زبان سے چاٹنا

Lickerish : *adj.* (lik-e-rish) epicurean; greedy चटोरा; लालची چٹورا؛ لالچی

Lid : *n.* (lid) movable cover; cover for a pan or box ढकना; ढक्कन ڈھکنا؛ ڈھکن

Lie : *n.* (lci) falsehood असत्य; झूट جھوٹ

Lie : *v.* to utter false hood; to lean upon; to rest on झूट बोलना; लेटना جھوٹ بولنا؛ دروغ گوئی کرنا؛ لیٹنا؛ دراز ہونا

Liege : *n.* (leej) feudal lord; sovereign स्वामी; प्रभु آقا؛ حاکم

Lien : *n.* (lee-en) legal claim; right to return to post ग्रहणधिकार استحقاق؛ استحقاقِ حق

Lieu : *n.* (lew) in place of; behalf स्थान पर; के बदले में عوض؛ کی جگہ؛ بدلے میں

Lieutenant : *n.* (lef-ten-ent) army officer below captain सेनाध्यक्ष का प्रतिपुरुष لیفٹیننٹ؛ قائم مقام؛ نائب کپتان

Life : *n.* (lef) period of being alive; existence जीवन زندگی؛ عمر؛ زیست؛ حیات

Lifeless : *adj.* dead; uninteresting बेजान; बेमज़ा مردہ؛ بے جان؛ بے لطف؛ بے کیف

Lifelong : *adj.* lasting throughout life जीवन भर का عمر بھر کا

Lift : *v.* (lift) to raise up; to elevate; take away उठाना; उभारना اٹھانا؛ ابھارنا؛ اونچا کرنا؛ بلند کرنا؛ سہارا دینا

Lift : *n.* machine carrying one up or down to another floor लिफ्ट لفٹ

Ligament : *n.* (liga-ment) a band to tie parts together पट्टी; बन्द پٹی؛ بند

Ligature : *n.* (li-gay-tiur) bandage बन्धन; पट्टी پٹی

Light : *n.* (lit) lamp; brightness; not heavy; pale form of (colour) लैम्प; चमक; हलका; नाजुक; हलका لیمپ؛ چراغ؛ چمک؛ ہلکا؛ نازک؛ ہلکا (رنگ)

Lighten : *v.* (li-ten) to make light; to burn; to make bright उजाला क.; हलका क. جلانا؛ روشن کرنا؛ چمکنا؛ چمکانا؛ ہلکا کرنا

Lighter : *n.* automatic device for

lighting cigarettes लाईटर لائٹر

Lightheaded : *adj*. thoughltess कमअक्ल بے عقل؛ کم عقل

Lighthouse : *n*. (lit-house) a tower with a light to direct sailors रोशनी के ऊंचे ऊंचे मीनार مینار روشنی

Lightness : *n*. want of weight; levity हलका पन ہلکاپن

Lightning : *n*. thunderous flash of light in the sky विधुत; बिजली بجلی؛ برق؛ کوندا

Lightsome : *adj*. luminous; gay प्रज्वलित روشن؛ چمکدار

Lightweight : *n*. not heavy; boxer weighing between 130 and 135 कम वज़न का; हलका मुक्का बाज کم وزن کا؛ ہلکا؛ ہلکا مارنا؛ ہلکا مشت زن

Like : *n*. (lik) be fond of; to approve; to be pleased with; to choose; desire चाहना; पसंद क॰ چاہنا؛ پسند کرنا؛ خواہش رکھنا

Likeable : *adj*. (lik-e-bel) pleasant; suitable रुचिकर; मनोहर پسندیدہ

Likelihood : *n*. probabilty सम्भावना امکان

Likely : *adj&adv*. probable; probably कदाचित اغلب؛ غالباً؛ غالب

Liken : *v*. to compare तुलना क॰ مقابلہ کرنا؛ تشبیہ دینا

Likewise : *adj*. in the same way; in like manner इसी तरह; इसी रीति से اسی طرح؛ اس انداز سے؛ علی ہذا القیاس

Liking : *n*. (lik-ing) fondness; desire रुचि; अनुराग; इच्छा پسند؛ شوق؛ رغبت؛ خواہش

Lily : *n*. (lil-i) a beautiful bell-shaped flower कुमुदिनी; लिली; सोसन گل نرگس؛ سوسن؛ للی

Limb : *n*. (lim) a part of body; arm or leg; branch; edge अंग; शाखा; किनारा بازو یا ٹانگ؛ عضو؛ برانچ؛ شاخ؛ کنارا

Lime : *n*. (lim) burnt lime stone; fruit चूना; नींबू چونا؛ لیمو

Lime Juice : *n*. juice of lime नींबू रस्र سکنجبین؛ لائم جوس

Lime-Light : *n*. intense white light got by heating lime in oxygen-hydrogen flame; famous प्रकाश बिन्दु; लोकप्रसिद्धि بڑی تیز روشنی؛ مشہور

Limestone : *n*. stone from which lime is extracted by burning चूने का पत्थर چونے کا پتھر

Limit : *n*. (lim-it) boundry; end; extremity; last point far; border सीमा; अवधि حد؛ انتہا؛ کنارہ

Limitation : *n*. limiting; condition that limits restriction रोक; सीमा قید؛ حدبندی؛ بندش؛ پابندی

Limited : *adj*. (lim-i-tid) small (quantity) सीमित محدود

Limitless: *adj*. unlimited असीम غیر محدود؛ لا محدود

Limp : *v*. (limp) to walk lamely लंगड़ाना لنگڑانا؛ لنگ کرنا

Limpid : *adj*. (limp-id) clear; transparant स्वच्छ; निर्मल صاف؛ شفاف؛ نتھرا ہوا

Limpitude : *n*. (limpi-tiud) clearness; brightness शुद्धता; स्वच्छता صفائی؛ روشنی

Line : *n*. (lin) row; string; limit; progemy; connected points धागा; रेखा; नसल لکیر؛ خط؛ ڈوری؛ قطار؛ نسل؛ سلسلہ

Lineage : *n*. (lin-e-ij) family; race; family tree वंश; वंश-परम्परा; कुल संतति نسب؛ نسل؛ خاندان؛ شجرۂ نسب

Lineal : *adj*. (lin-e-el) in direct male live of descent वंशागत; परम्परागत صلبی

Lineaments : *n*. (lin-e-ments) features रेखा; आकृति; विशेषता چہرہ مہرہ؛ خدوخال

Linear : *adj*. (lin-e-er) in straight line सीधी रेखा سیدھی لکیریں

Lined : *adj*. striped; strong रेखित; पक्का لائن دار؛ پکا

Linen : *n*. (lin-en) cloth made of hemp or flax सन से निर्मित वस्त्र کتان کا کپڑا

Liner : *n*. (li-ner) ship of line बड़ा जहाज़ بڑا بحری جہاز؛ نقل وحمل کی کمپنی کا جہاز

Lines : *n&ph*. poem; generations कविता; वंश परम्परा (پر)نظم؛ سلسلۂ خاندان

Lineman : *n*. one laying or looking after electric line लाईन मैन; विद्युत का मिस्तरी لائن مین؛ بجلی کا مستری

Linger : *v*. (ling-er) to remain long; to hesitate; to procrastinate विलम्ब क.; कालाक्षेप क. جانے میں دیر لگانا؛ ڈھیل دینا؛ ٹھہر جانا؛ دیر تک رہنا؛ دیر کرنا

Lingua Franca : *n*. mixed language widely understood सामान्य भाषा; लोक भाषा مشترکہ زبان

Linguist : *n*. (ling-vist) one skilled in foreign language भाषाविज्ञानी ماہر لسانیات؛ زبان دان؛ ہفت زبان

Linguistics : *n*. study of languages भाषा-विज्ञान لسانیات؛ زباندانی

Liniment : *n*. (lin-i-ment) liquid for rubbing; ointment मरहम; लेप مرہم؛ مالش کی دوا؛ طِلا

Lining : *n*. (lin-ing) inner covering of garments अस्तर استر

Link : *n*. line of a chain; that unites others कड़ी; सर्म्पक کڑی؛ حلقہ؛ رابطہ؛ تعلق؛ واسطہ

Linseed : *n*. (lin-seed) flax seed अलसी; अलसी का बीज السی؛ سنئی کا بیج

Lintel : *n*. (lint-el) horizontal timber over door; roof made as one piece सरदल; सोहावटी سردل؛ لنٹل

Lion : *n*. (li-en) king of animals; well know beast; very brave person शेर; वीर شیر؛ شیر ببر؛ شجاع؛ بہادر

Lioness : *n*. a she-lion शेरनी شیرنی

Lip : *n*. (lip) outer part of the mouth होंठ; ओष्ठ ہونٹ؛ لب

Lipstick: *n*. cosmetic for reddening the lips लिपस्टिक لپ اسٹک؛ سرخی ہونٹوں پر لگانے والی؛ لاکھا؛ لالی

Liquefy : *v*. (li-we-fi) to melt; to dissolve पिघलाना; घुलाना; गलाना پگھلانا؛ گلانا؛ گھلانا

Liqueur : *n*. (liko-r) rich cordial liquor मध्विरा; एक प्रकार की शराब ایک قسم کی شراب

Liquid : *n*. (lee-k-wid) fluid substance पतला; बहने वाला رقیق؛ بہنے والی شے؛ سیال

Liquid Assets : *n*. property which can be converted in to money असानी से नकदी में बदल जाने वाली सम्पत्ति آسانی سے نقدی میں تبدیل ہونے والی جائداد

Liquidate : *v*. (li-kwi-dayt) to lessen

debts; to clear; close down भुगतान क॰ قرضہ ادا کرنا؛ حساب صاف کرنا؛ قرضہ چکانا

Liquor : *n.* (li-ker) any alcohlic drink मदिरा; मद्य شراب

Lisp : *v.* (lisp) to speak 'th' for's like a child; rustling तुतलाना; सरसराहट تتلانا؛ تتلا کر بولنا؛ سرسراہٹ

List : *n.* catalogue; strip of wood सूची; तालिका; चपती فہرست؛ فرد؛ لکڑی کی پٹی

Listen : *v.* (lis-en) to hear; to attend; to hear attentively सुनना; ध्यान देना سننا؛ کان لگانا؛ متوجہ ہونا

Listener : *n.* one who listens सुनने वाला; श्रोता سننے والا

Listless : *adj.* (list-les) too tired; languid; careless; indifferent असावधान; बे परवाह غافل؛ بے خبر؛ کاہل؛ بے ہمت؛ سست

Litchi : *n.* (lee-chi) a good taste fruit लीची لیچی

Literacy : *n.* (lit-e-re-si) ability to read and write साक्षरता پڑھنے لکھنے کی قابلیت

Literal : *adj.* (li-te-ral) not figurative; exact शब्दानुसार; शाब्दिक لفظی؛ ہوبہو؛ حرف بہ حرف

Literary : *adj.* pertaining to literature साहित्यिक ادبی؛ کتابی

Literate : *n.* (lit-e-rit) able to read and write; learned शिक्षित; साक्षर; साहित्यिक تعلیم یافتہ؛ خواندہ

Literature : *n.* (lit-e-re-ther) writings valued as works of art; informative books विद्या; छपी हुई पुस्तक ادب؛ ادبیات؛ معلوماتی ذخیرہ

Litharge : *n.* (li-tha-rdz) lead virtrified मुर्दासंग مردار سنگ

Lithe/Lithesome : *adj.* (leith) limber; flexible नरम; लचकदार نرم؛ لچکدار

Lithograph : *v.* (lith-o-graf) print from metal plate or stone धात या पत्थर से छपाई क॰ دھات یا پتھر سے چھپائی کرنا

Lithography : *n.* metal or stone printing घात या पत्थर से छपाई دھات یا پتھر سے چھپائی

Litigant : *n.* (lit-i-gent) person engaged in law-suit विवाद; अभियोक्ता مقدمہ باز؛ فریقِ مقدمہ

Litigate : *v.* carry on law-suit मुकद्दमा बाज़ी क॰ مقدمہ دائر کرنا؛ مقدمہ بازی پر اتر آنا

Litigation : *n.* (li-tigay-shen) a judicial contest; lawsuit मुकद्दमा बाज़ी; मुकद्दमा مقدمہ بازی؛ مقدمہ

Litmus : *n.* (lit-mus) blue colouring matter for knowing acid from alcali लिटमिस لٹمس

Litre : *n.* (leet-er) french liquid measure लिटर لٹر

Litter : *n.* (lit-er) portable bed; scraps of paper or other things; things thrown sluttishly about पालकी; कूड़ा-करकट; रद्दी پالکی؛ کوڑا کرکٹ؛ ردی

Little : *adj.* (lit-el) young; small in size; small in quantity; diminutive छोटा; न्यून; कम ننھا؛ چھوٹا؛ چھوٹا سا؛ تھوڑا سا؛ کم

Littoral : *adj.* (lit-e-rel) by the sea साहिली; साहिल के समीप ساحلی؛ ساحل کے نزدیک

Live : *v.* (liv) to be in a state of life; spend life; dwell; remain alive; be remembered जीवित रहना; निर्वाह क॰;

ज़हन में रहना زندہ رہنا؛ گذران کرنا؛ بودوباش؛ زندگی بسر کرنا؛ قائم رہنا؛ ذہن میں رہنا

Livelihood : *n.* (liv-li-hud) the means of living रोज़ी; जीवनवृत्ति; जीविका روزی؛ ذریعۂ معاش؛ رزق؛ ذریعۂ آمدنی

Liveliness : *n.* (-nes) sprightliness; vivacity उत्साह; आनन्द زندہ دلی؛ خوشدلی

Lively : *adj.* (liv-li) full of gaiety; cheerful; exciting; energetic; realistic सजीव; उत्साही; प्रसन्नचित زندہ دلانہ؛ پرلطف؛ زندہ دل؛ شگفتہ مزاج؛ حقیقت پسندانہ؛ خوش دل

Liver : *n.* (liv-er) bodily organ producing bile; one of the entrails जिगर جگر

Livery : *n.* (-ri) man servant's uniform सेवकों का विशेष वेष (ادنیٰ ملازم کی) وردی؛ نوکروں کی خاص وردی

Lives : *n.* (livz) plural of life जीवन زندگی

Livestock : *n.* (liv-stok) animals kept for use or profit दोर-डंगर; पशू ڈھور ڈنگر؛ جانور

Livid : *n.* (liv-id) black and blue; like lead in colour सुरमई; नीलाभ; कालौस سرمئی؛ سیاہی مائل نیلا؛ نیلا؛ نیلگون

Living : *adj.* (liv-ing) alive; existing maintenance; benefice जीवित; जिंदा; रोज़ी; निर्वाह زندہ رہنا؛ موجود؛ روزی؛ معاش

Living Room : *n.* sitting room for general purposes रहने का कमरा نشست گاہ؛ رہنے کا کمرہ

Lizard : *n.* (liza-rd) a scaly reptile; small ugly reptile creeping along wall छिपकली چھپکلی

Llama/Lama : *n.* (lah-me) kind of South American beast of burden अमरीकी ऊँट لاما؛ امریکی اونٹ

Lo : *int.* (loh) look; behold लो देखो; देखो तो; देखो دیکھو؛ دیکھوتو؛ لو دیکھو

Load : *n.* (lohd) a burden भार; बोझ بوجھ؛ بارِخاطر

Load : *v.* to put load; to charge (gun) भार लादना; भरना (बन्दूक़ आदि) بوجھ لادنا؛ بھرنا (بندوق وغیرہ)

Loadstone : *n.* (lohd-stone) magnet; magnetic oxide of iron चुम्बकम पत्थर مقناطیس؛ مقناطیس پتھر

Loaf : *n.* (lohf) bread cooked separately; a mass of bread and sugar रोटी روٹی

Loafer : *n.* (-er) tramp; one who wastes time आवारा; समय बरबाद करने वाला آوارہ؛ وقت ضائع کرنے والا؛ ادھر ادھر گھومنے والا

Loan : *n.* (lohn) anything lent; something lent उधार; ऋण ادھار؛ قرض

Loath : *adj.* (lohth) reluctant; unwillingly प्रतिकूल; अनिच्छुक متنفر؛ غیرآمادہ؛ کشیدہ

Loathe : *v.* to detest; to hate नफ़रत क॰; ना पसन्द क॰; घृणा क॰ نفرت کرنا؛ ناپسند کرنا

Loathing : *n.* hate; unwillingness घृणा نفرت؛ ناپسندیدگی

Loathsome : *adj.* detestable; abhorred घृणित; घृण्य مکرو؛ نفرت انگیز؛ قابلِ نفرت

Lobby : *n.* (lob-i) entrance hall corridore; opening before a room लाबी; सभाकक्ष; कमरे के आगे की डयोढ़ी ببلوہ خانہ؛ لابی

Lobe : *n.* (lohb) lower rounded end

of the outer ear कान की लौ کان کی لو

Lobster : *n.* (lob-ste-r) shell fish with long powerful claws समुद्री झींगा جھینگا مچھلی؛ سمندر جھینگا

Local : *adj.* (lo-kal) relating to a place स्थनिक; किसी विशिष्ट देश का مقامی؛ کسی خاص ملک کا

Local Government : *n.* government of the local affairs of district or town स्थानिय सरकार بلدیاتی حکومت

Locality : *n.* (lo-ka-li-ti) area; district; place स्थान; जगह; मुहल्ला جگہ؛ مقام؛ علاقہ؛ محلّہ

Localize : *v.* restrict to particular locality not made wide spread; be localised सीमित रखना; स्थानीय बनाना کسی مقام میں محدود کرنا؛ عام ہونے سے روکنا؛ عام نہ ہونا

Locate : *v.* (lo-kayt) show position; find out the place; discover पता लगाना; स्थान निर्धारित क. دکھانا یا بتانا؛ پتا لگانا؛ جگہ دریافت کرنا؛ دریافت کرنا

Loction : *n.* (-shen) situation स्थाननिर्धारण محلِ وقوع

Loch : *n.* (lokh) arm of the sea खाड़ी کھاڑی

Lock : *n.* (lok) door-catch; instrument to fasten the door; tuft or curl of hair ताला; बालों का गुच्छा تالا؛ قفل؛ بالوں کا گچھا

Locket : *n.* (lok-et) case for portrait लाकेट; लटकन لاکٹ؛ تعویذ

Lockout : *n.* (lok-out) shutting up factory to keep workers out तालाबन्दी لاک آوٹ؛ تالہ بندی

Locksmith : *n.* maker or repairer of locks तालासाज تالا ساز

Lockup : *n.* room used as prison in police station; jail हवालात; बन्दीख़ाना حوالات؛ حراست؛ قیدخانہ

Locomotion : *n.* (lo-ko-moh-shen) locomotive power गति; चाल قوتِ متحرکہ؛ حرکت

Locomotive : *adj.* railway engine; able to move इजन; चलित्र انجن؛ حرکت کرنے والا؛ چلنے والا

Locus : *n.* (loh-kus) exact place of something स्थान محل وقوع

Locus Standi : *n.* (loh-kus-stan-di) position that gives one right to interfere; accepted poistion अधिकारिता حق مداخلت؛ مسلمہ حیثیت

Locust : *n.* (loh-kust) a devouring insect टिड्डी ٹڈی؛ ملخ

Lodge : *n.* (loj) any small house; rooms in large entrance hall मकान; वासा مکان؛ چھوٹا سا گھر؛ بڑی عمارت کی ڈیوڑھی کے کمرے

Lodging : *n.* a temporary abode; rooms hired अस्थायी वास स्थान; किराये का स्थान عارضی جائے رہائش؛ کرایہ کا گھر

Lodging House : *n.* house in which only rooms are let किराया ख़ाना کرایہ خانہ

Loft : *n.* (loft) a floor; the highest floor अट्टाल; अटारी منزلِ بالا؛ اٹاری

Loftiness : *n.* (lob-ti-nes) highness; pride; sublimity अभिमान; घमंड بلندی؛ غرور؛ گھمنڈ

Lofty : *adj.* high; sublime; proud बड़ा; घमंडी اونچا؛ گھمنڈی

Log : *n.* (log) piece of wood लठ्ठा;

कुन्दा گیلی؛لٹھالکڑی کا؛ کندہ

Log-Book : *n*. book for memoranda लागबुक; अध्यापक का रजिस्टर مدرّس کی رائے بک ؛ لاگ بک

Logic : *n*. (loj-ik) art of reasoning; reasoning तर्कशास्त्र; नयाय शास्त्र منطق؛ استدلال؛ دلائل

Logician : *n*. (loj-i-shen) one versed in logic तर्क तार्किक; नैयायिक منطق داں

Logos : *n*. (lo-goz) letter; words शब्द الفاظ

Loin : *n*. (loin) back part of body above hips; ribs कमर; कटि کمر؛ پٹھا

Loin Cloth : *n*. garment covering the lower part of the body धोती; लुंगी لنگوٹی؛ دھوتی؛ لنگوٹ؛ لنگی

Loiter : *v*. (loi-ter) to linger; to spend time idly टाल मटोल क.; धीरे धीरे क. وقت ضائع کرنا؛ دیر کرنا

Lollipop : *n*. (lol-i-pop) sweet at end of straw मिठाई لالی پوپ؛ تنکا گولی

London : *n*. (lose-don) London; name of a country लन्दन لندن

Lone : *adj*. (lohn) solitary; single अकेला اکیلا؛ تنہا

Loneliness : *n*. solitude एकान्त تنہائی

Lonely/Lonesome : *adj*. solitary; dismal अकेला; सुमसान تنہا؛ سنسان؛ ویران؛ اجاڑ

Long : *adj*. (long) tall; not short लम्बा دراز؛ لمبا؛ طویل

Longevity : *n*. (lon-jev-e-ti) long life; great length of life दीर्घ आयु; बड़ी आयु لمبی عمر؛ درازیٔ عمر

Longhand : *n*. ordinary writing सामान्य लिपि عام خط؛ عام تحریر

Longheaded : *adj*. shrewd चतुर; बुद्धिमान چالاک؛ عقلمند

Longing : *n*. strong desire; earnest wish लालसा; इच्छुक سخت آرزو؛ خواہش

Longitude : *n*. (lonj-i-tewd) distance East or West from meridian देशान्तर रेखा़श; लम्बाई طول البلد؛ لمبائی

Longstanding : *n*. old पुराना پرانا؛ کہنہ

Looby : *n*. (ju-bi) clumsy fellow गंवार; मूर्ख گنوار؛ بے وقوف

Look : *n*. (luk) act of looking; sight; expression of eyes देखना; नज़र; आँखे دیکھنا؛ نظر؛ نگاہ؛ آنکھیں

Look : *v*. to expect; to behold देखना; प्रतीक्षा क. دیکھنا؛ انتظار کرنا

Look : *v*. see care fully; take care ग़ौर से देखना; देख-भाल क. غور سے دیکھنا؛ دیکھ بھال کرنا

Look After : *ph*. to take care देख-भाल क. نگرانی کرنا؛ دیکھ بھال کرنا

Look at : *ph*. to see देखना دیکھنا

Look Down On : *ph*. regard with contempt तुच्छ समझना نظر حقارت سے دیکھنا

Look For : *ph*. try to find out खोजना تلاش کرنا؛ ڈھونڈنا

Look On : *ph*. be a spectator तमाश देखना تماشہ دیکھنا

Looker-On : *n*. spectator; onlooker दर्शक; निरीक्षक, تماشائی

Looking-Glass : *n*. mirror दपर्ण آئینہ؛ شیشہ آئینہ

Looks : *n.&pl*. (luks) person's appearance सूरत شکل؛ صورت

Loom : *n*. (loom) a machine for

weaving cloth खड्डी کپڑا بننے کی مشین؛ کرگھا

Loom : *v.* to appear indistinctly अस्पष्ट दर्शन دھندلا دکھائی دینا

Loop : *n.* (loop) noose in a rope; curve crossing itself जाल; फंदा جال؛ پھندا

Loophole : *n.* (loop-hol) aperture; narrow opening in wall विवर; बचाव का रास्ता; झरोखा سوراخ؛ روزن؛ جھروکہ؛ بھاگنے کا راستہ

Loose : *adj.* (loos) free; not tied up; to set free; imoral ढीला क.; खोलना आवारह ڈھیلا کرنا؛ کھولنا؛ آزاد؛ رہا؛ جو بند نہ ہو؛ آوارہ

Loosen : *v.* (loos-en) to become loose; to relax ढीला क.; शिथिल क. کھلنا یا کھولنا؛ ڈھیلا ہونا یا کرنا

Loot : *v.* (loot) plunder; pillage लूटना لوٹ مار کرنا؛ لوٹ پاٹ کرنا

Loot : *n.* property taken in plunder लूटका माल لوٹ کا مال

Looter : *n.* plunderer; pillager लुटेरा; लूट-मार करने वाला لٹیرا؛ لوٹ مار کرنے والا

Lop : *v.* (lopp) to trim; to cut short; to cut off काटना; छाँटना; काट देना; उड़ा देना کاٹنا؛ چھانٹنا؛ قلم کرنا؛ اڑا دینا

Lop-Sided : *adj.* with one side lower than the other असन्तुलित; तिरछा جس کی ایک سائٹ دوسری طرف سے نیچی ہو؛ ایک طرفہ؛ ترچھا

Loquacious : *adj.* (lo-kay-shus) talkative; blabbing बकवादी; बातूनी; गप्पी باتونی؛ بکواسی؛ گپّی

Loquat : *n.* (lok-vat) a kind of fruit लोकाट لوکاٹ

Lord : *n.* (loh-rd) supreme ruler; a monarch; a ruler राजा; मालिक حاکم؛ سردار؛ مالک؛ حاکمِ اعلیٰ؛ فرمانروا

Lord Ship : *n.* a title given to lords प्रभुत्व حکومت؛ نوابی

Lore : *n.* (loh-r) instruction; learning; body of traditions विद्या; ज्ञान; शिक्षा علم؛ تعلیم؛ ہدایت؛ روایات

Lorn : *adj.* forsaken असहाय; बेचारा بے یار و مددگار؛ بے سہارا؛ بے چارہ

Lorry : *n.* (lo-ri) sideless wagon; truck लारी; ट्रक لاری؛ ٹرک؛ چھکڑا

Lose : *v.* (looz) to suffer loss; to fail; fail to keep; waste खोदेना; वंचित होना; गँवा देना کھو دینا؛ گنوا دینا؛ گم کر دینا؛ ضائع کرنا

Loss : *n.* (los) damage; opposite profit हानि; घाटा; नाश نقصان؛ گھاٹا

Lost : *adj.* missing; missed; wasted; ruined; defeated खोया हुआ; गुम; नष्ट کھویا ہوا؛ گم گشتہ؛ ضائع شدہ؛ لاحاصل؛ ہارا ہوا

Lot : *n.* (lot) fortune; destiny; share भाग्य; तक़दीर; हिस्सा قسمت؛ تقدیر؛ حصہ

Lotion : *n.* (loh-shen) a medicinal liquid ज़ख़म धोने की दवा या औषधी لوشن؛ زخم دھونے کی دوا

Lottery : *n.* (lot-e-ri) distribution of prizes by chance; arrangement for distributing prizes on tickets चिट्ठी डालकर इनाम बाँटना انعام لاٹری؛ قرعہ اندازی؛

Lotus : *n.* (loh-tus) a kind of watery flower कमल; कँवल کنول؛ گل نیلوفر

Loud : *adj.* (loud) noisy; making great sound; clamorous तीव्र ध्वनिका कोला हलपूर्ण بلند آواز؛ پرشور؛ اونچا؛ تیز آواز

Loud-speaker : *n.* electrical

apparatus that changes electric waves into sound waves लाउड-स्पीकर; ध्वनिक्षेपक لاؤڈ سپیکر؛ آواز رساں

Lounge : *n.* (lounj) drawing room; stroll विश्राम कक्ष; दीवान ख़ाना; चहल क़दमी دیوان خانہ؛ چہل قدمی؛ مٹر گشتی

Louse : *n.* (lous) plural of lice; a small insect जुएँ جوئیں

Lousy : *adj.* infested with lice जुओं से भरा हुआ جوؤں سے بھرا ہوا

Lout : *n.* (lout) an awkward fellow; a clown; clumsy; ill-mannered man गँवार اجڈ؛ گنوار؛ ان گھڑ آدمی

Lovable : *adj.* (luv-a-bel) deserving love प्यार के लायक़; प्रीतिकर محبت کے قابل

Love : *n.* (luv) to regard with affection; deep affection; passionate; devotion प्रेम; मोहब्बत; चाहत; इश्क़ محبت؛ چاہت؛ چاہ؛ پیار؛ عشق

Love-Affair : *n.* love प्यार; इशक़; प्रेम معاشقہ؛ محبت؛ پیار

Love-Child : *n.* illegitimate one हरामी बालक ناجائز اولاد؛ حرامی

Love-Marriage : *n.* love match प्रेम विवाह; मुहब्बत की शादी; प्यार की शादी محبت کی شادی؛ عشقیہ شادی

Loveliness : *n.* (luv-li-nes) beauty; amiableness सुन्दरता حسن و جمال؛ دلکشی

Lovelorn : *adj.* (luv-lorn) forsaken by one's love प्रियोपेक्षित; प्यार में पीड़ित پیار میں پاگل

Lovely : *adj.* beautiful; attractive सुन्दर; मनोहर; प्यारा خوبصورت؛ دلکش؛ حسین و جمیل؛ دلفریب

Lover : *n.* one who loves प्यार करने वाला; आशिक़ پیار کرنے والا؛ عاشق؛ شیدائی؛ محبت کرنے والا

Loving : *adj.* (lav-ing) feeling or showing love; affectionate प्रिय; प्रेममय محبت کرنے والا؛ پیارا

Low : *n.* (loh) soft call of cow गाय या बैल का रंभण گائے یا بیل کا ڈکرانا

Low : *adj.* not high or tall; vulgar; coming of low family नीचा; छोटा; कमीना نیچا؛ پست؛ نشیبی؛ گھٹیا؛ کم اصل؛ بد ذات؛ نیچ

Lower : *v.* (loh-er) to depress; to humble; let down; to make less signified नीचा क.; जलील क. نیچا کرنا؛ ذلیل و رسوا کرنا؛ پست کرنا

Lowland : *n.* (loh-hand) low country; marsh उत्तराई; दलदल نشیب؛ دلدل

Lowliness : *n.* (loh-li-nes) humility विनय; नम्रता عاجزی

Loyal : *adj.* (loi-el) faithful; true सच्चा; राजभक्त; वफ़ादार وفادار؛ سچا؛ نمک حلال

Loyalist : *n.* one faithful to his king सरकार का बफ़दार; राज भक्त فرمانروا کا وفادار؛ خیرخواہ سرکار

Loyally : *adv.* in a loyal manner; truly बफ़ादारी से; निष्ठा से وفادارانہ طور پر؛ وفاداری سے

Loyalty : *n.* fidelity राजभक्ति وفاداری

Lozenge : *n.* (loz-enj) diamond-shaped figure समचतुर्भुज ذوار بعۃ الاضلاع

Lubber : *n.* (la-ber) idle fellow; lout स्थूल बुद्धिवाला मनुष्य; गँवार سست الوجود؛ گنوار

Lubricate : *v.* (loob-ri-kayt) to make smooth with oil तेल डाल कर या लगा कर चिकना क. تیل ڈال کر یا لگا کر چکنا کرنا

Lubricant : *n.* oil or grease; machine oil मशीन का तेल مشین کا تیل

Lubrication : *n.* oiling तेल देना تیل دینا

Lubricator : *n.* vessel for lubricating मशीन में तेल डालने की कुप्पी مشین میں تیل ڈالنے کی کپی

Lubricity : *n.* (loob-ri-si-ti) smoothness चिकनाहट چکناہٹ؛ پھسلن

Lucid : *adj.* (loo-sid) shining; bright; clear चमकीला; साफ़ چمکدار؛ روشن؛ صاف شفاف؛ تاباں؛ رخشندہ؛ واضح

Lucifer : *n.* (loo-si-fer) Satan; devil; Planet Venus as the morning star शैतान; शुक्र شیطان؛ ابلیس؛ ستارۂ صبح

Lucifer Match : *n.* match for lighting दियासलाई ماچس؛ دیا سلائی

Luck : *n.* (luk) fortune; chance भाग्य; सयोग قسمت؛ تقدیر

Lucky : *adj.* having good luck; fortunate भाग्यवान; सौभाग्यशाली خوش قسمت؛ خوش نصیب؛ اقبال مند؛ با اقبال

Lucrative : *adj.* (look-re-tiv) profitable लाभदायक; फलदायक نفع بخش؛ نفع والا؛ منفعت بخش

Lucre : *n.* (look-er) wealth (in bad sense) माया دولت؛ مایا

Ludicrous : *adj.* (loo-dik-rus) very ridiculous; comic हंसने योग्य; हंसी का مضحکہ خیز؛ ہنسی کا

Lug : *v.* (lag) to pull; to drag with difficulty घसीटना; खींचना گھسیٹنا؛ کھینچنا

Luggage : *n.* (lug-ij) baggage यात्रा सामग्री سامانِ سفر؛ اسبابِ سفر

Lugubrious : *adj.* (loo-gewb-ri-us) dismal; mournful उदासीन; दुःखपूर्ण اداس؛ غمگین

Lukewarm : *adj.* (look-wa-rm) moderately warm; neither hot nor cold थोड़ा गरम نیم گرم

Lull : *v.* (lul) to compose; to become quite; calm down; abate शान्त क.;लोरी देकर सुलाना; थम जाना تسکین دینا؛ بچے کو لوری دے کر سلانا؛ زور کم کرنا؛ تھم جانا

Lullaby : *n.* (lul-e-bi) a song to quiet or sleep baby; song for lulling infants to sleep लौरी; बच्चों को सुलाने का गीत لوری؛ بچوں کو سلانے والا گیت

Lumbago : *n.* (lum-bay-goh) rheumatic in joints जोड़ों का दर्द وجع المفاصل؛ گٹھیا؛ جوڑوں کا درد

Lumber : *n.* (lum-ber) useless furniture; roughly cut timber; unwanted articles व्यर्थ सामान; काठ कबाड़ بیکار چیزیں؛ شہتیر؛ تختے؛ کاٹ کباڑ

Luminary : *n.* (loom-i-neri) heavenly body; eminent figure सूर्य; चन्द्रमा; प्रसिद्ध मनुष्य; तेजस्वी व्यक्ति سورج؛ چاند یا ستارہ؛ مشہور شخصیت

Luminosity : *n.* (loom-i-nos-i-ti) being luminous दीप्ति; ज्योति تابندگی؛ تنویر؛ درخشانی

Luminous :*adj.* giving out light;shining प्रदीप्त; चमकीला; रोशनी देने वाला چمکیلا؛ روشن؛ تاباں؛ تابندہ؛ روشنی دینے والا؛ چمکدار

Lump : *n.* (lump) mass; tumour गोला; डला; गिल्टी; गोमड़ گولا؛ ڈلا؛ گلٹی؛ گومڑ؛ آماس

Lump-Sum : *n.* total amount एकमुश्त یک مشت رقم؛ ساری رقم؛ اکٹھی رقم

Luna : *n.* (loo-ne) moon goddess लूना; चन्द्रमा देवी لونا؛ چاند کی دیوی

Lunacy : *n.* (loon-e-si) madeness;

insanity पागलपन; जुनून پاگل پن؛ دیوانگی؛ جنون

Lunar : *adj.* (loo-ner) relating to moon; of the moon चन्द्रमा सम्बन्धी؛ قمری؛ چاند کا

Lunar Calendar : *n.* calender based on revolutions of moon चन्द्रमा पर आधारित जन्तरी قمری تقویم

Lunatic : *adj.* (loon-e-tik) mad पागल; उन्मत्त پاگل؛ دیوانہ

Lunatic Asylum : *n.* asylum for mad; asylum for lunatic पागल ख़ाना پاگل خانہ

Lunch : *n.* (lunch) midday meal दोपहर का भोजन دوپہر کا کھانا؛ ظہرانہ

Luncheon : *n.* (luncuh-en) lunch दोपहर का भोजन دوپہر کا کھانا؛ ظہرانہ

Lung : *n.* (lung) breathing organ in the chest; organ of respiration फेफड़ा; फुफ्फुस پھیپھڑا؛ شُش

Lunge : *v.* (lunj) thrust (sword) भोंकना; घोंपना بھونکنا؛ گھونپنا

Lurch : *n.* (le-rch) sudden change of weight to one side; sudden roll झोंका; झोक; लड़खड़ाहट لغزش؛ لڑکھڑانا؛ جھوک

Lure : *n&v.* (lew-er) something that attracts; to entice; to tempt ललचाने का पदार्थ; प्रलोभन देना; लुभाना پُرکشش شے؛ پھسلانا؛ ورغلانا؛ لبھانا

Lurid : *adj.* (lew-rid) ghastly; pale; gloomy डरावना; भंयकर; पीला; धुंधला ڈراؤنا؛ بھیانک؛ لرزہ خیز؛ پیلا؛ دھندلا

Lurk : *v.* (le-rk) be latent in; move about stealthily; to lie in wait for छिपे रहना; दबे पाँव चलना; घात में बैठना مخفی ہونا؛ دبے پاؤں چلنا؛ گھات میں رہنا یا بیٹھنا

Lurking Place : *n.* place for lying in wait निभृत स्थान; छिपने का स्थान کمین گاہ؛ گھات میں بیٹھنے کی جگہ

Luscious : *adj.* (lew-shus) rich and sweet taste; delicious; sweet; pleasing; very fragrant अतिमधुर; स्वादिष्ट; मीठा بڑا میٹھا؛ خوش ذائقہ؛ بڑا شیریں؛ بہت خوشبودار

Lush : *adj.* (lush) luxuriant; vegelation रसीला; हरा-भरा رسیلا؛ طراوت والا؛ ہرا بھرا

Lust : *n.* (lust) carnal desire; any sensuous desire; sex urge कामुकता خواہشِ نفس؛ شہوت؛ خواہشِ نفسانی

Lustful : *adj.* lascivious कामुक شہوت پرست؛ بندۂ نفس

Lustily : *adv.* vigorously; forcefully ज़ोरदार; प्रबल से زوردار؛ جاندار طریقے سے

Lustrate : *v.* (lus-trayt) to purify पवित्र क.; शुद्ध क. پاک کرنا؛ صاف ستھرا کرنا

Lustre : *n.* (lust-ter) brightness; gloss; glory चमक-दमक; चमक; शोभा; प्रकाश چمک دمک؛ چمک؛ تاب؛ شان وشوکت

Lustrous : *adj.* (lust-rus) very bright; shining चमकीला; दीप्तिमान چمکیلا؛ روشن؛ تاباں

Lusty : *Adj.* (lust-ti)) Healthy and strong lively; vigorous हृष्ट-पुष्ट; हट्टा कट्टा; ज़िन्दादिल; जोरदार تندرست وتوانا؛ موٹا تازہ؛ ہٹا کٹا؛ زندہ دل؛ زوردار

Lute : *n.* (lewt) a musical instrument; वीणा بانسری

Luxuriant : *adj.* (luk-sew-ri-ent) rich and plentiful in growth अत्यधिक फैलने वाला باافراط

Luxurious : *adj*. (luk-sew-ri-us) voluptuous; loving luxry आनन्दी; सुखभोगी عیش پسند؛ دلدادۂ عیش؛ آرام پسند

Luxry : *n*. (luk-she-ri) life with costly things, food & dress etc. आनन्दी जीवन عیش وعشرت کی زندگی

Lying : *adj*. (lei-ing) telling lies झूठ बोलना دروغ گوئی

Lumph : *n*. (limf) exudation from sore ज़ख़म से रिसना; लसीका زخم کی ریزش

Lynch : *v*. (linch) put to death without lawful trial अमेरीका में गोरों का हबशियों को मार डालना; लिंच क. امریکہ میں گوروں کا حبشیوں کو مار ڈالنا؛ لنچ کرنا

Lyre : *n*. (li-er) ancient Greek harp like musical instrument बीणा; बीन لائر؛ قدیم یونانی بربط

Lyric : *adj*. (li-rik) small love poem for singing गीत; प्रगीत غزل؛ نظم

Lyrist : *n*. (li-rist) one who plays on the flute बीन बजाने वाला بین بجانے والا

M

M : *n.* (em) thirteen letter of English alphabet; Roman numeral 1000 अंग्रेजी वर्ण-माला का तैहरवाँ अक्षर; रोमन गिनती में एक हज़ार انگریزی حروف تہجی کا تیرھواں حرف ایم؛ رومن گنتی میں ہزار

Macadamize : *v.* (ma-kad-e- miz) to make roads with stones; pave with pebbles कन्कर की सड़क बनाना کنکر کی سڑک بنانا

Macaroni : *n.* (mak-e-roh-ni) small salted wheat cylinder मैकरोनी موٹی نمکین سویاں؛ میکرونی

Macaroon : *n.* (roon) biscuit of ground almonds बदाम से बना बिस्कुट بادام سے بنا بسکٹ

Mace : *n.* (mays) ensign of authority; a spice गदा; जावित्री عصائے حکومت؛ گرز؛ جاوتری

Macerate : *v.* (mas-e-rayt) soften by soaking; to make lean भिगोकर नर्म क.; घुलना بھگو کر نرم کرنا؛ تحلیل کرنا

Machiavellian : *adj.* (mak-le-vel-i -en) cunning and unscrupulous (policy) in politics चतुराई; चालबाजी شاطرانہ چالیں؛ عیارانہ (حکمت عملی) سیاست

Machinate : *v.* (mak-i-nayt) to contrive; to ploting षड्यन्त्र रचना سازش کرنا

Machination : *n.* plot; intrigue षड़यन्त्र; शाज़िश خفیہ منصوبہ؛ خفیہ سازش؛ سازش

Machine : *n* (me-sheen) engine यन्त्र; कल مشین؛ کل

Machine-Gun : *n.* machine firing continuously; gun firing continuously मशीनगन مشین گن؛ خودکار بندوق

Machinery : *n.* working parts of machines; organisation (of some thing) मशीनरी; कल पुरज़े; संगठन; कार्यप्रणाली مشینیں؛ کل پرزے؛ تنظیم؛ نظام؛ انتظامیہ

Mackintosh : *n.* (mak-in-tosh) rain-proof coat बरसाती برساتی

Macrocosm : *n.* (mae-kro-kosm) the whole world संसार; सम्पूर्ण संसार ساری دنیا؛ پوری کائنات

Maculate : *v.* (mae-ku-layt) to stain कलंक लगाना; धब्बा लगाना داغ لگانا؛ دھبہ لگانا

Mad : *adj.* (mad) lunatic; insane उन्मत; पागल پاگل؛ دیوانہ

Madam : *n.* (mad-em) a word of address to lady; Mrs; title with English names for respectable woman श्रीमती; महाशया جنابہ؛ محترمہ؛ خانم؛ خاتون؛ بیگم

Madcap : *n.* (mad-kap) reckless person सरफिरा سرپھرا؛ جذباتی

Madden : *v.* (mad-en) to make mad पागल कर देना پاگل کر دینا؛ پاگل بنا دینا

Madhouse : *n.* lunatic asylum; asylum for insane पागल ख़ाना پاگل خانہ

Madness : *n.* being mad पागल पन پاگل پن؛ دیوانہ پن

Madonna : *n.* (me-don-e) the virgin Mary; Mary picture or statue हज़रत मरयम; उनका बुत حضرت مریم؛ تمثالِ مریم؛ حضرت مریم کا بت

Madrigal : *n.* (mad-ri-gel) a pastoral song; short love song देहाती गीत; गीत گنوارو گیت؛ عشقیہ گیت؛ گیت

Maelstorm : *n*. (meil-storm) violent whirlpool भंवर گرداب؛ خطرناک بھنور

Maestro : *n*. (mis-troh) great musical composer संगीतज्ञ; आचार्य عظیم موسیقار

Magazine : *n*. (mag-e-zeen) periodical; store for arms पत्रीका; शस्त्र ख़ाना رسالہ؛ مجلّہ؛ اسلحہ خانہ؛ مخزن اسلحہ

Maggot : *n*. (mag-et) larva; whim कीट का पहल रुप; लारवा کیڑے کا پہل روپ؛ لاروا

Magi : *n*. (may-ji) priest of ancient Persia मजूसी; ज्योतिषी مجوسی؛ مجوس

Magic : *adj*. (maj-ik) witchcraft जादू; तिल्समी جادو؛ طلسمی؛ فسوں گری

Black Magic : *n*. form of magic not religiously permissible काला जादू; वशीकरण سِفلی جادو؛ کالا علم؛ کالا جادو

Magician : *n*. (me-jish-en) one skilled in magic जादूगर جادوگر؛ ساحر؛ فسوں گر

Magisterial : *adj*. power of magistrate न्यायअध्यक्ष की مجسٹریٹ کی؛ قاضیانہ

Magistrate : *n*. (maj-is-trayt) officer acting as judge; one vested with authority न्याय अध्यक्ष; मजिस्ट्रेट مجسٹریٹ؛ حاکمِ فوجداری

Magnanimity : *n*. greatness of mind; large heartedness उदारता فراخ دلی؛ بلند خیالی

Magnanimous : *adj*. large hearted; great of mind महानुभावी; उदारचारित بلند ہمتی؛ فراخدلی؛ فراخدلانہ

Magnate : *n*. (mag-nayt) leading man of business बड़ा व्यापारी; बड़ा कारख़ाने दार بڑا تاجر؛ بڑا کارخانے دار

Magnesia : *n*. (mag-nee-she) white carbonate of magnesium मैगनेशिया میگنیشیا

Magnet : *n*. (mag-net) piece of iron attracting iron and pointing north-south; load-stone चुम्बक چمبک؛ مقناطیس

Magnetic : *adj*. of magnet चुम्बकी مقناطیسی

Magnificence : *n*. (mag-nif-i-sens) splendour; grandeur; stateliness महिमा; प्रताप شان وشوکت؛ جاہ وجلال؛ کرّ وفر؛ رونق؛ شان

Magnificent : *adj*. stately; imposing; splendid शोभमान; महाप्रतापी پرشکوہ؛ عظیم؛ شاندار

Magnify : *v*. (mag-ni-fi) cause appear larger; to extol बड़ा क.; तरीफ़ क. بڑا کرنا؛ مدح کرنا

Magnitude : *n*. (mag-ni-tewd) bulk आकार; मात्रा; परिमान جسامت؛ ضخامت؛ حجم

Magus : *n*. (may-gus) priest of ancient Persia मजूसी مجوسی؛ پادری

Mahogany : *n*. (me-log-e-ni) a kind of tree or its wood महागनी مہاگنی

Mahout : *n*. (me-hout) elephant driver महावत مہاوت

Maid : *n*. (maid) female servant; a woman servant; virgin; girl नौकराना; कुमारी نوکرانی؛ خادمہ؛ دوشیزہ؛ لڑکی

Maiden : *n*. (may-den) girl; young unmarried girl कुमारी; कन्या لڑکی؛ ناکتخدا؛ دوشیزہ؛ کنواری لڑکی

Maiden Speech : *n*. (someone's) first speech पहली तक़रीर پہلی تقریر

Maiden Voyage : *n*. (ship's) first voyage पहली यात्रा پہلا سفر

Mail : *n*. (may-l) letters; parcels etc; metal armour for body डाक; डाक से

भेजे गए पत्र; ज़राबक्तर ڈاک؛ ڈاک سے بھیجے ہوئے خط؛ ذرہ بکتر

Mail Order : *n.* order for goods to be delivered by post डाक दूरा मंगया हुआ माल بذریعہ ڈاک منگوایا ہوا مال یا سامان

Maim : *v.* (maym) to cripple; disable अंगहीन क.; ज़ख़मी क. زخمی کرنا؛ ناکارہ کرنا

Main : *adj.* (mayn) chief; principal most important मुख्य; बड़ा प्रधान; असली; सबसे बड़ा مقدم؛ بڑا؛ اصلی؛ اہم؛ سب سے اہم

Main Line : *n.* chief rail track बड़ी या अस्ली लाईन ریل کی شاہراہ؛ بڑی یا اصلی لائن

Mainland : *n.* country with out islands महादीप; मुख्य भूमि خشکی کا بڑا ٹکڑا؛ براعظم

Mainspring : *n.* chief spring of watch or clock बड़ी कमानी بڑی کمانی

Mainstay : *n.* chief helper; chief support बड़ा सहारा بڑا مددگار؛ بڑا سہارا

Maintain : *v.* (men-tayn) keep as it already; to support बनाए रखना; जारी रखना; सहारा देना اصلی حالت میں قائم رکھنا؛ اصلی حالت میں برقرار رکھنا؛ کفالت کرنا

Maintenance : *n.* (mayn-te-nans) sustenance; support रक्षा; जीविका برقرار رکھنا؛ کفالت

Maize : *n.* (mauz) Indian corn मक्कई भुट्टा مکئی؛ مکی؛ بھٹا

Majestic : *adj.* (may-jes-tik) having great dignity प्रभावशाली; ऐश्वर्यपूर्ण پرجلال؛ شاہانہ

Majesty : *n.* (may-jes-ti) sovereign power or dignity राजसत्ता; ऐश्वर्य شاہانہ جاہ وجلال؛ شاہانہ شان وشوکت

Major : *adj.* (may-je-r) main; greater; senior ज्यादा बड़ा زیادہ بڑا؛ زیادہ اہم

Major: *n.*army officer मेजर; मुख्याधिकारी میجر؛ پولیس کا بڑا افسر

Major Domo : *n.* a house steward अध्यक्ष; घर का करता-धरता گھر کا کرتا دھرتا؛ گھر کا مالک

Major General : *n.* Army officer next above Brigadier मेजर जंरल میجر جنرل

Majority : *n.* (may-jo-riti) greater number आधिक संख्या کثرت؛ اکثریت

Make : *v.* (may-k) to creat; bring into being बनाना; रचना क. بنانا؛ تخلیق کرنا؛ پیدا کرنا

Make Up : *n.* cosmetics; composition श्रृंगार का सामान; रचना سنگار کا سامان؛ بناوٹ

Maker : *n.* founder; one who makes निर्माण करने वाला; रचना करने वाला بانی؛ بنانے والا

Making : *n.* bringing into existence in particular form बनाना بنانا؛ ایک مخصوص شکل میں ڈھالنا

Mal : *pref.* bad or badly बुरा بُرا؛ خراب

Maladjustment : *n.* lack of adjustment अव्यवस्थ; कुसन्तुलन ناموافقت؛ غیر ہم آہنگی

Maladministration : *n.* bad administration कुप्रशासन; अव्यवस्था بدانتظامی

Malady : *n.* (ma-la-di) sickness रोग; बीमारी بیماری؛ روگ

Malafide : *adj.* (me-le-fi-de) done in bad faith बदनियती; दुर्भावपूर्ण بدنیتی کا؛ بدنیتی سے کیا ہوا

Malapfrt : *adj.* (me-le-pe-rt) impertinent अविनीत; ढीठ گستاخ؛ بدتمیز؛ ڈھیٹ

Malaria : *n*. (me-le-ri-e) fever spread by mosquitoes मलेरिया ملیریا؛ موسمی بخار

Male : *adj*. (mail) masculine gender; opposite of female पुरुष; नर مذکر؛ مرد؛ نر

Malediction : *n*. (me-li-dik-shen) a curse शाप; दुर्वचन بددعا؛ کوسنا؛ بُرا بھلا کہنا

Malevolence : *n*. (me-le-vo-lens) ill-will द्रोह; दुष्ट भाव کینہ؛ بغض؛ عناد

Malice : *n*. (mal-is) active ill will; hidden ill will द्रोह; दुष्ट भाव عناد؛ بغض؛ باطنی کمینگی

Malicious : *adj*. (me-lish-us) showing malice द्रोही; पापात्मा بغض پرور؛ کینہ جو؛ بدخواہ

Malign : *v*. (me-lin) to slander; to defame कलांकित क.; दूषित क. ذلیل کرنا؛ بدنام کرنا؛ بہتان باندھنا

Malignant : *adj*. filled with desire to hurt; malicious; very violent; harmful दुराशाय; द्रोही; कपटी کینہ پرور؛ بد اندیش؛ برا چاہنے والا؛ سخت نقصان دہ؛ جان لیوا؛ بد باطن

Malignity : *n*. (me-lig-ni-ti) malignant disposition; deep-rooted ill-will कपटीपन خبث؛ خباثت؛ خبیث پن

Mall : *n*. (mall) a public walk ठन्डी सड़क ٹھنڈی سڑک

Mallet : *n*. (mal-et) wooden hammer; wooden headed hammer मोगरी; लकड़ी की हथोडी موگرا؛ لکڑی کی موسل؛ موگری

Malpractice : *n*. (mal-prak-tis) wrong doing जुर्म جرم

Maltreat : *v*. (mal-treet) to treat roughly; to treat ill बुरा व्यवहार क. بدسلوکی کرنا؛ بُرا برتاؤ کرنا؛ سختی کرنا

Mamma/Mama : *n*. (ma-mah) mother माँ; अम्मा ماں؛ اماں؛ امّی

Mammal : *n*. (mam-el) animal suckling its young दूध पिलाने वाला पशु دودھ پلانے والا جانور

Mammon : *n*. (mam-on) wealth; riches धन लक्ष्मी; कुबेर دولت؛ مال؛ غنا

Mammon : *n*. an ancient God of wealth लक्ष्मी देवता دولت کا دیوتا؛ دولت کا بت

Mammoth : *adj*. (mam-uth) huge; huge type of elephant now extinet विशाल; बड़ा; बहुत बड़ा; हाथी की एक किस्म عظیم؛ بہت بڑا؛ ہاتھی کی ایک قسم جو اب ناپید ہو چکی ہے

Man : *n*. (man) a human being; adult male; mankind; husband आदमी; मनुष्य; पुरुष; पति; स्वामी آدمی؛ بنی نوع؛ انسان؛ نوعِ انسانی؛ شوہر؛ خاوند

Man Eater : *n*. carnivorous animal; eating human flash आदमख़ोर; नरभक्षी آدم خور

Man in the moon : *n*. imaginery person चंद्रमा की बुड़िया; काल्पनिक मनुष्य چاند کی بڑھیا؛ فرضی شخص

Man in the street : *n*. ordinary human being; common man आम मनुष्य عام آدمی

Manacle : *n*. (man-e-kel) handcuffs; fetters हथकड़ी; बेंडीयाँ ہتھکڑیاں؛ بیڑیاں

Manacle : *v*. to shackle हथकड़ी लगाना; बेड़ी डालना ہتھکڑی لگانا؛ بیڑی ڈالنا

Manage : *v*. (man-ej) to carry on; to conduct; to control प्रबन्ध क. انتظام کرنا؛ نگرانی کرنا

Management : *n*. controlling; supervision प्रबन्ध; देखभाल انتظام؛ بندوبست؛ دیکھ بھال

Manager : *n*. person controlling

business प्रबन्धक; मैनेजर منیجر؛ نگراں؛ مہتمم

Mandamus : *n.* (man-day-mus) judicial writ issued by one court to its inferior परमादेश عدالت عالیہ کا حکم؛ روبکار عدالت عالیہ

Mandate : *n.* (man-dayt) official order; command सरकारी आदेश; आज्ञा سرکاری حکم؛ فرمان

Mandible : *n.* (mayn-di-bl) animal's jaw पशू का जबड़ा جانور کا جبڑا

Manducate : *v.* (mayn-do-kayt) to chew; to eat खाना; चबाना چبانا؛ کھانا

Mane : *n.* (mayn) long hair on the horse neck केसर; अयाल; घोड़े की गर्दन के बाल ایال؛ گھوڑے کی گردن کے لمبے بال

Manes : *n.* (may-nz) departed souls पितर लोग مردہ روحیں

Manganese : *n.* (mang-e-neez) light-grey metal used in glass making मैंगनीज़ مینگنیز؛ مینگانیز

Mange : *n.* (mei-ndz) itch in cattle पशुओ की खुजली مویشیوں کی کھجلی

Manger : *n.* (mayn-je-r) eating trough for animals; feeding trough नान्द ناند

Mangle : *v.* (mang-el) to lacerate खन्ड क.; बोटी बोटी क. ذبح کرنا؛ کاٹنا؛ بوٹی بوٹی کرنا

Mangle : *n.* rinsing and pressing machine वस्त्र निचोडने और इस्त्री करने की मशीन کپڑے نچوڑنے اور استری کرنے کی مشین

Mangle : *v.* to hack; to cut काटना کاٹنا

Mango : *n.* (mang-oh) a well known juicy fruit; Indian fruit आम آم؛ انبہ

Manhole : *n.* (man-hohl) aperture in sewer for man to enter प्रवेश छिद्र سیور وغیرہ میں نیچے اترنے کا سوراخ

Manhood : *n.* state of being man पुरुषार्थ; मरदानगी بلوغت؛ جوانی؛ مردانگی

Mania : *n.* (may-ni-a) violent madness; madness पागलपन; सनक جنون؛ خبط؛ پاگل پن؛ سنک

Maniac : *adj.* raving or violent madman पागल मनुष्य جنونی؛ پاگل؛ سودائی

Manicure : *n.* (man-i-kew-er) care of the hands and fingernails नख-प्रसाधन ناخن تراشی؛ ناخن اور ہاتھوں کی صفائی

Manifest : *adj.* (man-i-fest) clear; obvious; plain स्पष्ट; प्रत्यक्ष صاف؛ عیاں؛ واضح؛ ظاہر؛ آشکارہ

Manifestation : *n.* (-tay-shen) display; something shown clearly प्रकटीकरण; प्रदर्शन مظاہرہ؛ صاف؛ اظہار؛ واضح بات

Manifesto : *n.* a public declartion of aims and objects; a public declaration घोषणा-पत्र; नीति घोषणा منشور؛ اعلان

Manifold : *adj.* (mani-fohld) of many kinds; divers अनेक; नानारुप; पेचीदा گونا گوں؛ طرح طرح کا؛ متعدد؛ پیچیدہ

Manikin : *n.* (mani-kin) dwarf; lay figure बौना; पुतला بونا؛ ٹھگنا؛ بالشتیا؛ پتلا

Manipulate : *v.* (ma-nip-ew-layt) operate skilfully; control cleverly चलाकी से काम क. سبکدستی سے کام کرنا؛ سبکدستی سے چلانا؛ خوش اسلوبی سے نبھانا

Mankind : *n.* (man-kind) human race; allmen मानव जाति بنی نوعِ انسان؛ نوعِ انسانی؛ نسلِ انسانی

Manliness : *n.* bravery बहादुरी بہادری

Manner : *n.* (man-er) style; method;

kind; behaviour प्रकार; ढंग; व्यवहार طریقہ؛ انداز؛ اسلوب؛ طرزِ عمل

Manners : *n&pl.* polite behaviour; good behaviour शिष्टाचार نیک طرز و اطوار؛ نیک اخلاق و اطوار

Manoeuvre : *n.* (me-noo-ve-r) planned movement कुशलता; फौजी चाल حکمتِ عملی؛ فوجی چال

Manor : *n.* (man-er) unit of land under the feudal system जागीर جاگیر؛ تعلقہ؛ علاقہ

Mansion : *n.* (man-shen) large house; dwelling house महल; भवन محل؛ حویلی

Mantel : *n.* (mant-el) structure on closing fireplace; raised work over a fireplace अग्निविधान; अंगीठी انگیٹھی کا حاشیہ؛ چمنی؛ انگیٹھی

Mantle : *n.* a clock ढकना; ओढ़नी; गैस बत्ती के उपर की जाली چغہ؛ لبادہ؛ ڈھکنا؛ گیس بتی کے اوپر کی جالی

Manual : *adj.* (man-ew-el) done by hand; done with the hand हस्त सम्बन्धी; हाथ से किया हुआ دستی؛ ہاتھ سے کیا ہوا

Manual Labour : *n.* physical labour शारीरिक श्रम محنت؛ مشقت

Manual Work : *n.* artisan's work दस्तकारी; शिल्पकारी دستکاری

Manufacture : *v.* (man-ew-fak-che-r) produced by machinery बनाना تیار کرنا؛ بنانا

Manufacturer : *n.* factory owner कारखाने दार صنعت کار؛ کارخانہ دار

Manure : *n.* (me-new-er) fertiliser; material for making soil fertile खाद کھاد

Manuscript : *n.* (me-new-skript) a hand written book or copy हस्त लिखित पुस्तक دستی تحریر؛ مسودہ

Many : *adj.* (man-i) numerous; more than few अधिक; बहुत کئی؛ بہت سے؛ متعدد؛ بہت

Map : *n.* (map) chart of land etc.; a sketch नकशा; चित्र نقشہ؛ خاکہ

Mar : *v.* (mah-r) to damage; to spoil बिगाड़ना; दूषित क. خراب کرنا؛ بگاڑنا؛ ستیاناس کرنا

Marathon race : *n.* foot race of abnormal length बहुत लम्बी दौड़ . بہت طویل دوڑ

Marauder : *n.* (ma-raw-de-r) a plunderer लुटेरा لٹیرا؛ مالِ غنیمت کے لیے حملہ کرنے والا

Marble : *n.* (mah-r-bel) fine stone for architecture; a stone with a fine polish; glass balls for children's game लड़कों के खेलने की गोली سنگِ مرمر؛ رُخام (بچوں کے کھلینے کی) گولی

March : *n.* (mah-r-ch) third month of western calander महीने का नाम; वर्ष का तीसरा माह مارچ؛ انگریزی کلینڈر کا تیسرا مہینہ

March : *v.* walk like soldiers; to walk slowly सेना का कूच क. فوج کی چال چلنا؛ قدم سے قدم ملا کر چلنا؛ مارچ کرنا

Marcid : *adj.* lean; withered दुबला; पतला دبلا؛ پتلا

Mare : *n.* (may-er) female horse घोड़ी گھوڑی

Margarine : *n.* (mah-je-reen) substitute for butter नक़ली मक्खन; मारगरीन نقلی مکھن

Margin : *n.* (mah-r-jin) border; edge तट; किनारा حاشیہ؛ کنارہ

Marigold : *n.* (mari-gohld) a yellow flower; a kind of flower गेंदा; गेंदा का फूल گیندا؛ صد برگ

Marine : *adj.* (ma-reem) pertaining to the sea; naval समुद्री; बहरी سمندری؛ بحری

Mariner : *n.* (ma-ri-ne-r) a sailor नाविक; मल्लाह ملاح؛ جہاز راں

Marital : *adj.* (ma-ri-tel) pertaining to married life; relating to married life विवाहिक जीवन से सम्बंधित ازدواجی زندگی کے متعلق

Maritime : *adj.* pertaining to the sea; relating to the sea समुद्री بحری

Maritime Law : *n.* law relating to sailors and ship समुद्री कानून بحری قانون

Mark : *n.* (mah-rk) an impression; stain; dot sign; coin current in Germany चिन्ह; मोहर; जर्मनी का सिक्का मार्क نشان؛ مہر؛ داغ؛ دھبا؛ جرمنی کا سکہ مارک

Market : *n.* (mah-r-kit) place to buy & sell things बाज़ार; मण्डी; हाट بازار؛ منڈی

Marl : *n.* (ma-rl) a sort of clay चिकनी मिट्टी; खड़िया چکنی مٹی؛ کھڑیا

Marmalade : *n.* (mah-r-me-layd) orange jam नारंगी का मुरब्बा نارنگی کا مربہ؛ مارملیڈ

Maroon : *v.* (ma-roon) to isolate without resources; put ashore as a punishment असहाय छोड़ देना سزا کے طور پر غیر آباد جگہ اتارنا؛ بے سہارا چھوڑ دینا

Maroon : *n.* dark red गहरा लाल گہرا لال؛ یاہی مائل سرخ

Marquee : *n.* (mah-kee) tent; canvas shelter on poles शामियाना شامیانہ؛ خیمہ

Marquis : *n.* (mah-r-kwis) British Nawab नवाब مارکوئس؛ نواب

Marriage : *n.* (ma-jig) wedding; joining in relation of husband and wife; matrimony विवाह شادی؛ بیاہ؛ ازدواج

Marrow : *n.* (ma-roh) kernel; essential part; mash; pith मग़ज़; गूदा مغز؛ گودا؛ لب لباب

Marrowy : *adj.* pithy सारपूर्ण مغز دار؛ گودا دار

Marry : *v.* (mari) to join in or enter into marriage; take as husband or wife विवाह क.. شادی کرنا؛ بیاہ کرنا

Mars : *n.* (mar-hz) name of a planet; a planet; Roman God of war मंगल ग्रह; लड़ाई का देवता مریخ؛ مارز؛ لڑائی کا دیوتا

Marsh : *n.* (mah-rsh) area of low lying wet land; a swamp दलदल; कीचड़ دلدل؛ کیچڑ

Marshy : *adj.* boggy; consisting of marsh दलदली; दलदल वाला; कीचड़ वाला دلدلی؛ دلدل والا؛ کیچڑ والا

Marsupial : *n.* (mah-r-sewp-i-el) animal carrying it young in pouch round belly मार्स्युपिअल; घानी प्राणी; शिशु को थैली में रखने वाला प्राणी بچے کو تھیلی میں رکھنے والا جانور؛ کیسہ دار (حیوان)

Mart : *n.* (mah-rt) market place; centre of commerce मण्डी; बाज़ार منڈی؛ بازار؛ تجارتی مرکز

Martial : *adj.* (mah-r-shel) pertaining to warfare; military; warlike सेना सम्बन्धी, फ़ौजी جنگی؛ فوجی

Martial Law : *n.* military law; military

government फ़ौजी कानून; फ़ौजी सरकार فوجی قانون؛ فوجی حکومت؛ مارشل لاء

Martyr : *n*. (mah-r-te-r) one who dies for truth शहीद شہید

Martyrdom : *n*. death of a martyr; martyr's death शहदत; सच या धर्म के लिए प्राणों को त्याग देना شہادت؛ سچ؛ یا مذہب کے لیے جان دینا

Marvel : *n*. (mah-r-vel) wonderful thing or happening आश्चर्य की बात حیرت انگیز شے یا عجوبہ بات؛ حیرانگی

Marvelous : *adj*. (-lus) astonishing; wonderful अदुभुत; अनोखा حیران کن؛ عجیب؛ حیرت انگیز؛ معجز نما

Masculine : *adj*. (mas-kew-lin) of male gender; male; manly पुरुष जाति का; वीरता का مردانہ؛ مذکر

Mash : *v*. crush into pulp गूदा क॰ گودا کرنا؛ ملغوبہ بنانا

Masjid : *n*. (mas-jid) mosque मस्जिद مسجد؛ عبادت کرنے کی جگہ

Mask : *n*. (mah-sk) covering to hide the face; disguise आकृति; मुखोटा; नक़ाब مصنوعی چہرہ؛ نقاب

Mason : *n*. (may-sun) stone worker; a builder राज معمار؛ راج

Mass : *n*. (mahs) majority; a lump; a heap समूह; ढेर; पुन्ज مجمع؛ انبار؛ ڈھیر

Massacre : *n*. (mas-e-ke-r) general slaughter; butchery हत्याकाण्ड; सामूहिक हत्या قتل عام؛ کشت وخون

Massage : *n*. (ma-sahj) rubbing of body मालिश مالش؛ مساج

Massive : *adj*. (mas-iv) large and solid; huge; weighty ठोस; भारी ٹھوس؛ بھاری؛ وزنی؛ بہت بڑا

Mast : *n*. (mah-st) upright support for ship's sails (जहाज़ का) मस्तूल مستول (جہاز کا)

Master : *n*. (mahs-ter) owner; chief ruler प्रभु; गुरु; स्वामी استاد؛ حاکم؛ آقا؛ مالک

Master Key : *n*. key that will open many different locks सर्वकुंजी मास्टर कुंजी ہرقفلی کنجی؛ ماسٹر کنجی

Master Piece : *n*. best work श्रष्ट कृति उत्तम रचना شاہکار؛ فنی شاہکار

Master Stroke : *n*. masterly move अत्यन्त चतुर चाल غضب کی چال

Masterly : *adj*. skilful प्रभावशाली ماہرانہ؛ استادانہ

Mastery : *n*. complete skill; complete knowledge; complete control महारत مہارت؛ پورا علم؛ قابو؛ مکمل کنٹرول

Masticate : *v*. (mas-ti-kayt) grind up food with teeth; to chew चबाना چبانا (غذا کو)

Mat : *n*. (mayt) texture of rushes; straw or jute carpet for floor चटाई چٹائی؛ بوریا

Match : *n*. (mach) contest; game; marriage मुक़ाबला; मैच; तुल्य; जोड़; विवाह; समान बल वाला مقابلہ؛ میچ؛ شادی؛ ہمسر؛ جوڑ

Match : *v*. to equal; to suit बराबर क॰; ठीक क॰ برابر کرنا؛ ٹھیک کرنا

Match Box : *n*. box of match sticks माचिस دیا سلائی کی ڈبیہ؛ ماچس

Matchless : *adj*. unequalled बेजोड़; अनुपम بے نظیر؛ یکتا؛ یگانہ

Mate : *n*. (mayt) a companion; a

fellow; workman; मित्र; संगी; साथी; मज़दूर رفیق؛ ساتھی؛ مزدور؛ ہمجولی

Material : *n.* (me-tee-ri-el) substance जिस से कुछ बनाया जाए; माल جس چیز سے کچھ بنایا جائے؛ مال

Raw Material : *ph.* substance used in production of manufactured articles; stuff कच्चा माल خام مال؛ اچھا یا برا مال

Material : *adj.* made or pertaining to matter; corporeal; essential शारीरिक; मुख्य مادی؛ جسمانی؛ اہم

Materialism : *n.* theory that only physical things exist भौतिकवाद; जड़वाद مادیت؛ مادہ پرستی؛ دہریت

Materialize : *v.* be implemented मूर्त रुप देना; उत्पन्न क. جامۂ عمل پہنانا؛ عمل میں لانا یا آنا

Maternal : *adj.* (me-te-r-nal) motherly; pertaining to mother मातृक; माता सम्बन्धी مادرانہ؛ ماں کی طرف سے؛ مادری

Maternal Aunt : *n.* aunt on mother's side of the family मोसी या मामी خالہ یا ممانی

Mathematics : *n.* (math-e-mat-iks) science of numbers गणित शास्त्र ریاضی؛ ریاضیات؛ علم ریاضی

Mathematician : *n.* (math-e-ma-ti-shen) expert in mathematics गणित शास्त्री; गणितज्ञ ریاضی داں؛ ماہر علم ریاضی

Matinee : *n.* (mat-i-nay) cinema show in the morning; theatre performance in the afternoon सिनेमा का सुबह का शौ; तीसरे पहर का नाटक سنیما کا صبح کا شو؛ تیسرے پہر کا ناٹک

Matric : *n.* (mayt-rik) entrance examination मैट्रिक; दसवीं कक्षा तक میٹرک؛ انٹرنس

Matricide : *n.* (mat-ri-sid) killing of one's own mother अपनी माता की हत्या مادرکشی؛ اپنی ماں کا قتل

Matriculate : *v.* (mayt-rik-ew-layt) pass the matriculation examination विश विद्यालय में दाखले के लिए परिक्षा पास क.; मौट्रिक पास क. جامعہ میں داخلے کا امتحان پاس کرنا

Matriculation : *n.* (mayt-rik-ew-lay-shen) matriculating मैट्रिक; प्रवेशिक परीक्षा جامعہ میں داخلہ

Matrimonial : *adj.* (mat-ri-me-ni-al) conjugal विवाहिक; विवाह समबन्धी ازدواجی؛ شادی سے متعلق

Matrimony : *n.* (mat-ri-me-ni) state of being married; married; wedlock विवाह; विवाह संस्कार; वैवाहिक जीवन شادی؛ شادی شدہ ہونا

Matrix : *n.* (mayt-riks) hard paper block for casting printing plate टंकण करने का सांचा ٹائپ کا سانچہ

Matron : *n.* (-ren) head nurse; woman housekeeper मेटरन; होस्टल की अध्यक्षा ہیڈ نرس؛ میٹرن؛ ہوسٹل کی منتظمہ

Matted : *adj.* (mat-id) tangled; knotted गुंधा हुआ; उलझा हुआ گندھا ہوا؛ الجھا ہوا

Matter : *n.* (mat-er) substance; affair; pus धन पदार्थ; मामला; पीप مادہ؛ معاملہ؛ واقعہ؛ مواد؛ پیپ

Matter of fact : *adj.* keeping to facts काम की बात کام کی بات

Matting : *n.* covering of the floor

बोरिया; चटाई بوریا؛ چٹائی

Mattock : *n.* (mat-uk) a tool like pickaxe कुदाल; फावड़ा کدال؛ پھاوڑا

Mattress : *n.* (mat-res) thick pad of straw etc. on which to sleep गद्दा گدا

Mature : *v.* (ma-tew-er) perfect; develop fully; attain majority; ripe परिपक्व; प्रौढ़; पकना بالغ؛ جوان؛ پکاہوا؛ پوری طرح تیار ہونا؛ پختہ ہونا؛ پکنا

Maul : *v.* (mawl) beat badly or bruise बुरी तरह पीटना; मारना بری طرح پیٹنا؛ زودکوب کرنا

Maund : *n.* (maw-nd) weight equivalent to 40 seers मन; चालीस सेर का तोल ایک من؛ من؛ چالیس سیر کا وزن

Mausoleum : *n.* (maw-so-lee-um) magnificent tomb; stately tomb; a mounment समाधि; रोज़ा مقبرہ؛ روضہ

Mauve : *adj.* (mohv) bright purple (colour) हलका अरग़वानी रंग ہلکا ارغوانی (رنگ)

Maw : *n.* (mo-a) stomach उदर; पेट پیٹ؛ معدہ

Maxim : *n.* (mak-sim) an axiom; wise saying नियम; सूत्र वाक्य; कहावत مقولہ؛ کہاوت؛ قول

Maximum : *n.* the greatest quantity or number; greatest possible बड़ी से बड़ी संख्या بڑی سے بڑی مقدار؛ زیادہ سے زیادہ

May : *n.* (may) fifth month of English calendar अंग्रेजी वर्ष का पांचवाँ महीना انگریزی سال کا پانچواں مہینہ؛ مئی کا مہینہ

Maybe : *adv.* perhaps; possibly हो सकता है; शायद ہوسکتا ہے؛ شاید؛ ممکن ہے

Mayor : *n.* (may-er) town Corporation chief; the chief of a city नगर का अध्यक्ष شہر کا بڑا حاکم؛ میئر؛ صدر بلدیہ

Maze : *n.* (mayz) puzzling network of paths or lines भूल-भुल्लीयाँ بھول بھلیاں

Mead : *n.* (meed) meadow; pasture land; low well watered land near river मध्वासव; घास का मैदान مرغزار؛ سبزہ زار؛ چراگاہ؛ دریا کے کنارے سرسبز نشیبی زمین

Meadow : *n.* see Mead

Meager : *adj.* (meeg-er) thin; lean; poor in flesh; insufficient दुबला; निर्बल; क्षीण دبلا؛ پتلا؛ کمزور؛ ناکافی

Meal : *n.* (meel) a repast; food भोजन; आहार کھانا؛ غذا

Mean : *adj.* (meen) low; average; contemptible तुच्छ; नीच; कमीना کمینہ؛ ذلیل؛ پست؛ نیچ؛ اوسط

Meaning : *n.* the sense or significance of a word; meant; intension; aim अर्थ; अभिप्राय مطلب؛ مدعا؛ مقصد؛ غرض

Meaningless : *adj.* without meaning जिस क कोई अर्थ न हो; बे मतलब بے معنی؛ بے مطلب؛ بے ہودہ

Meantime : *n.* in the intervening time; time between two occassion समय में اثنا؛ درمیان

Meanwhile : *n.* in the meantime; all the while during the period उस समय में اس دوران میں؛ اس اثنا میں؛ یہ تمام عرصہ

Measles : *n.* (mee-zelz) an eruptive disease; disease causing small red boils खसरा रोग; शीतला रोग خسرہ

Measure : *n.* (mezh-er) metre; quantity; length; proportion नाप; माप;

तोल ناپ؛ مقدار؛ اندازہ

Measurement : *n.* measuring नापना; तोलना ناپنا؛ تولنا؛ پیائش کرنا

Meat : *n.* (meet) animal flesh as food; flesh मांस گوشت

Mechanic : *n.* (me-key-nik) one who repairs machinery; artisan कारीगर دستکار؛ کاریگر؛ مشین ساز

Mechanism : *n.* working parts of machine मशीन के कल पुर्ज़े مشین کے کل پرزے

Medal : *n.* (med-el) coin in honour of some victory; small piece of metal given as prize तमग़ा تمغہ؛ اعزاز

Medalist : *n.* recipient of a medal तमग़ा लेने वाला تمغہ یاب؛ تمغہ لینے والا

Meddle : *v.* (med-el) interfere; to interpose हस्तक्षेप क॰ خواہ مخواہ دخل دینا؛ دخل دینا

Meddlesome : *adj.* in the habit of interference or meddling हस्तक्षेप करने वाला دخل درمعقولات کرنے والا

Media : *n.* (mee-di-e) means माध्यम بیچ کے واسطے؛ ذریعے

Mediaeval : *adj.* (med-i-val) relating to the middle age मध्यकाल सम्बन्धी درمیانی؛ قرونِ وسطیٰ کا

Mediate : *v.* (mee-di-ayt) act as peace maker; intermediate बीच में पड़ना ثالثی کرنا؛ بیچ میں پڑنا

Mediator : *n.* peace maker लड़ाई समाप्त कराने वाला ثالث؛ لڑائی ختم کرانے والا

Medicable : *adj.* (me-di-ka-bel) curable चिकित्सा करने योग्य قابلِ علاج؛ علاج کے لائق

Medical : *adj.* (med-i-kel) of doctors or medicine डाक्टरी طبّی؛ ڈاکٹری

Medical Case : *n.* patient रोगी طبّی مریض؛ غیرجراحی مریض

Medical Certificate : *n.* doctor's certificate डाक्टरी प्रमाण-पत्र ڈاکٹری سرٹیفکیٹ؛ طبّی تصدیق نامہ

Medical Science : *n.* science dealing with treatment of diseases डाक्टरी; चिकित्सा शास्त्र ڈاکٹری طب؛ ڈاکٹری

Medicament : *n.* (me-di-ka-ment) medicine औषधि; मरहम دوائی؛ مرہم

Medicated : *adj.* containing medicine औषधि मिली हुई चीज़ دوائی ملی ہوئی چیز

Medicinal : *adj.* see Medicated

Medicine : *n.* (med-i-sin) science of treating disease; art of treatment औषधि; काम चिकित्सा دوا؛ طب؛ ڈاکٹری

Mediocre : *adj.* (mee-di-ohk-er) second rate औसत दर्जे का; मध्य कोटिक اوسط درجے کا؛ معمولی درجے کا

Mediocrity : *n.* middle state मध्य दर्जा की अवस्था متوسط درجہ

Meditate : *v.* (med-i-tayt) to think about; to plan; to contemplate ध्यान क॰; ग़ोर क॰ سوچنا؛ غور کرنا؛ محو خیال ہونا؛ مراقبے میں جانا

Medium : *n.* (mee-di-um) a mean; mean; substance in which something exists मध्य; साधन; दूसरा ذریعہ؛ اوسط؛ محال

Meed : *n.* (meed) deserved portion; reward प्रतिफल; इनाम اجر معاوضہ؛ انعام

Meek : *n.* (meek) humble; gentle विनित; निरहंकार منکسر المزاج؛ مسکین؛ عاجزانہ طبیعت والا؛ نرم؛ متحمل

Meekness : *n.* humbleness; humility; gentleness विनिता; विनम्रता; दब्बूपन منکسرالمزاجی؛ عاجزی؛ انکساری

Meet : *v.* (met) have meeting with; come upon; to encounter मिलना; इकट्ठा होना ملنا؛ ملاقات ہونا؛ ملاقات کرنا

Meeting : *n.* organised gathering; coming to gether; assembly भेंट; सभा میٹنگ؛ جلسہ؛ اجلاس؛ ملاقات

Megaphone : *n.* (meg-e-fohn) horn for speaking through भोंपू بھونپو

Melancholy : *adj.* (mel-en-ko-li) sad ग़मज़दा; ग़मगीन غمزدہ؛ غمگین؛ افسردہ

Melancholy : *n.* sadness; distraction ग़म-व-अलम; मालीखोलिया غم والم؛ حزن و ملال؛ مالیخولیا

Meliorate : *v.* (mi-li-o-rayt) to improve सुधारना; अन्नति क. بہتر بنانا؛ ترقی کرنا؛ سدھارنا

Melliflous : *adj.* (me-li-fliu-us) sweetly eloquent मीठी ज़बान वाला; सुरीला شیریں زبان؛ میٹھی زبان؛ سُریلا

Mellow : *adj.* (mel-oh) soft and sweet; pleasant to hear; attractive रसीला; दिलकश شیریں؛ رسیلا؛ دلکش

Melodious : *adj.* (mel-oh-di-us) sweet sounding; harmonious सुरीला; मीठास्वर سریلا؛ میٹھی آواز والا

Melody : *n.* (mel-o-di) sweet music, song or tune; harmony मीठे स्वर वाला; धुन شیریں نغمہ؛ دھن

Melon : *n.* (mel-en) a well known juicy fruit खरबूज़ा خربوزہ

Musk Melon : *n.* a kind of fruit सर्दा سردا

Water Melon : *n.* a kind of fruit which has a hard green rind and sweet watery reddish flesh तरबूज़ تربوز

Melt : *v.* to dissolve; to liquefy; fill with pity पिघलाना; पिघलना پگھلنا؛ پگھلانا؛ گھلانا؛ پسیجنا؛ نرم ہونا

Member : *n.* (mem-ber) person belonging to a group; a limb of society सदस्य; अवयव رکن؛ ممبر

Membership : *n.* being member सदस्यता رکنیت؛ ممبرشپ

Membrane : *n.* (mem-bryn) thin skin-like covering झिल्ली; खाल جھلی؛ کھال

Memento : *n.* (me-ment-oh) souvenir यादगार نشانی؛ یادگار

Memo : *n.* (mee-moh) abbreviation of memorandum; note sent to revive memory; written representation मैमो; याद-दाश्त میمو؛ یادداشت

Memoir : *n.* (me-mwah-r) written accounts of one experiences; auto-biography चरित्र रचना; इतिहास تذکرہ؛ سرگذشت؛ یادداشت؛ آپ بیتی

Memorable : *adj.* worthy of remembrance स्मरण योग्य قابلِ یاد؛ یاد رکھنے کے قابل

Memorandum : *n.* see Memo

Memorial : *n.* (me-moh-ri-el) something to perpetuate the memory; a monument; remembrance चिन्ह; स्मारिक یادگار؛ عرضداشت؛ یادداشت؛ حافظہ

Memorize : *v.* learn by rote रटना; ज़बानी याद क. رٹنا؛ زبانی یاد کرنا؛ حفظ کرنا

Memory : *n.* remembrane; power of

remembring स्मरण शक्ति حافظہ؛ یادداشت

Menace : *n&v.* (men-is) threat; to threaten डराना; घमकाना ؛ خطرہ؛ ڈرانا؛ دھمکانا؛ خطرہ بننا

Menacing : *adj.* dangerous धमकी भरा خطرناک؛ دھمکی بھرا

Mend : *v.* (mend) to repair; to correct मरम्मत क.. مرمت کرنا؛ اصلاح کرنا

Mendicant : *n.* (mend-i-kent) a beggar भिक्षुक; भिखारी فقیر؛ درویش؛ بھکاری؛ بھیک مانگنے والا

Menial : *adj.* (me-ni-al) low; servile नीच; कमीना کمینہ؛ نیچ

Mental : *adj.* (men-tel) pertaining to the mind बुद्धि सम्बन्धी دماغی؛ نفسیاتی؛ ذہنی

Mental Hospital : *n.* Hospital where mental patients are cared or cured बुद्धि सम्बन्धी रोग का चिकित्सालय; मानसिक चिकित्सालय; पागलख़ाना دماغی امراض کے علاج کا شفاخانہ؛ پاگل خانہ

Mentality : *n.* one's general attitude of mind मनोभाव; मन ذہنیت

Mention : *v.* (men-shen) speak or write something; to express in words कहना ذکر کرنا؛ لکھ کر کہنا

Menu : *n.* (men-ew) list of food to be served मीनू; व्यंजन-सूची; भोजन-सूची مینو؛ فہرستِ طعام؛ طعام نامہ؛ کھانے کی فہرست

Mercantile : *adj.* (me-r-kan-til) commercial व्यवसायी تجارتی

Merchandise : *n.* (me-r-chan-diz) trade wares व्यापारी माल مالِ تجارت؛ تجارتی مال؛ اسبابِ تجارت

Merchant : *n.* trader; one doing business व्यापारी سوداگر؛ تاجر؛ تھوک کا بیوپاری

Merciful : *adj.* (mer-si-ful) kind दयालू رحم دل

Merciless : *adj.* cruel कठोर; निर्दयी ستم گر؛ جفا جو؛ ظالم

Mercury : *n.* (me-r-kew-ri) liquid metal; name of a planet; quicksilver पारा; बुद्धग्रह سیماب؛ پارہ؛ عطارد سیارہ

Mercy : *n.* (me-r-si) pity; clemency दया; कृपा; दयालुता رحم؛ ترس

Mere : *adj.* (mee-er) alone; absolute; only केवल; सिर्फ محض؛ صِرف؛ فقط

Merely : *adv.* simply; only सिर्फ; केवल صرف؛ محض

Merge : *v.* (me-rj) to sink; to unite मिल जान; डूबना انضمام ہونا؛ مل جانا؛ مدغم ہونا؛ ڈوبنا؛ غرق ہونا

Merger : *n.* uniting मिलना انضمام؛ ادغام

Meridian : *n.* (me-rid-i-en) line of longitude; highest point; mid-day मध्यान्ह रेखा; दोपहर نصف النہار؛ دوپہر؛ عروج؛ نقطۂ عروج

Merino : *n.* (me-ree-noh) kind of sheep; cloth of its wool (भेड़ की एक मरीना किसम) مرینہ (ایک قسم کی بھیڑ)؛ مرینہ بھیڑ کے بالوں سے بنا ہوا کپڑا

Merit : *n.* (me-rit) excellence; right; reward गुण; योग्यता; श्रेष्ठता خوبی؛ وصف؛ لیاقت؛ صلہ

Meritorious : *adj.* praiseworthy सराहनीय प्रशसनीय قابلِ تعریف

Mermaid : *n.* (mer-mayd) pretty sea-woman जल-परी جل پری

Merriment : *n.* (meri-ment) mirth, cheerfulness ख़ुशी; विनोद; अनन्त خوشی؛ شادمانی

Merry : *adj*. (me-ri) cheerful प्रमुदित; आनन्दी خوش وخرم؛ زندہ دل

Merry-Go-Round : *n*. revolving machine with wooden horses to sit on चक्रढोला افقی جھولا

Merry Making : *n*. festivity आमोद-प्रमोद جشن؛ خوشی

Mesalliance : *n*. (me-zel-i-ans) unmatched marriage बेमेल विवाह بے جوڑ شادی؛ بے میل بیاہ

Mesh : *n*. the open spaces in net; net जाल; फंदा جال؛ پھندا

Mesmerism : *n*. (mes-me-rizm) process causing hypnotic condition सम्मोहन (विद्या) مسمریزم؛ تنویم؛ بے ہوش کرنا

Mesmerize : *v*. to bring into a state of sleep मूर्छित क.; अचेत क. مسمریزم کرنا؛ بے ہوش کرنا

Mesne : *adj*. (mez-in) middle मध्यवर्ती; मध्य का درمیانی؛ بیچ کا

Mess : *n*. (mes) food; a dish; disorderly; untidy condition ख़ुराक; गड़बड़ी طعام؛ خوراک؛ ابتری؛ بے ترتیبی

Message : *n*. (mes-ij) piecc of news sent; errand संदेश; ख़बर پیغام؛ سندیسہ؛ خبر

Messenger : *n*. one who bring message; harbinger संदेश वाहक; दूत خبر رساں؛ قاصد؛ پیغامبر

Messrs : *n*. (mes-e-rz) title for more than one man; title used before firm's name जनाब; मैसर्ज़ صاحبان؛ جناب؛ میسرز

Metal : *n*. (met-el) kind of hard substance धातु فلز؛ دھات

Metallurgy : *n*. (met-e-le-r-ji) art of seperating metal from ore धातु विज्ञान; धातु कर्म دھات صفائی؛ دھات کی صفائی

Mete : *n*. (meet) measure माप ناپ

Mete out : *ph*. award punishment or prize etc देना; बाँट देना دینا؛ بانٹ دینا

Meteor : *n*. (meet-e-oir) a star; shooting star टूटता हुआ तारा شہابِ ثاقب

Meteorology : *n*. (mee-te-o-rol-o-ji) weather prediction; the doctrine of meleors अन्तरिक्ष विद्या موسمی پیشین گوئی کا فن؛ موسمیات؛علم کائنات الجو

Meter : *n*. (mee-ter) measuring apparatus पैमाना میٹر؛ آلہ پیمائش؛ پیمانہ

Method : *n*. (meth-ud) good way (of doing); order; regularity; regular order; rule ढंग; प्रकार سلیقہ؛ طریقہ؛ ڈھنگ؛ ترتیب؛ تنظیم

Meticulous : *adj*. (me-tik-ew-lus) paying attention to detail सतर्क; अतिसावधान باریک بیں؛ ہوشیار

Metre : *n*. (mee-ter) unit of length; verse rhythm; harmonise मीटर; छंद; वज़न میٹر؛ بحر؛ وزن

Metropolis : *n*. (met-rop-o-lis) chief city; the chief city of a country राजधानी عروس البلاد؛ دار الخلافہ

Metropolitan : *adj*. of metropolis; belonging to the mother country; bishop राजधानीय; केंद्रीय; पादरी ملک کے بڑے شہر سے متعلق؛ اصلی وطن کا؛ پادری

Mettle : *n*. (met-el) courage; spirit; pluck दिलेरी; वीरता دلیری؛ دم خم؛ ہمت

Mew : *v*. (mi-u) to cry as a cat मियाऊं मियाऊं क. میاؤں میاؤں کرنا

Mew : *n*. gull; cage मुर्ग़ाबी; पिंजड़ा مرغابی؛ پنجرہ

Mica : *n.* (mi-ka) a kind of mineral अबरक़ ابرق

Mice : *pl.* mouse (mis) rats चूहे چوہے

Micro : *pref.* (mik-roh) very small; minute सूक्ष्म; लघु خرد؛ بہت چھوٹا

Microbe : *n.* (mik-rohb) tiny germs जीवाणु; रोगाणु جرثومہ

Microphone : *n.* (mik-ro-phon) loud-speaker; mike माइक; ध्वनिग्राहक آواز رساں؛ مائک

Microscope : *n.* (mik-ros-kohp) instrument for seeing very small things सूक्ष्मदर्शनी خردبین

Mid : *adj.* (mid) the middle of; middle मध्य का; बीच का متوسط؛ بیچ کا؛ کے درمیان

Midday : *n.* noon दोपहर دوپہر

Midnight : *n.* middle of night मध्य रात्रि; आधी रात رات کے بارہ بجے؛ نصف شب؛ آدھی رات

Midst : *n.* middle; during मध्य; बीच; में درمیان؛ دوران؛ بیچ

Midsummerday : *n.* 24th june चौबीस जून; मध्यग्रीष्म 24جون؛ یومِ وسطِ گرما

Midway : *adv.* half-way आधे रास्ते में آدھی راہ میں

Midwife : *n.* (mid-wif) trained woman helping in child birth दाई دایہ؛ دائی

Midwinter : *n.* middle of winter मध्यशीत काल وسطِ سرما؛ سردیوں کا درمیانی زمانہ

Might : *n.* (mit) great strength शक्ति; बल بڑا زور؛ بڑی طاقت

Mighty : *adj.* (mi-ti) of great power; huge शक्तिशाली بڑا طاقتور؛ بڑا زورآور؛ دیوپیکر؛ دیوہیکل

Migraine : *n.* (mi-grain) a kind of headach आधासीसी آدھا سیسی؛ آدھا سیسی کا درد؛ ایک قسم کی سردرد کی بیماری

Migraint : *n.* (mig-rent) migrating (person, bird or fish) प्रवासी نقلِ مکانی کرنے والا؛ مہاجر

Migrate : *v.* (mig-rayt) to remove; to go to make new home प्रवास क.; परदेश जाकर बसना ترکِ وطن کرنا؛ ہجرت کرنا؛ نقلِ مکانی کرنا

Mike : *n.* see Microphone

Milch : *adj.* (mil-tch) yielding milk (cow etc.) दूध देने वाली (गाय) دودھ دینے والی (گائے)

Mild : *adj.* (meild) gentle; kind; not rigorous कोमल; दयालू حلیم؛ شریف؛ نرم مزاج

Mile : *n.* (meil) a land measure of 1760 yards मील میل

Milage : *n.* distance travelled in miles दूरी मीलों में مسافت میلوں میں

Milestone : *n.* slab on roadside showing distance; land mark मील का निशान سنگِ میل؛ میل کا نشان

Militant : *adj.* (mili-tant) combative (person); bellicose; fighting युद्ध में लगा हुआ; लड़ाकू جنگجو؛ جھگڑالو؛ مخاصم

Military : *adj.* (mil-i-te-ri) of army; of war; warlike संग्रामिक; फ़ौजी; सैनिक جنگی؛ فوجی؛ حربی

Military : *n.* armed forces फ़ौजी; सेना لشکر؛ فوج؛ فوجی قوت؛ عساکر

Militate : *v.* (mil-i-tayt) be an influence (against) विरोध क.; प्रतिकूल होना مخالفت کرنا؛ مخالف اثر ڈالنا

Militia : *n.* (mi-lish-i-a) civilian army; a national force सहायक फ़ौज या सेना قومی فوج؛ مددگار فوج

Milk : *n*. (milk) a kind of white liquid दूध; शीर شیر؛ دودھ

Milkmaid : *n*. dairy woman ग्वालिन گوالن

Milkman : *n*. main who delivers milk to the customers दूध वाला گوالا؛ دودھ والا

Milktooth : *n*. one of the first set of teeth दूध-दाँत دودھ کے دانت

Milky : *adj*. like milk दुधिया دودھیا؛ دودھ جیسے رنگ کا

Milky way : *n*. galaxy मन्दाकिनी کہکشاں

Mill : *n*. (mil) machinery for grinding grain into flour; an engine for grinding चक्की; मिल چکی؛ مل؛ گیہوں پیسنے کا کارخانہ

Millennium : *n*. (mi-len-i-um) period of onethousand years; golden age सहस्राबिद; सतयुग ہزار سال؛ ہزار سالہ مدت

Millet : *n*. (mil-et) a kind of corn बाजरा باجرہ

Milliner : *n*. (mil-i-ne-r) person who makes women's hats औरतों की टोपियाँ बनाने वाला زنانہ ٹوپیاں بنانے والا

Million : *n*. (mil-yen) hundred thousand दस लाख ملین؛ دس لاکھ

Millionaire : *n*. very wealthy person लखपती; करोड़पती لکھ پتی؛ کروڑ پتی

Millstone : *n*. one of pair of stones in a mill for grinding चक्की का पाट چکی کا پاٹ

Milt : *n*. (milt) spleen तिल्ली تلی

Mimic : *n*. (mimik) a buffoon; actor भाट; बहुरुपिया نقال؛ نقلچی

Mimicry : *n*. (mim-ik-ri) mimicking नक़ल; स्वाँग نقالی؛ سوانگ

Mimosa Pudica : *n*. a kind of flower छुई-मुई; लाजवन्ती چھوئی موئی؛ لاجونتی

Minaret : *n*. (min-e-ret) tower of mosque; high slender turret मीनार مسجد کا مینار؛ لاٹھ

Mince : *v*. (mins) to clip; to cut up into very small pieces क़ीमा क.; छोटे-छोटे टुकड़े क. قیمہ کرنا؛ چھوٹے چھوٹے ٹکڑے کرنا

Mind : *n*. (mind) consciousness; intelligent faculty; power of understanding दिमाग़; अक़ल; मन دماغ؛ عقل؛ شعور؛ ادراک؛ ذہن

Mind your own business : *ph*. do not meddle with other people's affair अपने काम से काम रखो دخل در معقولات نہ کرو؛ اپنے کام سے کام رکھو

Mindful : *adj*. thoughtful सावधान; सर्तक; सचेत خیال رکھنے والا؛ خبردار؛ خبر رکھنے والا

Mine : *n*. underground deposit of something; charge of high explosive; a place where minerals are dug कान; सुरंग کان؛ معدن کا خزانہ؛ کھان؛ سرنگ

Mine : *adj*. something related with me मेरा; अपना میرا؛ اپنا

Miner : *n*. person working in mine खनक; ख़निक کانکن

Mineral : *n*. (min-e-ral) substance mined from the earth; matter dug out of mines खनिज पदार्थ; धातु دھات؛ فلز؛ معدنی چیز؛ معدنی شے

Minerva : *n*. (mi-ne-r-ve) Roman Goddess of wisdom मिनर्वा منروا؛ علم کی دیوی

Mingle : *v*. (ming-el) to mix; to

compound संयुक्त होना; आपस में मिलाना مخلوط کرنا؛ ملاوٹ کرنا؛ ملاہوا

Miniature : *n*. (min-i-e-cher) very small picture सूक्ष्म आकार का चित्र بالکل چھوٹی تصویر؛ چھوٹی تصویر

Minimum : *n*. (min-i-mum) the smallest quantity अत्यल्प परिमाण संख्या کم از کم مقدار؛ بہت کم تعداد

Minion : *n*. (min-i-on) lowest servant; passive a gent in sex खुशामदी टट्टू ادنیٰ ملازم؛ چاکر؛ نوکر؛ لمڈا؛ مفعول

Minister : *n*. (minis-ter) head of state; a councillor मंत्री وزیر؛ منسٹر

Ministry : *n*. (min-is-tri) minister's office; cabinet मंत्रीमण्डल; मंत्रालय وزارت؛ کابینہ

Minor : *adj*. smaller; less; insignificant; not yet of age छोटा; लघु; अप्रधान; नाबालिग़ چھوٹا؛ معمولی؛ نابالغ

Minority : *n*. community with less than 50 percent of the total population अल्पसंख्यक वर्ग اقلیت؛ قلیل التعداد؛ فریق

Minster : *n*. (mi-ns-ter) a cathedral church बड़ा गिरजाघर گرجا؛ بڑا گرجا گھر

Minstrel : *n*. (mins-trel) singer गवैया; भाट; भाँड رمتا؛ گویا شاعر؛ بھاٹ؛ بھانڈ

Mint : *n*. (mint) (1) place where country's coins are made (2) plant used as flavouring (1) टकसाल (2) पुदीना (۱) ٹکسال (۲) ایک قسم کا پودینہ؛ پیپرمنٹ

Minus : *n*. (my-nus) negative; less by ऋणात्मक منفی

Minute : *n*. (min-it) one sixtieth part of an hour; brief record of proceedings of meeting; very tiny क्षण; विवरण; अतिलघु منٹ؛ وقفہ؛ کاروائی؛ بہت چھوٹا؛ باریک

Minute Book : *n*. book in which proceedings are recorded कार्यवृत्त पुस्तक; विवरणनामा روداد نامہ

Miracle : *n*. (mire-kel) marvellous act; a wonder चमत्कार; आश्चर्यजनक कार्य معجزہ؛ چمتکار؛ کرامات

Miraculous : *adj*. (mi-rak-ew-lus) like miracle आश्चर्यजनक; चमत्कारी; करामाती معجزانہ؛ پُراعجاز

Mirage : *n*. (mi-rahzh) illusion; sandy area seen as stretch of water नज़र का धोका; मृगजल فریبِ نظر؛ نظر کا دھوکہ؛ سراب

Mire : *n*. (mi-er) marsh; swamp; a pismire दलदल; कीचड़ دلدل؛ کیچڑ

Mirror : *n*. (mi-re-r) a looking glass दर्पण; शीशा; आरसी آئینہ؛ شیشہ؛ آرسی

Mirth : *n*. (me-rth) merriment; great joy; jollity; laughter प्रमोद; आनन्द خوشی؛ خرمی؛ ہنسی؛ مذاق

Misapply : *v*. apply wrongly दुरुपयोग غلط استعمال کرنا

Misapprehend : *v*. misunderstand ग़लत समझना; मिथ्या अर्थ लगाना غلط سمجھنا؛ غلط مطلب نکالنا

Misappropriation : *n*. embezzle-ment ग़बन غبن؛ خرد برد کرنا

Misbehave : *v*. to act improperly दुराचार क. بدسلوکی کرنا؛ بدتمیزی کرنا

Miscalculate : *v*. to reekon wrong मिथ्या गणा क. غلط حساب لگانا

Miscall : *n*. call wrongly ग़लत नाम लेना غلط نام لینا

Miscarriage : *n*. abortion; failure गर्भपात; विफलता اسقاط حمل؛ ناکامی

Miscellaneous : *adj*. (mis-e-lay-ne-us) assorted; mixed without order विविध; फुटकर; अनेक متفرق؛ مختلف العناصر؛ مخلوط

Mischance : *n*. stroke of bad luck; ill luck दुर्भाग्य; अभाग्य بدبختی؛ بدقسمتی

Mischief : *n*. (mis-chif) harm; purposely done damage; cause of trouble; childish pranks हानि; दुष्ट; शरारत نقصان؛ مصیبت؛ شرارت

Mischievous : *adj*. (mis-chiv-us) fond of mischief; causing mischief; hartful शरीर; शरारती شرانگیز؛ شریر؛ شرارتی

Misconceive : *v*. to misjudge; to misunderstand उलटा समझना; मिथ्या विचार क. غلط سمجھنا؛ الٹا سمجھنا

Misconduct : *n*. (mis-kon-dakt) improper moral; misbehaviour दुराचार بداخلاقی؛ بدتمیزی

Misconstrue : *v*. (mis-kon-stroo) put wrong interpretation on अशुद्ध अर्थ निकालना سے غلط مطلب نکالنا؛ کو غلط معنی پہنانا

Miscreant : *n*. (mis-kre-ant) villain; scoundrel पाजी; बदमाश بدمعاش؛ خبیث؛ بدذات

Misdeed : *n*. (mis-deed) wicked act; an evil action; crime कुकर्म; पाप خباثت؛ فعل بد؛ جرم

Misdemeanor : *n*. offence less serious than felony; ill behaviour चूक; दुराचार چھوٹا جرم؛ قصور؛ چوک

Miser : *n*. (mi-ze-r) stingy person; covetous person; niggardly person कंजूस کنجوس؛ بخیل؛ لالچی؛ حریص

Miserly : *adj*. niggardly; stingily कंजूसी से کنجوسی سے؛ بخل سے

Miserable : *adj*. (miz-e-re-bel) unhappy; distressed; in wretched condition दुखी; अभागा بدنصیب؛ کم بخت؛ سخت غمزدہ؛ سخت بری حالت میں؛ خستہ حال

Misery : *n*. (miz-e-ri) unhappiness; wretchedness; extreme poverty; calamity तंगहाली; दुर्दशा; विपत्ति; दुर्गति خستہ حالی؛ آفت؛ بدنصیبی؛ بدحالی؛ سخت غربت

Misfit : *n*. (mis-fit) not fit well (garment); not well suited (person) मेल ना खाने वाला कपड़ा; अनुपयुक्त व्यक्ति ناموزوں کپڑا یا شخص

Misfortune : *n*. (mis-for-tewn) bad luck; calamity दुर्भाग्य; विपत्ति بدقسمتی؛ بدنصیبی؛ بدبختی؛ زوال

Misgiving : *n*. (mis-giving) doubt; distrust; lack of faith संदेह; अविश्वास شک؛ بےیقینی؛ بداعتمادی

Misguide : *v*. (mis-gid) to lead astray; to direct ill कुपथ में ले जाना گمراہ کرنا؛ بہکانا؛ غلط راہ پر ڈالنا

Mishap : *n*. (mis-hap) unlucky accident; ill luck दुर्घटना; अनर्थ افسوس ناک حادثہ؛ مصیبت

Misinform : *v*. wrong information; misguide ग़लत जानकारी देना غلط اطلاع دینا؛ گمراہ کرنا

Misinterpret : *v*. to interpret wrong अशुद्ध अर्थ बताना غلط معنی بتانا

Misjudge : *v*. to judge wrongly मिथ्या विचार क. غلط رائے لگانا

Mislay : *v*. (mis-lay) to misplace रख

कर भूल जाना رکھ کر بھول جانا؛ کہیں رکھ کر بھول جانا

Mislead : *v.* (mis-leed) to lead astray; to guide in a wrong way कुमार्ग में ले जाना گمراہ کرنا؛ غلط راہ پر لگانا

Misnomer : *n.* (mis-noh-mer) wrong use of a name or term; wrong name मिथ्या नाम या संज्ञा का प्रयोग غلط نام یا غلط اصطلاح کا استعمال

Misogamist : *n.* (mis-ogay-mist) a marriage hater विवाह से जी चुराने वाला شادی سے نفرت کرنے والا

Misogyny : *n.* (mis-ogi-ni) hatred of woman स्त्री निन्दक عورتوں سے نفرت

Misplace : *v.* (mis-plays) see Mislay

Misprint : *n.* (mis-print) printing error छापे की ग़लती طباعت کی غلطی؛ سہو کتابت

Misrule : *n.* (mis-raal) bad government; disorder कुशासन; अप्रबन्ध بد انتظامی؛ غلط انداز سے حکمرانی؛ ابتری

Miss : *n.* (mis) title for unmarried woman; lass कुमारी; कन्या مس؛ آنسہ؛ ناکتخدا لڑکی کا لقب

Miss : *v.* to omit; fail to hit; feel the absence of चूकना; की कमी महसूस क. چوکنا؛ نشانہ خطا ہونا؛ کی کمی محسوس کرنا

Missing : *adj.* (mis-ing) not found anywhere लुप्त; अप्राप्त; गुम گم؛ غائب؛ کھو جانا؛ لاپتہ

Missile : *n.* (mi-seil) a weapon thrown for execution; any thing thrown as weapon मिज़ाइल; फेंक कर मारने का शस्त्र پھینک کر مارنے والا ہتھیار؛ میزائل؛ دور مار ہتھیار

Mission : *n.* (mish-en) party sent abroad on special purpose; legation दूतकर्म; नियुक्त लोग رسالت؛ سفارت؛ ایک خاص مقصد کے لیے پردیس میں بھیجی ہوئی جماعت

Missionary : *n.* one sent on religious mission मिशनरी; ईसाई प्रचारक مشنری؛ عیسائی مبلغ

Mist : *n.* (mist) a fog; mild fog धुन्ध; कोहर دھند؛ کہرا

Mistake : *n.* (mis-tayk) an error; a fault ग़लती; दोष; चूक غلطی؛ بھول چوک

Mister : *n.* (mis-te-r) title used with man's name महोदय; श्रीमान; श्री جناب؛ محترم؛ عالیجناب

Mistiness : *n.* (mis-ti-nes) cloudiness धुन्धला; अंधेरा دھندلا؛ اندھیرا؛ دھند

Mistletoe : *n.* (mis-el-toh) kind of parasitic creeper क آکاش بیل؛ امر بیل

Mistress : *n.* (mis-tres) house-wife; sweet heart; woman school teacher गृहणी; अध्यापिका; महबूबा محبوبہ؛ بیوی؛ اُستانی، معلّمہ

Mistrust : *n.* see Misgiving

Mistune : *v.* (mis-tun) to put out of tune बेसुरा क. بے سرا کرنا

Misty : *adj.* (mis-ti) clouded; obscure; not clear धुन्धला; कुहरेदार دھندلا؛ کہر آلود؛ غیر واضح؛ مبہم؛ تاریک

Misunderstand : *v.* (misunder-stand) to misconceive; fail to understand properly मिथ्या जानना ٹھیک طرح نہ سمجھنا؛ غلط سمجھنا

Misunderstanding : *n.* mistake of meaning; ill feeling caused by it भ्रम; ग़लतफ़हमी غلط مطلب سمجھنا؛ غلط فہمی

Misusage : *n.* (mis-usag) bad treatment; ill treatment; misuse;

abuse दुर्व्यवहार; बुराआचरण بُرا سلوک؛ غلط استعمال؛ غلط استعمال

Misuse : *v.* (mis-uz) to use improperly कुप्रयोग غلط استعمال کرنا

Mite : *n.* (mit) poor man's small but sincere donation; very small child दान; अतिया; शिशु غریب کا تھوڑا مگر مخلصانہ عطیہ؛ چھوٹا سا بچہ؛ ننھا

Mitigate : *v.* (mit-i-gayt) to alleviate; to assuage; to lesson the severity कम क.; घटाना; हलका क. کم کرنا؛ تسکین دینا؛ ہلکا کرنا

Mitten : *n.* (mit-en) glove with fingers bare दस्ताना دستانہ؛ بے انگشت دستانہ

Mix : *v.* (miks) to mingle; to muddle; to unite मिलना; जोड़ना; घाल-मेल क. ملانا؛ ملنا؛ آمیزش کرنا؛ جوڑنا

Mixed : *adj.* (miks-d) not seperate; joint; promiscuous मिला-जुला; मिश्र; मिश्रित ملا جلا؛ مخلوط؛ مشترکہ

Mixture : *n.* (miks-che-r) compound; mixing; something prepared by the mixing of others मिश्रण مرکّب؛ آمیزہ؛ آمیزش

Moan : *n.* (mohn) deep low sound आह; कराह کراہ؛ آہ

Moan : *v.* to make a moan; utter with moans कराहना; विलाप क. کراہنا؛ کراہ کر کہنا

Moat : *n.* (moht) a deep trench; defensive ditch round castle खाई; ख़न्दक़ کھائی؛ خندق؛ قلع کے گرد کی خندق

Mob : *n.* (mob) a disorderly crowd भीड़; उत्तोजित भीड़; जन समूह بھیڑ؛ ازدحام؛ جمِ غفیر؛ ہجوم؛ بھیڑ بھاڑ

Mobile : *adj.* (moh-bil) movable easily आस्थिर; हिलने वाला تغیر پذیر؛ آسانی سے منتقل ہوسکنے والا

Mock : *v.* (mok) to ridicule by imitating; to ridicule हंसी उड़ाना; ठट्ठा करना ہنسی کرنا؛ مذاق کرنا؛ مذاق اڑانا؛ کسی کی ہنسی اڑانا

Mockery : *n.* (mok-e-ri) van show; ridicule नक़ल; हंसी نقل؛ ظاہرداری؛ ہنسی؛ مذاق

Mode : *n.* (mohd) style; manner; way; form; method शकल; हालत; रीती; चलन; रुप; ढंग طریقہ؛ رواج؛ طرز

Model : *n.* (mod-el) small scale copy; something which an artist draws; pretty woman serving as model माडल; नमूना; आदर्श; प्रतिमान نمونہ؛ ماڈل

Moderate : *adj.* (mod-e-rayt) not extreme; temperate सन्तुलित; मिताचारी; संयमी اعتدال پسندانہ؛ جائز؛ مناسب؛ نرم؛ میانہ؛ متمدل

Moderation : *n.* quality of being moderate; active नियन्त्रण; संतुलन; नरमी اعتدال پسندی؛ نرمی

Modern : *adj.* (mod-e-rn) recent; present; not ancient; of the recent time नूतन; नवीन; आधुनिक نئے زمانے کا؛ موجودہ زمانے کا؛ عصرِ حاضر کا؛ جدید طرز کا؛ جدید

Modernism : *n.* modern views; being modern; tendency to subject religious dogma to reason आधुनिक प्रयोग शैली; आधुनिकतावाद; आधुनिकता نئے نظریے؛ نئے خیالات؛ جدید خیالات؛ جدت پسندی؛ مذہب میں عقلیت پسندی

Modernize : *v.* make suitable for present day needs आधुनिक बनाना या बनना نئے تقاضوں کے مطابق بنانا؛ موجودہ زمانے کے مطابق ڈھالنا

Modest : *adj.* (mod-est) not boastful; unpretentious; virtuous; unassuming विनम्र; विनीत; शालीन; सुशील; संकोची انکسار والا؛ منکسر المزاج؛ حیادار؛ شرمیلا

Modesty : *n.* (mod-es-ti) decency; humility; chastity सुशीलता; नर्मता; शालीनता پاکدامنی؛ شرم وحیا؛ انکساری؛ شرافت؛ سادگی

Modicum : *adj.* (modi-kum) moderate amount किंचित; थोड़ा सा قلیل مقدار میں؛ تھوڑا سا

Modification : *n.* (modi-fi-kay-shen) change बदलाव; तबदीली; परिवर्तन; संशोधन ترمیم؛ تبدیلی

Modify : *v.* (mod-i-fi) to change; to shape सुधारना; बदलना; परिवर्तन क.. بدلنا؛ ترمیم کرنا

Module : *n.* (mo-diu-l) model नमूना; नाप نمونہ؛ ناپ

Modus operandi : *n.* manner of doing something कार्य-प्रणाली طریق کار؛ کام کرنے کا طریقہ

Mogul : *n.* (Moh-gel) mixed Turkish Mongol race that gone the Indo-Pakistan sub-continent its great Muslim rulers मुग़ल مغل

Moiety : *n.* (mo-i-e-ti) half; one of two equal parts अर्ध भाग آدھا حصہ

Moist : *adj.* (mo-ist) damp गीला; तर گیلا؛ مرطوب؛ بھیگا ہوا؛ بھیگا بھیگا؛ تر

Moisten: *v&t.* (mois-en) to make or become moist गीला क..; तर क.. بھگونا؛ بھیگنا؛ تر کرنا

Moisture : *n.* (mois-che-r) dampness; humidity नर्मी; गीलापन رطوبت؛ نمی؛ سیل

Molar : *n.* (moh-le-r) one of the strong kind (teeth) दाढ़ داڑھ

Molasses : *n.* (mo-las-iz) drainings of raw suger शीरा; चाशनी; राब راب؛ شیرہ؛ چاشنی

Mole : *n.* (mohl) a dark spot on skin; a mount like animal; a mount तिल; छछूंदर; टीला تل؛ چھچھوندر؛ ٹیلا

Molecule : *n.* (mol-e-kewl) smallest particle अणु ذرہ؛ سالمہ؛ ریزہ

Molest : *v&t.* (mo-test) to harass; to disturb छेड़-छाड़ क..; तंग क..; सताना دق کرنا؛ چھیڑنا؛ پریشان کرنا؛ ستانا؛ تنگ کرنا

Molestation: *n.* (-tay-) harassment; disturbance छेड़-छाड़; उत्पीड़न چھیڑ چھاڑ؛ چھیڑخانی

Mollify : *v&t.* (mol-i-fi) to calm down; soften शान्त क..; मुलायम क.. شانت کرنا؛ غصہ دور کرنا؛ نرم کرنا

Molten : *adj.* (mohl-ten) Melted; liquified पिघला हुआ; ढला हुआ; गला हुआ پگھلا ہوا؛ گلا ہوا؛ ڈھلا ہوا

Moment : *n.* (moh-ment) point of time; an instance; force क्षण; पल; शक्ति لمحہ؛ قوت؛ پل

Momentary : *adj.* lasting for or done in a moment पल भर में; स्थाई آن کی آن میں؛ پل بھر میں؛ ناپائیدار

Momentous : *adj.* very important; weighty महत्व का; भारी بہت اہم؛ بھاری؛ وزن دار

Monad : *n.* (mo-na-d) an indivisible thing अभेद्य वस्तु ناقابل تقسیم چیز

Monarch : *n.* (mon-e-rk) sovereign महाराजा; सम्राट فرمانبروا؛ بادشاہ؛ شہنشاہ

Monarchist : *n.* supporter of monarchy राजतन्त्रवादी شاہی نظام کا حامی؛ ملوکیت

Monarchy : *n.* (mɔ-nar-ki) empire; Govt. by monarch राजतन्त्र; राज्य तन्त्र بادشاہت؛ ملوکیت

Monastery : *n.* (mon-as-te-ri) place for monks; a convent; a cloister आश्रम; मठ عیسائی خانقاہ؛ خانقاہ؛ مٹھ

Monday : *n.* (mund-ay) the day after sunday; the second day of the week सोमवार پیر؛ سوموار

Monetary : *adj.* (mon-e-te-ri) relating to money; pertaining to currency मुद्रा सम्बन्धी مالی؛ نظامِ زر کے متعلق

Money : *n.* (mo-ni) wealth; currency; cash रूपया; नक़दी روپیہ؛ نقدی

Money-lender : *n.* banker महाजन مہاجن

Money-market : *n.* stock exchange शेयर बाजार بازارِ حصص؛ اسٹاک مارکیٹ؛ شیئر بازار

Money-order : *n.* order on post office to pay money to someone मुद्रा आर्डर منی آرڈر

Monger : *n.* (mung-ger) a trader; a dealer व्यापारी خرید و فروخت کرنے والا

Mongoose : *n.* (mong-ooz) well known kind of small animal hostile to snakes नेवला نیولا

Mongrel : *adj.* (mong-rel) of a mixed breed; a dog of mixed breed दोग़ला دوغلا؛ میل دار؛ ملی جلی نسل کا (کتا)

Moniter : *n.* (mon-i-ter) senior most pupil of class उपगुरू نائب استاد؛ آگاہ کرنے والا؛ مانیٹر

Monk : *n.* (monk) a recluse; Christian vowed to lead a monastic life मठवासी; महन्त راہب؛ درویش؛ قلندر

Monkey : *n.* (mun-ki) an ape वानर; बन्दर بندر؛ بوزنہ

Mono : *pref.* one एक ایک؛ واحد

Monocle : *n.* (mon-e-kel) eyeglass for one eye only एक आंख की ऐनक یک چشمی عینک

Monocular : *adj.* (mon-e-ku-lar) one eyed एक नेत्री; एक आंख वाला ایک آنکھ والا؛ یک چشمی

Monogamy : *n.* (mo-nog-e-mi) marriage to only one person at a time एक ही स्त्री से विवाह क. یک زوجگی؛ ایک وقت میں صرف ایک سے شادی کا دستور؛ نکاح

Monogram : *n.* (mon-e-gram) inter-woven letters गुम्फाक्षर طغرا

Monograph : *n.* (mon-e-grahf) research report on a single limited subject विनिबन्ध یک موضوعی تحقیقاتی مقالہ

Monopolize : *v&t.* to assume exclusive possession; to enjoy; monopoly of पट्टा लेना اجارہ داری رکھنا؛ ٹھیکہ لینا

Monopoly : *n.* (mo-nop-oli) sole privilege of selling; sole right to supply किसी वस्तु के क्रय विक्रय का स्वतंत्र अधिकार; एकाधिकार; ठेका; इजारेदारी اجارہ داری؛ ٹھیکہ

Monorail : *n.* (mono-rail) single line rail एक पटरी रेल ایک پٹری ریل

Monotheism : *n.* (mono-thee-izm) belief in one god एकेश्वरवाद خدائے تعالیٰ کی وحدانیت کا قائل ہونا؛ توحید

Monotheist : *n&adj.* person who

belives in one god एकेश्वरवादी مؤحد؛ خدائے تعالیٰ کو ایک ماننے والا

Monsieur : *n.* (mus-ew-e-r) (title before French names for) Mr. श्रीमान; श्री; महोदय جناب؛ صاحب؛ محترم

Monsoon : *n.* (mon-soon) raining season; rain bearing winds over the Indian ocean बरसात; वर्षा ऋतु; मानसून برسات کا موسم؛ مون سون؛ موسمی ہوائیں

Monster : *n.* (mons-ter) horribly ugly and cruel creature; a prodigy राक्षस; देव; दुष्टात्मा دیو؛ عفریت؛ بدصورت

Monstrous : *adj.* (mons-tres) unnatural; enormous अनोखा; डरावना; भयानक ڈراؤنا؛ انوکھا؛ بھیانک

Montane : *n.* (mon-tayn) mountain पर्वत پہاڑ؛ کوہ

Month : *n.* (month) the twelfth part of the year मास; महीना مہینہ؛ ماہ

Monthly : *adj.* every month प्रतिमास; हर महीने ماہانہ؛ ماہواری؛ ہر مہینے

Monument : *n.* (mon-ew-ment) someting put up in memory; tomb; memorial स्मारक یادگار

Monumental : *adj.* of such lasting value; very great समारकीय; बहुत बड़ा; अत्यन्त महत्वपूर्ण یادگارکام؛ عظیم؛ بہت بڑا

Mood : *n.* (mood) disposition; state of feelings भाव; मिज़ाज مزاج؛ طبیعت

Moody : *adj.* (mood-i) having changing moods; gloomy; sad क्रोधी; चिड़चिड़ा متلون مزاج؛ غمگین؛ تنک مزاج

Moon : *n.* (moon) the great luminary of the night चन्द्रमा; शशि ماہ؛ چاند؛ مہتاب؛ قمر

Moonlight : *n.* (Moon-lit) the light of moon चाँदनी چاندنی

Moonlit Night : *n.* having moonlight चाँदनी रात چاندنی رات

Moonshine : *n.* visionary talk अनाप-शनाप; बक-बक بک بک؛ بکواس؛ خیالی پلاؤ

Moonstruck : *adj.* lunatic; dazed पागल भौंचक्का پاگل؛ بھونچکا

Moor : *n.* (moo-e-r) open heather covered waste land बीहढ़; बंजर भूमि بیہڑ؛ بنجر زمین

Moorland : *n.* a marsh; watery ground कीचड़ वाली धरती دلدل

Moot : *v.t.* (moot) to raise the question; to argue तर्क क. سوال اٹھانا؛ بحث کرنا؛ فرضی معاملے میں بحث کرنا

Mop : *n.* (mop) a tool to clean floors; bundle of yarn etc. on stick for dusting झाड़ू ; कूची جھاڑو؛ جھاڑن؛ کوچی

Mop : *v.t.* to clean; to wipe out साफ क.; ख़तम क. صاف کرنا؛ ختم کرنا؛ تہس نہس کرنا

Mope : *v.t.* to be spiritless उदास होना; निरुत्साह होना ملول ہونا؛ سست ہونا؛ پژمردہ ہونا

Moral : *adj.* (mo-rel) ethical; virtuous नीति; सदाचारी اخلاقی؛ مہذب؛ نیک؛ صالح؛ پاکباز

Morale : *n.* (mo-rahl) courage and confidence मनोबल; हौसला حوصلہ؛ قوتِ مقابلہ

Morality : *n.* (mo-ral-i-ti) ethical principles; doctrine of the duties of life सदव्यवहार; पुण्यशीलता اخلاقیات؛ علمِ اخلاق؛ اصولِ اخلاق؛ شرافت

Moralize : *v.* stress the need of morality उपदेश देना; सुशील बनाना وعظ و نصیحت کرنا؛ اخلاقی درس دینا؛ اخلاقی تلقین کرنا

Morals : *n.* pl. ethical principles नैतिकता के नियम اخلاقی اصول

Morass : *n.* (mo-ras) a swamp दलदल; कीचड़ کیچڑ؛ دلدل

Moratorium : *n.* (mo-ra-toh-ri-yam) delay in payment of debts ऋणस्थगन विलम्बन-काल قرضے کی ادائیگی میں مہلت؛ مہلت (ادائیگی)

Morbid : *adj.* (mor-bid) ill; unheathy; gruesome अस्वस्थ; रोगग्रस्त; घिनावना بیمار؛ غیر صحت مند؛ گھناؤنا

Mordacious : *adj.* (mor-de-i-shes) biting तीव्र काटने वाला; काटू مضر؛ کاٹنے والا

Mordant : *adj.* (mor-dent) biting criticism etc.; corrosive चुभता हुआ; (समीक्षा आदि) تلخ؛ چبھتا ہوا(طنز وغیرہ)

More : *adj.* (mohr) greater (in number, quantity, quality & degree etc.); additional अधिक; और भी زیادہ؛ مزید؛ اور؛ زیادہ تر؛ سوا

Moreover : *adv.* in addition to this; also in addition इससे अधिक; सिवाय اس کے علاوہ؛ مزید برآں؛ اس سے بھی سوا

Morgue : *n.* (mo-r-g) mortuary; identification mortuary मुर्दाघर; शवघर مردہ خانہ؛ شناختی مردہ خانہ؛ مردہ گھر

Moribund : *adj.* (mo-ri-bund) in a dying state; dying मरणासन्न جاں بلب؛ قریب المرگ

Morn / Morning : *n.* (mo-rhn) first part of the day; first part of the day till noon प्रभात; प्रातः काल صبح؛ سویرے؛ فجر؛ قبل دوپہر؛ سحر

Morocco : *n.* (mo-rok-oh) soft goatskin कोमल चमड़ा مراکولیدر؛ نرم چمڑا (جو بکرے کی کھال سے بنایا جاتا ہے)

Morose : *adj.* (mo-rohs) ill-tempered; peevish; gloomy; unsocial रूखा; चिड़चिड़ा; उदास; गमगीन بدمزاج؛ تیکھا؛ چڑ چڑا؛ سخت؛ تند مزاج؛ کم آمیز؛ اداس؛ غمگین

Morphia : *n.* (mor-fia) extract of opium used as drug; a powerful anodyne अफीम; मार्फिया خواب آور دوا؛ افیون کا ست؛ مارفیا

Morrow : *n.* (mo-rah) next morning अगला दिन; कल اگلی صبح؛ اگلا دن؛ کل

Morse : *n.* (mors) sea horse दरयाई-घोड़ा دریائی گھوڑا

Morse code : *n.* alphabet of telegraphy मॉस कोड مارس کوڈ

Morsel : *n.* (mor-sel) a small piece of food ग्रास; खन्ड نوالہ؛ لقمہ

Mortal : *adj.* (mor-tel) destined to dig fatal; human being मर्त्य; घातक; मनुष्य فانی؛ مہلک؛ جان لیوا؛ انسان؛ فانی انسان

Mortality : *n.* (mor-tal-i-ti) being mortal; death; death rate मृत शरीर; मृत्यू-दर فانی ہونا؛ موت؛ شرح اموات

Mortar : *n.* (mor-te-r) mixture used in building; strong bowl in which to crush things with pestle गारा; मसाला; खरल; ओखली چونا؛ گارا؛ کھرل؛ ہاون دستہ

Mortgage : *n.* (mor-gij) a pledge of real state रहन; गिरवी گروی؛ رہن

Mortgagee : *n.* one who takes a mortgage गिरवी रखनें वाला مرتہن؛ گروی رکھنے والا

Mortification : *n.* (mor-ti-fi-kay-shen) sense of humiliation; wounding of feelings मान हानि; संयम رسوائی کا احساس؛ جذبات کا مجروح ہونا

Mortify : *v.t.* wound the feelings of;

cause to feel humiliated अपमानित क.; नीचा दिखाना جذبات کو ٹھیس لگانا؛ رسوائی کا احساس دلانا؛ رسوا کرنا

Mortise / Mortice : *n.* (mor-tis) hole in joint into which tenon fits चूल की साल; छेद (چول کی) سال؛ سوراخ

Mortmain : *n.* (mort-mayn) an unalienable estate जो सम्पति परिर्वतित ना की जा सके ناقابل انتقال جائداد

Mortuary : *n.* (mor-tew-ari) a dead house; place in hospital for dead bodies मुरदा घर مردہ خانہ؛ مردہ گھر

Mosaic - work : *n.* (moh-zay-ik-work) an imitation of painting in marble, glass etc. पच्चीकारी پچی کاری

Mosque : *n.* (mosk) a Mohammedan place of worship; muslim house of worship मस्जिद مسجد

Mosquito : *n.* (mos-ke-to) a stinging insect; a small flying insect that bites मच्छर مچھر؛ پشہ

Mosquito net : *n.* net to keep mosquito off one's bed मच्छरदानी مچھردانی

Moss : *n.* (mos) kinds of small plant; a plant with small leafy stems काई کائی

Most : *adj.* (mo-ust) greatest अत्याधिक سب سے زیادہ

Mostly : *adv.* usually; mainly अधिकतर; ज्यादातर عموماً؛ بالعموم؛ عام طور پر؛ زیادہ تر

Mote : *n.* (moht) a small particle धूलिकण ذرہ

Moth : *n.* (moth) a small insect कीट; पतिंगा پروانہ؛ پتنگا

Moth eaten : *adj.* injured by moth कीड़े का खाया हुआ کرم خوردہ

Mother : *n.* (mudh-er) a woman that has born a child; female parent माँ; माता ماں؛ والدہ؛ امی

Mother -in-law : *n.* mother of one's wife or husband सास ساس؛ خوش دامن

Motherly : *adj.* tender; maternal मातृवत; मादराना مادرانہ؛ مہربان؛ شفیق

Motion : *n.* (moh-shen) movement; gesture; act of moving गति; इशारा حرکت؛ اشارہ

Motive : *n.* (mo-u-tiv) cause कारण باعث؛ وجہ؛ سبب

Motor : *n.* (moh-ter) machine bring into motion a mover प्रेरिक; मोटर موٹر؛ انجن؛ محرک

Mottled : *adj.* (mot-eld) having patchs; blotched; marked with spots of different colours चित्तीदार; रंग बिरंगा پچرنگا؛ چتی دار؛ دھبوں والا

Motto : *n.* (mot-oh) a maxim; phrase; short sentence आर्दश-वाक्य مقولہ؛ کہاوت

Moujik : *n.* (mo-zhi-k) peasent; farmer किसान کسان؛ کاشتکار

Mould : *n.* (mohld) to thing in which something is cast; pattern form साँचा سانچہ؛ قالب

Moult : *v.t.* (molt) lose feather before new growth पर झाड़ना پر جھاڑنا

Mound : *n.* heap of earth; globe टीला; स्वर्ण गोलक ٹیلہ؛ گلوب

Mount : *n.* (mount) hill; mountain; stiff backing for photographs पहाड़; पहाड़ी; टीला; चित्र के पीछे लगाने का गत्ता پہاڑ؛ پہاڑی؛ فوٹو کے پیچھے لگانے کا گتا

Mountain : *n.* (mountin) high hills; a very high hill; hill of impressive height पर्वत; पहाड़ پہاڑ؛ کوہ؛ کوہستان

Mountaineer : *n.* (-nee-e-r) expert climber of mountains पर्वत पर चढ़ने का माहिर پہاڑوں پر چڑھنے کا ماہر

Mountainous : *adj.* (moun-ti-nus) having many mountains;huge पर्वती; बहुत बड़ा کوہستان؛ بہت بڑا؛ پہاڑ کا پہاڑ

Mourn : *v.t.* (moh-rn) to lament शोक क.; विलाप क.; रोना رنج کرنا؛ ماتم کرنا؛ افسوس کرنا؛ رونا

Mourner : *n.* one who mourns शोक करने वाला سوگ منانے والا؛ ماتم کرنے والا

Mournful : *adj.* sad; doleful मातमी; दुखी; दुखपूर्ण غمگین؛ ماتمی؛ غمناک

Mourning : *n.* grief; black clothes or band worn as sign of mourning apparel शोक; मातम; विलाप; मात्मी-लिबास غم؛ ماتمی؛ لباس یا ماتمی پٹی

Mouse : *n.* (ma-us) a small quadruped; a well known small animal चूहा چوہا؛ موش

Moustache : *n.* (mus-tahsh) hair on the upper lip मूंछ مونچھ

Mouth : *n.* (ma-uth) inlet in face for speaking and eating; the aperture in the head मुखा; मुंह منھ؛ دہن

Mouth organ : *n.* a musical instrument; harmonica मुंह का बाजा منہ کا باجا؛ ماؤتھ آرگن

Movable : *adj.* (mu-va-bel) that may be moved चलने योग्य; उठने योग्य قابلِ حرکت؛ منقولہ

Movables : *n.pl.* (mu-va-bles) personal goods; furniture मनुष्य की सम्पत्ति مالِ منقولہ؛ فرنیچر

Move : *v.* (muv) to change position; to persuade; to excite the feelings; to shift सरकाना; जज़बात उभारना; उकसाना متحرک کرنا یا ہونا؛ جذبات ابھارنا؛ اکسانا؛ منتقل ہونا یا کرنا

Movement : *v.* moving; organisation with particular way of thinking चाल; गति; अंदोलन حرکت؛ نقل و حرکت؛ تحریک

Movies : *n.pl.* (moo-veez) moving pictures चलचित्र; फिलम فلم؛ متحرک فلم

Mow : *v.* (mau) to cut with a scythe; to cut grass दराँती से काटना; घास काटना درانتی سے کاٹنا؛ گھاس کاٹنا

Mr : *n.* abb. of Mister श्रीमान; श्री جناب؛ محترم؛ صاحب

Much : (Adj.) very; to a large amount: in a great degree अधिक; बहुत زیادہ؛ بہت؛ بہت سا؛ بہت زیادہ

Not much (Ph.) a little थोड़ा सा تھوڑا؛ تھوڑا سا

Muck: n. (muk) animal refuse; dung; filth गोबर; खाद; गंदगी گوبر؛ لید؛ کھاد؛ گندگی

Mucky : *adj.* (muk-i) dirty; filthy गंदा گندا؛ غلیظ

Mucous : *n.* (mew-kus) membrane formed by mucous श्लेष्पल झिल्ली بلغمی جھلی یا آنو کی جھلی

Mucus : *n.* (mew-kus) slimy fluid; secretion by mucous membrane बलगम; नज़ला بلغم؛ کف؛ نزلہ

Mud : *n.* (mud) filth or mire; soft wet earth कीचड़; गंदीमिट्टी کیچڑ؛ مٹی (گندی)

Muddle : *v.* (mud-el) bungle; put into

disorder गड़बड़ करदेना; अस्तव्यस्त कर देना ستیا ناس کرنا؛ گڈ مڈ کرنا؛ گڑ بڑ کر دینا

Muddleheaded : *adj.* stupid अहमक़ احمق؛ مخبوط الحواس

Muddy : *adj.* full of mud कीचड़ वाला; गदला کیچڑ والا؛ گدلا؛ مٹی والا

Muffin : *n.* (muf-en) a kind of bun कुलचा; बन्द کلچہ؛ بند

Muffle : *v.* (mu-fel) to conceal; to wrap ढांकना; लपेटना ڈھانکنا؛ لپیٹنا

Muffler : *n.* (muf-el-er) scarf मफ़लर; गुलू बन्द مفلر؛ گلوبند

Mug : *n.* (mug) glass-like drinking vessel जलपात्र गिलास; पियाला مگ؛ آبخورہ؛ پیالہ

Mulberry : *n.* (mul-be-ri) tree on which silkworms feed; a tree and its fruit शहतूत شہتوت (کا درخت)

Mulct : *n.* (mulkt) a penalty; fine दण्ड; जुर्माना تاوان؛ جرمانہ

Mule : *n.* (mewl) a male donkey or mare; stubborn person जिद्दी خچر؛ ضدی؛ اڑیل؛ ٹٹو شخص

Multi : *pref.* (mul-ti) many; so many बहुत; बहुत से بہت؛ بہت سے

Multicolour / Multicoloured : *adj.* many coloured बहु-रंगों वाला; बहुरंग کئی رنگوں والا؛ رنگ برنگا

Multiform : *adj.* many forms बहुरुप کثیر الانواع

Multimillonaire : *n.* extremely rich person करोड़पती کروڑ پتی شخص

Multiple : *adj.* having many parts; exactly divisible by (of another) बहु गुणा; गुणा مختلف؛ گونا گوں؛ گنا؛ مضاعف؛ ذواضعاف

Multiplication : *n.* (mal-ti-pli-kay-shen) the act of multiplying गुणा क. ضرب

Multiplicity : *n.* (mul-ti-p-lis-e-ti) great number (of) अधिकता کثیر (کی) تعداد

Multiply : *v.t.* (mul-ti-pli) to increase in number; result of the multiplication of two or more numbers गुणा क.; बढ़ाना ضرب دینا؛ زیادہ کرنا

Multipurpose : *adj.* serving more than one purpose बहुप्रयोजन کثیر المقاصد

Multitude : *n.* (mul-ti-tewd) great crowd समूह; जनसाधारण اژدحام؛ بھیڑ؛ مجمع؛ انبوہ

Mum : *adj.* (mum) quiet; motionless; with no sound; soundless; calm चुप; खामोश خاموش؛ ساکت؛ ساکن؛ پرسکون؛ چُپ

Mumble : *v.* (mum-bel) to mutter; to speak indistinctly बड़बड़ाना; फुसफुसाना منہ ہی منہ میں کچھ کہنا؛ بدبدانا؛ بڑ بڑانا

Mummy : *n.* (mum-i) mother; dead body preserved by embalming माँ; मृत्यु शरीर जिस को मसाला लगा कर सुखाया गया हो; ममी امی؛ مصالحہ لگا کر محفوظ کی ہوئی لاش؛ ممی

Mumps : *n.pl.* disease causing swelling of salivary glands कनफेड़ा; गलसुआ; कर्णमूंल کن پھیڑ؛ گلسوئے؛ گلے کی سوزش

Munch : *n.* (munch) to chew eagerly; to chew steadily चबर चबर खाना; चबाना بڑی خواہش سے چبانا؛ چبڑ چبڑ چبانا

Mundane : *adj.* (mund-ayn) wordly संसारिक دنیاوی

Municipal : *adj.* (mew-nis-i-pel) belonging to a corporation नगर के प्रबन्ध से सम्बन्धित شہر کے انتظام سے متعلق؛ بلدیاتی

Munificence : *n.* (mew-nif-i-sens) great generosity उदारता بڑی سخاوت؛ فیاضی

Munificent : *adj.* (-sent) very generous; bountiful उदार; दानी; दाता داتا؛ سخی؛ فیاض؛ بہت فیاض

Munitions : *n.pl.* (mew-nish-unz) military supplies of guns etc. युद्ध-सामग्री گولہ بارود؛ سامانِ جنگ

Mural : *adj.* (new-rel) of or on wall दीवार पर دیوار پر

Murder : *n.* (me-r-der) ~~assassination~~; act of killing unlawfully हत्या; खून قتل؛ جان سے مار ڈالنا؛ خون

Murderer : *n.* assassin हत्यारा; खूनी قاتل؛ خونی

Murderous : *adj.* bloody; of murder खूनी; घातक قاتلانہ؛ خونی؛ خونخوار

Murk : *n.* (me-rk) darkness अंधेरा تاریکی؛ اندھیرا

Murky : *adj.* (me-rki) dark and gloomy;dense (darkness) अंधकारमय; घना (اندھیرا) تیرہ وتار؛ گھٹا ٹوپ

Murmur : *v.* (mer-mer) to grumble;to mutter; sound (of bees) बड़बड़ाना; भिंभिंनाहट (मक्खीयों की) بڑبڑاہٹ؛ سرسراہٹ؛ بھنبھناہٹ (مکھیوں کی)

Muscle : *n.* (mus-el) fibrous tissue in body; a fleshy fibre पुट्ठा; मांसपेशी پٹھا؛ عضلہ

Muscular : *adj.* (mus-kew-ler) of the muscles; strong पुट्ठेदार; पुष्ट پٹھوں کا؛ عضلاتی؛ مضبوط؛ توانا؛ گٹھا ہوا

Muse : *v.* (mewz) to ponder; to study सोच विचार क.; ध्यान करना غور وفکر کرنا؛ محو خیال ہونا

Museum : *n.* (mew-zee-um) a repository of curiosities; place where interesting objects are kept संग्रहालय عجائب گھر؛ عجائب خانہ؛ میوزیم

Mushroom : *n.* (mush-rocm)a spongy plant; an edible fungus खुमी; कुकुरमुत्ता سانپ کی چھتری؛ ککرمتا؛ کلاں باراں

Music : *n.* (mew-zic) pleasant rhythmic sound; melody राग; गान विद्या; संगीत موسیقی؛ گانا

Musician : *n.* (mew-zish-en) one who composes or skilled in music संगीतकार; गाना जानने वाला مطرب؛ موسیقار؛ نغمہ گر؛ گویا؛ علم موسیقی کا ماہر

Musk : *n.* (musk) a kind of black perfume; a flower; a perfume मुश्क; कस्तूरी مشک؛ نافۂ آہو؛ کستوری

Musket : *n.* (mus-ket) a soldier's hand gun; a kind of shot gun बन्दूक़ بندوق؛ تفنگ

Musketry : *n.* (mus-ket-ri) practice in range shooting; rifle fire निशानेबाज़ी; बंदूक चालन نشانہ بازی؛ بندوق کی گولیوں کا چلنا

Muslim : (n) (mus-lim) follower of Islam मुस्लिम; मुसलमान مسلم؛ مسلمان

Muslin: *n.* (mus-lin) a very thin kind of cotton cloth; fine stuff made of cotton मलमल का कपड़ा ململ؛ نفیس قسم کی ململ؛ عمدہ قسم کی ململ

Must : *n.* (must) something essential; frenzy अनिवार्य; मस्ती ضروری؛ لازمی؛ اشد ضروری؛ مستی

Mustaches : *n.* (mus-ta-ches) the hair left to grow on the upper lip मूँछें; मूँछ موچھیں؛ مونچھ

Mustard : *n.* (mus-te-rd) kind of plant with small seeds राई; सरसों رائی؛ سرسوں

Mustard oil : *n.* rapseed oil कड़वा तेल; सरसों का तेल کڑوا تیل؛ سرسوں کا تیل

Muster : *v.* (mus-ter) to collect एकत्र होना اکٹھا کرنا

Musty : *adj.* (mus-ti) mouldy फफूंदी लगा پھپھوندی لگا

Mutable : *adj.* (mewt-e-bel) liable to change; inconstant अस्थिर; चंचल متلون؛ تلون پذیر؛ بدل جانے والا؛ تغیر پذیر

Mutation : *n.* (mew-tay-shen) change; alteration परिवर्तन تغیر؛ تبدیلی؛ انتقال

Mute : *adj.* (mewt) dumb; silent; not expressed in words गूँगा; मूक; चुप گونگا؛ خاموش؛ چپ

Mutilate : *v.* (mew-ti-layt) to maim; to damage; to cut off limbs of (a person) अंग काटना; विकलांग क.. عضو کاٹنا؛ ہاتھ پیر کاٹنا

Mutineer : *n.* (mew-ti-neer) one guilty of mutiny विद्रोही; बाग़ी فوجی باغی؛ غدر میں حصہ لینے والا

Mutiny : *n.* (mew-ti-ni) rising of troops विद्रोह; बग़ावत غدر؛ فوجی بغاوت

Mutter : *v.* (mut-er) to grumble; to say in a low voice बड़बड़ाना; हलकी आवाज़ से कहना بڑبڑانا؛ آہستہ آہستہ کہنا

Mutton : *n.* (mut-en) sheep's or goat's meat भेड़ या बकरी का मांस بھیڑ یا بکری کا گوشت

Mutual : *adj.* (mew-tew-el) reciprocal between two; acting in return परस्पर; आपस में باہمی؛ آپس میں؛ طرفین میں؛ ایک دوسرے میں

Muzzle : *n.* (muz-el) animal's mouth; net covering for animal's mouth; fastening for the mouth मुँह; मुँह बान्धने की जाली या छींका تھوتھنی؛ منہ باندھنے کی جالی یا چھینکا

Muzzy : *adj.* (muz-i) bewildered मतवाला पशु مخبوط الحواس جانور

My : *pron.* (mi) possessive form of me; belonging to me मेरा میرا

Myopia : *n.* (mi-oh-pi-e) short sightedness नज़र की कमज़ोरी نظر کی کمزوری؛ دور کی نظر کی کمزوری

Myriad : *n.* (mi-ri-ed) countless number; any great number असंख्य ان گنت؛ لاکھوں؛ کڑوروں؛ بہت سا

Myrtle : *n.* (mer-tel) a kind of henna-like plant आस; विलायती मेंहदी آس؛ مہندی کی قسم کا ایک پودا؛ ولایتی مہندی

Myself : *pron.* (pl.) ourselves (reflexive form of me) अपने आप को; अपने اپنے آپ کو؛ اپنے

Mysterious : *adj.* (mis-tee-ri-us) like mystery छिपा हुआ; गुप्त پر اسرار؛ مخفی؛ پوشیدہ

Mystery : *n.* (mis-te-ri) a profund secret रहस्यमयी; गुप्त राज़ معمہ؛ راز پنہاں

Mystic : *adj.* (mis-tik) having knowledge of god; spiritual रहस्यवादी रहस्यमय عرفان الٰہی والا صوفی؛ صوفیانہ؛ عارفانہ؛ باطنی

Mysticism : *n.* (mis-ti-sizm) inter relation of god and soul as understood through beyond reason

रहस्यवाद; अध्यात्म विद्या تصوف

Mystify : *v.* (mis-ti-fi) to render obscure; puzzle; to make mysterious तारीक क॰; रहस्यमय बना देना تاریک کرنا؛ پیچیدہ کرنا؛ پر اسرار بنا دینا

Myth : *n.* (mith) story about God etc; irrational belief; a fable कल्पित कथा; पुराण कथा; दास्तान; क़िस्सा افسانہ؛ قصہ دیوی دیوتاؤں کا؛ داستان؛ بے حقیقت خیال؛ فرضی بات

Mythology : *n.* (myi-thol-o-gi) collection of myths; a system of fables देवी देवताओं की कथाऐं کسی ملک یا قوم کی فرضی کہانیاں؛ دیومالا؛ اساطیر

N

N : *n.* (en) fourteenth letter of English Alphabet अंग्रेज़ी वर्ण माला का चौदहवाँ अक्षर انگریزی حروف تہجی کا چودھواں حرف

Nab : *v.* (nayb) to catch unexpectedly झपट कर पकड़ लेना جھپٹ کر پکڑ لینا؛ دبوچنا

Nabob : *n.* (may-bob) Mogul governor; very rich person नवाब; बहुत अमीर व्यक्ति نواب؛ بہت امیر آدمی

Nadir : *n.* (nay-der) side opposite to zenith पताल लोक आदि سمت القدم؛ سمت النظیر

Nag : *v.* (nagg) scold persistently हर सम्य डांटते रहना ہر وقت ڈانٹ ڈپٹ کرتے رہنا؛ مستقل ڈانٹتے رہنا

Nail : *n.* (nayl) bone-like growth on finger ends; claw; strong iron piece with point at one end and head at the other मेख; कील; पंजा ناخن؛ پنجہ؛ کیل؛ میخ

Naive : *adj.* (nah-eev) innocent; child like simple; silly; amusingly simple सादा; बचकाना معصومانہ؛ بچکانہ؛ سادہ لوح

Naivety : *n.* (nah-eev-i-ti) innocence; childlike सादगी; भोलापन معصومیت؛ سادگی؛ بھولپن

Naked : *adj.* (nay-ked) bare; strip of clothes नंगा; स्पष्ट برہنہ؛ ننگا؛ عریاں

Nakedness : *n.* being naked नंगा होना ننگا ہونا؛ برہنگی؛ عریانی

Name : *n.* (naym) title; fame; word denoting person, place, thing etc नाम प्रतिष्ठा; कीर्ति نام؛ شہرت؛ اسم

Nameless . *adj.* without name गुमनाम گمنام؛ بے نام

Namesake : *n.* (name-sayk) person having the same name समनाम; एकनाम ہمنام؛ ایک نام

Nanny :*n.*(nan-i) nurse आया (शिशु की) آیا؛ کھلائی؛ دایہ (بچہ کی)

Nap : *n.* (nayp) siesta; short sleep; soft downy surface of cloth झपकी; अल्पनिद्रा; कपड़े की नर्म व रोएँदार परत قیلولہ؛ آنکھ لگنا؛ اونگھنا؛ جھپکی؛ کپڑے کی روئیں دار سطح

Nape : *n.* (nayp) back of the neck गुद्दी گدّی

Naphthalene : *n.* (naf-tha-lean) white antiseptic obtained from coal-tar फेनाईल فینائل

Napkin : *n.* (nap-kin) piece of cloth to wipe hands etc अंगोछा; रूमाल ہاتھ منہ پونچھنے کا کپڑا؛ نیپکن؛ دست پاک

Narcissus : *n.* (nahr-sis-us) a well-known flower or its plant नरगिस का पौधा या फूल نرگس

Narcotic : *adj.*(nahr-kot-ik) drug causing sleep; a drug producing sleep; drug making part of body sensless नींद लाने वाली दवा; सुन करने वाली दवा خواب آور دوا؛ مخدر؛ سن کرنے والا

Narrate : *v.* (na-rayt) to tell; to relate वर्णन क. بیان کرنا؛ کہنا

Narrator : *n.* story-teller; one who tell something; one who explain something वर्णन करने वाला; कहने वाला بتانے والا؛ کہنے والا؛ کہانی سنانے والا

Narration / Narrative : *n.* story; that relates facts; story-telling कथन; वर्णन کہانی؛ کہانی والا؛ بیانیہ

Narrow : *adj.* (na-soh) of small

breadh; of small width; restricted तंग; छोटा; सीमित تنگ؛ چھوٹا؛ محدود

Nasal : *adj.* (nay-zel) pertaining to nose; belonging to the nose नाक का; अनुनासिक متعلقہ ناک؛ ناک کا؛ ناک سے متعلق

Nascent : *adj.* (nas-ent) newly born उदीयमान; जायमान نوزائیدہ؛ ابھرتا ہوا

Nasty : *adj.* (nas-ti) filthy; obsene; offensive गंदा; अश्लील; अप्रिय گندا؛ غلیظ؛ فحش؛ ناگوار

Natal : *adj.* (nay-tel) of birth; from birth जन्म का; प्राकृतिक پیدائشی؛ جنم کا؛ قدرتی طور پر

Nation : *n.* (nay-shen) people living in one country राष्ट्र; जाति; क़ौम قوم؛ ملّت

National : *adj.* (nash-e-nel) of a nation; public; general राष्ट्रीय; क़ौमी; जातिय قومی؛ ملّی

National Anthem : *n.* official song of a nation राष्ट्रयगान قومی ترانہ؛ ترانۂ ملی

National Language : *n.* official language of a country राष्ट्रयभाषा قومی زبان

Nationalism : *n.* political theory based on one's love of nation; sympathy for national freedom movement राष्ट्रीयता; राष्ट्रयवाद قوم پرستی؛ وطن پرستی؛ قومی آزادی کی تحریک سے ہمدردی

Nationalist : *n.* champion of nation राष्ट्रवादी قوم پرست

Nationality : *n.* (nash-e-nal-i-ti) membership of a nation नागरिकता قومیت

Nationalize : *v.* to make something the property of the state राष्ट्रीयकरण क. قومیانا؛ قومی؛ ملکیت میں لینا؛ قومی ملکیت قرار دینا

Native : *adj.* (nay-tiv) pertaining to one's birth place देशवासी; जन्मजात پیدائشی؛ وطنی

Nativity : *n.* (na-tiv-i-ti-) birth; birth of Christ जन्म; जन्मोत्सव मसीह ولادت؛ پیدائش؛ میلادِ مسیح

Natural : *adj.* (nach-e-rel) pertaining to nature; produced by nature; unaffected प्राकृतिक; स्वाभविक قدرتی؛ طبعی؛ غیر مصنوعی

Natural History : *n.* study of nature प्रकृतिक विज्ञान تاریخِ طبیعی

Naturalist : *n.* student of natural history प्रकृति-वैज्ञानिक تاریخ طبیعی کا ماہر

Naturalize : *v.* (nach-e-ra-liz) to give the rights of citizenship; to adopt नागरिकता प्रदान क.; देशीकरण क.; अपनाना حقوقِ شہریت دینا؛ اپنانا؛ اختیار کرنا

Naturally : *adv.* spontaneously कुदरती; स्वतः فطرتاً؛ از خود؛ قدرتی

nature : *n.* (nay-cher) physical universe as a whole; native state of anything प्रकृति; स्वभाव کائنات عالم؛ طبیعی کارخانۂ قدرت؛ خصلت

Naught : *n.* (narut) nothing; cipher कुछ नहीं; शून्य کچھ نہیں؛ ہیچ؛ صفر

Naughty : *adj.* (nawti) wicked; unmannerly (child) शरीर; दुष्ट; नटखट; शरारती شرارتی؛ شریر؛ شوخ

Nausea : *n.* (naw-see-e) sickness; a propensity to vomit; disgust मतली; मचली; उबकाई; घृणा قے؛ متلی؛ مالش؛ گھبراہٹ؛ گھن

Nauseate : *v.* (naw-see-ayt) to

loathe जी मतलाना جی متلانا؛ الٹی آنا

Nauseating / Nauseous : *adj.* loathesome; disgusting घिनावना; घृणित قے آور؛ گھناؤنا

Nautical : *adj.* (nawt-i-kel) naval; of navigation समुन्द्री; जहाज़ी بحری؛ جہازرانی سے متعلق؛ سمندری

Naval : *adj.* (nay-vel) of sea; of navy; maritime जहाज़ी; समुद्रिक بحری؛ سمندری؛ جہازی

Nave : *n.* (nayv) hub; middie part of a wheel गिरजे या पहिये का मध्य का भाग (گرجے کی) ناف؛ پہیے کا درمیانی حصہ

Navel : *n.* (nayv-el) depression in the front part of belly नाभी ناف

Navigable : *adj.* (nay-vig-abel) passable by ships or boats नाव से ले जाने के योग्य قابلِ جہاز رانی

Navigate : *n.* (nav-i-gayt) to pass by ships or boats समुद्र में जहाज़ से यात्रा क. جہاز رانی کرنا

Navigation : *n.* art of navigating विमान संचालन; जहाज़रानी; नौयात्रा جہاز کا سفر

Navigator : *n.* sailor विमान-चालक; जहाज़रान ملاح؛ جہاز راں

Navy : *n.* (nay-vi) naval officers and men; naval army नौसेना; जल-सेना بحری فوج؛ بحری ارکان

Navy Blue : *n.* dark blue colour गहरा नीला रंग گہرا نیلا رنگ

Nazi : *n.* (nah-zi) member of Hitler's National Socialist party नाज़ी نازی

Neap : *adj.* (nip) low; scanty नीचा; हलका نیچا؛ ہلکا

Neap-Tide : *n.* tide which lowest high-water लघु ज्वार भाटा جزر

Near : *adj.* (nee-er) close निकट; समीप نزدیک؛ پاس

Nearly : *adv.* closely; almost निकट; समीप قریب قریب؛ تقریباً

Neat : *adj.* (neet) clean; elegant; tidy स्वच्छ; साफ़ صاف؛ صاف ستھرا

Neatness : *n.* tidyness साफ़ई صفائی؛ ستھرائی

Neb : *n.* (neb) beak चोंच; नाक چونچ؛ ناک

Nebula : *n.* (neb-ew-le) cloudy matter from which stars come into being नीहारिका سدیم؛ سحابیہ

Nebulous : *adj.* (neb-ew-lus) cloudlike; indistinct अस्पष्ट; धुन्धला مبہم؛ غیر واضح

Necessaries : *n.*pl. (nes-e-se-rees) things needful for human life आवश्यक सामग्री ضروریاتِ زندگی؛ ضروریات

Necessary : *adj.* (nes-e-se-ri-) compulsory; needful आवश्यक; जुरुरी; अनिवार्य ضروری؛ اہم؛ لازم؛ لازمی؛ ناگزیر

Necessary : *n.* necessities आवश्यकताऐं; आवश्यक सामग्री ضروریات؛ لوازمات؛ لوازم

Necessitate : *v.* (ne-ses-i-tayt) to make necessary; to compel आवश्यक क. ضروری ٹھہرانا؛ مجبور کرنا؛ لازمی کرنا

Necessity : *n.* (ne-ses-i-ti) urgent need; a demand; requisition आवश्यकता ضرورت؛ احتیاج؛ حاجتمندی

Neck : *n.* (nek) part of the body above shoulders गरदन گردن

Neck Band : *n.* part of garment

round the neck गला; ग्रेबान گلا؛ گریبان

Necklace : *n.* (nek-les) a string of pearls; a string of beads हार; माला ہار؛ چمپاکلی؛ نیکلیس

Necromancy : *n.* (nek-ro-main-si) enchantment जादूगरी; जादू; टोना; यंत्र جادوگیری؛ جادو؛ ٹونا

Nectar : *n.* (nek-ter) sweet liquid in flowers; any sweet beverage मधु; मधुरस شہد؛ عسل؛ لذیذ شربت

Need : *n.* (nid) urgent want; exigency आवश्यकता; अनिवार्यता ضرورت؛ حاجت؛ اشد ضرورت؛احتیاج

Needle : *n.* (nee-del) a small instrument for sewing; thin steel wire with eye for threading सूई سوئی

Needless : *adj.* (need-les) unnecessary व्यर्थ; अनावश्यक بے کار؛ غیرضروری

Needlewoman : *n.* one who does needle work दरज़न درزن؛ سلائی کرنے والی

Needlework : *n.* sewing सिलाई का कार्य سلائی کا کام

Needy : *adj.* (need-i) poor गरीब; दरिद्र غریب؛محتاج؛ ضرورت مند؛ حاجت مند

Nefarious : *adj.* (ne-fa-ri-us) wicked अतिदुष्ट فاسد

Negate : *v.* (ne-gayt) to deny; to contradict नकारना; अस्वीकार क.; खण्डन क. نفی کرنا؛منع کرنا؛ جھٹلانا

Negation : *n.* contradiction; denial अस्वीकार; नकार; प्रतिवाद نفی؛ اِبطال

Negative : *adj.* (neg-e-tiv) prohibitory अस्वीकारी انکاری؛ مانع

Negative : *v.* to explode; to contradict; to reject निगेटिव; नकार; अस्वीकार क.; खण्डन क. اِبطال کرنا؛ غلط ثابت کرنا؛ نامنظور کرنا

Neglect : *v.* (neg-lekt) to disregard; to heed; to leave undone भूलजाना; अनादर क.; ध्यान नहीं देना نظرانداز کرنا؛ بھول جانا؛ ادا نہ کرنا

Negligence : *n.* (neg-li-jens) neglecting; carelessness लापरवाही; असावधानी نظرانداز کرنا؛غفلت؛ بے پروائی؛ لاپروائی

Negligent : *adj.* (neg-li-jent) careless. असावधान بے پروا؛ لاپرواہ

Negligible: *(Adj.)* (neg-li-ji-bel) not worth considering; very small नगण्य; उपक्षेणीय نا قابلِ ذکر؛ یونہی؛ برائے نام؛ بہت چھوٹا

Negotiable : *adj.* (ne-goh-shi-e-bel) that can be settled by discussion जो बातचीत से हल किया जा सके; विनिमेय قابلِ گفت وشنید

Negotiate : *v.* (ne-goh-shi-ayt) to confer; to bargain बात चीत क.; लेन देन क. گفت وشنید کرنا؛ بات چیت کرنا؛ لین دین کرنا

Nagotiation : *n.* (ne-goh-shi-ay-shen) parley; a treaty; talk; conducting बात चीत; लेन देन گفت وشنید؛ بات چیت؛ لین دین

Negro : *n.* (nee-groh) a blackmoor; black skined person of African origin हबशी; अफ्रीकी حبشی؛ افریقی

Neigh : *v.* (nay) to cry (of horse) हिनहिनाना ہنہنانا (گھوڑے کا)

Neighbour : *n.* (ney-ber) person who lives nearby; one who lives near another प्रतिवासी; पड़ोसी پڑوسی؛ ہمسایہ

Neighbourhood: (n) being near

पड़ोस; प्रतिवेश; प्रतिवास قرب؛ ہمسائگی

Neither : *pron.* (ni-hde-r) not either; no one; not the one nor the other ना यह ना वह; दोनों में से कोई भी नहीं؛ نہ یہ نہ وہ؛ کوئی نہیں؛ کوئی بھی نہیں؛ دونوں میں کوئی ایک بھی نہیں

Nemesis : *n.* (nem-e-sis) retributive justice; punishment; goddess of such justice दण्ड; प्रतिशोध देवी پاداش؛ سزا؛ نیمی سس

Neo : *pref.* new; later नव; नया; नव्य جدید؛ نیا؛ تازہ تر؛ بعد کے دور کا؛ آخری

Neolithic : *adj.* (nee-o-lith-ik) the later stone age पत्थर का आख़री दोर پتھر کا آخری دور

Neology : *n.* (new-lo-gy) invention of new words नूतन शब्दों का प्रयोग نئے الفاظ ایجاد کرنا؛ الفاظ سازی؛ الفاظ تراشی

Neon : *n.* (nee-en) gas used in electric signs निआन نیون

Neon Light : *n.* flourescent tube; light बिजली की टयूब لائٹ؛ بجلی کی ٹیوب

Neophyte : *n.* (new-fit) new converted; tyro नया धर्म क़ूबूल क.; अनाड़ी نیا مذہب قبول کرنے والا؛ اناڑی؛ نو آموز

Nephew : *n.* (new-yu) the son of a brother or sister भतीजा; भांजा بھتیجا؛ بھانجا

Nepotism : *n.* (nee-po-tizm) favour show to relatives कुनबापरस्ती خویش پروری؛ کنبہ پرستی؛ عزیزوں کی پاسداری

Neptune : *n.* (nep-tiu-n) a planet एक तारा نیپتون؛ نظامِ شمسی کا بعید ترین سیارہ

Neroli : *n.* (ney-ro-li) oil of orange नारंगी का तेल نارنگی کا تیل

Nerval : *adj.* (ne-r-vel) of the nerves पुट्ठे से सम्बन्धित اعصابی

Nerve : *n.* (ne-r-v) fibre carrying feelings; guts; an organ of sensation स्नायु; नस; साहस عصب؛ نس؛ رگ؛ ہمت؛ جرأت

Nervous : *adj.* see nerval; fearful excilable; timid डरा हुआ; घबराया हुआ دیکھو Nerval؛ گھبرایا ہوا؛ خوفزدہ؛ ہراساں

Nervous System : *n.* all the nerves in the body स्नायु तंत्र اعصابی نظام

Nervousness : *n.* apprehensiveness घबराहट; बेचेनी; अधीरता اعصابی کمزوری؛ اعصابی بے چینی

Ness : *n.* (nes) a promontory गर्दन; अन्तरीप گردن؛ راس

Nest : *n.* (nest) bird's house; a bed for bird; den; snug place पक्षी गृह; घोंस्ला; आराम की जगह گھونسلا؛ آشیانہ؛ پرندوں کا اڈّا؛ خلوت خانہ؛ آرام دہ جگہ

Nestle : *v.* (nes-tel) to settle; to lie close; lie half-hidden सुख से बस जाना; साथ लग कर बैठना; छिपा पड़ा रहना آرام سے بسنا؛ ساتھ لگ کر بیٹھنا؛ نیم پنہاں ہونا

Net : *n.* (net) device to catch; a texture जाल جال؛ دام

Nether : *adj.* (needh-er) lower; नीचे का; निचला نیچے کا؛ نچلا

Nethermost : *adj.* lowest सबसे नीचा سب سے نیچا

Nettle : *n.* (net-el) wild plant with stinging leaves बिच्छू; बिच्छू बूटी بچھو؛ بچھو بوٹی

Network : *n.* convected system of crossing and recrossing lines of canals, railways etc; losely woven fabric; making such fabric जाल; जाली का काम; जाली (ریلوے وغیرہ) کا بچھا ہوا جال؛ جالی کا کام؛ جالی

Neuralgia : *n.* (new-ral-ji-e) nervous pain स्नायु दर्द اعصابی درد

Neurology : *n.* science of nerves स्नायु-विज्ञान علم الاعصاب

Neuter : *adj.* (new-ter) sexless; neither feminine nor musculine नपुसंक بے جنس؛ بے صنف؛ مخنث؛ جنس مشترک

Neutral : *adj&n.* (newt-rel) not taking either side in quarrel; neither party अपक्षपाती غیر جانبدار؛ غیر معین

Neutralize : *v.* to render indifferent; to make non-effective अपक्षपात क.. بے اثر بنانا؛ غیر جانبدار بنانا؛ بے تاثیر کرنا

Never : *adv.* (nev-er) at no time; not at all कभी नहीं; कदापि नहीं کبھی نہیں؛ ہرگز نہیں؛ قطعاً نہیں

Nevertheless : *adv.* (-dhe-les) not with standing; yet तथापि; तो भी پھر بھی؛ تاہم

New : *adj.* (new) fresh; modern; latest नवीन; ताज़ा نیا؛ تازہ؛ جدید ترین

Newcomer : *n.* one who has recently arrived नवागत; नया आने वाला نووارد؛ نیا آنے والا

Newness : *n.* freshness; being new नयापन; नवीनता تازگی؛ نیا ہونا

News : *n.* (niuz) fresh information समाचार خبر

Newsagent : *n.* one who selling newspapers समाचार-पत्र बेचने वाला اخبار فروش

Newsboy: (n) boy hawking newspapers in the street समाचपर-पत्र बेचने वाला लड़का بازاروں میں پھر کر اخبار بیچنے والا

Newspaper : *n.* (niuz-pay-per) periodical giving news; daily news paper समाचार-पत्र اخبار، روزنامہ

Newsreel : *n.* cinema film showing news न्यूज़ रील; समाचार फिल्म نیوز ریل؛ اخباری فلم

Next : *adj.* (nekst) nearest; very close; immediately following; later निकट; समीप; अगला قریب ترین؛ بالکل قریب کا؛ اگلا؛ بعد کا

Nib : *n.* (nib) metal point of pen; bill निब; चोंच نوکِ قلم؛ نب؛ چونچ

Nibble : *v.* (nib-el) to eat slowly; to take small bites at criticize कुतरना; नुकताचीनी क.. کترنا؛ نکتہ چینی کرنا

Nice : *adj.* (neis) delicate; pleasing; dainty ललित; नाजुक نفیس؛ پر لطف؛ خوشگوار؛ نازک

Nicety : *n.* (nis-e-ti) punctiliousness; minute distinction; intricacy; accuracy attractive मनोहरता; रमणीय بے حد احتیاط؛ حد سے زیادہ احتیاط؛ باریک فرق؛ نفاست

Niche : *n.* (nich) hollow in wall for statue etc ताक़ आला; ताखा طاق

Nick : *n.* (nik) exact point of time; exact time ठीक समय ٹھیک وقت؛ بالکل آخری وقت؛ بالکل وقت پر

Nickle : *n.* (nik-el) whitish metal; five-cent coin निकल; पाँच सेन्ट का अमरीकी सिक्का نکل؛ پالش؛ پانچ سینٹ کا امریکی سکہ

Nickname : *n.* (nik-naym) a by-name; popular name उपनाम; चिढ़ाने का नाम بگڑا ہوا نام؛ عرف

Nicotine : *n.* (nik-o-tin) poisonous

element of tobacco निकोटीन نکوٹین؛ تمباکو کا زہر

Niece : *n.* (nees) daughter of a brother or sister भतीजी; भांजी بھتیجی؛ بھانجی

Niggard : *adj.* (nig-e-rd) miser; parsimonious कंजूस; कृपया کنجوس؛ بخیل؛ تنگ دل

Niggardly : *adj.* miserly; scantly कंजूसी से کنجوسی سے؛ بخیلانہ

Nigger : *n.* negro हवशी حبشی؛ کالا بھجنگ

Nigh : *adv.* (ni) near; near to निकट; समीप का قریب قریب کا؛ پاس کا؛ نزدیک؛ کے قریب

Night : *n.* (neit) time from sunset to sunrise रात्रि رات؛ شب

Night dress / Night gown : *n.* long loose garment worn by women or children in bed रात्रि के कपड़; गाउन رات کا لباس؛ گاؤن

Night fall : *n.* end of day light; evening सन्ध्या; शाम شام؛ رات ہونا

Night mare : *n.* incubus; horrible experience काबूस; दुखद-स्वप्न کابوس؛ دہشت ناک وقوعہ؛ ڈراؤنا خواب

Night school : *n.* school providing instruction at night रात्रि स्कूल شبینہ مدرسہ؛ رات کو پڑھانے والے اسکول

Night time : *n.* night रात्रि رات

Night watch : *n.* watch by night रात्रि का पहरा رات کا پہرہ

Night watchman : *n.* watch man who watches at night रात्रि को पहरा देने वाला رات کو پہرہ دینے والا

Nightingale : *n.* a bird that sings at night बुलबुल عندلیب؛ بلبل

Nigrescent : *adj.* (nai-gres-nt) blackish; dark; wheatish colour श्यामल; सांवला کالا؛ سانولا

Nihilism : *n.* (nai-li-zm) opposition to all constituted authority नाशवाद ہر مروّجہ نظام اور نظریے کی مخالفت

Nihilist : *n.* one who believing in Nihilism नाशवादी ہر مروّجہ نظام کا مخالف

Nil : *n.* (nil) nothing; zero कुछ नहीं; शून्य کچھ نہیں؛ صفر

Nill : *v.* (nil) not to will न चाहना نہ چاہنا

Nimble : *adj.* (nim-bel) agile; alert; quick कुशल; तेज़; फुरतीला پھرتیلا؛ تیز

Nincompoop : *n.* (nin-kom-poop) a fool; silly मुर्ख; निकम्मा گاؤدی؛ احمق؛ بے وقوف؛ کاٹھ کا اُلو

Nine : *n.* (nin) number nine (9) in counting नो نو؛ نہم

Nineteen : *n.* (nin-teen) number 19th in counting उन्नीस اُنّیس

Ninety : *n.* number 90 in counting नब्बे نوّے

Niny : *adj.* silly; fool मूर्ख; बुद्धू بے وقوف؛ بدھو

Nip : *n.* (nip) pinch; small dose चुटकी; चुसकी چٹکی؛ چسکی

Nip in the bud : *ph.* stop its development while yet early सर उठाते ही कुचल देना سر اٹھاتے ہی کچل دینا؛ شروع ہی میں ختم کر دینا

Nippers: (n) (pt.) a small pincers चिमटी; मोचना چمٹی؛ موچنا

Nipple : *n.* (nip-el) point of the breast; nipple shaped thing चूची; ढिपनी; निपल نپل؛ دودھ؛ سرپستان

Nippy : *adj.* quick; prompt तेज़; तीक्ष्ण تیز؛ فوری

Nisi : *n.* (ni-si) starting प्रारंभिक آغاز؛ ابتدا

Nitre : *n.* (ni-te-r) saltpetre शोरा قلمی شورہ؛ شورہ

Nitre acid : *n.* acid made from saltpetre शोरे का तेज़ाब شورے کا تیزاب

Nitrogen : *n.* (nit-ro-zen) a kind of gas नाइट्रोजन نائٹروجن؛ ہوا کا ایک جزو

Nitwit : *adj.* silly; fool बुद्धू; उल्लू بے وقوف؛ بدھو؛ الو

No : *adj.* (noh) not; not at all नहीं; कोई भी नहीं نہیں؛ ہرگز نہیں؛ بالکل نہیں

Nobility : n. (noh-bil-i-ti) person of high rank; quality of being noble; ligrity उच्चता; श्रेष्ठता; कुलीनता شرافت؛ عالی ظرفی؛ اُمراء

Noble: *n.* (noh-bel) of high character; splendid; illustrious; exalted उच्च; महान; प्रभावशाली عظیم الشان؛ عالی ظرف؛ شاندار

Noble man : *n.* noble कुलीन पुरुष رئیس؛ نواب؛ تعلقہ دار

Nobody : *n.* (noh-bod-i) none; no one; unimportant person कोई नहीं नगण्य व्यक्ति; नाचीज़ کوئی نہیں؛ بے حیثیت آدمی؛ ناچیز

Nocturnal : *adj.* (nok-te-r-nel) nightly रात का; निशा का; रात्रि का رات کا؛ شبینہ؛ شبانہ

Nocuous : *adj.* (no-ki-us) harmful; noxious; hurtful हानिकारक مضر؛ نقصان دہ؛ زیاں کار

Nod : *v.* (nodd) to bend the head शीश झुकाना سرِ تسلیم خم کرنا؛ سر جھکانا

Nod : *n.* nodding movement of the head सर का ईशारा سر کا اشارہ؛ سر آگے کو ہلانا

Node : *n.* a knot गाँठ; गिरह گانٹھ؛ گرہ

Noggin : *n.* (no-gin) a small cup काठ की प्याली; छोटा कप کاٹھ کی پیالی؛ چھوٹا کپ

Noise : *n.* (noiz) din; outcry; clamour चिल्लाहट; कोलाहल شوروغل؛ غل غپاڑہ؛ دُہائی

Noiseless : *adj.* quiet; silent मौन; चुप پرسکوت؛ پرسکون؛ خاموش

Noisome : *adj.* noxious; illsmelling; disagreeable हानिकर; बदबूदार; अप्रिय مضر؛ نقصان دہ؛ بدبودار؛ ناگوار

Noisy : *adj.* (noizi) full of noise; making much noise कोलाहलपूर्ण; चिल्लाहट मचाने वाला شوروغل والی جگہ؛ شوروغل مچانے والا

Nomad : *n.* (nom-ad) wanderer; member of wandering tribe खानाबदोश; चलवासी خانہ بدوش؛ گھومنے پھرنے والا

Nomadic : *adj.* of nomad खानाबदोशाना خانہ بدوشانہ

Nome : *n.* (noum) a province सूबा; प्रान्त صوبہ

Nomenclature : *n.* (nom-en-klay-cher) system of giving name; scientific terminology नाम रखने का उसूल; पारिभाषिक शब्दावली نام رکھنے کا اصول؛ علمی یا سائنسی اصطلاحات

Nominal : *adj.* (non-i-nel) only in name; existing not in fact but in name only नाम मात्र का برائے نام؛ محض نام کا

Nominate : *v.* (nom-i-nayt) to appoint; to propose someone for election नियुक्त क.; नामज़द क.; मनोनीत

ک. نامزد کرنا؛ الیکشن کے لیے کسی کا نام پیش کرنا

Nomination : *n.* nominating नामज़दगी نامزدگی

Nominee : *n.* (nom-i-nee) nominated person नामज़द पुरुष نامزد شخص

Non : *prof.* (non) not अ; ग़ैर; अन نا؛ غیر

Non-Appearance : *n.* failure to appear; absence अनुपस्थिति غیر حاضری؛ عدم موجودگی

Non-chalant : *adj.* indifferent; careless भावहीन; लापरवाह بے پروا؛ لاپرواہ

Non combatant : *n.* (-kom-) army servant not employed to fight अयोधी غیر مصافی فوجی

Non conductor : *n.* insulator अचालक غیر موصل

Non-Cooperate : *v.* refuse to co-operate (with) सहयोग ना क. تعاون نہ کرنا؛ عدم تعاون کرنا

Non-cooperation : *n.* lack of cooperation असहयोग عدم تعاون

Non descript : *n.* (non-des-kript) not easily described; odd अज्ञातकुल; अजीब; अल्लमग़ल्लम مبہم؛ نرالا؛ انوکھا؛ عجیب

Non-entity : *n.* unimportant person नगण्य व्यक्ति; छुटभैया غیر اہم شخص؛ بے حقیقت آدمی

Non-sense : *n.* (non-sens) meaningless; absurd अनापशनाम; मूर्खता بے معنی؛ بے ہودہ؛ احمقانہ؛ فضول

Non-sensical : *adj.* silly निरर्थक احمقانہ؛ بے ہودہ

Non-stop : *adj.* moving without stop अविराम; निरन्तर مسلسل؛ لگاتار

None : *pron.* (nun) no one कुछ भी नहीं; कोई भी नहीं کچھ بھی نہیں؛ کوئی بھی نہیں

Nonentity : *n.* (no-nent-i-ti) unimportant person तुच्छ मनुष्य; आम मनुष्य غیر اہم شخص؛ عام آدمی

Nonplus : *v.* (non-plus) perplex दमबखुद कर देना دم بخود کر دینا

Noodle : *n.* (noo-del) silly; fool मूर्ख; उल्लू بے وقوف؛ الو

Nook : *n.* (nuk) inside corner कोने का भीतर का हिस्सा کونے کا اندر کا حصہ

Noon : *n.* (noon) mid day; exact 12 o'clock in the day दोपहर دوپہر؛ نیم روز؛ دن کے بارہ بجے

Noose : *n.* (nooz) a running knot; loop of nose सरकने वाला फन्दा پھندا؛ کمند

Nor : *conj.* (ner) not even; negative particle न; ना हीं نہ ہی؛ نہ

Norm : *n.* (norm) normal form; standard प्रतिमान; प्रसामान्यक عام حالت؛ عام صورت؛ معیار؛ نمونہ؛ مثال

Normal : *adj.* (nor-mel) usual; standard; average प्राकृतिक حسبِ معمول؛ باقاعدہ؛ معیاری؛ مثالی

North : *n.* (no-r-th) the point opposite the sun in the meridian उत्तर दिशा شمال

North Pole : *n.* point opposite the south pole उत्तरी ध्रुव قطب شمالی

Nose : *n.* (nohz) a part of the face; organ of smell; sense of smell नाक; सूघंन की शक्ति ناک؛ سونگھنے کی حس؛ قوتِ شامہ

Nose-dive : *n.* headlong descent of aircraft हवाई जहाज़ का सर के बल ग़ोता हवाई जहाज़ ہوائی جہاز کا سر کے بل غوطہ

Nose-gay : *n.* (nouz-gay) bouquet; a bunch of flower गलदस्ता; फूलों का गुच्छा گلدستہ؛ پھولوں کا گچھا

Nose-ring : *n.* ring for the nose नथ; बुलाक़ نتھ؛ بلاق

Nostalgia : *n.* (nos-tal-ji-a) home sickness गृह विरह وطن کی یاد؛ گھر کا ہڑکا؛ گھر کی ہڑک

Nostril : *n.* (nos-tril) the cavity in the nose; either of the two openings in the nose नथना نتھنا

Not : *adv.* the particle of negation नहीं; ना نہیں؛ نہ

Nota-bene : *ph.* note well; please note; note ध्यान दीजिय; याद रहे یاد رہے؛ دھیان دیجیے؛ نوٹ

Notable : *adj.* (noht-e-bel) remarkable; worth noticing; famous ध्यान देने योग्य; प्रसिद्ध قابلِ ذکر؛ قابلِ توجہ؛ مشہور

Notary : *n.* (noht-e-ri) official for witnessing documents लेख्य प्रमाणक وثیقہ نویس؛ ناظر رجسٹری

Notation : *n.* (noh-tay-shen) representation of numbers or musical notes स्वंराकण स्वरलिपि اعداد یا موسیقی کی دھنوں کی ترسیم

Notch : *n.* (noch) a cut; shaped cut दांता; कटाव دندانہ؛ شگاف؛ دانتا

Note : *n.* (noht) a mark; notice; brief record of lecture; brief letter; memorandum; observe चिन्ह; लेख; नोट; मेमो ध्यान; पत्र; रुक्क़ा علامت؛ نشان؛ یادداشت؛ نوٹ؛ رقعہ؛ مراسلہ؛ توجہ

Noted : *adj.* (noh-ted) eminent; famous नामी; प्रसिद्ध مشہور؛ نامور

Noteworthy : *adj.* deserving attention विचारणीय; ध्यान देने योग्य قابلِ ذکر؛ قابلِ لحاظ

Nothing : *n.* (nuth-ing) not at all; non-existence कोई चीज़ नहीं; कुछ नहीं کچھ نہیں؛ بالکل نہیں؛ ہرگز نہیں؛ متفق نہیں؛ کوئی چیز نہیں

Notice : *n.* (noh-tis) public announcement; information to do or not to do; information सूचना देना; ध्यान देना اطلاع؛ آگاہی؛ اعلان؛ نوٹس

Notice board : *n.* board for putting up notice सूचना-पट्ट اعلانات کا تختہ؛ نوٹس بورڈ

Noticeable : *adj.* worthy of observation ध्यान देने योग्य قابلِ غور؛ قابلِ توجہ

Notification : *n.* (noh-ti-fi-kay-shen) announcement विज्ञप्ति اعلان

Notify : *v.* (noh-li-fi) to announce; to report; to make known घोषणा क.; सूचना देना اعلان کرنا؛ اطلاع دینا

Notion : *n.* (noh-shen) idea; opinion; a sentiment विचार; मत; धारणा خیال؛ تصور؛ رائے؛ نظریہ؛ قیاس

Notoriety : *n.* (no-te-ri-e-ti) a public exposure; defamation; slandering बदनामी; अपयश بدنامی؛ رسوائی

Notorious : *adj.* (no-to-ri-us) having bad reputaion विख्यात; बदनाम بدنام؛ رسوا

Notus : *n.* (no-tus) the south wind दक्खिनी हवा جنوبی ہوا

Notwithstanding : *prep & conj.* despite; although के बावजूद; यद्यपि باوجود؛ حالانکہ

Nought : *n* (not) zero; nothing शून्य; कुछ नहीं صفر؛ کچھ نہیں

Noun : *n.* (na-un) word used as name नाम اسم؛ نام

Nourish : *v.* (nu-rish) feed; nurture; to support with food पोषित क.; पालना خوراک دینا؛ غذا دینا؛ پرورش کرنا

Nourishment : *n.* food; food value आहार; पोषाहार; पोषण خوراک؛ غذا؛ غذائیت

Novel : *n.* (nov-el) fictitious story अपन्यास ناول

Novel : *adj.* new; strange; unusual नया;उनूठा; नवीन; असाधारण نیا؛ نرالا؛ انوکھا؛ عجیب

Novelette : *n.* (nov-e-let) small length novel लघु उपन्यास چھوٹا ناول

Novelist : *n.* (nov-e-list) writer of novel उपन्यास लेखक ناول نویس؛ ناول لکھنے والا

Novelty : *n.* (nov-el-ti) being new; newness something new नयापन; उनोखी वस्तु نیاپن؛ جدید یا انوکھی شئے

November : *n.* (noh-vem-ber) eleventh month of western calender नवम्बर نومبر؛ انگریزی کلینڈر کا گیارہواں مہینہ

Novice : *n.* (nov-is) beginner; tiro नवशिष्य; नौसिखिया اناڑی؛ نو آموز؛ نوسکھیا

Now : *adv.* (nou) at the present movement; at this time अब; अभी; इसी सम्य اب؛ ابھی؛ حال میں

Now-a-days : *adv.* (nou-a-deiz) in the present age; these days आज कल; इन दिनों में آج کل

Nowhere : *adv.* (noh-way-er) at no place; not in any place कहीं भी नहीं; कहीं नहीं کہیں بھی نہیں؛ کہیں نہیں

Noxious : *adj.* (nok-shus) harmful हानीकारक نقصان دہ

Nozzle : *n.* (noz-el) spout of pipe टोंटी (नल आदि) ٹونٹی؛ دہانہ؛ منہ (نل وغیرہ کا)

Nuance : *n.* (naw-ans) minute differenco; olight difference सूक्ष्म भेद; सूक्ष्म अन्तर معمولی فرق؛ باریک فرق

Nubile : *adj.* (nau-ba-il) able to marriage, marriageable विवाह योग्य شادی کے لائق؛ بیاہ کے قابل

Nuclear : *adj.* (newk-li-er) of nucleus मरकज़ी مرکزی

Nucleus : *n.* (nuk-lus) kernel of a nut; centre गिरी; मग़ज़; मरकज़ گری؛ مغز؛ مرکز

Nude : *adj.* (newd) bare नंगा ننگا؛ برہنہ

Nude : *n.* naked figure or person नंगी तस्वीर या मर्द عریاں تصویر یا آدمی

Nudism : *n.* (newd-izm) staying nude as cult नग्नवाद عریانیت؛ دین عریانی

Nudist : *n.* (newd-ist) one who adheres to this cult नग्नवादी عریانی کا پیرو؛ عریانیت پرست

Nudity : *n.* (newd-i-ti) nakedness नग्नता ننگاپن؛ عریانیت

Nuisance : *n.* (new-sens) annoying कंटक; चोट; चोट करने वाला تکلیف دہ شخص یا کام یا چیز

Null : *adj.* (nul) void; insignificant; not in force व्यर्थ वस्तु ناچیز؛ باطل؛ بیکار چیز؛ کالعدم

Nullify : *v.* (nul-i-fi) to make null and void रद्द क.; अकृत क. کالعدم قرار دینا؛ ردّ کرنا

Numb : *adj.* (num) nuable to feel owing to (cold etc.) सुन्न سن؛ شل

Number : *n.* (num-ber) numeral; collection; multitude; serial; order अंक; संख्या; समूह; भीड़; बहुत से ہندسہ؛ عدد؛ گنتی؛ تعداد؛ مجموعہ؛ بھیڑ؛ بہت سے

Numberless : *adj.* (num-ber-les) countless उनगिनत; असंख्य بے شمار؛ ان گنت

Numeral : *n.* (nuwm-e-rel) word or symbol representing number अंक

Numerate : *v.* (newm-rayt) to calculate; to count गिनना شمار کرنا؛ گننا

Numerator : *n.* (newm-ray-tor) calculator गिनने वाला شمار کنندہ؛ گننے والا

Numerical : *adj.* (-me-ri-kal) of number संख्यात्मक; संख्या-विषयक عددی

Numerous : *adj.* (newm-e-rus) very; many; containing many अधिकतर; बहुत से بہت؛ متعدد؛ کثیر؛ بہت سے

Nun : *n.* (nun) Christian devotee; vowed to religious service धर्मसंघिनी راہبہ؛ گوشہ نشین عورت

Nunnery : *n.* (nur-e-ri) convent मठ راہبات کی خانقاہ؛ مٹھ

Nuptial : *adj.* (nup-shel) pertaining to marriage; of marriage विवाह का عروسی؛ شادی کا

Nuptials : *n.*pl. wedding function; marriage विवाह कम्र شادی کی تقریب؛ نکاح؛ شادی

Nurse : *n.* (ne-rs) one who attends patients or sick person; maid; servant for infant तीमारदार; आया; दाया نرس؛ تیماردار؛ آیا؛ دایہ؛ کھلائی

Nursery : *n.* room for little children; school or classes for very small children; a place where plants propagated for transplanting garden for raising young plants नर्सरी; शिशु-घर; बहुत छोटे बच्चों के लिए स्कूल; पौध-घर نرسری؛ بچہ خانہ؛ ننھوں کی پرورش کرنا؛ بہت چھوٹے بچوں کا اسکول؛ پود گھر

Nursery rhyme : *n.* poems or songs for very young children छोटे बच्चों का गीत ننھے بچوں کا گیت؛ نرسری کی نظمیں

Nursing home : *n.* nice name for hospital उपचार गृह نرسنگ ہوم؛ تیمار خانہ

Nurture : *n.* (nur-cher) to bring up पालनहार; आहार پرورش کرنا؛ تربیت کرنا؛ بچوں کی تربیت کرنا

Nut : *n.* (nut) edible kernel or seed inside hard shell; a fruit सुपारी; अख़रोट سپاری؛ اخروٹ

Groundnut : *n.* मूंग-फली مونگ پھلی

Nut meg : *n.* माजू फल مازو پھل؛ ماجو

Peanut : *n.* जाएफल جائفل

Walnut : *n.* अख़रोट اخروٹ

Nut-crackers : *n.* instrument for cracking nuts सरोता سروتا

Nutriment : *n.* (newt-ri-ment) nourishing food आहार; खाना غذائیت والی خوراک؛ غذا

Nutrition : *n.* (newt-ri-shen) food; feeding or being nourished पोषण; आहार تغذیہ؛ غذا

Nutshell : *n.* shell of nut; very briefly छिलका; संक्षेप में مازو پھل کا چھلکا؛ مختصر؛ مختصر ترین لفظوں میں

In a nutshell : *ph.* brief संक्षेप में مختصراً

Nuzzle : *v.* (nu-zel) to lie close or comfortable आराम से लेटना; सट कर लेट जाना آرام سے لیٹنا؛ آرام سے لیٹ جانا؛ سٹ کر لیٹنا

Nyctalopia : *n.* (nik-tal-opia) day blindness रतौधीं رتوندھی

Nylon : *n.* (ni-lon) a kind of cloth नाईलोन نائیلون

Nymph : *n.* (nimf) very lovely maiden; a goddess of the wood, sea etc परी; देवी حور؛ پری؛ چھوٹی دیوی

O

O : o*n*. (oh) fifteenth letter of English alphabet अंग्रेज़ी वर्ण माला का पन्द्रहवाँ अक्षर انگریزی حروف تہجی کا پندرھواں حرف

O : *int*. (oh) expressive of surprise or fear ओफ़; ओह; हाय اف؛ ارے توبہ؛ ہائے وغیرہ؛ اوہ

Oaf : *n*. (ouf) an idiot; silly मूर्ख; उल्लू احمق؛ بے وقوف؛ الّو

Oafish : *adj*. an idiot;simple मूर्ख; भोला احمق؛ سادہ؛ بھولا

Oak : *n*. (ohk) a kind of strong tree and it's wood बलूत का पेड़ شاہ بلوط؛ بلوط کا درخت

Oar : *n*. (ohr) flat blade used in rowing; an instrument to row with चप्पू; डांड چپو؛ ڈانڈ

Oars Man : *n*. one using oars चप्पू चलाने वाला چپو چلانے والا

Oasis : *n*. (oh-ay-sis) a fertile spot in a desert मरुद्वीप; नख़लिस्तान ریگستان میں سر سبز مقام؛ نخلستان

Oath : *n*. (ohth) vow to speak the truth; a solemn affirmation क़सम; सौगन्ध; शपथ قسم؛ حلف

Oats : *n*. (ohts) a kind of cereal जई; जुई جئی؛ جوئی

Obaligato : *adj*. (ob-li-gay-to) compulsory अनिवार्य ضروری

Obduracy : *n*. (ohb-du-ray-si) hardness of heart; hardness; obstinacy कठोरताई; संगदिली سنگ دل؛ ہٹ دھرمی؛ بے رحمی

Obedurate : *adj*. hard-hearted; imprітent; stubborn कठोर; हठी; ज़िद्दी سنگ دل؛ سخت؛ ضدی؛ ہٹ دھرم

Obeah : *n*. (ob-i-e) amulet तावीज; जादू टोना تعویذ؛ جادوٹونا

Obedience : *n*. (o-bee-di-ens) submission; obsequiousness; being obedient आज्ञापालन; आज्ञाकारिता; हुक्मबरदारी فرمانبرداری؛ تابعداری؛ شعاری؛ تعمیل ارشاد

Obedient : *adj*. (o-bee-di-ent) submissive to authority; willing to obey आज्ञाकारी; हुक्मबरदार فرمانبردار؛ مطیع؛ تابعدار؛ حکم کی بلا چوں و چرا تعمیل کرنے والا

Obediently : *adj*. in an obedient manner हुक्मबरदारी करते हुए فرمانبرداری کرتے ہوئے

Obeisance : *n*. (o-bay-sans) respectful; an act of reverence; bow of homage प्रणाम; आदर-सत्कार; सम्मान; अभिवादन سلام؛ آداب؛ بندگی؛ جھکنا

Obese : *adj*. (o-bees) very fat (person); fat; gross स्थूल; मोटा; बहुत मोटा بہت موٹا؛ فربہ؛ موٹا تازہ؛ کُپا

Obesity : *n*. (o-bees-e-ti) fatness मोटापन; स्थूलता موٹاپا؛ موٹاپن

Obex : *n*. (o-bee-ks) hindrance बाधा; अड़चन; रुकावट رکاوٹ؛ مزاحمت؛ خلل اندازی؛ ممانعت

Obey : *v*. (o-bay) to comply the order; to pay submission आज्ञा का पालन क.; आज्ञा मानना حکم کی تعمیل کرنا؛ حکم ماننا؛ فرمانبرداری کرنا

Obfuscate : *v*. (ob-fus-kayt) to darken; to obscure अंधेरा क.; धुंधला क. اندھیرا کرنا؛ دھندلا کرنا

Obituary : *n.* (o-bit-ew-e-ri) news of death निधन सूचना خبر مرگ؛ موت کی شائع ہونے والی خبر

Obituary notice : *n.* death notice निधन नोटिस; निधन संवाद نوٹسِ مرگ

Object : *n.* (ob-jekt) any material thing; word or phrase governed by verb; purpose पदार्थ; कर्म; उद्देश्य چیز؛ شئے؛ معروض؛ مفعول؛ مقصد؛ مدعا؛ غرض

Object : *v.t.* (ob-jekt) to be oppose विरोध क. اعتراض کرنا

Objection : *n.* (ob-jek-shen) objecting; an adverse agrument विरोध; आपेक्षा اعتراض

Objectionable : *adj.* open to objection; such as may be objected; opposed; offensive आपत्तिजनक قابلِ اعتراض؛ ناپسندیدہ

Objective : *n.* (ob-jek-tiv) purpose; aim; target उद्देश्य; लक्ष्य مقصد؛ ہدف

Objurgate : *v.* (ob-zar-gayt) to rebuke; to scold; to chide झिड़कना; डांटना; फटकारना ڈانٹنا؛ جھڑکنا؛ ملامت کرنا؛ سخت سست کہنا

Oblation : *n.* (ob-lay-shen) a sacrifice बलिदान; दान قربانی؛ بلی

Obligate : *n.* (ob-li-gayt) to bind by contract or duty वचनबद्ध क.; आभारी बनाना اقرار یا شرط کا پابند کرنا

Obligation : *n.* (ob-li-gay-shen) duty; responsibility; contract कर्तव्य; भार; वचन; इक़रार فرض؛ ذمہ داری؛ پیان؛ عہد و پیان؛ اقرار

Obligatory : *adj.* necessary अनिवार्य; आवश्यक لازمی؛ ضروری

Oblige : *v.* (ob-lig) to do a favour; make indebted; to compel; to gratify विवश क. आभारी बनाना; एहसान क. احسان کرنا؛ مجبور کرنا؛ ممنون کرنا

Obliging: *adj.* complaisant; obligating अनुग्राही; सुशील; उपकारी مہربان؛ نیک؛ خلیق

Oblique : *adj.* (ob-leek) slanting; not direct; not perpendicular तिरछा; टेढ़ा; अप्रत्यक्ष; गोलमोल ترچھا؛ آڑا؛ گول مول

Obliquely : *adv.* (ob-li-qui-le) indirectly; not perpendicularly कुटिल रीति से منحرف؛ ٹیڑھا

Obliterate : *n.* (ob-lit-e-rayt) efface; eradicate; to destory मिटाना; नष्ट क.; मिटा देना مٹا ڈالنا؛ کاٹنا؛ محو کرنا؛ پامال کرنا؛ نام و نشان مٹا ڈالنا

Obliteration : *n.* (ob-lit-e-ray-shen) effacement; extinction; eradication लोप; नाश مٹاؤ؛ ازالہ؛ بربادی

Oblivion : *n.* (ob-liv-i-en) state of being quite; forgotten; disregard विस्मृति; अपेक्षा فراموشی؛ بے التفاتی

Oblong : *adj.* (ob-long) (figure) longer than square or circle; rectangle आयात; आयाताकार مستطیل؛ لمبوترا؛ لمبی شکل کا

Obloquy : *n.* (ob-lo-kwi) infamy; disgrace निन्दा; बदनामी; कलंक بدنامی؛ رسوائی؛ الزام

Obnoxious : *adj.* (ob-nok-shus) nasty; offensive अप्रिय مکروہ

Obscene : *adj.* (ob-seen) immoral; indecent; immodest; disgusting अशलील; कुत्सित فحش؛ ناشائستہ

Obscenity : *n*. (ob-seen-i-ti) lewdness; being obscene निर्लज्जा; अशलीलता فحاشی؛ ناشائستگی

Obscure : *adj*. (ob-skew-e-r) dark; not clear; difficult अस्पष्ट; धुंधला پوشیدہ؛ تاریک؛ دھندلا؛ غیرواضح؛ مبہم

Obscurity : *n*. (ob-skew-e-ri-ti) being unknown; darkness; indistinctness अन्धकारता; धुंधलापन گمنامی؛ تاریکی؛ دھندلاپن

Obsecrate : *v*. (ob-sik-rayt) to beseech; to entreat प्रार्थना क. منت کرنا؛ خوشامد کرنا

Obsequies : *n*. (ob-skiw-eas) funeral solemnities क्रिया करम; क्रिया تجہیز و تکفین؛ کریا کرم

Obsequious : *adj*. (ob-si-kw-us) compliant; obedient विनीत; चापलूस چاپلوس؛ حقیر؛ تابعدار

Observance : *n*. (ob-zer-van-s) observing of rule; celebration पाबन्दी; पालन پابندی؛ عمل؛ منانا

Observant : *adj*. (ob-zer-vant) quick at seeing; alert सर्तक; परिदर्शक; चौकस تیز بیں؛ تیز نگاہ؛ چوکس

Observation : *n*. (-vay-shen) noticing; remark; note निरीक्षण; विचार مشاہدہ؛ اظہارِ خیال

Observe : *v*. (ob-zer-v) to see carefully; view; to follow; to watch; to obey देखना; निरीक्षण क.; आज्ञा का पालन क. بغور دیکھنا؛ مشاہدہ کرنا؛ حکم بجالانا

Obsess : *v*. (ob-ses) (idea or evil spirit) to fill (the mind with) घेर लेना مسلّط ہونا

Obsession : *v*. (ob-sesh-en) the act of besieging; obsessing घेरा غلبہ؛ تسلط؛ محاصرہ

Obsolete : *adj*. (ob-so-leet) out dated (words, methods); disused; grown out of use अप्रचलित متروک الاستعمال؛ متروکہ؛ غیر مروّجہ

Obstacle : *adj*. (ob-ste-kel) hindrance; obstruction; interruption रूकावट; अटकाव; विघ्न رکاوٹ؛ مزاحمت

Obstinacy : *n*. (ob-sti-ne-si) stubbornness; persistency ज़िद्द; हठ سرکشی؛ ضد؛ ہٹ؛ ہٹ دھرمی

Obstinate : *v*. (ob-sti-nayt) stubborn; contumacious ज़िद्दी; हठीला ضدی؛ سرکش؛ ہٹ دھرم

Obstruct : *v*. (ob-stmkt) to hinder; to block up रोकना; उटकाना رکاوٹ ڈالنا؛ مسدود کرنا؛ روڑا اٹکانا

Obstruction : *n*. (ob-struk-shen) hindrance; interruption; obstructing रूकावट; उटकाव مزاحمت؛ رکاوٹ

Obstruent : *v*. (obstru-e-nt) hindering बाधा डालने वाला مانع؛ سدِ راہ

Obtain : *v*. (ob-tayn) to get; to receive; to acquire; to prevail प्राप्त क.; पाना; लेना حاصل کرنا؛ پانا؛ لینا

Obtest : *v*. (ob-test) to beseech; to supplicate प्रार्थना क.; विनती क. التجا کرنا؛ منّت کرنا؛ منّت سماجت کرنا

Obtrude : *v*. (ob-trood) to thrust into a place by force; to offer with unreasonable importunity घुसेड़ना; बिना पूछे आगे क. خواہ مخواہ دخل دینا؛ مخل ہونا؛ داخل کرنا

Obtuse : *adj*. (ob-tews) blunt; dunce; dull कुन्द; मन्द کند؛ کند ذہن

Obviate : *v.* (o-bvi-ayt) to prevent; to oppose प्रतिरोध क.; रोकना ہٹانا؛ رفع دفع کرنا

Obvious : *adj.* (ob-vi-ous) plain; open; evident प्रगट; साफ़; प्रत्यक्ष صاف؛ عیاں؛ ظاہر؛ صریح

Occasion : *n.* (o-kay-zhen) opportunity; excigency मौक़ा; घटना; अवसर موقع؛ واقعہ

Occident : *n.* (ok-si-dent) west पश्चिमी مغرب

Occult : *adj.* (o-kult) mysterious; unknown छिपा हुआ پر اسرار؛ پوشیدہ

Occult science : *n.* magic; astrology जादू-टोना आदि جادو؛ نجوم وغیرہ

Occupancy : *n.* (ok-ew-pan-si) tenure दख़ल قبضہ

Occupant : *n.* (ok-ew-pant) one who occupies पदाधिकारी قابض

Occupation : *n.* (ok-ew-pay-shen) vocation; employment; trade; being busy काम; पेशा; रोजगार; व्यवसाय کام؛ پیشہ؛ مصروفیت؛ حرفہ

Occupy : *v.* (ok-ew-pi) be in possession of; to use अधिकार में क.; प्रयोग क.; काबिज होना قابض ہونا؛ استعمال کرنا

Occur : *v.* (o-ke-r) to happen घटना होना واقع ہونا؛ ہونا؛ ظاہر ہونا

Occurrence : *n.* (o-ke-sens) event घटना واقعہ

Ocean : *n.* (oh-shen) big sea; the sea समुद्र سمندر؛ بڑا سمندر؛ بحر

Octagon : *n.* (ok-te-gon) eight sided polygon अष्टभुज مثمن

October : *n.* (ok-toh-ber) tenth month of English calendar अक्तूबर اکتوبر؛ انگریزی سال کا دسواں مہینہ

Octopus : *n.* (ok-to-pus) sea animal with eight arms and round mouth ओक्टोपस آکٹوپس؛ ایک سمندری جانور جس کے آٹھ ہاتھ پیر اور منہ گول ہوتا ہے

Octroi : *n.* (ok-troi) a tax; a duty on goods entering in town नगर प्रवेश का कर چنگی؛ محصول چنگی

Ocular : *adj.* (o-kew-lar) known by the eye प्रत्यक्ष; आँखों से देखा हुआ چشم دید؛ آنکھوں دیکھا

Odd : *adj.* (od) not even; strange; unconceted jobs अयुग्य; विषम; अनोखा طاق عدد؛ عجیب؛ انوکھا؛ متفرق

Oddity : *n.* (od-i-ti) queerness अनोखा सा عجیب سا؛ انوکھا سا

Odds : *n.*(pl.) chances संभावना امکانات

Ode : *n.* (ohd) lyric poem; lyric long poem गीत; नज़्म غنائی نظم؛ قصیدہ

Odious : *adj.* (oh-di-us) hateful घृणित; अप्रिय نفرت انگیز؛ ناگوار

Odium : *n.* wide spread hated फैली हुई नफ़रत پھیلی ہوئی نفرت

Odorous : *adj.* (o-do-res) fragrant सुगन्धित; खुशबूदार خوشبودار

Odour : *n.* (oh-der) smell; any smell; fragrance गन्ध; सुगन्ध بو؛ خوشبو

Odourless : *n.* without any smell बिना गन्ध; बिना सुगन्ध بے بو؛ بغیر خوشبو

Of : *prep.* (of) belonging; made by; about; from का; के; से; का बना हुआ; पर; बारे में کا؛ کے؛ کی؛ کا بنا ہوا؛ پر؛ بارے میں؛ سے

Off : *adv.* (of) at distance दूर का; दूर हो دور؛ جدا

Offal : *n.* (of-el) refuse; carrion;

rubbish; waste parts of animal छीछड़े; ओझड़ी; कूड़ा-करकट فضلہ؛ مردہ جسم؛ بیکار گوشت؛ اوجھڑی؛ کوڑا کرکٹ

Offence : *n.* (o-fens) crime; transgression; sin; anger; hurting of feelings; attack अपराध; असंतोष; हमला جرم؛ خلاف ورزی؛ گناہ؛ ناراضگی؛ حملہ

Offend : *v.* (o-fend) to displease; to commit crime अप्रसन्न क.;पीड़ा देना ناخوش کرنا؛ تکلیف دینا؛ قانون شکنی کرکے دل کو ٹھیس پہنچانا

Offender : *n.* criminal अपराधी مجرم؛ قانون شکن

Offensive : *adj.* (o-fens-iv) displeasing अप्रसन्नता; अप्रिय خراب؛ ناپسندیدہ؛ ناگوار

Offer : *v.* (o-fer) to present; for sale; to sacrifice; to tell acceptable price चढ़ना; नज़र क.; बलिदान देना; भेट क.; क़ीमत लगाना پیش کرنا؛ نذر کرنا؛ بھینٹ کرنا؛ قربانی دینا؛ بیچنے کے لیے رکھنا؛ قیمت لگانا

Offering : *n.* sacrifice; present; act of offering बलिदान; नज़र; अर्पण قربانی؛ نذر؛ پیشکش؛ نذرانہ

Offhand : *adv.* (of-and) extempore; without previous study or preparation तत्काल; बग़ैर तैयारी के; तुरन्त بغیر تیاری کے؛ بے ساختہ؛ فوراً

Office : *n.* (of-is) public employment; place for clerical work कार्यालय; दफतर آفس؛ دفتر؛ محکمہ

Officer : *n.* one holding a big office बड़ा अफ़सर; बड़ा अधिकारी بڑا افسر؛ بڑا اہلکار

Official : *adj.* (o-fish-el) pertaining to an office सरकारी; कार्यालय से सम्बन्धित دفتر کے متعلق

Officate : *v.* to perform another's duty; to do work as a make shift arrangment स्थानापन्न होना; किसी पद का कार्य निभाना قائم مقامی کرنا؛ عوضی لگنا؛ عارضی طور پر ہونا

Officious : *adj.* (o-fish-us) fussy; middlesome दखल देने वाला; कार्य से कठिन बना कर दिखाने वाला کام کو مشکل بنا کر دکھانے والا؛ مین میخ نکالنے والا؛ شوخ؛ دخل دینے والا

Offish : *adj.* (of-ish) stiff; rigid कड़ा; सख़्त کڑا؛ سخت

Offset : *n.* (of-set) method of lithographic printing आफ़सेट की छपाई آفسیٹ کی چھپائی

Offspring : *n.* (of-spring) children; child संतान بچے؛ اولاد؛ نسل

Often : *adj.* (of-ten) frequently; mostly अकसर; प्रायः اکثر؛ اکثر وبیشتر؛ بیشتر؛ بسا اوقات؛ بارہا

Ogle : *v.* (oh-gl) to look amorously; looking lovingly; to view with side glances प्यार भरी दृष्टि से देखना; तिरछी दृष्टि से झाकना پیار بھری نظروں سے دیکھنا؛ ترچھی نظر سے دیکھنا

Ogre: (n) (oh-ger) man eating giant; an imaginary monster; frightful giant; hideous or cruel man देव آدم خور؛ جن؛ دیو

Oh : *Int.* (oh) calling ah; hai; ha etc हैं; हा; अरे; अरे तोबा आदि ارے؛ اُف؛ ہائے؛ ارے توبہ

Oho : *Int.* (oho) surprise; exultation ओ हो; ओह; आहा; ओहो اوہ؛ اوہو؛ ارے؛ آہا وغیرہ

Oil : *n.* (o-il) kind of sticky liquid तेल; रोग़न تیل؛ روغن

Butter Oil : *n.* घी; तेल گھی؛ تیل

Oil cake : *n.* seeds from which oil has been passed out खली کھلی

Oil-cloth : *n.* linoleum मोमजामा موم جامہ

Oil-painting : *n.* painting in oil colours तेल चित्र روغنی رنگ کی تصویر؛ روغنی تصویر

Oil-seeds : *n.* seeds from which oil can be extracted तेलहन تلہن

Oily : *adj.* oil like; containg oil; greasy तेलिया; तेलहा; चिकना تیل جیسا؛ ملائم؛ چکنا

Ointment : *n.* (oint-ment) paste used on skin for cure or beauty; an unguent; salve मरहम; लेप مرہم؛ لیپ

Old : *adj.* (oh-ld) not young; not new; ancient बूढ़ा; प्राचीन काल का بوڑھا؛ پرانا؛ قدیم

Oligarchy : *n.* (ol-iga-r-ki) government by small group गुटतन्त्र; अल्पतन्त्र; कुलीन तन्त्र چندسری حکومت

Olive : *n.* (ol-iv) a fruit with oil yielding seeds (or its plants); a plant and it's fruit जैतून زیتون

Olive branch : *n.* symbol of peace शांति-प्रतिक; जैतून की शाख نشانِ مصالحت؛ شاخِ زیتون

Olympian : *adj.* (o-lim-pi-en) pertaining to olympus; magnificent; lofty ओलिम्पियन; शानदार; बहुत ऊँचा اولمپین؛ شاندار؛ بہت اونچا

Omelet/Omelette : *n.* (om-let) a dish consisting chiefly of eggs beaten up with onion, green or red chilly, milk and cooked in a frying pan आमलेट آملیٹ؛ روٹی کی طرح تلے ہوئے انڈے

Omen : *n.* (oh-men) a good or bad sign शगुन; चिन्ह; लक्षण شگون؛ علامت

Ominous : *adj.* (om-i-nus) of bad omen; sinister शकुनात्मक; अशुभ بد شگونی والا؛ برا شگون

Omission : *n.* (omish-en) something left; neglect of duty; leaving out भूल-चूक; विलोपन; त्याग فروگذاشت؛ غفلت؛ چھوڑ دینا

Omissive : *adj.* (o-mis-iv) careless असावधान لاپرواہ

Omit : *v.* (o-mit) to neglect; to leave out; fail (to do) भूल जाना; न करना; छोड़ देना نظر انداز کرنا؛ چھوڑ دینا؛ نہ کرنا

Omnibus : *n.* (om-ni-bus) full form of bus बस بس

Omnifarious : *adj.* (om-ni-fe-rius) of all kinds and sorts भांति भांति का; हर हर प्रकार का ہرقسم کا؛ طرح طرح کا

Omnific : *adj.* (om-ni-fik) all creating पैदा करने वाला خالقِ کل

Omnipotent : *adj.* (omnip-o-tent) all powerful सर्व शक्तिमान قادرِ مطلق؛ بڑی طاقت والا؛ کامل اختیار والا

Omnipresent : *adj.* (om-ni-prez-ent) present every where; present in every place सर्व व्यापक ہرجگہ موجود؛ سب جگہ موجود

Omniscient : *adj.* (om-nish-i-ent) all knowing सर्व ज्ञानी عالم الغیب؛ سب کچھ جاننے والا

Omnivorous : *adj.* (om-ni-vo-rus) able to eat every kind of food सर्व भक्षी; सर्वाहारी ہمہ خور؛ ہر چیز کھا سکنے والا

On : *prep.* (on) upon; along; about;

towards पर; ऊपर; आगे को کے؛ اوپر؛ پر؛ کے کنارے؛ کے متعلق؛ سے؛ کی طرف؛ آگے کو

On time : *adj.* in time समय पर بروقت

Once : *adv.* (wans) at one time; on a single occassion; formerly एक बार; पहले; कभी ایک بار؛ ایک دفعہ؛ پہلے؛ کبھی

One : *n.* (wan) alone; single person or thing; the first number कोई मनुष्य या चीज; एक अकेला اکیلا؛ کوئی شخص؛ شئے؛ ایک

Onerous : *adj.* (ohn-e-rus) burdensome; heavy; weighty भारी; बोझल بھاری؛ اہم؛ وزنی

Onion : *n.* (un-yen) a well known vegetable; a plant प्याज़ پیاز

Onlooker : *n.* (on-luk-er) spectator दर्शक تماش بین؛ دیکھنے والا

Only : *adj.* (ohn-li) one and no more; single सिर्फ एक ही; केवल; अकेला صرف ایک ہی؛ اکیلا؛ اکلوتا

Onset : *n.* (on-set) attack आक्रमण; चढ़ाई حملہ؛ یورش؛ چڑھائی

Onslaught : *n.* (on-slot) fierce attack जबरदस्त आक्रमण شدید حملہ؛ سخت حملہ

Onus : *n.* (oh-nus) obligation; responsibility; burden कर्तव्य; जिम्मेदारी; बोझ فرض؛ ذمہ داری؛ بوجھ

Onward : *adj & Adv.* (on-we-rd) forward आगे को آگے کی طرف؛ بڑھتا ہوا؛ آگے

Ooze : *n.* (ooz) soft liquid mud at bottom of pond कीचड़ گاد؛ تہہ میں جمی ہوئی کیچڑ

Ooze : *v.* to run gently; to trickle धीरे से बहना رسنا؛ بہنا؛ آہستہ آہستہ خارج ہونا

Opal : *n.* (oh-pal) a precious stone दुधिया पत्थर دودھیا پتھر؛ ایک قسم کا قیمتی پتھر

Opaqe : *adj.* (o-payk) through which thing can be seen indistinctly अस्पष्ठ; धुन्धला غیر شفاف؛ دھندلا

Open : *n.* (o-pen) the open area खुला क्षेत्र; खुली भूमि या धरती کھلا علاقہ؛ کھلی زمین

Open : *v.* to unclose; to slit; to give out खोलना; आरम्भ क॰; चाक क॰; ज़ाहिर क॰ کھولنا؛ شروع کرنا؛ چاک کرنا؛ ظاہر کرنا

Open : *adj.* not shut; not close; not secret evident खुला हुआ; जो बन्द न हो کھلا ہوا؛ جو بند نہ ہو؛ آشکارا

Opening : *n.* releasing; starting; aperture उद्घाटन; प्रारम्भ; छेद افتتاح؛ شروع کرنا؛ چھید؛ سوراخ

Openly : *adv.* publicly; evidently; frankly; without secrecy खुल्लम खुल्ला; स्पष्ट عیاں طور پر؛ کھلم کھلا؛ صاف صاف

Openness: *(n)* being open; lack of secrecy; frankness. खुला हुआ; राज़ ना होना; स्पष्ट कहना صاف گوئی؛ کھلا ہوا؛ راز نہ ہونا

Opera : *n.* (op-e-ra) a musical entertainment; musical drama औपेरा; बाजे के साथ नाटक اوپیرا؛ غنائیہ تمثیل

Operate : *v.* (op-e-rayt) to work; to act; to perform surgical operation चलना; काम क॰; चीर-फाड़ क॰ چلنا یا چلانا؛ کام کرنا؛ آپریشن کرنا؛ عمل جراحی کرنا

Operating room : *n.* room reserve for operation चीर-फाड़ करने का कमरा جراحت خانہ؛ آپریشن کا کمرہ

Operation : *n.* working; work by surgeon; military action काम; चीर-फाड़; सेना की कार्यवाई عمل؛ عمل جراحی؛ فوجی کاروائی

Operative : *adj.* (op-e-ray-tiv) working; effective; practical क्रियाकारी;

कार्यकर; व्यावहारिक کارگر؛ پُراثر

Operator : *n.* one who operates machine; one who operates projector ओपरेटर; कारीगर; मशीन चलाने वाला آپریٹر؛ کاریگر؛ کام کرنے والا؛ مشین چلانے والا

Operose : *n.* (op-e-ros) hard worker; industrious परिश्रमी; मेहनती محنتی

Opine : *v.* (o-pin) to give opinion; be of opinion विचारना; कहना رائے دینا؛ مشورہ دینا؛ کہنا

Opinion : *n.* (o-pin-yen) remark; sentiment; advice विचार; ख़्याल; राय رائے؛ خیال؛ مشورہ

Opiniated : *adj.* (-ted) having unchanging opinion खुदसर; कट्टर خودسر؛ کٹّر

Opium : *n.* (ohp-i-um) the juice of poppies; kind of intoxicating drug अफ़ीम افیم؛ افیون

Opponent : *n & ajd.* (o-poh-nent) adversary; against विरूद्ध; उलटा مخالف؛ مقابل

Opportune : *n.* (op-er-twen) favourable उपयुक्त مناسب

Opportunist : *n.* (op-er-tewn-ist) time server अवसरवादी; जमानासाज़ ابن الوقت؛ زمانہ ساز

Opportunity : *n.* (-nity) favourable chance; convenience उचित समय; अवसर موقع؛ مناسب موقع

Oppose : *v.* (o-pohz) to resist; to hinder; to work against विरोध क.; रोकना مزاحمت کرنا؛ روکنا؛ مانع کرنا؛ مخالفت کرنا

Opposite : *adj.* (o-poz-it) facing; placed infront; adverse; contrary विरूद्ध; विपरीत مقابل؛ بالمقابل؛ روبرو؛ ثانی

Opposition : *n.* (o-po-zish-en) hostile resistance; being opposite विरूद्धता; विरोधी दल مخالفت؛ عداوت؛ مخالف پارٹی

Oppress : *v.* (o-pres) govern cruely; to crush by hardships सताना; बेरहमी से पेश आना; क्रूरता क. ستانا؛ ظالمانہ حکومت کرنا؛ بے رحمی سے پیش آنا؛ زبردستی کرنا

Oppression : *n.* (o-presh-en) cruelty; governing cruelty क्रूरता; बल पूवर्क استبداد؛ ظلم سختی؛ زبردستی

Oppressive : *adj.* (o-pres-iv) cruel and unjust in human कठोर; क्रूर; निर्दयी ظالم؛ سنگ دل؛ ستم گر؛ مستبدانہ؛ بے رحم

Oppressor : *n.* (o-pres-or) tyrant कठोर; निर्दयी ظالم؛ ستم گر؛ بے رحم؛ سنگ دل

Opprobrious : *adj.* (o-pro-u-bri-us) reproachful; disgraceful अपमानी; निन्दक; निन्दाभरा برا؛ بدنام؛ رسوا

Oppugn : *v.* (o-piu-n) to oppose; to attack विरोध क.; आक्रमण क.; खण्डन क. مخالفت کرنا؛ مزاحمت کرنا؛ حملہ کرنا؛ مقابلہ کرنا

Opt : *v.* (opt) to select; to like चुनना; पसन्द क. چننا؛ پسند کرنا؛ انتخاب کرنا

Optative : *adj.* (op-tay-tiv) expressive of desire इच्छा प्रकाशक خواہش ظاہر کرنے والا

Optic : *adj.* (o-ptik) visual; relating vision आँख का; आँख से सम्बन्धित آلۂ بصارت؛ آنکھ کا؛ آنکھ سے متعلق؛ عینی؛ بصری

Optical : *adj.* (op-ti-kel) of eyesight; related to eyesight दृष्टि से सम्बन्धित بصری؛ نظر کا؛ نظر سے متعلق

Optician : *n.* (op-tish-en) one who skilled in optics; one who makes and sells glasses चक्षु चिकित्सिक; ऐनक बनाने वाला; चश्मा बनानेवाला ماہرِعلم بصارت؛ عینک ساز؛ عینک فروش

Optimism : *n.* (op-ti-mizm) belief that all ends well; the doctrine that everything in nature is ordered for the best; hopefulness; chearfulness आशावाद; श्रेष्ठावाद رجائیت؛ امید پر قائم؛ پُر امید ہونا؛ خوش دلی

Optimist : *n.* (op-ti-mist) optimistic person आशावादी رجائیت پسند

Optimistic : *adj.* always expecting the best आशापूर्ण رجائیت پسند؛ پر امید

Optimum : *adj.* (op-ti-mum) best आदर्श بہترین

Optimum : *n.* most opportune moments अनुकूलतम परिस्थिति या वातावरण مناسب ترین موقع

Option : *n.* (op-shen) a choice; power of choosing; right to select पसन्द; पसन्द करने की शक्ति; अभिलाषा پسند؛ پسند کرنے کا حق؛ حقِ انتخاب

Opulence : *n.* (op-ew-lens) wealth; affluence दौलतमंदी; अमीरी; मालदारी دولت مندی؛ امیری؛ مالداری؛ بہت رئیس

Opulent : *n.* very rich; very wealthy person धनी; सम्पत्तिशाली رئیس؛ بہت امیر

Or : *conj.* (or) a conjuctive particle; one of the alternatives; that is; otherwise नहीं; तो; अथवा یا؛ خواہ؛ یعنی؛ نہیں تو

Oracle : *n.* (ore-kel) place at which ancient greeks sought advice from their God; revelation आकाशवाणी دارالاستخارہ؛ آکاش وانی؛ کلامِ غیب

Oral : *adj.* (oh-rel) delivered verbally; spoken; of the mouth ज़बानी; मुँह का زبانی؛ تقریری؛ منہ کا

Orange : *n.* (o-rinj) a fruit; kind of citrus fruit; a juicy fruit संतरा; नारंगी سنترہ؛ نارنگی؛ رنگترہ

Oration : *n.* (o-ray-shen) a public speech भाषण تقریر

Orator : *n.* (o-ray-tor) eloquent public speaker वक्ता; सुवक्ता مقرر؛ خطیب؛ فصیح گو؛ سخن آور

Oratory : *n.* (o-ra-te-ri) art of public speaking भाषण देने की कला فنِ خطابت؛ تقریر کا فن

Orb : *n.* (o-rb) globe; sphere; circle; wheel eye कुर्रा; चक्कर; आँख کرۂ جرمِ فلکی؛ کرہ؛ چکر؛ پہیہ؛ چشم

Orbit : *n.* (o-r-bit) the path in which a planet moves घूमने का मण्डल گردش کا راستہ

Orchard : *n.* (or-che-rd) a garden of fruit trees; a fruit garden फलयुक्त वृक्षों का उपवन پھلوں کا باغ؛ میووں کا باغ

Orchestra : *n.* (or-kes-tre) band of musical instrument players; a musical instrument आरकेस्ट्रा آرکسٹرا؛ سازندوں کا طائفہ؛ مطرب خانہ

Ordain : *v.* (or-dayn) to appoint ठहराना; स्थिर क॰; पादरी बनाना مقرر کرنا؛ معین کرنا؛ پادری بنانا؛ ٹھہرانا

Ordeal : *n.* (or-deel) test of varacity through torture; severe trial कठिन परीक्षा; अपराधी की जिस्मानी तकलीफ़ देकर परीक्षा लेना جسمانی اذیت دے کر جھوٹ سچ کا امتحان لینا؛ سخت آزمائش؛ مشکل مرحلہ

Order : *n.* (or-der) command; regular

placing; peaceful condition; request to supply (goods) आदेश; व्यवस्था; फरमाईश حکم؛ ترتیب؛ امن وامان؛ (مال کی) فرمائش

Order : *v.* to give an order; put in regular way; regulate आज्ञा देना; क्रमानुसार लगाना; रीति अनुसार क. حکم دینا؛ ترتیب دینا؛ باقاعدہ کرنا

Put in order : *ph.* to arrange क्रमानुसार लगाना ترتیب دینا

Orderly : *adj.* neatly arranged रीति अनुसार; क्रमानुसार قرینے سے لگاہوا؛ باقاعدہ؛ ترتیب وار

Orderly: *n.* officer's messenger अर्दली; चपरासी اردلی؛ چپراسی

Ordinal : *n& adj.* (or-di-nel) showing order क्रमसंख्या; क्रमसूचक संख्या; क्रमसूचक عدد ترتیبی

Ordinance : *n.* (or-dinan-s) a law; a rule;decree having the force of law कानून; अध्यादेश آرڈیننس؛ فرمان

Ordinarily : *adv.* (or-dina-ri-li) commonly; usually प्राय; आमतौर से عموماً؛ عام طور پر

Ordinary : *adj.* common; usual; असाधार; प्रायः معمولی؛ عام؛ ادنیٰ

Ordinate : *adj.* methodical क्रमानुसार باقاعدہ

Ordination : *n.* (or-di-nay-shen) the act of ordaining; arranging; appointment विधान कल्पना; अभिषेक; नियुक्ति تقرر؛ تعین

Ordnance : *n.* (or-danans) heavy guns & weapons; heavy artillery; department for military store तोपखाना; आयुध विभाग توپ خانہ؛ محکمۂ ذخائر جنگی

Ordure : *n.* (or-diur) animal dung; filth manure गोबर; खाद; गन्दगी گوبر؛ کھاد؛ فضلہ؛ گندگی

Ore : *n.* (oh-r) raw metal; metal yet in its mineral stage कच्ची धातु کچی دھات

Organ : *n.* (or-gen) any part of living body; a musical instrument आर्गन; अंग عضو؛ آرگن؛ ارغنون؛ آرغن

Organdie : *n.* (or-gan-di) thin cotton cloth; mulmul बारीक मलमल; आंकंडी باریک ململ؛ نفیس ململ؛ آرکنڈی

Organic : *adj.* (or-gan-ik) produced by or possesing organs अंग से सम्बन्धी عضویاتی؛ عضوی

Organism : *n.* any living being जीव; अंगी نامی؛ نامیاتی

Organization : *n.* (or-gay-ni-zay-shen) association; a due construction of parts; organising संगठन; संस्था; व्यवस्था क.; या होना; निर्माण تنظیم؛ جماعت؛ ترکیب ساخت؛ منظم کرنا یا ہونا

Organize : *v.* to form organically; bring under regular system; get ready बनाना; निर्माण क. ترتیب دینا؛ ترتیب میں لانا؛ تیار کرنا

Organized : *adj.* well prepared संगठित منظم

Organizer : *n.* one who organizes संगठनकर्ता; आयोजक تنظیم کرنے والا

Orgasm : *n.* (or-gazm) frenzy; rage प्रबल उत्तेजना; कामोत्ताप جوش؛ ہیجان؛ جماع کی مستی؛ ہیجان شہوت

Orgies/Orgy : *n.* (or-zis/-ji) frantic revels; wild marry making रंगरलियाँ; रंगरस شراب خوری؛ بدمستی؛ رنگ رلیاں؛ عیش ونشاط

Orgulous : *adj.* (or-gu-lus) proud अभिमान مغرور؛ متکبر

Orient : *adj.* (oh-ri-ent) rising as the sun; eastern; bright पूर्वी; चमकदार شرقی؛ مشرقی؛ چمکدار

Oriental : *adj.* of the orient; eastern; placed in the east पूर्वी شرقی؛ پوربی؛ مشرقی

Orifice : *n.* (or-i-fis) an opening; hole छेद; छिद्र سوراخ؛ چھید

Origin : *n.* (o-ri-jin) starting point; begining source आरम्भ; स्रोत آغاز؛ ابتدا؛ نقطۂ آغاز؛ منبع؛ بنیاد

Original : *adj.* (o-rij-e-nel) earliest; primary; real; creative प्रारम्भिक; मौलिक; आरंभिक تخلیقی؛ اصلی؛ بنیادی؛ اولین؛ قدیم ترین؛ قدیمی

Originality : *n.* creative power; quality of being orginal अपूर्व रचना शक्ति تخلیقی قوت؛ اختراع؛ نو ایجادی

Originally : *adv.* primarily; at first मौलिक रुप से; असल में ابتدائی طور پر؛ اصل میں؛ ابتدا میں

Originate : *v.* (o-rij-e-nayt) to bring into existence; to come into being बनाना; उत्पन्न क.; निकालना ابتدا؛ وجود میں لانا یا آنا؛ بنانا

Originator : *n.* (o-rij-e-nay-tor) one who originates; maker उत्पादक موجد؛ بانی؛ بنانے والا

Orion : *n.* (orei-on) a constellation ओरयन; मृगशिरा नक्षत्र ستاروں کا جھرمٹ؛ ستاروں کا گروہ

Orison : *n.* (ori-zen) a prayer प्रार्थना دعا؛ پرارتھنا

Ormolu : *n.* (or-mo-lo) artificial gold नक़ली सोना نقلی سونا

Ornament : *n.* (or-ne-ment) jewellery; embellishment; any thing used for decoration गहना; भूषण زیور؛ آرائش کی چیز؛ زیبائش کی چیز

Ornament : *v.* to decorate; to beautify शोभाकारी क.; सजाना; सुन्दर बनाना سجانا؛ زیبائش کرنا؛ خوبصورت بنانا

Ornamental : *adj.* decorative; giving embellishment शोभाकार; विभूषक زیبائشی؛ خوشنما

Ornate : *adj.* (or-nayt) decorated; fine सुशोभित; सजाया हुआ مزین؛ آراستہ کیا ہوا؛ سجایا ہوا

Ornithology : *n.* (or-ni-the-lo-zi) a discourse of birds पक्षियों का वर्णना; पक्षियों का ज्ञान علمِ طیور؛ پرندوں کا مطالعہ

Orphan : *n.* (or-fen) fatherless child; parentless child; a child bereaved of parents अनाथ; बिना माता-पिता के یتیم؛ بے ماں باپ کا بچہ

Orphanage : *n.* (or-fa-nayj) a house for orphans अनाथालय یتیم خانہ؛ بے سہارا یا بے ماں باپ کے بچوں کا گھر

Orthodox : *adj.* (or-tho-doks) right thought; sound in opinion and doctrine; old fashioned कट्टर راسخ الاعتقاد؛ صحیح عقیدہ؛ دقیانوسی

Orthodoxy : *n.* having the correct belief; being old fashioned; soundness in doctrine कट्टर्पन; सत्य धर्म صحیح العقیدہ ہونا؛ دقیانوسیت؛ راسخ الاعتقادی

Orthoepy : *n.* (or-thou-i-pi) the art of pronouncing words correctly शुद्ध आच्चरण सिखलाना की विधा صحتِ تلفظ

Orthography : *n*. (or-tho-g-re-fi) rules of correct spelling; the art of pronouncing correct word शुद्ध उच्चारण सिखलाने की विद्या علم ہجا؛صحت تلفظ

Ortolan : *n*. (or-to-lan) a delicate small bird एक प्रकार की छोटी चिड़िया ایک قسم کی چھوٹی چڑیا

Orts : *n*. (or-ts) fragments; mere refuse कूड़ा करकट; केवल फोक کوڑا کرکٹ؛ ٹکڑے؛ پھوک

Oscillate : *v*. (os-i-layt) to move backward and forward; swing to & fro आगे-पीछे हिलाना; झूलना آگے پیچھے؛ حرکت کرتے رہنا؛ جھولنا

Oscillate : *n*. (osile-shen) the moving like a pendulum आगे पीछे की हरकत آگے پیچھے کی حرکت

Oscitancy : *n*. (osi-ten-si) the act of yawning; unusual sleepiness आलस्य; ऊँघ; जम्हाई جمائی؛غنودگی؛ اونگھ

Osseous : *adj*. (o-seies) bony; hard अस्थि सम्बन्धी متعلقہ ہڈی؛استخوانی

Ossicle : *n*. (o-sık-l) a small bone एक छोटी सी अस्थि چھوٹی ہڈی

Ossify : *v*. (o-si-fei) to change a bone अस्थि बनाना या बनना ہڈی بن جانا؛ ہڈی بننا؛سخت یا بے جان بننا

Ostensible : *adj*. (os-tens-i-bel) out wardly; manifest; pretended; apparent दृश्यमान; दिखावटी; प्रत्यक्ष دکھاوے کا؛ ظاہری؛نمائشی

Ostensive : *adj*. showing; betokening स्पष्ट दिखाना; प्रत्यक्ष ظاہر؛ نمائشی

Ostentation : *n*. (-tay-shen) showing प्रदर्शन دکھاوا

Ostentatious: *adj*. (os-ten-te-s-i-us) boastful; vain fond of show दिखावे का; आडम्बरी; दिखावटी; भड़कीला شیخی باز؛ نمائشی؛ دکھاوٹی؛ بھڑکیلا

Ostracize : *n*. (os-tre-siz) excommunicate; to banish by the popular voice बहिष्कृत क.; निकाल देना نکال دینا؛ شہر بدر کردینا؛شہر سے نکال دینا

Ostrich : *n*. os-trich) kind of large bird; a very large African fowl शुतुरमुर्ग़ شتر مرغ

Otalgia : *n*. (o-tel-ji-e) ear-ache कर्ण पीड़ा; कान का दर्द کان کا درد

Other : *pron*. (odh-er) different; not the same; additional अन्य; कोई; कोई और دوسرا؛ دیگر؛مختلف؛ کوئی اور

Otherwhere : *adv*. in someother place किसी और स्थान کسی اور جگہ

Otherwise : *n*. (ot-er) differently; or else दूसरे ढंग से; अन्य प्रकार से; दूसरी दृष्टी से اور طرح؛ بصورت دیگر؛ ورنہ؛ دوسرے نظریے سے

Otiose: (adj.) (ou-shio-us) idle; सुस्त; निरर्थक سست؛ آرا

Ottar: (n) (o-ter) a perfume ईतर; सुगन्धि عطر؛خوشبو دار عطر

Otter: (n) (ot-er) a small water animal ऊदबिलाव اود بلاؤ

Ought : *v*. (to) must; should; to be necessary चाहिये چاہیے؛ضرور چاہیے

Ounce : *n*. (ouns) weight about 1/2 chhatank आउन्स; ओंस; थोड़ा सा اونس؛ تھوڑا سا

Ouphe : *n*. (auf) a fairy; a goblin परी अप्सरा; भूत پری؛ اپسرا؛ بھوت

Our : *(pron)*. (ou-er) of us हमारा ہمارا

Oust : *v.* (a-ust) turn out; dispossess; expel; to take away; deprive; drive out of use निकाल देना; खाली क.; हठा देना; ले लेना نکال دینا؛ بے دخل کرنا؛ ہٹا دینا؛ اٹھا دینا؛ لے لینا

Ouster : *n.* (au-ster) dispossession अधिकार छीन लेना قبضہ سے بے دخل کر دینا؛ ناحق کر دینا

Out : *adv.* (aut) not with in; not at home; to the end; be extinguished बाहर; घर से बाहर; अन्त तक; बुझ जाना باہر؛ گھر سے باہر؛ گھر پر نہیں؛ آخر تک؛ بجھ جانا

Out of : *prep.* from among में से میں سے

Out of date: *adj.* outdated; old पुराना; दिनातीत پرانا؛ قدیم؛ جس کا رواج باقی نہ ہو

Out of doors : *adj & adv.* in the open air घर से बाहर گھر سے باہر؛ میدان میں

Outbid: v. (out-bid) bid more than others दूसरों से अधिक बढ़ कर बोली देना دوسروں سے زیادہ بڑھ کر بولی دینا

Outbreak: *n.* sudden breaking out; insurrection फूट पड़ना; विद्रोह پھوٹ پڑنا؛ بغاوت

Outburst: n. a bursting out फट पड़ना پھٹ پڑنا

Outcast: n. (out-kast) on exile; a homeless or freindless (preson) जाति बहिष्कृत; बेघर برادری سے خارج شدہ؛ بے خانماں

Outcome: n. result; issue; end; परिणाम; निष्कर्ष; नतीजा; अन्त رزلٹ؛ نتیجہ؛ اختتام

Outcry: n. (aut-kry) a cry of distress; noise, a loud cry. कोलाहल; पीड़ा का शब्द دہائی؛ شوروغل؛ چیخ؛ شوروغوغا

Outdo: v. to do better; to excel; to surpass बढ़ जाना; अतिकम क.; हरा देना سبقت لے جانا؛ بہتر کام کرنا؛ آگے نکل جانا

Outdoor: n. in the open field; in the open air खुले मैदान में; बाहर; कमरे से बाहर باہر؛ کھلے میں؛ کمرے سے باہر

Outer: Adj. external; farther from the centre बाहर का; परला باہر کا؛ پرلا

Outermost : *adj.* remotest from the midst सबसे दूर; सबसे बाहर का سب سے دور؛ سب سے باہر کا

Outface : *v.* to brave; to see constantly सामना क.; घूरना مقابلہ کرنا؛ سامنا کرنا؛ گھورنا

Outfit : *n.* clothing; equipment of a ship for voyage कपड़े; यात्रा सामग्री لباس؛ سامانِ سفر وغیرہ؛ لوازمات

Outgo : *v.* (ou-t-gou) to surpass; to excel आगे को बढ़ना; उच्च होना آگے نکل جانا؛ سبقت لے جانا

Outgoing : *adj.* one who is leaving जाता हुआ; जाने वाला جاتا ہوا؛ جانے والا

Outgrowth : *n.* excrescence अपवृद्धि; अधिक बढ़ना نتیجہ؛ نکاس؛ زیادہ بڑھنا

Outhouse : *n.* small building adjoining main building उपभवन چھوٹی ملحقہ عمارت

Outing : *n.* short pleasure trip सैर سیر؛ تفریحی سفر؛ ہوا خوری

Outlandish : *adj.* strange as though foreign; not native विदेशी اجنبی سا؛ پردیسی سا

Outlast : *v.* last longer than अधिक चलना या काम देना زیادہ چلنا یا کام دینا (مقررہ مدت سے)

Outlaw : *n*. deprived of protection of law; bandit कानून से बाहर; डाकू جلاوطن؛ قانون کی حمایت سے محروم؛ ڈاکو

Outlay : *n*. expenditure व्यय; लागत خرچ؛ صرفہ؛ لاگت

Outlet : *n*. exit; way out निकास; बाहर निकलने का रास्ता نکلنے کا راستہ؛ نکاس؛ راہ

Outline : *n*. line along the outer edge; gist or brief account; sketch सीमा; रुपरेखा; खाका خاکہ؛ نقشہ؛ مختصر؛ خلاصہ

Outlive : *v*. to survive; live longer them से अधिक समय तक जीवित रहना کسی امر کے بعد تک جیتے رہنا؛ کے بعد تک زندہ رہنا

Outlook : *n*. view point; place; prospect; watching दृष्टिकोण; चौकसी; संभावना نظریہ؛ چوکسی؛ نگہبانی؛ خبرداری؛ ہوشیاری

Outlying : *adj*. farther away; (area) lying दूरस्थ; परे का دور افتادہ؛ پرے کا

Outnumber : *v*. be greater in number than संख्या में अधिक होना سے تعداد میں زیادہ ہونا

Outpost : *n*. a military station beyond the limits of the camp; observation post; troops posted there चौकी; पहरा لشکر سے دور یا پڑاؤ سے باہر چوکی؛ چوکی؛ پولس چوکی؛ فوجی چوکی

Outpour : *v*. to send forth in a stream बह निकलना انڈیلنا؛ بہہ نکلنا

Output : *n*. turned out; amount of goods उत्पादन; पैदावार; नतीजा ماحصل؛ نتیجہ؛ کارخانے کی مجموعی پیداوار

Outrage : *n*. (out-rij) extreme cruelty; shocking violation बलात्कार; अत्याचार انتہائی ظلم؛ (کی) شرمناک بے حرمتی؛ زیادتی؛ زنا بالجبر

Outrage : *v*. to violate; to inflict wrong upon जुल्म क.; अपमान क.; बलात्कार क. زیادتی کرنا؛ زنا بالجبر کرنا؛ عصمت دری کرنا؛ ظلم کرنا

Outrageous : *adj*. (out-re-jus) very shameless; violent; shocking; immoral निर्लज्ज; घ्रणित; अमर्यादित انتہائی شرمناک؛ دل ہلا دینے والا؛ اخلاق سوز

Outre : *adj*. (utre) extravagant; overstrained अजीब; अनोखा; निराला عجیب؛ نرالا؛ انوکھا

Outreach : *v*. (ant-ri-ch) to go beyond; to exceed; to cheat बढ़ना; धोखा देना بڑھ جانا؛ بڑھنا؛ دھوکہ دینا

Outright : *adj*. immediately; completely; frankly; all at once; entirely तुरन्त; तत्काल; साफ-साफ; एकही बार; बिल्कुल فوراً؛ پورے طور پر؛ صاف صاف؛ ایک ہی بار؛ بالکل؛ یکسر

Outset : *n*. (au-set) begining; entrance आरम्भ; शुरु شروع؛ آغاز؛ ابتدا

At the outset : *ph*. in the begining आरम्भ में شروع میں

Outshine : *v*. (au-tshine) to emit lustre; to excel in lustre; shine more brightly अधिक चमकना; प्रकाशमान होना جلوہ یا روشنی میں بڑھ جانا؛ ماند کردینا

Outside : *n*. external part; outer surface बाहर की ओर; बाहर; ऊपरी तल باہر کی طرف؛ باہر؛ بیرونی سطح

Outsider : *n*. stranger परदेसी बाहर का; अजनबी اجنبی؛ باہر کا؛ پردیسی

Outskirt : *n*. (aut-skert) outlying parts (of city); outpart of town; a suburb परिसर; नगरोपान्त (شہر کے) افتادہ علاقے؛ کنارہ؛ گردونواح

Outspoken : *adj.* frank; forthright स्पष्टवादी; सुस्पष्ट صاف گو؛ کھری کھری سنا دینے والا

Outstanding : *adj.* unpaid; projecting forward; prominent; still to be done अप्राप्त; शेष; बाहर झुका हुआ; विशिष्ट بقایا؛ جھکا ہوا؛ نمایاں؛ جسے کرنا ابھی باقی ہو

Outstretch : *v.* to extend; to spread out फैलना; फैलाना پسارنا؛ پھیلانا

Outstretched : *adj.* stretched out; extended (hand etc.) फैलाया हुआ پھیلایا ہوا (ہاتھ وغیرہ)

Outstrip : *v.* to out go; to leave behind; to excel (in race etc.) आगे बढ़ जाना; पीछे छोड़ देना آگے بڑھ جانا؛ پیچھے چھوڑنا؛ آگے نکل جانا

Outvie : *v.* (aut-vei) to exceed; to surpass; to excel बढ़ जाना; श्रेष्ठ होना سبقت لے جانا؛ بڑھ جانا

Outward : *adj.* external; apparent; on the outside बाहरी; बाहर का بیرونی؛ باہر کی طرف؛ ظاہری؛ باہر کا

Outwardly : *adj.* apparently; externally देखने में; बाहर से ظاہری طور پر؛ ظاہر؛ بیرونی طور پر؛ بظاہر

Outwear : *v.* to out last; to use at last अधिक समय तक पहनना زیادہ وقت گھس ڈالنا؛ زیادہ وقت تک استعمال کرنا؛ زیادہ دن تک پہننا

Outweigh : *v.* to exceed in weight वज़न में बढ़ जाना وزن میں بڑھ جانا

Outwit : v. to overcome by stratagem; to overreach. परास्त क.. अपनी चालाकी से मात कर देना اپنی چالاکی سے مات کرنا یا دینا؛ سے زیادہ چالاک ہونا

Outworn : *adj.* worn out; outdated फटा-पुराना; पुराना پھٹا پرانا؛ پرانا؛ دقیانوسی

Oval : *adj.* (oh-vel) egg shapped; oblong अंडे के रुप का; अण्डाकार بیضوی؛ انڈے کی شکل کا

Ovarious : *adj* consisting of eggs अण्डे के अनुरुप انڈوں کا

Ovary : *n.* (oh-ve-ri) part of the female animals in which eggs are placed अण्डाश्य بیضہ دان؛ رحم

Ovation : *n.* outburst of applause जय जय कार; अभिनंदन نعرہ ہائے تحسین؛ شاباشی

Oven : *n.* (uv-en) an arched place for baking in targe चूल्हा; भट्ठी چولہا؛ تنور؛ بھٹی

Over : *prep.* more than; higher than के ऊपर; से अधिक اوپر؛ زیادہ؛ کے اوپر

Over : *n.* six balls from one end(in cricket); cover ओवर (क्रकेट में); गिलाफ़ اُوور (کرکٹ میں)؛ غلاف

Overact : *v.* to act more than enough, to act in exaggerate manner आवश्यता से अधिक काम करनाा; बनावट क. زیادہ کام کرنا؛ مبالغہ سے کام لینا؛ بناوٹ کرنا

Overall : *adj.* total; all togather; comprehensive कुल; समस्त; व्यापक समावेशक مجموعی طور پر؛ کل؛ تفصیل

Overarch : *v.* to cover as with an arch मेहराब से ढांपना محراب سے ڈھانکنا

Overawe : *v.* to make silent or restrain with awe; to keep in awe; to terrify रोब जमाना; डराना; भय दिखाना بے حد مرعوب کرنا؛ خوف دلانا؛ دہشت دلانا

Overbalance : *v.* (cause to) to topple over; out weight डगमगा कर गिरना या गिराना;भारी होना या क. ڈگمگا کر گرنا؛ گرانا؛ وزنی ہونا یا کرنا

Overbear : *v.* to bear down; to subdue दबाना; अधीन क. مغلوب کرنا؛ زیر کرنا؛ دبادینا

Overbear : *v.* outbid बढ़ाकर बोली लगाना; मूल्य से अधिक बोली लगाना بڑھا کر بولی لگانا؛ قیمت سے زیادہ بولی لگانا

Overburden : *v.* to load too much बहुत लादना; अधिक भार डालना بہت لادنا؛ بہت زیادہ ڈالنا

Overcast : *adj.* to darken; to covered with clouds अंधेरा छा जाना; बादलों से भर जाना اندھیرا چھا جانا؛ بادلوں سے بھر جانا

Overcharge : *v.* to charge too high; to burden अधिक भरना; अधिक भार लादना; अधिक मूल्य प्राप्त क. زیادہ بھرنا؛ زیادہ چارج کرنا؛ زیادہ لادنا؛ زیادہ قیمت وصول کرنا

Overcome : *v.* to overpower; to vanquish; to conquer जीतना पराजित क.; काबू क.; हरा देना زیر کرنا؛ دبانا؛ فتح پانا؛ قابو پانا؛ قابو کرنا

Overdo : *v.* to do more than enough थका मारना; अति क. تھکا مارنا؛ حد سے زیادہ کرنا

Overdraw : *v.* to draw more than is due अपने जमा हुए रुपयों से ज्यादा की हुंडी क. جمع سے زیادہ وصول کرنا

Overdue : *v.* beyond the time limit अतिदेय विलम्बित; समय से अधिक زائدالمیعاد

Overeat : *v.* to eat to excess; to eat too much अत्याधिक खा जाना بہت زیادہ کھا جانا؛ زیادہ کھا جانا

Overfill : *v.* to fill to excess भरना; पूर्ण क. اتنا بھرنا کہ بہہ نکلے؛ زیادہ بھرنا

Overflow : *v.* to be full; to deluge; flood; be so full as to run over बह निकलना छलकना بہہ نکلنا؛ سیلاب آنا؛ دریا کا کناروں سے باہر آنا؛ چھلکنا

Overflowing : *adj.* copious अति; अधि क. بکثرت؛ بھرپور

Overgo : *v.* to exceed; to surpass बढ़ जाना بڑھ جانا

Overgrow : *v.* to cover with growth; to grow over फैल जाना (ऊग कर) چھانا؛ پھیل جانا؛ اُگ کر ڈھانپ لینا

Overgrowth : *n.*over grown (plants etc.); exuberant growth अति वृद्धि افراط؛ ڈھانپنے والی روئیدگی

Overhang : *v.* to just over सर पर लटकना. سر پر لٹکنا

Overhaul : *v.* to fix up and set right after opening पूरी तरह से मरम्मत क. کھول کھال کر ٹھیک کرنا؛ اوورہال کرنا

Overhead : *adv.* a loft; above; the sky ऊपर;मस्तक के ऊपर; आकाश اوپر؛ سر پر؛ آسمان

Overhear : *v.* to hear privately which is not intended one should hear; to earsdrop छिप कर सुन लेना या सुनना چھپ کر سننا؛ کان میں پڑ جانا

Overjoy : *v.* to transport with joy; very happy अतिप्रमुदित होना خوشی سے باغ باغ ہونا؛ بہت خوش ہونا

Overlabour : *v.* overwork से अधिक काम लेना سے زیادہ کام لینا

Overland : *adj.* journey by land पृथ्वी की यात्र خشکی کا سفر

Overlap : *v.* be one over the other; be redundant के ऊपर चढ़ा होना फ़ालतू होना کے اوپر چڑھا ہونا؛ فالتو ہونا

Overleap : *v.* to leap or jump over; to omit लाँघ जाना; छोड़ देना پھاند جانا؛ کود جانا؛ چھوڑ دینا

Overload : *v.* to burden with too much बहुत अधिक लादना بہت زیادہ لادنا

Overlook : *v.* fail to notice; to pass by negligently ध्यान ना क.; देखी-अनदेखी क. نظر انداز کرنا؛ چشم پوشی کرنا؛ غور نہ کرنا

Overlord : *n.* chief; sovereign सबसे बड़ा; अधिपति سب سے بڑا سردار؛ فرمانبروا

Overmaster : *v.* to over power; to vanquish पराजित क.; पूरी तरह विजय प्राप्त क. ہرا دینا؛ قابو کرنا؛ زیر کرنا؛ فتح پانا

Overmatch : *v.* to subdue पराजित क. مغلوب کرنا؛ دبانا

Overmuch : *adj.* too much; more than enough अत्याधिक حد سے زیادہ

Overnight : *adv & n.* in the course of night; all of a sudden; the night before रात को; पिछली रात को; अचानक راتوں رات؛ یکا یک؛ گذشتہ رات؛ کل کی رات

Overpay : *v.* to pay more than the actual price अधिक दाम देना زیادہ دام دینا

Overplus : *n.* what is more than sufficient अधिकता بیشی؛ زیادتی

Overpower : *v.* to oppress by power; to overcome; to control पराजित करना; जीतना مغلوب کرنا؛ دبانا؛ زیر کرنا؛ قابو میں لانا یا کرنا

Overproduction : *n.* production that is more than desirable; excess production अति-उत्पादन ضرورت سے زیادہ پیداوار؛ طلب سے زیادہ پیداوار

Overreach : *v.* to deceive; to go beyond; to get the better of (some one); be deception धोखा देना; सीमा से बाहर होना; धोखा देकर लाभ उठाना دھوکہ دینا؛ چرکہ دینا؛ جُل دینا؛ حد سے باہر ہونا؛ دھوکہ دے کر فائدہ اٹھانا

Override : *v.* to set aside (objection etc) रद्द क. مسترد کردینا (اعتراض وغیرہ)

Overripe : *adj.* too ripe; past maturity अधिक पक्का; अतिपक्का زیادہ پکا ہوا

Overrule : *v.* to supersede; override अस्वीकार क.; फैल जाना مسترد کردینا؛ باطل کردینا؛ رد کرنا

Overrun: *v.* to over-spread लूट-मार क. फैल जाना تاخت وتاراج کرنا؛ چھا جانا

Oversea : *adj.* of beyond the sea समुद्र-पार का سمندر پار کا

Overseas : *adv.* abroad समुद्र पार سمندر پار

Oversee : *v.* to superintend; to look after निरीक्षण क.; निगरानी क. نگرانی کرنا

Overseer : *n.* one who oversees; inspector of works; a supervisor निरीक्षण करने वाला निरीक्षक نگراں؛ اُوَرسیَر

Overshade : *v.* to cover with darkness अंधेरा क. اندھیرا کرنا

Overshadow : *v.* to shelter; to cast into shade रक्षा क.; ढाँपना حفاظت کرنا؛ سایہ کرنا؛ سایہ کے نیچے لانا؛ ماند کرنا

Oversight : *n.* omission; failure to notice something भूल; चूक بھول؛ فروگذاشت

Oversleep : *v.* to sleep too long देर तक सोना بہت زیادہ سوجانا؛ دیر تک سونا

Overspread : *v.* to cover; to scatter over ढाँकना; फैल जाना ڈھانکنا؛ پھیل جانا

Overstep : *v.* to exceed सीमा से बाहर कदम बढ़ाना حد سے آگے جانا

Overt : *adj.* (o-ve-rt) done publicly; open; manifest; apparent खुला; प्रगट; ज़ाहिर کھلم کھلا؛ کھلا؛ ظاہر؛ عیاں؛ کشادہ

Overtake : *v.* to capture; to catch up with outstrip; come upon suddenly जा पहुचना; आगे निकल जाना جا پہنچنا؛ جا لینا؛ آگے نکل جانا؛ کو اچانک آلینا

Overtax : *v.* to tax too heavily अधिक कर लगाना زیادہ محصول لگانا

Overthrow : *v.* to defeat; to ruin; end नाश क.; हराना شکست دینا؛ برباد کرنا؛ ختم کر دینا

Overtime : *n.* beyond the regular duty hours; time spent beyond usual duty hours निश्चित समय से अधिक कार्य क. اُورٹائم؛ فالتو وقت؛ معمولی گھنٹوں سے زیادہ وقت

Overture : *n.* (oh-ve-cher) preliminary proposal प्रस्ताव ابتدائی تجویز

Overturn : *v.* to turn over; to overpower उलट देना; पराजय क. الٹ دینا؛ برباد کرنا

Overvalue : *v.* to rate at too high a price अधिक मूल्य लगाना بہت زیادہ دام لگانا

Overveil : *v.* to cover over; to veilover ढाँपना ڈھانپنا

Overweigh : *v.* to exceed in weight अतिभार; भार में अधिक होना या बढ़ना وزن میں زیادہ ہونا یا بڑھنا

Overwhelm : *v.* to crush; to fill too much; to engulf कुचल डालना; पराजित क. مغلوب کرنا؛ زیر کرنا

Overwork : *n.* too much work बहुत अधिक काम بہت زیادہ کام

Overwrought : *adj.* laboured too much अधिक परिश्रम किया हुआ; थका हुआ تھکا ہوا؛ زیادہ محنت کیا ہوا

Oviform : *adj.* egg-shaped अंडाकार; अंडे के रुप का بیضوی؛ انڈے کی شکل کا

Ovum : *n.* (oh-vum) female germ or seed डिम्ब अण्डाणु بیضہ

Owe : *v.* to be indebted; be in debt to ऋणी होना; देनदार होना; आ भारी होना قرضدار ہونا؛ دیندار ہونا؛ احسان مند ہونا؛ مقروض ہونا

Owing : *adj.* yet to be paid ऋणी; बाक़ी واجب الادا؛ بقایا؛ باقی

Owl : *n.* a well-known bird; a bird that flies by night; wise looking fool उल्लु; चतुर दिखाई देने वाला मूर्ख اُلو؛ چغد؛ عقلمند دکھائی دینے والا احمق

Own : *adj.* (ohn) belonging to oneself; one's personal अपना; जाति ذاتی؛ اپنا

Own : *v.* to accept; to acknowledge स्वकीय; कुबूल कर लेना اقبال کرنا؛ مان لینا؛ قبول کر لینا

Owner : *n.* one to whom a thing belongs प्रभु; मालिक مالک

Ownership : *n* being the owner; property rightful possession अधिकार; मालिकी حق مالکانہ؛ حق ملکیت

Ox : *n.* (oks) any animal of the cow family; a bull; a male cow बैल بیل گائے وغیرہ

Ox-eyed : *adj.* having large full eyes विशाल आँखों वाला بڑی آنکھوں والا

Oxide : *n.* (ok-sid) a chemical compound of oxygen with another element आक्साइड آکسائڈ

Oxidize : *v.* (ok-si-diz) combine with oxygen; to rust आक्सीकरण क.; जंग लगना या लगाना تکسید کرنا؛ زنگ لگنا یا لگانا

Oxygen : *n.* (ok-si-jen) a gas necessary for human life प्राण वायु गैस; गैस आक्सीजन آکسیجن؛ آکسیجن گیس

Oxygon : *n*. triangle; having three angles त्रिभुज; त्रिकोण مثلث؛ سہ زاویہ

Oyster : *n*. (ois-te-r) a kind of edible malleus; a bivalve shell-fish कस्तूरा मछली; सीप घोंघा کستورا مچھلی؛ سیپ؛ گھونگھا

Ozoena : *n*. an ulcer in the nostrils नाक की बीमारी; नाक का रोग ناک کی بیماری؛ ناک کا السر

Ozone : *n*. (oh-zohn) a pungent form of oxygen ओज़ोन اوزون (آکسیجن کی ایک شکل)

P

P : *n.* sixteenth letter of English alphabat अंग्रेज़ी वर्ण माला का सोल्हवाँ अक्षर انگریزی حروف تہجی کا سولھواں حرف

Pabulum : *n.* (pay-biu-lum) food; feul आहार; भोजन; ईंधन غذا؛ ایندھن

Pace : *n.* (pays) step; speed पग; गतिक्रम قدم؛ رفتار

Keep pace with : *ph.* walk evently with से पग मिला कर चलना سے قدم ملا کر چلنا؛ کے برابر چلنا

Pace : *v.* to move slowly घूमना گھومنا؛ چہل قدمی کرنا

Pacific : *adj.* (pa-sif-ik) peace loving शान्तिपूर्ण; शान्ति पसन्द امن پسند؛ امن دوست

Pacification : *n.* restoration of peace; appeasing शन्ति रखना; ठंडा क॰ या होना بحالی امن؛ ٹھنڈا کرنا یا ہونا

Pacifism : *n.* advocating the abolition of war शान्तिवाद امن پسندی؛ صلح پسندی

Pacify : *v.* (pas-i-fi) to calm down (someone); to make peaceful; to appease; to compose शांत क॰; राज़ी क॰; मुलायम क॰ غصہ ٹھنڈا کرنا؛ امن بحال کرنا؛ راضی کرنا؛ ملائم کرنا

Pacify : *v.* put into box बन्द क॰; बांधना بند کرنا؛ باندھنا

Pack : *n.* (pak) bundle; crowd (into) गठरी; बन्डल گٹھری؛ بقچہ؛ پلندہ؛ بنڈل

Pack : *v.* to bind goods; to tie up goods; to sort cards गठरी बांधना; जकड़ना; गांठना باندھنا؛ جکڑنا؛ گٹھری باندھنا

Pack Horse : *n.* horse used for carrying packs or burden लद्दू घोड़ा لدّو گھوڑا؛ بوجھ ڈھونے والا گھوڑا

Package : *n.* (pak-ij) bundle; bale; comprehensive; a charge or wrapper for packing गांठ; नग गठरी बन्धवाइ گانٹھ؛ بنڈل؛ جامع؛ ہمہ گیر؛ گٹھری بندھوائی؛ پیکنگ چارجز

Package deal : *n.* comprehensive bargain विस्तृत सौदा ہمہ گیر سودا

Package plan : *n.* consolidated programme संहत योजना ہمہ گیر منصوبہ

Packcloth : *n.* cloth in which goods are tied गठरी बांधने का कपड़ा گٹھری باندھنے کا کپڑا

Packer : *n.* (pak-er) one who packs goods गठरी या बोरे बांधने वाला گٹھری یا پیکٹ باندھنے والا

Packet : *n.* (pak-et) a small pack; a mail छोटी गठरी; डाक का जहाज़ या नाव چھوٹی گٹھری؛ ڈاک کا جہاز

Packing : *n.* act of packing; material used in packing बांधना; बांधने का कागज़ باندھنا؛ باندھنے کا کاغذ؛ باردانہ

Pact : *n.* (pakt) a treaty; a bargain; agreement संधि; समझौता معاہدہ؛ عہد و پیمان

Pad : *n.* number of sheets tying one over the other; cution; easy paced horse; a foot robber; गद्दी; पेड; एक प्रकार का घोड़ा; लुटेरा گدّی؛ پیڈ؛ ایک قسم کا گھوڑا؛ رہزن؛ لٹیرا

Paddle : *n.* (pad-el) short oar छोटा चप्पू; दो मुँह वाला चप्पू چھوٹا چپّو؛ دو منہ والا چپّو

Paddle : *v.* to play in water; to walk bare footed in shallow water; row with paddles पानी में खेलना; पानी में नंगे

पाँव चलना; हलकी नाव चलाना پانی میں کھیلنا؛ پانی میں ننگے پاؤں چلنا؛ ہلکی کشتی چلانا

Paddy : *n.* (pad-i) rice in the husk धान छिलका सहित دھان

Padlock : *n.* (pad-lok) a hanging lock; an ordinary lock ताला قفل؛ تالا

Paean : *n.* (pi-an) a song of trimph or praise विजय का राग; खुशी का गीत فتح کا راگ؛ خوشی کا گیت

Pagan : *n&adj.* (pa-gan) a heathen; unbeliever भागवान को ना मानने वाला; मूर्ति पूजने वाला کافر؛ بت پرست؛ خدا کو نہ ماننے والا؛ ملحد؛ دہریہ

Paganism : *n.* disbelief in God बुत परस्ती; मूर्ति पूजन کفر؛ الحاد

Page : *n.* (payj) one side of a book's leaf; boy servant सफ़ा; सेवक बालक : ملازم لڑکا

Pageant : *n.* (paj-ent) grand public celebration; grand procession; specious show जलूस; शोभा यात्रा; शानदार प्रदर्शन پُرشکوہ جشن؛ شاندار جلوس؛ نمائش

Pageantry : *n.* splendid display घूम-घाम; भव्य समारोह شاندار مظاہرہ؛ دھوم دھام

Pagoda : *n.* (pe-goh-de) Buddhist temple; an Indian idol; a gold coin of India prior to 1818 शिवालय; बुद्ध धर्म के मानेने वालों की मूर्ति; 1818 से पूर्व भारतीय सोने का सिक्का بدھ مندر؛ بدھ مذہب والوں کی مورتی؛ ۱۸۱۸ سے پہلے کا ہندوستان کا سونے کا سکہ

Pail : *n.* (payl) bucket; a wooden vessel (for water); बालटी; लकड़ी का बर्तन (پانی کے لیے) بالٹی؛ لکڑی کا برتن

Pain : *n.* (payn) ache; uneasiness; mental suffering सर दर्द; पीड़ा; दुख؛ سردرد؛ تکلیف؛ ذہنی کوفت

Pain : *v.* to afflict; to cause pain; to give trouble दुख देना; पीड़ा देना; दर्द क.. دکھ دینا؛ درد کرنا؛ تکلیف دینا

Painful : *adj.* causing pain दुख दायक تکلیف دہ

Painless : *adj.* causing no pain बिना तकलीफ के بغیر تکلیف کے؛ تکلیف کے بغیر

Painstaker : *n.* a laborious person परिश्रमी; मेहनती جفاکش؛ محنتی

Painstaking : *adj.* hard- working industrious मेहनती; परिश्रमी محنتی؛ جفاکش؛ محنت کش

Paint : *n.* (paynt) colouring matter; colours for painting रोगन; रोगन करने का रंग روغن؛ روغن کرنے کا رنگ

Paint : *v.* to colour; coat with paint; to make picture with paint; to use cosmetics रंगना; चित्र खींचना; ग़ाज़ा आदि लगाना رنگنا؛ رنگ آمیزی کرنا؛ رنگین تصویر کھینچنا؛ سرخی وغیرہ ملنا

Painter : *n.* one who paints; artist चित्रकार; रंग साज़ نقاش؛ مصور؛ رنگ ساز

Painting : *n.* to make pictures with colours; painted pictures पेंटिंग; चित्र कारी; चित्रकला مصوری؛ پینٹنگ؛ تصویر؛ رنگین تصویر

Pair : *n.* (pay-er) set of two couple; two things suiting one another जोड़ा; जोड़ी جوڑی؛ جوڑا

Pal : *n.* chum; fast friend साथी; दोस्त; मित्र ساتھی؛ یار؛ دوست

Palace : *n.* (pal-as) a royal or splendid house; a sovereign's dwelling प्रसाद; राज भवन قصر؛ شاہی محل

Palanquin : *n*. (pal-en-kwin) light covered litter डोली; पालकी پالکی؛ ڈولی

Palatable : *adj*. tasty; very tasty pleasing to the taste स्वादिष्ट مزے دار

Palate : *n*. (pal-et) mental relish; the roof of the mouth; sense of taste स्वाद; तालू ذوق؛ تالو

Palatial : *adj*. (pa-le-shel) of a palace; splendid राज भवन का; भव्य محل کا؛نہایت شاندار

Palaver : *n*. parley; idle talk; flattery वार्ता; बकवास; चिकनी चुपड़ी बातें بات چیت؛ بکواس؛چکنی چپڑی باتیں

Pale : *adj*. (payl) wan; wheatish; almost bloodless (face) dim; fade (colour) फीका زرد؛ پھیکا؛مدھم

Palette : *n*. (pal-et) artist's flat board for mixing colours रंगपट्टिका مصوروں کی رنگ ملانے کی تختی؛تختۂ رنگ

Palfrey : *n*. (pawe-fray) a riding horse for woman; a small horse trained for ladies टटटू; स्त्रियों की सवारी का घोड़ा ٹٹو؛ سواری کا گھوڑا (عورتوں کی سواری کے لئے)

Paling : *n*. (pei-ling) a fence घेरा; कटहरा جنگلا؛کٹہرا؛گھیرا

Palisade : *n*. (pei-sayd) a fence made with strong stakes मज़बूत घेरा نوکدار ڈنڈوں کا مضبوط جنگلا

Pall : *n*. (pawl) cloth spread over coffin; cloak शव के ऊपर डालने का कपड़ा या चादर لبادہ؛ قبا؛ تابوت کے اوپر ڈالنے کا کپڑا

Palliate : *v*. (pal-i-ayt) alleviate (pain etc.); to excuse कम क.(दर्द आदि); सफ़ाई देना تسکین کرنا؛ تخفیف کرنا؛ صفائی دینا

Pallid : *adj*. (pal-id) pale; not high coloured; looking ill or pale पीला; फीका; रोगी सा زرد؛پھیکا؛بیمارسا

Pallor : *n*. (pal-er) paleness चेहरे की ज़र्दी या पीलापन; पीलापन چہرے کی زردی؛ پیلاپن

Palm : *n*. (pahm) a tree; part of the hand; inner surface of hand; dates کھجور کا درخت؛ہتھیلی؛ کھجور

Palmist : *n*. (pahm-ist) one who supposed reads fortunes from palm lines ज्योतिषी پامسٹ؛ ہاتھ دیکھنے والا؛دست شناس

Palmistry : *n*. (pa-mist-tsi) fortune telling by palm lines हस्त रेखा शास्त्र دست شناسی

Palmy : *adj*. (pal-mi) prosperous; flourishing rich ख़ुशहाल; सौभाग्यशाली; अमीर; दौलतमन्द خوشحال؛ دولتمند؛امیر؛خوش بخت

Palmyra : *n*. (pal-mai-er) a type of date पंखिया खजूर ایک قسم کی کھجور؛ پنکھیا کھجور

Palpable : *n*. (pal-pe-bel) that may be felt; that can be touched छूने योग्य جومحسوس کیا جاسکے؛ چھونے کے قابل

Palpitate : *v*. (pal-pi-tayt) to beat of the heart; throbbing of the heart دل کا دھڑکنا؛ دل کا حرکت کرنا

Palpitation : *n*. throbbing of the heart धड़कन; दिल की हरकत دل کی دھڑکن؛ حرکتِ قلب؛دل کی حرکت؛دھڑکن

Palsy : *n*. (pawl-zi) a privation of the sense of feeling लक़वा; फ़ालिज فالج؛لقوہ

Palter : *v*. to shift; to dodge टाल-मटोल क.; धोखा देना ٹال مٹول کرنا؛ دھوکہ دینا

Paltriness : *n*. meanness तुच्छता; नीचता کمینہ پن؛ حقارت

Paltry : *adj.* trifling तुच्छ सा معمولی سا

Paly : *adj.* (pal-i) pale फीके रंग का پھیکے رنگ کا

Pamper : *v.* (pam-per) spoil with too much kindness बहुत लाड़-प्यार से बिगाड़ना لاڈ سے بگاڑنا

Pamphlet : *n.* (pamf-let) very small booklet; a small stiched book पैम्फ़लेट; पत्रिका رسالہ؛ پمفلٹ؛ کم حجم کی کتاب

Pan : *n.* flat dish; dish for baking; a shallow vessel कड़ाही; लवा کرچھا؛ توا؛ کڑاہی

Panacea : *n.* (pe-ne-sea-e) universal cure रामबाण; सर दर्द की दवा اکسیر؛ سر درد کی دوا

Pancake : *n.* fried butter cake; thin cake of flour मीठी रोटी; पूरी; मीठी टिक्या; चिल्ला میٹھی روٹی؛ پوری؛ میٹھی ٹکیہ

Pandemonium : *n.* (pand-e-moh-ni-um) uproar; disorder कोलाहल; हुल्लड़; हो-हल्ला غل غپاڑہ؛ ہنگامہ؛ گڑ بڑ

Pander : *n.* (pand-er) go-between; middle man दलाल; भडुआ; कुटना دلال؛ بھڑوا؛ کٹنا

Pane : *n.* (payn) sheet of glass; a square of glass शीशे का नख़्ता شیشہ؛ شیشے کا تختہ

Panegyric : *n.* (pan-e-ji-rik) an eulogy; an encomium गुणगान; प्रशंसा قصیدہ؛ مدح

Panel : *n.* (pan-el) place for pane; list of persons for some purpose चौखटा; तालिका; नामसूची چوکھٹا؛ فہرست

Pang : *n.* (payng) sudden sharp pain; birth pain दर्द; पीड़ा درد؛ ٹیس؛ دردزہ

Panic : *n.* (pan-ik) a sudden fright; unreasonable alarm भगदड़; तहलका; आतंक اچانک خوف؛ دہشت؛ ہراس

Panorama : *n.* (pan-o-rah-me) continuous picture of the changing scene (of) चित्रवली سیر بین کی تصویر؛ مسلسل مرقع

Pansy : *n.* (pan-zi) flower; the garden violet एक प्रकार की सोसन ایک طرح کا سوسن؛ گلِ بنفشہ

Pant : *v.* to breath quickly; gasp for breath; be very eager (for) हाँफना; धड़कना; बेक़रार होना ہانپنا؛ سانس پھولنا؛ بے قرار ہونا؛ بے تاب ہونا

Pantaloon : *n.* (pant-a-loon) pants; man's garment; a clown's butt; buffoon मस्ख़रा پتلون؛ مسخرہ

Pantheism : *n.* (pan-the-izm) belief that God is presents in everything यह नियम के भगवान हर वस्तू में है یہ عقیدہ کہ خدا ہر چیز میں موجود ہے

Panther : *n.* (pan-the-r) leopard चीता; तेंदुआ چیتا؛ تیندوا

Pantler : *n.* (pant-ter) a servant incharge of pantry भोजन सामग्री का भंडारी بھنڈاری

Pantomime : *n.* (pant-o-mim) dumb show; broad comedy मूकाभिनय خاموش تمثیل؛ بازاری طربیہ

Pantry : *n.* (Pant-ri) a room for storing food भंडार نعمت خانہ؛ بھنڈار

Pants : *n.* (pants) trousers पतलून; पैन्ट پتلون؛ پینٹ

Pap : *n.* (pep) pulp; soft food for children; the nipple बच्चों के लिए खाना; गूदा; चूची की घुंडी دلیہ؛ بچوں کے لیے نرم غذا؛ گودا؛ سر پستان

Papa : *n*. (pa-pa) a fond name for father पिता; पापा ابا؛ باوا؛ باپ؛ پاپا

Paper : *n*. (pay-per) sheet for writing; substance used for writing; newspaper; research article; document कागज़; समाचारपत्र; मक़ाला; दस्तावेज़ کاغذ؛ اخبار؛ مقالہ؛ دستاویز

Paper knife : *n*. knife for cutting paper कागज़ काटने की छुरी کاغذ تراش

Paper currency/ Paper money : *n*. currency notes नोट; कागज़ का नोट نوٹ؛ زرِ کاغذی

Paper weight : *n*. thing placed on loose sheets or papers to keep them at rest पेपर वेट پیپرویٹ؛ کاغذ داب

Paper-mache : *n*. (pap-yay-mash -ay) paper pulp पेपर-माशी; लुगदी (कागज़ की) پیپر ماشی؛ لُگدی (کاغذ کی)

Par : *n*. (par) a state of equality बराबरी; समता برابری؛ مساوات

Parable : *n*. (pa-re-bel) story with moral; similitude; figurative speech दृष्टान्त; कहावत; नीति-कथा مثال؛ کہاوت؛ اخلاقی حکایت؛ مثالیہ

Parabola : *n*. kind of open oval-like geometrical figure परवलय شکل شلجمی؛ شکل قریب البیضوی

Parabole : *n*. (in rhetoric) a comparison मिसाल مثال

Parachute : *n*. (pera-shot) a large uumbrella for coming down from aircraft पैराशूट; हवाई छतरी پیراشوٹ؛ ہوائی چھاتا

Parachutist : *n*. one who comes down with the help of parachute छतरी-सैनिक چھاتا باز؛ ہوائی چھاتے سے اترنے والا

Parade : *n*. (pa-rayd) living up of troops; procession; drill; military order; guard show परेड; सेना प्रदर्शन; क़वायद; जलूस پریڈ کے لیے جمع ہونا؛ قواعد؛ صف آرائی کرنا؛ سجانا؛ جلوس

Paradigm : *n*. (pa-re-dim) various forms of verb in a tense रुप तालिका; गरदान گردان؛ تصریف؛ جدول

Paradise : *n*. (pa-re-diz) Heaven; garden; Eden सवर्ग جنت؛ عدن؛ فردوس؛ بہشت

Paradox : *n*. (pa-ra-doks) truth appearing to be self-contradictory; an assertion contrary to appearance विरोधाभास; बातजो देखने में झूठी परन्तू वास्तव में सच हो بظاہر مہمل در حقیقت صحیح بات؛ بظاہر الٹی لیکن دراصل صحیح بات

Paraffin : *n*. (pa-re-fin) white wax पेराफ़िना پیرافین

Paraffin oil : *n*. petroleum घासलेट مٹی کا تیل

Paragon : *n*. (pa-ra-gon) model (of perfection); something supremely excellent उत्तम; आदर्श کامل نمونہ؛ عمدگی کا کامل نمونہ

paragraph : *n*. (pa-re-grahf) set of closely connected sentences पैराग्राफ़; अनुच्छेद پیراگراف

Parakeet : *n*. (pa-re-kit) green parrot; blossom-headed parrot हरा तोता; टुइयाँ तोता ہرا طوطا؛ ٹوئیاں طوطا

Parallel : *n*. (pa-re-lel) lines continuing their course and still preserving the same distance from each other समान्तर خط متوازی

Parallel : *adj.* equi-distance (lines); in the same direction; equal बराबर; समान; सदृश; समान्तर متوازی؛ پہلو بہ پہلو؛ برابر

Parallelogram: *n.* quadrilateral with opposite sides parallel; foursided rectilineal figure. समान्तरचतुर्भुज متوازی الاضلاع

Paralyse : *v.* (pa-re-liz) to strike with palsy; affect with paralysis; render helpless लक़्वा मारजाना; बेबस कर देना فالج ہونا؛ فالج گرنا؛ لقوہ مار جانا؛ بے بس کر دینا

Paralysis : *n.* (pa-ral-sis) palsy; disease rendering part of body unable to move लक़्वा; फ़ालिज لقوہ؛ فالج

Paramount : *adj.* (pa-re-mount) superior to all; very important; wielding supreme authority सर्वश्रेष्ट; सर्वोच्च بلند مرتبہ؛ شان والا؛ مقدم؛ بہت اہم؛ مقتدرِ اعلیٰ؛ کامل اقتدار والا

Paramountcy : *n.* (-si) supreme authority प्रभुता; सर्वोच्चता اقتدارِ اعلیٰ؛ مقتدرِ اعلیٰ

Paramour : *n.* (pa-re-mu-e) a lover or mistress; illicit lover स्नेंही; यार; उपस्त्री; उपपत्नी یار؛ آشنا؛ داشتہ

Parapet : *n.* (pa-re-pet) low wall at end of balcony; a wall breast high कंगुरा; सीने तक ऊंची दीवार منڈیر؛ کنگورا؛ سینے تک اونچی دیوار

Paraphernalia : *n.* (pa-re-fer-nay-li-e) miscellaneous small belongings; equipmonts व्यक्तिगत या निजी सामान, सामग्री سازوسامان؛ لوازم

Paraphrase : *n.* (pa-re-frayz) explanation in may words व्याख्या; भावानुवाद مفصل ترجمہ؛ شرح

Parasite : *n.* (pa-ri-sit) plant or animal living on another; a hanger on पराश्रयी; परजीवी طفیلی پودا یا کیڑا؛ دوسروں پر گذارا کرنے والا

Parasol : *n.* (pa-re-sol) women's umbrella; a sun-shade छाता; छतरी زنانہ چھتری؛ مستورات کا چھاتا

Paratrooper : *n.* soldier landing in field with parachute छतरी-सौनिक چھاتا بردار فوجی

Paratroops : *n.* soldier with parachute; such army छतरी सेना چھاتا بردار فوج

Parcel : *n.* (pah-r-sel) wrapped up bundle; a lot; a small bundle पारसल; गठरी بقچہ؛ پارسل؛ پلندہ؛ گٹھری

Parcener : *n.* (par-se-ner) a co-heir पट्टीदार; साझी; भागी ہم ورثہ؛ ہم میراث

Parcenery : *n.* a joint tenure or inheritance सम्पत्ति का भागी شراکت از روئے وراثت

Parch : *v.* (pah-r-ch) to make hot and dry; to scorch; to burn slightly; to roast भूनना; झुलसाना; सुखाना بھوننا؛ خشک کرنا؛ جھلس دینا

Parched : *adj.* (pah-rchd) heated and dried भुना हुआ بھنا ہوا؛ خشک کیا ہوا

Parchment : *n.* (pah-rch-ment) fine piece of skin used as paper; paper looking like parchment चर्म पत्र; पार्चमेंट لکھنے کے لیے کمایا ہوا چمڑا؛ جھلّی؛ جھلّی نما کاغذ

Pardon : *n.* (pah-rden) forgiveness क्षमा معافی؛ عفو

Pardonable : *adj.* excusable; that may be pardoned क्षमा योग्य قابلِ معافی؛ قابل عفو

Pare : *v.* (pay-er) to cut off little by little; to trim; to peel off; to reduce थोड़ा-थोड़ा कर के कम क.; काटना; छीलना تھوڑا تھوڑا کر کے کم کرنا؛ کاٹنا؛ تراشنا؛ چھیلنا

Parent : *n.* (pay-e-rent) father and mother माता-पिता ماں باپ

Parentage : *n.* origin; name of father पितृत्व; वंशावली ولدیت؛ نسب؛ نسل؛ نژاد

Parget : *n.* (pah-r-get) a plaster दीवारों का पलास्तर; रोगन پلستر؛ قلعی؛ روغن

Pariah : *n.* (pa-ri-e) a social out caste; one deprived by society जातिच्युत; अछूत برادری سے خارج؛ اچھوت

Parings : *n.* something pared off; that which is pared off कतरन; छिलका कांट-छांट تراشہ؛ چھلکا؛ کترن

Parish : *n.* (pa-rish) lowest Church area पैरिश; कलीसाई एरिया پیرش؛ کلیسائی حلقہ

Parishioner : *n.* one who living in parish पैरिश-वासी کلیسائی حلقے کا باشندہ

Parity : *n.* (pa-ri-ti) equality; likeness similarity समानता; बराबरी مساوات؛ مشابہت

Park : *n.* (pah-rk) lawns for public recreation उपवन سیرگاہ؛ تفریح گاہ؛ پارک

Parking place : *n.* putting (car etc); ground or place where putting cars गाड़ी-स्थान گاڑی تھوڑی دیر کو کھڑی کرنا؛ گاڑی کھڑی کرنے کی جگہ

Parlance : *n.* (pah-r-lens) a way of speaking; talk; conversation बोली बात-चीत بات چیت؛ بولی؛ گفتگو؛ مشورہ

Parley : *n.* (pah-r-lay) negotiations; talks; mutual conversation बात-चीत विचार-विमार्श گفت وشنید؛ مذاکرات؛ بات چیت

Parliament : *n.* (pah-r-le-ment) a country highest legislature संसद; लोकसभा مجلس قانون ساز؛ پارلیمنٹ

Parlour : *n.* (pah-r-ler) sitting room; a lower sitting room बैठक; संलाप गृह نشست گاہ؛ بیٹھک؛ خانہ

Parlous : *adj.* (par-les) shrewd; waggish चालाक; चतुर; हँसने वाला فہیم؛ ہنسی مذاق کرنے والا

Parody : *n.* (pa-ro-di) humorous imitation; poor imitation पैरोडी; नक़ल مضحک؛ نقل؛ پیروڈی

Parole : *n.* (pe-rohl) prisoner's word of honour not to try to escape if temporarily released पैरोल; क़ैदी का ना भागने का इक़रार قیدی کا نہ بھاگنے کا اقرار یا قول؛ پیرول

Paroxysm : *n.* (pa-rok-sizm) sudden outburst; a disease; fit दौरा; आवेग اچانک غلبہ؛ دورہ؛ ایک قسم کی بیماری

Parquet : *n.* (pah-kit) decorated wooden floor सजावटी लकड़ी का फर्श سجاوٹی لکڑی کا فرش

Parricide : *n.* (pa-ri-sid) murder or murderer of one's own father पितृहत्या; पिता घातक باپ کا قتل یا قاتل؛ پدرکشی

Parrot : *n.* (pa-rot) a well-known green bird तोता; शुक طوطا؛ طوطی

Parry : *v.* (pa-ri) toward of a blow; toward of रोकना; टालना; वार बचाना (وار) خالی دینا؛ روکنا؛ ٹالنا

Parse : *v.* (pah-rs) to describe word gramatically पदव्याख्या क. لفظ کی صرفی ونحوی تشریح کرنا

Parsimonious : *adj.* (pah-r-si-me-ni-us) frugal; miser अल्प व्ययी کفایت شعار؛ کم خرچ؛ کفایتی

Parsimony : *n.* frugality; miserliness; niggardliness कम खर्ची کفایت شعاری؛ کنجوسی؛ بخیلی

Parsnip : *n.* (pah-rs-nip) carrot like vegitable पार्सनिप; चुकन्दर پارسنپ؛ گاجر جیسی سبزی؛ چقندر

Parson : *n.* (par-sen) a clergyman; parish priest पादरी پادری

Parsonage : *n.* (pah-rse-nij) a parson's house पादरी गृह پادری کا گھر

Part : *n.* (pah-rt) a portion अंश; भाग حصہ؛ ٹکڑا؛ جز؛ جزو

Part-time : *adj.* for only part of the working hours अंशकालिक; पार्ट टाईम جزوقتی؛ پارٹ ٹائم

Part-with : *v.* to give away; abandon दे देना; छोड़ देना دے دینا؛ چھوڑ دینا

Partake : *v.* (par-tayk) to participate सम्मिलित होना; भाग लेना شریک ہونا؛ حصہ لینا؛ شامل ہونا

Partial : *adj.* (par-shel) biased; affecting only one part; unfair पक्षपाती جانبدار؛ طرفدار؛ حمایتی

Partiality : *n.* unequal judgment; liking पक्षपात; तरफ़दारी جانبداری؛ طرفداری

Partially : *adv.* to an extent; not fully अंशत ایک حد تک؛ جزوی طور پر

Participate : *v.* (par-ti-si-payt) to take part (in); to partake भाग लेना; सम्मिलित होना حصہ لینا؛ شرکت کرنا

Participation : *n.* participating भाग सहयोग حصہ؛ شرکت

Participle : *n.* (par-ti-si-pel) verbal adjective or noun कृदन्त; क्रियार्थक संज्ञा مصدری اسم یا صفت

Particle : *n.* (par-ti-kal) atom; a little part; tiny bit कण; छोटा अंश ریزہ؛ ٹکڑا؛ ذرّہ

Particular : *adj.* (par-ti-ku-ler) special to one; special; individual विशेष; विशिष्ट; खास خاص؛ مخصوص؛ مفرد

Particularly : *adv.* distinctly; especially; peculiarly भिन्न भिन्न; विशेष करके; वियोग; विशेष रुप से خاص کر؛ مفرداً؛ بالخصوص

Particulars : *n.* details विस्तृत; तफ़सीलात جزئیات؛ تفصیلات

Parting : *n.* (par-ting) leave taking वियोग جدائی

Partisan : *n.* (par-ti-zen) strong supporter of party साथी; अन्धभक्त समर्थक پکا حامی؛ طرفدار؛ ساتھی؛ حمایتی

Partisanship : *n.* being partisan; strong support पक्षपात; अन्धभक्ति کٹّر پن؛ طرفداری

Partition : *n.* (par-ti-shen) division into parts; thin wall between rooms बटवारा;भाग; पारटीशन بٹوارہ؛ تقسیم؛ پارٹیشن؛ پردہ

Partly : *adv.* (par-tli) in some measure कुछ अंश तक کسی قدر؛ کچھ؛ ذرا

Partner : *n.* (par-t-ner) a sharer; business shareholder; companion साथी;संगी; साझी; खेल का साथी ساتھی؛ ساجھی؛ رفیق؛ شریک

Partnership : *n.* (-ship) joint interest or property पट्टीदारी; सहकारिता; साझी شراکت؛ ساجھا

Partridge : *n.* (par-ti-rij) a well-known game bird तीतर; बटेर تیتر؛ بٹیر

Parts : *n*.pl. qualities; faculties; districts गुण; योग्यता; क्षेत्र خوبیاں؛ قابلیت؛ علاقے

Party : *n*. (par-ti) political organization; an assembly सभा; दल سیاسی جماعت؛ تنظیم؛ مجمع

Party system : *n*. system of having political parties दल नीति योजना جماعتی سیاسی نظام

Pass : *v*. (pas) to go beyond; to go away; to go ahead; succeed; to die जाना; आगे बढ़ना; मर जाना; आगे निकल जाना; चले जाना چلے جانا؛ گذرنا؛ کامیاب ہونا؛ آگے نکل جانا؛ مرجانا؛ فوت ہوجانا

Pass : *n*. a narrow entrance; license; to go गली; तंग रास्ता आगे जाने की आज्ञा گلی؛ تنگ راستہ؛ پروانۂ راہ داری

Pass book : *n*. bank customer's account book पास बुक پاس بک

Passable : *adj*. allowable; capable of being crossed पारणीय قابلِ گزر

Passage : *n*. (pas-ij) act of passing; journey; way मार्ग; यात्रा; सफ़र گذر؛ راستہ؛ سفر

Passenger : *n*. traveller; voyager यात्री; पथिक مسافر؛ راگیر

Passible : *adj*. that may be impressed सम्भव اثر پذیر

Passion : *n*. (pash-en) emotion; rage; sexual love (for); strong emotion प्रेम; सहनशीलता جذبہ؛ غصہ؛ جوش؛ عشق؛ محبت

Passionate : *adj*. emotional; easily moved to irascible anger क्रोधी; भावपूर्ण; क्रोधपूर्ण جذباتی؛ جلد بھڑک اٹھنے والا؛ پرجوش؛ تندمزاج

Passive : *adj*. (pas-iv) unresisting; suffering without resistance सहनशील; वश्य متحمل؛ صابر؛ رنج اٹھانے والا؛ خاموشی سے برداشت کرنے والا

Passport : *n*. (pas-port) permission in writing to pass; identity card issued to traveller पासपोर्ट; पास-पत्र پاسپورٹ؛ پروانۂ راہداری

Password : *n*. secret word संकेत शब्द; पहचान शब्द شناختی لفظ؛ پہچان لفظ

Past : *adj*. (past) not present; under gone; former बीता हुआ; भूत पूर्व گذشتہ؛ ماضی؛ گذرا ہوا

Paste : *n*. (payst) any viscous; sticky mixture; tenacious mixture लेई; पेस्ट; लेप لیئی؛ پیسٹ؛ لیپ

Pasteboard : *n*. cardboard दफ़्ती دفتی؛ گتا

Pastel : *n*. (pas-tel) paste for making coloured crayon पैस्टल گندھی ہوئی رنگین کھڑیا؛ مٹی؛ پیسٹل

Pastime : *n*. (pas-tim) recreation; amusement; game मनोरंजन; अमोद प्रमोद تفریح؛ کھیل

Pastor : *n*. (pas-ter) a shepherd; minister incharge; spiritual guide चरवाहा; बड़ा पादरी; धर्म गुरू; पुरोहित چرواہا؛ پادری؛ مذہبی رہنما

Pastoral : *adj*. rural; rustic देहाती जिंदगी से संबंधी دیہی زندگی کے متعلق

Pastparticiple : *n*. third form of verb used as verbal adjective भूतकालिक اسمِ مفعول؛ قیاسی

Pastry : *n*. (pays-tri) small sweet cake like thing पैस्टरी پیسٹری

Pasture/Pasturage : *n*. (pays-cher) grassland for the cattle; grazing ground चरागाह چراگاہ

Pasty : *adj*. (pays-ti) like paste; pale लेई की तरह पीला; उड़ा हुआ لیئی کا سا؛ زرد؛ اُڑا ہوا

Pat : *adj*. (payt) exactly suitable ठीक; उचित; ठीक ٹھیک؛ درست؛ صحیح

Pat : *n*. tap gently; gentle touch; lump थपकी; टिकिया; डला تھپکی؛ ٹکیہ؛ ڈلا

Patch : *n*. (pay-ch) small piece sewed on a garment थिगली;पैवन्द; मरहम-पट्टी پیوند؛ زخم پر لگایا ہوا پیوند؛ تھگلی

Patch up : *v*. to settle निपटाना; तय क. نپٹانا؛ طے کرنا

Patch work : *n*. something made of patches; clumsily done work जोड़-जाड़ काम; कच्चा काम پارہ دوزی؛ پیچ ورک؛ بے سلیقہ کام

Pate : *n*. (peit) the head सर;खोपड़ी سر؛ کھوپڑی

Patent : *n*. (pay-tent) an exclusive right or privilage अधिकार पत्र; पूरा हक़ जो बनाने वाले को अपनी बनाई हुई चीज़ के वास्ते होता है; विशिष्ट अधिकार पत्र فرمان جس کی رو سے خاص استحقاق موجد کو ایجاد کے متعلق عطا ہو

Patent leather : *n*. smoth shiny leather चमकीला चमड़ चمکیلا چمڑا؛ پٹینٹ لیدر

Patent medicines : *n*. drugs manufactured by only one firm or company पैटन्ट दवा خاص کمپنی کی دوائیں؛ پیٹنٹ ادویہ

Paternal : *adj*. (pay-te-r-nel) fatherly; hereditary पैतृक; मौरुसी پدری؛ موروثی

Paternal uncle : *n*. uncle on father's side चाचा; ताया; फूफा چچا؛ تایا؛ پھوپھا

Paternity : *n*. being father पिता होना ولدیت؛ باپ ہونا

Path/Pathway : *n*. way; road; track मार्ग; पगडन्डी راستہ؛ پگڈنڈی؛ سڑک

Pathetic : *adj*. (pay-the-tik) exciting; pity; pitiful करुणाजनक; दर्दनाक; भावात्मक رقت انگیز؛ جگرسوز؛ دردناک؛ دل گداز

Pathology : *n*. (pa-tho-lo-ji) science of diseases रोग विज्ञान علم الامراض؛ شرح اسباب امراض

Pathos : *n*. (pay-thos) warmth; passion; literary quality; exciting; pity करुणता; जोश سوز و گداز؛ رقت آمیزی؛ دلسوزی؛ جوش

Pathway : *n*. see path

Patience : *n*. (pay-shens) endurance; mildness; determination धैर्य; सहनशक्ति; सहनशीलता صبر؛ برداشت؛ تحمل؛ ثابت قدمی

Patient : *adj*. not easily provoked; unswerving सहनशील; सन्तोषी صابر؛ متحمل؛ ثابت قدم

Patient : *n*. person under medical treatment रोगी; बीमार بیمار؛ مریض

Patiently : *adv*. with patience; quietly धीरता से; क्षमापूर्वक صبر سے؛ تحمل سے؛ خاموشی سے

Patriarch : *n*. (payt-ri-ah-rk) chief of tribal family कुलपति سردار قبیلہ؛ سردار

Patrician : *n*. (pat-ri-shen) ancient Roman nobleman कुलीन; अभिजात رومی طبقۂ امراء کا فرد

Patricide : *n*. (pat-ri-cid) murder of one's own father पितृहत्या باپ کا قتل؛ باپ کا قاتل

Patrimony : *n*. (pat-ri-me-ni) inherited property पैतृक सम्पत्ति; विरासत ورثہ؛ میراث؛ میراث پدر؛ ترکہ پدر

Patriot : *n*. (pat-ri-at) one who loves his country; a real lover of his country देश भक्त محب وطن؛ وطن پرست؛ اپنے وطن سے محبت کرنے والا

Patriotic : *adj*. of or like patriot देश भक्त وطن پرستانہ

Patriotism : *n*. love for one's country देश भक्ति حب الوطنی

Patrol : *v*. (pat-rohl) go rounds गशत लगाना گشت کرنا؛ گشت لگانا؛ راؤنڈ پر جانا

Patron : *n*. (payt-ren) one who gives monetary or moral help; a supporter दाता; सहायक مربی؛ سرپرست؛ حامی

Patronage : *n*. patronizing संरक्षण; आश्रय; सहारा سرپرستی؛ سہارا

Patter : *n*. (pat-er) rapid succession (of rains drops) टप-टप; तड़-तड़ ٹپ ٹپ؛ تڑ تڑ (بارش کی بوندوں کی)

Pattern : *n*. (pat-e-rn) good example; specimen model; design पैर्टन; नमूना; प्रतिमा; आकार نمونہ؛ مثال؛ نقش؛ اچھا ڈیزائن

Paucity : *n*. (paws-i-ti) shortage; smallness of number or quantity अल्पता; कमी; अल्पसंख्यता کمی؛ قلت؛ کوتاہی

Paunch : *n*. (pawnch) fat belly; pot belly पेट; तोंद توند؛ بڑا پیٹ

Pauper : *n*. (pawp-er) destitute person; a poor person who receives alms भिखारी कंगाल; मुफ़लिस بھکاری؛ غریب؛ محتاج؛ کنگال؛ مفلس

Pause : *n*. (pawz) a short interval; a break; a stop ठहराव; विश्राम; रुकना; विराम توقف؛ سکون؛ مختصر وقفہ؛ ٹھہراؤ

Pave : *v*. (payv) to cover with pavement खड़ंजा डालना فرش باندھنا؛ کھڑنچا ڈالنا

Pavement : *n*. (payv-ment) foot way; a stone or brick floor पत्थर या ईंटों का फर्श پتھر یا اینٹ کا فرش؛ پکا فٹ پاتھ

Pavilion : *n*. (pa-vil-yen) large tent; building for spectators मण्डप; तंबू بڑا خیمہ؛ تماشا خانہ؛ کھیل کے میدان کا جنگلہ؛ پویلین

Paw : *n*. (pow) the foot of a beast; animal's clawed foot पंजा پنجہ

Pawn : *n*. something given to pledge; lowest piece in chess रहन; गिरवी; शतरंज का मोहरा رہن؛ گروی؛ شطرنج کا مہرہ

Pawn broker : *n*. licenced usurer चीज़ रखकर रुपया सूद पर देने वाला چیز رکھ کر روپیہ سود پر دینے والا

Pay : *n*. salary; wages; monthly salary वेतन; उजरत; तनख़्वाह تنخواہ؛ اجرت؛ ماہانہ مشاہرہ؛ معاوضہ

Pay : *v*. to discharge a debt ऋण चुकाना; बदला देना قرض ادا کرنا؛ معاوضہ دینا

Payable : *adj*. due; that ought to be paid चुकाने योग्य واجب الادا

Payee : *n*. (pay-ee) one to whom money is to be paid रूपया पाने वाला روپیہ پانے والا؛ روپیہ لینے والا

Payment : *n*. money paid; paying; reward भुगतान; चुकाया हुआ रूपया ادا کردہ رقم؛ ادائیگی؛ انعام

Pea : *n.* (pee) seed of a well-known green plant; pulse मटर مٹر

Peace : *n.* (pecs) undisturbed condition; calm; opposite of war शान्ति امن؛ سکون؛ صلح؛ جنگ کا مخالف

Peaceful : *adj.* pacific; mild; fond of piece शान्तिमय; अमन पसंद؛ امن پسند؛ پرامن؛ حلیم

Peach : *n.* (peech) a delicious fruit; well-known fruit with pulp आड़ू آڑو؛ شفتالو

Peacock : *n.* (pee-kok) a well-known bird with lovely plumes मयूर; मोर مور؛ طاؤس

Peahen/Peafowl : *n.* female of peacock मोरनी مورنی

Peak : *n.* (peek) the top of a hill highest point; end शिखर; पहाड़ की चोटी چوٹی؛ پہاڑ کی چوٹی؛ انتہا

Peal : *n.* (peel) long and loud ringing of bells; echoing noise घन्टों की अवाज़; ज़ोर की आवाज़ گھنٹیوں کی جھنکار یا آواز؛ زور کی آواز

Peanut : *n.* (pee-nut) groundnut मूंगफली مونگ پھلی

Pear : *n.* (pay-er) a well-known fleshy tapering fruit नाशपाती ناشپاتی

Pearl : *n.* (pe-rl) a precious gem; a well-known white thing formed in shell मोती; मुक्ता موتی؛ گہر؛ گوہر

Peasant : *n.* (pee-zent) working farmer किसान کسان؛ دہقان

Peat : *n.* (peet) decomposed vegetable used as fuel, its piece दलदली कोयला वाली पृथ्वी; दलदली कोयला دلدلی کوئلے والی زمین؛ پیٹ؛ دلدلی کوئلہ

Pebbl : *n.* (peb-el) small stone छोटे-छोटे पत्थर سنگریزہ

Peck : *v.* (pek) to pick up grains or food with the beak; to strike with beak चोंच मारना; दाना चुगना ٹھونگیں مارنا؛ دانہ چگنا؛ چونچ مارنا

Peculiar : *adj.* (pi-kew-li-er) particular; proper; old; special विशेष; निराला مخصوص؛ انوکھا؛ عجیب؛ خاص

Peculiarity : *n.* (-ari-ti) particularity; oddness; oddity विशेषता خصوصیت؛ انوکھاپن؛ نرالاپن

Pecuniary : *adj.* (pi-kew-ni-e-ri) monetary आर्थिक; धन-सम्बन्धी مالی؛ معاشی

Pedagogue : *n.* (ped-e-gog) pedantic teacher; a school master; a pedant मुल्ला; अध्यापक معلّم؛ مدرّس؛ ملّا

Pedal : *n.* (ped-el) treadle; a machine worked by foot पैरों से चलने वाली मशीन; पैडल پیروں سے چلنے والی مشین؛ پیڈل؛ پایہ؛ پایہ دان

Pedantic : *adj.* (pe-dan-tik) bookish style पुस्तकी विद्या पर ज़ोर देने वाला; पण्डिताऊ (انداز) کتابی علم پر زور دینے والا

Pedantry : *n.* displayed of bookish knowledge विद्याडम्बरा علم فروشی؛ کتابی علم پر زور

Peddle : *v.* (ped-el) to hawk फेरी लगाना پھیری لگانا

Pedestal : *n.* (ped-in-tel) base आधार; मंची پایہ؛ بنیاد

Pedestrian : *n.* (pedes-tri-en) one walking on foot पदगामी; पैदल चलने वाला پیادہ؛ پیدل چلنے والا

Pedigree : *n*. (ped-ig-ree) lineage; genealogy वंशावली; वंशवृक्ष شجرۂ نسب؛ نسب نامہ

Pedlar : *n*. (ped-ter) hawker फैरीवाला खोंचे वाला پھیری والا؛ ہاکر؛ خوانچہ والا

Peel : *v*. to take off rind; to strip छीलना; छिलका उतारना چھیلنا؛ چھلکا اتارنا؛ چھال اتارنا

Peel : *n*. shovel; skin बेलन; कड़छा खाल بیلن؛ کڑچھا؛ کھال

Peep : *n*. secret look; look through a slit ताका भाँकी; झाँकना دزدیدنظر؛ جھانکنا

Peep : *v*. to take a peep at; to look through a narrow hole चोरीचोरी देखना; ताका-झाँकी क॰ چوری چوری دیکھنا؛ تاکا جھانکی کرنا

At the peep of the day : *ph*. first dawning दिन निकले دن نکلے؛ ابتدا میں

Peer : *n*. (pee-er) British nobleman; equal (of) समकक्ष व्यक्ति; जोड़; उदाहरण برطانوی نواب؛ نظیر؛ مثال

Peer : *v*. to look at or into closely ताकना; दिखाई देना غور سے دیکھنا؛ بغور دیکھنا؛ تاکنا؛ دکھائی دینا

Peerless : *adj*. (pier-les) unequalled अनुपम; अद्वितीय بے نظیر؛ لاثانی

Peevish : *adj*. (pee-vish) irritable; easily offended चिड़चिड़ा; गुस्ताख़ چڑچڑا؛ گستاخ

Peewit : *n*. (pee-wit) lapwing समुद्री कौआ سمندری کوّا

Peg : *n*. (peg) a large nail for hanging things; a large wooden pin or fastener; measure (of liquor) पैग; खूंटी کھونٹی؛ الگنی؛ میخ؛ جام؛ پیگ

Pelf : *n*. (pe-lf) wealth; riches; money धन; दौलत دولت؛ روپیہ

Pelican : *n*. (pel-i-ken) a large water-bird of south seas जलासंह; पेलीकन; खाने वाले पक्षी پیلیکن؛ بحرالکاہل کے ساحل کا ایک پرندہ؛ ایک بڑی دریائی چڑیا

Pell-mell : *adv*. in confused haste गड़ बड़ में; बेतरतीबी से بے ترتیبی سے؛ افراتفری میں

Pellet : *n*. (pe-let) a little ball; a bullet; a pill छोटी गेंद; गोली; छर्रा چھوٹی گیند؛ گولی؛ چھرا

Pelt : *v*. (pelt) to attack (with mud, stones etc); assail with; to rush फेंकना;फेंक कर मारना; की बौछार क॰ झपटना پھینکنا؛ پھینک کر مارنا؛ کی بوچھار کرنا؛ جھپٹنا

Pelvis : *n*. (pel-vis) cavity between haunches श्रोणि; पेडू ,

Pen : *n*. (pen) an instrument for writing लेखनी; क़मल قلم؛ خامہ

Penal : *adj*. (pee-nel) of punishment दण्ड का; दण्डविषयक تعزیری؛ سزا کا

Penal laws : *n*. laws lying down punishment दण्ड विधि تعزیری قوانین

Penal servitude : *n*. imprisonment with hard labour कैद قید بامشقت

Penalize : *v*. declare (an act) to be penal दण्डित क॰; दण्ड देना سزا مقرر کرنا

Penalty : *n*. (pen-el-ti) punishment; fine दण्ड; जुर्माना سزا؛ جرمانہ؛ پینلٹی

Penance : *n*. (pen-aus) self-imposed punishment; mortification; atonement तपस्या; प्रायश्चित कفارہ؛ نفس کشی

Pence : *n*. (pens) plural of penny पैनिस; पेनी پنس؛ پنی

Pencil : *n*. (pen-sil) a piece of graphite (embedded in wood) for writing पेंसिल پنسل

Pencil drawing : *n.* picture drawn with pencil पेंसिल से बनाई हुई चित्र پنسلی تصویر؛ پنسل سے بنائی ہوئی ڈرائنگ

Pendant : *n.* (pen-daynt) an ear-ring; an ornament; hanging ornament for neck or ear लोलक; लटकन; झुमका آویزہ؛ جھمکا؛ کرن پھول؛ ایک قسم کا لٹکنے والا زیور

Pendent : *adj.* hanging लटकता हुआ لٹکتا ہوا؛ آویزاں

Pending : *adj.* (pen-ding) undecided; awaiting; hanging; depending; during विचाराधीन; अनिश्चित; लंबित غیرمنفصلہ؛ زیرغور؛ دوران میں

Pendulum : *n.* (pen-dew-lum) hanging rod free to swing लोलक; लटकन پنڈولم؛ رقّاص؛ لٹکن

Penetrate : *v.* (pen-e-trayt) to pierce; to enter; to percolate छेदना; बींधना; प्रवेश क.; आर-पार हो जाना چھیدنا؛ بیدھنا؛ داخل ہوجانا؛ سرایت کر جانا؛ آر پار ہوجانا

Penetration : *n.* (-tray-shen) entering; insight प्रवेश; विवेक; प्रभाव داخل ہونا؛ سرایت کرنا؛ اثر

Penguin : *n.* (peng-gwin) large Australian sea-bird पैनगुईन پینگوئن

Penicillin : *n.* (pen-i-sil-in) antibiotic drug made from mould पैन्सीलीन پینسلین

Peninsula : *n.* (pe-nin-sew-le) piece of land surrounded by sea on all sides but one; an island प्राय द्वीप جزیرہ نما

Penis : *n.* (pee-nis) male sexual organ लिंग; शिश्न عضوتناسل؛ آلت

Penitence : *n.* (pen-i-tens) repentance; sorrow for sin; sorrow for wrong doing पश्चाताप; अनुपात; तोबा توبہ؛ کفارہ؛ پشیمانی؛ ندامت

Penitent : *n.* one who repents पश्चातापी; अनुपाती تائب؛ نادم؛ پشیمان

Penitentiary : *n.* (-tensh-e-ri) reformatory सुधारालय; सुधार घर; धर्मदण्डविभाग اصلاحی؛ اصلاح خانہ؛ اصلاح گھر؛ قیدخانہ

Penman : *n.* (pen-man) an author; writer श्रुतिलेख वाला کاتب؛ خوش نویس

Pennant : *n.* (pen-ent) long triangular flag लम्बी त्रिभुजाकार झण्डी لمبی تکونی جھنڈی

Pennated : *adj.* having wings पक्षवाली پردار

Penniless : *adj.* poor कंगाल غریب؛ مفلس؛ کنگال

Pennon : *n.* see Pennant

Penny : *n.* (pe-ni) the 12th part of a shilling पेनी; एक शिलिंग का बारहवां हिस्सा پنی؛ پینس؛ ولایت کا سکہ

Pennywise : *n.* (peni-we-iz) niggard; miser कंजूस کنجوس؛ کفایت شعار

Pension : *n.* (pen-sion) pay after retirement; monthly payment for help पेन्शन; सेवा वृति پنشن

Pensioner : *n.* one receiving pension पेन्शन पाने वाला پنشن پانے والا؛ پنشن یافتہ

Pensionable : *adj.* (post) with facilities of pension पेन्शन वाली پنشن والی

Pensive : *adj.* (pen-siv) deep in thought विचार में डूबा हुआ غرق فکر؛ مستغرق؛ سوچ میں ڈوبا ہوا

Pent : *adj.* (pent) shut (up or in) कैद قید

Pentagon : *n.* (pent-e-gon) five sided playgon; the headquarter of the U.S. armed forces पंच कोण; पंच-भुज; अमरीकी सैना का बड़ा दफ्तर; पैन्टागोन مخمس؛ امریکی فوج کا صدر مقام؛ پینٹا گون

Pentangular : *n.* (pen-tang-u-lar) five cornered पंच कोण مخمس؛ پنج گوشیہ

Penury : *n.* (pen-ew-ri) poverty; extreme poverty दरिद्रता; ग़रीबी مفلسی؛ انتہائی غربت

Peon : *n.* (pi-on) an office attendant चपरासी; अर्दली چپراسی؛ اردلی

People : *n.* (pee-pel) human beings; masses; a nation; persons लोग; जाति; सभा لوگ؛ انسان؛ عوام؛ قوم؛ عوام الناس

Pep : *n.* (pep) energy ताक़त ہمت؛ طاقت

Pepper : *n.* (pep-er) kind of spice with dark grains; an aromatic warm spice काली मिर्च کالی مرچ؛ سیاہ مرچ؛ فلفل

Peppermint : *n.* (-mint) an aromatic plant; mint eminently hot पीपरमेंट; पोदीना ایک قسم کا پودینہ؛ پودینہ؛ پیپر منٹ

Per : *prep.* (pe-r) for each; through से; उपाय से فی؛ ہر؛ کے ذریعے؛ کے ہاتھ

Per annum : *adv.* annually प्रतिवर्ष; हर साल سالانہ؛ ہر سال

Per bearer : *ph.* by the messanger दस्ती; लाने वाले के हाथ حامل رقعہ کے ہاتھ؛ دستی

Per capita : *adv.* per head प्रतिव्यक्ति فی کس

Per cent : *adv.* for every hundred प्रतिशत فی صدی؛ فیصدی

Per diem : *adv.* daily; per day प्रतिदिन; रोजाना روزانہ؛ ہر دن

Per mensum : *adv.* monthly प्रतिमाह; हर माह ماہانہ؛ ہر مہینے؛ ہر ماہ

Perambulator : *n.* (pe-ram-bew-lay-tor) four wheeled carriage for child बच्चों को बिठा कर धुमाने वाली गाड़ी بچہ گاڑی؛ پرام

Perceive: *v.* (per-seev) to see; to understand; to discover देखना; जानना; समझना دیکھ لینا؛ سمجھ لینا؛ دریافت کرنا؛ معلوم کرنا

Percentage : *n.* (per-sent-ij) the rate proposition on a hundred; rate per cent प्रतिशतता شرح؛ فی صدی

Perceptible : *adj.* (per-septi-bel) that can be perceived अवगम्य محسوس؛ قابلِ ادراک

Perception : *n.* (-sep-shen) act of perceiving ज्ञान; अवगम ادراک

Perch : *v.* (per-ch) bird's resting place पंछियों के बैठने का अड्डा या छतरी پرندوں کی چھتری؛ پرندوں کے بیٹھنے کا اڈّا

Perchance : *adv.* (per-chans) perhaps कदाचित شاید

Percolate : *v.* (per-ko-layt) to ooze; to filter छानना; रिसना چھاننا؛ رِسنا؛ نچوڑنا

Percolator : *n.* pot for brewing (esp. coffee) स्नावित्र; क़हवे का बर्तन قہوے کا ساوار

Perdition : *n.* (per-dish-en) utter loss सत्यानाश; तबाही; बरबादी ستیاناس؛ تباہی؛ بربادی

Peremptory : *adj.* (pe-remp-to-ri) decisive; absolute; authoritative निर्गीत; सुनिश्चित فیصلہ کن؛ قطعی؛ آخری؛ تاکیدی؛ تحکمانہ

Perennial : *adj.* (pe-ren-yel) flowing all the year round; lasting a year एक साल; बारह मासिया یک سالہ؛ سال بھر چلنے والا

Perfect : *adj.* (per-fekt) complete;

flawless; excellent सम्पूर्ण; श्रेष्ठ; पूरा مکمل؛ بے عیب؛ شاندار

Perfection : *n.* excellence पूर्णता; पूरा کمال؛ فضیلت؛ تکمیل؛ مکمل

Perfidy : *n.* (per-fi-di) breach of faith; treachery; disloyalty विश्वासघात؛ بے وفائی؛ غداری؛ بے ایمانی؛ دغابازی

Perforate : *v.* (per-fo-rayt) make hole through; to pierce through; to bore छेद क.; सुराख़ क.; छेद बनाना سوراخ کرنا؛ چھیدنا

Perforation : *n.* (-ray-shen) hole; bore छेद سوراخ؛ چھید

Perforce : *adv.* (per-foh-rs) by force; violently; necessity बलपूर्वक हठ से; लाचारी से; विवश हो कर بزور؛ جبراً؛ ناچار؛ لازماً

Perform : *v.* (per-form) to execute; to act; to complete; to accomplish; to finish समाप्त क.; पूरा क.; समपन्न क.; अभिनय क.; तमाशा दिखाना انجام دینا؛ تمثیل پیش کرنا؛ ادا کرنا؛ تماشہ دکھانا

Performance : *n.* presentation; entertainment; work प्रदर्शन; अभिनय; तमाशा عمل؛ کام؛ پروگرام

Perfume : *n.* (per-fewm) fragrance; sweet adour; scent सुगंध; इतर خوشبو؛ مہک؛ عطر

Perfumer : *n.* maker of perfumes; one who sells perfumes अत्तार; इत्रफ़रोश عطرساز؛ عطرفروش؛ عطار

Perfumery : *n.* place where perfumes are made or sold; perfumes इतरसाज़ी; सुगंधशाला عطرسازی کا کارخانہ یا عطرفروش کی دکان

Perhaps : *adv.* (per-haps) possibly; It may be; by chance; probably कदाचित; शायद; संयोग से شاید؛ اتفاقیہ؛ غالباً

Peril : *n.* (pe-ril) danger; hazard; grave danger भय; डर خطرہ؛ ڈر؛ سخت خطرہ

Perilous : *adj.* hazardous; dangerous; very dangerous; risky भयानक; डरावना; जोखों का خطرناک؛ خوفناک؛ سخت خطرے کا؛ جوکھوں کا

Perimeter : *n.* (pe-rim-i-ter) outer boundry of closed figure परिमाप; परिमापी احاطہ؛ محیط

Period : *n.* (pee-ri-ud) length of time; a limit; epoch समय; काल; अवधि عرصہ؛ وقت؛ زمانہ؛ عہد؛ دور

Periodic/-al: *adj.* (pee-ri-od-ik/-kel) regular; at stated times; periodic publication नियत काल में; समय समय पर مقررہ؛ فصلی

Periphery : *n.* (pe-ri-feri) the circle; the circumference घेरा; परिधि محیط؛ گھیرا

Perish : *v.* (pe-rish) to destroy; to die; to be destroyed मरना; नाश होना; नष्ट होना تلف کرنا یا ہونا؛ فنا ہونا؛ یا مٹ جانا؛ مرجانا

Perjure : *v.* (per-jer) to swear falsely; to make false deposition झूठी सौगंध खाना جھوٹی قسم کھانا؛ دروغ حلفی کرنا

Perjurious : *adj.* (-jor-ri-us) guilty of breach of faith ग़द्दार غدارانہ؛ غدار

Perjury : *n.* (per-je-ri) wrong evidence; betrayal झूठी सौगंध; ग़द्दारी دروغ حلفی؛ غلط بیانی؛ غداری

Perk : *adj.* (pe-rk) brisk शोख़; गर्व से मस्तक उठाना شوخ؛ تیز؛ مغرور

Permanence : *n.* (per-me-nens) being permanent स्थिर होना پائداری؛ مستقل ہونا

Permanent : *adj.* (-nent) unchanged; lasting स्थिर; नित्य پائدار؛ مستقل

Permeate : *v.* (per-mi-ayt) to pervade; to perlocate; to pass through प्रवेश क.; छिद्रों में से होकर जाना; में भर जाना میں بھر جانا؛ میں سرایت کرنا؛ نفوذ کرنا

Permissible : *adj.* (per-mis-i-bel) that which is permitted अनुज्ञेय; उचित جائز؛ روا

Permission : *n.* (per-mi-shen) grant of leave or liberty; consent आज्ञा; सवीकृति اجازت؛ منظوری؛ رضا

Permit : *v&n.* to allow; official permission आज्ञा देना; परमिट اجازت دینا؛ پرمٹ پروانہ

Permutation : *n.* (per-mew-tay-shen) change परिवर्तन ردّوبدل

Pernicious : *adj.* (per-nish-us) harmful; very hurtful; destructive हानिकारक; नाशक نقصان دہ؛ ضرر رساں؛ مہلک؛ مضر؛ مضرت رساں؛ فاسد

Perpendicular : *adj.* (per-pen-dik-ew-ler) upright; at right angle सीधा; खड़ा سیدھا؛ کھڑا؛ عموداً

Perpetrate : *v.* (per-pet-rayt) to commit a crime or error पाप अथवा दोष क.; अपराध क. ارتکاب جرم کرنا؛ گناہ یا جرم کا ارتکاب کرنا

Perpetration : *n.* perpetrating अपराधकर्म करना ارتکاب جرم؛ جرم کرنا

Perpetual : *adj.* (per-pet-ew-el) everlasting; continuous; continual; never ceasing सतत; नित्य; लगातार دائمی؛ دوامی؛ مسلسل؛ لگاتار

Perpetuate : *v.* preserve; स्थायी बनाना; अमर कर देना; जारी रखना باقی رکھنا؛ قائم رکھنا؛ امر کردینا

Perpetuity : *n.* everlastingness; being for ever स्थायीत्व; निरन्तरता ہیشگی؛ دوام؛ مستقل ہونا

Perplex : *v.* (per-pleks) to bewilder; to vex; to disturb with doubts; to confuse हैरान क.; हैरत में डालना; उलझा देना; व्याकुल क. الجھانا؛ حیران کرنا؛ پریشان کرنا؛ حیرت میں ڈالنا؛ زچ کرنا؛ پیچیدہ کرنا

Perplexed : *adj.*. bewildered; confused हैरान; परेशान حیران؛ پریشان

Perplexity : *n.* bewilderment हैरानी; परेशानी حیرانی؛ پریشانی

Persecute : *v.* (per-si-kewt) continue to treat cruelty; to oppress; to vex पीड़ा देना; क्लेश देना ایذائیں دیتے رہنا؛ ستانا؛ تنگ کرنا

Persecution : *n.* persecuting; worry अत्याचार; उत्पीड़न ایذا رسانی؛ پریشانی

Perseverance : *n.* (per-si-vee-e-rans) steadfastness; firmness; insist; steadiness धैर्य; गम्भीरता; दृढ़ता ثابت قدمی؛ استقلال

Persevere : *v.* to continue stead fastly दृढ़ रहना ثابت قدم رہنا

Persist : *v.* see persevere

Persistence / Persistency : *n.* steadfastness; continuance दृढ़ता; आग्रह; अभिनिवेश استقلال؛ ثابت قدمی؛ مستقل مزاجی

Persistent : *adj.* persisting; not ending दृढ़; अटल; ज़िद्दी ثابت قدم؛ بات کا پکا؛ اٹل

Person : *n.* (per-sen) any human being; individual; human being पुरुष; व्यक्ति; मनुष्य شخص؛ انسان؛ متنفس؛ آدمی

Personage : *n.* (-ej) important person मान्य व्यक्ति; श्रेष्ठ व्यक्ति اہم شخصیت؛ اہم شخص

Personal : *adj.* (per-so-nel) private; pertaining to a person व्यक्तिगत; निजी; अपना شخصی؛ ذاتی؛ اپنا

Personally : *adv.* one self; as an individual स्वंय; व्यक्तिगत रुप से بذات خود؛ فرد کی حیثیت سے

Personality : *n.* person's being; individuality of any one व्यक्तित्व شخصیت؛ وجود

Personalty : *n.* (per-senal-ti) any movable property निजी सम्पत्ति ذاتی جائداد

Personate : *v.* (per-so-nayt) to counterfiet; to act रूप बदलना; रूप बनाना صورت بنانا؛ بھیس بدلنا

Personify : *v.* (per-so-ni-fi) to change from a thing to a person; represent as a person किसी जड़ वस्तु को चेतन ठहराना; मानवीकरण क॰ بے جان چیز کو جاندار بنا کر پیش کرنا؛ مجسم بنا کر پیش کرنا

Personnel : *n.* (per-se-nel) staff कर्मचारी; कार्यकर्ता عملہ؛ کارکن

Perspective : *n.* (per-spek-tiv) apparent relation of objects as to position and distance; mental view परिदृश्य; संदर्श; सापेक्ष महत्त्व مصوری میں فاصلے کا ظاہری تناسب؛ پس منظر

Perspicuous : *adj.* (pers-pi-kew-us) transparent; plain स्पष्ट; सुबोध صاف؛ واضح

Perspiration : *n.* (per-spi- ray-shen) act of perspiring; sweat पसीना پسینہ

Persuade : *v.* (per-swayd) to convince; to win over; to incline विश्वास दिलाना; मनवालेना منوالینا؛ قائل کرنا؛ ترغیب دلانا؛ یقین دلانا

Pert : *adj.* (per-t) forward; saucy (girl); impudent; brisk; lively अविनीत; चतुर; ढीठ شوخ؛ تیز؛ زندہ دل؛ گستاخ

Pertain : *v.* (per-tayn) to belong सम्बन्ध होना جز ہونا؛ متعلق ہونا؛ سروکار رکھنا

Pertinacity : *n.* (per-ti-nas-i-ti) obstinacy; stubbornness हठ; आग्रह ہٹ دھرمی؛ ضد

Pertinent : *adj.* (per-ti-nent) relevent; appropriate उचित; योग्य متعلقہ؛ موزوں؛ برمحل؛ مناسب

Pertly : *adv.* (pert-li) briskly; saucily तीव्रता से; चतुराई से تیزی سے؛ گستاخی سے

Perturb : *v.* (per-te-rb) to disturb mentally; make worried व्याकुल क॰; बेचैन क॰ پریشان کرنا؛ گھبرا دینا؛ بے چین کرنا؛ تکلیف دینا

Peruse : *v.* (pe-rooz) to read thoroughly; to read with attention ध्यान पूर्वक पढ़ना غور سے پڑھنا؛ مطالعہ کرنا

Pervade : *v.* (per-vayd) to permeate; to pass through व्याप्त क॰; घुस जाना سرایت کرنا؛ گھس جانا

Perverse : *adj.* (per-vers) obstinate; stubborn हठी; ज़िद्दी ضدی؛ سرکش

Perversion/Perversity : *n.* being perverted; ill-disposition हठ; ज़िद बेराह-रवी بے راہ روی؛ کجروی؛ بدخوئی

Pervert : *v.* (per-vert) to lead into evil way विकृत या भ्रष्ट कर देना; बिगाड़ना غلط راستے پر ڈالنا؛ خیالات بگاڑنا

Pervious : *adj.* (per-vies) penetrable

प्रवेशनीय نفوذ پذیر؛ داخل ہونے والا

Pessimism : *n.* (pes-i-mizm) tendeney to look at the dark side of things निराशावादी یاس؛ قنوطیت

Pessimist : *n.* one who has a dark view of everything निराशावादी مایوسی پر مائل؛ قنوطی

Pessimistic : *adj.* fond of or based on pessimism निराशावाद को पसन्द करने वाला قنوطی؛ قنوطیانہ؛ قنوطیت والا

Pest : *n.* (pest) harmful insect etc; a plague नाशकारी वस्तु; महामारी تباہ کن کیڑے مکوڑے وغیرہ؛ مہلک بیماری؛ وبا؛ قہر الٰہی

Pester : *v.* (pes-ter) annoy तंग कर देना دِق کرنا؛ تنگ کر دینا

Pestilence : *n.* (pes-ti-lens) plague; deadly epidemic महामारी مُہلک وبا

Pestilent : *adj.* (-lent) fatal; harmful नाशकारी مُہلک؛ ضرر رساں

Pestle : *n.* (pes-el) small club for pounding; a tool to beat in a mortar मूसली; मोगरी موسل؛ دستہ؛ موگری

Pet : *n.* (pet) a favourite animal पालतू पशु پالتو جانور

Pet : *adj.* favourite दुलारा پیارا؛ چہیتا

Petal : *n.* (pet-el) a flower leaf; each sheet forming flower पुष्प की पत्ती پنکھڑی؛ پھول کی پتی؛ برگ

Petit : adj&*n.* (pe-tit-e) a small dainty (woman) छोटी सी सुन्दर (स्त्री) چھوٹی سی خوبصورت (عورت)

Petition : *n.* (pe-tish-en) application; a request; written request दुआ; प्रार्थना पत्र دعا؛ عرضی؛ درخواست؛ عرضداشت؛ التجا

Petrel : *n.* (pet-rel) small sea-bird seen in storm एक छोटा सा समुद्री पक्षी; समुद्रकाक بطریل؛ ایک چھوٹا سا سمندری پرندہ

Petrify : *v.* (pet-ri-ti) to change into stone पत्थर कर देना या हो जाना پتھر ہوجانا یا کر دینا

Petrol : *n.* (pet-rel) gasolene पैट्रोल پیٹرول

Petroleum : *n.* a liquid bitumen; a mineral oil from which petrol and kerosene oil are obtained भुतेल; पैट्रोलियम; मिट्टी का तेल نفت؛ مٹی کا تیل

Petticoat : *n.* (pet-i-koht) a woman's lower vestment; woman's under skirt पेटी कोट; घाघरा; लंहगा پیٹی کوٹ؛ گھاگھرا؛ لہنگا

Pettifogger : *n.* (pet-i-foger) a petty small rate lawyer छोटे दरजे का वकील چھوٹے درجے کا وکیل

Pettifogging : *adj.* (-ging) quibbling (person); trifling (matter) ख़ाह-मख़ाह टिप्पणी करने वाला-(मनुष्य); तुच्छ सा خواہ مخواہ میں میخ نکالنے والا (آدمی)؛ معمولی سا

Petto : *n.* (pet-to) the breast वक्षस्थल چھاتی؛ سینہ

Petty : *adj.* (pe-ti) small; little; trivial; unimportant; unconsiderable छोटी; तुच्छ; हक़ीर چھوٹا؛ ادنیٰ؛ حقیر؛ معمولی

Petty cash : *n.* small items of payments छोटी छोटी रक़में چھوٹی چھوٹی رقمیں

Petty officer : *n.* non-commissioned officer in the navy जल सेना का उहदेदार بحریہ کا عہدے دار

Petulant : *adj.* (pet-ew-lant) saucy; perverse; wanton; peevish झक्की; चिड़चिड़ा; दुशीलता چڑچڑا؛ گستاخ؛ تنک مزاج

Pewter : *n.* (pew-ter) alloy of lead

and iron रांग رانگ

Phaeton : *n.* (fe-i-ten) a high open carriage चोपहिया खुली गाड़ी کھلی ہوئی چار پہیہ کی گاڑی؛ فٹن

Phantasm : *n.* (pan-tazm) illusion; a vain imagination आभास; ख़्याल وہم؛ خیال؛ تصور

Phantom : *n.* (fant-um) a ghost; a spectre भूत; आभास بھوت پریت؛ وہمی صورت؛ بے وجود

Pharaoh : *n.* (fay-roh) ancient Egyption king प्राचीन मिस्री सम्राट फ़िरعون فرعون

Pharisee : *n.* (fa-ri-see) member of an ancient jewish sect; formalist in religion; hypocrite फ़रीसी; पाखण्डी فریسی؛ ظاہر پرست؛ زاہد؛ تنگ نظر

Pharmacy : *n.* (fahr-me-si) art of preparing medicines दवासाज़ी دواسازی

Phase : *n.* (fayz) aspect; stage आकृति; रुप; दोर صورت؛ شکل؛ دور

Phases of the moon : *n.* aspects of moon चद्रमा के रुप چاند کی شکلیں

Pheasant : *n.* (fez-ent) large game-bird; a kind of wild cock or hen चकोर; तीतर چکور؛ تیتر؛ درّاج

Phial : *n.* (fi-el) a small bottle शीशी; छोटी सी बोतल شیشی؛ چھوٹی سی بوتل

Philanthropy : *n.* (fi-loanth-ro-pi) love of humanity; charitableness विश्वप्रम; सहानुभूति; परोपकार بشر دوستی؛ خلق دوستی؛ غریبوں کی امداد

Philately : *n.* (fi-lat-e-li) collecting of postage stamp डाक के टिकट जमा क.. ڈاک کے ٹکٹ جمع کرنا

Philistine : *adj.* (fil-is-teen) uncultured अनघड़ ناشائستہ؛ بدتہذیب

Philistine : *n.* uncivilized person; Philistini फिलिस्तीनी; अनघड़ मनुष्य ناتراشیدہ شخص؛ غیر مہذب شخص؛ بدتہذیب شخص؛ فلسطینی

Philologist : *n.* (fil-lol-o-jist) expert in philology शब्द शास्त्री ماہر لسانیات

Philology : *n.* (fil-lol-o-ji) the study of the nature and growth of language भाषा विज्ञान; शब्द व्युपति शास्त्र علم لسانیات؛ تحقیقِ زبان

Philomel : *n.* (filo-mel) the nightingale एक गाने वाला पक्षी; बुलबुल بلبل؛ ایک گانے والا پرندہ

Philosopher : *n.* (fil-os-e-fer) one with system of philosophy तत्वज्ञानी; हकीम فلسفی؛ حکیم

Philosophy : *n.* knowledge dealing with ultimate reality; knowledge of natural or moral तत्वज्ञान فلسفہ؛ مسلکِ فکر؛ علم فلسفہ

Philter : *n.* (fil-te-r) a love charm मन्त्रौषधि; वशीकरण चूरण موہنی؛ محبت کی دوا

Phlegm : *n.* (flem) thing secreted during cough बलग़म بلغم؛ ریشہ

Phobia : *n.* (foh-bi-e) fear (of) भय; भीति ڈر؛ خوف

Phoenix : *n.* (fee-niks) a fabulous bird; a mythical bird whose offspring in born of its ashes एक प्रकार का पक्षी; हुमा; अमर पक्षी سیمرغ؛ ققنس؛ ایک خیالی پرندہ؛ ہما

Phone : *n.* (fohn) abbreviation of telephone दूरभाष; फोन ٹیلی فون؛ فون

Phonetic : *adj.* (fo not ik) pertaing to the vocal sounds ध्वनि से सम्बन्धित آواز سے متعلق؛ صوتی

Phonetics : *n.* the science of vocal sounds ध्वनि की विद्या علم آواز؛ صوتیات؛ علم سماع

Phonograph : *n.* (fohn-o-graf) gramophone ग्रामोफ़ोन گراموفون

Phosphorus : *n.* (fos-fo-rus) a chemical substance which exposed to air takes fire एक चमकदार अगिन वस्तु जो वायु के लगने से जल उठे فاسفورس

Photo : *n.* (foh-toh) photograph; a picture चित्र; फोटो عکسی تصویر؛ فوٹو؛ عکس

Photograph : *n.* (foh-to-graf) a picture taken with camera चित्र; प्रतिमा عکسی تصویر؛ فوٹوگراف

Photography : *n.* (foh-tog-re-fi) taking pictures with camera फोटोग्राफी عکاسی؛ فوٹوگرافی

Photology : *n.* (foto-lo-ji) the doctrine of light प्रकाश विषयक विज्ञान روشنی علم

Phrase : *n.* (frayz) an idiom or mode of speech; part of sentence; without finite verb लोकोक्ति मुहावरा; वाक्यांश جزوکلام؛ فقرہ؛ مرکب ناقص؛ جزو جملہ؛ محاورہ

Phthisis : *n.* (fthi-sis) tuberculosis of lungs तपेदिक़; फेफड़ों की दिक़; सिल دق؛ سِل؛ پھیپھڑوں کی دق؛ تپ دق

Physic : *n.* (fei-zik) the art of curing diseases; purge वैदिक; औषध; जुलाब علاج؛ حکمت؛ جلاب

Physical : *adj.* (fiz-i-kel) material; of body; pertaining to physics भौतिक; शारीरिक; भौतिक रसायन सम्बन्धित مادّی؛ جسمانی؛ طبیعی

Physical exercise : *n.* bodily exercise व्यायाम; कसरत جسمانی ورزش؛ کسرت

Physical fitness : *n.* healthy शारीरिक योग्यता جسمانی قابلیت صحت مند؛

Physical geography : *n.* part of geography dealing with physical condition भौतिक भूगोल طبیعی جغرافیہ

Physician : *n.* (fi-zi-shen) one skilled in the art of healing चिकित्सक; वैद्य; डाक्टर طبیب؛ وید؛ ڈاکٹر؛ حکیم

Physicist : *n.* (fiz-i-sist) expert in physics भौतिक विज्ञानी ماہرِ طبیعات

Physics : *n.* (fiz-i-lazi) natural philosophy; science dealing with properties and function of matter भौतिक विज्ञान طبیعات؛ علم طبیعات

Physiological : *adj.* (fiz-i-o-loz-i-kel)bodily; physiology शारीरिक; क्रियात्मक جسمانی؛ عضویاتی؛ فعلیاتی

Physiology : *n.* (fiz-i-ol-o-ji) science dealing with functions of bodily organs शारीरिक विज्ञान; क्रियाविज्ञान; शरीरवृत्ति علم الاعضا؛ عضویات؛ افعالِ اعضا؛ فعلیات

Physiotherapy : *n.* body treatment शारीरिक चिकित्सा جسمانی علاج

Physique : *n.* (fi-zeek) bodily structure शरीर गठन جسم کی ساخت؛ جسم

Piano : *n.* (pee-an-oh) stringed musical instrument played with harmonium-like keys पियानू پیانو؛ ایک موسیقی کا آلہ

Pica : *n.* (pi-ka) a kind of printing letter एक प्रकार का छापा بڑے چھاپے کا حرف

Pick : *v.* (pik) to choose; to select; to pluck चुनना;पसन्द क.; तोड़ना چننا؛ منتخب کرنا؛ توڑنا؛ پسند کرنا

Pick : *n.* a tool with pointed ends for

breaking stones etc कुदाल; खोदनी کدال

Pick-pocket : *n*. one who picks pocket जेब कतरा جیب تراش؛ جیب کترا

Pickaxe : *n*. (pika-eks) an axe with a sharp point कुदाल کدال

Picked : *adj*. sharp; pointed; slected तेज़; नोकीला; चुना हुआ تیز؛ نوکیلا؛ چنا ہوا

Pickeer : v. (pi-ker) to skirmish; to rob लूट मार क.; आक्रमण क.; धावा बोलना لوٹ مار کرنا؛ دھاوا بولنا؛ حملہ کرنا

Picket : *n*. (pi-ket) party sent to watch the enemy मोरचाबन्दी مورچہ بندی

Pickle : *n*. (pik-el) a salt liquor; a thing pickled अचार; कांजी اچار؛ کانجی؛ سرکہ

Picnic : *n*. (pik-nik) pleasure trip; a meal in the open वनभोज; पिकनिक مشترکہ سیر؛ تفریح اور کھانا؛ پکنک

Pictorial : *adj*. (pik-toh-ri-el) of pictures; illustrated by pictures चित्रों का सचित्र; चित्रीय باتصویر؛ تصویر سے متعلق

Picture : *n*. (pik-cher) painting; drawing; photograph; figure चित्र; ख़ाका تصویر؛ خاکہ؛ حلیہ

Pictures : *n*. cinema film सिनेमा فلم؛ پکچر؛ سنیما

Picturesque : *adj*. (pik-che-resk) charming; colourful लुभावनी; रंगीन शानदार دلکش؛ جاذب نظر؛ رنگین؛ شاندار

Piddling : *adj*. (pid-ling) trifling; unimportant तुच्छ; हलका; नगण्य معمولی سا؛ یونہی سا؛ غیر اہم؛ ادنیٰ سا؛ ناچیز

Pidgin English/ Pigeon English : *n*. broken English of the Chineee चीनी अंग्रेज़ी چینی انگریزی

Pie : *n*. (pi) old pakistani coin; a crust baked with something in it पाकिस्तानी सिक्का; समोसा; कचौरी پائی؛ (پاکستانی پرانا سکہ) سموسہ؛ کچوری

Piebald : *adj*. (pi-bawld) having irregular patches of colours चितकबरा; चितला چتکبرا؛ چتلا

Piece : *n*. (pees) a bit; a patch; an article टुकड़ा; पेवंद; लेख ٹکڑا؛ پیوند؛ مضمون

Pied : *adj*. (pid) multicoloured; variegated बहुरंगा; चितकबरा چِترنگا؛ رنگا رنگ؛ بوقلموں؛ چتکبرا

Pier : *n*. (pee-er) pillar; column; landing stage पाया; खम्भा; घाट پایہ؛ کھمبا؛ گودی

Pierce : *v*. (pee-ers) to run through; to penetrate; to bore घुसना; चुभना; प्रवेश क. گھسنا؛ چبھنا؛ داخل ہونا

Piety : *n*. (pi-e-ti) being pious; discharge of duty to God ईश्वर भक्ति خدا ترسی؛ پارسائی؛ تقویٰ؛ زہدواتقا

Pig : *n*. (pig) swine; oblong mass of smelted metal सुअर; ढली हुई धातू का टुकड़ा سور؛ خنزیر؛ ڈھلی ہوئی دھات کا ٹکڑا

Pig headed : *adj*. obstinate हठी; ज़िद्दी ضدی؛ ہٹیلا

Pigeon : *n*. (piz-en) a well-known bird कबूतर کبوتر

Pigeon hole : *n*. house for pigeons; one of the small compartments in a shelf काबक; अलमारी में छोटा ख़ाना کابک؛ الماری میں چھوٹا خانہ

Pigment : *n*. (pig-ment) colouring material; colour; paint रंग; रोग़न رنگ؛ روغن؛ پینٹ

Pigmy : *n*. (pig-mi) a drawf बौना

ठिंगना; नाटा بونا؛ کوتاہ قد؛ ٹھگنا

Pigtail : *n.* (pig-tail) women's hair plaited at end चोटी; लम्बी चोटी چوٹی؛ چٹیا؛ لمبی چوٹی

Pike : *n.* (pik) small spear; spike; a weapon; a fish; toll gate बरछा; भाला कील;एक प्रकार की मछली; चुंगी फाटक برچھا؛ بھالا؛ میخ؛ کیل؛ نیزہ؛ ایک قسم کی مچھلی؛ چنگی پھاٹک

Pilaster : *n.* (pi-las-ter) a small square column चतुर्थ भुज स्तम्भ چوکور کھمبا

Pile/Piles : *n.* (pil) heap; huge building; large wooden beam; tumours in rectum ढेर; खम्बा; बडी बिल्डिंग शहतीर; बवासीर के मस्से ڈھیر؛ تودہ؛ کھمبا؛ بڑی عمارت؛ ستون کی بنیاد کا شہتیر؛ بواسیر کے مسے

Pile : *v.* to heap; to lay down ढेर लगाना; जमा क॰ ڈھیر لگانا؛ جمع کرنا

Pilfer : *v.* (pil-fer) to steal something चोरी क॰; चुराना; उठा लेजाना چوری کرنا؛ چرانا؛ اٹھا لے جانا

Pilgrim : *n.* (pil-grim) one who goes on to a holy place; a traveller to a holy place तीर्थ-यात्री زائر؛ حاجی؛ یاتری

Pilgrimage : *n.* (pil-gri-mij) journey to sacred places तीर्थ-यात्रा; हज زیارت؛ حج؛ یاترا

Pill : *n.* (pil) tiny round ball of medicine गोली; औषधि की गोली گولی؛ حب؛ دوا کی گولی

Pillage : *n.* (pil-ej) plunder; booty लूट-मार لوٹ مار؛ لوٹ

Pillage : *v.* to plunder; to spoil लूट-मार क॰; लूटना لوٹ مار کرنا؛ برباد کرنا؛ لوٹنا

Pillar : *n.* (pil-er) a column; supporter खम्भा; सितून; लाट ستون؛ لاٹ؛ کھمبا

Pillar-box : *n.* letter box; box in street corner in which to post letters पत्र-पेटी; लेटर बक्स لیٹر بکس

Pillow : *n.* (pil-oh) a cushion for the rest of head तकिया تکیہ؛ سرہانہ

Pillow case/-cover/-slip : *n.* cover for pillow तकिये का ग़िलाफ़; खोल تکیے کا غلاف؛ غلاف

Pilot : *n.* (pi-let) one who flies aircraft; one who conduct ship in or out of port मांझी; जहाज़ को ठीक रास्ते पर ले जाने वाला; मार्गदशी चालक ہواباز؛ طیارہ راں؛ طیارچی؛ جہاز کا رہنما

Pimp : *n.* (pimp) pander; panderer दलाल; भड़वा دلال؛ بھڑوا

Pimple : *n.* (pim-pet) tiny tumour on skin or face फोड़ा; फुंसी کیل؛ مہاسے

Pin : *n.* (pin) thin nail; a short pointer; a peg; small brush for hair पिन; बालों में लगाने का पिन پن؛ بالوں میں لگانے کا پن

Pin-money : *n.* personal allowance to wife पान्दान का खर्च پاندان کا خرچ

Pin-point : *v.* exactly locate (some thing) ठीक-ठीक जगह मालूम क॰ ٹھیک ٹھیک جگہ معلوم کرنا

Pin- prick : *n.* annoying remarks etc. चुभने वाली बात या हरकत چبھنے والی بات یا حرکت

Pincers : *n.* (pins-e-zr) griping tool for pulling out nails etc मोचना; मोचनी پلاس؛ زنبور؛ سنسی

Pinch : *n.* (pintch) pinning; difficulty चुटकी; तकलीफ़ چٹکی؛ تکلیف

Pinch : v. to squeez; to cause pain; to hurt चिकोटी काटना; कष्ट देना; काटना چٹکی کاٹنا؛ تکلیف پہنچانا؛ کاٹنا

Pine : *n*. (pin) a well- known mountain tree चीड़; देवदार چیڑ؛ صنوبر کا درخت؛ دیودار

Pine: *v*. to languish; to grieve for; intensely long (for); waste away (in love for) दुबला होना;घुलना; मुरझाना دبلا ہونا؛ لاغر ہونا؛ گھل گھل کر مرنا؛ سخت آرزو ہونا

Pineapple : *n*. (pin-ap-el) a well-known juicy fruit with mango like taste अनन्नास انناس

Pinfold : *n*. (pin-fold) a pound for stray cattle; a pound पशुओं को बन्द रखने का घेरा کانجی ہاؤس؛ جانوروں کو بند رکھنے کا احاطہ

Ping-pong : *n*. (ping-pong) table tennis पिंग-पोंग; टेबल टेनिस پنگ پونگ؛ ٹیبل ٹینس

Pinion : *n*. (pin-yen) wing; the wing of a fowl पक्षी के पंख پر؛ پنکھ؛ بازو؛ پرندوں کے پر

Pinion : *v*. to cut off pinions; to bind arms behind पंख काटना; हाथ पीछे बांधना پر قینچ کرنا؛ ہاتھ پیچھے باندھنا؛ مشکیں کسنا

Pink : *n&adj*. a flower; a colour एक प्रकार का पुष्प; गलाबी रंग ایک قسم کا پھول؛ گلابی رنگ

Pink eyed : *adj*. having little eyes छोटी आँखों वाला چھوٹی آنکھوں والا

Pinnacle : *n*. (pi-ne-kel) turret; climax; peak मीनार; चोटी; कलश مینار؛ چوٹی؛ کلش

Pint : *n*. (pint) half a quart; twelve ounces डेढ़ पाव का नाप; बारह ओंस ڈیڑھ پاؤ کا ناپ؛ بارہ اونس

Pintle : *n*. (pin-tel) a little pin छोटी सी सुई چھوٹی سی سوئی

Pioneer : *n*. (pi-o-nee-er) leader; beginner; enterprieses; first settlers of a country अगवाए अग्रगामी; बानी اگوا؛ رہبر؛ اولین آبادکار؛ بانی

Pious : *adj*. (pi-us) devoutly religious; godly; religious धर्मनिष्ठा; भक्त صالح؛ خدا پرست؛ پارسا؛ متقی دیندار

Pip : *v*. (pip) to chirp or cry as a bird चूँ-चूँ क.; चीं-चीं क. چیں چیں کرنا؛ چوں چوں کرنا

Pip : *n*. seed of fruit; spot; star on officer's shoulder बीज; बिन्दु; सितारा (کسی بھی پھل کا) بیج؛ نقطہ؛ بندی؛ ستارہ

Pipe : *n*. (pip) hollow tube; flute; smoking pipe; नाली; मुरली; बाँसुरी; चिलम نالی؛ پائپ؛ نلی؛ بانسری؛ بنسی؛ سگار

Pipe line : *n*. line of pipe पाईप; नल की लाईन پائپ لائن؛ نل کی لائن

Piper : *n*. one who plays on flute मुरली बजाने वाला بانسری بجانے والا

Piping : *n*. (pip-ing) shrill- sound चिंधाड़ چنگھاڑ

Pipkin : *n*. (pip-kin) a small earthen boiler हांडी; मटकी ہانڈی؛ مٹکی

Pippin : *n*. (pip-in) apple सेब سیب

Piquancy: *n*. (pee-ken-si) being pungently; appetitizing; being pleasently stimulating चरपरा; मज़ेदार; उत्तेजक; दिलचस्पी چٹ پٹا پن؛ مزیدار؛ اشتہا انگیزی؛ مسالے دار؛ دلچسپی

Piquant : *adj*. (pee-kent)pleasantly pungent; pleasently stimulating चटपटा; मज़ेदार; दिलचस्प چٹ پٹا؛ دلچسپ؛ مزیدار

Pique : *n*. (pik) ill-will; grudge खीझ;

चिढ़ ناراضی؛ کینہ

Piracy : *n.* (pi-se-si) robbery on high seas समुंद्री डकैती سمندری ڈاکہ

Pirate : *n.* (pi-rayt) sea robber समुद्री डकैत سمندری ڈاکو

Pirate ship : *n.* sea robber's ship समुद्री डकैतों का जहाज سمندری ڈاکوؤں کا جہاز

Pismire: *n.* (pi-smei-er) an ant चींटी چیونٹی

Piss : *n.* (pis) urine मूत्र; पेशाब پیشاب

Piss pot: *n.* urine bottle मूत्र करने की बोतल پیشاب کرنے کی بوتل

Pistachio : *n.* (pis-tay-shi-oh) a kind of nut; an edible nut पिस्ता پستہ

Pistol : *n.* (pis-tel) the smallest of fire arms पिस्तौल; तमंचा پستول؛ طمنچہ

Piston : *n.* (pis-ten) part of engine in the form of a cylinder in a tube पिस्टन; मुष्ली پسٹن؛ چالو بیلن؛ اِسطوانہ

Pit : *n.* (pit) hole; grave; low-class seats in picture house गढ़ा; कब्र; सिनेमा की सस्ती सीटें گڑھا؛ قبر؛ سنیما کی سستی نشستیں

The pit of hell : *n.* a place where evil spirits gathered after death नरक جہنم؛ دوزخ

Pited : *adj.* pockmarked चेचकरू چیچک رو

Pitch: *n.* (pitch) part of ground between the wickets दोनों तरफ़ की विकटो के बीच का फ़ासला دونوں طرف کی وکٹوں کا درمیانی فاصلہ

Pitch : *v.* put up; cast गाड़ना; परे फेंकना لگانا؛ نصب کرنا؛ پرے پھینکنا

Pitcher : *n.* (pitch-er) an earthen pot घड़ा; कलश مٹی کا برتن؛ گھڑا؛ صراحی

Piteous : *adj.* (pit-i-us) pitiful; mournful; sad; arousing pity दयापात्र; करूणशील رحم دل؛ قابلِ رحم؛ پرملال

Pitfall : *n.* (pit-fal) hidden hole to trap animals चोरगढ़ा؛ شکار پھانسنے کا ڈھکا ہوا گڑھا؛ چور گڑھا

Pith : *n.* (pith) the marrow of a plant; energy spongy substance in stems; essential part of matter; gist पेड़ के बीच का नम गूदा; बल; सारांश گودا؛ مغز؛ سب سے اہم بات؛ طاقت

Pithy : *adj.* (pith-i) consisting of pith गूदेदार گودے دار؛ پُرمغز

Pitiable : *adj.* (pit-i-ay-bel) deserving pity; miserable दया योग्य; शरमनाक رحم کے لائق؛ قابلِ رحم؛ شرمناک

Pitiless : *adj.* (pi-ti-les) merciless; cruel क्रूर; निर्दयी بے رحم؛ سنگ دل

Pittance: *n.* (pit-ans) very small allowance of money अल्पवेतन حقیر معاوضہ

Pity : *n.* (pit-i) mercy; sympathy दया; करूणा رحم؛ ہمدردی

Pivot : *n.* (piv-ut) pin on which anything turns; basic point चूल; धुरी; कील; केन्द्र बिन्दु مدار؛ چول؛ محور؛ مرکزی نکتہ؛ بنیادی نکتہ

Placable : *adj.* (plaekabel) that may be appeased क्षमाशील نرم دل؛ رضامند

Placard : *n.* (plac-ka-rd) big poster; a poster विज्ञापन-पत्र بڑا اشتہار؛ عام اعلان؛ نوٹس

Placate : *v.* (pl-kayt) to appease गुस्सा ठंडा क. غصہ ٹھنڈا کرنا

Place : *n.* (plays) spot; locality; space in general; rank स्थान; पदवी; दर्जा جگہ؛ مقام؛ درجہ؛ پوزیشن؛ سکونت

Placid : *adj.* (play-cid) gentle; quiet

संतोषी; गम्भीर; कोमल صابر؛ حلیم؛ مطمئن؛ نرم دل

Plagiarism : *n.* (play-gi-e-rizm) appropriating other writing साहित्यिक चोरी ادبی سرقہ

Plagiarist : *n.* (play-ji-e-rist) a literary thief साहित्यिक का चोर عبارت کا چور

Plagiarize : *v.* (play-ji-e-riz) to appropriate other writing साहित्यिक चोरी क॰ ادبی سرقہ کرنا

Plague : *n.* (playg) a pestilence; a bubonic; a calamity ताऊन; प्लेग; महामारी; विपत्ति; आफ़त طاعون؛ پلیگ کی بیماری؛ مہلک وبا؛ آفت

Plain : *adj.* (playn) smooth; clear; simple; level; artless चिकना; सादा; कोमल ہموار؛ صاف؛ سیدھا سادھا؛ بھولا

Plain : *n.* stretch of level land; level ground समभूमि; मैदान میدان؛ ہموار زمین

Plainly : *adv.* (-li) clearly; evidently; not subtly साफ़-साफ़; स्पष्ट रूप से; खुल्लम-खुल्ला صاف صاف؛ صفائی سے؛ واضح الفاظ میں

Plainness : *n.* being plain सादगी سادگی

Plaint : *n.* (playnt) complaint; lamentation अभियोग; नालिश شکایت؛ فریاد؛ عرضی دعویٰ؛ نالش

Plaintiff : *n.* (playm-tif) party filling suit; party commence a suit अभियोगी; फ़रयादी مدعی؛ فریادی؛ مستغیث

Plaintive : *adj.* (playnt-iv) morunful कष्टदायक دردناک

Plait : *n.* (playt) a fold; double fold; flattened fold in cloth तह क॰; लपेटना; चुन वाली झालर تہ کرنا؛ پلیٹ؛ لپیٹنا؛ چنٹ والی جھالر

Plan : *n.* (plan) diagram showing details; programme; project; a scheme; drought; model; outline कल्पना; उपाय; नमूना; प्रोग्राम مسطح نقشہ؛ طے شدہ پروگرام؛ منصوبہ؛ خاکہ؛ نمونہ؛ تجویز

Plane : *adj.* (playn) flat surface; tool for smoothing wood; aircraft समक्षेत्र; रंदा; हवाई जहाज چپٹی سطح؛ ہموار زمین؛ رندہ؛ ہوائی جہاز

Planet : *n.* (plan-et) an erratic or wandering star; heavenly body revolving round the sun ग्रह; नक्षत्र سیارہ

Plank : *n.* (plank) long narrow board तख्ता; लम्बा और कम चौड़ा तख़्त تختہ؛ لمبا اور کم چوڑا تختہ

Plant : *n.* (plahnt) living body other than animal; machinery and tools of an industrial undertaking factory; to implant in the mind; vegetable वनस्पती; कारख़ाना; फैक्टरी پودا؛ نباتات؛ کسی کارخانے کا صنعتی سامان؛ فیکٹری؛ کارخانہ

Plantain : *n.* (plant-in) large banana केला کیلا

Plantain grove : *n.* orchard of plantain केले का बाग़ کیلے کا باغ

Plantation : *n.* (-tay-shen) planting; area planted with trees; large agricultural estate producing only one comodity पौधे लगाना; बाग़; खेत شجرکاری؛ درختوں والا رقبہ؛ باغات؛ کھیت

Plashy : *adj.* (plashi) watery पिचपिचा پچ پچا

Plasm : *n.* (plazm) a mould सांचा سانچہ

Plaster : *n.* (plas-ter) mixture to make smooth surface; lime to cover walls; a salve असतर कारी का मसाला; लेप پلستر؛ گارا

Plastic : *adj.* (plas-tic) easily moulded सरलता से बनने वाला آسانی سے بننے والا

Plastic : *n.* easily moulded synthetic material प्लास्टिक پلاسٹک

Plastic surgery : *n.* surgery for changing features प्लास्टिक सर्जरी پلاسٹک سرجری؛ اعضا کو ٹھیک شکل دینے والی جراحت

Plate : *n.* (playt) flat dish प्लेट; रकाबी پلیٹ؛ تھالی؛ رکابی

Plate glass : *n.* window glass दरवाज़ों का शीशा دروازوں کا شیشہ

Plateau : *n.* (pla-toh) a table land समतल; चौरस भूमि سطح؛ مرتفع

Platen/Platten : *n.* (plat-en) roller in typewriter रोलर; प्लाटन رولر؛ ٹائپ رائٹر کا رولر؛ پلاٹن

Platform : *n.* (playt-form) raised surface; dain; stage प्लैटफार्म; चबूतरा پلیٹ فارم؛ اسٹیج؛ منبر؛ چبوترہ

Platinum : *n.* (plat-i-num) a costly metal; a white colour metal एक भारी सफ़ेद धातु پلاٹینم؛ ایک قیمتی سفید دھات

Platonic : *adj.* (pla-to-nik) realting to the opinoins of plato; pure; not usual अफलातूनी متعلق بہ افلاطون؛ افلاطونی

Platonic love : *n.* purely spiritual love पवित्र मुहब्बत پاک محبت

Platoon : *n.* (pla-ton) a square body of musketeers सैन्य दल; पलटन پلٹن؛ پلاٹون

Platter : *n.* (plat-er) large plate; large flate dish परात; बड़ा थाल پرات؛ طشت؛ بڑی تھال

Plaudit : *n.* (plo-a-dit) applause; approbation शाबाश; प्रशंसा; वाह-वाह شاباش؛ واہ واہ؛ تعریف کرنا

Plausible : *adj.* (plawz-i-bel) superficially pleasing; seemingly reasonable; fair spoken देखने में सुन्दर; मधुर भाषी بظاہر معقول؛ دیکھنے میں خوبصورت؛ میٹھا بولنا

Play : *n.* (play) frolic; game; amusement; drama खेल; खेल-कूद; नाटक کھیل کود؛ تفریح؛ ناٹک

Playe : *n.* one who plays खिलाड़ी کھلاڑی

Playfellow/Playmate : *n.* one who plays with another खेल का मित्र; साथी ساتھ کھیلنے والا؛ کھیل کا ساتھی؛ لنگوٹیا یار

Playfull : *adj.* full of fun विनोदशील; मज़ाकिया; जिन्दादिल زندہ دل؛ مذاقیہ

Playground : *n.* ground on which games are played खेल का मैदान کھیل کا میدان

Plaything : *n.* a toy खिलौना; खेलने की वस्तु کھلونا؛ کھیلنے کی چیز

Playwright : *n.* (play-rit) dramatist नाटककार تمثیل نگار

Plea : *n.* (pia) a form of pleading; defendents; statement; excuse; resason; ground तर्क; वितर्क; बहाना; दलील; अभिवचन جواب؛ دعویٰ؛ عذر؛ معذرت؛ دلیل؛ سبب؛ بنا

Plead : *v.* (plid) to defend; to make a plea वकालत क.; बहस क. بحث کرنا؛ وکالت کرنا؛ جواب دعویٰ کرنا

Pleader : *n.* junior advocate; one who speaks for or against वकील پلیڈر؛ وکیل

Pleasant : *adj*. (pli-zant) delightful; charming मनोहर; मनभावना مرغوب؛ پسندیدہ؛ خوشگوار

Pleasantry : *n*. joke हँसी; दिल्लगी; चुटकुला لطیفہ؛ چہل؛ مذاق

Please : *v*. (pleez) like; to delight; to make or be happy; polite way of request पसन्द क.; अच्छा लगना; आन्नद होना; प्रसन्न होना پسند کرنا؛ اچھا لگنا؛ خوش ہونا یا کرنا (مہربانی کرکے)

Pleasing : *adj*. giving pleasure सुखद; मनोहर خوشگوار؛ پسندیدہ

Pleasure : *n*. (plezh-er) delight; gratification; choice प्रसन्नता; आन्नद; पसन्द خوشی؛ مرضی؛ پسند

Plebeian : *n&adj*. (ple-bee-en) common man; (one) of the masses; vulgar निम्नवर्गीय; गँवारू ادنیٰ طبقے کا(فرد)؛ گنوار

Plebiscite : *n*. (pleb-i-sit) referendum जनमत استصواب رائے

Pledge : *n*. (plej) pawned thing; security गिरवी रखी हुई वस्तु; रहन की वस्तु گروی رکھی ہوئی چیز؛ رہن رکھی ہوئی چیز

Pleiades : *n*. (plei-ades) a northern constellation स्पतऋषि ثریا

Plenary : *adj*. (plee-ne-ri) full; complete; perfect पूर्ण; परिपूर्ण پورا؛ مکمل؛ بھرپور؛ کامل

Plenipotent : *adj*. (plen-i-po-tent) invested with full power पूर्ण अधिकार वाला اختیارِکل

Plenitude : *n*. (ple-ni-ti-ewd) fulness; repletion भरपूरता; पूर्णता بھرپوری؛ کمال

Plenteous : *adj*. (plen-ti-us) abundant बहुत; प्रचुर; विपुल بہت کثرت سے؛ بہت

Plentiful : *adj*. (plen-ti-ful) abundant प्रचुर; विपुल; बहुत بہت؛ فراواں؛ وافر

Plenty : *n*. (plen-ti) sufficiency; abundance प्रचुरता अधिकता; विपुलता کثرت؛ افراط؛ فراوانی؛ بہتات

Plethora : *n*. (pleth-o-re) fullness of blood vessels; excess of blood रक्त की अधिक वृद्धि افراطِ خون

Pliability : *n*. (pli-e-bl-iti) flexibility लचीलापन; कोमलता لچک؛ ملائمت؛ نرمی؛ خم پذیری

Pliable : *adj*. (pli-e-bel) flexible कोमल; लचीला نرم؛ لچکدار؛ جھکنے کے قابل؛ خم پذیر

Pliant : *n*. (pli-ent) pliable; that can be turned; easily persuaded लचकदार; नमनशील خم پذیر؛ اثر پذیر؛ لچکدار

Pliers : *n*. (pli-e-rz) strong handy pincers पिलास; चिमटा پلاس؛ چمٹا

Plight : *n*. (plit) serious condition; state अवस्था بری حالت؛ حالت

Plinth : *n*. (plinth) the lowermost part of pillar खम्भे की कुरसी ستون کی کرسی؛ ستون کا سب سے نیچے کا حصہ

Plod : *v*. (plodd) to go on; to toil बड़ी मेहनत क.; धीरे से चलना بڑی مشقت کرنا؛ بڑی محنت سے چلنا؛ چلتے ہی جانا

Plot : *n*. small piece of land; out line conspiracy भूमि का टुकड़ा; षडयन्त्र; पलोट (कहानी का) زمین کا ٹکڑا؛ قطعۂ اراضی؛ کہانی کا خلاصہ؛ پلاٹ؛ سازش؛ تدبیر

Plotter : *n*. conspirator षडयन्त्र रचने वाला; गुप्त विचारने वाला سازشی؛ منصوبہ ساز

Plough : *n*. (plow) an instrument of husbandry हल ہل

Ploughshare : *n.* blade for plough हल की धार या हल का फल ہل کا پھل؛ ہل کی دھار

Pluck : *v.* (pluk) to pick up; to remove thus together ~~तोड़ना~~ नोंचना; खींचना توڑنا؛ کھینچنا؛ نوچنا

Pluck : *n.* courage साहस; हिम्मत جرأت؛ ہمت

Plucky : *adj.* (pluk-i) courageous साहसी; बहादुर दिलेर جرأت مند؛ باہمت؛ بہادر؛ دلیر

Plug : *n.* (plug) a stopple; stopper for hole; such thing put in hole for electric connection गट्टा; डाट्ट پلگ (بجلی یا پانی کا)؛ ڈاٹ

Plum : *n.* (plum) a well- known soft juicy fruit; dried grapes आलू बुखारा; सूखा अंगूर آلو بخارا؛ منقّہ

Plumage : *n.* (ploom-ij) feathers पर व केश پر و بال

Plumber : *n.* (plum-ber) one who repairs or fits water pipes नलसाज़; नल वाला نل ساز؛ نل والا

Plume : *n.* (ploom) large feather; lovely feathers सजावटी पंख; पर; कलग़ी سجاوٹی پر؛ پر؛ کلغی

Plump : *adj.* (plump) fat; fleshy; chubby (cheeks) स्थूल;मोटा; भरा हुआ جسیم؛ گدگدا؛ موٹا؛ گول مٹول

Plunder : *n.* (plund-er) pillage; plundered goods लूटका माल; लूट لوٹ کا مال؛ لوٹ مار؛ تاخت و تاراج

Plunder : *v.* to pillage during war etc; to rob by force लूट मार क.; बल पूर्वक छीन लेना لوٹ مار کرنا؛ تاراج کرنا

Plunderer : *n.* (plan-de-rer) a robber लुटेरा; डाकू لٹیرا؛ ڈاکو

Plunge : *v.* (plunj) to sink; to make sudden dive गोता लगाना; डुबकी लगाना یکا یک کود پڑنا؛ غوطہ لگانا؛ ڈبکی لگانا

Plunge : *n.* dive from the diving platform छलांग; गोता چھلانگ؛ غوطہ

Plunger : *n.* (plan-jer) one who plunges गोता खोर; डुबकी लगाने वाला غوطہ خور؛ ڈبکی لگانے والا

Plural : *n & adj.* (plu-rel) used for more then one बहुवचन جمع؛ صیغہ جمع

Plurality : *n.* a number more than one बहु वचनता کثرت؛ تعداد؛ جمعیت

Pluralize : *v.* to make plural बहु वचन बनाना جمع کی علامت بنانا؛ جمع کا نشان بنانا

Plus : *n.* (plus) sign of addition; the mark (+) signifying addition जोड़ का चिन्ह; जमा करने का चिन्ह جمع کی علامت؛ جمع کا نشان

Plush : *n.* (plash) a kind of shaggy cloth; heavy silk cloth एक प्रकार का रोयेंदार कपड़ा; पलश مخمل کی قسم کا کپڑا؛ پلش

Plushy : *adj.* shaggy; silky सिल्की; मख़मली سلکی؛ مخملی

Pluvial : *adj.* (plu-vial) rainy; wet बरसाती; गीला برساتی؛ گیلا؛ بارانی

Ply : *n.* (pli) layer of wood लकड़ी की परत لکڑی کی پرت

Plywood : *n.* such reinforced wood परतदार लकड़ी; परती लकड़ी; पलाईवुड پرت دار لکڑی؛ پلائی وڈ؛ پرتی لکڑی

Pneuma : *n.* (new-ma) holy spirit पवित्र आत्मा پاک روح

Pnumatic : *adj.* (new-mat-ik) worked

with compressed air वायु से चलने वाला ہوا سے چلنے والا

Pneumoñia : *n*. (new-moh-ni-e) imflamation of the lungs न्युमोनिया؛ نمونیہ؛ ذات الصدر

Poach : *v*. (pohch) boil egg after breaking into boiling water; to hunt अन्डे को तोड़कर गरम पानी में उबालना; शिकार क.. انڈا پوچ کرنا؛ کھولتے پانی میں انڈے کی سفیدی وزردی اُبالنا؛ شکار کرنا

Poacher : *n*. one who hunts from forbidden land अनाधिकार शिकार करने वाला بلا اجازت شکار کرنے والا؛ ناجائز طور پر شکار کرنے والا

Pock : *n*. (pok) small pox pit; eruptive spot चेचक का दाग; छाले; फुंसी چیچک کا داغ یا نشان؛ چھالے؛ پھنسی

Pocket : *n*. (po-ket) small bag in garments; isolated area occupied by enemy जेब; शत्रु का घेरा हुआ इलाका جیب؛ کیسہ؛ دشمن کا گھیرا ہوا مقبوضہ علاقہ

Pocket battleship : *n*. small battle ship छोटा जंगी जहाज़ چھوٹا جنگی جہاز

Pocket book : *n*. small note book छोटी नोट बुक چھوٹی کاپی

Pocket money : *n*. money given to children जेब खर्च جیب خرچ

Pod : *n*. (pod) long seed vessel of peas फली; डोडा پھلی؛ ڈوڈا

Podgy : *adj*. (pogi) fat and short गोल मटोल; मोटे और छोटे कद का मनुष्य گول مٹول؛ چھوٹا اور ٹھگنے قد کا آدمی

Poem : *n*. (poh-en) composition in verse form कविता; छंद نظم؛ شعر

Poesy : *n*. (pou-si) the act or writing poems कविता लिखना ؛ شاعری؛ فن شاعری؛ شعر گوئی؛ نظم نگاری

Poet : *n*. (poh-et) one who composes poems; a writer of poems कवि; कविता लिखने वाला ؛ شاعر؛ نظم نگار؛ شاعری کرنے والا

Poetess : *n*. woman poet कवयित्री شاعرہ

Poetry : *n*. (poet-ri) metrical composition; poems काव्य; कवित्व ؛ نظم؛ شعروشاعری

Poignant : *adj*. (poin-jent) sharp; painfully keen; irritating तेज़; कड़वा ؛ تیز؛ دلدوز؛ دل کو چیرنے والا؛ تلخ

Point : *n*. (point) sharp end; dot; aim; direction नोक; लक्ष्य; इशारा ؛ نوک؛ نقطہ؛ نشانہ؛ اشارہ (انگلی سے)

Decimal point : *n*. mark on a scale दशमलव; बिन्दू اعشاریہ

Poin out : *v*. to call attention ध्यान दिलाना; बताना (विशेष रुप से) توجہ دلانا؛ بتانا (خاص طور سے)

Pointblank : *adj*. horizontal; fired at very close range; clean सीधा; बहुत निकट निशाना; साफ़ سیدھا؛ قریبی نشانہ؛ صاف

Pointed : *adj*. sharp; directed at तेज़; नोकीला تیز؛ نوکیلا؛ خاص اسی کی طرف

Pointer : *n*. index of dial; indicating rod; सूई; निर्देशक سوئی؛ بورڈ پر دکھانے والی چھڑی

Pointless : *adj*. meaningless जिस में कोई अर्थ ना हो بے معنی؛ جس میں کوئی مطلب نہ ہو

Poise: *poij*. balance; carriage of head; a weight वज़न; भार; सर रखने का अंन्दाज़ توازن؛ وزن؛ ہموزن؛ سر رکھنے کا انداز

Poison : *n*. (poi-zen) drug that kills; venom विष; साँप का विष زہر؛ سانپ کا زہر

Poisonous : *adj*. (poi-zen-us) vernomous; full of poison; destructive विषैला; घातक زہریلا؛ مہلک؛ مسموم

Poke : *v*. (pohk) thrust; to push; to stir up; to pry घुसेड़ना; धकेलना; कुरेदना; टोह लेना گھسیڑنا؛ ڈھکیلنا؛ کریدنا؛ ٹوہ لینا

Poke fun at : *ph*. make fun of की हँसी उड़ाना کا مذاق اڑانا؛ کی ہنسی اڑانا

Poke one's finger in : *ph*. to pierce finger उंगली चुभोना انگلی چبھونا

Poke one's nose into others affairs: *ph*. to pry; to interfare other's affairs टोह में लगे रहना; दूसरों के राज़ जानने में लगे रहना ٹوہ میں لگے رہنا؛ دوسروں کے راز جاننے میں لگے رہنا

Poker : *n*. metal bar कुरेदनी آگ کریدنی

Poky : *adj*. petty; confined; dowdy तुच्छ; तंग; फुहड़; भद्दा غیر اہم؛ تنگ؛ پھوہڑ؛ بھدّا

Polar : *adj*. (poh-ler) pertainings to the poles ध्रुव के समीप का; ध्रुव قطبی

Pole : *n*. (pohl) end of the earth's axis a measure of five yards and a half; a piece of timber erected ध्रुव; साढ़े पाँच गज़ का नाप; बल्ली; लट्ठा قطب (جنوبی یا شمالی)؛ ساڑھے پانچ گز کا ناپ؛ بلی؛لٹھا؛ چوب

Pole star : *n*. star towards the north pole; either of the two ends of the magnet; post ध्रुवतारा; चुम्बक का ध्रुव; खम्भा قطب؛ قطبی تارا؛ مقناطیس کا قطب؛ کھمبا

Polemic : *adj*. (po-le-mik) disputant; argumentative कलही; झगड़ालू; विवादी विवादप्रय نزاعی؛ جھگڑالو؛ کٹ حجتی؛ کج بحث

Police : *n*. (po-lees) force for keeping order; the body of men appointed to preserve order पुलिस; आरक्षी; आरक्षक پولس؛ شہریوں کی حفاظت کرنے والا عملہ؛ امن و امان بحال رکھنے والا عملہ

Police-man : *n*. constable; police official; one of the police आरक्षक; सिपाही پولس والا؛ پلسیا؛ پولس کا سپاہی

Police station : *n*. police office थाना تھانہ

Policy : *n*. (pol-i-si) line of action; art of government; insurance नीती; बीमा पालिसी پالیسی؛ حکمت عملی؛ تدبیر؛ بیمہ

Polish : *v*. (pl-ish) brighten; brush up रगड़ कर साफ़ क.; चमकाना رگڑ کر صاف کرنا؛ چمکانا؛ تازہ کرنا

Polish : *n*. polishing; polished surface; material used for this purpose पोलिश; चमकीली सतह; चमकाना پالش؛ روغن؛ چمکانا؛ چمکیلی سطح

Polite : *adj*. (po-lit) refined; cultured; good tempered सुशील; सभ्य؛ خلیق؛ مہذب؛ شائستہ

Politeness : *n*. cultured manner; gentility; good breeding सुशीलता; सभ्यता خوش اخلاقی؛ خوش خلق؛ مہذب

Politic : *adj*. (po-li-tik) prudent; skilful; cunning राजनीतिक; बुद्धिमान; चतुर مصلحت آمیز؛ عیار؛ چالاک

Political : *adj*. related to politics राजनीतिक سیاسی

Political science : *n*. science pertaining to Government & politics राजनीती विज्ञान علم سیاسیات؛ پولٹیکل سائنس

Politician : *n*. (poli-ti-shen) political leader; one who skilled in politics राजनीतज्ञ; राजनीती जानने वाला سیاست داں؛ مدبّر

Politics : *n.* (poli-tiks) the science of Government; political science राजनीती; राजनीती ज्ञान علمِ سیاست؛ سیاسیات

Polity : *n.* (po-ti-ti) civil constitution; government as organized system राजढंग; राजशासन دستور؛ سلطنت؛ نظامِ حکومت

Poll : *n.* (pol) voting at election; counting of votes मतदान; मतगणना رائے دہی؛ رائے دہندگی؛ رائے شماری

Poll-tax : *n.* tax equally levied on every one व्यक्ति कर یکساں محصول؛ محصول فی کس

Pollen : *n.* (pol-en) fertilizing dust of flowers पराग; फूल का ज़ीरा زرگل؛ پھول کا زیرہ

Polling booth : *n.* place for polls मतदान केंद्र مرکز رائے دہی؛ پولنگ بوتھ

Pollute : *v.* (po-loot)to profane; to make filthy; to defile अपवित्र क.; गंदा क.; दूषित क. ناپاک کرنا؛ نجس کرنا؛ گندہ کرنا؛ آلودہ کرنا

Pollution : *n.* (po-loo-shen) act of defiling; filth; polluting अपवित्रता; गंदगी; प्रदूषण ناپاکی؛ آلودگی؛ گندگی

Polo : *n.* (poh-loh) hockey-like game played on horse back चौगान چوگان؛ پولو

Poly : *pref.* (pol-i) many बहु کثیر؛ بہت

Poltroon : *adj&n.* (pol-tron) a coward भीरु; कायर بزدل

Polyandry : *n.* (pol-i-and-ri) having more than one husband एक स्त्री का कई स्वामी रखना بیک وقت ایک سے زیادہ شوہر ہونا؛ کثرتِ شوہری

Polygamy : *n.* (po-lig-e-my) having more than one wife at the same time एक ही वक़्त में कई औरतों से शादी करने की प्रथा; बहु विवाह प्रथा کثیرالازدواجی

Polyglot : *adj.* (pol-i-glot) of more than one language बहु भाषी کثیرالالسنہ

Polygon : *n.* (pol-i-gon) many sided figure बहुकोण; बहु भुज क्षेत्र شکل کثیرالاضلاع

Polytechnic : adj&*n.* (pol-i-tek-nik) pertaining to many trades; technical school for many trades बहुशिल्प; बहुशिल्प स्कूल صنعتی؛ صنعتی مدرسہ؛ صنعتی اسکول

Polythism : *n.* (pol-i-thee-izm) belief in many Gods; the doctrine of plurality of Gods बहुदेव में विशवास; कई भाग्वान मानना شرک؛ بت پرستی؛ کئی دیوتاؤں کی پوجا کرنا

Polytheist : *n.* one who believes in more than one God in any form बहु देवतावओं को मानने वाला مشرک؛ کئی دیوتاؤں کو ماننے والا

Pomade : *n.* (po-mayd) hair ointment; a fragrant ointment बालों में लगाने की सुगंध; सुगन्धित मरहम بالوں میں لگانے کی خوشبو؛ پوماد؛ خوشبو دار مرہم

Pomegranate : *n.* (pom-e-gran-it) a well-known tree and its juicy fruit अनार का वृक्ष और इस का फल انار؛ انار کا درخت

Pommel : *n.* (po-mel) a knob on a sword or saddle तलवार के कब्ज़े की गिरह; काठी का उमड़ा हुआ भाग تلوار کے قبضے کی گرہ؛ کاٹھی کا ابھرا ہوا حصہ

Pomp : *n.* (pomp) splendour; pageantry धूम-घाम; आडम्बर شان و شوکت؛ دھوم دھام

Pomposity : *n.* (pompo-siti)

ostentatiousness; दिखावा; आडम्बर نمائش؛ خودنمائی؛ ظاہرداری؛ دکھاوا

Pompous : *adj.* (pom-pus) magnificent; inflated (style) आडम्बरपूर्ण; शानदार شان وشوکت دکھانے کا شوقین؛ مرصع؛ شاندار

Pond : *n.* (pond) a small pool; a small lake of water तालाब; तलैया; सरोवर; पोखर تالاب؛ جھیل؛ جوہڑ

Ponder : *v.* (pon-der) to consider carefully; think over विचारना; विचार क. بغور سوچنا؛ غور کرنا

Ponderosity : *n.* (pondero-siti) weight; gravity; heaviness वज़नी; वज़न; बोझ; भारी وزنی؛ گرانی؛ وزن؛ بوجھ

Ponderous : *adj.* very heavy; momentous आवश्यक; भारी بھاری؛ ضروری؛ اہم

Poniard : *n.* (pon-yah-rd) dagger; a small pointed dagger छुरा; खंजर; कटार قرولی؛ خنجر؛ کٹار

Pony : *n.* (po-ni) horse of small breed; a small horse टट्टू ٹٹو

Poodle : *n.* (poo-del) a small dog छोटा कुत्ता ایک قسم کا چھوٹا کتّا

Pool : *n.* (pul) a slanding water; very small lake पोखर; छोटा तालाब; जोहड़ قدرتی تالاب؛ تال؛ جوہڑ؛ کنڈ؛ حوض

Poor : *adj.* (poo-er) not rich; having little money दरिद्र; ग़रीब; निर्धन غریب؛ محتاج؛ مفلس؛ نادار؛ حاجتمند؛ حقیر

Poorly : *adv.* without means निर्धनता से مفلسی سے؛ تنگی سے

Pope : *n.* (pop) chief catholic priest पोप; पुरोहित پاپائے روم؛ پاپائے روما

Poplar : *n.* (pop-lar) a tree; chinar चिनार का वृक्ष; पहाड़ी पीपल چنار؛ پہاڑی پیپل

Poplin : *n.* (pop-lin) a kind of thin cotton cloth पोपलीन پاپلین

Poppy : *n.* (pop-i) plant yielding opium; the name of a plant पोस्त; खसखस پوست؛ خس خس؛ کوکنار

Populace : *n.* (po-piu-les) the multitude साधारण प्रजा;आमलोग عوام الناس؛ عام لوگ

Popular : *adj.* (pop-ew-ler) liked by the people; familiar; pleasing to the people सर्व प्रिय ہر دل عزیز؛ عوامی؛ مقبول

Popularity : *n.* (-la-riti) the favour of the people; being popular लोक प्रियता ہردلعزیزی؛ شہرت؛ مقبولیت

Popularize : *v.* to make popular; to make common सर्व प्रिय बनाना ہر دلعزیز بنانا؛ مقبول کرنا

Population : *n.* (pop-ew-lay-shen) the number of people; total inhabitants जन गणना; प्रजाजन آبادی؛ لوگوں کی تعداد؛ شمار باشندگان

populous : *adj.* full of people; well inhabited बसा हुआ آباد؛ بسا ہوا

Porcelain : *n.* (por-se-len) fine glazed china ware पोर्सिलेन; चीनी मिट्टी के बर्तन چینی مٹی کے برتن

Porch : *n.* (porch) covered approach to entrance डेयोढ़ी بیرونی ڈیوڑھی

Porcupine : *n.* (pork-ew-pin) a small animal with spines that can be raised साही خارپشت؛ سیئی؛ سیہ

Pore : *n.* (pour) minute opening in skin रोमकूप; रन्ध्र छिद्र مسام

Pore : *v.* to be absorbed in study

ध्यानपूर्वक पढ़ाई क॰ مطالعہ میں غرق ہونا؛ مطالعہ میں منہمک ہونا

Pork : *n*. (poh-rk) swine's flesh; unsalted pig's flesh सुअर का बिना नमक का मांस سور کا گوشت؛ خنزیر کا گوشت

Porker : *n*. (poer-ker) a young pig सुअर سور؛ خنزیر

Pornography : *n*. (por-nog-re-fi) literature about prostitutes; obscene writing अशलील साहित्य طوائفی ادب؛ فحش لٹریچر

Porous/ Pory : *adj*. (poe-res/po-ri) full of pores छेददार; मसामदार مسام دار؛ سوراخ دار

Porpoise : *n*. (por-pus) the sea hog एक प्रकार का दरयाई सुअर دریائی سور

Porridge : *n*. (por-rij) a kind of broth; boiled oat meal जो का दलिया دلیا؛ جو یا جئی کا دلیا

Port : *n*. (port) a harbour; portuguese red wine बन्दरगाह; पुर्तगाली शराब; पोर्ट بندرگاہ؛ پرتگالی شراب؛ پورٹ

Portable : *adj*. (poh-rte-bel) that can be easily carried उठा ले जाने के योग्य; हलका آسانی سے اٹھائے جانے کے قابل؛ ہلکا؛ سفری

Portage : *n*. (port-tedz) pride of carriage; burden किराया کرایہ؛ بار برداری کرایہ

Portal : *n*. (poh-r-tel) a gateway of big building बड़ा फाटक پھاٹک؛ بڑا دروازہ

Portend : *v*. (por-tend) to fortell; to fore bode; to fore show; to predict अगम कहना; शकुन बताना قبل از وقت آگاہ کرنا؛ پیشگوئی کرنا؛ فال کہنا

Portent : *n*. (por-tent) an omen; omen sign अशकुन فال بد؛ بدشگون

Portentous : *adj*. (porte-n-tes) ominous अशकुन; भयानक منحوس؛ بہت بُرا

Porter : *n*. (porter) a gate-keeper; a luggage carrier द्वारपाल; कुली دربان؛ قلی

Portfolio : *n*. (port-to-li-oh) office of a minister; a case to keep loose papers; a brief case राज्यकीय पत्र; बांध कर रखने का बस्ता قلمدان وزارت؛ جزدان؛ بستہ؛ بریف کیس

Portico : *v*. (pohr-ti-koh) covered walk बारादरी بارہ دری؛ غلام گردش

Portion : *n*. (pr-shen) part; share; dowry अंश; खण्ड; दहेज़ حصہ؛ جزو؛ جہیز

Portion : *v*. to divide; to divide into portions विभाजित क॰; हिस्से क॰ تقسیم کرنا؛ حصے کرنا

Portly : *adj*. (po-er-t-li) majestical शानदार شاندار

Portait : *n*. (pohrt-rayt) a picture drawn from life; picture painting तस्वीर; चित्र تصویر؛ شبیہ

Portray : *v*. (por-trek) to paint; adorn चित्र बनाना; चित्रित क॰ تصویر بنانا؛ تصویر کھینچنا؛ سجانا

Pose : *n*. (pohz) manner of sitting for picture attitude किसी विशेष स्थिति में बैठना پوز؛ تصویر؛ کھنچوانے کے لیے بیٹھنا؛ تصویر کھنچوانے کا انداز؛ وضع؛ ڈھنگ؛ رخ

Position : *n*. (po-zi-shen) situation; attitude; place; status अवस्था; दशा; स्थान صورت حال؛ رخ؛ مقام؛ حالت؛ منصب؛ درجہ؛ حیثیت

Positive : *n*. (po-zi-tiv) quite sure; definite; not negative; print of negative; absolute; certain विशेष; वास्तविक; यक़ीनी قطعی؛ یقینی؛ درحقیقت؛ مثبت تصویر

Positively : *adv.* directly स्पष्ट रुप से; हक़ीकत में یقیناً؛ درحقیقت

Positiveness : *n.* (pozi-tiv-nes) confidence; reality अस्लियत; सच्चाई; विश्वास اصلیت؛ یقین؛ سچائی

Possess : *v.* (pozes)to acquire; to hold क़ब्ज़ा क॰; अधिकार में रखना; मालिक होना قبضہ کرنا؛ مالک ہونا؛ پر قابض ہونا

Possession : *n.* (po-zeshen) holding; a property अधिकार; सम्पति قبضہ دخل؛ جائداد

Possessive : *adj.* having possession अधिकारी; अधिकार सम्बन्धी قابض؛ قبضہ سے متعلق

Possibility : *n.* being possible; the power of being or doing सम्भावना; घटना امکان؛ احتمال؛ اتفاق؛ ممکن صورت

Possible : *adj.* (pos-i-bel) that can happen; having the power to be or do मुमकिन; सम्भव ممکن؛ جس کا ہونا یا کرنا ممکن ہو؛ امکانی

Possibly : *adv.* (po-sib-li) perhaps कदाचित شاید

Post : *n.* (pohst) place of duty; job; office mail; pole fix up right; a messenger चोकी; नोकरी; डाक; पत्रवाहक; सुतून ادائے فرض کا مقام؛ چوکی؛ نوکری؛ عہدہ؛ ڈاک؛ کھمبا؛ قاصد

Post-card : *n.* card for writing letter on पोस्ट कार्ड; पत्र پوسٹ کارڈ؛ خط؛ کارڈ

Post-date : *v.* put a later date पश्चात की तिथि डालना بعد کی تاریخ ڈالنا

Postage : *n.* (oht-tij) postal fee in form of stamps; money paid for letters टिकट; डाक शुल्क ٹکٹ؛ محصول؛ ڈاک

Postal : *adj.* (pohs-tel) pertaining to the post डाक का; डाक द्वारा ڈاک کا؛ ڈاک کے ذریعے

Postal order : *n.* post office draft पोस्टल आर्डर پوسٹل آرڈر؛ ڈاک کی ہنڈی

Poster : *n.* (pohs-ter) public notice विज्ञापन اشتہار؛ پوسٹر

Posterior : *adj.* (pos-tee-ri-er) later पश्चात का; उत्तरकालीन بعدکا

Posterity : *n.* (pos-te-ri-ti) succeeding generations; generation सन्तान; वंशज نسل اولاد؛ اخلاف

Postgraduate : *adj.* after taking the first degree स्नातकोत्तर; एम-ऐ ایم اے؛ ماسٹر آف آرٹ

Posthaste : *adv.* (posthe-i-st) with great speed बहुत तीव्रता से بڑی تیزی سے

Posthumous : *adj.* (postew-mus) (of child) born after its father's death पिता की मृत्यु के पश्चात बच्चे का जन्म (باپ کے) بعد از مرگ یا پس از مرگ پیدائش (بچے کی)

Postil : *n.* (po-stil) marginal note हाशिये या किनारे का नोट حاشیہ کی شرح

Postman : *n.* (post-man) letter carrier; one who delivers post or letters हरकारा; डाकिया; पत्रवाहक ڈاکیہ؛ ہرکارہ؛ ڈاک پہنچانے والا

Postmark : *n.* postel seal for cancelling stamps डाक की मुहर ڈاک کی مہر

Postmaster : *n.* person incharge of post office; officer of post office

पोस्ट-आफिस का अध्यक्ष پوسٹ ماسٹر؛ ڈاکخانہ کا افسر

Postoffice : *n.* office where postal work is done पोस्ट-आफिस ڈاکخانہ؛ پوسٹ آفس

Postmortem : *n.* (poust-mour-tem) an examination of a body after death पोस्ट मार्टम; मृत्यु के पश्चात की डाकटरी जाँच مرنے کے بعد ڈاکٹری جانچ؛ پوسٹ مارٹم

Postpone : *v.* (pohst-pohn) to put off टालना; विलम्ब क. ملتوی کرنا؛ ملتوی رکھنا؛ ٹالنا

Postscript : *n.* (pohst-skript) a writing added to a letter after signature लेख जो पत्र पर हस्ताक्षर करने के पश्चात लिखा जाय عبارت جو دستخط کے بعد لکھی جائے

Postulate : *n.* (pos-tew-layt) thing postulated; pre-requisite अभिधारणा لازمی شرط؛ شرطِ لازم

Posture : *n.* (pos-cher) position of the body; disposition बैठने का अनदाज़; अवस्था اندازِ نشست؛ وضع؛ صورت

Posy : *n.* (pozy) a motto on a ring गुच्छा; गुलदस्ता گلدستہ؛ گچھا

Pot : *n.* (pot) utensil; a cup; utensil for cooking बर्तन; प्याला; हांडी برتن؛ پیالہ؛ ہانڈی؛ ہنڈیا

Potash : *n.* (po-tash) crude form of potassium पुटाश پوٹاش

Potassium : *n.* (po-tas-i-um) a soft light, slilver, white metal of the alkali group पोटैश्यिम پوٹاشیم

Potato : *n.* (po-tay-toh) an esculent root; a vegetable आलू آلو

Potency : *n.* (poh-ten-si) power; efficacy; virility शक्ति; प्रभाव طاقت؛ اثر؛ قوتِ مردمی

Potent : *adj.* (poh-tent) powerful; strong (medicine); cogent शक्तिशाली; प्रभावकारी طاقتور؛ تیز؛ زوردار؛ مدلّل

Potentate : *n.* (poh-ten-tayt) powerful ruler; a monarch बादशाह; महाशक्ति वाला; महाशक्तिशाली بادشاہ؛ طاقتور حکمراں؛ فرمانروا شہنشاہ

Potential : *adj.* (po-ten-shel) capable of becoming active अन्त शक्ति بالقوۃ

Potentially : *adv.* power fully; forcibly शक्ति से بزور طاقت

Pother : *n.* (podh-er) cloud of dust; verbal commotion धूल-धक्कड़; हलचल غبار؛ ہنگامہ

Make a pother about something : *ph.* to make a fuss about it हंगामा क.; शोर मचाना ہنگامہ کرنا؛ شور مچانا

Pothole : *n.* (pot-hole) depression in road; a hollow in road सड़क का गढ़ा; गढ़ा گڑھا؛ نشیب؛ سڑک کا گڑھا

Potion : *n.* (poh-shen) dose liguid medicine पीने वाली औशधि की खुराक; खुराक; घूंट پینے والی دوا کی خوراک؛ گھونٹ

Potsherd : *n.* (pot-she-rd) piece of broken earthenware ठीकरा ٹھیکرا؛ ٹھیکری

Pottage : *n.* (pot-ayj) a thick soup गाढ़ी लप्सी گاڑھا شوربہ

Potter : *n.* (pot-er) a maker of earthen vessels कुम्हार کمہار؛ مٹی کے برتن بنانے والا؛ گل ساز

Pottery : *n.* (pot-e-ri) earthen ware भाण्डकर्म; मिट्टी के बरतन مٹی کے برتن

Pouch : *n*. (pouch) a small bag थैली چھوٹی تھیلی؛ تھیلی

Poult : *n*. (poult) a young chicken मुर्गी का बच्चा مرغی کا بچہ؛ چوزہ

Poultice : *n*. (pohl-tis) soft mass of hot linseed on cloth applied to inflammed part पुलटिस پلٹس

Poultry : *n*. (pohl-tri) domestic fowl मुर्गी; मुर्गे مرغیاں؛ مرغ وغیرہ

Poultry farm : *n*. place where poultry is bred मुर्गी ख़ाना مرغی خانہ

Pounce : *n*. (pouns) sudden swoop; taloon झपट्टा; चंगुल جھپٹا؛ چنگل

Pound : *n*. (paund) a weight; a unit of money आधा सेर; पाउण्ड آدھا سیر؛ پاؤنڈ؛ پونڈ

Pound : *v*. powder; crush पीसना; कुचलना پیسنا؛ کچلنا؛ سفوف بنانا

Pour : *v*. (poh-r) is cause (liquid) to flow; to rain उँडेलना; मूसलाधार वर्षा होना انڈیلنا؛ موسلا دھار بارش ہونا

Pour oil upon troubled waters :*ph*. calm disturbance with sweet words ठंडा क.; शांत क. ٹھنڈا کرنا

Pout : *v*. (pout) to push out (the lips); sulkily a sullen look नाक भौं चढ़ालेना; (होंट) अकड़ा लेना ناک بھوں چڑھانا؛ (ہونٹ) اکڑا لینا

Poverty : *n*. (pov-e-r-ti) indigence; poorness; being poor निर्धनता; दरिद्रत مفلسی؛ تنگ حالی؛ غربت؛ افلاس

Powder : *n*. (pou-de-r) dust; gunpowder; face powder चूरा; चूर्ण; पाउडर سفوف؛ پاؤڈر؛ غازہ

Powdery : *adj*. dusty; softy पिसा हुआ; भुरभुरा پسا ہوا؛ سفوف ہونے کے قابل

Power : *n*. (pow-er) authority; strength; control शासन; राज्य; अधिकार; बल حکومت؛ قابو؛ طاقت؛ زور؛ اختیار؛ اقتدار

Power house/-station : *n*. place for the distribution of electric energy विधुत-घर بجلی گھر؛ پاور ہاؤس

Powerful : *adj*. strong शक्तिशाली طاقتور؛ قوی

Powerless : *adj*. weak; impotent; unable शक्तिहीन;निबर्ल کمزور؛ ناتواں؛ بے اختیار

Pox : *n*. (poks) an erruptive disease सुजाक; चैचक آتشک؛ چیچک

Poy : *n*. (poi) a rope; dancer's pole नट के तमाशा करने का बांस رسّی؛ نٹ کے تماشہ کرنے کا بانس

Practical : *adj*. (prak-ti-kel) practicable; of practice अभ्यास के योग्य عملی؛ قابلِ عمل

Practice : *n*. (prak-tis) doing something; professional work; habitual; action व्यवहार; दस्तूर; काम; अभ्यास عمل؛ دستور؛ پریکٹس؛ کام

Practise : *n*. (prak-tis) to form the habit; work as a lawyer or doctor; to do something आदत डालना; व्यवसाय क.; काम क.; अभ्यास क. عادت ڈال لینا؛ پریکٹس کرنا؛ اپنا کام کرنا؛ مشق کرنا

Practitioner : *n*. (-tish-e-ner) person practising (medicine or law) कार्यकर्ता; व्यवसायी (طبابت یا وکالت) کا پیشہ؛ پریکٹیشنر؛ پیشہ ور

Pragmatic : *adj*. (prag-mat-ik) matter of fact; practical; busy तथ्यकता; व्यवहारिकता عملی؛ مصروف

Pragmatism: *n*. being matter of fact

तथ्यकता; व्यवहारिकता عملی نقطۂ نگاہ

Praise : *v.* (prayz) say good things of someone; commendation प्रशंसा क.; तारीफ क. تعریف کرنا؛ ثنا کرنا؛ حمد کرنا

Praiseworthy : *adj & adv.* deserving praise प्रशंसा योग्य قابلِ تعریف؛ قابلِ تحسین

Pram : *n.* (pram) perambulator शिशु गाड़ी بچہ گاڑی

Prank : *n.* (prank) playful trick; frolic शरारत; नटखटपन; उछल कूद شوخی؛ شرارت؛ اچھل کود

Prank : *v.* to dress up; to adorn सजाना; संवारना آراستہ کرنا؛ سجانا؛ سنوارنا

Prate : *n.* (prayt) chatter boastfully; tattle; unmeaning loquacity बकवाद; बकबक بک بک؛ بکواس؛ بڑہانکنا

Prattle : *n.* empty talk बकबक; बाकवास بے ہودہ باتیں؛ بکواس

Prattler : *n.* an idle talker बकबक करने वाला فضول گو؛ بکواس کرنے والا

Prawn : *n.* (prawn) a shell-fish झींगा मछली جھینگا مچھلی

Praxis : *n.* (prak-sis) custom; exercises दस्तूर; अभ्यास دستور؛ عمل؛ ورزش

Pray : *v.* (pray) to entreat; to worship; to commune with god दुआ मांगना; प्रार्थना क.; विनती क. عبادت کرنا؛ دعا مانگنا؛ نماز پڑھنا

Prayer : *n.* praying to god; entreaty प्रार्थना; विनती درخواست؛ التجا؛ دعا

Prayers : *n.* (pl.) form of worship नमाज़ نماز

Pre : *pref.* (pree) before; prior पूर्व; पूर्वी; परम قبل؛ سے؛ پہلے

Pre-eminence : *n.* (pree-ami-nens) excellence; superiority; precedence श्रेष्ठता; उत्तमता تفوق؛ فضیلت؛ برتری؛ بلندی

Pre eminent : *adj.* (pree-emi-nent) best; superior श्रेष्ठ; सर्वश्रेष्ठ بہترین؛ فائق؛ ممتاز

Preach : *v.* (preech) to pronounce a public discourse on religious subject; to spread ideas; to deliver sermon धर्म का उपदेश क.; प्रचार क. وعظ کرنا؛ تبلیغ کرنا؛ تلقین کرنا

Preacher : *n.* (-er) one who preaches उपदेशक; प्रचारक واعظ؛ مناد

Preamble : *n.* (pree-am-bel) an introduction; a preface प्रस्तावना; भूमिका تمہید؛ مقدمہ؛ دیباچہ؛ عنوان

Precarious : *adj.* (pre-kay-ri-us) uncertain; unstable सन्दिगध; निराधार; अनिश्चित غیر یقینی؛ مشکوک؛ غیر متعین

Precaution : *n.* (pre-kaw-shen) care taken before hand; advance care सावधानी; सतर्कता احتیاط؛ پیش بندی

Precautionary : *adj.* by way of precaution एहतियाती احتیاطی

Precede : *v.* (pre-seed) to go before; to be before पहले होना या आना; आगे चलना; उत्तम होना پہلے ہونا؛ مقدم ہونا؛ آگے چلنا

Precedent : *n.* (pres-i-dent) example; case to be taken as an instance उदाहरण; मिसाल; नज़ीर مثال؛ نمونہ؛ نظیر

Precept : *n.* (pree-sept) rule of conduct; moral advice नियम; नसीहत; आदेश اصول؛ اخلاق؛ پند؛ نصیحت

Preceptor : *n.* (-tor) a teacher; a tutor अध्यापक; पण्डित; गुरु; शिक्षक استاد؛ معلم؛ ادیب

Precinct : *n.* (pree-sinkt) enclosure; immediate surroundings अहाता; सीमा احاطہ؛ نواحی علاقہ؛ قرب و جوار؛ نواح

Precious : *adj.* (presh-us) very valuable; valuable बहुमूल्य قیمتی؛ گراں بہا

Precious stone : *n.* gem रतन; मणि جواہرات؛ رتن

Precipice : *n.* (pres-i-pis) steep cliff खड़ी चट्टान کھڑی چٹان؛ ڈانگ

Precipitant : *adj.* (pre-sip-i-tent) falling headlong; hasty सिर के बल गिरा हुआ;शीघ्र; तीव्र سر کے بل گرتا ہوا؛ جلدی؛ تیزی سے

Precipitate : *v.* (pre-sip-i-tayt) hurl; condense(vapour) into drops फेंकना; घनीभूत करके गिराना پھینکنا؛ بخارات کثیف بنانا

Precipitous : *adj.* (pre-sip-i-tus) steep ढलान ڈھلوان؛ ڈھلان

Precis : *n.* (pray-see) a summary; a brief abstract संक्षेप; सार خلاصہ؛ اختصار؛ تلخیص

Precise : *adj.* (pre-sis) exact; difinite; strict निश्चित; यथार्थ; सख़्त ٹھیک؛ معین؛ مقرر؛ سخت

Precision : *n.* (pre-sizh-en) accuracy; exactness; nicety शुद्धता; सुस्पष्टता; स्वास्थ درستی؛ صحت؛ عمدگی

Preclude : *v.* (pre-klood) prevent रोकना; बाधा डालना باز رکھنا؛ روکنا

Preclusion : *n.* (-loo-zen) prevention निरोध; रुकावट; रोक ممانعت؛ بندش؛ روک

Precocity : *n.* (pre-ko-siti) premature growth अकालपक्वता وقت سے پہلے پک جانا

Preconceive : *v.* (pree-kon-seev) form beforehand; precomprehend पूर्वकल्पना क.. پہلے ہی سمجھ بیٹھنا؛ پہلے ہی سمجھ جانا

Preconception : *n.* (pre-kon-sep-shen) a previous opinion; opinion formed beforehand पर्व कल्पना; पूर्वबोध پہلے سے قائم کردہ رائے؛ جو رائے پہلے ہی قائم کرلی جائے

Precursor : *n.* (pre-ker-ser) a fore runner; herald आगे जाने वाला; अग्रदूत; परोगामी پیشوا؛ نقیب؛ پیشرو

Precursory : *adj.* (-seri) introductory; preliminary अगुआई; प्रारम्भिक; पहला ابتدائی؛ مقدم؛ پیش روی؛ سابق

Predatory : *adj.* (pre-day-tori) ravenous लुटेरा لٹیرا

Predecessor : *n.* (pree-de-ses-er) earlier incumbent of the post पूर्वधिकारी پیشرو

Predestination : *n.* (pre-des-ti-nay-shen) fate; lot भाग्य قسمت؛ تقدیر؛ مقسوم

Predestine : *v.* (pre-des-tin) destine beforehand भाग्य में लिखना; पूर्वनिश्चित क.. مقدر کرنا؛ تقدیر میں لکھنا

Predial : *adj.* (pre-dial) consisting of farms भूमि के सम्बन्ध में اراضی کے متعلق

Predicament : *n.* (pre-dik-e-ment) awkward situation दुर्दशा; दुर्गति ناگوار؛ صورتِ حال

Predicate : *n.* (pred-i-kit) part of statement which says something about subject ख़बर خبر

Predict : *v.* (pre-dict) to foretell भविष्य वाणी क..; आगम कहना پیش گوئی کرنا

Prediction : *n.* (pree-dik-shen) fortelling; prophecy अगम; भविष्यवाणी پیشن گوئی

Predictive : *adj.* foreteller; prophetic भविष्यवाणी करने वाला پیشین گو؛ پیش گوئی کرنے والا

Predominance : *n*. (prido-mina-ns) prevalence; superiority अधिकता विशिष्टा غلبہ؛ فوقیت

Predominant : *adj*. (pre-dom-i-nent) important; superior; salient प्रमुख; प्रधान اہم؛ مقتدر؛ نمایاں

Predominate : *adj*. (pre-dom-i-nayt) to be the most important सबसे श्रेष्ट होना سب سے اہم ہونا؛ سب پر فائق ہونا

Preen : *v*. (preen) (of bird) trim (plumes) with its beak चोंच से पर साफ़ क.; सवांरना چونچ سے پر صاف کرنا؛ گریز کرنا؛ سنوارنا

Prefab : *n*. (pree-fab) prefabricated house पूर्वनिर्मित घर انتقال پذیر مکان

Prefabricate : *v*. (pre-fab-ri-kayt) manufacture parts (of house) for assembly on the site later पर्वनिमार्ण क. انتقال پذیر مکان کے حصے

Preface : *n*. (pre-fes) introductory remarks भूमिका; प्राक्कथन تمہید؛ دیباچہ

Prefatory : *adj*. (pre-fa-teri) introductory; भूमिका की; प्रस्तावना की تمہیدی

Prefect : *n*. (pree-fekt) ancient Roman military officer; a governor प्राचीन रोम का फ़ौजी अफ़सर; प्रधान; अधिकारी قدیم رومن فوجی آفیسر؛ حاکم اعلیٰ؛ پریفیکٹ

Prefer : *v*. (pre-fer) like more than (to) अधिक चाहना; अधिमान देना زیادہ پسند کرنا؛ کو ترجیح دینا

Preference : *n*. (pref-e-rens) preferring; prior claim अधिमान; अभिरुचि; पसन्द ترجیح؛ پسند؛ پسند کی چیز

Prefix : *v*. (pree-fiks) letter; syllable or word put at the beginning of stem to modify its meaning; to put beforehand पहले से लगाना; प्रारम्भ में लगाना سابقہ؛ پہلے سے لگانا

Pregnancy : *n*. (preg-nan-si) being pregnant गर्भावस्था; गर्भ حمل؛ گربھ

Pregnant : *adj*. (preg-nant) being with child; fruitful गर्भवती; फलदार حاملہ؛ پھل دار

Prehistoric : *adj*. (pree-his-to-rik) of before recorded history प्रागौतिहास زمانہ ماقبل تاریخ کا

Prejudge : *v*. (pri-jej) to form opinion beforehand; to judge beforehand पूर्वनिर्णय क. پہلے سے ہی رائے قائم کرلینا؛ سماعت سے پہلے فیصلہ کرنا

Prejudicate : *v*. (pre-jud-ikayt) to judge बिना देख भाल के निर्णय क. بغیر سماعت کے فیصلہ کرنا

Prejudice : *n*. (prej-oo-dis) bent of mind; bias पक्षपात; तरफ़दारी میلانِ خاطر؛ تعصب

Prelacy : *n*. (pre-la-si) the office of a prelate पादरी की पदवी پادری کا عہدہ

Prelect : *v*. (per-lek-t) to discourse उपदेश देना وعظ کہنا

Prelibation : *n*. (pree-li-bay-shen) foretaste पहले से स्वाद लेना چکھنا؛ پہلے سے ذائقہ لینا

Preliminary : *adj*. (pree-lim-i-ne-ri) initial प्रारम्भिक ابتدائی

Premature : adj. (pree-ma-tew-er) happening before the proper time; ripe too soon समय से पहले; कच्चा قبل از وقت؛ خام؛ کچا

Premier : adj &*n*. (pree-mi-er) first; Prime Minister पहला; प्रधान मंत्री اول؛ وزیر اعظم

Premiere : *n*. (pre-me-ay-er) first night show of play & picture etc. प्रीमियर शो پرئمیر شو؛ (فلم یا کھیل) کی پہلی رات؛ اوّلین نمائش

Premises : *n*. (pre-mi-siz) a building and its adjuncts घर और उस से मिली हुई भूमि مکان اور متعلقہ اراضی؛ عمارت اور متعلقات

Premium : *n*. (pree-mi-um) instalment of insurance बीमे की क़िस्त بیمہ کی قسط

Premonition : *n*. (pre-mo-ni-shen) forewarning of danger ख़तरे का अनदेशा خطرے کا اندیشہ؛ خطرے کا احساس

Prenotion : *n*. (pree-no-shen) foreknowledge पूर्व ज्ञान; पूर्व विचार پیش بینی

Preoccupy : *v*. (pre-ok-ew-pi) to be in pre possesion; to fully absorb the attention of पहले क़बजा कर लेना; पूर्णरुपेण ध्यान में ग़र्क़ क. پہلے قبضہ کرلینا؛ سوچ میں غرق کرنا

Preordain : *v*. (pree-or-dayn) (of god) predestine; to ordain beforehand पहले से भाग्य में लिख देना; पहले से ठहरा रखना مقدر میں لکھ دینا؛ پہلے سے ٹھہرانا

Prep : *n*. (prep) preparatory school प्रारंमभिक पाठशाला ابتدائی مدرسہ

Prepaid : *adj*. (pre-payd) paid beforehand पहले से दिया गया پیشگی دیا گیا

Preparation : *n*. (pre-pa-re-shen) preparing; readiness तैयारी; अयोजन تیاری؛ بندوبست

Preparatory : *adj*. initial; introductory प्रारंमभिक; आरम्भ का ابتدائی؛ تمہیدی؛ شروع کا

Prepare : *v*. (pre-pay-er) to make ready; to get ready तैयार क.; तैयारी क. تیار کرنا؛ تیاری کرنا

Prepay : *v*. (pre-pay) to pay beforehand पहले प्रदान क.; पहले दे देना پیشگی دینا؛ پہلے ادا کردینا

Prepense : *v*. (pre-pens) to deliberate beforehand पहले ही से सोच विचार क.; पूर्व चिनन्तित होना پہلے سے ہی سوچنا

Preponderance : *n*. (pree-pond-e-rens) superiority of weight; predomination; excess; being more important भार में अधिक्ता; प्रबलता وزن میں زیادتی ہونا؛ حاوی ہونا؛ زیادہ اہم ہونا

Preponderate : *v*. dominating; exceed (in weight or number) प्रबल होना; से अधिक होना वज़न या भार में حاوی ہونا؛ سے زیادہ ہونا

Preponderating : *adj*. dominating; more important प्रबल; अधिक प्रभावशाली; अधिक महत्त्वपूर्ण حاوی؛ زیادہ اہم؛ زیادہ وقیع

Preposition : *n*. (prep-o-zishen) particle making relation between noun etc. and the word it governs; any particle or word used as a prefix पूर्वसर्ग حرف جار

Prepossess : *v*. (pre-pohze-s) to preoccupy; to bais पूर्व अधिकार जमाना पक्षपात क. پہلے سے قبضہ کرلینا؛ حمایت کرنا

Preposterous : *adj*. (pre-pos-te-rus) absurd; ridiculous अनर्थक; अयुक्त بے معنی؛ لچر؛ بے ہودہ

Presage : *n.* (pre-sedz) a prognostic ominous sign शकुन; पूर्व सूचना بری فال؛ شگون

Presbyter : *n.* (prez-bi-ter) a minister; pope पुरोहित; प्रधान بڑا پادری؛ منسٹر؛ واعظ

Prescience : *n.* (pre-si-ens) fore-knowledge; foresight पूर्व का ज्ञान; भविष्य का ज्ञान علم غیب؛ پیش بینی

Prescient : *adj.* (preshi-ent) prophetic भविष्यदर्शी عالم الغیب؛ پیش بیں

Prescribe : *v.* (pres-krib) write out prescription नुसख़ा लिखना نسخہ لکھ دینا؛ نسخہ لکھنا

Prescript : *n.* (pres-kript) direction आदेश; विधि; आज्ञा ہدایت؛ ہنگامی قانون

Prescription : *n.* (pre-krip-shen) prescribing; order; medicine proposed for patient आदेश; प्रदेशन; नुसख़ा; अधिकार ہدایت کرنا؛ مقرر کرنا؛ حکم؛ نسخہ (مریض کا)

Presence : *n.* (pre-zens) state of being present; being present in a place उपस्थिति; हाज़िरी; मौजूदगी موجودگی؛ حاضری

Present : *n.* (prez-ent) time at this moment; form of verb relating to the present; gift वर्तमानकाल; उपहार; भेंट زمانۂ حال؛ فعل حال؛ تحفہ

Present : *adj.* not absent; bring forward; show प्रस्तुत क.; दिखाना; उपस्थित क. حاضر؛ سامنے رکھنا؛ حاضر کرنا؛ دکھانا؛ پیش کرنا

Presentation : *n.* an offering; something presented प्रदर्शन; उपहार; भेंट پیشکش؛ ہدیہ؛ تحفہ

Presently : *adv.* (prez-ent-li) soon; shortly अभी; तुरन्त; थोड़ी देर में ابھی؛ تھوڑی دیر میں؛ جلدی

Preservation : *n.* (pree-zer-vay-shen) preserving; protection सुरक्षा; संरक्षण حفاظت؛ محفوظ رکھنا

Preserve : *v.* (pree-zerv) to save; to keep save; to prevent (food) सुरक्षित रखना; मुरब्बा डालना حفاظت کرنا؛ محفوظ رکھنا؛ اچار یا مربہ ڈالنا

Preside : *v.* (pre-zid) act as chairman of सभापति होना صدارت کرنا

Presidency : *n.* (prez-i-den-si) office of president राष्ट्रपतित्व صدر کا دفتر؛ صدارت

President : *n.* (prezi-dent) head of democratic state; chairman of meeting etc. राष्ट्रपति; सभापति अध्यक्ष صدر؛ صدر مملکت؛ صدر ریاست؛ جلسے کا صدر

Presidentship : *n.* being president राष्ट्रपति की पदवी صدارت؛ صدر کا عہدہ

Press : *n.* (pres) machine for printing; a printing machine; pressure; crush छापे की मशीन; छापे का यन्त्र; प्रेस; दबाव; कुचलना; समाचारपत्र का दफ़्तर چھاپہ مشین؛ پریس؛ دباؤ؛ کچلنا

Pressing : *adj.* (pre-sing) urgent; important आवश्यक ضروری؛ اہم ناگزیر

Pressman : *n.* newspaper reporter; a printer who works at a press पत्रकार; छापने वाला मनुष्य نامہ نگار؛ رپورٹر (اخبار کا)؛ چھاپنے والا

Pressure : *n.* (presh-er) pressing; burden; weight दबाब; भार; वज़न دباؤ؛ بوجھ؛ وزن

Pressure group : *n.* group exerting pressure on government दबाव गुट; प्रभावी समूह; प्रभावक गुट سیاسی دباؤڈالنے والی پارٹی یا گروپ

Prestige : *n.* (pres-teezh) reputation नेकनामी; गौरव وقار؛ رعب داب؛ نیکنامی

Presume : *v.* (pre-zewm) to take for granted; to suppose मानलेना فرض کرنا؛ قیاس کرنا

Presumtion : *n.* (pre-zump-shen) supposition; taking for granted; thing taken for granted; arrogance अनुमान; कल्पना; तर्क; अहंकार امکان؛ احتمال؛ مفروضہ؛ دیدہ دلیری؛ امکان

Presumptive : *adj.* possible; probable; inferred अनुमानित; संभावित احتمالی ؛امکانی

Presumptous : *adj.* (pre-zump-tew-us) impudently bold; naughty घमंडी; गर्वी; शरारती; अक्खड़ دیدہ دلیری کا؛ شوخ چشمی کا؛ شرارتی؛ اکھڑ

Presuppose : *v.* (prisaps-uz) to suppose beforehand पहले से मान लेना پہلے سے فرض کرلینا؛ پہلے سے مان لینا

Presupposition : *n.* (prisapozi-shen) presumtion पूर्व भावना; पूर्व कल्पना گمان؛ قیاس

Pretence : *n.* (pre-tens) pretext; ostentation; false claim; excuse; झूठा दावा; बहाना تصنع؛ جھوٹا دعویٰ؛ بہانہ؛ حیلہ

Pretender : *n.* false claimant झूठा दावेदार جھوٹا دعویدار

Pretension : *n.* (pre-ten-shen) false claim; outward show; pretext झूठा दावा; बहाना; बनावट جھوٹا دعویٰ؛ تصنع؛ بناوٹ؛ بہانہ

Preterite : *adj.* (pret-e-rit) past; bygone भूतकाल का; अतीत का گزشتہ کا؛ ماضی کا

Pretext : *n.* (pree-tekst) excuse; a pretence बहाना; हीला مکر؛ بہانہ؛ حیلہ؛ عذر

Prettiness : *n.* (pre-ti-nes) being pretty मनोहरता; बांकपन دلکشی؛ جاذبیت؛ بانکپن

Pretty : *adj.* (pri-ti) elegant; handsome; attractive सुन्दर; मनोहर; रमणीय دلکش؛ خوشنما؛ پیارا؛ عمدہ؛ نفیس

Prevail : *v.* (pre-vayl) to be victorious; to overcome; to persuade प्रबल होना; सफ़ल होना غلبہ پانا؛ غالب ہونا؛ برتر ہونا؛ کامیاب ہونا

Prevalent : *adj.* (prev-e-lent) invogue; powerful प्रचलित; प्रचरित رائج؛ مروّجہ؛ پھیلا ہوا

Prevent : *v.* (pre-vent) to obstruct; to hinder रोकना; मना करना روکنا؛ منع کرنا؛ روک تھام کرنا؛ باز رکھنا

Prevention : *n.* preventing; preventive measure; hindering रोकने वाली; निरोध; निवारण مانع؛ بیماری کو دور رکھنے والی

Preventive : *adj.* serving to prevent निरोधक; निवारक احتیاطی؛ روکنے والی

Previous : *adj.* (pree-vi-us) earlier; antecedent पहला; पिछला سابقہ؛ پہلا؛ پچھلا

Previously : *adv.* (pree-vi-us-li) beforehand पूर्व से; पहले से پہلے سے؛ پیشتر سے

Prevision : *n.* (pre-vi-zh-en) foresight पूर्वज्ञान پیش بینی؛ پیش آگاہی

Prey : *n.* (pray) what is hunted down and killed; spoil शिकार صید؛ شکار

Price : *n.* (pris) value मूल्य قیمت؛ مول؛ قیمتِ فروخت

Priceless : *adj.* invaluable अनमोल अमूल्य انمول

Pricelessness : *n.* being invaluable अमूल्य होना; अनमोल होना انمول ہونا

Prick : v. (prik) to pierce; to goad; to sting; to puncture चुभोना; बींधना; छेद करना چبھونا؛ ڈنک مارنا؛ چھید کرنا

Prickle : *n.* (pri-kel) a thorn; a sharp point नोक; काँटा نوک؛ کانٹا

Prickly : *adj.* (prik-li) having pricks; full of sharp points काँटेदार خار دار؛ کانٹے دار؛ نوک دار

Prickly heat : *n.* skin disorder in tropical summer गम्हौरी; गरमी दाने گرمی دانے

Pride : *n.* (prid) haughtiness; high opinion of oneself; conceit अभिमान; घमंण्ड; गर्व غرور؛ تکبر؛ فخر

Priest : *n.* (preest) religious leader; one leading the performance of religious rites पुजारी; पुरोहित دینی پیشوا؛ پجاری

Priestess : *n.* (prestes) a female priest पुरोहिताइन; पुजारन پجارن

Prig : *n.* (prig) person proud of his moral ideas खुद-परस्त خود پسند واعظ؛ خود بیں واعظ؛ خود پرست

Prim : *adj.* (prim) formal; precise; demure औपचारिक; गम्भीर تکلف مزاج؛ سنجیدہ مزاج

Prima facie : adj&*adv.* (pri-ma-fay-shi-ee) (arising) at first sight प्रथम-दृष्टया; पहली ही नज़र में پہلی ہی نظر میں؛ واضح

Primacy : *adj.* (pri-me-si) archbishop's office बिशप की पदवी اُسقفِ اعظم کا منصب

Primal : *adj.* (pri-met) original; first; earliest प्रथम; पहला اول؛ مقدم

Primary : *adj.* (prim-e-ri) first; elementary; basic; chief; principal प्राथमिक; मौलिक; बड़ा; प्रथम; बुनियादी پہلا؛ بنیادی؛ ابتدائی؛ اصلی؛ بڑا

Primary school : *n.* elementary school प्राइमरी पाठशाला या स्कूल ابتدائی مدرسہ

Primate : *n.* (pri-met) archbishop बड़ा पादरी; गिरजा घर का अधिकारी بڑا پادری؛ اُسقفِ اعظم

Prime : *adj.* (prim) foremost; first सर्व प्रथम; पहला दर्जा اول؛ مقدم

Prime : *n.* the dawn; the morning; youth; premier आरम्भ यौवन; प्रधान मन्त्री صبح؛ شباب؛ وزیر اعظم

Prime minister : *n.* the first or Chief minister of a ruler or state; the responsible head of a ministry or executive government प्रधान मन्त्री وزیر اعظم

Prime numbers : *n.* numbers having no factors अभाज्य नम्बर مفرد اعداد؛ تقسیم نہ ہونے والے اعداد

Primer : *n.* (pri-mer) the first book for children; infant's first text book वर्णमाला की प्रथम पुस्तक قاعدہ؛ ابتدائی قاعدہ

Primitive : *adj.* (prim-i-tiv) of the earliest times; uncivilized प्राचीन; पुराना; असभ्य پرانا؛ قدیمی؛ قدیم؛ غیر مہذب

Primogeniture : *n.* (prim-e-gen-i-cher) being first born जेष्ठता; ज्योष्ठत्व خلف اکبر ہونا؛ ایک ہی والدین کی اولاد میں سب سے بڑا ہونا؛ جیٹھا یا جیٹھی

Primrose : *n.* (prim-rohz) a kind of yellow rose बसन्ती गुलाब का फूल بسنتی گلاب

Primus : *adj.* (pri-mus) first; senior most; brand of stove working like pressure gas lamp प्राचीन; सबसे पुराना; इस्टोप پہلا؛ سب سے پرانا؛ اسٹوپ

Prince : *n.* (prins) a king's son; son of ruler; minor ruler राजकुमार; राजा شہزادہ؛ بادشاہ کا بیٹا؛ راجا

Prince consort : *n.* husband of female ruler रानीपति; राजकुँवर ملکہ کا رفیقِ حیات

Prince of darkness : *n.* satan शैतान شیطان

Princess : *n.* (prin-ses) ruler's daughter; the ruler's wife; ballet dancer राजकुमारी; रानी; बड़ी नर्तकी شہزادی؛ ملکہ؛ بڑی رقاصہ

Principal : *n&adj.* (prins-i-pel) head of college; chief कॉलेज का अध्यक्ष; बड़ा महत्वपर्ण کالج کا پرنسپل؛ بڑا اہم

Principally : *adj.* above all;chiefly प्रधानता خاص کر

Principle : *n.* (prins-i-pel) basic rule; fundamental truth; rule सिद्धान्त; आधार-भूत कारण; नियम بنیادی اصول؛ بنیادی حقیقت؛ قاعدہ

Print : *v.* (print) to born out in printing press; put the pattern on; write in block letters छापना; छपवाना; मुहर लगाना چھاپنا؛ طبع کرنا؛ ٹھپہ لگانا؛ چھاپے کے بڑے حرفوں میں لکھنا

Printer : *n.* workman or owner of printing press मुद्रक छापने वाला پرنٹر؛ پریس کا مالک؛ چھاپے خانے کا مالک؛ چھاپنے والا

Printing press : *n.* machine for reproducing books from plates etc. मुद्रण यन्त्र پریس؛ مطبع؛ چھاپہ خانہ

Prior : *adj.* (pri-er) previous; former; antecedent पहला; पूर्व; अगला پہلا؛ اوّلین؛ اگلا

Priority : *n.* (-o-ri) precedence in time or place; being first; being very important प्रधानता; प्राथमिकता; पूर्वता فوقیت؛ اوّلیت؛ اشد ضروری ہونا

Priory : *n.* a covent मठ خانقاہ؛ مٹھ

Prison : *n.* (pri-zen) a goal; a jail; place of confinement; lock-up कारागार; कारावास جیل؛ جیل خانہ؛ قید خانہ؛ حوالات؛ محبس خانہ

Prisoner : *n.* (priz-ner) a captive; one who kept in prison कैदी; बन्दी قیدی؛ جو جیل میں بند ہو

Pristine : *adj.* (pris-tin) ancient; original; first प्रथम का; पूर्व का قدیم؛ اصلی؛ اوّل؛ سابق

Prithee : (pri-thi) abbreviation for I pray thee मैं आप से प्रार्थना करता; करती हूँ میں آپ سے گزارش کرتا ہوں/کرتی ہوں؛ صاحب؛ عالی جناب

Privacy : *n.* (priv-e-si) secrecy; seclusion यकान्तता; गुप्तता اخفا؛ تنہائی؛ خلوت؛ گوشہ نشینی؛ علیحدگی

Private : *adj.* (priv-e-t) secret; not publicly; personal गुप्त; एकान्त خفیہ؛ تنہا؛ نجی؛ ذاتی؛ انفرادی؛ مخفی

Privately : *adv.* alone and not before others अलग; यकान्त में الگ؛ علیحدگی میں

Privation : *n.* (pri-vay-shen) poverty and hardship; deprivation; loss गरीबी; हानि; अभाव غریبی؛ غربت؛ افلاس؛ مفلوک الحالی؛ نقصان ؛ محرومی

Privilege : *n.* (priv-i-lej) special right; special favour विशेषाधिकार; प्राधिकार; सुविधा; रियायत امتیازی حق؛ استحقاق؛ خاص رعایت

Privileged : *adj.* enjoying a privilege प्राधिकृत; रियायती امتیازی؛ امتیاز والا

Privileged classes : *n.* well to do classes अमीर; ऊँचे लोग امیر؛ امراء؛ اونچے طبقات

Privily : *adj.* privately; secretly गुप्त रुप से چپکے سے؛ پوشیدہ طریقے سے؛ خفیہ

Privy : *adj.* (priv-i) secret गुप्त خفیہ؛ پوشیدہ

Privy council : *n.* body of British ruler's advisers acting as chief court सर्वोच्च न्यायालय پریوی کونسل

Privy parts : *n.* (pl.) male sexual organ मनुष्य का लिंग; यौन सुख प्राप्त करने का भाग مقام مخصوص؛ مرد کا عضو تناسل

Privy purse : *n.* private purse of ruler राजभत्ता; निजी कोश بادشاہ کا نجی بھتہ

Prize : *n.* (priez) a reward; booty; winner's reward; something given in recognition इनाम انعام؛ صلہ

Prize-fight : *n.* boxing match with prize मुक्केबाज़ी का इनामी मुक़ाबला مکے بازی کا انعامی مقابلہ

Prize-fighter : *n.* boxer मुक्केबाज़ مکے باز

Pro : *pref.* (proh) for; infavour पक्ष में کا حامی

Probability : *n.* (prob-e-bil-i-ti) likelihood; being probable; chance सम्भावना; अनुमान قیاس؛ احتمال؛ امکان؛ غالب؛ اتفاق

Probable : *adj.* (prob-ebel) likely; anticipated by reasoning सम्भाव्य; सम्भावित اغلب؛ قرین قیاس؛ شاید

Probably : *adv.* perhaps शायद; कदाचित غالباً؛ شاید

Probation : *n.* (pro-bay-shen) trial period परख अवधि آزمائشی مدّت

Probationer : *n.* a person on trial कार्य सीखाने के लिये नियुक्त पुरुष; परिवीक्षार्थी آزمائشی؛ آزمائشی امیدوار

Probe : *n.* (prohb) needle like instrument for probing wounds; inquiry सलाई ज़ख्म; परीक्षण سلائی زخم؛ تحقیقات

Probity : *n.* (prob-i-ti) integrity दयानतदारी; सत्यनिष्ठा دیانتداری؛ ایمانداری

Problem : *n.* (prob-lem) difficult question; issue; difficulty to be resolved समस्या; कठिन समस्या مسئلہ؛ حل طلب مسئلہ؛ مشکل مسئلہ

Procedure : *n.* (pro-see-dew-er) regular method; manner of proceeding रीति; क्रियाविधी طریق کار؛ کارروائی؛ دستور العمل

Proceed : v. (pro-seed) to make progress; advance प्रगति क.; आगे बढ़ना; आगे चलना آگے بڑھنا؛ ترقی کرنا؛ آگے چلنا

Proceeding : *n.* (-ing) a transaction

कारवाई; कार्यवाही معاملہ؛ کاروائی

Proceedings : *n.* (pl) law suit; minutes (of meeting) नालिश; कार्यविवरण مقدمہ؛ نالش؛ کاروائی کا خلاصہ

Proceeds : *n.* (pl.) the produce प्राप्ति; परिणम; लाभ; नफ़ा آمدنی؛ نفع؛ پیداوار

Process : *n.* (proh-ses) procedure; method; action कार्यवाई; प्रकिया کاروائی؛ طریقہ؛ عمل؛ طرزِ عمل

Procession : *n.* (pro-sesh-en) a large crowd walking together on festive occassion जलूस; सवारी جلوس؛ سواری

Proclaim : *v.* (pro-klaym) to announce घोषणा क.. اعلان کرنا؛ منادی کرنا

Proclamation : *n.* (-may-shen) serve announcement घोषणा; मुनादी اعلان؛ منادی

Proclivity : *n.* (pro-kliv-i-ti) tendency; bent towards प्रवृत्ति; झुकाव رجحان؛ میلانِ طبع؛ جھکاؤ

Procrastinate : *v.* (pro-kras-ti-nayt) to postpone; to be dilatory टालना; देर क..; टालमटोल क.. ٹال مٹول کرنا؛ ڈھیل کرنا؛ تاخیر کرنا؛ التوا میں ڈالنا

Procrastination : *n.* (-nay-shen) delay टाल-मटोल; देर; विलम्ब لیت ولعل؛ تاخیر؛ دیر

Procreate : *v.* (pro-kri-ayt) to generate, to produce उत्पन्न क..; पैदा क.. پیدا کرنا؛ جننا

Proctor : *n.* (prok-ter) official in university maintaining discipline विश्वविद्यालय का अध्यक्ष جامعہ کا مختار؛ یونیورسٹی کا پروکٹر

Procuration : *n.* (pro-kew-e-ray-shen) attorney; power; agency मुख़्तारी अधिकार; मुख़्तारी مختاری؛ حق مختاری؛ حصول؛ تحصیل

Procure : *v.* (pro-kew-er) to obtain; to get for; to manage प्राप्त क..; पूरा क.. حاصل کرنا؛ مہیا کرنا یا ہونا؛ پورا کرنا

Procurer : *n.* (-rer) an obtainer; one who procures; pander प्राप्त करने वाला; दलाल; भड़वा حاصل کرنے والا؛ مہیا کرانے والا؛ دلال؛ بھڑوا؛ بہم پہنچانے والا

Procuress : *n.* (pro-kures) a female pimp. कुटनी; दलाला کٹنی؛ مشاطہ؛ دلالہ

Prod : *v* . (prodd) to poke; to irritate ; to rouse छेड़ना; तंग क..; उकसाना چھیڑنا؛ تنگ کرنا؛ اکسانا

Prodigal : *adj.* (prod-i-gel) extravagant; a waster; a spendthrift अतिव्यय; अपव्ययी; ख़रचीला فضول خرچ؛ مسرف

Prodigious : *adj* . (pro-dij-us) huge; astonishing; enormous; amazing; monstrous बहुत बड़ा; आश्चर्यजनक; अनोखा; अति विशाल بہت بڑا؛ حیرت انگیز؛ عجیب

Prodigy : *n.* (prodi-ji) a miracle; marvellous; अचम्भा; अद्‍भुत वस्तु या व्यक्ति تعجب؛ حیرت انگیز؛ معجزہ

Produce : *v.* (pro-dews) to bring forth; to compose; to exhibit; to extend; to bring to light उप्तन्न क..; दिखाना; प्रस्तुत क..; बढ़ाना وجود میں لانا؛ دکھانا؛ ظاہر کرنا؛ بڑھانا

Produce : *n.* (prodews) amount; profit; product उपज; लाभ; आय پیداوار؛ آمد؛ فائدہ

Producer : *n*. (pro-dew-ser) one who produces; one responsible for production of film उत्पन्न करने वाला; फिल्म बनाने वाला پیدا کار؛ پیدا کرنے والا؛ فلم ساز

Product : *n*. (pro-dukt) anything produced; work; effect उपज; फल; परिणाम پیداوار؛ نتیجہ؛ ثمرہ؛ حاصل

Production : *n* . (-shen) the act of produce उत्पादन; उपज; प्रस्तुत क. پیداوار؛ پیش کرنا

Productive : *adj* . (produk-tiv) fertile; generative उत्पादक; उपजाऊ زرخیز؛ بارآور

Productivity : *n*. (-vi-ti) fertility; उत्पादकता; उपजाऊपन زرخیزی؛ بارآوری

Proem : *n*. (pro-aim) a preface; introduction प्रस्तावना; भूमिका تمہید؛ دیباچہ

Profanation : *n*. (pro-fa-nay-shen) desecration उपवित्रीकरण; दूषण ناپاکی؛ چھوت

Profane : *adj* . (pro-fayn) secular; sacrilegious; not sacred; polluted सांसारिक; धर्मनिरपेक्ष; अपवित्र क.; भ्रष्ट क. دنیوی؛ لادینی؛ دین کی بے حرمتی کرنے والا؛ پلید کرنا؛ ناپاک کرنا

Profess : *v*. (pro-fes) to declare openly; to confess; falsely claim खुलेआम कहना; प्रकट क.; झूठा दावा क.; मानना اعتراف کرنا؛ ماننا؛ ظاہر کرنا؛ اقبال کرنا؛ جھوٹا دعویٰ کرنا

Profession : *n*. (-fesh-en) occupation; high vocation; declaration (of faith, feeling etc.) पेशा; व्यवसाय; घोषण; सवीकरण پیشہ؛ اعلان؛ اعتراف

Professor : *n*. (pro-fes-er) university teacher of highest rank प्रोफ़ेसर; आचार्य پروفیسر؛ استاد

Proffer : *v*. (prof-er) to offer अर्पित क.; अपर्ण क. نذر کرنا؛ پیش کرنا؛ پیشکش کرنا

Proficiency : *n*. (-fish-i-en-si) skill प्रवीणता; निपुणता; योग्यता مہارت؛ قابلیت

Proficient : *adj*. (-ent) skillful; fully versed प्रवीण; कुशल; निपुण ماہر؛ قابل

Profile : *n*. (pro-fil) out line; sketch; transverse section रूपरेखा; आड़ी काट خاکہ؛ ترچھی کاٹ

Profit : *n*. (pro-it) gain; advantage लाभ; नफ़ा; फायदा نفع؛ فائدہ؛ منافع

Profitable : *adj*. beneficial; bring profit लाभदायक; लाभकारी نفع کا؛ منفعت بخش؛ مفید

Profiteer : *v*. (prof-i-tee-er) to make unduly large profit मुनाफ़ा खोरी क. نفع اندوزی کرنا؛ منافع خوری کرنا

Profligacy : *n*. (pro-fliga-si) vicious course of life दश्चरित्तता بدکاری

Profligate : *n&adj*. (prof-li-gayt) licentious चरित्रहीन عیاش؛ اوباش؛ بدکار؛ عیّار؛ لفنگا

Profound : *adj*. (pro-found) deep; learned गम्भीर; गहन; पारंगता گہرا؛ فاضل

Profoundity : *n*. depth (of thought, knowledge) ज्ञान की गहराई (علم یا معلومات) گہرائی؛ عمیق

Profuse : *adj*. (pro-fiuz) prodigal; lavish; abundant उड़ाऊ; विपुल व्यय; बहुत; अत्यधिक فضول خرچ؛ اڑاؤ؛ بہت؛ کثیر

Profusion : *n*. (pro-few-zhen) abundance; exubernance; plenty अतिव्यय; अधिक بہتات؛ کثرت؛ وافر؛ افراط

Progenitor : *n*. (pro-jen-i-ter) ancestor पूर्वज; जनक بزرگ؛ آباو اجداد

Progeny : *n*. (pro-je-ni) issue; children; out come सन्तान; परिणाम اولاد؛ نسل؛ نتیجہ

Prognostice : *n*. (progno-stik) a prediction; omen; forecast; a token शकुन; पूर्वसूचना; पूर्वानुमान شگون؛ پیش گوئی؛ پیشین گوئی

Prognosticate : *v*. (prog-nos-ti-kayt) fore tell; be token भविष्यवाणी क. پیش گوئی کرنا؛ کا پہلے پتہ دینا

Prognostication : *n*. (-kay-shen) foretelling पूर्वानुमान; भविष्यवाणी پیشگوئی؛ پیشین گوئی

Prognosticator : *n*. one who tells future भविष्यवाणी करने वाला پیش گوئی کرنے والا

Programme : *n*. (prohg-ram) a plan; detailed outline; chalk out; outline of programne प्रोग्राम; योजना پروگرام؛ منصوبہ؛ دستورالعمل؛ پلان

Progress : *n*. (prohg-res) improvement; forward movement; advance development उन्नति; प्रगति; विकास ترقی؛ آگے کی طرف حرکت؛ بہتر ہونا

Prohibit : *v*. (pro-hib-it) to forbid; not allow; to prevent; to debar रोकना; निषेध क.; वर्जित क. باز رکھنا؛ روکنا؛ منع کرنا

Prohibited : *adj*. not allowed वर्जित; निषिद्ध ممنوع

Prohibition : *n*. (pro-hib-i-shen) the act of prohibiting; lack of permission to drink निर्षध; मद्य-निषेध مناہی؛ روک دینا؛ شراب بندی

Project : *n*. (pro-jekt) plan for an undertaking; a scheme विचार; उपाय; परियोजना; योजना تجویز؛ پلان؛ منصوبہ؛ طریقہ

Projectile : *n*. (proj-ek-til) something shot अस्त्र; गोली گولی؛ گولہ (وغیرہ)

Projection : *n*. (-shen) map drawn by casting shadow of the object; mental image प्रक्षिप्त चित्र; मानचित्र تصور؛ ابھرا ہوا عکس؛ ظلّی نقشہ

Projector : *n*. magic lantern प्रोजेक्टर پروجیکٹر

Prolegomena : *n*. (prol-e-gom-e-na) long scholarly introduction प्राक्कथन مقدمہ

Proletarian : *adj*. (pro-li-te-ri-yan) of the masses श्रमजीवी عوامی

Proletariate : *n*. (pro-le-tay-ri-et) industrial workers मज़दूरवर्ग محنت کش طبقہ؛ صنعتی مزدور

Prolific : *adj*. (pro-lif-ik) fertile; very productive ऊपजाऊ; बहू फलदायक بہت پیداوار دینے والا

Prolificacy : *n*. (pro-li-fi-kasi) fruitfulness; abounding बहूउपजाऊ ثمرداری

Prolix : *adj*. (pro-liks) tedious; diffuse विस्तृत; लम्बा لمبا؛ طویل؛ طولانی

Prolixity : *n*. being very long अतिविस्तार; अपविस्तार بہت طولانی ہونا؛ بہت لمبا ہونا

Prologue : *n*. (pro-log) poem recited at the beginning of play; a speech before a stage play नाटक का आरम्भ تمثیل کی تمہیدی نظم؛ ناٹک کی تمہید

Prolong : *v*. (pro-long) to make long;

to lengthen out अतिविस्तार क.; बढ़ाना طول دینا؛ دراز کرنا؛ بڑھانا

Prolongation : *n*. (-gay-shen) prolonging अतिविस्तार देना طول دینا یا پکڑنا

Promenade : *n*. (prom-e-nahd) public place for walking चहलक़दमी की जगह; विहारस्थल سیرگاہ؛ گشت گاہ

Prominence : *n*. (prom-i-nens) being prominent; popular; conspicuousness श्रेष्ठता मशहूर होना نمایاں ہونا؛ ممتاز ہونا؛ مشہور ہونا

Prominent : *adj*. (prom-i-nent) eminent; salient; distinguished प्रसिद्ध; ऊंचा; मुख्य; विशिष्ट مشہور؛ ممتاز؛ نمایاں؛ نامی گرامی

Promiscuity : *n*. (pro-mis-kew-ti) promiscuous state; medley घालमेल; मिश्रण اختلاط؛ گھال میل؛ ملا جلا؛ گڈمڈ

Promiscuous : *adj*. (-us) jumbled; mixed; undiscriminate; having both sexes indiscriminately mixed मिश्रित; गडमड; असंयमी مخلوط؛ ملا جلا؛ گڈمڈ؛ خلط ملط

Promise : *n*. (prom-is) solemn assurance, hope, expectation वादा; प्रतिज्ञा; वचन وعدہ؛ امید؛ توقع

Promise : *v*. to make a promise; to give one's word; to assure; to give hope प्रतिज्ञा क.; वचन देना عہد و پیمان کرنا؛ وعدہ کرنا؛ امید دلانا

Promissory : *adj*. (prom-i-se-ri) conveying a promise सप्रतिज्ञ وعدے کا؛ عہد کا؛ اقراری

Promote : *v*. (pro-mot) to exalt; to raise; to advance; to help forward उन्नति क.; आगे बढ़ना ترقی کرنا؛ آگے بڑھنا؛ تائید کرنا

Promotion : *n*. (pro-mo-shen) encouragement; higher rank उन्नति; पदोन्नति; प्रोत्साहन ترقی؛ برتری؛ سرفرازی

Prompt : *adj*. immediate; quick; ready तत्काल; शीघ्र; मुस्तैद; तैयार فوری؛ بلاتاخیر؛ مستعد؛ تیار

Promptly : *adv*. readily; quickly; immediately शीघ्रता से; तुरन्त; झटपट فوری طور پر؛ مستعدی سے؛ جلدی سے

Promulgate : *v*. (prom-ul-gayt) to proclaim; to enforce घोषित क.; लागू क. نفاذ کا اعلان کرنا؛ نافذ کرنا

Prone : *adj*. (prohn) lying face down; on stomach औंधा; पट; मुंह के बल منہ کے بل؛ پٹ

Prong : *n*. a fork; a spike; a pitch-fork कांटा; शाख; सीख़ کانٹا؛ شاخ؛ سیخ

Pronoun : *n*. (pro-noun) word used in place of noun; a word used for a noun सर्वनाम ضمیر؛ وہ لفظ جو بجائے اسم کے استعمال ہو؛ اسم ضمیر

Pronounce : *v*. (-nouns) to speak; to utter; to utter sentence; to deliver (judgement) बोलना; उच्चारण क.; फैस्ला सुनाना या देना تلفظ کرنا؛ (فیصلہ) سنانا یا دینا

Pronunciation : *n*. (pro-naun-si-ay-shen) mode of utterance; pronouncing उच्चारण की रीति تلفظ

Proof : *n*. (prof) evidence; trial copy of book for correction; test प्रमाण; परीक्षा ثبوت؛ پروف؛ آزمائش

Prop : *n*. (prop) column; pillar; a support स्तून; सहारा; आधार پل پایہ؛ سہارا؛ ستون؛ پایہ؛ روک

Propaganda : *n*. (prop-e-gan-da)

publicity; spreading फैलाना; विस्तार نشر و اشاعت؛ پروپیگنڈا

Propagate : *v.* to spread; to generate; to increase फैलाना; बढ़ाना اشاعت کرنا؛ پھیلانا؛ بڑھانا

Propagation : *n.* publicity; spreading; increase multiplication विस्तार; उन्नति پھیلاؤ؛ اشاعت؛ افزائش؛ اضافہ

Propel : *v.* (pro-pel) to drive forward आगे चलाना या धकेलना آگے چلانا یا دھکیلنا

Propense : adj . (pro-pens) inclined; disposed झुका हुआ; लीन مائل؛ راغب

Propensity : *n.* (pro-pens-i-ti) natural inclination झुकाव میلان؛ رجحان

Proper : *adj.* (pro-per) exact; suitable; appropriate; rear उचित; योग्य; ठीक مناسب؛ موزوں؛ درست؛ صحیح؛ اصلی

Proper noun : *n.* name of a particular person and place etc. व्यक्तिवाचक اسم معرفہ

Properly : *adv.* appropriately; suitabily; exactly उचित रीति से; उचित ढ़ंग से مناسب طور سے؛ موزوں طریقے سے؛ خوش اسلوبی سے؛ بخوبی

Property : *n.* (pro-pe-rti) possession; land and buildings owned by one सम्पत्ति; जायदाद; अचल सम्पत्ति جائداد؛ غیر منقولہ؛ جائداد

Prophecy : *n.* (pro-fi-si) a prediction आगम; पूर्व कथन پیشگوئی؛ پیشین گوئی

Prophesy : *v.* to predict; to foreteller आगम क. پیشین گوئی کرنا

Prophet : *n.* (prof-et) religious teacher; one who prophesies the future events; a foreteller of events अवतार; आगम कहने वाला پیغمبر؛ نبی؛ رسول

Prophethood : *n.* being a prophet पैग़म्बरी; नबुवत پیغمبری؛ نبوت؛ رسالت

Propinquity : *n.* (pro-pink-wi-ti) nearness in time or place; kinship; proximity निकटता; सम्बन्धी قرب؛ قرابت؛ نزدیکی؛ خون کا رشتہ

Propitiate : *v.* (pro-pish-i-ayt) to appease; to induce; to favour संतुष्ट क.; मनाना راضی کرنا؛ منانا؛ غصہ ٹھنڈا کرنا

Propitiation : *n.* (-shen) an atonement for a crime; appeasement मनौती; आराधना کفارہ؛ رضامندی؛ رضاجوئی

Propitious : *adj.* (propi-shes) favourable; kind; merciful; of good omen दयावान; कृपालू; मुबारक موافق؛ مہربان؛ نیک شگون والا؛ مبارک؛ مسعود

Proplasm : *n.* (proplasm) a mould ढालने का सांचा قالب؛ سانچہ

Proportion : *n.* (pro-por-shen) ratio; share; part; symmetry समानता; अनूरुपना; परस्पर सम्बन्ध تناسب؛ برابر حصہ

Proposal : *n.* (pro-po-zel) suggestion; offer of marriage; scheme; plan विचार; विवाह का पैग़ाम; सम्मति تجویز؛ شادی کا پیغام؛ صلاح

Propose : *v.* (pro-pohz) to suggest; to make an offer of marriage; to suggest name प्रस्ताव रखना या देना; विवाह का प्रस्ताव देना تجویز پیش کرنا؛ شادی کا پیغام دینا؛ نام پیش کرنا

Proposition : *n.* (prop-o-zishen) a thing proposed प्रतिज्ञा; कर्तव्य निर्देयशक تجویز؛ قول

Propound : *v.* (pro-pound) to put

forward; to offer; to propose निवेदन क.; प्रतिपादन क. پیش کرنا؛ تجویز کرنا

Proprietary : *n.* (pro-pri-te-ri) of ownership मालिकाना مالکانہ

Proprietor : *n.* owner स्वामी; अधिकार; संचालक مالک؛ حیثیت دار

Propriety : *n.* (pro-pri-ti) suitability; accuracy; being proper fitness योग्यता; उपयुक्ता موزونیت؛ معقولیت؛ صلاحیت؛ شائستگی

Prorogue : *v.* (pro-rohg) to adjourn; to put off; to delay मुल्तवी क.; स्थिर रखना; बढ़ाना ملتوی کرنا؛ قائم رکھنا؛ جاری رکھنا؛ بڑھانا

Prosaic : *adj.* (pro-ze-ik) like prose गद्य की प्रकार نثر کی طرح؛ بے لطف؛ معمولی

Proscribe : *v.* (pros-krib) to declare as unlawful and confiscate; to censure capitally; to reject utterly देश निकाला देना; वध की आज्ञा देना ضبطی کا حکم صادر کرنا؛ جلاوطن کرنا؛ قتل کا حکم دینا؛ منع کرنا

Prose : *n.* (prohz) ordinary; non-rhythmical language गद्यरुप काव्य نثر

Prosecute : *v.* (pro-se-kewt) to do; to pursue; to bring a case against करना; अनुकरण क.; पीछा करना کرنا؛ مقدمہ چلانا؛ پیچھا کرنا

Prosecution : *n.* prosecuting इस्तगासा; अभियोगपक्ष استغاثہ

Prosecutor : *n.* one who prosecute अभियोजक; अभियोगी وکیل استغاثہ؛ مستغیث

Proselytism : *v.* (prose-lit-izm) conversion धर्म त्याग تبدیل مذہب

Prosody : *n.* (pros-o-di) laws of versification; the art or science dealing with verse forms; poetic metres छन्द शास्त्र; छन्द विद्या عروض؛ عروض وقوافی

Prospect : *n.* (pros-pekt) a view; a wide view; दृश्य; नज़ारा نظارہ؛ وسیع منظر

Prospection : *n.* (pros-pek-shen) looking forward पूर्व चिन्ता; भविष्य की चिन्ता پیش بینی

Prospectus : *n.* (-tus) pamphlet giving details; the plan proposed सूचना पत्र; तजवीज़ پراسپکٹس؛ تجویز کا خاکہ؛ کیفیت نامہ

Prosper : *v.* (pros-per) to be successful; to flourish; to get rich फलना-फूलना; सफल होना; पनपना اقبال مند ہونا؛ فروغ پانا؛ دولتمند ہونا

Prosperity : *n.* (pros-pe-riti) good fortune; successfully flourishing सफलता; सौभाग्य اقبال مندی؛ خوش نصیبی؛ فروغ؛ کامیابی

Prosperous : *adj* . (pros-pe-rus) successful; flourishing; rich; well-off सौभाग्य; धन्य; कामयाब خوشحال؛ اقبال مند؛ دولت مند؛ کامیاب

Prostitute : *n.* (pros-ti-tewt) a whore; a public strumpet वेश्या فاحشہ؛ رنڈی؛ بیسوا؛ طوائف

Prostrate : *adj.* (pros-trayt) lying face down; tired औंधे मुँह; मुँह के बल; थका-हारा اوندھے منہ؛ منہ کے بل؛ تھکا ہارا

Prosy : *adj.* (pros-i) dull; tedious स्वाद रहित; बे-मज़ा بے مزہ؛ بدمزہ

Protagonist : *n.* (pro-tag-o-nist) champion; leading person in drama, story हीरो; चौम्पियन ہیرو؛ حامی؛ موید

Protect : *v.* (pro-tekt) to keep safe; to defend बचाना; रक्षा क.; आश्रय देना بچانا؛ بچائے رکھنا؛ محفوظ کرنا؛ پناہ دینا

Protection : *n.* (-shen) shelter; being protected सुरक्षा; रक्षा حفاظت؛ پناہ

Protective : *adj.* defensive; saving रक्षक حمایتی؛ محافظ؛ نگہبان

Protector : *n.* one who protects; guardian बचाने वाला; आश्रयदाता محافظ؛ نگہبان؛ مربی؛ سرپرست

Protectorate : *n.* (pro-tek-to-rayt) government by a protector संरक्षक का शासन نابالغ بادشاہ کے سرپرست کی حکومت

Protege : *n.* (pro-te-zei) one protected जो दूसरे की शरण में हो; रक्षित جو دوسروں کی حفاظت میں ہو؛ زیرنگرانی

Protein : *n.* (pro-teen) meat element in food प्रोटीन پروٹین؛ لحمیہ

Protest : *v.* (pro-test) to demonstrate for the purpose; to remonstrate; to object अस्वीकार क.; विरूद्ध वाक्य احتجاج کرنا؛ اعتراض کرنا؛ نامنظور کرنا

Protocol : *n.* (pro-to-kol) original signed document of a treaty असली मसौदा حکومتی معاہدے کی اصل دستاویز؛ اصل نوشتہ

Prototype : *n.* (pro-to-tip) first example; original आदिप्ररुप; आदर्श پہلا نمونہ؛ اصل

Protract : *v.* (pro-trakt) prolong; to delay विलम्ब क.; खींचना; लम्बा क. طول دینا؛ دیر کرنا؛ کھینچنا

Protracted : *adj.* prolonged लम्बा हो जाने वाला طول پکڑ جانے والا

Protractive : *adj.* (-tive) delaying विलम्ब कर्ता دیر کرنے والا؛ تاخیر کرنے والا

Protrude : *v.* (pro-trood) just out; to thrust forward आगे निकल जाना باہر کو نکالنا یا نکلنا؛ دھکیلنا؛ آگے نکل جانا

Protuberance : *n.* (pro-tewb-e-rens) swelling; bulge सूजन; उभार سوجن؛ ابھار

Protuberant : *adj.* bulging out; prominent; swelling उभरा हुआ; फूल हुआ پھولا ہوا؛ ابھرا ہوا؛ نکلا ہوا

Protuberate : *v.* (pro-tewb-rayt) to swell out फूलना; उभरना پھولنا؛ آگے کو نکلنا؛ ابھرنا

Proud : *adj* . (proud) arrogant; haughty; grand; having self respect घमंडी; उत्तम बुद्धि مغرور؛ متکبر؛ عالی دماغ؛ خوددار؛ غیرت مند

Proudly : *adv.* (proud-li) in a proud manner अभिमान से; गर्व से تکبر سے؛ مغرورانہ

Prove : *v.* (prov) to verify; to give proof; अनुभव क.; साबित क. ثابت کرنا؛ کا ثبوت دینا

Provender : *n.* (pro-ven-der) fodder घास; चारा چارہ؛ بھوسہ

Proverb : *n.* (pro-ver) an adage; wise saying क्रिया विशेषण; कहावत ضرب المثل؛ کہاوت

Proverbial : *adj.* (-b-i-el) widely known; wildly लोक प्रवाद; जो हर किसी को पता हो ضرب المثل کے طور پر؛ زبان زدِ خاص و عام

Provide : *v.* (pro-vid) to supply; supply the need जुटाना مہیا کرنا؛ بہم پہنچانا

Provided : *a.* & conj. equipped; supplied with necessaries; on condition सहायता प्राप्त; दिया हुआ; उस

अवस्था से امدادی؛ امدادیافتہ؛ بشرطیکہ؛ اگر

Providence : *n*. (prov-i-dens) god; god's care for his creatures भगवान; भगवान की महर اللہ تعالی؛ خدا کی قدرت؛ فضل ربانی؛ خدا کا فضل

Provident : *adj*. (-dent) prudent; foresighted; providing for the future पूर्व दर्शी; अग्रशोची کفایت شعار؛ دور اندیش؛ مستقبل کے لیے بچانے والا

Provident fund : *n*. fund created by forced; regular saving भविष्य-निधि پراویڈنٹ فنڈ

Providential : *adj*. coming from providence; effected by providence परमात्माकृत्त; भगवान के फ़ज़ल से خدا کے فضل سے؛ پروردگار کا؛ خدائی

Province : *n*. (pro-vins) large administrative area; field of study कार्यक्षेत्र; अधिकार क्षेत्र صوبہ؛ میدان

Provincial : *adj*. relating to a province; rustic प्रान्त का; प्रदेश का; देहाती صوبہ کا؛ علاقہ کا

Provision : *n*. (pro-vizh-en) providing; proparation; stock of food प्रबन्ध व्यवस्था; भण्डार; रसद بہم رسانی؛ پس انداز کرنا؛ رسد؛ کھانا

Provisional : *adj*. (pro-viz-e-nel) temporary; interim; temporary arrangement कुछ काल के लिये; सामयिक عارضی؛ عبوری؛ عارضی انتظام

Provisionally : *adv*. temporarily अस्थायी रुप से عارضی طور پر؛ عبوری طور پر

Proviso : *n*. (pro-vi-zoh) limiting clause; condition प्रतिबन्ध; शर्त شرط

Provisory : *adj*. (prov-i-zari) conditional समय अनुरुप ; कुछ काल का چند روزہ؛ شرطی

Provocaton : *n*. (pro-vo-kay-shen) stimulus; act of provoking; impelling उत्तेजना; प्रेरण; छेड़छाड़ اشتعال؛ تحریک؛ اکساوٹ

Provocative : *adj*. stimulating उत्तेजक; भड़काने वाला; उद्यीपक اشتعال انگیز؛ تحریک کن

Provoke : *v*. (pro-vok) to excite; to enrage; to call forth; to impel उकसाना; गुस्सा दिलाना; ललकारना اشتعال دلانا؛ غصہ دلانا؛ طیش دلانا؛ کا باعث بننا؛ ترغیب دینا

Provoking : *adj*. see provocative

Provost : *n*. (prov-ost) military police फ़ौजी पुलिस فوجی پولیس

Prow : *n*. (prou) front part of ship; the head of ship; fore part of a ship जहाज़ का अग्र भाग جہاز کا اگلا حصہ؛ جہاز کا سامنے کا حصہ

Prowess : *n*. (prou-ess) great bravery; bravery; skill in fighting वीरता; बहादुरी; कौशल بہادری؛ دلیری؛ شجاعت؛ نبردآزمائی

Prowl : *v*. (prowl) to move about stealthily शिकार की तलाश में दबे पाव फिरना شکار کی تلاش میں دبے پاؤں پھرنا

Proximity : *n*. (prok-sim-i-ti) nearness; kinship समीपता; निकटता نزدیکی؛ قربت؛ رشتہ داری

Proxy : *n*. (prok-si) authorized agent; substitute प्रतिनिधि; मुख़्तार مختار؛ قائم مقام؛ عوض

Prude : *n*. (prood) woman squeamich about sexual relations बनावटी लज्जा वाली स्त्री بناوٹی شرم و حیا والی عورت

Prudence : *n.* (pru-dens) wisdom; wise; being prudent; carefulness दूरदर्शिता; चतुरता عقل؛ ہوشیار؛ احتیاط؛ پیش بینی

Prudent : *adj.* acting after carefulthought; practically wise विवेकी; बुद्धिमान; चतुर دانا؛ ہوشیار؛ عقل مند

Prudently : *adv.* wisely; carefully बुद्धिमानी से; सावधानी से; चतुराई से عقل مندی سے؛ دانائی سے

Prudishness : n. (proo-dish-nes) practical wisdom; prudery बनावटी लज्जा بناوٹی شرم وحیا

Prune : *n.* (proon) a dried plum आलूचा; आलूबुख़ारा آلو بخارا؛ آلوچہ

Prune : *v.* (proon) cut off unwanted branches छाँटना; काँटना; काट-छाँट چھانٹنا؛ کاٹنا؛ کاٹ چھانٹ

Pry : *v.* (prei) to look inquisitively; to examine closely ताक-झांक क.; जासूसी क. تاک جھانک کرنا؛ جاسوسی کرنا؛ راز جوئی کرنا

Psalm : *n.* (sahm) hymn; a holy song; a part of the bible धर्मगीत; जबूर; बाईबल का हिस्सा; भजन ترانہ حمد؛ مناجات؛ کتابِ زبور؛ بھجن

Psalmist : *n.* a writer of psalms भजनकार; भजन लिखने वाला ترانہ حمد لکھنے والا؛ نعت گو

Psalter : *n.* a book psalms भजन पुस्तक نعتیہ شاعری کی کتاب

Pseudo : *adj.* (sew-do) sham, spurious नक़ली; आभासी نقلی؛ جعلی

Pseudonym : *n.* (sew-do-nim) a fictitious name; a pen name कृतक नाम; कलमी नाम قلمی نام؛ تخلص

Pshaw : *int.* (shaw or shah) for contempt छी ہونہہ؛ چھی

Psychic : *adj.* (si-kik) of spiritualism आत्मिक روحانیت کا

Psychiatrist : *n.* doctor of mental diseases दिमाग़ी बीमारियों का डाक्टर نفسیاتی امراض کا معالج؛ نفسیاتی امراض کا ڈاکٹر

Psychiatry : *n.* (si-ki-at-ri) treatment of mental diseases दिमागी रोगों की चिकित्सा نفسیاتی امراض کا علاج

Psychological : *adj.* (si-kol-o-ji-kal) pertaining to psychology मनोवैज्ञानिक نفسیاتی

Psychologist : *n.* expert in psychology मनोवैज्ञानी ماہر نفسیات

Psychology : *n.* science of the mind; mental science मनोविज्ञान نفسیات

Puberty : *n.* (pew-ber-ti) sexual maturity; maturity यौवन بلوغ

Public : *n.* (pub-lik) people at large; common man साधारण पुरुष; आम आदमी; सामान्य لوگ؛ عوام؛ رعایا کے متعلق

Public holiday : *n.* govermnent holiday सार्वजनिक छुट्टी سرکاری چھٹی

Public house : *n.* modern British tavern मधुशाला; शराब घर شراب خانہ؛ کلال خانہ

Public man : *n.* voluntary social worker सोशल वर्कर قومی خادم؛ سوشل ورکر

Public opinion : *n.* general opinion of people on a sociological issue लोकमत; जनमत رائے عامہ

Public relations : *n&adj.* promoting knowledge of official or other policies among the people जन-सम्पर्क تعلقاتِ عامہ

Public school : *n.* a kind of very

expensive school supposed to provide good education पब्लिक स्कूल پبلک اسکول

Public spirit : *n.* readiness to advance public interests लोकहित-भाव عوامی خدمت کا جذبہ

Publican : *n.* keeper of public house; inn keeper भठियारा; शराब बेचने वाला شراب فروش؛ شراب بیچنے والا؛ بھٹیارا

publication : *n.* (pub-li-kay-shen) publishing; published प्रकाशन اشاعت؛ شائع شدہ

Publicist : *n.* (pub-li-sist) freelance journalist writing on topical issues पत्रकार عوامی دلچسپی کے موضوعات پر قلم اٹھانے والا یا لکھنے والا صحافی

Publicity : *n.* (pub-lis-i-ti) propagande; notoriety; advertising प्रकाशन; लोकप्रसिद्ध; विज्ञापन نشر و اشاعت؛ شہرت؛ اشتہار بازی

Publicly : *adv.* in public; openly खुल्लम-खुल्ला کھلم کھلا؛ علی الاعلان؛ اعلانیہ

Publish : *n.* (pub-lish) to make known; to print; to set forth प्रकाश्न क.; विस्तार क.; फैलाना نکالنا؛ چھاپنا؛ نشر و اشاعت کرنا؛ شائع کرنا

Publisher : *n.* one who publishes प्रकाशित करनेवाला; पुस्तक छापने वाला ناشر؛ شائع کرنے والا

Pubis : *n.* (pu-biz) hair below abdomen झाँट; पशम موئے زیرناف

Puck : *n.* (puk) mischievious fairy वेताल; भुत्ला شریر؛ شریر بھتنا؛ بیتال

Pucker : *v.* (pnk-er) to gather into plaits; to gathor into wrinkles सिकोड़ना سکیڑنا؛ سکڑنا

Pudding : *n.* (pud-ing) a kind of soft sweet dish made of bread, milk and eggs पुडिंग پڈنگ؛ پوٹین

Puddle : *n.* (pud-el) a small dirty lake; small pool of dirty rainwater पोखर; जोहड़ گندے پانی کا تالاب؛ (سڑک وغیرہ پر) بارش کے گدلے پانی کا گڑھا

Puerile : *adj.* (pew-e-ril) childish बचकाना; बालक वत طفلانہ؛ بچکانہ

Puerility : *n.* (-iti) being peurile; childishness ओछापन لڑکپن؛ اوچھاپن؛ چھچھوراپن

Puff : *n.* (puf) a small blast of wind; sudden rush of air; steam smoke rushed out once हवा का झौंका; हवा का झकोरा ہوا کا جھونکا؛ یکبارگی نکلی ہوئی بھاپ

Powder puff : *n.* piece of puffy material for applying power पाउडर लगाने की गद्दी پاؤڈر لگانے کی گدّی؛ غازہ ملنے کی گدّی

Puffed up : *ph.* proud; fat घमण्डी; मोटा مغرور؛ متکبر؛ گھمنڈی؛ موٹا

Puffin : *n.* (pa-fin) a seabird जल पक्षी; समुद्री पक्षी آبی پرندہ؛ سمندری پرندہ

Puffy : *adj.* (pa-fi) swallen हवा से फूला हुआ پھولا ہوا؛ ہوا سے پھولا ہوا

Pug : *n.* (pag) a monkey; a type of dog बन्दर; चपटी नाक वाला कुत्ता ایک قسم کا بندر؛ چپٹی ناک والا کتا

Pug-nosed : *adj.* sub-nosed; a snubed चपटी नाक वाला; बुरे सोभाव वाला पुरुष; दुष्ट पुरुष ایک قسم کا بندر؛ چپٹی ناک والا؛ بدمزاج شخص

Pugilist : *n.* (pewj-i-list) boxer मुक्के-बाज़; घूँसे-बाज़ مکے باز؛ گھونسے باز

Pugilism : *n.* boxing मुक्के-बाज़ी; घूँसे-बाज़ी مکے بازی؛ گھونسے بازی

Pugnacious : *adj* . (pug-nay-shus) quarrelsome लड़ाका; झगड़ालू لڑاکا؛ جھگڑالو

Pugnacity : *n.* (pug-nac-siti) inclination to fight झगड़ालूपन لڑائی جھگڑے کا شوق یا عادت؛ جھگڑالوپن

Puisne : *adj.* (pew-ni) inferior in rank; (Judge) inferior one in a Hight Court पदवी में छोटा; छोटा जज; काज़ी ادنیٰ؛ چھوٹا؛ اصغر؛ چھوٹا جج؛ قاضی

Puissance : *n.* (piu-isans) power; force बल; शक्ति; ज़ोर طاقت؛ زور؛ قوت

Puissant : *adj.* (piu-isant) mighty; powerful; forceful बलवान; शक्तिवान قوی؛ مضبوط؛ طاقتور

Pule : *v.* (piul) to whine; to weep चीं चीं क.; चिल्लाना رُلانا؛ بچہ کی طرح رُلانا؛ چیں چیں کرنا؛ چلاّنا

Pull : *n.* (pul) to draw violently; to draw towards one self; to treat roughly खींचना; तोड़ना کھینچنا؛ سختی کرنا؛ توڑنا

Pull down : *ph.* demolish; dismantle गिराना; ढाना گرانا؛ ڈھانا؛ پرزہ پرزہ کرنا

Pull-over : *n.* sweater pulled on over the head पुल-ओवर پل اوور؛ بالاکش

Pullet : *n.* (pu-let) a young hen चूज़ा; मर्गी का बच्चा چوزہ؛ مرغی کا بچہ

Pulley : *n.* (pul-i-) grooved wheel with rope for lifting heavy weight; a small wheel for a running cord चरखी; घिरनी چرخی؛ گھرنی

Pulley block : *n.* block housing a pulley चरखी का ख़ाना چرخی کا خانہ

Pulmonary : *adj.* (pul-mo-ne-ri) pertaining to lungs फेफड़ों का پھیپھڑوں کا

Pulp : *n.* (pulp) fleshy part of fruit; soft part of fruit; any soft mass गूदा; मग़ज़ گودا؛ مغز؛ ماوا

Pulpit : *n.* (pul-pit) an exalted place to speak in small platform from which sermon is delivered मिम्बर; गिरजे में वाईज़ के लिए चबूतरा منبر؛ گرجا میں واعظ کے لیے چبوترا

Pulpy : *adj.* (pal-pi) fleshy; soft गूदेदार; पिलपिला نرم؛ ملائم؛ گودے دار؛ پلپلا

Pulsate : *v.* (pal-sayt) to beat or throb धड़कना; उछलना دھڑکنا؛ اچھلنا

Pulse : *n.* (puls) throbing of the arteries felt as at the wrist नबज़ نبض

Pulverize : *n.* (pul-ve-riz) to grind; to become powder पाउडर बन जाना سفوف بنانا؛ پاؤڈر بن جانا

Pumice/Pumice stone : *n.* (pum-is) light spongy lava for cleaning; a spongy stone full of pores झाँवा; झाँवा पत्थर جھانواں؛ جھانواں پتھر

Pummel : *v.* (pumel) to punch repeatedly लगातार घूंसे मारना پے در پے گھونسے رسید کرنا

Pump : *n.* (pump) instrument for forcing fluid in or out; light dancing shoe of patent leather; a water engine पम्प; पम्प जूते; पानी का नला; पिचकारी پمپ؛ پمپ شو؛ پانی کا نل؛ پچکاری

Pumpkin : *n.* (pump-kin) a large fleshy-vegetable लोकी; कद्दू; घिया گھیا؛ کدّو؛ لوکی

Pun : *n.* (pan) humorous play upon words; a quibble दो अर्थी शब्द; श्लेष مزاحیہ ایہام؛ ذومعنی بات؛ لفظی لطیفہ

Punch : *n.* (punch) instrument for making holes blow with the fist; intoxicating; mixture of five things (wine, water lemon, sugar and spices) बर्मा; छेनी; घूँसा; पाँच मेल की शराब پنچ؛ چھیدنے کا آلہ؛ برما؛ مکہ؛ گھونسہ؛ پنچ میلی شراب

Punctilio : *n.* (pank-til-io) nicely of behaviour सुन्दर शिष्टाचार تکلف؛ موشگافی

Punctilious : *adj.* (-ius) careful in duty; very particular in details of etiquette; ceremonious अत्यौपचारक; सूक्ष्म नियम वाला فرض شناس؛ تکلفات کا بہت پابند؛ نازک طبع

Punctual : *adj.* (punk-tew-el) observing appointed time; accurate; quite on time ठीक समय पर; वक़्त पर وقت کا پابند؛ وقت پر؛ ٹھیک وقت پر

Punctuality : *n.* (-lity) exactness समय का पोलन پابندیٔ وقت؛ وقت کی پابندی

Punctually : *adv.* (panktew-ali) exactly समय पर ٹھیک وقت پر؛ وقت پر

Punctuate : *v.* (-ayt) to distinguish by points; to insert punctuation marks in pasages विराम चिन्ह लिखना या लगाना اوقاف کی علامت لگانا؛ میں رموز و اوقاف استعمال کرنا

Punctuation : *n.* punctuation marks such as comma, full stop etc. विराम चिन्ह आदि رموزِ اوقاف

Puncture : *n.* (punk-cher) minute hole in tube; a prick छिद्र; सूराख़ پنکچر؛ سوراخ؛ باریک چھید

Pungency : *n.* (punj-ens-i) being pungent तीक्ष्णता; तीखापन تیزی؛ چبھن

Pungent : *adj.* (punj-ent) acrimonious; bitter (remark, words or temper) तीखा; तीक्षण (शब्द आदि) تیز؛ ترش؛ تلخ؛ تند

Punish : *v.* (pun-ish) inflict penalty; to chastise दण्ड देना; सज़ा देना سزا دینا

Punishable : *adj.* that can be punished दण्डनीय لائق تعزیر؛ سزا کے قابل

Punishment : *n.* punishing; penality दण्ड; सजा تعزیر؛ سزا

Punitive : *adj.* (pewn-i-tiv) designed to punish दण्डात्मक تعزیری

Punk : *n.* (punk) fungns खुमी; भुकड़ी سانپ کی چھتری؛ سماروغ؛ ککرمتا؛ کھمبی

Punt : *n.* (punt) small flat bottomed boat डोंगी; बल्ली से चलाने वाली नाव ڈونگی؛ بلّی سے کھینچنے والی سیدھی ناؤ

Punter : *n.* regular gambler श्लेषवादी; जुआरी جواری؛ گھوڑوں پر شرطیں لگانے والا

Pup : *n.* (pup) abbreviation of puppy; young dog पिल्ला کتے کا بچہ؛ کتے کا پلا

Pupil : *n.* (pew-pil) one who is taught in school; dark centre of an eye शिष्य; छात्रा; पुतली طالب علم؛ طالبہ؛ آنکھ کی پتلی؛ دیدہ

Puppet : *n.* (pup-et) doll; worked by strings गुड़िया; पुतली گڑیا؛ پتلی

Puppet show : *n.* stooge's play पुतली का तमाशा کٹھ پتلی کا تماشہ یا کھیل

Puppy : *n.* (pup-i) young dog पिल्ला کتے کا بچہ؛ پلّا

Purblind : *adj.* (per-blind) dim sighted चुँधा چندھا

Purchase : *v.* (pre-ches) to buy; to access मोल लेना; ख़रीदना خریدنا؛ حاصل کرنا

Purchase : *n.* buying; something bought; acquisition ख़रीदना; क्रय; प्राप्ति خریدنا؛ خرید؛ حصول

Pure : *adj*. (pew-er) clean; clear; chaste; unadulterated शुद्ध; अमिश्रित; पवित्र صاف؛ واضح؛ پاک؛ خالص

Purely : *adv*. with purity; merely; entirely शुद्ध रुप से; केवल; पूर्ण रुप से خاص طور پر؛ صرف؛ تمام

Purgatory : *n*. (per-ge-to-ri) place of temporary suffering between heaven and hell शोधन स्थान عرفات

Purge : *v*. (purj) to exculpate; to remove; to clear शुद्ध क.; मिटाना; घो डालना صاف کرنا؛ پاک کرنا؛ مٹانا؛ دھو ڈالنا

Purification : *n*. (puri-fi-kay-shen) to make pure शुद्धिकरण; शोधन خالص بنانا؛ پاک کرنا

Purify : *v*. to make pure शुद्ध क.; शोधन क. صاف کرنا؛ خالص بنانا؛ پاک کرنا

Puritan : *n*. (pew-ri-tan) one who is very strict and narrow-minded in morals प्यूरिटनवाद اخلاقی طور پر تنگ نظر اور سخت گیر

Purity : *n*. being pure शुद्धता; शुद्धि پاکیزگی؛ خالص ہونا؛ اصلی ہونا

Purl : *n*. (perl) wire of gold & silver सोने चाँदी के तार سونے چاندی کے تار؛ کلابتوں

Purl : *v*. (perl) to flow with a murmuring sound (नदी का) सर-सर बहना (ندی کا) سَرسَر بہنا

Purloin : v. (per-loin) to pilfer; to steal चुराना; हड़पना چرانا؛ چوری کرنا؛ ہڑپنا

Purple : *n&adj*. (per-pel) mixture of red and blue colour बैंगनी रंग; जामुनी ارغوانی رنگ؛ اُودا؛ بینگنی

Purport : *n*. (per-pert) meaning; sense; purpose; intention behind an act अर्थ; तात्पर्य; उद्देश्य معنی؛ مفہوم؛ منشا؛ نیت؛ مقصد

Purpose : *n*. (per-pos) intention; determination; aim लक्ष्य; संकल्प; प्रयोजन مقصد؛ غرض؛ نیت؛ ارادہ؛ عزم

Purposely : *adv*. intentionally प्रयोजन से; जानबूझकर قصداً؛ جان بوجھ کر؛ ارادتاً

Purr : *n*. (per) a low murmuring sound (of cat and telephon) घुरघुराहट خُرخُر کی آواز

Purse : *n*. (per-s) wallet for money बटुआ; पर्स بٹوا؛ پرس

Pursue : *v*. (per-sew) to carry on; to seek; to chase पीछा क.; जारी रखना; खोजना جاری رکھنا؛ تلاش میں رہنا؛ تعاقب کرنا

Pursuit : *n*. (per-sewt) pursuing; aim; profession पीछा; तलाश; लक्ष्य; व्यवसाय تعاقب؛ جستجو؛ مقصد؛ پیشہ

Purvey : *v*. (per-vay) to provide पहुँचाना بہم پہنچانا

Purveyor : *n*. one who purvey (खान-पान) प्रबन्धक (اشیائے خوردنی) بہم پہنچانے والا ٹھیکیدار

Purview : *n*. (per-vew) scope; range; main part; intention सीमा; विस्तार मुख्यांश دائرہ؛ حد؛ خاص حصہ؛ مقصد

Pus : *n*. (pus) matter discharging from festering wound पीप; मवाद پیپ؛ مواد

Push : *v* . (push) to press away from; to shove; to urge (someone to do something) धकेलना; विसकाना; प्रोत्साहित क. دھکیلنا؛ ریلنا؛ اُبھارنا؛ کھسکانا

Pusillanimous : *adj*. (pew-si-lani-mus) fainthearted भीरु; डरपोक ؛ڈرپوک دل کا ہلکا

Puss/pussy : *n*. (poos/poosi) cat बिल्ली بلّی؛ مانو بلّی

Put : *v*. (put) to place; to set in; to express in words; to propose रखना; लगाना; प्रस्तुत क.; व्यक्त क. رکھنا؛ لگانا؛ بیان کرنا؛ پیش کرنا

Putamen : *n*. (pewta-man) fruitstone गुठली گٹھلی

Putrefaction : *n*. (-fak-shen) rotting सड़न; सड़ान سڑاند؛ تعفن؛ بدبو

Putrefy : *v*. (pewt-ri-fi) (cause to) rot सड़ना; गलना سڑنا؛ گلنا

Putrid : *adj*. rotten सड़ा हुआ; गला हुआ سڑا ہوا؛ گلا ہوا؛ سخت خراب؛ بدبودار

Puttee/Putie : *n*. (put-i) legging made of cloth strip पट्टी پٹّی

Putty : *n*. (put-i) cement of lime etc for fixing panes in frames पोटीन; शीशा जमाने का मसाला پوٹین؛ شیشہ جمانے کا مسالا

Puzzle : *n*. (puz-el) bewilderment; problem; toy उलझना; पहेली; समस्या गोरख धंधा حیران؛ الجھن؛ معمّہ؛ پہیلی؛ گورکھ دھندا

Pygmy/Pigmy: *n*. (pig-mi) dwarf बौना بونا؛ ٹھگنا

Pylon : *n*. (pi-len) steel-framework; tower to support electric cables लोहे का खम्भा لوہے کا منارہ؛ لوہے کا کھمبا

Pyorrhoea : *n*. (pi-o-ree-e) disease causing pus discharge from gums पाइरिया مسوڑھوں میں پیپ پڑنے کی بیماری؛ پائیوریا

Pyramind : *n*. (pi-re-mid) structure with triangular sides meeting at the top; one of such structurs built as royal mausoleums in ancient Egypt पिरैमड; सूचीस्तम्भ ہرم؛ اہرام

Pyramidal/Pyramidical : *adj*. of or like pyramid पिरामिडी ہرم نما

Pyre : *n*. (pi-er) pile of wood for cremating dead चिता چِتا

Pyrene : *n*. (pi-reen) fruitstone गुठली گٹھلی

Pyrexia : *n*. (pi-rek-si-a) fever ज्वर بخار

Pythagorean : *n*. (pi-thag-o-ree-en) 6th century B.C. Greek philosopher-mathematicion pythagoras or his philosophy ग्रीक का ज्ञानी ؛فیثاغورس فیثاغورس کا فلسفہ

Python: *n*. (pi-thon) a huge snake अजगर اجگر؛ بہت بڑا سانپ؛ اژدہا

Q

Q : *n.* (kew) seventeenth letter of English alphabet; euivalent to urdu ک but in transliteration regarded as equivalent to ق; Q abbreviation for question अंग्रज़ी वर्ण माला का सतरहवाँ अक्षर; प्रश्न انگریزی حروف تہجی کا سترھواں حرف؛ اردو حروفِ تہجی میں 'ک' کا متبادل لیکن بطور 'ق' استعمال ہوتا ہے؛ سوال

Quack : *n.* (kwak) cry of duck; an ignorant or dishonest practitioner; pretending to skill; charlaton बतख़ की क़ाऐं-काऐं; बैद; नीमहकीम بطخ کی قائیں قائیں؛ جاہل مدّعی؛ عطائی؛ نیم حکیم

Quadrangle : *n.* (kwod-rang-el) plane four sided figure quadrangular space surrounded by building चतुष्कोण; अहाता; चोक چوگوشہ؛ احاطہ؛ چوک

Quadrangular : *adj.* (-ew-ler) in the form of a quadrangle चतुर्भुजीय چوگوشیا

Quadrant : *n.* (kwod-rant) one fourth of circle; instrument for measuring height ऊँचाई मापने की कल رُبع دائرہ؛ دائرے کا ایک چوتھائی حصہ؛ اونچائی ناپنے کا آلہ

Quadrilateral : *n&adj.* (-ri-lat-e-ral) four sided (plane figure) चार कोण वाली; चतुर्भुज چوگوشہ

Quadruped : *n.* (-rew-ped) four footed animal चौपाया; चार पैरों वाला जानवर چوپایہ؛ چار پیروں والا جانور

Quadruple : *adj* . (-roop-el) four fold चौगुणा; चार-गुणा; चार तह چوگنا؛ چار گنا؛ چار تہہ

Quadruplets : *n.*pl. four babies born of one mother at one birth चार जुड़वाँ शिशु چار جڑواں بچے

Quaff : *v.* (kwof) to drink in deep draughts ग़ट ग़ट पी जाना; ढकोसना غٹ غٹ پی جانا؛ ڈھکوسنا

Quag/Quagmire : *n.* (kwag/-mi-er) marsh दलदल; कीचड़ دلدل؛ کیچڑ (دلدلی)

Quaggy : *adj.* marshy; boggy swampy दलदला; दलदल वाला; नर्म دلدلی؛ دلدل والا؛ نرم

Quail : *n.* (kwayl) a bird like a small partridge बटेर की तरह का एक छोटा पक्षी بٹیر کی قسم کا ایک چھوٹا پرندہ؛ سلوا

Quaint : *adj.* (kwaynt) pleasingly unusual or old fashioned अनोखा; पुरानी तरज़ का; अनूठा; निराला عجیب یا پرانی وضع کا؛ انوکھا؛ عجیب وغریب

Quaintly : *adv.* in a quaint manner अनोखे अनदाज़ में عجیب انداز میں

Quaintness : *n.* quality of being quaint अजीब ढंग का; अनोखा; अनूठा عجیب وضع کا؛ انوکھا؛ نرالا

Quake : *n.* (kwayk) earth-quake भोंचाल; भूकम्प بھونچال؛ زلزلہ

Quake : *v.* to tremble (with cold or fear); shivering; (of earth) have tremors काँपना (शीते या डर से); भोंचाल आना کانپنا (سردی یا ڈر سے)؛ کپکپی لگنا؛ زلزلہ آنا؛ بھونچال آنا

Qualification : *n.* (kwol-i-fi-kay -shen) education and training; limiting statement; degree योग्यता; उपाधि; प्रतिबन्ध; शर्त علمیت؛ اہلیت؛ قابلیت؛ قید؛ شرط؛ ڈگری

Qualified : *adj.* (-fid) trained; entitled;

fit; having a degree योग्य; सोपाधिक مستند؛ اہل؛ ڈگری یافتہ

Qualify : v. (-fi) to become or make proficient; to become entitled; to be successful(in examination) योग्य होना; परिक्षा में کا اہل ہو جانا یا بنا دینا؛ کامیاب ہونا (امتحان میں)

Quality : *n*. (kwol-i-ti) excellence; characteristic; skill; nature; condition; kind (of good or poor) attribute विषेशता; प्रकार; स्वभाव; योग्यता; गुण خوبی؛ کمال؛ اچھی یا بری قسم؛ کیفیت؛ خاص بات؛ وصف؛ خاصیت

Qualm : *n*. (kwahm) nausea; a momentary sickness; misgiving; scruple मिचली; मतली; आशंका; सन्देह; पापशंका متلی؛ شک وشبہ؛ ضمیر کی خلش

Quandary : *n*. (kwhon-day-e-ri) riddle; problem; perplexity; dilemma उलझन; दुबिधा; धर्म संकट الجھن؛ پہیلی؛ گومگو کی حالت؛ حیرانی

Quantity : *n*. (kwont-i-ti) amount; number राशि; मात्रा مقدار؛ تعداد

Quantum *n*. (kwont-um) amount प्रमात्रा مقدار؛ کمیّت

Quarrel : *n*. (kwo-rel) heated dispute; scuffle; strong disagreement झगड़ा; कलह جھگڑا؛ لڑائی؛ مخاصمت

Quarrelsome : *adj*. (-sum) in the habit of quarelling झगड़ालू جھگڑالو

Quarrier : *n*. (kwo-ri-er) one who works in quarry खादन मज़दूर کوہکن

Quarry : *n*. (kwo-ari) stone mine; hunted animal पत्थर की खान; शिकार معدنِ سنگ، پتھر کی کان؛ شکار؛ صید

Quart : *n*. (kwo-art) the fourth part of a gallon; quarter of a gallon गेलन का चौथाई भाग چوتھائی گیلن؛ گیلن کا چوتھائی حصہ

Quarter : *n*. (kwo-ar-ter) a fourth part; mercy; lodgings चौथाई; कृपा; दया चतुर्थ भाग; क्वाटर رُبع؛ چوتھائی؛ رحم؛ کوارٹر

Quarterly : *adj&v*. once every three months; quarterly periodical त्रैमासिक; तिमाही; त्रैमासिक पत्रिका سہ ماہی؛ ہر تین مہینے کے بعد؛ سہ ماہی رسالہ

Quarto : *n*. (kwor-to) sheet folded twice चौपेजी چوتھائی کاغذ؛ مربع کاغذ

Quartz : *n*. (kwo-a-rts) a kind of metalic stone; silica in various mineral forms एक प्रकार का धाती पत्थर; बिल्लौर ایک قسم کا دھاتی پتھر؛ مردہ سنگ؛ بلور

Quash : *v*. (kwash) to make void; to crush कुचलना; तोड़ना; फैस्ला रद्द क. کچلنا؛ توڑنا؛ فیصلہ کالعدم قرار دینا

Quatrain : *n*. (kwot-rin) four line stanza चतुष्पदी رباعی

Quaver : *v*. (kway-ver) tremble; vibrate काँपना; थरथराना کانپنا؛ تھرّانا؛ تھرتھرانا

Quay : *n*. (kee) stone plateform for loading and unloading the ships etc. (जहाज़ी) घाट (جہاز کی) گھاٹ

Quayage : *n*. (kee-iz) quay tax घाट शुल्क گھاٹ ٹیکس

Queasy :*adj*. (kwi-zi) fastidious; nauseous; delicate मतली लाने वाली; नाज़ुक متلی لانے والی؛ نازک

Queen : *n*. (kween) wife of king; woman sovereign in cards महारानी; ताश की रानी ملکہ؛ تاش کی ملکہ

Queer : *adj*. (kwi-er) odd; strange occcntric; ill अबुगुत, रानवी, अरवस्थ انوکھا؛ نرالا؛ عجیب؛ سنکی؛ بیمار

Quell : *n.* (kwel) subdue; allay; stiffle दबा देना; कुचलना دبا دینا؛ کچلنا؛ فرو کرنا

Quench : *v.* (kwench) to extinguish; to allay; to stake ; to stiffle ठन्डा क.; शान्त क.; दबाना; बुझाना ٹھنڈا کرنا؛ بجھانا؛ دبانا

Querulous : *adj.* (kwe-rew-lus) peevish; complaining शिकायती; चिड़चिड़ा چڑ چڑا؛ شکوہ شکایت کرنے والا؛ شاکی

Query : *n.* (kwee-ri) inquiry; question प्रश्न; जांच سوال؛ جانچ

Quest : *n.* (kwest) search; desire ढूँढ; खोज تلاش؛ جستجو

Question : *n.* (kwes-chen) interrogation; inquiring; doubt; uncertainty प्रश्न; सवाल; शंका سوال؛ پوچھ تاچھ؛ شک

Questionable : *adj.* doubtful; suspicious सन्देह युक्त; शंकनीय مشکوک؛ مشتبہ

Questioner : *n.* an inquirer; an interrogator प्रश्न पूछने वाला سوال کرنے والا؛ پوچھ تاچھ کرنے والا

Questionnaire : *n.* (kwes-che-nay-er) list of questions drafted and forwarded to a number of people to gether information प्रश्नावली سوالنامہ؛ سوال نامہ

Queue : *n.* (kew) line; people waiting for their turn in single line क़तार; लाईन; पंक्ति قطار؛ لائن

Quibble : *n.* (kwib-el) pun; play on words; merely verbal points दो अर्थी बात क.; टाल-मटोल ذومعنی بات کرنا؛ لفظی الٹ پھیر؛ ٹال مٹول

Quick : *adj* . (kwik) fast; swift; alert person; prompt तेज़; फुर्तीला; शीघ्र تیز؛ چست؛ مستعد؛ ہوشیار؛ فوری؛ پھرتیلا

Quick march : *n.* march in quick time फौजी चाल فوجی چال؛ تیز گام

Quick tempered : *ph.* easily irritable तुनक स्भाव का تیز مزاج؛ تنک مزاج

Quick witted : *ph.* understanding quickly; quick at making jokes शीघ्र समझने वाला زود فہم؛ ذکی؛ فقرے باز

Quickly : *adv.* (kwik-li) rapidly; swiftly शीघ्रता से; तुरन्त تیزی سے؛ جلدی سے

Quickness : *n.* swiftness शीघ्र جلدی؛ تیزی

Quicksilver : *n.* (kwiksi-lver) mercury पारा; पारद پارہ؛ سیماب

Quickstep : *n.* lively dance तेज़ नृत्य; तेज़ नाच تیز رقص؛ تیز ناچ

Quid : *n.* (kwid) pound sterling; something chewed पोंड; अशरफ़ी; खाने का तम्बाकू پونڈ؛ اشرفی؛ کھانے کا تمباکو

Quid proquo : *n.* (kwid-proh-kwoh) compensation; tit for tat प्रतिकार; हरजाना; एवज़ी; बदला معاوضہ؛ تاوان؛ تلافی میں دی ہوئی چیز؛ ہرجانہ؛ عوضی؛ بدلا

Quiescence : *n.* (kwi-es-ens) dormant; silent; repose असर; अनुच्चरित; शान्त اثر؛ خاموشی؛ راحت

Quiet : *adj.* (kwi-et) still; smooth; with no sound; motionless; calm; well-behaved स्थिरता; शान्ति; मौन; गुम-सुम; शरीफ़ خاموش؛ پرسکون؛ ساکت؛ بے حس وحرکت؛ شریف

Quietly : *adv.* in a quiet manner शान्तिपूर्वक; शान्ति से چپکے سے؛ خاموشی سے

Quietness : *n.* being quiet;

tranquility; stillness शान्ति; आराम خاموشی؛ سکوت؛ آرام؛ چین

Quietude : *n*. (kwi-et-ud) quiet; rest शान्ति; आराम آرام؛ قرار

Quiff : *n*. (kwif) curl plastered down on the forehead अलक; माथे पर पड़े बाल ماتھے پر پڑے ہوئے لمبے بال

Quill : *n*. (kwil) large feather of wing or tail; a feather made into pen; bobbin पंखपिच्छ; पंख की क़लम; फिरकी پَر؛ پَر کا قلم؛ پھرکی

Quilt : *n*. (kwitt) blankets दुलाई; रज़ाई لحاف؛ رضائی

Quince : *n*. (kwins) a pear like tree or its fruit वीही; वीही का वृक्ष بہی؛ بہی کا درخت

Quinine : *n*. (kwi-neen) malaria drug extracted from cinchona tree; a medicine कुनैन کونین

Quinquangular : *adj* (quin-quangler) having five corness पंचकोण; पंचकोनिया مخمس؛ پانچ گوشہ

Quintessence : *n*. (kwin-tes-ens) real essence सत اعلیٰ جوہر؛ ست

Quintuple : *adj* . (kwin-tiupl) five-fold पांच गुणा پانچ گنا؛ پانچ تہہ

Quintuplets : *n*. five children born together of one mother पाँच जुड़वाँ बच्चें پانچ جڑواں بچے

Quip : *n*. (kwip) a clever hit; a jest; a taunt ताना देना; हँसी उड़ाना طعنہ؛ طنز؛ ہنسی اڑانا

Quire : *n*. (kwi-er) twenty four sheets of paper एक दस्ता کاغذ کا دستہ؛ ۲۴ صفحات کا ایک دستہ

Quirk : *n*. (kwerk) pun; smart taunt व्यवहार में छल طعن؛ رمز

Quit : *v*. (kwit) to leave; to abandon छोड़ देना; स्वतन्त्र क.. چھوڑ دینا؛ آزاد کرنا؛ رہا کرنا

Quite : *adv*. (kwit) somewhat; utterly; truly; wholly पूर्ण रुप से; पूर्ण; कुछ हद तक کافی؛ کچھ حد تک؛ یکسر؛ پورا؛ تمام؛ سراسر

Quittance : *n*. (kwi-ta-ns) a recompense; compensation; ransome ऋण मुक्ति; निस्तार تلافی؛ معاوضہ؛ اجر

Quiver : *n*. (kwi-ver) beg for arrows; a case for arrows तरकश; तुणीर ترکش

Quiver : *v*. shake slightly; tremble slightly; to be tremulous थरथराना; लरज़ना; काँपना آہستہ ہلنا؛ ہلانا؛ ہلکی کپکپی طاری ہونا؛ تھرانا؛ لرزنا

Quixotic : *adj* . (kwik-sot-ik) foolishly; chivalrous; based on impossible ideas स्वप्नद्रष्टा; अव्यवहारिक; शेख चिल्ली نیکدل احمق؛ شیخ چلی؛ ناممکن العمل؛ خیالی پلاؤ والا

Quiz : *n*. (kwiz) an enigma; a riddle; question asked to test knowledge गोरख धन्धा; पहेली; योग्यता जाँचने वाले प्रश्न گورکھ دھندا؛ پہیلی؛ قابلیت پرکھنے والے سوال

Quizzical : *adj*. (kwiz-i-kal) comical हास्यास्पद; बेढंगा مضحکہ خیز؛ بے ڈھنگا؛ دل لگی باز

Quod : *n*. (kwod) prison जेल; कैदख़ाना جیل؛ قیدخانہ

Quoif : *n*. (koif) a cap; a head dress टोपी; बुरक़ा ٹوپی؛ برقعہ

Quoits : *n*. (kwoits) game in which a big ring (called quoit) is thrown at a pin चकती کوئٹس؛ ایک قسم کا کھیل

Quondom : *adj*. (kwon-dam) former

पहला; आगे का; पुराना پہلا؛ آگے؛ سابقہ

Quorum : *n*. (kwoh-rum) minimum number of members (of a body) without which its proceedings would not be in order कोरम کورم

Quota : *n*. (kwoh-ta) fixed share; proportion हिस्सा; भाग حصہ؛ کوٹا؛ حصہ رسد

Quotation : *n*. (kwo-tay-shen) a passage quoted; dealer's statement of price कथन; क़ीमत मुल्य قول؛ قیمت

Quote : *v*. to cite an author; to name the current price of anything हवाला देना; उद्धरण देना حوالہ دینا؛ قول پیش کرنا؛ نرخ بتانا

Quotidian : *adj*. (kwo-ti-dian) ordinary; common साधारण; मामूली معمولی؛ عام

Quotient : *n*. (kwo-u-shent) number of times (leaving out the surd); a figure is contained in another भाज्य फला حاصل قسمت؛ خارج قسمت؛ اصل تقسیم

R

R : *ahr.* eighteenth letter of English Alphabet (equivalent to Urdu ر अंग्रेज़ी वर्णमाला का अठारहवाँ अक्षर انگریزی حروفِ تہجی کا اٹھارواں حرف

Rabbi : *n.* (rab-bi) a jewish priest यहूदी पंडित یہودی پیشوا

Rabbit : *n.* (rab-it) a small hare like animal; a four footed furry animal खरगोश; शशक خرگوش

Rabble : *n.* (rab-el) disorderly crowd; noise; rod भीड़; शोर; छड़ بھیڑ؛ ہجوم؛ شور؛ چھڑ

Rabid : *adj.* (rab-id) nad; furious; too zealous दीवाना; विक्षिप्त; जुनूनी دیوانہ؛ غضبناک؛ کٹر؛ جنونی

Rabies : *n.* (ray-bi-eez) fatal madness in dogs बावलापना باؤلا پن

Race : *n.* (rays) a family; generation; running match; root of ginger; species वंश; जाति; दौड़; अदरक की जड़ خاندان؛ نسل؛ دوڑ؛ سونٹھ

Race course : *n.* enclosure for racing घुड़ दौड़ का मैदान ریس کورس؛ گھوڑ دوڑ کا میدان

Race horse : *n.* a horse bred to run for prizes; horse running in a race घुड़ दौड़ का घोड़ा گھوڑ دوڑ والی نسل کا گھوڑا

Race track : *n.* see race course

Racemous : *adj.* (rays-mous) growing in clusters जो गुच्छों में उगे جو گچھوں میں اُگے

Racer : *n.* (ray-ser) a race-horse घुड़ दौड़ का घोड़ा گھوڑ دوڑ کا گھوڑا؛ بھاگنے والا گھوڑا

Racial : *adj* . (ray-shal) pertaining to lineage ख़ान्दान या वंश सम्बन्धी خاندان یا نسل کے متعلق

Racing : *n.* horse racing घुड़ दौड़ گھوڑ دوڑ؛ ریس

Rack : *n.* (rayk) shelf or other frame work for holding books etc रैक; ख़ाना ریک؛ خانہ

Racket : *n.* (ray-ket) a bat used in tennis, badminton etc; loud noise रैकट; हुल्लड़ ریکٹ؛ ٹینس کھیلنے کا بلاّ؛ غل غپاڑہ؛ شور وغوغا

Racketeer : *n.* (ra-ke-tee-er) one engaged in a trade racket ठगी का व्यापार करने वाला بد دیانتی کا کاروبار کرنے والا؛ دھوکے باز

Racketeering : *n.* organized black mail of traders by intimidation झांसापट्टी करके व्यापारी से रुपया लेना دھمکیاں دے کر تاجروں سے روپیہ وصول کرنا

Racy : *adj.* (ray-si) excellent; lively; pungent; indecent विशिष्ट; बढ़िया; सजीव; तीखा; चरपटा; अश्लील مخصوص؛ بڑھیا؛ پُرلطف؛ تیکھا؛ چرپرا؛ ناشائستہ

Radar : *n.* (ray-dahr) apparatus locating objects with reflected radio waves रेडार راڈار؛ لاسلکی آنکھ

Radiance : *n.* (ray-di-ans) lusture प्रकाश; कान्ति چمک؛ دمک

Radiant : *adj.* (ray-di-ant) sparkling चमकीला; रोशन چمکیلا؛ منور؛ روشن

Radiate : *v.* (ray-di-ayt) come out rays of (light or heat); brighten up with delight; spread out रोशन होना या

करना; फैलाना شعائیں نکلنا یا ڈالنا؛ خوشی سے چمکنا یا چمک ڈالنا؛ پھیلانا

Radical : *adj*. (ray-di-ket) pertaining to the root; thorough; primitive; favouring or based on fundamental changes मूल; मूलभूत; अतिवादी بنیادی؛ مکمل؛ بنیادی تبدیلیوں والا

Radically : *adv*. essentially मौलिक रुप से ضرورتاً؛ فی الحقیقت

Radio : *n*. (ray-di-oh) wireless; appratus for receiving broadcast programmes आकाशवाणी; रेडियो بے تار؛ لاسلکی؛ ریڈیو

Radish : *n*. (ray-dish) a root; small edible root मूली مولی؛ ولایتی مولی

Radium : *n*. (ray-di-um) name of a radio-active mettalic element रेडियम ریڈیم

Radius : *n*. (ray-di-us) straight line from circumference of circle; region त्रिज्या; घेरा نصف قطر؛ آدھا دائرہ؛ حلقہ

Radix : *n*. (ray-diks) the root जड़; मूल جڑ؛ بنیاد

Raffish : *n*. (ray-fish) disgraceful अशोभन شرمناک؛ نامعقول

Raffle : *n*. (raf-el) sale by lottery; lottery; rubbish लाटरी; कूड़ा لاٹری کے ذریعے بیچنا؛ لاٹری؛ کوڑا

Raft : *n*. (raft) logs of wood fastened together downstream लट्ठों का वेड़ा لٹھوں کا بیڑا؛ لٹھوں کا ٹھاٹھ

Rafter : *n*. (-er) beam of sloping roof कड़ी ٹیڑھی چھت کا شہتیر

Rag : *n*. (rayg) worn-out clothes; scrap of cloth चिथड़ा; गुदड़ी چیتھڑا؛ کپڑے کا چھوٹا سا ٹکڑا

Rage : *n*. (rayj) violent anger क्रोध غصہ؛ طیش؛ سخت غصہ

Ragged : *adj* . (rag-ed) dressed in rags फटे पुराने वस्त्रों में شکستہ حال؛ چیتھڑوں میں؛ پھٹے پرانے کپڑوں میں ملبوس

Raging : *adj*. (ray-ging) furious तेज़ी; प्रकोप تند؛ خطرناک؛ قہرناک

Ragout : *n*. (ragoot) seasoned meat मसालेदार गोश्त या क़ीमा مصالحے دار گوشت، قیمہ یا ترکاری

Raid : *n*. (rayd) sudden attack; a hostile incursion अचानक धावा; आक्रमण; छापा اچانک حملہ؛ چڑھائی؛ دھاوا؛ چھاپا

Raider : *n*. one who raids छापा मारने वाला حملہ کرنے والا؛ چھاپا مارنے والا

Rail : *n*. (rayl) thick steel bar forming a track लोहे की पटरी پٹری؛ ریل کی پٹری

Railing : *n*. (rayl-ing) a fence; balustrade round stairs जंगला; लोहे की पटरी جنگلا؛ زینے کا جنگلا؛ کٹہرا؛ لوہے کی پٹری

Railery : *n*. (rayl-e-ri) banter हंसी; ठट्ठा ہنسی؛ ٹھٹھا

Railway : *n*. (rayl-way) rail track; transport system using rail track रेलमार्ग پٹری؛ ریل

Raiment : *n*. (ray-ment) clothing; dress; garment वेश भूषा; पोशाक پوشاک؛ جامہ؛ لباس

Rain : *n*. (rayn) drops of water from clouds; a water falling from the clouds वर्षा بارش؛ جھڑی (بارش کی)

Rainbow : *n*. spectrum on horizen इन्द्रधनुष قوسِ قزح؛ دھنک

Raincoat : *n*. waterproof coat बरसाती برساتی؛ بارش روک کوٹ

Raindrop : *n*. drop of rain वर्षा-बिन्दू بارش کا قطرہ

Rainfall : *n*. fall of rain वर्षा بارش؛ رم جھم برسنا

Raingauge : *n*. an instrument for measuring the rain fall वर्षा मापने का यन्त्र بارش ناپنے کا آلہ؛ باراں پیما؛ مقیاس بارش

Rainproof : *adj*. impervious to rain; water proof वर्षा-सह واٹر پروف؛ جس میں سے پانی نہ گزر سکے

Rainy : *adj*. day when it rains; showery; wet बर्षा का दिन; बरसाती; गीला بارش کا دن؛ برساتی؛ بھیگا ہوا

Raise : *v*. (rayz) to lift; to cause to grow ऊंचा क.; पदवी बढ़ाना اوپر اٹھانا؛ بلند کرنا؛ سرفراز کرنا

Raised : *adj* . (rayzd) high ऊँचा اونچا

Raisin : *n*. (ray-zin) dried grape सूखा अंगूर; किशमिश کشمش؛ سوکھا انگور

Rake : *n*. (rayk) agricultural implement for gathering hay etc; licentious man जेली; कुरेदनी; दुष्ट पुरुष جیلی؛ کریدنی؛ عیاش؛ لفنگا

Rakish : *adj*. (ray-kish) lewd; dissolute; jaunty लम्पट; बाँका عیاش؛ آوارہ؛ بانکا

Rally : *n*. (ral-i) gathering; scout rally; ceremonial gathering of scouts एकत्र होना; इक्ट्ठा होना; जमघट; स्काउट की रैली جمع ہونا؛ اجتماع؛ ریلی؛ اسکاؤٹوں کا اجتماع

Ram : *n*. (raym) a male sheep; ramming instrument मेष; भेड़ा; ठोकने का शस्त्र مینڈھا؛ ٹھونکنے کا آلہ

Ram : *v*. to strike heavily; to cram; to clash ज़ोर से मारना; ठूसना; टक्कर मारना زور سے مارنا؛ ٹھونسنا؛ ٹکر مارنا

Ramble : *v*. (ram-bel) an irregular excursion; walk for pleasure; disgress talk मटरगशती क.; आवारा-गरदी क.; बेसिर-पैर की बातें क. آوارہ گردی؛ مٹر گشتی کرنا؛ بے ربط گفتگو کرنا

Rambler : *n*. one who rambles मटरगशत; आवारा-गरद; इधर उधर की हांकने वाला مٹرگشت؛ آوارہ گرد؛ ادھر اُدھر کی ہانکنے والا

Rambling : *adj*. wandering; talk with disgressious; unplanned मटरगशती क.; इधर-उधर की बातें; असम्बन्ध مٹر گشتی کرنا؛ بے ربط باتیں؛ بے ترتیب

Ramify : *v*. (ram-i-fi) to produce branches; form into branches शाखाऐं निकालना; शाखाओं में फैल जाना شاخیں نکالنا؛ شاخ در شاخ ہونا

Rammish : *adj*. (raym-ish) bad smell; unpleasent smell बदबूदार; दुर्गन्ध بدبودار

Ramous : *adj*. (raym-us) consisting or full of branches शाखाओं वाला پُر شاخ؛ شاخ دار

Ramp : *v* . (raymp) to leap and bound; stand on hindlegs (of animal) उछलना कूदना; पिछली टाँगें पर खड़ा होना اچھلنا کودنا؛ پچھلی ٹانگوں پر کھڑا ہونا

Ramp : *n*. stope; upward slope ढलान; चढ़ाई ڈھلان؛ چڑھائی

Rampage : *v*. (raym-payj) rush about in wildrage बेताब होना; जोश में या क्रोध में इधर उधर निकल जाना جوش؛ بیتاب ہونا؛ جنوں میں ادھر ادھر نکل جانا

Rampant : adj. (ram-pent) beyond control (of crime or disease etc.); exuberant अधिक; काबू से बाहर قابو سے باہر؛ حد سے زیادہ؛ فراواں

Rampart : *n.* (ram-pah-rt) mound or wall round fort; a defence फसील قلعے کا پشتہ؛ پناہ فصیل

Ramshackle : *adj.* rickety गिरने या टूटने के समीप گرنے یا ٹوٹنے کے قریب

Ranch : *n.* (rayn-ch) large cattle-raising farm पशु पालन-पोशन खेत या फार्म مویشی پال کھیت؛ مویشی پال فارم

Rancid : *adj.* (rans-id) strong-scented; gone bad सड़ा हुआ; दुर्गन्ध वाला بدبودار؛ بساندا؛ گندہ سڑا ہوا

Rancorous : *adj.* (rayn-ko-rus) malicious कपटी; द्रोही کینہ ور؛ کپٹی

Rancour : *n.* (rank-er) malice deep-rooted कपट; अतिघृणा کینہ؛ بغض؛ دلی دشمنی

Random : *adj.* (rand-um) left to chance; haphazard अचानक اتفاقیہ؛ بغیر سوچے سمجھے؛ اچانک

At random : *ph.* aimlessly यूँही; बे जाने बूझे یونہی؛ بے سوچے سمجھے

Range : *n.* (ranj) scope; distance to which gun will shoot; area for firing practice; stove with oven मैदान; मार सीध; फाईरिंग की प्रैकटिस की दूरी; चूल्हा دائرہ؛ میدان؛ مار؛ فائرنگ پریکٹس کا فاصلہ؛ ولایتی چولھا

Ranger : *n.* (ranj-er) a rover; keeper of forests इधर उधर फिरने वाला; वनपाल گھومنے پھرنے والا؛ محافظ جنگلات

Rank : *n.* (rank) status; grade; dignity; line of soldiers placed side by side पदवी; फ़ौजियों की पंक्ति; वर्ग; श्रेणी عہدہ؛ درجہ؛ صف (فوجیوں کی)

Rankle : *v.* (kank-el) continue to irritate; fester खटकना; पीब से भर जाना کھٹکتے رہنا؛ پیپ سے بھر جانا

Ransake : *v.* (ran-sak) to plunder; to search; to search thoroughly लूटना; नष्ट क.; तलाशी लेना لوٹ مار کرنا؛ لوٹنا؛ تلاش کرنا؛ اچھی طرح تلاشی لینا

Ransom : *n.* (ran-sum) money paid for a captive's release; a price paid for liberty छुटकारे का मूल्य زر مخلصی؛ فدیہ؛ فدیہ دے کر چھڑانا

Rant : *v.* to speak violently; to speak boastfully चिल्लाना; बड़ हाँकना چلانا؛ بڑ ہانکنا

Rapacious : *adj.* (re-pay-shus) greedy; avaricious लालची; लोभी; लूटनेवाला لالچی؛ حریص؛ لوٹنے والا

Rapacity : *n.* (ra-pas-i-ti) great greed; avarice लोभ; लालसा سخت لالچ؛ حرص و ہوس

Rape : *v.* to assault criminally; to take away by force; looting बलात्कार; लूट عصمت دری؛ لوٹ

Rapeseed : *n.* (rayp-seed) seed of the rape tree सरसों; सरसों का बीज سرسوں؛ سرسوں کا بیج

Rapid : *adj.* (rap-id) very swift तेज़; शीघ्र; तत्काल تیز؛ بہت تیز

Rapidity : *n.* (rapid-i-ti) swiftness शीघ्र; तेज़ी سُرعت؛ تیزی

Rapt : *adj.* (raypt) inspired; enraptured; engrossed मग्न; मस्त; बेसुध; लीन مستغرق؛ منہمک؛ بے خود؛ مست

Rapture : *n*. (rayp-cher) ecstacy; fit of great joy हर्ष; खुशी وجد؛ خوشی؛ سرور

Rare : *adj*. (ray-er) scarce; excellent;unusually good विरल; दुर्लभ; आसाधारण نادر؛ غیرمعمولی؛ اعلیٰ؛ شاذ؛ لطیف

Rarefied : *adj*. (ray-e-ri-fid) pure; not densed विरलित لطیف؛ صاف شفاف

Rarity : *n*. (ra-ri-ti) being rare; rare thing विरलता; अपूर्वता; चमत्कार ندرت؛ نادر؛ نایاب

Rascal : *n*. (ras-kel) rogue; a mean fellow; a scoundrel दुष्ट; दुर्जन; बदमाश شیطان؛ بدمعاش

Rascality : *n*. (-i-ti) villainy; rogueness नीचता; बदमाशी بدمعاشی؛ دغا بازی

Rash : *n*. tiny red spot on skin लाल छोटे धब्बे (चमड़ी पर) سرخ باد

Rash : *adj*. very hasty (person); hasty action; overbold; precipitate उतावला; अविचारी جلد باز؛ اتاؤلا

Rashly : *adv*. violently; without thought अन्धाधुन्ध بے دھڑک؛ بغیر سوچے سمجھے؛ اندھادھند

Rashness : *n*. being rash; hasty action उतावलापन; जल्दबाज़ी عاقبت نااندیشی؛ جلدبازی؛ اتاؤلاپن

Rasp : *n*. (rasp) a large rough file; make grating sound रेती; सोहान किरकिराना ریتی؛ سوہن؛ کرکرانا

Raspberry : *n*. (rahz-be-ri) well known juicy fruit or its plant रसभरी; मकोय رَس بھری؛ مکو

Rasure : *n*. (ra-shur) erasure काट-छांट کانٹ چھانٹ

Rat : *n*. (rayt) large kind of mouse चूहा; जंगली चूहा جنگلی چوہا؛ موشک

Ratan : *n*. (ra-tan) a cane वेद; बेत بید؛ بیت

Ratchet : *n*. (rach-et) toothed wheel दन्दानेदार चक्र; रोकने वाला पहिया دندانے دار پہیہ؛ روکنے والا پہیہ

Rate : *n*. (rayt) speed; quantity; municipal tax degree; fixed price गति; नरख; श्रेणी; उपशुल्क; भाव; दर رفتار؛ شرح؛ بلدیاتی ٹیکس یا محصول؛ درجہ؛ مقررہ قیمت

Rather : *adv*. (rah-dher) some what; instead किसी हद तक; बल्कि کسی حد تک؛ اس کے بجائے

Ratification : *n*. (rat-i-fi-kay-shen) confirmation; ratifying स्वीकृति تصدیق؛ منظوری

Ratify : *v*. to confirm; to endorse; to accept स्वीकार क.; मानना تصدیق کرنا؛ منظور کرنا؛ تسلیم کرنا

Rating : *n*. (ray-ting) categorization; rank; evaluation; reprimand दरजा बन्दी; श्रेणी; निर्धारित मूल्य; झिड़की درجہ بندی؛ درجہ؛ قیمت آنکنا؛ جھڑکی

Ratio : *n*. (ray-shio) a proportion अनुपात نسبت؛ تناسب

Ration : *n*. (rash-en) share (of food) राशन; रसद راشن؛ رسد

Rational : *adj*. (rash-e-nel) endowed with reason; based on reason; judicious विवेकी; समझदार معقول؛ عقلیت پر مبنی؛ سمجھدار

Rationalize : *v*. to make rational; to give good explanation of evil ideas

बुद्धिमान बना देना; बुद्धिसंगत व्याख्या معقول بنانا؛ توجیہہ پیش کرنا

Rattat : *n*. (rayt-tayt) a sound of knocking the door खट खट کھٹ کھٹ؛ دستک؛ دروازہ کھٹکھٹانے کی آواز

Rattle : v. (rayt-el) to give out rapid succession of short sharp sounds; talk thus in lively manner; incite; to move nervously खड़-खड़ का.; बोलते चले जाना; उत्तजित क.; गिरा देना کھڑکھڑ کرنا؛ جھن جھن کرنا؛ بولتے چلے جانا؛ ابھارنا؛ گرا دینا

Raucous : *adj*. (rawk-us) hoarse (vioce) कर्कश; भग्नस्वर کرخت؛ بھرّائی ہوئی؛ بھدی (آواز)

Ravage : *n*. (rav-ij) destruction; havoc; plundering विनाश; विध्वंस; बरबादी; लूट-मार بربادی؛ تباہی؛ لوٹ مار؛ غارت گری

Ravage : *v*. to destroy; to lay waste नाश क.; लूट-मार क. برباد کرنا؛ تاخت و تاراج کرنا؛ لوٹ مار کرنا

Rave : *v*. to shout violently; to talk; wildly; to roar चिल्ला-चिल्ला कर बोलना; बके जाना; गरजना چلّا چلّا کر بولنا؛ بکے جانا؛ گرجنا

Ravel : *v*. (ray-vel) to entangle; to fray; to disentangle उलझाना; सुलझाना; उधड़जाना الجھانا؛ ادھڑنا؛ سلجھانا؛ پیچ کھولنا

Raven : *n*. (ray-ven) a large crow; a black crow पहाड़ी कौआ; काला कौआ پہاڑی کوّا؛ کالا کوّا

Ravenous : *adj*. (rav-e-nus) mad for food; voracious; gluttonous मर भुखा; भुक्खड़; पैटू بھوک سے بے حال؛ پیٹو؛ کھاؤ

Ravine : *n*. (re-veen) a deep hollow pass; a deep narrow gorge घाटी; गहरी खाई گھاٹی؛ گہری کھائی؛ تنگ درّہ

Ravish : *v*. (rav-ish) to enrapture; to violate; to delight; to commit rape upon दिल को भा जाना; बल पूर्वक ले जाना; अचेत क.; बलात्कार क.; अपहरण क.; دل کو بھا جانا؛ زبردستی کرنا؛ زنا بالجبر کرنا؛ عصمت دری کرنا

Ravishing : *adj*. (-ing) charming मोहक; लुभावना دلفریب

Ravishment : *n*. (-ment) charm; rape दिलरुबाई; बलात्कार; अपहरण دلربائی؛ عصمت دری؛ زنا بالجبر

Raw : *adj*. (ron) in its natural form; unripe; inexperienced; uncooked कच्चा; उपरिपक्त; उनगढ़ خام؛ کچّا؛ ناتجربہ کار؛ خامکار

Raw material : *n*. unmanufactured stuff कच्चा माल خام مال

Ray : *n*. (re) a beam of light किरण; चमक کرن؛ چمک

Rayon : *n*. (ray-on) artificial silk नक़ली रेशमा; नक़ली सिल्क نقلی ریشم؛ نقلی سِلک

Raze : v. (rayz) to knock (building); to overthrow down इमारत गिरा देना; मिटा देना عمارت گرا دینا؛ مسمار کر دینا؛ مٹا دینا

Razor : *n*. ray-zel) a knife for shaving उस्तरा اُسترا؛ ریزر

Razor edge : *n*. keen edge of razor उस्तरे की धार استرے کی دھار

Re : *prif*. (ree) again दोबारा; फिर دوبارہ؛ پھر

Reach : *v*. (reech) to arrive at; to extend; to access पहुँचना; हाथ बढ़ाना; प्राप्त क. پہنچنا؛ ہاتھ بڑھانا؛ دسترس ہونا

Reach : *n*. access; range; strctch प्राप्ति; दस्तरस رسائی؛ پہنچ؛ دسترس

React : *n.* (ree-akt) to act in opposite way; counteract प्रतिक्रिया क.; जवाबी कारवाई क. ردِّعمل ہونا؛ جوابی کارروائی کرنا

Reaction : *n.* (ree-ak-shen) result of action प्रतिक्रिया ردِّعمل

Read : *v.* (reed) to study; to utter aloud पढ़ना; अध्ययन क. پڑھنا؛ زور سے پڑھنا؛ اونچی آواز سے پڑھنا؛ مطالعہ کرنا

Reader : *n.* (reed-er) one who reads; a studious man पढ़ने वाला; पाठक; रीडर پڑھنے والا؛ ریڈر؛ مطالعہ کرنے والا؛ خوانندہ؛ قاری

Readership : *n.* the profession of reader रीडर की पदवी ریڈر کا عہدہ یا پیشہ

Readily : *adv.* (red-i-li) easily; willingly; quickly सहज ही; खुशी से; शीघ्र; तुरन्त آسانی سے؛ خوشی سے؛ بخوشی؛ تیزی سے

Readiness : *n.* (redi-nes) being ready; willingness तैयारी; तत्परता تیاری؛ مستعدی

Reading : *n.* (ree-ding) study of books; read पाठ अध्ययन क.; پڑھنا؛ مطالعہ کرنا؛ پڑھائی؛ مطالعہ؛ خواندگی

Ready : *adj.* (red-i) willing; prompt; prepared; quick; worth repartee; near at hand तैयार; तेज़; हाज़िर जवाब تیار؛ آمادہ؛ تیز؛ حاضر جواب؛ مستعد

Ready made : *adj.* stitched out; already stitched सिले हुए سلے سلائے

Ready money : *n.* cash नक़द نقد

Ready reckoner : *n.* book of tables calculating monthly salary etc. रेडी रेकोनर حاضر حساب کی کتاب؛ ریڈی ریکنر

Ready wit : *n.* repartee हाज़िर-जवाबी حاضر جوابی

Real : *adj.* (ree-el) genuine; true; actually existing सच्चा; वास्तविक اصلی؛ سچا؛ حقیقی؛ واقعی

Realisation : *n.* (-i-zay-shen) sense; receiving अनुभूति; प्राप्ति; उगाही احساس؛ حصول؛ تکمیل؛ وصولی

Realism : *n.* (-izm) freedom from sentiment and convention यथार्थवाद حقیقت پسندی؛ واقعیت پسندی

Realist : *n.* one who believing in realism यथार्थता में विश्वास करने वाला حقیقت نگار؛ واقعیت پسند

Reality : *n.* (real-i-ti) being real; certainty यथार्थता; सच्चाई اصلیت؛ حقیقت

Realize : v. (re-a-liz) to feel; to be aware of; to achieve; to get; to receive back प्राप्त क.; पूर्ण क.; उपस्थित क.; अनुभूति होना; स्पष्ट अनुभव क.; कर दिखाना محسوس کرنا؛ وصول کرنا؛ حاصل کرنا؛ پورا کرنا؛ جامۂ عمل پہنانا

Really : *adv.* (ri-a-li) truly; certainly यर्थाथ; हक़ीक़त में; सचमुच में واقعی؛ حقیقت میں

Realm : *n.* (relm) a kingdom; a state; a domain; a territory राज्य; राजधानी اختیار شاہی؛ سلطنت؛ بادشاہت؛ ملک

Realty : *n.* (rialti) royalty सच्चाई; वफ़दारी; ईमानदारी وفاداری؛ نمک حلالی؛ ایمانداری

Ream : *n.* (reem) 480 sheets of paper रिम رِم

Reap : *v.* (reep) to harvest corp; to cut down corp अनाज काटना; प्राप्त क. فصل کاٹنا؛ حاصل کرنا

Reaper : *n.* (-er) one who cut down corp; one who harvest अनाज की कटाई करने वाला فصل کاٹنے والا؛ کٹائی کرنے والا

Reaping-hook : *n.* sickle दराती درانتی

Rear : *n.* (ree-er) back; the hinder part पीछा; पिछवाड़ा پشت؛ پیچھا؛ عقب؛ پچھواڑا

Rearmost : *Adj.* (rer-most) the last of all; the last one सब से पीछे; अखिर का سب سے آخری؛ سب سے پیچھے

Rearmouse : *n.* (rie-rmous) a bat एक प्रकार की चिमगादड़ ایک قسم کی چمگادڑ

Rearward : *n.* (rer-ward) the rear guard पीछे की ओर پس لشکر

Reason : *n.* (re-zen) cause; ground; argument; intellect कारण; साधन; विवेक-बुद्धि وجہ؛ سبب؛ دلیل؛ عقل؛ سمجھ

Reasonable : *adj.* (-aybel) having reason; suitable उचित; मुनासिब; सन्तुलित معقول؛ مناسب

Reassure : *v.* (ree-e-shoo-er) to dispel fear; to dispel doubts डर दूर क. ڈر دور کرنا؛ اندیشے دور کرنا

Reassuring : *adj.* (-ing) heartening प्रोत्साहन देना; ढाढस बँधाना ہمت افزا

Reave : *v.* (rive) to snatch; to stealth; to take by violence छीन लेना; चुरा लेना چھین لینا؛ چُرا لینا؛ زبردستی لے لینا

Rebate : *n.* (ree-bayt) deduction; lessen,' discount कमी; कटौती کمی؛ کٹوتی؛ تخفیف

Rebate : *v.* to decuct; to lessen कमी क.; कटौती क. کمی کرنا؛ کٹوتی کرنا؛ تخفیف کرنا

Rebel : *n.* (re-bel) one who opposes lawful authority बाग़ी; ग़द्दार باغی؛ سرکش؛ غدّار

Rebel : *v.* to take up arms; to defy ;to act against बग़ावत क.; सरकशी क. بغاوت کرنا؛ سرکشی کرنا؛ خلاف عمل کرنا

Rebellion : *n.* (re-bel-yen) armed raising; defying; an insurrection बग़ावत; विद्रोह بغاوت؛ سرکشی

Rebelious : *n.* (re-bel-yus) like a rebel; way ward; rebel बाग़ी; मुँहज़ोर باغیانہ؛ منہ زور؛ سرکش؛ بے قابو؛ باغی

Rebound : *v.* (re-bound) to bounce back; to spring back पीछे हटना; वापस पलटना پیچھے کو اُچھل آنا؛ واپس پلٹنا

Rebuff : *n.* (re-buf) cold refusal; unfriendly refusal; quick & sudden resistance बेरुख़ी से इनकार; अचानक रुकावट لاپرواہانہ انکار؛ انکار کرنا؛ ناگہانی روک

Rebuild : *v.* (re-bild) to build a new; to build again; to repair फिर बनाना; मरम्मत क. دوبارہ تعمیر کرنا؛ ازسرِنو بنانا؛ نئے سرے سے بنانا؛ مرمت کرنا

Rebuke : *v.* (re-bewk) to scold; to reprehend; to chide डाँट डपट क.; झिड़कना; धमकाना ڈانٹ ڈپٹ کرنا؛ جھڑکنا؛ ملامت کرنا

Rebut : *v.* (re-but) to show to be wrong; to beat back; to keep off ग़लत साबित क.; हुज्जत क. غلط ثابت کرنا؛ تردید کرنا؛ حجت کرنا

Rebuttal : *n.* (-el) refutation; speech in reply to others खण्डन; काट تردید؛ تغلیط؛ تردیدی تقریر

Recalcitrant : *adj.* (re-kal-si-trent) defying the authority बाग़ी; सरकश; विद्रोही سرکش؛ نافرمان؛ باغی

Recall : *v.* (re-kawl) to call back; summon back; to revoke; to recollect वापस बुला लेना; याद क.; स्मरण क. واپس بلا لینا؛ منسوخ کرنا؛ یاد آنا

Recant : *v*. (re-kant) to renounce मतत्याग क.; वापस होना تائب ہونا؛ رجوع کرنا

Recapitulate : *v*. (ree-ke-pit-ew-layt) to go over the main points संक्षेप में दोहराना; सारांश प्रस्तुत क. اہم نکات دہرانا؛ اہم نکات کا اعادہ کرنا

Recapitulation : *n*. (-shen) a detail; repeated संक्षेप; सारांश خلاصہ؛ حاصل کلام

Recapture : *v*. (ree-kap-cher) to capture again; दोबारा बन्दी क.; पुनः प्राप्त क. دوبارہ پکڑانا؛ دوبارہ قبضہ کرنا

Recast : *v*. (ree-kahst) to mould again; rewrite in a new way नया साँचा बनाना; दोबारा ढालना نئے سرے سے ڈھالنا؛ نئے سرے سے لکھنا؛ دوبارہ لکھنا

Recede : *v*. (ri-seed) to move back; to withdraw पीछे हटना; लौटना پیچھے ہٹنا؛ دستکش ہونا؛ دست بردار ہونا

Receipt : *n*. (re-seet) a written acknowledgement; receiving रसीद; प्राप्ति; पावती رسید؛ وصول

Receive : *v*. (re-seev) to accept; to admit; to take; to welcome लेना; प्राप्त क.; स्वीकार क.; स्वागत क. قبول کرنا؛ پانا؛ ملنا؛ لینا؛ استقبال کرنا

Receiver : *n*. one who receives; tele phone प्राप्त करने वाला; चोंगा لینے والا؛ پانے والا؛ ٹیلیفون کا چونگا

Receiving set : *n*. radio रेडियो ریڈیو

Recency : *n*. (ree-sensi) newness नयापन; नूतनता نیاپن؛ تازگی؛ تجدید

Recension : *n*. (ree-sen-shen) review; revision संशोधन; सुधार نظرثانی؛ اصلاح

Recent : *adj*. (ree-sent) new; latest नया; अभी का; आधुनिक تازہ؛ نیا؛ تازہ ترین؛ جدید

Recently : *adv*. lately; of late इसी समय में; थोड़े दिनों से حال ہی میں؛ تھوڑا عرصہ ہوا

Receptacle : *n*. (re-sep-ti-kel) any sort of container पात्र; (वस्तु) गृह ظرف؛ حوض؛ جوف

Reception : *n*. (re-sep-shen) welcome; receiving; formal part arranged; entrance स्वागत; प्रप्ति; प्रवेश استقبال؛ خیرمقدم؛ وصول کرنا؛ استقبالیہ

Recess : *n*. (re-ses) interval; break; vacation; alcove; niche अवकाश; मध्यावकाश; छुट्टी; ताक़ وقفہ؛ آدھی چھٹی؛ تعطیلات؛ طاق

Recession : *n*. receding; decrease पीछे हटना; कम क. پیچھے ہٹنا؛ کم کرنا

Recipe : *n*. (res-i-pi) prescription; detailed description of ingredients of a thing with the way to prepare it नुसखा; कोई चीज़ बनाने की विधि نسخہ؛ ترکیب

Recipient : *n*. (re-sip-i-ent) one who receive; a receiver प्राप्त करने वाला وصول کنندہ؛ پانے والا؛ لینے والا

Reciprocal : *adj*. (re-sip-ro-kel) mutual आपस के सम्बन्ध का باہمی؛ دوطرفہ؛ طرفین کا؛ آپس کا

Reciprocate : *v*. (-kayt) to exchange;interchange; requite आदान प्रदान क.; बदले में देना تبادلہ کرنا؛ لینا دینا

Recital : *n*. (re-si-tel) detailed narration विवरण; विस्तार विवरण تفصیل؛ تفصیل سنانا

Recitation : *n*. (res-i-tay-shen)

reciting सुनाना; विवरण क. سنانا؛ زبانی سنانا

Recite : *v.* (re-sit) to read aloud; to repeat वणर्न क.; सुनाना زبانی سنانا؛ دوہرانا؛ بیان کرنا

Reckless : *adj.* (rek-les) headless; careless; rashless असावधान; अतावला; अविचारी بے فکر؛ غافل؛ بے خبر؛ اندھادھند؛ غیرمحتاط

Reckon : *v.* (rek-on) to calculate; to settle account गिनती क.; गिनना حساب کرنا؛ شمار کرنا

Reckoning : *n.* (rek-ning) an estimate; calculation; charge लेखा; गिनती حساب؛ شمار؛ گنتی

Reclaim : *v.* (re-klaym) request to give back; to recall वापसी की प्रार्थना क.; वापस माँगना واپسی کی درخواست کرنا؛ واپس مانگنا

Reclamation : *n.* (re-kaly-may-shen) reformation; plea for return; get back (land etc.) सुधार; वापसी की प्रार्थना; ज़मीन वापस लेना اصلاح؛ واپسی کی درخواست؛ زمین نکالنا یا واپس لینا

Recline : *v.* (re-klin) lean to rest; to rest upon विश्राम क.; सहारा लेना ٹیک لگانا؛ تکیہ لگانا؛ سہارا لینا

Recluse : *adj.* (re-kloos) solitary; retired एकान्तवासी; त्यागी; संयासी؛ گوشہ نشیں؛ سنیاسی؛ تارک الدنیا؛ تیاگی

Recognisable : *adj* . (re-ko-gnezibel) that may be acknowledged पहचानने के योग्य; प्रमाणित करने के योग्य قابلِ شناخت؛ پہچاننے لائق

Recognise : *v.* (rekog-niz) to acknowledge; to identify स्वीकार करना; पहचानना قبول کرنا؛ پہچاننا

Recognition : *n.* (nishen) sense; recognising; admission; acknowledgment; identification; appreciation मान्यता; पहचान; सम्मान; स्वीकृति احساس؛ پہچان؛ شناخت؛ تسلیم کرنا؛ قدردانی

Recognize : *v.* (re-kog-niz) to identify; to accept; to appreciate मान्यता प्रदान क.; पहचानना; स्वीकार क.; सम्मान क. تسلیم کرنا؛ پہچاننا؛ قبول کرنا؛ قدر کرنا

Recoil : *v* . (re-koil) to shrink back; to fall back; to rebound पीछे हटना; झिझकना; ठिठकना پیچھے ہٹنا؛ لوٹنا؛ جھجکنا؛ ٹھٹکنا

Recollect : *v.* (re-ko-lekt) to remember; to concentrate; to recall स्मरण क.; मनलगाना; याद क. یاد آنا؛ ذہن میں لانا؛ یاد کرنا

Recollection : *n.* (-lek-shen) remembering; concentration; recollecting memory स्मृति; चिन्तन; याद یاد؛ یادداشت

Recommence : *v.* (re-ko-mens) to begin a new; to begin all over again नये ढंग से प्रारम्भ क. دوبارہ؛ شروع کرنا؛ پھر سے شروع کرنا

Recommend : *v.* (rek-o-mend) to suggest; to entrust; to speak favourably सौंपना; सिफ़ारिश क.; पक्ष में बोलना سفارش کرنا؛ سراہنا

Recommendation : *n.* (-day-shen) statement that recommends; advice सिफ़ारिश अनुशंसा; परामर्श سفارش؛ مشورہ؛ صلاح

Recompense : *v.* (rek-om-pens) to compensate; to reward; to punish; to repay; to requit बदला देना; प्रतिफल

चुकाना تلافی کرنا؛ بدلہ دینا؛ تاوان دینا؛ معاوضہ دینا؛ کفارہ دینا

Recompense : *n.* reward; retribution; compensation इनाम; पुरस्कार; हरजाना; बदला ہرجانہ؛ انعام؛ تلافی؛ بدلہ؛ سزا؛ جزا

Reconcile : v. (rek-on-sil) to adjust; to make up; to harmonize झगड़ा; मिटाना; संगति क.. جھگڑا چکانا؛ صلح کرنا؛ ہم آہنگی پیدا کرنا

Reconciliation : *n.* (-sili-a-shen) reapprochement; patch up; adjustment accord मेल-मिलाप; समाधान; संगति مصالحت؛ صلح ہم آہنگی

Recondite *adj.* (re-kon-dit) hidden from sight; secret; profound; obscure गूढ़; छिपा हुआ پوشیدہ؛ خفیہ؛ دھندلا؛ چھپا ہوا

Recondition : *v.* (re-kan-di-shen) to renovate; to repair मरम्मत क..; सुधार क..; नया कर देना مرمت کرنا؛ سدھارنا؛ درست کرنا؛ نیا کر دینا

Reconditioning : *n.* repairing; renovating मरम्मत مرمت؛ ٹھیک ٹھاک کرنا

Reconnaissance : *n.* (re-kon-i-sens) survey; preliminary examination सर्वेक्षण سروے؛ معائنہ

Reconnoitre : *v.* (rek-o-noi-ter) to examine; to inspect देख-भाल क..; सर्वेक्षण क..; टोह लेना ٹوہ لینا؛ دیکھ بھال کرنا؛ معائنہ کرنا

Reconquer : *v.* to conquer again फिर विजय प्राप्त क.. پھر فتح کرلینا

Reconstruct : *v.* (-strukt) rebuild; remodel पुनर्निमाण क..; नए प्रकार से बनाना دوبارہ بنانا؛ ازسرنو بنانا؛ نئے انداز سے بنانا

Record : *n.* (rek-or-d) document; documentary proof; written account; gramophone disc; to register लेख प्रमाण; अभिलेख क..; अंकित क..; रजिस्टर में दर्ज क..; दिखाना सूचित क.. دستاویز؛ دستاویزی ثبوت؛ روداد؛ ریکارڈ؛ درج رجسٹر کرنا

Recorder : *n.* (-er) a law officer रजिस्टर में दर्ज करने वाला; लेखक محافظِ دفتر؛ ریکارڈر

Recount : *v.* (re-kount) to narrate; to count again सुनाना; कहना; दोबारा गिन्ना سنانا؛ کہنا؛ دوبارہ گننا

Recoup : *n.* (re-koop) recover ठीक-ठाक हो जाना; शक्ति भर जाना ٹھیک ٹھاک ہوجانا؛ طاقت بھر جانا

Recover : *v.* (re-kuv-er) regain possession; receive back; become well पुन प्राप्त क..; स्वस्थय होना دوبارہ پانا؛ وصول کرنا؛ صحت پانا

Recovery : *n.* cure; reclamation; receipt स्वास्थ्यलाभ; वसूली; प्रतिप्राप्ति صحت یابی؛ بازیابی؛ وصولی

Recreant : *adj.* (re-kri-aynt) coward; not couragious डरपोक; कायर ڈرپوک؛ بزدل؛ کم ہمت

Recreate : *v.* (re-kri-ayt) to create again; to refresh पुनः उत्पन्न क..; मनोरंजन क..; ताज़ा कर देना دوبارہ بنانا؛ تازہ کردینا؛ تفریح کرنا

Recreation : *n.* (re-kri-ay-shen) amusement मनोरंजन; मनबहलाव تفریح؛ دل بہلانا

Recrement : *n.* (re-kri-ment) dross; filth गन्दगी; कूड़ा; मेल گندگی؛ فضلہ؛ کوڑا کرکٹ

Recriminate : *v.* (re-krim-i-nayt) accuse in return एक दूसरे पर दोष लगाना جوابی الزام عائد کرنا

Recruit : *n.* (re-kroot) new member; newly enlisted soldier नयें सदस्य; रंगरूट; नये सैनिक की भर्ती نیا رکن؛ رنگروٹ؛ نئے سپاہی کی بھرتی

Rectangle : *n.* (rek-tang-el) oblong figure चतुर्भुज; वर्गाकार مستطیل نما شکل؛ متوازی الاضلاع

Rectangular : *adj.* (-tangew-ler) oblong चतुर्भुज مستطیل

Rectification : *n.* (rek-ti-fi-kay-shen) correction; amending संशोधन تصحیح

Rectify : *n.* (rek-ti-fi) to correct ग़लती सुधारना; सुधारना; संशोधन क. تصحیح کرنا

Rectitude : *n.* (rek-ti-tewd) integrity; uprightness सच्चाई; इमानदारी ایمانداری؛ دیانتداری؛ راستی؛ صداقت؛ دیانت

Rectilineal : *adj.* (rek-ti-lin-yel) bound by straight lines सरल रेखीय سیدھی لکیروں میں محیط (شکل)

Rectum : *n.* (rek-tum) last section of large intestive रेक्टम مقعد؛ امعائے مستقیم کا آخری حصہ

Recumbent : *adj.* (re-kum-bebt) lying down; leaning लेटा हुआ; झुका हुआ; सुस्त لیٹا ہوا؛ جھکا ہوا؛ سست

Recur : *v.* (re-ker) occur again; return; come up again फिर होना; लौट जाना; सामने आना پھر ہونا؛ لوٹ جانا؛ لوٹ آنا؛ سامنے آنا

Red : *adj.* (red) colour of blood; revolutionary; Communist लाल (रंग); क्रांतीवादी; साम्यवादी لال (رنگ)؛ انقلابی؛ کمیونسٹ

Red cross : *n.* world body formed as relic of crusades for relief of suffering रेड क्रास ریڈکراس

Red flag : *n.* revolutionary banner क्रांतीवादी झण्डा انقلابی جھنڈا

Red handed : *adj.* catch while committing crime रंगें हाथों पकड़ना جرم کرتا ہوا پکڑا جانا؛ رنگے ہاتھوں گرفتار کرنا

Red hot : *adj* . heated to redness; furious लाल; उत्तेजित होना انگارہ سا؛ لال پیلا؛ غصے سے لال پیلا

Red letter day : *n.* a day of rejoicing मंगल दिवस جشن کا دن؛ خوشی کا دن

Red tape : *n.* too much official intricacy लाल फ़ीता سرخ فیتہ؛ غیرضروری تاخیر

Redact : *v.* (ree-daykt) to draw up; to edit; to revise रचना क.; सम्पादित क.; संशोधन क. لکھنا؛ مرتب کرنا؛ تصحیح کرنا

Redden : *v* . (reden) to make red; to grow red लाल होना; लाल कर देना لال ہوجانا؛ لال کردینا

Reddish : *adj.* (re-dish) some what red लालिमा लिऐ हुऐ کسی قدر سرخ؛ سرخی آمیز

Rede : *n.* (red) counsel; advice शिक्षा देना; सम्मति देना نصیحت؛ پند

Redeem : *v.* (re-deem) to get back on ransome; to set free; to recover; to buy back मुक्त क.; छुड़ाना; मुक्ति दिलाना; दोबारा पाना فدیہ دے کر چھڑانا؛ آزاد کرنا؛ چھڑا لینا؛ دوبارہ پانا

Redemption : *n.* (re-demp-shen) a ransom; release; deliverance मुक्ति; छुटकारा; विमोचन خلاصی؛ رہائی؛ نجات

Redolent : *adj.* (redo-lent) fragrant सुगन्धित; सुगन्धि युक्त معطر؛ خوشبودار

Redouble : *v.* (ree-dub-el) to intensity; to increase; to repeat

बढ़ना;दुगना क.; दोहराना شدید تر کرنا؛ بڑھانا؛ دوگنا کرنا؛ دوہرانا

Redoubtable : *adj.* formidable; fearsome जबरदस्त; भयानक زبردست؛ بھیانک

Redound : *v.* (re-dound) to come as a result; recoil परिणाम मिलना; पलटना या पलटा खाना حاصل ہونا؛ منتج ہونا؛ پلٹنا؛ پلٹا کھانا

Redress : *v.* (re-dres) to releive; to compensate; remedy ठीक कर देना; सुधार देना چارہ سازی کرنا؛ تلافی کرنا؛ ازالہ کرنا

Reduce : *v.* (re-dews) to decrease; to make less; to diminish घटाना; कम क. گھٹانا؛ کم کرنا؛ تخفیف کرنا

Reduction : *n.* (re-duk-shen) diminution; decrease कमी; घटाव کمی؛ تخفیف

Redundancy : *n.* (re-dun-den-si) being redundant फ़ाल्तूपन; अत्यधिकता فالتو؛ غیرضروری

Redundant : *adj.* (re-dund-ent) superfluous; excessive; copious अधिक; व्यर्थ; विपुल فالتو؛ بھرتی کا؛ فضول؛ زاید

Reecho : *v.* (ree-ek-oh) to echo again and again पुर्नध्वनि होना بار بار گونجنا

Reed : *n.* (reed) hollow stalk of plant; pipe flute बांसुरी; नरकुल; मुरली نرسل؛ بانسری؛ نے

Reef : *n.* (reef) rock समुद्री चट्टान سطح سمندر کے برابر اونچی چٹان؛ سمندری چٹان

Reef knot : *n.* symmetrical double knot दोहरी गांठ برابر کی دوہری گرہ

Reefy : *adj.* full of reefs चट्टानों से परिपूर्ण چٹانوں سے بھرا ہوا؛ چٹانوں سے بھرپور

Reek : *n.* (reek) stench; smoke; vapour दुर्गन्ध; बदबू; धुआँ; भाप سڑاند؛ بھاپ؛ بدبو؛ دھواں؛ بخارات

Reel : *n.* (reel) spool; a frame on which yarn is wound; a dance रील; एक प्रकार का नाचा ریل؛ چرخی جس پر دھاگہ لپیٹا جائے؛ ایک قسم کا ناچ

Reenter : *v.* (ree-enter) to enter again पुनः प्रवेश होना دوبارہ داخل ہونا

Refection : *n.* (refek-shen) refreshment कलेवा; जल-पान ناشتہ؛ چائے پانی؛ جل پان

Refer : *v.* (re-fer) to make reference; to mention हवाला देना; अपील क.; उल्लेख क. اپیل کرنا؛ حوالہ دینا؛ ذکر کرنا

Referee : *n.* (ref-e-ree) an umpire; judge in (certain games) निर्णायक रेफ़री; खेलपंच ریفری؛ پنچ؛ فیصلہ کرنے والا؛ منصف

Reference : *n.* (ref-e-rens) referring; allusion; connection; mention हवाला; संकेत; सम्बन्ध; उल्लेख حوالہ؛ اشارہ؛ کنایہ؛ تعلق؛ ذکر

Reference book : *n.* a book of the type of dictionary or encyclopaedia संदर्भ पुस्तक حوالے کی کتاب؛ ڈکشنری اور انسائیکلوپیڈیا

Referendum : *n.* (ref-e-rand-um) direct vote of the citizens; plebiscite जनमत; रेफरेडम ریفرنڈم؛ رائے عامہ؛ استصوابِ رائے

Refine : *v.* (re-fine) to purify शुद्ध क.; निर्मल क. پاک کرنا؛ صاف کرنا؛ سدھارنا

Refined : *adj.* (re-find) elegant; cultured; purified शानदार; सुसंस्कृत; शुद्ध شاندار؛ شائستہ؛ پاک صاف

Refinement : *n.* purification; politeness; delicacy परिष्करण; सुक्ष्मता صاف ہونا؛ شائستگی؛ نفاست

Refinery : *n.* (re-fin-e-ri) factory for refining some thing परिष्करण शाला صاف سازی کا کارخانہ؛ صاف سازی

Refit : *v.* (re-fit) to repair; be reconditioned मरम्मत क.; फिर ठीक क. مرمت کرنا؛ مرمت کر کے ٹھیک کرنا

Reflect : *v.* (ref-lekt) to throw back (rays of light or heat); to consider प्रतिबिम्बित क. या होना; विचार क. منعکس کرنا؛ غور و خوض کرنا

Reflection : *n.* (ref-lek-shen) reflecting; reflected image; meditation प्रतिबिम्ब; विचार; ध्यान منعکس کرنا؛ عکس؛ خیال؛ غور و فکر

Reflector : *n.* device for reflecting light or heat waves परावर्तक عکس انداز

Reflex : *adj.* (ref-leks) directed backward; automatic involuntary (action) प्रतिबिम्ब; परछाई غیر شعوری؛ اضطراری؛ عکس؛ معکوس؛ پرچھائی

Reflexion : *n.* (-lek-shen) reflected light, heat or image अक्स; विमर्श عکس؛ انعکاس

Reflorescence : *n.* (re-flor-es-ens) a blossoming पुनः खिलना या विकसित होना از سرِ نو شگفتگی

Reform : *n.* (re-form) improvement; change; amendment सुधार; शुद्धि اصلاح؛ تبدیلی؛ درستی

Reform : *v.* to improve; to amend संवारना; सुधारना; फिर बनाना تجدید کرنا؛ اصلاح کرنا؛ پھر سے بنانا

Reformation : *n.* see reform

Reformatory : *n.* jail for reforming convicts कैदियों को सुधारने वाली जेल اصلاحی قید خانہ

Reformer : *n.* leader reforming people or customs; one who promotes reforms शुद्धि करने वाला; सुधार करने वाला مصلح؛ ریفارمر؛ مصلحِ دین؛ مجتہد

Refract : *v.* (re-fraykt) to deflect (rays of light) where it enters मोड़ना منعطف کرنا؛ موڑنا

Refraction : *n.* (re-frayk-shen) such deflection अपवर्तन انعطاف

Refractory : *adj.* (re-frak-te-ri) stubborn; difficult to control; obstinate हठीला; झगड़ालू سرکش؛ ضدی؛ ہٹیلا؛ جھگڑالو

Refrain : *v.* (re-frayn) to hold oneself back; to hold back रोकना; रोके रखना روکنا؛ باز رہنا یا رکھنا

Refresh : *v.* (re-fresh) to revive; to improve; to cool ताज़ा क.; ठंडा क. تازہ دم ہونا؛ تازہ کرنا؛ تر کرنا

Refreshing : *adj.* reviving ताज़ा; स्फूर्तिदायक تازہ دم کرنے والا؛ فرحت بخش

Refreshment : *n.* drink & snacks etc. taken between meals जलपान; विश्राम; ताज़गी आराम جل پان؛ تر و تازگی؛ چائے وغیرہ؛ آرام

Refreshment room : *n.* railway restaurant जलपान-गृह ریفریشمنٹ روم؛ طعام گاہ

Refrigerate : *v.* (re-frij-e-rayt) to make cold; to preserve food by keeping cold; to referesh by cooling ठंडा क.; प्रशीतित क.; खाने-पीने की चीज़ो को शीतल बनाना ٹھنڈا کرنا؛ ٹھنڈ کے ذریعے اشیائے خوردنی کو محفوظ رکھنا

Refrigerative : *v.* cooling शीतल क.; ठन्डा क. ٹھنڈا کرنا؛ سرد کرنا

Refrigerator : *n.* cupboard fitted with

apparatus for keeping cold रेफ्रीजेरेटर سرد خانہ؛ ریفریجریٹر

Refuge : *n.* (ref-ewj) shelter from danger etc. शरण लेने की जगह پناہ گاہ؛ ملجا؛ ماویٰ

Refugee : *n.* (-ew-jee) one who takes refuge; one who takes refuge to another country शरण लेने के लिए विदेश में भागना या जाना پناہ گزیں؛ پناہ گیر؛ مہاجر؛ رفیوجی

Refulgence : *n.* (rifa-ldze-ns) brightness; splendour चमक; रोशनी; शानों-शौकत روشنی؛ چمک؛ تجلی؛ تاب

Refund : *v.* (re-fund) to pay back; to restore वापस क.; परिवृति होना واپس دینا؛ واپس کرنا

Refusal : *n.* (re-few-zel) refusing; denying; to say no अस्वीकृति; इनकार; नकार انکار؛ نامنظوری؛ ناپسندیدگی

Refuse : *v.* (re-fewz) to say no; to reject; to deny अस्वीकृत क.; इनकार क.; नकारना انکار کرنا؛ نہ کرنا؛ مسترد کرنا

Refuse : *n.* waste material; useless material कूड़ा; कचरा کوڑا کرکٹ؛ فضلہ؛ کچرا

Refutation : *n.* (ref-ew-tay-shen) contradiction; the act of refuting खण्डन; काट تردید؛ تغلیظ؛ کاٹ

Refute : *v.* (re-fewt) to prove to be wrong; to prove to be false; to confute खण्डन क.; काट क. غلط ثابت کرنا؛ تردید کرنا

Regain : *v.* (re-gayn) to recover; to get back पुनः प्राप्त कर लेना دوبارہ لے لینا؛ پھر حاصل کرلینا؛ واپس پہنچنا

Regal : *adj.* (ree-gel) royal; kingly शाहाना; राजकीय شاہانہ

Regale : *v.* (re-gayl) to feast; rich meal for special occasion दावत उड़ाना या देना ضیافت کرنا یا اڑانا؛ دعوت اُڑانا

Regality : *n.* (re-gay-li-ti) royalty राजकीय; शासकीय شاہی؛ خسروی؛ بادشاہت

Regard : v. (re-gah-rd) to consider; to gaze at; to iook; to take into account; to respect; to honour समझना; ध्यानपूर्वक देखना; आदर क. خیال کرنا؛ بغور دیکھنا؛ عزت کرنا؛ احترام کرنا

As regards as : *ph* . as far as this is concerned जहाँ तक इस का सम्बन्ध है جہاں تک اس کا تعلق ہے

Regard : *n.* gaze; attention; concern; esteem; relation ताक; ध्यान; परवाह; आदर; सम्बन्ध ٹکٹکی؛ دھیان؛ پرواہ؛ عزت؛ لحاظ؛ تعلق

Regarding : *prep.* concerning; about के सम्बन्ध में; के विषय में بہ لحاظ؛ کے متعلق

Regardless : *adj.* (re-gah-rd-les) negligent; careless असावधान; लापरवाह لاپرواہ؛ غافل

Regards : *pl.* good wishes आदाब; सलाम سلام؛ آداب؛ تسلیمات

Regency : *n.* (ree-jens-i) acting for sovereign रीजेंसी شاہ کی قائم مقامی

Regenerate : *v.* (re-jen-e-rat) to revive spirituality; to reproduce नव जीवन प्रदान क.; प्राण डालना روح کو بیدار کرنا؛ نئی زندگی عطا کرنا

Regeneration : *n.* (-ray-shen) in-fusing fresh life पुनरुज्जीवन احیا

Regent : *n.* (ree-jent) one acting for

sovereign; governor शासक شاہ کا قائم مقام؛ گورنر

Regicide : *n*. (rei-i-sid) murderer of a king राजवध; राजहत्या بادشاہ کا قاتل

Regime : *n* . (ree-zheem) method of ruling; prevailing of government शासन प्रणाली; शासन نظامِ حکومت؛ طرزِ حکومت؛ موجودہ حکومت

Regimen : *n*. (rej-i-men) controled diet; rule परहेज़ी खाना; शासन پرہیزی کھانا؛ حکومت

Regiment : *n*. (rej-i-ment) body of army under a colonel रेजिमेंट رجمنٹ

Regiment : *v*. bring under strict (political) discipline संगठित क. سخت (سیاسی) نظم وضبط قائم کرنا؛ منظّم کرنا

Regimentation : *n*. (-tay-shen) bringing under strict discipline संगठन; अनुशासन سخت سیاسی نظم وضبط

Region : *n*. (ree-jen) large area; tract of land; space प्रदेश; भाग; देश خطہ؛ ملک؛ علاقہ

Regional : *adj*. of region क्षेत्रीय علاقائی

Register : *n*. (rej-is-ter) book for keeping; some record; a list रजिस्टर; बही; हिसाब رجسٹر؛ بہی؛ حساب؛ دفتر

Registrar : *n*. (rej-is-trahr) person incharge of registration; superintendent of an organisation रजिस्ट्रार; पंजीयक رجسٹرار؛ ناظم؛ مسجل

Registration : *n*. (-tray-shen) enrolment; registering सूची; बही اندراج فہرست؛ رجسٹری؛ فہرست بنانا

Registry : *n*. (rej-is-teri) an entry रजिस्ट्री رجسٹری؛ امور درج شدہ

Regress : *n*. (re-ge-rays) passage back लौट जाना; पीछे हटना لوٹ جانا؛ پیچھے ہٹنا

Regret : *n*. (re-gret) sorrow; disappointment; repent; be sorry that पछताना; अफ़सोस क. افسوس؛ پچھتانا؛ تاسف؛ مایوسی

Regret : *v*. to look back with sorrow; to feel sorry at; to apologize पश्चाताप क.; पछताना; अफ़सोस क.; खेद प्रकट क. افسوس کرنا؛ متاسف ہونا؛ معذرت کرنا

Regrettable : *adj*. sorrowful खेदजनक غمناک؛ افسوس ناک

Regular : *adj*. (reg-ew-ler) happening at fixed intervals; usual; orderly; appointed नियमानुसार; नियमित; पक्का باقاعدہ؛ پابندی کے ساتھ؛ حسب معمول؛ باضابطہ؛ مقررہ

Regularity : *n*. (-le-ri-ti) steadiness; being regular नियमितता; नियमपूर्वक باقاعدگی؛ باضابطگی

Regularize : v. (reg-ew-le-riz) bring it in conformity with the law नियमित क.; वैध क.; पक्का क. قانون کے مطابق بنا لینا؛ باضابطہ بنا لینا؛ لگاتار؛ باقاعدگی سے

Regularly : *adv* . steadily नियमित रूप से لگاتار؛ باقاعدگی سے

Regulate : *v*. (reg-ew-layt) control by rules; to direct; to adjust by rule; to put in order नियंत्रित क.; ठीक कर देना; व्यवस्थित क. ترتیب دینا؛ باقاعدہ کرنا؛ باضابطہ بنانا

Regulation : *n*. (-lay-shen) rule; a method नियम; कानून قاعدہ؛ قانون

Rehabilitate : *v*. (ree-he-bil-i-tayt) resettle; re-establish पुनर्वास क.; ठीक

ठीक क.; पुनः स्थापना بازآبادکاری کرنا؛ دوبارہ آباد کرنا؛ ٹھیک ٹھاک کرنا

Rehabilitation : *n.* (-tay-shen) resettlement; re-establishment पुनर्वास; पुनः स्थापना بازآبادکاری؛ آبادکاری

Rehearsal : *v.* (re-her-sel) to practice for performance; to repeat अभ्यास; दोहराना; रिहर्सल ڈرامے کی مشق کرنا؛ ریہرسل؛ دوہرانا

Reign : *n.* (rayn) being a sovereign; dominion शासन; शासन काल حکومت؛ دورِحکومت؛ تسلط؛ فرمانروائی

Reimburse : *v.* (ree-im-bers) to pay back; to pay back again वापस कर देना; व्यय की हुई वापस क. واپس دینا؛ خرچ کی ہوئی رقم ادا کرنا

Rein : *n.* (rayn) part of a bridle; dominion बाग; वल्गा; शासन لگام؛ باگ؛ عنان؛ حکومت

Reindeer : *n.* (rayn-dee-er) deer of cold regions; a deer बारासिंगा; रेनडियर رینڈیر؛ بارہ سنگھا

Reinforce : *v.* (ree-in-foh-rs) to make strong; to succour शक्तिशाली बनाना; कुमक भेजना مضبوط بنانا؛ کمک پہنچانا

Reinforcement : *n.* making stronger; military succour प्रबलीकरण; कुमक مضبوط بنانا؛ کمک

Reins : *n.* (rayns) long narrow strap for guiding a horse बाग; लगाम باگ؛ لگام

Reinstate : *v.* (ree-in-stayt) restore to a former status फिर से स्थापित क. بحال کرنا؛ پہلے یا پرانے عہدے پر بحال کرنا

Reinstatement : *n.* restoration to a former status स्थापना بحالی

Reinvest : *v.* to invest a new फिर से नियुक्त क. پھر خلعت بخشنا

Reissue : *v.* (ree-ish-oo) to issue again दोबारा जारी क. دوبارہ جاری کرنا

Reiterate : *v.* (re-it-e-rayt) to repeat again and again; to reassert बार-बार दोहराना; फिर ज़ोर देना باربار دہرانا؛ زبانی دہرانا؛ بار بار کہنا؛ پھر زور دینا

Reiteration : *n.* repetition; the act of repeating बार-बार दोहराना; तकरार اعادہ؛ تکرار؛ بار بار دہرانا

Reject : *v.* (re-jekt) to discard; to refuse to accept अस्वीकार क.; नामंजूर क. نامنظور کرنا؛ برطرف کرنا؛ الگ کرنا

Rejection : *n.* (-jek-shen) declining; refusal to accept अस्वीकारी; नामंजूरी انکار؛ نامنظوری؛ تردید

Rejoice : *v.* (re-jois) to be glad; to make happy; to make marry प्रसन्न होना या क. خوش کرنا؛ خوشی منانا

Rejoicing : *n.* happiness; celebrations आनन्द; हर्ष خوشی؛ جشن

Rejoin : *v.* (re-join) to join again; reply फिर मिल जाना या एक कर देना; उत्तर دوبارہ مل جانا یا ایک کردینا؛ جواب

Rejoinder : *n.* (-der) reply to an argument; reply to an answer प्रति-प्रत्युत्तर; उत्तर بحث کا جواب؛ جواب الجواب؛ جواب دعویٰ

Rejudge : *v.* (re-juj) to judge again दोबारा जांचना پھر تجویز کرنا

Rejuvenate : *v.* (re-joov-e-nayt) to make or become young again फिर नया कर देना; तरुण बनाना या हो जाना دوبارہ جوان بننا یا بنانا؛ اعادۂ شباب ہونا یا کرنا؛ پھر نیا کردینا

Rejuvenescence : *n.* a renewing of youth युवावस्था نئی جوانی؛ تجدید

Relapse : *v.* (re-laps) fall into former habit or disease फिर से बीमार हो जाना या छूटी हुई लत में फिर पड़ जाना گئی ہوئی بیماری یا چھوٹی ہوئی عادت میں پھر مبتلا ہو جانا

Relate : *v.* (re-layt) to join; to establish relationship; to recite; to have reference; to narrate सम्बन्ध रखना या बनाना; ब्यान क.; वर्णन क. رابطہ یا تعلق قائم ہونا؛ رشتہ یا قرابت قائم کرنا؛ بیان کرنا؛ تعلق رکھنا

Related : *adj.* (re-layt-id) connected; relation संबंधित; सम्बन्धी; रिश्तेदार تعلق؛ عزیز؛ رشتے دار؛ قرابت دار

Relation : *n.* (re-lay-shen) connection; family tie; narration; kindered सम्वन्ध; रिश्ता; नाता; वर्णन واسطہ؛ رابطہ؛ تعلق؛ رشتہ داری؛ قرابت؛ بیان؛ تذکرہ

Relationship : *n.* (-ship) relation; connection; family tie सम्बन्ध; रिश्तेदारी; नातेदारी تعلق؛ واسطہ؛ رشتہ داری؛ رشتہ؛ قرابت

Relative : *n.* (re-le-tiv) having relation; related person सम्बन्धी; रिश्तेदार; नातेदार تعلق؛ رشتہ؛ رشتہ دار؛ قرابت دار

Relaxation : *n.* (re-layk-say-shen) remission; recreation; relaxing विश्राम; आराम; शिथिलीकरण; ढील ستانا؛ آرام کرنا؛ تفریح کرنا؛ تماشہ

Relay : *v.* (re-lay) to broad cast programme received from another station रिले क.; प्रसारित क.; आगे भेजना ریلے کرنا؛ نشر کرنا؛ آگے بھیجنا

Release : *v.* (re-lees) to set free; to deliver; to publish मुक्त क.; छुटकारा दिलाना; छोड़ना; प्रकाशित क. رہا کرنا؛ نجات دلانا؛ چھوڑنا؛ شائع کرنا

Release : *n.* freedom; liberation; released news or issue मोचन; रिहाई; मुक्ति; प्रकाशन آزادی؛ رہائی؛ خبر یا شمارہ شائع کرنا

Relegate : *v.* (rel-e-gayt) to remove; to banish; to exile; to assign lower position निकाल देना; बनबास देना; छोटी श्रेणी में रखना; पीछे कर देना جلاوطن کرنا؛ چھوٹی جگہ منتقل کر دینا؛ نکال دینا؛ بن باس دینا؛ پیچھے کرنا

Relent : *v.* (re-lent) to become less severe; to feel compassion कोमल होना; नरम पड़ जाना سختی کم کرنا؛ نرم کرنا؛ ملائم کرنا

Relentless : *adj.* unyielding; unmerciful; unremitting निर्दयी; कठोर; लगातार بے رحم؛ سنگدل؛ بے درد؛ لگاتار

Relevant : *adj.* (rel-e-vent) pertinent; applicable सम्बन्ध; उचित; प्रासंगिक; उपयुक्त متعلق؛ برمحل؛ موزوں؛ باموقع

Reliability : *n.* (re-li-e-bili-ti) being reliable विश्वसनीयता قابلِ اعتماد ہونا

Reliable : *adj.* (re-li-e-bel) trustworthy; that may be relied upon विश्वास योग्य; विश्वसनीय معتبر؛ معتمد؛ قابلِ یقین

Reliance : *n.* (re-li-ens) trust; dependence विश्वास; श्रद्धा اعتماد؛ بھروسہ

Relics : *n.* (rel-ik) part of holy person's remains or belongings तबर्रुक; स्मृतिशेष تبرک؛ یادگار؛ مردہ لوگوں کی نشانیاں

Relict : *n.* (re-likt) a widow विधवा بیوہ

Relief : *n.* (re-leef) alleviating thing; help; aid; alleviation सहायता; तस्कीन تسکین والی؛ تسکین؛ مدد؛ اعانت؛ امداد

Relieve : *v.* (re-leev) to succour; to bring relief दुख बाँटना; धैर्य देना; मुक्ति देना مدد کرنا؛ آرام دینا؛ تسکین دینا؛ نجات دینا

Religion : *n.* (re-lij-en) system of faith and worship धर्म مذہب؛ دین

Religious : *adj.* (re-lij-us) pertaing to religions; pious; devout; god fearing धर्मी; धार्मिक مذہبی؛ خداپرست

Relinquish : *v.* (re-link-wish) to forsake; to let go; to give up; to renonuce त्यागना; छोड़ देना چھوڑ دینا؛ ترک کر دینا؛ ترک کرنا

Relish : *n.* (rel-ish) taste; linking; pleasing taste; zest स्वाद; सुस्वाद; मज़ा; रुचि ذائقہ؛ لذت؛ مزا؛ شوق

Reluctant : *adj.* (re-luk-tent) unwilling; averse; having no desire अप्रसन्न; अनिच्छुक ناراضامند؛ بیزار؛ نفرت

Rely : *v.* re-li) to depend; to put trust in भरोसा क.; विश्वास क. بھروسہ کرنا؛ اعتبار کرنا؛ اعتماد کرنا

Remain : *v.* (re-mayn) to continue; to stay on; to survive स्थिर रहना; शेष रहना; ठहर जाना قائم رہنا؛ باقی رہنا؛ رہنا؛ کسی حالت پر برقرار رہنا

Remainder : *n.* (-der) rest; residue; number left over after substraction बाक़ी; शेषफल بقیہ؛ باقی

Remains : *n.* dead body; ruins; corpse शव; अवशेष نعش؛ کھنڈر

Remand : *v.* (re-mand) to send (accused) back (to police custody) हवालात वापस भेजना پھر حوالات بھیجنا؛ (پولیس کا) ریمانڈ لینا

Remanent/ Remanet : *n.* (re-ma-nent) the part remaining शेष; अवशेष بچا ہوا

Remark : *n.* (re-mah-rk) observation; notice; comment ध्यान देना; विचार क.; कहना; टिप्पणी نگاہ؛ بیان؛ کہنا؛ رائے زنی

Remark : *v.* to comment; to observe; to notice ध्यान पूर्वक देखना; कहना; टिप्पणी क. رائے زنی کرنا؛ کہنا؛ دھیان سے دیکھنا

Remarkable : *adj.* (-e-bel) well known; exceptional ध्यान देने योग्य विशिष्ट قابل ملاحظہ؛ غیرمعمولی

Remediable : *adj.* (re-me-di-able) curable; reliefable चिकित्सा करने योग्य قابلِ علاج

Remedy : *n.* (re-me-di) cure; relief; a medicine चिकित्सा; औषधि علاج؛ چارہ؛ دوا

Remember : *v.* (re-mem-ber) to bear in mind; to recall; to keep in mind याद रखना; स्मरण दिलाना یاد رکھنا؛ یاد آنا؛ یاد ہونا

Rememberance : *n.* commemoration; kind regards याद; स्मरण یاد؛ سلام

Remind : *v.* (re-mind) to put in mind याद दिलाना; स्मरण दिलाना یاد دلانا؛ جتانا

Reminder : *n.* letter etc sent to remind स्मरण पत्र; तक़ाज़ा یاد دلانے والا؛ یادداشت؛ تاکید؛ تقاضہ

Reminiscence : *n.* (rem-i-nis-ens) recollection; account of one's past experiences याद; स्मरण; सरगुज़िश्त یاد؛ تذکرہ؛ سرگذشت

Reminiscent : *adj.* (rem-i-nis-ent) reminding one याद दिलाने वाला یاد دلانے والا

Remiss : *adj.* (re-mis) careless; lazy; not conscious; languid असावधान; सुस्त

लापरवाह; काहिल بے پروا؛ فرض ناشناس؛ لاپروا؛ کاہل

Remission : *n.* (re-mish-en) forgiveness; pardon; release from (punishment, fine, debt etc.); cancellation; abating क्षमा; माफी; छूट; कमी; घटाव بخشش؛ معافی؛ کمی؛ گھٹاؤ

Remit : *v.* (re-mit) to pardon; to forgive; to free from punishment etc.; to send back क्षमा क.; छोड़ देना; भेजना معاف کرنا؛ بخشنا؛ بھیجنا

Remittance : *n.* (re-mit-ens) amount remitted भेजी हुई रक़म منی آرڈر کی ہوئی رقم

Remittee : *n.* (-ti) receiver पाने वाला लेने वाला پانے والا؛ حاصل کرنے والا؛ لینے والا

Remnant : *n.* (rem-nent) remainder; remaining part of cloth शेष; बचा हुआ कपड़े का टुकड़ा بقیہ؛ بچا کھچا؛ باقی بچا ہوا کپڑے کا ٹکڑا

Remodel : *v.* (re-model) to model a new पुर्ननिर्माण क. नया रुप देना نئے نمونے پر مرتب کرنا؛ نیا روپ دینا

Remonstrance : *n.* (re-mons-trans) argument in protest विरोध प्रदर्शन احتجاجی بحث؛ احتجاج

Remonstrate : *v.* (-trayt) to show reasons; to argue in protest विरोध क.; झगड़ा क. بطور احتجاج بحث کرنا؛ جھگڑا یا تکرار کرنا

Remorse : *n.* (re-moh-rs) regret (for sin, for wrongdoing etc.) पश्चाताप ندامت؛ پشیمانی

Remorseful : *adj.* repentant पश्चातापी نادم؛ پشیمان

Remorseless : *adj.* cruel; without remorse कठोर; निष्ठुर سنگدل؛ بے درد؛ کٹھور

Remote : *adj.* (re-moht) distant; far off; out of the way; secluded; reserved दूर का; अलग; अपरिचित دور کا؛ الگ تھلگ؛ الگ رہنے والا

Removal : *n.* (re-moov-el) dismissal from a post; taking away बदली; परिवर्तन; हटाना برخاستگی؛ تبدیلی؛ علاحدگی؛ ہٹانا

Remove : *v.* (re-moov) to take away; to shift; to dismiss; to eliminate हटा देना; निकाल देना; अलग क. ہٹا لینا؛ جانا؛ برطرف کرنا؛ الگ کرنا

Remunerate : *v.* (re-mewn-e-rayt) to pay for; to compensate परिश्रमिक देना; हरजाना देना معاوضہ دینا؛ ہرجانہ دینا

Remuneration : *n.* (-ray-shen) payment; recompense; reward मेहनताना; पुरस्कार; बदला معاوضہ؛ انعام؛ اجرت؛ مشاہرہ

Remunerative : *adj.* (-tiv) profitable लाभकारी; लाभकर نفع بخش؛ فائدہ مند

Renaissance : *n.* (re-nay-sens) reviual पुनर्जीवन; संजीवन نشاۃ ثانیہ؛ دوبارہ زندگی

Renard : *n.* (ren-erd) a fox लोमड़ी لومڑی

Rend : *v.* (rend) to tear with violence; to tear off चीड़-फाड़ क.; टुकड़े-टुकड़े क. چیر پھاڑ کرنا؛ ٹکڑے ٹکڑے کرنا

Render : *v.* (re-nder) to repay; to translate; to give back; to perform वापस क.; लौटाना; अनुवाद क.; प्रस्तुत क. واپس کرنا؛ لوٹانا؛ ترجمہ کرنا؛ پیش کرنا

Rendering : *n.* translation अनुवाद ترجمہ

Rendezvous : *n.* (rend-e-voo) meeting by appointment; place for meeting मिलनस्थान; मिलन; भेंट وعدہ کی ملاقات؛ ملاقات کرنے کی جگہ

Rendition : *n*. (ren-dish-en) translation; interpretation; expounding अनुवाद; व्याखया ترجمہ؛ تشریح؛ مطلب

Renegade : *adj*. (ren-e-gayd) deserter; opostate; traiter गद्दार; विश्वासघाती غدار؛ آوارہ؛ بے ایمان

Renegade : *n*. an apostate from a religious faith सवधर्मत्यागी مرتد؛ برگشتہ

Renew : *v*. (re-new) to make new; to repair नवीन बना देना; ठीक कर देना نیا بنا دینا؛ مرمت کرنا

Renewal : *n*. (-el) renewing; renovation; restoration नवीकरण; नवजीवन تجدید؛ نیا بنانا یا کرنا؛ تازگی

Renounce : *v*. (re-nouns) to give up; to refuse to own; to give up claim त्याग देना; छोड़ देना چھوڑ دینا؛ قطع تعلق کرنا؛ دستبردار ہونا

Renovate : *v*. (re-no-vayt) to renew नवीकरण क.; ठीक क. نیا کرنا؛ مرمت کردینا

Renovation : *n*. repair; restoration नवीकरण; मरम्मत تجدید کاری؛ مرمت؛ درستی

Renown : *n*. (re-noun) fame; celebrity प्रसिद्धि; ख्याति شہرت؛ ناموری

Renowned : *adj*. (re-nuwnd) well-known; famous प्रसिद्ध; नामी; मशहूर مشہور؛ نامور

Rent : *adj*. (rent) torn place in cloth; gap खोंच; शिगाफ़; दरार کھونچ؛ شگاف؛ دراڑ

Rent : *n*. money charged for use; revenue किराया; भाड़ा کرایہ؛ لگان

Rental : *n*. amount likely to be received as rent; account of rents किराये से प्राप्त धन امکانی کرایہ؛ زرلگان

Rental value : *n*. income from rent (of building etc) जमाबन्दी मूल्य کرائے کی حیثیت

Renter : *v*. (ren-ter) to sew together finely रफू क.; सफ़ाई से सीना رفو کرنا؛ باریک سینا

Renunciation : *n*. (re-nun-si-ay-shen) giving up; disavowal त्याग; अस्वीकार دستبرداری؛ قطع تعلق؛ ترک؛ انکار

Reorganize : *v*. (reo-rganize) to organize a new फिर से जोड़ना या मिलाना ازسرِنو ترتیب دینا؛ دوبارہ جوڑنا یا ملانا

Repair : *v*. (re-pay-er) to recondition; to amend मरम्मत क.; ठीक क. مرمت کرنا؛ درست کرنا

Repairable : *adj*. (rep-e-rable) that can be repaired; that can be amended मरम्मतयोग्य; सुधार्य قابلِ مرمت؛ ٹھیک ہونے لائق؛ قابلِ درستی

Reparation : *n*. (re-pe-ray-shen) compensation; act of repairing; expiation हरजाना; मरम्मत; प्रायश्चित तلافی؛ تاوان؛ درستی؛ مرمت؛ کفارہ

Repartee : *n*. (rep-ah-rtee) witty retort; skill at it; conversation destinguished by witty responses प्रत्युत्तर پھڑکتا ہوا جواب؛ حاضر جوابی

Repast : *n*. (re-pahst) meal; rich meal for special occasion; feast भोज; दावत دعوت؛ ضیافت؛ کھانا؛ طعام

Repatriate : *v*. (re-pat-ri-ayt) to send back (to his own country or office) वापस भेजना (देश या कार्यालय) واپس بھیجنا (وطن یا آفس)

Repay : *v*. (ree-pay) to pay back; to

make a return; to recompense चुकाना; लौटाना; वापस देना چکانا؛ ادا کرنا؛ معاوضہ دینا

Repeal : *v.* (re-peel) to abrozate; to recall खण्डन क.; मिटाना रद्द क.; निरस्त क. منسوخ کرنا؛ مٹانا؛ ملتوی کرنا؛ رد کرنا

Repeat : *v.* (re-peet) to do again; to say something over again; recite दोहराना; आवृति क. دوہرانا؛ کوئی بات دوہرانا؛ سنانا

Repeatedly : *adv.* (re-pee-tid-li) frequently; time and again बार बार; बारम्बार مکرر؛ بار بار

Repel : *v.* (re-pel) to push back; to drive back; to drive away पीछे हटाना; मार भगाना; दूर क. پیچھے ہٹانا؛ پیچھے دھکیلنا؛ دور کرنا؛ مار بھگانا

Repellent : *adj.* undesirable घिनावना; घृणित نفرت انگیز؛ گھناؤنا؛ ناپسندیدہ

Repent : *v.* (re-pent) to reflect on with sorrow; to wish not to have done पछताना; हाथ मलना تاسف کرنا؛ ہاتھ ملنا؛ پچھتانا

Repentance : *n.* (re-pent-ens) repenting; remorse; sorrow for sins पछतावा; पश्चाताप; शोक پچھتاوا؛ تاسف؛ توبہ

Repentant : *adj.* (re-pent-ent) sorrowful for sin पश्चातापी پشیمان؛ نادم؛ منفعل

Repercussion : *n.* (ree-per-kush-en) reaction; rebounding; reverberation प्रतिक्रिया; प्रतिक्षेप; प्रतिध्वनि ردِعمل؛ گونج؛ صدائے بازگشت

Repertory : *n.* (rep-er-to-ri) store of plays; store house (of somethings); collection भण्डार; ख़ज़ाना; संग्रह ڈراموں کا تیار ذخیرہ؛ مخزن؛ خزانہ؛ گنجینہ

Repetition : *n.* (re-pe-tish-en) repeating; recurrence; the act of repeating दोहराई; तकरार دُہرانا؛ اعادہ؛ تکرار

Repine : *v.* (re-pin) to grieve at; to fret दुखी होना; शोक क. غم کھانا؛ افسوس ہونا؛ کڑھنا؛ دلگیر ہونا

Replace : *v.* (re-plays) to put back; take the place of; to provide a substitute for; to give back वापस रख देना; के स्थान पर कार्य क.; बदलना; बदल देना; के स्थान पर दूसरे की नियुक्ति क.; लौटाना واپس رکھ دینا؛ کی جگہ پر کام کرنا؛ بدلنا؛ بدل دینا؛ لوٹانا

Replenish : *v.* (replen-ish) to fill again; to stock फिर भरना; भर देना پھر بھرنا؛ بھر دینا؛ لبریز کرنا

Replete : *adj.* (re-pleet) full; well supplied (with) भरा हुआ; परिपूर्ण بھرپور؛ بھرا ہوا؛ سے بھرا ہوا؛ لبریز

Repletion : *n.* (plee-shen) a fulness परिपूर्ति بھرپور

Replica : *n.* (rep-li-ke) artists own copy of his work; exact copy प्रतिकृति نقشِ ثانی؛ ہوبہو نقل

Replication : *n.* (-kay-shen) answer; copy प्रत्युत्तर; प्रतिकृति جواب؛ نقل

Reply : *n.* (re-pli) answer; return to an answer उत्तर جواب

Reply : *v.* to answer; to rejoin उत्तर देना جواب دینا

Report : v. (re-poh-rt) to narrate; to bring information; to complain; to attend; to give secret information रिपोर्ट प्रस्तुत क.; विवरण देना; सूचना देना; विरुद्ध शिकायत क.; उपस्थित होना بیان کرنا؛ رپورٹ کرنا؛ خبر دینا؛ اطلاع دینا؛ شکایت کرنا؛ مخبری کرنا؛ حاضر ہونا

Report : *n.* news; statement; rumour; information विवरण; रिपोर्ट; सूचना अफ़वाह خبر؛ بیان؛ افواہ

Reporter : *n.* one who reports; informer; journalist; who brings in reports for his paper रिपोर्टर; सम्वाददाता رپورٹر؛ اطلاع دینے والا؛ مخبری کرنے والا؛ صحافی؛ نامہ نگار

Repose : *n.* (re-pohz) rest; quiet; sleep; peace विश्राम; शान्ति; आराम; सुख آرام؛ امن؛ چین؛ نیند

Repose : *v.* to rest; to recline (on); to give rest विश्राम क.; लेटना; रखना آرام کرنا؛ رکھنا

Reposit : *v.* (repo-zit) to lodge in a place of safety सुरक्षित स्थान में रखना رکھنا؛ حفاظت کے لیے رکھنا

Repository : *n.* (repo-zit-e-ri) a safe store; ware house; store house; sepulchre भण्डार; गोदाम; समाधि; क़ब्र گودام؛ خزانہ؛ مال خانہ؛ مقبرہ؛ قبر

Reprehend : *v.* (rep-ri-hend) to rebuke; to reprove; to chide दोष लगाना; निन्दा क.; फटकारना سرزنش کرنا؛ ملامت کرنا

Reprehensible : *adj.* blameworthy; censurable दोषी; अपराधी قابلِ ملامت؛ لائق سرزنش؛ تقصیروار

Reprehension : *n.* (rep-ri-hen-shen) rebuking; reproof; open blame दोष; अपराध ملامت؛ فہمائش؛ سرزنش؛ الزام

Represent : *v.* (rep-re-zent) to exhibit; to describe; to stand for; to symbolize; to act as an agent; to explain (one's case) वर्णन क.; प्रस्तुत क.; समझाना; का प्रतीक होना; प्रतिनिधित्व क. ظاہر کرنا؛ بیان کرنا؛ کا نمونہ ہونا؛ کی نمائندگی کرنا؛ پیش کرنا

Representation : *n.* (-tay-shen) complaint; act of representing; image आवेदन (पत्र); चित्र; वर्णन عرضداشت؛ تصویر؛ بیان

Representative : *n.* (-tay-tiv) an agent; one acting for another प्रतिनिधि; प्रतिपुरुष نمائندہ؛ قائم مقام؛ مختار؛ گماشتہ

Repress : *v.* (re-pres) to subdue; to restrain; to check दमन क.; निरोध क.; क़ाबू में क. ظلم سے دبا دینا؛ قابو میں رکھنا؛ ضبط کرنا

Repression : *n.* cruelty; suppression दमन; विरोध; निग्रह دباؤ؛ ظلم؛ گھٹن

Repressive : *adj* . crueld; repressing दमनकारी; निरोधक ظالمانہ؛ دبانے والا

Reprieve : *v.* (re-preev) to cancel death sentence प्राणदण्ड रोक देना سزائے موت معاف کرنا

Reprieve : *n.* cancellation of death sentence; temporary relief प्राणदण्ड की माफ़ी; विराम جان بخشی؛ سزائے موت کی معافی؛ عارضی مہلت

Reprimand : *v* . (rep-ri-mahnd) to rebuke झिड़कना; फिटकारना; डाँटना; डपटना; निन्दा क. جھڑکنا؛ ڈپٹنا؛ گھڑکنا؛ پھٹکارنا؛ سرزنش کرنا

Reprimand : *n.* a rebuke; official rebuke डाँट; फिटकार; झिड़की جھڑکی؛ ڈانٹ؛ پھٹکار؛ سرکاری سرزنش

Reprint : *v.* (re-print) to print more copies; to print again फिर से छापना دوبارہ چھاپنا؛ پھر سے چھاپنا

Reprint : *n.* (ree-print) edition printed

again पुनर्मुद्रण; नई संस्करण نئی اشاعت

Reprisal : *n.* (re-pri-zel) revengeful action प्रतिशोध; बदला انتقامی کارروائی؛ بدلہ

Reprise : *n.* (re-prize) deduction; music कटौती; आवृति کم کرنا؛ کٹوتی؛ موسیقی؛ مجرائی

Reproach : *v.* (re-proach) strongly blame; to rebuke; to upbraid निन्दा क.; फटकारना; उलाहना देना ملامت کرنا؛ الزام لگانا

Reproach : *n.* disrepute; rebuke; disgrace कलंक; बदनामी; निन्दा; फिटकार بدنامی؛ سرزنش؛ شرمناک بات

Reproachful :adj. expression reproach निन्दा-भरा; अलाहना भरा ملامت آمیز؛ طعن آمیز

Reprobate : *adj&n.* (rep-ro-bayt) licentious (person); hardened in sin; lost to virtue; bandoned दुराचारी; दुष्ट; पापी بڑا لفنگا؛ سخت آوارہ؛ نامقبول؛ عیاش؛ بدچلن

Reproduce : *v.* (ree-pro-dews) to produce again; to make a copy of; to bring forth offspring पुनः उत्पन्न क.; पैदा क.; कापी तैयार क. دوبارہ پیدا کرنا؛ کی نقل تیار کرنا؛ پیدا کرنا

Reproduction : *n.* reproducing; bringing forth offspring; copy उत्पादन; प्रतिकृति; प्रतिलिपि وہی پھر بنانا؛ پیدا کرنا؛ نقل

Reproof : *n.* (re-prof) rebuke फिटकार; डाँट سرزنش؛ ڈانٹ؛ ڈپٹ

Reprovable : *adj* . deserving reproof or blame निन्दनीय; भर्त्सना के योग्य لائق ملامت؛ قابلِ سرزنش

Reproval : *n.* rebuke डाँट; फिटकार; डपट سرزنش؛ پھٹکار؛ ڈانٹ؛ ڈپٹ

Reprove : *v.* to rebuke; to blame झिड़कना; दोष लगाना ملامت کرنا؛ سرزنش کرنا؛ الزام لگانا

Reptile : *n.* (rep-til) any creeping animals; any species of crawling animal; mean person रेंगने वाला जानवर; पाजी पुरुष رینگنے والا جانور؛ کمینہ آدمی

Republic : *n.* (re-pub-lik) democracy; democratic country प्रजातन्त्र शासन جمہوریت؛ جمہوری ملک؛ جمہوریہ

Republican : *adj.* of or favouring a republic प्रजातन्त्री; गणतन्त्रीय جمہوری

Republish : *v.* (re-publish) to publish a new फिर से प्रकाशित क. ازسرنو مشتہر کرنا

Repudiate : *v.* (ripu-diayt) to divorce; to put away; to disown; to reject; to deny छोड़ देना; तलाक़ देना; निकाल देना; खण्डन क.; नकारना چھوڑ دینا؛ طلاق دینا؛ نکال دینا؛ انکار کردینا؛ منع کردینا؛ مسترد کردینا

Repudiation: *n.* (-diay-shen) refusal; rejection; disowning परित्याग; अस्वीकृति; खण्डन انکار؛ نامنظوری؛ استرداد؛ قطع تعلق

Repugnance : *n.* (re-pug-nens) in consistency; opposition; dislike असंगति; विरोध; अरुचि; घृणा; नफ़रत بے جوڑ؛ بے میل؛ مخالفت؛ ناپسندیدگی؛ ناپسند؛ نفرت

Repugnant : *adj.* disgusting; incompitable; disagreeable घृणित; असंगत; विरोधी سخت ناپسند؛ بے جوڑ؛ بے میل؛ مخالف

Repulse :v. (re-puls) to beat back; to foil; to treat coldly; to rebuff पराजित क.; भगा देना; दो टोक जवाब देना شکست دینا؛ بھگا دینا؛ پسپا کردینا؛ سردمہری کا سلوک کرنا

Repulsion : *n.* (re-pul-shen) strong dislike; distaste प्रतिक्षेप; घृणा; अरुचि;

नफ़रत कراہت؛ گھن؛ نفرت؛ ناپسندیدہ

Reputable : *adj.* (re-pewt-e-bel) respectable; honourable सम्मानित; नेकनाम معزز؛ محترم؛ صاحبِ عزت؛ نامور؛ نیک نام

Reputation : *n.* (-lay-shen) honour; good character; good name प्रतिष्ठा; नेकनामी; साख شہرت؛ ساکھ؛ نیک نامی

Repute : *n.* (re-pewt) good name; fame प्रतिष्ठा; नेकनामी نیک نامی؛ شہرت

Repute : *v.* to account; to hold गणना क.; लाज रखना حساب رکھنا؛ لاج رکھنا

Reputed : *adj.* (-pew-tid) famous; known प्रसिद्ध; माना हुआ مشہور؛ جانا پہچانا

Request : *n.* (re-kwest) asking respectfully; demand प्रार्थना; विनती; माँग استدعا؛ درخواست؛ مانگ؛ مطالبہ؛ طلب

Request : *v.* to entreat; to ask respectfully; to demand प्रार्थना क.; विनती क.; माँगना درخواست کرنا؛ التجا کرنا؛ مانگنا؛ طلب کرنا

Require : *v.* (re-kwi-er) to demand; need; to direct; to make obligatory चाहना; आकांक्षा क.; आदेश देना; आवश्यक होना چاہنا؛ ضرورت ہونا؛ حکم دینا؛ مطالبہ کرنا؛ ضروری قرار دینا

Requirement : *n.* demand; need माँग; आकांक्षा مانگ؛ طلب؛ ضرورت

Requisite : *adj.* necessary; required (thing) आवश्यक; ज़रुरी ضرورت؛ مطلوبہ چیز

Requisition : *n.* official demand; command taking over for Govt. use; a use माँग; माँग-पत्र; आवश्यकता سرکاری مطالبہ؛ طلب؛ زبردستی قبضہ کا حکم

Requisition : *v.* to make demand esp. for military purposes (supplies, horses & services etc.) जबरी वसूली क.; बेग़ार लेना جبری وصولی؛ بیگار لینا

Requital : *n.* (re-kwi-tel) return; recompense; reward बदला; पुरस्कार; इनाम بدلہ؛ انعام؛ جزا؛ تلافی

Requite : *v.* (re-kwit) to repay; to reward; to make return बदला देना; प्रतिकार क.; पुरस्कार देना بدلہ دینا؛ انعام دینا؛ معاوضہ دینا

Rescind : *v.* (re-sind) to revoke; to cancel निरस्त क.; रद्द क. رد کرنا؛ منسوخ کرنا

Rescission : *n.* (re-sizh-en) revocation; cancellation मंसूख़ी; निरसन تنسیخ؛ منسوخی

Rescript : *n.* (res-kript) decree; copy राजघोषणा; प्रतिलिपि فرمان؛ سرکاری جواب؛ نقل

Rescue : *v.* (res-kew) to set free from danger; to liberate; to save बचाना; उद्धार क. بچانا؛ نجات دلانا؛ چھڑانا

Research : *n.* (re-se-rch) scrutiny; careful inquiry खोज; अनुसंधान علمی تحقیق؛ تحقیقات؛ تلاش

Researcher : *n.* one who conducts research खोज कर्ता محقق

Resemblance : *n.* (re-zemb-lens) likeness; similarity सदृश्य; साम्य مشابہت؛ مماثلت؛ ملتا جلتا

Resemble : *v.* (re-zem-bel) be like; be similar सदृश होना; साम्य रखना مشابہ ہونا؛ مماثل ہونا؛ ملتا جلتا ہونا

Resent : *v.* (re-zebt) to feel offended about; to take as an affront बुरा मानना; अप्रसन्न; होना برا ماننا؛ آزردہ ہونا؛ ناراض ہونا

Resentful : *adj.* taking offence; rancorous अप्रसन्न; विद्वेषी ناراض؛ برا ماننے والا؛ کینہ ور

Resentment : *n.* taking offence; rancorous उप्रसन्नता; विद्वेष ناراضگی؛ کینہ

Reservation : *n.* (ri-zer-vay-shen) reserving; limiting condition आरक्षरण; प्रतिबन्ध; शर्त محفوظ کرانا یا کرنا؛ شرط؛ قید

Reserve : *v.* (ri-zerv) to retain; to lay up for a future time; to set a part बचा रखना; सुरक्षित रखना مخصوص کرنا؛ اٹھا رکھنا؛ بچا رکھنا؛ ذخیرہ کرنا؛ سنبھال رکھنا

Reserved : *adj.* set a part; modest; not frank; showing reserve; shy सुरक्षित; कम घुलने-मिलने वाला; लज्जावान शुष्क محفوظ شدہ؛ سردمہر؛ شرمیلا؛ کم آمیز

Reservoir : *n.* (rez-e-rv-wahr) larg artificial store of water; large container; lake टंकी; कुण्ड; जलाशय हौज़ خزانۂ آب؛ ٹنکی؛ تالاب؛ حوض

Reset : *v.* (re-set) to set again फिर से लगाना; फिर से सजाना پھر سے جمانا؛ پھر لگانا

Reshuffle : *v.* (ri-she-fel) to shuffle again; to interchange (appointments, responsibilities etc) अदल बदल क.; दोबारा फेंटना; हेर फेर क. ادل بدل کرنا؛ کارڈ پھینٹنا؛ ہیر پھیر کرنا

Reside : *v.* (re-zid) to inhabit; to live रहना; बसना سکونت رکھنا؛ رہنا؛ بسنا

Residence : *n.* (re-zi-dens) house; place of abode; dowelling रहने का स्थान; घर; निवास स्थान مسکن؛ گھر؛ مکان

Resident : *n.* (re-zi-dent) one who resides in a place निवासी; रेज़िडेंट باشندہ؛ رہنے والا

Residential : *adj.* (rez-i-densh-el) where people live आवासी; निवास رہائشی

Residual/Residuary : *adj.* (re-zi-d-ual) remaining; शेष; बचा हुआ بچا ہوا؛ باقی ماندہ؛ بچا کھچا

Residue : *n.* (rez-i-dew) remainder; remaining part; what is left शेष; बाक़ी बचा हुआ بقیہ؛ باقی؛ بچا کھچا

Resign : *v* . (re-zin) to give up the post; to yield up; to leave it to fate त्याग-पत्र देना; पद त्यागना; आर्पित क. استعفیٰ دینا؛ دست کش ہونا؛ مستعفی ہونا؛ راضی بہ رضا ہونا؛ توکل رکھنا

Resignation : *n.* (re-zig-nay-shen) resigning; leave to fate; submission त्यागपत्र; इस्तीफ़ा; समर्पण استعفیٰ؛ راضی بہ رضا

Resile : *v.* (re-zil) to go back on; rebound पीछे हटना; उछलना پیچھے ہٹنا؛ پہلی حالت پر آنا؛ اچھلنا

Resin : *n.* (rez-in) sticky fluid of pine etc. राल; गोंद چیڑ وغیرہ کی رال؛ گوند

Resist : *v.* (re-zist) to oppose with force; to stop; to strive again विरोध क.; सामना क.; प्रतिरोध क. مزاحمت کرنا؛ طاقت سے روکنا؛ مقابلہ کرنا

Resistance : *n.* (re-zis-tens) opposition; resisting प्रतिबन्ध; रुकावट مقابلہ؛ مدافعت؛ مزاحمت؛ روک؛ مخالفت

Resolute : *adj.* (rez-o-toot) firm of purpose; determined; firm दृढ़; अटल باعزم؛ اٹل؛ پختہ؛ مستقل مزاج

Resolution : *n.* (-shen) determination; decision; firmness; motion दृढ़ निश्चय; दृढ़ता; प्रस्ताव عزم؛ ارادہ؛ تجویز؛ تحریک؛ قرارداد

Resolve : *v.* (re-zolv) to decide; to solve; to break up into parts दृढ़ निश्चय

क.; खण्डन क.; समाधान क. پکا ارادہ کرنا؛ عزم مصمم کرنا؛ فیصلہ کرنا؛ حل کرنا؛ تجزیہ کرنا

Resolve : *n*. determination; decision संकल्प; प्रस्ताव ارادہ؛ قصد؛ عزم؛ فیصلہ

Resonance : *n*. (rez-o-nans) an echo; sound गूंज; प्रतिध्वनि گونج؛ صدائے بازگشت؛ آواز؛ صدا

Resonant : *adj*. resounding; echoing with अनुनादी; गूँजता हुआ گونجتا ہوا؛ گونج پیدا کرنے والا

Resort : *n*. (re-zort) resorting; beauty spot आना जाना; सैरगाह رجوع؛ تفریح گاہ؛ سیر گاہ

Resound : *v*. (re-zort) to echo गूंजना; प्रतिध्वनि उत्पन्न क. گونجنا؛ صدا پیدا کرنا

Resource : *n*. (re-soohrs) source of help; device expedient अपाय; साधन مدد کا ذریعہ؛ تدبیر؛ راستہ؛ حل

Resourceful : *adj*. skilful in finding expedients; having resources उपाय कुशल; चतुर; अमीर باتدبیر؛ امیر؛ دولتمند

Resources : *n*. funds; means उपाय; दौलत وسائل؛ دولت؛ وسیلہ

Respect : *n*. (res-pekt) esteem; point; particular; connection; good wishes आदर; लिहाज़; पहलू सलाम عزت؛ احترام؛ ادب؛ بات؛ معاملہ؛ سلسلہ؛ ضمن؛ سلام؛ تسلیمات؛ آداب

Respect : *v*. to honour; to show respect; to consider आदर क.; लिहाज़ क.; ध्यान रखना عزت کرنا؛ ادب کرنا؛ لحاظ کرنا؛ خیال رکھنا

Respectable : *adj*. worthy of respect; having good name आदरणीय; प्रतिष्ठित قابلِ عزت؛ قابلِ احترام

Respectively : *adv*. of each in the order mentioned क्रमश; क्रमानुसार علی الترتیب؛ ترتیب وار

Resperse : *v*. (re-spers) to sprinkle छिड़कना چھڑکنا؛ بکھیرنا

Respiration : *n*. (res-pi-ray-shen) breathing; breath श्वसन; साँस लेना سانس لینا؛ سانس

Respirator : *n*. (-tor) artificial breathing system or mask; artificial lung श्वास-यंत्र آلۂ تنفس؛ مصنوعی پھیپھڑا

Respite : *n*. (res-pit) pause for rest; delay in carrying out a sentence विराम; आराम; सज़ा में विलम्ब; सज़ा में देरी آرام کی گھڑی؛ آرام کا وقفہ؛ سزا میں مہلت

Resplendence : *n*. (res-plen-dens) splendid; brilliance दीप्ति شاندار؛ درخشانی؛ چمکدار

Resplendent : *adj*. splendidly; brilliant तेजस्वी; जग-मगाता हुआ درخشاں؛ تابندہ؛ منور؛ چمکدار

Respond : *v*. (res-pond) to answer; to reply; to feel the effect उत्तर देना; पत्रव्यवहार देना; उत्तर में क. جواب دینا؛ خط و کتابت کرنا؛ ردعمل ہونا

Respondent : *adj*. answerable उत्तर देनेवाला جواب دہ؛ جواب دینے والا

Response : *n*. (res-pons) answer; reaction उत्तर; प्रतिक्रिया جواب؛ جوابی اقدام؛ ردعمل؛ تاثر

Responsibility : *n*. duty; being responsible दायित्व; जवाबदेही فرض؛ ذمہ داری؛ جوابدہی

Responsible : *adj*. (res-pons-i-bel) trustworthy; answerable; accountable

विश्वसनीय; प्रतिवादी; उत्तरदायी قابلِ اعتماد؛ معتبر؛ جوابدہ؛ ذمہ دار

Rest : *n*. (rest) free from work; repose; peace; quiet; sleep; suspension of activity; remainder विश्राम; नींद; शांति; शेष آرام؛ سکون؛ نیند؛ ٹھہراؤ؛ باقی

Rest : *v*. to stop work or exertion; to support or recline; to sleep; be left alone विश्राम क.; टेक लगाना; सोना; पड़ा रहना آرام کرنا؛ ٹیک لگانا؛ سونا؛ پڑا رہنا

Lay to rest : *ph*. bury; sleep दफ़न क.; नींद دفن کرنا؛ نیند

Restaurant : *n*. (res-to-rant) place where meals can be had on payment भोजनालय; रेस्तरा ریستوران؛ طعام خانہ؛ ریسٹورنٹ

Restful : *adj*. giving rest; calm सुखदायी; शांतिपूर्ण; शांत آرام دہ؛ پرسکون

Restitution : *n*. (res-ti-tew-shen) restoring; the act of restoring पुर्नवास; वापसी واپسی؛ بازدہی

Restive : *adj*. (res-tiv) stubborn; restless हठी; सुखरहित; बेचैन بے قابو؛ گردن کش؛ بے چین

Restless : *adj*. never taking rest; uneasy; fidgety अशांत; बेचैन; बेआराम آرام نہ کرنے والا؛ بے قرار؛ بے آرام؛ مضطرب؛ چلبلا؛ بے چین؛ بے صبر

Restoration : *n*. return; restoring; the act of recondition exactly as before वापसी; मरम्मत कर के पहले जेसा बना देना واپسی؛ بحالی؛ پہلے جیسا بنانے کا عمل

Restore : *v*. to give back; reinstate; recondition exactly as before वापस क.; मरम्मत क. واپس کردینا؛ بحال کرنا؛ مرمت سے پہلے جیسا بنا دینا

Restrain : *v*. (res-trayn) to withhold imprison रोकना; छोड़ना; दबाना; कैद क. روکنا؛ دبانا؛ چھڑانا؛ قید کرنا

Restraint : *n*. imprisonment; control; restraining रोक; निरोध; कैद; प्रतिबंध روک؛ قید؛ ضبطی؛ پابندی

Restrict : *v*. (res-trikt) keep with in bounds; limit रोक लगाना; प्रतिबंध लगाना; सीमित रखना روک لگانا؛ پابندی لگانا؛ محدود رکھنا

Restriction : *n*. (-shen) ban; limitation; निरोध; रोक; प्रतिबन्ध پابندی؛ تحدید؛ روک

Result : *n*. (re-zult) out come; effect; consequence फल; परिणाम نتیجہ؛ اثر؛ انجام

Resume : *n*. (ray-zew-may) summary; out line संक्षेप; सारांश خلاصہ؛ ملخص

Resume: *v*. (re-zewn) take up again; begin again; to take over again; to begin all over again पुनः आरम्भ होना; पुनः प्राप्त क.; संक्षेप तैयार क. پھر سے شروع کرنا؛ پھر بیٹھنا؛ دوبارہ حاصل کرنا

Resumption : *n*. (re-zemp-shen) resuming; fresh begining पुनरारंभ; पुनग्रहण دوبارہ قبضہ؛ ازسرنو آغاز

Resurrect : *v*. (rez-e-rekt) to take out of grave and give life; anew; to revive पुनर्जीवित क. या होना; दोबारा चालू क. قبر سے نکالنا؛ زندہ کرنا؛ جلانا؛ پھر سے زندہ کرنا

Resurrection : *n*. (-rek-shen) revival; rising of all the dead on Doomsday; Day of Judgement पुनरु-ज्जीवन; फिर से उठना; मृत्यु से उठने वाला پھر سے زندہ کرنا؛ حشر؛ قیامتِ حشر

Resuscitate : *v*. (re-sus-i-tayt) to

revive; to bring back to conciousness पुनर्जीवित क. زندہ کرنا؛ ہوش میں لانا؛ تازہ دم کرنا

Resuscitation : *n.* revival; consciousness पुनरुज्जीवन ہوش میں لانا؛ زندہ کرنا؛ تازہ دم ہونا

Retail : *n.* (ree-tayl) to sell in small quantities थोड़ा थोड़ा बेचना; फुटकर خوردہ فروشی؛ پھٹکل

Retail : *v.* to sell in small quantities फुटकर बेचना پھٹکل بیچنا؛ خوردہ فروشی کرنا

Retailer : *n.* wholesaler परचूनिया; फुटकार में रखना خوردہ فروش؛ پرچون فروش

Retain : *v.* (re-tayn) to keep; to hold रखना; अधिकार में रखना رکھنا؛ رکھ کر چھوڑنا؛ جاری رکھنا

Retaliate : *v.* (re-tal-i-ayt) to return evil for evil प्रतिक्रिया; बदला بدلہ لینا

Retaliation : *n.* (-ay-shen) tit for tat; return for evil प्रतिक्रिया; बदला جیسا کو تیسا؛ ترکی بہ ترکی جواب؛ بدلہ

Retard : *v.* (re-tah-rd) to delay; to make slow; to hinder रोकना; देर क. دیر کرنا؛ (رفتار) دھیمی کرنا؛ روکنا

Retardation : *n.* obstruction रोक; देर; विलम्भ مزاحمت؛ روک؛ دیر

Retention : *n.* (ri-ten-shen) memory स्मृति; स्मरण یادداشت؛ حافظہ

Reticence : *n.* (re-ti-sens) quietness; being reserved in speech मौन; अल्पभाषिता خاموشی؛ کم گوئی

Reticent : *adj.* reserved in speech; silent; quiet मौन; चुप خاموش؛ کم گو؛ چُپ

Retina : *n.* (ret-i-ne) screen inside eye दृष्टिपटल آنکھ کا پردہ

Retinue : *n.* (ret-i-new) attendants; servants नौकर; चाकर; सेवक نوکر چاکر؛ خدم وحشم

Retire : *v.* (re-ti-er) to send on pension on completion of term of service सेवानिवृत होना پنشن پر بھیجنا؛ پنشن پانا؛ ریٹائر

Retired : *adj.* having completed service; secluded; former सेवानिवृत; एकान्त; पहला ریٹائرڈ؛ پنشن یافتہ؛ سابقہ؛ خلوت گزیں

Retirement : *n.* seclusion; solitude; inactivity; retiring निवृत्ति; सेवानिवृत्ति; एकांत ریٹائرمنٹ؛ علاحدگی؛ تنہائی؛ آرام

Retort : *v.* (re-to-rt) answer back sharply; to throw back; to retaliate मुँहतोड़ उत्तर देना دندان شکن جواب دینا؛ واپس پھینکنا؛ ترکی بہ ترکی جواب

Retouch : *v.* (ree-tuch) to touch up अनुशोधन क. نوک پلک درست کرنا

Retrace : *v.* (ree-trays) to go back लौटना; पता लगाना واپس جانا یا کرنا؛ لوٹنا؛ پتہ لگانا

Retract : *v.* (ree-trakt) to take back; to draw back वापस लेना; सिकोड़ना; समेटना واپس لینا؛ سکیڑنا؛ سمیٹنا

Retreat : *v.* (re-tret) to withdraw; recede पीछे हटना; पीछे की ओर झुका हुआ होना پسپا ہونا؛ پیچھے ہٹنا؛ پیچھے کی طرف جھکا ہوا ہونا

Retrench : *v.* (re-trench) to cut off; to reduce; to slash काटना; कम क.; घटाना کاٹ ڈالنا؛ تخفیف کرنا؛ گھٹانا؛ کم کرنا

Retrenchment : *n.* reduction; cutting down of expenses; curtailment of economy घटाव; कमी; व्यय का घटाना گھٹاؤ؛ تخفیف؛ کمی

Retribution : *n.* (ret-ri-bew-shen) punishment for sin; vengeance प्रतिफल; प्रतिशोध; बदला کیے کی سزا؛ گناہوں کا بدلہ؛ بدلہ

Retrieve : *v.* (re-treev) to make good; to set right; to save; restore ठीक क.; बचाना; सुधारना درست کرنا؛ ٹھیک کرنا؛ بچانا؛ سدھارنا

Retrocede : *v.* (re-tro-seed) to grant back; to withdraw पीछे हटना پیچھے ہٹنا؛ واپس لوٹ جانا؛ واپس ہونا

Retrograde : *adj.* (re-tro-grad) moving backwards; become worse पीछे की ओर जाने वाला; प्रतिगामी پیچھے کی طرف جانے والا؛ دن بدن خراب ہونے والا

Retrogression : *n.* decline प्रतिगमन تنزل؛ انحطاط

Retrogressive : *adj.* declining प्रतिगामी; पश्चगामी مائل بہ انحطاط؛ رو بہ زوال

Retrospect : *n.* (ret-ros-pekt) a look on things past; view of past events; review of the past भूतकाल का ध्यान ماضی پر نظر؛ (گزری ہوئی چیز) کا جائزہ

Retrospection : *n.* reiewing the past अनुदर्श; पश्चदर्श گذشتہ جذبات کا جائزہ

Retrospective : *adj.* based on retrospection; effective from a past date पूर्वप्रभावी گذشتہ جذبات کے جائزے سے متعلق؛ کسی سابقہ تاریخ سے نافذ

Retrovert : *v.* (re-ro-vert) to turn back पीछे को घुमाना या मोड़ना پیچھے ہٹانا؛ پیچھے کو موڑنا

Return : *v.* (re-te-rn) to go back; to come back; to pay back; to send back वापस जाना; लौटना; वापस क. वापस भेजना واپس جانا؛ لوٹنا؛ پلٹنا؛ واپس کرنا؛ واپس بھیجنا

Return : *n.* repayment; retaliation; profit (on) वापसी; बदला; (आय) लाभ; प्रतिफल ادائیگی؛ بدلہ؛ حساب چکانا؛ آمدنی؛ نفع؛ منافع

Return ticket : *n.* ticket for a return jonrney वापसी टिकट واپسی کا ٹکٹ

Reunion : *n.* (ree-yew-ni-en) gathering of former colleagues; a rejoining पुनर्मिलन بچھڑے ہوؤں کا اجتماع؛ اتفاقِ جدید

Reveal : *v.* (re-veel) to disclose; to convey spiritual truth; to show प्रकट क.; प्रदर्शित क. انکشاف کرنا؛ آشکارا کرنا؛ ظاہر کرنا؛ فاش کرنا؛ وحی بھیجنا

Reveille : *n.* (re-vel-i) military signal for awakening बिगुल जगाने के लिए صبح کا بگل جگانے کے لیے

Revel : *v.* (rev-el) to make merry; to carouse; रंग रलियां मनाना رنگ رلیاں منانا؛ عیش و عشرت کرنا

Revelation : *n.* (rev-e-lay-shen) communication of sacred truths आकाश वाणी; देवी प्रकाशन وحی؛ الہام؛ انکشاف

Revelry : *n.* (rev-el-ri) festive mirth; noise merry making रंग रलियां; गुलछर्रे خوشی کا ہنگامہ؛ رنگ رلیاں

Revenge : *n.* (re-venj) retaliate प्रतिशोध; बदला بدلہ؛ انتقام

Revengeful : *adj.* full of revenge प्रतिशोधी کینہ جو

Revenue : *n.* (rev-e-new) an income; total annual income राज्य की वार्षिक आय; आय آمدنی؛ مالگذاری؛ لگان

Revenue stamp : *n.* revenue ticket रसीदी टिकट رسیدی ٹکٹ

Reverberate : *v.* (re-ver-ber-at) to echo; to resound गूँजना گونجنا؛ پلٹنا؛ صدا گونجنا

Reverberation : *n.* (-beray-shen) an echo; repercussion प्रतिध्वनि; परावर्तन گونج؛ دوررس اثرات

Revere : *v.* (re-vee-er) to venerate; to reverence आदर क.; सत्कार क.; मान क. عقیدت ہونا؛ عزت کرنا؛ تعظیم کرنا؛ بے حد احترام کرنا

Reverence : *n.* feeling of awe and deep respect; veneration आदर; मान; सत्कार عقیدت؛ عزت؛ احترام؛ تعظیم

Reverend : *adj.* (rev-e-rend) venerable; पूर्वज; आदरणीय بزرگ؛ محترم؛ معظم

Reverent/Reverential : *adj.* full of reverence श्राद्धालु; श्रद्धापूर्ण مودّب؛ مودّبانہ

Reverie : *n.* (rev-e-ri) day-dream दिवास्वप्न محویت

Reversal : *n.* (re-ve-r-sel) reversing; being reversed; a change of sentence परिवर्तन; उलटाव الٹا ہونا یا کرنا؛ تبدیلی

Reverse :*v&adj.* to repeal; to opposite; back; to set aside विपरीत; उलटा; बदल देना الٹنا؛ الٹا کرنا؛ دوسری جانب؛ بالکل بدل دینا

Reversion : *n.* demotion; reversing प्रत्यावर्तन; पदावनति الٹنا؛ پچھلی (چھوٹی) نوکری پر واپس کرنا

Revert : *v.* to return; to come back; to demote पलटना; फिर छोटी नौकरी पर वापस आना या भेजना کی طرف واپس آنا؛ پچھلی (چھوٹی) نوکری پر بھیجنا

Review : *v* to look back; to examine; to consider again पुनर्निरीक्षण क.; पुनर्विचार क. معائنہ کرنا؛ جائزہ لینا؛ نظرثانی کرنا؛ اعادہ کرنا

Revile : *v.* (re-vil) to rail at निन्दा क.; गाली देना گالیاں دینا؛ برا بھلا کہنا

Revise : *v.* (re-viz) reconsider संशोधन क.; सुधारना دوبارہ غور کرنا؛ نظرثانی کرنا

Revision : *n.* (re-vizh-en) revising; revised edition संशोधन; सुधार; संशोधित संस्करण نظرثانی؛ ترمیم شدہ اشاعت

Revisit : *v.* (ree-viz-it) to visit again पुनर्भेंट क.; फिर देखने जाना; फिर मिलने जाना دوبارہ دیکھنے کو جانا؛ دوبارہ ملنے جانا

Revival : *n.* (re-vi-vel) reviving; return to life संजीवन; पुनर्जीवन احیا؛ بحالی؛ ازسرنو زندگی؛ تازگی

Revive : *v.* (re-viv) renew; bring back to life; to reinstate; to give a new life; to bring back to consciousness जी उठना; पुनर्जीवित होना; होश में लाना; प्राण डालना تجدید کرنا؛ پھر سے زندہ کرنا؛ نئے سرے سے جان ڈالنا؛ نئی روح پھونکنا؛ ہوش میں لانا

Revocation : *n.* (re-vo-kay-shen) revoking प्रतिसंहरण تنسیخ

Revoke : *v.* (re-vohk) to cancel रद्द क. منسوخ کرنا؛ ردّ کرنا

Revolt : *v.* (re-vohlt) to rise in rebellion; to feel disgusted with विद्रोह क.; से घृणा क. بغاوت کرنا؛ گھن آنا

Revolution : *n.* (rev-o-lew-shen) a change of government in a country or state; a complete change in political or other set up; one complete turn of a wheel क्रांति; परिक्रमा; चक्र انقلاب؛ گردش؛ چکر

Revolutionary : *adj.* pertaining to or bringing about a revolution क्रांतिकारी انقلابی؛ انقلاب انگیز

Revolutionize : *v.* to change entirely आमूल परिवर्तन क. یکسر بدل ڈالنا؛ کایا پلٹ کر دینا

Revolve : *v.* (re-volv) to move round चक्कर खाना; घूमना گھومنا؛ گردش کرنا

Revolver : *n.* (re-vol-ver) a pistol; pistol with revolving chamber तमंचा; रिवाल्वर ریوالور؛ طمنچہ؛ پستول

Revulsion : *n.* (re-vul-shen) sudden violent change of feeling; hatred; disgust भाव परिवर्तन; घृणा سخت برگشتگی؛ انقلاب؛ دشمنی؛ نفرت

Reward : *n.* (re-wo-rd) prize; recompense; पुरस्कार; प्रतिफल; इनाम انعام؛ اجر؛ صلہ

Rewrite : *v.* (ree-rit) to write again फिर लिखना دوبارہ لکھنا؛ پھر لکھنا

Reynard : *n.* (ra-nard) a fox लोमड़ी روباہ؛ لومڑی

Rhapsody : *n.* (rap-so-di) highly emotional poem or music पुरजोश तक़रीर; नज़म या म्यिुज़िक پرجوش تقریر؛ موسیقی یا نظم

Rhetoric : *n.* (re-to-rik) impressive use of words; oratory; ornamental language साहित्य शास्त्र علم فصاحت و بلاغت؛ مرصّع زبان

Rheumatism : *n.* (room-e-tizm) disease cousing pain in joints गठिया وجع المفاصل؛ جوڑوں کا درد؛ گٹھیا کا درد

Rheumatic : *adj.* (roo-mat-ik) of or caused by rheumatism गठिया का रोगी وجع المفاصل کا مریض

Rhinoceros : *n.* (ri-nac-e-rus) a large animal with horn on nose गैंडा گینڈا

Rhomb : *n.* (romb) diamond-shaped parallelogram समचतुर्भुज شکل معین

Rhubarb : *n.* (roo-bah-rb) a plant with purgative root रेवतचीनी ریوند چینی

Rhyme : *n.* (rim) end in identical sound कविता लिखना ہم قافیہ ہونا؛ کلام موزوں کہنا

Nursery rhyme : *n.* poem for small children बालकों के लिए कविता بچوں کے لیے گیت؛ چھوٹے بچوں کے لیے گیت

Rhythm : *n.* (ridhm) meter; verse; regular ebb and flow लय; ताल بحر؛ وزن؛ اتار چڑھاؤ؛ شعر

Riant : *adj.* (ri-ant) jolly; gay प्रफुल्ल; प्रसन्नमुख خوشدل؛ ہنس مکھ

Rib : *n.* (rib) one of the front bones of the chest पसली پسلی

Ribald : *n&adj.* (rib-eld) a low; vulgar fellow; irreverent अशलील; आवारा; तुच्छ ذلیل؛ کمینہ؛ بدکار؛ بدزبان

Ribbon : *n.* (rib-en) length of colth of small breadth रेशमी फीता ربن؛ فیتہ؛ ریشمی فیتہ

Rice : *n.* (ris) a well-known cereal; a kind of esculent grain चावल; अक्षत; धान دھان؛ چاول

Rich : *adj.* (rich) wealthy; opulent धनी; धनवान دولتمند؛ مالدار؛ امیر

Riches : *n.* wealth; property धन; सम्पत्ति دولت؛ جائیداد

Richness : *n*. being rich; being fatty दौलतमंदी; चरबीदार دولتمندی؛ مرغّن

Rick : *n*. (rik) thatched stack of hay पयाल का लिपा हुआ बन्द ढेर بھوسے وغیرہ کا لپا ہوا بند ڈھیر

Rickets : *n*. (rik-ets) children's disease causing softening of bones सुखा; सुखंडी سوکھا؛ مسان

Rickety : *adj*. weak-jointed; diseased with rickets; shaky कमज़ोर; गठिया का रोगी کمزور؛ بودا؛ ڈھیلے جوڑ کا

Rickshaw : *n*. (rik-shaw) small two wheeled carriage रिकशा رِکشا؛ چھوٹی دو پہیوں کی گاڑی

Rid : *v*. (rid) clear; to set free पाक; छुटकारा दिलाना; मुक्त क. پاک؛ چھڑانا؛ آزاد کرانا

Riddance : *n*. (rid-ens) deliverance छुटकारा; रिहाई رہائی؛ خلاصی؛ نجات

Riddle : *n*. (rid-el) an enigma; puzzling; question; difficult situation; sieve पहली; रहस्य; छलनी معمّہ؛ پہیلی؛ الجھن؛ مشکل؛ چھلنی

Ride : *v*. (rid) journey; riding; riding road सवारी; सैर; धुड़सवारी گاڑی کا سفر؛ سیر؛ گھڑسواری؛ سواری کی سڑک

Ride : *v*. to sit on; to move along; to float सवार होना; चलाना; तैरना سوار ہونا؛ سواری کرنا؛ چلانا؛ تیرنا

Rider : *n*. (ri-der) one who rides; amendment; additional clause सवार; संशोधन; अनुवृद्धि سوار؛ تبدیلی؛ مزید شق

Ridicule : *v*. (rid-kewl) to expose; to laughter अपहास क.; खिल्ली उड़ाना مذاق اڑانا؛ منہ چڑانا؛ تمسخر کرنا

Ridiculous : *adj*. causing laughter; absurd हास्यास्पद; बेतुका تمسخر آمیز؛ بے تکا؛ مضحکہ خیز

Riding : *n*. (rid-ing) getting on horseback and traveling thus घुडसवारी گھوڑے کی سواری

Rife : *adj*. (rif) prevalent; abounding; commonly occuring; full (with) फैला हुआ; प्रचालित; भरा हुआ پھیلا ہوا؛ غالب؛ عالمگیر؛ بھرا ہوا

Rifle : *n*. (rif-el) rifled gun राईफ़ल رائفل؛ پیچدار نالی کی بندوق

Rift : *n*. (rift) a cleft; a breach; a rupture; difference दराड़; अन बन دراڑ؛ شگاف؛ اختلاف

Rig : *v*. (rig) to equip ship (जहाज) को सुसज्जित क. (جہاز) کے بادبان لگانا

Rigging : *n*. ropes etc of a ship's sails जहाज का साज-सामान या रस्से (بادبانوں وغیرہ کے) رسّے

Right : *adj*. (rit) suitable; straight; opposit of left उचित; ठीक; दायाँ مناسب؛ ٹھیک؛ دایاں

Right angle : *n*. angle of 90 degrees समकोण; नब्बे डिग्री का कोण زاویہ قائمہ

Righteous : *adj*. (ri-chus) virtuous; just God fearing सच्चा; धार्मिक; पवित्र نیک؛ انصاف پرور؛ خداترس

Rightful : *adj* . lawful; honest न्यायपूर्ण; सच्चा; उचित سچا؛ ایماندار؛ حقدار؛ مناسب

Rigid : *adj*. (rij-id) hard unbending thing; strict; stiff; non-flexible कठोर; सख़्त; कड़ा سخت؛ بے لوچ؛ کڑا

Rigidity : *n*. stiffness; inflexibility कड़ापन; कर्कशता سختی؛ کڑاپن؛ لچک نہ ہونا

Rigmarole : *n.* (rig-me-rohl) long pointless talk or story अनाप-शनाप بے سر و پا باتیں؛ بکواس

Rigorism : *n.* (rig-o-rism) harshness; strictness कड़ापन; कड़ाई; सख़्ती سختی؛ کڑاپن

Rigour : *n.* (rig-er) severity; strictness; harshness कड़ापन; दृढ़ता سختی؛ بدن یا گوشت کا اکڑ جانا

Rigorous : *adj.* (rig-o-rus) harsh; strict; stiff कड़ा; कठोर; सख़्त سخت؛ سخت گیر

Rill : *n.* (ril) small brook नदिका ندی؛ چھوٹی ندی؛ نالا

Rim : *n.* (rim) raised edge किनारा; बाढ़ کنارا

Rind : *n.* (rind) hard peel of tree; a hard peel of fruit छाल; छिलका درخت کی چھال؛ چھلکا

Ring : *n.* (ring) metal circle for finger; circle; enclosure; sound of ringing मुद्रिका; छल्ला; घेरा; घन्टी की टन-टन انگوٹھی؛ انگشتری؛ حلقہ؛ احاطہ؛ گھنٹی کی ٹن ٹن

Ring-finger : *n.* third finger of the left hand मुद्रिका वाली उंगली انگوٹھی والی انگلی

Ringlet : *n.* (ri-ng-let) a small ring; small lock of hairs छोटी सी मुद्रीका; बालों की छोटी सी लट چھلا؛ انگشتری؛ بالوں کی چھوٹی سی لٹ

Ringworm : *n.* a skin disease like eczema दाद داد

Rink : *n.* (rink) floor for skating बर्फ़ का मैदान اسکیٹنگ کرنے کا فرش؛ برف کا میدان؛ رِنک

Rinse : *v.* (rim) to wash; to clean by washing स्वच्छ क.; धोना صاف کرنا؛ دھونا؛ کھنگالنا؛ پانی سے دھوکر صاف کرنا

Riot : *n.* (ri-ot) violent tumult; disturbance; uproar दंगा; बलवा; गुलगपाड़ा فساد؛ بلوہ؛ دنگا؛ ہنگامہ؛ غل غپاڑہ

Riotous : *adj.* (ri-o-tus) noisy; boisterous; dissolute ऊधमी; लम्पट; बलवाई ہنگامہ خیز؛ عیاشانہ؛ دنگی

Rip : *v.* (rip) to cut open; to slash; to tear चीरना; फाड़ना; काटना زور سے پھاڑنا؛ کاٹنا؛ پھاڑنا

Rip : *n.* long cut; cleft; torn place चारा; शिगाफ़; खोंचा چیرا؛ شگاف؛ کھونچا

Ripe : *adj.* (rip) longer raw; mature पूरा पक्का हुआ; पूर्ण پکا ہوا؛ پختہ؛ تیار

Ripeness : *n.* being ripe; no longer being raw; ready पूर्णविकसित; तैयार پختگی؛ پکا ہوا ہونا؛ تیار

Ripping : *adj.* (rip-ing) splendid; delightful मनमोहक; लुभावना شاندار؛ دلکش؛ خوش کن

Ripple : *adj.* (rip-el) tiny wave छोटी लहर ہلکی لہر؛ ہلکورا

Rise : *v.* (rize) to get up; to ascend; to increase (of price) चढ़ना; बढ़ना; उदित होना اٹھنا؛ جاگ اٹھنا؛ چڑھنا (نرخ وغیرہ)؛ طلوع ہونا (سورج)

Risible : *adj.* (ri-zi-bel) exciting laughter; ridiculous हँसी योग्य خندہ آور؛ ہنسانے والا

Rising : *n.* (ri-zing) ascent; coming out; rebellion; in surrection चढ़ना; विद्रोह چڑھنا؛ طلوع؛ نکلنا؛ بغاوت

Risk : *n.* (risk) danger; hazard; suspicion of dangers जोखिम; ख़तरा خطرہ؛ جوکھم

Risky : *adj.* (ris-ki) dangerous;

causing suspicion of danger जोखिम-भरा; जोखिमी خطرناک؛ پرخطر؛ جوکھوں کا؛ پراندیشہ

Rite : *n.* (rit) a religious ceremony; a solemn act of religion रीति रिवाज رسم؛ ریت؛ رواج

Ritual : *adj.* (rit-ew-el) pertaining to rites विधि के अनुसार; धार्मिक مذہبی رسوم کا

Ritual : *n.* system of rites धर्मविधि رسومات؛ عبادت کی رسوم

Rival : *n.* (ri-vel) a competitor; equal; one competing प्रतिदून्दी; मुक़ाबिल حریف؛ رقیب؛ مقابل؛ ہمسر

Rivalry : *n.* (-ri) vying (with) प्रतिद्वन्द्विता حریف؛ مدّ مقابل ہونا؛ رقابت

Rive : *v.* (re-iv) to split; to be divided चीरना; फाड़ना چیرنا؛ پھاڑنا

River : *n.* (riv-er) a stream of water; a large natural stream दरिया; सरिता دریا

Rivet : *n.* (riv-et) thick nail with cap at both end रिवट; दोहरे सिरे की कील ریوٹ؛ دہرے سرے کی کیل

Rivulet : *n.* (riv-ew-let) small river; a brook नदीका; नाला ندی؛ نالا

Road : *n.* (rohd) path; a large way for travelling; way सड़क; राजपथ राजमार्ग سڑک؛ راہ؛ راستہ

Roadside : *n.* side of a road सड़क का किनारा سڑک کا کنارا

On the roadside : *ph.* along the road सड़क के किनारे سڑک کے کنارے

Roam : *v.* (rohm) to ramble; to wander over अवारा घूमना; भटकते फिरना آوارہ گھومنا؛ گشت لگانا؛ بھٹکتے پھرنا

Roar : *n.* (rohr) loud and deep sound; shout; cry (of a lion) गरज; दहाड़ा گرج؛ دہاڑ؛ چنگھاڑ

Roar : *v.* to make a loud noise गरजना; दहाड़ना گرجنا؛ چنگھاڑنا؛ دہاڑنا

Roast : *v.* (rohst) to parch by heat; to cook in oven भूनना; कबाब क.. بھوننا؛ کباب کرنا؛ روسٹ کرنا

Rob : *v.* (robb) to plunder लूटना لوٹنا

Robber : *n.* plunderer; a thief; thief using violence डाकू; लुटेरा ڈاکو؛ لٹیرا؛ راہزن؛ قزاق

Robbery : *n.* (rob-be-ri) plundering; robbing लूटमार; चोरी; डाका; डकैती ڈاکہ؛ چوری؛ قزاقی

Robe : *n.* (rohb) long outer garment; a dress of dignity चोला; चोग़ा چغہ؛ جامہ؛ لبادہ؛ عبا

Robot : *n.* (roh-bot) automaton; automatic device; machine like person रोबोट; मशीनी पुरुष روبوٹ؛ مشینی آدمی؛ مصنوعی انسان؛ کلدار آدمی

Robust : *adj.* (roh-bust) vigorous; sensible; sinewy; strong स्वस्थ; तगड़ा; सन्तुलित قوی؛ مضبوط؛ سمجھدار؛ ہوشمند

Rock : *n.* (rok) reef; big piece of stone चट्टान; समुंद्री चट्टान چٹان؛ سمندری چٹان

Rock : *v.* to move to and fro; to put to sleep; to shake (cradle) झुलाना; हिलाना جھلانا؛ لوری دینا؛ لوری دے کر سلانا

Rocket : *n.* (rok-et) an artificial fire work अग्निबान; हवाई बान راکٹ؛ ہوائی راکٹ؛ اگنی بان

Rocksalt : *n.* (rok-salt) a mineral salt कान से निकला हुआ नमक کان سے نکلا ہوا نمک

Rocky : *adj* . (ro-ki) full of rocks; stony; as hard as rocks चट्टानों से भारा हुआ; चट्टान जैसा چٹانوں سے بھرپور؛ پتھریلا؛ سنگلاخ

Rod : *n*. (rod) long straight stick डण्डा छड़ी; छड़ ڈنڈا؛ چھڑی؛ چھڑ

Rodent : *n*. (roh-dent) any gnawing animal like a mouse कुतर खाने वाला पशु کترنے والا جانور

Roe : *n*. (roh) small kind of deer; female of the hart; mass of eggs in a fish चिकारा; मछली का अन्डा ایک قسم کا ہرن؛ چکارا؛ مچھلی کے بیضہ دان میں انڈوں کا گچھا

Roebuck : *n*. make roe मृग; हिरण نر چکارا؛ چکارا؛ ہرن

Rogue : *n*. (rohg) a vagabond; rascal; swindler cheater दुष्ट; छलिया; बदमाश بدمعاش؛ دھوکے باز؛ ٹھگ

Roguery : *n*. a rogue's trickery ठगी; छलकपट ٹھگی؛ دھوکے بازی

Roguish : *adj*. (roh-gish) mischievous; dishonest शैतान; शरीर; नटखट; बेईमान شیطان؛ شریر؛ دھوکے باز؛ فریب کار؛ بے ایمان

Roister : *v*. (rois-ter) to make merry noisily रंग रलियाँ मनाना دھا چوکڑی مچانا؛ اودھم مچانا؛ رنگ رلیاں منانا

Role : *n*. (rohl) part played (in drama etc) भूमिका; पार्ट کردار؛ پارٹ

Roll : *v*. (rohl) to move rotatingly; to rotate; to fold like a cylinder लुड़काना घूमना; गोल गडडी; लपेटना لڑھکانا؛ لڑھکنا؛ گھومنا؛ گھمانا؛ لپیٹنا

Roll : *n*. list of names; register; list नामावली; पंजी; सूची ناموں کی فہرست؛ رجسٹر؛ فہرست

Roll call : *n*. calling attendance उपस्थिति; हाज़िरी حاضری

Roller : *n*. clinder for flattening floor रोलर; बेलन رولر؛ بیلن

Roller skate : *n*. wheeled skate पहियेदार खड़ाऊ پہیے دار کھڑاؤں

Rolling pin : *n*. dough roller बेलन بیلن

Rolling stock : *n*. railway engines; coaches etc चल स्टाक; गाड़ियाँ محکمۂ ریل کے انجن، ڈبے وغیرہ

Rolling stone : *n*. one sticking to no profession लुढ़कता पत्थर لڑھکتا پتھر

Rollicking : *adj*. (rol-i-king) boisterous धमाचौकड़ी वाला اودھم والا؛ دھاچوکڑی یا رنگ رلیوں والا

Roman : *n*. (roh-man) citizen of Rome; ordinary straight type रोमी; रोम-निवासी (قدیم) روما کا باشندہ؛ رومن

Roman : *adj*. pertaining to ancient Rome रोमी; प्राचीन रोम का قدیم روما کا؛ رومی

Roman Catholic : *n&adj*. follower of the Christion church of Rome रोमन कैथोलिक کیتھولک؛ رومن کیتھولک

Roman numerals : *n*. roman system of notation रोमी न. رومی ہندسے

Romance : *n*. (ro-mans) a story or novel of love and adventure कहानी; गाथा गल्प داستان؛ قصہ؛ رومانی داستان

Romantic : *adj*. (ro-mant-ik) imaginative; fictitious; unpractical रोमानी मनगढ़न्त; अव्यावहारिक رومانی؛ تخئیلی؛ من گھڑت؛ غیر عملی

Romp : *v*. (ro-mp) to run about and play roughly कलोल क.; कूद फाँद क.; उछल कूद क. اچھل کود کرنا؛ کود پھاند کرنا؛ اندھادھند دوڑنا

Romper : *n.* child's overall शिशु के भोजन और खेल के वस्त्र بچوں کے کھانے اور کھیل کے کپڑے

Roof : *n.* (roof) the cover of a house or building; house छत; घर چھت؛ مکان

Roof of the world : *n.* high plateau (esp. of Tibet) बहुत ऊँचाई بہت بلند سطح مرتفع تبت

Rook : *n.* (ruk) large kind of crow; one of the two major pieces on sides (in chess); swindler पहाड़ी कौआ; हाथी (शतरंज में); धोखेबाज़ پہاڑی کوا؛ (شطرنج میں) ہاتھی؛ دھوکے باز

Rookery : *n.* (-ri) a resort of thieves; place where crows lives चोरों का अड्डा; गन्दी बस्ती چوروں کا اڈہ؛ کوّوں کا اڈّہ؛ گندی بستی

Room : *n.* (rum) apartment; chamber; place; capacity कमरा; कोठरी; स्थान; कक्ष کمرہ؛ کوٹھری؛ دالان؛ گنجائش؛ جگہ

Roomy : *adj.* (roo-mi) spacious; wide; large चौड़ा; बड़ा; विस्तृत کشادہ؛ وسیع؛ بڑا؛ گنجائش والا

Roost : *n.* (roost) perch; lodge; hencoop बसेरा; पक्षीयों का रैन बसेरा پرندوں کا رین بسیرا؛ رین بسیرا؛ مرغیوں کا ڈربہ

Rooster : *n.* cock मुरगा مرغا؛ مرغ

Root : *n.* (root) part of plant in earth; basis real cause; stem जड़; मूल; मूल कारण; आधार جڑ؛ اصل؛ تہ؛ مادہ

Root out : *v.* to extirpate it जड़ से उखाड़ना; उन्मूलन क.; मिटा देना جڑ سے اکھاڑنا؛ مٹا دینا

Rooted : *adj* (root-ed) fixed गहरा; भूमी में जड़ पकड़े हुए زمین میں جڑ پکڑے ہوئے؛ گہرا

Rope : *n.* (rohp) thick cord; a thick hempen cord रस्सा رسّہ؛ رسّی

Rope Dancer : *n.* performer on tight rope नट बाज़ीगर نٹ؛ بازیگر

Rope trick : *n.* supposed trick of throwing rope in air and scaling it as a pole; magical trick जादू का खेल; रसन बाज़ी رسن بازی؛ جادو کا کھیل

Rope's end : *n.* short piece of rope for flogging दर्रा درہ

Ropy : *adj.* (rou-pi) viscous; glutinous; tenacious चीपदार; लेसदार; लसलसा چپچپا؛لیسدار

Rosary : *n.* (roh-ze-ri) a string of beads; rose garden हार; माला गुलाब-उधान; गुलाब क्यारी تسبیح؛ سبحہ؛ ہار؛ مالا؛ گلستان؛ گلاب کا باغ

Rose : *n* (rohz) a fragrant flower; pink colour गुलाब का फूल; गुलाबी रंग گلاب کا پھول؛ گلابی رنگ

Roseate : *adj.* (rohzi-ayt) rose coloured गुलाबी रंग گلابی رنگ

Roster : *n.* (ros-ter) a list of persons or duty कर्मचारियों की सूची فہرست فرد

Rostrate : *adj.* (ros-trayt) beaked चोंचदार چونچ دار؛ چونچ کی طرح

Rostrum : *n.* (ros-trum) public speaking dais or pulpit; beak मंच; चोंच منبر؛ پلیٹ فارم؛ چونچ

Rosy : *adj.* (roh-zi) rose coloured; healthy; bright (future) गुलाबी; गुलाब की तरह;आशावादी گلابی؛ گلابی رُخسار؛ پرامید (مستقبل)

Rot : *v.* (rot) to putrify; to make putrid; to decay सड़ना; गलना سڑنا؛ گلنا

Rotary : *adj.* (roh-te-ri) having

circular motion चक्रीय; घूर्णी گھومنے والا؛ گردش کرنے والا

Rotary : *n*. printing press; printing machine घूर्णन मशीन گرداں مطبع؛ چھاپنے کی گھماؤ مشین

Rotate : *v*. (ro-tayt) to move round an axis; alternate चक्कर खाना; घूमना; चक्रानुसार محوری گردش کرنا یا دینا؛ باری باری آنا یا لانا

Rote : *n*. (roht) by heart; without thinking; a harp; repetition of words रट लेना; रट डालना حفظ؛ ازبر؛ زبانی؛ بغیر سوچے سمجھے؛ برزبان

Rotten : *adj*. (rot-en) decayed; putrid; gone bad सड़ा हुआ; गला हुआ سڑا ہوا؛ گلا ہوا؛ گندا

Rotund : *adj*. (roh-tund) round; circular; plump गोल; गोल-मटोल گول؛ گول مٹول؛ گول گپا

Rotundity : *n*. roundness; circularity गोलाई; चक्करदार روبل؛ چکردار

Rouble : *n*. (roo-bel) Russian Coin रुबल; रुसी सिक्का روبل؛ روسی سکہ

Rouge : *n*. (roozh) red powder for cheeks रुज़; गालों पर लगाने का पाउडर سرخی؛ گلگونۂ عارض؛ لالی؛ روز

Rough : *adj*. (ruf) not smooth; uneven; crude; stern; stormy; first attempt रुक्ष; खूरदुरा; ऊँचा-नीचा; रुखा; तूफ़ानी; रफ़ ناہموار؛ کھردرا؛ بھونڈا؛ تندخو؛ طوفانی؛ رف؛ ابتدائی

Rougly : *adv*. about; approximately लगभग; मोटे हिसाब से تقریباً؛ انداز سے

Roulette : *n*. (roo-let) revolving disk for gambling जुऐ का घूमने वाला तख़्ता; रुलेट جوئے کا گھومنے والا تختہ؛ رولیٹ

Round : *adj*. (round) circular; spherical; complete गोल; पूरा گول؛ مدوّر؛ پورا؛ مکمل

Rounabout : *adj*. indirect; circular enclosure at the crossroads पेचीदा; फेर का; चौक का चक्कर اِدھر اُدھر سے؛ پیچیدہ؛ پھیردار؛ چوک کا چکّر

Roundly : *adv*. plainly; almost; circularly; thoroughly भली भाँती; पूरी तरह से; चक्कर लगा कर تقریباً؛ صاف صاف؛ اچھی طرح سے؛ بخوبی

Roundness : *n*. being round; being circular गोलाई گولائی؛ مدوّر ہونا

Rouse : *v*. (rouz) to wake up; to excite; to stir up स्वप्न से जगाना; उभारना; जोश दिलाना جگانا؛ اکسانا؛ ابھارنا؛ جوش دلانا

Rout : *n*. (rout) a defeat; disorderly retreat घोर पराजय; भगदड़ شکست فاش؛ بھگدڑ

Route : *n*. (root) a way; road; course of journey मार्ग راستہ؛ سڑک

Routine : *n*. (roo-tine) customary course of action नित्यक्रम ضابطہ؛ معمول؛ دستور

Rove : *v*. (rohv) to ramble; to roam इधर उधर फिरना; चक्कर लगाना ادھر اُدھر پھرنا؛ چکر لگانا؛ مٹر گشتی کرنا

Rover : *n*. a wonderer; a rambler; pirate आवारा; धूमने वाला; समुद्ररी डाकू مٹر گشتی کرنے والا؛ گھومنے والا؛ سمندری ڈاکو

Row : *n*. (rou) a range of man or things; line पंक्ति; कतार قطار؛ صف

Row : *n*. noisy dispute; riotous noise कोलाहल; हंगामा ہنگامہ؛ جھگڑا

Kick up a row : *ph*. to raise dispute कोलाहल उठाना جھگڑا کھڑا کرنا

Rowdiness/Rowdysim: *n*. rowdy behaviour दंगा; कोलाहल دنگا فساد؛ ہنگامہ پروری

Rowdy : *adj*. (rou-di) disorderly and noisy (person) दंगाई; हुल्लड़बाज جھگڑالو؛ فسادی؛ دنگئی

Rower : *n*. (roh-er) oarsman चप्पू चलाने वाला چپو چلانے والا

Royal : *adj*. (roi-el) regal; pertaining to sovereign शाही; राजकीय شاہی

Royality : *n*. (-ti) prerogative; part of income (on book) paid to copyright owner राजाधिकार; रायल्टी حق شاہی؛ اختیارات شاہی؛ حق تصنیف؛ رائلٹی

Rub : *v*. (rup) to scrape; to scour रगड़ खाना; माँझना; साफ करना رگڑ کھانا؛ مانجھنا؛ صاف کرنا

Rubber : *n*. (rabbar) on that rubs; eraser रबड़ گلنے یا گھسنے والا ربڑ؛ مٹانے والا ربڑ

Rubbing : *n*. scrapping; scouring मलना; रगड़ कर साफ़ करना; रगड़ ملنا؛ رگڑ کر صاف کرنا؛ رگڑ

Rubbish : *n*. (rub-ish) refuse; non sense कूड़ा-करकट; बकवास کوڑا کرکٹ؛ فضول بکواس

Rubicund : *adj*. (roob-i-kund) red faced; ruddy लाल; लाल मुख वाला سرخ چہرے والا؛ سرخ وسفید؛ لال گلال

Ruby : *n*. (roo-bi) a precious stone; a kind of gem मानिक; लाल; याकूत لعل؛ یاقوت

Ruck : *n*. (ruk) crowd; commom run; crease भीड़; जनसाधारण; सिलवट بھیڑ؛ اژدہام؛ عام دوڑ؛ شکن؛ سلوٹ

Rudder : *n*. (rud-er) steering piece at back of boat पतवार پتوار

Ruddy : *adj*. (rud-i) healthly red; redish स्वास्थ; लाल سرخ وسفید؛ سرخ لال؛ صحت مند

Rude : *adj*. (rood) disrespectful; imperfect; discourteous; insolent गुस्ताख; कच्चा; भद्दा; ढीठ گستاخ؛ بے ادب؛ کچا؛ بھدّا؛ ڈھیٹ

Rudness : *n*. disrespect; misbehaviour; crudeness; harshness गुस्ताखी; भद्दापन; रूखापन گستاخی؛ بدتمیزی؛ بھداپن؛ روکھاپن

Rudiments : *n*. (ru-di-ment) the first elements (of science or language) नियम; जड़ اصول؛ بنیاد؛ قاعدہ

Rue : *v*. (roo) to grieve for पछताना; चिन्ता क. پچھتانا؛ پشیمان ہونا؛ رنج کرنا

Rue : *n*. remorse पछतावा; चिन्ता پچھتاوا؛ پشیمانی

Rueful : *adj*. doleful; sorrowful शोकपूर्ण; उदास غمگین؛ پشیمان؛ افسردہ؛ اداس

Ruffian : *n*. (ruf-yen) violent bully; a brutal fellow गुण्डा; बदमाश غنڈہ؛ بدمعاش؛ وحشی

Ruffle : *v*. (ruf-el) to worry; to disorder; to cause ripples; to disturb; to shuffle परेशान क.; क्रम रहित क.; लहरें पैदा क.; घबरा देना; फेंटना پریشان کرنا؛ بے ترتیب کرنا؛ ہلکی لہریں پیدا کرنا؛ گھبرا دینا؛ پھینٹنا

Rug : *n*. (rug) thick woolen mat; wrap ग़लीचा; कालीन; कम्बल قالین؛ غالیچہ؛ کمبل

Rugby : *n*. (rugbi) a kind of football game in which hands are also used रग्बी फुटबाल رگبی؛ رگبی فٹ بال

Rugby Football : *n.* (rugbi-foot-ball) rugger; a kind of football game रगबी फुटबॉल رگبی فٹ بال؛ ایک قسم کا فٹ بال کا کھیل جس میں آدمی ہاتھ کا بھی استعمال کر سکتا ہے

Rugged : *adj.* (rug-ed) irregular craggy (coast); rough; wrinkled ऊँचा नीचा; खुरदुरा; झुर्रीदार اونچا نیچا؛ چٹانوں والا کٹا پھٹا ساحل؛ سخت ناہموار؛ شکن دار

Ruin : *n.* (roo-in) distruction; fall; downfall विनाश; सत्यानाश; विध्वंस تباہی؛ خاتمہ؛ بربادی

Ruined : *adj.* destroyed बरबाद; तबाह برباد؛ تباہ حال؛ تباہ

Ruinous : *adj.* (roo-i-nus) in ruins; dilapidated खंडरा; टूटा फूटा کھنڈر؛ ٹوٹا پھوٹا

Rule : *n.* (rool) government; authority; law; strip for drawing; straight lines राज; शासन; नियम रूलर; कानून حکومت؛ قانون؛ قاعدہ؛ مسطر؛ رول؛ پیمانہ

Ruler : *n.* one who rules; strip for drawing straight lines शासक; रूलर حکمران؛ رولر؛ مسطر؛ پیمانہ

Rum : *n.* (rum) suger cane liquor रम; गन्ने की शराब گنے کی شراب؛ رَم

Rumble : *n.* (rum-ble) low heavy rolling sound गरज; गड़गड़ाहट گرج؛ گڑگڑاہٹ

Ruminant : *n.* (room-i-nent) rumiating animal जुगाली करने वाला पशु جگالی کرنے والا جانور

Ruminate : *v.* (room-i-nayt) to chew the cud; to muse; to think deeply जुगाली क.; सोच विचार क. جگالی کرنا؛ سوچنا؛ غور و خوض کرنا

Rummage : *v.* (rum-ij) to ransack; to find; to search छान डालना; खोजना; खोज निकालना چھان ڈالنا؛ تلاشی لینا؛ ڈھونڈ نکالنا

Rumour : *n.* (room-er) hearsay; a popular report अफवाह افواہ؛ جھوٹی بات

Rumour : *v.* to spread rumour further अफ़वाह फैलाना افواہ پھیلانا

Rump : *n.* (rump) buttocks नितम्ब; चूतड़; कुलहे का मांस چوتڑ؛ سرین؛ کولہے کا گوشت

Run : *v.* (run) to moving fast; to moving fast without putting the whole foot on the ground; to go quickly दौड़ना; तेज चलना; भाग कर जाना تیز چلنا؛ تیز دوڑنا؛ بھاگ کر جانا

Runner : *n.* (run-er) one who runs; courier दौड़ने वाला; हरकारा دوڑنے والا؛ ہرکارا؛ قاصد

Runner-up : *n.* competitor standing second मुकाबले में दूसरे नं. पर आने वाला مقابلے میں دوسرے نمبر پر آنے والا

Running : *adj.* continuous लगातार مسلسل؛ لگاتار

Runway : *adj.* (run-way) paved track for air craft रनवे; दौड़ पथ رن وے؛ ہوائی اڈّے پر طیارے کی اڑان کی سڑک

Rung : *n.* (rung) step of a ladder सीढ़ी का डंडा سیڑھی کا ڈنڈا

Rupee : *n.* (roo-pee) a sliver coin; a note नोट; रूपया; चाँदी की मुद्रा روپیہ؛ چاندی کا سکہ؛ نوٹ

Rupture : *n.* (rup-cher) a breach of peace; eruption; end of friendship फूट; झगड़ा; सम्बन्ध तोड़ना پھوٹ؛ جھگڑا؛ ناچاقی

Rural : *adj.* (roo-ral) rustic; pertaining to villages; rude गवार; देहाती; असभ्य گنوار؛ اُجڈ؛ دیہاتی؛ اکھڑ

Ruse : *n.* (rooz) deceitful trick; artifice; stratagem चाल; बहाना; छल چال؛ بہانہ؛ چھل

Rush : *v&n.* (rush) to dash forward; to attack suddenly and occupy; crowd; strong demand; pressure of work तेजी से जाना; अचानक अक्रमण करके कब्जा कर लेना; भीड़; काम का जोर تیزی سے جانا یا بھیجنا؛ اچانک حملہ کرکے قبضہ کرلینا؛ بھیڑ؛ ہجوم؛ رش؛ کام کا زور

Rushlight : *n.* (rush-lit) very dim light धीमा प्रकाश دھیمی روشنی

Rusk : *n.* (rusk) bread rebaked रस; पापा; बिस्कुट پاپا؛ بسکٹ؛ رس

Rust : *n.* (rust) a brownish matter forming on iron through oxidization जंग; मोरचा زنگ؛ مورچہ

Rustic : *adj.* see rural

Rusticate : *n.* (rus-ti-kayt) lead a rural life; expel temporary from college देहाती ज़िन्दगी बसर क.; देहात में बस जाना; विद्यार्थी को अस्थाई रूप से कालिज से निकाल देना دیہاتی زندگی بسر کرنا؛ عارضی طور پر کالج سے خارج کردینا

Rustication : *n.* expulsion अस्थाई बहिष्कार عارضی اخراج

Rustle : *n.* (rus-tel) sound of leaves breeze सरसराहट سرسراہٹ

Rusty : *adj.* (rus-ti) covered with rust ज़ंग लगा हुआ زنگ آلود

Rut : *n.* (rut) wheel track; fixed habit; the track of a cart wheel लीक; पक्की आदत; पहिये का निशान لیک؛ پکی عادت؛ پہیہ کا نشان

Ruthful : *adj.* (ruth-ful) merciful दयावान; रहमदिल رحم دل؛ نرم دل

Ruthless : *adj.* pitiless; cruel निर्दयी; संगदिल; क्रूर; निष्ठुर ظالم؛ بے رحم؛ سنگ دل؛ بے درد

Rye : *n.* (ri) a kind of food grain राई; एक प्रकार का अनाज ایک قسم کا غلہ؛ دیوگندم؛ رائی

Ryth : *n.* (reith) a lord घाट; घारा گھاٹ؛ دھارا

Ryot : *n.* (ri-ot) landless peasant; Indian cultivator किसान کسان؛ رعیّت

S

S : *n.* nineteenth letter of the english alphabet अंग्रेजी अक्षर माला का उन्नीसवाँ अक्षर ایس؛ انگریزی حروف تہجی کا انیسواں حرف

Sabbath : *n.* (sab-ath) day of rest every week according to Jews or Christians विश्राम दिवस; आराम का दिन; विश्राम سبت؛ یوم استراحت؛ آرام

Sable : *n.* (say-bel) fur of an arctic animal समूर की खाल سمور کی کھال

Sable : *adj.* dark; black; dark black काला; गहरा काला کالا؛ سیاہ؛ کالا سیاہ

Sabot : *n.* (sa-bot) a wooden shoe काठ का जूता ایک قسم کا لکڑی کا جوتا

Sabotage : *n.* (sab-o-tij) wilful damage to machinery etc. तोड़-फोड़; ध्वंसन توڑ پھوڑ؛ تخریب کاری

Sabotage : *v.* to commit sobotage on; to destroy तोड़-फोड़ क. تخریب کاری کرنا؛ توڑ پھوڑ کرنا

Saboteur : *n.* one who sabotages ध्वंसक; तोड़-फोड़ करने वाला تخریب کاری کرنے والا؛ توڑ پھوڑ کرنے والا؛ تخریب کار

Sabre : *n.* (say-ber) sword with curved hole तलवार; तंग تلوار؛ تیغ؛ شمشیر؛ ٹیڑھی تلوار

Sac : *n.* (sak) membrane झिल्ली جھلّی

Saccharin : *n.* (sak-e-rin) a very sweet substance obtained from coal सैकरिन; खांड سکرین؛ کیمیاوی کھانڈ

Sack : *n.* (sak) a large bag; pillage; plunder बोरा; थैला; लूट मार بورا؛ تھیلا؛ لوٹ مار؛ غارتگری

Sack : *v.* to dismiss; to plunder बरख़ास्त क.; लूटमार क. لوٹ مار کرنا؛ غارتگری کرنا؛ برخاست کرنا

Sackcloth : *n.* fabric for making sacks टाट; मोटा टाट ٹاٹ؛ بوریا

Sacrament : *n.* (sak-re-ment) any Christian rite इसाईयों के संस्कार عیسائیوں کی مذہبی رسم

Sacred : *adj.* (sak-red) holy; devine पवित्र; पाक پاک؛ مقدس؛ مذہبی؛ متبرک

Sacrifice : *n.* (sak-ri-fis) an offering made to God; offering to God भेंट; बलिदान قربانی؛ خدا کی راہ میں قربانی کرنا

Sacrifice: *v.* to immolate; to make a sacrifice; to offer up भेंट चढ़ाना; बलिदान क. قربانی دینا؛ بھینٹ چڑھانا

Sacrilege : *n.* (sak-ri-lij) disrespect to something sacred; profanation पवित्र वस्तु को दूषित क. بے حرمتی؛ بے ادبی

Sacristy : *n.* (sac-ris-ti) vestry गिरजे की समाग्री रखने का स्थान گرجے کا اسباب رکھنے کا مکان

Sacrosanct : *adj.* (sak-ro-sankt) to be protected for its sacrednes अतिपवित्र مقدس؛ محترم؛ حرام

Sad : *adj.* (sad) sorrowful उदास; दुखी حزیں؛ اداس؛ غمگین؛ غمناک؛ رنجیدہ

Sad-iron : *n.* an instrument for ironing cloths; press कपड़े प्रेस करने की स्त्री استری؛ پریس

Sadden : *v.* (sad-en) to make sad दुखी क. या होना اداس غم میں مبتلا کرنا یا ہونا؛ کرنا یا ہونا

Saddle : *n.* (sad-le) a leather seat on horse back जीन; काठी زین؛ کاٹھی؛ گدّی

Saddler : *n*. (sad-ler) maker of saddles जीन बनाने वाला زین ساز؛ سراج

Saddlery : *n*. dealing in saddles; trade of saddles जीन का व्यापार زین فروشی؛ زین کی تجارت

Sadism : *n*. (sad-izm) taking pleasure in preparating cruelty; gratification is obtained by torturing the loved person संगदिल جفاجُو؛ سنگ دل؛ لذتِ ستمگری

Sadist : *n*. (sad-ist) person practising sadism परपीड़क; परपीड़न-कामुक سنگدل؛ جفاجویانہ

Safe : *adj*. (sayf) out of danger; secure; free from danger सुरक्षित; संशय रहित خطرے سے باہر؛ محفوظ؛ مامون

Safe : *n*. strong iron chest for keeping valuables in; airy cupboard for food; almirah तिजोरी; जालीदार अलमारी; अलमारी غلہ رکھنے کی تجوری؛ تجوری؛ الماری؛ نعمت خانہ

Safe conduct : *n*. permission to move in a dangerous area अभयपत्र; मार्ग रक्षक पत्र راہداری حفاظت نامہ؛ بحفاظت پہنچنے کا پروانہ؛ پروانۂ راہداری

Safe custody : *n*. safety; security; protection सुरक्षा حفاظت؛ سلامتی؛ ضمانت

Safe Deposit : *n*. building with safes let out separately तिजोरी تجوری؛ تجوری گھر

Safe guard : *n*. a defence; protection; convoy रक्षा कवच; बचाव; सुरक्षा حفاظت؛ پناہ؛ سلامتی

Safe keeping : *n*. custody; protection सुरक्षा حفاظت؛ سلامتی

Safedeposit vault : *n*. room for safedeposits तिजोरी घर تجوری خانہ؛ تجوری گھر

Safety : *n*. (say-fti) being safe; security सुरक्षा; बचाव حفاظت؛ سلامتی؛ محفوظ ہونا

Safety first : *ph*. have it as the first consideration जान है तो जहान है جان ہے تو جہان ہے

Safety match : *n*. ordinary match दियासलाई محفوظ ماچس؛ ماچس

Safety pin : *n*. pin with point turned back to fit into a guard सुरक्षा पिन سیفٹی پن؛ محفوظ پن

Safety valve : *n*. valve releasing pressure after danger point सुरक्षा वाल्व حفاظتی والو؛ حفاظتی کھلمندن

Saffian : *n*. (say-fi-en) a kind of leather made goatskins or sheep skins tanned with sumac and dyed with bright colours भेड़ या बकरी की खाल से बना हुआ चमड़ा بھیڑ یا بکری کی کھال سے بنا ہوا چمڑا

Safflower : *n*. (say-low-er) an old world herb having large orange coloured flower heads कुसुम; कुसुम्भ کُسم؛ ایک قسم کا پیلے سر کا پھول

Saffron : *n*. (saf-run) a plant; a deep orange coloured substance, it is used to colour and flavour केसर; जाफ़रान زعفران؛ کیسر

Saffrony : *adj*. having saffrom colour; yellowish केसरिया रंग; जाफ़रानी زعفرانی؛ کیسریا رنگ

Sag : *n*. (sagg) sink down in middle; hang down unevenly बीच में से झुक

जाना; बैठ जाना; धंस जाना بیچ میں سے جھکنا؛ خمیدہ ہونا؛ بیٹھ جانا

Sagacious : *adj*. (se-gay-shus) shrewd; quick thought or secnt दूरदर्शी عقلمند؛ ذہین؛ زیرک؛ دانشمند

Sagacity : *n*. shrewdness; acuteness; keeness सूक्ष्म-बुद्धि; चतुराई زیرکی؛ فراست؛ ہوشیاری؛ تیزفہمی

Sage : *n*. (sayj) very wise man बहुत चतुर मनुष्य عقلمند آدمی؛ زیرک انسان

Sage : *adj*. very wise; very shrewd बुद्धिमान; विवेकी بہت عقلمند؛ دانا؛ حکیم؛ فرزانہ

Sagittarius : *n*. with sign of the zodiac धनु; धनराशि برج؛ قوس؛ دھن راس

Sago : *n*. (say-goh) starch grains साबूदाना ساگودانہ؛ سابودانہ

Sail : *n*. (seil) a canvas sheet; a ship; cloth pieces for sailing a boat; sea voyage बादबान; पाल जहाह; जल यात्रा بادبان؛ جہاز؛ بحری سفر

Sail : *v*. to go on a voyage; to control a boat or ship; to lift anchor यात्रा पर जाना; पाल लगाना; लंगर उठाना سفر پر جانا؛ جہاز یا کشتی چلانا؛ لنگر اٹھانا

Sailor : *n*. (say-ler) a mariner; a seaman मल्लाह; नाविक ملاح؛ جہازراں؛ ناخدا؛ کشتی بان

Saint : *n*. (saynt) holy person; a pious man साधु; संत; ऋषि; मुनि ولی؛ درویش؛ مہاتما؛ سنت؛ صوفی

Sake : *n*. (sayk) for the; for someone's के लिए; के कारण کے لیے؛ خاطر؛ کے واسطے

Salad : *n*. (sal-ed) a food or dish composed with raw vegetable सलाद سلاد؛ ساگ

Salammoniac : *n*. (sal-mon-iak) ammonium chloride नौसादर نوشادر

Salary : *n*. (sal-e-ri) pay on monthly basis वेतन; तनख्वाह تنخواہ؛ مشاہرہ؛ اجرت

Sale : *n*. (sayl) selling; the act of selling; marketing; auction विक्रय; नीलामी فروخت؛ بکری؛ نیلامی

Saleable : *adj*. (sayl-e-ble) that can be easily sold; fit for sale; marketable विक्रेता; विक्रय योग्य قابلِ فروخت؛ بکاؤ

Salesman : *n*. (saylz-man) shop assistant विक्रेता سیلزمین؛ دکان پر مال بیچنے والا

Salient : *adj*. (say-li-ent) prominent; protruding प्रबल; मुख्य; प्रधान نمایاں؛ ظاہر؛ ابھرا ہوا

Saline : *adj*. (sal-in) salty; consisting of salt नमकीन; क्षारयुक्त نمکین؛ کھاری

Saline : *n*. salty lake; a medicine containing magnesium etc. used as purgative खारी झील; जुल्लाब کھاری جھیل؛ جلاب

Salinity : *n*. (se-lin-i-ti) being saltish; having saltpetre खारीपन نمکین؛ شوریت؛ کھاری پن

Saliva : *n*. (sa-li-ve) secretion from mouth; spittle seperated by the glands थूक; राल تھوک؛ رال؛ لعابِ دہن

Sallow : *n*. (sal-oh) a willow बेदमजनू بیدِ مجنوں

Sallow : *adj*. yellow; unhealthy yellow (skin) पीला; पीला ज़रद (त्वचा) پیلا؛ پیلی زرد (کھال)

Sally : *n*. (sal-i) sortie by surrounded;

soldiers; joke झपट; टूट पड़ना; लतीफा; भपती محاصرہ توڑ کر حملہ کرنا؛ لطیفہ؛ پھبتی

Sally : *v.* to make sally; to go on journny टूट पड़ना; यात्रा पर निकलना ٹوٹ پڑنا؛ سفر پر نکلنا

Salmon : *n.* (sam-en) a large kind of edible fish; a delicious fish; a large soft finned fish एक प्रकार की स्वादिष्ट मछली سامن مچھلی؛ ایک قسم کی مچھلی جس کا گوشت ذائقے دار ہوتا ہے

Salon/Saloon : *n.* (se-lon/se-loon) drawing room ; an elegant lofty hall बैठक; बड़ा कमरा; गोष्ठी भवन دیوان خانہ؛ بیٹھک؛ بڑا کمرہ

Salt : *n.* (solt/sawlt) substance making things saltish नमक نمک؛ نون

Salt : *v.* to season with salt नमक लगाना نمک لگانا

Salt-cellar : *n.* small container for salt नमकदानी نمک دانی؛ نمکدانی

Salt-mine : *n.* mine yielding salt नमक की खान نمک کی کھان؛ نمک کی کان

Saltpetre : *n.* (sault-pee-ter) nitre; a mineral salt शोरा شورہ؛ قلمی شورہ

Salty : *adj.* (sawlti) containing salt नमकीन نمکین؛ کھاری

Salubrious : *adj.* (se-loob-ri-ous) health-giving; wholesome; promoting health स्वास्थ्यकर; स्वास्थ्यवर्धक صحت بخش؛ صحت آور؛ خوش گوار

Salubrity : *n.* being salubrious; healthfulness; wholesomeness स्वास्थ; खुशगवारी صحت بخشی؛ خوشگوار؛ فرحت بخشی

Salutary : *adj.* (sal-ew-ti-ri) wholesome; healthful; conducive to good results हितकर; सुखकर; कल्याणकारी صحت بخش؛ خوشگوار؛ فائدہ مند؛ سودمند؛ مفید

Salutation : *n.* (sal-ew-tay-shen) greeting; military way of greeting; act of saluting प्रणाम; नमस्ते سلام؛ سلامی؛ نمستے

Salute : *v.* to greet; to make salute; to give salute नमस्कार क.; सलामी देना سلام کرنا؛ سلامی دینا

Salvage : *n.* (sal-vej) a reward allowed for saving goods out of a wreck डूबते माल या सामान को बचाने का पुरस्कार ڈوبتے مال کو بچانے کا انعام

Salvage depot : *n.* stores for spare stuff बचे खुचे सामान का स्टोर بچے کھچے سامان کا اسٹور

Salvation : *n.* (sal-vay-shen) saving from sin or from its consequences; rescue; deliverence; redemption मुक्ति; छुटकारा نجات؛ مکتی؛ خلاصی؛ بخشش؛ رہائی

Salve : *n.* (salv) healing ointment; remedy मरहम; इलाज مرہم؛ علاج

Salve : v. to put salve on; to help; to remedy मरहम लगाना; सहायता क.; इलाज क. مرہم لگانا؛ مدد کرنا؛ علاج کرنا

Salver : *n.* (sal-ver) tray; big plate थाली; बड़ी प्लेट ٹرے؛ تھالی؛ پیش کرنے کا طشت

Salvo : *n.* (sal-voh) salute of guns; firing of a member of guns or bombs together अभिवादन के लिए तोपों की सलामी فوجی سلامی؛ توپوں کی سلامی

Salvolatile : *n.* (sal-vo-lat-li) smelling salts; amunium carbonate एमोनियम कारबोनेट; होश में लाने की औषधी نخلخہ؛ ہوش میں لانے کی دوا؛ تریاقِ بیہوشی

Same : *adj.* (saym) identical;

similarly; equall all over एक सा; वही; अनुकुल ہوبہو؛ اسی جیسا؛ وہی؛ ویسا ہی؛ یکساں

Samovar : *n*. (sam-o-vehr) Russian tea vessel समोवार ساوار؛ (روسی) چائے بنانے کا برتن

Sample : *n*. (sohm-pel) specimen नमूना نمونہ؛ مثال

Sanatorium : *n*. (san-e-to-ri-um) hospital for T.B. patients टी.बी. के रोगियों के लिए स्वास्थ्य निवास سینی ٹوریم؛ دق کے مریضوں کا دارالصحت

Sanatory : *adj*. (san-a-tori) healing स्वास्थ्यकारी; अरोग्यजनक صحت آور؛ شافی

Sanctification : *n*. (sank-ti-fi-kay -shen) consecration पवित्र करने का कार्य تقدیس

Sanctify : *v*. (sank-ti-fi) to purify; regard sacred पवित्र क.; पापों से सहित क. مقدس قرار دینا؛ پاک یا متبرک کرنا

Sanctimonious : *adj*. (-moh-ni-us) pretending to sanctity पाखण्डी; ढोंगी ریاکار؛ پرفریب

Sanction : *n*. (sank-shen) permission; confirmation स्वीकृति; मन्जूरी اجازت؛ منظوری

Sanction : *v*. to give validity; to confirm स्वीकृति देना; आज्ञा देना منظوری دینا؛ جائز ٹھہرانا؛ اجازت دینا

Sanctitude/Sancitity : *n*. holiness; goodness; sacredness पवित्रताई; शुद्धताई تقدیس؛ مقدس؛ پاکیزگی؛ تقدس

Sanctuary : *n*. (sank-tew-e-ri) sacred place; a holy place पवित्र स्थान; ईश्वर स्तुति गृह مقدس مقام؛ مقامِ حرم؛ جائے پناہ؛ مامن

Sand : *n*. (sand) grey dust with thick grains; loose particles of broken rock रेत ریت؛ ریگ

Sand bag : *n*. gunny bag filled with sand रेत का बोरा ریت کا بورا؛ ریت کے تھیلے

Sand bank : *n*. bank formed by tides रेता ریتا

Sand glass : *n*. hour-glass using sand for indicating time रेत घड़ी ریت گھڑی

Sand paper : *n*. paper with sand glued to it for smoothing away rough surface रेगमाल ریگمال؛ موٹا کاغذ جس پر ریت چپکا ہوا ہوتا ہے (لکڑی وغیرہ کی سطح ہموار کرنے کے لیے استعمال کیا جاتا ہے)

Sand stone : *n*. rock made mainly of sand भुरभुरा पत्थर; नीला पत्थर نیلا پتھر؛ بھربھرا پتھر

Sandal : *n*. (sand-el) a kind of light shoe सैन्डल; चप्पल سینڈل؛ چپل

Sandalwood : *n*. (sand-el-wud) a king of fragrant wood चन्दन صندل

Sandwich : *n*. (sand-wich) pair of slices with some other food stuff सैन्डविच سینڈوچ؛ ڈبل روٹی کے دو سلائس جس کے بیچ میں کچھ سبزی یا آلو وغیرہ بھرے ہوں

Sandy : *adj*. (sand-i) covered with sand रेतीला; बालुकामय ریگ آلود؛ ریت سے ڈھکا ہوا؛ ریتیلا

Sane : *adj*. (sayn) sensible; moderate; sound in mind; healthy शान्त स्वभाव ہوشمند؛ اعتدال پسندانہ

Sanely : *adj*. (sayn-li) sensibility; healthily शान्त स्वभाव से ہوشمندی سے

Sanity : *n*. (san-i-ti) soundness of mind; health of mind समझदारी ہوشمندی

Sang-froid : *n.* (sahn-frohe) coolness in face of danger आत्मसंयम धैर्य حواس قائم رکھنا

Sanguinary : *adj.* (sang-ui-neri) causing much blood shed; bloody; cruel रक्तपिपासु; निर्दयी; खूनी خون کا پیاسا؛ ظالم؛ خونریز؛ خون آشام

Sanguine : *adj.* (sang-win) confident; optimistic आशावादी; उत्साही پُراعتماد؛ پُرامید

Sanitary : *adj.* (san-i-te-ri) hygienic; tending to promote health स्वास्थ के सम्बन्ध में; सफाई क. صفائی والا؛ متعلق حفظِ صحت

Sanitation : *n.* (-tay-shen) maintenance of sanitary conditions; use of scientific sanitary measures to prevent diseases स्वास्थ्य शास्त्र صفائی؛ حفظِ صحت کے اصولوں کی پابندی

Sanskrit : *n.* (sans-ki-rit) the ancient Aryan language of Hindus of India संस्कृत भाषा سنسکرت

Santa clause : *n.* (sant-e-klawz) the supposed Father Christmas who fills Christian children's socks with presents on Xmas eve बाबा क्रिसमस بابا کرسمس

Sap : *n.* (sap) the vital juice of plants; trench रस; सार; सुरंग عرق؛ رس؛ سُرنگ

Sapid : *adj.* (say-pid) testeful; savoury; interesting; palatable स्वादिष्ठ; रूचिकर ذائقہ دار؛ خوش ذائقہ؛ لذیذ؛ مزیدار؛ دلچسپ

Sapient : *adj.* (say-pi-enl) wise; prudent; educated बुद्धिमान; ज्ञानी; शिक्षात्मक عقلمند؛ قابل؛ دانشمند

Sapless : *adj.* (sap-les) dry; without sap नीरस; सूखा हुआ خشک؛ سوکھا ہوا؛ پُرانا

Sapling : *n.* (sap-ling) young tree; youth बालवृक्ष; किशोर نونہال؛ پودا

Sapodilla : *n.* (sap-dil-e) cheeku चीकू چیکو؛ ایک قسم کا خوش ذائقہ پھل

Saponify : *v.* (sa-po-ni-fy) to convert into soap साबुन बनाना صابن بنانا

Sapor : *n.* (sop-er) teste; sense of the tongue by which flavour is known स्वाद; ज़ायक़ा ذائقہ؛ مزہ

Sapper : *n.* (sap-er) soldier trained to do the work of sapping सुरंग आदि खोदने वाला मज़दूर سرنگیں وغیرہ کھودنے والا مزدور

Sapwork : *n.* (sap-work) hard irksome work for earning one's bread मेहनत مشقت؛ محنت؛ روٹی کمانے کے لیے محنت

Sapphire : *n.* (saf-i-er) a kind of blue jewel; a precious blue stone नीलम; नीलमणि نیلم؛ یاقوت

Sappy : *adj.* (sap-i) juicey; ful of juice; vigorous रसीला; रसदार; हरा-भरा; जीवन्त رسیلا؛ رس بھرا؛ رس دار؛ عرق دار؛ ہرا بھرا؛ زندہ

Saracen: *n.* (sa-re-sen) muslim; an Arab मुसलमान مسلم؛ عربی مسلم؛ مسلمان

Sarcasm : *n.* (sahr-kazm) taunt; sneering remarks निन्दा; आक्षेपवाक्य; कटाक्ष طعنہ؛ طنز؛ تعریض؛ لعنت؛ ملامت

Sarcastic : *adj.* (sahr-kas-tik) taunting व्यंग्यात्मक; निन्दापूर्ण طنزیہ؛ لعنت بھرا؛ ملامت بھرا

Sarcophagous : *n.* (sarko-fe-gus) a stone coffin शवपेटिका; पत्थर का ताबूत پتھر کا تابوت

Sarcophagous : *adj.* feeding on

flesh माँसाहारी; माँस खाने वाला گوشت خور؛ گوشت کھانے والا

Sardine : *n.* (sahr-deen) a kind of small fish सार्डीन मछली سارڈین مچھلی

Sardonic : *adj.* (sahr-don-ik) cynical (smile etc) mocking तलख़ (हँसी) تلخ (ہنسی وغیرہ)؛ تمسخر آمیز

Sari : *n.* (sari) length of cloth worn round body by women साड़ी ساڑھی؛ ساڑی

Sarsaparilla : *n.* (sahr-se-prile) root of a plant used as tonic एक प्रकार की औषधी जो टानिक के तौर पर प्रयोग की जाती है عشبہ؛ ایک پودے کی جڑ جو ٹانک کے طور پر استعمال ہوتی ہے

Sartorial : *adj.* of men's cloths' of tailors पहनावे का; दर्जी का مردانہ پوشاک سے متعلق؛ درزیوں سے متعلق

Sash : *n.* (saesh) ornamental scarb for waist; a window frame पटका; खिड़की का चौखठा پٹکا؛ کمربند؛ کھڑکی کا چوکھٹا

Satan : *n.* (say-ten) the devil शैतान; अतिदुष्ट شیطان؛ ابلیس

Satanic : *adj.* (-ik) of satan; evil; wicked शैतानी شیطانی؛ بُرا؛ شیطنت والا

Satchel : *n.* (Sech-el) a small bag used by school boys बस्ता; थैला جزدان؛ بستہ

Sate : *v.* (seyt) gratify fully; surfeit तृप्त क.; छका देना (کسی خواہش کا) پورا کرنا؛ اتنا کھلانا کہ منہ پھر جائے

Sateen : *n.* (sa-teen) golssy cloth चमकीला कपड़ा; सटिन چمکیلا کپڑا؛ سٹین؛ ساٹن

Satellite : *n.* (sat-e-lit) small planet revolving round a larger one उपग्रह تابع سیارہ؛ سٹیلائٹ

Satiate : *v.* (saysh-i-ayt) surfeit; to satisfy the appetite सन्तुष्ट क. جی بھر جانا؛ منہ پھیر دینا؛ سیر کر دینا؛ آسودہ کرنا

Satiety : *n.* feeling of having had to much सन्तुष्ठता آسودگی؛ جی بھرا ہوا ہونا؛ بہت زیادہ شکم سیر ہونا؛ سیری

Satin : *n.* (sat-in) silk cloth with one soft shiny surface साटिन ساٹن

Satire : *n.* (sat-i-er) a literary form based on irony or ridicule व्यंग्य; उपहासपर्ण लेख ہجو

Satirical : *adj.* (se-ti-ri-kel) of satires; reproachful उपहासात्मक ہجو والا

Satirist : *n.* (sat-i-rist) writer of satires व्यंग्यकार ہجوگو؛ ہجو کہنے والا

Satirize : *v.* (sat-i-riz) attack with satire का उपहास क. کی ہجو لکھنا یا کہنا

Satisfaction : *n.* (sat-is-fak-stin) gratificaiton; satisfying संतोष; इच्छापूर्ति اطمینان؛ تسلی؛ تسکین

Satisfactory : *adj.* (-ti-ri) giving satisfaction; good enough; that which is needed सन्तोषजनक; सन्तोष देने वाला تسلی بخش؛ اطمینان بخش؛ کے لیے کافی؛ خاطر خواہ

Satisfied : *adj.* (sat-is-fid) desiring nothing more संतोष होना مطمئن ہونا

Satisfy : *v.* (sat-is-fi) to content; to convince सन्तुष्ट क.; यक़ीन दिलाना تشفی کرنا؛ قائل کرنا

Saturate : *v.* (sat-ew-rayt) to absorb to full capacity; to soak; to impregnate; to fulness तर-बतर कर देना سیر کرنا؛ بھگونا؛ تر کرنا؛ شرابور کرنا

Saturated : *adj*. soaked; fully absorbed तर-बतर; संतृप्त سیر؛ شرابور

Saturation : *n*. (-ray-shen) soaking; saturating संतृष्टिकरण سیری

Saturday : *n*. (sat-er-day) the last day of the week शनिवार ہفتہ؛ سنیچر

Saturn : *n*. (sat-ern) name of a planet शनि ستارہ زحل؛ سیارہ زحل

Saturnian : *adj*. happy; golden प्रसन्न; सवर्ण خوش؛ سنہرا

Saturnine : *adj*. (sat-er-nin) gloomy; sad उदास; शोक से भरा हुआ اداس؛ غمناک

Satyr : *n*. (sat-er) a sylvan; a God; a lustful man वन देवता ایک فرضی دیوتا؛ نصف آدمی نصف بکری

Sauce : *n*. (saws) something to give relish to food; piquancy; insolence चटनी; शोखी; चटपटा چٹنی؛ شوخی؛ چٹپٹا

Sauce-boat : *n*. small tray for sauce चटनी-पात्र چٹنی دانی؛ چٹنی رکھنے کی کٹوری

Saucer : *n*. (sau-ser) a small plate for teacup तश्तरी; छोटी प्लेट طشتری؛ چھوٹی پلیٹ

Flying saucer : *n*. mysterious flying disc उड़न तश्तरी اڑن طشتری

Sauciness : *n*. impudence शोखी; गुस्ताखी شوخی؛ گستاخی

Saucy : *adj*. (saw-si) impudent; insolent गुस्ताख़; निर्लज شوخ چشم؛ گستاخ

Saunter : *v*. (sawn-ter) to wander about idly; to loiter व्यर्थ घूमाना; आवारा घूमना بیکار گھومنا؛ آوارہ گھومنا

Sausage : *n*. (sas-ij) gut containing minced ham सासिज; विलायती कबाब ساسج؛ ولایتی کباب

Savage : *adj*. (sav-ej) uncivilized; wild; cruel असभ्य; निर्दय; वहशी وحشی؛ ظالم؛ جابر؛ غیر مہذب

Savagery : *n*. savage conduct; barbarity जंगलीपन; बर्बरता; पशुपन وحشی پن؛ جنگلی پن؛ بربریت

Savanna/Savannah : *n*. (se-van-e) treeless plain in America सावाना; घास का मैदान امریکی صحرا؛ گھاس کا میدان؛ سوانا

Savant : *n*. (se-vohn) a very learned person; a man versed in literature or science प्रसिद्ध पुरूष عالم؛ پنڈت؛ علّامہ

Save : *v*. (sayv) to rescue; to preserve from danger; to keep frugally बचाना; रक्षा क.. محفوظ کرنا؛ بچا کر رکھنا؛ کفایت شعاری کرنا

Saving : *adj*. (say-ving) redeeming; economical बुराई कम करने वाला; कमख़र्च; किफ़ायती برائی کم کرنے والا؛ کم خرچ؛ کفایت شعار

Saving : *n*. rescue; amount saved; reduction in expense; proviso निजात; बचत; प्रतिबन्ध; शर्त نجات؛ بچت؛ روک؛ شرط

Savings : *n*. money saved up बचत اندوختہ؛ بچت؛ جمع جتھا

Savings bank : *n*. department of bank accepting small savings बचत बैंक سیونگ بنک؛ چھوٹی بچت بنک

Saviour : *n*. (sav-yer) one who rescues someone उद्धारक; मुक्ति दिलाने वाला منجی؛ نجات دلانے والا؛ مسیح

Savour : *n*. (say-ver) scent; taste; salty dish; at end of meals स्वाद लेना; सुगन्ध; चाट مہک؛ لذت؛ چاٹ

Savoury : *adj*. pleasing to the smell

or taste; tasty स्वादिष्ट خوش ذائقہ؛ لذت دار

Saw : *v.* past tense of see देखा دیکھا

Saw : *n.* steel strip with dented edge; wise saying; maxim आरा; आरी; कहावत; सूक्ति آرا؛ کہاوت؛ مقولہ؛ قول

Saw: *v.* to cut into pieces with a saw चीरना چیرنا

Saw dust : *n.* particles falling off when something is sawn बुरादा برادہ

Saw mill : *n.* mill for sawing timber आरामशीन لکڑی چیرنے کا کارخانہ؛ آرا مشین

Sawyer : *n.* (saw-yer) workman who saws timber आराकश آراکش

Saxon : *n.* (sak-sen) individual or language of the saxon people सैक्सन पुरूष या भाषा سیکسن قوم کا فرد یا سیکسن زبان

Sexophone : *n.* (sak-so-fohn) a kind of musical wind instrument सैक्सोफोन سیکسوفون

Say : *v.* (say) to speak; to utter; to state बोलना; कहना; बात क.. بولنا؛ کہنا؛ بیان کرنا؛ بات کرنا

Say : *n.* what one has to say; dictum कथन; बात جو کہنا ہو؛ بات

Saying : *n.* speaking; maxim; adage कथन; कहावत قول؛ مقولہ؛ کہاوت

Scab : *n.* (skab) crust over a wound; an incrustation over a sore; a disease in sheep पपड़ी; भेड़ का खुजली का रोग کھرنڈ؛ بھیڑ کی کھجلی کی بیماری

Scabbard : *n.* (skab-e-rd) the sheath of a sword म्यान; तलवार की म्यान میان؛ نیام؛ تلوار کی میان

Sabby : *n.* diseased with scabs खुजली का रोग کھجلی کی بیماری؛ خارشی

Scabies : *n.* (skay-bi-eez) itch खाज; खुजली کھجلی؛ خارش

Scabrous : *adj.* (skay-b-rus) uneven; difficult; delicate; improper खुरदुरा; जटिल; नाजुक; अश्लील ناہموار؛ کھردرا؛ پیچیدہ؛ نازک؛ نامناسب

Scaffold/-ing : *n.* (skaf-eld) temporary structure of ploes, boards etc. around a building; temporary structure for execution पाड़; मचान; फाँसी का तख़्ता پاڑ؛ پھانسی کا تختہ؛ مچان

Scald : *v.* (skawld) to burn with hot liquid or steam गरम पानी से जलाना گرم پانی سے جلانا؛ ابلے ہوئے پانی سے جلانا

Scald : *n.* a burn; a injury from hot liquid गरम पानी से जलने का दाग چرکا؛ چہکا؛ گرم پانی سے جلنے کا داغ

Scale : *n.* (skayl) marks for measuring; measuring instrument; gradation; thin layer; a blance; a ladder माप; पैमाना; श्रेणी; तुला; पलड़ा; सीढ़ी; छिलका پیمانہ؛ نظامِ پیمائش؛ درجہ بندی؛ ترازو؛ سیڑھی؛ پرت؛ چھلکا

Scale : *v.* to mount; to weigh; to climb step by step; to take scales from चढ़ना; तोलना; छिलका उतारना چڑھنا؛ اوپر چڑھنا؛ تولنا؛ پوست یا چھلکا اتارنا؛ خول اتارنا

Scales: *n.* device of weighing; hard thin flake on skin of fish तुला; मछली की करन या छिलका میزان؛ ترازو؛ کیرن (مچھلی کی)؛ فلس

Scalp : *n.* (skalp) skin of top of head; the skull; the bone that encloses the brain खोपड़ी; सर की खाल کھوپڑی؛ سر کی کھال؛ چاند؛ چندیا

Scalpel : *n.* (skal-pel) surgeon's light knife नश्तर نشتر

Scaly : *adj.* (skay-li) having scales पपड़ी वाला; छिलके वाला چھلکے والا؛ پپڑی دار؛ پپڑی والا

Scamp : *n.* (skamp) good for nothing person; scoundrel knave दुर्जन; दुष्ट; पापी بدمعاش؛ غنڈہ؛ ناکارہ؛ بیکار

Scamp : *v.* work do negligently दिल लगा कर कार्य न क.; बिगाड़ना بے دلی سے کام کرنا؛ دل لگا کر کام نہ کرنا؛ کام بگاڑنا

Scamper : *v.* (skam-per) to run with fear; to run swiftly out of fear भय के मारे भाग जाना رفو چکر ہوجانا؛ بے تحاشا دوڑنا؛ ادھر ادھر چھپنے کے لیے بھاگ اٹھنا

Scamper : *n.* short swift run छोटी सी तेज़ दौड़ چھوٹی سی تیز دوڑ

Scan : *v.* (skan) to look attentively; to examine critically ध्यानपूर्वक परीक्षा क.; बारीक जाँच क. بڑے غور سے دیکھنا؛ دھیان سے جانچنا

Scandal : *n.* (skan-del) shameful event or behaviour; infamy; evil gossip कलंक; आपेक्ष; निन्दा رسوائی؛ شرمناک واقعہ؛ بدنام کرنے کی باتیں؛ ذلت؛ بدنامی

Scandalous : *adj.* containing scandal; shocking कलंककर; अपमानजनक; निन्दात्मक رُسواکن؛ شرمناک؛ دل آزار؛ صدمہ پہنچانے والا

Scant : *adj.* (skant) barely sufficiant न्यून; कम کم؛ ناکافی

Scant : *v.* to limit; to straighten कम क.; घटाना محدود کرنا؛ کم کرنا

Scanty : *adj.* (skant-i) insufficient; little; narrow; small न्यून; कम; थोड़ा بہت کم؛ ناکافی؛ تھوڑا؛ قلیل؛ تنگ

Scape : *v.* (skayp) to escape बच निकलना بچ نکلنا

Scape : *n.* a flight; evasion बचाव; छुटकारा بچاؤ؛ رہائی

Scapegoat : *n.* (skayp-goht) person bearing blame for other बली का बकरा بلی کا بکرا؛ قربانی کا بکرا بننے والا (دوسروں کی خاطر)

Scapegrace : *n.* an idle person; rascal; worthless fellow निकम्मा पुरूष; बेकार आदमी; बदमाश بے حیا آدمی؛ بے شرم آدمی؛ بدمعاش

Scar : *n.* (skahr) mark of healed wound; the mark of a cut व्रण चिन्ह نشان؛ داغ؛ زخم کا نشان

Scarce : *adj.* (skay-ers) having shortage; rarely met with; not plentiful न्यून; थोड़ा کمیاب؛ نادر؛ کم ملنے والا

Scarcely : *adj.* (-li) hardly; nearly not; difficulty कठिनाई से; मुश्किल से; बहुत ही कम بمشکل؛ نہیں کے برابر؛ بہت ہی کم؛ مشکل سے

Scarcity : *n.* (skay-e-r-si-ti) shortage; dearth; not plenty; lack कमी; दर्लभता; न्यूनता کمیابی؛ کمی؛ قلت

Scare : *v.* (skay-er) to frighten; to drive away भय दिलाना; भागना; भयभीत क. ڈرانا؛ خوف دلانا؛ خائف کرنا؛ بھگانا

Scarf : *n.* (ska-rf) neckcloth; small shawl for shoulders गुलूबन्द; छोटा दुप्पटा; इस्कारफ़ گلوبند؛ چھوٹا دوپٹہ؛ اسکارف

Scarify : *v.* (skay-ri-fi) to cut on the skin चमड़ा काटना; खोचे मारना چمڑا کاٹنا؛ کھونچے مارنا

Scarlet : *adj.* (skar-let) deeply red; dark red गहरा लाल; सिंदुरी گلنار؛ بہت لال رنگ؛ گہرا لال

Scarlet fever : *n*. a kind of fever with rashes स्कारलेट ज्वर; लोहित ज्वर لال بخار

Scarlet rashes : *n*. measles marks ख़सरा के दाने (एक प्रकार का रोग) خسرہ کے دانے

Scary : *adj*. (skar-si) frightening डरावना ڈراؤنا؛ خوفناک

Scathe : *v*. (skaydh) to injure तकलीफ पहुंचाना ضرر پہنچانا

Scathing : *adj*. (skay-dhing) severe (remarks etc) अत्यंत कठोर तन्ज़ سخت تلخ طنز

Scatter : *v*. (skay-ter) to broadcast; to dispurse फैलाना; बखेरना منتشر کرنا؛ بکھیرنا

Scavenge : *v*. (skav-enj) to remove rubbish मैला उठाना; सफाई क॰ میلا اٹھانا؛ گندگی اٹھانا؛ صفائی کرنا

Scavenger : *n*. a cleaner of streets सफाई करने वाला; झाड़ूवाला خاکروب؛ صفائی کرنے والا؛ جھاڑو بردار

Scavenger : *n*. animal or bird living on rubbish or searrion मुरदारखोर مردار خور جانور یا پرندہ

Scenario : *n*. (shay-nah-ri-oh) details of scenes; filth story दृष्यलेख منظرنامہ؛ سیناریو

Scent : *n*. (sent) fragrance; smell; perfume सुगन्ध; खुशबू; इत्र خوشبو؛ عطر؛ سینٹ

Scent : *v*. to smell; to perfume; to put scent on सुगन्धित क॰; महकाना خوشبودار کرنا؛ عطر چھڑکنا؛ مہکانا

Sceptic : *n*. one who doubts or disbelieves संदेह; संशयी متشکک؛ شکی

Sceptical : *adj*. doubtful संदेहवादी; संदेही شکی

Scepticism : *n*. feeling of doubt संदेह; अविश्वास شک؛ غیریقینی

Sceptre : *n*. (sep-ter) staff of sovereign; royal authority राजदण्ड; राजसत्ता; राजाधिकार عصائے شاہی؛ شاہی اقتدار؛ اقتدارِشاہی

Schedule : *n*. (shed-ewl) a chart of details; a small scroll; an inventory; list सूची; अनुसूचि; तालिका جدول؛ گوشوارہ؛ فہرست

Schedule : *v*. to make a schedule योजित क॰; तालिका बनाना جدول بنانا؛ فہرست بنانا؛ گوشوارہ تیار کرنا

Scheme : *n*. (skeem) a plan; plot; arrangement योजना; षडयन्त्र; वर्गीकरण منصوبہ؛ تجویز؛ سازش؛ ترتیب

Scheme : *v*. to intrigue; to plot षडयन्त्र क॰; योजना बनाना سازش کرنا؛ منصوبہ بنانا

Schemer : *n*. intriguer षडयंन्त्राकारी سازشی

Schism: *n*. (sizm) rift in party; disruption of a religious body फूट; सम्प्रदाय विच्छेद या फूट پھوٹ؛ افتراق؛ مذہبی پھوٹ؛ مذہبی اختلاف

Schismatic : *adj*. (siz-mat-ik) causing rift विच्छेदकारी افتراق انگیز

Scholar : *n*. (sko-ler) one with great knowledge; student getting a scholarship; student विद्वान; पंण्डित; वृति छात्र; छात्र عالم؛ فاضل؛ وظیفہ پانے والا؛ شاگرد؛ طالب علم

Scholarship : *n*. (-ship) learning maintenance of a scholar छात्र-वृत्ति وظیفہ

Scholastic : *adj.* (sko-las-tik) educational शैक्षिक تعلیمی

School : *n.* (skool) institution for education; a place of education स्कूल; विद्यालय; पाठशाला اسکول؛ مکتب؛ مدرسہ

School Fellow/ -mate : *n.* fellow student at a school सहपाठी اسکول کا ساتھی؛ ہم مکتب

School master : *n.* school teacher अध्यापक; शिक्षक ماسٹر؛ استاد؛ مدرس

School mistress : *n.* lady school teacher शिक्षिका; अध्यापिका استانی؛ معلّمہ

Schooling : *n.* discipline; education at school शिक्षा تربیت؛ اسکول کی تعلیم

Schooner : *n.* (skoo-ner) a vessel with two masts दो मस्तूलों का जहाज़ دومستولی جہاز

Science : *n.* (si-ens) knowledge based on systematic experiments or research विज्ञान سائنس؛ تجربی علوم

Scientific : *adj.* (si-en-ti-fik) pertaining to science ; based on observation and experiments विज्ञानिक سائنسی؛ تجربی

Scientist : *n.* (si-en-tist) expert in one of the science विज्ञानी سائنسداں

Scimitar : *n.* (sim-i-ter) short sword with curved blade शमशीर شمشیر؛ تلوار؛ تیغ

Scintillate : *v.* (sint-i-layt) to sparkle; to emit sparks; to radiate प्रदीप्त होना; चिंगारी छोड़ना چمکنا؛ ضوفشاں ہونا؛ چنگاری چھوڑنا

Scintillation : *n.* sparkling टिमटिमाहट ضیاباری؛ ضوباری

Scion : *n.* (si-on) young member of an old or noble family; short cut for grafting; a small twig वंशज; क़लम; शाखा نونہال؛ پودے کی قلم؛ شاخ؛ ڈالی

Scissors : *n.* (siz-er-z) a small pair of shears कैंची; कतरनी مقراض؛ قینچی؛ کترنی

Scissure : *n.* (sish-er) a cleft दरार درار

Scoff : *v.* (skof) to mock; to scorn; to taunt ताना मारना; आक्षेप क.; उपहास क.; हँसी उड़ाना طعنہ زنی کرنا؛ مذاق اڑانا؛ ہنسنا

Scold : *v.* (skould) to chide; to quarrel clamorously; to find fault noisily दोष निकालना جھڑکنا؛ گالی گلوج کرنا؛ ڈانٹنا؛ ڈپٹنا

Scoop : *n.* (skoop) deep ladle; a shovel; exclusive report for or by a newspaper कलछी; डोई; बेलचा; अनूठी खबर ڈوئی؛ کرچھا؛ بیلچہ؛ خاص خبر (کسی اخبار کی)

Scooter : *n.* (skoo-ter) small motor cycle स्कूटर اسکوٹر؛ موٹر سائیکل

Scope : *n.* (skohp) range of action; capacity; range of thought; opportunity; aim कार्यक्षेत्र; पहुँच; अवसर; उद्देश्य; लक्ष्य دسترس؛ رسائی؛ گنجائش؛ وسعتِ خیال؛ امکان؛ مقصد

Scorch : *v.* (sko-rtch) to burn; to be dried up झुलसना; जलना; जलाना جھلسنا؛ جلنا؛ جلانا

Scorched earth policy : *n.* strategy of destroying corps etc. घरफूँक नीति گھر پھونک پالیسی؛ سوختہ کاری

Score : *n.* (skohr) scratch; cut; account; runs; goals; points; set of twenty articles खरोच; हिसाब; प्राप्तांक; कोड़ी نشان؛ لکیر؛ حساب؛ سکور؛ نمبر؛ پوائنٹ؛ گول؛ کوڑی

Scorer : *n.* one who keeps score

प्राप्तांक का हिसाब रखने वाला اسکور کا حساب رکھنے والا

Scoria : *n.* (sko-ria) slag; dross; lava धातू-मेल; कीट; लावा دھات کا میل؛ کیٹ؛ فضلہ؛ لاوا

Scorn : *n.* (skorn) contempt; disdain घृणा; तिरस्कार حقارت؛ کراہیت

Scorn : *v.* to scoff; to despise तिरस्कार क.; घृणा क.; तुच्छ समझना حقیر سمجھنا؛ گھٹیا یا برا جاننا

Scornful : *n.* showing scorn; feeling scorn; contemptuous; insolent घृणापूर्ण; तिरस्कारात्मक حقات آمیز؛ نفرت انگیز

Scorpion : *n.* (skor-pi-en) an oyster like stinging; reptile; a reptile with a very venomous sting; the eight sign of Zodiac वृश्चिक राशि; बिच्छु; वृश्चिक عقرب؛ بچھو؛ برج عقرب

Scot : *n.* (skot) native of scotland ; tax स्कोटलैंड का निवासी; कर اسکاٹ لینڈ کا باشندہ؛ ٹیکس

Scot-free : *adj.* (skot-fri) untaxed; unhurt; exempted from tax बिना कर के; बिना चोट लगे مفت؛ بے داغ؛ ٹیکس سے مستثنٰی؛ بنا چوٹ لگے

Scotch : *adj.* (skoch) of scotland or its inhabitants स्काटलैंड का; स्कोच اسکاٹ لینڈ کا؛ اسکاچ

Scotch : v. to wound; to slash; to block खोंचना; काट देना; रोक देना زخمی کردینا؛ ناکارہ بنا دینا؛ کاٹ دینا؛ روک دینا

Scoundrel : *n.* (skound-rel) villain; rascal दुष्ट; बदमाश بدمعاش؛ بدذات

Scour : *v.* (skou-r) to clean by rubbing roughly; to remove; to purge रगड़ना; मांझना مانجھنا؛ رگڑنا؛ رگڑ کر اتارنا

Scourge : *n.* (ske-rj) whip for punishment; divine punishment; epidemic कोड़ा; चाबुक; दण्ड کوڑا؛ سزا؛ تازیانہ؛ درہ؛ وبا؛ عذاب

Scourge : *v.* to castigate; to punish; to cause to suffer कोड़े लगाना; दण्ड देना کوڑے لگانا؛ سزا دینا؛ مصیبت میں مبتلا کرنا

Scout : *n.* (skout) soldier or ship; boy scout गुप्तचर सिपाही या जहाज़; भेदिया مخبر سپاہی یا جہاز؛ اسکاوٹ

Scowl : *v.* (skoul) to frown; ill-tempered look; look angry; to look sullen तियूरी या भौ चढ़ाना; कड़े तैवर से देखना بگڑے تیور سے دیکھنا؛ کڑے تیوروں سے دیکھنا؛ ناک بھوں چڑھانا

Scowl : *n.* frown; ill tempered look; look of sulleness; a look gloom भृकुटि; तियूरी; बिगड़े तैवर تیوری؛ چیں بجیں؛ بگڑے تیور

Scrabble : *v.* (skrae-bel) to scrape; to scratch with hand हाथ से निशान डालना; पंजे से खुरचना ہاتھ سے کھرچنا؛ پنجے سے کھرچنا

Scramble : *v.* (skram-bel) to climb; to crawl on all fours; to rush; to catch eagerly चढ़ना; गोढ़ो के बल चढ़ना; झपट कर पकड़ना چڑھنا؛ گھٹنوں کے بل چڑھنا؛ جدوجہد کرنا؛ جھپٹنا

Scrap : *n.* (skrap) a small bit of paper; a small particle; fragment अंश; चिथड़ा; रद्दी टुकड़ा ٹکڑا؛ پرزہ؛ پارچہ؛ ردّی ٹکڑا

Scrap : *v.* to discard as useless रद्दी में फेंक देना ردی میں پھینک دینا

Scrap book : *n.* book with blank pages for pasting newspapers cuttings etc कतरन रजिस्टर تراشہ نامہ؛ تراشے لگانے کی کاپی

Scrap heap : *n.* store for raddi or waste paper रद्दीखाना رڈّی خانہ

Scrap metal : *n.* useless metal रद्दी धातु رڈّی دھات

Scrape : *n.* (skrayp) scraping; difficulty; perplexity; distress खुरचना; रगड़ना; दिक्कत; मुसीबत; उलझन کھرچنا؛ چھیلنا؛ دقت؛ مصیبت؛ کش مکش

Scrape : *v.* to crase; to abrade; to polish; to remove; to collect; to save खुरचना; छीलना; चमकाना; धिसना; बटोरना; बचाना کھرچنا؛ چھیلنا؛ چمکانا (رگڑ کر) گھِسنا؛ جمع کرنا؛ بٹورنا؛ بچانا

Scraper : *n.* any sharp edged tool for scraping खुरचनी; छीलने का औज़ार کھرچنے یا چھیلنے کا آلہ

Scratch : *v.* (skrach) to tear with nail; to wound slightly; to score नाखुन से खुरचना; खरोच लगाना; कुरेदना; छीलना ناخن سے کھرچنا؛ خراش یا کھرونچ لگنا؛ کریدنا؛ چھیلنا

Scratch : *n.* slight wound; injury by scratching खरोंच; खुरचन خراش؛ کھرونچ

Scratchy: *adj.* (of writing) done carelessly घसीट कर लिखा हुआ; (यूँ ही सा) लिखा हुआ گھسیٹا ہوا؛ یونہی سا لکھا ہوا

Scrawl : *v.* (skrawl) to write hurriedly; to write badly; to draw badly अस्पष्ट लिखना; घसीटन بدخط لکھنا؛ گھسیٹنا؛ شکستہ لکھنا

Scrawny : *adj.* (skraw-ni) meagre; weak दुबला; पतला; कमजोर دُبلا پتلا؛ کمزور

Scream : *v.* (skreem) to cry in loud voice; to cry out as in terror चीखना; चिल्लाना; घिगयाना چلانا؛ چیخنا؛ گھگھیانا

Scream : *n.* a shrill; loud cry चीख; चिल्लाहट چیخ؛ زور کی چیخ؛ کوک

Screech : *v.* (skreech) to give low but harsh scream, owl's, monky's scream harshly in anger भद्दी आवाज़ में चीखना; कर्कश ध्वनि निकालना ناگوار آواز میں چیخنا؛ الو یا بندر کی آواز میں چیخنا

Screech : *n.* harsh scream; loud cry चीख چیخ؛ زور کی چیخ

Screed : *n.* (skreed) a lengthy boring lecture or speech; strip लम्बा उबानेवाला भाषण; पट्टी طویل بوریت والا لیکچر یا تقریر؛ پٹّی

Screen : *n.* (skreen) partial partition; seive for coal; white surface for projecting films on to it परदा; चिक; ओड़; छलनी; चित्रपट; ओट چلمن؛ اوٹ؛ کوئلہ کی چھلنی؛ پردۂ سیمیں؛ پردۂ فلم؛ پردہ؛ چک

Screw : *n.* (sk-roo) a small metal cylinder grooved spirally; propeller of ship पेच; जहाज की धुरी پیچ؛ جہاز کی دُھری

Screw : *v.* to fasten with screw; to press पेंच से कसना پیچ سے کسنا؛ دبانا

Screw driver : *n.* tool for fastening screws पेंचकस; पेंच कसने का औज़ार پیچ کس؛ پیچ کسنے کا اوزار

Screw jack : *n.* instrument working with a screw and used for lifting heavy weights पेचदार जैक جیک؛ پیچ دار جیک

Screwd : *adj.* (skrood) fixed with a screw पेचों से कसा हुआ پیچوں سے کسا ہوا

Scribble : *v.* (skri-bol) to write down in haste; to write without neatness अस्पष्ट लिखना بدخط لکھنا؛ جلدی جلدی گھسیٹنا

Scribe : *n*. (skrib) letter writer; author लेखक; मुंशी; लिपिक خط نویس؛ منشی؛ انشا پرداز؛ مصنف؛ راقم؛ کاتب؛ محرر

Scrimmage : *n*. (skrim-aj) fight; skirmish; a close confused struggle हाथापाई; भिडंत; धक्का-मुक्की; छीना झपटी ہاتھا پائی؛ دھکا مکی؛ دھکا پیل؛ چھینا جھپٹی

Scrip : *n*. (skrip) a receipt; scrap of paper पावती पत्र; परची رسید؛ پرچی

Script : *n*. (skript) hand writing; manuscript; author's copy; taxt of play; answer book; type लिखावट; लिपि; हस्तलिपि; पाण्डुलिपि; रचना; उत्तर पुस्तिका; टाईप تحریر؛ دستی تحریر؛ مصنف کی کاپی؛ ڈرامے کا مسودہ؛ جواب لکھنے کی کاپی؛ ٹائپ

Scriptural : *adj*. (skrip-tu-ral) related to revealed books; related to bible etc. धर्मग्रंथ से सम्बन्धी; बाईबल आदि से सम्बन्धित الہامی کتابوں سے متعلق؛ انجیل وغیرہ سے متعلق

Scripture: *n*. revealeo books; the bible etc. धर्मग्रंथ; बाईबल आदि الہامی کتابیں؛ انجیل مقدس وغیرہ

Scrivener : *n*. (skri-v-ner) a writer; one who makes a draft of documents लेखक; महाजन عرائض نویس؛ مہاجن

Scrofula : *n*. (skro-fu-ela) a disease affecting neck कंठमाला کنٹھ مالا؛ گلسوا؛ خنازیر

Scroll : *n*. (skrol) a writing on wrapped paper; tisst draft लिखे हुए कागज का मुठा; प्रस्ताव लिखना; नामावली; सूची مسودہ؛ سجل؛ لپٹا ہوا کاغذ؛ ناموں کی فہرست؛ ڈرافٹ

Scrub : *v*. (skrub) to clean by rubbing hard; to rub hard रगड़ना; मलना رگڑ رگڑ کر صاف کرنا؛ مل مل کر صاف کرنا

Scrub : *n*. a mean felllow कमीना; निकम्मा या नी کمینہ؛ پچ؛ ذلیل؛ ادنیٰ

Scruff : *n*. (skruf) the nape of the neck; the back of the neck गर्दन का पिछला भाग گدی؛ قفا؛ گردن کا پیچھے کا حصہ

Scruple : *n*. (skroo-pel) uneasines of conscience; hesitation; doubt; a weight of 20 grains पापशका; धर्मसंकोच; झिझक; रत्ती भर ضمیر کی خلش؛ جھجھک؛ شبہ؛ تذبذب؛ ۲۰ گرین کا وزن؛ رتی بھر

Scruple: *v*. to doubt; to hesitate शंका क.; झिझकना پس و پیش کرنا؛ جھجکنا؛ تذبذب میں ہونا

Scrupulous : *adj*. (-pew-lus) doubtful; vigilant; conscientious पापशंकालू; इमानदार; नियमनिष्ठ نکتہ چین؛ شکّی؛ ایماندار؛ محتاط

Scrutinize : *v*. (skroot-i-niz) to make scrutiny of; to examine throughly जाँचना; सूक्ष्म निरीक्षण क. کی جانچ پڑتال کرنا؛ محققانہ امتحان کرنا

Scrutiny : *n*. (skroot-i-ni) close examination; a strict search or inquiry जांच چھان بین؛ جانچ پڑتال

Scuddle : *v*. (ska-del) to run with affected haste तेजी से भाग जाना جلدی میں بھاگ جانا؛ تیزی سے دوڑنا

Scuffle : *n*. (sku-fel) a confused quarrel; a metee लड़ाई; दंगा دنگا فساد؛ ہاتھا پائی؛ کشمکش

Scuffle : *v*. to take part in a scuffle दंगा या लड़ाई में भाग लेना دنگا فساد میں حصہ لینا

Scullery : *n*. (sku-le-ri) a place to

clean and keep dishes & kitchen utensils बरतन साफ करने और रखने की जगह باورچی خانے کا اسباب رکھنے کی جگہ؛ برتن دھونے کی جگہ

Scullion : *n.* (sku-li-yen) a kitchen dradge; a servent who cleans utenils बरतन साफ करने वाला برتن دھونے والا

Scullog : *n.* (sku-log) a farmer; a farm labourer; a rustic किसान; खेत में कार्य करने वाला मजदूर; गँवार کسان؛ کھیت میں کام کرنے والا مزدور؛ دیہاتی

Sculp: *v.* (skulp) to carve; to engrave कुन्दा कारी क.; नक्काशी क. کندہ کاری کرنا؛ نقاشی کرنا

Sculptor : *n.* (skulp-ter) one who makes sculptures; a carver; engraver संगतराश; नक्काश بت تراش؛ سنگ تراش؛ مجسمہ ساز؛ نقاش

Sculpture : *n.* the art of making statues; the art of carving संगतराशी; नक्कासी; बुत سنگتراشی؛ مجسمہ سازی؛ نقاشی؛ مجسمہ

Scum : *n.* (skum) froth; foam; worst element झाग; फेन; गंदगी جھاگ؛ تلچھٹ؛ گندگی

Scum : *v.* to clear off the scum झाग उतारना; मैल उतारना جھاگ اتارنا؛ میل اتارنا

Scummer : *n.* (skum-er) skimmer करछी; मैल हटाने वाल कफ़गीर کف گیر؛ کڑچھی

Scurf : *n.* (sku-rf) flakes of dead skin; a dry scab ; a stain भूसी; पपड़ी; सर की खुशकी جلد کی بھوسی؛ سر کی خشکی؛ بفا؛ پپڑی

Scurrilous : *adj.* (ske-ri-lus) obscenely; abusive; railing अशलील; कटुभाषी فحش؛ رذیل؛ گندی گالیاں دینے والا

Scurrility : *n.* vulgar language गन्दी-गाली भरी जुबान; अपशब्द فحش؛ گالی گلوچ؛ بدزبانی

Scurry : *v.* (ske-ri) run away swiftly छोटे-छोटे पग रख कर तेज दौड़ जाना چھوٹے چھوٹے قدموں سے تیز بھاگ جانا

Scurvy : *n.* (skar-vi) a disease खून का रोग فسادِ خون کا مرض؛ خون کی بیماری

Scurvy : *adj.* mean; contemptible; discourteous नीच; तुच्छ; धृणित کمینہ؛ رذیل؛ نیچ؛ قابلِ نفرت

Scuttle : *n.* (skut-el) basket; bucket; a wide shallow basket for coals; opening टोकरा; अंगीठी; मोखा ٹوکرا؛ چھبڑا؛ دھات کی انگیٹھی: کوئلوں کی بالٹی؛ موکھا

Scutum : *n.* (sku-tem) shield; knee-pan ढाल; चपनी ڈھال؛ گھٹنے کی چپنی

Scythe : *n.* (sidh) big sickle-like tool for harvesting दराँती; खुरपा بڑی درانتی؛ کھرپا

Sea : *n.* (sea) ocean; a larg body of salt water समुद्र; सागर سمندر؛ بحر

Sea board: *n.* coastal region समुद्री तट ساحلی علاقہ

Sea boat : *n.* ship समुद्री जहाज جہاز؛ سمندری جہاز

Sea farer : *n.* one who travels by sea समुद्री यात्री بحری مسافر؛ سمندر کے ذریعے سفر کرنے والا

Sea Faring : *n.* of work or voyages on the sea समुद्री यात्रा سمندری سفر؛ دریا نورد

Sea gull : *n.* a common sea bird with long wings समुद्री बगुला سمندری بگلا

Sea level : *n.* level of the sea surface समुद्र-तल سطح سمندر

Sea man : *n.* sailor; pilot of the ship; navigation expert नविक; मल्लाह ملاح؛ سمندری جہاز چلانے والا؛ ماہر جہاز راں

Sea rover : *n.* pirate समुद्री डाकू بحری ڈاکو؛ سمندری لٹیرا؛ سمندری قزاق

Sea shore : *n.* coast समुद्र-तट; साहिल ساحل

Sea sick : *adj.* sick from the motion of a rolling ship जहाजी मतली جس کا جی جہاز میں متلائے؛ جہازی متلی

Sea side : *n.* coastal town समुद्र-तट के शहर ساحلی شہر

Sea weed : *n.* any plant growing in sea समुद्री पौधा صوف البحر؛ سمندری پودا

Sea worthy : *adj.* fit for sea voyage; strong समुद्री यात्रा योग्य سمندری سفر کے قابل؛ مضبوط؛ قوی

Seal : *n.* (seal) piece of wax; metal stamped with design; a sea calf मुहर; सील मछली مُہر (لاکھ کی)؛ دھات کی مُہر؛ سیل مچھلی

Seal : *v.* to affix a seal मुहर लगा कर बन्द क॰ سربمہر کرنا؛ چھاپ لگانا؛ سیل کرنا

Seam : *n.* (seem) line where two edges are sewn together; joining of two edges of cloth दरार درز؛ سیون

Seamster : *n.* (sem-s-ter) one who lives by sewing दर्ज़ी درزی

Seamstress : *n.* (sem-stres) women who earns a living by sewing दरज़िन درزن

Seamy : *adj.* (see-mi) showing seams जिस में सीवन नजर आए جس میں سیون نظر آئے؛ سیون دار

Seamy side of life : *ph.* dark side of life जीवन का तारीक पहलू زندگی کا تاریک پہلو

Seaport : *n.* (see-port) a harbour for ships बन्दरगाह بندرگاہ

Sear : v. (see-er) to burn the surface; to burn दागना; जलाना; झुलसाना داغنا؛ جھلسانا؛ جلانا

Search : v. (se-rch) to inquire; to examine; to quest; to pursuit ढूंढना; खोज क॰; जाँच क॰ تلاش کرنا؛ معائنہ کرنا؛ تلاشی لینا

Search : *n.* an inquiry; quest; pursuit ढूँढ; खोज; जाँच अनवेषण دریافت؛ ڈھونڈ؛ کھوج؛ تلاش؛ جانچ؛ چھان بین

Season : *n.* (seez-en) part of year with different weather conditions; a fit time ऋतु; मौसम; अवसर موسم؛ فصل؛ موقعہ

Seasonable : *adj.* happening at certain seasons मौसमी; समय पर; उपयुक्त مناسب موسم؛ برمحل؛ باموقع؛ بروقت؛ موزوں

Seat : *n.* (seet) something to sit on; a chair; mansion; buttock; a sitting place बैठने का स्थान; कुर्सी; चौकी; चूतड़ نشست گاہ؛ سیٹ؛ نشست؛ کرسی؛ چوتڑ

Secant : *n.* (si-ka-nt) a line that cuts another छेदक रेखा; अर्ध व्यास जो बढ़ कर दूसरी रेखाओं में मिलती है خطِ قاطع

Secede : *v.* (si-seed) to withdraw; to seperate अलग होना; त्याग देना; निकल जाना الگ ہونا؛ رکنیت چھوڑنا؛ قطع تعلق کرنا؛ نکل جانا

Secessioin : *n.* (si-sesh-en) seceding; seperation सम्बन्ध-विच्छेद علیٰحدگی

Seclude : *v.* (si-klood) to keep aloof; to exclude पृथक क॰; अलग क॰ الگ رکھنا؛ تنہائی میں رکھنا؛ مجمع سے الگ رکھنا

Secluded : *adj*. (-id) lonely; aloof अलग; एकान्त الگ تھلگ؛ اکیلا

Seclusion : *n*. (si-kloohz-en) secluding; secluded place; retirement एकान्त; गोश नशीनी تنہائی؛ کنارہ کشی؛ خلوت؛ الگ تھلگ جگہ؛ گوشہ نشینی؛ عزلت نشینی

Second : *adj*. (sek-und) next after the first द्वितिय; दूसरा دوسرا؛ ثانی؛ دوم

Second : *n*. sixtieth part of the minute मिनट का साठवाँ भाग منٹ کا ساٹھواں حصہ؛ سیکنڈ

Second hand : *adj*. resold after use by someone; not new पुराना; प्रयोग किया हुआ پرانا؛ استعمال کیا ہوا؛ سیکنڈ ہینڈ

Second rate : *adj*. inferior धटिया; साधारण; मामूली گھٹیا؛ معمولی؛ ادنیٰ

Secondary : *adj*. (sek-end-e-ri) following the chief or the first दूसरे दर्जे का; माध्यमिक دوسرے درجے کا؛ ثانوی؛ ثانیہ؛ کم قدر

Secrecy : *n*. (seek-re-si) keeping secret; being secret; tedнency to concealment; privacy गुप्तता; गोपनीयता مخفی رکھنا؛ اخفا؛ رازداری؛ پوشیدگی

Secret : *adj*. (seek-ret) unknown to others; private; hidden गुप्त; छिपी हुई خفیہ؛ پوشیدہ؛ مخفی؛ پنہاں؛ نامعلوم

Secret : *n*. privacy; something unknown भेद; रहस्य راز؛ بھید؛ تنہائی

Secretariat(e) : *n*. (seek-re-tari-at) staff of a secretary सचिवालय; मंत्रालय سیکریٹریٹ؛ معتمدی

Secretary : *n*. (ta-ri) a person who handles correspondence, keeps records and does general clerical works for an individual or organisation etc. सेक्रेटरी; मंत्री का सहायक سکریٹری؛ معتمد (کسی سرکاری ادارے یا جماعت کا)

Secrete : *v*. (si-kreet) to put in a hidden place; to hide; to seperate; to embezzle छुपा कर रखना; ग़बन क.; गुप्त रखना چھپا کر رکھنا؛ غبن کرنا؛ پوشیدہ رکھنا

Sect : *n*. (sekt) a religious group मत; सम्प्रदाय; पंथ فرقہ؛ مذہبی فرقہ؛ مسلک

Sectarian : *adj*. (sek-tay-ri-en) of sect(s); narrow साम्प्रदायिक; कट्टर فرقہ وارانہ؛ کٹر؛ تنگ ذہن

Sectarianism : *n*. being prejudiced by sectarian ideas साम्प्रदायिकता; दलबन्दी; कटटरपन فرقہ وارانہ ذہنیت؛ گٹ بندی؛ کٹر پن

Section : *n*. (sek-shen) part; division भाग; टुकड़ा; अंश. ٹکڑا؛ حصہ؛ تقسیم؛ قطعہ

Sector : *n*. (sek-ter) part of a circle; one of the subdivision of an area वृत्त खण्ड; क्षेत्र قطعہ؛ علاقہ

Secular : *adj*. (sek-ew-ler) temporal; not religious; not bound by rules लौकिक; धर्मनिरपेक्ष دنیاوی؛ غیرمذہبی

Secularism : *n*. doctrine seperating politics from religion; secular spirit धर्मनिरपेक्षवाद; धर्मविरोध غیرمذہبیت

Secure : *adj*. (si-kew-er) safe; firmly fixed; free from fear or danger; confident स्वतन्त्र; निर्भय; निश्चित آزاد؛ محفوظ؛ بے خطر؛ مضبوطی سے لگانا

Secure : *v*. to protect; to get possession of; to make safe; to obtain बचाना; बन्द क.; सुरक्षित क.; प्राप्त क. محفوظ کرنا؛ حاصل کرنا؛ محفوظ رکھنا

Security : *n.* (-ri-ti) protection; safety; surety; secure state of feeling रक्षा; अभय; ज़मानत اطمینان حفاظت؛ سلامتی؛ ضمانت؛

Sedan : *n.* (se-dan) fully covered chair for carriage पालकी; डोली ڈولی؛ پینس؛ پالکی

Sedate : *adj.* (si-dayt) calm; quite; serene शान्त; स्थिर स्वभाव خاموش؛ سنجیدہ؛ متین؛ متحمل

Sedative : *adj.* (sed-e-tiv) assuaging; composing; tending to soothe the nerves शान्तिकर; शान्ति दिलाने वाली औषधि راحت بخش؛ مسکّن

Sedentary : *adj.* (sed-ent-e-ri) sitting much; inactive; stay at home; acustomed to sit बहुत बैठन वाला; निष्क्रिय; घरघुसना; बैठा रहने वाला بہت بیٹھنے والا؛ سست؛ گھر میں رہنے والا؛ بیٹھا رہنے والا

Sediment : *n.* (sed-i-ment) dregs; mud sitting; down under water तलछट; मैल; गाद تلچھٹ؛ میل؛ دُرد؛ گاد

Sedition : *n.* (se-dish-en) a tumult; an insurrection; inciting on rebellion बगावत; गदर; राजद्रोह بغاوت؛ غدر

Seditious: *adj.* (se-dish-us) rebellious; factious; mutinous बागी; बगावती; सरकाश باغیانہ؛ بغاوت انگیز؛ باغی؛ سرکش

Seduce : *v.* (si-dews) persuade to commit sin or crime; to tempt; to mislead बहकाना; पथ भ्रष्ट क.; चरित्र बिगाड़ना بہکانا؛ ورغلانا؛ بگاڑنا

Seducer : *n.* one who persuade to commit sin; one who persuades for subjection to rape प्रलोभक; बहकानेवाला گمراہ کرنے والا؛ بہکانے والا؛ ورغلانے والا؛ اغواکنندہ

Seduction : *n.* (si-duk-shen) persuation; temptation बहकाना; प्रलोभन پھسلانا؛ ورغلانا؛ بہکانا؛ بے راہ روی پر آمادہ کرنا

Seductive : *adj.* (-tiv) charming; tempting सम्मोहक; विमोहक دلفریب؛ توبہ شکن؛ زہد شکن

Sedulous : *adj.* (sed-ew-lus) assiduous; industrious; painstaking मेहनती; परिश्रमी; स्थिर स्वभाव سرگرم؛ محنتی؛ مستعد؛ ثابت قدم

Sedulously : *adj.* painstakingly मेहनत से; परिश्रम से محنت سے؛ مستعدی سے

See: *v.* (si) to look at; to perceive by the eye; to behold; to understand; to know देखना; अवलोकन क.; समझना; मालूम क. دیکھنا؛ غور کرنا؛ ادراک کرنا؛ دریافت کرنا؛ نظر رکھنا

Seed : *n.* (seed) part of plant from which new plant can grow; origin बीज; दाना; मूल بیج؛ دانہ؛ اصل

Seed corn : *n.* corn preserved as seed बीज के लिए रखा हुआ अनाज بیج کے لیے رکھا ہوا غلّہ

Seedling : *n.* young plant raised from a seed पौधा; पौदा پنیری؛ تخمی پودا؛ ننھا پودا؛ پودھ

Seedsman : *n.* one who deals in seeds बीज बेचने वाला تخم فروش؛ بیج فروش؛ بیج بیچنے والا

Seedy : *adj.* (see-di) shabby; bearing seeds; containing seeds; unwell भद्दा; बीज वाला; नासाज़ بھدا؛ ہیئت کذائی والا؛ بیج دار؛ بیج والا؛ ناساز

Seek : *v.* (seek) to look for; try to

find; to solicit; to make search; try to get ढूढना; खोजना; अन्वेषण क.; चाहना تلاش کرنا؛ ڈھونڈنا؛ درخواست کرنا؛ حاصل کرنے کی کوشش کرنا

Seem : *v.* to appear; to have semblance प्रतीत होना; लगना معلوم ہونا؛ محسوس ہونا؛ نظر آنا

Seeming : *adj.* apparent; not real प्रतियमान; ज़ाहिर ظاہر؛ عیاں؛ ظاہری

Seemly : *adj.* proper; decorous उचित; शोभनीय مناسب؛ موزوں؛ ٹھیک

Seemly : *adv.* in a decent or proper manner उचित ढंग से خوش اسلوبی سے

Seep : *v.* (seep) to percolate रिसना; टपकना ٹپکنا؛ رِسنا

Seepage : *n.* (seep-ij) seeping; oozing out; trickling रिसाव; टपकना رساؤ؛ رِسنا؛ ٹپکنا

Seer: *n.* (see-er) one who sees in to the future; a prophet; a unit of weight संत; नबी; सैर (वज़न तोलने के लिए) پیغمبر؛ نبی؛ غیب داں؛ اولیاء؛ سیر وزن تولنے کے لیے

Seasaw : *n.* (see-saw) up and down riding; rocking plank for children to play on ढेंकी; झूला جھولا؛ جھولا جھولی؛ جھولنا

Seethe : *v.* (seedh) to boil; to decoet; to buble उबलना; खोलना ابلنا؛ کھولنا؛ جوش دینا

Segment : *n.* (seg-ment) part; part of circle खण्ड; भाग; नूतन खण्ड ٹکڑا؛ قطعہ؛ دائرے کا قطعہ

Segregate : *v.* (seg-re-gayt) to seperate; to set a part अलग क.; जुदा क. الگ کرنا؛ جدا کرنا؛ علاحدہ کرنا

Segregation : *n.* (-gay-shen) keeping seperate; seperation जुदाई; वियोजन علیحدگی؛ جدائی

Seignior : *n.* (se-inio-r) a lord; a gentleman सामन्त; जागीरदार مالک؛ جاگیردار؛ رئیس

Seismic : *adj.* (siz-mik) related to earth quake भूकम्पीय زلزلے سے متعلق

Seismograph : *n.* (sez-mo-graf) an instrument for recording an earthquake भूकम्प लेखी या मापी زلزلہ پیما

Seismology : *n.* (siz-mo-lo-gi) science which studies earthquake भूकम्प विज्ञान علمِ زلزلہ

Seiz : *v.* (seez) to take by force; to fasten on; to take suddenly पकड़ना; बन्दी बनाना; अचानक पकड़ लेना پکڑنا؛ گرفتار کرنا؛ زبردستی پکڑ لینا؛ اچانک پکڑ لینا

Seizure : *n.* (seezh-er) seizing; fit of disease; पकड़; जबती; गिरफ्तारी; दौरा (रोग में) قبضہ؛ گرفت؛ ضبطی؛ گرفتاری؛ دورہ (بیماری میں)

Seldom : *adv.* (sel-dum) rarely; not frequently प्राय; कभी-कभी کبھی کبھی؛ شاذ و نادر؛ کبھی کبھار

Select : *v.* (se-lekt) to choose in preference to others; to pick up by preference चुनना; पसन्द क. چننا؛ منتخب کرنا؛ پسند کرنا؛ انتخاب کرنا

Select: *adj.* chosen; selective; excellent चुना हुआ; श्रेष्ठ; वरिष्ठ چیدہ؛ منتخب؛ چنیدہ؛ شاندار

Selection : *n.* (si-lek-shen) selecting; the act of choosing चुनाव انتخاب؛ چنی ہوئی چیز

Selective : *adj.* (si-lek-tiv) able to select चुनने योग्य انتخاب کا اہل

Self : *n.* (self) one's own person; ego; automatic स्वयं; अहम खود؛ ذات؛ نفس؛ انا؛ خودبخود

Self admiration : *n.* admission of one's self स्वप्रशंसी خود پسندی

Self assertion : *n.* asserting one's own point स्वयं ही जोर देना آپ ہی زور دینا

Self assumed : *adj.* assumed without authority बिना अधिकार स्वयं ही अपने हाथ में लेना; स्वय ही कलपना कर लेना بغیر حق کے اپنانا؛ خود ہی فرض کر لینا

Self centred : *adj.* interested mainly in oneself स्वयं केंद्रित; स्वकेंद्रित اپنے آپ میں مگن؛ خودغرض

Self command : *n.* self control आत्म संयम اپنے اوپر قابو

Self conceit : *n.* high opinoin of one's self अभिमान; खुद पसंदी خودپسندی؛ اپنی تعریف اپنے آپ کرنا

Self conscious : *adj.* shy संकोची خودآگاہ؛ شرمیلا

Self contained : *adj.* reserved; complete in it self अल्पभाषी; चुप्पा; स्वत पूर्ण خاموش؛ گھنا؛ اپنے آپ میں مکمل

Self control : *n.* control emotions आत्मसंयम ضبطِ نفس؛ خود پر کنٹرول

Self Denial : *n.* abnegation; for bearing; indulging one's desires आत्मत्याग; स्वार्थत्याग نفس کشی؛ پرہیزگاری

Self destruction : *n.* voluntary destruction आत्मनाश اپنے ہاتھوں ہی اپنی تباہی

Self determination : *n.* right to self government आत्मनिर्णय حق خوداراوی

Self enjoyment : *n.* internal satisfaction हार्दिक प्रसन्नता اندرونی خوشی

Self government : *n.* right to govern oneself independently स्वशासन حق خود اختیاری

Self indulgent : *adj.* fond of one's own confort असंयमी تن پرور

Self interest : *n.* devotion to selfish ends स्वार्थ خودغرضی؛ مطلب پرستی

Self made : *adj.* one who has made a successful career for himself by own capabilities स्वनिर्मित اپنی محنت سے آپ بنا ہوا شخص

Self preservation : *n.* self defence आत्मरक्षा حفظِ نفس

Self respect : *n.* respect of oneself स्वभिमान; आत्मसम्मान خودداری

Self sacrifice : *n.* sacrificing personal interest आत्म बलिदान قربانی؛ ایثار

Self seeking . *n.* selfish स्वार्थ خودغرض؛ مطلب پرست

Self starter : *n.* starting without turning the crank- handle सेल्फ स्टार्टर سیلف اسٹارٹر؛ خودشروع ہونے والا

Self sufficient : *adj.* needing no help from others आत्मनिर्भर خودکفیل؛ دوسروں کا محتاج نہ ہونا

Self supporting : *adj.* earning one's livelihood आत्मनिर्भर اپنے پاؤں پر کھڑا ہونا؛ خودکفیل ہونا

Self taught : *adj.* taught without help of any teacher स्वयशिक्षित خودآموز؛ خودآموختہ؛ عطائی

Self will : *n.* obstinacy हठ ضد

Self willed : *adj.* obstimate हठधर्मी ضدی؛ خودسر؛ خودرائے

Selfish : *adj*. (sel-fish) self interested खुदغرض؛ مطلبی؛ مفاد پرست؛ مطلب پرست स्वार्थी.

Selfishness : *n*. attention to one's own interest without any regard to others स्वार्थ; मतलब परस्ती خودغرضی؛ مطلب پرستی

Selfless : *adj*. incapable of selfishness निस्वार्थ بے غرض؛ بے لوث؛ بے غرضانہ

Sell : *v*. (sel) to dispose of for money; to be sold; to betray बिक्री क.; बेचना; गद्दारी क. فروخت کرنا؛ بیچنا؛ بکنا؛ بیچ ڈالنا؛ غدّاری کرنا

Seller : *n*. one who sells; a vender बिक्री करने वाला; बेचने वाला بیچنے والا؛ بائع؛ فروخت کرنے والا

Selvage : *n*. (sel-gedz) the edge of cloth किनारा; कोर; गोट کنارا؛ حاشیہ؛ گوٹ

Selves : *pron*. (selvz) themselves स्वयं आप خودآپ

Semantics : *n*. (si-mant-iks) branch of philology; dealing with meanings अर्थविज्ञान مفہومیات

Semaphore : *n*. (sew-a-forh) system of signalling by flags संकेत-यंत्र اشارہ بردار

Semblance : *n*. (sem-blens) likeness; resemblance; appearance सादृष्य; रूप مشابہت؛ صورت

Semen : *n*. (seem-en) sperm; germinal; fluid of males धातु; वीर्य منی؛ نطفہ

Semester : *n*. (se-mes-ter) half of an academic year आधा वर्ष शिक्षा का نصف تعلیمی سال

Semi : *adj*. (prefix) (semi) half; signifies half अर्ध; आधा نصف؛ آدھا

Semi circle : *n*. half a circle अर्ध चक्र نصف دائرہ

Semi civilized : *adj*. not fully civilized अर्ध सभ्य نیم مہذب

Semi official : *adj*. officially sponsored अर्ध सरकारी نیم سرکاری

Semicolon : *n*. (sem-i-ko-en) the punctuation mark अर्धविराम وقف ناقص؛ سیمی کولن (؛)

Semifinal : *n*. last but one match in a competition सेमीफाईनल سیمی فائنل

Seminal : *adj*. (se-mina-l) belonging to seeds; radieal बीज से सम्बन्धित; प्रारंभिक متعلق بہ تخم؛ ابتدائی

Seminar : *n*. (sem-i-nahr) scholars meeting for the discussion of a problem सेमिनार; अध्ययन-गोष्ठी سیمینار؛ مباحثہ

Seminary : *n*. (sem-i-ne-ri) training centre for priests; a place of education पादरियों का स्कूल; पाठशाला پادریوں کی درسگاہ؛ اسکول

Seminate : *v*. (se-mi-nayt) to sow; to propagate बोना; फैलाना بونا؛ پھیلانا

Semite : *n*. (see-mit) one of the race of which the Arabs form the major part सामी; शामी سامی؛ شامی

Semitic : *adj*. (se-mit-ik) of semites सामी; शामी سامی؛ شامی

Semitic : *n*. semitic family of languages सामी भाषाए; (अरबी भाषा व इबरानी) سامی زبانیں جیسے عربی، عبرانی وغیرہ

Sempiternal : *adj*. (semi-piternal)

everlasting; perpetual सदैव; सदा دائم؛ لازوال

Semptress : *n*. (sem-tress) see Seamstress

Senate : *n*. (sen-it) governing body of counsellors सीनेट; राज्यसभा ایوان بالا؛ مجلسِ جامعہ؛ سینیٹ

Senator : *n*. (sen-e-ter) a member of a senate सेनेटर سینیٹ کا رکن؛ سینیٹر

Send : *n*. to despatch; to commission भेजना; पहुंचाना بھیجنا؛ روانہ کرنا؛ ڈالنا؛ پہنچانا

Send off : *v*. farewell विदाई الوداع؛ بدائی

Senescence : *n*. (si-ne-se-ns) a growing old; बुढ़ापा; वृद्धावस्था پیری کا آغاز؛ بڑھاپے کا آغاز یا ابتدا

Senile : *adj*. (see-nil) of old age; foolish bacause of old age बुढ़ापे का; वृद्धावस्था का; सठियाया हुआ بڑھاپے کا؛ ضعیفی کا؛ سٹھیایا ہوا

Senility : *n*. (se-nil-i-ti) feebleness of old age बुढ़ापा; सठियाया ضعیفی؛ سٹھیا جانا

Senior : *adj*. (see-ni-er) older; higher in status ज्येष्ठ; वरिष्ठ بڑا؛ بزرگ؛ عہدہ میں بڑا

Seniority : *n*. (see-ni-o-ri-ti) being older; being senior in status ज्येष्ठता; वरिष्ठता بزرگی؛ بڑائی؛ اولیت؛ عہدہ میں بڑا

Sennight : *n*. (e-neit) a week सप्ताह; सात दिन ایک ہفتہ؛ ہفتہ؛ سات دن

Senor : *n*. (sen-yor) Spanish title for Mr. आदरणीय; जनाब جناب؛ صاحب

Senora : *n*. Spanish title for madam मोहतरमा محترمہ؛ جنابہ

Sensation : *n*. (sens-ay-shen) perception by the senses; excitement चेतना; उत्तेजना; संवेदना احساس؛ ادراک؛ جوش؛ ہیجان؛ اضطراب

Sensational : *adj*. causing stir संवेदनात्मक; संसनीखेज ہیجان انگیز؛ سنسنی خیز

Sense : *n*. (sens) faculty of perceiving; meaning; opionion; indenstanding; feeling इंद्रिया; राय; संवेदन; अनुभव حس؛ رائے؛ سمجھ؛ قیاس

Sensless : *adj*. stupid; unconcious मूर्ख; बेहोश بیوقوف؛ احمق؛ بے ہوش

Sensibility : *n*. (sens-i-bi-li-ti) good sense; quick intellectual feeling; emotions योग्य; चतुर; ज्ञानी صاحب احساس؛ ذی شعور؛ صاحب تمیز

Sensible : *adj*. (sen-si-bel) expressing good sense; wise; having quick intellectual feeling; reasonable समझदार; संवेदनशील; उचित معقول؛ زیرک؛ موزوں؛ مناسب

Sensitive : *adj*. (sens-i-tiv) quick to receive impressions; affected by light; delicate सचेतन; भावुक; नाजुक اثر پذیر؛ سریع التاثیر؛ عکس پذیر؛ نازک

Sensory : *adj*. (sen-si-ri) of the sense संवेदी; संवेदिक حِسّیاتی

Sensual : *adj*. (sens-ew-el) lustful; sensory; pleasing to the senses कामी; संवेदी شہوانی؛ عیاش؛ حسیاتی

Sensualist : *n*. sensual person सुखवादी; भोगवादी بوالہوس؛ ہوست پرست

Sensuality : *n*. addiction to carnal pleasure इंद्रिय सुख عیاشی

Sensuous : *adj*. (sens-ew-us) of the senses ऐंद्रिय; इंद्रियगत : حِسّیاتی؛ حواسی؛ حیاتی؛ حِسّی

Sentence : *n*. (sent-ens) a determinatin; a period; a complete group of words; decision दण्डाज्ञा; वाक्य; फ़ैसला حکم سزا؛ تجویز؛ فتویٰ؛ جملہ؛ فیصلہ

Sentence : *v*. to judge; to condemn दण्डादेश देना سزا کا حکم یا فیصلہ سنانا

Sententious : *adj*. pithy statment; pithy and witty अर्थगर्भित بلیغ؛ مجمل؛ پرمعنی؛ فقرے باز

Sentiment : *n*. (sent-i-ment) mental feeling; emotion; display of emotion; thought भाव; विचार; भावुकता; भावना خیال؛ احساس؛ جذبہ؛ جذباتیت؛ وہم

Sentimental : *adj*. (-el) abounding with sentiment; emotional; having feeling भावुक; भावपूर्ण; दयावान जذباتی؛ دل سوز؛ رقت انگیز؛ نرم دل

Sentimentailst: *n*. sentimental person भावुक पुरूष جذباتی

Sentimentality: *n*. (-tal-i-ti) being sentmental भावुकता جذباتیت

Sentinel: *n*. (sent-i-nel) sentry; a soldier or guard सन्तरी سنتری؛ فوجی؛ پہریدار

Sentry : *n*. (sent-ri) soldier keep guard; one on a guard duty सन्तरी; चौकीदार سنتری؛ فوجی؛ پہریدار؛ چوکیدار

Sentry go : *n*. sentry's beat सन्तरी की गश्त سنتری کی گشت

Separable : *adj*. (sepe-re-bel) that can be separated जो अलग हो सके انفصال پذیر؛ جو جدا ہو سکے؛ جو الگ ہو سکے

Separate : *adj*. (sep-a-rayt) a part; not together; not joined प्रथक; अलग الگ؛ جدا؛ علاحدہ؛ الگ الگ؛ جدا جدا؛ منفصل

Separate : *v*. to break; to disunite; to select; to make separate अलग क.; प्रथक क. الگ کرنا؛ علاحدہ کرنا؛ جدا کرنا

Separation : *n*. (-ray-shen) separating; being separated; divorce; divisoin विच्छेदन; विभाजन; तलाक علیحدگی؛ جدائی؛ فراق؛ طلاق؛ تقسیم

Separatist : *n*. one opposed to unity पृथक्तावादी علیحدگی پسند

Sepia : *adj&n*. (see-pi-a) dark brown (paint or colour) सीपिआ سرخی مائل (رنگ یا پینٹ)

Sepoy : *n*. (see-poy) native soldier in former British-Indian Army सिपाही سپاہی؛ دیسی سپاہی

Sept : *n*. (sept) clan; race; generation वंश; जाति; गोत्र; सन्तति خاندان؛ اولاد؛ ذات

Septangular : *adj*. (sep-tang-u-lar) having seven sides सतकोनिया ہفت گوشیہ؛ سات کونوں والا

September : *n*. (sep-tem-ber) ninth month of Western calander सितम्बर; अंग्रेजी साल का नौवां महीना ستمبر؛ انگریزی سال کا نواں مہینہ

Septennial : *adj*. (sep-te-ni-al) lasting seven years सात वर्षो का ہفت سالہ؛ ست برسا

Septic : *adj*. (sep-tik) infected; causing infection जहरीला; सड़ाने वाला جراثیم زدہ؛ زہریلا؛ مفسدِ خون

Septicaemia : *n*. (sep-ti-see-mi-e) blood poisoning सेप्टिसीमिया فسادِ خون

Septuagenarlan : *n*. (sep-tua-zinie -ri-an) one who has attained the age of seventy years सत्तर वर्ष का बूढ़ा ستر سال کا بوڑھا

Septuple : *adj*. (sep-tiv-pel) seven times as much सातगुणा سات گنا

Sepulchre : *n*. (sep-el-ker) tomb समाधि; क़ब्र; शवस्थान قبر؛ تربت؛ مقبرہ

Sequel : *n*. (sec-k-wel) a conclusion; consequence; result; concluding portion परिणाम; अन्त; फल انجام؛ نتیجہ؛ رزلٹ؛ تتمہ

Sequence : *n*. (see-kwens) unbroken series; succession; consequence अनुपम; परम्परा; श्रेणी سلسلہ؛ ترتیب؛ نتیجہ

Sequester : *v*. (si-kwes-ter) to separate from others; to put aside; to retain possession of property till the claim is paid पृथक क.; ऋण चुक जाने तक सम्पति पर अधिकार क. الگ کرنا؛ علاحدہ کرنا؛ امانت کے طور پر جائیداد قرق کرنا

Sequestrate : *v*. (-rayt) to deprive of possession; to separate जमानत के तौर पर सम्पति पर अधिकार रखना; अलग क. امانت کے طور پر رکھنا؛ الگ کرنا

Seraglio : *n*. (se-rah-li-oh) a harem हरम حرم؛ حرم سرا

Seraph : *n*. (se-ref) angel of the higest order; one of an order of angel उच्चकोटी का देवदूत; फरिश्ता فرشتہ؛ ملک؛ اسرافیل

Seraphim : *n*. (se-re-fim) the plural of seraph सर्वश्रेष्ठ देवदूत اعلیٰ درجے کے فرشتے

Sere : *adj*. (sere) no longer green; withered सूखा हुआ; मुरझाया हुआ خشک؛ سوکھا ہوا؛ مرجھایا ہوا

Serenade : *n*. (se-ri-nayd) evening music played or song sung by a lover at his beloved's window नग़मा-ऐ-शबीना فغانِ نیم شبی؛ نغمۂ شبینہ

Serene : *adj*. (se-reen) calm; unruffled; placid शान्त; पुरसुकून خاموش؛ پرسکون؛ ساکت؛ سلیم الطبع

Serenity : *n*. (si-ren-i-ti) being serene; clamness; peace शान्ति; सन्तुष्टता سکون؛ اطمینان؛ وقار؛ متانت

Serf : *n*. (se-rf) land slave; a slave employed in husbandry गुलाम زرعی غلام؛ غلام

Serge : *n*. (serj) twilled woolen cloth सर्ज; एक प्रकार का ऊनी कपड़ा سرج؛ ایک قسم کا اونی کپڑا

Sergeant : *n*. (sah-r-jent) a junior officer; of army or police सारजेन्ट سارجنٹ؛ حوالدار

Serial : *adj*. (si-e-ri-el) sequence of a series; issued in instalments क्रमशः سلسلے کا؛ سلسلہ وار؛ مسلسل؛ قسط وار

Serial : *n*. story or novel in series क़िस्तवार कहानी या नाविल قسط وار کہانی یا ناول

Sericulture : *n*. breeding of silk worms रेशम के कीड़े पालना; रेशमसाज़ी ریشم کے کیڑے پالنا؛ ریشم سازی

Series : *n*. (si-e-reez) member of similar things arranged in order क्रमशः; सिलसिला سلسلہ؛ یکساں اشیا کا

Serious : *adj*. (si-e-ri-us) thoughtful; grave; solemn; important because dangerous गम्भीर; संजीदा متین، سنجیدہ

Seriously : *adj*. thoughtfully; dangerously गम्भीरता से سنجیدگی سے

Sermon : *n*. (ser-men) a religious address; a pious instructive discourse उपदेश وعظ؛ درس؛ پند؛ لیکچر؛ خطبہ؛ تقریر

Serpent : *n*. (ser-pent) large snake; a musical instrument; base deceiver नाग; कमीना; दुष्ट سانپ؛ مار؛ ناگ؛ اجگر؛ دھوکے باز؛ کمینہ

Serpentine : *adj*. (-tin) reandering; tortuous; winding like a serpent बल खाता हुआ; नाग की तरह पेचदार بل کھاتا ہوا؛ لہراتا ہوا؛ پیچدار سانپ کی طرح

Serrate : *adj*. (se-rayt) notched like a saw दंदानेदार دندانے دار؛ آرہ نما

Serried : *adj*. (se-rid) shoulder to shoulder; trees in a row सटा हुआ; घना دوش بدوش؛ ملحق؛ پیوستہ؛ گھنا

Serum : *n*. (see-rum) the watery plant of the blood सीरम; खून का पानी خوناب؛ کیلوس؛ سیرم

Servant : *n*. (ser-vant) one who works for another सेवक ملازم؛ نوکر؛ خادم؛ خدمت گار

Serve : *v*. (se-rv) to attend at command; to work as a servant सेवा करना; सहायता क. خدمت کرنا؛ حکم بجا لانا؛ خدمت بجالانا

Service : *n*. (se-r-vis) employment; job; position as servant; serving in a beneficial manner नौकरी; सेवा; सहायता نوکری؛ ملازمت؛ خدمت؛ سرکاری نوکری

Serviceable : *adj*. (-e-bel) durable; useful टिकाऊ; उपयोगी مفید؛ کارآمد؛ کام کا

Serviette : *n*. (ser-vi-et) table napkin; handkerchief तौलिया; अंगोच्छा; रूमाल رومال؛ میز رومال؛ نیپکن

Servile : *adj*. (ser-vil) slavish; mean; fawning दासवत; नीच غلامانہ؛ خوشامدانہ

Servility : *n*. (-i-ti) slavery; meanness; slavishness नीचता; चापलूसी غلامی؛ نوکری؛ خدمت

Servitude : *n*. (se-r-vi-tewd) slavery दासवत; नौकरी غلامی؛ نوکری؛ اطاعت

Sesame : *n*. (ses-i-me) a kind of seed; a species of Indian corn of which oil is made तिल تل؛ کنجد؛ تخم کنجد

Session : *n*. (sesh-en) assembly sitting; a term of sitting; period अधिवेशन; बैठक; सत्र نشست؛ اجلاس؛ جلسہ

Set : *n*. (set) number of things; group जोड़ी; सेट; टोली یکساں قسم کی اشیاء کا مجموعہ؛ جماعت؛ گروہ

Set : v. to affix; to place; to fix; to frame; to out of right रखना; जड़ना; लगाना; ठीक क.; अस्त होना رکھنا؛ جڑنا؛ لگانا؛ ٹھیک کرنا

Set apart : *v*. to separate अलग क. الگ کرنا

Set aside : *v*. to separate; to preserve; to cancel अलग क.; रद्द क. الگ کرنا؛ ردّ کرنا

Set back : *n*. reverse; drawback रूकावट; रोक روکاوٹ؛ روک؛ پسپائی

Set back : *v*. reserve for future use उठा रखना آئندہ کے لیے بچا کر رکھنا

Set down : *v*. write down लिख लेना لکھ لینا؛ ٹھکرا دینا

Set down : *n*. rebuff गत جھڑکی؛ سرزنش؛ ٹکا سا جواب

Set forth : *v*. start on journey; expound प्रस्थान क.; घोषित क. روانہ ہونا؛ اعلان یا واضح کرنا؛ بیان کرنا؛ پیش کرنا

Set in : *v*. to come in vouge आरम्भ होना شروع کرنا

Set off : *v*. adorn; set in right बढ़ाना; ठीक क. زینت بڑھانا؛ ٹھیک کرنا؛ سنوارنا

Set on fire : *v*. to ignite जला देना; आग लगाना آگ لگا دینا؛ جلا دینا

Set on foot : *v*. to begin आरम्भ क. شروع کرنا

Set out : *v*. to begin a journey; to display प्रस्थान क.; प्रदर्शित क. سفر پر روانہ ہونا؛ نمائش کرنا

Set right : *v*. to put right सीधा سیدھا

Set sail : v. to sail जहाज का प्रस्थान क. جہاز کا روانہ ہونا؛ جہاز پر روانہ ہونا

Set square : *n*. triangular appliance for drawing lines गुनिया; सेट स्कवायर سیٹ اسکوائر؛ گنیا

Set to : *v*. to start doing it आरम्भ क.; करने लगना; लड़ने लगना شروع کرنے لگنا؛ کرنے لگنا؛ لڑنے لگنا

Set up : *v*. raise to power; to establish; to start; to compose (the matter) ऊपर उठाना; बनाना; आरम्भ क.; कम्पोज़ क. اوپر اٹھانا؛ بنانا؛ شروع کرنا؛ کمپوز کرنا

Settee : *n*. (se-tee) long seat with a back ; sofa कोच; सोफा صوفہ؛ کوچ؛ پشت دار بینچ

Setter : *n*. (se-ter) one who sets; a kind of dog जड़ने वाला; एक प्रकार का शिकारी कुत्ता جڑنے والا؛ شکاری کتا

Setting : *n*. (set-ing) background; environment; arrangement भूमिका; पर्यावरण; विन्यास پس منظر؛ ماحول؛ انتظام

Settle : *n*. (set-er) a seat; a bench with seat ऊँची पीठ वाली कुर्सी آرام کرسی؛ پشت دار بینچ

Settle : *v*. to come to rest; to sink to the bottom; to pay; to decide आराम से बैठ जाना; तल में बैठ जाना; निर्णय क.; भुगतान क. آرام سے بیٹھ جانا؛ آباد ہونا؛ تہ نشیں ہونا؛ ادا کرنا؛ فیصلہ کرنا

Settled : *adj*. fixed; confirmed; determined तय; निश्चित; स्थिर مقرر؛ فیصلہ شدہ

Settelement : *n*. terms on which something is settled; colony बसा हुआ; समझौता شرائط تصفیہ؛ نوآبادی

Settler : *n*. colonist उपनिवेशी نوآبادکار؛ آبادکار

Seven : *n*. (sev-en) one more than six; add one in six सात; सप्त سات؛ ہفت

Seventh : *adj*. the oridinal of seven सातवां ساتواں

Seventy : *n*. one more than sixty nine; seven times ten सत्तर ستّر

Sever : *v*. (sev-er) to disjoin; to divide तोड़ना; अलग क. توڑنا؛ الگ کرنا

Several : *adj*. (sev-rel) many; a few; seperate कई; बहुत; भिन्न-भिन्न بہت؛ متعدد؛ کئی؛ بعض؛ علاحدہ علاحدہ؛ الگ الگ

Severally : *adj*. (sev-re-li) individually; distinctly प्रत्येक; अलग-अलग فرداً فرداً؛ الگ الگ

Severance : *n*. separation; severing;

severed; state जुदाई; विच्छेद جدا کرنا؛ علاحدگی؛ جدائی

Severe : *adj*. (se-vee-er) strict; harsh; violent; sharp; cruel; austere; painful कठोर हृदय; कष्टदायक; तीव्र سخت گیر؛ جابرانہ؛ شدید؛ تیز؛ سنگ دل؛ تکلیف دہ

Severity : *n*. (-ve-ri-ti) strictness; harshness; violence; seriousness कठोरता; सख़्ती; गम्भीरता; कठिनता؛ سخت گیری؛ شدت؛ سختی؛ سنجیدگی

Sew : *v*. to stitch; to join with a needle and thread सीना; सिलाई क.. سینا؛ سلائی کرنا

Sewage : *n*. (sew-ij) matter conveyed in sewers गन्दा जल; सीवर का पानी سیور کا پانی؛ گندا پانی

Sewer : *n*. (swe-er) a drain; a passage for water torns through मोरी; नाली گندہ نالا؛ سیور؛ موری؛ نالی

Sewer : *n*. a tailor दरज़ी; सीनेवाला درزی؛ سینے والا

Sewerage : *n*. (sew-e-rij) drainage system in city मल व्यवस्था سیور لائن کا سسٹم؛ شہر کی بدر روئیں

Sewing : *n*. (sec-wing) tailoring; stitching सीना; सिलाई سینا؛ سلائی

Sewing machine : *n*. machine for tailoring; stitching machine सिलाई मशीन سلائی مشین

Sex : *n*. (seks) tie distinction of male and female; being male or female स्त्री या पुरूष; लिंग ज्ञान جنس؛ صنف؛ تذکیر و تانیث

Sex appeal : *n*. attraction for opposite sex यौनाकर्षण جنسی کشش

Sex urge : *n*. passions incited by sex यौन जज़्बा جنسی جذبہ

Sexdigitate : *adj*. (seks-digi-tayt) having six fingers छः उंगलियों वाला چھنگا؛ چھ انگلیوں والا

Sextant : *n*. (seks-tant) sixth parts of a circle वृत का छठा भाग دائرے کا چھٹا حصہ

Sexton : *n*. (seks-ten) grave digger; an under officer of the Church कबर खोदने वाला; गिरजादार گورکن؛ محافظ؛ گرجا؛ گرجا کا ایک عہدے دار

Sexual : *adj*. (sek-sew-el) pertaining to sex; relating to the sex स्त्री पुरूष के सम्बन्ध में جنسی؛ جنسیاتی

Sexy : *adj*. (seksi) inciting sexual urge कामुक جنسیاتی

Shabby : *adj*. (shab-i) worn out; ragged फटा पुराना; भद्दा پھٹا پرانا؛ فرسودہ؛ بھدّا

Shack : *n*. (shak) a hut; rough hut कुटी; झोंपड़ी جھونپڑی؛ جھونپڑا؛ کٹیا

Shackle : *n*. (shak-el) handcuff; iron band; put round the ankel बेड़ी; हथकड़ी ہتھکڑی؛ بیڑی؛ زنجیر

Shackle: *v*. to fetter; to manacle बेड़ी लगाना; हथकड़ी लगाना بیڑی لگانا؛ ہتھکڑی لگانا

Shade : *n*. (shayd) area screened from a shadow; depth of colour अंधेरा; गहरा रंग اندھیرا؛ سایہ؛ چھاؤں؛ گہرا رنگ

Shade : *v*. to cover from light or heat; to protect; to darken; to put in shadow धूप से बचना; साया क..; अंधेरा क..; रक्षा क.. دھوپ سے بچانا؛ اندھیرا کرنا؛ حفاظت کرنا؛ چھاؤں کرنا؛ سایہ کرنا

Shadow : *n*. (shad-oh) patch of shade; a reflection in mirror साया;

परछाई سایہ؛ عکس؛ پرچھائیں؛ ہمزاد

Shadowy : *adj*. (shad-oh-i) full of shade; gloomy; unreal सायादार; आवस्तविक; धुंधला سایہ دار؛ غمگین؛ وہمی؛ بے اصل

Shady : *adj*. (shay-di) screened from light; cool; not quiet honest घना; सायादार; ठंडा; नीच گھنا؛ سایہ دار؛ سرد؛ مشتبہ

Shaft : *n*. (shaft) thin cylinder; arrow; stem of cloumn; narrow deep pit बल्ली; छड़; तीर; ताना; स्तंभ; खड्ड بلّی؛ چھڑ؛ تیر؛ تنا؛ ستون؛ کھڈ

Shaggy : *adj*. (shag-i) with rough growth of coarse hair; rugged झबरा; खुरदुरा لمبے موٹے بالوں والا؛ کھردرا

Shake : *v*. (shayk) to move; to tremble; to be agitated; to shock हिलाना; काँपनां; थरथराना ہلانا؛ لرزنا؛ کانپنا؛ متزلزل کرنا؛ کپکپا دینا

Shake : *n*. shaking; jerk; fissure; tremor झटका; दरार جھٹکا؛ کپکپاہٹ؛ درار

Shaky : *adj*. (secky-i) trembling; tottering; insecure अस्थिर; टूटने वाला; कच्चा; कमजोर لرزاں؛ ٹوٹنے والا؛ غیر مستحکم؛ غیر محفوظ؛ کمزور

Shall : *aux v*. (shall) in future गा; गे; गी گا؛ گے؛ گی

Shalloon : *n*. (shay-loon) light weight woolen cloth हलका ऊनी कपड़ा ہلکا اونی کپڑا

Shallop : *n*. (shaylop) a small boat; boat नौका; डोंगी ناؤ؛ کشتی؛ چھوٹی کشتی

Shallot : *n*. (shay-lot) a small onion छोटा प्याज़ چھوٹی پیاز

Shallow : *adj*. (shay-lot) not deep; futile; superficial कम गहरा; ऊपरी; छछला; बेफायदा کم گہرا؛ اُتھلا؛ سطحی؛ اوپری؛ بے فائدہ

Sham : *v*. (shaym) pretend to be; to cheat; to counterfiet बनाना; स्वाँग भरना; जालसाज़ी क. جھوٹ موٹ کرنا؛ بہانہ کرنا؛ حیلہ کرنا؛ جعلسازی کرنا

Sham : *n*. false counterfiet; pretence; fictitious जालसाज़ी; दोखा; बनावट جعلسازی؛ چھلنا؛ بناوٹ؛ دھوکہ بازی

Shamble : *n*. (sham-bel) to walk or run like old person with a faltering step लड़खड़ा कर चलना; डगमगा कर चलना لڑکھڑا کر چلنا؛ ڈگمگا کر چلنا

Shambles : *n*. (sham-bles) a butchery बूचड़खाना مذبح؛ قصاب خانہ

Shame : *n*. (shaym) feeling of humiliation; modesty; disgrace; ignoming शर्म; लज्जा; लाज; हया شرم؛ شرمندگی؛ غیرت؛ خفت؛ حیا

Shamefaced : *adj*. (shaym-faysd) shy; bashful; modest लज्जाशील; झेंपू; संकोची شرمیلا؛ جھینپو؛ شرمسار؛ حیادار

Shameful : *adj*. (-ful) disgraceful; causing shame; flagrant लज्जावान; शर्मनाक شرمناک؛ مذموم؛ معیوب

Shameless : *adj*. without shame; impudent; audacious बेशर्म; निर्लज्ज; ढीठ بے شرم؛ گستاخ؛ بے حیا

Shampoo : *n*. (shaym-po) liquid soap अस्थिर साबुन (बाल धोने का) شیمپو؛ صابن کا محلول (بال دھونے کے لیے)

Shampoo : *v*. to wash (head or hairs) with soap केशमार्जन क. (سر کو) شیمپو سے دھونا

Shank : *n.* (shank) leg from knee to ankle; stem पिंडली; डण्डी پنڈلی؛ ساق؛ ڈنڈی

Shan't : *aux.v.* (shant) shall not नहीं करेगा نہیں کرے گا

Shanty : *n.* (shant-i) hut कुटीर; झोंपड़ी جھونپڑی؛ کٹیا

Shape : *n.* (shayp) figure; structure; form आकृति; आकार; रूप; डील-डोल شکل؛ صورت؛ ساخت؛ وضع قطع

Shape : *v.* to form; to mould; to give a shape; to creat; to image आकृति बनाना; सूरत बनाना; ढालना (किसी शक्ल में) شکل بنانا؛ صورت بنانا؛ ڈھالنا (کسی شکل میں)

Shapless : *adj.* lacking definite shape; not well shaped बेडौल; भद्दा غیر متشکل؛ بیڈول؛ بھدّا

Shapely : *adj.* (shapy-li) well shaped; well formed; symmetrical सरूप; सुडौल; सुन्दर خوبصورت؛ سڈول؛ خوشنما؛ خوش اندام

Shard : *n.* (shob-rd) a piece of a pot; plant एक प्रकार का पौधा; ठिकरा ٹھیکرا؛ پودا

Share : *n.* (shay-er) portion; stock; shareholder's portion भाग; हिस्सा حصّہ؛ بخرہ؛ شراکت

Share-holder : *n.* one who holds a share in a joint fund साझी شریک؛ حصہ دار؛ ساجھی

Shark : *n.* (shah-rk) a voracious sea fish; swindler; usurer एक प्रकार की बड़ी मछली; पत्तेबाज़; सूदखोर شارک مچھلی؛ پتے باز؛ سودخور

Sharp : *adj.* (shah-rp) five edged; keen; piercing; acute; pointed; bitter; clear; clever; shrewed; sarcastic तेज; नोकीला; तुर्श; पैना; कड़वा; होशियार تیز؛ نوکیلا؛ تلخ؛ تند و تیز؛ سخت؛ ترش؛ واضح؛ طنّاز؛ ہوشیار؛ کڑوا

Sharp shooter : *n.* marksman पक्का निशानेबाज بڑا نشانے باز؛ پکا نشانے باز

Sharp witted : *adj.* having an acute mind तीक्षण बुद्धि वाला تیز دماغ؛ تیز فہم؛ زود فہم

Sharpen : *v.* to make keen; to make quick तेज़ क॰; नोकदार बनाना تیز یا نوکدار کرنا یا بنانا

Sharper : *n.* (shah-r-per) swindler धोखेबाज; पत्तेबाज دھوکے باز؛ پتے باز

Sharpner : *n.* (-pner) instrument for sharpening pencil शार्पनर پنسل تراش

Sharpness : *n.* (shah-rp-nes) keenness; ingenuity; severity चतुराई; तेज़ी تیزی؛ ہوشیاری

Shatter : *v.* (shat-er) break into many pieces; to impair; to end टुकड़े-टुकड़े क॰; तोड़ डालना; पानी फेर देना; बिगाड़ देना پاش پاش کر دینا؛ ٹکڑے ٹکڑے کر دینا؛ پانی پھیر دینا؛ بگاڑ دینا

Shatters : *n.* fragements of anything टूटे हुए अंश ٹکڑے؛ ریزے

Shave : *v.* (shayv) to pare close wih a razor; to remove hair with a razor मुंडन क॰; हजामत क॰; छीलना مونڈنا؛ چھیلنا؛ تراشنا؛ حجامت کرنا

Shaving : *n.* removal of hairs with razor; cutting of the beard मूंडना; हजामत مونڈنا؛ حجامت؛ تراش

Shaw : *n.* (sho-a) thicket; a small wood घना वन; वृक्षो का झुंड گھنا جنگل؛ درختوں کا جھنڈ

Shawl : *n.* (shawl) a shoulder wrap of cloth शाल شال؛ دوشالہ

She : *pron*. (shee) that or this female; the female personal pronoun वह स्त्री وہ (عورت)؛ یہ (عورت)

Sheaf : *n*. (sheef) a bundle of new cut corn; a heap; a bundle of corn stalks पूली; गट्ठा; ढेर پولا؛ گٹھا؛ پولی؛ ڈھیر؛ انبار

Sheare : *v*. (shee-er) to cut off with shears; to strip off; to cut with shears काटना; मुडंना; कैंची से काटना مونڈنا؛ تراشنا؛ کاٹنا؛ قینچی سے کاٹنا

Shears : *n*. (shee-erz) scissors; an instrument with two blades कैंची; कतरनी قینچی

Sheath : *n*. (sheeth) a scabbard; the case of anything खोल; म्यान; गिलाफ نیام؛ خول؛ غلاف؛ میان

Shed : *n*. (shed) a shelter made of boards; roofed shelter छप्पर; झोंपड़ी چھپّر؛ جھونپڑی

Shed : *v*. to spill; to scatter; to let fall गिराना; बखेरना; बहाना گرانا؛ بکھیرنا؛ بہانا

Sheen : *n*. (sheen) brightness; splendeur; gloss जगमगाहट; प्रकाश; कान्तिमय چمک؛ چمک دمک؛ روشنی؛ جگمگاہٹ

Sheep : *n*. (sheep) a well known wool yeilding animal; a lamb भेड़ بھیڑ

Sheepish : *adj*. stupidly shy झेंपू جھینپو؛ شرمیلا

Sheer : *adj*. (shee-er) clear; pure; mere शुद्ध; साफ; स्वच्छ صاف؛ خالص؛ بالکل؛ سراسر

Sheerly : *adj*. at once; absolutely केवल; बिलकुल; सरासर بالکل؛ سراسر؛ صاف؛ محض

Sheet : *n*. (sheet) complete piece & paper; a linen for a bed; a sail काग़ज़; चादर; तख़्ता; पलंग पोश کاغذ؛ چادر؛ تختہ؛ پلنگ پوش

Sheet anchor : *n*. large ancher used in emergency बड़ा लंगर بڑالنگر

Shelf : *n*. (s-elf) a plunk for holding utensils; portion of cupboard ताक़; ख़ाना; अलमारी طاق؛ خانہ؛ الماری

Shell : *n*. (shel) hard outer covering; large explosive bullet; a bomb ख़ोल; खपरा; छिलका; बम; गोला خول؛ کھپرا؛ چھلکا؛ گولہ؛ بم

Shell : *v*. to remove the shell from; to strip off; to bombard छिलका उतारना; गोला बारी क. چھلکا اتارنا؛ گولہ باری کرنا

Shell fish : *n*. a fish covered with shell सीपदार मछली سیپ دار مچھلی

Shellac : *n*. (shelak) the resin lac; lac लाख چپڑا لاکھ؛ لاکھ

Shelter : *n*. (shel-ter) protection; a cover from injury; place giving protection रक्षा; शरण حفاظت؛ پناہ؛ جائے پناہ؛ پناہ گاہ

Shelter : *v*. to shield; to reserve as shelter; to defend; to protect; to give shelter शरण देना; रक्षा क.; बचाना حفاظت کرنا؛ پناہ دینا؛ پناہ گاہ کا کام دینا؛ بچانا

Shelve : *v*. (shelv) to place on shelves शेल्फ पर रखना طاق پر رکھنا؛ شیلف پر رکھنا

Shepherd : *n*. (she-pord) one who tends sheeps; one looking after sheeps at pasture गडरिया راعی؛ گڈریا؛ چرواہا

Shepherdess : *n*. female shepherd

गडेरिन راعیہ؛ گڈرنی

Sheriff : *n*. (she-rif) a chief officer of law; a chief executive country officer शैरिफ़; शासनाधिकारी شیرف؛ضلع یا شہر کا حاکم

Sherry : *n*. (she-ri) white Spanish wine शैरी شیری؛ اسپین کی شراب

Shibboleth : *n*. (shib-o-leth) partycatch word; old fashioned doctrine शब्द; दकियानूसी विश्वास या सिद्धांत کسی جتھے کا خاص لفظ؛ دقیانوسی اصول یا خیال

Shield : *n*. (sheeld) seperate protective place used by ancient fighters for protection; a prize ढाल; सिपर; कवच; आड़; शीलड ڈھال؛ آڑ؛ بچاؤ؛ انعام؛ شیلڈ

Shield : *v*. to protect; to secure रक्षा क.; ढाल से रोकना حفاظت کرنا؛ ڈھال سے روکنا

Shift : *n*. (shift) relay of person on duty; an evasion; change; expedient शिफ्ट; बदली; उपाय شفٹ؛ چوکی تبدیلی؛ حکمتِ عملی؛ تدبیر

Shift : v. to change; to use expedients ददलना; उपाय क. بدلنا؛ تدبیر کرنا

Shikar : *n*. (shi-kahr) game hunting शिकार شکار

Shikari : *n*. hunter शिकारी شکاری

Shilling : *n*. (shil-ing) British silver coin worth 12 pence शिलिंग شِلنگ؛ برطانیہ کا سکہ

Shilly-Shally : *n*. (shi-li-shay-li) hesitation; want to determination; lack of determination हिचर-मिचर; ढुलमुल; हिचक; डावांडोल پس و پیش؛ ڈھلمُل؛ ہچر مچر؛ ہچکچاہٹ؛ ڈانواں ڈول

Shimmer : *n*. (shim-er) faint trembling light टिमटिमाहट; झिलमिलाहट جھلملاہٹ؛ ٹمٹماہٹ

Shin : *n*. (shin) front part of shank; fore part of the leg नली; टांग का अगला भाग پنڈلی یا ٹانگ کا اگلا حصہ؛ پنڈلی کی ہڈی

Shine : *n*. (shin) sunshine; lustre धूप; दीप्त; चमक دھوپ؛ کھلا موسم؛ چمک؛ آب و تاب

Shine : *v*. emit a steady light; to glisten; to glitter चमकना; प्रकाशित होना چمکنا؛ روشن ہونا

Shingle : *n*. (shing-el) loose pebbles समुद्र के किनारे छोटे गोल आकार के पत्थर; बजरी سمندر کے کنارے گول پتھر؛ بجری

Shining : *adj*. bright; splendid चमकदार; चमकीला; उज्जवल چمکدار؛ چمکیلا؛ روشن

Shinto : *n*. (shin-toh) major religion of Japan देवता धर्म; शंतू شنتو: جاپان کا ایک مذہب؛ دیوتا دھرم

Shiny : *adj*. bright; luminous; splendid चमकीला; तेजस्वी چمکیلا؛ بھڑکیلا؛ روشن

Ship : *n*. (ship) sea going vessel; a large vessel to sail on the sea जहाज़; समुद्री जहाज़ جہاز؛ پانی کا جہاز

Ship man : *n*. sailor; seaman यान वाहक; मल्लाह ملاح؛ جہازراں

Shipmate : *n*. fellow sailor सहनाविक جہاز کا ساتھی

Shipment : *n*. goods sent by ship नौपरिवहन جہاز کے ذریعے بھیجا گیا مال؛ جہاز کے ذریعے مال بھیجنا

Shipping : *n*. loading in ship लदान; नौभरण جہاز کی بھرائی؛ جہاز کی لدائی

Shipwreck : *n*. (ship-rek) destruction

of ship; loss of a ship by rocks जहाज़ की तबाही या सर्वनाश جہاز کی تباہی

Shipwright : *n.* shipbuilder जहाज़ निर्माण جہازساز

Shipyard : *n.* place where ships are built जहाज़ निर्माण का कारखाना مرکزِ جہاز سازی

Shire : *n.* (she-r) a division of the kingdom; a country; British country प्रदेश; प्रान्त; नगर; शायर ضلع؛ علاقہ؛ برطانوی ضلع؛ شائر

Shirk : *v.* (shirk) to evade duty; to avoid responsibility बचाना; जी चुराना بچنا؛ جی چرانا؛ ذمّے داری سے پہلوتہی کرنا یا بچنا

Shirt : *n.* (she-rt) garment worn under coat; a man's under linen garment कुर्ता; कमीज कرتا؛ قمیض

Shit : *n.* (shit) human refuse पखाना; गो پاخانہ؛ گوہ؛ فضلہ

Shiver : *n.* (shiv-er) trembling from cold कपकपी; थरथरी کپکپی؛ تھرتھری؛ لرزہ

Shiver : *v.* to tremble; to quake थरथराना; चूर-चूर होना کانپنا؛ چور چور ہونا

Sohal : *n.* (shohl) a crowd झुंड; जमधट; भीड़ غول؛ بھیڑ؛ جھمگھٹا

Shoal : *n.* sandbank near seashore उथला; उथला पानी; उत्थला समुद्र اُتھلا سمندر؛ اُتھلا پانی

Shock : *n.* (shok) result of impact; impact; result of touching electric wire; a sudden shake टक्कर; धक्का; सदमा; झटका صدمہ؛ ٹکر؛ رنج؛ بجلی کا جھٹکا؛ شارٹ

Shock : *adj.* to shake violently; to collide; to disgust धक्का या टक्कर लगाना; सदमा पहुंचाना دھکا دینا؛ ٹکر مارنا؛ صدمہ پہنچانا؛ دھچکا لگنا

Shoddy : *adj.* (shod-i) below standard; an inferior type of cloth घटिया कपड़ा; रद्दी कपड़ा گھٹیا؛ موٹا جھوٹا کپڑا؛ بیکار کپڑا

Shoe : *n.* (sho) footwear; iron piece nailed into horse's foot जूता; नाल جوتا؛ شو؛ بوٹ؛ نعل

Shoe black : *n.* shoe shine boy बूट पालिश करने वाला بوٹ پالش کرنے والا

Shoe horn : *n.* strip of iron put under heel to slip shoe easily on foot सीगड़ा; जूते चढ़ाने का शस्त्र بوٹ پوش؛ بوٹ چڑھانے کا آلہ

Shoot : *v.* (shot) to fire; to discharge a gun; to germinate; to push forward; to take cinema picture बन्दूक चलाना; गोली मारना; बाहर निकलना; शूटिंग क. بندوق چلانا؛ گولی مارنا؛ باہر نکلنا؛ شوٹنگ کرنا؛ فلمانا

Shooting : *n.* killing games शिकार खेलना شکار کھیلنا

Shop : *n.* (shop) a place where goods can be sold दुकान دکان

Shopkeeper : *n.* (shop-kee-per) owner of a shop दुकानदार دکاندار؛ خوردہ فروش

Shopping : *n.* going to various shops for buying things ख़रीदारी خرید و فروخت؛ خریداری

Shore : *n.* (shohr) coast of a sea; coast सागरी तट کنارا؛ ساحل؛ سمندری کنارا

Short : *adj.* (sho-rt) not long; not tall; small; expressed in a few words; little छोटा; लधु; संक्षेप; कम کوتاہ؛ چھوٹا؛ مختصر؛ قلیل؛ کم

Shortcoming : *n*. (sho-rt-kum-ing) weak point कमी; कमज़ोरी کمزوری؛ کمی؛ خامی

Shorten : *v*. make or become shorter कमी; किल्लत کمی؛ قلت؛ کمیابی؛ نقص

Shorthand : *n*. system of rapid writting using special symbols आशुलिपि مختصر نویسی؛ اشارات کی تحریر

Shortness : *n*. being short; being brief छोटा होना چھوٹا ہونا؛ اختصار؛ اجمالی

Shorts : *n*. short trousers निक्कर نیکر

Shortsighted : *adj*. (sho-rt-si-ted) myopic; not farsighted निकट दर्शी; कम देखने वाला نزدیک بیں؛ کوتاہ بین؛ ناعاقبت اندیش

Shot : *n*. firing of gun; tiny balls in cartridge; a marksman फायर गोली; निशानेबाज فائر؛ گولی چلانا؛ چھرّے؛ نشانہ باز

Should : *p.t. of shall*. (sould) चाहिए چاہیے؛ چاہیے گا

Shoulder : *n*. (shohl-der) the joint that connects the arm to the body कंधा; मोढ़ा کندھا؛ شانہ؛ کھوا

Shoulder Blade : *n*. flat bone of the shoulder मोढ़ा مونڈھا

Shout : *n*. a loud call; shrill cry पुकार; नारा; शोर اونچی آواز؛ چیخ؛ نعرہ؛ شور

Shout : *v*. speak on loud vioce; great noice चिल्ला कर कहना; शोर मचाना چلّا کر کہنا؛ شور مچانا

Shov : *n*. (shuv) push धक्का دھکّا

Shov : *v*. to push; to propel ढकेलना; ठेलना دھکیلنا؛ ریلنا

Shovel : *n*. (-vel) spade like tool; instrument for digging बेलचा; खुरपा بیلچہ؛ کھرپا

Show : *n*. (shoh) exhibition; showing; screening of picture or putting on a play प्रदर्शनी; प्रदर्शन; तमाशा نمائش؛ اظہار؛ تماشا

Show : *v*. to exhibit; to prove; to conduct; to manifest प्रदर्शित क.; सिद्ध क.; व्यक्त क.; प्रकट क. نمائش کرنا؛ ثابت کرنا؛ بندوبست کرنا؛ ظاہر کرنا

Showdown : *n*. declaration of one's intention; final open clash बलपरीक्षा; दो टोक बात کھل کر میدان میں آنا؛ دوٹوک بات؛ آخری فیصلہ

Shower : *n*. (shou-er) fall of rain in tiny drops बौछाड़; बौछार چھینٹا؛ بوچھاڑ

Showy : *adj*. (shoh-i) gaudy; ostentatious प्रदर्शनीय; भड़कीला نمائشی؛ ظاہردار؛ بھڑکیلا

Shred : *n*. (shred) a rag; torn piece; strip; a fragment अंश; खण्ड; पट्टी; टुकड़ा دھجی؛ ٹکڑا؛ چھیتھڑا؛ پٹی

Shred : *v*. to cut into small pieces टुकड़े-टुकड़े क. ٹکڑے ٹکڑے کرنا؛ ریزہ ریزہ کرنا

Shrewd : *adj*. (shrood) sharp witted; cunning; smart; turbulent होशियार; मक्कार; धूर्त زیرک؛ ہوشیار؛ چالاک؛ شریر؛ مکّار

Shrewdness : *n*. keenness of wit समझ; अक्ल; होशयारी سمجھ؛ زیرکی؛ ہوشیاری

Shriek : *n*. (shreek) scream; shrill cry चीख़ چیخ

Shriek : *v*. to scream; an inarticulate cry of anguish or horror चीखना; पुकारना; चीख मारना چیخ مارنا؛ پکارنا؛ چیخنا

Shrill : *adj* (shril) piercing; charp कर्कश; तीव्र تیز؛ کرخت آواز

Shrimp : *adj*. (shrimp) a kind of

shellfish; a small sea shellfish; a swarf झींगा मछली; बौना; नाटा جھینگا مچھلی؛ بونا؛ ٹھگنا

Shrine : *n.* (shrin) tomb; sanctuary; a sacred place रोज़ा; मन्दिर; मज़ार مزار؛ مقبرہ؛ روضہ؛ مندر

Shrink : *n.* (shrink) to make or become smaller; to move back in terror सिकुड़ना; घटना; दहकना سکڑنا؛ سکیڑنا؛ دہکنا

Shrinkage: *n.* shrinking; wrinkling सिकुड़ना سکڑن؛ چنٹ؛ سکڑنا

Shrivel: *v.* (shriv-el) to become curled up by drying सिकुड़ना; झुर्री पड़ना چڑمڑ ہونا؛ جھرّی پڑ جانا

Shroud : *n.* cloth wrapped round a corpse; cover कफ़न; परदा کفن؛ پردہ

Shroud : *v.* to wrapped in shroud; to cover कफ़न में लपेटना; परदा डालना; छुपाना کفنانا؛ تکفین؛ پردہ ڈالنا؛ چھپانا

Shrub : *n.* (shrub) a bush; thicket झाड़ी; छोटी झाड़ी جھاڑی؛ چھوٹی جھاڑی

Shrubbery/shrubby : *adj.* place planted with shrubs; full of shrubs झाड़ियों से पूर्ण جھاڑی دار؛ جہاں بہت جھاڑیاں ہوں

Shrug : *v.* (shrug) to raise shoulders temporarily to express difference; to draw up the shoulders कन्धे सिकोड़ना کندھے اچکانا؛ کندھے سکیڑنا

Shudder : *v.* (shud-er) to shiver with fear; to quake with horror काँपना; भय के मारे थरथराना تھرتھرانا؛ کانپنا؛ رونگٹے کھڑے ہونا

Shudder : *n.* tremoury कपकपी; थरथराहट کپکپی؛ لرزہ؛ تھرتھراہٹ

Shuffle : *v.* (shuf-el) to mix the playing cards before playing; to change the position; to dodge ताश फेंटना; उदला बदली क.; जगह बदलना; धोखा देना تاش پھینٹنا؛ ادلا بدلی کرنا؛ جگہ بدلنا؛ دھوکہ دینا

Shun : *v.* (shun) to avoid बचाना; रक्षा क. بچنا؛ حذر کرنا؛ پرہیز کرنا

Shunt : v. (shunt) to divert a railway engine; to put off रेल की लाईन बदलना; स्थगित क. لائن بدلنا (ریل کا)؛ ملتوی کرنا

Shut : *v.* (shut) to close; to confine बन्द क.; कैद क. بند کرنا؛ قید کرنا

Shut up : *v.* stop talking; keep quite चुप करा देना; खामोश करना; चुप रहो خاموش کرا دینا؛ خاموش رہنا؛ چپ رہو

Shut up : *v.* fasten the doors दरवाजा बन्द क. دروازہ بند کرنا

Shutter : *n.* (shut-er) movable cover for a window or gate; cover of lence झिलमिली; शटर; परदा جھلملی؛ دروازے یا کھڑکی کا دروازہ؛ شٹر؛ عدسہ پوش

Shuttle : *n.* (sha-tel) a part in sewing machine; an instrument used in weaving जुलाहे की नाल; शिटिल شٹل؛ جُلاہے کی نال

Shuttle cock : *n.* feathered cock played with rockets in badminton शटलकाक; चिड़ी شٹل کاک؛ چڑی

Shuttle train : *n.* shuttle शटल ट्रेन شٹل ٹرین

Shy : *adj.* (*shy*). timid; modest; bashful लजीला; लज्जावान; झेंपू شرمیلا؛ لجیلا؛ حیادار؛ کترانے والا

Shyness : *n.* modesty; blashfulness

शर्म; लाज شرم؛ حیا؛ لاج

Shyster : *adj*. (sha-is-ter) deceiver धोखेबाज; धोखा देने वाला دھوکے باز؛ دھوکہ دینے والا

Sibilation : *n*. (si-bi-lay-shen) a hissing sound सरसराहट की ध्वनि سرسراہٹ کی آواز

Sibyl : *n*. (sib-il) pagan prophetess; sorceress; old hag नबिया; ओझाइन; डायन کاہنہ؛ نبیہ؛ جادوگرنی؛ کھوسٹ بُڑھیا

Siccative : *adj*. (sik-a-tiv) drying शोषक; सुखाने वाला خشک؛ سُکھانے والا

Sick : *adj*. (sik) ill; afflicted with disease रोगी; बीमार بیمار؛ ناساز

Sicken : *v*. (sik-en) fall ill; to make tired बीमार होना بیمار ہونا؛ بیزار ہونا

Sickening : *adj*. disgusting बेजार होना या करने वाला بیزارکن

Sickle : *n*. (sik-el) a curved dented blade with handle for cutting crops दरांती درانتی

Sickly : *adj*. (sik-li) not healthy; weak; frequently ill बीमार; निर्बल; रोगी مریض؛ روگی؛ کمزور

Sickness : *n*. (sik-nes) illness; vomiting; disorder रोग; बीमारी; मतलाना مرض؛ بیماری؛ متلانا

Side : *n*. (seid) direction; edge; border; favour; party पहलू; ओर; किनारा; पक्ष; तट رُخ؛ پہلو؛ طرف؛ سمت؛ کنارہ؛ حاشیہ؛ فریق

Sideways : *adv*. (seid-wayz) on one side एक ओर से ایک طرف کو

Siding : *n*. (siding) short railway track for shunting रेल का मोड़ سائڈنگ؛ ریل کا موڑ

Sidle : *v*. (si-del) walk gradually sidewards दबकर चलना; तिरछा चलना دُبک کر چلنا؛ گھبرائے ہوئے چلنا

Siege : *n*. (seej) beleaguring; a fortified place; the besieging घेरा; घेराबन्दी محاصرہ؛ قلعہ بندی

Siesta : *n*. (see-es-ti) afternoon nap दोपहर का आराम قیلولہ؛ دوپہر کے کھانے کے بعد کا آرام

Sieve : *n*. (siv) a utensil with meshes चलनी چھلنی

Sift : *v*. (sift) to put through a sieve; to examine छानना; छान बीन क. چھاننا؛ چھان بین کرنا

Sigh : *n*. (si) draw deep breath; a mournful breathing; feel longing ठंडी सांस लेना; आह भरना آہ بھرنا؛ ٹھنڈی سانس لینا؛ آہیں بھرنا

Sight : *n*. (sit) seeing; a show; view; inspection दृष्टि; नज़र; दृष्य نظر؛ بصارت؛ بینائی؛ نظارہ

Sightless : *adj*. blind अन्धा اندھا؛ کور؛ نابینا

Sights : *n*. noteworthy places worth visiting दर्शनीय स्थान قابلِ دید مقامات

Sightseeing : *n*. visit to the sights of a place पर्यटन; सैर-सपाट قابلِ دید مقامات کی سیر؛ سیر سپاٹا

Sign : *n*. (sa-in) signature; a token; a symbol हस्ताक्षर; निशान دستخط؛ نشان؛ علامت

Singal : *n*. (sig-nal) a sign that gives notice a mark संकेत; निशान اشارہ؛ نشان

Signatory : *n*. (sig-ne-te-ri) signing on an agreement; one of the parties; signing agreement हस्ताक्षर कर्ता معاہدے پر دستخط؛ فریق

Signature : *n*. (sig-ne-che-r) person's signed by himself; a name or mark signed हस्ताक्षर; हस्ताक्षर का चिन्ह دستخط؛ نشان دستخط

Signet : *n*. (si-gen-t) a private seal शाही मुहर شاہی مہر

Significance : *n*. (sig-nif-i-kans) importance; meaning महत्व; अर्थ اہمیت؛ معنی؛ مفہوم؛ مطلب

Significant : *adj*. (-kant) important; expressive; having a suggestive meaning महत्वपूर्ण; अर्थपूर्ण اہم؛ نمایاں؛ معنی خیز

Signification : *n*. (-kay-shen) meaning; importance अर्थ; महत्त्व مطلب؛ معنی؛ اہمیت

Signify : *v*. (sig-ni-fi) to show by a sign; to declare संकेत क.; प्रगट क. اشارہ کرنا؛ ظاہر کرنا

Signpost : *n*. upright post with arms showing directions of roads मार्गपट्ट رہنما کھمبا

Silence : *n*. (si-lens) being quiet; stillness मौन; चुप्पी; खामोशी خاموشی؛ سکوت

Silence : *v*. to forbid to speak; to still; to make quiet मौन कर देना; शान्त कर देना خاموش کرادینا؛ چپ کرادینا؛ منہ بند کردینا

Silencer : *n*. (si-lens-er) a device for reducing noice of machine साइलेंसर سائلینسر؛ مُسکت

Silent : *adj*. (si-lent) quiet; without sound मौन; चुप्प خاموش؛ ساکت؛ چُپ؛ بے آواز

Silhouette : *n*. (sil-oo-et) black shadow; outline of something; shadow of one's appearance रूपरेखा; छायाचित्र خاکہ (سیاہ)؛ سایہ

Silk : *n*. (silk) a fine threads woven by silkworm; anything made of it सिल्क; रेशम ریشم؛ سلک؛ ریشم سے بنی ہوئی کوئی چیز

Silk worm : *n*. caterpillar producing silk रेशम का कीट ریشم کا کیڑا

Silken/Silky : *adj*. sleek; soft; smooth & shiny like silk; pleasantly soft रेशमी; कौशेय; मुलायम نرم؛ ملائم؛ ریشم جیسا نرم؛ ریشمی

Sill : *n*. (sil) slab of wood or stone below window or doorway दहलीज; सिल دہلیز؛ سِل

Sillicious : *adj*. (sil-ish-us) containing silica देदीप्यमान چقماقی؛ تیزآبی

Silliness : *n*. (sili-nes) being silly बेवकूफी; भोलापन بیوقوفی؛ حماقت؛ احمق پن؛ بھولا پن

Silly : *adj*. (sili) foolish; harmless; weak minded; simple मूर्ख; सादा; नादान بیوقوف؛ سادہ؛ سادہ لوح

Silt : *n*. (silt) fine sea sand; mud slime रेत; चिकनी मिट्टी ریت؛ مٹی؛ چکنی مٹی

Silvan : *adj*. (sil-va-n) woody; full of woods जंगली; जंगल से भरा हुआ جنگلی؛ جنگل سے بھرپور

Silver : *n*. (sil-ver) a precious white metal; a hard metal चांदी چاندی؛ نقرہ

Silver : *adj*. silver coloured; soft and clear रजत; रूपहला; सुमधुर; आवाज़ نقرئی؛ سیمیں؛ چاندی کے رنگ کا

Silvery : *adj*. (sil-ve-ri) like silver; clear tone रजत; रूपहला; सुमधुर आवाज़ चाँदी जैसा؛ نقرئی آواز والا

Similar : *adj*. (si-mi-ler) alike; of a

like form or quality रूपासादृष्य; एक जैसा ہمشکل؛ مطابق

Similarity : *n*. (-ri-ti) likeness; resemblance सादृश्यता مشابہت؛ یکسانیت

Similarly : *adv*. (-li) in a similar manner समान रूप से; उसी तरह; उसी प्रकार ایسے ہی؛ اسی طور پر

Simile : *n*. (si-mi-li) a comparison for illustration; comparision of one thing to another सादृश्य; हूबहू; नक़ल; दृष्टान्त تشبیہ؛ ہوبہو؛ نقل

Similitude : *n*. (simil-i-tewd) simile; likeness; comparision; counterpart सरूपता; समानता; प्रतिरूप تشبیہ؛ مطابقت؛ مشابہت

Simmer : *v*. (sim-er) to boil gently or slowly धीरे-धीरे खौलना; सिमसिमाना دھیرے دھیرے کھولنا یا ابلنا؛ سنسنانا

Simper : *v*. (sim-per) to give a silly self conscious smile बनावटी हँसी हंसना بناوٹی ہنسی ہنسنا

Simple : *adj*. (simp-el) plain; smooth; foolish; easy; artless; unmingled आसान; सादा; भोला; साफ़ آسان؛ سہل؛ سادہ؛ صاف؛ خالص

Simple hearted : *adj*. innocent भोला-भाला سادہ دل

Simple minded : *adj*. straight forward निष्कपट; सीधा-सादा سادہ لوح؛ سیدھا سادہ

Simpleton : *n*. (-ten) gullible person; a silly person अनाड़ी; मूर्ख بیوقوف؛ سادہ لوح

Simplicity : *n*. (sim-plis-i-ti) state of being simple; sincerity; silliness सादगी; सरलता; सादापन; मूर्खता سادگی؛ سادہ دلی؛ حماقت؛ سادہ پن

Simplify : *v*. (sim-pli-fi) to make simpler; to make easier; to make clear; to render plain साधारण क.; सरल बना देना آسان بنادینا؛ سادہ کرنا یا بنانا؛ صاف کرنا؛ آسان کرنا

Simply : *adv*. (simpli) in a simple manner; without art; plainly; foolishly; सरलता से; सादगी से; साफ-साफ; केवल; एकदम سادگی سے؛ سادہ دلی سے؛ صاف صاف؛ آسانی سے؛ بالکل؛ ایکدم

Simulate : *v*. (sim-ew-layt) to feign; to conterfeit; pertend to be वेश बदलना; निश्चित क.; बनाना بھیس بدلنا؛ مقرر کرنا؛ بنا

Simulation : *n*. (-shen) pretension to be अनुरूपण; नक़ल بناوٹ؛ نقل

Simultaneous : *adj*. (sim-el-tay-ni-us) at the same time; happening at the same time एक ही समय; समकालिक بیک وقت؛ ایک ہی وقت ہونے والا؛ ہم وقت؛ ایک ساتھ

Simultaneously : *adv*. at the same time एक ही समय; साथ-साथ; एक साथ ایک ہی وقت؛ بیک وقت؛ ساتھ ساتھ

Sin : *n*. (sin) breaking of moral laws; offence पाप; दोष; गुनाह; अपराध گناہ؛ پاپ؛ عصیاں؛ غلطی

Sin : *v*. to commit sin; to violate the laws of God पाप क.; अपराध क. گناہ کرنا؛ گناہ گار ہونا؛ گناہ کا ارتکاب کرنا

Since : *prep*. (sins) after; throughout the period from an earlier time; as से अब तक; के बाद; पहले بعدازاں، پہلے؛ پیچھے سے

Since then : *ph.* from that time जब से; उस समय से جب سے؛ اس وقت سے

Sincere : *adj.* (sins-ce-er) pure; honest; uncorrupt; true; staight-forward सच्चा; पवित्र; शुद्ध हृदय; निष्कपट سچا؛ صادق؛ ایماندار؛ صاف دل؛ پرخلوص؛ مخلص

Sincerity : *n.* (sins-e-ri-ti) honesty; purity of mind; being sincere ईमानदारी; पवित्रता; निष्कपटता صاف دلی؛ ایمانداری؛ خلوص؛ اخلاص

Sinecure : *n.* (si-en-kwe-er) post with pay but no work; an office which has revenue without any work पदवी जिस पर कोई कार्य न करना पड़े; आराम की नौकरी مزے کی نوکری؛ عہدے جس پر کام نہ کرنا پڑے؛ بے کام کی نوکری

Sinew : *n.* (sin-ew) tendon; muscle; nerve; strength; energy पुट्ठा; नस; शक्ति نسیں؛ پٹھا؛ عضلات؛ طاقت؛ توانائی

Sinewy : *adj.* (si-niui) nervous; strong; forcible शक्तिशाली; तगड़ा; बलवान مضبوط؛ قوی؛ زورآور

Sinful : *adj.* (sin-ful) not holy; guilty of sin; full of sin; wicked; profane पापी; अपराधी; बुरा; दुष्ट گنہگار؛ پاپی؛ ناپاک؛ خطا کار

Sing: *v.* (sing) to form the voice to melody; to make music with the voice; to chirp गाना; गीत गाना; चहकाना گانا؛ گیت گانا؛ نغمہ سرائی کرنا؛ چہچہانا

Singe : v. (sinj) to burn slightly; to scroch झुलसना; जलाना جھلسنا؛ جلانا

Singer : *n.* (si-nger) one skilled in singing गाने वाला; गायक; गवैया مغنی؛ گانے والا؛ گویا؛ مطرب

Single : *adj.* (sing-el) only one; alone; unmarried; individual अकेला; अविवाहित; एकमात्र ایک؛ اکیلا؛ واحد؛ تنہا؛ کنوارا؛ غیر شادی شدہ؛ مجرّد

Single handed : *adj.* alone अकेला تنہا

Single minded : *adj.* unselfishly devoted to one cause एकनिष्ठ دھن کا پکا

Singsong : *n.* (sing-song) monotomous regularity एकसुरी लय; एकसुरा गाना یکساں لے (میں)؛ لحن (سے)

Singular : *adj.* (sing-ew-ler) uncommon; strange; very out-standing असाधारण; विशिष्ट; बेजोड़ غیر معمولی؛ انوکھا؛ عجیب؛ نرالا؛ یکتا؛ عدیم المثال

Singular : *n.* form used in speaking of one person or thing अकेला; व्यक्तिगत واحد؛ مفرد

Singularity : *n.* (sing-ew-la-ri-ti) quality of being singular विशेषता انوکھاپن؛ یکتائی؛ نرالاپن

Sinister : *adj.* (sin-is-ter) bad; perverse; of evil omen; unfair; corrupt दुष्ट; बुरा منحوس؛ بُرا؛ خراب

Sink : *n.* (sink) basin in kitchen for washing utencils or dishes etc. हौज़ (बर्तन धोने के लिए) سِنک؛ باورچی خانے کا بیسن جس میں برتن دھوتے ہیں؛ حوض (برتن دھونے کی)

Sink : *v.* to go down; to enter deeply; to be impressed डूबना; धंसना ڈوبنا؛ غرق ہونا؛ برباد ہونا؛ دھنسنا

Sinless : *adj.* (sin-les) free from sin ; innocent बेगुनाह; निर्दोष; निष्पाप بے گناہ؛ معصوم

Sinner : *n.* (sin-ner) an offender; a criminal पापी; अपराधी گنہگار؛ پاپی؛ بدکار؛ خطاکار

Sinuate : *v.* (si-niu-ayt) to bend-in and out पेचदार क.; लहरदार क. پیچدار کرنا؛ لہردار کرنا یا بنانا

Sinuous : *adj.* (sin-ew-us) full of curves घुमावदार; चक्करदार پیچدار؛ پُر پیچ؛ لہردار

Sinus: *n.* (sei-nas) a bay of the sea; gulf opening; curve; fistula खाड़ी; मोड़; घुमाव; नासूर خلیج؛ شگاف؛ موڑ؛ گھماؤ؛ ناسور

Sip : *v.* (sip) to drink by small draughts; to drink in very small quantity at one time घूंट घूंट करके पीना; चुसकी ले कर पीना گھونٹ گھونٹ پینا؛ چسکی لے کر پینا؛ چسکی لگانا

Sip: *n.* a small draught; a small mouthful; sipping घूंट; चुसकी گھونٹ؛ چسکی

Siphon : *n.* (si-fen) a pipe to draw off liquors from a vessel without raising the dregs टेढ़ी नली سائفن؛ خمدار نلی؛ ٹیڑھی نلی

Sir : *n.* (ser) a word of respect for man; tittle of respect श्रीमान; वीर की उपाधी سَر؛ جنابِ والا؛ جناب؛ خطاب

Sire : *n.* (si-er) a father; male ancestor पिता باپ؛ باپ دادا وغیرہ؛ مورث اعلیٰ

Siren : *n.* (si-ren) lovely but cruel woman; whistle for sending out warnings जलपरी; मोहनी; भोंपू قتالہ؛ قاتل؛ حسینہ؛ سائرن؛ گھگو

Sirloin : *n.* (ser-loin) best part of animal as food पुट्ठे का मांस پٹھے کا گوشت؛ پٹھے کا بہترین حصہ

Sirrah : *n.* (si-ra) a name of reproach and incult कटुवचन; अरे; ओ; अबे ارے؛ او؛ اے

Sister : *n.* (sis-ter) daughter of one's parents; a female born of one's parents बहिन; भगिनी; दीदी بہن؛ ہمشیرہ؛ جی جی؛ سگی بہن

Sister-in-law : *n.* a husband or wife's sister ननद; साली; देवरानी نند؛ سالی؛ دیورانی؛ بھابی

Sit : *v.* (sit) to repose on a seat; to incubate; to perch; to fit; to lie; to meet officially बैठना; आराम क.; स्थिर होना; सभा क. بیٹھنا؛ آرام کرنا؛ نصب کرنا؛ بسیرا کرنا؛ اجلاس کرنا

Site : *n.* (sit) place; situation; local position स्थान; भूमि; स्थित ٹھکانا؛ جگہ؛ محل وقوع

Sitter : *n.* (sit-er) one who sits for a portrait चित्र खिंचवाने वाला تصویر کھنچوانے والا

Sitting : *n.* (si-ting) the act of resting on the seat; official meeting; session बैठक; सभा; जगह جگہ؛ بیٹھک؛ نشست؛ اجلاس

Situated : *adj.* (si-tew-ay-tid) placed स्थित واقع

Situation : *n.* (-shen) position; employment; circumstances स्थिति; परिस्थिति; नौकरी; जगह موقع؛ صورتِ حال؛ حالت؛ جگہ؛ نوکری؛ آسامی

Six: *n.* (siks) the number comes after five छः; षट چھے؛ شَشم

Sixer : *n.* in cricket hit for six runs छक्का چھکا

Sixfold : *adj.* six times छः गुना; षडगुणा چھ گنا

Sixteen : *n.* the number comes after fifteen & before seventeen सोलह سولہ

Sixty : *n.* (siks-ti) number comes

after fifty nine साठ ساٹھ

Size : *n.* (siz) degree of largeness or smallness; body; measurment; length & breadth आकृति; माप; लम्बाई व चौड़ाई; डील डोल قد؛ قامت؛ جسامت؛ لمبائی و چوڑائی؛ ناپ

Size up : *ph.* judge the size; to form an opinion आकार का अंदाजा लगाना اندازہ کرنا؛ رائے بنانا

Sizing : *n.* (si-zing) a kind of weak glue used as varnish सरेस ایک قسم کا ہلکا سریش

Sizy : *adj.* (si-zi) glutinous; viscous; ropy चिपचिपा; लसलसा لیسدار؛ چپچپا؛ سریش دار

Sizzle : *n.* (siz-el) hissing sound कड़कड़ाहट; सू सू की आवाज़ سُوں سُوں کی آواز؛ کڑکڑاہٹ

Skate : *n.* (skayt) a large wheeled shoe for moving on ice; a flat sea fish वर्फानी खडांव; एक प्रकार की चपटी समुद्री मछली برفانی کھڑاؤں؛ ایک چپٹی سمندری مچھلی

Skein : *n.* (skayn) a hank of silk; a wool yarn coiled into a bundle रेशम या ऊन का लच्छा ریشم یا اون کا لچھا

Skeleton : *n.* (skel-e-ten) the bones of the body preserved in their natural situation; a general outline; framework पिंजर; कंकाल; बिल्डिंग का ढांचा ہڈیوں کا ڈھانچہ؛ پنجر؛ بلڈنگ کا ڈھانچہ

Sketch : *n.* (skech) outline; hasty drawing; short account; pen portrait चित्र; कच्चा खाका; रूपरेखा; रेखाचित्र خاکہ؛ تصویر؛ مختصر بیان؛ قلمی تصویر؛ اسکیچ

Sketch : *v.* to trace the outlines; to plan चित्र खींचना; ढांचा बनाना خاکہ اُتارنا؛ مسودہ بنانا

Sketchy : *adj.* (-chi) rough; imcomplete; superficial स्थूल; अपूर्ण; ऊपरी رف؛ نامکمل؛ اوپری

Skew : *adj.* (s-kew) oblique; slanting; not symmetrical तिरछा; ढलवाँ; विषम ترچھا؛ ڈھلواں؛ غیرمتوازن

Skewer : *n.* (s-kew-er) a sort of pin to truss meat सीख़ کباب وغیرہ سینکنے کے لیے سیخ

Ski : *n.* (skee) boot for moving over snow स्की لمبا برفانی جوتا؛ برف پر چلنے کے لیے لمبا جوتا؛ سکی

Skid : *n.* (skid) brick etc. put under wheel to prevents motion; brack; slipping; timber ब्रेक; रोक; फिसलन; लकड़ी پہیے کی روک؛ بریک؛ پھسلن

Skiff : *n.* (skif) a small light boat moved by single rower हल्की नाव; डोंगी ہلکی کشتی؛ ہلکی ناؤ؛ ڈونگی

Skilful : *adj.* (skil-ful) expert; skilled; having skill निपुण; कौशलपूर्ण; कुशल ماہر؛ ہنرمند؛ ماہر کاریگر

Skilled : *adj.* (skild) trained; skilled worker कुशल; प्रवीण تربیت یافتہ؛ کاریگر؛ ماہر کاریگر

Skim : *n.* (skim) cream; scum; refuse झाग; फेन; मलाई جھاگ؛ ملائی

Skim : *v.* to remove scum or cream झाग या मलाई उतारना جھاگ یا ملائی اُتارنا

Skim-milk : *n.* milk from which the cream has been skimmed मलाई उतारा हुआ दूध ملائی اتارا ہوا دودھ

Skin : *n*. (skin) outer covering of flesh; the hide; rind of fruit; peel चमड़ा; खाल; छिलका جلد؛ کھال؛ چمڑا؛ چھلکا؛ چمڑی

Skin : *v*. to lake the skin on; put skin on खाल उतारना; खाल चढ़ाना کھال اتارنا؛ کھال ادھیڑنا؛ کھال منڈھنا

Skin deep : *adj*. superficial ऊपरी; हलका سطحی؛ ہلکا

Skinflint : *n*. (skin-flint) miser; miggard कंजूस; मक्खीचूस کنجوس؛ ممسک؛ مکھی چوس

Skiny : *adj*. (skin-i) lean; think दुबला-पतला; दुबला دُبلا؛ پتلا؛ کمزور؛ ناتواں

Skintight : *adj*. active चुस्त چُست؛ پھرتیلا

Skip : *v*. (skipp) jump lightly and quickly; jump over a rope; read over the book quickly; disappear कूद-फांद क.; रस्सी कूदना; जल्दी-जल्दी पढ़ना; ग़ायब हो जाना اچھلنا؛ کودنا؛ رسّی پھلانگنا یا کودنا؛ جلدی جلدی پڑھنا؛ غائب ہوجانا

Skip : *n*. a light leap or bound छलांग; फलांग; कूद چھلانگ؛ کود؛ پھلانگ

Skipper : *n*. (skip-er) captain; butterfly कप्तान; तितली کپتان (کھیل میں)؛ تتلی

Skipping rope : *n*. rope for jumping उछलने की रस्सी کودنے کی رسّی؛ اچھلنے کی رسّی

Skirmish : *n*. (ske-r-mish) a slight fight; unplanned fight between small parties; a contest लड़ाई; झड़प جھڑپ؛ لڑائی؛ جھگڑا؛ مقابلہ

Skirt : *n*. (ske-rt) woman's garment hanging from waist; part of dress ; below waist; the edge, margin; extreme part घाघरा; दामन; किनारा; सीमा اسکرٹ؛ لہنگا؛ گھاگھرا؛ دامن؛ کنارا؛ سرحد

Skit : *n*. (skit) short humorous play व्यंग्य रचना مزاحیہ ڈراما

Skite : *v*. (ska-it) to boast, boastful talk बड़ हाँकना; शेख़ी बाज़ी; शेख़ीबाज़ شیخی ہانکنا یا مارنا؛ شیخی بازی کرنا

Skitter : *v*. (ski-ter) to move or run rapidly तेज़ी से भागना تیزی سے بھاگنا

Skittish : *adj*. playful; lively; frivolous; difficult to handle चंचल; अलमस्त; ज़िंदादिल; अड़ने वाला; भड़कने वाला چنچل؛ بھڑکیلا؛ زندہ دل؛ اڑنے والا

Skittishness : *n*. playfulness; livelyness; frivolousness चंचलता; ज़िंदादिली; चुलबुलापन چنچل پن؛ بھڑکیلا پن؛ زندہ دلی؛ اڑیل پن

Skittles : *n*. (skit-elz) a game in which a ball is bowled at nine wooden pins (each called a skittle) स्किटल्स ایک کھیل (جس میں نو پن ہوتی ہیں)؛ اسکٹلز

Skive : *v*. (ske-iv) to cut; to grind away काटना; घिसना تراشنا؛ گھِسنا

Skiver : *n*. (ska-i-ver) a knife; a light weight leather; a fine leather छुरी; छुरा; पतला चमड़ा چھری؛ چھرا؛ پتلا چمڑا

Skulk : *v*. (skulk) to hide; to move secretly; to avoid छुपना; दुबकना چھپنا؛ چھپتے پھرنا؛ پہلوتہی کرنا

Skull : *n*. (skull) bony case of head खोपड़ी; कपाल کھوپڑی؛ کاسۂ سر

Skull-cap : *n*. close fitting cap worn by old man टोपी تنگ ٹوپی (جو بوڑھے لوگ پہنتے ہیں)

Sky : *n*. (skai) the heaven; the

firmament आकाश; नभ فلک؛ آسمان

Skylark : *n.* a kind of songbird; a bird that soars and sings चातक; भरल چنڈول؛ لوا

Skylight : *n.* a window in a roof झरोखा; वातायन روشن دان؛ سقفی روشن دان

Skyscraper : *n.* very tall building गगनचुम्बी भवन فلک بوس عمارت؛ بہت اونچی عمارت

Skywards : *adj.* towards up side ऊपर की ओर; आकाश की ओर اوپر کی طرف؛ آسمان کی طرف

Slab : *n.* (slayb) thick flat piece of stone; a puddle पटिया; पत्थर की चौकी سِل؛ پتھر کی چوکی؛ تختہ

Slab : *adv.* thick viscous; glutinous मोटा; चिकना; लेसदार موٹا؛ چکنا؛ لیسدار

Slack : *adj.* (slayk) very careless; loose; remiss; relaxed सुस्त; मुलायम; कोमल; ढीला; नर्म سُست؛ ملائم؛ ڈھیلا؛ کمزور

Slack : *v.* be lazy or careless in one's work कार्य करने में ढीला होना کام کرنے میں سست ہونا

Slacken : *v.* (slak-en) to make or become shower धीमा या कम कार्य क.; ढीला पड़ जाना سستی کرنا؛ سست ہو جانا

Slacker : *n.* one who shirks work कामचोर; आलसी کام چور؛ سست؛ کام سے جی چُرانے والا

Slacks : *n.* (slayks) trousers पतलून پتلون؛ چست پتلون

Slag : *n.* (slaeg) the dross of metal; the recrement or metals धातु का मैल دھات کا میل

Slake : v. (slayk) to satisfy; to saturate with water; to quench शान्त क.; तृप्त क.; झिड़कना مطمئن کرنا؛ پیاس بجھانا؛ جھڑکنا

Slam : *n.* (slamm) violent striking चोट; जोश में लाना ضرب؛ جوش میں لانا

Slam : *v.* to shut violently; to shut with force पटक कर बन्द क. زور سے بند کرنا؛ پٹخ کر بند کرنا

Slander : *n.* (sland-er) false damaging statement; false invective; reproach अपमान; तिरस्कार; निन्दा بہتان؛ اتہام؛ تہمت؛ ہتک؛ عیب گوئی

Slander : *v.* to backbite; to scandlize; to vilify कलंक लगाना; बदनाम क.; निन्दा क. بدنام کرنا؛ بدنامی کرنا؛ بہتان باندھنا؛ افترپردازی کرنا

slanderous : *adj.* vilifying निन्दक; निन्दातमक افترا پرداز؛ بہتان آمیز

Slang : *n.* (slang) low words or phrases used by the vulgar अश्लील भाषा بازاری بولی؛ گندی زبان؛ عامیانہ الفاظ یا محاورے

Slant : *n.* (slahnt) slope; special trend or wearing तिरछापन; ढाल; ढलान; अनदाज़ ڈھلان؛ ڈھال؛ ترچھاپن؛ انداز

Slant : *v.* to cast obliquely; to sideways तिरछा होना; टेढ़ा फेंकना ترچھا ہونا؛ ٹیڑھا پھینکنا

Slant : *adj.* oblique; slaping तिरछा; टेढ़ा ترچھا؛ ٹیڑھا

Slap : *n.* (slap) quick blow; blow with the open hand तमाचा; थप्पड़ تھپڑ؛ چپت؛ طمانچہ

Slapdash : *adj.* reckless; impetuous लापरवाह; अन्धाधुन्ध بے پرواہ؛ اندھادھند

Slapdashly : *adv.* recklessly; impetuously लापरवाही से لاپرواہی سے؛ اندھادُھند

Slash : *v.* (slaysh) to make long cuts; to lash; to cut; to stricke at random काटना; छीनना; मारना; चीरना کاٹ ڈالنا؛ کاٹنا؛ چیرنا؛ مارنا؛ چھیننا

Slate : *n.* (slayt) a kind of rock formed of layers; its sheet for writing सलेट; लिखने वाली सलेट سلیٹ؛ لکھنے والی سلیٹ

Slate pencil : *n.* pencil used for writing on slate स्लेटी سلیٹ پر لکھنے والی پنسل؛ سلیٹی

Slattern : *n.* (stat-te-rn) untidy woman फूहड़ स्त्री بدسلیقہ عورت؛ گندی عورت؛ پھوہڑ عورت؛ پھوہڑ

Slaughter : *v.* (slav-te-r) to kill for food; to kill in great numbers मार डालना; हत्या क.. ذبح کرنا؛ قتلِ عام کرنا

Slaughter : *n.* killing an animal; mass killing; destruction with a sword वध; हत्या; हत्याकाण्ड خونریزی؛ قتلِ عام؛ کشت وخون؛ قتل

Slaughter house : *n.* a place where animals are killed for food बूचड़ख़ाना; वध-स्थान مذبح خانہ؛ قصاب خانہ؛ بوچڑ خانہ

Slave : *n.* (slayv) servant; one deprived of freedom; drudge दास; गुलाम غلام؛ مزدور

Slaver : *n.* (slayv-er) spittle running from the mouth; salvia राल; थूक; लार رال؛ لعابِ دہن؛ تھوک

Slaver : *v.* to let spittle flow from the mouth लार टपकाना رال ٹپکانا؛ رال بہنے دینا

Slavery : *n.* (-ri) being a slave; custom of having slaves; the conditon of a slave गुलामी; चाकरी غلامی؛ چاکری

Slavish : *adj.* like that of slaves; weak and submissive दासवत; नीच; कमीना غلامانہ؛ ذلیل؛ کمینہ

Slay : *v.* (slay) to kill; to murder; to put to death; to butcher हत्या क..; मारना; वध क.. مار ڈالنا؛ قتل کرنا؛ مارنا

Sled/Sledge : *n.* (sled/slej) wheelless carriage for snow स्लेज; बिना पहियों की गाड़ी برف گاڑی؛ سلیج؛ برف پر چلنے والی بغیر پہیوں کی گاڑی

Sledge-hammer : *n.* heavy hammer घन بڑا ہتھوڑا

Sleek : *adj.* (sleek) soft & smooth; glossy; well-fed; well-groomed; unctuous चिकना; चमकीला; मोटा ताज़ा; बना-ठना; चिकनी चुपड़ी बातें करने वाला چکنا؛ نرم ملائم؛ موٹا تازہ؛ بنا ٹھنا؛ چکنی چپڑی باتیں کرنے والا

Sleep/Sleeping : *n.* rest; slumber; repose निद्रा; विश्राम; शान्ति آرام؛ نیند؛ سونا؛ خواب

Sleeper : *n.* one who sleeps; heavy log of wood सोने वाला; सलीपर سونے والا؛ لکڑی کے موٹے لٹھے جس پر ریل کی پٹری پڑی ہوتی ہے

Sleepiness : *n.* drowsiness; heaviness निद्रा लेने की इच्छा سستی؛ آرام کی خواہش

Sleeping : *n.* see Sleep

Sleeping partner : *n.* partner who invests without working निष्क्रिय साझेदार خاموش ساتھی؛ وہ ساجھی جو انتظام میں شریک نہ ہو

Sleepy : *adj.* dozing; needing sleep; lethargic निद्रालु; सुस्त; काहिल خواب آلود؛ نیم خواب؛ جسے نیند کی ضرورت ہو؛ سست؛ کاہل

Sleet : *n.* partly frozen rain तुषार; वर्षा; हिमी वर्षा برف وباراں

Sleeve : *n*. (sleev) part of garment covering arm आस्तीन آستین

Sleigh : *n*. (slay) sledge स्लेज برف گاڑی؛ برف پر چلنے والی بغیر پہیوں کی گاڑی

Sleight : *n*. (sleit) art trick; dexterous practice छल; धूर्तता شعبدہ بازی؛ حکمت؛ ہاتھ کی صفائی

Slender : *adj*. (slend-er) tall and thin; not fat; slight दुर्बल; कृश; क्षीण; पतला और लम्बा لمبا و پتلا؛ دبلا پتلا؛ بہت کم

Sleuth : *n*. (slooth) blood hound; detective भेदिया कुत्ता; जासूस کھوجی کتا؛ جاسوس

Sley: *n*. (sley) weaver's reed जुलाहे की कंघी جُلاہے کی لکڑی؛ راچھ

Slice : *n*. (sleis) thin flat piece टुकड़ा ٹکڑا؛ ورق

Slice : *v*. to cut into pieces; to divide into pieces फांक उतारना; टुकड़े काटना ورق اتارنا؛ ٹکڑے تراشنا

Slick: *v*. (slik) smooth; tricky चिकना; साफ; कोमल; चिकनी चुपड़ी बाते करने वाला صاف؛ ملائم؛ چکنی چپڑی باتیں کرنے والا

Slide : *n*. (slid) still for screening स्लाईड سلائڈ

Slide : *v*. to glide on ice; to pass unnoticed फिसलना; चुपके से गुज़र जाना رپٹنا؛ پھسلنا؛ سرکنا؛ چپکے سے گزر جانا

Slight : *adj*. (slit) small; slender थोड़ा; छोटा; पतला تھوڑا؛ چھوٹا؛ پتلا

Slily : *adv*. (slili) cunningly; with cunning secrecy धूर्तता से; चतुराई से مکاری سے؛ چالاکی سے

Slim : *adj*. (slim) slender; thin of shape; small; inadequate पतला; दुबला; छोटा; कमज़ोर پتلا؛ دُبلا؛ کمزور؛ چھوٹا؛ ناکافی

Slim : *v*. to get slim; to make slim esp. by diet & exercise दुबला होना; दुबला होने के लिए कम खाना دُبلا ہونا؛ دُبلا ہونے کے لیے کم کھانا

Slime : *n*. (slim) fine oozy mud; any glutinous substance चिकनी मिट्टी; पतली कीचड़ چکنی مٹی؛ پتلی کیچڑ

Slimy : *adj*. (sli-mi) slippery फिसलना; चिकना; लिजलिजा پھسلنا؛ لجلجا؛ چکنا؛ ناقابلِ اعتبار

Sling : *n*. (sling) a missive weapon for stones; strap hanging from neck to rest ailing arms in it; strap गापण; गले की पट्टी فلاخن؛ غلیل؛ گلے کی پٹی

Sling : *v*. to hurl with force; suspended ज़ोर से फेंकना; लटकाना زور سے پھینکنا؛ لٹکانا

Slink : *v*. (slink) to sneak away; to cast its young दुबक कर निकल जाना; सरक जाना; गर्भपात कराना کھسک جانا؛ سرک جانا؛ دُبک کر نکل جانا؛ حمل گرانا

Slip : *v*. (slip) to slide; to fall into error; to convey secretly; to sneak away; make a small mistake फिसलना; ग़लती क.; चूक जाना پھسلنا؛ سرکنا؛ غلطی کرنا؛ کھسک جانا؛ چوک جانا

Slip : *n*. slipping; minor mistake फिसलना; ग़लती پھسلنا؛ رپٹنا؛ لغزش؛ غلطی؛ سہو

Slipper : *n*. (slip-er) loose fitting light shoes स्लीपर; चट्टी چپل؛ سلیپر

Slippery : *n*. (slip-eri) on which one may slip; hard to hold; unreliable; evasive फिसलनी; पकड़ में ना आने वाला; कपटी; धूर्त; बहानेबाज پھسلنی؛ رپٹنی؛ مشکل سے گرفت میں آنے والا؛ چالاک؛ بہانے باز

Slipshod : *adj.* (slip-shod) slovenly; careless; inaccurate फूहड़; लापरवाह; अव्यवस्थित; बेढंगा پھوہڑ؛ بدسلیقہ؛ بے پرواہ؛ لاپرواہ؛ بے ڈھنگا

Slit : *n.* (slit) long cut; long tear; narrow; opening शिगाफ; चीर; दरार شگاف؛ جھری؛ درز؛ چاک

Slob : *n.* (slob) mud; fool कीचड़; मूर्ख کیچڑ؛ بیوقوف

Slobber : *v.* (slob-er) let spit run; slaver; to botch लार बहने देना; लार बहना; कच्चा काम क.. رال بہنے دینا؛ رال بہانا؛ کچا کام کرنا؛ بے ڈھنگا کام کرنا

Slobbery : *adj.* (-ri) wet; dirty; slipshod लार भरा; गन्दा; बेढंगा رال بھرا؛ گندا؛ بے ڈھنگا

Slog : *n.* (slog) violent blow घूंसा گھونسا

Slog : *v.* to hit violently ज़ोर से मारना زور سے مارنا

Slogan : *n.* (sloh-gen) Scottish war-cry; any party cry नारा; घोष نعرۂ جنگ؛ نعرہ

Sloop : *n.* (slop) small one masted ship जहाज़ یک مستولی جہاز؛ حفاظتی جہاز

Slop : *n.* (slop) liquid food; non alchoholic drink; spill तरल खाद्य व शरबत; छलकना سوپ؛ دلیہ وشربت وغیرہ؛ چھلکنا

Slop : *n.* (slop) dirty water; bad liquors of any kind; liquor spilled गदला पानी; छलका पानी گدلا پانی؛ پانی چھلکنا

Slope : *n.* (slohp) inclined plane; an oblique direction ढालवां; उतार ڈھلوان؛ ڈھلان؛ اتار؛ نشیب

Slope : *v.* to have a slope ढलवां होना ڈھلوان ہونا؛ نشیب ہونا

Slops : *n.* dirty waste water from kitchen; readymade clothes; naval clothing गन्दा पानी; तैयार या सिले सिलाये वस्त्र گندا پانی؛ تیار یا سلے سلائے کپڑے

Slot : *n.* (slot) narrow opening छिद्र; झिरी شگاف؛ درز

Sloth : *n.* (sloth) laziness; idleness; indolence; slowness सुस्ती; आलसीपन; ढीलापन سستی؛ کاہلی؛ ڈھیلاپن

Slouch : *v.* (slouch) to move in a lazy, tired posture; drop thus; a downcast look भद्देपन से चलना या बैठना; लटकना بے ہنگم طریقے سے چلنا یا بیٹھنا؛ لٹکنا؛ دھم سے گرنا

Slough : *n.* (slou) marsh; cast off skin of a snake; the dead part separated from a sore दलदल; कैंचुली; खुरंड دلدل؛ کینچلی؛ کھرنڈ

Slough : *v.* to cast off skin कैंचुली उतारना کینچلی اتارنا

Sloven : *n.* (sluv-en) careless and untidy person गन्दा व मैला आदमी کثیف ومیلا کچیلا آدمی؛ پھوہڑ؛ بدسلیقہ آدمی

Slow : *adj.* (sloh) not fast; dull; not swift; late; uninteresting सुस्त; ढीला; काहिल; धीमा سست؛ دھیما؛ کاہل؛ غیر دلچسپ

Sludge : *n.* (sluj) thick mud; slush गाढ़ा कीचड़; गलती बर्फ़ گاڑھی کیچڑ؛ پگھلتی برف

Slug : *n.* (slug) an idler; a slow snail; line of type in linotype printing; mass of metal; bullet of irregular shape; short heading to news story सुस्त आदमी; घोंघा; स्लग; धातुपिण्ड; गोली; समाचार की सुर्खी سست آدمی؛ ایک قسم کا گھونگا؛ سلگ؛ دھات کا ٹکڑا؛ بیڈول گولی؛ سرخی

Sluggard : *n.* (slug-e-rd) lazy person

सुस्त व्यक्ति سست آدمی؛ کاہل الوجود آدمی؛ آرام طلب شخص

Sluggish : *adj*. (slug-ish) inactive; dull; slowmoving सुस्त; निष्क्रिय کاہل؛ سست؛ مست

Sluice: *n*. (sloos) gate- like device on dam; a water gate; a flood gate पानी का द्वार; मोरी بدرو؛ پانی کا پھاٹک؛ ڈیم (پانی کا) کا دروازہ

Sluice : *v*. to let out water by raising sluice पानी का धारा छोड़ना پانی کا دھارا چھوڑنا

Slum : *n*. (slum) street over crowded with dirty houses गंदी बस्ती گندی تاریک بستی؛ گندی بستی

Slumber : *n*. (slum-ber) sleep; a light sleep नींद; ऊंघ; खुवाब اونگھ؛ نیند؛ خواب

Slumber : *v*. to sleep lightly; to doze; to sleep सोना; ऊंघना سونا؛ محو خواب ہونا؛ اونگھنا

Slump : *v*. (slump) drop or fall heavily; fall steeply गिर पड़ना; मंदा होना گر پڑنا؛ کھٹ سے گرنا؛ بالکل مندا ہونا

Slump : *n*. general fall in prices; trade activity गिरावट; मंदी سرد بازاری؛ کساد بازاری؛ گراوٹ

Slur : *v*. (sler) to reduce; to minimize; to pass lightly कम क.; महत्त्व कम क. کم کرنا؛ اہمیت کم کرنا؛ چھوٹا کرنا؛ نظر انداز کرنا؛ چشم پوشی کرنا

Slush : *n*. (slush) soft melting snow; slime; mud गलती बर्फ़; पतली कीचड़ پگھلتی ہوئی برف؛ پتلی کیچڑ

Slut : *n*. (slut) a dirty woman; slovenly woman फुहड़ स्त्री; मैली कुचैली स्त्री بے سلیقہ عورت؛ پھوہڑ عورت

Sly : *adj*. (sli) deceitful; secretive; playfully; mischievous; meanly artful धूर्त; कपटी; चतुर مکار؛ عیار؛ چالاک؛ کائیاں شرارت بھرا

Slyly : *adv* . (slili) in a sly manner cunningly; roguishly चतुराई से; चालाकी से عیارانہ؛ عیاری سے؛ چالاکی سے

Smack : *n*. (smak) taste; savour; a loud kiss; a slap; a sound of slap; sound of the parting of lips स्वाद; बोसा; थप्पड़; चाँटा; चटखारा مزا؛ بوسہ؛ تھپڑ چانٹا؛ چٹخارا

Smack : *v*. to kiss; to be tinctured with a particular taste चुमकारना; चटखारा लेना بوسہ لینا؛ مزا لینا

Small : *adj*. (smawl) not large; little; slender; minute; petty; mean छोटा; कम; कमीना چھوٹا؛ قلیل؛؛ کم؛ ذلیل؛ پست

Small arms : *n*. light weapons लघु शस्त्र چھوٹے آتشیں اسلحہ

Small Change : *n*. coins of small value रेज़गारी; छोटे सिक्के ریزگاری؛ چھوٹے سکے

Small Fry : *n*. young fish in a shoal; youngesters of any group छोटी मछलियाँ; छोटे چھوٹی مچھلیاں؛ چھوٹے

Small Pox : *n*. dangersous disease with fever and boils शीतला; चेचक چیچک؛ ایک وبائی بیماری

Small Talk : *n*. talk about unimportant things; chattering गपशप غیر اہم باتیں؛ گپ شپ

Smart : *adj*. (smah-rt) pungent; acute; quick; fresh; well dressed; skilfull तेज़; बना-ठना; होशियार تیز؛ ہوشیار؛ تروتازہ؛ خوش پوش

Smart : *v.* to feel quick lively pain; to hurt दर्द क.; दुख पाना درد کرنا؛ درد سے تلملا اٹھنا؛ دکھ پہنچانا

Smartness : *n.* (-nes) cleverness; quickness; being well-dressed तेज़ी; चालाकी; हाज़िर-जबाबी; बना-ठना होना ہشیاری؛ چالاکی؛ تیزی؛ حاضر جوابی؛ خوش پوشی

Smash : *v.* (smaysh) to break into pieces; to enter forcibily; to break violently खण्ड खण्ड क.; बलपूर्वक अन्दर घुसना; नष्ट कर देना ٹکڑے ٹکڑے کرنا؛ پاش پاش کرنا؛ زبردستی اندر گھسنا؛ تہس نہس کرنا

Smear : *v.* (smee-er) to soil; to daub; to contaminate; to make dirty greasy marks on; to defame धब्बा लगाना; कलंक लगाना دھبہ لگانا؛ دھبہ ڈالنا؛ بدنام کرنا

Smell : *n.* (smel) perfume or odour; the power of smelling; scent सुगन्ध; महक خوشبو؛ مہک

smell : *v.* to perceive by the nose नाक से सूंघना خوشبو لینا؛ ناک سے سونگھنا

Smell Out : *v.* to discover by the sense of smell सूंघ कर पता लगाना سونگھ کر جان لینا؛ سونگھ کر پتا چلانا

Smelt : *v.* (smelt) to extract metal from ore कच्ची धातु को पिघला कर साफ़ क.; गलाना دھات پگھلاکر صاف کرنا؛ گلانا

Smile : *n.* (smil) joyful expression on the face मुस्कराहट; मुस्कान مسکراہٹ؛ تبسم

Smile : *v.* to look joyous; to be propitious हंसना; लहलहाना مسکرانا؛ لہلہانا

Smirk : *n.* (sme-rk) habitual foolish smile भद्दी या बनावटी मुस्कराहट مستقل احمقانہ مسکراہٹ

Smirk : *v.* to look affectedly soft or kind नाज़ व नख़रे से हंसना; खीसें निकालना ناز ونخرے سے ہنسنا؛ کھیسیں نکالنا

Smite : *v.* (smit) to hit hard; to defeat utterly; to kill पीटना; मारना; हरा देना سخت ضرب دینا؛ شکستِ فاش دینا؛ ہلاک کرنا

Smith : *n.* (smith) worker in metal धातु कर्मी دھات کا کام کرنے والا

Blacksmith : *n.* worker in iron लोहार لوہار

Smithy : *n.* (smi-thi) blacksmith's workshop; forge लोहार की दुकान; (लोहार की) भट्टी لوہار کی دکان؛ لوہار خانہ؛ بھٹی (لوہار کی)

Smithreens : *n.* (smidh-e-reenz) small fragments छोटे छोटे टुकड़े چھوٹے چھوٹے ٹکڑے

Smock : *n.* (smok) overall लबादा; कुरता لبادہ؛ کرتا

Smocking : *n.* gathers चुननदार कढ़ाई स्मूकिंग کڑھائی کی چنٹیں؛ اسموکنگ

Smoke : *n.* (smohk) cloud rising from fire; tobacco smoking; cigerett; a sooty exhalation धुआँ; धूम्रपान; बीड़ी دھواں؛ تمباکونوشی؛ سگریٹ

Smoke : *v* . to give out smoke; to come out as vapours धुआँ छोड़ना; बीड़ी पीना; भाप निकलना دھواں چھوڑنا؛ تمباکو پینا؛ سگریٹ وغیرہ پینا؛ بھاپ نکلنا

Smokeless : *adj* . without smoke धुआँ दिये बिना जलने वाला دھواں دیئے بغیر جلنے والا

Smoker : *n.* (smo-ker) one that uses tobacco; person who smokes tobacco धुम्रपान कर्ता تمباکونوش؛ سگریٹ وغیرہ پینے والا

Smooth : *adj*. (smoodh) plain; even; bland; mild; glossy; a very even surface; gently flowing साफ़; कोमल; स्वच्छ; निमर्ल صاف؛ ہموار؛ نرم؛ چکنا؛ مصفا؛ ساکن

Smooth : *v*. to make smooth; to remove creases; to make oily; free from difficulties बराबर क.; आसान क.; सुलझाना ہموار کرنا؛ شکن دور کرنا؛ آسان کرنا؛ سلجھانا

Smoothness : *n*. (smodhe-nes) being smooth; plainness चिकनापन; आसानी نرمی؛ ہمواری؛ چکنا پن؛ آسانی

Smother : *v*. (smodh-er) to kill by stifling; to suppress; to suffocate; to cover गला घोंटना; ढकना; छिपाना; दबा लेना گلا گھونٹنا؛ دم گھونٹنا؛ چھپانا؛ ظاہر نہ ہونے دینا

Smoulder : *v*. (smohl-der) to burn slowly; to burn in wardly सुलगना سلگنا؛ اندر ہی اندر بھڑکتے رہنا

Smudge : *n*. (smuj) dirty mark; blurred mark; stain; blot धब्बा; दाग़ داغ؛ دھبا

Smudge : *v*. to smear with dirt; to stain धब्बा डालना; मैला क. مٹی لپیٹنا؛ دھبا لگانا

Smudgy : *adj*. stained; deformed; dirty; disgraced धब्बेदार; गंदा; बदनाम داغدار؛ مسخ شدہ؛ گندا؛ رسوا

Smuggle : *v*. (smug-el) to get things or goods without customs; to import or export goods illegally; to import or export goods without paying customs विना कसटम दिये माल लाना ले जाना; स्मगल क.; तस्कर व्यापार اسمگل کرنا؛ غیرقانونی درآمد برآمد کرنا؛ بغیر محصول دیئے مال لانا اور لے جانا

Smuggler : *n*. (-ler) one whose profession is to smuggle तस्कर व्यापारी اسمگلر؛ غیرقانونی دھندہ کرنے والا

Smuggling : *n*. illegal import-export तस्कर व्यापार غیرقانونی درآمد برآمد

Smut : *n*. (smut) soot from burning coal; blot काजल; धब्बा; धुआँ کلونس؛ دھبا؛ کاجل؛ دھواں

Smut : *v*. to mark with soot; to stain धब्बा डालना; काला क.; गंदा क. دھبا ڈالنا؛ کالک لگانا؛ کالا کرنا؛ گندا کرنا

Snack : *n*. (snayk) light breakfast हलका नाशता ہلکا ناشتہ

Snag : *n*. (snayg) a jag; dangerous sharp rock in the sea; obstacle गांठ; शाख; समुद्र में खड़ी चट्टान; बाधा گانٹھ؛ شاخ؛ ٹھنٹھ؛ سمندر میں کھڑی چٹان؛ رکاوٹ؛ مشکل

Snail : *n*. a small sea insect घोंगा گھونگا

Snake : *n*. (snayk) a serpent सांप سانپ

Snap : *v*. (snap) to bite suddenly; to snatch; to fire; to take a snap काटना; दाग़ना; फोटो उतारना کاٹنا؛ جھپٹا مارنا؛ دن سے داغنا؛ فوٹو اتارنا

Snapshot : *n*. photograph taken quickly स्नैपशाट سنیپ شاٹ؛ سرسری فوٹو؛ سرسری تصویر

Snappish : *adj*. (snayp-ish) eager to bite; surly कटखना; बदमिज़ाज کٹکھنا؛ بدمزاج؛ کاٹنے والا

Snare : *n*. (snay-er) a noose; a gin; trap; a net जाल; फन्दा پھندا؛ جال؛ دام؛ کمند

Snare : *v*. to entrap; to entangle जाल में फँसाना جال میں پھانسنا؛ دام میں پھنسانا

Snarl : *v*. (snah-rl) to growl angrily; to

speak roughly गुर्राना; जली-कटी सुनाना غرانا؛ جلی کٹی سنانا

Snatch : v. (snach) to take away hastily; to seize hastily झपटना; छीनना زبردستی چھیننا؛ جھپٹا مارنا

Sneak : *v.* (sneek) to go away secretly; to creep slily; to crouch रेंगना; सरकना; गिड़गिड़ाना کھسک جانا؛ چپکے سے چل دینا؛ رینگنا؛ سرکنا؛ گڑگڑانا

Sneer : *n.* (snee-er) scornful smile; contempt घृणा की दृष्टि حقارت آمیز مسکراہٹ؛ حقارت کی نظر؛ طعنہ

Sneer : *v.* to show contempt हँसी उड़ाना; अवज्ञा क. ہنسی اڑانا؛ نافرمانی کرنا

Sneez : *n.* (sneez) sudden explosive sound from nostrils छींक چھینک

Sneez : *v.* to emit wind by the nose छींक मारना چھینک مارنا

Sniff : *v.* (snif) to draw breath by the nose; to show contempt सुड़कना; नाक चढ़ाना سانس اندر کھینچنا؛ ناک چڑھانا

Snigger : *n.* (snig-er) half-supressed laughter at obscenity ठीठी क.; दबी-दबी हँसी دبی دبی مسکراہٹ؛ آہستہ آہستہ ہنسنا

Snip : *v.* (snip) to cut at once with scissors कैंची से काटना قینچی سے کاٹنا؛ کترنا

Snipe : *n.* (snip) a well known gamebird; a small fen-fowl; a fool एक प्रकार की चिड़िया; मूर्ख چہا؛ ایک قسم کا پرند؛ بے وقوف

Snipe : *v.* to shoot from a hiding place छिपकर रात को गोली मारना چھپ کر رات کو گولی مارنا؛ شبخون مارنا

Sniper : *n.* soldier who snipes छिपकर गोली चलाने वाला شبخون مارنے والا

Snippet : *n.* (snip-et) cutting; fragmant कतरन; टुकड़ा تراشہ؛ ٹکڑا

Snippy : *adj.* (-pi) fragmentary; mixture; disconnected टुकड़ों से बना हुआ; खिचड़ी; असम्बद्ध ٹکڑے ٹکڑے؛ کھچڑی؛ ملغوبہ؛ ٹکڑوں سے بنا؛ الگ الگ

Snivel : *n.* (sniv-el) to weep affectedly; the nasal discharge बनावटी रोना; नाक बहना بناوٹی طور پر رونا یا بسورنا؛ ناک بہنا

Snivel : *v.* to run at the nose; to cry childishly सूँ-सूँ क.; ठिनकना سوں سوں کرنا؛ ٹھنکنا

Snob : *n.* (snob) person with exaggerated respect for social status; one who apes gentility; a vulgar man; one judging merit by externals तुच्छ; नीच; कमीना; दंभ; वर्गदंभी امارت پرست؛ غریبوں کو حقیر جاننے والا؛ کمینہ شخص جو دکھاوا کرے؛ ظاہر بیں؛ مغرور

Snobbery/Snobbishness : *n.* being a snob; being a snop in culture वर्गदंभ; अभिमान امارت پرستی؛ ظاہر بینی

Snobbish : *adj.* like a snob; looking at externals दंभ भरा امارت پرستانہ؛ ظاہر بیں

Snod/Snodd : *n.* (snod) a fillet; a riband पट्टी; सरबन्द; फीता (केश बांधने का) پٹی؛ سر بند؛ فیتا؛ جالی

Snooker : *n.* (snook-er) a billiard game स्नूकर; एक प्रकार का खेल سنوکر؛ ایک کھیل

Snoop : *v.* (snop) to pry ताक झांक क. خواہ مخواہ تجسس کرنا؛ تاک جھانک کرنا؛ خواہ مخواہ ٹانگ اڑانا

Snooze : *n.* (snooz) short sleep; nap

झपकी; ऊँघ; हलकी नींद اونگھ؛ تھوڑی سی نیند؛ قیلولہ؛ جھپکی

Snooze : *v.* to take a nap; to have a short sleep ऊँघना; झपकी लेना قیلولہ کرنا؛ آنکھ لگانا؛ جھپکی لینا

Snore : *v.* (snohr) to make constant noise from nose in sleep खर्राटे लेना خراٹے لینا

Snort : *v.* (sno-rt) disapprovingly emit air through nose नथनों से आवाज़ निकालना نتھنوں سے آواز نکالنا؛ نتھنے پھلانا

Snout : *n.* (snout) animal's nose; the nose of a beast; the nozel थूथनी; नाक تھوتھنی؛ ناک

Snow : *n.* (snoh) frozen rain हिम; बर्फ برف

Snow-Ball : *n.* snow rolled together हिम का गोला برف کا گولہ

Snow-Fall : *v.* to fall snow हिमपात برف گرنا؛ برف پڑنا

Snow-Flake : *n.* flake of snow बर्फ का गाला برف کا گالا

Snowy : *adj.* full of snow; white as snow हिम से भरा हुआ; सफ़ेद; बर्फानी; बर्फ़ से ढका हुआ برف سے بھرا ہوا؛ سفید؛ برفانی؛ برف سے ڈھکا ہوا

Snub : *v.* (snub) to scold; to hurt feelings; to reject डाँट डपट क.; दिल तोड़ना; रद्द क. ڈانٹ ڈپٹ کرنا؛ دل توڑنا؛ مسترد کرنا

Snuff : *n.* (snuf) the burnt wick of a candle; powdered tobacco taken up by the nose; sniff गुल (जलती हुई बत्ती का); नसवार; सूघंनी; नास چراغ کا گل؛ نسوار؛ سونگھنا؛ سڑکنا؛ ناس

Snuff : *v.* to draw breath inside; to trim candle; sniff up सुड़कना; गुल झाड़ना; सान्स अन्दर खींचना سانس لینا؛ سانس اندر کھینچنا؛ گل تراشنا؛ گل جھاڑنا

Snuffers : *n.* an instrument for cropping the snuff of a candle फूल कतरने का शस्त्र گل تراش؛ گل گیر

Snuffle : *v.* (snuff-el) to talk nasally; speak like one with a cold सूँ-सूँ क.; नाकियाना ناک میں بولنا؛ سوں سوں کرنا

Snug : *adj.* (snug) warm and comfortable; concealed; hidden; sheltered; tidy सुखद; आरामदह; सुरक्षित; साफ़-सुथरा گرم اور آرام دہ؛ محفوظ؛ صاف ستھرا

So : *adj.* (soh) in this way; therefore; this much ऐसे; इस प्रकार; इस तरह ایسے؛ اس طرح؛ اس لیے؛ لہٰذا؛ پس

So so : *adj.* middling ऐसे वैसे; ऐसा वैसा ایسے ویسے؛ ایسا ویسا

Soak : *v.* (sohk) to steep in any liquid; to imbibe; to make wet ; to absorb भिगोना; तर बतर कर देना; सोख लेना بھگونا؛ بھیگنا؛ تر کرنا؛ تربتر کرنا، جذب کرنا

Soap : *n.* (sohp) compound of oil and caustic soda; a substance used in washing साबुन صابن؛ صابون

Soap Bubble : *n.* bubble of soap lather साबुन का बुलबुला صابن کا بلبلا

Soap Dish : *n.* a dish for holding soap साबुन दानी صابن دانی

Soap Fruit : *n.* the fruit of the soap berry पीलू پیلو

Soap Making : *n.* the business or manufacturing soap साबुन बानाने का व्यापार صابن بنانے کا بزنس

Soap Nut : *n.* the seed of soap berry which is used for making beads or button etc. पीलू का बीज پیلو کا بیج جو بٹن وغیرہ بنانے میں کام آتا ہے

Soap Powder : *n.* dried soap; dried soap powder पावडर साबून صابن کا پاؤڈر

Soap Stone : *n.* a kind of soft stone सेलखड़ी; गोरा पत्थर سیلکھڑی؛ سفید نرم پتھر

Soap Suds : *n.* lather; suds made with soap साबुन का झाग صابن کا جھاگ

Soapy : *adj.* covered with soap; containing soap; soft; smooth साबुन वाला; कोमल; बराबर; चिकना صابن دار؛ نرم؛ ملائم؛ ہموار

Soar : *n.* (sohr) towering flight ऊंची उड़ान; ऊंचा उड़ना بلند پروازی؛ اڑان

Soar : *v.* to fly higher and higher; to increase too much (prices) ऊंचा उड़ना; मूल्य बहुत बढ़ जाना اوپر کو اڑنا؛ اونچی اُڑان بھرنا؛ اوپر چڑھ جانا (قیمت وغیرہ)

Sob : *v.* (sob) gasp in weeping; to sigh convulsively in weeping सिसक कर रोना; सुबकी लेना آہ کھینچنا؛ سسک سسک کر رونا؛ سسکیاں بھرنا؛ سبکی لینا

Sober : *adj.* (soh-ber) calm and serious; temperate; quiet; regular संयमी; गंभीर; शान्त سنجیدہ؛ متین؛ پرہیزگار؛ باقاعدہ

Sobriety : *n.* (-ri-eti) being sober; calmness संयम; मिताचार سنجیدگی؛ پرہیزگاری؛ سادگی

Sobriquet : *n.* (sohb-ri-kay) nickname उपनाम عرف؛ فرضی نام

Soccer : *n.* (sok-er) foot ball फुटबाल فٹ بال؛ ایک قسم کا کھیل جس میں گیند کو ہاتھ نہیں لگاتے

Sociable : *adj.* (soh-she-bel) fond of company; friendly; companionable सामाजिक; स्नेही; मैत्रीपूण ملنسار؛ یا رباش؛ صحبت پسند؛ دوستانہ

Social : *adj.* (soh-shel) living in society; fond of meeting people; of society सामाजिक; संघचारी; मिलनसार گروہ پسند؛ معاشرتی؛ ملنسار؛ آشنا مزاج

Social Gathering : *n.* get-together एकत्र होना; मिलना تفریحی اجتماع؛ اجتماع

Social Welfare : *n.* welfare of society सामाजिक कल्याण معاشی بہبود؛ رفاہِ عامہ

Socialism : *n.* political theory of joint economic control समाजवाद اشتراکیت؛ اجتماعیت

Socialize : *v.* make socialistic; notionalize सामाजिक बनाना; समाजीकरण क. اشتراکی بنانا؛ قومی ملکیت بنانا؛ قومیانا

Society : *n.* (soh-sie-ti) social community; organisation; group; upper class संघ; समाज; उच्चवर्ग; सोसाईटी سوسائٹی؛ سماج؛ انجمن؛ تنظیم؛ جماعت؛ اونچا طبقہ

Sociologist : *n.* expert in sociology समाज विज्ञानी ماہر عمرانیات

Sociology : *n.* (soh-shi-ol-o-ji) study of the nature and history of human society समाज विज्ञान عمرانیات

Sock : *n.* (sok) short stocking जुर्राब جُراب؛ موزہ

Socket : *n.* (sok-et) hollow into which something fits; the respectable of the eye छेद जिस में कोई चीज बिठाई जाती हो; आंख का गडढ़ा خانہ؛ گھر؛ خانۂ چشم

Sod : *n.* (sod) grass covered piece of land; a turf; a clod घास की थिगली; घास की जड़ گھاس کی جڑ؛ سبزے کا تختہ

Soda : *n*. (soh-da) unsweetened aerated water; sodium bicarbonate used for leavening bread सोडा سوڈا؛ کھاری سوڈا؛ میٹھا سوڈا؛ کھانے کا سوڈا

Sodden : *adj*. (sod-en) wet through; stupid through too much drinking; heavy and dough-like गीला; अधपक्का; धुत्त شرابور؛ تربتر؛ سخت بہکا ہوا؛ کچی (ڈبل روٹی)

Sodium : *n*. (soh-di-um) a metallic element सोडियम سوڈیم

Sofa : *n*. (soh-fa) long cushioned seat कौच; सोफ़ा صوفہ؛ کوچ؛ گدے دار نشست گاہ

Soft : *adj*. (soft) not hard or rough; effeminate; irresolute; delicate; light; pleasant कोमल; हलका; सौम्य نرم؛ ملائم؛ ہلکا؛ نازک؛ خوشگوار

Soft : *n*. (interj) hold; stop; not so fast ठहरो; थमो; बस ٹھہرو؛ بس؛ رکو

Soft Drinks : *n*. non alcholic cold drinks शरबत; ऐसा शरबत जिस में नशे की मिलावट न हो غیر نشہ آور شربت؛ ایسا مشروب جس میں نشے کی ملاوٹ نہ ہو

Soften : *v*. (sof-en) make or become soft कोमल बनाना; कोमल क. نرم کرنا؛ ملائم بنانا

Soggy : *adj*. (sogy) heavy with water; marshy; wet गीली; दलदली; तरबतर سیلی؛ دلدلی؛ گیلی

Soil : *n*. (so-il) ground; earth; clay; earth in which plants grow; dirty mark भूमि; मिट्टी; दाग़; धब्बा زمین؛ مٹی؛ چکنی؛ مٹی داغ؛ دھبا

Soil : *n*. dung; compost earth; dirt गोबर; गन्दगी; पृथ्वी گوبر؛ گندی زمین؛ گندگی

Soil : *v*. to foul; to dirt; to manure मैला क.; गंदा क. میلا کرنا؛ ناپاک کرنا؛ گندہ کرنا

Soiree : *n*. (swah-ray) evening party for talk; evening party for discussion सान्ध्य गोष्ठी;रात की महफ़िल محفل شب؛ رات کی محفل

Sojourn : *n*. (suj-e-rn) a temporary stay; a temporary residence ठहराव; निवास कुछ दिन के लिए عارضی قیام؛ چند روزہ قیام

Sojourn : *v*. to dwell a while in some place; to stay temporarily थोड़े दिन के लिये डेरा डालना عارضی قیام کرنا؛ چندروزہ قیام کرنا

Sola Topi : *n*. solar hat; pith helmet for wearing in the burn सोलर हैट سولا ہیٹ

Solace : *n*. (sol-is) comfort; pleasure; alleviation आश्वासन; धीरज; साहस; दिलासा تسلی؛ تسکین دینا؛ دلاسا؛ خاطر داری

Solace : *v*. to comfort; to cheer; to allay तसल्ली देना; दुख कम क.; दिलासा देना تسلی دینا؛ تسکین پہنچانا؛ دلاسا دینا

Solar : *adj*. (soh-ler) of the sun; pertaining to the sun सूर्य का آفتابی؛ سورج کا

Solar eclipse : *n*. eclipse of the sun सूर्य ग्रहण سورج گرہن

Solar system : *n*. sun and the planets सौर परिवार نظامِ شمسی

Solder : *v*. (solder) to unite with a metallic cement; to joint with fusible alloy टांका या जोड़ लगाना ٹانکا یا جوڑ لگانا؛ جھالنا

Solder : *n*. joint with fusible alloy;

rang टांका; रांगा ٹانکا؛ رانگا

Soldering iron : *n*. tool used for soldering काहिया کاویہ

Soldier : *n*. (sohl-jer) military man; one who fights for pay सैनिक سپاہی؛ فوجی سپاہی؛ فوجی جوان

Sole : *n&adj*. (so-ul) underpart of the foot; underpart of shoe, sock etc; single तलवा; जूते का तला; अकेला; तनहा تلوا؛ جوتے یا موزے کا تلا؛ تنہا؛ اکیلا

Sole agency : *n*. monopoly in agency सोल एजेंसी سول ایجنسی

Sole agent : *n*. the only agent सोल एजेंट سول ایجنٹ؛ واحد گماشتہ

Solecism : *n*. (sol-e-sizm) grammatical or idiomatic error अशुद्ध प्रयोग قواعد یا محاورے کی غلطی

Solely : *adv*. (soul-li) singly; only; separately अकेला; केवल; पृथक-पृथक الگ تھلگ؛ صرف؛ تنہا؛ اکیلا

Solemn : *adj*. (sol-em) grave; religiously; awful; serious; magnificent; effective; important; regular भव्य; प्रभावशाली; गंभीर; महत्वपूर्ण; पवित्र سنجیدہ؛ شاندار؛ پر اثر؛ سخت؛ پاک؛ اہم؛ باضابطہ

Solemnity : *n*. (so-lum-ni-ti) being solemn; regularity; solemn function; celebration गम्भीरता; धर्म क्रिया سنجیدگی؛ باضابطگی؛ سنجیدہ تقریب

Solemnize : *v*. (sol-um-niz) perform with usual rites; to dignify by formalities धर्म क्रिया क.; गंभीर होना; पूरे धुमधाम से मनाना پورے مراسم بجالانا؛ مذہبی رسم ادا کرنا؛ سنجیدہ ہونا

Solicit : *v*. (so-lis-it) to ask earnestly; to importune; to attract customers सविनय प्रार्थना क.; निवेदन क. ग्राहक को लुभाना درخواست کرنا؛ اصرار کرنا؛ گاہک کو پھانسنا

Solicitation : *n*. (soli-ite-i-shen) importunity; entreaty विनय; प्रार्थना استدعا؛ التماس؛ التجا

Solicitor : *n*. (so-li-siter) lawyer who prepares legal documents सालिसिटर; वकील مختار؛ وکیل

Solicitous : *adj*. (solis-i-tus) anxious; worried; concerned; eager चिन्तित; उत्सुक; परेशान; ध्यान रखने वाला متردد؛ فکرمند؛ پریشان؛ خواہاں

Solicitude : *n*. anxiety; carefulness; eagerness; worry चिन्ता; ध्यान; फ़िक्र; परेशानी تردد؛ خیال؛ خبرداری؛ دھیان؛ فکر؛ پریشانی

Solid : *adj*. (sol-id) not fluid; firm; compact; true; healthy; substantial कठोर; सख़्त; ठोस; सच्चा ٹھوس؛ جامد؛ مجسم؛ سخت؛ سچا

Solidarity : *n*. (sol-i-dari-ti) unity bred by common interests; fellow-feeling; mutual dependence एकात्मत्ता; भाईचारा; सहानुभूति; परस्पर निर्भरता یگانگت؛ اتحاد؛ بھائی چارا؛ آپسی میل جول؛ ہمدردی

Solidify : *v*. (so-lid-i-fi) make or become solid ठोस बनाना; जमना या जमाना; दृढ़ बनाना ٹھوس بنانا؛ جمانا یا جمنا؛ سخت بنانا

Solidity : *n*. (-ti) quality of being solid; firmness; fulness of matter ठोस; कठोरता; दृढ़ता ٹھوس؛ انجماد؛ مضبوطی

Soliloquize : *v*. (so-lil-o-kiz) to talk to oneself अपने आप से बातें क.; स्वगत कथन क. اپنے آپ سے باتیں کرنا؛ خود کلامی کرنا؛ دل سے باتیں کرنا

Soliloquy : *n.* (so-lil-o-kwi) speaking out one's thoughts to oneself aloud स्वागत-कथन خود کلامی؛ اپنے آپ سے بات چیت

Solitary : *adj.* (sol-i-te-ri) lonely; single; only one; retired; gloomy निर्जन; एकान्त वासी; एकाकी; उदास अकेला خلوت گزیں؛ اکیلا؛ تنہا؛ اداس

Solitary Confinement : *n.* imprisonment in loneliness कालकोठरी की सज़ा قید تنہائی

Solitude : *n.* (sol-i-tewd) solitary state; a lonely life; a lonely place; desert एकाकीपन; निर्जन स्थान; अकेला; तनहाई گوشہ نشینی؛ تنہائی؛ خلوت گزینی

Solo : *n.* (soh-loh) song for one एकल वादन; एकल गायन اکیلے کا گیت؛ تنہا نغمہ

Soloist : *n.* person who gives or performs a solo एकल गायक سولوگر؛ تنہا نغمہ نواز

Soluble : *adj.* (sol-ew-bel) dissolvable; capable of dissolution पिघलने योग्य قابلِ تحلیل؛ حل پذیر

Solus : *adj.* (so-les) single; alone अकेला; तनहा اکیلا؛ تنہا

Solution : *n.* (so-loo-shen) answer; resulting liquid; removal of difficulty; process of dissolving उत्तर; हल; घोल; समाधान; विलयन جواب؛ محلول؛ گرہ کشائی؛ عقدہ کشائی؛ مشکل کشائی؛ تحلیل

Solve: *v.* (solv) to find the answer; to find a way out; to dissolve; to clear हल क.; समाधान क.; रास्ता निकालना; साफ क. حل کرنا؛ مشکل دور کرنا؛ مشکل حل کرنا؛ گھولنا؛ صاف کرنا

Solvency : *n.* (sol-ven-si) ability to pay off one's debts ऋण चुकाने की योग्यता ادائے قرض کی مقدرت

Sombre : *adj.* (som-ber) dark; gloomy; dismal काला; उदास; निराशाजनक تیرہ و تار؛ اداس؛ غمناک؛ تاریک

Some : *adj&pron.* (sum) more or less; few; a little; a few people; those few कुछ; कोई; कुछ लोग کچھ؛ کوئی اک؛ بعض؛ کسی قدر؛ کچھ لوگ

Somebody : *n.* someone; important person कोई; बड़ा आदमी کوئی؛ اہم شخص

Some how : *adv.* in one way or other किसी न किसी तरह کسی نہ کسی صورت؛ کسی صورت؛ کسی نہ کسی طرح

Someone : *n.* anyone कोई کوئی

Somersault/Somerset : *n.* (sum-er-sawlt/-set) leap in which one turn head over heels कलाबाज़ी قلابازی

Somerset : *n.* (som-er-set) somersault कलाबाज़ी قلابازی

Something : *n.* a thing; a little कुछ; कोई चीज़ کوئی چیز؛ کچھ

Sometime : *adv.* (with designation) former पहला; कुछ समय तक سابق؛ پہلا؛ کچھ وقت تک

Sometimes : *adv.* now and then; not always कादाचित; कभी कभी; कदापि شاذ و نادر؛ کبھی کبھی؛ گاہے گاہے؛ کبھی کبھار

Somewhat : *adv.* in some degree; a little एक सीमा तक; जरा सा ایک حد تک؛ کسی حد تک؛ کچھ؛ کسی قدر؛ قلیل

Somewhere : *n&adv.* at some place कहीं न कहीं کہیں نہ کہیں

Somnambulism : *n.* (som-nam-bew-lizm) walking in sleep निद्राचार خواب خرامی

Somnambulist : *n*. (-ist) one who walks while asleep निद्राचारी خوابِ خرام

Son : *n*. (sun) a male child; decendant; one's male issue पुत्र; लड़का; बेटा لڑکا؛ فرزند؛ بیٹا

Son In Law : *n*. one's daughter husband जँवाई; दामाद داماد؛ جنوائی

Song : *n*. (song) vocal music; bird's song गाना; गीत; कविता; गायन; चहचहाहट گانا؛ گیت؛ نغمہ؛ نظم؛ زمزمہ؛ چہچہاہٹ

Songster : *n*. male singer गाने वाला; गवैया; गायक گویّا؛ قوّال؛ گانے والا؛ مغنی

Songstress : *n*. a female singer गाने वाली औरत گانے والی؛ گویّا عورت

Sonless : *adj*. one without a male issue जिस के बेटा न हो جس کے بیٹا نہ ہو

Sonnet : *n*. (son-et) kind of poem containing only 14 lines of 10 syllables each. 14 पंक्ति का गीत; लघु काव्य سانیٹ؛ چودہ مصرعوں کی غزل

Sonny : *n*. (sun-i) male child बेटा بیٹا؛ لڑکا

Sonorous : *adj*. (so-no-rus) with a rich resounding voice कड़ी आवाज़ वाला; ऊंची आवाज़ वाला بلند آواز والا؛ پر آواز؛ آواز دار

Soon : *adv*. (soon) early; in a short while; in immediate future; reedily प्रात; तुरन्त; शीघ्र سویرے؛ جلد؛ جلد ہی؛ تھوڑی دیر میں؛ عنقریب؛ ابھی

Sooner or Later : *adv*. at sometime कभी न कभी کبھی نہ کبھی؛ دیر سویر؛ جلد یا دیر

Soot : *n*. (sut) settled smoke; condensed or embodied smoke काजल; कालिख; कजली کاجل؛ کالک

Sooth : *n*. (sooth) (old use) truth सच سچ؛ صداقت

In sooth : *ph*. truly सच-मुच سچ مچ

Soothe : *v*. (soodh) to calm; to alleviate; to soften शान्त क.; सन्तोष देना; कोमल क. تسلی دینا؛ تسکین پہنچانا؛ دلجوئی کرنا

Soother : *n*. (soo-dher) rubber nipple used for quieting infants चुसनी چسنی؛ نپل؛ چوسنی

Soothesay : *v*. to predict; to divine; to foretell आगम कहना; भविष्य वाणी क. پیشین گوئی کرنا؛ فال نکالنا

Soothsayer : *n*. fortune-teller ज्योतिषि काहन پیشین گو؛ کاہن؛ فال نکالنے والا

Sop : *n*. (sop) piece of bread etc. soaked in milk, soup etc; bribe भिगोया निवाला; घूंस; रिश्वत شوربے یا دودھ میں بھیگی ہوئی روٹی؛ رشوت؛ منھ بھرائی

Sophism : *n*. (sof-izm) a fallacious argument; clever but false reasoning कुतर्क; हेत्वाभास; वाक्छल دلیل؛ باطل دلیل؛ حجّت؛ مغالطہ

Sophist : *n*. (sof-ist) one who uses sophistry कुतर्की; वाक्छली سوفسطائی؛ غلط دلیلوں سے دھوکہ دینے والا

Sophisticate : *v*. to falsify; to mislead; to adulterate बिगाड़ना; ख़राब क.; मिलावट क. خراب کرنا؛ بگاڑنا؛ ملاوٹ کرنا

Sophistication : *n*. (sof-ist-i-kay-shen) lack of simplicity बानवट; दुनियादारी تصنع؛ بناوٹ؛ دنیاداری

Sophistry : *n*. (sof-istri) habitual use of false reasoning कुतर्क مغالطہ آمیزی؛ غلط استدلال

Sophomore : *n*. (sof-o-mohr) second

year student of college or university दूसरे वर्ष का विद्यार्थी سال دوم کا طالب علم

Soporific : adj&*n*. causing sleep निंद्राजनक; नींद लाने वाली نیند لانے والی؛ خواب آور

Soppy : *adj*. (sop-i) wet through; sentimental तरबतर; भावुक تر بتر؛ شرابور؛ جذباتی

Sorcerer : *n*. (sor-se-rer) magician; conjurer जादूगर; यांत्रिक ساحر؛ جادوگر

Sorceress : *n*. woman sorcerer जादूगरनी ساحرہ؛ جادوگرنی

Sorcery : *n*. (-ri) magic enchantment; whichcraft जादूगरी; इन्द्रजाल جادوگری؛ سحر؛ افسوں

Sordid : *sdj*. (sor-did) wretched condition; dirty; selfish; mean; covetous गंदा; मैला; फटेहाल; नीच; कमीना خستہ؛ گندا؛ کمینہ؛ بخیل؛ خودغرض

Sore : *n&adj*. (sohr) tender and painful place; aggrieved; an ulcer; grief ज़ख़्म; फोड़ा; अलसर; गम; ज़ख़्मी زخم؛ پھوڑا؛ السر؛ غم؛ دکھتا ہوا؛ زخمی

Sorely : *adj*. greviously दर्द से; सख़्ती से درد سے؛ سختی سے؛ شدت سے

Sorrow : *n*. (so-roh) grief; regret; sadness; mourning दुख; उदासी; शोक; अनुताप; विलाप دکھ؛ غم؛ افسوس؛ رنج؛ الم

Sorrow : *v*. to feel sorrow शोक प्रकट क.; ग़म होना افسوس کرنا؛ غم ہونا

Sorrowful : *adj*. causing sorrow; feeling sorrow दुखी; दुखपूर्ण غمناک؛ غمزدہ؛ ملول؛ غمگین

Sorry : *adj*. (so-ri) feeling sadness; feeling regret; grieved दुखी متاسف؛ افسوس زدہ؛ رنجیدہ؛ غمگین

I am sorry : *ph*. please excuse me माफ़ कीजिये معاف کیجئے

Sort : *n*. (so-rt) kind; manner; class; way प्रकार; भांति; भेद قسم؛ طور؛ طریقہ؛ ڈھنگ؛ قرینہ

Sort : *v*. to arrage in various groups; to select a type; to separate; to suit छाँटना; चुनना; पसन्द क.; मेल खाना قسم وار؛ الگ کرنا؛ جدا کرنا؛ ترتیب دینا؛ چھانٹنا؛ چننا؛ پسند کرنا

Sorter : *n*. post office worker who sorts letters छाँटने वाला سارٹر؛ چھانٹنے والا

Sortie : *n*. (so-r-ti) sally of besiedged soldiers; a sudden attack of troops from the besieged आक्रमण; धावा محصور فوج کا حملہ؛ دھاوا

Sos : *n*. (s-oh-es) danger signal by ship in distress; any urgent call for help बेतार का संकट संदेश भेजना; गुहार بحری جہاز کے خطرے میں فریاد کا لاسلکی پیغام؛ فریاد

Sot : *n*. (sot) one constantly stupid with drinks; a drunkard शराबी नशेबाज़ مدہوش شرابی؛ پکا شرابی؛ بدمست رہنے والا

Sou : *n*. (soo) french half-penny आधी पैनी سو؛ فرینچ کی آدھی پینی

Sought : *v*. p.p of seek ढूंडा; चाहा ڈھونڈا؛ تلاش کی؛ چاہا

Soul : *n*. (sohl) spirit; heart; conscience; human being आत्मा; जीव; जान; दिल; प्राण روح؛ جان؛ دل؛ باطن؛ ضمیر؛ شخص

Sound : *n*. (sound) something that can be heard; an element of speech; the air bladder of a fish; a surgical instrument आवाज़; मछली का फुकना; चीर फाड़ के शस्त्र آواز؛ صوت؛ حرف؛ مچھلی کا پھکنا؛ چیر پھاڑ کا اوزار

Sound : *adj.* healthy; in good condition; cogent; ठीक; पूरा; मज़बूत صحت مند؛ سالم؛ صحیح؛ اچھی حالت میں؛ قوی؛ مضبوط

Soup : *n.* (soop) liquid food prepared by boiling meat etc in water सूप; शोरबा یخنی؛ سوپ؛ شوربہ

Sour : *adj.* (son-er) having a sharp acid taste; adstere; spoilt by fermentation खट्टा; चटपटा; फटा हुआ کھٹا؛ ترش؛ چٹ پٹا؛ پھٹا ہو

Source : *n.* (soh-rs) starting point of river; origin; head सोत; जड़; उदगम स्थान منبع؛ اصل؛ سرچشمہ؛ اصل جڑ

South : *n.* (south) the part where the sun is at noon दक्षिण جنوب؛ دکھن

South Pole : *n.* point of earth opposite the north pole दक्षिणी पोल قطب جنوبی

South sea : *n.* the southern part of the pacific ocean प्रशान्त महासागर का दक्षिणी भाग بحرالکاہل کا جنوبی حصہ

Southern : *adj.* (sudh-e-rn) of the south दक्षिणी جنوبی

Souvenir : *n.* (soo-ve-nee-er) thing given in memory; a keepsake; a remembrance स्मारक स्थान; निशानी; यादगार یادگار؛ نشانی

Sovereign : *adj.* (sov-rin) highest authority; supreme; in power efficacy प्रधान; सर्वश्रेष्ठ اعلیٰ؛ مطلق العنان

Sovereign : *n.* ruler; a monarch; a gold coin महाराजा; एक अंग्रेजी सुनेहरा सिक्का شہنشاہ؛ سلطان؛ سونے کا پونڈ

Sovereignty : *n.* (-ti) soverign power; supremacy साम्राज्य; श्रेष्ठता ملکیت؛ اقتدارِ اعلیٰ؛ فرمانروائی

Soviet : *n.* (soh-vi-et) council of workers constituting the government in the USSR; communist सोवियत; समिति; कम्युनिस्ट سوویت؛ کمیونسٹ؛ اشتراکی

Sow : *n.* (sau) a female pig सूअरनी سورنی

Sow : *v.* to scattered; to spread; to put seed in the land बोना; छितराना फैलाना بونا؛ بکھیرنا؛ پھیلانا

Soya Bean : *n.* a kind of seed सोया बीन سویابین

Spa : *n.* (spah) spring of mineral water with medicinal properties गन्धक की धारा निकलने का स्थान معدنی چشمہ

Space : *n.* (spays) distance; quantity of time; gap; time; largeness; that in which every thing exists दूरी; समय; जगह; अन्तर; अन्तरिक्ष فاصلہ؛ وقت؛ جگہ؛ وقفہ؛ کشادگی؛ خلا

Space : *v* . (in printing) place (words or letters) with regular spaces between; have intervals; make a gap अन्तर पर रखना; बीच में स्थान छोड़ना; दूरी पैदा क.. یکساں فاصلے پر لگانا (چھپائی میں)؛ وقفہ دینا؛ فاصلہ پیدا کرنا

Space Ship : *n.* large rocket for travelling in space अन्तरिक्ष यान خلائی جہاز

Spacious : *adj.* (spay-shi-us) wide; extensive; roomy बड़ा; विस्तृत وسیع؛ فراغ؛ کھلا؛ کشادہ

Spatial : *adj.* (spay-shel) existing in space; relating to space अन्तरिक्ष से सम्बन्धित مکانی

Spade : *n*. (spayd) tool for digging; a sort of shovel; suit of cards बेल्चा; कुदाल; ताश में हुकम بیلچہ؛ کدال؛ پھاوڑا؛ (تاش میں) حکم کا پتہ

Spade work : *n*. careful hard work in the initial stages तैयारी का काम ابتدائی کام؛ ابتدائی مراحل

Span : *n*. (span) distance about 9 inches between the thumb and the little finger of man's open hand; distance; any short duration बालिश्त; नौ इंच; थोड़ा समय بالشت؛ فاصلہ؛ وقفہ

Span : *v*. to measure with the open hand; to measure; to arch over बालिश्त से नापना; अनुमान लगाना; महराब बनाना بالشت سے ناپنا؛ اندازہ کرنا؛ محراب بنانا

Spangle : *n*. (spang-el) small piece of gluttering material; a small disc of shining metal; any thing that sparkles सितारा; चमकती वस्तु; बिन्दी ستارہ؛ سلمہ؛ چمکتی ہوئی چیز

Spaniel : *n*. (span-yel) a breed of dog; sycophant कुत्ते की एक नसल; खुशाम्दी کتے کی ایک نسل؛ اسپینیل کتا؛ خوشامدی

Spank : *v*. to punish by slapping on buttocks चूतड़ों पर थप्पड़ मारना چوتڑوں پر تھپڑ مارنا

Spanker : *v*. to slap थप्पड़ मारना تھپڑ مارنا؛ چپت مارنا

Spanner : *n*. (span-er) wrench for nuts रिन्च رنچ؛ پیچ کش

Spar : *n*. (spah-r) ship's stout pole; a small beam; a bar; a mast बड़ी बल्ली; डंडा; छोटा सा शहतीर بڑی بلّی؛ ڈنڈا؛ مستول

Spare : *v*. (spay-er) to be frugal; to forbear; to forgive; to show mercy बचाना; क्षमा क. کفایت شعاری کرنا؛ بچانا؛ رحم کرنا

Spare : *adj*. extra; beyond one's need; lean; scanty; superfluous फालतू; कम; थोड़ा; दुबला فالتو؛ قلیل؛ دبلا؛ تھوڑا

Spare Parts : *n*. parts of machine needed to replace broken ones (मशीन के) फालतू पुर्ज़े (مشین کے) فالتو پرزے

Sparing : *adj*. (spay-er-ing) searce; frugal; scanty मितव्ययी; कम ख़र्च करने वाला کفایت شعار؛ کم خرچ کرنے والا؛ سنبھال کر خرچ کرنے والا

Spark : *n*. (spah-rk) a little particle of fire or light; fiery particle thrown off चिंगारी; अग्निकण چنگاری؛ شرارہ؛ برقی شرارہ

Sparkle : *n*. (spah-rk-el) flash of light; to emit spaks; to shine; to glitter चमक; दमक; चमक-दमक تابانی؛ چمک دمک؛ چمک

Sparkle : *v*. to send out flashes of light चमकना; दमकना چمکنا؛ دمکنا

Sparkling : *adj*. (spah-rk-ling) emitting sparks; glittering चमकीला چمکیلا

Sparrow : *n*. (spa-roh) a well-known small bird चिड़िया; गौरेया کنجشک؛ چھوٹی چڑیا؛ گوریا

Sparse : *adj*. (span-rs) not dense; thinly scattered; not composite छिदरा; फैला हुआ; बिखरा हुआ تتر بتر؛ چھدرا؛ پھیلا ہوا

Spasm : *n*. (spazm) convulsive tightening of muscles एंठन; दौरा تشنج؛ کھچاوٹ؛ دورہ

Spasmodic : *adj*. (spaz-mod-ik) occurring at irregular intervals; caused by spasm; convulsive कभी-

कभी; ऐंठन का کبھی کبھی؛ دوروں کی طرح؛ تشنج

Spate : *n.* (spayt) flood बाढ़ سیلاب؛ طوفان؛ باڑھ

Spatial : *adj.* (spay-shel) of or relating to or existing in space स्थानिक مکانی

Spatter : *v.* (spat-er) to splash; to sprinkle; to slander छींटना; कीचड़ उछालना; बदनाम क.. چھینٹے ڈالنا؛ چھڑکنا؛ بدنام کرنا؛ کلنک لگانا

Spatula : *n.* (spat-ew-la) spoon like surgical instrument for pressing tongue चमचा; स्पैचुला چمچہ

Spawn : *n.* (spoan) eggs of fish or frog मछलियों या मेंढक के अण्डे مچھلی یا مینڈک وغیرہ کے انڈے

Speak : *v.* (speek) to utter words; to make a speech बोलना; कहना بولنا؛ کہنا؛ تقریر کرنا

Speak one's mind : *ph.* to say plainly true साफ़-साफ़ कह देना صاف صاف کہہ دینا؛ کھری کھری سنا دینا

Speak out : *ph.* to express one's views openly खुल कर कहना کھل کر کہنا

speak up : *ph.* to speak loudly ज़ोर से बोलना; बोल उठना زور سے بولنا؛ بول اٹھنا؛ اونچی آواز سے کہنا

Speak well for : *ph.* to say something in favour of हक़ में बोलना حق میں بولنا؛ حق میں دلیل دینا

Speaker : *n.* one who speaks or proclaims; orator बोलने वाला; व्याख्यान दाता; वक्ता بولنے والا؛ متکلم؛ خطیب؛ مقرر

Speaker : *n.* the president of a legislature स्पीकर; अध्यक्ष اسپیکر؛ صدر؛ مقننہ

Spear : *n.* (spee-er) a lance; long pointed weapon बरछी; भाला برچھی؛ بھالا؛ نیزہ

Spear : *v.* to wound with a spear छेदना; भाला मारना چھیدنا؛ بھالا مارنا

Spearhead : *n.* point of spear; person or group leading a compaign; leader नोक बर्छी की; हरावल; सेनामुख برچھی کی یا بھالے کی نوک؛ ہراول

Special : *adj.* (spesh-el) uncommon; particular विशेष; आसाधारण مخصوص؛ خاص؛ غیر معمولی

Specialist : *n.* (-e-list) expert विशेषज्ञ اسپیشلسٹ؛ ماہر

Speciality : *n.* (-e-al-i-ti) special charaeteristic विशेषता خاصیت؛ امتیازی؛ خاص شے؛ خاص الخاص

Specialize : *v.* (spesha-e-liz) to be or become a specialist विशेषज्ञ होना या बनना ماہر ہونا؛ یا بننا؛ متخصص ہونا

Specie : *n.* (spi-shi) metallic currency; circulating coin नक़दी; सिक्का; रुपया نقدی؛ سکہ؛ روپیہ

Species : *n.* (spee-sheez) division of a genus; sort जाति; प्रकार نوع؛ قسم

Specific : *adj.* (spes-i-fik) definite; distinguishing the kind असामान्य; विशिष्ट خالص؛ مخصوص

Specific : *n.* specific remedy हकीमी औषधी مجرب دوا؛ حکیمی دوا

Specific Gravity : *n.* weight of any substance relative to that of an equal volume of water विशिष्ट घनत्व ثقل نوعی؛ کثافت نوعی

Specification : *n.* (-kay-shen)

detailed instruction विशेष विवरण؛ تفصیل؛ تصریح

Specify : *v.* to mention in express terms; to express in detail विशेष रुप से कहना; ब्योरा देना تصریح کرنا؛ تفصیل سے بیان کرنا

Specimen : *n.* (spes-i-men) sample; example नमूना نمونہ؛ مثال

Specious : *adj.* (spee-shus) seemingly true; showy; striking ऊपर से आकर्षक مغالطہ آمیز؛ ظاہری؛ خوشنما

Speck : *n.* (spek) small spot; a spot of dirt; tiny bit धब्बा; कण داغ؛ دھبا؛ ذرہ

Speckle : *n.* (spek-el) small speck धब्बा; दाग़ چتّی؛ داغ؛ دھبا

Specs : *n.* (speks) spectacles ऐनक عینک؛ چشمہ

Spectacle : *n.* (spek-te-kel) a show; a gazing stock; note worthy sight; public display; exhibition प्रदर्शन; प्रदर्शनी; प्रभावशाली दृष्य نظارہ؛ نمائش؛ تقریب کا نظارہ

Pair of spectacle glasses : *n.* a device to aid vision or protect eyes ऐनक ؛ عینک؛ چشمہ

Spectacular : *adj.* (-tak-ew-ler) making a fine spectacle प्रदर्शनी; प्रभावशाली दृष्य قابل دید؛ دلکش؛ شاندار

Spectator : *n.* (spek-tay-ter) on looker; a beholder प्रेक्षक; देखने वाला تماش بین؛ ناظر؛ تماشائی؛ دیکھنے والا

Spectral : *adj.* (spek-te-ral) ghost like; of spectrum भूत का सा; स्पेक्ट्रमी بھوت کا سا؛ بھوت جیسا؛ طیفی

Spectre : *n.* (spek-ter) ghost; a frightful apparition; haunting fear imaginary body भूत; प्रेत; काली छाया بھوت؛ پریت؛ جن؛ اندیشہ؛ خوف؛ خیالی پیکر

Spectroscope/Spectrometer : *n.* instrument for analysing spectrum सपेक्ट्रम मापी طیف پیما

Spectrum : *n.* (spek-trum) rainbow like band of colours स्पेक्ट्रम طیف؛ قوس قزح

Speculate : *v.* (spek-ew-layt) to meditate; to conjecture; to invest money for gain; to guess सोचना; विचारना; ध्यान क..; लाभ के लिए रुपया लगाना سوچنا؛ دھیان کرنا؛ قیاس سے کام لینا؛ نفع کے لیے روپیا لگانا

Speculation : *n.* (spek-ew-lay-shen) speculating; guesswork सट्टा; सट्टेबाज़ी سٹہ؛ سٹہ بازی کرنا؛ سٹہ بازی

Speculative : *adj.* (spek-ew-lay-tiv) contemplative काल्पनिक; विचारवान خیالی؛ متفکر

Speculator : *n.* one who speculates सट्टेबाज़ سٹے باز

Speculum : *n.* (spek-u-lum) a mirror; a looking glass; reflector आइना; दपर्ण آئینہ؛ شیشہ

Speech : *n.* (speech) power of speaking; oration; talk given in public; dialect; a talk; a language व्याख्यान; बोली; भाषा تقریر؛ بولی؛ زبان؛ تکلم؛ قوتِ گویائی

Speechless : *adj.* unable to speak because of emotion; dumb; silent आवक; मूक; गूंगा; मौन وفور جذبات سے ساکت؛ گنگ؛ گونگا؛ خاموش

Speed : *n.* (speed) rate of moving; quickness; haste चाल; तेज़ी; शीघ्रता رفتار؛ تیزی؛ شرح رفتار

Speed : *v.* to go quickly; to make haste; to have success तेज़ चलना शीघ्रता क.; सफल होना تیز چلنا یا جانا؛ جلدی کرنا؛ کامیاب ہونا

Speed Limit : *n.* maximum speed permissible गति सीमा زیادہ سے زیادہ رفتار کی حد

Speedily : *adj.* (speed-i-li) quickly; readily; hastily शीघ्रता से; तेज़ी से جلدی سے؛ تیزی سے

Speedometer : *n.* an instrument for measuring speed चालमापी; गति मापी رفتار سیما؛ رفتار ناپنے کا آلہ

Speedy : *adj.* (spee-di) quick; swift; nimble; ready; immediate शीघ्र गति का; वेगवान; तैयार; तात्कालिक تیز رفتار؛ جلد باز؛ تیار؛ اتاؤلا؛ فوری

Spell : *n.* (spel) a charm; a turn at work; period of time जादू; कार्य की बारी; अवधि; समय جادو؛ کام کی باری؛ وقفہ؛ تھوڑی دیر

Spell : *v.* to form words of letters; to be the result of हिज्जे क.; परिणाम निकलना ہجے کرنا؛ انجام ہونا؛ نتیجہ نکلنا

Spellbound : *adj.* overawed and rendered speechless मोहित; मंत्र-मुग्ध مسحور؛ مبہوت

Spelling : *n.* way a word is spelt हिज्जे ہجے

Spelter : *n.* a kind of semi metal जिस्त جست

Spencer : *n.* (spe-nser) a kind of short coat वासकट; जैकट واسکٹ؛ جیکٹ

Spend : *v.* (spend) to consume; to expend खर्च क.; व्यय क.; उड़ा देना خرچ کرنا؛ صرف کرنا؛ اڑا دینا

Spend thrift : *n.* one who wastes money; a prodigal; a lavisher अपव्ययी; फुजूलखर्च فضول خرچ؛ بہت زیادہ خرچ کرنے والا

Spent : *adj.* tired out; exhausted; used up व्यय क.; थका माँदा تھکا ہوا؛ تھکا ماندہ؛ خرچ کیا ہوا

Sperm : *n.* (sperm) fertilizing fluid of a male; the seed of animals शुक्र; शुक्राणु; पशुओं का वीर्य منی؛ نر کا مادۂ تولید؛ دھات

Spew : *v.* (spew) to vomit उगलना قے کرنا؛ اُلٹی کرنا؛ اُگلنا

Sphere : *n.* (sfee-er) a globe; star; orb; circuit; planet; field of activity गोला; तारा; क्षेत्र کُرّہ؛ ستارہ؛ حلقہ؛ گولا؛ دائرہ؛ صوبہ سیارہ

Spherical : *adj.* (sfe-ri-kel) shaped like a sphere गोले की आकृति का; गोलाकार دائرہ نما؛ کرہ نما؛ گولا نما؛ گول سی شکل کا

Spheroid : *n.* body almost spherical गोले की आकृति کُرہ نما؛ گول سی شکل

Sphinx : *n.* (sfinks) fabulous monster having the face of virgin and the body of a lion नरसिंगा; एक कल्पित औरत ایک خیالی جانور جس کا چہرہ عورت نما اور بدن شیر نما ہوتا ہے؛ ایک خیالی عورت

Spice : *n.* (spis) any aromatic substance as nutmegs, mace, pepper ginger etc; flavour trace मसाला; सुगंध; पुट گرم مسالہ؛ خوشبو؛ آثار

Spice : *v.* to season with spice; to make aromatic छौंकना; बघारना; मसाला

डालना; सुगन्धित क.. چھونکنا؛ بگھارنا؛ مصالحہ ڈالنا؛ خوشبودار بنانا

Spick and span : *adj.* quite trim and smart; brandnew बना ठना; अभिनव بناٹھنا؛ نک سک سے درست

Spicule : *n.* (spi-ko-lay) a minute needle; a pointed material छोटी सूई; कंटिका چھوٹی سوئی؛ نوکدار چھوٹی سی شے

Spicy : *adj.* producing spice; having much spice; aromatic मसाले वाला; सुगन्धित مصالحہ دار؛ خوشبو دار؛ معطّر

Spider : *n.* (spi-der) a wellknown spinning insect मकड़ी مکڑی

Spike : *n.* (spik) sharp point; large nail; pointed rod; ear of corn नोक; कीला; नुकीला छड़; बाली تیز نوک؛ بڑی کیل؛ نکیلی چھڑ؛ بالی؛ خوشہ

Spikenard : *n.* (speik-nard) a fragrant indian plant जटामांसी; बालछड़ بال چھڑ

Spiky : *adj.* pointed; with spike; unyielding; difficult; hard नुकीला; टेढ़ा; कठोर; सख़्त نوکدار؛ نکیلا؛ ٹیڑھا؛ مشکل؛ سخت

Spile : *n.* (spail) spigot; stake डाट; खूँट ڈاٹ؛ کھونٹا

Spill : *v.* (spil) to fall; to destroy; to shed; to scatter गिराना; छलकना; बिखर जाना گرانا؛ بہانا؛ چھلکنا؛ ڈھلکنا؛ بکھر جانا

Spin : *v.* (spinn) to make yarn; to thread; to web; to protract सूत कातना; धार बाँधना; बढ़ाना سوت کاتنا؛ دھار باندھنا؛ بڑھانا

Spin a yarn : *ph.* to tell a story कथा सुनाना; कहानी कहना کہانی کہنا؛ قصہ سنانا

Spin out : *ph.* make it last long देर तक चलाना دیر تک چلانا

Spinach/Spinage : *n.* vegetable with edible leaves पालक; पालक का साग پالک؛ پالک کا ساگ

Spinal : *adj.* (spi-nel) of spine रीढ़ की हड्डी का ریڑھ کی ہڈی کا؛ فقراتی

Spinal column : *n.* back bone रीढ़ की हड्डी ریڑھ کی ہڈی؛ فقرات

Spinal Cord : *n.* nerve fibres in the spine सुषम्ना حرام مغز کا رشتہ

Spindle : *n.* (spind-el) an instrument used in spinning; axle तकला; धुरी تکلی؛ تکلا؛ دھری؛ چرخی

Spine : *n.* (spin) the back bone; a thorn रीढ़ की हड्डी; काँटा; शूल ریڑھ کی ہڈی؛ خار؛ کانٹا

Spineless : *adj.* coward; irresolute; lacking character डरपोक; ढुलमुल; दब्बू بزدل؛ ڈرپوک؛ ڈھلمل؛ دبو؛ بے ہمت

Spinner : *n.* (spin-ner) ball sent with a spin in cricket चक्कर खाती हुई गेंद क्रिकेट में چکر کھاتی ہوئی گیند کرکٹ میں؛ گھوم گیند

Spinning Wheel : *n.* instrument for spinning चरखा چرخہ

Spinster : *n.* (spins-ter) woman who has never married कुवाँरी; कन्या کنواری؛ دوشیزہ؛ ناکتخدا عورت

Spiny : *adj.* (spei-ni) thorny; briery; perplexed काँटेदार; पेचीदा خاردار؛ کانٹے دار؛ پیچیدہ

Spiral : *adj.* (spi-rel) turning round like a screw; like a spire पेचदार; चक्करदार چکردار؛ پیچدار

Spire : *n.* (spi-er) slender conical structure; a curve line; a wreath; a steeple; a stalk कलस; चक्कर; मीनार; शिखर کلس: چکر؛ مینار؛ ڈنڈا

Spirit : *n*. (spi-rit) soul; ghost; ardour; guts; courage; temper; desire; liveliness; alchohol; distilled liquor आत्मा; भूत; जोश; शराब स्परिट روح؛ ہمزاد؛ بھوت پریت؛ جن؛ جوش؛ مزاج؛ زندہ دلی؛ اسپرٹ؛ الکحل

Spirit : *v*. to animate; to excite साहस दिलाना; धैर्य रखना دلیری یا حوصلہ دینا؛ جوش دلانا

Spirited : *adj*. lively; vivacious; full of fire तेजस्वी; वीर्यवान; जोशीला زندہ دل؛ جوشیلا

Spiritless : *adj*. (spi-rit-les) dejected; depressed नीरस; निर्जीव; उदास; निरुत्साह; निस्तेज مردہ دل؛ کم ہمت؛ بیزار؛ بے دل

Spirits : *n.pl*. inflammable liquors; liveliness; gaity शराब; अर्क़; मदिरा; ज़िन्दादिली شراب؛ عرق؛ زندہ دلی

Spiritual : *adj*. (spi-ri-tew-el) of the soul; of the spirit; of religion; pertaining to spirits आत्मिक; आध्यात्मिक; अशारीरिक; धार्मिक روحانی؛ دینی؛ مذہبی؛ ارواح سے متعلق

Spiritualism : *n*. talking to spirit; incorporeity; devotion प्रेतात्मवाद; अध्यात्मवाद روحانیت؛ ارواحیت

Spiritualist : *n*. one who talks spirits प्रतात्मवादी روحوں کو بلانے والا؛ روحوں سے بات کرنے والا؛ ارواحیت پرست

Spirituality : *n*. incorporeity; devotion; ecclesiastical right आध्यात्मिकता; धार्मिक अधिकार روحانیت؛ مذہبی حقوق

Spissated : *adj*. (spis-a-ted) thickened घना; गाढ़ा گھنا؛ گاڑھا

Spit : *n*. (spit) a rod; a utensil to roast meat; to eject saliva सीख; थूक سیخ؛ سلاخ؛ تھوک

Spit : *v*. to put upon a spit; to thrust through; to eject from the mouth सीख पर रखना; थूकना سیخ پر چڑھانا؛ تھوکنا

Spite : *n*. (speit) malice; rancour; malignity द्रोह; ईर्षा; डाह بغض؛ کینہ؛ عداوت؛ عناد

Spiteful : *adj*. having or showing spite malicious; malignant; cross डाह करने वाला; विद्वेषपूर्ण کینہ ور؛ حاسد؛ کینہ پرور؛ عداوتی

Spittle : *n*. (spit-el) liquid of the mouth; the moisture of the mouth थूक تھوک؛ رال؛ لعابِ دہن

Spittoon/spitton : *n*. (spi-toon) a vessel to receive spittle; a pan for spitting into थूकदान اگالدان؛ پیک دان

Splash : *v*. (splash) cause liquid to fly about in drops; print in bold headlines छींटे उड़ाना; छपछप क.; मोटे अक्षरों में छापना چھینٹے اڑانا؛ چھپ چھپ کرنا؛ بڑی بڑی سرخیوں سے چھاپنا

Splash : *n*. splashing; stain; news item with bold headline छींटा; धब्बा; महत्त्वपूर्ण समाचार چھینٹا؛ داغ؛ دھبہ؛ اہم خبر

Spleen : *n*. (spleen) organ of body charging blood; peevishness तिल्ली; क्रोध बदमिज़ाज تلی؛ طحال؛ بدمزاجی؛ تنگ مزاجی

Splendid : *adj*. (splen-did) magnificent; grand; showy क्रान्तिमय; देदीप्यमान عالیشان؛ شاندار؛ عظیم

Splendour : *n*. (-der) magnificence; lustre; pomp; vrightness शान; दीप्ति;

कान्ति ; شان وشوکت؛ جلوہ؛ جاہ وجلال؛ چمک دمک؛ آب وتاب

Splice : *v.* (spleis) to join ropes without a knot गांठ के बिना रस्सी जोड़ना دوسروں کو بغیر گانٹھ دیئے جوڑنا

Splint : *n.* (splint) thin wood used by surgeons टूटी हड्डी जोड़ने की फट्टी ; کھپچی؛ لکڑی کی کھپچی؛ کھپاچ (ٹوٹی ہڈی جوڑنے کے لیے)

Splinter : *n.* (-ter) thin wood with sharp edged; thin piece of wood लकड़ी के टुकड़े چھپٹی؛ کھپاچ

Splinter : *v.* to break into fragments छिपटियाँ उतारना کھپچیاں اتارنا

Split : *n.* (split) crack; division; difference of opinion छिद्र; दरार; विभाजन; फूट شگاف؛ درز؛ اختلاف؛ پھوٹ

Split : *v.* to divide; to break; to cleave; to crack; to disunite अलग क.; तोड़ना; छिद्र क.; फूट डालना ; الگ کرنا؛ توڑنا؛ سوراخ کرنا

Split Hairs : *ph.* to draw subtle and useless distinctions बाल की खाल खींचना بال کی کھال نکالنا؛ مین میخ نکالنا

Splutter : *v.* (splut-er) to speak quickly and confusedly; to hiss; to scatter बड़बड़ाना; सिसकारना; छितराना جوش یا گھبراہٹ میں کہنا؛ بڑبڑانا؛ سسکارنا؛ بکھرانا

Spoil : *n.* (spoil) plunder; pillage; booty लूट मार; विनाश; बरबादी لوٹ؛ مال غنیمت؛ بربادی

Spoil : *v.* to rob; to plunder; to corrupt; to make useless लूटना; बिगाड़ना; विनाश क.; ख़राब क. ; لوٹنا؛ بگاڑنا؛ برباد کرنا؛ خراب کرنا

Spoke : *n.* (spouk) the rung of ladder; brake; the bar of a wheel सीढ़ी का डण्डा; ब्रेक; पहिये का आरा سیڑھی کا ڈنڈا؛ پہیے کا تار؛ بریک

Spokesman : *n.* one who speaks on another's behalf दूसरे के स्थान पर बोलने वाला ترجمان؛ نمائندہ

Spoliation : *n.* (spo-li-ay-shen) plunder; pillage लूट; डाका لوٹ مار؛ ڈاکہ

Sponge : *n.* (spunj) a soft porous substance; remarkable for sucking water सोखना; स्पन्ज اسفنج؛ اسپنج

Spongy : *adj.* (-i) soft and porous like; a sponge पोला; गुदगुदा نرم؛ گدگدا

Sponsor : *n.* (spons-er) guarantor; responsible; supporter; a person who first put the proposal जामिनदार; उत्तरदायी; समर्थक; पेश करने वाला ; ضامن؛ ذمہ دار؛ مددگار؛ پیش کرنے والا

Spontaneity : *n.* (spon-tay-nee-i-ti) being spontaneous; voluntariness स्वतः प्रवर्तित; स्वेच्छा; स्वाभाविकता ; آمد؛ بے ساختگی؛ خود اختیاری؛ رضامندی

Spontaneous : *adj.* voluntary; not compelled; occuring by itself; done voluntarily खुद बखुद; मनमानी; अपनी खुशी से ; خود بخود؛ اپنے آپ سے؛ خود اختیاری؛ بے ساختہ

Spook : *n.* (spook) ghost भूत; प्रेत بھوت

Spool : *n.* (spool) a hollow cylinder used by weavers; reel सूत लपेटने की चर्खी; रील جولاہوں کی چرخی؛ ریل

Spoon : *n.* (spoon) a vessel used for carrying food to mouth चम्चा; खाने का चम्चा چمچہ؛ چمچی؛ کھانے کا چمچہ

Spoon Fed : *adj.* looked after too

carefully; much subsidized industry जिस की बहुत नाज़ बरदारी हो; कृत्रिम उपायों द्वारा संरक्षित جس کی بہت ناز برداری ہو؛ بہت زیادہ امداد پانے والی انڈسٹری

Spoon Ful : *n.* as much as a spoon will contain चम्चा भर چمچہ بھر

Sporadic : *adj.* (spo-rad-ik) rare; occassional; scattered छुट-पुट; कछाचनिक; विरल نادر الوقوع؛ شاذ؛ کبھی کبھار؛ چٹ پٹ

Spore : *n.* (spohr) seed like stage in the life of a fern etc बीजाणु تخمک

Sport : *n.* (spohrt) athletics; hunting; out door enjoyment मनोरंजन; खेल; शिकार کھیل؛ شکار؛ کھیل کود کا مقابلہ؛ تفریح

Sportive : *adj.* (-tiv) gay; merry; playful प्रसन्न चित्त; खिलाड़ी خوش طبع؛ کھلاڑی؛ چہل باز

Sports : *n.* athletic meet; outdoor enjoyment खेल कूद के मुक़ाबले; मनोरंजन کھیل کود کے مقابلے؛ دل بہلاوا؛ تفریح

Sportsman : *n.* one who taken part in sports खिलाड़ी کھلاڑی

Sportsmanlike : *adj.* ready to obey sports rules; fair; honourable खेल के नियमों का पालन करने वाला; जाईज़; इज्ज़तदार کھیل کے آئین کا پابند؛ جائز؛ معقول؛ باعزت

Spot : *n.* (spot) stain; small mark; taint; certain; particular place दाग़; धब्बा; ख़ास जगह دھبہ؛ داغ؛ خاص جگہ

Spot : *v.* to recognize; to pick up; to stain पहचान लेना; ताड़ लेना; धब्बा डालना پہچان لینا؛ تاڑ لینا؛ دھبا ڈالنا

Spotless : *adj.* (spot-les) pure; quite clean; unblemished; holy; immaculated अकलंक; साफ़; साफ़ सुथरा بے داغ؛ بے عیب؛ صاف ستھرا؛ صاف

Spotlight : *n.* beam of strong light; prominence प्रकाश-बिन्दू; लोकप्रसिद्धि مرتکز روشنی؛ شہرت

Spotty : *adj.* ful of spots; maculated; having pimples धब्बेदार; चित्तीदार; चिकत्तेदार داغدار؛ دھبوں سے بھرا ہوا؛ دھبے داری؛ چتی دار؛ چکتے دار

Spousal : *n.* (spau-zal) marriage; nuptials विवाह شادی

Spouse : *n.* (spouz) husband or wife; married person पति; पत्नी شریک زندگی؛ شوہر؛ زوجہ

Spout : *n.* (spaut) a pipe or lip of a vessel; lip; mouth of a fountain; a wooden gutter टोंटी; मुँह; परनाला ٹونٹی؛ منہ؛ فوارے کا منہ؛ پرنالہ

Sprain : *n.* (sprayn) painful twisting of muscle or joint मोच موچ

Sprawl : *v.* to sit or lie with spreading legs पाँव फैला कर बैठना या लेटना پاؤں پسار کر بیٹھنا یا لیٹنا؛ پاؤں پھیلا کر بیٹھنا

Spray : *n.* (spray) tiny drops; twig; sprayer; foam of the sea फुहार; टहनी; फुहारा; समुद्र का फेन پھوار؛ ٹہنی؛ فوارہ؛ سمندر کا جھاگ

Spray : *v.* to put drops; to scatter liquid; to extend; to unfold; to open; to make well-known फुहार डालना; फैलाना; खोलना; बढ़ाना; प्रसिद्ध होना پھوار ڈالنا؛ چھڑکاؤ کرنا؛ کھولنا؛ بڑھانا؛ مشہور ہونا

Spread : *n.* (spred) extension; publication; diffussion; cover for bed;

ample meal फैलाव; प्रसारण; पलंग पोश; दावत پھیلاؤ؛ اشاعت؛ پلنگ پوش؛ دعوت

Spread : *v.* to extend; to stretch; to dissiminate; to divulge फैलाना; बढ़ाना; खोलना پھیلانا؛ بڑھانا؛ کھولنا

Spree : *n.* (spri) noisy merriment; lively frolic; holidaying रंगरलियाँ; कार्य से छुट्टी; सैर सपाटा رنگ رلیاں؛ کام سے چھٹیاں؛ سیر وتفریح

Sprig : *n.* (sprig) a small branch of flowers टहनी; डाली ٹہنی؛ ڈالی

Sprightly : *adj.* (sprit-ti) lively; gay प्रसन्नचित्त خوشدل؛ زندہ دل

Spring : *n.* (spring) flowering season; natural fountain; origin; elastic metal cell; springing वसन्तऋतु; झरना; स्परिंग; कमानी; छलाग موسم بہار؛ چشمہ؛ اصل؛ منبع؛ اسپرنگ؛ کمانی؛ چھلانگ

Spring : *v.* to grow; to bound; to bend; to have origin; to issue फूटना; कूदना; झुकना; आरम्भ होना; पैदा होना پھوٹنا؛ اُگنا؛ جھکنا؛ کودنا؛ شروع ہونا؛ پیدا ہونا

Spring Board : *n.* diving board with projected end ग़ोता तख़्ता چھلانگ مارنے کا تختہ

Sprinkle : *n.* (sprink-el) small quantity; scattered छींटा چھینٹا

Sprint : *v.* (sprint) to run at full speed तेज़ दौड़ (थोड़ी दूर की) بگٹٹ دوڑنا (تھوڑی دیر کے لیے)

Sprite : *n.* (sprit) fairy; a spirit; an incorporeal agent परी; भूत; प्रेत; बेताल پری؛ جن؛ بھوت پریت

Sprout : *n.* (sprout) a shoot of a plant; a shoot of vegetation कोंपल; कल्ला; अंकुर کلی؛ کونپل؛ کلّا

Sprout : *v.* to shoot by vegetation अंकुर फूटना; उगना; कल्ला फूटना کلی نکلنا؛ اگنا؛ کونپل پھوٹنا

Spruce : *n.* (sproos) a kind of fine fir एक प्रकार का स्नोबर جرمن صنوبر

Spruce : *adj.* neat; trim साफ़; सुथरा; छैला; बना ठना صاف؛ ستھرا؛ بنا ٹھنا؛ نفیس

Spry : *adj.* (spri) lively; sprightly; gay; active प्रसन्न चित्त; फुर्तीला زندہ دل؛ خوش دل؛ پھرتیلا؛ چست

Spume : *n.* (spi-um) foam; froth फेन; झाग جھاگ؛ کف

Spur : *n.* (spe-r) sharp toothed wheel attached to rider's shoe; ridge; incentive महमेज़; एक तरफ़ को निकली हुई पहाड़ी; प्रेरणा مہمیز؛ ایک طرف کو نکلی ہوئی پہاڑی؛ محرک

Spur : *v.* to pick with a spur; to incite; to provoke एड़ लगाना; प्रेरित क.; प्रेरणा देना; उभारना ایڑ لگانا؛ جوش دینا؛ ابھارنا؛ اکسانا

Spurious : *adj.* (spew-ri-us) not genuine; counterfeit खोटा; नकली جعلی؛ ساختہ؛ کھوٹا؛ نقلی

Spurn : *v.* (spe-rn) to kick away with contempt; to reject; to treat with contempt ठोकर मारना; घृणा क. ٹھوکر مارنا؛ لات مارنا؛ ٹھکرانا؛ مسترد کرنا؛ حقارت سے ٹھکرانا

Spurt : *v.* (spe-rt) to fly out with a quick stream; to brust forth in a jet फूट निकलना; भड़क उठना پھوٹ نکلنا؛ بھڑک اٹھنا (شعلے کا)

Sputum : *n.* (spiu-tam) the salvia; the spittle थूक تھوک؛ رال؛ لعاب

Spy : *n.* (spi) one trying to get secret information in a foreign country; one who watches another movements secretly भेदिया; गुप्तचर جاسوس؛ بھید لینے والا

Spyglass : *n.* small telescope दूरबीन چھوٹی دور بین

Squabble : *n.* (skwob-el) noisy quarrel; a wrangle झगड़ा; लड़ाई فضول جھگڑا؛ تکرار

Squabble : *v.* to quarrel; to wrangle झगड़ा क.; लडाई क. جھگڑا کرنا؛ تکرار کرنا؛ لڑائی کرنا

Squad : *n.* (skwod) small group of person दस्ता; टुकड़ी ٹکڑی؛ دستہ

Squadron : *n.* (skwod-ren) cavalry detachment; number of warships forming a unit; a unit of aircraft स्काड्रन; सवारों का दस्ता سواروں کا دستہ؛ جنگی جہازوں کا دستہ؛ فوجی طیاروں کا پرہ

Squall : *n.* (skawl) a gust of wind; sudden violent gust of wind; child's scream हवा का झक्कड़; शिशु की चीख़ ہوا کا جھکڑ؛ بچے کی چیخ

Squally : *adj.* (skwo-a-li) windy; gusty (a sailor's word) आँधी जिसमें हवा के झक्कड़ आऐं ہوا دار آندھی؛ آندھی جس میں ہوا کے جھکڑ چلیں

Squalor : *n.* (skwa-lar) filthiness; nastiness गन्दगी غلاظت؛ گندگی

Squander : *v.* (skwond-er) to waste; to spend profusely; to scatter गँवाना; अपव्यय क.; उड़ा देना ضائع کرنا؛ گنوانا؛ فضول خرچی کرنا؛ اڑادینا

Square : *n.* (skway-er) rightangled figure with four equal sides; crossing; field वर्ग; चौक; मैदान مربع؛ چوک؛ چوراہا؛ میدان

Squash : *v.* (skwosh) to crush; to suppress; to crush into pulp निचोड़ना; कुचलना; दबा देना نچوڑنا؛ گودا نکالنا؛ دبادینا

Squash : *n.* crowd; drink made from juice of crushed fruits; a tennis like game भीड़ भाड़; शरबत; स्कुऐश खेल بھیڑ؛ ہجوم؛ اسکویش؛ رس؛ ایک ٹینس کی طرح کا کھیل؛ سکویش

Squat : *v.* (skwot) to sit on feet with raised knees; to sit close to the ground उकड़ूँ बैठना; पालथी मार कर बैठना اکڑوں بیٹھنا؛ چوکڑی مار کر بیٹھنا

Squater : *n.* one who comes in unlawful possession by trespass; one who squats ज़बरदस्ती क़ब्ज़ा करने वाला زبردستی قبضہ کرنے والا؛ دھرنا دے کر بیٹھنے والا

Squeak : *v.* (skwik) to make a shrill noise; to cry out चीखना; चिल्लाना; चीं चीं क.; चूँ चूँ क. چیخنا؛ چلانا؛ چیں چیں کرنا؛ چوں چوں کرنا

Squeal : *n.* (skweel) a long squeak; a continued cry of distress चीख़; कूक; दर्द से चिल्लाना تیکھی چیخ؛ کوکنا؛ درد سے چلانا

Squeamish : *adj.* (skwee-mish) weak stomached; cine; easily disgusted चिड़ाचड़ा; उत्तम स्वभाव का جسے بات بات پر قے آئے؛ چڑچڑا نازک مزاج

Squeeze : *v.* (skweez) to press tightly; to crush; to extort money भींचना; निचोड़ना; बलपूर्वक वसूल क. بھینچنا؛ نچوڑنا؛ زبردستی وصول کرنا

Squib : *n.* (skwib) a small paper pipe with wild fire; gun powder; a lampoon

फुलझड़ी; पलीता; निन्दा लेख پٹاخہ؛ ہوائی پھلجھڑی؛ ہجو

Squint : *n.* (skwint) an oblique look; an eye disease causing to look side ways भेंगापन; सरसरी दृष्टि بھینگا پن؛ ترچھی نظر

Squint : *v.* to look obliquely; to look sideways भेंगा होना; तिरछी नज़र से देखना بھینگا ہونا؛ کنکھیوں سے دیکھنا

Squire : *n.* (skwi-er) chief land owner in a British Parish जमींदार گاؤں کا بڑا زمیندار

Sqrirm : *v.* (skwe-rm) to show embracement तड़फड़ाना; तड़पना بے چینی ظاہر کرنا؛ تڑپنا؛ جھٹپٹانا

Squirrel : *n.* (skwi-rel) rat like animal with a lovely fur गिलहरी گلہری

Squirt : *n.* (skwe-rt) an instrument by which a quick stream is ejected; a small quick stream पिचकारी; फव्वारा; तेज़ छोटी धार پچکاری؛ فوارہ؛ تیز چھوٹی دھار

Squirt : *v.* force out in a thin stream पिचकारी मारना; फुव्वारा छोड़ना پچکاری مارنا؛ فوارہ چھوڑنا یا چھوٹنا

Stab : *n.* (stabb) a wound with a sharp weapon घाव; प्रहार چھرے کا زخم

Stab : *v.* to wound with a pointed weapon घायल क.; प्रहार क. چھرے سے زخمی کرنا؛ چھرا مارنا

Stability : *n.* (sta-bil-i-ti) being stable; steadiness; firmness स्थिरता; टिकाऊपन; दृढ़ता مضبوطی؛ استحکام؛ پائیداری

Stable : *n.* (stay-bel) place for horses घुड़साल اصطبل؛ جہاں گھوڑے رکھے جاتے ہیں

Stable : *adj.* fixed; firm; balanced स्थिर; दृढ़ مستحکم؛ مضبوط؛ متوازن

Stack : *n.* (stak) a pile of hay, corn or wood घास या अनाज का ढेर گھاس یا غلہ کا ڈھیر؛ انبار

Stack : *v.* to make into a stack; to pile ups ढेर लगाना ڈھیر لگانا؛ انبار لگانا

Stadium : *n.* (stay-di-um) place for athletics स्टेडियम سٹیڈیم

Staff : *n.* (stahf) group of assistants under a head; a strong walking stick; a support; कर्मचारी; लाठी; सहारा عملہ؛ ملازم؛ عصا؛ لاٹھی؛ سہارا

Stag : *n.* (stayg) a male deer हिरण; मृग ہرن

Stage : *n.* (stayj) platform; theatre degree; stop on way मंच; रंगमंच; पड़ाव اسٹیج؛ تماشا گاہ؛ درجہ؛ منزل؛ مرحلہ

Stage : *v.* to put a play on the stage; to demonstrate नाटकिय ढंग से आयोजित क.; अभिनय क. اسٹیج پر ڈرامہ پیش کرنا؛ مظاہرہ کرنا

Stagger : *v.* (stag-er) to walk unsteadily; to hesitate लड़खड़ाना; घबराना لڑکھڑانا؛ ڈگمگانا؛ گھبرانا

Stagnant : *adj.* (stag-nant) still and stale water; unchanging; not agitated स्थिर जल; खड़ा पानी; बेहरकत گدلا پانی؛ بے حرکت؛ ساکت

Stagnate : *v.* to have no stream; to be stagnant रुकना; बन्द होना رکنا؛ بند ہونا؛ ساکن ہونا

Staid : *adj.* (steid) sober; grave; regular गंभीर; सौम्य; शांन्त; संतुलित سنجیدہ؛ مستقل مزاج؛ مستقل

Stain : *n.* (stayn) a blot धब्बा دھبہ؛ داغ؛ دھبہ ڈالنا

Stain : *v.* to blot; to disgrace; to change the colour धब्बा डालना; कलंक लगाना; रंग ख़राब कर देना دھبہ ڈالنا؛ داغ لگانا؛ بدرنگ کر دینا

Stainless : *adj.* without stain; non rusting साफ-सुथरा; जिसे ज़ंग ना लगे بے داغ؛ صاف ستھرا جسے زنگ نہ لگے

Stair : *n.* (stay-er) a device for ascend a house सीढ़ी; ज़ीना سیڑھی؛ زینہ

Stair-Case : *n.* whole set of stairs सीढ़ी; ज़ीना سیڑھی؛ زینہ

Stake : *n.* (stayk) a post; wager; stick pointed at one end खम्भा; शर्त; दाँव पर लगी रक़म کھمبا؛ نوکدار کھمبا؛ شرط؛ داؤں پر لگی ہوئی رقم

Stake : *v.* to defend with stakes; to wager खूंटों से लगाना; शर्त लगाना میخوں سے لگانا؛ شرط لگانا

Stale : *adj.* (stayl) not fresh; old; out of notice नीरस; बासी; पुराना; घिसा-पिटा باسی پرانی؛ بوسیدہ

Stalemate : *n.* (stayl-mayt) position of chessman in which no further move is possible; deadlock; impasse ज़िच; गतिरोध زچ (شطرنج میں)؛ تعطل

Stalk : *n.* (stawk) stem of plant; chimney; hunting hidely डंडी; चिमनी; लुक-छिप कर शिकार ڈنٹھل؛ ڈنڈی؛ چمنی؛ چھپ کر شکار کرنا

Stalk : *v.* to pursue (game) stealthily; to stride grimly लुक छिप कर पीछा क.; शान से चलना شکار کو دبے پاؤں دبوچنا؛ وقار سے آہستہ چلنا

Stall : *n.* (stawl) a booth in market; a stable; a crib for horses स्टाल; हाट; अस्तबल; घुड़साल اسٹال؛ ہاٹ؛ اصطبل؛ جانور کا تھان

Stall : *v.* to delay; to block टाल-मटोल क.; रोकना ٹال مٹول کرنا؛ روکنا

Stalwart : *adj.* (stawl-we-rt) brave; tall and strong; sturdy; courageous बहादुर; हट्टा-कट्टा; तगड़ा; निर्भीक بہادر؛ لمبا تڑنگا؛ تگڑا؛ باہمت

Stamen : *n.* (stay-men) pollen containing organ of flower; staying power फूल का नर भाग; हिम्मत; ताक़त پھول کا نر حصہ؛ قوت برداشت؛ سکت

Stammer : *v.* (stam-er) stutter; speak haltingly हकलाना; हकलाकर बात क. ہکلانا ہکلا کر بات کرنا؛ تتلانا

Stammerer : *n.* one who stammer हकला; तोतला ہکلا؛ توتلا

Stamp : *n.* (staymp) mark showing payment of revenue; postal stamp; device for impressing pattern छाप; टिकट; मुहर اسٹامپ؛ ٹکٹ؛ مہر

Stamp : *v.* to put a stamp on; to impress pattern; to put down (one's foot) with force टिकट लगाना; छाप लगाना; पाँव धरती पर ज़ोर से मारना ٹکٹ لگانا؛ مہر لگانا؛ زمین پر پاؤں زور سے مارنا

Stamped : *n.* (stam-ped) sudden rush or panic owing to fright भगदड़ بھگدڑ؛ ہڑبڑی؛ بھاگڑ

Stanch : *adj.* (stansh) firm; trusty; sound पक्का; मज़बूत پکا؛ مضبوط؛ مستقل

Stanch : *v.* to stop blood from wound खून बन्द क. خون کو بہنے سے روکنا؛ خون بہنے سے بند کرنا

Stand : *n.* (staynd) stationary

position; resistance; basis; point of view; small piece of furniture; place for standing रुकना; बुनयाद; अडडा (खड़े होने का) स्थान; पड़ाव قیام؛ رُکنا؛ مدافعت؛ بنیاد؛ نکتۂ نگاہ؛ موقف؛ اڈّا؛ کھڑے ہونے کی جگہ

Stand by : *n.* reliable support in time of need सहारा; पक्का सहारा سہارا؛ پکا سہارا

Stand Offish : *adj.* cold and distant; aloof; haughty रुखा; अकेला रहने वाला; घमण्डी روکھا؛ خشک؛ اکیلا؛ الگ رہنے والا؛ گھمنڈی

Stand the Test : *ph.* not fail परिक्षा में फ़ेल न होना امتحان میں پورا اترنا؛ فیل نہ ہونا

Standard : *n.* (stan-de-rd) measure; quality; flag; class in primary school पैमाना; नियम; झंडा; कक्षा معیار؛ پیمانہ؛ جھنڈا؛ جماعت

Standard : *adj.* coming upto the standard प्रामाणिक معیاری

Standard Time : *n.* reckoning of time in relation to Greenwich time प्रामाणिक समय معیاری وقت؛ اسٹینڈرڈ ٹائم

Standing : *n.* position; status; rank स्थिति; पद; पदवी پوزیشن؛ رتبہ؛ درجہ

Standing : *adj.* established; settled; stagnant; erect अचल; प्रचलित; खड़ा دائمی؛ پائدار؛ ایستادہ

Standpoint : *n.* view point दृष्टिकोण نقطۂ نگاہ؛ نقطۂ نظر

Standstill : *n.* stop ठहराव; विराम ٹھہراؤ؛ قائم

Standstill Agreement : *n.* agreement on status quo pending final decision स्थाई समझौता معاہدہ قائمہ

Stanza : *n.* (stan-ze) a group of lines forming a division of a poem छन्द; बन्द; श्लोक بند؛ بیت؛ قطعہ؛ رباعی

Staple : *n.* (stay-pel) chief produce; chief element of food; raw material; fibre ख़ास या मुख्य पैदावार; कच्चा माल; रेशा خاص پیداوار؛ بڑی چیز (کھانے میں)؛ کچا مال؛ خام مال؛ ریشہ

Staple : *adj.* settled; established in commerce मुख्य; वास्तविक مقرر؛ اصل

Star : *n.* (stahr) a lluminous globe in the heavens; a distinguished person; asterik तारा; प्रसिद्ध تارا؛ ستارہ؛ ممتاز شخص؛ اسٹار

Starboard : *n.* right side of vessel दायाँ; अपनी तरफ़ دایاں؛ اپنی طرف

Starch : *n.* (stah-rch) a substance made of flour to stiffen linen मांड; कलफ़ نشاستہ کلف؛

Starch : *adj.* precise; formal; stiff कड़ा; सख्त; गाढ़ा سخت؛ گاڑھا؛ ٹھیک

Starch : *v.* to make stiff with starch मांड लगाना (वस्त्र को) کلف لگانا (کپڑے کو)

Stare : *n.* (stay-er) fixed look; the staring टिकटकी; घूर; ताक نظر بازی؛ ٹکٹکی؛ گھور؛ تاک

Stare : *v.* to look fixed; to look with wonder ताकना; घूरना; टिकटकी लगा कर देखना تاکنا؛ ٹکٹکی لگا کر دیکھنا؛ حیرت سے دیکھنا

Stark : *adj.* (stah-rk) stiff; strong; full simple; plain; sheer कड़ा; सख़्त; कट्टर کڑا؛ سخت؛ کٹر

Stark : *adv.* wholly; entirely; absolutely केवल; एकदम; बिल्कुल; सरासर بالکل؛ سراسر؛ محض؛ قطعاً

Starling : *n.* (stah-r-ling) a kind of bird; piling तेलियर; पुश्ता ایک قسم کا پرندہ؛ گرسل؛ پشتہ

Starry : *adj*. (stah-ri) full of stars; bright like stars; consisting of stars तारों से भरा हुआ; सितारों की तरह चमकता हुआ تاروں بھرا؛ ستاروں بھرا؛ ستاروں کی طرح چمکتا ہوا

Start : *v*. to begin; to set out; to rise or to move suddenly; to invent आरम्भ क.; चलने लगना; चौंक उठना; चालू क. شروع کرنا؛ چلنے لگنا؛ چونک اٹھنا؛ وجود میں لانا

Startle : *v*. (stah-rt-el) cause to start; to start by surprise; to shock; to frighten चौंकना; चौंकाना; डराना چونکنا؛ بھڑکنا؛ چونکانا؛ ڈرانا یا ڈرنا

Startling : *adj*. very surprising चौंका देने वाला چونکا دینے والا؛ سنسنی خیز

Starvation : *n*. (stah-r-vay-shen) being without food; with empty abdomen भुखमरी فاقہ؛ فاقہ زدگی؛ خالی پیٹ؛ بھکمری

Starve : *v*. (stah-rv) to kill with hunger; suffer from hunger भुख से मारना या मरना فاقہ کرنا؛ بھوکوں مرنا یا مارنا

Starvelling : *n*. (stah-r-ve-ling) starving or ill-fed भूक का मारा हुआ فاقوں کا مارا ہوا

State : *n*. (stayt) a condition; dignity; status; self government country दशा; पदवी; हालत; राज्य حالت؛ حیثیت؛ رتبہ؛ منصب؛ ریاست

State : *v*. to say carefully in words; to tell; to disclose बताना; प्रकट क. بیان کرنا؛ بتلانا؛ ظاہر کرنا

Stately : *adj*. dignified; impressive; magnificent प्रतापी; गौरवमय; भव्य شان و شوکت والا؛ شاندار؛ پر اثر؛ عالیشان

Statement : *n*. (stayt-ment) presentation in considered words; account of events; the arrangement of facts बयान; कथन; विवरण بیان؛ روئداد؛ کیفیت؛ روداد

Statesman : *n*. (stayts-men) a politician; influential politician राज नीति जानने वाला; राजनेता مدبر؛ سیاستدان؛ با اثر مدبر یا سیاست داں

Static : *adj*. (stat-ik) not moving; unchanging स्थैतिक; स्थिर; स्थाई ساکن؛ سکوتی؛ نہ بدلنے والا

Statics : *n*. (stay-tiks) branch of physics dealing with balanced forces स्थिति विज्ञान سکونیات

Station : *n*. (stay-shen) stopping place of train; status; position; rank स्टेशन; पदवी; स्थान اسٹیشن؛ رتبہ؛ مقام؛ منصب؛ درجہ

Station : *v*. to give place; to appoint in a place स्थान देना; लगाना; नियुक्त क. جگہ دینا؛ متعین کرنا؛ لگانا؛ تقرر کرنا

Stationary : *n*. (staysh-ne-ri) writing materials; the articles sold by stationers लेखन सामग्री; कागज़ आदि سامان کتابت وغیرہ؛ کاغذ قلم وغیرہ

Stationary : *adj*. unchanging; not moving; fixed; not progressive स्थिर; दृढ़; अचल قائم؛ غیر تغیر پذیر؛ ساکن

Stationer : *n*. dealer in stationary लेखन सामग्री विक्रंता سامان کتابت؛ کاغذ و قلم وغیرہ بیچنے والا؛ اسٹیشنر

Statistician : *n*. (sta-tis-tish-en) expert in statistics स्थिति विज्ञान का ज्ञानी ماہر شماریات

Statistics : *n.* (sta-tis-tiks) facts and figures; datas आंकड़े اعداد و شمار

Statue : *n.* (stat-ew) sculpture; an image of metal or stone मूर्ति; प्रतिमा بت؛ مجسمہ؛ مورتی

Stature : *n.* (sta-cher) the height शरीर की ऊँचाई; कद; लम्बाई قد و قامت؛ جسم کی لمبائی؛ قد؛ اونچائی

Status : *n.* (stay-tus) condition; rank; position पदवी; स्थिति; पद درجہ؛ رتبہ؛ حیثیت

Status Quo : *n.* (stay-tus-koh) existing position of the affairs यथापूर्ण स्थिति موجودہ حالت

Statute : *n.* (stat-ewt) written law; an act of parliament संविधि; अध्यादेश; विधान تحریری قانون؛ آئین پارلیمنٹ

Statutory : *adj.* enacted by state; of law संविधिक; कानूनी آئین کی رو سے جاری کیا گیا؛ قانونی

Staunch : *adj.* (stawnch) firm; trustworthy; loyal पक्का; सच्चा; ईमानदार پکا؛ سرگرم؛ پر جوش؛ سچا؛ ایماندار

Stave : *n.* (stayv) a thin piece of timber; a metrical portion; a verse तख़्ता; पटरा; गीत تختہ؛ پٹری؛ گیت (گرجے کا)

Stay : *v.* (stay) to continue in a place; to stop; to wait; to rely; to remain रहना; टिकना; रुकना; ठहरना ٹھہرنا؛ رہنا؛ سکونت؛ روکنا

Stays : *n.* (steiz) bodice for women; corset चोली; अंगिया انگیا؛ محرم؛ چولی؛ سینہ بند

Stay : *n.* staying; support; postponment रहना; सहारा; रोक; स्थगित رہنا؛ قیام؛ سہارا؛ روک؛ التوا؛ حکم امتناعی

Stead : *n.* (sted) in place of; instead of के बदले; के स्थान पर کے بدلے؛ کے بجائے؛ کے مقام پر

Steadfast : *adj* . firm; not changing; fixed पक्का; अटल پکا؛ ثابت قدم

Steadily : *adj.* firmly; unceasingly; constantly स्थिर गति से; लग़ातार; बराबर ثابت قدمی سے؛ لگاتار؛ برابر

Steady : *adj.* (stead-i) standing firm; unceasing; constant पक्का; स्थिर; दृढ़ پکا؛ مضبوط؛ لگاتار؛ راسخ؛ ثابت قدم

Steak : *n.* (stayk) thick slice of meat टिक्का; क़तला قتلہ؛ گوشت کا قتلہ؛ تکہ

Steal : *v.* (steel) to take by theft; to take something away secretly; to pass silently and quietly चोरी क.; चुपके से गुज़र जाना چرانا؛ چوری کرنا؛ خاموشی سے چپ چاپ گذر جانا

Stealth : *n.* (stealth) the act of stealing; theft; secret act चोरी; गुप्त कार्य چوری؛ دُزدی؛ پوشیدہ کام

Stealthily : *adv.* performed quietly; in a secret manner चोरी से; छिप कर چوری سے؛ چھپ کر؛ چوری چھپے

Steam : *n.* (steem) vapour; the vapour of the boiling water or hot liquor भाप بھاپ

Steam : *v.* to send up vapours; to treat with vapour भाप उठना; भाप देना; दम देना بھاپ اٹھنا؛ بھاپ سے علاج کرنا؛ بھاپ دینا؛ دم دینا

Steamer : *n.* a ship propelled by steam; steamship भाप से चलनेवाला जहाज़ या नौका دخانی کشتی؛ دخانی جہاز

Steed : *n.* (stid) a horse घोड़ा گھوڑا

Steel : *n.* (steel) iron refined by fire;

hard alloy of iron फौलाद فولاد؛ اسٹیل؛ اسپات

Steep : *adj*. (steep) rising or descending with great inclination ढलुवाँ; ऊँचा ڈھلوان؛ اونچا

Steep : *n*. sloping road ढ़लुवाँ सड़क ڈھلوان سڑک

Steeple : *n*. (stee-pel) high church tower with spire गिरजे की मिनार; लाट گرجے کا منارہ؛ لاٹ

Steeple Chase : *n*. cross county horse or foot race घुड़दौड़; एक प्रकार की दौड़ لمبی دوڑ؛ گھوڑ دوڑ؛ ایک قسم کی گھوڑ دوڑ

Steer : *n*. (stee-er) young bullock; a young ox बछड़ा; जवान बैल بچھڑا؛ جوان بیل

Steer : *v*. to guide a ship जहाज़ को मार्ग दिखाना جہاز کی رہنمائی کرنا

Steersman : *n*. man who steers a ship मल्लाह; परिचालक جہاز کا رخ ٹھیک رکھنے والا؛ ملاح

Stellar : *adj*. (stel-er) of the stars तारों का ستاروں سے متعلق؛ نجمی؛ کوکبی

Stem : *n*. (stem) main part of tree branch; main part of a word; front part of a ship तना; डण्डी; शाखा; जहाज़ का अगला भाग ڈنڈی؛ تنا؛ ڈنٹھل؛ لفظ کا اصل جزو؛ جہاز کا آگے کا حصہ

Sten-gun : *n*. (sten-gun) light weight machine gun मशीन गन مشین گن

Stench : *n*. (stench) bad smell; a stink दुर्गन्ध; सड़ान्द بدبو؛ سڑاند؛ عفونت؛ تعفن

Stencil : *n*. (sten-sil) thin sheet for printing esp. from matter written on type writer स्टेंसिल نقش ساز؛ تختی؛ اسٹنسل

Stenographer : *n*. (stenog-re-fer) typist able to take dictation in short hand आशुलिपिक مختصر نویس؛ اسٹینوگرافر

Stenography : *n*. (steno-grafi) short hand; short hand writing आशुलिपि; स्टेनोग्राफी مختصر نویسی؛ اسٹینوگرافی

Stentorian : *adj*. (ste-nto-re-an) loud and strong voice महाघोष; भारी आवाज़ بلند آواز؛ بہت اونچی آواز

Step : *n*. (step) footstep; action; stepping once; measure क़दम; डग; पग; उपाय ایک قدم؛ قدم؛ کارروائی؛ اقدام

Step : *pref*. by remarriage सौतेला; सौतेली سوتیلا؛ سوتیلی

Step Brother : *n*. brother related only by a remarrige सौतेला भाई سوتیلا بھائی

Step by step : *ph*. gradually क्रमशः; धीरे-धीरे رفتہ رفتہ؛ دھیرے دھیرے

Step Child : *n*. stepson or stepdaughter सौतेला बच्चा या बच्ची سوتیلا بچہ یا بچی

Step Motherly : *adj*. unkind सौतेली माँ का सा; जलिमाना ظالمانہ؛ سوتیلی ماں کا سا

Stepney : *n*. (step-ni) extra rim with tube and tyre स्टपनी; फालतू पहिया فالتو پہیہ؛ اسٹپنی

Steppe : *n*. (step) level treeless plain esp. in Siberia साईबेरिया का सहरा या मैदान سائبیریا کا لق ودق صحرا؛ سٹیپ میدان

Stepping-Stone : *n*. stone for setting foot on to cross shallow water; means पैर रखने का पत्थर; साधन گزر پتھر؛ پانی میں سے گزرنے کا راستہ؛ وسیلہ؛ ذریعہ

Steps : *n*. folding ladder तह होने वाली सीढ़ी چوڑے قدموں کی تہ ہونے والی سیڑھی

Stereoscope : *n*. (ste-ri-es-kohp) instrument for viewing two photographs of the same object together to see its depth सीना देखने का आला; त्रिविमदर्शी سینہ دیکھنے کا آلہ؛ حجم بین

Sterile : *adj*. (ste-ril) barren; not productive; free from microbes बांझ; ऊसर; जीवाणुहीन بنجر؛ اوسر؛ بانجھ؛ جراثیم سے پاک

Sterility : *n*. (ste-ril-i-ti) being sterile बाँझपन; व्यर्थता; फलहीनता بانجھ پن؛ بیکار؛ بنجر ہونا

Sterilization : *n*. freeing something from germ जावाणुनाशन اتلاف جراثیم

Sterilize : *v*. (ste-ri-liz) free from germs जीवाणुहीन बना देना جراثیم مارنا

Sterilized : *adj* . free from germs निष्कीटित صاف ستھرا؛ جراثیم سے پاک؛ جراثیم سے محفوظ

Sterling : *adj*. (ste-r-ling) genuine; of the standard quality खरा; असली کھرا؛ معیاری؛ اصلی

Sterling : *n*. british currency पाउण्ड برطانوی سکہ؛ پونڈ

Stern : *n*. (ste-rn) the back end of a ship or boat; tail जहाज या नौका का पिछला भाग; पूँछ جہاز یا کشتی کا پچھلا حصہ؛ دنبالہ

From Stem To Sterns : *ph*. throghout the ship पूरे जहाज़ में; जहाज़ के एक सिरे से दूसरे सिरे तक جہاز کے ایک سرے سے دوسرے سرے تک؛ پورے جہاز میں

Stern : *adj*. severe; harsh कड़ा; कठोर; कर्कश; निर्दय سخت گیر؛ سخت؛ سخت گیرانہ؛ بے رحم

Sterness : *n*. strictness; harshness कड़ापन; कठोरता; सख़्ती سختی؛ سخت گیری؛ بے رحمی

Sternutation : *n*. (sterniu-tei-sten) the act of sneezing छींक چھینک

Stethoscope : *n*. (steth-os-kohp) instrument for hearing heart beating स्टेथोस्कोप سینہ دیکھنے کا آلہ؛ دل کی دھڑکن سننے کا آلہ

Stew : *v*. to cook slowly धीमी-धीमी आँच से पकाना دم پخت؛ دھیمی آنچ پر پکانا یا بنانا

Stew : *n*. stewed meat; pond स्टू; दमपुख़्त; तालाब دم پخت؛ اسٹو؛ تالاب

Steward : *n*. (stew-e-rd) manager of food supplies; manager of another's affairs प्रबन्धक; भंडारी; मुनीम منتظم رسد؛ داروغہ؛ گماشتہ

Stick : *n*. (stik) thin branch of a tree or bush; cane वृक्ष या झाड़ी की टहनी; छड़ी; शाखा درخت یا جھاڑی کی ٹہنی یا شاخ؛ چھڑی؛ بید؛ قچی

Stick : *v*. to be glued; thrust point of needle; to pierce; to halt चिपक जाना; छेदना; चुभोना; अटकना چپک جانا؛ چھیدنا؛ چبھونا؛ اٹکنا

Stick at : *ph*. hesitate at झिजकना अटकना جھجکنا؛ اٹکنا

Stick Bill : *adj* . to paste posters इश्तहार लगाना اشتہار چسپاں کرنا

Stick Out For : *ph*. refuse to give way until पर अड़ जाना پر اڑ جانا

Stick Up for : *ph*. defend support का पक्ष लेना; के पक्ष में बोलना کی حمایت کرنا؛ کی حمایت میں بولنا

Stick Insect : *n*. wooden insect कठ कीड़ा لکڑی کا کیڑا؛ گھن

Sticker : *n*. (stik-er) adhesive label स्टीकर چپکنے والی پرچی؛ اسٹیکر

Stiff : *adj.* (stiff) not easily changed in shape; inflexible; harsh; strong; formal; starched सख़्त; कठोर; कलफ वाला سخت؛ ناملائم؛ کلف والا؛ تصنع بھرا

Stiff Collar : *n.* starched collar मांड-वाला कालर کلف والا کالر

Stiff Necked : *adj.* stubborn हटीला; ज़िद्दी ضدی؛ سرکش

Stiffen : *v.* (stif-en) to make or become stiff सख़्त क॰ या होना; अकड़ जाना سخت کرنا یا ہونا؛ اکڑ جانا

Stifle : *v.* (sti-fel) to suffocate; to suppress the yawn; to gag गला घूंटना; दबा देना; ज़बान बन्द क॰ گلا گھونٹنا؛ جمائی کو دبا دینا؛ زبان بندی کرنا

Stifling : *adj.* oppressive दम घोंटू; तकलीफ़दह دم گھونٹو؛ ظالمانہ؛ تکلیف دہ

Stigma : *n.* (stig-me) a mark of infamy; a mark of shame कलंक का टीका; बदनामी; दाग़; लांछन رسوائی؛ بدنامی؛ کلنک کا ٹیکہ؛ داغ

Stigmatize : *v.* (stig-me-tiz) to mark with infamy; to describe scornfully कलंक का टीका लगाना; बदनाम क॰; कलंकित क॰ بدنامی کا داغ لگانا؛ بدنام کرنا

Stile : *n.* (stil) vertical piece of rail रोक; रोक सीढ़ी روک؛ روک سیڑھی

Stiletto : *n.* (stilitto) a small dagger खंजर; कटार خنجر؛ کٹار

Still : *adj.* (stil) motionless; quiet; hushed; silent; calm चुप-चाप; अचल; स्थिर; मौन چپ چاپ خاموش؛ ساکت؛ بے حس و حرکت؛ ساکن

Still : *adv.* nevertheless; till now; even to this time; quietly अब तक; तदपि; तिस पर भी; अभी तक پھر بھی؛ تاہم؛ ہنوز؛ ابتک؛ ابھی تک؛ خاموشی سے

Still : *n.* silence; hushed state; a vessel for distilling alcohol सन्नाटा; शराब खींचने का बरतन خاموشی؛ سکوت؛ شراب کشید کرنے کا برتن

Still : *v.* to make quiet; to deaden noise; to appease; to silence शान्त क॰; चुप कराना; शोर बन्द क॰ خاموش کرانا؛ چپ کرانا؛ شور بند کرنا یا کرانا

Stillborn : *adj.* born lifeless; dead in the birth; dead when born मृतक शिशु पैदा होना پیدائشی مردہ

Stillness : *n.* (stilnes) calmness; quietness चुप्पी; खामोशी خاموشی؛ عالمِ سکون

Stilts : *n.* (stilts) pole with rest for foot; walking supports used by boys पायादार बांस; एक लकड़ी जिस पर पाँव रख कर बच्चे चलते हैं پایہ دار بانس؛ ایک لکڑی جس پر پاؤں رکھ کر بچے چلتے ہیں

Stilted : *adj.* (stil-tid) stiff and unnatural अस्वाभविक بناوٹی؛ تصنع والا

Stimulant : *n.* (stim-ew-lent) drug or drink making one energetic शक्ति देने वाली औषधी محرک؛ چستی پیدا کرنے والی دوا یا ٹانک

Stimulate : *v.* (-layt) to excite; to egg on; to spur on उकसाना; भड़काना; शक्ति प्रदान क॰ اکسانا؛ بھڑکانا؛ طاقت بخشنا

Stimulating : *adj.* rousing; thought provoking पुरजोश پرجوش؛ خیال آفریں

Stimulus : *n.* (-lus) excitement; goad; that stimulates उभार; उकसाहट محرک؛ مہیج؛ اکساہٹ

Sting : *n.* (sting) sharp poisonous point in insects; any thing that give pain; venomडंक; चुभना; ज़हर; जहरीलापन ڈنک؛ نیش؛ زہر؛ زہریلا پن

Sting : *v.* to pierce; to wound with a sting डंक मारना; डसना ڈنک مارنا؛ ڈسنا

Stingy : *adj.* (stinj-i) niggardly; covetous; miser कंजूस; कृपण بخیل؛ کنجوس

Stink : *n.* (stink) nasty smell; bad smell सड़न; बदबू بدبو؛ تعفن؛ عفونت

Stink : *v.* to emit an offensive smell सड़ना; बदबू छोड़ना بدبو چھوڑنا؛ سڑنا

Stinking : *adj* . with bad smell; disagreeable बदबूदार بدبودار؛ ناگوار

Stinker : *n.* irritating letter pointing out fault हरफ़गीरी वाला पत्र حرف گیری والا خط؛ غلطیاں اجاگر کرنے والا خط

Stint : *v.* to be sparing; to give limited कंजूसी क.; थोड़ा थोड़ा देना کنجوسی کرنا؛ تھوڑا تھوڑا دینا

Stipend : *n.* (sti-pend) clergyman's salary; settled pay; subsistence allowance; allowance for students वेतन; वज़ीफा پادری کی تنخواہ؛ وظیفہ؛ الاؤنس؛ اجرت

Stipendiary : *adj.* (sti-pen-di-e-ri) salaried; receiving a salary वृत्ति पाने वाला; वैतनिक وظیفہ یاب؛ تنخواہ دار

Stipulate : *v.* to put forward as necessary condition; to contract शर्त लगाना; प्रतिबन्ध लगाना شرط لگانا؛ معاہدہ کرنا

Stipulation : *n.* (stip-ew-lay-shen) a bargain; a contract; a condition अनुबन्ध; प्रतिबन्ध; शर्त شرط؛ قول وقرار؛ معاہدہ

Stir : *v.* (ster) to move; to agitate; to incite; to rise हिलना; उकसाना; भड़काना; हरकत देना ہلنا؛ ہلانا؛ ہلاتے رہنا؛ حرکت دینا

Stir : *n.* tumult; commotion; bustle; disturbance हलचल; खलबली حرکت؛ ہلچل؛ اضطراب

Stirring : *adj.* (ste-ring) exciting; moving; active; busy जोशीला; उत्तेजक; व्यस्त پرجوش؛ ہیجان خیز؛ مشغول

Stirrup : *n.* (sti-rup) foot-rest hanging down from saddle पद धारनी; रकाब رکاب

Stitch : *n.* (stich) a single piece of needle in sewing टांका; सिलाई; बख़िया سلائی؛ ٹانکا؛ بخیہ

Stitch : *v.* to sew with a needle; to put stitches in; to tailor सुई से सीना; टांके लगाना; सीना ٹانکے لگانا؛ سینا؛ سوئی سے سینا

Stitchery : *n.* (sti-cheri) needlework सुई का काम سوئی کا کام

Stitching : *n.* tailoring सिलाई سلائی

Stithy : *n.* (stithi) a smith's shop; an anvil लोहार की दुकान; भाथी لوہار کی دکان؛ نہائی

Stock : *n.* (stok) lower part of tree trunk; base; line of ancestry; goods kept by a shop keeper; hoarded supplies; company shares वृक्ष का तना; वस्तु भण्डार; असल नसल; भाग (शेयर) تنا؛ تنے کا نچلا حصہ؛ کندا؛ اصل نسل؛ سامان؛ مال؛ ذخیرہ؛ حصص

Stock : *v.* to store; to lay in store; to keep in store; to equip भण्डार में रखना; सप्लाई क.; पहुचाना ذخیرہ رکھنا؛ بہم پہنچانا

Stock Breeding : *n.* animals breeding पशु पालन مویشی پالنا

Stock Broker : *n.* agent selling shares शेयर दलाल کمپنی کے حصص فروخت کرنے والا دلال

Stock Farmer : *n.* one who breeds live stock पशु-पालक مویشی پالنے والا

Stock In Trade : *n.* things needed or one's trade or activity माल سامانِ تجارت؛ مال؛ ساز و سامان

Stock Still : *adv.* motionless मूर्तिवत्त; निश्चल بے حس و حرکت؛ ساکت

Stock Taking : *n.* listing or review माल सूची की तैयारी; स्टाक की जांच جائزہ؛ اسٹاک کی جانچ

Stock Yard : *n.* enclosure for animals बाड़ा (पशु के लिए) مویشی خانہ

Stockade : *n.* (sto-kayd) defensive wall of upright stakes घेरा; कटघरा لکڑیوں کا مورچہ؛ گھیرا؛ کٹھرا

Stocking : *n.* (stoking) foot covering reaching to or above knee मोज़ा لمبی جُراب؛ موزہ

Stockist : *n.* one who stocks goods for wholesale trade थोक व्यापारी تھوک فروش

Stocky : *adj.* (stoki) short, strong and thick (person); sturdy नाटा और गठीला (पुरुष); हट्टा-कट्टा ناٹا اور گٹھیلا (آدمی)؛ ہٹا کٹا

Stodgy : *adj.* (stoj-i) heavy and solid (food); rammed; uninteresting भारी (खाना); खचा खच भरा हुआ; नीरस بھاری اور ثقیل (کھانا)؛ کھچا کھچ بھرا ہوا؛ غیر دلچسپ

Stoic : *n.* (stoh-ik) virtuous philosopher following the Greek thinker; one who is free from passions हकीम; बैरागी رواقی حکیم؛ زاہد؛ بیراگی؛ اداسی

Stoke : *v.* to put coal on कोयला डालना या झोंकना کوئلہ ڈالنا یا جھونکنا

Stoker : *n.* workman who stokes कोयला डालने वाला کوئلہ دار

Stolid : *adj.* (stol-id) unemotional; stupid; obstinate बेहिस; मूर्ख; हटीला بے حس؛ احمق؛ ضدی

Stomach : *n.* (stum-ek) food digesting organ; belly; appetite; inclination; wish मेदा; पेट; भूख; इच्छा; तमन्ना معدہ؛ پیٹ؛ شکم؛ بھوک؛ میلان. رغبت؛ خواہش؛ تمنا

Stone : *n.* (stohn) a piece of rock; a concrete; gem; a concretion in the bladder or kidney पत्थर; जवाहिर; प्रस्तर سنگ؛ پتھر؛ جواہر؛ سنگ گردہ؛ سنگ مثانہ؛ پتھری

Stone : *v.* to pelt; to kill with stone पत्थर से मारना سنگسار کرنا؛ پتھروں سے مارنا

Stone Age : *n.* period of stone पत्थर का ज़मना پتھر کا زمانہ

Stone Blind : *adj.* entirely blind कोरा अन्धा بالکل اندھا

Stone Pit : *n.* quarry पत्थर की खान پتھر کی کان

Stone Work : *n.* masonry पत्थर का काम پتھر کی تعمیر

Stony : *adj.* (stoh-ni) having many stones; hard पत्थरीला; सख़्त پتھریلا؛ پتھر کا ساسخت

Stool : *n.* (stool) a small backless seat मोंढ़ा; तिपाई سٹول؛ تپائی؛ مونڈھا

Stools : *n.* (stools) evacuation of bowels; matter thus evacuated मलत्याग; पाखाना; गूह ٹٹی؛ پاخانہ؛ حاجت

Stoop : *v.* (stoop) to bend forward; to come down for cheating झुकना; झुकाना; कमीनेपन पर उतर आना جھکنا؛ جھکانا (کسی ذلیل حرکت) پر اتر آنا

Stop : *v.* (stop) to pause; to close up; to hinder; to halt रोकना; बन्द क॰; ठहराना روکنا؛ بند کرنا؛ ٹھہرانا

Stop : *n.* stopping; a pause; prohibition; stopping place रोक; ठहराव; रुकने की जगह وقفہ؛ ٹھہراؤ؛ توقف؛ رکنے کی جگہ

Stopcock : *n.* valve डाट ڈاٹ

Stopgap : *adj.* temporary (arrangement); substitute कामचलाऊ; अन्तरकालीन عارضی؛ وقتی؛ قائم؛ مقام

Stoppage : *n.* (stop-ij) being stopped; obstruction रोकना; रोक; रुकावट رکنا؛ رکاؤ؛ رکاوٹ

Stopper/Stopple : *n.* plug; valve डाट; काग ڈاٹ؛ کاگ

Stoppress : *n.* late news printed after the press has once started work छपते-छपते سٹاپ پریس؛ چھپتے چھپتے

Storage : *n.* (stoh-rij) the safe keeping of goods in a ware house; storing; place for storing goods; charges for storage सामग्री को भण्डार में सुरक्षित रखना; भण्डार; भण्डार में रखने का किराया جمع کرنا؛ ذخیرہ کرنا؛ گودام؛ گودام میں رکھنے کی اجرت یا کرایہ

Store : *n.* (stohr) stock; warehouse; pile; godowns भण्डार; गोदाम ذخیرہ؛ انبار؛ گودام

Store : *v.* to keep for future use; to replenish; to lay up; to put in godowns एकत्रित क॰; भविष्य के लिए रखना; गोदाम में रखना مستقبل کے لیے ذخیرہ کرکے رکھنا؛ گودام میں رکھنا؛ جمع کرنا

Storehouse : *n.* place for storing गोदाम گودام؛ ذخیرہ

Stores : *n.* goods of a particular kind; place where goods are kept; shop selling many varieties goods स्टोर; दुकान; गोदाम دکان؛ اسٹور؛ گودام

Storey : *n.* (stoh-ri) floor; level in a building खण्ड; मंज़िल منزل

Stork : *n.* (stork) a well known long legged wading bird लक़ लक़; सारस بگلا؛ لق لق؛ سارس

Storm : *n.* (sto-rm) violent weather disturbance; trouble; rage तूफान; झक्कड़; हलचल; सख्त़ गुस्सा طوفان؛ جھکڑ؛ فساد؛ ہنگامہ؛ ہلچل؛ سخت غصہ

Storm : *v.* to shout angrily; to enrage; to rage प्रचण्ड होना; आग बबूला होना; बरस पड़ना; ज़बरदस्ती अन्दर घुसना; वायु के झक्कड़ चलना برس پڑنا؛ جوش میں آنا؛ زبردستی اندر گھسنا؛ آندھی یا ہوا کے جھکڑ چلنا

Stormy : *adj.* violent; tempestuous; boisterous wind तूफानी; भयानक طوفانی؛ غضبناک؛ طوفانی (ہوا)

Story : *n.* (stoh-ri) an account of past events; a tale; a narrative कहानी; कथा; क़िस्सा کہانی؛ قصہ؛ فسانہ؛ حکایت؛ سرگذشت

Stout : *adj.* (stout) fat; strongly built; strong in body; corpulent मोटा; पक्का; तगड़ा خاصا موٹا؛ لحیم شحیم؛ جسیم؛ پکا؛ مضبوط جسم والا؛ تگڑا

Stove : *n.* (stohv) a hot house; a place to make fire in स्टोव; चूल्हा اسٹو؛ آتشدان؛ بھٹی؛ تنور؛ چولہا

Stow : *v.* (stoh) to pack; to store away सजाकर रखना قرینے سے رکھنا؛ سجا کر رکھنا

Stowaway : *n.* (stoh-e-way) one who travels by ship stealthily छिप कर यात्रा

करने वाला چوری سے جہاز کا سفر کرنے والا

Straddle : *v.* (strad-el) to sit or stand across with the legs wide apart टाँगें फैला कर बैठना या खड़ा होना ٹانگیں پھیلا کر بیٹھنا یا کھڑا ہونا

Straggle : *v.* (strag-el) to wander here and there; to rove; to ramble; to exuberate आवारा घूमना; भटकना; फैलाना آوارہ گھومنا؛ بھٹکنا؛ گھومنا؛ پھیلانا؛ ادھر اُدھر مارے پھرنا

Straggler : *n.* one who straggles पीछे रह जाने वाला پیچھے رہ جانے والا

Straight : *adj.* (strayt) without bend; not crooked; right; correct; honest; frank सीधा; सच्चा; साफ़-साफ़; इमानदार; धर्मी سیدھا؛ سچا؛ مستقیم؛ درست؛ صاف صاف؛ ایماندار

Straightforward : *adj.* honest; frank खरी बात कहने वाला; साफ़ बात करने वाला دیانت دار؛ راست باز؛ کھری بات کہنے والا

Strain : *v.* (strayn) stretch tightly; sprain; twist the meaning; filter खींचना; तानना; छानना; ग़लत अर्थ निकालना کھینچنا؛ تاننا؛ موچ؛ غلط تاویل پیش کرنا؛ چھاننا

Strain : *n.* stretching; tension; tone; spell of poetry खिंचाव; तनाव; लहजा टुकड़ा کھینچاؤ؛ تناؤ؛ کشیدگی؛ انداز؛ ٹکڑا

Strait : *adj.* (strayt) narrow; difficult; close तंग; कड़ा; कठिन تنگ؛ مشکل؛ سخت؛ سکڑا ہوا

Straiten : *v.* to reduce; to straits; to make narrow; to confine; to perplex तंग क.; कठिनाई में डालना; हैरान क. تنگ کرنا؛ مشکل میں ڈالنا؛ حیران کرنا

Strand : *n.* (straend) a sandy shore; the sea beach; verge of any river समुद्र का तट; किनारा; साहिल ریتلا کنارہ؛ ساحل؛ کنارہ

Strand : *v.* to drive on the shallows; to be left alone; to be left without any resources किनारे पर चढ़ जाना; बे सहार छोड़ देना ساحل پر چڑھ جانا؛ بے یارومددگار چھوڑ دینا؛ بے سہارا چھوڑ دینا

Strange : *adj.* queer; wonderful; not familiar; foreigner अजनबी; अनोखा; निराला; विदेशी انوکھا؛ نرالا؛ ناواقف؛ اجنبی؛ پردیسی؛ غیرملکی

Stranger : *n.* a lien; unknown person; outsider अजनबी; विदेशी; बाहरी व्यक्ति اجنبی؛ ناواقف؛ پردیسی

Strangle : *v.* (strang-el) to choke; to suffocate; to suppress गला घूंटना; फाँसी देना گلا گھونٹ کر مار ڈالنا؛ گلا گھونٹنا؛ پھانسی دینا

Strangle-Hold : *n.* deadly grasp सख़्त पकड़; गला घूंटू पकड़ سخت پکڑ؛ گلا گھونٹو پکڑ

Strangulate : *v.* (strang-ew-layt) to stifle; गला घूँटना; दबाना گلا گھونٹنا؛ اختناق کرنا؛ دبانا

Strangulation : *n.* (-shen) the act of strangling गला घूँटना گلا گھونٹنا

Strap : *n.* (strayp) leather band; band to keep wrist watch in place चमड़े की पट्टी; फीता; तस्मा چمڑے کی پٹی؛ فیتہ؛ تسمہ

Strata : *n.* (strayta) beds; layers तह; परत تہ؛ پرت؛ طبق

Stratagem : *n.* (strat-e-jem) device for deceiving enemy; a trick in war धोका; चाल; छल جنگی چال؛ داؤں؛ چال

Strategic : *adj.* (stre-tee-jik) pertaining to strategy युद्धनीतिक; युद्ध नीति का جنگی؛ حربی؛ لشکرکشی سے متعلق

Strategy : *n.* (strat-e-ji) art of directing movement of armed forces युद्धनीति; युद्ध कला فن لشکر کشی؛ فن جنگ

Stratify : *v.* (stray-ti-fi) to range in beds or layers पर्त या तह जमाना پرت رکھنا؛ تہ جمانا

Stratocracy : *n.* (strat-ok-resi) military disposition सैनिक प्रबन्ध فوجی حکومت؛ فوجی ترتیب

Stratosphere : *n.* (strat-us-fee-er) high atmospheric level where temperature is constant समताप मण्डल بالائی؛ کرّہ ہوائی؛ بالائی فضا

Stratum : *n.* (stray-tum) a bed or layer of earth; layer in earth's crust; social class पर्त; तह; स्तर پرت؛ تہ؛ طبق؛ طبقہ

Straw : *n.* (straw) the stalk on which corn grows; mass of stalks; cut and dried stalk of grain भूसा; तिनका; घास بھوسا؛ تنکا؛ پرال؛ پیال

Catch at a Straw : *ph.* to resort inadequate expedient तिनके का सहारा लेना ناکافی ذرائع کا سہارا لینا؛ تنکے کا سہارا لینا

Strawberry : *n.* (straw-be-ri) a plant with pulpy yellow fruit स्ट्राबेरी اسٹرابیری

Stray : *v.* (strey) to wander; to rove; to deviate from right path भटक जाना; पथ से भ्रष्ट होना; बहकना بھٹک جانا؛ گمراہ ہونا؛ گمراہی کا شکار ہوجانا

Streak : *n.* (streek) line of colour; stripe; tract धारी; रेखा دھاری؛ لکیر؛ رنگدار دھاری

Stream : *n.* (streem) river; spring; current; brook; a running water नदी; सरिता; धारा; नहर; नाला دریا؛ ندی؛ چشمہ؛ دھارا؛ نہر؛ نالہ

Stream : *v.* to run with liquid; floot on air धार बन कर गिरना; हवा में लहराना دھار بن کر گرنا؛ ہوا میں لہرانا

Streamer : *n.* (stree-mer) pennon; an ensign; flag; banner (headline) झण्डा; ध्वज; पताका; पूरे पृष्ट की सुर्खी جھنڈا؛ نشان؛ علم؛ جھنڈی؛ پورے صفحے کی سرخی

Streamline : *v.* natural course of water; shape so as to reduce resistance धारा; रूकावटें दूर कर देना या ठीक कर देना دھارا؛ روکاوٹیں دور کرنا یا ٹھیک کردینا

Streamlined : *adj.* causing least resistance सरल और कारगर; बे रोक بے روک؛ بغیر رکاوٹ کے

Street : *n.* (street) a paved way between houses; a road with houses along it; lane गली; सड़क; कूचा گلی؛ سڑک؛ کوچہ؛ محلّہ

Street Arab : *n.* homeless child बे घर बच्चा بے گھر بچہ

Street Walker : *n.* prostitute रण्डी; तवाईफ رنڈی؛ بیسوا؛ طوائف

Strength : *n.* (stre-ngth) being strong; power; force; vigour; armament; number ताकत; जोर; शक्ति नम्बर; संख्या طاقت؛ زور؛ قوت؛ مضبوطی؛ تعداد

Strengthen : *v.* to grow stronger; to rein force ताकत पकड़ना; मजबूत क.; बढ़ाना طاقت پکڑنا؛ زور پکڑنا؛ مضبوط کرنا؛ بڑھانا

Strenuous : *adj.* (stren-ew-us) ardently hardworking; eagerly pressing; needing effort उधोगी; मेहनती;

श्रमसाध्य سخت محنتی؛ جفاکش؛ سرگرم؛ مستعد؛ محنت طلب

Stress : *n*. (stres) emphasis; difficulty; trouble; force शक्ति; बल; कठिनाई; दबाव زور؛ مشکل؛ تکلیف؛ دباؤ

Stretch : *v*. (strech) to make wider by pulling; to extend; to expand खींचना; तानना; फैलाना کھینچنا؛ تاننا؛ پھیلانا

Stretch : *n*. stretching; attempt; period of time फैलाव; कोशिश; खींचाव کھینچاؤ؛ پھیلاؤ؛ کوشش؛ وقفہ

Stretch One's Leg : *ph*. go for a short walk टहल क.; सेर को जाना مٹرگشت کرنا؛ سیر کو جانا؛ ٹہل کرنا

Strecher : *n*. (strech-er) bed for carrying patients स्ट्रेचर اسٹریچر؛ مریضوں کو لیجانے والی ڈولی یا چار پائی

Strew : *v*. (stroo) to scatter; to spread छितराना; बीखेरना بکھیرنا؛ پھیلانا

Stricken : *adj*. (strik-en) affected; terror stricken पीड़ित; दुखी متاثر؛ خوفزدہ

Strict : *adj*. (strikt) stern; severe; exact दृढ़; तीक्षण; कठोर سخت؛ کڑا؛ سخت گیر؛ صحیح

Strictures : *n*. (strik-che-rz) the critical remark; censorious comments; severely comments निन्दा; कटु आलोचना سخت نکتہ چینی؛ عیب جوئی

Stride : *v*. (strid) walk with long steps; stand with legs apart लम्बे-लम्बे डिग भरना; पाँव फैला कर खड़े होना ڈگ بھرنا؛ لمبے لمبے قدم رکھنا؛ پاؤں پھیلا کر کھڑے ہونا

Strident : *adj*. (stri-dent) loud and harsh तीक्षण; सख़्त کرخت؛ سخت

Strife : *n*. (strif) quarrels; contention; discord कलह; वाद-विवाद جھگڑا؛ مخالفت؛ دشمنی

Strike : *n*. (strik) striking work हड़ताल ہڑتال

Strike : *v*. to hit with a blow; to impress; to stamp; to stop work; to press demands; to come to mind मारना; वार क.; हड़ताल क.; अचानक ख़याल आना گھونسہ مارنا؛ گاڑنا؛ مارنا؛ وار کرنا؛ ہڑتال کرنا؛ اچانک خیال آنا

Strike A Balance : *ph*. balance accounts; to choose the middle way आय व ख़र्च बराबर क.; बीच की राह चुनना آمد وخرچ برابر کرنا؛ درمیانی راہ اختیار کرنا

Strike Back : *ph*. retaliate बदला लेना بدلہ لینا

Strike Home : *v*. give a hard blow मर्मप्रहार क. کاری ضرب لگانا

Strike off/-Out : *v*. cross out, (light and match) by rubbing it काटना; मारना; मिटा देना; दिया सलाई जलाना قلم زن کرنا؛ کاٹنا؛ دیا سلائی جلانا

Striker : *n*. one who strikes work; piece for striking (in carrum) हड़ताली; हड़ताल करने वाला; स्ट्राइकर ہڑتالی؛ ہڑتال کرنے والا؛ اسٹرائیکر

Striking : *adj* . (strik-ing) attracting attention; affecting; surprising; extraordinary अद्‌भुत; निराला جاذب توجہ؛ توجہ؛ موثر؛ عجیب؛ غیر معمولی

String : *n*. (string) fine cord; a slender rope; series रस्सी; डोरी; सुत्ली; लड़ी رسی؛ ڈوری؛ سوت؛ ریشہ؛ سُتلی؛ لڑی

Stringency : *n*. (strin-jen-si) being stringent सख़्ती; कड़ापन; कठोरता سختی؛ کڑاپن

Stringent : *adj*. (-jent) very strict; binding; contracting बहुत सख़्त; अनिवार्य; कड़ा ضروری؛ تاکیدی؛ کڑا؛ بہت سخت

Strip : *n*. (strip) a narrow shred; a slip; a long narrow piece (of land or paper etc.) धज्जी; कतरन; पट्टी (जमीन या काग़ज़ आदि की) کترن؛ پٹی؛ لمبا ٹکڑا؛ چوڑی پٹی (زمین یا کاغذ وغیرہ کی)

Strip : *v*. to take off; to denude; to deprive off उतारना; नंगा क.; कपड़े उतारना; छीनना; निचोड़ना اتارنا؛ ننگا کرنا؛ چھینا؛ نچوڑنا

Stripe : *n*. (strip) a streak in silk; a lash with a whip; a blow धारी; फीता; कोड़े की मार; घूंसा دھاری؛ فیتہ؛ کوڑے کی مار یا ضرب؛ گھونسہ

Stripling : *n*. (strip-ling) growing young boy; a man not fully grown युवक; किशोर نوخیز لڑکا؛ نوجوان؛ نوجوان لڑکا

Strive : *v*. (striv) to struggle; to contend; to make great efforts प्रयास क.; संघर्ष क.; मुक़ाबला क. مقابلہ کرنا؛ کوشش کرنا؛ سخت کوشش کرنا

Stroke : *n*. (strohk) a blow; calamity; sudden unconciousness चोट; कष्ट; दुख; बेहोशी چوٹ؛ ضرب؛ مصیبت؛ بے ہوشی؛ غشی

Sun Stroke : *n*. unconciousness by sun धूप से बेहोशी سن سٹروک؛ دھوپ سے غشی یا بے ہوشی

Stroll : *n*. (strohl) quiet leisurely walk टहलना; सैर; मटरग़श्ती چہل قدمی؛ ہواخوری؛ مٹر گشتی

Strong : *adj*. (strong) not weak; effective; vigorous; hale; well built तगड़ा; बलवान; हट्टा-कट्टा; सुस्वस्थ طاقتور؛ مضبوط؛ توانا؛ تندرست؛ موثر؛ مستحکم؛ پائیدار

Strong-Hold : *n*. a fort; a fastness; गढ़; किला کوٹ؛ قلعہ؛ بلند مقام

Strong-Room : *n*. strongly built room for keeping valuables गढ़; तिजोरी مضبوط کمرہ؛ تجوری

Strop : *n*. a leather strap for sharpening razor चमोटा; पट्टा استرا تیز کرنے کے لیے چمڑے کی پٹی

Structure : *n*. (struk-cher) way in which something is built; building बनावट; ढाँचा; इमारत ساخت؛ بناوٹ؛ عمارت

Strut : *v*. (strut) to walk pampously; to walk affectedly इतरा के चलना; अकड़ कर चलना اترا کر چلنا؛ اکڑ اکڑ کر چلنا

Strychnia : *n*. (strik-ni-e) a poisonus drug स्त; कुचला ست؛ زہریلا کچلا؛ کچلا

Stub : *n*. (stub) short remaining part of cigrette; stump of tree बचा हुआ टुकड़ा; ठुंट; टोटा ٹوٹا؛ بچا ہوا ٹکڑا سگریٹ وغیرہ کا؛ ٹھنٹھ

Stub : *v*. to root up जड़ से उखाड़ना جڑ سے اکھاڑنا

Stubble : *n*. (stub-el) ends of grain plants; stalks of corn left after reaping ठुंट; चारा گندم وغیرہ پودوں کے ٹھنٹھ؛ چارہ

Stubborn : *adj*. (stub-e-rn) obstinate; inflexible हठी; ज़िद्दी; कड़ा ضدی؛ سرکش؛ سخت

Stucco : *n*. (stuk-oh) a kind of wall plaster; a fine plaster for walls संगमरमर का चूना; अस्तर سنگ سنگ مرمر کا چونا؛ استرکاری کا مسالہ

Stucco : *v*. to coat with plaster अस्तर क. استرکاری کرنا

Stud : *n*. (stad) a stock of breeding mares; a double-headed button पालतू घोड़ों का समूह; दोहरा बटन گھوڑوں کا گلہ؛ دوہرا بٹن؛ سٹڈ

Student : *n*. (stoo-dent) one who is studying विद्यार्थी طالب علم

Studio : *n*. (stew-di-oh) work room of painters and artists; film work room चित्रकारी का स्थान; स्टोडियो سٹوڈیو؛ نگار خانہ؛ نقاش یا مصور کی کام کرنے کی جگہ

Studious : *adj*. (stew-di-us) having habit of studying; dilligent; contemplative पढ़ाई का शौक़ीन; मेहनती; पुर जोश مطالعہ کا شائق؛ محنتی؛ پرجوش

Study : *n*. (stud-i) reading; studing; learning; deep thought पढ़ाई; अभ्यास; सोच-विचार; ध्यान; अध्ययन پڑھائی؛ مطالعہ؛ کتب بینی؛ غور خوض

Stuff : *n*. (stuf) material; furniture; goods; nonsense माल; फर्नीचर; सामग्री; अनाप-शनाप مال؛ فرنیچر؛ سامان؛ بکواس

Stuffed Fowl : *n*. cooked fowl with condiments in it; fill the skin with materials मुर्ग मुसल्लम; खाल भर कर जीव जन्तु की शक्ल बना देना مسالہ بھرا مرغ مسلّم؛ کھال بھر کر زندہ جانور یا پرندے کی شکل بنا دینا

Stultify : *v*. (stul-ti-fi) to cause to seem foolish मूर्ख बनाना مضحکہ خیز بنا دینا

Stumble : *v*. (stum-bel) fall partially by catching; blunder; to find by chance ठोकर खाना; भूल क.; लड़खड़ाना ٹھوکر کھانا؛ غلطی کرنا؛ اتفاق سے پا جانا

Stumbling Block : *n*. something causing difficulty ठोकर; बाधा; कठिनाई رکاوٹ؛ سنگ راہ؛ ٹھوکر

Stump : *n*. (stump) the remaining part of tree; one of the three upright stocks in cricket ठुंट; विकेट ٹھنٹھ؛ وکٹ؛ اسٹمپ

Stumpy : *adj*. (stum-pi) short and thick छोटा और मोटा چھوٹا اور موٹا

Stun : *v*. (stun) to make unconcious; over whelm; to render stupid by a noise or blow बेहोश कर देना; चोट मार कर बेहोश क. بے ہوش کردینا؛ چوٹ سے بے ہوش کرنا

Stunning : *adj*. (stun-ing) splendid; delightful मन भावन; लुभावना; शानदार خوش کن؛ دلکش؛ شاندار

Stunt : *n*. (stunt) something done to attract attention कमाल; करतब; क़लाबाज़ी اپنی طرف متوجہ کرنے کے لیے کچھ کرنا؛ خاص کرتب؛ اشتہاری حرکت؛ قلا بازی

Stunt : *v*. to hinder from growth बढ़ने से रोकना بڑھنے نہ دینا؛ چھوٹا رکھنا

Stunted : *adj*. (stunt-id) ill developed; under sized अविकसित; अवरुद्ध جو چھوٹا رہ گیا ہو

Stupefy : *v*. (stewp-i-fi) to dull the wits; to make stupid; to benumb हवास खराब क.; मूर्ख बनाना; हक्का बक्का या विस्मित कर देना حواس باختہ کرنا؛ مدہوش کرنا؛ بے وقوف بنانا

Stupendous : *adj*. (stew-pend-us) amazingly tremendous; prodigious; wonderful आश्चर्य जनक; बहुत बड़ा حیرت انگیز؛ عظیم الشان

Stupid : *adj*. (stew-pid) foolish; slow witted; sluggish मूर्ख; ना समझ; सुस्त; बेवकूफ احمق؛ کند ذہن؛ غبی؛ بے وقوف

Stupor : *n*. (stew-per) a suspension of sensibility; dazed state caused by drugs or drinks मूर्छा; विस्मय بے ہوشی؛ مدہوشی؛ بدحواسی

Sturdy : *adj*. (ste-rdi) robust; hardy; obstinate; strong; stout शक्तिवान; हट्टा-कट्टा; मज़बूत कड़ा موٹا تازہ؛ ہٹا کٹا؛ سخت؛ زورآور؛ مضبوط

Stutter : *v*. (stut-er) to stammer; to speak badly हकलाना; रुक रुक कर बोलना ہکلانا؛ رک رک کر بولنا؛ زبان میں لکنت ہونا

Sty : *n*. (sti) inflammation of side of eyelid; enclosure for pigs; dirty room अनजनहारी; सुअर बाड़ा; गन्दा कमरा انجنہاری؛ گوہانجنی؛ سورخانہ؛ گندہ کمرہ

Style : *n*. (stail) manner of writing; design; sort लेखन ढंग; शैली; तरीका; प्रकार; फैशन اسلوب؛ طرز؛ انداز؛ قسم؛ نمونہ؛ ڈیزائن

Stylish : *adj*. (sti-lish) having own style; fashionable फैशनेबुल; तरहदार; सजीला صاحبِ طرز؛ شاندار؛ فیشن ایبل

Styptic : *adj*. (sti-ptik) that stops bleeding रक्तस्तंभक; रक्त बन्द करने वाला خون بند کرنے والا؛ خون روکنے والا

Suable : *adj*. (siu-able) that may be sued काबिले मुवाख़ेजा قابلِ مواخذہ

Suavity : *n*. (swae-viti) sweetness; pleasantness; gentleness मिठास; कोमलता; मधुरता شیرینی؛ اخلاق؛ چکنی چپڑی باتیں

Sub : *pref*. (sub) junior उप; छोटा; मातहत ماتحت؛ نائب؛ چھوٹا؛ زیرنگرانی

Subaltern : *adj*. subordinate; inferior आधीन; परतन्त्रता ماتحت؛ محکوم

Subcommittee : *n*. minor body of a committee उपसमिति ذیلی کمیٹی؛ ذیلی مجلس

Subconscious : *adj&n* . (sub-kon-shus) of a state of inactive consciousness अवचेतना; अवचेतन لاشعوری؛ نیم شعوری؛ تحت الشعور کا

Subcontinent : *n*. a large independent part of a continent उपमहाद्वीप برعظیم؛ براعظم

Subdivide : *v*. to divide further प्रविभाजन تقسیم در تقسیم

Sudue : *v*. (sub-dew) to conquer; to over come; to bring under control; to tame विजय पाना; सिधाना; पराजित क. فتح کرنا؛ مغلوب کرنا؛ زیر کرنا؛ قابو کرنا

Subeditor : *n*. editor who check and edit the news उपसम्पादक سب ایڈیٹر؛ نائب مدیر

Subheading : *n*. minor heading उपशीर्षक ذیلی عنوان

Subjacent : *adj*. lying under नीचे का; तले का نیچے کا؛ تلے کا

Subject : *n*. (sub-jekt) topic; something studied at school; governed people; citizen national विषय; प्रजा; नागरिक موضوع؛ مضمون؛ رعایا؛ رعیت؛ شہری باشندہ

Subjection : *n*. subjecting or being subjected वशीकरण زیر کرنا یا ہونا؛ محکوم بنانا

Subjective : *adj*. belonging to consciousness; of individual point of view आत्मा सम्बन्धी; अधिकरण सम्बन्धी نفسی یا ذاتی علم کا

Subjoin : *v*. add as an appendix अन्त में जोड़ देना آخر میں لگادینا؛ آخر میں جوڑ دینا

Subjugate : *v*. (sub-ju-gayt) subdue वश में क.; वशी भूत क. زیر کرنا؛ مغلوب کرنا

Subjudice : *adj*. (sub-jew-di-s) being heard by the court न्यायलय में सुनवाई زیر سماعت

Subjunctive : *adj*. subjoined to something; a mood; मिला हुआ; जिस वाक्य में शर्त पाई जाए ملحق؛ شرطیہ

Sublet : *v*. (sub-let) to let to another person; what oneself holds as tenant किसी अन्य पुरुष को अपना मकान किराये या ठेका इत्यादि देना; शिकमी पट्टा देना کسی دوسرے آدمی کو اپنا مکان کرائے پر یا ٹھیکہ دینا؛ شکمی پٹہ دینا

Sublimate : *v*. (sub-li-mayt) to refine and elevate परिशुद्ध क.; ऊंचा क. صاف کرنا؛ سرفراز کرنا

Sublime : *v*. to exalt; to heighten विशिष्ट क.; उन्नत क.; ऊंचा उठाना بلند کرنا؛ ممتاز کرنا؛ عالی مرتبہ دینا

Sublime : *adj*. best; highest; high place उत्कृष्ट; उन्नत; विशिष्ट برتر؛ بہترین؛ بلند؛ ممتاز؛ عالی مرتبہ

Sublunar : *adj*. under the moon; terrestrial; earthly चन्द्रमा के नीचे؛ چاند تلے؛ تحت القمر

Submarine : *adj*. (sub-me-reen) lying under surface of the sea; under the surface of water sea समुन्द्र की तह में; समुद्र के नीचे آبدوز؛ تحت البحری؛ سمندر کی تہ میں

Submarine : *n*. under water ship or boat पनडुब्बी آبدوز کشتی؛ سب میرین؛ آبدوز

Submerge : *v*. (sub-me-rg) to put under water डुबोना; डुबा देना غرق کرنا؛ ڈبونا؛ غرقاب کرنا

Submersion : *n*. (sub-mer-shen) the act of putting under water डुबकी; गोता ڈبکی؛ غوطہ

Submission : *n*. (sub-mish-en) submitting; obedience; meekness; suggestion आज्ञाकारिता; नम्रता; अनुदेश; अनुरोध اطاعت؛ فرمانبرداری؛ تابعداری؛ گذارش؛ معروضہ

Submissive : *adj*. (sub-mis-iv) obedient; tractable; meek आज्ञाकारी; दब्बू; विनम्र فرمانبردار؛ اطاعت شعار؛ اطاعت پذیر؛ عاجز

Submit : *v*. (sub-mit) to yeild; to surrender; to let down; to resign to authority मानलेना; अधिकार मान लेना; हार मानना; आत्मसमपर्ण क. مان لینا؛ اطاعت کرنا؛ تسلیم کرنا

Subnormal : *adj*. below normal अवसामान्य کم درجے کا؛ اوسط درجے کا؛ اوسط سے کم درجے کا

Subordinate : *adj*. (sub-o-rd-i-net) inferior in rank अधीन; मातहत ماتحت؛ (کا) چھوٹا

Subordinate : *n*. person in a subordinate position; an inferior person अधीनस्थ कर्मचारी; मातहत ماتحت عہدیدار؛ زیرحکم؛ تابع

Subordination : *n*. state of being inferior आज्ञाकारी; आधीनता ماتحتی؛ تابعداری

Suborn : *v*. (sew-bo-rn) bribe to commit perjury or crime; to take a false oath घूंस देकर अपराध कराना; झूठी कसम दिलाना; मिथ्या शपथ दिलाना جھوٹی گواہی دلانے یا جرم پر آمادہ کرنے کے لیے رشوت دینا؛ دروغ حلفی؛ جھوٹی قسم کھانا

Subpoena : *n*. (sub-pee-ne) summon सम्मन عدالت کا بلاوا؛ سمن

Subscribe : *v*. (sub-skrib) to donate

the amount; pay subscription; to sign चन्दा देना; ग्राहक बनना; हस्ताक्षर क. چندہ دینا؛ خریدار بننا؛ دستخط کرنا

Subscriber : *n.* one who pays subscription; one who signs चन्दा देने वाला; हस्ताक्षर करने वाला چندہ دینے والا؛ دستخط کرنے والا

Subscription : *n.* contribution; donation; signature; attestation चन्दा; हस्ताक्षर; प्रमाण چندہ؛ دستخط؛ تصدیق

Subsequent : *adj.* (sub-si-kwent) later; following; not preceding पिछला; अन्त का پچھلا؛ بعد کا؛ موخر؛ اگلا

Subsequently :*adj.* so as to follow in train; at a later time; later पश्चात; अन्त में مابعد؛ آخر میں؛ پیچھے

Subserve : *v.* (sub-se-rv) to serve as means में सहायक होना; में उपयोगी होना ذریعہ ہونا؛ فائدے مند ہونا؛ مددگار ہونا

Subservient : *adj.* (sub-se-r-vi-ent) serving as a tool; serviceable सहायक; सेवक; आज्ञाकारी معاون؛ مددگار؛ تابعِ فرمان

Subside : *v.* (sub-sid) to go down to normal level; to sink down wards; to become quiet तलेबैठना; लुप्त होना; शान्त होना; धंस जाना عام سطح پر آنا؛ تہ نشین ہونا؛ خاموش ہوجانا

Subsidiary : *adj.* (sub-sid-ye-ri) serving as support; assistant brought in and सहायक ذیلی؛معاون؛ مددگار

Subsidise : *v.* (sub-si-diz) to give a subsidy आर्थिक सहायता امداد دینا؛ مالی معاونت کرنا

Subsidy : *v.* (sub-si-di) grant by government; an aid आर्थिक सहायता مالی امداد؛ مدد

Subsist : *v.* (sub-sist) to exist; to have means of living; to maintain जीवित रहना; निर्वाह क. موجود رکھنا؛ زندہ رہنا؛ بسر اوقات کرنا؛ گزارہ کرنا

Subsistence : *n.* means of support; existence; what one lives on; liveli hood अस्तित्व; हस्ती; जीविका; जीवन निर्वाह زندگی؛ وجود؛ ہستی؛ غذا؛ گزارہ

Substance : *n.* (sub-stens) something existing; essential part; something real; body; wealth; possessions वस्तु; धन; पदार्थ; जौहर شے؛ چیز؛ اصل حقیقت؛ مال؛ جائداد؛ جوہر؛ مادہ

Substantial : *adj.* (sub-stansh-el) solidly built; real; corporeal ठोस; असली; वास्तविक مضبوط؛ ٹھوس؛ اصلی؛ مادی؛ جسمانی

Substantiate : *v.* (-i-ayt) to prove by giving reason or facts स्थिर क.; प्रमाणित क.; साबित क.; सिद्ध क. ثابت کرنا؛ ثبوت مہیا کرنا

Substantive : *n.* a noun betokening a thing संज्ञा; नाम اسم؛ نام

Substantive : *adj.* solid; real; basic ठोस; वस्तिविक; मौलिक ٹھوس؛ اصلی؛ بنیادی

Substitute : *n.* (sub-sti-tewt) one acting for another; person or thing taking the place of another प्रतिनिधि; बदल قائم مقام؛ بدل؛ اصل کی جگہ لینا

Substitute : *v.* to put in the place of another तबादला क.; प्रतिनिधि تبادلہ کرنا؛ قائم مقام بنانا

Substitution : *n.* (-tew-shen) the act of placing any person or thing in the room of another बदल; तबादला; प्रतिनिधि تبادلہ؛ بدل؛ معاوضہ؛ قائم مقام

Subtend : *v*. (sub-tend) to extend underneath नीचे फैलाना نیچے پھیلانا

Subterfuge : *n*. (sub-te-r-fewj) evasion; trick; dodging excuse छल; कपट; धोखा حیلہ؛ مکر؛ بہانہ؛ عیاری؛ ٹالنے کی ترکیب؛ سخن سازی

Subterranean : *adj*. (sub-te-ray-ni-en) lying under the earth; underground पृथ्वी के नीचे زیر زمین؛ زمین دوز

Subtile : *adj*. (sub-til) nice; acute; thin; cunning सुन्दर; कोमल; पतला; मक्कार; चालाक لطیف؛ عیار؛ مکّار؛ رقیق

Subtilty : *n*. thinness; cunningness सूक्ष्मता; तीव्रता باریکی؛ عیاری

Subtle : *adj*. (subt-el) too fine to be easily perceived; mysterious; sensitive सूक्ष्म; तीव्र; गहरा; हस्सास; चालाक باریک؛ لطیف؛ گہرا؛ حسّاس؛ عیّار

Subtlety : *n*. (subt-el-ti) fineness; artfulness; सूक्ष्मता; बारीकी; चतुरता; निपूणता; चालाकी لطافت؛ نکتہ سنجی؛ باریکی؛ عیاری؛ چالاکی

Subtract : *v*. (sub-trakt) to minus; to take away part घटाना; शेष निकालना تفریق کرنا؛ گھٹانا

Subtraction : *n*. deduction; the act of taking away part from the whole; act of subtracting घटाव; रोष تفریق؛ گھٹاؤ

Suburb : *n*. (sub-erb) outlying area of city नगर के आस पास का भाग; उपनगर نواحی بستی؛ انواح شہر؛ سرحد

Suburban ; *adj*. of or in a suburb उपनगरीय قصباتی؛ نواحی

Subversion : *n*. (sub-ve-r-shen) subverting; ruin; destruction; overthrow विनाश; उच्छेदन; समापन تخریب؛ پائمالی؛ انقلاب

Subversive : *adj*. tending to subvert विनाशक; विद्रोही تخریبی؛ انقلابی

Subvert : *v*. to overthrow; to ruin; to overturn नष्ट क.; उलट पुलट क. تباہ کرنا؛ برباد کرنا؛ تہ وبالا کرنا

Subway : *n*. (sub-way) underground passages; underground way for crossing the road सुरंगपथ; तल मार्ग سب وے؛ زمین دوز راستہ؛ زیریں راہ

Succeed : *v*. (suk-seed) accomplish; follow someone सफलता प्राप्त क.; के पश्चात् आना; के स्थान पर काम क. کامیاب ہونا؛ کا جانشین ہونا؛ کسی کے بعد آنا

Success : *n*. (suk-ses) winning; succeeding; happy termination of any affair विजय; सफलता کامیابی؛ فتحمندی

Succession : *n*. (-sesh-en) a series of things or persons following one another; comming after अनुक्रमण; पश्चात होना; पश्चात आना جانشینی؛ تسلسل؛ بعد ہونا؛ بعد آنا

Successive : *adj*. (-ses-iv) consecutive क्रमिक; निरन्तर لگاتار؛ مسلسل؛ پے در پے

Successor : *n*. (-ses-er) person or thing that succeeds another; one who succeeds to another उत्तराधिकारी جانشین؛ وارث؛ بعد میں آنے والا

Succinct : *adj*. (suk-sinkt) terse; concise; brief संक्षिप्त; सारिक مختصر اور جامع؛ مختصر ومکمل؛ خلاصہ

Succour : *v*. (suk-er) to relieve; to

help सहायता क.; मदद क.; अवश्यकता के समय दी हुई सहायता مدد کرنا؛ اعانت کرنا؛ چارہ سازی کرنا؛ امداد کرنا

Succulent : *a.* (suck-ew-lent) juicy fruit; moist रस भरा; रसीला عرق دار؛ رسیلا؛ رس بھرا

Succumb : *v.* (su-kum) to sink under difficulty; to yield आधीन होना; कष्ट से दब जाना; हार मान लेना دب جانا؛ زیر ہونا؛ شکار ہونا؛ ہار مان لینا

Such : *pron.* (such) of that; the like kind; that यह; ऐसा; इस प्रकार का; इस तरह का یہ؛ ایسا؛ اس طرح کا؛ اس قدر؛ اس جیسا

Such as : *ph.* for example उदाहरण के तौर पर مثلاً؛ مثال کے طور پر

Suck : *v.* (suk) to absorb; to extract moisture सोखना; चूसना جذب کرنا؛ چوسنا؛ کھینچنا

Suck : *n.* pump-piston; pipe for sucking through; suction फिशारा; चूसने की नली; चूसना فشارہ؛ چوسنے کی نلی؛ چوسنا

Sucking : *adj.* a sucking child; in experienced दूध पीता; अनाड़ी; कच्चा دودھ پیتا؛ اناڑی؛ ناتجربہ کار

Suckle : *v.* (suk-el) to feed at the breast; to nurse with milk from the breast स्तनपान कराना; चुसाना دودھ پلانا؛ چسانا

Suckling : *n.* (suk-ling) infant; a sucking child; young animal still being suckled दूध पीने वाला बालक या पशु دودھ پیتا بچہ؛ شیر خوار بچہ؛ دودھ پیتا جانور

Suction : *n.* (suk-shen) sucking; the act of sucking up चुसकी; चूसना چوسنا؛ جذب کرنا؛ دم کشی؛ چسکی

Sudden : *adj.* (sud-en) quick; unexpected; hasty; not giving notice आकस्मिक; सहसा; अचानक اچانک؛ یکایک؛ اتفاقیہ؛ ناگہانی

Suddenly : *adv.* all of a sudden एकाएक; अचानक; अकस्मात अचानک؛ ایکا ایکی؛ دفعتاً

Suds : *n.* (sudz) soap froth; a lixivium of soap and water साबुन का झाग; पानी जिस में साबुन का फेन मिला हो صابن کا جھاگ؛ پانی جس میں صابن کا جھاگ ملا ہو

Sue : *v.* (sew) to prosecute by law; go to law against; to beg मुक़दमा दायर क.; प्रार्थना क. نالش کرنا؛ درخواست کرنا

Suet : *n.* (sew-et) fat as a cooking medium गो-वसा; कड़ी चर्बी پٹھ کی چربی؛ پگھلنے والی چربی؛ سخت چربی

Suffer : *v.* (suff-er) to feel; to be in trouble; to be struck with भुगतना; झेलना; उठाना; दुख भोगना اٹھانا؛ جھیلنا؛ برداشت کرنا؛ مبتلا ہونا

Suffering : *n.* (suf-e-ring) trouble; what one has to endure पीड़ा; कष्ट; दर्द تکلیف؛ مصیبت؛ رنج؛ پریشانی

Suffice : *v.* (su-fis) to be enough; sufficient; to content पर्याप्त होना; संतुष्ट होना کافی ہونا؛ مطمئن ہونا

Sufficiency : *n.* being sufficient; sufficient quantity पर्याप्ति; पर्याप्त मात्रा; काफ़ी کفایت؛ کافی؛ مقدار؛ آسودگی

Sufficient : *adj.* (sufish-ent) enough बस; काफ़ी کافی؛ وافر

Suffix : *n.* (suf-iks) a letter or ayllable added at end of the word शब्द के अन्त में प्रत्यय जोड़ना لاحقہ؛ لفظ کے آخر میں لگایا جانے والا حرف

Suffocate : *v.* (suf-o-kayt) to choke; to smother; to stifle गला घूंटना; दम घुंटना; गला दबाना گلا گھونٹنا؛ دم گھٹنا؛ گلا دبانا

Suffocation : *n.* (-kay-shen) murder by chocking; chose atmosphere घुंटन; दम घुटना گھٹن؛ دم گھٹنا؛ حبس؛ امس

Suffrage : *n.* (suf-rij) a vote; approbation; vote; for a member of the legislature; right to vote मत; साक्षी; मताधिकार رائے؛ شہادت؛ پارلیمانی انتخاب میں ووٹ دینا؛ حق رائے دہی

Suffuse : *v.* (su-fewz) to spread slowly over; to spread over with a tincture फैल जाना; फैलाना; छा जाना چھا جانا؛ پھیل جانا؛ پھیلانا

Sugar : *n.* (shoo-ger) the native salt of sugar-cane; sweet grains or powder खांड; चीनी; शकर چینی؛ کھانڈ؛ قند؛ شکر

Sugar-Candy : *n.* sugar crystallized मिस्री مصری؛ قند

Sugar-Cane : *n.* cane yielding sugar; the plant from which juice is obtained गन्ना; ईख گنا؛ اکھ

Sugar-Coat : *v.* to make palatable by sugar coat चीनी का लेप लगाना; नागवार को गवारा बनाना; आकर्षक बना देना ناگوار کو گوارا بنانا؛ چینی لپٹی ہوئی یا چڑھائی ہوئی

Sugar-Coated : *adj.* sugar coated pills चीनी लगी गोलियाँ شکر چڑھی ہوئی گولیاں

Sugar-Crystals : *n.* grain of sugar चीनी के दाने چینی کے دانے

Sugar-Cubo : *n.* see Sugar candy

Sugr-mill/-Refinery : *n.* mill manufacturing sugar चीनी बनाने का कारखाना; ईख का कोल्हू چینی بنانے کی مل؛ شکر سازی کارخانہ؛ کھانڈ کا کارخانہ

Sugary : *adj.* (shoo-geri) containing sugar; sweet चीनी जैसा; मीठा چینی جیسا؛ میٹھا

Suggest : *v.* (su-jest) to propose; to point out; to hint; to bring into the mind प्रस्ताव रखना; संकेत क.; सुझाना; सूचित क. تجویز پیش کرنا؛ اشارہ کرنا؛ جتانا؛ باخبر کرنا

Suggestion : *n.* (su-jes-shen) proposal; intimation; notice; idea प्रस्ताव; संकेत; सूचना; विचार تجویز؛ اشارہ؛ اطلاع؛ خیال

Suicidal : *adj.* (sew-i-si-del) amounting to suicide; harmful आत्मघातक; हानीकारक خودکشی کے مترادف؛ نقصان دہ

Suicide : *n.* (se-i-sid) deliberately killing one self; a self murder आत्महत्या خودکشی

Suit : *n.* (sewt) set of clothes of the same cloth; request; case in a court of law; petition proposal for marriage सूट; जोड़ा; निवेदन; नालिश; याचना; विवाह प्रस्ताव سوٹ؛ جوڑا؛ عرض؛ معروضہ؛ مقدمہ؛ نالش؛ دعویٰ؛ شادی کی درخواست

Suit : *v.* to satisfy the needs of; to fit; to accord अनुकूल होना; ठीक आना; मेल खाना کافی ہونا؛ موافق ہونا؛ ٹھیک آنا

Suitable : *adj.* (sewt-a-bel) right; according; agreeable to उचित; उपयुक्त; अनुकूल موزوں؛ شایاں؛ موافق؛ مطابق

Suitability : *n.* being suitable उपयुक्तता موزونیت؛ مناسبت

Suitcase : *n.* (sewt-kaus) a small

case for carrying one's clothes सूटकेस سوٹ کیس

Suite : *n.* (sweet) personal attendants of a sovereign; a flat परिकर; फलैट خدم وحشم؛ فلیٹ

Suited : *adj.* (sewt-id) fit; appropriate; quailified उपयुक्त; योग्य مناسب؛ موزوں

Suitor : *n.* (sew-ter) a petitioner; a wooer; मुद्दई; विवाहार्थी مدعی؛ دعویٰ دائر کرنے والا؛ شادی کی درخواست کرنے والا

Sulk : *v.* (sulk) to be silently sullen morose; gloomy उदास होना; रुठना; अप्रसन्न होना اداس ہونا؛ غمگین ہونا؛ رنجیدہ ہونا؛ روٹھا ہوا ہونا

Sulky : *adj.* gloomy; bad tempered रुठा हुआ; उदास; चिड़ाचड़ा; अप्रसन्न رنجیدہ؛ اداس؛ چڑچڑا؛ کشیدہ

Sullen : *adj.* (sul-en) gloomy; dismal; obstinate उदास; नाराज़; रुठा हुआ غمگین؛ اداس؛ رنجیدہ؛ ناراض؛ روٹھا ہوا

Sully : *v.* (suli) to stain (some one's good name) धब्बा लगाना; कलंकित क. (عزت کو) داغ لگانا یا دھبہ لگانا؛ کلنک کا ٹیکہ لگانا

Sulphur : *n.* (sul-fer) a pale yellow non metallic element; brimstone गन्धक گندھک؛ کبریت

Sulphuric acid : *n.* acid made from sulphur गन्धक का तेज़ाब گندھک کا تیزاب

Sultry : *adj.* (sul-tri) hot and close (weather) गर्म; उमसदार گرم؛ حبس والا؛ اُمس والا (موسم)

Sum : *n.* (sum) a certain quantity of money; problem in arithmetic; total धन संग्रह; जोड़; जमा; गणित का प्रश्न رقم؛ میزان؛ حساب کا سوال

Summarize : *v.* (sum-e-riz) to make a summary of सारांश या सार प्रस्तुत क. خلاصہ کرنا؛ تلخیص کرنا

Summarily : *adv.* briefly; in the shortest way संक्षेप में; सरसरी तौर पर या ढंग से سرسری طور پر؛ مختصراً؛ مختصر طور پر

Summary : *n.* (sum-e-ri) precis; short restatement of chief points; done without delay; concise संक्षेप; सरसरी خلاصہ؛ تلخیص؛ سرسری

Summer : *n.* (sum-e-ri) warm season; the second and warm season of the year ग्रीष्म ऋतु; गर्मी موسم گرما؛ گرمی کا موسم

Summer-House : *n.* bangla; a pleasure house in a garden बंगला; बाग़ की बारादरी بنگلہ؛ باغ کی بارہ دری

Summer Vacation : *n.* long period of holidays during summer ग्रीष्म अवकाश تعطیلاتِ موسم گرما؛ گرمیوں کی چھٹیاں

Summersault : *n.* summerset कलाबाज़ी قلابازی

Summit : *n.* (sum-it) top of hill; highest end; perfection चोटी; शिखर; हद چوٹی پہاڑ کی؛ حد؛ انتہا؛ منتہا؛ کمال

Summon : *n.* (sum-en) order to appear before judge सम्मन سمن؛ پروانۂ طلبی

Summon : *v.* to issue orders to appear in a court of law; citation; call सम्मन भेजना; बुलवा भेजना پروانۂ طلبی جاری کرنا؛ سمن بھیجنا؛ عدالت میں طلب کرنا؛ بلوا بھیجنا

Summum Bonum : *n.* (sum-um-boh-num) maximum good सबसे अधिक

भलाई سب سے زیادہ بھلائی؛ خیر کثیر

Sumptuous : *adj*. (sum-tew-us) magnificent; expensive; splendid क़ीमती; बहुमूल्य; शानदार شاندار؛ بیش قیمت

Sun : *n*. (sun) the luminary that makes the day; star of solar system; light of the sun सूर्य; दिवाकर; दिनकर آفتاب؛ سورج؛ دھوپ

Sunbath : *n*. basking धूप स्नान; आतप स्नान دھوپ کھانا؛ دھوپ غسل

Sunbeam : *n*. a ray of the sun सूर्य की किरण سورج کی کرن؛ سورج کی شعاع

Sunblin : *n*. external shade of window झिलमिली کھڑکی کا سائبان

Sunday : *n*. day after saturday; day before monday रविवार اتوار

Sunder : *v*. (sun-der) to sever; to separate; to divide into parts अलग क.; काट डालना; दो टुकड़े क. جدا کرنا؛ الگ کرنا؛ کاٹ ڈالنا؛ دوحصوں میں تقسیم کرنا

Sundial : *n*. dial showing time through shade धूप घड़ी دھوپ گھڑی

Sundown : *n*. sun set सूर्यास्त غروبِ آفتاب

Sundries : *n*. (sun-driz) various small items; oddments; several things भिन्न-भिन्न वस्तु متفرقات؛ مختلف چیزیں

Sundry : *adj*. (sund-ri) various नाना; विविध; कई متفرق؛ مختلف؛ کئی

Sunflower : *n*. a tall plant with large yellow flowers सूर्यमुखी سورج مکھی

Sunny : *adj*. (sun-i) bright with sunlight; clear; exposed to the sun धूप से रोशन; गर्म; कान्तिमान دھوپ سے روشن؛ گرم

Sunproof : *adj*. impervious to sunlight जिस पर सूर्य की धूप असर ना करे جس پر دھوپ اثر نہ کرے

Sunrise : *n*. rising of the sun; the time of sun rise सूर्य उदय; सवेरा طلوعِ آفتاب؛ فجر؛ سویرا

Sunset : *n*. setting of the sun; the time of sun setting सुर्यास्त; सांझ غروبِ آفتاب؛ شام

Sunshade : *n*. parasol; ladies umbrella; shade of tarpaulin outside a shop; sunblind जनाना छाता; झिलमिली زنانہ چھاتا؛ دکان کا سائبان

Sunshine : *n*. bright sunlight; the radiant light of the sun सूर्य का प्रकाश; धूप سورج کی روشنی؛ دھوپ؛ چمک

Sunspot : *n*. spot on the sun सूर्य-कलंक سورج کا داغ؛ داغِ آفتاب

Sunstroke : *n*. effect of heat creating unconscousness; a fatal illness caused by exposure to the sun लू; धूप आघात لو کا اثر؛ لو

Sunup : *v*. see Sunrise

Sunworship : *n*. adoration of sun सूर्य पूजा; सूर्य उपासना سورج کی عبادت کرنا؛ سورج کو پوجنا

Sup : *v*. (sup) to drink by sips; to take supper घूटं-घूँट पीना; सायंकाल का भोजन گھونٹ گھونٹ کرکے پینا؛ شام کا کھانا کھانا

Super : *pref*. (sewp-er) more; greater than अधि; उच्च; अति فوق؛ مافوق؛ ماورا؛ بے حد

Superabundance : *n*. more than enough अत्याधिक افراط؛ کثرت

Superannuate : *v*. (-an-ew-ayt) retire

and give old age pension; to impair by age सेवा निवृत्त क.; वृद्ध होना پیرانہ سالی کے باعث سبکدوش کر کے پنشن دینا؛ بوڑھا ہونا؛ سال خوردہ ہونا

Superb : *adj*. (sew-perb) magnificent; grand; pompous भव्य; शानदार; आलीशान نہایت شاندار؛ عظیم؛ عالیشان

Supercilious : *adj*. (sew-per-sil-i-us) haughty घमण्डी; मग़रूर متکبر؛ نخوت پسند؛ مغرور

Supererogation : *n*. (-gay-shen) more than prescribed work; doing more than duty कर्तव्य से अधिक कार्य क. نفل؛ فرضِ منصبی سے زیادہ؛ زیادتی؛ فرض سے زیادہ کام

Superogatory : *adj*. unnecessary work अनावश्यक نفلی؛ فرضِ منصبی سے زیادہ؛ غیرضروری

Superficial : *adj*. (sew-per-fish-el) of the surface; contrived to cover something shallow ऊपरी; सतह का; थोड़ा سطحی؛ اوپری؛ تھوڑا

Superficies : *n*. (-fi-shes) the outside or surface सतह; क्षेत्र سطح؛ میدان

Superfine : *adj*. (-er-fin) very fine; eminently fine अति-उत्तम; सूक्ष्म نفیس؛ نہایت عمدہ؛ بہت بڑھیا؛ باریک

Superfluity : *n*. (-er-floo-i-ti) addition; excess; being superfluous अतिरेक; अत्यधिकता; फालतू اضافی؛ فالتو؛ فاضل؛ افراط

Superfluous : *adj*. (soop-er-floo-us) more than is needed; exurbant; unnecessary व्यर्थ; अनावश्यक فضول؛ فالتو؛ زائد

Superhuman : *adj*. above the power of man; supernatural; divine मनुष्य की शक्ति से अधिक; दैवी انسانی طاقت سے باہر؛ آسمانی؛ دیوی

Superintend : *v*. (sewp-er-in-tend) to arrange; to direct work; to oversee; to manage देख-भाल क.; प्रबंध क. انتظام کرنا؛ نگرانی کرنا

Superintendent : *n*. (sewp-e-rin-ten -dent) official manager; suervisor प्रबन्धक; निरीक्षक ناظم؛ نگراں؛ سپرنٹنڈنٹ

Superior : *adj*. (soopee-ri-er) higher; greater; better than average श्रेष्ठ; उत्तम اعلیٰ؛ برتر؛ بڑھیا؛ اول درجے کا؛ عمدہ؛ بہتر

Superiority : *n*. (soo-pee-rio-ri-ti) being better; excellence; preminence उत्तमत्ता; श्रेष्ठता; वरिष्ठता برتری؛ تفوق؛ فضیلت

Superlative : *adj*. (soo-per-le-tiv) best; implying the highest degree सर्वोत्तम; अत्युत्तम اعلیٰ؛ افضل؛ بہترین

Superman : *n*. (sew-per-man) man with superior form of evolution अतिमानव فوق البشر؛ سپرمین

Supernatural : *adj*. (-nach-e-ral) surpassing nature; miraculous; above ordinary nature अलौकिक; उदुभुत کراماتی؛ عجیب؛ مافوق الفطرت

Supernumerary : *adj*. above a stated number अधिक संख्या का معمولی تعداد سے زیادہ

Superscription : *n*. (sew-pers-krip-shen) a writing on the outside बाहरी भाग का; ऊपर का लेख; पता پتہ؛ بالائی تحریر

Supersede : *v*. (sewp-er-seed) to oust; to cancel; to suspend का स्थान

लेना; हटा देना; रद्द क.; निकाल देना کی جگہ لینا؛ کومنسوخ کرنا؛ کورد کرنا؛ کومعطل کرنا

Supersonic : *adj.* (-so-nik) faster than sound पराध्वनिक فوقِ صوت؛ بالائے صوت؛ آواز سے بھی تیز

Superstition : *n.* (-stish-en) false devotion or religion भ्रम; मिथ्या धर्म; अन्धविश्वास اوہام پرستی؛ وہم

Superstitious : *adj.* (-us) addicted to superstition अन्धविश्वासी; मिथ्यार्धमी وہمی؛ توہم پرست

Superstructure : *n.* (-struk-cher) upper part of building अधि रचना بالائی منزل؛ بالائی عمارت

Supertax : *n.* (sewp-er-taks) additional income tax on higher incomes अधिकर زائد محصول؛ سپر ٹیکس

Supervene : *v.* (-veen) to come in between; to come unexpectedly बीच में आना; आ टपकना; अकस्मात आ जाना حائل ہونا؛ بیچ میں آنا؛ نازل ہونا

Supervise : *v.* (sewp-er-viz) to oversee; to inspect; to manage देख भाल क.; जांच क.; प्रबन्ध क. نگرانی کرنا؛ معائنہ کرنا؛ انتظام کرنا

Supervision : *n.* (-vizh-en) overseeing; the act of supervising देख-भाल; जांच; परीक्षा نگرانی؛ معائنہ؛ دیکھ بھال

Supervisor : *n.* (-vi-zer) overseer; superintendent निरीक्षक; पर्यवेक्षक نگراں؛ منتظم

Supine : *adj.* (sew-pin) lying with the face upwards; inactive; slow to act; heedless; indolant चित लेटा हुआ; अचेत; उदास چت؛ پیٹھ کے بل لیٹا ہوا؛ سست؛ چاروں شانے چت

Supper : *n.* (sup-er) last meal of the day; dinner; the evening meal सांयकाल का भोजन; रात का खाना شام کا کھانا؛ رات کا کھانا

Supplant : *v.* (sup-lahnt) supersede; to displace by stratagem किसी का स्थान लेना; निकाल देना کی جگہ لینا؛ کسی کی جگہ لے لینا؛ نکال دینا

Supple : *v.* (sup-el) to make soft; to make flexible नर्म क.; कोमल बनाना نرم بنانا؛ ملائم کرنا؛ لچکدار بنانا

Supple : *adj.* flexible; not stiff; adaptable कोमल; नर्म; प्रभाव पड़ना نرم؛ لچکدار؛ اثر پذیر

Supplement : *n.* (sup-le-ment) something added after to complete; an addition to supply defects; extra issue of periodical परिशिष्ट; शेष पूर्ति ضمیمہ؛ تکملہ؛ تتمہ

Supplementary : *adj.* (-mente-ri) additional; extra पूरक; फालतू; संपूरक مزید؛ فالتو؛ اضافی

Suppliant/Supplicant : *n.* (sup-li-ent/-kant) one supplicating; one begging for some boon प्रार्थना करने वाला; निवेदक ملتجی؛ رحم کا طالب؛ فریادی

Supplicate : *v.* (-kayt) to implore; to ask humbly प्रार्थना क.; विनती क. التماس کرنا؛ عرض کرنا؛ درخواست کرنا

Supplication : *n.* (-kay-shen) an humble petition; supplicating विनती; प्रार्थना; निवेदन; याचना التجا؛ منت؛ عاجزانہ التجا

Supplies : *n.* (sup-liz) stores for some public need रसद رسد

Supply : *v.* (sup-lei) supplying; to

provide; to make available सप्लाई क.; उपलब्ध क. بہم رسائی؛ مہیا کرنا؛ بہم پہنچانا

Support : *v.* (sepoh-rt) to sustain; to endure; to maintain; to encourage; to provide for; to give strength to; to help सहारा देना; सहायता देना; बल प्रदान क. سہارا ہونا؛ تائید کرنا؛ حمایت کرنا؛ خرچ برداشت کرنا؛ مدد دینا

Support : *n.* a prop; help; maintenance; supporting टेक; आश्रय; सहायता سہارا؛ تائید؛ حمایت؛ مدد؛ امداد

Supporter : *n.* one who supports समर्थक; हिमायती; सहायता करने वाला حامی؛ مددگار؛ مدد کرنے والا؛ حمایتی

Suppose : *v.* (se-pohz) to presume; to assume; to imagine मान लेना; अनुमान क. مان لینا؛ قیاس کرنا؛ فرض کرنا

Supposed : *adj.* (se-pohzd) assumed; presumed कल्पित; माना हुआ مفروضہ؛ فرض کیا ہوا؛ قیاس کیا ہوا

Supposedly : *adv.* according to general belief अनुमान के तौर पर مبینہ طور پر

Supposing : *conj.* if assuming अनुमान कीजिये; कल्पना कीजिये فرض کیجیے؛ بالفرض

Supposition : *n.* (sup-o-zish-en) supposing; assumption; idea कल्पना; अनुमान; तर्क قیاس آرائی؛ خیال آرائی؛ مفروضہ؛ خیال

Suppress : *v.* (sup-res) to crush; to put down; to put an end; to with-hold दबाना; कुचल देना; गुप्त रखना; न बताना; समाप्त क. دبانا؛ کچل دینا؛ خاتمہ کرنا؛ پوشیدہ رکھنا؛ نہ بتانا

Suppressed : *adj.* (sup-rest) banned; withheld; curbed प्रतिबन्ध लगाया हुआ; ज़ब्त किया गया; न बताया हुआ; दबा हुआ ممنوعہ؛ ضبط شدہ؛ نہ بتایا ہوا؛ پوشیدہ رکھا ہوا؛ دبا ہوا

Suppression : *n.* (-resh-en) suppressing; the act of suppressing प्रतिबन्ध; गुप्त; निषेध امتناع؛ اخفاء؛ خاتمہ

Suppurate : *v.* (sup-ew-rayt) to form pus; to generate pus पीप पड़ना; पकना پیپ پڑنا؛ پکنا؛ مواد پڑنا

Supremacy : *n.* (soop-reme-si) being supreme; highest authority; the height of authority प्रधानता; सर्वश्रेष्ठता برتری ؛فوقیت؛ حاکم اعلیٰ

Supreme : *a.* (soop-reem) highest in rank or authority; highest dignity अतिउत्तम; श्रेष्ठ اعلیٰ؛ برتر؛عظمت؛ برتری

The supreme being : *n.* god भगवान; खुदा خدائے تعالیٰ؛ خدائے برتر

The supreme court : *n.* the apex court सबसे बड़ा न्यायालय عدالت عالیہ؛ سب سے بڑی عدالت

Surcharge : *n.* (ser-chah-rj) additional charge; extra load; fine for underpayment; new value printed on stamp अधिशुल्क; अधिमूल्य; अधिभार مزید رقم؛ مزید بوجھ؛ جرمانہ؛ نئی قیمت

Sure : *adj.* (shoo-er) certain; trustworthy; definite; without doubt निश्चित; स्थिर; भरोसे का; बेशक; निसन्देह شک نہ رکھنے والا؛ یقینی؛ قابلِ اعتبار؛ پکا؛ بلا شبہ؛ بے شک

Surely : *adj.* (shoo-er-li) certainly; definitely निश्चित रुप से; अवश्य یقیناً؛ لازما

Surety : *n.* (shoo-er-ti) guarantee; security; bail; hostage जमानत; प्रतिभूति ضمانت؛ سیکورٹی؛ یقین

Surf : *n.* (se-rf) foam of waves समुद्री फेन; लहरों का झाग کفِ دریا؛ لہروں کا جھاگ

Surface : *n.* (ser-fis) exposed side; out ward appearance; the superficies सतह; बाहरी हिस्सा; ऊपरी रंग रुप سطح؛ شکل؛ ظاہری صورت

Surfeit : *n.* (ser-fit) overeating; heaviness; excess अतिभोजन; अफारा (अधिक खाने से); अतिरेक پُرخوری؛ گرانی (زیادہ کھانے سے)؛ زیادتی

Surfy : *adj.* (se-rfi) full of or like surf समुद्री फेन का सा کف دریا کا سا؛ دریا کے جھاگ سا

Surge : *n.* (se-rj) rising waves; large waves; a swelling sea लहरें मोज; तूफान لہریں؛ موج؛ طوفان

Surge : *v.* to move forward in or like billowing waves उमड़ना; लहरें मारना; उमड़ पड़ना امنڈنا؛ لہریں مارنا؛ امنڈ پڑنا

Surgeon : *n.* (se-r-jen) doctor who performs operations जर्राह; शैल्य चिकत्सक سرجن؛ جراح

Surgery : *n.* (-je-ri) treatment of diseases by operation; curing by manual operation जर्राही; शैल्यक्रिया جراحی؛ جراحت؛ سرجری

Surlily : *adv.* (se-r-li-li) in a surly manner; rudely अक्खड़पन से; रुखाई से اکھڑپن سے؛ روکھے پن سے

Surliness : *n.* being surly बद मिज़ाजी; रुखापन اکھڑپن؛ بدمزاجی؛ روکھاپن

Surly : *adj.* (per-li) rude; sour temporod रुखा; बदमिज़ाज; चिडचिड़ा اکھڑ؛ بدمزاج؛ بدخو؛ تنگ مزاج

Surmise : *n.* (se-r-miz) an imperfect notion; a suspicion; a conjecture अनुमान; अन्दाज़ा; गुमान قیاس؛ گمان؛ اندازہ؛ قیاس آرائی

Surmount : *v.* (se-r-mount) to over come; to rise above; to conquer ऊपर चढ़ना; विजयी होना غلبہ پانا؛ قابو پانا؛ اوپر چڑھنا

Surname : *n.* (ser-naym) a family name; appellation कुलनाम; पदवी خاندانی نام؛ خطاب

Surpass : *v.* (ser-pahs) to excel; to excess बढ़ जाना; मात देना بڑھ جانا؛ سبقت لے جانا

Surpassing : *adj.* unmatched श्रेष्ठ; सर्वोत्तम بے نظیر؛ بے مثل

Surplice : *n.* (ser-plis) a clergyman's white garment पादरियों का श्वेत वेश پادریوں کا سفید لباس

Surplus : *n.* (se-r-plus) something left over; excess of public revenue over expenditure अधिशेष; अतिरेक; बचत रोकड़ बाक़ी بچا ہوا؛ زائد؛ بچت؛ باقی

Surprise : *n.* (ser-priz) unexpected thing; a sudden confusion हैरानी; आश्चर्य; चकित اچنبھا؛ حیرت؛ تعجب؛ پریشانی

Surprise : *v.* to take unawares; to capture by sudden attack; to come upon suddenly; to astonish एकाएक आ पड़ना; हैरत में डालना; अचानक हमला करके जीतना; चौंका देना اچانک آپڑنا؛ اچانک جالینا؛ اچانک حملہ کر کے لینا؛ حیران کر دینا؛ بھونچکا کر دینا

Surprising : *adj.* astonishing; extraordinary आश्चर्यजनक; अनोखी; निराली حیرت انگیز؛ عجیب؛ انوکھی؛ نرالی

Surrender : *v.* (se-rend-er) to give up; to lay down arms; to yield; to give oneself up आत्मसमर्पण क.; झुक जाना; हार मानना حوالے کرنا؛ سپر ڈالنا؛ ہتھیارڈالنا؛ چھوڑ دینا؛ شکست تسلیم کرنا

Surrender : *n.* surrendering; defeat; yielding; giving up claim आत्मसमर्पण; त्याग; समपर्ण خود سپردگی؛ حوالگی؛ شکست؛ سپر اندازی؛ مان لینا؛ دستبرداری

Surreptitious : *adj.* (se-rep-tish-us) done by stealthily; done fraud गुप्त; चोरी से خفیہ؛ پوشیدہ؛ چوری سے

Surreptitiously : *adv.* stealthily चोरी-चोरी چوری چھپے؛ پوشیدہ طور سے

Surround : *v.* (se-round) to enclose; to encompass घेरना; घेरा डालना گھیرنا؛ محاصرہ کرنا؛ گھیرا ڈالنا

Surrounding : *n.* environment आस-पास का; पड़ोस का; माहौल گردونواح؛ ماحول

Surveillance : *n.* (ser-vayl-yans) a watch; watch kept over workers निगरानी نگرانی؛ نگہبانی؛ دیکھ بھال

Survey : *v.* (ser-vay) to take a general view; to overlook सर्वेक्षण क. جائزہ لینا؛ طائرانہ نظر ڈالنا؛ سروے کرنا

Surveyor : *n.* one who surveys land or buildings निरीक्षक; सर्वेक्षक سروے کرنے والا؛ ناظر؛ انسپکٹر؛ سرویر

Survival : *n.* (ser-viv-el) surviving; remainder उत्तरजीवन; अवशेष باقی رہنا؛ بچ جانا

Survival of the fittest : *n.* survival of the best of struggle for existence योग्यतम की उत्तरजीविता بقائے اصلح

Survive : *v.* (ser-viv) to live after; to remain alive; to remain alive after clamity जीवित रहना; बच जाना; बाद तक जीवित रहना وجود قائم رہنا؛ بعد تک زندہ رہنا؛ بچ جانا

Survivor : *n.* one who outlives another; person who has safely comes out; one who lives after clamity उत्तरजीवी; उत्तरजीवित باقی ماندہ؛ بچ جانے والا؛ پسماندہ

Susceptibility : *n.* (se-sep-ti-bil-iti) sensitiveness; the quality of admitting भावुकता; प्रवणता; योग्यता حساس؛ قابلیت

Susceptible/Susceptive : *adj.* (se-sep-ti-bel) easily influenced by feelings; easily affected by; apt to take an impression प्रभाव वाला; योग्य; भावुक حساس؛ اثر پذیر

Suspect : *v.* (sus-pekt) to fear; to mistrust; to think guilty; be inclined to believe डरना; चिन्ता क.; अविश्वास क.; संशय क.; दोषी समझना ڈرنا؛ شک کرنا؛ فکر کرنا؛ شبہ کرنا؛ خیال ہونا؛ گمان ہونا

Suspect : *n.* one suspected of crime संदिग्ध व्यक्ति مشتبہ شخص؛ مشکوک آدمی

Suspect : *adj.* of doubtful character; suspected संदिग्ध; संदेहास्पद مشکوک چال چلن کا؛ مشتبہ چال چلن کا

Suspend : *v.* (sus-pend) remain floating; hang up; postpone; stop from the working for the time being; stop payment for a time लटकाना; रोक रखना; निलंबित क.; कार्यवंचित क. معلق کرنا؛ لٹکانا؛ ملتوی کرنا؛ معلق کرنا؛ عارضی طور پر روک دینا

Suspense : *n.* (sus-pens) uncertainty अनिश्चय; दुविधा غیر یقینی حالت؛ تشویش؛ امید وبیم کی حالت

Suspension : *n*. (-pen-shen) suspending; a hanging up; being suspended from an office लटकाना; निलम्बन; मुअत्तली لٹکانا؛ معطلی؛ التوا

Suspension Bridge : *n*. bridge suspended on steel cables झूला पुल لٹکتا پل؛ جھولتا پل

Suspicious : *adj*. (sus-pish-us) inclined to suspect; feeling that something is wrong; liable to suspicion; giving reason to imagine ill संदेहजनक; शक्की; संशयालु; शक-व-शुबहा شکی؛ وہمی؛ شک وشبہ

Sustain : *v*. (sus-tayn) to maintain; to help; to defend a position; to prove; to keep up; to keep from falling बचाना; थामना; सिद्ध क.; संभालना; सहारा देना بچانا؛ تھامنا؛ حمایت کرنا؛ اٹھائے رکھنا؛ سہارا دینا؛ جاری رکھنا؛ ثابت کرنا

Sustained : *adj*. (sus-taynd) continued over a long time लम्बा (कालीन) مسلسل

Sustenance : *n*. (sus-te-nans) food; food value; maintenance; victuals आहार; भोजन; पुष्टि; पालन-पोषण; जीविका غذا؛ غذائیت؛ پرورش

Sutler : *n*. (satler) one who sells victuals, liquors etc. सेना को सामग्री पहुंचाने वाला لشکر کو غذا وغیرہ یا کھان پان پہنچانے والا

Suzerain : *n*. (sewz-e-rayn) a feudal lord; state ruling another; state ruler जागीरदार; सरदार سردار؛ حکمران ریاست؛ حکمران؛ فرمانروا

Swab : *n*. (swob) wet mop for cleaning; clumsy fellow झाड़न; फाहा; फुरेरी; भद्दा आदमी کوچی؛ پھایا؛ پھریری؛ بھدا آدمی

Swaddle : *v*. (swod-el) put child in warm wraps कपड़े में लपेटना نہالچے میں لپیٹنا

Swaddle Clothes : *n*. warm clothes for child शिशु वस्त्र نہالچے؛ بچے کے کپڑے

Swagger : *v*. (swog-er) to strut; to boast; to bluster; to bully; to brag अकड़ कर चलना; डींग मारना; ऐंठ कर चलना اینٹھ کر چلنا؛ شیخی مارنا؛ لاف زنی کرنا

Swain : *n*. (swayn) young rustic person; lover देहाती; प्रेमी دیہاتی؛ عاشق

Swallow : *n*. (swol-oh) a small bird; a well known summer bird; throat; gullet अबाबील; गला; हलक़ ابابیل؛ حلق؛ گلا

Swallow : *v*. to take down the throat; to gulp; to use up; to belive; to engulf निगलना; जल्दी विश्वास कर लेना; समा जाना نگلنا؛ کھاجانا؛ ناقابلِ یقین بات پر یقین کرلینا؛ غرق کردینا

Swamp : *n*. (swomp) bog; marsh; a fen; watery ground दलदल دلدل

Swamp : *v*. to soak; to over whelm; to absorb तरबतर कर देना; परेशान क.; समा लेना; भरमार से नाक में दम क. شرابور کردینا؛ کی بھرمار سے ناک میں دم کردینا؛ جذب کرلینا؛ اپنے اندر سمالینا

Swampy : *adj*. (swom-pi) having or growing swamps दलदली دلدلی

Swan : *n*. (swan) large duck like water bird of white colour; poet हंस; कवि ہنس؛ راج ہنس؛ شاعر

Swan Song : *n*. fabled song of swan before its death; one's last achievement हंस का अंतिम गायन; अंतिम कृति ہنس کا آخری نغمہ؛ آخری شاہکار

Swarm : *n.* (swo-rm) a large number of bees; a large number of birds & insects etc. झुण्ड; दल पक्षियों का شہد کی مکھیوں کا جھنڈ؛ پرندوں کا غول

Swarm : *v.* to move about in large numbers; to assemble in large numbers; to climb up pole gripping it with the knees and hands झुण्ड में उड़ना; भीड़ में आना; हाथ पाँव से चिमट कर चढ़ना جھنڈ میں اڑنا؛ ہجوم میں آنا؛ ہاتھ پاؤں سے چمٹ کر چڑھنا

Swarthy : *adj.* (swo-r-dhi) of a dark complexion काला; श्याम کالا؛ سانولا؛ سیاہ فام

Swash : *v.* (swosh) to make the sound of water washing about; to make splashing noise छप-छपाना; छप-छप क॰ چھپ چھپ کرنا؛ چھپ چھپانا

Swashbuckler : *n.* (swoosh-buk-ler) a bully; a mercenary soldier धौंसिया; शेख़ीबाज़ دھونسیا؛ دبنگ؛ شیخی باز

Swashing : *adj.* violent blow ज़ोर का मुक्का زور کا گھونسا

Swat : *v.* (swot) to hit with a sharp blow of the hand ज़ोर से मारना زور سے مارنا

Swathe : *n.* (swei-th) bandage पट्टी پٹی

Swathe : *v.* to wrap bandage; to wrap up पट्टी बान्धना; लपेटना پٹی باندھنا؛ لپیٹنا

Swatter : *n.* (swo-ter) a device for killing flies; flies hitter मक्खीमार مکھی مار

Sway : *v.* (sway) to swing; to rule over; to inffuence झूलना; डोलना; शासन क॰; प्रभावित क॰ جھولنا؛ ڈولنا؛ حکمرانی کرنا؛ متاثر کرنا

Sway : *n.* swaying movement; influence; control; rule झूलना; शासन; प्रभाव جھولنا؛ اثر؛ حکومت؛ حکمرانی

Swear : *v.* (sway-er) to utter an oath; to take an oath; cause to take an oath सौगन्ध खाना; प्रतिज्ञा क॰ قسم کھانا؛ حلف اٹھانا؛ قسم کھلانا؛ حلف دینا

Swear at : *ph.* to curse गाली देना گالیاں دینا

Swear by : *ph.* appeal to as witness की सौगन्ध खाना کی قسم کھانا

Swear off : *ph.* swear to give up शपथपूर्वक छोड़ देना کے ترک کی قسم کھانا

Swear Word : *n.* curse गाली گالی

Sweat : *n.* (swet) perspiration; hard work; the moisture emitted at the pores by heat or labour पसीना; स्वेद; श्रम; परिश्रम پسینہ؛ محنت؛ پسینہ میں شرابور

Sweat : *v.* perspire; hard work; to work hard at very low wages पसीना आना; परिश्रम क॰; मज़दूरों का ख़ून चूसना پسینہ آنا؛ سخت محنت کرنا؛ مزدوروں کا خون چوسنا

Sweater : *n.* (swet-er) thick jersey ऊनी स्वेटर سوئیٹر

Sweaty : *adj.* (swe-ti) moist with sweat; toilsome पसीनेदार; नमीदार پسینہ سے تر؛ نمی دار

Sweep : *v.* (swep) to clean with a besom; to brush away; to move swiftly while removing whatever comes in the way झाड़ू देना; साफ़ क॰; उड़ा ले जाना جھاڑو دینا؛ جھاڑو سے صاف کرنا؛ اڑا لے جانا

Sweeper : *n.* one who sweeps; machine for sweeping; मेहतर; सफ़ाई करने वाला خاکروب؛ جاروب کش؛ جاروب

Sweepings : *n.* (sweep-ings) refuse; what is swept away कूड़ा; कूड़ा करकट ناکارہ؛ ردّی؛ کوڑا کرکٹ؛ کوڑا

Sweet : *adj.* (sweet) tasting like sugar; mild; soft; pleasing to any sense; melodious; very pretty; attractive मीठा; स्वादिष्ट; कोमल; मनोहर; रसीला; सुंन्दर میٹھا؛ لذیذ؛ شیریں؛ نرم؛ تازہ؛ دلکش؛ بہت خوبصورت

Sweet Oil : *n.* oil without a bitter taste मीठा तेल میٹھا تیل

Sweet Potato : *n.* a well known edible root शक़र क़न्दी شکرقندی

Sweet Root : *n.* liquorice मलेहटी ملہٹی

Sweet Seventeen : *n.* seventeenth year of one's life मीठा वर्ष میٹھا برس

Sweet Stuff : *n.* sweets; sweetmeats मिठाई مٹھائی؛ شیرینی

Sweet Tooth : *n.* taste for sweet foods मिठाई का शौक़ مٹھائی کا شوق

Sweet Toothed : *adj.* one fond of sweet foods मिष्टान का रसिया مٹھائی کا شوقین؛ مٹھائی کا شائق

Sweeten : *v.* to make sweet; to become mild मीठा बनाना; मीठा होना; कोमल बनाना میٹھا بنانا؛ شیریں کرنا؛ نرم بنانا

Sweetmeat : *n.* sweets; a conserve of fruits and sugar मिठाई; मिष्टान مٹھائی

Swell : *v.* (swel) to grow big; to increase; to raise; to have inflammation फूलना; बढ़ना; सूजना پھولنا؛ بڑھنا؛ سوجنا؛ پھیلنا

Swell : *n.* extension of bulk; slow rise and fall of waves or sea; gradual increase सूजन; चढ़ाव; समुद्र का उतार चढ़ाव سوجن؛ چڑھاؤ؛ سمندر یا لہروں کا اتار چڑھاؤ

Swelling : *n.* inflammation सूजन سوجن

Swelter : *v.* (swel-ter) to feel very hot; to be pained or dried with heat गरमी से तंग आना; बहुत गरमी लगना سخت گرمی لگنا؛ گرمی سے تنگ آنا

Swerve : *v.* (swe-rv) to deviate; to rove घूमना; मुड़ना; से हट जाना گھومنا؛ مڑنا؛ منحرف ہونا؛ پھر جانا؛ ہٹ جانا

Swift : *adj.* (swift) quick; prompt; speedy; fleet तेज़; शीघ्र गामी; मुस्तैद تیز؛ فوری؛ پھرتیلا؛ مستعد

Swiftly : *adv.* quickly तेजी से; शीघ्रता से تیزی سے؛ جلدی سے

Swiftness : *n.* (swift-nes) speed; rapidity; quickness स्फुर्ति; तेज़ी تیزی؛ سرعت؛ پھرتی

Swill : *v.* (swil) to drink luxuriously; to rinse गट-गट पीना; पानी से साफ़ क.. या धोना غٹ غٹ پینا؛ پانی سے دھونا یا صاف کرنا

Swill : *n.* pig food; inferior liquor; large drink सुअरों का पतला खाना; घटिया शराब; लम्बा घूंट سوروں کا کھانا؛ گھٹیا شراب؛ لمبا گھونٹ

Swim : *v.* (swim) to float on water; to glide along तैरना; बहना تیرنا؛ بہنا

Swimmer : *n.* one who swims पैराक; पैराक تیراک؛ پیراک

Swimming : *n.* moving along in water तैराई; तैराकी تیراک؛ پیراک

Swindle : *v.* (swind-el) to cheat; to impose upon and cheat धोखा देना; ठग

लेना ٹھگ لینا؛ دھوکہ دینا

Swindler : *n.* one who swindles ठग; धोखे बाज़ ٹھگ؛ دھوکے باز؛ عیار؛ فریبی

Swine : *n.* (swin) a pig; a hog; degraded person सुअर; शूकर; बेग़ैरत मनुष्य سور؛ خنزیر؛ خوک؛ بے غیرت شخص

Swing : *v.* (swing) to move to and fro in a curve with one and fixed; to move with a free and easy movement झूलना; झुलाना; लपक कर चलना; लहराना جھولنا؛ جھلانا؛ لپک کر چلنا؛ لہرانا

Swing : *n.* swing movement; seat held by ropes झूलना; पींग; झूला جھولنا؛ پینگ؛ جھولا

Swingle : *v.* (swi-ngg-l) to dangle; to swing; to beat flax धंसना; लहराना دھنسنا؛ لہرانا

Swirl : *n.* (swe-rl) eddy; whirl चक्कर; घुमाव چکّر؛ گھماؤ

Swish : *n.* (swi-sh) sound of heavy rain; rustling; sound of whip छम-छम बरसना; छम-छम; सर सराहट; सड़ाका چھم چھم برسنا؛ چھم چھم؛ سرسراہٹ؛ سڑاکا

Switch : *n.* (swich) a device for making or breaking an electric connection; twig for whipping स्वीच; छड़ी; कमची سوئچ؛ بجلی کا بٹن؛ چھڑی؛ قمچی

Switch Board : *n.* apparatus with numerous switches for making connections सूईच तख़्ता سوئچ بورڈ؛ سوئچ تختہ

Swivel : *n.* (swiv-el) a ring turning on a staple; freely moving joint with a ring and pivot कुन्डा; कड़ी; चूल और छल्ला کنڈا؛ کڑی؛ چول اور چھلا

Swoon : *v.* (swoo-n) to faint मूर्छा आना; मूर्छित होना غش کھا کر گرنا؛ غش آنا؛ غش کھانا

Swoon : *n.* fainting fit मूर्छा; ग़शी का दौरा غش؛ غشی؛ غشی کا دورہ

Swoop : *v.* (swoop) to fly down hastily झपटना; झपटा मारना جھپٹنا؛ جھپٹا مارنا

Swoop : *n.* sudden descent; a falling in; a seizing अचानक हमला; झपट; झपटना اچانک حملہ؛ جھپٹ؛ جھپٹنا

Sword : *n.* (soh-rd) long steel bladed weapon; a well-known military weapon तलवार تلوار

Sword fish : *n.* large sword like fish एक प्रकार की मछली مچھلی کی ایک قسم

Sword Law : *n.* military domination फौजी शासन فوجی اقتدار

Sword Play : *n.* fencing; repartee; cut and thrust argument तलवार बाज़ी; हाज़िर जवाबी; चोटें شمشیر بازی؛ حاضر جوابی؛ چوٹیں

Sword Man : *n.* one having specified skill with the sword तेग़ ज़न; तलवार बाज़ شمشیر زن؛ شمشیر باز؛ تیغ زن

Sword Manship : *n.* being a swordsman तलवार बाज़ी شمشیر بازی؛ تیغ زنی

Sworn : *adj.* strong पक्का; गहरा; कड़ा پکا؛ گہرا؛ سخت

Sworn Brother/-Friend : *ph.* very intimate brother or friends जिगरी मित्र جگری دوست؛ گہرے دوست

Sworn Evidence : *ph.* evidence given on oath हलफ़िया ब्यान حلفیہ بیان

Swot : *v.* (swot) study hard कड़ी मेहनत से पढ़ना پڑھائی میں سخت محنت کرنا؛ سخت محنت سے پڑھنا

Swot : *n.* book worm; hard study पढ़ाई में कड़ी मेहनत क.; किताब का कीड़ा کتاب کا کیڑا؛ سخت محنت کرنا پڑھائی میں

Sybil : *n.* (sib-il) pagan prophetess; sorceress; old hag जादूगरनी; खूसट बुढ़िया کاہنہ؛ جادوگرنی؛ کھوسٹ بڑھیا

Sycamore : *n.* (sik-e-mohr) large fig-like tree yielding hard wood एक प्रकार का इंजीर جمیز: انجیر کی قسم کا درخت

Sycophancy : *n.* (siko-fanc-i) flattery चापलूसी; खुशामद چاپلوسی؛ خوشامد

Sycophant : *n.* (sik-o-fant) flatterer; toady चापलूस; खुशामदी خوشامدی؛ چاپلوس؛ ٹوڈی

Syllable : *n.* (sil-e-bel) word or any part of it regarded as a unit of pronunciation and containing one vowel sound एकांक्षर رکن تہجی؛ بول

Syllabus : *n.* (sil-e-bus) outline of a prescribed course of studies पाठ्यक्रम نصاب؛ نصاب کا خاکہ

Sylph : *n.* (silf) sporit of the air वायु परी ہوا پری

Sylvan : *adj.* (sil-ven) of or having woods; woody बन के; जंगली; वन्य; ग्रामीण بن یا جنگل کے؛ جنگلوں والا؛ دیہاتی

Symbol : *n.* (sim-bel) a sign; compendium; letter लक्षण; चिन्ह; अक्षर نشان؛ علامت؛ رمز؛ اشارہ؛ حرف

Symbolic/Symbolical : *adj.* (sim-bol-i-k/-kel) pertaining to used as or using symbols सांकेतिक رمزی؛ ایمائی؛ اشاری

Symbolically : *adv.* in a symbolic manner संकेत के तौर पर اشارہ کے طور پر؛ بطور کنایہ

Symbolism : *n.* a school of art प्रतीकवाद اشاریت

Symmetrical : *adj.* (simet-ri-kel) having symmetry; proportionate सुमेल; सिडौल مناسب؛ متوازن؛ ہم آہنگ سڈول؛ خوش اسلوب

Symmetry : *n.* (sim-et-ri) having two exactly similar things सममिति; सुडौलपन; सन्तुलन توازن؛ تناسب؛ ہم آہنگی

Sympathetic : *adj.* (sim-pe-thet-ik) showing or having sympathy; caused by sympathy; having mutual sensation सहानुभूति का; हमदर्द ہمدرد؛ ہمدردانہ

Sympathize : *v.* (sim-pe-thiz) to feel or express sympathy with or for another साहनुभूति प्रकट क. ہمدردی کرنا

Sympathy : *n.* (sim-pa-thi) compassion; fellow feeling; mutual sensibility हमदर्दी; सहानुभूति ہمدردی؛ دلسوزی؛ غمخواری

Symphony : *n.* (sim-fe-ni) a consonance or harmony of sound; a kind of orchestral music in many parts स्वर की समता; स्वर की मिलान خوش آہنگی؛ ہم آہنگی؛ ہمساز

Symposium : *n.* (sim-poh-zi-um) set of articles on one subject by various writers सिम्पोज़ियम مجلسِ مذاکرہ؛ سمپوزیم

Symptom : *n.* (simp-tum) sign of the existence of illness; a sign रोग का चिन्ह; निशान بیماری کی علامت؛ آثار؛ نشان

Synagogical : *adj.* (sin-a-gog-i-kel) pertaining to a synagogue यहूदियों की दीनी मजलिस का صلواتی؛ یہودیوں کی دینی مجلس کا

Synagogue : *n.* (sin-a-gog) Jewish religious assembly; Jewish temple यहूदियों की पूजा; यहूदियों का मंदिर یہودیوں کی دینی مجلس؛ یہودی عبادت؛ یہودی معبد

Synchronize : *v.* (sink-ro-niz) happen simultaneously एक ही समय होना بیک وقت ہونا؛ واقع ہونا

Syncope : *n.* (sin-kop) a contraction शब्द को संक्षेप में क.. لفظ کے درمیان سے؛ حروف کا حذف

Syndic : *n.* (sin-dik) member of a syndicate प्रबन्धक सभा का सदस्य سنڈیکیٹ کا رکن یا ممبر

Syndicate : *n.* a branch of government; a commitee of delegates प्रबन्धक सभा کونسل منتظمان؛ سنڈیکیٹ

Syne : *adv.* (sin) (scottish word for) since से سے

Auld lang syne : *ph.* days of long ago बीते दिन بیتے دن؛ اگلے وقت

Synod : *n.* (sin-od) special assembly of the church representatives to discuss policy and creed कलीसाई सभा کلیسائی مجلس

Synonym : *n.* (sin-o-nim) a word of the same meaning as some other word in the same language एकसा अर्थ के शब्द ہم معنی لفظ؛ مترادف

Synonymous *adj.* (si-non-i-mus) of the same meaning पर्यायवाचक; पर्यायवाची ہم معنی ہونا؛ کے مترادف ہونا

Synopsis : *n.* (si-nop-sis) a short view or epitome संक्षेप اختصار؛ خلاصہ؛ خاکہ

Syntax : *n.* (sin-taks) rules of the structure of phrases or sentences वाक्य रचना; वाक्य विज्ञान; उच्चारण करने का उपाय نحو؛ ترکیب کلام

Synthesis : *n.* (sinth-e-sis) the act of joining संयोग संकलन; मिलान ترکیب؛ مرکب

Synthetic : *adj.* (sin-thet-ik) natural product prepared artificially बनावटी مصنوعی؛ ترکیبی

Syphilis : *n.* (sif-e-lis) an infectious venereal disease आतशक آتشک

Syphon : *n.* (si-fen) see Siphon

Syringe : *n.* (si-rinj) minute pump for injecting liquids पिचकारी سرنج؛ پچکاری

Syrup : *n.* (si-rup) thick sugary liquid; refined molasses शर्बत; राब شربت؛ راب

System : *n.* (sis-tem) coordinated whole methods or principles; scheme तंत्र; ढंग; व्यवस्था نظام؛ اصول؛ طریقہ؛ دستور

Systematic : *adj.* (-mat-ik) methodical planned; orderly नियमानुसार منظم؛ سوچا سمجھا؛ باقاعدہ

Systematically : *adv.* methodically क्रमानुसार; नियमित रुप से باقاعدگی سے؛ طریقے سے؛ اصولی طور پر

T

T : *tee*. 20th letter of the english alphabet (equivalent to urdu te) अंग्रेज़ी वर्ण माला का बीसवाँ अक्षर انگریزی حروف تہجی کا بیسواں حرف؛ اردو میں ت اور ٹ کا مقابل

Ta Muchly For It : *ph*. thank you very much for it बहुत कृपा بڑی مہربانی

Tab : *n*. (tab) a small piecc fixed to a garment as a badge घुंडी تکمہ؛ گھنڈی

Tabard : *n*. (tab-erd) garment worn over armour लबादा زرہ بکتر کے اوپر کا لبادہ

Tabby : *adj*. (tab-i) brindled varied with different colours चित्तकबरा; धारीदार چتکبرا؛ دھاری دار؛ رنگ برنگ

Tabby Cat : *n*. cat specially grey or brownish stripes धारी दार बिल्ली دھاری دار بلّی

Tabernacle : *n*. (tab-e-r-nak-el) tent; booth; a sacred place; dwelling; shrine तम्बू; डेरा; मंदिर; पूजा स्थान ٹینٹ؛ تمبو؛ خیمہ؛ ڈیرا؛ مندر؛ معبد

Feast of the tabernacles : *n*. a Jewish festival यहूदियों का त्यौहार عید المظال

Tabid : *adj*. (tay-bid) consumptive; wasted by disease रोग से गला सड़ा بیماری سے گلا ہوا

Tablature : *n*. (tab-la-tiur) painting on walls; painting on ceilings दीवार पर की गई चित्रकारी; छत पर की गई चित्रकारी دیوار پر کی گئی مصوری؛ چھت پر کی گئی مصوری

Table : *n*. (tay-bel) any flat surface; chart; catalogue; list मेज़; नकशा; चार्ट; सूची میز؛ تختی؛ نقشہ؛ جدول؛ چارٹ؛ فہرست

Table Cloth : *n*. cloth for spreading over table मेज़पोश میزپوش

Table Land : *n*. level and open tracast of land पठार; समतल भूमि; विस्तृत क्षेत्र سطح؛ مرتفع

Table Spoon : *n*. spoon for serving food बड़ा चमचा بڑا چمچہ؛ ٹیبل اسپون

Table Talk : *n*. chattering गप-शप گپ شپ

Table Tennis : *n*. ping-pong; a game टेबल टेनिस; एक प्रकार के खेल का नाम ٹیبل ٹینس؛ ایک کھیل

Table Ware : *n*. fork & knief छुरी-काँटा چھری کانٹے

Tableau : *n*. (tab-loh) picture; sudden effective scene चित्र; प्रभावशाली दृश्य تصویر؛ ڈرامائی منظر

Tablet : *n*. (tab-let) a flat sheet of wood; thin disc of medicine छोटी मेज़; गोली; टिकिया چھوٹی میز؛ ٹکیہ؛ قرص

Tabloid : *n*. (-lo-id) a small tablet of medicine; pill; newspaper छोटी टिकिया; पत्रिका چھوٹی ٹکیہ؛ اخبار

Taboo : *n*. (te-boo) something forbidden for being sacred वर्जना; मुक़द्दस या हराम مقدس یا حرام

Taboo : *adj*. prohibited; for biden वर्जित; निषेध ممنوع؛ حرام

Tabor/Tabour : *n*. (tay-ber) a small drum तबला طبلہ؛ طنبورہ

Tabour : *v*. to strike lightly as on a drum ढोलक बजाना ڈھولک بجانا

Tabular : *adj*. (tab-ew-lcr) arranged in tables सारणीबद्ध; तालिकाबद्ध جدولی

Tabulate : *v.* (-layt) to arrange in tables सूची बनाना; तालिका बद्ध क.; चित्र बनाना جدول بنانا؛ نقشہ بنانا؛ فہرست بنانا

Tabulation : *n.* arranging in tables सारणीयन; नक़शा साज़ी جدول سازی؛ نقشہ سازی

Tabulator : *n.* machine calculating and making tables सारणीयन्त्र جدول ساز

Tacit : *adj.* (tas-it) silent; implicit; under stood without utter a word; unspoken मौन; चुप चाप خاموش؛ بن کہے سمجھ لینا؛ چپ چاپ

Tacit Consent : *ph.* implicit approval मौन सहमति خاموش رضامندی؛ الخاموشی نیم رضامندی

Tacitly : *adv.* in a implicit manner मौन रुप से خاموشی سے

Taciturn : *adj.* (tas-i-tern) in the habit of talking little; silent मौन; चुप्पा; अल्पभाषी کم سخن؛ کم گو؛ کم بولنے والا

Taciturnity : *n.* (-i-ti) being taciturn; habitual silence मौनता; अल्प भाषिता خاموشی کی عادت؛ کم گوئی؛ کم سخنی

Tack : *n.* (tak) a small flat headed nail; long loose stitch; direction मेख़; बटन; लमबा टाँका; दिशा میخ؛ کیل؛ بٹن؛ لمبا ٹانکا؛ سمت

Tackle : *n.* (tak-el) set of ropes and pulleys for lifting weights; equipment रस्से; धिरनी; साज़-सामान; कील-काँटे جرِثقیل؛ سازوسامان؛ کیل کانٹا

Tackle : *v.* to do something; to deal with; to execute कुछ क.; निबटना; पकड़ना کچھ کرنا؛ سے نبٹنا؛ پکڑنا

Tact : *n.* (takt) skilful handling of person or situation कुशलता; चतुर्ता موقع شناسی؛ ہوشیاری؛ سلیقہ شعاری

Tactful : *adj.* having tact कार्यकुशल; व्यवहारकुशल موقع شناس؛ ہوشیار

Tactless : *adj.* lacking tacts अनुचित; अप्रिय موقع ناشناس؛ بے تکا

Tactical : *adj.* skilful; of tactics कुशल; रणनीतिक شاطرانہ؛ مصافیاتی

Tactics : *n.* (tak-tiks) art of disposing forces for battle; scheme for doing something रणनीति; रणकौशल; तदबीर فنِ سپہ سالاری؛ تربیت فوج کا فن؛ مصافیات؛ تدبیر؛ حکمتِ عملی

Tactile : *adj.* (tak-til) that which may be felt; having sense of touch स्पर्श करने योग्य; स्पर्शी چھونے کے قابل؛ جو محسوس کیا جاسکے

Tadpole : *n.* (tad-pohl) partly developed frog or toad मेंढक का बच्चा مینڈک کا بچہ

Taffeta : *n.* (taf-e-te) thin but stiffened silk cloth ताफ़्ता تافتہ

Tag : *n.* (tag) metal point of shoe lace; loose end; loop to hang up garments; hanging flap; label घुण्डी; खुला सिरा; लटकन; चिट; लेबुल گھنڈی؛ کھلا سرا؛ انگی؛ چٹ؛ لیبل

Tag : *v.* to join a piece of writing; to follow closely; to put a tag; to touch जोड़ना; दुम छल्ला होना; पीछे पीछे चलना; टेग लगाना; छूना جوڑنا؛ دم چھلا ہونا؛ ٹیگ لگانا؛ چھونا

Tail : *n.* (tayl) long hanging part at animal's back; back part; lower part; last; back of coin दूम; पूँछ; पिछला भाग;

सिक्के का दूसरा रुख دم؛ پونچھ؛ عقبی حصہ؛ آخری؛ سکے کا دوسرا رخ

Tail End : *n.* last part आखरी हिस्सा آخری حصہ

Tail Light : *n.* lamp at the back of car or train पिछली बत्ती کار یا ٹرین میں عقبی بتّی

Tailor : *n.* (tay-ler) maker of men's clothes दर्ज़ी درزی

Tailoring : *n.* stitching of clothes सिलाई; सीना; सिलाई क. سلائی؛ سینا؛ سلائی کرنا

Taint : *n.* (taynt) a tincture; a stain; infection दाग़; छूत داغ؛ دھبہ؛ چھوت

Taint : *v.* to stain; to make or become infected; begin to putrefy दाग लगना; ख़राब होना; खराब होने लगना داغ لگنا؛ خراب ہونا؛ خراب ہونے لگنا

Take : *n.* (tayk) amount taken लिया हुआ; जो कुछ लिया हो; आदान لیا ہوا؛ جو کچھ لیا ہو

Take : *v.* to grasp; to snatch; to capture; to win prize; to prove attractive; to eat or drink; to hire on rent; to buy; to take photograph लेना; पकड़ना; छीनना; क़ब्ज़ा क.; अच्छा लगना; खाना-पीना; किराय पर लेना; ख़रीदना; फोटो लेना لینا؛ پکڑنا؛ چھیننا؛ قبضہ کرنا؛ اچھا لگنا؛ کھانا پینا؛ کرائے پر لینا؛ خریدنا؛ فوٹوگراف لینا

Taking : *adj.* (tayk-ing) attractive; contagious मनोहर; छुतहा دلکش؛ متعدی

Talc : *n.* (tay-lk) a kind of fossil stone अबरक ابرک

Tale : *n.* (tayl) a story; a narrative; a scandle; fable; rumour; malicious rumour क़िस्सा; कहानी; अफ़वाह; चुग़ली قصہ کہانی؛ داستان؛ حکایت؛ بدگوئی؛ افواہ؛ چغلی

Tale bearer : *n.* informer चुग़लख़ोर چغل خور

Talent : *n.* (tal-ent) ability; aptitude; natural skill; unit of money योग्यता; क्षमता; प्रवीणता; तोड़ा قابلیت؛ صلاحیت؛ جوہر؛ توڑا

Talented : *adj.* having talent प्रवीण; सक्षम جوہر قابل؛ ذہین

Talion : *n.* (tay-li-en) the law of retaliation प्रतिकार; सिद्धान्त قانونِ عوض؛ بدلہ کا قانون

Talk : *v.* (tawk) to speak; oral conversation; chattering वार्तालाप क.; बोलना; बात क.; गप-शप क. بات کرنا؛ بات چیت کرنا؛ بولنا؛ گپ شپ کرنا

Talk : *n.* conversation; talking; informal lecture वार्तालाप; बातचीत; तक़रीर گفتگو؛ بات چیت بولنا؛ بات کرنا؛ تقریر

Talk All : *ph.* exaggerate boastfully शेख़ी मारना شیخیاں بگھارنا

Talk of the town : *ph.* some one or something everyone is talking about हर एक की जबान पर होना; जिस का घर घर चर्चा हो جس کا گھر گھر چرچا ہو؛ ہر ایک کی زبان پر ہونا؛ زبان زد خاص و عام ہونا

Talkative : *adj.* (tawk-e-tiv) talking a lot; full of prate बकवासी; वृथा भाषी باتونی؛ بکواسی؛ بہت زیادہ بولنے والا

Talkies : *n.* (tawk-iz) sound film बोलती फ़िल्म ٹاکیز؛ بولتی فلم

Tall : *adj.* (tawl) of more than ordinary height; high in stature; lofty; lusty लम्बा; ऊँचा لمبا؛ اونچا

Tall Talk : *n.* boastful; exaggeration

शेख़ी شیخی

Tallness : *n.* (tawl-nes) being tall लम्बाई; ऊँचाई لمبائی؛ اونچائی

Tallow : *n.* (tal-oh) the melted fat of beasts; hard fat for making candles सख़्त चर्बी; पशुओं की पिघली हुई चर्बी سخت چربی؛ جانور کی پگھلی ہوئی چربی

Tally : *v.* (tal-i) to fit; to confirm; to be suitable ठीक क.; अनुकूल क. ٹھیک کرنا؛ مطابق کرنا؛ مناسب کرنا

Tally Ho : *n.* (tal-i-hoh) huntsman's cry on seeing the quarry शिकारी का शिकार को देख कर लहकारना شکاری کا شکار کو دیکھ کر لہکارنا

Talon : *n.* (tal-en) claw of a bird of prey पक्षी का पंजा پرندے کا پنجہ؛ چنگل

Tamarind : *n.* (tam-e-rind) a well known sour fruit इमली املی

Tambour : *n.* (tam-boor) a small drum; round frame for embroidery तम्बूर; कारचोबी अड्डा طنبورہ؛ کارچوبی اڈا

Tambourine : *n.* (tam-boo-reen) shallow drum with fingles and skin on just one side दफ़ دف

Tame : *adj.* (taym) not wild; pet पालूत; सिधाया हुआ پالتو؛ سدھایا ہوا

Tame : *v.* to make gentle; to subdue; to make tame पालतू बनाना; सिधाना; पालना پالتو بنانا؛ سدھانا؛ رام کرنا

Tamer : *n.* one who tames wild animals सिधाने वाला; पालतू बनाने वाला سدھانے والا؛ پالتو بنانے والا

Tamper : *v.* (tem-per) to meddle (with document) रिकॉर्ड में हस्तक्षेप क. बेईमानी से बदल देना (میں) تحریف کرنا؛ تبدیلی کرنا (کاغذات وغیرہ میں)

Tampering : *n.* meddling रिकार्ड में हस्तक्षेप; हेरफेर; रद्दोबदल تحریف (ریکارڈ وغیرہ میں)

Tampion : *n.* (taym-pi-un) the stopper of a cannon तोप की डाट توپ کی ڈاٹ

Tan : *n.* (tayn) yellowish-brown colour; sunburnt skin कत्थई रंग; साँवलापन کتھئی رنگ؛ سانولاپن

Tan: *v.* to make animal's skin into leather; to make or become brown with sunburn चमडा कमाना; भूरा होना چمڑا کمانا؛ دباغت کرنا؛ کھال رنگنا؛ سانولا یا ہونا

Tandem Bicycle : *n.* bicycle with seats for two persons दोहरी सीट की साईकल ڈبل سیٹ کی سائیکل

Tang : *n.* (tang) sharp smell; characteristic taste तेज़ बू; ख़ास मज़ा تیز بو؛ خاص مزہ

Tangent : *n.* (tanj-ent) a live perpendicular to radius घेरे को छूती हुई रेखा خطِ مماس

Tangerine : *n.* (tanj-e-reen) small lose skinned orange संतरा; नारंगी سنترہ؛ سنگترہ؛ نارنگی

Tangible : *adj.* (tanj-i-bel) that can be touched; perceptible to the touch; definite जो स्पर्श करने से प्रतीत हो محسوس؛ جو چھونے سے محسوس ہو؛ پکّا

Tangle : *n.* (tang-el) confused mass गुच्छा گچھا

Tangle : *v.* to knit to gether; to fall into disorder उलझाना; फंसाना; उलझन में डालना الجھانا؛ پھنسانا؛ الجھن میں ڈالنا

Tank : *n*. (tank) a container for fluid; square pond; fighting vehicle having machine guns or guns or both तालाब; टैंक تالاب؛ٹنکی؛خزانہ؛ ٹینک

Tankard : *n*. (tank-e-rd) tall metal mug for beer बड़ा प्याला بیئر کا جام؛ بڑا پیالہ

Tanker : *n*. (tank-er) ship for carrying oil टंकी जहाज़; तैल ले जाने वाला जहाज़ تیل لے جانے والا جہاز

Tanner : *n*. (tan-er) work man who tans skins चमड़ा कमाने वाला; चर्मकार چمڑا کمانے والا؛ کھالیں رنگنے والا؛ دباغت کرنے والا

Tannery : *n*. (-ri) place where skins are tanned चमड़ा कमाने की जगह; चर्म शोधन-शाला چمڑا کمانے کا کارخانہ؛ کھالیں رنگنے کا کارخانہ؛ دباغت

Tanning : *n*. making skin into leather चमड़ा कमाना; चर्म-रंगना چمڑا کمانا؛ دباغت؛ کھالیں رنگنا

Tantalization : *n*. (tan-te-lizay-shen) torment तरसाना; कलपाना ترسانا؛ کلپانا

Tantalize : *v*. (tant-e-liz) tease by raising hopes which will not be realized; to torment with false hopes मिथ्या आशा में रखना بیم ورضا میں رکھنا

Tantamount : *adj*. (tant-e-mount) equivalent; worth as much बराबर; योग; हम पल्ला مقابل؛ ہم پلہ

Tantrum : *n*. (tan-te-rum) burst of ill humour बुरा स्वभाव بدمزاجی

Tap : *n*. (tap) device for controlling flow from a container; light blow; gentle blow टोंटी; थपकी; खटखटाना ٹونٹی؛ تھپکی؛ دستک

Tape : *n*. (tapy) long narrow strip; a sort of riband; a narrow fillet; strip for recording sound फीता; टेप فیتہ؛ پٹی؛ آواز ٹیپ کرنے کا فیتہ؛ ٹیپ

Tape-Measure : *n*. flexible tape of cloth for measuring कपड़े का गज़ کپڑے وغیرہ کا گز

Tape Record : *n*. record sound on tape टेप-रिकार्ड ٹیپ ریکارڈ

Tape Recorder : *n*. machine for recording sound and replaying it टेप रिकार्डर ٹیپ ریکارڈر

Taper : *n*. (tap-per) a wax candle; wick with a thin wax coating burnt to give light बत्ती موم بتی؛ مومی بتی

Tapestry : *n*. (tap-es-tri) piece of cloth with pictures woven into it; cheap cloth like it for decoration परदा; टेपेस्टरी مشجّر؛ قالی بفت؛ پردوں کا کپڑا؛ ٹیپسٹری

Tapis : *n*. (tay-pis) table cloth; tapestry which formerly covered tables मेज़पोश میز پوش

Tapster : *n*. (taps-ter) attendent serving liquor साक़ी ساقی؛ شراب پلانے والا

Tar : *n*. (tah-r) well known substance obtained from coal कोलतार; राल کولتار؛ رال

Tarboosh : *n*. (tahr-boosh) lasselled muslim cap तुर्की टोपी ترکی ٹوپی

Tardily : *adv*. (tahr-di-li) in a tardy manner; slothfully; slowly सुस्ती से سستی سے

Tardiness : *n*. sloth सुस्ती سستی

Tardy : *adj*. (tah-rdi) late; slow; unwary धीमा; सुस्त دھیما؛ سست؛ کاہل؛ دیر کرنے والا

Tare : *n.* (tay-er) weight of wrapping deducted from gross weight; weight of motor vehicle without load and fuel घड़ा; कटौती; ख़ाली मोटर का वज़न या भार دھڑا؛ کٹوتی؛ خالی موٹر کا وزن

Target : *n.* (tah-rget) mark to aim at; goal; centre of attack निशाना نشانہ؛ ہدف؛ نصب العین؛ ہدف ملامت

Tariff : *n.* (ta-rif) custom duty for protesting home industry; a list of duties तामीनी कर; कर की सूची تامینی محصول؛ مال کے محصول کی فہرست

Tarmac : *n.* (tar-mak) tarred road for aircraft to taxi पक्की सड़क; तारमेक پکی سڑک؛ تارمک

Tarnish : *v.* (tar-nish) to sully; to soil; to lose brightness मैला क.; गन्दा क.; चमक जाती रहना میلا کرنا؛ گندہ کرنا؛ چمک جاتی رہنا؛ چمک ختم کرنا

Tarpaulin : *n.* (tah-r-paw-lin) sheet of waterproofed canvas तरपाल ترپال

Tarry : *v.* (ta-ri) to stay; to wait for; to be tardy प्रतीक्षा क.; ठहरना; देर क. ٹھہرنا؛ انتظار کرنا؛ سُستی کرنا؛ دیر کرنا

Tarry : *adj.* smeared with tar तारकोल वाला کولتار والا

Tart : *n.* (tah-rt) fruit pie; pastry with jam फलों वाला समोसा; मुरब्बे वाली पेस्ट्री پھلوں والا سموسہ؛ مربے والی پیسٹری

Tart : *adj.* sour; severe; of acid taste अमल; खट्टा; तेज ترش؛ تیز

Tartan : *n.* (tah-r-ten) chequered scottish wollen fabric चार खाने वाला ऊनी कपड़ा چارخانہ والا اونی کپڑا

Tartary : *n.* (tah-rter) native of tartary; intractable person तातारी; वहशी تاتاری؛ وحشی؛ نامانوس

Catch a tartar : *ph.* find intended victim more formidable than oneself सेर को सवा सेर मिलना سیر کو سوا سیر ملنا

Task : *n.* (tahrk) lesson; labour; assignment पाठ; परिश्रम; दिया हुआ कार्य; ज़िम्मे लगाया हुआ कार्य سبق؛ محنت؛ دیا ہوا کام؛ مفوضہ کام

Task : *v.* to impose task on; to impose something to be done; to put a strain on काम देना; जिम्मे लगाना کام تفویض کرنا؛ کام کا بوجھ ڈالنا؛ زیادہ بوجھ ڈالنا

Task Force : *n.* unit of armed forces sent out on a special mission किसी ख़ास मुहिम पर भेजी हुई फौज; टास्क फोरस کارِ خاص پر بھیجی ہوئی فوج؛ ٹاسک فورس

Task Master : *n.* one who imposes hard work on others कार्य का बोझ डालने वाला کام کا بوجھ ڈالنے والا

Tassel : *n.* (tas-el) ornamental tuft of hanging threads; a pendant ornament ending in loose threads झालर; फुन्दना; लटकन جھالر؛ پھندنا

Tasselle : *adj.* having a tassels लटकनदार; फुन्दनेदार جھالر والا؛ پھندنے دار؛ جھالر دار

Taste : *n.* (tayst) sense of the tongue by which flavour is known; the act of tasting; liking; thing liked स्वाद; मज़ा; पसन्द مزہ؛ ذائقہ؛ ذوق؛ پسند

Taste : *v.* to try the relish; to enjoy; have a taste of स्वाद लेना; चाटना आज़माना چکھنا؛ مزہ لینا؛ آزمانا

Tasteful : *adj*. high relished; savoury; showing good taste स्वादिष्ट; मज़ेदार; सुरुचिसम्पन्न مزیدار؛ لذیذ؛ لذت دار؛ صاحبِ ذوق؛ باذوق

Tasteless : *adj*. having no flavour; lacking good taste स्वादहीन; सुरुचिहीन بدمزہ؛ پھیکا؛ بے لذت؛ بے ذوق؛ بد ذوق

Tasty : *adj*. (tays-ti) pleasing to the taste स्वादिष्ट; मज़ेदार مزیدار؛ لذیذ؛ خوش ذائقہ

Tata : *int*. (ta-tah) child's word for good bye खुदा हाफ़िज़ خدا حافظ

Tatter : *n*. (tat-er) a rag टुकड़ा چیتھڑا؛ ٹکڑا

Tatter : *v*. to tear; to rag टुकडे-टुकडे क. ٹکڑے ٹکڑے کرنا؛ چیتھڑے چیتھڑے کرنا

Tattered : *adj*. ragged फटा पुराना; टुकडे-टुकड़े پھٹا پرانا؛ چیتھڑے چیتھڑے؛ ٹکڑے ٹکڑے

Tattle : *n*. (tat-el) idle talk; gossip; ill natured gossip बकवास بکواس؛ واہی تباہی باتیں

Tattle : *v*. to prate; to talk idly; gossip; ill naturedly बकवास فضول بکواس کرنا؛ واہی تباہی بکنا

Tatto/Tattoo : *n* . (ta-too) beat of drum by which soldiers are warned to quarters; marks made on the body by puncturing and staining the skin नक़्कारे की वह ध्वनि जो सेना के सैनिकों को होशयार करने के लिऐ दी जाती है; गोदने का निशान نقارہ یا طبلے کی آواز جو فوجیوں کو ان کے کوارٹر میں آگاہ کرنے کے لیے بجائی جاتی ہے)؛ گودنے کے نشان

Taunt : *n*. (tawat) jeering remark; an insult; scoff; reproach तिरस्कार; निन्दा طعنہ؛ طنز؛ ملامت

Taunt : *v*. to jeer at निन्दा क. طعنہ دینا

Tauntingly : *adv*. in a taunting manner निन्दा करते हुऐ طعنہ دیتے ہوئے

Taut : *adj*. (tawt) tightly stretched कसा हुआ; तना हुआ کسا ہوا؛ تنا ہوا

Tautology : *n*. (taw-lol-o-ji) use of redundant words; a repetition of same words समान एक ही शब्द को पुनः पुनः कहना معنوی تکرار؛ ہم معنی کو مختلف لفظوں میں بیان کرنا

Tavern : *n*. (tav-ern) inn; a house where wine is sold; pub मद्यशाला شراب خانہ؛ مے خانہ؛ مے کدہ

Taw : *n*. (taw) marble; playing marble गोली; अन्टा گولی؛ انٹا؛ کنچا

Taw : *v*. to play with marbles गोलियाँ खेलना گولیاں کھیلنا؛ کنچے کھیلنا

Tawdry : *adj*. (tawd-ri) ridiculously; meanly; showy but cheap and common बेढंगा; भड़कीला نمائشی؛ زرق برق؛ بھڑکیلا بھونڈا

Tawny : *adj*. (taw-ni) orange brown पक्का; गेहुआँ پکا؛ گندمی

Tax : *n*. (taks) share of income paid by citizen to the governmet; charge; an excise कर; टैक्स ٹیکس؛ محصول

Income tax : *n*. tax on net income आयकर انکم ٹیکس؛ آمدنی محصول

Tax : *v*. put a tax on; be a burden on पर कर लगाना ٹیکس لگانا؛ پر محصول دائر کرنا

Tax Free : *adj*. not taxed कर-मुक्त محصول معاف

Tax with : *ph*. accuse (him) of आरोप लगाना الزام دینا یا لگانا

Taxable : *adj*. (tak-se-bel) that which is or can be taxed करयोग्य ٹیکس کی زد میں آنے والا

Taxation : *n*. taxes; imposing taxes कर; कर लगाना محاصل؛ٹیکس لگانا

Taxi : *n*. (tak-si) motorcar for hire टैक्सी ٹیکسی؛ موٹر کار کرائے کی

Taxi Cab : *n*. taxi टैक्सी ٹیکسی

Taxi Meter : *n*. apparatus for indicating fare for journey a taxi टैक्सी-मीटर ٹیکسی میٹر؛ کرایہ نما

Taxidermist : *n*. one who adopts taxidermy as his profession चर्मप्रसाधक کھالوں میں بھس بھرنے والا؛ پوست انباز

Taxidermy : *n*. art of stuffing skins of animals so as to produce life like effcet चर्म-प्रसाधन جانوروں کی کھالوں میں بھس بھرنے کا فن؛ پوست انبازی

Tea : *n*. (tee) a well known beverage; tea shrub; its dried leaves चाय; चाय का पौधा; चाय की पत्ती چائے؛ چائے کا پودا؛ چائے کی پتّی

Tea-Cloth : *n*. small cloth for a table; cloth for drying dishes मेज़पोश چھوٹا میز پوش؛ صافی

Tea-Cosy : *n*. padded cover for tea-pot टी-कोज़ी چائے دانی پوش؛ ٹی کوزی

Tea-Cup : *n*. cup for tea चाय की प्याली چائے کی پیالی

Tea-Pot : *n*. kettle-like pot for tea चाय दानी چائے دانی

Tea-Set : *n*. a number of cups saucers, teapots, milk & sugar jug of the same design चाय का सैट چائے کا سیٹ

Tea Spoon : *n*. spoon for taking or mixing sugar in tea चाय का चमचा چائے کا چمچہ

Teach : *v*. (teech) to give a lesson; to instruct; to train शिक्षा देना; सिखाना سبق پڑھانا؛ پڑھانا؛ تعلیم دینا؛ سکھانا؛ تربیت دینا

Teacher : *n*. (-er) one who teaches; reformer; an instructor शिक्षक; गुरु معلم؛ مدرس؛ استاد؛ مصلح

Teaching : *n*. that which is taught; instructing शिक्षा; अध्यापन تعلیم؛ درس؛ پڑھانا؛ سکھانا

Teak : *n*. (teek) a kind of hard wood सागवान ساگوان

Teal : *n*. (teel) small fresh-water duck; wild fowl of the duck kind पन-कुकट; मुर्गाबी چھوٹی بطخیں؛ پن ککڑی؛ مرغابی

Team : *n*. (team) a number of persons playing together and forming one side in certain games; flock; number; any group working together टीम; झुण्ड ٹیم؛ ایک ساتھ کام کرنے والے؛ جھنڈ؛ گروہ

Teapoy : *n*. small three-legged table तिपाई تپائی

Tear : *v*. (tay-er) to pull sharply apart of two pieces; pull out; length wise to be torn फाड़ना; फटजाना پھاڑنا؛ چیرنا؛ شگاف کرنا؛ پھٹ جانا

Tear : *n*. (tee-er) drop of salty water coming from the eyes आंसू; अश्रु آنسو؛ اشک

Be in tears : *ph*. be weeping रोता हुआ روتا ہوا؛ بسورتا ہوا

Tearful : *adj*. weeping; wet with tears

रोता हुआ; अश्रुमुख روتا ہوا؛ بسورتا ہوا؛ اشکبار

Tearfully : *adv.* with tears in eyes रोते हुए روتے ہوئے؛ بسورتے ہوئے

Tearing : *n.* (tay-e-ring) pulling sharply apart फाड़ना; चीरना; चाक क.. پھاڑنا؛ چیرنا؛ چاک کرنا

Tearing : *adj.* vehement; violent; impetuous; overwhelming तेज़; सख़्त; उतावला; अत्यधिक سخت؛ شدید؛ تیز؛ اتاؤلا؛ جلد باز؛ زبردست

Tease : *n.* (teez) one who teases others चिढ़ाने वाला چھیڑ چھاڑ کرنے والا

Tease : *v.* to annoy play fully; to irritate; to vex; to comb छेड़ना; तंग क..; परेशान क..; चिढ़ाना; कंघी क.. پریشان کرنا؛ تنگ کرنا؛ دق کرنا؛ سر ہونا؛ کنگھی کرنا

Teaser : *n.* very confusing question; one who teases; difficult task कठिन प्रश्न; चिढ़ाने वाला; कठिन काम پیچیدہ سوال؛ چھیڑنے والا؛ مشکل کام

Teasingly : *adv.* in a teasing manner छेड़ते हुए; शरारत से چھیڑخانی کے طور پر؛ شرارت سے؛ چھیڑتے ہوئے

Teat : *n.* (teet) the nipple; the dug of an animal थन; स्तन; चूची پستان؛ تھن

Technical : *adj.* (tek-ni-kel) of indudstrial arts; of mechanical तकनीकी; शिल्प صنعتی؛ پیشہ ورانہ؛ فنی؛ ٹیکنیکل؛ اصطلاحی

Technicality : *n.* that which exclusively appertains to any art; technicalness शिल्पकारी فنی نکتہ؛ اصطلاح

Teahnician . *n.* (tek-nish-en) person expert in the techinques of a particular craft or art; mechanic तकनीशियन; मिस्त्री فنی ماہر؛ مستری

Technique : *n.* (tek-neek) method of doing something expertly; expertness तकनीक; शिल्पविधि تکنیک؛ صنعت گری

Technological : *adj.* (tek-no-loj-i-kel) of technology शिल्पविज्ञानीय حرفیاتی

Technologist : *n.* (lo-jist) expert in technology शिल्पविज्ञानी ماہرحرفیات

Technology : *n.* (-ji) a science of industrial arts शिल्पविज्ञान حرفیات؛ ٹیکنالوجی؛ فنی تعلیم

Techy : *adj.* (tee-chi) peevish; captious कटु स्वभाव; चिड़चिड़ा تنک مزاج؛ چڑچڑا

Teddy : *n.* (ted-i) tightly dressed of teen-ager कसे हुऐ कपड़ या वस्त्र لڑکے یا لڑکی کی چست ڈریس؛ چست پوش لڑکا یا لڑکی

Teddy Bear : *n.* (ted-i-bay-er) child's toy bear खिलौने वाला रीछ کھلونے کا ریچھ

Tedious : *adj.* (tee-di-us) tiresome; slow and boring; wearisome थका देने वाला; थकाने वाला اکتا دینے والا؛ تھکا دینے والا؛ تھکانے والا

Tedium : *n.* (tee-di-um) boredome ऊब; उचाट; थाकाऊपन اکتاہٹ؛ بوریت؛ تھکاوٹ؛ تھکن

Teem : *v.* (teem) to bring forth young; to abound; to be present in large number उत्पन होना; अधिक होना پیدا کرنا؛ بکثرت ہونا؛ بہت بڑی تعداد میں ہونا

Teeming : *adj.* present in large numbers बहुत अधिक होना; भरपूर होना بہت بڑی تعداد میں؛ بھرپور ہونا

Teeming Millions : *ph.* millions and

millions लाखों; करोड़ों لاکھوں؛ کروڑوں

Teen Aged : *n.* one in his or her teens किशोर نوجوان؛ تیرہ سے انیس برس کا

Teen Ager : *n.* teen aged person किशोर; किशोरी نوجوان؛ تیرہ سے انیس سال کا

Teens : *n.* the years between 13 and 19 किशोर; किशोर अवस्था تیرہ سے انیس سال تک

Be in one's teens : *ph* . be of 13 to 19 years of age किशोर अवस्था تیرہ سے انیس سال کی عمر؛ عنفوان شباب

Teeth : *n.* (teeth) plural of tooth दाँत دانت

Teethe : *v.* begetting its first teeth दूध के दाँत निकालना دودھ کے دانت نکالنا

Teething : *n.* the process of the first growth of teeth दाँत निकलना دانت نکلنا

Teetotalism : *n.* being a teetotaller मद्यत्याग نشہ بازی کی مخالفت

Teetotaller : *n.* (tee-toh-te-ler) total abstainer मद्यत्यागी صوفی

Tegument : *n.* (tegu-ment) a cover; the outward part; skin आवरण; कवच; त्वचा پوشش؛ جلد؛ کھال

Tele : *pref.* (tel-i) long distance दूर دور

Telecommunication : *n.* (tele-kamu-ni-kay-shen) the telephonic communication दूरसंचार ٹیلی کمیونیکیشن

Telegram : *n.* (tel-e-gram) wire message sent by telegraph टेलीग्राम; तार ٹیلی گرام؛ تار

Telegraph : *n.* (-grapf) an electrical machine for the rapid conveyance of intelligence by signals; an electrical apparatus for transmitting messages by wierless तार बरक़ी تار برقی؛ تار کے ذریعہ پیغام پہنچانا

Telegraphic : *adj.* of or by telegraphy; very brief तार का; संक्षेप में تار کا؛ بذریعہ تار؛ مختصر؛ بہت کم لفظوں میں

Telegraphist : *n.* (te-lig-re-fist) person trained to send and receive massages by telegraph तार बाबू; तार से ख़बर भेजने या लेने वाला تار برقی کا ماہر؛ تار بابو

Telegraphy : *n.* (-fi) use or science of the telegraph टेलीग्राफ़ी تار کا فن؛ تار سازی

Telephone : *n.* (tel-e-fohn) apparatus for talking to some one at a distance through wire; an apparatus for transmitting sound to a distance दूर भाष-यंत्र; टेलीफोन ٹیلیفون؛ دور گو؛ آواز دور پہنچانے کا آلہ

Telephone : *v.* to speak on the telephone; to talk on telephone टेलीफोन क.; टेलीफोन के द्वारा बात क. ٹیلیفون کرنا؛ ٹیلیفون کے ذریعہ بات کرنا

Teleprinter : *n.* (tel-e-prin-ter) telegraphically operated typewriter टेलीप्रिन्टर ٹیلی پرنٹر

Telescope : *n.* (tel-e-skohp) lens used for distance view दूरदर्षक यंत्र; दूरबीन دوربین؛ ٹیلی اسکوپ

Television : *n.* (tel-e-vizh-en) process of transmitting a view of events, plays etc. by radio टेलीवीज़न ٹیلی ویژن؛ دور نمائی

Tell : *v.* (tel) to speak; to state; to convey; to order; to betray कहना; बताना; सुनाना; पहुचाना; प्रकट क. بیان کرنا؛ بتانا؛ کہنا؛ سنانا؛ پہنچانا؛ حکم دینا؛ گننا؛ ظاہر کرنا

Telling : *adj.* effective प्रभावी; प्रभावकारी کارگر؛ اثر آفریں

Telltale : *adj.* making known a secret or someone's feelings etc. चुगली; सूचक چغلی؛ بھید

Telltale : *n.* informer चुगलखोर; भेद बताने वाला چغل خور؛ بھید بتانے والا

Temerity : *n.* (te-me-re-ti) rashness; boldness धृष्टता; साहस بے باکی؛ جلد بازی؛ جانبازی؛ بے احتیاطی

Temper : *n.* (tem-per) disposition mood; calmness of mind; moderation स्वभाव; मनोदशा مزاج؛ پختگی

Temper : *v.* to give the required temper to iron or steel by heating and cooling कोमल या धीमा क.; मिलान تیار کرنا؛ پختہ کرنا؛ معتدل کرنا

In a bad temper : *ph.* be annoyed; angry बिगड़ा हुआ; क्रोध में होना بگڑا ہوا؛ غصہ میں ہونا؛ جلا بھنا

In a good temper : *ph.* in a pleasant mood खुश; खुश खुश خوش؛ خوش باش؛ خوش خوش

Keep one's temper : *ph.* keep one's anger under control गुस्से को काबू मे रखना غصہ کو قابو میں رکھنا

Lose one's temper : *ph.* be very angry आपे से बाहर हो जाना غصے میں لال پیلا ہونا؛ آپے سے باہر ہو جانا

Temperament : *n.* (tem-pe-re-ment) nature; disposition स्वभाव; मिज़ाज مزاج؛ طبیعت؛ افتادِ طبع

Temperance : *n.* (tem-pe-rens) teetotalism; moderation in all things मद्यत्याग; मिताचारी; सब्र; संतुलन شراب سے پرہیز؛ اعتدال؛ صبر

Temperate: (Adj) showing temperance; free from extremes of heat and cold संयमी; मिताचारी; संतुलित متوازن طبع؛ معتدل

Temperature : *n.* (tem-pe-recher) degree of heat and cold तापमान ٹمپریچر؛ درجۂ حرارت

Tempered : *adj.* (tem-perd) having a specific kind of temper; moderate संतुलित; संयमित; मिज़ाज वाला; स्वभाव; मिज़ाज مزاج والا؛ مزاج؛ خو؛ معتدل

Tempest : *n.* (tem-pest) a violent wind; a violent storm तूफ़ान; आंधी طوفان؛ آندھی؛ طوفانِ باد و باراں

Tempestuous : *adj.* (tem-pes-tew-us) stormy violent तूफ़ानी; तेज़; प्रचण्ड طوفانی؛ طوفان خیز؛ تیز

Templar : *n.* (tem-pe-lar) military religious order of Christian in the middle ages; aimed against muslims; a law student ईसाई दीनी फोजदार; धर्म संधी सैनिक; कानून पढ़ने वाला عیسائی دینی فوجدار؛ قانون کا مطالعہ کرنے والا

Temple : *n.* (ten-pel) a place of worship; flat part between the ear and the forehead मंदिर; गिरजा; कनपटी مندر؛ گرجا؛ کنپٹی

Tempo : *n.* (tem-poh) speed of any walk; music rythem; style रफ़्तार; ताल; शैली رفتار؛ موسیقی میں تال؛ انداز

Temporal : *adj.* (ten-po-rel) earthly; not spiritual; worldly संसारिक; पार्थिव دنیاوی؛ دنیوی

Temporarily : *adv.* (-re-ri-li) just for

the time being अस्थायी रुप से ؛ عارضی طور پر؛ عارضی

Temporary : *adj.* (tem-po-ri) lasting for a short time only अस्थायी ؛ عارضی ؛ وقتی؛ ہنگامی

Temporize : *v.* (tem-po-riz) act so as to gain time; to compromise टाल मटोल क.; समझौता कर लेना ٹال مٹول کرنا؛ دفع الوقتی کرنا؛ سمجھوتہ کرنا

Tempt : *v.* (tempt/temt) to allure immorally; to entice; to induce; to attract प्रलोभन देना; बहकाना; प्रेरित क.; आकर्षित क.; ललचाना اکسانا؛ ترغیب دینا؛ پھنسانا؛ لبھانا؛ للچانا؛ متوجہ کرنا

Temptation : *n.* (tem-tay-shen) the act of tempting to ill allurement; tempting प्रलोभन; लालच; लोभ; मोह لالچ؛ ترغیب؛ تحریص

Tempter : *n.* (temp-ter) one who tempts; satan प्रलोभक; बहकानेवाला; शैतान ترغیب؛ دینے والا؛ اکسانے والا؛ شیطان

Ten : *n.* (ten) number comes after nine; number comes before eleven दस دس؛ دہم

Tenable : *adj.* (ten-e-bel) pension that can be drawn; can successfully be defended अदाएगी योग्य; तर्कसंगत قابلِ ادائیگی؛ قابل مدافعت

Tenacious : *adj.* (ten-nay-shus) holding firmly; grasping hard पक्का; दृढ़; अटल; दृढ़निश्चयी پکا؛ محکم؛ مضبوط؛ سخت

Tenacity : *n.* (te-ne-siti) firmness; being tanacious दृढ़ता; हठ; मज़बूती مضبوطی؛ استحکام؛ استقلال

Tenancy : *n.* (ten-en-si) user of land as a tenant; temporary possesion of what belongs to another काशतकारी; किरायदारी لگانداری؛ مزارع ہونا؛ قبضہ کرایہ داری

Tenant : *n.* (ten-ent) one who pays rent for use of land; one who pays rent for use of building; one who rents of another किरायादार; आसामी; लगानदार کرایہ دار؛ لگان دار؛ مزارع؛ اسامی

Tend : *v.* (tend) to look after; to watch; to move towards देख-भाल क.; ध्यान देना; झुकना دیکھ بھال کرنا؛ خبر گیری کرنا؛ مائل ہونا؛ کی طرف میلان ہونا

Tendency : *n.* (tend-ens-i) inclination; a drift झुकाव; प्रवृत्ति میلان؛ رغبت؛ رجحان

Tender : *adj.* soft; delicate; weak; loving; painful when touched कोमल; नर्म; दयालु; कमज़ोर; दुखद; प्यार भरा نرم ملائم؛ نازک؛ کمزور؛ دکھتا ہوا؛ پیار بھرا؛ محبت آمیز

Tender : *n.* statement of the sum for which one will contract to do something टेंडर ٹینڈر؛ ٹھیکے کا تخمینہ

Tenderness : *n.* being tender; delicacy; loving care; being painful कोमलता; नज़ाकत; सुकुमारता نرمی؛ ملائمت؛ نازکی؛ رحم دلی؛ شفقت؛ دکھتا ہوا ہونا

Tendon : *n.* (tend-un) tough cord that joins muscles to bone नस نس؛ رگ

Tenement : *n.* (te-ni-ment) a dwelling house घर; मकान مکان؛ عمارت؛ جائداد

Tenement-House : *n.* large building with number of flats at low costs चाल; सस्ते फलैटोंवाली बिल्डिंग سستے فلیٹوں والی عمارت؛ چال

Tenet : *n.* (ten-et) doctrine; principles; doctrine सिद्धान्त; उसूल اصول؛ عقیدہ

Tenfold : adj/*adv.* folding ten times दसगुना دس گنا؛ دس مرتبہ تہ کیا ہوا

Tenner : *n.* (ten-er) currency note worth 10 units दस रुपये का नोट دس کا نوٹ

Tennis : *n.* (ten-is) a well-known game which played with rackets and soft ball टैनिस; एक प्रकार का खेल जो रेकिट और गेंद से खेला जाता है ٹینس؛ ایک کھیل جو ریکٹ اور نرم گیند سے کھیلا جاتا ہے

Tennis-court : *n.* ground on which tennis is played टैनिस का मैदान ٹینس کورٹ؛ وہ جگہ جہاں ٹینس کھیلا جاتا ہے

Tenon : *n.* (ten-en) the end of a piece of wood cut so as to be fitted into another piece चूल; जोड़ की चूल چول؛ جوڑ کی چول

Tenor : *n.* (ten-er) prevailing course; continuity of state; sense contained; purport रीति; ढंग; तात्पर्य; क्रम روش؛ رفتار؛ طریقہ؛ طرز

Tense : *n.* (tens) verb form showing time; a variation of the verb to signify time काल فعل کا زمانہ

Tense : *adj.* excited; strained relation; pushed tight कसा हुआ; व्यग्र; उत्तेजित تنا ہوا؛ کشیدہ تعلقات؛ کشاکش کی حالت؛ کھینچا ہوا

Tension : *n.* (ten-shen) the act of stretching; strained state of relation; not laxity खिंचाव; फैलाव; तनाव کھینچاؤ؛ تناؤ؛ پھیلاؤ؛ کشاکش؛ کشیدگی

Tent : *n.* (tent) a pavition; moveable habitation; canvas shelter on poles तम्बू; डेरा خیمہ؛ تمبو؛ ڈیرہ

Tent-Peg : *n.* one of the pegs to which tent ropes are tied तम्बू की मेख़ خیمہ کی میخ

Tent-Pegging : *n.* riding with lance past tent-peg trying to take it off मेख़ उखाड़ना میخ اکھاڑنا

Tent-Pole : *n.* pole of tent तम्बू की बल्ली خیمہ کی بلی

Tent-Rope : *n.* rope of tent तम्बू की रस्सी خیمہ کی طناب

Tentation : *n.* (ten-tay-shen) trial; temptation परीक्षा; ललचाव آزمائش؛ للچاؤ

Tentative : *adj.* (tent-e-tiv) not final; experimental; trying आज़माईशी; परीक्षा के तौर पर; संकोचपूर्ण آزمائشی؛ تجربی؛ امتحاناً؛ بطور آزمائش

Tentatively : *adv.* experimentally आज़माईशी रुप में; सुझाव के रुप में آزمائشی طور پر؛ تجربہ کے طور پر

Tenth : *n.* (ten-th) the unit coming next after the ninth in the series दसवाँ; दशम دسواں؛ دہم

Tenuity : *n.* (te-new-iti) thinness; slenderness; slim; exility पतला पन; तनुता پتلا پن؛ رقت

Tenuous : *adj.* (ten-ew-us) thin; slender; exility पतला; बारीक; कोमल پتلا؛ مہین؛ باریک؛ نزاکت

Tenure : *n.* (ten-yer) holding of land; occupation; period or condition of office कार्यकाल; सेवा अवधि; पदावधि حق لگانداری؛ حق قبضہ؛ عہدے پر فائز رہنا؛ عہدے کی

مدت یا معیاد؛ عہدے کی شرائط

Security of tenure : *ph*. security of service पदावधि का पक्का होना عہدے کا پکا ہونا

Tepefy : *v*. (te-pi-fi) to warm in a small degree थोड़ा गर्म करना تھوڑا گرم کرنا؛ ہلکا گرم کرنا

Tepid : *adj*. (tep-id) lukewarm; zealous हलका गर्म; कुनकुना نیم گرم؛ ہلکا گرم؛ کنکنا

Term : *n*. (te-rm) fix period; limit a set time; limited period; word used in special sense अवधि; मुददत; तय किया हुआ समय; परिभाषक शब्द مدت؛ میعاد؛ شرط؛ اصطلاح

Termagant : *adj*. (te-rma-ga-ent) tumultuous झगड़ालू; लड़ाका جھگڑالو؛ لڑاکو؛ لڑاکا

Terminable : *adj*. that can be terminated or ended; limited समाप्य; मीआदी اختتام پذیر؛ میعادی

Terminal : *adj*. (ter-mi-nel) taking place each term; last; final त्रैमासिक; अंतिम ٹرمنل؛ سہ ماہی؛ آخری

Terminal : *n*. last stop; last station; terminal point of electric circuit टर्मिनल; आंतिम स्टेशन; सिरा آخری اسٹاپ؛ ٹرمنل؛ آخری اسٹیشن؛ سرا

Terminate : *v*. (ter-mi-nayt) to end; to set a limit; to bound अन्त क.; सीमाबद्ध क. ختم کرنا؛ حدبندی کرنا؛ اختتام کرنا

Termination : *n*. (-nay-shen) a limit; conclusion; ending समाप्ति; अंत; सीमा; नतीजा اختتام؛ حد؛ خاتمہ؛ نتیجہ

Terminology : *n*. (ter-mi-nol-o-ji) set of terms; wording; terms शब्दावली; शब्द; भाषा اصطلاحات؛ الفاظ؛ زبان

Terminus : *n*. (ter-mi-nus) station at the end of a railway अंतिम स्टेशन آخری اسٹیشن؛ ٹرمینس

Termite : *n*. (ter-mit) white ant दीमक دیمک

Terms : *pl*. words; conditions शब्द; शर्तें الفاظ؛ کلمات؛ شرائط

Terra Cotta : *n*. (te-re-kota) artistic works in hard reddish-brown earth टेरा-कोटा; पक्की मिट्टी की मूर्तियाँ या बरतन پکائی ہوئی مٹی کی مورتیاں یا برتن؛ ٹیراکوٹا

Terra Firma : *n*. solid ground स्थल; खुश्की ٹھوس جگہ؛ خشکی

Terrace : *n*. (te-ris) flat piece of ground on a slope; raised walk round house चबूतरा; छज्जा چبوترہ؛ چھجہ؛ ڈھلان کے اوپر کا چبوترہ؛ روش

Terrain : *n*. (te-rain) track of land with regard to its physical features क्षेत्र; भुभाग; मैदान خطہ؛ قطعۂ زمین؛ میدان

Terrene : *adj*. (te-rin) earthly; wordly संसारिक; भूमिका دنیاوی

Terrestrial : *adj*. of the earth; of the world; earthy पार्थिव; संसारिक کرۂ زمین کا؛ دنیاوی؛ ارضی؛ دنیوی

Terrible : *adj*. (te-ri-bel) dreadful; frightful; formidabel भयानक; भीषण بھیانک؛ خوفناک؛ ہولناک

Terrier : *n*. (te-ri-er) species of small dog digging rabbits burrows; a kind of small dog टेरियर; एक प्रकार का छोटा कुत्ता ٹیریر؛ ایک قسم کا چھوٹی نسل کا کتا

Terrific : *adj*. (te-rif-ik) dreadful;

terrible; extremely great भयानक; डरावना خوفناک؛ ہولناک دہشت ناک

Terrify : *v.* (te-ri-fi) strike with terror; frighten डराना; होला देना سخت ڈرا دینا؛ ہولا دینا؛ دہشت پیدا کرنا

Territory : *n.* (te-re-to-ri) extent of land under the domination of a ruler; dominion इलाका; राष्ट्र प्रदेश ملک؛ علاقہ

Terror : *n.* (te-rer) great fear आतंक; ख़ौफ़ خوف؛ دہشت

Terrorism : *n.* use of terror and armed force in politics आंतकवाद دہشت پسندی

Terrorist : *n.* one who practises terrorism आतंकवादी دہشت پسند

Terse : *adj.* brief to the point and forcible संक्षिप्त; सुगंठित مختصر اور جامع؛ ماقل ودل

Terseness : *n.* terse style सुगठितता; संक्षेप ایجاز؛ اختصار؛ جامعیت

Tertian : *adj.* (ter-shi-an) occuring every third day बारी का (ज्वर) تیسرے دن آنے والا (بخار)؛ باری کا (بخار)

Tertiary : *adj.* (ter-shia-ri) third तीसरा; तृतीय سوئم؛ تیسرا

Test : *n.* (test) examination; trial; a vessel to try metal परीक्षा; परख; जाँच; कसौटी امتحان؛ آزمائش؛ کسوٹی؛ کوٹھائی

Test : *v.* to try; put to the test; to compare with the standard परीक्षा लेना; जाँचना; परखना امتحان لینا؛ جانچنا؛ پرکھنا

Test Match : *n.* one of the matches of a cricket tour that will count towards the result टेस्ट मैच ٹیسٹ میچ؛ مقابلہ

Test Tube : *n.* thin glass tube with one end closed used in chemical tests and experiments टैस्ट नली تجرباتی نلی؛ تجرباتی نلکی؛ ٹیسٹ ٹیوب

Testement : *n.* (tes-te-ment) a will; one of the two main divisions of the Bible मृत्युलेख; वसीयत; एहद وصیت نامہ؛ وصیت؛ عہد نامہ؛ عہد؛ انجیل

Testate : *n.* (testet) having made a will वसीयत وصیت نامہ؛ وصیت

Testator : *n.* (tes-tay-ter) one who has left a particular will वसीयतकर्ता; मृत्युलेख करने वाला موصی؛ وصیت کرنے والا

Testify : *v.* (tes-ti-fi) to give evidence in a law-court; to witness साक्ष्य देना; साक्षी देना حلفیہ بیان دینا؛ گواہی دینا

Testimonial : *n.* (tes-ti-moh-ni-el) a certificate; a written statement testifying to a person's merits प्रमाण पत्र سند؛ تصدیق نامہ؛ سرٹیفکیٹ

Testimony : *n.* (-me-ni) evidence; proof साक्षी; गवाही; सबूत گواہی ؛ تصدیق؛ ثبوت؛ شہادت

Testy : *adj.* (tes-ti) short tempered (person) चिड़चिड़ा; तुनक मिज़ाज زود رنج؛ تنک مزاج؛ چڑچڑا

Tetanus : *n.* (tet-e-nus) disease causing continuous contraction of same or all voluntary muscles धनुस्तंभ تشنج

Tetchy : *adj.* (tech-i) testy; short tempered चिड़चिड़ा; तुनकामज़ाज چڑچڑا؛ زود رنج؛ تنک مزاج

Tete-A-Tete : *n.* (tayt-e-tayt) private meeting between two person; secret talk; private talk not overheard by any one; face to face गुप्तवार्तालाप; आमने-सामने; मुलाक़ात تخلیہ؛ خلوت؛ راز کی باتیں؛ آمنے سامنے ملاقات

Tether : *n*. (tedh-er) rope by which an animal is fastened while grazing to prevent it from straying पगाह; चरने के समय बांधी हुई रस्सी چرنے کے وقت باندھی ہوئی رسی؛ پگھا

Tetra : *pref*. (tet-re) four चार چار؛ چہار

Tetrad : *n*. (tet-red) four चार چار؛ چہار

Tetragon : *n*. (tet-ra-gon) a square; plane straight-lined figure with four angles चतुर्भुज; चतुष्कोण چوگوشہ شکل؛ ذوار بعتہ الزاویہ؛ چوکور شکل؛ مربع

Text : *n*. (tekst) author's own words book apart from notes; a sentence of scripture ग्रंथ; सूत्र-वाक्य متن؛ اصل؛ مضمون

Text Book : *n*. book prescribed for pupils for the study पाठ्य पुस्तक نصاب کی کتاب؛ درسی کتاب

Textile : *n*. (teks-til) cloth fabric; woven cloth कपड़ा; वस्त्र کپڑا بنا ہوا کپڑا

Textile : *adj*. pertaining to manufacture of cloth; woven; that may be woven बुना हुआ; बुना हुआ वस्त्र پارچہ بافی سے متعلق؛ بنا ہوا

Textile Industry : *n*. cloth mill वस्त्रोधोग; कपड़ा मिल کپڑا مل؛ صنعت پارچہ بافی

Texture : *n*. (teks-cher) manner of weaving; structure; a web बुनने का तरीक़ा; बुनावट; जाला بننے کا طریقہ؛ ساخت؛ بناوٹ؛ جالا

Than : *conj*. (dhan) in comparison with से; की अपेक्षा; की बनिस्बत سے؛ کی بہ نسبت

Thank : *v*. (thank) to return acknowledgements for any kindness; to express gratitude to god धन्यवाद देना; शुक्र क.; कृतज्ञता प्रकट क. شکر گزار ہونا؛ شکریہ ادا کرنا؛ خدا کا شکر ادا کرنا

Thank You : *ph*. I thank you; I accept it thankfully धन्यवाद; बड़ी कृपा شکریہ؛ بڑی مہربانی

No thank you : *ph*. I am sorry; I cannot accept it धन्यवाद; मुआफ रखिये شکریہ؛ معاف رکھیے

Thankful : *adj*. grateful कृतज्ञ; एहसानमन्द شکرگزار؛ ممنون؛ احسان مند

Thankfully : *adv*. with thanks धन्यवाद के साथ شکریہ کے ساتھ

Thankfulness : *n*. gratitude एहसानमन्दी احسان مندی؛ شکرگزاری

Thankless : *adj*. for which there are no thanks; not thankful अकृतज्ञ; नमकहराम جس کی قدر نہ ہو (کام)؛ ناشکرا؛ احسان ناشناس؛ ناشکرگزار

Thanks : *n*. expression of gratitude धन्यवाद; करम; महरबानी شکریہ؛ مہربانی

Thanksgiving : *n*. expression of thanks to god भगवान का धन्यवाद خدا کا شکر

That : *adj*. (dhat) the more distant; not this but the other person; the former; who; which; because; in order that वह; जो; जिसे; जो कुछ; कि; क्योंकि; ताकि وہ؛ پہلا؛ جو؛ جس؛ جو کچھ؛ کہ؛ کیوں کہ؛ تاکہ

Thatch : *n*. (thatch) dried straw घास

फूस گھاس؛ گھاس پھوس

Thatch : *v.* to cover with thatch छप्पर से ढांपना; छप्पर डालना چھپّر سے ڈھانپنا؛ چھپر ڈالنا

Thatched Roof : *n.* thatch छप्पर چھپّر

Thaw : *v.* (thaw) to melt गलना; पिघलना; पिघला देना پگھلنا؛ پگھلا دینا؛ گلنا

Thaw : *n.* thawing; season for thawing हिम पिघलना; हिम पिघलने का मौसम برف پگھلنا؛ برف پگھلنے کا موسم

Theatre : *n.* (thi-e-ter) building where plays are acted; a place in which shows are exhibited; a play house; plays and acting; operation room थियेटर; नाटयशाला; नाटय-कला आपरेशन करने का कमरा تماشا گاہ؛ تھیئٹر؛ ناٹک گھر؛ اداکاری؛ ڈرامے کا فن؛ آپریشن کا کمرہ

Theft : *n.* (theft) the act of stealing चोरी; चुराना چوری؛ سرقہ؛ چرانا

Theism : *n.* (thi-iz-m) the acknowledgment of a god; as opposed to athism ईश्वर के अस्तित्व में विश्वास; ईश्वरवाद خدا کی ہستی کا اعتقاد

Theme : *n.* (theem) subject; topic; talk; idea विषय; मूल-विषय مضمون؛ موضوع؛ مرکزی خیال

Then : *n&adj.* (dhan) that time; at that time; at another time; after wards; immediately जब; तब; उस समय; फिर; उसके पश्चात; वहीं; फौरन جب؛ تب؛ وہ وقت؛ وہ زمانہ؛ اس وقت؛ جب؛ پھر؛ اس کے بعد؛ بعد ازاں؛ وہیں؛ فوراً

Thence : *adj.* (dhens) from there; from that time on wards; for that reason वहाँ से; उस समय से; उस कारण وہاں سے؛ اس وقت سے؛ اس وجہ سے

Thenceforth : *adv.* from that time उस समय से; तब से اس وقت سے؛ تب سے

Theocracy : *n.* (the-ok-re-si) divine government; priestly government ईश्वरीय राज; धर्मतन्त्र خدائی حکومت؛ مُلّائیت

Theocratic : *adj.* of theocracy धर्मतन्त्रवादी; मज़हबी دینی؛ مذہبی

Theodolite : *n.* (theo-do-lit) land survey instrument; a mathematical instrument used in surveying or taking heights ऊँचाई या दूरी मापने का यन्त्र اونچائی یا دوری ناپنے کا آلہ

Theologian : *n.* (theo-loh-ji-en) expert in theology धर्मविज्ञानी ماہرِ دینیات؛ عالمِ دین

Theological : *adj.* (-kel) pertaining to theology ब्रह्मवैज्ञानिक; ईश्वरपरक; दीनियाती دینی؛ دینیاتی

Theology : *n.* (theo-lo-ji) science of the nature of religious belief ईश्वरीय ज्ञान دینیات؛ علمِ دینیات

Theorem : *n.* (the-o-rem) statement that can convincingly be proved by argument; principle; proposition प्रमेय; उपपति; सूत्र نظری حقیقت؛ شکل اثباتی؛ دعویٰ مسلم الثبوت

Theoretical : *adj.* (thee-o-ret-i-kel) based on theory and not on practice or experience; specular ख्याली; सैद्धान्तिक نظری؛ نظریاتی؛ خیالی؛ قیاسی

Theory : *n.* (the-e-ri) general principles of an art or science; a speculation; a scheme; a plan सिद्धान्त اصول؛ نظریہ؛ قاعدہ

Theosophy : *n*. (the-o-so-fi) religious system based on institutional and traditional knowledge of God; divine wisdom ब्रह्मवाद; ईश्वरीय ज्ञान تھیوسوفی؛ فلسفی دین؛ علم حقیقت

Therapeutic : *adj*. (the-ra-pew-tik) curative चिकित्सीय; रोगहर معالجاتی؛ علاجی

Therapeutics : *n*. (-tiks) curative branch of medicine चिकित्सा-विज्ञान معالجات

There : *adv*. (dhay-er) at that point; in that matter वहाँ; उस जगह; उस बारे में وہاں؛ اس جگہ؛ اس بارے میں

There and then : *ph*. at the spot वहीं وہیں

Thereafter : *adv*. afterwards; according to that उसके पश्चात; उनके उनुसार بعد ازاں؛ بموجب اس کے

Thereby : *adv*. by that means; by means of that; in that way उसके द्वारा; उसके सम्बन्ध में اس ذریعے سے؛ اس کے ذریعہ؛ اس طرح

Therefore : *adv*. for that reason इसलिए; इस कारण से اس لیے؛ اس واسطے

Therein : *adv*. in that; in that place उसमें; उस स्थान पर اس میں؛ اس جگہ

Thereof : *adj*. of it old use उस का اس کا

Thereupon : *adv*. (dhay-e-re-pon) then; owning; to that फिर; इसके पश्चात्; इस कारण से; इसलिए پھر؛ اس کے بعد؛ اس وجہ سے؛ اس لیے؛ چنانچہ

Therewithal : *adv*. (dhay-e-re-withal) over and above ऐसा होते हुए भी ایسا ہوتے ہوئے بھی

Therm : *n*. (the-rm) unit of heat थर्म حرارہ

Thermal : *adj*. pertaining to heat ऊष्मीय; गर्म; ऊष्म حرارت کا

Thermometer : *n*. (the-rmou-me-ter) an instrument for measuring temperature थरमामीटर تھرمامیٹر؛ مقیاس الحرارت؛ حرارت پیما

Thermos : *n*. (the-r-mos) flask; vacuum flask थरमस تھرماس؛ فلاسک

Thesaurus : *n*. (thee-saw-rus) storehouse of information مخزن

These : adj&*pron*. (dheez) plural of this यह یہ

Thesis : *n*. (thee-sis) a piece of writing submitted for a university degree; theory put forward and supported by arguments थीसेस; अभियोग; विषय مقالہ؛ تھیسس؛ دعویٰ؛ نظریہ

Thick : *adj*. (thik) having a depth; not thin; gross; wide; dense; muddy; intimate; stiffly; bold type मोटा; घना; गफ़; गुंजान; चौड़ा موٹا؛ چوڑا؛ گھنا؛ گنجان؛ گاڑھا؛ کثیف؛ جلی (حروف)؛ دبیز

Thick Headed : *adj*. stupid बेवकूफ غبی؛ احمق

Thick Skinned : *adj*. with a thick skin; insensitive to insult मोटी खाल वाला; ढीट موٹی کھال والا؛ موٹی چمڑی والا؛ بے حس؛ ڈھیٹ

Thick Skulled : *adj*. stupid; slow to understand बेवकूफ़; मंद बुद्धि वाला بیوقوف؛ کم فہم؛ کند ذہن

Thicken : *v*. (thik-en) to make or become thick; to condense; to be consolidated; to grow thick गाढ़ा क.; गाढ़ा बनाना; जमना گاڑھا کرنا؛ گاڑھا ہونا؛ گاڑھا بنانا؛ جمنا

Thickening : *n.* making or becoming thick; thickened part गाढ़ा क. या होना; मोटा हो जाने वाला हिस्सा گاڑھا کرنا یا ہونا؛ موٹا ہوجانے والا حصہ

Thickness : *n.* being thick; amount of it; layer मोटाई; चौड़ाई; तह; गाढ़ापन موٹائی؛ چوڑائی؛ گاڑھاپن؛ تہہ

Thickest : *adj.* short and stout; closely massed मोटा और नाटा; गुंजान موٹا اور ناٹا؛ گنجان

Thicket : *n.* (thik-et) thick rowth of shrubs; close knot or tuft of trees गुंजान झाड़ियों का सिलसिला; घना जंगल گنجان جھاڑیوں کا سلسلہ؛ گھنا جنگل

Thief : *n.* (theef) one who steals secretly or sometimes violently चोर; चोरी करने वाला چور؛ چوری کرنے والا

Thigh : *n.* (thi) groin; part of leg above knee; limb of the body including all between the hip and the knee जांघ; रान ران؛ جانگھ

Thill : *n.* (thil) the shaft of wagon or cart गाड़ी का शाफ़्ट ویگن یا گاڑی کا شافٹ

Thimble : *n.* (thim-bel) metal cap for the finger end; a cap for the needle finger अंगुश्ताना انگشتانہ؛ درزی کی انگوٹھی (جو درزی ترپائی کرتے وقت انگلی میں پہنتے ہیں)

Thin : *adj.* (thin) not thick; not fat; feeble; delicate; watery; lean दुबला; कोमल; निर्बल; बारीक; क्षीण دبلا؛ نازک؛ پتلا؛ باریک؛ چھدرا؛ کمزور

Thing : *n.* (thing) object; matter वस्तु; चीज़; मामला چیز؛ شے؛ معاملہ

Things :*n.pl.* objects; general conditions; belongings especially clothes वस्तुऐं; मामलात; सामान; कपड़ा आदि چیزیں؛ حالات؛ معاملات؛ سامان؛ کپڑا لتّا

Think : *v.* (think) use one's mind; to have ideas; to fancy; to believe ध्यान क.; सोचना; ख्याल क.; विश्वास क. سوچنا؛ خیال کرنا؛ فرض کرنا؛ یقین کرنا

Think Better of : *ph.* reconsider it and better give it up छोड़ देना; मन बदलना کے متعلق پھر غور کرنا؛ کو چھوڑنے کی سوچنا

Think Highly of : *ph.* have very good opinion of बहुत क़दर क. کے متعلق اچھی رائے رکھنا؛ بہت قدر کرنا

Think Nothing of : *ph.* not to have a good opinion of तुच्छ समझना کے متعلق بری رائے رکھنا؛ حقیر سمجھنا

Think Out : *ph.* to consider carefully and plan ग़ौर करके क.; सोच समझ कर क. غور کرکے انتظام کرنا؛ پوری طرح غور کرکے کرنا

Think Over : *ph.* consider further before deciding ग़ौर क.; फिर से सोचना نظر ثانی کرنا؛ پھر سے سوچنا؛ غور کرنا

Thinness : *n.* quality or amount of being thin दुर्बलता; पतलापन دبلاپن؛ پتلاپن؛ پتلا ہونا؛ دبلا ہونا

Third : *adj.* (the-rd) number three; the first after the second; the number comes before four तीसरा; तृतीय تیسرا؛ سوئم

Third Degree : *n.* manhandling methods resorted to by police उत्पीड़न; पुलिस की मार पीट (मुजरिम के साथ) پولس کا تشدد؛ مجرم سے جرم قبول کرانے کے لیے پولس کی مارپیٹ

Third Man : *n.* fielder between point and short slip in cricket क्रिकेट मे थर्ड

मैन کرکٹ میں تھرڈ مین

Third Party Risk : *n.* damage to one other than the insured person which the insurance company undertakes to cover तिसरैत; दूसरी पारटी की ज़िम्मेदारी دوسرے فریق کی ذمے داری

Third Rate : *n.* of poor quality घटिया گھٹیا؛ گیا گزرا

Thirst : *n.* (the-rst) feeling caused by the need to drink; the pain suffered for want of drink प्यास; तृष्णा پیاس؛ تشنگی؛ پانی کے لیے بے تاب ہونا

Thirst : *v.* to have thirst; to be eager for प्यास लगना; प्यासा होना; के लिए तरसना پیاس لگنا؛ پیاسا ہونا؛ کے لیے بے تاب ہونا

Thirsty : *adj.* (the-r-s-ti) having thirst; suffering want of drink; needing irrigation प्यासा; पिपासु پیاسا؛ خشک

Thirteen : *adj.* the number comes after twelve; one more than twelve; the number comes before fourteen तेरह تیرہ

Thirteenth : *adj.* next in order after the twelfth तेरहवा تیرہواں

Thirtieth : *adj.* next in order after the twenty nine तीसवाँ تیسواں

Thirty : *adj.* thrice ten; twenty plus ten तीस تیس

This : *adj&pron.* person or thing near, just mentioned or about to be mentioned यह; इस یہ؛ اس

Thistle : *n.* (this-el) wild flowery plant with prickly leaves; thorny गोखरु; काँटेदार گوکھرو؛ خاردار

Thither : *adv.* (dhi-dher) to that place; in that direction उधर; उस जगह اُس جگہ؛ اُدھر؛ اس طرف

Thitherward : *adv.* (dhi-dher-ward) in that direction वहाँ; उस ओर وہاں؛ اس طرف؛ اُدھر

Thong : *n.* (thong) a strap of leather; a narrow strip of leather चर्म का तस्मा چمڑے کا تسمہ؛ تسمہ

Thorax : *n.* (tho-raks) part of body between neck and abdomen; the in ward part of the breast छाती چھاتی؛ سینہ؛ صدر

Thorn : *n.* (thorn) sharp pointed growth on the stem of a plant काँटा; सूल کانٹا؛ خار

Thorny : *adj.* (tho-rni) full of thorns; perplexing; difficult काँटेदार; कठिन خاردار؛ کانٹے دار؛ ٹیڑھا؛ مشکل؛ پیچیدہ

Thorough : *adj.* (the-ro) complete in every way; complete पूर्ण; सम्पूर्ण مکمل؛ پورا

Thorough Bred : *adj.* (animal) of pure; breed; cultured नसलदार; सुसंस्कृत نسلی؛ نسل دار؛ تہذیب یافتہ؛ تمیز دار

Thorough Fare : *n.* road much used by traffic; road which is not private जनमार्ग; साधारण रास्ता شاہراہ؛ شارعِ عام؛ عام راستہ

Thorough Going : *adj.* uncompromising पक्का; कट्टर پکا؛ کٹر؛ سخت

Thoroughly : *adv.* fully; completely पूर्णरुप से; पूर्णतया پوری طرح؛ بخوبی؛ اچھی طرح سے

Thorougness : *n.* being thorough पक्का पन; सम्पूर्णता پکا پن؛ مکمل پن؛ مکمل ہونا

Thorpe : *n.* (thorp) village; hamlet गाँव; बस्ती گاؤں؛ بستی

Those : *adj.* (dhoz) plural of that वह وہ

Thou : *pron.* (dow) yours; your; you तू تم؛ تو

Though : *conj.* (dhoh) although; however; even if यद्यपि; मगर; हँालाकि; भले ही اگر چہ؛ گو؛ مگر؛ حالانکہ

Thought : *n.* (tha-wt) the act of thinking; idea; thinking; power of thinking; process of thinking; philosopy; theories; intention; sentiment सोच; विचार; ध्यान; विचारणा; धारणा; दृष्टिकोण; इरादा خیال؛ سوچ؛ غور؛ قوتِ خیال؛ ادراک؛ غوروفکر؛ خیالات؛ نظریات؛ نیت؛ ارادہ

Thoughtful : *adj.* (thawt-ful) contemplative; considerate; showing thought विचारशील; ध्यानपूर्ण بامروّت؛ فکرمند؛ باخبردار؛ ہوشمند

Thoughtfully : *adv.* carefully; considerately ध्यान पूर्व; होशमन्दी से ہوش مندی سے؛ مروت سے

Thoughtfulness : *n.* being thoughtful होश्मन्दी ہوشمندی؛ مروّت

Thoughtless : *adj.* inconsiderate; unthinking; careless असावधान; लापरवाह; बेमुरव्वत مروّت؛ خودغرض؛ بے پروا؛ لاپرواہ؛ غافل؛ بے سوچے سمجھے

Thoughtlessness : *n.* being thoughtless; being inconsiderate बेपरवाई; असावधानी غفلت؛ بے پروائی؛ خودغرضی؛ بے مروّتی

Thousand : *adj.* (thou-zend) the number of ten hundred हज़ार ہزار

Thraldom : *n.* (thro-a-ldem) slavery; bondage दासता; गुलामी غلامی؛ گرفتاری

Thrall : *n.* (thrawl) slave; bondage दास; दासता غلام؛ غلامی

Thrash : *v.* (thrash) to beat out grain from; to beat soundly; to defeat; to thresh पीटना; पराजित क॰; गाहना پیٹنا؛ ہرانا؛ شکست دینا؛ گاہنا

Thrash Out : *ph.* thoroughly discuss the problem छान-बीन क॰ چھان بین کرنا؛ ہر پہلو سے غور کرنا

Thrashing : *n.* beating; defeat मार; पिटाई; हार مار کٹائی؛ پٹائی؛ ہار

Thread : *n.* (thred) length of spun fibres; thin cord; sequence; thin seam धागा; सिलसिला; पतली परत دھاگا؛ تاگا؛ سلسلہ؛ پتلی پرت

Threadbare : *adj.* deprived of the nap; trite; worn out; old and much used घिसा हुआ; पुराना; फटा पुराना گھِسا پٹا؛ تارتار؛ فرسودہ؛ پامال

Thready : *adj.* (thred-i) fibrous रेशेदार ریشہ دار

Threat : *n.* (thret) warning of punishment; a menance धमकी; घुड़की دھمکی؛ اندیشہ؛ خطرہ

Threaten : *v.* (thret-en) to menace; to denounce; use threats धमकाना; डाटंना دھمکی دینا؛ دھمکانا؛ ڈانٹنا؛ ڈرانا

Threateningly : *adv.* with threats धमकाते हुए دھمکاتے ہوئے؛ ڈراتے ہوئے؛ ڈانٹتے ہوئے

Three : *n&adj.* (three) the number comes before four & after two तीन; त्रग تین؛ چار سے پہلے اور دو کے بعد آنے والا نمبر

Three Fold : *adj.* three times त्रिगुण تین گنا

Three Legged Race : *n*. race of couples with a right and left foot of the two tied together त्रिपाद दौड़ تین ٹانگی دوڑ

Three Ply : *n*. wood with three layers त्रिपलाई; तेहरी तकड़ी سہ تہی لکڑی؛ تھری پلائی

Three Quarters : *adj*. amounting to three quarters पौन; तीन चौथाई پون؛ تین بٹے چار؛ تین چوتھائی

Three Score : *n&adj*. thrice twenty; sixty साठ; तीन कौड़ी ساٹھ؛ تین کوڑی

Thresh : *v*. (thresh) thrash; to beat wheat for taking the grains out गाहना گاہنا

Threshold : *n*. (thresh-ohld) an entrance; a gate; a door; a plank द्वार; फाटक چوکھٹ؛ پھاٹک؛ دروازہ

Thrice : *adj*. (thris) three times; three fold तीन बार; तीन गुण تین بار، تین گنا

Thrift : *n*. (thrift) habit of economy; parsimony अल्पव्यय کفایت؛ کفایت شعار

Thriftless : *adj*. (thrift-les) extravagant; profuse अपव्ययी; उड़ाना فضول خرچ؛ اڑاؤ

Thrifty : *adj*. (thrif-ti) economical मितव्ययी; कमख़र्च کفایت شعارانہ؛ کم خرچ؛ کفایتی

Thrill : *n*. (thril) excited feeling passing like a wave along the nerves; throb रोमांच; सिहरी; झुरझुरी; कम्पन جذبات کی لہر؛ جھرجھری؛ پھریری؛ سنسنی؛ کپکپاہٹ

Thrill : *v*. to feel a thrill; cause a thrill in रोमांचित क.; पुलकित कर देना جذبات کی لہر سی دوڑ جانا؛ سنسنی پیدا ہونا

Thriller : *n*. exciting (book, novel or film) रोमांचक; सनसनीख़ेज़ (کتاب، ناول یا فلم وغیرہ) سنسنی خیز

Thrive : *v*. (thriv) to prosper; to grow rich; to flourish; to grow strong or healthy सफल होना; फलना फूलना ترقی کرنا؛ سرسبز ہونا؛ خوب کامیابی سے چلنا؛ پھلنا پھولنا

Thriving : *adj*. (thriv-ing) flourishing; increasing सफल; उन्नतिशील फलता-फूलता کامیاب؛ پھلتا پھولتا؛ پنپتا ہوا

Throat : *n*. (throht) front part of the neck; gullet गला; हलक गلا؛ حلق

Throb : *n*. (throb) throbbing vibration; heart beating धड़कन دھڑکن

Throb : *v*. to heave; to beat; to palpitate धड़कना; धक-धक क دھڑکنا؛ دھک دھک کرنا

Throe : *n*. (throh) the pain of child birth; the pain of travail शिशु के जन्म देने में होने वाली पीड़ा; अधिक पीड़ा या कष्ट سخت درد؛ دردِ زہ؛ بچہ کی پیدائش میں ہونے والا درد

Thrombosis : *n*. (throm-boh-sis) clotting of blood in blood-vessel रक्त जमना انجمادِ خون

Coronory Thrombosis : *n*. one leading to heart failure हृदय का रक्त जमना دل کا انجمادِ خون

Throne : *n*. (throhn) the seat of a king; seat of sovereign; royal authority तख़्ते शाही; तख़्त; शाही हकूमत تختِ شاہی؛ تخت؛ شاہی اقتدار

Throng : *n*. (throng) a crowd भीड़; झुण्ड; गरोह بھیڑ؛ ہجوم؛ انبوہ؛ مجمع

Throng : *v*. to crowd round भीड़

एकत्रित हो जाना; ठट लग जाना بھیڑ لگ جانا؛ مجمع اکٹھا ہو جانا

Throttle : *v.* (throt-el) to strangle; to choke; to control the flow of steam to an engine गला घूंटना; इंजन आदि की भाप को कम या आधिक क. گلا گھونٹنا؛ انجن وغیرہ کی بھاپ کو کم یا زیادہ کرنا

Through : *prep.* (throo) from end to end; by means of; over the whole extent of एक सिरे से दूसरे सिरे तक; पर; में से اول سے آخر تک؛ سراسر؛ کے ذریعے؛ بذریعہ؛ پر؛ میں سے

Through : *adv.* from one end to another; from begining to end; across एक सिरे से दूसरे सिरे तक; आर पार; शुरु से अख़िर तक ایک سرے سے دوسرے سرے تک؛ شروع سے آخیر تک

Through : *adj.* clear; unobstructed; going from one point to another without break or change साफ़; सीधा واضح؛ صاف؛ بغیر روک ٹوک؛ سیدھا

Through And Through : *adj.* complete; thorough सम्पूर्ण; पूरा; कट्टर مکمل؛ پورا؛ کٹر

Through and Through : *adv.* completely; thoroughly सरासर; बिलकुल پوری طرح؛ مکمل طور پر؛ بالکل

Throughout : *adv.* quiet through; in every part; from end to end बिलकुल आर पार; हर जगह; सरासर بالکل آر پار؛ ہر جگہ؛ سراسر

Throw : *v.* (throh) to fling; to cast; to hurt; cause to fall to the ground फेंकना; उछालना; गिराना پھینکنا؛ اچھالنا؛ پھینک مارنا؛ گرانا؛ گرا دینا

Throw : *n.* throwing; being thrown; distance to which something can be thrown गिरपा; गिराना; इतनी दूर जहाँ तक कुछ फेंका जा सके گرانا؛ اتنی دور جہاں تک کچھ پھینکا جا سکے

Throw off : *ph.* get rid of; cast off निजात प्राप्त क.; उतार देना نجات حاصل کرنا؛ اتار دینا

Throw Open : *ph.* make something open to all persons जनता के लिए खोल देना; पूरा खोल देना عام کر دینا؛ عام اجازت دینا

Throw Out : *ph.* put forth; to reject; put out by throwing at the wicket अस्वीकार क.; आउट क.; निकाल देना نامنظور کرنا؛ مسترد کر دینا؛ وکٹ میں گیند مار کر آوٹ کر دینا؛ نکال دینا

Thrum : *n.* (thrum) the ends of a weaver's thread जुलाह के ताने का सिरा جولاہے کے تانے کا سرا

Thrum : *v.* strike fingers on the table as if playing music तबला सा बजाना طبلہ سا بجانا

Thrush : *n.* (thrush) a kind of singing bird; a throat disease एक प्रकार की गाने वाली चिड़या; गले का एक रोग ترغہ؛ ایک خوش الحان پرند؛ ایک قسم کی گانے والی چڑیا؛ قلاع؛ گلے کی ایک بیماری

Thrust : *n.* thrusting; attack वार; धक्का; झटका; हमला دھکا؛ جھٹکا؛ وار؛ حملہ؛ دھماکا

Thrust : *v.* to push suddenly or violently; to make a forward stroke with sword जोर से धकेलना; घोंपना; भोंकना زور سے دھکیلنا؛ گھونپنا؛ بھونکنا

Thrust One's Nose In : *ph.* to interrupt; to get involved खा-मखा टाँग

अड़ाना خواہ مخواہ ٹانگ اڑانا

Thud : *n*. (thud) a dull sound produced by a blow धमाका; भदाका دھماکا؛ بھداکا

Thud : *v*. to fall or strike with a dull sound of a blow भद से गिरना या मारना بھد سے گرنا یا مارنا

Thumb : *n*. (thum) short and thick finger set apart from the other four अंगूठा انگوٹھا؛ ہاتھ کا انگوٹھا

Thumb Impression : *n*. mark of the thumb for identification अंगूठे का निशान انگوٹھے کا نشان؛ نشان انگوٹھا

Under Someone's Thumb : *ph*. under someone's influence and control किसी के काबू या कन्ट्रोल में کسی کے زیر اثر؛ کسی کے کنٹرول میں

Thump : *n*. (thump) heavy blow with fist or hand घूंसा; मुक्का; थप्पड़ مکّا؛ گھونسہ؛ تھپڑ

Thump : *v*. to strike heavily with fist or hand; to beat fast (heart) जोर से हाथ मारना; धक धक क.. زور سے مکا مارنا؛ زور سے ہاتھ مارنا؛ زور سے دھڑکنا (دل) دھک دھک کرنا

Thumping : *adj*. very big; loud noise like thunder बहुत बड़ा; कड़क بہت بڑا؛ کڑک؛ گرج

Thunder : *n*. (thun-der) a loud noise in the air गरज; कड़क گرج؛ کڑک

Thunder : *v*. emit with noise and terror; to make thunder कड़कना; गरजना کڑکنا؛ گرجنا

Thunderbolt : *n*. (-bolt) flash of lightning विधुत; विधुत की चमक بجلی؛ بجلی کی چمک

Thunderclap : *n*. sound of lightning बिजली की कड़क; कड़क بجلی کی کڑک؛ کڑک

Thunderous : *adj*. (-e-rus) as loud as thunder गरजदार; कड़कदार گرجدار؛ کڑک دار

Thunderstorm : *n*. storm and lightning बिजली; आंधी और बारिश का तूफ़ान بجلی؛ آندھی اور بارش؛ طوفان برق و باراں

Thunderstruck : *adj*. (-strak) hurt or blasted by lightning; amazed suddenly; struck by lightning विस्मित;हक्का बक्का; अचम्भित; उस पर बिजली गिरे ہکا بکا؛ حیران؛ متحیر؛ حیرت زدہ؛ اس پر بجلی گرے

Thurible : *n*. (thiu-e-ribel) a pan to burn incense in धूप दान دھوپ دان؛ عودسوز

Thursday : *n*. (the-rs-day) day before friday; day comes after wednesday गुरुवार; बृहस्पतिवार جمعرات؛ پنجشنبہ

Thus : *adv*. (dhus) in this; in this manner इस तरह से; यों اس طرح سے؛ یوں؛ اس طرح

Thwack : *v*. (tha-wayk) to strike; to beat मारना; पीटना مارنا؛ پیٹنا

Thwart : *adj*. (th-woart) transverse; perverse; inconvenient आड़ा; तिरछा; टेढ़ा ٹیڑھا؛ ترچھا؛ آڑا

Thy : *adj*. (dhi) yours (old use) तेरा तुम्हारा تیرا؛ تمہارا (قدیم استعمال)

Thyroid : *adj*. (thy-ro-id) shield shape वर्माकार ڈھال کی شکل کا؛ درقی

Thyroid Gland : *n*. ductless gland in the throat greatly influencing growth and development अवद्ग्रंथि درقیہ غدود؛ غدودِ درقیہ

Thyroid Gland : *adj.* pertaining to a large ductless glands थाईराइड ग्रंथि पर आधारित بے مسامہ غدود پر مشتمل

Thyself : *pron.* (dhi-self) yourself (old use) अपने आप; खुद; आप تو خود کو؛ اپنے آپ کو (قدیم استعمال)؛ آپ

Tiara : *n.* (ti-ah-re) coronet; triple crown; persian turban मुकुट; तिहरा मुकुट; ईरानी पगड़ी ٹکٹ؛ تاج؛ ایرانی پگڑی

Tick : *n.* (tik) small mark put against names figures etc. in a list to show that something is correct or cheeked; the sound made in clock; light regular sound of clock छोटा सा निशान जो सूची आदि जाँच करने के पश्चात लगाया जाता है; घड़ी की टिक-टिक की आवाज़ جائزے کی علامت؛ نشان (جانچ کا)؛ گھڑی کی ٹک ٹک کی آواز

Tick : *v.* to put a tick against; to make ticks; to note by regular vibration; to trust टीक क.; टिक क.; टिक-टिक क.; विश्वास क. ٹک کرنا؛ صاد کرنا؛ ٹک ٹک کرنا؛ بھروسہ کرنا

Ticket : *n.* (ti-ket/tik-it) a token of right; a chit indicating price टिकट؛ ٹکٹ؛ قیمت کی پرچی

Tickle : *v.* (tick-el) to touch the nerve of the sensitive part of the skin so as to excite laughter; to please गुदगुदाना; गुदगुदी क.; खुश क. گدگدانا؛ گدگدی کرنا؛ خوش کرنا

Tickle : *n.* tickling गुदगदी; गुदगुदाहट گدگدی، گدگداہٹ

Ticklish : *adj.* (tik-lish) much too sensitive तुनक मिज़ाज زود حس

Tidal : *adj.* (ti-del) of the tide ज्वार; ज्वारीय جوار بھاٹے کا؛ مدوجزر کا

Tidal Wave : *n.* huge wave accompanying an earth quake ज्वारीय तरंग بہت بڑی لہر؛ طوفانی لہر

Tidbit : *n.* (tid-bit) a dainty; a nice morsel gossip स्वादिष्ट निवाला; गप-शप ذائقہ دار ٹکڑا؛ ذائقہ دار نوالہ؛ گپ شپ

Tide : *n.* (tied) ebb and flow of the sea ज्वार भाटा جوار بھاٹا؛ مدوجزر

Tide Over : *v.* to get over period of difficulty कठिनाइयों पर काबू पाना مشکلات پر قابو پانا؛ پریشانیوں پر غالب آنا

Tidily : *adv.* (ti-di-li) in a tidy manner सफ़ाई से; ठीक से; सुथराई से سلیقے سے؛ صفائی سے؛ ترتیب سے

Tidiness : *n.* (ti-di-nes) neatness; clearness सफ़ाई; साफ़सुथरापन صفائی؛ ستھرائی؛ سلیقہ

Tidings : *pl.* (ti-dingz) news; message; intelligence समाचार; ख़बर; सूचना خبر؛ اطلاع

Tidy : *adj.* (ti-di) neat; clear; clean; in order साफ़; सुथरा; क्रम में; स्वच्छ صاف ستھرا؛ ترتیب سے؛ سلیقے سے

Tidy Up : *v.* make tidy; put in order स्वच्छ रखना; तैयार रखना صاف کرنا؛ سلیقے سے رکھنا

Tie : *n.* (tie) nektie; connecting link; tying tape; equal position in matches or competitions टाई; नकटाई; सम्बन्ध; मैच बराबरी पर ख़तम या समाप्त होना ٹائی؛ نکٹائی؛ تعلق؛ رشتہ؛ متحد رکھنے والی چیز؛ برابری؛ ٹائی میچ یا مقابلہ میں

Tie : *v.* to fasten; to make a knot; to

restrain; to come out equal बाँधना; गिरह लगाना; बराबर होना باندھنا؛ گرہ لگانا؛ باز رکھنا؛ برابر رہنا

Tie And Dye : *n.* a type of dying; a procedure follow in dyeing टाई ऐंड डाई ٹائی اور ڈائی؛ ڈیزائن بنا کر باندھ کر رنگنا

Tied Up : *adj.* held up गतिरोध; ज़िच رکا ہوا؛ زچ

Tier : *n.* (ti-er) one of a number of rows parellel to one another निश्रेणी पंक्ति متوازی اور بلند ہونے والی نشستوں کی قطار؛ متوازی قطار

Tiff : *n.* (tif) slight quarrel; huff खीज; नाराज़गी ہلکا سا جھگڑا؛ خفگی؛ ناراضگی

Tiffany : *n.* (tif-e-ni) a fine cotton टिफनि; महीन मलमल مہین ململ؛ ٹفنی

Tiffin : *n.* (tif-in) an Anglo-Indian word for lunch टिफ़िन; दोपहर का जलपान ٹفن؛ دوپہر کا کھانا

Tiger : *n.* (ti-ger) a well-known fierce animal with black strips on yellow skin शेर; सिंह شیر؛ باگھ

Tight : *adj.* (te-it) fitting closely; not easily unfastened; fully stretched कसा हुआ; जकड़ा हुआ; तना हुआ کسا ہوا؛ تنگ؛ جکڑا ہوا؛ سخت؛ مضبوطی سے بندھا ہوا؛ تنا ہوا

Tight Fisted : *adj.* mean; miserly तुच्छ; कजूस کمینہ؛ کنجوس

Tighten : *v.* (-en) to make or become tight; to make close; to straiten कसना; कस कर बाँधना کسنا؛ کس کر باندھنا؛ تنگ کرکے باندھنا

Tightness : *n.* being tight तनाव; कसाव; चुस्ती; कड़ा पन تناؤ؛ کساؤ؛ ٹھسا ہوا؛ سختی پن

Tigress : *n.* female tiger शेरनी شیرنی

Tile : *n.* (til) burnt clay to cover house's roofs खपड़ा; छत पर डालने वाली ईंट ٹائل؛ کھپریل

Till : *n.* (til) money drawer in a shop counter; money box गोलक; गल्ला; दुकान में रुपया रखने का सन्दूक غلک؛ دوکان میں پیسہ رکھنے کی دراز؛ گلہ

Till : *v.* to cultivate; plough जोतना; हल चलाना کاشت کرنا؛ جوتنا؛ ہل چلانا

Tillage : *n.* (til-ij) tilling; cultivation खेती-बाड़ी; जोताई کاشتکاری؛ کھیتی؛ باڑی؛ جُتائی

Tiller : *n.* (-er) cultivator; peasant; handle of rudder कृषक; किसान; पतवार का डण्डा کسان؛ کاشتکار؛ پتوار کا دستہ

Tilt : *n.* (tilt) tilting; slopping position; tilting with lances झुकना; झुकाना; नेज़े का वार جھکنا؛ جھکانا؛ جھکاؤ؛ نیزے کا وار

Tilt : *v.* to come into a slopping position झुकना; झुकाना جھکنا؛ جھکانا

Timber : *n.* (tim-ber) wood fit for building; main beam forming a support; trees used as timber इमारती लकड़ी; लट्ठा; शहतीर; भवन बनाने वाली लकड़ी के पेड़ या वृक्ष عمارتی لکڑی؛ شہتیر؛ کڑی؛ عمارتی لکڑی والے درخت

Timbrel : *n.* (tim-brel) tambourine (old use) डफली طنبورہ؛ دف

Time : *n.* (tim) the hour of the day; the measure of duration as age; point or period during when things happen; hour of death; life समय; ज़माना; मुद्दत; अंतिम समय وقت؛ زمانہ؛ مدت؛ موقع؛ آخری وقت؛ عمر

Time And Again : *ph.* repeatedly;

often at बार-बार; अकसर بار بار؛ اکثر

The Same Time : *ph.* simultaneously एक ही समय ایک ہی وقت؛ بیک وقت

From Time To Time : *ph.* occasionally समय समय पर; यदा कदा وقتاً فوقتاً؛ کبھی کبھی

In Good Time : *ph.* early समय पर بروقت

In No Time : *ph.* very soon; very quickly बहुत जलदी; फौरना بہت جلد؛ فوراً؛ آناً فاناً

In Time : *ph.* early enough; not late समय पर وقت پر؛ عین وقت پر

On Time : *ph.* early enough समय पर بروقت

The Time is up : *ph.* the time allowed is over समय समाप्त हो गया وقت ختم ہوگیا

Work Against Time : *ph.* work fast because time is limited समय रहते पूरा करने के लिए शीघ्रता दिखाना وقت سے ختم کرنے کے لیے جلدی کرنا

Time Table : *n.* schedule of times at which things are to be done समय सूची ٹائم ٹیبل؛ اوقات نامہ

Timely : *adv.* coming at the right time समय पर; ठीक समय से; तत्काल بروقت؛ وقت پر؛ برموقع

Timid : *adj.* (tim-id) cowardly; not brave; fearful; easily frightened भीरु; डरपोक ڈرپوک؛ بودا؛ بزدل؛ کم ہمت

Timidity : *n.* (ti-mid-i-ti) coward, cowardice भीरुपन; कायरता; कायरपन بزدلی؛ کم ہمتی

Timidly : *adv.* with cowardice बुज़दिली से بزدلی سے؛ بزدلانہ

Timorous : *adj.* (ti-mo-rus) timid; fearful कायर; कातर; भीरु ڈرپوک؛ بزدل

Timorously : *adv.* timidly; cowardly कायरता से بزدلی سے؛ بزدلانہ

Tin : *n.* (tin) soft white metal used for coating iron sheets; tin-planted container टीन; राँगा; कनस्तर; डिब्बा قلعی؛ رانگ؛ ٹین؛ ٹین کا ڈبہ؛ کنستر

Tincture : *n.* (tink-cher) a solution of a medicinal substance टिन्कचर; घोल ٹنکچر؛ الکحلی مرکب

Tinder : *n.* (tin-der) any dry material easily catching fire from a spark अग्नि प्रदीप्त क. की वस्तु; शुष्क वस्तु آگ پکڑنے والی سوکھی چیز؛ سوختہ؛ آتشگیر چیز

Tine : *n.* (tein) the tooth of a harrow; trouble काँटे की नोक; तकलीफ़ کانٹے کی نوک؛ تکلیف

Tinfoil : *n.* (tin-fo-il) tin reduced to thin leaf रांग का वर्क़; पन्ना رانگ کا ورق؛ پنّا

Tinge : *v.* (tin-j) to colour or affect slightly हलका सा रंग देना ہلکا سا رنگ دینا

Tinge : *n.* slight colouring or trace हलका सा रंग ہلکا سا رنگ

Tingle : *n.* (ting-el) stinging feeling in the skin; stinging sensation झुन झुनी; जलन جھرجھری؛ جھنجھناہٹ؛ جلن

Tingle : *v.* to have a stinging feeling झुन झुनी होना; जलन होना جھنجھناہٹ ہونا؛ جھرجھری لینا؛ جلن ہونا

Tinkor : *n* (tink-er) tin repairer कलईगर; टीनसाज़ قلعی گر؛ ٹین ساز

Tinker : *v.* to mend; to patch संवारना;

गंठना; क़लई क.. سنوارنا؛ گانٹھنا؛ قلعی کرنا

Tinker With : *v.* to do repairs with out expert knowledge बेढंगेपन से मरम्मत क.. بے ڈھنگے پن سے مرمت کرنا

Tinkle : *v.* (tink-el) to make a succession of sounds as of the ringing of small bells; tinkling sound; to make a sharp quick noise झुनझुनाना; ठनठनाना چھوٹی چھوٹی گھنٹیوں کی جھنکار ہونا؛ ٹن ٹن بجنا؛ جھنجھنانا

Tinplate : *n.* sheet-iron coated with tin plate टीन; टिन ٹین؛ ٹن

Tinsel : *n.* (tin-sel) thin glittering metallic sheets सस्ती धातू के चमकदार वर्क़ سستی دھات کے چمکدار ورق

Tinsel : *adj.* tawdry भड़कदार; चमकदार بھڑک دار؛ چمک دار

Tinsmith : *n.* tinman; tinker टीन साज़; कलईगर ٹین ساز؛ قلعی گر

Tint : *n.* (tint) light shade of a colour हलका रंग ہلکا رنگ

Tint : *v.* to give a tint हलका सा रंग देना ہلکا سا رنگ دینا

Tiny : *adj.* (tini) very small ज़रा सा; छोटा सा ذرا سا؛ ننھا سا؛ بہت چھوٹا

Tip : *n.* (tip) tapered end; top; point; extremity; end; extra money paid to waiter नोक; सिरा; बख़्शीश نوک؛ سرا؛ انعام؛ بخشش

Tip-Top : *adj.* exceedingly good condition बड़ी अच्छी हालत بڑی اچھی حالت

Tippler : *n.* (tip-ler) one who tipples; habitually indulges in toxicating liquors शराबी; मद्यप شرابی؛ بلانوش

Tipsy : *adj.* (tip-si) intoxicated; drunk; fuddled मतवाला; मदहोश; मस्त مدہوش؛ متوالا؛ نشے میں چور؛ مست

Tiptoe : *n.* (tip-toh) the end of the toe पाँव की उंगली का सिरा پاؤں کی انگلی کا سرا

Tiptoe : *v.* to walk quietly; to be on the toes दबे पाँव चलना; पंजों के बल चलना या खड़ा होना دبے پاؤں چلنا؛ پنجوں کے بل چلنا یا کھڑا ہونا

Tirade : *n.* (ti-royd) a series of violent declamation लम्बा निन्दापूर्ण गीत شکایت آمیز گیت

Tire : *v.* (ti-er) to make or become weary; to harass; to fatigue; be bored थकना; थका मारना; उकता देना تھکنا یا تھکا دینا؛ اکتا جانا یا اکتا دینا

Tired : *adj.* weary; bored थका हुआ; उकताया हुआ; तंग आया हुआ تھکا ہوا؛ اکتایا ہوا؛ تنگ آیا ہوا

Tireless : *adj.* (ti-er-les) not easily tired अनथक ان تھک

Tiresome : *adj.* tiring; difficult थका देने वाला; कठिन تھکا دینے والا؛ مشکل؛ کٹھن

Tiro : *n.* (ty-ro) novice; beginner नौसिखिया; अनाड़ी نو آموز؛ مبتدی؛ اناڑی

Tis : *abb.* (tiz) abbreviation of it is यह है یہ ہے

Tissue : *n.* (tishu) thin soft paper put on pictures; nerves, cells of an animal or plant; any fine cloth interwoven with gold मोमी काग़ज़; नसीजों का सिलसिला; टिशू कपड़ा; बारीक बुनी हुई चीज़ موی کاغذ؛ نسیجوں کا یا باریک رگوں کا سلسلہ؛ کم خواب کا کپڑا؛ باریک بنی ہوئی چیز

Tit for tat : *ph.* below in return for blow जैसे को तैसा ترکی بہ ترکی جواب دینا؛ ادلے کا بدلہ کرنا؛ جیسے کو تیسا

Titanic : *adj*. (ti-tan-ik) huge; very big बहुत बड़ा; भीमकाय عظیم؛ بہت بڑا

Titbit : *n*. (tit-bit) choice morsel; choice bit of news मज़ेदार निवाला; चटपटा निवाला; मज़ेदार समाचार تر نوالہ؛ مزیدار نوالہ؛ مزیدار خبر؛ چٹکلا

Tithe : *n*. (tidth) one tenth; the tenth part दशम भाग دسواں حصہ؛ دسواں

Title : *n*. (ti-tel) name of book; title bestowed as honour; claim of right नाम लेख; पदवी; हक-ए-मिल्कियत نام (کتاب کا)؛ عنوان؛ خطاب؛ حق ملکیت

Title Deed : *n*. document proving a title to property अधिकार-पत्र دستاویز ملکیت

Title Page : *n*. page at front of book मुख-पृष्ट سرورق؛ کتاب کا سرورق

Title Role : *n*. role of a character after whom a play is named शीर्षक-पात्र की भूमिका عنوانی کردار

Titled : *adj*. having a title of honour ख़िताब-याफ़्ता خطاب یافتہ

Titmouse : *n*. (tit-maus) a small kind of bird; a small species of bird एक प्रकार की चिड़या پھدکی؛ ایک قسم کی چڑیا

Titter : *n*. (tit-er) silly half-suppressed laugh खिस्यानी हँसी کھسیانی ہنسی

Titter : *v*. laugh in a silly half suppressed manner खिस्यानी हँसी हँसना کھسیانی ہنسی ہنسنا

Tittle : *n*. (tit-el) least quantity; small particle; dot अल्पमात्र; कण भर; बिन्दू ذرہ بھر؛ قلیل مقدار؛ شوشہ؛ نقطہ

Tittle-Tattle : *n*. gossip गप-शप گپ شپ

Titular : *adj*. (tit-ew-ler) nominal नाममात्र برائے نام

To : *prep*. (tu) emphatic; opposite; as far as; for को; की; के सामने; के लिए کو؛ کی طرف؛ سامنے تک؛ کی غرض

To and fro : *ph*. here and there इधर-उधर ادھر اُدھر

To come : *ph*. future भविष्य; आने वाला آنے والا؛ مستقبل

To do : *n*. (too-doo) ado fuss हंगामा; बतंगड़; सर दर्द ہنگامہ؛ دردِ سر؛ بتنگڑ

To hand : *ph*. within reach; arrived समीप; प्राप्त قریب؛ موصول

To let : *adj*. offered at lease किराये के लिए खाली کرائے کے لیے خالی

To my knowledge : *ph*. as far as I know जहाँ तक मुझे ज्ञात है جہاں تک مجھے معلوم ہے

Not to my knowledge : *ph*. at least I don't know मुझे नहीं मालूम مجھے نہیں معلوم

To my mind/ To my thinking: *ph*. in my opinion; that I like मेरे میرے خیال میں؛ میری پسند کا

To no purpose : *ph*. useless बेकार بیکار؛ لاحاصل

To scale : *ph*. according to the scale तनासुब से تناسب سے

To taste : *ph*. according to taste; according to it जायक़े के मुताबिक़ حسب ذائقہ؛ اس کے مطابق

To the point: *ph*. relevant जो गैर मुतालिक़ न हो متعلقہ؛ جو غیر متعلق نہ ہو

To wit : *ph*. namely यानी یعنی

Toad : *n*. (tohd) a big frog-like animal that lives chiefly on land; repulsive person टोड; खुशामदी आदमी بھدے قسم کا مینڈک؛ مکروہ شخص؛ ٹوڈ

Toady : *n.* (toh-di) one who flatters someone in the hope of gain चापलूस; खुशामदी टटटू ٹوڈی؛ کاسہ لیس؛ چاپلوس؛ خوشامدی

Toady : *v.* to flatter someone चापलूसी क.; खुशामद क. چاپلوسی کرنا؛ خوشامد کرنا

Toadyism : *n.* flattery जी हुज़ूरी ٹوڈی بچہ ہونا؛ کاسہ لیسی؛ جی حضوری

Toast : *n.* (tohst) sliced bread made brown and crisp by being heated; bread toasted टोस्ट; सेंकी हुई रोटी ڈبل روٹی کا سینکا ہوا ٹکڑا؛ توس؛ سینکی ہوئی روٹی

Toast : *v.* to dry at the fire; brown before a fire भूनना; सेंकना بھوننا؛ سینکنا

Tobacco : *n.* (to-bak-oh) leaves used for smoking; leaves used for eating in pan तम्बाकू; पान में प्रयोग होने वाला तम्बाकू تمباکو؛ پان میں کھانے والا تمباکو

Tobacconist : *n.* (-o-nist) shop-keeper selling tobacco तम्बाकू विक्रेता تمباکو فروش

Tobaggan : *n.* (to-bag-en) long and narrow hand sledge दस्ती हिम गाड़ी دستی برف گاڑی

Tocsin : *n.* (tok-sin) an alarm bell ख़तरे की घंटी; जगाने का घंटा خطرے کی گھنٹی؛ جگانے کا گھنٹہ

Today : *n.* (to-day) this day; the present day; the present time आज; आजकल; आज का युग آج؛ آجکل؛ موجودہ زمانہ؛ عصرِ حاضر

Today : *adv.* in the day; in the present times आज; आजकल; इस ज़माने में; इस दौर में آج؛ آجکل؛ اس زمانے میں؛ موجودہ زمانے میں؛ موجودہ دور میں؛ اس دور میں

Toddle : *v.* (tod-el) to walk with short uncertain steps like a baby पग पग चलना; गिरते पड़ते चलना قدم بہ قدم چلنا بچے کی طرح؛ چھوٹے چھوٹے قدم چلنا

Toddler : *n.* (tod-ler) baby who can toddle पाँव पाँव चलने वाला शिशू پاؤں پاؤں چلنے والا بچہ

Toe : *n.* (toh) one of the five jointed ends of the foot; a part of the foot; covering for the toes पाँव की उंगली; अंगूठा; पाँव का पंज्जा پاؤں کی انگلی؛ انگشت؛ انگوٹھا؛ پاؤں کا پنجہ

Toe nail : *n.* nail of the toe पाँव का नाख़ून پیر کا ناخن

Little toe : *n.* outer toe पाँव की छोटी उंगली پاؤں کی چھوٹی انگلی

Toe the line : *ph.* stand with toes on the starting live ready for a race; obeyed the party's orders दौड़ के लिए प्रम्भिक लाईन पर पंजों के बल खड़े होना; पारटी का साथ देना دوڑ کے لیے خطِ آغاز پر پنجوں کے بل کھڑا ہونا؛ پارٹی کا ساتھ دینا

Toffee : *n.* (tof-ee) hard sticky sweet made of sugar and butter टाफी ٹافی

Toga : *n.* (toh-ga) civil dress of the ancient Romans टोगा; रोमी धोती ٹوگا؛ رومی دھوتی

Together : *adj.* (tu-gedh-er) in company; not apart; simultaneously एक साथ; एकत्र اکٹھے؛ ایک ساتھ؛ بیک وقت

Together with :*ph.* along with; as well as साथ ही; साथ ही साथ سمیت؛ مع؛ اور بھی

Toil : *n.* (toil) hard work; labour;

fatigue परिश्रम; महनत; प्रयत्न محنت؛ مشقت؛ جانفشانی

Toil : *v.* to work hard; to labour; to work परिश्रम क.; प्रयत्न क. محنت کرنا؛ مشقت کرنا

Toiler : *n.* (toil-er) one who toils परिश्रम करने वाला جان مارنے والا؛ جان توڑ محنت کرنے والا

Toilet : *n.* (toi-let) process of doing the hair; make up; dress; place for easing nature श्रृंगार; वस्त्र; वेश-भूषा; शौचालय ہار سنگھار؛ پوشاک؛ لباس؛ بیت الخلاء؛ پاخانہ

Toilet articles : *n.* things needed for one's make up श्रृंगार का सामान سنگھار کا سامان

Toilet paper : *n.* paper used in the privy शौच का काग़ज़ استرائی؛ پاخانہ یا پیشاب صاف کرنے کا کاغذ

Toilsome : *adv.* (toil-sum) involving toilet जिस में कड़ी महनत हो مشقت طلب

Token : *n.* (tohk-en) sign; mark; stamped metal piece for use as temporary receipt चिन्ह; सबूत; टोकन نشان؛ ثبوت؛ علامت؛ ٹوکن

Tolerable : *adj.* (tol-e-ri-bel) that can be tolerated; fairly good गवारा; अच्छा खासा گوارا؛ قابلِ برداشت؛ اچھا خاصا

Tolerance : *n.* (tal-e-rens) tolerating धैर्य; सहनशीलता رواداری؛ برداشت

Tolerant : *adj.* having tolerance; showing tolerance उदार; सहनशील بردبار؛ روادار

Tolerat : *v.* (tol-e-rayt) to bear, to put up with सहन क.; आज्ञा देना گوارا کرنا؛ برداشت کرنا؛ اجازت دینا

Toleration : *n.* (-ray-shen) the act of tolerating उदारता; सहन; बरदाश्त رواداری؛ برداشت

Toll : *n.* (tol) an excise of goods; tax on the use of a road bridge; harbour in travelling; miller's portion of grain kept as fee for grinding सड़क, पुल आदि का कर; पिसाई چنگی؛ محصول؛ راہداری؛ پسائی

Toll gate : *n.* gate at which a toll must be paid कर की चौकी; कर का फाटक چنگی کی چوکی؛ چنگی کا پھاٹک

Tom, dick and hary : *ph.* man in the street एरा ग़ैरा नथ्थू खैरा اَیرا غیرا نتھو خیرا

Tom thumb : *n.* legendary dwarf; diminutive person टोम थम; बालिशतिय ٹام تھم؛ ننھا منا؛ بالشتیا

Tomahawk : *n.* (tom-e-hawk) an indian hatchet; light red Indian axe used as a tool and weapon फर्सा; कुल्हाड़ी ٹوماہاک؛ کلہاڑی

Tomato : *n.* (to-mah-toh) a well-known soft, juicy vegetable टमाटर ٹماٹر

Tomb : *n.* (toom) grave usually with a monument over it समाधी مقبرہ؛ قبر

Tomboy : *n.* (tom-boi) romping girl who likes rough noisy games शरारती बालिका شوخ لڑکی؛ ہڑدنگی لڑکی؛ شرارتی لڑکی

Tombstone : *n.* stone set up on a tomb समाधी पर लगा हुआ पत्थर کتبہ؛ لوحِ مزار

Tomcat : *n.* (tom-cat) fully grown male cat बिल्ला بِلا

Tome : *n.* (tohm) large and heavy book or volume मोटी और भारी पुस्तक ضخیم کتاب

Tomfool : *n.* (tom-fool) fool; trifler; clown मुर्ख; लापरवाही; भाँड احمق؛ بے وقوف؛ لاپرواہ؛ مسخرہ

Tomfool : *v.* to act as a fool मुर्ख दिखाना بے وقوفی کرنا

Tomfool : *adj.* silly; fool गावदी; उल्लू بے وقوف؛ احمق؛ الو

Tomfoolery : *n.* stupid talk मूर्खता بے وقوفی

Tommy : *adj.* (tom-i) a private of the British army टोमी; (गोरा) अंग्रजी सिपाही ٹامی؛ (گورا) انگریزی سپاہی

Tomorrow : *n.* (tu-mo-roh) the day after today आने वाला कल کل؛ آنے والی کل

Tomtom : *n.* (tom-tom) small drum ढोलक ڈھولک؛ ڈھولکی

Tomtom : *v.* to beat a tomtom ढोलक बजाना ڈھولک بجانا

Ton : *n.* measure of weight about twenty nine maunds टन ٹن

Tone : *n.* (tohn) sound with reference to its quality; shade (of colour) सुर; स्वर; ध्वनि; सुर; तान; रंगत آواز؛ آواز کا اتار چڑھاؤ؛ رنگ کی گہرائی

Tone down : *v.* to make or become less intense स्वर मधम; रंग मंद क.. رنگ کو ہلکا کرنا یا ہونا؛ آواز کو نرم کرنا یا ہونا

Tone up : *v.* to make or become higher in sound स्वर को चढ़ाना آواز کو اونچا کرنا یا ہونا

Tongs : *n.* (tongz) utensil to take up fire etc चिम्टा چمٹا؛ چمٹی

Tongue : *n.* (tung) the organ of speech; language जीभ; बोली زبان؛ جیبھ؛ بولی

Hold one's tongue : *ph.* be silent चुप्पी साधना چپ رہنا؛ خاموش رہنا

Tonic : *n.* (ton-ik) strength giving drug; a medicione to strengthen the tone पुष्ठी दायक दवा ٹانک؛ مقوی دوا؛ جسم کو طاقت دینے والی دوا

Tonic : *adj.* strength-giving; invigorating शक्तिवर्धक مقوی؛ طاقت دینے والی

Tonight : *n.* (to-nit) coming night आज की रात آج رات؛ اِمشب

Tonight : *adv.* in or during the coming night आज रात को آج رات کو

Tonnage : *n.* (tun-ej) a duty upon every ton; carrying capacity of ship stated in tons सामान का कर; जहाज़ या बेड़े की ज़ख़ामत فی ٹن کرایہ؛ جہاز یا بیڑے کی ضخامت؛ جہاز محصول

Tons of : *ph.* much; many बहुत; बहुत से بہت؛ بہت زیادہ؛ کئی

Tonsil : *n.* (ton-sil) either of the two small fleshy glands in the back of the throat गले की गिल्टी گلے کی گلٹی

Tonsilitis : *n.* (tons-i-li-tis) inflammation of the tonsils गले की गिल्टीयों का वरम گلے کی گلٹیوں کا ورم

Tonsure : *n.* (ton-sher) shaving of the top of the head; act of clipping of hair मुन्डन سر مونڈنا؛ بالوں کا صفایا

Too : *adv.* (tu) also; overmuch; more than enough भी; अधिक; काफी से ज्यादा بھی؛ نیز؛ زیادہ؛ ضرورت سے زیادہ

Took : *v.* (tuk) past tense of take लिया لیا

Tool : *n.* (tool) an instrument अस्त्र;

हथियार اوزار؛ آلہ؛ ہتھیار

Tooth : *n.* (tuth) a bone in the jaw; one of the bony growths on gums; toothlike part of saw and comb दाँत; दनदाना دانت؛ دندانہ

Tooth and nail : *ph.* with all one's might डट कर बलपूबर्क ڈٹ کر پورے زور سے

Toothache : *n.* (tuth-ayk) pain in the tooth or teeth दाँतों का दर्द; दाँत का दर्द دانتوں کا درد؛ دانت کا درد

Toothbrush : *n.* brush for cleaning the teeth दाँतों को साफ़ करने का बुरुश دانتوں کو صاف کرنے کا برش

Toothless : *adj.* without tooth बेदाँत का بے دانت کا؛ جس کے دانت نہ ہوں

Toothpaste : *n.* cream for cleaning the teeth दाँत साफ़ करने की क्रीम دانت صاف کرنے کی کریم؛ ٹوتھ پیسٹ

Toothpowder : *n.* powder for cleaning the teeth मंजन منجن

Toothpick : *n.* quill for picking the teeth ख़िलाल خلال

Toothsome : *adj.* tasty (food) मज़ेदार (भोजन) مزیدار (کھانا)؛ ذائقہ دار

Top : *n.* (top) upper part of any thing; utmost degree; a well-know spining toy; topmost part; lid ऊपर; बहुत; लट्टू; चोटी; ढकना اوپر کا حصہ کسی بھی چیز کا؛ بہت؛ لٹو؛ چوٹی؛ ڈھکنا

Top : *adj.* of or at the top; high; people in high position; reach the top of; to come first in the position ऊँचा; ऊँचे लोग; बाज़ी ले जाना; शिखर पर पहुँचना اونچا؛ بلند؛ انتہائی؛ اونچا؛ اونچے لوگ؛ ٹاپ کرنا؛ بازی لے جانا؛ چوٹی پر پہنچنا؛ سب سے اعلیٰ یا اونچا نکلنا

Top : *v.* to reach the top of; to come or be the top of ऊपरी भाग होना; चोटी या शिखार पर पहुचना; सब से बाज़ी ले जाना بالائی حصہ ہونا؛ چوٹی پر پہنچنا؛ سب سے اعلیٰ یا اونچا نکلنا

Top hat : *n.* men's high silk hat ऊँची रेशमी टोपी اونچی ریشمی ٹوپی

Top heavy : *adj.* too heavy at the top; (in a department) having too many highly paid officers ऊपरी भाग नीचे के मुक़ाबले अधिक भारी हो; अधिक वेतन पाने वाले अधिक कर्मचारी हों اوپری حصہ نیچے کی بہ نسبت زیادہ بھاری ہو (محکمہ) جس میں اعلیٰ تنخواہ پانے والے ضرورت سے زیادہ افسر ہوں

Top priority : *n.* greatest importance सबसे अधिक महत्त्व سب سے زیادہ اہمیت

Topaz : *n.* (top-az) a yellow gem; a precious yellow gem पुखराज پکھراج

Topee : *n.* (toh-pee) a pith hat टोपी; हेट ٹوپی؛ ہیٹ

Toper : *n.* (tohp-er) heavy drunkard बड़ा शराबी; नशेबाज़ بڑا شرابی؛ بہت زیادہ پینے والا

Topi : *n.* see Topee

Topic : *n.* (top-ik) subject for discussion; title of a work; a general heading विषय; प्रस्ताव مضمون؛ موضوع

Topmast : *n.* (top-mast) upper part of a mast मस्तूल का ऊपरी भाग مستول کا بالائی حصہ

Topmost : *adj.* (top-most) highest of all; upper most सबसे ऊँचा; बहुत ऊँचा سب سے اونچا؛ بہت اونچا

Topnotch : *adj.* first rank; best पहले दरजे का; सर्वोत्तम پہلے درجے کا؛ سب سے اعلیٰ

Topography : *n.* (to-pog-re-fi) a

geographical description of particular place as a parish, town, manor and city; drawing a map of an area किसी नगर का स्थलकृति वर्णन; नक़शा साज़ी किसी स्थान की شہروں کی جغرافیائی خصوصیات کا تذکرہ؛ کسی جگہ کی نقشہ سازی

Topping : *adj.* (top-ing) excellent शानदार; बहुत बढ़िया شاندار؛ لاجواب؛ بہترین

Topple : *v.* (top-el) to fall forward as from top heavyness; to tumble down; to fall down suddenly ऊपरी भाग भारी होने के कारण गिर जाना; लरज़ कर गिरना; अचानक उलट कर गिर जाना اوپری حصہ بھاری ہونے کی وجہ سے گر جانا؛ لرز کر گرنا؛ اچانک الٹ کر گر جانا

Topsy-turvy : *adj.* (top-si-ter-vi) upside down; in confusion; with the bottom upwards उलट-पुलट; ऊपर नीचे الٹا؛ اوندھا؛ الٹ پلٹ؛ درہم برہم؛ تہ و بالا

Torch : *n.* (tor-ch) a wax light larger than a candle; piece of wood used as a flaming light; electric hard-light मशाल; बेटरी مشعل؛ ٹارچ؛ بیٹری

Torment : *n.* (tor-ment) severe bodily or mental suffering दुख; पीड़ा; कष्ट جسمانی یا روحانی اذیت؛ آزار؛ زودوکوب

Torment : *v.* to put to pain; to cause severe suffering सख़्त कष्ट देना; दुख पहुचाना سخت اذیت دینا؛ زودوکوب کرنا؛ کوفت پہنچانا

Tormentor : *n.* (-ter) one who torments दुख या कष्ट देने वाला اذیت پہنچانے والا

Tornado : *n.* (tor-nay-doh) hurricame; whirlwing तूफान; बवण्डर; घूर्णवायु طوفان؛ سخت آندھی؛ آندھی کا چکر کھانا

Torpedo : *n.* (tor-pee-doh) a cigar-shaped self propelling explosive shell travelling under water level तारपेडो تارپیڈو؛ آبدوز؛ گولا

Torpedo : *v.* to strike with a torpedo व्यर्थ कर देना; नष्ट कर देना برباد کردینا؛ تباہ کردینا؛ تارپیڈو چھوڑنا

Torpid : *adj.* (tor-pid) not moving or feeling; apathetic; numb; dormant स्थिर सुस्त; काहिल بےحس وحرکت؛ دلچسپی نہ لینے والا؛ سست؛ کاہل

Torpor : *n.* (tor-per) torpid condition; sluggishness स्थिरता; काहिली بےحسی؛ سستی؛ بےحرکتی؛ کاہلی

Torrent : *n.* (torrent) a violent rushing stream of water; torrential rain तीव्र प्रवाह; तीव्र बहाव; मूसलाधार वर्षा تیز دھارا؛ تیز بہاؤ؛ موسلادھار بارش

Torrential : *adj.* (-rensh-el) like a torrent; of a torrent वेगवान; वेगवती; तेज़ धारे का सा سخت؛ تیز دھارے کا سا

Torrid : *adj.* (tor-id) very hot; violently hot तप्त; बहुत अधिक गर्म سخت گرم؛ نہایت تیز گرم؛ بہت حار

Torrid zone : *n.* the tropics उष्ण कटिबन्ध منطقہ حارہ

Torso : *n.* (tor-soh) human trunk धड़ प्रतिमा; धड़ دھڑ؛ ٹانگوں اور بازوؤں کے بغیر

Tort : *n.* (to-rt) damage; injury; wrongful act हानि; नुक़सान; अन्याय نقصان دہ؛ حق تلفی؛ ناانصافی

Tortoise : *n.* (tor-tus) slow moving four legged reptile कच्छुआ کچھوا

Tortoise shell : *n.* hard cover of the tortoize कर्पर کچھوے کا خول

Tortuous : *adj*. (tor-tew-us) full of bends; crooked curved; winding; deceitful चक्करदार; टेढ़ा मेढ़ा; कपटी; घूर्त پیچ در پیچ؛ چکردار؛ ٹیڑھا میڑھا؛ دھوکہ باز؛ کپٹی

Torture : *n*. (tor-cher) severe physical or mental suffering; pain; judicial torments पीड़ा; कष्ट; दुख; दर्द شدید جسمانی یا روحانی اذیت؛ تکلیف؛ عذاب

Torture : *v*. to punish with torture; to cause torture पीड़ा देना; दुख देना; कष्ट देना تکلیف دینا؛ اذیت دینا؛ عذاب دینا

Torturer : *n*. (tor-che-rer) one who tortures कष्ट देने वाला; दुख देने वाला سخت اذیت دینے والا؛ تکلیف پہنچانے والا

Tory : *n*. (toh-ri) a conservative टोरी; अनुदारदली قدامت پسند؛ ٹوری

Tosh : *n*. (tosh) nonsense; useless talk अनाप-शनाप; बाकवास بکواس؛ اناپ شناپ

Toss : *v*. (tos) to throw; to move up and down; throw away through the air; to move restlessly from one side to another उछलना; उछालना; टास क.; करवटें बदलना اچھلنا؛ اچھالنا؛ ٹاس کرنا؛ کروٹیں بدلنا

Toss : *n*. tossing movement; throwing of the coin or taking decision उछलना; फेंकना; करवट; टास اچھالنا؛ پھینکنا؛ کروٹ؛ ٹاس؛ قرعہ

Lose the toss : *ph*. fail to guess rightly in tossing टास हारना ٹاس ہارنا

Win the toss : *ph*. guess rightly when a coin is tossed up टास जीतना ٹاس جیتنا

Tot : *adj*. very small छोटा; मुन्ना ننھا منا؛ منا؛ ننھا

Tot : *n*. very small child छोटा शिशू; मुन्ना बच्चा या बालक ننھا منا بچہ؛ چھوٹا بچہ

Total : *n*. (toh-tel) added up amount जोड़; योग; कुल میزان کی رقم؛ کل میزان؛ کل رقم؛ جمع

Total : *adj*. complete; entire; full; absolute सारा; सम्पूर्ण; कुल مجموعی؛ مکمل؛ ہمہ گیر

Total : *v*. to add; amount to ; to complete योग क.; टोटल क.; पूरा क. جمع کرنا؛ ٹوٹل کرنا؛ مکمل کرنا

Totalitarian : *adj*. (toh-tal-i-tay-ri-en) state where no party is allowed and all persons are entirely under the authority of one party government एक दलीय اجتماعی ریاست؛ ایک پارٹی کی حکومت

Totalizator : *n*. (toh-te-li-zay-ter) machine for registering bets on horse race योग मापी میزانی مشین

Totally : *adv*. (toh-te-li) entirely; wholly; fully; completely पूर्ण रुप से; पूर्णतया; बिलकुल بالکل؛ سراسر؛ پورا؛ مکمل طور پر

Tote : *n*. see Totalizator

Totem : *n*. (toh-tem) animal or its image adopted as clan emblem टोटेम; गणचिह्न ٹوٹم؛ خاندانی نشان

Totter : *v*. (tot-er) to walk unsteadily; to shake so as to threaten a fall; be almost falling लड़खड़ाना; डगमगाना लरज़ना لڑکھڑانا؛ گرنے کو ہونا؛ ڈگمگانا؛ لرزنا

Touch : *n*. (tuch) touching; the sense of feeling; slight trace; connection; feel छूना; स्पर्श; हलका सा असर چھونا؛ قوت لمس؛ ہلکا سا اثر؛ رابطہ؛ تعلق؛ احساس

Touch : *v*. to reach; to effeet; to

impress पहुँचना; प्रभावित क.; असर क. پہنچنا؛ اثر انداز ہونا؛ متاثر ہونا

Touch and go : *adj.* uncertain; risky; cursory अनिशचित; ख़तरनाक; सरसरी غیریقینی؛ خطرناک؛ سرسری

Touch at : *ph.* (of ship) visit (a port) for a short stay लंगर क. (جہاز کا) تھوڑی دیر کے لیےلنگرانداز ہونا

Be in touch : *ph.* be in regular comunication संपर्क होना مستقل رابطہ ہونا؛ باخبر ہونا

Be out of touch : *ph.* having no information बिलकुल सम्पर्क न होना بالکل بےخبر ہونا

Touch at : *ph.* start at आरम्भ क.; प्रारम्भ होना شروع کرنا؛ شروع ہونا

Touch me not : *n.* a kind of flower एक प्रकार का पुष्प چھوئی موئی؛ ایک قسم کا پھول جو چھوتے ہی مرجھاجاتا ہے

Touch on : *ph.* briefly say something about के समबन्ध में कुछ कहना کے متعلق کچھ کہنا

Touch stone : *n.* piece of stone on which gold is rubbed to test its purity कसौटी کسوٹی

Touch up : *ph.* make small changes in something to improve it ठीक क.; अंतिम रुप देना کسی چیز کوٹھیک کرنے کے لیے اس کے خط و خال بنانا؛ ٹھیک کرنا؛ درست کرنا

Touch upon : *ph.* see Touch on

Touching : *adj.* pathetic; affecting; arousing sympathy हृदय पर प्रभाव करने वाली دل سوز؛ موثر؛ دردناک ہمدردی کا موجب

Touchy : *adj.* (tuch-i) irritable; oversensitive; easily offended; delicate तुनक मिज़ाज; चिड़ाचड़ा; भावुक زودحس؛ زودرنج؛ تنک مزاج؛ چڑچڑا

Tough : *adj.* (tuf) hard; stiff; not brittle; stubborn; difficult to do; ruthless सख्त; कड़ा; कठिन; हठी; कठोर سخت؛ کڑا؛ مشکل؛ مضبوط؛ ضدی؛ بے رحم

Toughen : *v.* (-en) to make or become tough कड़ा क. या होना سخت کرنا؛ یا ہونا

Tour : *n.* (too-er) a journey; travel यात्रा; परिक्रम; पर्यटन سیاحت؛ دورہ؛ سیر

Tour : *v.* to make a tour of यात्रा क. دورہ کرنا؛ سیاحت کرنا؛ سیر کرنا

Tourism : *n.* travel by tourists पर्यटक का यात्रा क. سیاحی؛ سیاحت

Tourist : *n.* person who travel for pleasure पर्यटक سیاح؛ سیر کرنے والا؛ سیاحی کرنے والا

Tournament : *n.* (too-er-ne-ment) series of matches; tourney खेल प्रतियोगिता; नेज़ाबाज़ी ٹورنامنٹ؛ کھیلوں کا عام مقابلہ؛ نیزہ بازی

Tourney : *n.* (toor-ni) tournament of knights; series of matches नेज़ाबाज़ी का मुक़ाबला; खेल प्रतियोगिता نائٹوں کا نیزہ بازی کا مقابلہ؛ ٹورنامنٹ؛ کھیلوں کا مقابلہ

Tourniquet : *n.* (toor-ni-kayt) device for stopping blood from an artery रक्तबन्ध لہوروک؛ خون روک

Tout : *n.* (tout) pestering; agent टाऊट; दलाल; मुंशी دلال؛ منشی؛ ایجنٹ؛ ٹاؤٹ

Tow : *v.* (toh) to pull any vehicle along with a rope; to move along the bank pulling a boat in water रस्सी से

खींचना; नौका खींचना رسے سے کھینچنا؛ کشتی کھینچنا؛ ناؤ کھینچنا

Towage : *n.* (toh-ej) towing; charges of towing रस्से से खिंचाई; खिंचाई का किराया رسے سے کھینچنا؛ کھنچائی کا کرایہ

Toward : *adj.* (to-we-rd) near; as regard समीप; के संदर्भ में نزدیک؛ کے بارے میں

Towards : *prep* . (to-wer-dz) in the direction of; near; for; regarding की ओर; की दिशा में; के लिऐ; के प्रति کی طرف؛ کی جانب؛ کے قریب؛ کے لیے؛ کے متعلق

Towel : *n.* (tou-el) piece of cloth for drying तौलिया تولیہ

Tower : *n.* (tou-er) a high building; a fortress; a tall slender building टावर; बुर्जी; मीनार منارہ؛ برجی؛ قلعہ؛ ٹاور

Towering : *adj.* great; higher बहुत ऊँचा; बुलन्द اونچا؛ بلند؛ بہت اونچا

Town : *n.* (toun) city; population नगर; टाउन; आबादी ٹاؤن؛ شہر؛ قصبہ؛ شہر کی آبادی؛ باشندے

Talk of the town : *ph.* topic of local gossip जिस का सारे नगर में चर्चा हो جس کا سارے شہر میں چرچا ہو

Town hall: *n.* building housing the local government offices टाउन हाल ٹاؤن ہال؛ ایوانِ بلدیہ

Toxic/Toxical : *adj.* (tok-sik-/-si-kel) poisonous; containing poison; relating poison जहरीला; विषैला زہر کا؛ زہریلا؛ زہروالا

Toy : *n.* (toi) child's playing; tolly; bauble खिलौना کھلونا

Toy/Toy with : *v.* not to think very seriously about something; while away time by busying oneself with के समबन्ध में गंभीरता से ना सोचना; समय गुज़ारने के लिए किसी चीज़ से दिल बहलाना کے متعلق سنجیدگی سے نہ سوچنا؛ دفع الوقتی کے لیے کسی چیز سے دل بہلانا

Trace : *v.* (trays) to make the out line; copy something by placing a transparent paper on it रुपरेखा खींचना; अनुरेखित क.; चरबा उतारना خاکہ کھینچنا؛ ٹریس کرنا؛ چربہ اتارنا

Trace : *n.* a mark; sign; foot print; impression; outline खोज; चिन्ह; रुपरेखा سراغ؛ نشانی؛ آثار؛ خاکہ

Traceable : *adj.* (trays-e-bel) that can be traced जिस की खोज मिल सके جس کا سراغ مل سکے

Tracery : *n.* (-ri) ornamental stone work नक्क़ाशी پتھر کے کٹاؤ کا آرائشی کام؛ نقاشی

Tracing : *n.* copy made by tracing चरबा; ट्रेसिंग چربہ؛ ٹریسنگ

Track : *n.* (trayk) series of foot marks; path; set of rails for trains; path made by frequent use पदचिह्न; रेल की पटरी; पगडण्डी قدموں کے نشان؛ ریل کی پٹری یا لائن؛ پگڈنڈی

Track Events : *n.* athletic races दौड़ें دوڑیں

Trackless : *adj.* (trayk-les) having no track पथविहीन بے سراغ

Tract : *n.* (trakt) a region; quantity of land; a short printed essay on some topic भूभाग; इलाका; क्षेत्र; किसी एक विषय पर लेख قطعہ؛ علاقہ؛ مضمون کسی ایک موضوع پر

Tractable : *adj.* (-tay-bel) easily

controlled आसानी से वश में आजाने वाला آسانی سے قابو میں آجانے والا؛ قابو کا

Tractor : *n.* (trak-ter) a motor vehicle used for driving plough ट्रैक्टर ٹریکٹر

Trade : *n.* (trayd) business; buying and selling; handicraft व्यापार; तिजारत بیوپار؛ کاروبار؛ تجارت؛ پیشہ

Trade mark : *n.* manufacture distinctive mark for his products मार्का; मारका ٹریڈ مارک؛ مارکہ

Trade-Union : *n.* workmen's organization to for their rights ट्रेडयूनियन ٹریڈ یونین؛ مزدور انجمن؛ انجمن پیشہ وران

Trade-Unionism : *n.* advocacy of the principls of trade unioin श्रमिकसंघवाद انجمن ہائے پیشہ وران کے اصولوں کی حمایت

Trade-Unionist : *n.* advocate of trade unionism श्रमिकसंघी انجمن ہائے پیشہ وران کے اصولوں کا حامی

Trade Wind : *n.* strong wind blowing constantly towards the equator from the north-east and the south-west व्योपार हवा تجارتی ہوا؛ بادِ مُراد

Tradesman : *n.* shopkeeper दुकानदार دوکاندار

Tradition : *n.* (tre-dish-en) opinion belief; principles of art; handed down from the past परम्परा روایت

Traditional : *adj.* that has been accepted by tradition पराम्परागत; पारंपरिक روایتی؛ روایات کے مطابق

Traduce : *v.* (tre-dews) to slander; to censure; to culumniate; to represent as blamable; to condemn दोष लगाना; कलंक लगाना; झूठी निन्दा क. الزام لگانا؛ بدنام کرنا؛ بہتان باندھنا

Traffic : *n.* (traf-ik) people and vehicles along roads and streets; illegal trading यातायात; सड़क पर आने जाने वाले लोग और गाड़ियाँ; अवैध व्यापार ٹریفک؛ سڑک پر آنے جانے والے لوگ اور گاڑیاں؛ ناجائز تجارت؛ غیر قانونی تجارت

Traffic Light : *n.* red and green signals for controlling traffic यातायात को कंट्रोल करने वाली बत्तियाँ؛ ٹریفک لائٹ؛ آمد ورفت کو باقاعدہ بنانے والی بتیاں

Trafficker : *n.* one who practice illegal trade अवैध व्यापार करने वाला غیر قانونی تجارت کرنے والا

Tragedy : *n.* (traj-e-di) a dramatic representation of any serious action; very sad event दुखद घटना; घातक घटना المیہ؛ شدید حادثہ؛ المناک حادثہ

Tragedian : *n.* (tre-jee-di-an) writer of tragedy; actor in tragedy दुखद घटना के लेख लिखने वाला; दुखद लेख लिखने वाला; दुखद पात्र करने वाला المیہ نگار؛ المیہ اداکار

Tragic/-al : *adj.* (traj-ik) of tragedy; clamitous दुखद; घातक; त्रासिक المیہ سے متعلق؛ المیہ نگاری سے متعلق؛ قیامت خیز؛ نہایت المناک

Trail : *n.* (trayl) appendage; track; footsteps; path पुछल्ला; खोज; चरणचिन्ह; पगडण्डी پچھلا؛ کھوج؛ قدموں کے نشان؛ پگڈنڈی

Trail : *v.* to pull allong behind; to drag; to straggle; to tread down पीछे-पीछे घसीटना; खींचना; खोज में जाना;

फैल जाना; कुचलना پیچھے پیچھے گھسیٹنا؛ گھسیٹنا؛ کھینچنا؛ کھوج میں جانا؛ پھیل جانا؛ کچلنا

Trailer : *n*. (-er) vehicle drawn by another; short extract from a film shown as its advertisement घसीटने वाला; ट्रेलर; फिल्म की झलकियाँ گھسیٹنے والا؛ ٹریلر؛ فلم کا نمونہ

Train : *n*. (trayn) line of railway carriages drawn together by an engine रेल; गाड़ी ریل؛ ٹرین؛ گاڑی

Train : *v*. to give teaching and practice to someone; to educate; to entice शिक्षा देना; सुधार क.. تربیت دینا؛ تعلیم دینا

Trainer : *n*. one who trains प्रशिक्षक; अभ्यास कराने वाला; सधाने वाला سکھانے یا سدھانے والا

Training : *n*. act of teaching and giving practice प्रशिक्षण; अभयास تربیت؛ تعلیم وتربیت

Training College : *n*. college for teacher's training ट्रेनिंग कोलेज; प्रशिक्षण महाविद्यालय ٹریننگ کالج

Trait : *n*. (trayt) distinguishing quality (of character) विशेषता; विशेषक خصوصیت؛ امتیازی وصف؛ طرۂ امتیاز

Traitor : *n*. (tray-ter) one who is false; one who betrays his trust विश्वासघाती; देशद्रोही دغا باز؛ باغی

Traitorous : *adj*. (-to-rus) of or like a traitor विश्वासघातक; बेईमान غدارانہ؛ بے ایمان

Tram : *n*. (tram) electric carriage running long public roads; silk thread ट्राम; बटा हुआ रेशमी धागा ٹرام؛ ٹریم؛ بٹا ہوا ریشمی دھاگا

Trammel : *n*. (tram-el) any kind of net; shackles for a horse; an iron hook to hang pots on जाल; पिछाड़ी; कड़ा جال؛ گھوڑے کی پچھاڑی؛ کڑا

Trammel : *v*. to hamper; to intercept; to impede रोक लगाना; कार्य में बाधा डालना راہ میں روڑے اٹکانا؛ کام میں روکاوٹیں ڈالنا؛ اٹکانا

Tramp : *n*. (traym-p) long walk; homeless and roaming about from place to place; a stroller; one who travels on foot लम्बी पैदल यात्रा; आवारहगर्द; बेकार; पैदल चलने वाला لمبا پیدل سفر؛ آوارہ گرد؛ بیکار؛ پیدل چلنے والا

Tramp : *v*. to walk with heavy steps; to travel on foot; to tread पैदल यात्रा क..; धप-धप करके चलना; पद यात्रा क.. بھاری قدموں سے چلنا؛ دھپ دھپ کرکے چلنا؛ گھسیٹتے ہوئے چلنا

Trample : *v*. (tramp-el) to crush under the feet पाँव तले कुचलना; पाँव तले रोंदना پاؤں تلے روندنا؛ پاؤں تلے کچلنا

Trance : *n*. (trahns) dreamy condition with vision समाधि हाल; आत्मविस्मृति وجد؛ بےخودی

Tranquil : *adj*. (trank-wel) quiet; calm; undisturbed; peace ful चुप-चाप; शान्त; खामूशी چپ چاپ؛ بے حس و حرکت؛ پُرسکون

Tranquillity : *n*. (trank-we-liti) peace of mind; stillness शांति; प्रशांति تسکین؛ تشفی؛ دھیرج؛ اطمینان

Tranquillize : *v*. to render calm; to cause tranquillity शान्त क..; शान्त होजाना; तसकीन देना تسلی دینا؛ تسکین دینا؛ اطمینان دلانا یا کرنا

Trans : *pref.* (trans) across; beyond; crossing; on the other side के पार; उस पार का; पार के परे کے پار؛ کے دوسری طرف

Transact : *v.* (tranz-ak) to carry out; to do business स्मपादित क.; व्यवसाय क.; कारोबार क. پورا کرنا؛ کاروبار کرنا

Transaction : *n.* (-ak-shen) performing; business; negotiation; dealing between man and man; affairs in hand कारवाई; सौदा; व्यापार; मामला کاروائی؛ سودا؛ بیوپار؛ معاملہ

Transcend : *v.* (trans-end) to surpass; to excell; to exceed सर्वश्रेष्ठ होना; से बढ़ कर होना; से अधिक होना بلندتر ہونا؛ سے بڑھ کر ہونا؛ سے زیادہ ہونا

Transcendent : *adj.* (-ent) surpassing; excellent श्रेष्ट; अति उत्तम; शान्दार نہایت اعلیٰ؛ خوب تر؛ شاندار

Transcribe : *v.* (trans-krib) to copy in writing; to copy out नक़ल क.; उतारना نقل کرنا؛ اتارنا

Transcription : *n.* (-krip-shen) transcribing; the act of transcribe प्रतिलिपि; नक़ल نقل؛ کتابت

Transfer : *v.* (trans-fer) to shift from one place to another; to hand over to another बदली क.; तबादला क.; सौंपना; देना بدلی کرنا؛ تبادلہ کرنا؛ ٹرانسفر کرنا؛ تبدیل کرنا؛ منتقل کرنا

Transfer : *n.* shifting; hand over बदली; अंतरित تبادلہ؛ بدلی؛ منتقلی

Transferable : *adj.* that can be transferred अन्तरणीय; स्थानान्तरणीय انتقال پذیر

Transfiguration : *n.* (-fi-gu-ray-shen) a change of form; the miraculous change of Christ's appearance on the mount रुपान्तरण تبدیل صورت؛ صورت میں تبدیلی

Transfix : *v.* (trans-fiks) to pierce (with a pointed weapon) छेदना; आर-पार क. چھیدنا؛ آر پار کرنا

Transform : *v.* (tans-form) to change completely काया पलट देना; रुप, आकृति बदल देना کایا پلٹ دینا؛ کایاپلٹنا؛ شکل تبدیل کردینا

Transformation : *n.* (-for-may-shen) thorough change; completely change काया पलट; तबदीली सूरत; परिवर्तन تبدیلی؛ کایا پلٹ؛ تبدیلی صورت

Transformer : *n.* (-mar) a device for transforming electric current from AC to DC परिवर्तक; टरान्सफारमर ٹرانسفارمر؛ مبدّل

Transgress : *v.* (trans-gres) to go beyond limit; to violate; to offend सीमा से आगे जाना; अल्लघंन क.; पाप क. حد سے آگے بڑھنا؛ گناہ کرنا؛ حکم عدولی کرنا

Transgression : *n.* (-gresh-en) act of transgressing a violation; crime; fault उल्उघंन; पाप; अपराध عدول حکمی؛ حد سے بڑھنا؛ خلاف ورزی کرنا؛ گناہ؛ قصور

Transgressor : *n.* (-gre-sor) wrong doer; sinner उल्लघंनकर्ता; पापी; अपराधी خطا کار؛ گنہگار؛ عاصی

Transient : *adj.* (tranz-i-ent) disappearing too soon; temporary; not permanent; not lasting; momentary अस्थायी; अनित्य; अचिर स्थाई ناپائیدار؛ آنی جانی؛ عارضی

Transit : *n.* (-it) passing; being conveyed पारगमन; परिवहन گزرنا؛ عبور؛ سفر؛ منتقلی

Transition : *n.* (-zi-shen) change; passing through; removal पारगमन; संक्रमण; परिवर्तन تغیر؛ تبدیلی؛ روانگی؛ گزر؛ راستہ

Transition Period : *n.* interim period संधि-काल; सक्रांति काल عبوری دور

Transitional : *adj.* (-zish-e-nel) pertaining to transition परिवर्ती عبوری

Transitive : *adj.* (tranz-i-tiv) taking a direct object; transferable disease; having the power of passing सकर्मक लगने वाली (बीमारी आदि) متعدی؛ چھوت والی (بیماری وغیرہ)؛ لگنے والی؛ منتقل ہونے والی

Transitory : *adj.* (-i-to-ri) temporary अस्थाई; अनित्य عارضی؛ وقتی

Translate : *v.* (trans-layt) to interpret; to convey; to render into another language अनुवाद क. ترجمہ کرنا

Translation : *n.* (-lay-shen) act of translation; rendering अनुवाद ترجمہ

Transliterate : *v.* (-lit-e-rayt) to write in another script लिप्यन्तरण क. دوسرے رسم الخط میں لکھنا

Transliteration : *n.* (-e-ray-shen) writing in another script लिप्यन्तरण دوسرے رسم الخط میں لکھنا

Translucent : *adj.* (tranz-loo-sent) transparent स्वच्छ; पारभासी; स्पष्ट صاف؛ شفاف

Transmigration : *n.* (-mig-ray-shen) transfer of soul into another body पुनर्जन्म; आवागमन تناسخ؛ آواگون

Transmit : *v.* (tranz-mit) to pass on; to convey; to send from one person to another; to communicate भेजना; रवाना क.; एक पुरुष से दूसरे को भेजना; पहुंचाना بھیجنا؛ ترسیل کرنا؛ منتقل کرنا؛ ارسال کرنا؛ روانہ کرنا

Transmission : *n.* (-mish-en) sending out; conveying; broadcast भेजना; पहुचाना; प्रसारण ترسیل؛ ابلاغ؛ پہنچانا؛ نشریہ

Transmitter : *n.* (mit-ter) apparatus for broadcasting radion massages ट्रान्स मीटर پہنچانے والا؛ منتقل کرنے والا؛ لاسلکی کا آلۂ ترسیل؛ ٹرانسمیٹر

Transmute : *v.* (tranz-mew-t) to change from one nature to another काया पलट क.; रुप बदल देना قلب ماہیت کرنا؛ کایا پلٹ کرنا؛ بدل دینا

Transparence : *n.* (trans-pay-e-rens) being transparent; clearance; not opaque; translucent पारदर्शी होना; साफ़ होना صاف ہونا؛ شفاف ہونا؛ بُرّاق ہونا

Transparent : *adj.* (-rent) clear; not opaque; pellucid पारदर्शी; साफ़ صاف؛ شفاف؛ بُرّاق

Transpire : *v.* (trans-pi-er) to come into light; to happen; to escape; to die प्रतीत होना; होना; मरजाना ظاہر ہونا؛ ہونا؛ مرجانا

Transplant : *v.* (trans-plahnt) to uproot and plant elsewhere पौधा लगाना; प्रतिरोपित क. ایک جگہ سے اکھاڑ کر دوسری جگہ لگانا؛ پود لگانا

Transport : *v.* (trans-po-rt) to convey; to send; to send criminal to a distant colony as punishment ले जाना; परिवहन क.; कालेपानी भेजना لے جانا؛ نقل وحمل کا انتظام کرنا؛ کالے پانی لے جانا

Transportation : *n.* (-tay-shen) a

system of transporting; sending to a distant colony as a punishment; banishment for felony परिवहन; निर्वासन نقل وحمل؛ کالے پانی کی سزا

Transpose : *v.* (trans-pohz) to change the place; to shift one place to another; to exchange the order of जगह बदलना; स्थान बदलना; क्रम बदलना جگہ بدلنا؛ ترتیب بدلنا؛ آگے پیچھے کرنا

Transposition : *n.* (-zish-en) mutual change क्रम परिवर्तन تبدیلی؛ ادل بدل

Transship : *v.* (transh-ip) to shift another ship or conveyance एक जहाज़ से दूसरे जहाज़ में लादना ایک جہاز سے دوسرے جہاز میں منتقل کرنا

Transverse : *adj.* (tranz-ve-rs) lying across; being in a cross direction आड़ा; तिरछा قاطع؛ چوڑے رخ پر آڑا پڑا ہوا؛ ترچھا

Trap : *n.* (trayp) a snare; a device for catching animals जाल; जानवरों को पकड़ने का जाल या फंदा پھندا؛ جال؛ دام

Trap : *v.* to catch; to adorn; to capture by a trick जाल में फाँसना; फँसाना; जाल में फँसना پھانسنا؛ پھندے میں پھانسنا؛ دام میں پھنسنا؛ دام میں آنا

Trap door : *n.* door in floor फर्शी दरवाज़ा فرشی دروازہ

Trapeze : *n.* (tre-peez) athlete's horizontal bar supported by two ropes कलाबाज़ी का झूला ورزشی جھولا؛ قلابازی کا جھولا

Trapezium : *n.* (tra-pee-zin-um) a quadrilateral figure; irregular quadrilateral समलम्ब; जिसकी केवल दो भुजाऐं समान्तर हों غیر متوازی؛ چوکور؛ شکل منحرف

Trappings : *n.* (trap-ingz) ornamental fitings of horse साज-सज्जा वाली झोल (घोड़े की) (گھوڑے کی) آرائشی جھول

Trash : *n.* (trash) worthless material; rubbish; refuse कूड़ा करकट; कचरा; घास-पात کوڑا کرکٹ؛ فضول شے؛ بیکار چیزیں؛ گھاس پات

Travail : *n.* (trav-ayl) pangs of childbirth; hard work; fatigue प्रसव पीड़ा; बच्चे के जन्म के समय की पीड़ा; कड़ी मेहनत या परिश्रम جانفشانی؛ سخت محنت؛ دردِزہ

Travail : *v.* to toil; to be in labour; to harass परिश्रम क॰ جانفشانی کرنا؛ محنت کرنا

Travel : *n.* (trav-el) a journey; tour travelling यात्रा; पर्यटन سیاحی؛ سیاحت؛ سفر

Travel : *v.* to make journey; to move यात्रा क॰; पर्यटन क॰ سفر کرنا؛ سیاحت کرنا؛ حرکت کرنا

Traveller : *n.* one who travels यात्री; मुसाफ़िर; पर्यटक مسافر؛ سیاح

Traveller's tale : *n.* concocted story मन धड़न्त कहानी; मन गढ़न्त क़िस्सा من گھڑت قصہ یا کہانی

Traverse : *v.* (tre-vers) to go across; to wander over; to sail across पार जाना; घूमना; आड़ा पड़ा होना; फिरना آڑا پڑا ہونا؛ گزرنا؛ پار جانا؛ گھومنا؛ پھرنا

Traverse : *adj.* crossing; across; lying across तिरछा; आड़ा آڑا؛ ترچھا؛ قاطع

Trawl : *n.* (trawl) large wide mounted fishing net मच्छली पकड़ने का महा जाल مچھلی پکڑنے کا بڑا جال

Trawler : *n.* boat used for trawling मच्छली पकड़ने की नौका مچھلی پکڑنے کی کشتی

Tray : *n*. (tray) a large flat plate or board with raised edges थाली; ट्रे ٹرے؛ سینی؛ طباق؛ پرات

Treacherous : *adj*. (tree-che-rus) false or disloyal; unreliable बेवफ़ा; धोकेबाज़ بیوفا؛ غدّار؛ دھوکے باز؛ دغا باز

Treachery : *n*. (tree-che-ri) perfidy; violation of faith by desertion धोकेबाज़ी; कपट; छल دغا بازی؛ بے وفائی؛ غدّاری؛ دھوکے بازی

Treacle : *n*. (treek-el) refined molases; a sort of medicine शीरा; राब شیرہ؛ راب

Tread : *n*. (tred) a step with the fool; gait; manner of walking; sound of foot steps; part of type or sole which touches the ground पग; चाल; चाप; तलवे या टायर का भूमि पर टिका हुआ भाग قدم؛ چال؛ چاپ؛ ٹائر یا تلوے کا زمین پر ٹکا ہوا حصہ

Tread : *v*. to set the fool; to beat; to put one's foot down पग रखना; पग धरना; कुचल देना; पीटना قدم رکھنا؛ چلنا؛ کچل دینا؛ سختی سے دبا دینا

Treadle : *n*. (tred-el) driving part of machine worked by the pressure of the foot पायदान پائدان؛ ٹریڈل

Treadle Machine Press : *n*. printing press worked with the treadle पायदानी छपाई मशीन ٹریڈل چھپائی مشین؛ پائدانی مطبع

Treason : *n*. (tree-zen) disloyalty; treachery विद्रोह; बेवफ़ाई غدّاری؛ دغا؛ بیوفائی

Treasure : *n*. (trezh-er) store of gold; highly valued objects; hoarded wealth; riches धनागार; ख़ज़ाना; निधि خزانہ؛ گنج؛ بیش بہا چیزیں

Treasure House : *n*. store; hoard house भण्डार; तोशाख़ाना خزانہ؛ توشہ خانہ؛ بھنڈار

Treasure Trove : *n*. treasure found hidden दफ़ीना دفینہ؛ کھدائی میں ملنے والا خزانہ

Treasurer : *n*. (-rer) custodian of money ख़ज़ानची خزانچی؛ خزانہ کا انچارج

Treasury : *n*. (-e-ri) a place for money; a repository; government department in charge of public money खज़ाना; वह जगह जहाँ खज़ाना रखा जाए خزانہ؛ وہ جگہ جہاں خزانہ رکھا جائے؛ محکمۂ خزانہ

Treat : *v*. (treet) to negotiate; to consider; to give medical cure; to entertain व्यवहार क॰; इलाज क॰; दावत क॰ سلوک کرنا؛ برتاؤ کرنا؛ پیش کرنا؛ ضیافت کرنا؛ علاج کرنا

Treat : *n*. great delight; entertainment; party दावत; पारटी دعوت؛ ضیافت؛ پارٹی

Treat someone to : *ph*. provide him with something pleasant and free or with free food दावत क॰ دعوت کرنا؛ ضیافت کرنا

Treatise : *n*. (tree-tiz) a written discourse; serious book निबन्ध; पुस्तक लेख رسالہ؛ کتاب؛ مقالہ

Treatment : *n*. (treet-ment) way of treating; medical cure; behaviour व्यवहार; इलाज; चिकित्सा; उपचार برتاؤ؛ سلوک؛ علاج؛ دوا دارو، معالجہ

Treaty : *n*. (tree-ti) a contract of parties; formally signed agreement; a negotiation संधि-पत्र; समझौता; व्यापार-वार्ता معاہدہ؛ میثاق؛ قول وقرار؛ عہد و پیمان

Treble : *n*. (treb-el) a sharp sound;

highest female singing voice; three fold amount सूक्ष्म और तीव्र ध्वनि; तिगुना باریک آواز؛ اونچی زنانہ آواز؛ سہ چند؛ تین گنا رقم

Treble : *adj.* three fold तिगुना تگنا؛ سہ گنا؛ تہرا

Treble : *v.* to multiply by three तिगुना क॰; तिगुना हो जाना تگنا کرنا؛ تگنا ہو جانا

Trebuchet : *n.* (tree-bew-shet) balance; trap तुला; फन्दा ترازو؛ پھندا

Trecento : *n.* (tre-chen-to) fourteenth century चौदहवीं शताब्दी چودہویں صدی

Tree : *n.* (tree) large plant; big and thick plant वृक्ष; पेड़ پیڑ؛ درخت

Trek : *n.* (trek) long journey by ox-wagon; mass migration लम्बी यात्रा क॰; देशान्तर गमन بیل گاڑی پر لمبا سفر؛ بہت سوں کا ایک ساتھ ترکِ وطن

Trek: *v.* to undertake long journey by ox-wagon बैल-गाड़ी पर लम्बी यात्रा क॰ بیل گاڑی پر لمبا سفر کرنا

Trellis : *n.* (tre-lis) a latice work of wood काष्ठ की जाली جعفری؛ جالی؛ لکڑی کا کٹاؤ دار کام

Tremble : *v.* (trem-bel) to shake with fear; to quake काँपना; लरज़ना کانپنا؛ لرزنا

Trembling : *n.* (-be-ling) shaking with fear cold or anger कपकपी; लरज़ा; थरथराहट (غصہ، ٹھنڈ، ڈر سے) کپکپی؛ لرزہ؛ تھرتھراہٹ

Tremendous : *adj.* (tre-mend-us) terrific; dreadful; horrible; very great; amazing; enormous भयानक; डरावना; आश्चर्यजनक; बहुत विशाल ہولناک؛ مہیب؛ ڈراؤنا؛ حیرت ناک؛ بہت بڑا

Tremor : *n.* (trem-er) trembling; thrill कपकपी; थरथराहटा کپکپی؛ لرزہ؛ جسم میں جھرجھری دوڑ جانے والی

Tremulous : *adj.* (trem-ew-lus) trembling; timid; timorous काँपता हुआ; संकोची; लरज़ते हुए کانپتا ہوا؛ جھینپتے ہوئے؛ لیت ولعل میں پڑا ہوا

Trench : *n.* (trench) protective ditch for soldiers; a ditch खाई; परिखा کھائی؛ خندق؛ مورچہ

Trench : *v.* to dig a ditch; to proceed खाई खोदना; आगे बढ़ना کھائی کھودنا؛ آگے بڑھنا

Trenchant : *adj.* (trench-ent) bitting and out spoken; sharply critical; vigorous तीक्षण; जोरदार; तीखा تلخ اور صاف گویانہ؛ تیکھا (طنز)

Trencher : *n.* (trench-er) a wooden platter; one who digs ditch कठौती; तख़्ता; खाई खेदने वाला کٹھوتی؛ تختہ؛ کھائی کھودنے والا

Trend : *n.* (trend) tendency प्रवृत्ति; झुकाव; प्रवणता رجحان؛ میلان؛ جھکاؤ

Trepidation : *n.* (trep-i-day-shen) fear and trembling; घबराहट خوف اور لرزہ؛ گھبراہٹ

Trespass : *v.* (tres-pahs) to enter without permission; to transgress; to encroach; to meddle अनधिकार प्रवेश क॰; अनधिकार हस्तक्षेप क॰ بلا اجازت داخل ہونا؛ مخل ہونا؛ بے جا مداخلت کرنا

Trespass : *n.* trespassing अनधिकार हस्तक्षेप مداخلتِ بیجا

Trespasser : *n.* one who trespasses अप-चारी; अनधिकारक हस्तक्षेप करने वाला مداخلت بیجا کرنے والا

Tress : *n.* (tres) lock of hair; a ringlet of hair जटा; बालों का गुच्छा لٹ؛ زلف؛ بالوں کا چھلّہ

Tri : *pref.* (tri) three तीन; तृतीय تین؛ سہ

Trial : *n.* (tri-el) test; an examination; a test of virtue; experiment जाँच; अनुभव; परीक्षा جانچ؛ تجربہ؛ آزمائش؛ امتحان

Trial of strength : *ph.* tussle बल परीक्षा مقابلہ

Trial period : *ph.* testing time परख काल ٹرائل ٹائم؛ جانچ کرنے کی مدت

Triangle : *n.* (tri-eng-el) plane figure with three straight sides; a figure of three angles त्रिकोण; त्रिभुज مثلث؛ تکون

Triangular : *adj.* (tri-ang-ew-ler) in the shape of a triangle; in which three parties take part त्रिभुज; जिस में तीन पक्ष भाग लें; त्रिपक्षीय تکونا؛ سہ کونا؛ مثلث؛ جس میں تین پارٹیاں حصہ لیں

Tribal : *adj.* (tri-bel) of or pertaining to a tribe जनजातीय قبائلی

Tribe : *n.* (trib) racial group living under own chief; primitive class जनजाति قبیلہ

Tribesman : *n.* member of a tribe जनजाति; आदिवासी قبائلی؛ آدی واسی

Tribulation : *n.* (trib-ew-lay-shen) suffering in great trouble; distres दुख; तकलीफ़; कष्ट; संकट رنج؛ دکھ؛ تکلیف میں مبتلا؛ غم؛ آفت

Tribunal : *n.* (tri-bew-nel) a court of justice; judges appointed for special duty नयायालय; ट्रीबुनल عدالت؛ خصوصی عدالت؛ ٹریبونل

Tribune : *n.* (tri-bewn) plateform; dais मंच; पलेटफार्म منچ؛ پلیٹ فارم

Tributary : *n* (trib-ew-te-ri) river flowing into another सहायक नदी معاون دریا

Tribute : *n.* (tri-bewt) tax paid by one government to another; a tax कर; शुल्क; खिराज خراج؛ باج

Trice : *v.* (tris) to pull and tie in place कस कर बाँधना کس کر باندھنا

In a trice : *ph.* at once तुरन्त; झटपट فوراً؛ فی الفور؛ جھٹ پٹ؛ چٹکی میں

Trick : *n.* (trik) a dexterous artifice; juggle; fraud; peculiarity; ruse; cards played in one round धोखा; चाल; छल; कपट; पत्तों में एक हाथ دھوکہ؛ چالاکی؛ حکمت؛ داؤں؛ چال؛ تاش کے کھیل میں ایک ہاتھ

Take a trick : *ph.* win one round एक हाथ जीत जाना (ताश में) ایک ہاتھ جیت جانا (تاش میں)

Trick(s) of the trade : *ph.* prevalent petty dishonesties of a profession किसी व्यवसाय के गुर کسی پیشے کے گُر

Trick : *v.* to deceive by a trick; to baffle; to inveigle धोखा देकर लेना; चकरा देना; फुसलाना دھوکہ دیکر لینا؛ فریب دینا؛ چکرا دینا؛ پھسلانا

Trickery : *n.* (trik-e-ri) fraud धोखा; चालबाजी دھوکہ؛ فریب؛ چالبازی

Trickle : *v.* (trik-el) to flow in drops टपकना; रिसना ٹپکنا؛ رِسنا

Trickster : *n.* (trik-ster) one who is in habit of tricking others; one who practises tricks धोखे बाज़; कपटी; चतुर; चालाक دغاباز؛ دھوکے باز؛ فریبی؛ عیار؛ مکار؛ چالاک

Tricycle : *n.* (tri-sik-el) three wheeld cycle तिपहिया साईकल ٹرائیسکل؛ تین پہیوں والی سائیکل

Trident : *n.* (tri-dent) three pointed spear त्रिशूल سہ شاخہ برچھا؛ ترشول

Triennial : *adj*. (tri-en-i-al) containing a term of three years; appearing ones in every three year त्रैवार्षिक ہر تین سال بعد؛ ہر تین سال میں

Triennial : *n*. a period of three years त्रैवार्षिक काल تین سال کا عرصہ

Trifle : *n*. (tri-fel) an unimportant thing; small amount; small amount of money छोटी सी बात; अल्प मात्रा; थोड़ा सा रुपया ناچیز شے؛ معمولی سی بات؛ تھوڑی سی مقدار؛ قلیل مقدار؛ تھوڑا سا پیسہ

Trifle : *adj*. a little कुछ; थोड़ा; थोड़ा सा کچھ؛ ذرا سا؛ تھوڑا سا؛ قلیل مقدار

Trifle : *v*. to talk lightly; to act lightly; to behave insincerely खिलवाड़ क.; झूट वोलना; छिछोरापन क. فضول باتیں کرنا؛ کھیل سمجھنا؛ جھوٹ بولنا؛ غیر ذمہ دارانہ برتاؤ کرنا

Trifling : *adj*. (trif-ling) unimportant तुच्छ; सस्ता; हलका غیر ضروری؛ غیر اہم؛ معمولی سا؛ یونہی سا

Trigger : *n*. (trig-er) lever for releasing a catch of a fire-arm बन्दूक का घोड़ा بندوق کا گھوڑا

Pull the trigger : *ph*. fire the gun (बन्दूक का) घोड़ा चलाना (بندوق کا) گھوڑا چلانا

Trigonometry : *n*. (trig-o-nom-et-ri) branch of mathematics dealing with the relations between sides, angles of triangles त्रिकोण मिति علمِ مثلث

Trilateral : *adj*. (tri-lat-e-rel) three sided त्रिकोणया; तिकोनिया سہ طرفہ؛ مثلثی؛ تین ضلع کا

Trill : *n*. (tril) vibrating sound of the voice थरथराती हुई स्वर آواز کی لرزش؛ آواز کی تھرتھراہٹ؛ لرزتی ہوئی آواز

Trillion : *n*. (tril-yen) a million million; a million million million दस खरब; दस संख दس کھرب؛ دس سنکھ

Trim : *adj*. (trim) nice; neat and tidy; neatly dressed up; spruce साफ़ सुथरा; सजा-संवरा خوش اندام؛ صاف ستھرا؛ سجا سنورا؛ خوش لباس

Trim : *v*. to set right by cutting away uneven parts; to dress; to shave; to balance; to clip; to adjust; to chastise ठीक-ठाक क.; साफ़ क.; काट-छाँट करके दुरूस्त क. کانٹ چھانٹ کرکے درست کرنا؛ تیار ہونا؛ شیو بنانا؛ سجانا؛ سنوارنا

Trim : *n*. readiness तैयारी; सु-व्यवस्था; ठीक-ठाक تیاری؛ ٹھیک ٹھاک؛ درستی

Trimness : *n*. (trim-nes) being trim सफ़ाई; सुथराई; साज-सज्जा صفائی؛ آراستگی؛ پیراستگی

Trinket : *n*. (trink-et) small and cheap ornament; a thing of small value छोटा सा अल्प मूल्य आभूषण; अल्प मूल्य چھوٹا سا سستا زیور؛ ناچیز شے؛ معمولی قیمت کی چیز

Trio : *n*. (tri-oh) a group of three तीन की जोड़ी; तिगड़म تین کا گروپ؛ تین کی جوڑی؛ تگڑم

Trip : *n*. (trip) pleasure excursion सैर; यात्रा; गश्त سیر؛ سیر وتفریح؛ مٹر گشتی

Trip : *v*. to ship; to travel; to move along swiftly on tiptoes घूमना; सैर क.; चलना; गश्त लगाना چلنا؛ گشت لگانا؛ گھومنا؛ سیر کرنا

Tripartite : *adj*. (tri-pah-r-tit) having three parties to it त्रिपक्षयि; त्रिदलीय سہ طرفہ؛ تین پارٹی والا؛ تین دل والا

Tripe : *n*. (trip) part of the stomach of an ox used as food; easy bowling

ओझड़ी; हलकी बाउलिंग या गेंदबांज़ी اوجھڑی؛ ہلکی باؤلنگ

Triphthong : *n.* (tri-fthong) a coalition of three vowels तीन स्वर; त्रिस्वर تین حروف علت کا اجتماع

Triple : *adj.* (trip-el) made up of three तिगुण تین گنا؛ تگنا

Triplets : *n.* (trip-lets) three children born of the same mother together तीन जुड़वाँ बच्चे تین جڑواں بچے

Triplicate : *adj.* (trip-li-ket) that of which three copies are made तिगुना; जिस की तीन कापियाँ हों تہرا؛ جس کے تین نسخے ہوں؛ تین کاپیاں

Tripod : *n.* (tri-pod) three legged support for a camera तिपाई تپائی؛ تین ٹانگوں والی تپائی

Trisect : *v.* (tri-sekt) to divide into three equal parts; to cut into three equal parts तीन बराबर भाग क. تین مساوی حصوں میں تقسیم کرنا

Trite : *adj.* (trit) hackneyed; stale; wornout; common पुराना; घिसा-पिटा فرسودہ؛ پامال؛ پرانا؛ کہنہ

Trituration : *n.* (tri-tew-ray-shen) a rubbing to powder सूक्ष्म बनाना; पीसना سفوف؛ پاؤڈر؛ پینا

Triumph : *n.* (tri-umf) victory; conquest; joy for success; state of being victorious; remarkable success विजय; विजय की प्रसन्नता فتح یابی؛ فتح کی خوشی منانا؛ شاندار کامیابی

Triumph : *v.* to rejoice for victory; to obtain victory; to win a victory; to succeed विजय प्राप्त क.; विजयी होना کامیاب ہونا؛ غالب آنا؛ فتح حاصل کرنا؛ ظفریاب ہونا

Shout of triumph : *ph.* cheers of success नारा-ए-विजय نعرۂ کامیابی و کامرانی

Triumphant : *adj.* (tri-um-fant) victorious; successful; happy; over success victory विजयी; कामयाब; प्रसन्न کامیاب؛ کامران؛ فاتح؛ فتح مند؛ نازاں

Trivial : *adj* (triv-i-el) ordinary; worthless; unimportant; inconsiderable तुच्छ; व्यर्थ; व्यर्थ वस्तु فضول؛ ناکارہ؛ معمولی؛ بے کار؛ ناچیز

Triviality : *n.* (triv-al-i-ti) trivial thing; trivial idea व्यर्थ चीज़; बकवास; बेकार बात معمولی سی چیز؛ فضول بات

Trolley : *n.* (trol-i) low truck pushed by workman on railway or airport ट्राली; ठेला ٹرالی؛ ٹھیلا؛ ہاتھ سے ٹھیلنے والا ٹھیلا

Trombone : *n.* (tro-mbo-un) a musical wind instrument तुरही बाजा ترہی باجا؛ ایک قسم کا باجا

Troop : *n.* (troop) a body of soldiers; a company; group; cavalry unit सेना; झुण्ड فوج؛ گروہ؛ رسالہ

Troop ship : *n.* ship for transporting soldiers सेना को भेजने का जहाज़ فوجی نقل وحمل کا جہاز

Trooper : *n.* (-er) cavalry private सेना का जवान; सवार سوار؛ رسالہ کا سپاہی

Tropics : *n.* (trop-iks) region of torrid zone क्रान्ति; सीमा خطوط؛ سرطان و جدی کا درمیانی علاقہ

Trophy : *n.* (trof-i) momento of victory or success ट्राफ़ी فتح کی نشانی؛ ٹرافی

Trot : *n.* (trot) a jolting pace; brisk

walk; run at medium pace (horse) (घोड़े की) दुलकी चाल; दुलकी चलाना دُلکی چال؛ (گھوڑے کا) دُلکی یا تیز رفتار سے چلنا؛ دُلکی چلانا

Go for a trot : *ph*. go out on horseback for pleasure घोड़े की सवारी के लिए जाना گھوڑے کی سواری کے لیے جانا

Troth : *n*. (trouth) truth; faithfulness; a petty oath वचन; प्रतिज्ञा; शपथ; सच्चाई راستی؛ ایمان؛ حلف؛ قسم

In troth : *ph*. in reality वास्तव में حقیقت میں

Trouble : *n*. (trub-el) inconvenience; worry; calamity; difficulty पीड़ा; कष्ट; संकट; दुख; परेशानी تکلیف؛ زحمت؛ پریشانی؛ مصیبت؛ مشکل

Trouble : *v*. to afflict; to annoy; to distress; to disturb; inconvenience सताना; कष्ट देना; तकलीफ़ देना; परेशान क॰ ستانا؛ تکلیف دینا؛ پریشان کرنا؛ زحمت دینا

Troublesome : *adj*. (-sum) causing trouble; needing much care; painful कष्टप्रद; तकलीफ़दह; दुखदायी تکلیف دہ؛ احتیاط طلب؛ تکلیف پہنچانے والا

Troublous : *adj*. (trub-lus) full of insecurily and confusion अशांत پُرآشوب

Trough : *n*. (truf/trawf) long open container of food or drink for animals; large hollow vessel कूँडा; नान्द; लगन کونڈا؛ ناند؛ لگن؛ ڈونگی

Trounce : *v*. (trouns) ot defeat; to beat badly; to punish प्राजय क॰; बुरी तरह से पीटना; सज़ा देना ہرا دینا؛ شکست دینا؛ بری طرح سے پیٹنا؛ سزا دینا

Troupe : *n*. (troop) company of performers in a play अभिनेताओं की मण्डली طائفہ؛ چوکی؛ جماعت

Trousers : *n*. (trou-zers) men's two legged outer garment reaching from waist to ankles पाजामा; पतलून پائجامہ؛ پتلون

Trousseau : *n*. (troo-soh) bride's outfit दुल्हन का जोड़ा دلہن کا جوڑا؛ عروسی جوڑا

Trout : *n*. (trout) a kind of fresh-water fish टराउट मच्छली ٹراؤٹ مچھلی

Trove : *n*. (trov) treasure trove; any articles such as coins, bullion etc. found hidden in the earth or elsewhere दफ़ीना دفینہ؛ خزانہ؛ بیش بہا دولت

Trow : *v*. (troh) (old use) to believe विश्वास क॰ یقین کرنا؛ خیال کرنا

Trowel : *n*. (trou-el) a tool used by brick layers; flat bladed tool for spreading mortar on bricks; gardener's tool with a curved blade for lifting plants करणी; खुरपा; पाटा کنی؛ کرنی؛ کھرپا؛ گہرا کھرپا

Trowel : *v*. to lay mortar with a trowel गारा फैलाना گارا پھیلانا؛ گارے کا رڈا چڑھانا

Troy : *n*. (troi) British system of weights used for gold and silver ट्राय वज़न ٹرائے وزن؛ ٹرائے جو لندن میں سونے کا چاندی کا وزن کرنے میں استعمال کیا جاتا ہے

Truancy : *n*. (troo-ens-i) playing truant कर्तव्यत्याग بلااجازت کام سے غائب رہنا؛ بلااجازت غیر حاضر رہنا

Truant : *n*. (troo-ent) student who is absent without permission नाग़ा करने वाला; ग़ैर हाज़िर रहने वाला विद्यार्थी بلااجازت غیر حاضر ہونے والا طالب علم؛ بلااجازت غیر حاضر

Truce : *n*. (troos) a temporary cessation of war; stopping of fight for the time being विरामसंधि; युद्धविराम عارضی صلح؛ التوائے جنگ؛ متارکہ

Trucial : *adj*. (troosh-el) about or with which there has been a truce treaty युद्ध विराम संबंधी معاہداتی

Truck : *n*. (truk) open motor vehicle for heavy goods; light cart drawn by hand ट्रक; ठेला; हाथ की गाड़ी ٹرک؛ چھکڑا؛ ٹھیلہ؛ دستی گاڑی

Truculence : *n*. (truk-ew-lens) being truculent लड़ाकापन جنگ جوئی؛ تندخوئی

Truculent : *adj*. (-lent) of agressive temper; savage लड़ाका; घौंसिया; उग्र جنگ جو؛ تندخو؛ سنگدل؛ بے رحم

Trudge : *v*. (trnj) to walk heavily or wearity; to jog on heavily; to labon पाँव घसीट कर चलना; गिरते पड़ते चलना پاؤں گھسیٹ کر چلنا؛ گرتے پڑتے چلنا

Trudge : *n*. long tiring walk लम्बा और थका देने वाला रास्ता لمبا اور تھکا دینے والا پیدل راستہ؛ راستہ

True : *adj*. (troo) not false; genuine; correct; in accordance with fact or reality; faithful सच्चा; सही; खरा سچا؛ راست؛ سچ؛ اصلی؛ درست؛ صحیح؛ حقیقی؛ مخلص

True Blue : *adj*. thorough going person; consistent पक्का; सच्चा پکا؛ بااصول؛ سچا

Truepenny : *n*. a worthy honest fellow सच्चा पुरुष; ईमानदार मनुष्य سچا آدمی؛ ایماندار شخص

Trug : *n*. (treg) basket; wooden pan टोकरी; कठौत ٹوکری؛ باسکٹ؛ کٹھوتی

Trull : *n*. (trul) prostitute रण्डी رنڈی؛ طوائف

Truly : *adj*. (troo-li) sincerely; truthfully; certainly; really सच में; ठीक-ठीक خلوص سے؛ سچ مچ؛ یقیناً؛ دراصل؛ واقعی

Truly Yours : *ph*. formula for closing a letter भवदीय مخلص؛ نیازمند

Trump : *n*. (trump) (card) suit ranking above other suits; a decisive or advantageous action etc. तुरुप ٹرپ؛ ترپ کا پتہ

Play a trump : *ph*. play the trump card; take a surprisingly advantageous step तुरुप खेलना; तुरुप की चाल चलना ترپ کھیلنا؛ ترپ لگانا؛ ترپ چلنا؛ ترپ کی چال چلنا

Trump Card : *n*. card of suit ranking above others; master stroke तरुप का पत्ता; सर्वोत्तम साधना ٹرپ کا پتہ؛ حکمی تدبیر

Trump - Up : *v*. fabricate; maliciously गढ़ना; झूठा बनाना جھوٹا بنانا؛ گھڑنا

Trumpery : *n*. (trump-e-ri) worthless finery; trash; trifles सस्ते ज़ेवर; बेकार वस्तु سستے زیور؛ نقلی زیور؛ جھوٹے زیور؛ ناچیز؛ بے کار شے

Trumpet : *n*. (trum-pet) musical wind instrument of brass; a kind of musical instrument तुर्रही; नक्क़ारा ترم؛ تنگل؛ ترئی؛ نقارہ؛ ترہی

Blow one's own trumpet : *ph*. praise oneself तुर्रही बजाना; आत्म प्रशंसा क. ترم بجانا؛ اپنے منہ میاں مٹھو بننا

Trumpet Call : *n*. sound of trumpet; urgent call to action तुर्रही की स्वर; आहान ترم کی آواز؛ فوری عمل کی ہدایت یا دعوت

Truncate : *v.* (trunk-ayt) to cut off the tip or end of something सिरा काटना; छोटा कर देना سرا کاٹنا؛ چھوٹا کر دینا

Truncated : *adj.* (trunk-ayt-id) incomplete अधूरा نامکمل؛ ادھورا

Truncheon : *n.* (trunch-en) police man's short club; a staff of command; cudgel सिपाही का डण्डा; लाठी; सोंठा; डण्डा سپاہی کا ڈنڈا؛ سونٹا؛ لاٹھی؛ ڈنڈا

Trundle : *v.* (trund-el) to draw (wheel barrow) to roll; to roll along लुढ़काना; चलाना لڑھکانا؛ چلانا؛ پہیہ چلانا

Trundle : *n.* a small wheel fixed to the leg of a chair पहिये दार कुर्सी या बेड کرسی میں لگاہوا چھوٹا پہیا؛ پہیے دار کرسی یا بیڈ

Trunk : *n.* (trunk) long nose of elephant; body with out head and limbs; main stem of tree; large box सूंड; तना; धड़; सन्दूक़ سونڈ؛ دھڑ؛ تنا؛ ٹرنک؛ بکس

Trunk Call : *n.* telephone call beyond the local area ट्रंक-काल ٹرنک کال

Trunk Road : *n.* main road connecting towns मुख्य मार्ग; मुख्य पथ بڑی سڑک؛ شاہراہ

Truss : *n.* (trus) framework supporting a roof or bridge; belt फील पाया; कैंची; पेटी فیل پایہ؛ قینچی؛ کھم؛ پٹی

Trust : *n.* (trust) faith; confidence; property held and managed by a person for another's benefit भरोसा; विश्वास; वकफ بھروسہ؛ اعتماد؛ اعتبار؛ وقف؛ ٹرسٹ

Trust : *v.* to confide in; to believe; to entrust भरोसा क॰; विश्वास क॰; आमानत रखना یقین کرنا؛ بھروسہ کرنا؛ اعتماد کرنا؛ امانت رکھنا

Trustee : *n.* (trus-tee) one who is in charge of property or anything विश्वासनीय; ईमानदार; अमानतदार متولی؛ امانت دار

Trusting : *adj.* (trust-ing) relying; not suspicious विश्वासनीय اعتبار کرنے والا

Trustworthy : *adj.* (trust-we-rdhi) reliable भरोसे का; विश्वासनीय قابلِ بھروسہ؛ لائقِ اعتبار

Trusty : *adj.* (trust-i) old use loyal ईमानदार; विश्वासनीय وفادار؛ ایماندار؛ معتبر

Truth : *n.* (trooth) being true; honesty; reality; verified fact सच्चाई; सच्च; वास्तविकता سچائی؛ صداقت؛ حقیقت؛ سچ؛ اصلیت

Truthful : *adj.* (trooth-ful) true सच्चा सत्यवादी سچا؛ راست باز

Try : *v.* (tri) to attempt; to test; to examine प्रयत्न क॰; जांचना; देखना; आज़माना جانچنا؛ آزمانا؛ کوشش کرنا؛ دیکھنا؛ تجربہ کرنا

Trying : *adj.* (tri-ing) difficult to endure थकाऊ صبر آزما

Tub : *n.* (tub) large open vessel for bathing टब ٹب

Tubby : *adj.* (tub-i) short and fat गोल-मटोल; छोटा और मोटा گول مٹول؛ چھوٹا اور موٹا

Tube : *n.* (tewb) a pipe; siphon; underground railway नली; नलकी; भूमी के अन्दर चलने वाली रेल نلی؛ نلکی؛ ٹیوب؛ زمین دوز ریل

Tube Well : *n.* shaft sunk deep into earth from which water in pumped out with a machine कुआँ; नल कूप ٹیوب ویل؛ کنواں؛ نل کنواں

Tuberculosis : *n.* (tew-ber-kew-loh-sis) a kind of disease; consumption एक प्रकार का रोग; दिक़; सिल्ल دق؛ سل

Tuck : *n.* (tuk) flat fold stitched in garment for ornament or shortening तह; परत; चुन्नट پلیٹ؛ تہہ؛ پرت؛ چنٹ

Tuck : *v.* to fold; to push up; to gether in folds चुन्नट डालना لپیٹنا؛ اوپر چڑھانا؛ چنٹیں ڈالنا

Tuck Shop : *n.* sweet's shop मिष्ठान भण्डार مٹھائی کی دکان؛ ٹک شاپ

Tuesday : *n.* (tewz-day) the day after monday; the day before wednesday मंगलवार منگل؛ سہ شنبہ

Tuft : *n.* (tuft) a cluster of glass; a bunch of thread; a bunch of hair or feathers गुच्छा; फुन्दना گچھا؛ پھندنا؛ جھنڈ

Tug : *n.* (tug) sudden or violent pull; strenuous effort जोर से खींचना; घसीटना; धोर परिश्रम زور کا جھٹکا؛ جھٹکا؛ سخت کوشش

Tug Boat : *v.* to pull violently with a jerk जोर से खींचना زور سے کھینچنا؛ زور سے جھٹکا دے کر کھینچنا

Tug Boat : *n.* small steam boat for towning ships टग; जहाज खींचने वाली किश्ती جہاز کھینچنے والی کشتی؛ ٹگ

Tug of war : *n.* competition in which two teams pull against each other on a long thick rope रस्सा कशी رسا کشی

Tuition : *n.* (tew-ish-en) teaching; private coaching; instruction शिक्षा; ट्यूश्न تعلیم؛ ٹیوشن؛ ایجوکیشن

Tuition Fees : *n&pl.* fee for teaching; charges for teaching ट्यूश्न फीस ٹیوشن فیس

Tulip : *n.* (tew-lip) bell shaped spring flower growing on a tall stem एक प्रकार का घंटी-नुमा फूल لالہ

Tum-Tum : *n.* (tum-tum) a light one horse carriage टम-टम ٹم ٹم

Tumble : *n.* (tum-bel) a fall; downfall; accident गिरना; कलाबाजी; घटना پچھاڑ؛ قلابازی؛ حادثہ

Tumble : *v.* to fall; to turn over; to untidy state गिरना; उलट कर गिरना گرنا؛ الٹ کر گرنا؛ درہم برہم ہونا

Tumbler : *n.* (tum-bl-er) stemless drinking glass; a crobat गिलास; कलाबाज گلاس؛ پانی پینے کا گلاس؛ قلاباز

Tumblerful : *adj.* is much as a tumber will contain गिलासभर گلاس بھر

Tumbrel/Tumbrill : *n.* (tumb-rel/ril) cart; dung-cart छकड़ा; गोबर गाड़ी چھکڑا؛ گوبر گاڑی؛ گندگی کا چھکڑا

Tumefaction : *n.* (tew-may-fak-shen) swelling सूजन; फोड़ा سوجن؛ ورم؛ گلٹی؛ پھوڑا

Tumour : *n.* (tew-mer) a morbid swelling; diseased growth in some part of the body ट्यूमर; गिल्टी; फोड़ा; रसोली پھوڑا؛ گلٹی؛ رسولی؛ ٹیومر

Tumult : *n.* (tew-mult) a riot; wild commotion; ental excitement झगड़ा; दंगा; उपद्रव جھگڑا؛ دنگا؛ ہنگامہ خیز؛ اضطراب؛ بے چینی

Tumultous : *adj.* (tew-mul-tew-us) noisey and violent in a state of confusing; turbulent; full of riot प्रचण्ड; प्रबल ہنگامہ خیز؛ درہم برہم؛ پرشور

Tundra : *n.* (tund-re) a treeless marshy plain in the arctic regions;

partially frozen desert टुन्डरा ٹنڈرا؛ برف پوش صحرا؛ برفانی صحرا

Tune : *n.* (tewn) series of notes forming music of songs; harmony; concord धुन; ध्वनि; लय دھن؛ طرز؛ لے؛ سر؛ ہم آہنگی؛ توافق

Tune : *v.* to put into a musical state सुर मिलाना سُر ملانا؛

Tuneful : *adj.* having a pleasing tune सुरीला سریلا

Tunic : *n.* (tew-nik) military coat with belt; roman coat पेटीदार कोट; रोमी चुग़ा پیٹی دار کوٹ؛ رومی چغہ

Tuning Fork : *n.* two pronged fork producing a standard note सुर मिलाने का द्विभुज سرملانے کا دوشاخہ

Tunnel : *n.* (tun-el) underground passage through a hill; the shaft of a chimney सुरंग سُرنگ

Tunnel : *v.* to make a tunnel सुरंग बनाना سُرنگ بنانا

Tup : *n.* (tup) ram; male sheep भेड़; मेष مینڈھا؛ بھیڑ

Tuppence : *n.* (tup-ence) two-pence coin दो पैनिस دوپینس

Turban : *n.* (tur-ban) a well known kind of head dress; a turkish cap made of fine linen wreathed about the head पगड़ी; साफ़ा پگڑی؛ سربند؛ صافہ؛ عمامہ

Turbid : *adj.* (ter-bid) muddy; not clear; thick गदला; गंदा; कीचड़ वाला; मैला گدلا؛ گندہ؛ کیچڑ والا؛ جو صاف نہ ہو؛ میلا

Turbine : *n.* (ter-bin) an engine whose driving wheel is spun by a strong current (of water, steam or air) टरबाइन چرخ؛ ٹربائن

Turbot : *n.* (ter-bot) a kind of large and flat edible sea-fish एक बड़ी चपटी मछली ٹربٹ؛ ایک قسم کی گول چپٹی مچھلی

Turbulence : *n.* (ter-bew-lens) being turbulent; riot; disturbence; tumult; confusion विवाद; उपद्रवी; अशांती; दंगा سرکشی؛ شورش؛ مفسدہ پروری؛ تلاطم خیزی؛ ہنگامہ؛ فساد

Turbulent : *adj.* (-lent) riotous; furious; unruly; disturbed उपद्रवी; अशांत; अस्तव्यस्त; तूफ़ानी ہنگامہ خیز؛ شورش پسند؛ درہم برہم؛ طوفانی؛ متلاطم

Turf : *n.* (ter-f) soil surface with grass roots growing in it; horse racing; race course घास की थिगली; घुड़ दौड़; घुड़ दौड़ का मैदान; रेस कोर्स دوب کا تختہ؛ گھڑ دوڑ؛ گھڑ دوڑ کا میدان؛ ریس کورس

Turf : *v.* to lay ground with turf घास उगाना دوب اگانا؛ گھاس اُگانا

Turgid : *adj.* (ter-jid) tumid; swelled; bombastic सूजा हुआ; फूला हुआ; शब्दाउम्बरपूर्ण سوجا ہوا؛ پھولا ہوا؛ ابھرا ہوا؛ بڑی لفاظی کرنے والا

Turkey : *n.* (ter-ki) a kind of large fowl used as food फील मुर्ग; टर्की فیل مرغ؛ ترکی مرغ؛ ترکی

Turkey : *n.* a country in Asia minor तुर्की; एक मुलक का नाम ترکی ایک ملک کا نام

Turkish : *adj.* (-kish) of turks तुर्की के बाश्न्दि; तुर्की ترکی کے باشندے؛ ترکی لوگ

Turkish Bath : *n.* hot air bath followed by massage हम्माम حمام

Turmeric : *n.* (ter-m-e-rik) a well known yellow root used as a condiment हलदी ہلدی

Turmoil : *n*. (ter-moil) uproar and confusion; uneasiness; harassing हलचल; खलबली; हंगामा افرا تفری؛ ہنگامہ؛ ہلچل؛ کھلبلی

Turn : *n*. (ter-n) turning movement; change of direction; revolution; rotation tendency; shape; action चक्कर; मोड़; बारी; रुप; ढंग; सूरत چکّر؛ موڑ؛ باری؛ میلان؛ شکل؛ صورت؛ عمل

Turn : *v*. to change; to revolv; to move so to shape or be shaped on lathe सूरत या हालत बदलना; घुमाना; पलटना; खराद पर चढ़ाना بدلنا؛ گھمانا؛ پلٹنا؛ خراد پر چڑھانا

Turn About : *ph*. so as to face in the opposite direction मोड़ना; मुड़ना; पलटना موڑنا؛ مڑنا؛ پلٹنا یا پلٹانا

Turn a deaf ear to : *ph*. to refuse to listen कान बन्द कर लेना کان بند کرلینا؛ سننے سے انکار کردینا

Turn Against : *ph*. to become an enemy; to dislike शत्रू बन जाना; नापसन्द क॰ مخالف ہوجانا؛ ناپسند کرنا

Turn and turn about : *ph*. go on turning about चक्कर खाते जाना; मुड़ते जाना چکر کھاتے جانا؛ مڑتے جانا

Turn away : *ph*. to dismiss (an employee) निकाल देना; जान छुड़ाना نکال دینا؛ جان چھڑانا

Turn Back : *ph*. begin to retrace one's steps लौटने लगना; लौटना الٹے پھر آنا؛ لوٹنے لگنا؛ لوٹنا

Turn Down : *ph*. to reject अस्वीकार क॰ مسترد کرنا؛ نامنظور کرنا

Turn off : *ph*. stop to flow by turning; to dismiss बन्द क॰; रोकना; निकाल देना بند کرنا؛ روکنا؛ نکال دینا

Turn on : *ph*. start the flow of by turning the tap खोलना; चलाना; जलाना (बिजली आदि) رواں کرنا؛ جاری کرنا؛ جلانا (بجلی وغیرہ)؛ چلانا

Turn Out : *ph*. to expel; to produce; prove to be; to fold outside; out put निकालना; सिद्ध क॰; बाहरी तरफ़ को मोड़ना; कार गुज़ारी نکالنا؛ نکال دینا؛ ثابت کرنا یا ہونا؛ باہر کی طرف موڑنا؛ کارگزاری

Turn Over a new leaf : *ph*. to mend one's ways नया जीवन प्रारम्भ क॰ نئی زندگی شروع کرنا؛ راہِ راست پر آنا

Turn Tail : *ph*. run away दुम दबा कर भागना دُم دبا کر بھاگ جانا؛ دم دبا کر بھاگنا

Turn the table on : *ph*. convert loosing into winning game हारी हुई बाजी जीत जाना ہاری ہوئی بازی جیت جانا؛ بازی کا رنگ بدل دینا

Turn up : *ph*. to arrive; to appear; to happen; to discover आ पहुँचना; दिखाई देना; घटना; खोज निकालना آ پہنچنا؛ ظاہر ہونا؛ ہوجانا؛ پتا لگانا

Turncoat : *n*. (tern-kat) a renegade; an appostate तोता चश्म طوطا چشم؛ خودغرض

Turner : *n*. one who works a lathe; artisan खरादी خرادیا؛ خراد کا کام کرنے والا

Turning : *n*. place where a road branches off from another घुमाव موڑ؛ سڑک کا موڑ

Turning Point : *n*. point at which one turns; crisis मोड़; वर्तन-बिन्दू; युग-संधि; संधिकाल موڑ؛ مڑنے کی جگہ؛ نقطۂ انقلاب

Turnip : *n*. (ter-nip) a well-known edible root शलग़म شلجم؛شلغم

Turnkey : *n*. (ter-n-kee) person incharge of prison keys; gaoler जेलर جیلر؛ داروغۂ زندان

Turnstile : *n*. (turn-style) revolving barrier चक्रद्वार روک چکر

Turpentine : *n*. (ter-pen-tin) spirit made from the resin of pine tree तारपीन تارپین کا تیل؛ تارپین

Turpitude : *n*. (ter-pi-tewd) wickedness; badness; inherent vileness चरित्रहीनता; नीचता خباثت؛ خبث؛ خبثِ نفس

Turquoise : *n*. (ter-koiz) a greenish-blue gem; a greenish-blue colour फिरोज़ा; फ़िरोज़ी रंग فیروزہ؛ فیروزی رنگ

Turret : *n*. (tu-ret) small tower in eminence छोटा बुर्ज; कलश برجی؛کلس؛ چھوٹا برج؛ کنگورا

Turtle : *n*. (ter-tel) sea tortoise समुद्री कछुआ سمندری کچھوا؛ بحری سنگ پشت

Turtle-dove : *n*. a kind of cooing dove एक प्रकार की जंगली फ़ाख़ता; कबूतर جنگلی فاختہ؛قمری

Tusk : *n*. (tusk) long tooth of an elephant हाथी के लम्बे दाँत ہاتھی کے لمبے دانت

Tussle : *n*. (tus-el) struggle; scuffle हाथा-पाई; खींचा तानी کشمکش؛ کشاکش؛ ہاتھا پائی؛ کھینچا تانی

Tussle : *v*. to struggle; to wrestle खींचा-तानी क.; हाथा-पाई क. کھینچا تانی کرنا؛ ہاتھا پائی کرنا

Tussore : *n*. (tus-or) a kind of silk टसर ٹسر

Tutelage : *n*. (twet-e-lij) gaurdianship संरक्षण سرپرستی

Tutor : *n*. (tew-ter) private teacher; one who instructs; a preceptor शिक्षक; गुरु خانگی معلّم؛ اتالیق؛معلّم

Tutor : *v*. act as tutor; to instruct शिक्षक होना; गुरुहोना; शिक्षादेना; पढ़ाना اتالیق ہونا؛معلّم ہونا؛ سکھانا؛ پڑھانا

Tutorial : *adj*. (tew-to-ri-el) tutor's work शिक्षक का काम معلّم؛ معلّمہ

Tutorial : *n*. work under a tutor टियोटोरियल ٹیوٹوریل؛معلّم کی نگرانی میں مطالعہ

Tuwhit : *n*. (too-hwit) owl's cry; an owl उल्लू की आवाज़; घुघ्घु اُلّو کی آواز؛ اُلّو

Tuwhit : *v*. to cry like an owl's voice घुघुआना اُلّو کی سی آواز میں چیخنا

Twaddle : *n*. (twod-el) silly talk; senseless talk; idle talk बकवाद; गप; बक-बक بکواس؛ بک بک؛ گپ

Twaddle : *v*. to utter in a silly manner बकवाद क.; बकना بک بک کرنا؛ بکے جانا؛ بکواس کرنا

Twain : *n*. (twayn) (old use) two दो دو

Twang : *n*. (twang) sound of tight string being pulled and released; a sharp and quick sound ठंकार; टन टन की स्वर ٹن ٹن کی آواز؛ ٹھنکار

Tweak : *v*. (tweek) to pinch and twist; to squeez चुटकी भरना; मरोड़ना نوچ کھسوٹ کرنا؛ چٹکی بھرنا؛ مروڑنا

Tweed : *n*. (tweed) thick soft woollen cloth of various patterns for coats कोट का ऊनी कपड़ा ٹویڈ؛ کوٹ کا گرم کپڑا؛ اونی کپڑا

Tween : *prep.* (tween) (abbreviation of) between के बीच में درمیان؛ کے بیچ میں

Tweeny : *n.* (twee-ni) maid servant helping to others नौकरानी ملازمہ؛ دوسروں کی مدد کرنے کے لیے ملازمہ

Tweezers : pl. (twee-ze-rz) small pincers; nippers मोचना موچنا

Twelve : *n& adj.* number comes after eleven and before thirteen बारह نمبر جو گیارہ کے بعد اور تیرہ سے پہلے آتا ہے؛ بارہ

Twelve month : *n.* period equal in length to a year's time वर्ष بارہ ماہ کی مدت؛ ایک سال

Twice : *adj.* (twis) double; two times दोगुण; दोबार دوگنا؛ دوبار

Twiddle : *v.* (twid-el) to twirl; to turn thumb over each other idly फिराना; अँगूठे को एक दूसरे पर घुमाना پھرانا؛ انگوٹھے کو ایک دوسرے پر گھمانا

Twiddle one's thumbs : *ph.* be idle मक्खी मारना; समय गँवाना کوئی کام نہ ہونا؛ مکھیاں مارنا؛ بے کار بیٹھنا

Twig : *n.* (twig) a small shoot on the end of the branch; switch; sprout डाली; टहनी ڈالی؛ ٹہنی؛ چھوٹی سی شاخ

Twilight : *n.* (twi-lit) faint half light before sun rise or after sunset झुटपुटा; सांध्य प्रकाश جھٹپٹا؛ شفق

Twill : *n.* (twil) cloth so woven as to have a surface of oblique ridges parallel to one another टुइल ٹول

Twin : *n.* (twin) two children born at the same time of the same mother जुड़वाँ बच्चे جڑواں بچے

Twin : *adj.* born together; identical जुड़वाँ جڑواں؛ ایک جیسے دو

Twine : *n.* (twin) thin string; a twisted thread डोरी; सुतली ڈوری؛ سُتلی

Twinge : *n.* (twinj) sudden sharp pain हूक; चुभन; टीस چبھن؛ ٹیس؛ ہوک

Twinge : *v.* to pitch; to tweak; to torment चुटकी भरना; मरोड़ना; मोड़ना چٹکی بھرنا؛ مروڑنا؛ موڑنا

Twinkle : *n.* (twin-kel) sparkling; shine; intermitting light चमचमाहट; झलक; झिलमिल چمک؛ جھلمل؛ جھلک

Twinkle : *v.* to open and shut the eyes; shine with dim unsteady light; scintillate आँख झपकना; टिमटिमाना; जगमगाना; झिलमिल क. آنکھ جھپکنا؛ ٹمٹمانا؛ جگمگانا؛ جھلمل کرنا

Twinkling : *n.* closing and opening of the eyes पलक झपकना پلک جھپکنا

Twirl : *v.* (twe-rl) to rotate; to turn round quick; to rotate quickly तेज़ी से घूमना; चक्कर खाना; घूमना تیزی سے گھومنا؛ چکر کھانا؛ گھومنا

Twirl : *n.* twirling motion; rapid twist तेज़ चक्कर; तेज़ी से मरोड़ना تیز چکر؛ تیزی سے مروڑنا

Twist : *v.* (twist) to wind around another; to pervert; to insinuate; to twine बटना; मिला कर बल देना; मरोड़ना بٹنا؛ ملا کر بل دینا؛ مروڑنا؛ الجھانا

Twist : *n.* twisting; twisted place; a contortion बटना; बल; पेच; मरोड़ بٹنا؛ بل دینا؛ پیچ؛ بل؛ مروڑ

Twitch : *n.* (twitch) a quick pull; a sudden vellication; sudden uncontrollable movement; a sudden quick pull झटका; मरोड़; खिंचाव; भडकना جھٹکا؛ مروڑ؛ کھنچاؤ؛ بھڑکنا

Twitch : *v.* to snatch; to pluck forcibly; to jerk झटका देना; झटका मारना جھٹکا دینا؛ جھٹکا مارنا؛ بھڑکنا

Twitter : *v.* (twit-er) to chirp; to speak with a shrill feeble voice चहचहाना; चीं-चीं क. چہچہانا؛ چیں چیں کرنا

Twitter : *n.* chirping चहचहाहट; चहचहा چہچہاہٹ؛ چہچہا

Two : *n&adj.* (too) number comes after one & before three; one plus one दो نمبر جو ایک کے بعد اور تین سے پہلے آتا ہے؛ دو

Twofold : *adj.* twice as much दोगुणा دوگنا؛ دُگنا

Tyke : *n.* (tik) a dog; a cur कुत्ता کتا؛ سگ

Tymbal : *n.* (tim-bal) a kind of ketledrum नक्कारा; डंका نقارہ؛ ڈنکا

Tympanize : *v.* (tim-pan-eiz) to stretch as the skin over the body of drum ढोल पर चमड़ा चढ़ाना ڈھول پر چمڑا چڑھانا

Tympanum : *n.* (tim-pe-nam) a drum; part of the ear ढोल; कान का पर्दा ڈھول؛ کان کا پردا

Type : *n.* (teip) a kind; specimen; printing letter stamp; letters cast in lead एक प्रकार; नमूना; निशान ; चिन्ह; छापने के अक्षर; टाईप قسم؛ نوع؛ نمونہ؛ مثال؛ چھاپنے کا حرف؛ ٹائپ

Typwriter : *n.* (teip-ri-ter) machine with a keyboard on which presses one's fingers to write out टाईप राईटर; टंकन मशीन نقل نگار؛ ٹائپ رائٹر

Typewritten : *adj.* (-rit-en) written with a type writer टंकन किया हुआ ٹائپ کیا ہوا

Typhoid : *n.* (ti-foid) disease affecting the intestine टाईफाईड; बारी का ज्वर ٹائیفائڈ؛ میعادی بخار

Typhoon : *n.* (ti-foon) a violent wind storm तूफान طوفان؛ سخت طوفان

Typhus : *n.* (ti-fus) a nervous fever; contagious fever causing red spots on the body and great weakness एक प्रकार का ज्वार जिस में शरीर पर लाल धब्बे पड़ जाते है ایک قسم کا بخار؛ ٹائفس؛ پھول جانا

Typical : *adj.* (tip-i-kel) emblematical; characteristic प्रतिकी; ठेठ; विशिष्ट علامت دار؛ امتیازی؛ مخصوص

Typify : *v.* (tip-i-fi) be symbolic of; represent the type का चिन्ह होना; नमूना होना; मिसाल होना; का रुप होना علامت ہونا؛ کا نشان ہونا؛ کا نمونہ ہونا؛ مثال ہونا

Typist : *n.* (tip-ist) one who types in order to earn a living टंकन करने वाला; टंकक ٹائپسٹ؛ نقل نگار؛ نقل نگار پر کام کرنے والا

Typography : *n.* (ti-pog-re-fi) art of printing; kind of type used अक्षर का छापा; टंकन का अन्दाज़; मुद्रण-कला فن طباعت؛ ٹائپ کا انداز

Tyrannize : *v.* (ti-re-niz) to act the tyrant; to exercise tyranny अत्याचार क.; जुल्म क. ستم کرنا؛ ظلم ڈھانا؛ جابرانہ حکومت کرنا؛ تشدد کرنا

Tyranous : *adj.* (ti-re-nus) of or like a tyrant प्रजापीड़क; निरंकुश جابرانہ؛ ظالمانہ؛ پرتشدد

Tyranny : *n*. (ti-re-ni) cruel and unjust use of power; cruel goverment; sovereignity तानशाही; नादिरशाही; अत्याचार; जुल्म ظلم؛ استبداد؛ جور و جفا؛ جور و استبداد؛ جابرانہ حکومت

Tyrant : *n*. (ti-rent) oppressive dictator or sovereign; oppressive master अत्याचारी राजा جابر فرمانروا؛ ظالم آمر؛ ظالم حاکم

Tyre/Tire : *n*. (ti-er) band of rubber round the rim fo a wheel टायर ٹائر

Tyrian Purple : *n*. jet purple गहरा बैंगनी کالا بیگنی رنگ؛ گہرا جامنی

Tyro/Tiro : *n*. (ti-roh) novice; a beginner नौसिखया; अनाड़ी; कच्चा نو آموز؛ اناڑی؛ مبتدی

Tzar : *n*. (zhar) the Emperor of Russia रुस का बादशाह ज़ार روس کا بادشاہ زار

Tzarina : *n*. (za-ri-nah) the Empress of Russia रुस की महारानी ज़रीना روس کی مہارانی زرینہ

U

U : *n.* (yew) twenty first letter of English alphabet यू; अंग्रजी वर्ण माला का इकीस्वाँ अक्षर انگریزی حروف تہجی کا اکیسواں حرف؛ یو

Uberous : *adj.* (yew-beres) fruit ful; copuous; abundant फलदार پھلدار؛ زرخیز

Ubiquitous : *adj.* (yew-bik-wi-tus) prerent every where; omnipresent सर्वव्यापी; हर जगह मौजूद ہر جگہ موجود؛ ہر جگہ حاضر

Udder : *n.* (ud-er) the dugs of a cow; milk bags of a cattle थन تھن؛ گائے کے تھن

Ugly : *adj.* (ug-li) deformed; unpleasing to sight; offensive to the sight बदसूरत; कुरुप بدصورت

Ugly Customer : *ph.* dangerous person दुष्ट पुरष خطرناک شخص

Ulcer : *n.* (ul-ser) festering sore; a dangerous running sore नासूर ناسور

Ulcerate : *v.* to become an ulcer; to turn ulcerous नासूर पड़ जाना ناسور پڑ جانا

Ulna : *n.* (ul-ne) inner bone of the forė arm हाथ की भीतरी हड्डी ہاتھ کی اندرونی ہڈی؛ زندِ اسفل

Ulterior : *adj.* (ul-tee-ri-er) lying beyond; later; on the farther side; situated beyond; undisclosed परला; बाहरी; गुप्त پرلا؛ پَرے کا؛ بعد کا؛ باہری؛ خفیہ؛ پوشیدہ

Ulterior Motives : *n.* (rd) secret causes गुप्त उद्देश्य در پردہ مقاصد

Ultimate : *adj.* (ul-ti-mit) the very last; final; ending अन्तिम; अन्त का آخری؛ پچھلا

Ultimately : *adv.* finally अन्त में بالآخر؛ انجام کار

Ultimatum : *n.* (ul-ti-may-tum) the final resolution; the final offer or demand अन्तिम प्रस्ताव آخری بات؛ الٹی میٹم؛ آخری شرط

Ultimo : *n.* (ul-timoh) the last month preceeding the present गत वर्ष ماہِ گذشتہ

Ultra : *adj.* (ul-tre) extreme; extravagant; too much अत्यन्त; असीम بے حد؛ حد سے زیادہ

Ultra-Rapid : *adj.* very fast; swift; quick movement; very quick अति-तीव्र بہت تیز؛ انتہائی تیز؛ سریع الحرکت

Ultra Vires : *adj.* beyond authority; hence unlawful अधिकार से बाहर اختیار سے باہر؛ غیر آئینی

Ultramundane : *adj.* (ul-tre-mandein) being beyond the world विश्व से बाहर غیر دنیوی

Umber : *n.* (amber) a yellow colour; a kind of fish; a kind of fowl पीला रंग; एक प्रकार की मछली; एक प्रकार की चिड़या پیلا رنگ؛ ایک قسم کی مچھلی؛ ایک طرح کی چڑیا

Umbo : *n.* (om-bo) the point or boss of a buckler डाल का फूल ڈال کا پھول

Umbrage : *n.* (um-brij) shadow; resentment; offence साया; नाराज़गी سایہ؛ پرچھائی؛ ناراضگی؛ خفگی

Umbrella : *n.* (um-brel-e) parachute like shelter from the sun or rain छाता; छतरी چھتری؛ چھاتا

Umpire : *n.* (um-pi-er) a person act

as judge in game or dispute सरपंच; पंच ثالث؛ امپائر؛ فیصلہ کرنے والا

Umpteenth : *adj*. (ump-teenth) after several; after nlumberous कईबार; के पश्चात का کئی بار؛ کے بعد کا

Un : *pref*. (un) (used before adj or adv) not नि; नहीं; रहित نہیں؛ غیر؛ کے بغیر

Unabashed : *adj*. (un-e-bashd) without a feeling of shame जिस को लज्जा ना हो بے حجاب؛ بے شرم

Unabated : *adj*. (un-abated) in full strength बल पूर्वक; पूरे बल से پورے زور سے؛ اسی زور سے

Unable : *adj*. (un-ayb-el) not able असमर्थ; अयोग्य; के अयोग्य; के योग्य ना होना کے ناقابل؛ قابل نہ ہونا

Unabridged : *adj*. (un-ab-rijed) not abridged; complete सम्पूर्ण; पूरा مکمل؛ بلا اختصار

Unacceptable : *adj*. (un-ak-sep-ta-bel) not acceptable; unpleasing अस्वीकार نامنظور

Unaccompanied : *adj*. (un-akuam-pa-need) alone अकेला اکیلا

Unaccomplished : *adj*. (un-akum-p-lished) imcomplete; not refined (in manner) अधूरा; अकुशल; गंवार نامکمل؛ ادھورا؛ ناشائستہ؛ گنوار

Unaccountable : *adj*. (un-aka-un-tabl) not explicable; not to be accounted for अनउत्तर; बिना कारण के جس کی وجہ سمجھ میں نہ آئے؛ بلا دلیل؛ بلا جواب

Unaccredited : *adj*. (un-akra-dited) not received; not authorized अमान्यता; नामानना; अविश्वासनय نہ ماننا؛ غیر مصدقہ؛ غیر مسلمہ

Unaccustomed : *adj*. (un-akus-tomed) new; not usual; strange; not accustomed नया; आसाधारण; उद्भूत غیر مانوس؛ نیا؛ اجنبی؛ جو عادی نہ ہو

Unacknowledged : *adj*. not acknowledged; not noticed जिस की पावती न दी जाए جس کی رسید نہ دی جائے؛ جیسے دیکھا نہ گیا ہو

Unacquainted : *adj*. not known अपरिचित; अनजान ناواقف؛ انجان

Unadopted : *adj*. not adopted अनंगीकृत جو اختیار نہ کیا گیا ہو؛ جو اختیار نہ کیا ہو

Unadvised : *adj*. not wisely done अविचारित; जल्दबाज़ نامناسب؛ غیر دانشمندانہ

Unaffected : *adj*. without affected; without affection अप्रभावित; अछूता غیر متاثرہ؛ بے اثر

Unalloyed : *adj*. unmixed; pure शुद्ध; बेमेल بے میل؛ خالص؛ اصلی

Unanimity : *n*. (yew-ne-nim-i-ti) full accord; agreement in opinion एक मत; एक सम्मति; सभा में विचार या निश्चय क॰ کامل اتفاق؛ پورا اتفاق؛ متفق الرائے؛ اتفاق؛ موافقت

Unanimous : *adj*. (yew-nan-i-mous) with full accord एक मत; एक सम्मति متفقہ؛ بہ اتفاق رائے؛ یکدل؛ متفق الرائے

Unarm : *v*. (un-arm) deprive of arm शस्त्र छीन लेना اسلحہ چھین لینا

Unarmed : *adj*. without weapons; defenceless शस्त्र के बिना; बेबस اسلحہ کے بغیر؛ بے بس

Unashamed : *adj*. not ashamed बेशरम; लज्जा ना होना شرمندہ نہ ہونا؛ بے شرم

Unassisted : *adj*. without assistance अकेला; बिना सहायता بلا استعانت؛ بلا معاونت؛ اکیلا

Unassuming : *adj.* modest सीधा साधा سیدھا سادہ

Unattainable : *adj.* not to be gained or attained; being out of reach; not accesiable प्राप्ति के अयोग्य; पहुच से बाहर ناممکن الحصول؛ غیر ممکن الحصول؛ پہنچ سے باہر

Unauthorized : *adj.* not authorized; unlawful; without authority अधिकार रहित غیر قانونی؛ ناجائز؛ غیر منظور شدہ

Unavailable : *adj.* not available; useless जो प्राप्त न हो सके; व्यर्थ جو دستیاب نہ ہو سکے؛ بے فائدہ

Unavoidable : *adj.* not to be avoided; inevitable; which can not be avoided आवश्यक; जरुरी ناگزیر؛ لاعلاج؛ مجبوری

Unaware : *adj.* ignorant of; sudden से बेख़बर; अचानक سے بے خبر؛ اچانک؛ یکا یک

Unawares : *adv.* by surprise अचानक اچانک

Unbalance : *v.* unhinge mind पागल कर देना پاگل کر دینا؛ پاگل بنا دینا

Unbalanced : *adj.* not quite sane person or mind पागल सा پاگل سا

Unbar : *v.* to open खोलना کھولنا

Unbarred : *adj.* open खुला کھلا

Unbearable : *adj.* not bearable असह्य ناقابل برداشت

Unbecoming : *adj.* indecent; unsuitable; improper अनुचित; अयोग्य ناموزوں؛ نامناسب

Unbelievable : *adj.* incredible अविश्वासनीय ناقابلِ یقین؛ جس پر یقین نہ کیا جا سکے

Unbeliever : *n.* one who does not believe in god भागव पर विश्वास ना करने वाला کافر؛ بے دین؛ منکر

Unbelieving : *adj.* not believing; a wicked person विश्वास न करने वाला; दुष्ट بے دین؛ نامعتقد؛ منکر؛ کافر

Unbend : *v.* (un-bend) to make straight सीधा क. या होना سیدھا کرنا یا ہونا

Unbending : *adj.* unyeilding न झुकने वाला نہ جھکنے والا

Unbiased : *adj.* impartial निष्पक्ष; अपक्षपाती غیر متعصب

Unbind: : *v.* to set free; to make loose मुक्त क.; खोलना; ढीला क. رہا کرنا؛ کھولنا؛ ڈھیلا کرنا

Unblemished : *adj.* (un-blemishd) spotless; free from blemish पवित्र; निष्कलंक; साफ़ بے داغ؛ بے عیب؛ صاف

Unbolt : *v.* to open (a door) चटखनी खोलना; (द्वार) چٹخنی کھولنا؛ (دروازہ) کھولنا

Unbosom : *v.* (un-bo-sum) to reveal in confidence भेद प्रकट क. راز فاش کرنا

Unbounded : *adj.* unlimited; unrestrained असीम; अत्यन्त بے حد؛ غیر محدود؛ بے پایاں

Unbridled : *adj.* uncontrolled; without bridle स्वतंत्र; बिना किसी रुकावट के; बेलगाम قابو میں نہ آنے والا؛ بے لگام؛ بے ضبط؛ آزاد

Unbroken : *adj.* not broken; uninterrupted निरन्तर; अखण्ड; अटूट ثابت؛ صحیح سالم؛ لگاتار

Unbuckle/Unbutton : *adj.* unfasten the buckle or button बकल या बटन खोलना بکل یا بٹن کھولنا

Uncalled For : *adj.* (un-kawl-ed-for)

unnecessary; inadvisable अनावश्यक; अनुचित غیر ضروری؛ نامناسب؛ ناموزوں

Uncanny : *adj*. (un-kami) mysterious भयानक; रहस्मय پر اسرار؛ بھیانک

Unceasing : *adj*. continual; regular निरंतर; लगतार لگاتار؛ مسلسل؛ مدامی

Unceremonious : *adj*. without ceremony; discourteous अशिष्टाचारी; सादा بے تکلف؛ سادہ؛ اکھڑپن سے

Uncertain : *adj*. doubtful; not certain संशयी; डावांडोल غیر معین؛ غیر یقینی؛ مشکوک

Uncertainity : *n*. suspense अनिश्चय; अस्थिरता غیر یقینی حالت

Unchian : *adj*. unrestricted; independent मुक्त; आज़ाद آزاد؛ بے قید؛ پابندیوں سے آزاد

Uncharitable : *adj*. severe or even unfair in criticising; not kind and generous कंजूस; स्वार्थी نہ بخشنے والا؛ تنگدل؛ کنجوس؛ سخاوت نہ کرنے والا

Unchaste : *adj*. lewd; lustful; impure; immodest निर्लज्ज; अशुद्ध; अपवित्र بے عصمت؛ ناپاک؛ بے شرم

Uncivil : *adj*. rude; unpolite; unkind असभ्य; निर्दयी بہ تہذیب؛ اکھڑ؛ بدتمیز؛ بداخلاق؛ بے مروت

Uncivilized : *adj*. not civilized असभ्य غیر مہذب؛ بداخلاق

Unclad : *adj*. not clothed वस्त्र-हीन; बेलिबास ننگا؛ برہنہ؛ بے کپڑے؛ بے لباس

Unclaimed : *adj*. not claimed; not demanded लावारिस; बे दावा لاوارث؛ لادعویٰ

Unclasp : *v*. to open the clasp खोलना کھولنا

Uncle : *n*. (unk-el) brother of father or mother; a father's or mother's brother चाचा; मामा چچا؛ ماموں

Unclean : *adj*. not clean; wicked; lewd; evil (spirit) मैला; गन्दा; बुरा (भूत परीत) میلا؛ گندا؛ برا (بھوت پریت)

Unclose : *v*. to open; to set open; to disclose प्रकट क.;खोलना کھولنا؛ ظاہر کرنا

Unclothe : *v*. to strip (some one); naked वस्त्र उतार लेना کپڑے اتار لینا

Unclouded : *adj* . free from clouds; clear from obscurity; not darkened मेघ रहित; स्वच्छ بے ابر؛ صاف؛ نمایاں

Uncoil : *v*. unwind; be unwound खोलना; खुलना (ज़ख़्म आदि का) کھولنا؛ کھلنا (زخم وغیرہ کا)

Uncomfortable : *adj*. causing discomfort; not at ease कष्ट-दायक; बे आराम بے آرام؛ تکلیف دہ

Uncommon : *adj*. unusual; not common; not frequent; extra ordinary आसाधारण; विशेष غیر معمولی؛ خاص

Uncompromising : *adj*. not yielding; inflexible; stubborn न मानने वाला; हटीला; हटधर्मी نہ ماننے والا؛ اٹل؛ ضدی

Unconcerned : *adj*. not anxious easy; not concerned चिन्तारहित بے پرواہ؛ غافل؛ لاپرواہ؛ بے غرض

Unconditional : *adj*. absolute; not limited अप्रतिबन्ध; बिलाशर्त غیر مشروط؛ بے قید

Unconfirmed : *adj*. not fortified by resolution अस्वीकार غیر منظور شدہ

Uncomformable : *adj*. inconsistent बेमेल; असंगत; अननुकूल ناموافق؛ برخلاف؛ بے میل

Unconquerable : *adj.* not conquerable; not to be subdued जो विजय न हो सके جو جیتا نہ جاسکے؛ جو سر نہ ہو سکے

Unconscious : *adj.* sensless; not consious; unacquainted; unknowing बेहोश; अपरिचित بے ہوش؛ بے خبر؛ ناواقف؛ احساس سے عاری

Unconstitutional : *adj.* not according to the constitution असवैधानिक غیر آئینی

Unconverted : *adj.* not changed in opinion जिस ने राय परिवर्तित न की हो جس نے رائے نہ بدلی ہو

Uncorrupted : *adj.* not vitiated; not depraved सच्चा; धर्मवान نیک؛ سچا؛ ایماندار

Uncouple : *v.* (un-kopel) to seperate; to let loose पृथक क.; अलग क. الگ کرنا؛ جدا کرنا؛ منقسم کرنا

Uncouth : *adj.* uncultured; clumsy; unfamiliar; lacking in good manners, refinement or grace भद्दा; अनोखा; अदुभुत گنوار؛ بیڈول؛ عجیب وغریب؛ بھدا؛ انوکھا

Uncover : *v.* (un-kav-er) to remove the cover; to expose; to devest of a covering; to lay open ढकना खोलना; प्रकट क.; छल उतारना; विदित क. ڈھکن اٹھانا؛ فاش کرنا؛ کھولنا؛ ظاہر کرنا؛ چھت اتارنا

Uncritical : *adj.* not able to judge تنقید کی قابلیت نہ رکھنے والا؛ انصاف نہ کرنے والا

Unction : *n.* (unk-shen) soothing ointment; an onointing मरहम; लेप تسکین دینے والا؛ مرہم؛ لیپ

Unctuous : *adj.* (unk-tew-us) hypocritically; sweet in manners; fat; oily; clammy; greasy अच्छे स्वभाव वाला; चिकना; चरबी वाला نرمی والا برتاؤ میں؛ چکنا؛ چربی والا

Uncultivated : *adj.* not refined; not tilled; not cultivated गंवार; जिस पर खेती न की गई हो ناشائستہ؛ غیر مزروعہ

Undaunted : *adj.* not daunted; fearless; not depressed निडर; निर्भीक نڈر؛ دلیر؛ بہادر؛ بے خوف

Undecided : *adj.* not determined; not settled; not decided जिस का कोई फैसला न हुआ हो غیر فیصلہ شدہ؛ بے فیصلہ؛ جو طے نہ ہو سکے

Undefiled : *adj.* pure; not polluted; not viticted; not corrupted शुद्ध; अछूता; अद्वषित; बेदाग़ خالص؛ اصلی؛ بے داغ

Undefined : *adj.* not defined; unlimited; असीम; अस्पष्ट غیر محدود؛ جو واضح نہ ہو؛ غیر واضح

Undeniable : *adj.* incontrovertible जिस को अस्वीकार न किया जा सके ناقابلِ انکار؛ جسے ٹھکرایا نہ جاسکے؛ جس کو منع نہ کیا جاسکے

Under : *prep.* (und-er) below; subordinate; according to; subject to less than नीचे; तले; नीचा; के मातहत; से कम نیچے؛ تلے؛ کا ماتحت؛ کے تابع؛ کے مطابق؛ سے کم

Under : *adj.* inferior; suject; subordinate कम तर; नीचे; मातहत کم تر؛ نیچے؛ ماتحت؛ تابع

Under : *adv.* beneath; below; in lower place तले; नीचे की तरफ़ تلے؛ نیچے کی طرف

Under Discussion : *ph.* being discussed विचारधीन; जिस पर विचार विमर्श किया जाय زیر بحث؛ جس پر بحث ہو

Under Orders of : *ph.* having

ordered (by someone) के आदेश पर کے حکم پر

Under Protest : *ph.* after recording protest विरोध सहित احتجاج سمیت

Under Repair : *ph.* being repaired जिस की मरम्मत हो रही हो جس کی مرمت ہو رہی ہو

Undercurrent : *n.* (un-der-ka-rent) a current below the surface of water अन्तर्धारा پانی کی دھار جو سطح سے نیچے بہتی ہو

Undercut : *v.* to cut from below काटना نیچے سے کاٹنا؛ کاٹنا

Underdog : *n.* poor and helpless person गरीब पुरुष غریب؛ بیچارہ

·**Underestimate** : *v.* to set too low a value on; to estimate below the truth; be little कम महत्त्व देना; कम समझना; कम आँकना حقیر جاننا؛ کم سمجھنا؛ کے متعلق بالکل غلط اندازہ لگانا؛ حقیر سمجھنا

Underfoot : *adv.* under the foot पैरों तले نیچے پیروں کے نیچے؛ پیروں تلے

Undergarment : *n.* underclothing अन्दर के कपड़े زیر جامہ؛ نیچے پہننے کے کپڑے

Undergo : *v.* to suffer hardship; to endure; to experience hardship सहना; कष्ट झेलना سختیاں سہنا؛ برداشت کرنا؛ تکلیفیں جھیلنا

Undergraduate : *n.* a member of a college who has not taken a degree पूर्वस्नातक بی۔اے کا طالب علم؛ جس کو ابھی بی۔اے کی ڈگری نہ ملی ہو

Underground : *n&adj.* a subterraneous place; beneath the surface of the ground; below the ground भूमि के भीतर का भाग; तहखाना; भूमि के नीचे زیر زمین جگہ؛ تہ خانہ؛ زیر زمین

Undergrowth : *n.* bushes growing under taller trees वृक्ष के नीचे उगी हुई झाड़ियाँ زیر درخت اگی ہوئی جھاڑیاں

Underhand : *adj.* secretly causing damage; dishonest; sly; cunning अन्दर ही अन्दर हानि पहुँचाने वाला; मक्कार; बेईमानी क. اندر ہی اندر نقصان پہنچانے والا؛ مکار؛ بے ایمانی کا

Underlay : *v.* to lay under; to support थामना; सहारा देना; सहायता क. تھامنا؛ سہارا دینا؛ مدد کرنا

Underlie : *v.* be at the bottom of (an affair) की तह में होना کی تہ میں ہونا

Underline : *v.* to draw line under (a word); stress (अक्षर के) नीचे रेखा खींच देना; पर बल देना خط کشیدہ؛ (الفاظ کے) نیچے لائن کھینچ دینا؛ پرزور دینا

Underling : *n.* an inferior agent; sorry fellow आधीनस्थ कर्मचारी; मातहत گماشتہ؛ کارندہ؛ ماتحت؛ ادنیٰ

Underlip : *n.* below lip निचला होंट نچلا ہونٹ

Undermentioned : *adj.* mentioned below; following निम्नलिखित مندرجہ ذیل؛ درجِ ذیل؛ ذیل کا

Undermine : *v.* to weaken secretly; to sap; to injure secretly; to ruin; to destroy अन्दर ही अन्दर जड़ काटना; सुरंग बनाना; नष्ट क.; ध्वसत क. اندر ہی اندر جڑیں کھوکھلی کرنا؛ سرنگ بنانا؛ برباد کرنا

Underneath : *adv.* below; beneath तले; नीचे کے نیچے؛ تلے؛ نیچے

Underpaid : *adj.* low paid काम से कम वेतन पाने वाला; कम کام سے کم تنخواہ پانے والا؛ ناکافی

Underrate : *v.* to rate or value too low; be little कम आंकना; कम दाम लगाना کم قیمت ٹھہرانا؛ کم اندازہ لگانا؛ کم دام لگانا

Undersell : *v.* under cut कम दाम लेना کم دام لینا؛ کم قیمت لینا

Undersigned : *n.* the person who signs हस्ताक्षर करने वाला دستخط کنندہ؛ دستخط کرنے والا؛ دستخط نگار

Undersigned : *adj.* a person who signs under a document अधोहस्ताक्षरी زیر دستخطی

Understand : *v.* (un-der-stand) to comprehand fully; to realize; to believe समझना; बूझना سمجھنا؛ مطلب سمجھنا؛ محسوس کرنا؛ خیال کرنا

Understandable : *adj.* that can be understood जो समझ में आ सके قابلِ فہم؛ جو سمجھ میں آسکے

Understanding : *n.* apprehansion; knowledge; intelligence; common-sense; agreement ज्ञान; समझ; समझौता ادراک؛ فہم؛ ذہانت؛ سوجھ بوجھ؛ مفاہمت؛ معاہدہ؛ سمجھوتہ

Understate : *v.* (under-stayt) tell less than the full truth सच्ची बात पूरी न बताना سچی بات پوری نہ کہنا یا بتانا

Undertake : *v.* (-tayk) to take upon oneself; to promise; to engage in; to begin अपने ऊपर लेना; वचन देना प्रतिज्ञा क.; प्रारम्भ क. اپنے سر لینا؛ کی ذمہ داری لینا؛ ذمہ لینا؛ اقرار کرنا؛ شروع کرنا

Undertaker : *n.* one whose business is to manage funeral क्रिया क्रम का प्रबन्ध करने वाला; प्रबन्धक تجہیز و تکفین کا انتظام کرنے والا؛ منتظم

Undertaking : *n.* responsibility by one; an enterprise business; task कार्य; काम ذمہ داری لینا؛ کام؛ تدبیر

Undervalue : *v.* to rate to low कम दाम लगाना; कम आंकना کم قیمت لگانا؛ کم دام لگانا؛ کم قدر سمجھنا

Underwear : *n.* underclothing; under garment नीचे पहने के कपडे; अन्दर के कपड़े زیر جامہ؛ نیچے پہننے کے کپڑے

Underwood : *n.* bushes growing in the shade of trees in a forest वृक्षों के नीचे उगने वाली झाड़ियाँ زیر درختی؛ پیڑوں کے نیچے اگنے والی جھاڑیاں

Underworld : *n.* lowest social class; hades land of the dead सबसे निम्नतर स्तर; अपराधी वर्ग; पाताल غنڈہ طبقہ؛ معاشرے کا سب سے نچلا طبقہ؛ پاتال

Underwrite : *v.* insure against possible loss हानी पूरा करने का समझौता نقصان پورا کرنے کا معاہدہ

Underwriter : *n.* one who insures against possible loss हानी पूरा करने का समझौता करने वाला نقصان پورا کرنے کا معاہدہ کرنے والا؛ انشورر

Undesirable : *adj.* unwanted; not to be wished अनुचित; नापसन्द; अनिष्ट ناپسندیدہ؛ نامناسب؛ ناگوار

Undetermined : *adj.* not settled; not decided; undecided; unsettled अस्थिर; अनिश्चय; बेक़रार غیر معین؛ غیر مقرر؛ بے قرار؛ غیر مستقل؛ بغیر فیصلہ

Undeviating : *adj.* unchanging परिवर्तित न होने वाला نہ بدلنے والا؛ تبدیل نہ ہونے والا

Undiscerning : *adj.* not understanding clearly कम समझ में आने वाला کم فہم؛ بے بصیرت

Undisciplined : *adj*. unruly; uninstructed; untaught असभ्य; अशिक्षित بدتمیز؛ غیر تربیت یافتہ؛ ناآزمودہ

Undiscovered : *adj*. that has not been discovered जिस की खोज न की गई हो غیر دریافت شدہ

Undisguised : *adj*. open; not disguised; artless; sincere स्पष्ट; साफ़ खुला کھلا؛ صریح؛ بنا مکر کے

Undisturbed : *adj*. not disturbed शांत; अनुत्तेजित پرسکون؛ خاموش

Undivided : *adj*. not divided अविभाजित غیر منقسم؛ غیر تقسیم شدہ

Undo : *v*. to ruin; to do away with the result; to take to pieres reverse what has been done नष्ट क.; रदद क. برباد کرنا؛ رد کرنا؛ خراب کرنا؛ اثر باطل کرنا

Undoing : *n*. the reversal of what has been done; ruin नाश بربادی؛ منسوخی

Undone : *adj*. ruined; destroyed; not done; not performed नाश क.; खराब क.; न करना برباد؛ بلاتعمیل ناتمام؛ نہ کرنا

Undoubtedly : *adj*. certainly बेशक निसन्देह بے شک؛ یقیناً

Undreamt of : *adj*. (un-dreemt) not even dreamt जिस का सपने में भी ख़याल न आया हो جس کا خواب تک میں خیال نہ آیا ہو

Undressed : *adj*. naked; in nightclothes नंगा; शबखुआबी के वस्त्र में برہنہ؛ عریاں؛ ننگا؛ شب خوابی کے لباس میں

Undressed : *v*. to take off the clothes वस्त्र उतारना کپڑے اتارنا

Undue : *adj*. not right; unlawful; not legal अनुचित; नाहक़ ناجائز؛ ناحق؛ غیر واجب

Undulate : *v*. (un-dew-layt) to move like a wave; to roll as waves लहराना; मौज मारना لہریا ہونا؛ لہرانا؛ موج مارنا

Undulating : *adj*. wavy लहरया لہریا

Unduly : *adv*. unlawfully; not according to duty; wrongfully; ecessively अवैधनिक; अनुचित ناجائز طور پر؛ ناواجب؛ نامناسب

Undutiful : *adj*. disobedient; perverse आज्ञा न मानने वाला سرکش؛ نافرمانبردار

Undying : *adj* . not dying; immortal; not destroyed; not perishing अमर; मृत्यु रहित; लाज़वाल لازوال؛ جاودانی؛ زندۂ جاوید؛ دائمی

Unearned : *adj*. not earned by effort बिना परिश्रम कमाया हुआ بے محنت کمایا ہوا

Unearth : *v*. to dig out; ot bring to light खोद कर निकालना; खोज कर लोगों के सामने लाना کھود کر نکالنا؛ جستجو سے معلوم کر کے لوگوں کے سامنے پیش کرنا

Uneasiness : *n*. trouble; perplexity; unstableness व्याकुलता; बेक़रारी; घबराहट بے قراری؛ اضطراب؛ بے چینی؛ گھبراہٹ

Uneasy : *adj*. feeling awkward; not very stable घबराया हुआ گھبرایا ہوا؛ پریشان

Uneconomic : *adj*. not profitable हानिकारक; अलाभकारी; घाटे का غیر منفعت بخش؛ نقصاندہ

Uneducated : *adj*. not well educated; illiterate अनपढ़; थोड़ा पढ़ा हुआ ان پڑھ؛ ناخواندہ؛ جاہل؛ ایسا ویسا پڑھا ہوا

Unembrrassed : *adj*. not perplexed; not confused स्थिर स्वभाव مستقل مزاج

Unemployed : *adj*. jobeless; not

employed बेकार; बेरोज़गार بے کار؛ بے روزگار

Unending : *adj*. not ending समाप्त न होने वाला ختم نہ ہونے والا

Unengaged : *adj*. not busy जो व्यस्त न हो; अप्रतिज्ञाबद्ध; ख़ाली غیرمصروف؛ جومصروف نہ ہو؛ خالی

Unenlightened : *adj*. not enlightened; backward; ignorant पिछड़ा हुआ; दक़ियनूसी; अज्ञानी تاریک خیال؛ دقیانوسی

Unenrolled : *adj*. not enrolled जिस का नाम पांजीकृत न हो जس کا نام رجسٹر نہ ہوا ہو

Unenterprising : *adj*. lacking enterising निरुत्साह; बेहोसला بے ہمت؛ بے حوصلہ؛ غیرمہم جو

Unentertaining : *adj*. not entertaining; uninteresting खुश्क خشک؛ بے لطف؛ بے مزہ؛ غیر دلچسپ

Unenthusiastic : *adj*. not enthusiastic बेजोश بے جوش

Unequal : *adj*. not equal; not even; partial विषमता; छोटा बड़ा; बराबर न होना غیر مساوی؛ نابرابر؛ غیر مساویانہ؛ چھوٹا بڑا

Unequivocal : *adj*. not equivocal; plain; clearly stated स्वछ; साफ़ بے شک و شبہ؛ صاف؛ واضح؛ غیرمبہم

Unerring : *adj*. accurate; certain; not mistaking दोष रहित; जिस में ग़लती न हो بے خطا؛ یقینی؛ جس میں غلطی نہ ہو

Unessential : *adj*. not essential; not necessary अनावशक; गेर जूरुी غیر اہم؛ غیرضروری

Uneven : *adj*. not level; not even; not equal विषम ناہموار؛ غیر مساوی

Uneventful : *adj*. with not important event in it शांत معمولی؛ غیرمتوقع؛ غیر ہنگامہ خیز

Unexampled : *adj*. without example उपमा रहित; जिस की कोई मिसाल न हो لاثانی؛ بے نظیر؛ بے مثال؛ جس کی کوئی مثال نہ ہو

Unexpected : *adj*. not expected; sudden अचानक; एकाएक ناگہاں؛ اچانک؛ غیرمتوقع

Unexpectedly : *adv*. all of a sudden; at a time not thought of अचानक; एकाएक; संयोग से ناگہانی؛ یکایک؛ اچانک؛ غیرمتوقع طور پر

Unexpedient : *adj*. not fit; inconvenient अनुचित; प्रतिकूल ناموافق؛ نامناسب

Unexpired : *adj*. still current जो समाप्त न हुआ हो جاری؛ جوختم نہ ہوا ہو

Unexposed : *adj*. not used; secret जो उपयोग न हुई हो; छुपा हुआ غیر مستعملہ؛ جو استعمال نہ ہوئی ہو؛ چھپا ہوا؛ غیر فاش

Unfailing : *adj*. constant; certain; not missing सिलसिलावार; बेख़ता; अचूक مسلسل؛ بے خطا

Unfair : *adj*. unjust; not fair; dishonest अन्यायी; अनुचित غیر منصفانہ؛ صحیح نہ ہونا؛ خلاف ایمان؛ بے ایمان

Unfaithful : *adj*. not faithful; dishonest; treacherous कपटी; अविश्वाशी بے وفا؛ بدعہد؛ بے عہد

Unfaltering : *adj*. not faltering पक्का; जो ख़तावार न हो پکا؛ جو خطاوار نہ ہو

Unfamiliar : *adj*. strange; not common; not acquainted अजनबी; अनजाना غیر مانوس؛ ناآشنا؛ غیر آشنا؛ اجنبی؛ انجانا

Unfashionable : *adj*. not fashionable जो रीति रिवाज के प्रति हो غیر مروّجہ؛ جو رواج کے خلاف ہو

Unfasten : *v.* to open; to loose; to undo a knot खोलना; ढीला क. کھولنا؛ ڈھیلا کرنا

Unfavourable : *adj.* adverse; not suitable अनुचित; नकारात्मक مخالفانہ؛ ناموزوں

Unfavourably : *adj.* adversely अनुचित کے خلاف؛ مخالفانہ

Unfit : *adj.* improper; not suitable; un qualified अयोग्य; अनुचित ناقابل؛ نامناسب؛ ناموزوں

Unflagging : *adj.* untiring अथक انتھک

Unfledged : *adj.* inexperienced; yet without feathers; immature अनाड़ी; बेपर; नौसिखया ناتجربہ کار؛ بے بال و پر؛ خامکار

Unflinching : *adj.* not shrinking पक्का; स्थिर; अटल پختہ؛ پکا؛ اٹل

Unfold : *v.* to spread open; to disclose; to expand; to display; to discover फैलाना; खोलना; प्रकट क.; दिखाना پھیلانا؛ کھولنا؛ ظاہر کرنا؛ دکھانا؛ انکشاف کرنا

Unforgiving : *adj.* inexorable; implacable कठोर; संगदिल سنگ دل؛ بے رحم

Unformed : *adj.* not yet formed; not developed; shapeless; untrained कच्चा; अधूरा; अनगढ़ा; अविकसित; अप्रशिक्षित کچا؛ ادھورا؛ بے شکل؛ غیر تربیت یافتہ

Unfortunate : *adj.* unprosperous; unlucky; regrettable; ill-fated अभागा; हतभाग्य; कमनसीब بدقسمت؛ بدنصیب؛ کم بخت

Unfortunately : *adv.* unluckily; regrettably दुर्भाग्यवश بدقسمتی سے؛ افسوس ہے کہ

Unfounded : *adj.* baseless; without foundation; void of foundation निराधार; विना कारण بے بنیاد؛ بے وجہ

Unfrequented : *adj.* rarely visited; not frequented; rarely entered; seldom visited सुंसान; जहाँ आवा जाही कम हो بے آمد وشد؛ سونا؛ سنسان؛ جہاں آمد و رفت کم ہو؛ الگ تھلگ

Unfriendliness : *n.* hostility; enmity unkindness शत्रूता; दुशमनी دشمنی؛ عداوت؛ مخالفت

Unfriendly : *adj.* not kind; not benevolent; hostile दयाहीन स्वभाव वाला; निर्दयी نامہربان؛ مخالفانہ؛ معاندانہ

Unfruitful : *adj.* not fruitful; barren; waste फलरहित; बंजर; ऊषर; व्यर्थ بنجر؛ بے پھل؛ بے فائدہ؛ بے کار

Unfurl : *v.* to spread out; to expand; to unfold खोलना; लहराना; फैलाना; लगाना کھولنا؛ لہرانا؛ پھیلانا؛ لگانا

Unfurnished : *adj.* without furniture असज्जित; विना सामान के بے ساز و سامان؛ بغیر فرنیچر کے

Ungainly : *adj.* clumsy भददा; अनाड़ी بھدا؛ اناڑی

Ungarbled . *adj.* fair; not false; correct सच्चा; सही صحیح؛ کھرا؛ سچا

Ungaro : *n.* (unga-roo) a gold coin issued in 15th Century by Hungary हंगरी का सोने का सिक्का سونے کا سکہ (جو پندرہویں صدی میں ہنگری نے جاری کیا تھا)

Ungenerous : *adj.* niggardly; mean; selfish तुच्छ; अनुदार; नीच; स्वार्थी کمینہ؛ خودغرض؛ تنگ دل

Ungentle : *adj.* harsh; rude; not gentle असभ्य; रुखा ناشائستہ؛ روکھا

Ungentlemanly : *adj.* not gentlemanly अभद्र ناشائستگی سے

Ungirt : *adj.* loosely dressed; losse;

free ढीला वेश पहने हुए; ढीला ڈھیلی ڈھالی پوشاک پہنے ہوئے؛ ڈھیلا

Ungodly : *adj*. irreligious; profane; unholy; not God fearing अधर्मी; पापी; शैतान پاپی؛ شیطان؛ ناپاک؛ جسے خدا کا خوف نہ ہو

Ungraceful : *adj*. not graceful; not beautiful; not pretty भद्दा; कुरुप؛ نامناسب بھدا؛ بدصورت

Ungracious : *adj*. wicked; not kindly; discourteous; unacceptable दुष्ट; रुखा; कठोर مکروہ؛ بے مہر؛ اکھڑ؛ بدتمیز؛ ناپسندیدہ

Ungrammatical : *adj*. against the rule of grammer व्याकरण विरुद्ध قواعدِ صرف ونحو کے خلاف

Ungrateful : *adj*. unthankful; not grateful; unpleasing अकृतज्ञ; नमक हराम ناشکر گزار؛ احسان فراموش؛ ناشکرا

Unguarded : *adj*. unprotected; incautious असुरक्षित; असावधान ؛ غیر محفوظ؛ بلاحفاظت؛ بغیر محافظوں کے

Unguent : *n*. (an-ggwent) an ointment; a liquid salve लेप; मरहम؛ لیپ؛ مرہم

Unhampered : *adj*. not hampered; not interrupted बेरोक; आबाधित؛ بلامزاحمت؛ بلا روک ٹوک

Unhappy : *adj*. not happy; not likely; unfortunate; miserable; दुखी; अभाग्य; कष्टदायक ناخوش؛ غمگین؛ بدقسمت؛ دکھی

Unhealthy : *adj*. not healthy; sickly; not healthful अस्वास्थय; बीमार; अस्वस्थ بیمار؛ غیر صحت بخش

Unheard : *adj*. not heard; strange अनसुना; अनूठा ؛ جو سنا نہ ہو؛ ان سنا؛ انوکھا؛ ناشنیدہ؛ نرالا؛ غیر مسموع

Unheeded : *adj*. not heeded; not noticed; disregarded अनदेखा; उपेक्षित جس کی پروانہ کی گئی ہو؛ اندیکھا؛ توجہ سے محروم؛ پروانہ کرنا

Unheeding : *adj*. inattentive असावधान; लापरवाह ؛ بے پروا؛ لاپرواہ؛ بے خبر؛ بے دھیان

Unhelpful : *adj*. not helpful; not supported असहायक; बेकार ؛ مدد نہ کرنے والا؛ جس سے مدد نہ ملے؛ غیر کارآمد؛ بے کار

Unheroic : *adj*. not heroic बुज़दिल غیر مردانہ وار؛ غیر الوالعزم

Unhesitating : *adj*. not hesitating; bold बेधड़क مستعد؛ بے ہچکچاہٹ

Unhinge : *v*. (un-hinje) to throw from the hinges; to make unbalanced; to drive mad चूल उठाना; घबरा देना; विक्षिप्त बना देना چول اٹھانا یا کھولنا؛ گھبرادینا؛ پاگل بنادینا

Unhinged : *adj*. unbalanced दिमाग खराब; घबरा देना دماغ خراب؛ گھبرادینا

Unhistoric : *adj*. merely legendary अनैतिहासिक; कल्पित محض افسانوی

Unholy : *adj*. a profane; impious; wicked अपवित्र; दुष्टता ناپاک؛ پلید؛ خبیثانہ

Unholly Alliance : *n*. wicked parties अपवित्र गठजोड़ خبیثوں کا گٹھ جوڑ؛ ناپاک گٹھ جوڑ

Unhonoured : *adj*. not honoured असम्मानित بے عزت؛ بدنام

Unhurt : *adj*. not hurt जिसे चोट न आई हो جسے چوٹ نہ آئی ہو؛ جسے نقصان نہ پہنچا ہو

Uni : *pref*. (yew-ni) one एक; इक ؛ یک؛ اکہرا؛ ایک

Unicameral : *adj*. single chambered एक सदनीय ایک ایوانی

Unicorn : *n*. (yew-ni-ko-rn) fabulous

horse animal with a single horn in the middle of the forehead एक सिंधी; एश्रृंगी जानवर یک قرن؛ ایک خیالی جانور؛ یونیکارن

Unidentified : *adj.* not identified जिस की पहचान न हो غیر شناخت شدہ؛ جس کی پہچان نہ ہو

Unification : *n.* (yew-ni-fi-kay-shen) act of unifying एकिकरण اتحاد

Uniform : *adj.* not changing in form; similar; uncliangíng एक रुप; एक सा ایک سا؛ یکساں

Uniform : *n.* the regimental; dress of soldier; school dress वर्दी; यूनिफार्म یونیفارم؛ وردی

Uniformity : *n.* regularity; similitude समानरुपता باقاعدگی؛ یک رنگی؛ موافقت

Unify : *v.* (yew-ni-fi) to unite; to regulate एकीकरण क. متحد کرنا؛ یکساں کرنا

Unilateral : *adj.* (-late-rel) one party; with binding one side एक पक्षीय یک طرفہ

Unimaginable : *adj.* not imaginable; unthinkable अकल्पनीय جس کا تصور نہ کیا جاسکے؛ جو ذہن میں نہ آسکے

Unimpeded : *adj.* unhampered बिना रोक بے روک؛ بلا مزاحمت

Unimportant : *adj.* not important; trifling आनावश्यक غیر ضروری؛ ادنیٰ

Uninfluenced : *adj.* not influenced प्रभावितन करने वाला غیر متاثر؛ متاثر نہ کرنے والا

Uninformed : *adj.* not informed बेख़बर; जानकारी न होना; अवगत न होना بے خبر؛ غیر مطلع؛ ناواقف؛ بے علم

Unintelligible : *adj.* not intelligible; not to be understood जो समझ में न आए ناقابلِ فہم؛ بعید الفہم

Unintentional : *adj.* not intentional; not designed; not intended अभिप्राय के बिना غیر ارادی؛ غیر ارادہ؛ بلاارادہ

Uninterested : *adj.* not interested; not having interest बे तालुक़; जिस का कोई सम्बन्ध न हो بے تعلق؛ بے غرض

Uninteresting : *adj.* not interesting अनाकृष्ट; उदासीन غیر دلچسپ؛ بے لطف

Uninterrupted : *adj.* not interrupted लगातार; बिना रुकावट के بغیر رکاوٹ کے؛ مسلسل؛ لگاتار

Uninvited : *adj.* not invited (guest) बिना बुलाया (अतिथी) بن بلایا(مہمان)؛ ناخواندہ

Union : *n.* (yew-ni-en) act of joining; combination of workmen; confederation; being alike; concord एकता; यूनियन; संगठन وحدت؛ اتحاد؛ اتفاق؛ یونین؛ مزدور جماعت؛ یگانگت

Union Jack : *n.* flag of the united kingdom यूनियन जैक یونین جیک؛ برطانوی پرچم

Unique : *adj.* unparalled; without an equal बेमिसाल; उपमा रहित بے مثال؛ فقید المثال؛ یکتا؛ لاثانی

Uniqueness : *n.* being unique बेमिसाल होना منفرد؛ بے مثل ہونا

Unison : *n.* (yew-ni-sen) concord; a string of the same sound; union समध्वनि; एक स्वर; एकता ہم آہنگی؛ ہم آوازی؛ اتفاق

Unit : *n.* (yew-nit) single entity; one the number of the root; any standard of measurement एकाकी; यूनिट وحدت؛ واحد؛ اکائی؛ یونٹ؛ ایک

Unitarian : *n.* (yew-ni-tay-ri-en) one

of a sect allowing divinity to god the father alone; a member of the Church एकैश्वरवादी; एकव्यक्ति वादी; चर्च का सदस्य منکر؛ تثلیث؛ چرچ کا ممبر

Unite : *v.* to join; to be joined to gether एक होजाना; मिलाना; संधि क.; एक कर देना ایک ہوجانا؛ متحد ہوجانا؛ ملانا؛ شامل کرنا؛ ایک کردینا

United : *adj.* consolidated संगठित; संयुक्त متحد

Unity : *n.* (yew-ni-ti) being united; concord; agreement; oneness संगठन; एकता; एका وحدت؛ اتحاد؛ موافقت

Univalve : *adj.* having one value only एक तह या परत वाला ایک تہہ یا پرت والا

Universal : *adj.* general; total; all; of or pertaining to all सम्पूर्ण; सर्वसार्विक عالمگیر؛ کل؛ جملہ؛ ہمہ گیر؛ بلا استثنا

Universally : *adv.* every where; by all; always हर जगह; सब का; सदा ہر جگہ؛ سب کا؛ سدا؛ ہمیشہ

Universe : *n.* (yew-ni-ve-rs) the whole creation; the general system of things संसार; विश्व کائنات؛ کون ومکاں؛ جہاں

University : *n.* (yew-ni-ver-si-ti) highest seat of learning विश्वविद्यालय; महाविद्यालय یونیورسٹی؛ دانشگاہ؛ جامعہ؛ دارالعلوم

Unjust : *adj.* unfair; not fair अन्यायी; बेइंसाफ़ بے انصاف؛ غیر منصفانہ

Unjustifiable : *adj.* not justifiable बेजा; अनुचित جس کا کوئی جواز نہ ہو؛ ناجائز؛ نامناسب

Unkempt : *adj.* uncombed; not combed बिख़रे बालों वाला; बिना कंधा किये हुए; परेशान بکھرے بالوں والا؛ بنا کنگھا کیے ہوئے؛ پریشان

Unkind : *adj.* harsh; inconsiderate निर्दय; कठोर; बेदर्द نامہربان؛ سخت؛ ظالم؛ بے رحم؛ بے درد

Unknowingly : *adv.* without knowing अनजाने में; बे देखे भाले غیر دانستہ؛ انجانے میں؛ بے دیکھے بھالے

Unknown : *adj.* not known अज्ञात; आपरिचित نامعلوم؛ معلوم نہ ہونا

Unladylike : *adj.* not as expected of a lady सुशील स्त्री की शान के विरुद्ध اچھی خواتین کی شان کے منافی

Unlawful : *adj.* illegal; not permissible; unjust; illegitimate अवैध; कानून के विरुद्ध; अनुचित غیر قانونی؛ خلافِ قانون؛ خلافِ شرع؛ ناجائز؛ ناروا

Unlearn : *v.* forget what one has learnt भुलाना بھلانا؛ بھول جانا؛ یاد نہ رہنا

Unless : *conj.* except; if not; except when सिवाय; किन्तु; तो; वरना سوائے؛ اگر نہ؛ ورنہ؛ تا آنکہ؛ مگر

Unlettered : *adj.* unlearned; illiterate; ignorant शिक्षाहीन; निरक्षर; अशिक्षित ان پڑھ؛ جاہل؛ ناخواندہ

Unlicenced : *adj.* (un-li-send) not licenced बिना लाइसेंस के; बिना अनुमति بنا لائسنس کے؛ بلا اجازت؛ لائسنس کے بغیر

Unlike : *adj.* different; dissimilar; of another kind भिन्न; विपरीत مختلف؛ الگ؛ الگ یا دوسرے قسم کی

Unlikely : *adj.* improbable असंभावित; असभावनीय خلافِ قیاس؛ بعید از قیاس

Unlimited : *adj.* not limited; too much असीम; बहुत ज़्यादा لامحدود؛ بے انتہا؛ بہت ہی زیادہ

Unload : *v.* to disburden; to remove the load from बोझ उतारना مال اتارنا؛ بوجھ اتارنا

Unlooked For : *adj.* (un-lukd-for) unexpected अप्रत्याशित غیر متوقع؛ نامتوقع

Unlucky : *adj.* unfortunate अभाग्य; अभाग्यहीन بدقسمت؛ بدقسمتی سے؛ بدنصیب

Unmake : *n.* undo; to destroy; to ruin बिगाड़ देना; नष्ट क.. तबाह क.. بگاڑ دینا؛ برباد کرنا؛ تباہ کرنا

Unman : *v.* to discourage; to unnerve; to castrate हतोत्साह क..; दुर्बल क..; नपुंसक बनाना ہمت توڑنا؛ اوسان خطا کردینا؛ نامرد بنا دینا؛ چھکے چھڑا دینا

Unmanageable : *adj.* not easy to manage; difficult to manage; uncontrollable; not easy to manipulate कठिनाई; अनियंत्रणीय مشکل؛ جو قابو میں نہ آسکے؛ جو کنٹرول سے باہر ہو

Unmanly : *adj.* without courage; effeminate; unsuitable to a man बे हिम्मत; मनुष्यता के विरुद्ध; नामर्द بے ہمت؛ غیر؛ مردانہ وار؛ زنانہ؛ بودا؛ بزدلانہ

Unmannerly : *adj.* ill-mannered असभ्य; अशिष्ट; बदतमीज़ بدتمیز؛ بدتہذیب

Unmarked : *adj.* not stained; not noticed; not corrected; not marked बेदाग़; अनदेखा; असंशोधित بے داغ؛ بے توجہ؛ ان دیکھا؛ غیر تصحیح شدہ

Unmarketable : *adj.* not marketable अविक्रेय ناقابلِ فروخت

Unmarried : *adj.* not married; single; bachelor अविवाहित; कुवाँरा غیر شادی شدہ؛ کنوارا؛ مجرّد

Unmask : *v.* to take the mask off; to reveal; to show up भण्डा फोड़ना; नक़ाब उतारना; पोल खोल देना بے نقاب کرنا؛ قلعی کھولنا؛ پول کھول دینا؛ ظاہر کرنا

Unmatched : *adj.* peerless; natchless; having no equal अनुपम; अद्वितीय بے نظیر؛ لاثانی؛ بدل نہ ہونا

Unmeet : *adj.* not suitable अनुचित ناموزوں؛ نامناسب

Unmentionable : *adj.* too bad to be mentioned; obscene अकथ्य; अशलील ناگفتہ بہ؛ کہنے کے لائق نہ ہونا

Unmerciful : *adj.* cruel; not kind निर्दय; बेदर्द ظالم؛ نامہربان

Unmerited: *adj.* undeserved अनर्जित بے جا؛ بلاوجہ

Unmethodical : *adj.* without proper method यूँही یونہی؛ بے قاعدہ؛ بے اصول

Unmistakable : *adj.* clear; definite सुस्पष्ट; यक़ीनी واضح؛ یقینی؛ قطعی

Unmixed : *adj.* original; unapromicuous; unadulterated अमिश्रित; शुद्ध; पूर्ण اصلی؛ غیر مخلوط؛ خالص

Unmodified : *adj.* without modification बिना परिवर्तन के; बिना हेर-फेर के; इसी तरह بلاترمیم کے؛ اس طرح؛ اصلی حالت میں

Unmoor : *v.* to heave up an anchor लंगर उठाना لنگر اٹھانا

Unmoral : *adj.* amoral अनैतिक غیر اخلاقی

Unmourned : *adj.* whom none mourns जिस की मृत्यु पर कोई शोक न करे جس کے مرنے پر کوئی ماتم نہ کرے

Unmoved : *adj.* not moved; not affected by emotion; not affected अटल स्वभाव; स्थिर; शांत स्वभाव; अप्रभावित غیر متحرک؛ غیر موثر؛ جس پر جذبات کا اثر نہ ہو

Unmusical : *adj*. not musical बेसुरा بے سرا؛ بے آہنگ

Unnatural : *adj*. artificial; contarary to nature; unusual; abnormal प्रकृत विरुद्ध; अस्वभाविक; असाधारण غیر فطری؛ غیر طبعی؛ خلافِ فطرت

Unnecessary : *adj*. needless; useless; trifling; not necessary अनावश्यक; व्यर्थ غیر ضروری؛ فضول؛ جس کی ضرورت نہ ہو؛ بیکار

Unnerve : *v*. cause to loss self control घबरा देना اوسان خطا کر دینا

Unnumbered : *adj*. innumberable; not numbered असंख्य; बेशुमार ان گنت؛ لامحدود؛ بے شمار؛ لا تعداد

Unobjectionable : *adj*. not objectionable अनापत्तिजनक ناقابلِ اعتراض

Unobstructed : *adj*. clear; clean अबाधित; बेरोक صاف؛ بلا روک ٹوک؛ بلا روکاوٹ

Unobtainable : *adj*. not obtainable; unaccessible अप्राप्य; जो मिल न सके جو مل نہ سکے؛ ناپید؛ نایاب؛ ناممکن الحصول

Unobtrusive : *adj*. not obtrusive; modest विनीत; लज्जावान حلیم؛ شرگیں؛ باادب

Unoccupied : *adj*. not occupied; empty; not inhabited; unpossessed ख़ाली; गैर अबाद; बेकार خالی؛ غیر؛ آباد؛ نامشغول

Unoffending : *adj*. hurtless; not offending बेज़र; निर्दोष بے ضرر؛ بے گناہ

Unofficial : *adj*. not official गैर सरकारी غیر سرکاری

Unopened : *adj*. not opened; closed बन्द; बिना खुला हुआ بند؛ بغیر کھلا ہوا؛ بنا کھولے ہوئے

Unopposed : *adj*. not opposed; favourable निविरोध موافق؛ بلامخالفت

Unpack : *v*. to open things packed up; to cut the seal खोलना; सामान निकालना کھولنا؛ سیل کھولنا؛ سامان نکالنا

Unpaid : *adj*. not paid; not receiving wages अभुक्त; जो भुगतान न किया गया हो واجب الادا؛ جو ادا نہ کیا گیا ہو

Unpalatable : *adj*. unpleasant; tasteless अप्रिय; अस्वादिष्ट ناپسندیدہ؛ ناگوار؛ بدذائقہ؛ بدمزہ

Unparalleled : *adj*. matchless; having no equal; unprecedented अद्वितीय; बेमिसाल; उपमा रहित یکتا؛ لاثانی؛ بے نظیر؛ بے مثل

Unpardonable : *adj*. not to be for given; not pardonable क्षमा के अयोग्य ناقابلِ معافی

Unparliamentary : *adj*. contrary to parliamentary usage असंसदीय غیر پارلیمانی؛ ناشائستہ

Unparliamentary Language : *n*.abusive language गाली; अपशब्द; दुर्वचन گالی گلوج؛ گندی زبان؛ ناشائستہ زبان

Unpassable : *adj*. admitting no passage अपारणीय دشوار گزار؛ جس سے گزرا نہ جا سکے

Unpatriotic : *adj*. not patriotic देश विरोधी حب الوطنی سے عاری؛ غدّار

Unpeopled : *adj*. unhabited; peopleless जनशून्य; उजाड़ना غیر آباد؛ اجڑا ہوا

Unperceived : *adj*. unnoticed; not observed; not perceived; not seen अदृष्ट; अनदेखा جو نظر نہ آئے؛ جو محسوس نہ ہو

Unpleasant : *adj*. not pleasant;

disagreeable; uneasy अप्रसन्न; अप्रिय; अरुचिकर ناپسندیدہ؛ ناخوشگوار

Unpoetical : *adj.* prosaic; not poetical अकाव्यमय غیر شاعرانہ

Unpopular : *adj.* not popular; disliked अप्रसिद्ध غیر ہر دل عزیز؛ ناپسندیدہ

Unpractical : *adj.* not practical अव्यावहारिक; अकुशल غیر عملی

Unpractised : *adj.* without practice अनुभवहीन; अनाड़ी جسے مشق نہ ہو؛ اناڑی

Unprecedented : *adj.* without precedent अद्वितीय; बेमिस्ल; उपमा रहित بے نظیر؛ لاثانی؛ بے مثل

Unprejudiced : *adj.* impartial; free from prejudiced अपक्षायी; निष्पक्ष غیر جانبدارانہ؛ منصفانہ؛ بے طرف دارانہ

Unprincipled : *adj.* without good moral principles; wicked; not principled शिक्षाहीन; बे असूल بے اصول؛ بے قاعدہ

Unproductive : *adj.* barren; not productive ऊसर; बंजर بنجر؛ غیر پیدوار

Unprofitable : *adj.* not profitable; profitless व्यर्थ; अलाभकर غیر نفع بخش؛ غیر سودمند

Unpromising : *adj.* giving no promise of excellance; unsuccessful जो कामयाब न हो جو ہونہار نہ ہو؛ ناکامیاب

Unprotected : *adj.* not protected असुरक्षित; जो सुरक्षित ना हो غیر محفوظ؛ جو محفوظ نہ ہو

Unprovided : *adj.* not provided (money etc) जिस के पास न हो (रुपया आदि) جس کے پاس نہ ہو(پیسہ وغیرہ)

Unprovoked : *adj.* without any provocation; not provoked बिना उत्तेजित हुए بلا اشتعال کے؛ بغیر اشتعال کے

Unpublished : *adj.* not published अप्रकाशित; बिना प्रकाशन के غیر شائع شدہ؛ جو عام نہ ہو

Unpunctual : *adj.* not punctual जो समय का पाबन्द न हो جو وقت کا پابند نہ ہو

Unqualified : *adj.* not qualified; without any condition बिना योग्यता के; बिना शर्त के غیر سند یافتہ؛ غیر مشروط

Unquestionable : *adj.* that which cannot be doubted; not to be doubted निसंदेह; संदेह रहित یقینی؛ مسلمہ؛ لاکلام

Unquiet : *adj.* restless; disturbed; dissatisfied अशांत; असंतोषजनक; बेचैन بے قرار؛ بے چین؛ مضطرب

Unravel : *v.* to separate the threads; to disentangle; to solve (mystery) खोलना; सुलझाना (राज़) کھولنا؛ سلجھانا؛ سمجھانا (راز)

Unreadable : *adj.* too dull to be read; not readable जो पढ़ा न जा सके جو پڑھا نہ جا سکے

Unreal : *adj.* (un-re-el) not real; unsubstantial अवास्तविक; असत्य غیر حقیقی؛ موہوم؛ بے وجود؛ غلط

Unreasonable : *adj.* not reasonable; exorbitant; immoderate बिना कारण के; अनुचित نامعقول؛ بعید از قیاس؛ بعید از عقل

Unreclaimed : *adj.* not reformed; not brought under the plough; not tamed असभ्य; जो कृषि के लायक न बनाई गई हो غیر اصلاح شدہ؛ جو قابل کاشت نہ بنائی گئی ہو

Unrecorded : *adj.* not recorded जो

غیر مندرج؛ جو اندراج میں نہ آیا ہو पंजीकृत न हो

Unrefined : *adj.* not refined; uncultured; not cultured गंदा; असभ्य کثیف؛ نا شائستہ؛ غیر مہذب

Unreformed : *adj.* not reformed; not improved असभ्य غیر اصلاح شدہ؛ نا شائستہ

Unrelenting : *adj.* relentless; cruel; feeling no pity कठोर; दयाहीन; बे दर्द بے رحم؛ بے درد؛ سنگ دل؛ بے رحمانہ

Unreliable : *adj.* not reliable अविश्वसनीय; बेईमान نا قابلِ اعتماد؛ جس پر بھروسہ نہ کیا جا سکے

Unremitting : *adj.* regular; incessant; not remitting निरन्तर; अथक کم نہ ہونے والا؛ مسلسل

Unrequited : *adj.* not returned; not rewarded जिस का इनाम न मिले بے صلہ؛ جس کا صلہ نہ ملے

Unreservedly : *adj.* frankly; boldly बे झिझक; खुल कर بے جھجک؛ کھل کر

Unresolved : *adj.* not resolved; not solved; underided डाँवाँडोल; अनसुलझा حل طلب؛ مذبذب

Unresponsive : *adj.* not responsive अप्रतिक्रिया शील بے حس

Unrest : *adj.* disturbed condition; restlessness अशांती; हलचल; असन्तोष گڑبڑ؛ ہلچل؛ بے چینی؛ گھبراہٹ

Unrestrained : *adj.* not restrained; not confined; loose बे रोक جسے روکا نہ گیا ہو؛ بے روک؛ بے قید؛ بے لگام

Unresting : *adj.* working continuously; not resting निरंतर कार्य करते जाना; अराम न क. مسلسل کام کرتے جانا؛ آرام نہ کرنا

Unrestricted : *adj.* without any restriction; not restricted स्वतंत्रता से; अबाधित; अनियंत्रित آزادانہ؛ بلا پابندی؛ آزادی سے

Unrighteous : *adj.* wicked; unjust अधर्मी; पापी; नास्तिक بد؛ برا؛ ناخدا پرست؛ بدمعاش

Unripe : *adj.* not ripe; not mature कच्चा; ना समझ کچا؛ خام؛ ناسمجھ

Unrivalled : *adj.* peerless; having no rival; having no equal अद्वितीय; उपमा रहित; बे मिसाल بے نظیر؛ لاثانی؛ یکتا؛ بے مثال

Unrol : *v.* to open; to unfurl a roll खोलना; उधेड़ना ادھیڑنا؛ کھولنا

Unromantic : *adj.* not romantic नीरस; साधारण غیر رومانی؛ سادہ

Unruffled : *adj.* calm; tranquil शांत; स्थिर ساکن؛ بے حرکت

Unruled : *adj.* not lined; ungoverned अरेखित; अशासित لکیروں کے بغیر؛ بغیر حکومت کے

Unruly : *adj.* disorderly; not ruly; licentious; ungovernable काबू में न आने वाला; शोर मचाने वाला قابو میں نہ آنے والا؛ شور مچانے والا؛ بے قابو

Unsafe : *adj.* not safe; not protected असुरक्षित غیر محفوظ

Unsatisfactory : *adj.* not satisfactory सन्तोष न देने वाला غیر تسلی بخش

Unsatisfied : *adj.* not satisfied असंतोषजनक غیر مطمئن

Unsavoury : *adj.* tastless; disgust ful स्वाद रहित بے ذائقہ؛ بے مزہ

Unsay : *v.* to retract; to recall; to recant अस्वीकार क.; बात पलटना مکر جانا؛ بات سے پلٹ جانا

Unscathed : *adj.* without injury; without suffering सुरक्षित; साफ़ محفوظ؛ صاف

Unscientific : *adj.* not scientific अविज्ञानिक غیر سائنسی

Unscrupulous : *adj.* having no scrupulous; having no vigilant अनैतिक; चरित्रहीन; बेईमान بد نیت؛ شکی؛ بے ایمان

Unseasonable : *adj.* not seasonable; ill-timed बेमौसम; अनुचित; बेमौका بے موقع؛ بے محل؛ بے موسم

Unseat : *v.* to remove from saddle; to remove from parliamentary seat जीन से उतार फेकना; संसद की स्दयता से हटाना زین سے اتار پھینکنا؛ ممبری سے ہٹانا

Unseaworthy : *adj.* not fit to sail (ship) समुद्र में जाने के अयोग्य (जहाज) سمندر میں جانے کے ناقابل (جہاز)

Unseemly : *adj.* improper; indecent; not in good style अनुचित; असभ्य; भद्दा نامناسب؛ ناشائستہ؛ بھدا

Unserviceable : *adj.* not serviceable; of no use; of no advantage निरर्थक; वयर्थ ناکار؛ نکما؛ جوکام نہ دے سکے

Unsettle : *v.* to make anxious; to make disturb अशांत क.; अस्तव्यस्त क.; बिगाड़ना تشویش میں ڈالنا؛ پریشانی میں ڈالنا

Unsettled : *adj.* not steady; not fixed; uncertain अनिश्चित; ग़ैरयक़ीनी अशान्त; बेचैन غیر مستقل؛ متزلزل؛ غیر یقینی

Unsettled Times : *n&pl.* period of unrest अशान्त समय ہنگامہ خیز دور؛ ہنگاموں کا زمانہ

Unshaken/Unshakable : *adj.* firm; not moved; not shaken स्थिर; अटल غیر متزلزل؛ مستقل؛ ثابت قدم

Unsheathe : *v.* to draw from a sheath or other covering मियान से निकालना (तलवार) میان سے نکالنا؛ غلاف سے نکالنا (تلوار)

Unsightly : *adj.* disagreeable to the sight कूरुप; अप्रिय (दर्शन) بدنما؛ کریہہ (منظر)

Unsigned : *adj.* (un-sind) not signed बिना हस्ताक्षर بے نام؛ بے دستخط

Unskilful/Unskilled : *adj.* not skilful; untrained for a technical job अनाड़ी; अकुशल بے مشق؛ اناڑی؛ غیر کاریگر

Unskilled labour : *n.* non technical workers अकुशल कर्मचारी غیر کاریگر مزدور

Unsociable : *adj.* not sociable; not kind बेमेल; समाज से पृथक रहने वाला گوشہ نشین؛ کم آمیز

Unsocial : *adj.* not social; unsociable असभ्य; बेमेल; असामाजिक غیر معاشرتی؛ کم آمیز

Unsoiled : *adj.* clear; undefile साफ़; पवित्र; जो मैला न हो صاف؛ جوگندا نہ ہوا ہو؛ صاف ستھرا؛ جو میلا نہ ہوا ہو

Unsold : *adj.* not sold out अविक्रय غیر فروخت شدہ

Unsophisticated : *adj.* artless; not adulterated वास्तविक; बिना बनावट; सादा بے تصنع؛ بناوٹ سے خالی؛ سادہ

Unsound : *adj.* not sound; corrupted; dishonest; not true; erroneous; sickly; unbalanced (mind) असत्य; दोषपूर्ण; रोगी; कपटी غلط؛ بدمعاش؛ بے ایمان؛ بیمار؛ (دماغ) کے خلل والا

Unsparing : *adj.* lavish; merciless; not parsimonious व्यर्थ व्ययी; दयाहीन بے دریغ؛ بیدردانہ؛ فضول خرچ

Unspeakable : *adj*. beyond description; not speakable अकथनीय; अकथ्य نا قابلِ بیان؛ جو کہنے کے قابل نہ ہو

Unspecified : *adj*. not specified अउल्लेखनीय غیر معین

Unspoken : *adj*. not spoken अकथित; मौन ان کہی؛ خاموش

Unstable : *adj*. not stable; fickle अस्थिर; अस्थायी; चंचल غیر یقینی؛ متلون؛ چنچل

Unstained : *adj*. spotless; untinged अकलंकित; न रंगा हुआ بے داغ؛ بے رنگ

Unstamped : *adj*. without stamped; stampless जिस पर मुहर न लगी हो; बिना टिकट جس پر مہر نہ لگی؛ جس پر ٹکٹ نہ لگی ہو؛ بیرنگ

Unsteady : *adj*. not steady; irresolute; variable; inconstant अस्थिरता से; अस्थिर; चंचल بے ثبات؛ بے قرار؛ چنچل

Unstinted : *adj*. unsparing व्यर्थ व्ययी بے دریغ؛ فضول خرچ

Unstrssed : *adj*. unaccented बलाघातहीन جس پر زور نہ دیا گیا ہو

Unstudied : *adj*. spontaneous; natural स्वाभाविक; बेसाख़ता بیساختہ؛ فطری؛ عادتاً

Unsubstantial : *adj*. unreal; not real; not solid; lacking solidity काल्पनिक; असत्य; बोदा; निराधार غیر مادی؛ موہوم؛ کمزور؛ بودا؛ خیالی؛ بے وجود؛ بے بنیاد

Unsubstantiated : *adj*. no proved; unfounded अप्रमाणित; निराधार; असम्पुष्ट جو ثابت نہ ہو سکا؛ بے بنیاد؛ بے وجود

Unsuccessful : *adj*.not successful असफल; विफल ناکام؛ ناکامیاب

Unsuitable : *adj*. unfit; not proportionate अयोग्य; प्रतिकूल; अनुचित ناموافق؛ ناموزوں؛ بے جوڑ

Unsullied : *adj*. spotless; without spots बेदाग़; निष्कलंक بے داغ؛ بے کلنک

Unsurpassed : *adj*. not surpassed; not excelled अनुपम; उपमारहित بلا سبقت

Unsuspecting : *adj*. not suspecting असंदेही شبہ نہ کرنے والا

Unswept : *adj*. not swept झाड़ू न दी गई हो جھاڑو نہ دی گئی ہو

Unswerving : *adj*. firm; not deviating; loyal पक्का; सच्चा; अटल; दृढ़; अविचल پکا؛ ثابت قدم؛ سچا؛ ایماندار؛ اٹل

Unsymmetrical : *adj*. without bymetry असममित بے تشکل

Unsympathetic : *adj*. lacking sympathy; having no sympathy; feeling no sympathy कठोर; अप्रिय غیر ہمدردانہ

Unsystematic : *adj*. lacking system; having no system; haphazard अव्यवस्थित; गड़बड़; अटकलपच्चू بے طریقہ؛ بے اصول؛ گڑ بڑ

Untamed : *adj*. wild; unbroken; uncontrolled जंगली; अनसधाया; अनियंत्रित جنگلی؛ بے سدھایا؛ بے کنٹرول

Untanned : *adj*. not sunburnt; not tanned (leather) अधूपित; कच्चा (चमड़ा) دھوپ میں نہ سکھایا ہوا؛ کچا (چمڑا)؛ نہ کمایا ہوا (چمڑا)

Untasted : *adj*. not experienced; not tasted अननुभूत; अनचखा ناتجربہ کار؛ ناچکھا ہوا

Untaught : *adj*. ignorant; not taught; natural अशिक्षित; स्वभाविक; अपाठित جو پڑھایا نہ گیا ہو؛ فطری

Untaxed : *adj*. not taxed; not over

burdened करमुक्त; कम भारित بے محصول؛ جس کا ٹیکس نہ دیا گیا ہو؛ کم بھاری

Unteachable : *adj*. not teachable अपाठनीय; आशक्षनीय ناقابلِ تعلیم؛ جو سکھایا نہ جا سکے

Untearable : *adj*. not tearable जो फाड़ा न जा सके جو پھٹ نہ سکے؛ جو پھاڑا نہ جا سکے؛ نہ پھٹنے والا

Untechnical : *adj*. not technical अतकनीकी غیر فنی؛ غیر تکنیکی

Untempered : *adj*. not softened; not moderate असंयमित; असंतुलित غیر معتدل؛ بے امتزاج

Untenable : *adj*. not tenable अरक्षणीय; अतर्कसंगत غیر مستحکم؛ بودا؛ کمزور

Untenanted : *adj*. without tenant; empty बेकिरायादार; ख़ाली بے کرایہ دار؛ خالی

Untested : *adj*. not tested अनजाँचा جو جانچا نہ جائے

Untethered : *adj*. not tethered खुला हुआ; जिस के पैर न बन्धे हों کھلا ہوا؛ جس کے پاؤں رسی سے نہ بندھے ہوں

Unthankful : *adj*. ungrateful; displeasing नमकहराम; कृतघ्न ناشکرگزار؛ بے شکرا؛ نمک حرام

Unthinkable : *adj*. unlikely; with out thinkking बिनासोचे بعید از قیاس؛ بے سوچے سمجھے

Unthought-of : *adj*. not thought of; not headed; not regarded; not imagined बिना सोचे; अविचारित; अकल्पित بنا سوچے؛ بغیر سوچے؛ بے خیالی میں؛ بنا تصور کیے

Unthoughtful : *adj*. careless; thoughtless; headless बिना सोचे; समझे بے سوچ سمجھ کے؛ بنا سوچے سمجھے؛ بے پروا

Untidy : *adj*. not tidy; in disorder; sliphod; slovenly अस्तव्यस्त; बेढ़ंग; फूहड़; मैला-कुचैला بے سلیقہ؛ بے ڈھنگا؛ پھوہڑ؛ میلا کچیلا

Untie : *v*. to unbind; to loosen गिरह खोलना; ढीला क.; मुक्त क. گرہ کھولنا؛ ڈھیلا کرنا؛ آزاد کرنا

Untied : *adj*. not tied; free; not bounded खुला हुआ; मुक्त آزاد؛ کھلا ہوا

Until : *adv*. to the time that; till; except when; as long as; and no more तब तक; जब तक; तक تب تک؛ جب تک؛ تک؛ جب تک نہ

Untilled : *adj*. not tilled जिस में खेती न की गई हो غیر کاشت شدہ

Untimely : *adj*. happening before proper time; in apportune (remark); premature (death) असमय; कुसमय بے موقع؛ بے محل؛ قبل از وقت

Untiring : *adj*. not becoming exhausted; not tiring अनथक; कभी न थकने वाला نہ تھکنے والا؛ انتھک؛ کبھی نہ تھکنے والا

Unto : *prep*. (un-tu) old use for to को; के; निकट کی طرف؛ کو؛ تک

Untold : *adj*. (un-tohld) not told; countless; not spoken; not narrated; not revealed; innumerable अकथित; अवर्णित; अप्रकटित; असीम; असंख्य ان کہی؛ جو کہا نہ گیا ہو؛ جو بولا نہ گیا ہو؛ لاتعداد؛ بے شمار

Untomb : *v*. to take out from the tomb खोद कर निकालना; क़ब्र से निकालना قبر سے کھود کر نکالنا؛ کھود کر نکالنا

Untouchability : *n*. being untouchable अस्पृश्यता; छुआछूत اچھوت ہونا؛ چھوا چھوت

Untouchable : *adj*. low caste Hindu

अछूत; हरीजन ہریجن؛ اچھوت

Untouched : *adj.* not touched जिसे; छुआ न गया हो; अस्पृष्ट جسے چھوا نہ گیا ہو؛ اچھوتا

Untoward : *adj.* old use hindering; unlucky; vexatious कष्ट वाला; अभाग्य; हठी; सरकश تکلیف دہ؛ بدقسمتی والا؛ سرکش

Untraceable : *adj.* not traceable अननुमार्गणीय; जिस का सुराग़ न मिले جس کا سراغ نہ ملے

Untrained : *adj.* not trained अकुशल अप्रशिक्षित غیر تربیت یافتہ

Untried : *adj.* not tested; in experienced अपरीक्षित; नोसिखाया غیر آزمودہ؛ ناتجربہ کار

Untrodden : *adj.* not trodden down by the foot; not trodden upon निर्जन; जो पाँव से न मसला गया हो نہ روندا ہوا؛ بے آمدورفت؛ غیر آباد

Untroubled *adj.* calm; not troubled शांत; अवियाकुल پرسکون؛ غیر مضطرب

Untrue : *adj.* false; not true; not faithfut झूठा; असत्य; मिथ्या; विश्वासघाती باطل؛ جھوٹا؛ غلط؛ بے وفا

Untruss : *v.* to open what is wrapped उधेड़ना; खोलना ادھیڑنا؛ کھولنا

Untrust Worthy : *adj.* unreliable अविश्वासनीय; बेईमान غیر معتبر؛ ناقابلِ اعتبار؛ بے ایمان

Untruth : *adj.* falsehood; lie मिथ्यात्व; झूठ; असत्यता غلط؛ جھوٹ

Untruthful : *adj.* liar झूठा جھوٹا

Unturned : *adj.* not turned न उलटाया हुआ نہ الٹا کیا ہوا؛ نہ الٹایا ہوا

Untutored : *adj.* not educated; untrained; not civilized; simple अशिक्षित; अप्रशिक्षित; असभ्य; भोला-भाला نہ پڑھا ہوا؛ غیر تربیت یافتہ؛ غیر مہذب؛ بھولا بھالا؛ سیدھا سادہ

Untwine : *v.* to sperate things involed; to open what is wrapped खोलना; उधड़ना کھولنا؛ ادھیڑنا

Unused : *adj.* (un-yewzd) not used; new नया; प्रयोग न किया हुआ غیر مستعملہ؛ نیا

Unusual : *adj.* not common; rare; unfrequent; extraordinary विरला; चलन के विरुद्ध خاص؛ بے دستور؛ غیر معمولی

Unutterable : *adj.* inexpressible; unspeakable; unnarratable जो कहा न जा सके ناقابل بیان؛ جو کہنے کے قابل نہ ہو

Unvalued : *adj.* not yet valued; unestimated अमूल्यांकित; जिस का मोल न लगाया हो; मूल्यहीन; आदर सत्कार रहित جس کی قیمت نہ لگی ہو؛ بے قدر

Unvarnished : *adj.* not varnished; unembelished बेरोग़न; अनलंकृत بغیر وارنش کے؛ بے روغن؛ کسی رنگ آمیزی کے بغیر

Unvarying : *adj.* unchanging; not liable to change एक सा یکساں؛ نہ بدلا ہوا

Unveil : *v.* to remove the cover from statue at public ceremony; to reveal; to throw off the veil नक़ाब कुशाई क.; बेनक़ाब क.; बुरक़ा उतारना; प्रकट हो जाना بے نقاب کرنا؛ افشا کرنا؛ برقعہ اتارنا

Unverified : *adj.* not verified; not certified अप्रमाणित غیر مصدقہ؛ جس کی تصدیق نہ کی گئی ہو

Unvoiced : *adj.* unspoken अकथित ان کہا؛ خاموش؛ چپ؛ بے کہا

Unwanted : *adj.* not necessary; not

wanted अनचाहा; अनावश्यक ان چاہا؛ غیرضروری

Unwarrantable : *adj.* unauthorized; not allowed; not defensible; not to be justified अनुचित; अन्यायपूर्ण بلا اجازت؛ غیرمستند؛ ناجائز؛ غیرواجب

Unwarranted : *adj.* unlawful अनुचित ناجائز

Unwary : *adj.* (un-way-e-ri) not alert; not cautious; off the guard ग़ाफिल; असुरक्षिता; अचेत غافل؛ غیرمحتاط

Unwashed : *adj.* not washed; dirty अनघुला; बिना धुला بغیر دھلا؛ گندا

Unwatchful : *adj.* not watchful; not alert जो अचेत हो; जो चौकस न हो جو چوکس نہ ہو؛ غافل؛ غیرمحتاط

Unwavering : *adj.* unchanging; not wavering दृढ़; अटल غیرمتزلزل؛ نہ بدلنے والا

Unweaned : *adj.* not yet weaned; very immatur बिना दूध छुड़ाया; दूध पीता (शिशू) شیرخوار؛ دودھ پیتا (بچہ)

Unweave : *v.* to open; to unwrapped खोलना; उधेड़ना کھولنا؛ ادھیڑنا

Unwearying : *adj.* untiring; untired अथक; निरंतर करते रहना (कोशिश) انتھک؛ بنا تھکے؛ مسلسل کرتے رہنا (کوشش وغیرہ)

Unwed : *adj.* unmarried आविवाहित غیرشادی شدہ

Unwelcome : *adj.* not welcome; not pleasing; not grateful जिस का आना पसन्द न हो; अप्रिय; अरुचिकर جس کی آمد پسند نہ ہو؛ ناگوار

Unwell . *adj.* not well; indisposed; ill; not in good health; ailing अस्वस्थ بیمار؛ صحت ٹھیک نہ ہونا؛ بیمار ہونا

Unwholesome : *adj.* not whole some; not condusive to good moral; corrupt हानिकर; अहितकर; दूषित مضرصحت؛ غیرصحت مند؛ مخرب اخلاق

Unwieldy : *adj.* (un-weel-di) so big; as to be awkward to move; unmanageable; weighty; cumbersome भारी-भरकम; बोझल جسیم؛ بھاری؛ بوجھل؛ بھاری بھرکم

Unwilling : *adj.* not willing; reluctant; rarely अनिच्छुक; बेमन से نارضامند؛ بے دلی سے

Unwise : *adj.* imprudent; defective in wisdom; not wise बुद्धिहीन; मूर्ख غیردانشمندانہ؛ نادان؛ بے شعور؛ بے وقوف

Unwished for : *adj.* not wished for अनचाहा ناخواستہ؛ غیرمطلوب؛ ان چاہا

Unwitting : *adj.* unintentional; unaware; paying no attention असावधानी से; अनजाने में نادانستہ؛ بے خبری میں؛ انجانے میں

Unwomanly : *adj.* against what is expected of woman अस्त्रियोचित غیرنسائی؛ غیرنسوانی

Unwonted : *adj.* unusual; uncustomary; exceptional; unaccustomed रीति-विरुद्ध; असाधारण غیرمعمولی؛ رواج کے مخالف

Unworkable : *adj.* not workable; not practicable अव्यवहार्य; असाध्य ناقابلِ عمل

Unworldly : *adj.* not worldly; spiritual आध्यात्मिक; असंसारिक روحانی؛ غیردنیوی

Unworn : *adj.* not worn out बेपहना; बिना गहना غیرمستعمل، بے پہنا ہوا

Unworthy : *adj.* not worthy; unfit अयोग्य; बेकार جو شایانِ شان نہ ہو؛ نااہل

Unwrap : *v.* to remove the wrapper खोलना کھولنا

Unwritten : *adj.* not written; unrecorded अलिखित غیر نوشتہ؛ غیر تحریری

Unyielding : *adj.* firm; not yielding कड़ा; अस्वीकार करने वाला سخت؛ نہ جھکنے والا؛ ضدی

Unyoke : *v.* to loose from a yoke जुऐ से पृथक क. جوئے سے الگ کرنا

Unzip : *adj.* open खोलना کھولنا

Unzoned : *adj.* not zoned; not confined to a zone अविभाजित (क्षेत्र) غیر منقسم (زون)

Up : *adv.* (up) to a higher place; above ऊपर; ओज पर; तक اوپر؛ اوپر کو؛ اونچا؛ بلندی پر

Up: *adj.* high; exalted ऊंचे पर; ऊँचा سربلند؛ سرفراز؛ اوج پر

Up in arms : *ph.* ready to fight लड़ने को तैयार لڑنے کو تیار

Up in something : *ph.* well versed (in something) बहुत तेज़ होना (کسی چیز میں) خوب تیز ہونا

Up to date : *adj.* up to now अब तक का اب تک کا

Up to much : *ph.* useful लाभकारी होना مفید ہونا؛ فائدے مند ہونا

Upbraid : *v.* (up-brayd) to scold; to reproach; to chide; to charge डाँटना; भर्त्सना क.; उलाहना देना ڈانٹ ڈپٹ کرنا؛ برا بھلا کہنا؛ ڈانٹنا

Upbringing : *n.* (-bring-ing) home training; rearing शिक्षा; पढ़ाई लिखाई; पालन पोषण پڑھائی لکھائی؛ تربیت؛ پالنا پوسنا

Upcountry : *adj.* of the inland area देश के भीतर का اندرونِ ملک کا

Upend : *v.* to turn upside down उलटना; औंधाना الٹا کرنا؛ اوندھا کرنا

Upgrade : *v.* to put in a higher category ऊँचे श्रेणी में रखना या लाना اونچے درجے میں رکھنا یا لانا

Upheaval : *n.* (up-heev-el) great disturbance क्रांति; कायापलट انقلاب؛ کایا پلٹ

Uphill : *adv.* (up-hil) up a slope ऊपर की ओर اوپر کی طرف

Uphill : *adj.* ascending; sloping upward; arduous; difficult चढ़ाई; कठिन چڑھائی؛ اوپر کی طرف؛ سخت؛ مشکل

Uphold : *v.* to lift on high; to support; to confirm; to defend ऊँचा उठाना; सहायता क.; बहाल रखना اونچا اٹھانا؛ مدد کرنا؛ تائید کرنا؛ برقرار رکھنا

Upholster : *v.* to furnish furniture with springs, stuffings etc. सुसज्जित क. اسباب وفرش سے آراستہ کرنا؛ سجانا سنوارنا

Upholsterer : *n.* one who upholsters सोफ़ा साज़; फर्नीचर का दुकानदार صوفہ ساز؛ فرنیچر کا کاروبار کرنے والا

Upholstery : *n.* furniture & curtains of the room कमरे का सारा साज़ो-सामान کمرے کا سازوسامان وفرنیچر

Upkeep : *n.* keeping in good condition; repair अनुरक्षण; मरम्मत نگہداشت؛ اچھی حالت میں رکھنا؛ مرمت

Upland : *adj.* of a high land उच्च सतह اونچی سطح

Uplands : *n&pl.* (up-landz) highlands उच्च-भूमि اونچا علاقہ

Uplift : *v.* (up-lift) to raise aloft; to lift up on high उठाना; ऊंचा क. اٹھانا؛ اونچا کرنا

Upon : *prep.* (upon) on; against; of

the moment of पर; के ऊपर; के अवसर पर پر؛ کے اوپر؛ کے موقع پر

Upper : *adj*. (up-er) higher ऊपर का اوپر کا؛ بالائی

Upper : *n*. upper part of shoe जूते का ऊपर का हिस्सा جوتے کا اوپر کا حصہ

Upper Hand : *n*. authority; victory उच्च-अधिकरी; विजय بالادستی؛ فتح

Uppermost : *adj*. highest उच्चतम; श्रेष्टता; सर्वोच्च; प्रमुख; प्रधान فوقیت؛ سب سے بلند ترین؛ سب سے اوپر کا؛ پردھان

Uppish : *adj*. conceited; imprudent गर्वीला; ढीठ متکبر؛ مغرور؛ خودپسند؛ ڈھیٹ؛ گستاخ

Upright : *adj*. straight up; erected; honest सीधा; खड़ा; ईमानदार سیدھا؛ کھڑا؛ دیانتدار؛ ایماندار

Uprightly : *adv*. honestly ईमानदारी से دیانتداری سے؛ ایمانداری سے

Uprightness : *n*. honesty खरापन; ईमानदारी دیانتداری؛ ایمانداری

Uprising : *n*. (up-riz-ing) rebellion विद्रोह; बग़ावत بغاوت؛ مخالفت

Uproar : *n*. (up-roh-r) noisy confusion; tumult कोलाहल; हलचल ہنگامہ؛ شور؛ غوغا

Uproot : *v*. (up-root) to root out; to eradicate; to tear up by the root جڑ سے اکھاڑنا؛ خاتمہ کرنا

Uscuddle : *n*. (up-skud-el) a quarrel झगड़ा جھگڑا

Ups and downs of life : *ph*. vicissitudes of life जीवन के उतार चढ़ाव زندگی کے نشیب وفراز

Upset : *v* (up-set) to disturb; to throw into disorder; to annoy; to capsize; to overturn; to over throw अशांत क.; अस्त-व्यस्त क.; उलट देना; औंधना پریشان کردینا؛ درہم برہم کردینا؛ الٹ دینا؛ اوندھا کردینا

Upshot : *n*. (up-shot) conclusion; outcome; end; result फल; अन्त; परिणाम انجام؛ نتیجہ؛ رزلٹ

Upstairs : *adj*. (up-stay-erz) on an upper storey ऊपरी तल का اوپر کی منزل کا؛ اوپر کی منزل والا

Upstart : *n*. (up-stah-rt) one suddenly raised to wealth, honour etc. नवीन धनवान نیا نواب؛ نیا امیر؛ نودولتیا

Upstream : *adv*. against the current धारा-प्रतिकूल بہاؤ کے مخالف سمت؛ دھارے کے الٹے رخ

Upsun : *n*. the time between sunrise and sunset सूर्योदय से सूयास्त के बीच का समय طلوع آفتاب سے غروب آفتاب کے درمیان کا وقت

Upward : *adj*. moving up; directed up ऊँचा اونچا

Upwards ; *adv*. (upwer-dz) upward ऊपर اوپر

Upwards of : *ph*. more than से ऊपर; से अधिक سے اوپر؛ سے زیادہ

Ur : *interj*. extra abbreviation etc. आदि وغیرہ

Uranium : *n*. (yew-ran-i-un) a radioactive metal yielding atomic energy यूरोनियम یورینیم

Uranus : *n*. (yew-re-nus) name of a planet यूरेनस یورےنس

Urban : *adj*. (ur-ban) of or pertaining to a city; refined नागरिक; सुशील شہری؛ بااخلاق؛ مہذب؛ شائستہ

Urbanity : *n*. being urban शराफ़त;

برتن؛ منقش مرتبان

Us : *pron.* first person; objective case of we हम; हमें; हम को; हमारे पास ہم؛ ہمیں: ہم کو؛ ہمارے پاس

Usage : *n.* (yewz-ij) treatment; custom; mode of using; mode of using word प्रयोग; रीत; शब्द का प्रयोग سلوک؛ استعمال؛ رواج؛ طریق استعمال؛ الفاظ کا استعمال

Use : *n.* (yews) usage; being used; manner of using; practise; habit; custom प्रयोग; आदत; रीत; प्रयोग क. استعمال؛ طریق استعمال؛ مشق؛ عادت؛ رواج؛ دستور

Used to : *adj.* (yewz-to) accustomed to आदत पड़ना; आदी हो जाना عادی؛ خوگر

Useful : *adj.* (yewz-ful) of use; convenient; serviceable लाभकारी; फल दायक کارآمد؛ مفید

Useless : *adj.* (yewz-les) worthless; answering no end or purpose व्यर्थ; अकार्थ; बेकार بیکار؛ بے فائدہ؛ لاحاصل؛ ناکارہ

User : *n.* (yew-zer) one who uses प्रयोग करने वाला استعمال کرنے والا؛ برتنے والا

Usher : *n.* (ush-er) introducer; steward for showing people to their seats; door keeper in a law-court calling persons when needed मुलाक़ात कराने वाला; नयायालय का चपरासी ملاقات کرانے والا؛ نقیب؛ عدالت کا چپراسی

Usual : *adj.* (yew-zhn-el) customary; regular; ordinary आम; मामूली; रोज़ वाला حسب عادت؛ عام؛ معمولی؛ روز والا

As usual : *ph.* in the usual manner मामूल के मुताबिक़ حسب معمول

Usually : *adv.* (yew-zhn-eli) commonly; generally; customarily आमतौर पर; विशेष عام طور پر؛ عموماً؛ بدستور

شائستگی؛ شرافت؛ خوش اخلاقی सुशीलता; दयालुता

Urbanize : *v.* (ur-be-niz) change to urban character नागरिक बनाना شہری بنانا

Urchin : *n.* (ur-chin) a naughty kid चंचल शिशु شریر لڑکا؛ شرارتی بچہ

Urdu : *n.* (ur-du) a language उर्दू اردو؛ ایک زبان

Urge : *v.* (ur-j) to incite; to press उकसाना; विवश क. ترغیب دینا؛ آگے بڑھانا؛ اُکسانا

Urge : *n.* yearning; devotion शोक़; लगन; ख़ाहिश خواہش؛ شوق؛ لگن؛ جذبہ

Urgency : *n.* (ur-gen-si) a pressure of difficulty; need for immediate action आवश्यकता; आवश्यक दबाव ضروری دباؤ؛ فوری توجہ کی ضرورت؛ سخت اہمیت

Urgent : *adj.* (ur-gent) calling for immediate attention; earnest; important; expeditious आवश्यक; ज़रुरी اہم؛ تاکیدی؛ فوری؛ فوری تعمیل طلب؛ نہایت ضروری

Urgently : *adv.* immediately फौरन فوراً

Uric Acid : *n.* (yew-rik-ay-sid) acid found in urine यूरिक ऐसिड; मूत्र में पाया जाने वाला तेज़ाब بوَلی تیزاب؛ پیشاب کا تیزابی مادہ

Urinal : *n.* (yew-ri-nel) specified place for urinating मूत्र-घर پیشاب خانہ

Urinate : *v.* (-nayt) to pass urine मूत्र क. پیشاب کرنا

Urine : *n.* (yew-rin) waste fluid discharge from the bladder मूत्र; पेशाब پیشاب؛ بوَل؛ قارورہ

Urn : *n.* (ur-n) a vessel used for the ashes of the dead; a kind of decorate vase मृत की राख रखने का वर्तन; नक़्क़ाशी वाला मरतबान خاک دان؛ مردہ کی خاک رکھنے کا

Usuerer : *n.* (yew-zhn-rer) one who practises usury ब्याज खाने वाला; बनिया; महाजन سودخور بنیا؛ مہاجن؛ سود کھانے والا

Usurious : *adj.* (yew-zhn-ri-ns) exorbitantly greedy; griping बहुत ब्याज लेने वाला بہت زیادہ سود لینے والا

Usurp : *v.* (yew-zer-p) to take unlawful and unmerited possession; to sieze अनधिकार ग्रहण क.. या लेना; छीन लेना; हड़प लेना ناجائز طریقے سے غصب کرنا؛ چھین لینا؛ ہڑپنا

Usurper : *n.* one who usurp अपहारी; अनधिकार ग्राही غاصب؛ ہڑپنے والا

Usury : *n.* (yew-zhu-e-ri) business of lending money at exorbitant interest सूदखोरी; कुसीद سودخوری؛ سودخواری

Utensil : *n.* (yew-tens-il) an instrument or vessel used in kitchen or dairy भोजनालय के बर्तन برتن؛ باورچی خانے میں استعمال ہونے والا برتن

Uterous : *n.* (yoo-te-rus) the womb गर्भाशय رحم؛ بچہ دانی

Utilise : *v.* (yew-ti-liz) to render useful; to put to use प्रयोग क..; लाभ उठाना کام میں لانا؛ فائدہ اٹھانا

Utility : *n.* (yew-til-i-ti) usefulness; serviceableness उपयोगिता; उपयोग; लाभ افادیت؛ فائدہ؛ منفعت

Utilization : *n.* (yew-ti-li-zay-shen) act of utilizing उपयोग; प्रयोग; इस्तेमाल استفادہ؛ استعمال؛ کام میں لانا

Utilize : *v.* (yew-ti-liz) to use; find a use for काम में लाना; का उपयोग क.. برتنا؛ کام میں لانا؛ استعمال میں لانا؛ استعمال کا مصرف ڈھونڈنا

Utmost : *adj.* (ut-morst) farthest; greatest; highest; most extreme अति; अत्याधिक دورترین؛ انتہائی؛ زیادہ سے زیادہ

Utopia : *n.* (yew-toh-pia) imaginary place with a perfect sociological system; nowhere आदर्श लोक خوابوں کی دنیا؛ خیالی دنیا؛ لامکاں

Utopian : *n.* visionary; unpractical स्वप्न दर्शी संसार में रहने वाला; अव्यावहारिक خیالی دنیا میں رہنے والا؛ غیرعملی؛ ناقابلِ عمل

Utter : *adj.* (ut-er) absolute; entire; complete; extreme सम्पूर्ण; पूर्ण; पूरा بالکل مکمل؛ پورا؛ ازحد پورا

Utter : *v.* emit audibly with the mouth; to speak; to publish; to express मुँह से निकालना; बोलना; कहना زبان سے نکالنا؛ بولنا؛ کہنا

Utterance : *n.* (ut-e-rans) expression; act of speaking; way of speaking कथन; बोली; बोलने का तरीक़ा اظہار؛ اندازِ گفتگو؛ جو کہا جائے؛ بولنے کا طریقہ

Utterly : *adv.* entirely; perfectly; completely; fully पूर्ण रुप से; अत्यधिक; बिलकुल بالکل؛ قطعاً؛ سراسر؛ مطلق؛ قطعی

Uttermost : *adj.* greatest; utmost; highest; outermost परम; उच्चतम; अंतिम زیادہ سے زیادہ؛ انتہائی؛ آخری

Uvula : *n.* (yew-ew-la) small pendent part of the palate towards the neck हलक़ का कौआ; अलिजिह्वा حلق کا کوا؛ لہات

Uxoricide : *n.* (uks-or-i-sid) the murder of a wife by her husband; one who murders his wife स्त्री हिंसा या वध زن کشی؛ مرد کا اپنی بیوی کا قتل کرنا

Uxorious : *adj.* (ukso-ri-us) so found of a wife; ridiculously found of a wife जोरु का ग़ुलाम; स्त्री सेवक زن مرید؛ زن پرست؛ جورو کا غلام

V

V : *n.* (vee) twenty second letter of the English alphabet; roman numeral five अंग्रेजी वर्ण माला का बाईस्वाँ अक्षर; रोमन गिनती में पाँच انگریزی حروف تہجی کا بائیسواں حرف؛ رومن گنتی میں پانچ

Vacancy : *n.* (vay-ken-si) a post unfilled; an vacuity; being vacant रिक्त स्थान; रिक्तता; रिक्त होना آسامی؛ جگہ؛ خلا؛ خالی ہونا

Vacant : *adj.* (vay-kent) unoccupied; empty; disengaged रिक्त; शून्य; खाली पड़ी हुई خالی؛ بیکار؛ خالی پڑی ہوئی

Vacate : *v.* (va-kayt) to give up; to make vacant ख़ाली क.; छोड़ देना خالی کرنا؛ خالی چھوڑنا؛ چھوڑ دینا

Vacation : *n.* (va-kay-shen) long leaves; long recess अवकाश تعطیل؛ چھٹیاں؛ وقفہ

Vaccinate : *v.* (vak-si-nayt) inoculate with vaccine to develop immunity from small pox etc. शीतला का टीका लगाना ٹیکہ لگانا (چیچک وغیرہ کا)

Vaccination : *n.* vaccinating टीका लगाना ٹیکہ لگانا (چیچک وغیرہ)

Vaccinator : *n.* one who vaccinates टीका लगाने वाला ٹیکہ لگانے والا

Vaccine : *n.* (vak-sin) virus of some disease so prepared as to develop immunity from it वैकसीन; टीका ویکسین؛ ٹیکہ

Vaccillate : *v.* (vas-i-layt) to waver; to hesitate; to be inconstant विचलित होना; हिचकिचाना; डगमगाना ڈگمگانا؛ مذبذب ہونا؛ جھومنا؛ پس و پیش کرنا

Vaccillation : *n.* act of vaccillating अनिश्चय; दुविधा تذبذب؛ پس و پیش؛ ہچکچاہٹ

Vacuity : *n.* (va-kew-i-ti) emptiness; lack of intelligence रिक्तता; मूर्खता; बुद्धिहीनता خالی پن؛ خلا؛ احمقانہ انداز

Vacuous : *adj.* (vak-ew-us) empty; unintelligent रिक्त; शून्य; मूर्ख خالی؛ احمقانہ؛ بیوقوفانہ

Vaccum : *n.* (vak-yew-em) empty space out of which even air has been pumped out; lacuna खाली जगह; रिक्त स्थान خلا؛ خالی جگہ

Vacum Brake : *n.* train brake worked by exhausting air निर्वात ब्रेक خلائی روک؛ ویکیوم بریک

Vaccum Cleaner : *n.* broom sucking dust into sweep it away निर्वात क्लीनर گردکش؛ ویکیوم کلینر

Vaccum Flask : *n.* thermos flask निर्वात फ्लास्क تھرماس

Vaccum Pump : *n.* a pulsometer निर्वात पम्प ویکیوم پمپ

Vagabond : *n.&adj.* (vag-e-bond) tramp; a vagrant; a wanderer आवारा; घूमने वाला; घुमक्कड़ آوارہ؛ خانہ بدوش؛ بے خانماں؛ مارا مارا پھرنے والا

Vagaries : *n.* (ve-gay-riz) sudden changes रोज़ रोज़ का परिवर्तन آئے دن کی تبدیلیاں

Vagary : *n.* (va-ga-ri) whim; caprice मन की मौज; तरंग; सनक من کی موج؛ ترنگ؛ لہر

Vagina : *n.* (va-gi-na) a sheath like tube or part न्याम; गिलाफ; योनि نیام؛ غلاف؛ فرج

Vagrancy : *n*. (vayg-ren-si) being a vagrant; homelessness आवारगी; आवारागर्दी آوارہ گردی؛ خانہ بدوشی کی زندگی

Vagrant : *adj*. wandering; unfixed; homeless; tramp; roving; vagabond डाँवा डोल; अस्थिर; खाना बदोश; आवारागर्द ڈانواں ڈول؛ آوارہ گرد؛ خانہ بدوش

Vague : *adj*. (vayg) not distinct; of uncertain character अस्पष्ट; धुधंला; अनिश्चित مبہم؛ غیر واضح؛ مشتبہ؛ مشکوک؛ غیر محدود

Vain : *adj*. (vain) useless; unsuccessful; fruitless; too proud व्यर्थ; अभिमानी بیکار؛ ناکام؛ لاحاصل؛ مغرور

Vainglorious : *adj*. boostful; vain without merit डींग हांकने वाला شیخی باز؛ لاف زن؛ ڈینگ مارنے والا

Vale : *n*. (vayl) a valley; bye-bye घाटी; अलविदा گھاٹی؛ وادی؛ الوداع

Valedictory : *adj*. (val-e-dik-te-ri) bidding farewell विदा होने का الوداعی

Valet : *n*. (val-et) man servant looking after his master's clothes and other bodily needs सेवक; निजी नौकर ذاتی نوکر؛ خاص خدمت گار

Valetudinarian : *adj*. (val-e-ew-di-nay-ri-en) sickly; too anxious about one's health दुर्बल; सदा का रोगी کمزور؛ دائم المریض؛ اپنی صحت کی زیادہ فکر کرنے والا

Valetudinary : *adj*. weakly; infirm of health सदा का रोगी; दुर्बल دائم المریض؛ کمزور

Valiant : *adj*. (val-yant) brave; courageous; bold बहादुर; वीर; सहासी بہادر؛ دلیر؛ شجاع

Valid : *adj*. (val-id) acceptable according to law; prevalent; efficacious उचित; कानूनी; सही قانونی؛ درست؛ جائز

Validate : *v*. to make valid; to ratify मान्य क.; मान्य ठहराना قانونی شکل دینا؛ قانونی بنانا

Validity : v. being valid मान्यता; वैधता قانونی طور پر جائز ہونا؛ معقول ہونا

Valise : *v*. (va-lees) small travelling bag बैग سفری بیگ؛ سفری تھیلا

Valley : *n*. (val-i) a low ground between two hills घाटी; वादी گھاٹی؛ وادی

Valour : *n*. (val-er) prowess in war; bravery वीरता; बहादुरी بہادری؛ شجاعت؛ دلیری

Valuable : *adj*. (val-ew-ay-bel) of much value; precious; worthy of value बहुमूल्य قیمتی

Value : *n*. (val-yew) a price; worth rate; intrinsic worthy; quality; improtance मूल्य; मान; महत्तव قیمت؛ قدر و قیمت؛ وصف؛ خوبی؛ اہمیت

Valueless : *adj*. worthless; useless व्यर्थ; मूल्यहीन بے کار؛ ناکارہ

Valve : *n*. (valv) arrangement for controlling the flow of fluids; radio tube वाल्व; कपाट والو؛ کھلمندن

Vamp : *n*. (vamp) patch; attractive woman पैवन्द; मोहनी औरत پیوند؛ دلکش عورت

Vamp : *v*. to repair; to furbish; to make up out of odds and ends; to improvise मरम्मत क.; चमकाना; इधर उधर से सामग्री जुटा कर तैयार क.; तत्काल तैयार क. مرمت کرنا؛ چمکانا (پالش کر کے)؛ ادھر اُدھر سے سامان اکٹھا کر کے تیار کرنا؛ فوراً تیار کرنا

Vampire : *n*. (vam-pi-er) ghost; a

pretended demon said to delight in sucking human blood; bat; stage trapdoor रक्तचुशक भूत; पिशाज; चिमगादड़; फर्श दरवाजा بھوت؛ جن؛ شیطان؛ چمگادڑ؛ فرشی دروازہ

Van : *n*. (van) covered motor vehicle for delivery of goods; closed railway truck; person leading others बन्द गाड़ी; रेल में बन्द माल डिब्बा; सेना का अग्र भाग بند گاڑی؛ ریل میں بند مال ڈبّہ؛ ہراول

Vanguard : *n*. guard marching in front of army वह सेना जो सब से आगे हो ہراول دستہ؛ فوج کا اگلا حصہ؛ محافظ دستہ

Vanish : *v*. (van-ish) to disappear; to pass away; to disappear suddenly; to fade away; to cease to exist ओझल हो जाना; अदृश्य हो जान; विलीन हो जाना; गायब हो जाना دفعتاً غائب ہوجانا؛ فضا میں تحلیل ہوجانا؛ ختم ہوجانا؛ کافور ہوجانا

Vanishing Cream : *n*. face cream leaving no trace when rubbed well ग़ायब हो जाने वाली क्रीम معلوم نہ ہونے والی کریم؛ وینیشنگ کریم

Vanity : *n*. (van-e-ti) emptiness; futility; arrogance; falsehood; silly pride दिखावा; खोखलापन; गर्व; घमण्ड کھوکھلا پن؛ خالی پن؛ خودپسندی؛ بیجا غرور؛ جھوٹا ناز

Vanquish : *v*. (vank-wish) to overcome; to conquer; to subdue जीतना; पराजित क. غالب آنا؛ نیچا دکھانا؛ جیتنا؛ قائل کرنا

Vanquished : *adj*. victorious; conquered जीता हुआ غالب آیا ہوا؛ جیتا ہوا

Vantage : *n*. (van-tig) gain; profit; opportunity लाभ; सुविधा فائدہ؛ نفع؛ موقع

Vantage-Ground : *n*. superiority state in which one has superior means of acting लाभदायक जगह या समय فائدہ مند جگہ یا حالت

Vapid : *adj*. (vap-id) insipid; spiritless; lifeless; dead; mawkish नीरस; फीका; बेजान بے لطف؛ پھیکا؛ بے جان؛ روکھا؛ بے ذائقہ

Vaporization : *n*. (vay-pe-ri-zay-shen) act of vaporizing वाष्पण; धुँआ बनना تبخیر؛ عمل تبخیر

Vaporize : *v*. (vay-pe-riz) to become vapours भाप बनना; धुँआ बनना بھاپ بننا؛ تبخیر ہونا یا کرنا؛ بخار بننا

Vapour : *n*. (vay-pe-r) liquid or solid substance changed into gas; steam; wind धुंआ; भाप; कोहरा بخار؛ دھواں؛ بھاپ؛ کُہرا

Variable : *adj*. (vay-ri-ay-bel) changeable; constant fickle परिवर्ती; परिवर्तनशील; अस्थिर تبدیل پذیر؛ تغیر پذیر؛ بے ثبات

Variance : *n*. (vay-ri-ens) difference; change; disagreement अन्तर; विरोध فرق؛ تبدیلی؛ ناموافقت

Variation : *n*. (vay-ri-ay-shen) change; difference; deviation परिवर्तन تبدیلی؛ بدلاؤ

Varicose : *adj*. (vay-ri-kos) disease with dilatation धमनी का फूल जाना या बढ़ जाना رگ کے پھول جانے یا بڑھ جانے کے متعلق

Varied : *adj*. (vay-rid) often changed; of different sorts विविध; नानारूप; परिवर्तित کئی بار؛ بدلا ہوا؛ قسم قسم کا؛ گوناگوں

Variegate: *v.* to diversify; to stain with different colours रंग बरंगा करना بوقلموں کرنا؛ گوناگوں کرنا

Variegated : *adj.* having irregular patches of various colour रंग बरंगा بوقلموں؛ گوناگوں

Variety : *n.* (va-ri-e-ti) diversity; change; an inter mixture परिवर्तन; मिश्रत क. رنگارنگی؛ تبدیلی؛ گوناگوں

Variola: *n.* (vay-rio-la) the small pox शीतला چیچک

Various : *adj.* (vay-ri-ous) several; different भांति-भांति; कई प्रकार का. متعدد؛ مختلف؛ کئی قسم کا

Varlet : *n.* (var-let) a rascal; anciently a footman; page नौकर; बदमाश; परिचर نوکر؛ خادم؛ دھوکہ باز؛ صفحہ

Varnish : *n.* (var-r-nish) a shiny coating; a shining liquid substance वारनिश; रोग़न وارنش؛ روغن

Varsity : *n.* (vah-r-si-ti) university विश्वविद्यालय یونیورسٹی؛ جامعہ

Varus: *n.* (vay-rus) pimple मुहाँसे مہاسے

Vary : *v.* (vay-ri) to change; to diversify परिवर्तन क.; बदलना بدلنا؛ مختلف ہونا؛ تبدیل ہونا

Vase : *n.* (vahz) ornamental jar for holding flowers फूलदान; गुलदान پھولدان؛ گلدان؛ گل دستہ

Vaseline : *n.* (vas-e-lin) ointment prepared from petroleum वैसेलिन ویسلین

Vassal : *n.* (vays-el) dependent slave; subordinate; servant दास; नौकर; मातेहत غلام؛ ماتحت؛ نوکر

Vast : *adj.* (vahst) extensive; enormous; very great बड़ा; विशाल; बहुत बड़ा وسیع؛ بہت بڑا؛ عظیم

Vat : *n.* (vat) big vassel for holding liquids; a brewer's working tub कुण्ड; हौज़; टंकी; वैट نانْد؛ کڑھاؤ؛ حوض؛ ویٹ

Vaticinate : *v.* (va-ti-si-nayt) to foretell; to predict भविष्यवाणी پیش گوئی کرنا؛ پہلے سے بتانا

Vault : *n.* (vawlt) series fo arches forming a roof; an arch; a cave; a grave महराबी छत; महराब; शव कक्ष محراب دار چھت؛ قوسی چھت؛ گنبد؛ محراب؛ مقبرہ

Vaulted : *adj.* having vaults महराबी; महराबदार قوسی؛ محراب دار؛ محرابی

Vaunt : v. (vawnt) boost; brag डींग मारना لاف زنی؛ بڑ ہانکنا؛ ڈینگ مارنا؛ شیخی مارنا

Veal : *n.* (veel) calf-flesh as food बछड़े का मांस بچھڑے کا گوشت

Veer : *v.* (vee-er) to turn; to change; to turn about; to let out मुड़ना; दिशा बदलना; घूमना; ढ़ीला क. مڑنا؛ رُخ؛ بدلنا؛ طرف بدلنا؛ ڈھیلا کرنا

Vegetable : *n.* (veg-e-tab-el) food plants; plant as food साग सब्जी; शाक سبزی؛ ترکاری؛ ساگ

Vegetarian : *n.* (-tay-ri-en) one who does not eat meat शाकाहारी; निरामिष भोजी سبزی خور؛ نبات خور؛ گوشت سے پرہیز کرنے والا

Vegetate : *v.* have no chance to do the talented work निष्क्रिय या नीरस जीवन बिताना پڑے پڑے سڑنا؛ بے کاری کے دن گزارنا؛ کچھ نہ کرنا

Vegetation : *n.* plants in general; growing as plants पेड़-पौधे; उत्पत्ति; उपज نباتات؛ روئیدگی؛ بالیدگی

Vehemence : *n*. being vehement; violence; eagerness; oudour तीव्रता; प्रचण्डता; गर्मी شدت؛ سختی؛ تندی؛ سرگرمی

Vehement : *adj*. vigorous; forcible; eager; earnest तेज़; तीव्र; प्रचण्ड تیز؛ سرگرم؛ پرجوش؛ زوردار

Vehicle : *n*. (vee-i-kel) wheeled conveyance; a carriage; a conveyance छकड़ा; गाड़ी گاڑی؛ باربرداری

Veil : *n*. (vayl) covering for the face; such a used by muslim women; a cover to conceal the face नक़ाब نقاب؛ برقع؛ برقعہ

Veil : *v*. to put a veil over; to cover; to hide; to conceal परदा क.; घूंघट निकालना; छिपाना نقاب اوڑھنا؛ پردہ کرنا؛ گھونگھٹ نکالنا؛ چھپانا

Take the veil : *ph*. become a nun धर्मसंघिनी बनना; नन बनना راہبہ بن جانا

Vein: *n*. (vayn) tube in the body carrying blood back to the heart रग; नस رگ؛ نس

Velocity : *n*. (ve-los-i-ti) speed; swiftness of motion तीव्र गति تیزی؛ رفتار

Velvet : *n*. (vel-vet) silk cloth with a fur or pile upon one side मख़मल مخمل

Velveteen : *n*. (vel-ve-teen) similar cotton cloth नक़ली मख़मल; सूती मख़मल نقلی مخمل؛ سوتی مخمل

Velvety : *adj*. soft like velvet मख़ामली مخملی

Venal : *adj*. (vee-nel) who may be bought over to do wrong; mercenary घूसखोर; किराया का ضمیرفروش؛ کرایہ کا

Vend : *v*. to sell; to set; offer for sale विक्री करना; बेचना فروخت کرنا؛ بیچنا

Vend : *n*. one who sells विक्रेता; बेचनेवाला دکاندار؛ بیچنے والا؛ فروخت کنندہ

Venerable: *adj*. (ven-e-re-bel) highly respectable; worthy of reverence पूजनीय; आदरणीय مقدس؛ محترم؛ واجب التعظیم

Venerate : *v*. to respect deeply; to regard आदर क. عزت کرنا؛ احترام کرنا

Veneration : *n*. (ven-e-ray-shen) an awful regard; deep respect आदर; सत्कार عزت؛ احترام؛ تعظیم

Vengeance : *n*. (venj-ens) revenge; punishment बदला; प्रतिशोध بدلہ؛ انتقام؛ سزا

Venial : *adj*. (ve-nial) pardonable क्षमणीय; क्षमा योग्य قابلِ معافی؛ معافی کے لائق

Venil : *adj*. (vee-ni-el) minor; not serious ज़रा सा; मामूली सा معمولی سا؛ ذرا سا

Venison : *n*. (ven-zen) deer meat मृग मांस ہرن کا گوشت

Venom : *n*. (ven-um) poison; malice; spite विष; बैर زہر؛ بس؛ کینہ؛ عداوت

Venomous : *adj*. (ven-e-mus) poisonous; deadly; spiteful विषैला; ईर्षा युक्त زہریلا؛ مہلک؛ کینہ پرور؛ کینہ جو

Vent : *n*. (vent) a hole; passage; sale discharge छेद; रास्ता; निकास سوراخ؛ راستہ؛ نکاس

Ventage : *n*. (ven-kayj) hole छेद سوراخ

Venter : *n*. belly; womb पेट; गर्भाशय پیٹ؛ شکم؛ رحم؛ بچہ دانی

Ventilate : *v*. (vent-i-layt) to make arrangement for the supply of fresh air; to bring issue before the public; to discuss वायु से ठंडा क.; जनता के

सामने रखना; विचार विमर्श क. ہوادار کرنا؛ ہوادار بنانا؛ عوام کے سامنے مسئلہ لانا؛ بحث کرنا

Ventilation : *n*. make passage of air वायुसंचार; हवादार ہوادار؛ ہوادار بنانا

Ventilator : *n*. outlet used for air हवाकश روشن دان

Ventriloquism : *n*. (ven-tril-o-kwizm) art of producing different kinds of voice sound भांत-भांत की आवाज़े निकालना طرح طرح کی آوازیں نکالنا

Venture : *n*. (vench-er) risky undertaking; a hazard; hap chance जोखिम; साहसी कार्य جوکھوں کا کام؛ خطرناک کام؛ جوکھم؛قسمت آزمائی

Venture : *v*. to dare; to hazard; to send on a venture; to risk danger or loss जोखिम में डालना; खतरे में डालना; साहस करना خطرے میں پڑنا؛ خطرناک کام کا بیڑا اٹھانا؛ جوکھم میں ڈالنا

Venturesome : *adj*. (vench-er-sum) daredevil; risk (act) साहसी; जोखिमी; निर्भीक خطرے میں کود جانے والا؛ جان جوکھوں کا (کام)؛ نڈر

Venue : *n*. (ven-ew) place of meeting मिलन स्थान میٹنگ کا مقام

Venus : *n*. (vee-nus) the evening star; one of the planets; a lovely woman शुक्र; गृह; सुन्दर स्त्री زہرہ؛ حسینہ

Veracious : *adj*. (ve-rash-us) true; truthful सच्चा سچا؛ راست

Veracity : *n*. (ve-ras-i-ti) truthfulness; honesty of report; truth सच्चाई; सत्यवादिता راست گوئی؛ صداقت؛ راستبازی

Verandah : *n*. (ve-rand-a) floored portico along the side of a building बरामदा; दालान برآمدہ؛ دالان

Verb : *n*. (verb) one of the parts of speech expressing state or action क्रिया فعل

Verbal : *adj*. (ver-bel) pertaining to words; oral; verbation मौखिक لفظی؛ زبانی؛ غیرتحریری

Verbatim : *adj*. (ver-bay-tim) word for word शब्दश; मौखिक لفظی؛ لفظ بہ لفظ

Verbose : *adj*. (ver-bohs) profix; tedious शब्दबहुल; लम्बा कार्य لفاظی والا؛ پراز الفاظ؛ طویل کام

Verdent : *adj*. (ve-r-dant) fresh and green हरा-भरा ہرا بھرا؛ سرسبز

Verdent : *adj*. green; flowrishing; beautiful हरा-भरा; सुन्दर سرسبز؛ سبز؛ خوبصورت

Verdict : *n*. (ver-dikt) decision; a determination by a jury न्याम; पंच निर्णय فیصلہ؛ اہلِ جیوری کی رائے

Verdure : *n*. (ver-d-yer) being verdant; verdant growth हरयाली; सरसब्ज़ी ہرا بھرا ہونا؛ سرسبزی؛ شادابی؛ سبزہ؛ ہریالی

Verge : *n*. (ve-rj) brink; a rod तट; किनारा; चोब کنارا؛ چوب

Verge upon : *v*. be on the verge of समीप होना قریب ہونا

Verification : *n*. (ve-ri-fi-kay-shen) verifying; a confirmation by evidence प्रमाण تصدیق

Verify : *v*. (ve-ri-fy) to check up or establish the truth of प्रमाण देना تصدیق کرنا

Verily : *adj*. (old use) really; in truth; certainly सच; वासतविक سچ؛ واقعی؛ درحقیقت

Verisimilitude : *n*. (ve-ri-si-mil-i-tewd) air of being truth; appearance of truth संभावना; सत्याभासा سچ لگنا؛ حقیقت لگنا

Veritable : *adj*. (veri-tab-el) real; in fact; rightly named सच्चा; असली; खरा اصلی؛ درحقیقت؛ اسم بامسمیٰ

Verity : *n*. (ve-ri-ty) reality; truth सत्यता; सच्चाई سچائی؛ حقیقت

Vermeil : *n*. (ve-r-may) gilt silver; vermeil colour; varnish सुनहली चाँदी; मुलम्मेदार चाँदी; मुलम्मे की वारनिश سنہری چاندی؛ ملمع دار چاندی؛ سندوری رنگ؛ وارنش

Vermicelli : *n*. (ve-r-mi-cel-i-) wheat paste made into threads for cooking सेवई سویاں

Vemillion : *n*. (ver-mil-yen) bright red colour; a beautiful red colour लाल रंग; सिंदूर شنگرفی رنگ؛ لال رنگ؛ کھلتا ہوا لال رنگ؛ سرخ لال رنگ؛ سندور

Vermilion : *adj*. bright red सिंदूरी کھلتا ہوا لال؛ شنگرفی

Vermin : *n*. (ver-min) small animals, insects, fleas etc. पीड़क जन्तु; कीड़े मकोड़े کیڑے مکوڑے؛ ضرر رساں جانور یا کیڑے

Verminous : *adj*. (- us) caused by vermin; infested with vermin; vile कृमिण; कृमिल; नीच کیڑوں بھرا؛ کیڑوں کا پیدا کیا ہوا؛ بدمعاش؛ نیچ

Vernacular : n & *adj*. (ver-nak-ew-ler) of one's own country; of one's own country language स्वदेशी; स्वदेशी भाषा دیسی؛ ملکی؛ مقامی؛ دیسی زبان؛ ملکی زبان

Vernal : *adj*. (ver-nel) fresh; young ताज़ा; तरूण تازہ؛ جوان

Versatile: *adj*. (ver-se-til) veriable; clever at many things; turning round सर्व कलावित; बहुमुखी ہرفن مولا؛ ہمہ گیر

Verse : *n*. (ve-rs) poetical form; a piece of poetry; one line of poem श्लोक; कविता; पंक्ति نظم؛ منظوم چیز؛ مصرعہ

Versification : *n*. (- kay-shen) making of verses पद्यरचना; शायरी क.; शायरी نظم کہنا؛ شاعری کرنا؛ شاعری؛ قافیہ بندی

Verson : *n*. (ver-shen) translation; transformation; changing; the act of translating अनुवाद; भाषान्तर; विवरण ترجمہ؛ تبدیلی؛ بدلنا؛ بیان

Versus : *prop*. (ver-sus) against; opposed बनाम; प्रति; विरूद्ध بنام؛ مخالف

Vertebra : *n*. (ver-tab-ra) a joint in the backbone; single segment of the spine पीठ की हड्डी; रीढ़ की हड्डी ریڑھ کی ہڈی؛ کمر کی ہڈی

Vertebrate : *adj*. (- rit) having a spine रीढ़ की हड्डी वाला ریڑھ کی ہڈی والا

Vertex : *n*. (ver-taks) highest point; the summit; upper part of anything; crown of the head चोटी; शिखर; शिरोबिन्दु چوٹی؛ سب سے اوپری حصہ؛ راس؛ چاند

Vertical : *adj*. (ve--ti-kel) upright खड़ा; सीधा عمودی؛ کھڑا؛ سیدھا

Vertigo : *n*. (ve-r-ti-goh) dizziness; giddiness; a whirling motion चक्कर; सिर की चक्कराहट چکر؛ دورانِ سر

Very : *adj*. (ve-ri) absolute; mere same; true वही; अत्यधिक्त نرا؛ بالکل؛ وہی؛ بالکل وہی؛ سچا

Vesicle : *n*. (ve-si-kel) a small cuticle inflated; blister छाला چھالا؛ پھپھولا

Vesper : *n*. (ves-per) the evening

star; the evening शुक्रतारा; सायं काल شام کا تارا؛ زہرہ؛ ناہید؛ شام

Vespers : *n*. (ves-pe-rz) evening service of prayer in the church गिरजे में सायं की पूजा گرجے میں شام کی عبادت

Vessel : *n*. (ves-el) container for liquids; utensil; ship बर्तन; जहाज़ برتن؛ ظروف؛ ظرف؛ جہاز

Vest : *n*. (vest) a kind of coat; an outer garment; waist coat कोट; वास्कट ایک قسم کا کوٹ؛ واسکٹ؛ لباس؛ جامہ؛ پوشاک

Vestibule : *n*. (ves-ti-bewl) the entrance of a house; lobby; entrance hall प्रकोष्ठ; डयौढ़ी; दहलीज़ دہلیز؛ ڈیوڑھی

Vestige : *n*. (ves-tij) trace; evidence; foot print; track अवशेष; पैरों के निशान; खोज نام ونشان؛ آثار؛ نقشِ پا؛ کھوج

Vestment : *n*. (vest-ment) a garment; part of dress वेश-भूषा پوشاک؛ جامہ

Vesture : *n*. (ves-cher) a garment; habit dress वेश; वस्त्र پوشاک؛ جامہ؛ پہناوا

Vet : *v*. (vett) scrutinise and correct ठीक क.; जांच क. ٹھیک کرنا؛ نظر ثانی کرنا

Vetch : *n*. (vetch) a leguminous plant; a kind of pea उर्द; मोठ; मूँग اڑد؛ موٹھ؛ مونگ وغیرہ

Veteran : *n*. (vet-e-ren) old soldier; man long practised; very experienced person पुराना सिपाही; अनुभवी पुरूष پرانا سپاہی؛ تجربہ کار آدمی

Veteran : *adj*. long experienced; very experienced अनुभवी; अभ्यासी بڑا تجربہ کار؛ بہت زیادہ تجربہ والا

Veterinary : *adj*. (vet-e-ri-neri) pertaining to the diseases of animals पशुओं की चिकित्सा के विषय में بیطاری؛ متعلق علاجِ مویشیان

Veterinary surgeon : *n*. surgeon curing animals diseases पशुओं की चिकित्सा करने वाला بیطار؛ مویشیوں کا علاج کرنے والا ڈاکٹر

Veto : *n*. (vee-toh) right to reject or prohibit; right to refusal अस्वीकारी; अस्वीकार; निषेधाधिकार نامنظور کرنے کا حق؛ حق تنسیخ؛ حق استرداد

Vex : *v*. (veks) to irritate; to annoy; to make unhappy कष्ट देना; दुख देना; तंग क. پریشان کرنا؛ دق کرنا؛ تنگ کرنا؛ اذیت دینا؛ دکھ دینا

Vexation : *n*. (vek-say-shen) annoyance नाराज़गी; परेशानी پریشانی؛ پریشان کن بات؛ ناراضگی؛ رنجیدگی

Vexatious : *adj*. (-shus) annoying कष्टकर; कष्टप्रद; कष्टदायक پریشان کن؛ تکلیف دہ

Vexed : *adj*. annoyed; displeased व्याकुल; अप्रसन्न پریشان؛ ناراض

Vexed question : *n*. issue on which there is some agitation विवादग्रस्त विषय या समस्या ہنگامہ خیز مسئلہ؛ پریشان کن مسئلہ

Via : *prep*. (vi-a) by way of से होकर; के मार्ग से; के द्वारा براہ؛ کے راستے

Via media : *n*. middle course मध्यमार्ग درمیانی راہ

Viaduct : *n*. (vei-dukt) a bridge; a carriage way पुल پُل؛ ریل کا پُل

Vial : *n*. (vi-el) a small bottle शीशी شیشی

Viand : *n*. (vi-end) excellent food with a variety; meat dressed meat;

food भोजन شاندار کھانا؛ طعام

Vibrante : *adj*. (vib-rant) vibrating; resonant मम्पमान; गुजायमान مرتعش؛ گونجتا ہوا

Vibrate : *v*. (vib-rayt) to brandish; to move rapidly to and fro; quiver घुमाना; झुलाना; हिलाना گھمانا؛ جھلانا؛ ہلانا؛ مرتعش ہونا

Vibration : *n*. (- ray-shen) act of vibrating कम्पन; कपकपी ارتعاش؛ کپکپی

Vicar : *n*. (vikar) parish clergyman; deputy डिप्टी; विकर وکر؛ ڈپٹی

Vicar : *n*. (vis) wickedness; offence; an iron press; immorality; very bad habit दुराचरण; दुष्टता; भ्रष्टाचार; व्यसन; दोष شرارت؛ بدکاری؛ آہنی شکنجہ؛ گناہ؛ بری عادت

Vice : *prop*. in succession to; in place of के स्थान पर; के बदले में کی جگہ؛ کی بجائے؛ کے بجائے؛ کے بدلے میں

Vice-chancellor : *n*. deputy chancellor discharging most of the administrative duties कुलपति وائس چانسلر؛ نائب شیخ الجامعہ

Vice-president : *n*. deputy president उपराष्ट्रपति نائب صدر

Vice-principal : *n*. deputy principal वाइस प्रिंसिपल وائس پرنسپل

Vice-regent : *n*. deputy regent उपराजप; वाईसरीजेंट بادشاہ کے قائم مقام کا نائب

Vice versa : *adj*. the other way round उलटे; दूसरी ओर; इसके विपरीत اور یونہی؛ اس کے برعکس؛ دوسری طرف

Vicegerent : *n*. (vis-je-rent) holding of delegate power प्रतिनिधी نائب؛ خلیفہ؛ قائم مقام

Viceregal : *adj*. of a viceroy बड़े लाट का; वायसराए का وائسرائے کا

Vicerein : *n*. (vis-rayn) viceroy's wife वायसराए की स्त्री وائسرائے کی بیوی؛ وائسرائے کی زوجہ

Viceroy: *n*. (vis-roi) kings representative; excercising royal authority वायसराए وائسرائے؛ نائب بادشاہ

Vicinage : *n*. (vi-sin-ij) neighbour hood; places immediately adjoining पड़ोस نزدیکی؛ پڑوس

Vicinity : *n*. (vision-i-ti) neighbour hood; nearness पड़ोस; आस-पास; अड़ोस-पड़ोस پڑوس؛ آس پڑوس؛ آس پاس

Vicious : *adj*. (vish-us) wicked; faulty; unsound चरित्रहीन; दुष्ट; दोषपूर्ण آوارہ؛ بُرا؛ بدمعاش؛ ناقص؛ غلط

Vicissitude : *n*. (vi-sis-i-tewd) a change; revolution; ups and downs परिवर्तन; उतार चढ़ाव; प्रत्यावर्तन تغیر؛ تبدیلی؛ نشیب وفراز

Victim : *n*. (vik-tim)a sacrifice; animal to be sacrificed; casualty बलि; बलि पशु; शिकार; पीड़ित قربانی؛ قربانی کا جانور؛ شکار؛ مظلوم

Victimize : *v*. (vik-ti-mize) to persecute; to dismiss; to punish सताना; उत्पीड़ित क.; दण्ड देना ایذا دینا؛ برخاست کرنا؛ سزا دینا

Victor : *n*. (vik-ter) a conqueror; winner; a vanquisher विजयी; विजय पाने वाला; विजेता فاتح؛ جیتنے والا

Victorious : *adj*. (vik-to-ri-us) having gained victory वियजी; विजयमान فاتح؛ جیتنے والا

Victory : *n*. (vik-te-ri) success;

triumph; conquest विजय; जीत; जय فتح؛ جیت؛ ظفر

Victual : *v.* (vit-el) to provide with food भोजन पहुंचाना; रसद पहुंचना سامانِ خورد ونوش پہنچانا؛ کھانے پینے کا سامان پہنچانا؛ رسد پہنچانا

Victuals : *n.* provisions of food; meat store रसद; खाद्य-सामग्री رسد؛ طعام؛ خوراک

Vicuna : *n.* (vi-koo-na) fine woollen cloth बेकुना; एक प्रकार का ऊनी कपड़ा ویکونا؛ اونی کپڑے کی ایک قسم

Vide : *v.* (vid-e) refer to; to see हवाला देना; देखिए حوالہ دینا؛ دیکھئے (فلاں صفحہ وغیرہ)

Videlicet : *adj.* (vi-dee-li-set) namely अर्थात; यानी یعنی

Video : *n.* (vee-di-o) television टेलीविजन ویڈیو؛ ٹیلی ویژن

Vidual : *adj.* (vidh-u-ul) widowed विधवा का; विधवा بیوہ؛ بیوہ کا

Vie : *v.* (vi) to compete; to contest; to strive with बराबरी क.; तुलना क. مقابلہ کرنا؛ ہمسری کرنا؛ برابری کرنا

View : *n.* (vew) sight; a prospect; a show; opinion; that which is seen दृश्य; दृष्टि; सम्मति; इच्छा نظر؛ خیال؛ منظر؛ نظارہ؛ رائے

Viewpoint : *n.* point of view दृष्टिकोण نقطۂ نظر؛ زاویۂ نگاہ؛ زاویۂ نظر

Vigil : *n.* (vij-il) staying awake to pray; watchfullness जागरन; रतजगा; चौकसी شب بیداری؛ کڑی نگاہ؛ چوکسی؛ نگرانی

Vigilance : *n.* (-lans) watchfulness; keeping watch चौकसी; पहरा پہرہ؛ چوکسی

Vigilance committee : *n.* self-organized body for maintaining order निगरानी समिति محلّہ امن کمیٹی؛ امن کمیٹی

Vigilant : *adj.* (vij-i-lent) watchful चौकन्ना; चौकस چوکنّا؛ چوکس

Vigorous : *adj.* (vig-e-rus) forceful; vehement; strong बलवान; हृष्ट-पुष्ट; हट्टा-कट्टा; ज़ोरदार طاقتور؛ چاق و چوبند؛ زوردار؛ جاندار

Vignette : *n.* (veen-yet) ornamental; illustrations; photograph showing only head and shoulders with background shaded off; character sketch गुलकारी; विग्नेट चित्र; शब्द चित्र; लधु-चित्र گل کاری؛ بیل بوٹے؛ قلمی تصویر؛ سر کی تصویر؛ قلمی چہرہ

Vigour : *n.* (vig-er) strength; energy; force; efficacy शक्ति; बल; जोर; उत्साह زور؛ طاقت؛ کس بل؛ دم خم؛ جان؛ جوش

Vile : *adj.* (vil) shamful; bad; sordid; wicked; mean बुरा; तुच्छ; नीच شرمناک؛ بُرا؛ گندہ؛ کمینہ؛ حقیر

Vilify : *v.* (vil-i-fi) to slander; to defame; to abuse; to debase कलंकित क.; बदनाम क.; बुरा भला कहना بدنام کرتے پھرنا؛ ذلیل کرتے پھرنا؛ برا بھلا کہنا

Villa : *n.* (vila) big country bunglow कोठी; बंगला کوٹھی؛ بنگلہ

Village : *n.* (vil-ej) collection of houses; a small collection of houses ग्राम; गांव گاؤں؛ موضع؛ دیہات

Villager : *n.* (vil-i-jer) rustic देहाती; ग्रामवासी دیہاتی؛ گنوار

Villain : *n.* (vil-en) wicked man; scoundrel; naughty; hero's opposite character in drama दुष्ट; खलनायक; नटखट بدمعاش؛ ویلن؛ بدکردار؛ شریر

Villainous : *adj.* (vil-e-nus) evil; very

bad बहुत बुरा; बुरा بہت بُرا؛ بُرا

Villainy : *n*. (vil-e-ni) evil conduct; wickedness; crime; baseness बदमाशी; दुष्टता; नीचता; बुराई حرام زدگی

Villein : *n*. (vil-in) free villager; village peasant of lower class कृषिदास; किसान (देहात का) کسان؛ دیہاتی؛ دیہاتی کسان (نچلے طبقے کا)

Vim : *n*. (vim) energy; vigour; force; strength बल; शक्ति; दमखम طاقت؛ ہمت؛ کس بل؛ دم خم

Vincible : *adj*. (vin-si-bel) conquerable; tameable विजय योग्य; विजेय تسخیر ہونے کے قابل؛ لائق فتح؛ جو نا قابل فتح نہ ہو

Vindicate : *v*. (vin-di-kayt) to justify; to disprove the allegations against; to clear सिद्ध क.; निर्दोष ठहराना; सही सिद्ध क. ثابت کرنا؛ صحیح ٹھہرانا؛ بے گناہ ثابت کرنا

Vindication : *n*. (-kay-shin) a defence; justification अनुमोदन; समर्थन; दोषनिवारण بے گناہی؛ تائید؛ حمایت

Vindictive : *adj*. (vin-dik-tiv) revengeful; evincing a desire for revenge प्रतिशोधी; ईर्षा युक्त کینہ پرور؛ کینہ جو؛ بدلہ لینے والا

Vine : *n*. (vin) climbing plant bearing grapes अंगूर की बेल انگور کی بیل؛ تاک؛ رز

Vinegar : *n*. (vin-e-ger) a sour liquid for pickling सिरका سرکہ

Vineyard : *n*. area planted with vine अंगूर का बाग انگور کا باغ؛ تاکستان

Vintner : *v*. (vint-ner) one who sells wine मदिरा बेचने वाला مے فروش؛ شراب فروش

Violate : *v*. (vi-o-layt) to break the law; to injure; to infringe; to desecrate खंडन क.; आज्ञा भंग क. قانون وغیرہ توڑنا؛ خلاف ورزی کرنا؛ بے حرمتی کرنا

Violate the chasility : *ph*. rape बलात्कार क. عصمت دری کرنا

Violation : *n*. breaking the law; desecration खंडन; अपवित्रीकरण خلاف ورزی؛ بے حرمتی؛ بے ادبی

Violence : *n*. (vio-lens) force; outrage injury; being violent तीव्रता; सख्ती; तीक्ष्णता; उग्रता; बलप्रयोग زبردستی؛ تشدد؛ شدت؛ سختی

Violent : *adj*. (vi-o-lent) forcible; extorted; outrageous; unnatural; vehement; marked by violence प्रबल; तीक्षण; प्रचण्ड; तीव्र; हिंसात्मक تند؛ زبردست؛ شدید؛ پرجوش؛ بے قابو؛ تشدد آمیز

Violet : *n*. (vi-o-let) the name of a sweet flower; plant species including pansy; bluish purple colour नीलपुष्प; बैंगनी रंग گل بنفشہ؛ بنفشی رنگ

Violin : *n*. (vio-lin) a fiddle; a musical instrument सारंगी; वायलिन وائلن؛ سارنگی؛ رُباب

Violinist : *n*. one playing violin सारंगी बजाने वाला سارنگی نواز؛ وائلن نواز

Viper : *n*. (vi-per) a serpent; small kinds of very poisonous snake; treacherous person नाग; विश्वासघाती زہریلا سانپ؛ مارِ آستین

Virago : *n*. (vi-ray-goh) a old resolute woman; fierce and abusive woman शक्तिशाली स्त्री; लड़ाका औरत بہادر عورت؛ لڑاکا عورت

Virgin : *n*. (ver-jin) a maiden; a

chaste maiden; a woman not a mother कन्या; कुंवारी دوشیزہ؛ کنواری

Virile : *adj.* (vi-ril) very potent; very bold; courageous शक्तिवान; बलवान قوت والا؛ زوردار؛ مردانہ؛ مردانہ صنف

Virility : *n.* (vi-ril-i-ti) quality of being virile पुरूषत्व; मरदानगी مردانگی؛ بہادری؛ جوش

Virtue : *n.* (ver-tew) moral excellence; moral goodness; efficacy; valour पवित्रता; भलाई; शुद्धता پاکدامنی؛ پارسائی؛ بھلائی؛ نیکی؛ خیر؛ تاثیر

Virtuous : *adj.* (ver-twe-us) chaste; good person; efficacious; morally good नौतिकता; शुद्धता; सच्चाई باعصمت؛ نیک؛ پارسا

Virulent : *adj.* (vi-roo-lent) deadly; poisonous; malignant जहरीला; कड़वा مہلک؛ سمِ قاتل؛ زہریلا؛ زہرآلود

Virus : *n.* (vi-e-rus) poison of a contagious disease; poison वायरस; विष مرض کے جراثیم؛ زہریلا مادّہ؛ وائرس

Vis-a-vis : *adj.* face to face आमने सामने آمنے سامنے؛ بالمقابل

Visa : *n.* (vee-zah) foreign endorsement on passport showing that it is correct वीजा; प्रवेश पत्र ویزا؛ راہداری پر غیر ملکی تصدیق

Visage : *n.* (viz-ij) the face; contenance; look रूप; आकृति; चेहरा چہرہ؛ صورت؛ بشرہ

Viscid : *adj.* (vi-sid) glutinous; tenacious चिपचिपा; लेसदार چپچپا؛ لیسدار

Viscosity : *n.* (vis-kos-i-ti) stickiness चिपचिपाहट; लिसलिसा چپچپاہٹ؛ لسلسا

Viscount : *n.* (vi-kount) British nobleman; a kind of jet aircraft बरतानवी नवाब; एक प्रकार का जहाज़ برطانوی نواب؛ وائی کونٹ؛ ایک طیارہ وائی کونٹ

Visibility : *n.* (viz-i-biliti) being visible दिखाई देना دکھائی دینا

Visible : *adj.* (vi-zi-ble) apparent; open; conspicuous; that can be seen स्पष्ट; विदित; जो दिखाई दे सके نمودار؛ آشکارا؛ ظاہر؛ جو دکھائی دے سکے

Vision : *n.* (vizh-en) something seen in a dream; a slight; a phantom; creation of fancy स्वप्न; भ्रम تصور؛ خواب؛ خیال

Visionary : *adj.* (vizh-e-ne-ri) imaginery; seen in a dream; unrealistic ख्याली; भ्रमी; वहमी خیالی؛ وہمی؛ ناقابلِ عمل بات کرنے والا

Visit : *n.* (vi-zit) inspection; the act of going to see another; visiting परीक्षण; भेंट को जाना معائنہ؛ ملاقات

Visit : *v.* to go to see; to inspect भेंट करने जाना; परीक्षण करना ملاقات کرنے جانا؛ معائنہ کرنا

Visitation : *n.* (viz-i-tay-shen) divine punishment for sins कष्ट عذاب؛ شامتِ اعمال

Visitor : *n.* (viz-i-ter) caller भेट करने वाला ملاقاتی

Visor : *n.* (vei-zer) a mask; disguise; concealment घूंगट; परदा برقع؛ نقاب

Vista : *n.* (vis-ta) long narrow passage as between rows of trees; continuous view तंग और लम्बा रास्ता; निरन्तर दृश्य تنگ و دراز راہ؛ مسلسل منظر

Visual : *adj.* (viz-ew-el) pertaining to

sight مرئی

Visualize : *v.* (viz-ew-eliz) to picture something mentally ख़याल में चित्र बनाना ذہن میں تصویر لانا

Vital : *adj.* (vi-tel) necessary of life; of life essential; affecting life आवश्यक; जीवन का; जीवन पर प्रभाव डालने वाला ضروری؛ زندگی کا؛ زندگی پر اثرانداز ہونے والا

Vital parts : *n.* parts essential to life; organs injury to which may affect the whole life मुख्य अंग; जिन पर जीवन आश्रित हो اعضائے رئیسہ

Vitality : *n.* (vi-tal-i-ti) vital power जीवन की शक्ति قوتِ حیات

Vitamin: *n.* (vit-a-min) one of the various nutrition factors in food विटामिन وٹامن؛ حیاتین

Vitiate : *v.* (vish-e-ayt) to spoil; to corrupt; to impaire, to make ineffective बिगाड़ना; नष्ट करना بگاڑنا؛ باطل کرنا؛ خراب کردینا؛ بے اثر بنا دینا

Vitreous: *adj.* (vi-tri-us) glassy; resembling glass शीशे जैसा; काँच का کانچ کا؛ شیشے جیسا؛ کانچ جیسا

Vitriol : *n.* (vit-ri-el) sulphuric acid; a kind of mineral salt गंधक का तेजाब گندھک کا تیزاب

Vituperate : v. (viti-we-pe-rayt) to censure; to blame कलंकित क. لعنت ملامت کرنا؛ الزام لگانا

Viva: *int.* (vee-va) long live जिन्दाबाद زندہ باد

Viva voice : *adj.* (vi-va-voh-se) oral; orally मौखिक; ज़बानी زبانی؛ منہ زبانی

Viva voice : *n.* oral examination; interview as a part of the examination मौखिक परिक्षा, इन्टरव्यू انٹرویو؛ زبانی امتحان

Vivacity : *n.* (vi-va-e-si-ti) sprightliness; liveness चतुर्ता; फुर्ती زندہ دلی؛ پھرتی؛ چستی

Vivid : *adj.* (vi-vid) clear; vigorous; sproughtly; lively स्पष्ट; जोरदार صاف؛ واضح؛ روشن؛ قوی؛ زوردار

Vivify : *v.* (vi-vi-fei) to make alive; to animate जीवन प्रदान क. حیات بخشنا؛ جان ڈالنا

Vivisect : *v.* (viv-sekt) dissect living animal जीवच्छेदन زندہ جانور کی چیر پھاڑ کرنا

Vixen : *n.* (vik-sen) female fox; spiteful woman; termargant लोमड़ी; चण्डी स्त्री; लाड़ाका औरत لومڑی؛ کینہ ور عورت؛ لڑاکا عورت

Viz : *ajd.* (viz) see Videlicet

Vocabulary : *n.* (v-kab-ew-le-ri) a small dictionary; lexicon; list of terms of book शब्दकोष فرہنگ؛ فہرست الفاظ؛ لغت

Vocal : *adj.* (voh-kel) pertaining to voice ध्वनि के संबंध में لفظی؛ صوتی؛ آواز سے متعلق

Vocalist : *n.* (voh-lce-list) singer गायक; गाने वाला مغنی؛ گویا؛ گانے والا

Vocation : *n.* (v-kay-shen) trade; employment जीविका; कारोबार پیشہ؛ کاروبار

Vocational guidance : *n.* expert advice on the choice of a profession व्यायवसायिक निर्देशन پیشے کے انتخاب کے متعلق ماہرانہ مشورہ

Vocative : *n & adj.* (vok-a-tiv) of addressing सम्बोधक; सम्बोधन حالتِ ندا؛ منادی

Vociferate : *v.* (vosi-fe-royt) to clamour; to exclaim कोलाहल क.. غل مچانا؛ چلانا

Vodka : *n.* (vod-ka) popular Russian liquor वोदका; रूसी शराब روسی شراب؛ وادکا

Vogue : *n.* (vohg) fashion; popularity रिति-रिवाज; लोकप्रियता; प्रचलन رواج؛ دستور؛ چلن

In vogue : *ph.* be the fashion प्रचलन होना; रिवाज होना رواج ہونا؛ چلن ہونا

Voice : *n.* (vois) sound given out in speaking; expression of opinion; right to self expression वाणी; स्वर; विचार; विचार अधिकार آواز؛ اظہارِ خیال؛ اظہارِ خیال کا حق

Void : *n.* (void) vaccum; empty; null; destitute रिक्त स्थान; खाली; रिक्त خلا؛ خالی؛ خالی جگہ

Voile : *n.* (voil) a kind of thin dressing material महीन सूती कपड़ा وائل؛ وَیل؛ باریک عمدہ سوتی کپڑا

Volatile : *adj.* (vol-a-til) repidly evaporating; changeable; flying शीघ्र से उड़ जाने वाला اڑ جانے والا؛ کافورصفت

Volcanic : *adj.* (vol-kay-nik) pertaining to a volcano ज्वालामुखीय آتش فشانی

Valcano: *n.* (vol-kay-noh) hill emitting molten rock; a burning mountain that emits flames stones ज्वालामुखी पर्वत آتش فشاں پہاڑ؛ جوالامکھی

Volition : *n.* (vo-lish-en) willing इच्छा; अभिलाषा ارادہ؛ اختیار؛ مرضی

Volley : *n.* (vol-i) shower of missiles; barrage (of questions); a burst of shot from many guns बाढ़; बाछौर (प्रश्न की) भरमार باڑھ؛ بوچھاڑ؛ (سوالات کی) بھرمار

Volley Ball : *n.* a kind of badminton like game played with hands वॉलीबाल والی بال

Volt : *n.* (vohlt) unit of electromotive force वॉल्ट حرکی برق کی اکائی؛ حرکیہ. وولٹ

Voltage : *v.* (vol-tej) total electromotive energy in volts वोल्टेज وولٹیج؛ حرکیت

Voltmeter : *n.* (volht-meter) instrument for measuring voltage वोल्टमीटर; वोल्टमापी وولٹ پیا؛ حرکیہ پیا

Volubility : *n.* (voli-ew-bi-lity) fluency of speech; mutability प्रवाह; धाराप्रवाहिता; वाक पटुता چرب زبانی؛ طرّاری

Voluble : *adj.* (vol-ew-bel) fluent बातूनी; वाचाल فصیح؛ زبان آور؛ باتونی؛ بکواسی

Volume : *n.* (vol-eum) book; any compact matter; bulk; space occupied by something पुस्तक; डील-डोल; विषय جلد؛ حجم

Voluminous : *adj.* (vol-ew-mi-nus) consisting of many volumes; bulky विस्तीर्ण; विशाल; अनेक जिल्दों का ضخیم؛ طول وطویل؛ چند جلدوں پر مشتمل

Voluntary : *adj.* (vol-unt-e-ri) acting by choice; done of one's own free will; done freely इच्छा पूर्वक; स्वैच्छिक; ऐच्छिक رضاکارانہ؛ برضا و رغبت

Volunteer : *n.* (vol-un-tee-er) one who willingly offer to do something स्वयंसेवक; वालांटियर والنٹیر ؛ رضاکار؛ برضا و رغبت کام کرنے والا

Volunteer : *v.* to offer services स्वयंसेवक बनना رضا کارانہ پیشکش کرنا

Voluptuary : *n.* (vol-lup-tew-e-ri) licentious; luxurious विषयी; भोगी; ऐशपसन्द عیاش؛عشرت پسند؛ عیش پسند

Voluptuous : *adj.* (volup-tew-us) of sensuous gratification; easy going; licentious भोगी; विषयी ظاہری حواس کی تسکین کا؛عشرت پسند (شخص)؛ عیش پسند

Vomit : *n.* (vom-it) the act of eject; emetic drug उल्टी; कै; वमनकारी औषधी قے؛ الٹی کی دوا؛ قے لانے والی دوا

Vomit : *v.* to be sick; to eject violently कै करना; उल्टी क. قے کرنا؛ الٹی کرنا؛ جھٹکے سے نکالنا

Voracious : *adj.* (vo-re-shus) very hungry; ravenous; greedy to eat खाऊ; भुक्खड़; पेटू بہت بھوکا؛ ندیدہ؛ پیٹو

Vortex : *n.* (vor-taks) whirpool; a whirlwind भंवर; चक्रवात بھنور؛ گرداب؛ بگولا

Votary : *n.* (voht-e-ri) devotee; one who devoted to any service जीवन न्योछावर करने वाला; गुलाम پرستار؛ جاں نثار؛ غلام

Vote : *n.* (voht) suffrage; right to express one's choice; elective privilage; opinoin मत देना; वोट देना حق رائے دہی؛ اظہارِ رائے؛ ووٹ دینا

Vote : *v.* to give a vote; to support by majority vote मतदान क.; वोट देना ووٹ ڈالنا؛ کثرت رائے کا اظہار کرنا؛ حمایت کرنا

Voter : *n.* (voht-er) one having the right to vote at election मतदाता; वोटर رائے دہندہ؛ ووٹر؛ رائے دینے والا

Voting : *n.* suffrage; elective privilage मतदान حق رائے دہی؛ ووٹنگ

Votive: *adj.* (voh-tiv) (offering) given in fulfilment of a vow मन्नत का منّت کا؛ نذر کا

Vouch : *v.* (vouch) to bear witness; attest; to make oneself responsible साक्षी होना; प्रमाण देना; उत्तरदायित्व लेना گواہی دینا؛ تصدیق کرنا؛ ذمہ دار ہونا

Voucher : *n.* (vou-cher) receipt of money paid रसीद; प्रमाण-पत्र رقم ادا کرنے کی رسید؛ رقم کی رسید

Vouchsafe : *v.* (vouch-sayf) to condescend; to be kindenough to do कृपा पूर्वक प्रदान क.; देने की कृपा क. عنایت کرنا؛ ازراہِ کرم کچھ کرنا

Vow: *n.* (vow) solemn promise; such promise in the form of oath; to offer something प्रतिज्ञा; करार; वादा; मन्नत عہد؛قسم؛ منت؛ نذر؛ اقرار

Vowel : *n.* (vou-el) vocal sound other than that of a consonant; a letter utterable by itself स्वर जो बिना किसी की सहायता के उच्चरण हो حرفِ علّت کی آواز؛ حرفِ علّت؛ اعراب

Voyage : *n.* (voi-ij) long journey by water; long journey be sea समुन्द्री यात्रा بحری سفر؛ سمندری سفر؛ پانی کے جہاز کا سفر

Vulcanite : *n.* (vul-ke-nit) vulcanized rubber वलकेनाइट; सख़्त रबर ولکنائٹ؛سخت ربڑ

Vulcanize : *v.* (vul-ka-niz) treat rubber with sulphur for hardening; repair tyres etc. वल्कनीकरण क. گندھک ملا کر ربڑ کو سخت کرنا؛ ٹائر وغیرہ کی مرمت کرنا

Vulgar : *adj.* (vul-ge-r) unrefined (taste or language) अभद्र; असभ्य

(भाषा आदि) بازاری (زبان وغیرہ)؛ سوقیانہ؛ گھٹیا

Vulgarity : *n*. (vul-ga-ri-ti) being vulgar; meanness गँवारपन; अभद्रता سوقیانہ پن؛ گھٹیاپن؛ گنوارپن

Vulnerable : *adj*. (vul-ne-rabel) open to attack; that may be wounded चोट खाने योग्य غیر محفوظ؛ جو مجروح ہوسکے

Vulture : *n*. ((vul-cher) any of certain raptorial bird having weaker claws and naked from head गिद्ध; गध्र گدھ؛ کرگس

W

W : *n.* (dub-le-yoo) twentythird letter of the English alphabet अंग्रेजी वर्णमाला का तेईसवा अक्षर ڈبلیو؛ انگریزی حروف تہجی کا تئیسواں حرف

Wabble : *v.* (we-a-bel) to move from side to side; to totter चक्कर खाना; लड़खड़ाना چکر کھانا؛ لڑکھڑانا

Wack : *n.* (wak) eccentric person सिंकी पुरूष سِنکی؛ خبطی

Wad : *n.* (woad) pad for stopping up a hole डाट نرم ڈاٹ

Waddle : *v.* (wad-el) walk with short steps rolling side ways झूमते झामते चलना جھومتے جھامتے چلنا (آدمی یا جانور کا)

Wade: *v.* (wayd) to walk through water पानी में चलकर पार होना پایاب؛ پانی وغیرہ میں سے ہوکر گزرنا

Wafer : *n.* (way-fer) a thin dried cake of flour or potato वेफर; पापड़ ویفر؛ پاپڑ

Waft : *v.* (waft) to beckon; to carry over; to float तैरना; बहना تیرنا؛ بہنا

Waft : *n.* breath of air; whiff of perfume हवा का झोंका; महक خوشبو کا جھونکا؛ ہوا کی لپٹ؛ مہک

Wag : *v.* (wayg) to be quick in ludicrous motion हिलना; हिलाना ہلنا؛ ہلانا

Wag : *n.* a merry droll fellow ठट्ठेबाज़; मसख़रा بھانڈ؛ مسخرہ

Wage : *n.* (wayj) payment for services rendered; salary वेतन; मजदूरी اجرت؛ معاوضہ؛ محنتانہ

Wage : *v.* to attempt; to engage in लड़ाई क.; दाव पर लगाना لڑائی کرنا؛ داؤ پر لگانا

Wager : *n.* (way-ger) a bet बाज़ी; शर्त بازی؛ شرط

Wager : *v.* to offer a bet; to bet बाज़ी लगाना; शर्त लगाना شرط لگانا؛ بازی لگانا؛ شرط بدنا

Wages : *n.* (way-jes) reward given for service मेहनताना; वेतन تنخواہ؛ مزدوری؛ اجرت

Waggish : *adj.* (way-gish) frolicsome मसख़रा; ठिठोलिया مسخرہ؛ ٹھٹھولیا؛ خوش طبع

Waggon/Wagon: *n.* (way-en) four wheeleld vehicle; open railway track छकड़ा; चौपहिया गाड़ी ویگن؛ چار پہیوں کا چھکڑا؛ چوپہیہ گاڑی؛ مال گاڑی کا چھکڑا

Waif : *n.* (wayf) stray child; homeless and helpless person रास्ता भूला हुआ शिशु या बालक; बेघर व्यक्ति راستہ بھٹکا ہوا بچہ؛ راستہ بھولا ہوا بچہ؛ بھولا بھٹکا بچہ؛ بے خانماں شخص؛ بے گھر اور بے در شخص

Waifs and strays : *n.* homeless and neglected children; odds and ends बेघर बालक; लावारिस बालक; फुटकर सामान بے خانماں یا لاوارث بچے؛ متفرقات

Wail : *n.* (wayl) long sorrowful cry; sorrowful complaint विलाप کراہ؛ لمبی دردناک چیخ؛ دردناک شکوہ

Wail : *n.* to lament; to utter wail; to complaint sorrowfully; to be wail रोना; शोक क.;विलाप क.; बिलखना غم کرنا؛ گریہ و زاری کرنا؛ کراہنا؛ پُر درد شکوہ کرنا

Wainscot : *n.* (wayn-skot) wooden panelling on the walls of a room दीवार पर लकड़ी का काम; काठ कार्य دیوار پر لکڑی کا حاشیہ

Waist : *n.* (wayst) the middle part of

the body; part of human body between ribs and hips कमर; मध्य भाग کمر؛ میان

Waistcoat : *n.* (wayst-koet) men's close-fitting sleeveless garment वास्कट واسکٹ؛ صدری

Wait : *v.* (wayt) to stay; to linger; to tarry for; to expect to attend प्रतीक्षा क.; उपस्थित रहना انتظار کرنا؛ رُکنا؛ حاضر ہونا

Wait : *n.* ambush; period of waiting; waiting; as to lie in wait घात; प्रतीक्षा گھات؛ کمین گاہ؛ انتظار

Waiter : *n.* one who waits at table restaurant etc. for order बैरा; प्रतीक्षक بیرا؛ ویٹر؛ کھانا کھلانے والا

Waive: *v.* (wayv) to leave claim or right; to refuse to accept त्याग देना; दावा छोड़ देना دعویٰ چھوڑنا یا چھوڑ دینا؛ دستکش ہونا؛ دست بردار ہونا

Wake : *n.* (wayk) track left by ship; vigil अनुजल; रतजगा; जागरण پن لیکھ؛ رت جگا؛ شب بیداری

Wake : *v.* to arouse; to rouse; to revive जागना; जगाना; होश में आना جاگنا؛ جگانا؛ ہوش میں آنا

Wakeful : *adj.* unable to sleep; watchful; sleepless अन्निद्र; जागरूक; चौकस; सचेत آنکھوں میں کٹنے والی؛ ہوشیار؛ چوکس؛ چوکنا

Waken : *v.* (way-ken) to wake; to rouse from sleep जागना; जगाना; नींद्र खुलना; सचेत होना جاگنا؛ جگانا؛ ہوشیار ہونا؛ نیند کھلنا

Walk : *v.* (wawk) to go on foot; to pass; to travel; to sannter पैदल चलना; सैर क.; पदयात्रा क. پیدل چلنا؛ چلنا؛ چہل قدمی کرنا؛ سیر کرنا

Walk: *n.* going on foot; the act of walking पदयात्रा; सैर چہل قدمی؛ سیر

Walk-out : *n.* strike हड़ताल ہڑتال

Walk-over : *n.* easy victory because of weak or no opposition आसान जीत مفت کی جیت؛ آسان جیت

Walkie Talkie : *n.* radio telephone वाकी-टाकी متحرک ریڈیو؛ واکی ٹاکی

Wall : *n.* (wawl) a partition of brick or stone; rampart दीवार; फसील; शहरपनाह دیوار؛ شہر پناہ؛ فصیل

Wall clock : *n.* a clock fixed to a wall दीवार घड़ी دیوار گھڑی؛ گھنٹہ

Wallet : *n.* (wol-et) a pocket case for currency notes; purse; money bag; knapsack बटुआ; झोला; थैला بٹوا؛ چھوٹا پرس؛ تھیلا؛ جھولا

Wallnut : *n.* (wawl-nut) an edible nut अखरोट اخروٹ

Wallow : *v.* (wol-oh) to roll about in mud कीचड़ में लोटना کیچڑ وغیرہ میں لوٹنا

Walrus : *n.* (wol-rus) a kind of large sea-animal वालरस والرس؛ سمندری گھوڑا

Wamble : *v.* (wom-bel) to feel nausea; to roll with sickness जी मतलाना جی متلانا

Wan : *adj.* (won) pale; weak; jaded पीला; कमजोर; फीका پیلا؛ زرد؛ کمزور؛ بے رونق

Wand : *n.* (wond) long slender stick used by magicians or fairies; sumbol of authority छड़ी; अधिकार का प्रतीक جادو کی چھڑی؛ عصائے اقتدار

Wander : *v.* (wond-er) to ream

about; to rove; to go astray आवारा फिरना; पथ भ्रष्ट होना مارا مارا پھرنا؛ آوارہ پھرنا؛ گمراہ ہوجانا

Wanderlust : *n.* (whand-e-lust) great fondness for travelling भ्रमण लालसा پاؤں میں چکر؛ شوقِ رہ نوردی

Wane : *n.* (wayn) decrease in phase (of moon); weaken; decline चाँद का (चंद्रमा का) घटाव; कमी (چاند کا) گھٹنا؛ کمی ہونا؛ کمزور ہونا

Wane : *v.* to diminish न्यून होना; कम होना گھٹنا؛ رونق جاتے رہنا

Wangle : *v.* (wang-el) to get benefit by diplomacy or deceit; to accomplish चाल या चापलूसी से लाभ उठाना; प्राप्त क॰; काम निकालना چال یا فریب سے فائدہ حاصل کرنا؛ چالاکی سے کام نکالنا

Want : *n.* (wont) need; lack आवश्यकता; चाहना; कमी ضرورت؛ احتیاج؛ چاہنا؛ کمی

Want : *v.* to wish for; to need; to lack चाहना; कमी होना; आवश्यकता होना چاہنا؛ کمی ہونا؛ ضرورت ہونا؛ کسی چیز کی کمی ہونا

Wanton : *adj.* (wont-en) wildly playful; capricious; unruly; without any purpose; lascivious मनमौजी; चंचल; बेलगाम; अनियंत्रित اٹھکھیلیاں کرنے والا؛ چنچل؛ من موجی؛ بے قابو؛ اندھا دھندا؛ یونہی؛ بے لگام

Wanton : *n.* a strumpet; a lascivious person; immoral thougths चंचल आदमी; व्याभिचारी; कुलटा; गंदे विचार چنچل شخص؛ بدکار آدمی؛ گندے خیالات

Wanton : *v.* to play lascivious; to revel आवारा फिरना; उछलकूल क॰ آوارہ پھرنا؛ اچھل کود کرنا

War : *n.* (wor) fighting; hostility; armed fight युद्ध; लड़ाई جنگ؛ لڑائی

Civil war : *ph.* war between rival groups of country गृह युद्ध خانہ جنگی

Cold war : *ph.* war of nerves शीत युद्ध; आतंक युद्ध سرد جنگ؛ اعصابی جنگ

War cry : *ph.* shouted in war; party slogan नारा-ए-युद्ध نعرۂ جنگ؛ جماعت کا نعرہ

War of Nerves : *ph.* state of hostility without actual fighting आतंक युद्ध; शीत युद्ध سرد جنگ؛ اعصابی جنگ

Warble : *n.* (wor-bel) bird's songs पक्षी का गाना پرندے کا چہچہانا یا گانا

Warble : *v.* to sing; to carol गाना; कूकना; चहचहाना کؤ کؤ کرنا؛ کوکنا؛ گانا؛ چہچہانا

Ward : *n.* (wo-rd) minor under the care of a guardian; guarding; division of a hospital or prison वार्ड; कमरा; हिफाज़त زیرنگرانی یا ولایت؛ دیکھ بھال؛ حفاظت؛ حلقہ؛ وارڈ؛ کمرہ

Warden : *n.* (wo-r-den) a head officer; controller of a hostel or prison रक्षक; वार्डन وارڈن؛ نگراں؛ سرپرست؛ نگہباں

Warder : *n.* gaoler; jailer वार्डर; जेलर جیلر؛ داروغہ جیل؛ وارڈر

Wardrobe : *n.* (word-rohb) cupboard for hanging up and storing clothes वस्त्र रखने की अलमारी کپڑے رکھنے کی الماری؛ وارڈ روب

Ware : *n.* (way-er) pottery; things for sale; manufactured goods मिटटी के बरतन; माल; दुकान का सामान مٹی کے برتن؛ دکان کا سامان؛ سودا؛ مال؛ مصنوعات

Hardware : *n.* iron articles लोहे का सामान لوہے کا سامان؛ چیزیں

Warehouse : *n*. (way-er-house) godown; big shop वस्तु भंडार; गोदाम; बड़ी दुकान گودام؛ بڑی دکان

Warfare : *n*. (wor-fay-er) war; actual fighting युद्ध جنگ؛ لڑائی

Warhead : *n*. (wor-head) explosive head of a missile विस्फोटक शीर्ष میزائل کا منہ؛ سر انداختہ

Warlike : *adj*. military; fit for war; valliant; bellicose फौजी; लड़ाका; शूरवीर فوجی؛ لڑاکا؛ بہادر

Warm : *adj*. (warm) hot; sincere (welcome); angry पुरजोश (स्वागत); उत्तेजित گرم؛ پرجوش (استقبال)؛ غضبناک

Warm : *v*. to make hot; to become warm; to become enthusiastic; to be excite गरम क.; गरमाना; जोश में आना; उत्तेजित होना گرم کرنا؛ گرمی پہنچانا؛ جوش میں آنا؛ گرمانا

Warmly : *adj*. enthusiastically गरम जोशी से گرم جوشی سے

Warmth : *n*. being warm; excitement; warm disposition; gentle; affection गर्मी; उत्साह; जोश; तपाका گرمی؛ تپاک؛ مہر ومحبت؛ جوش

Warn : *v*. (warn) to give notice; to caution; to admonish; to inform सावधान क.; चेतावनी देना; सूचित क. آگاہ کرنا؛ متنبہ کرنا؛ فہمائش کرنا

Warning : *n*. (warn-ing) previous notice; a caution; notice चेतावनी; नोटिस; सूचना سرزنش؛ تنبیہ؛ آگاہی؛ وارننگ

Warp : *n*. (wa-rp) the thread that crosses the woof ताना (धागे का) تانا؛ تار

Warp : *v*. to twist out of shape; to haul a ship by rope; to fixed point मोड़ना; मुड़ना; जहाज़ का खीचना موڑنا؛ مڑنا یا ٹیڑھا ہونا یا کرنا؛ جہاز کو کھینچنا

Warrant : *n*. (wo-rant) an official authority; a writ of caption; written order to arrest someone वारंट; आज्ञा-पत्र; वारंट गिरफ्तारी جواز؛ اجازت نامہ؛ وارنٹ گرفتاری؛ گرفتاری کا حکم

Warrant : *v*. to justify; to guarantee; to attest सिद्ध क.; प्रमाणित क.; जमानत लेना ضامن ہونا؛ ضمانت لینا؛ ذمہ داری لینا

Warrant officer : *n*. (in armed forces) holder of the highest rank below commissioned and junior commissioned officer वारंट अफिसर وارنٹ آفیسر

Warranty : *n*. (wo-arain-ti) a deed of security for the performance of a contract authority ज़मानत ضمانت؛ اقرارنامہ

Warring : *adj*. (wo-ring) rival; given to fighting परस्पर विरोधी; प्रतिद्वन्दी حریف؛ جنگجو

Warrior : *n*. (wo-ri-er) a slodier; a military man सैनिक; युद्ध करने वाला جنگجو؛ جنگی سپاہی؛ لشکری

Warship : *n*. man of war जंगी जहाज़ جنگی جہاز

Wary : *adj*. (way-e-r) cautious of danger सावधान; चौकस چوکنا؛ چوکس

Wash : *n*. (wash) the act of washing; ablution धुलाई; धोना دھونا؛ دھلائی؛ دھلنا

Wash : *v*. to clean with water धोना; धुलाई क. دھونا؛ دھلائی کرنا

Wash basin : *n*. basin for washing hands धोवन पात्र سلفچی؛ واش بیسن

Waher : *n.* machine for washing clothes कपड़े धोने की मशीन کپڑے دھونے کی مشین

Washerman : *n.* launderer धोबी دھوبی

Wasp : *n.* (wosp) a well known flying insect that bites; a brisk भिड़; ततैया زنبور؛ بھڑ؛ تتیا

Wassail : *n.* (wae-sil) a drink made of roasted apples एक प्रकार का मदिरा ایک قسم کی شراب جو سیب کو بھون کر بنائی جاتی ہے

Wastage : *n.* (waystej) loss by waste बरबाद हो जाना ضائع ہوجانا

Waste : *v.* (wayst) to diminish; to spend; to dwindle; to be consumed without being of much use; useless and unwanted things कम क.; नष्ट क.; बरबाद क. کم کرنا؛ تحلیل کرنا؛ برباد کرنا؛ ضائع کرنا؛ رڈی

Waste : *adj.* desolate; uncultivated बरबाद; नष्ट; उजाड़ ویران؛ اجاڑ؛ بے کاشت

Waste paper basket : *n.* a basket for odds and ends रद्दी की टोकरी رڈی کی ٹوکری

Wasteful : *adj.* causing waste खर्चीला; बरबाद करने वाला خرچیلا؛ ضائع کرنے والا

Waster : *n.* one who wastes; one who squanders; spoilt articles; good for nothing अपव्ययी; सकोष; समान; निकम्मा; निखट्टा आदमी فضول خرچ؛ خرچیلا؛ بیکار؛ بیکار سامان؛ نکما یا نکھٹو آدمی

Wastrel : *n.* see Waif

Watch : *n.* (woch) small time piece for wrist or pocket; vigil keeping watch घड़ी; जेब घड़ी; रक्षक جیب گھڑی؛ گھڑی؛ کلائی گھڑی؛ پہریداری

Watch : *v.* to keep guard; to observe; to wait for रक्षा क.; देखना; प्रतीक्षा क. پہرہ دینا؛ دیکھنا؛ نگہداری کرنا؛ چوکیداری کرنا؛ انتظار کرنا

Watchful : *adj.* alert चोकन्ना; चौकस چوکس؛ چوکنا؛ ہوشیار

Watchman : *n.* a guard; one who guards चौकीदार چوکیدار؛ نگہبان؛ پہریدار

Watchword : *n.* password for the night चौकीदारो का नारा چوکیداروں کا نعرہ

Water : *n.* (waw-ter) the liquid which descends from clouds in rain and which forms river, lake and sea; urine जल; पानी; नीर; मूत्र پانی؛ آب؛ پیشاب

Under water : *ph.* flooded पानी में डूबना زیر آب؛ پانی میں ڈوبنا

Get into hot water : *ph.* be in trouble; owing to folly कठिनाई में घिरना مشکل میں پھنسنا

Hold water : *ph.* be sound सही निकलना درست نکلنا؛ صحیح ثابت ہونا

In deep water : *ph.* in misfortune चक्कर में قسمت کے چکّر میں؛ چکر میں

Keep one's head above water : *ph.* avoid trouble with difficulty परेशानी से बचा हुआ होना بمشکل بچا ہوا ہونا

Pass through Fire and water : *ph.* experience great tribulations बड़ी आज़माईश से गुज़रना بڑی آزمائش میں سے گزرنا

Throw cold water on plan : *ph.* discourage it असहमति दिखाना; नापसंद क. اوس ڈالنا؛ ناپسند کرنا

Water buffalo : *n.* ordinary buffalo

भैंस بھینس یا بھینسا

Water-carrier : *n.* one who carries water सक़्क़ा سقہ؛ بہشتی

Water Closet : *n.* stool for evacuation of bowels शौचघर طہارت خانہ؛ فلش

Water colour : *n.* paint mixed with water; picture painted with water colour जलरंग آبی رنگ؛ جلرنگ

Water course : *n.* small stream; canal; river नाला; नदी; छोटा नाला نالہ؛ ندی؛ دریا

Water fall : *n.* cascade; a cataract झरना; जलप्रपात; मोतियाबिंद جھرنا؛ آبشار؛ موتیابند

Water Fowl : *n.* any bird living near water मुरग़ाबी مرغابی؛ کوئی بھی پرندہ جو پانی کے پاس رہتا ہو

Water front : *n.* land at edge of lake, sea or river तटीय नगर भाग دریا، ندی یا سمندر کے کنارے کا علاقہ

Water lily : *n.* a kind of flower which grows in water कमल کنول؛ نیلوفر

Water mark : *n.* the highest point to which a flood rises जल के चढ़ाव का चिन्ह پانی کے چڑھاؤ کا نشان؛ خطرے کا نشان

Water melon : *n.* a well known fruit; a delicious fruit तरबूज़ تربوز

Water mill : *n.* a mill worked by water current पनचक्की پن چکی

Water mint : *n.* a kind of vegetable which is used for good smell in curry पुदीना پودینہ؛ ہرا پودا

Water proof : *adj.* impervious to water जल रोक; जलसह جس میں پانی جذب نہ ہو؛ واٹر پروف

Water rate : *n.* charges for the use of public water supply जलकर نل کا بل؛ نل کا کرایہ

Water skin : *n.* skin for carrying water मशक مشک؛ مشکیزہ

Water tight : *adj.* from which even water can not get out जलरोधी; जलरूद्ध پانی روک

Water works : *n.* establishment for public water supply वाटर वर्क्स واٹر ورکس؛ کارخانۂ آب رسانی

Watering : *v.* sprinkling; irrigating छिड़काव; सिंचाई چھڑکاؤ؛ چھڑکائی؛ سینچائی

Watt : *n.* (wot) unit of electrical power वाट واٹ؛ برقی قوت کی اکائی

Wattle : *n.* (wot-el) one of the barbs of red flesh below a cock's bill; a hurdle made of willows मुर्ग़ के कंठ का मांस; ठहनी مرغ کے گلے کا گوشت؛ شاخ؛ ٹہنی

Wave : *v.* (wayv) to move like a wave; to move; to express by moving hands लहराना; हाथ हिलाकर संकेत क. لہرانا؛ لہلہانا؛ حرکت دینا؛ ہاتھ لہرا کر اشارہ کرنا

Wave : *n.* billow; anything like a wave; indication लहर; मौज; संकेत لہر؛ موج؛ اشارہ

Waver : *v.* (way-ver) to be unsettled; to moove losely लहराना; डगमगाना لہرانا؛ ڈگمگانا

Wax: *n.* (waks) a thick tenacious substance extracted from the honeycomb of bees; substance secreted in the ear मोम; कान का मैल موم؛ کان کا میل

Waxwork : *n.* figure modelled in wax मोमी पुतला مومی پُتلا

Way : *n.* (way) a road; street; path; trunk road; track; method मार्ग; उपाय; तरीक़ा راستہ؛ راہ؛ شاہراہ؛ طریقہ

Wayferer : *n.* (way-fe-rer) a passenger; a traveller यात्री; राही; राह चलता مسافر؛ راہ گیر؛ راہی؛ راستہ چلتا

Waylay : *v.* (way-lay) lie in wait for someone to rob घात लगाना; राह रोकना راستے میں روکنا؛ راستے میں رہزنی کرنا؛ گھات لگا کر رہزنی کرنا

Ways : *n.* (ways) customs; aspect; point रीति रिवाज; तरीका; बात رواج؛ دستور؛ طور طریقے؛ پہلو؛ بات

Wayward : *adj.* (way-werd) self willed; wilful; capricious निमानिया; निरंकुश; अड़ियल; हठी ضدّی؛ سرکش؛ خودسر؛ خودرائے

Wayworn : *adj.* tired थका हुआ تھکا ماندہ

We: *pron.* (wee) nominative plural of I हम ہم

Weak : *adj.* (week) feeble; pliant; speneless दर्बल; निर्बल کمزور؛ بے ہمت؛ ملائم

Weak knees : *adj.* lacking a strong will; unstable दुलमुल; निर्बल کمزور؛ ڈھلمل؛ بے یقینی

Weaken : *v.* to become or make weak दुर्बल होना کمزور ہونا یا بنا دینا؛ کمزور کردینا

Weakling : *n.* very weak creature बहुत निर्बल کمزور؛ مریل

Weal : *n.* (weel) welfare; happiness; prosperity कल्याण; हित; खुशी بہبودی؛ خوشحالی؛ خوشی؛ بہتری

Wealth : *n.* (welth) riches; lot of money; goods धन दौलत; सम्पति دولت؛ تونگری؛ کثرتِ دولت

Wealthy : *adj.* rich धनी امیر؛ دولت مند

Wean : *v.* (wean) to deprive of the breast; to cause to give up suckling दूघ छुड़ाना دودھ چھڑانا

Weapon : *n.* (wepen) instrument of attack; an instrument of offence शस्त्र; हथियार ہتھیار

Wear : *v.* (way-er) to put on; to waste; to spend; to pass as time पहनना; घिस जाना; ख़राब हो जाना; व्यय् क. پہننا؛ گھیس جانا؛ خراب ہوجانا؛ خرچ ہونا

Wear and tear : *n.* depreciation of value owing to normal; creakage घिसाई; टूट फूट; कट-फट گھسائی؛ فرسودگی

Wearisome : *adj.* (way-e-ri-sum) tiresome; tedious थकाऊ; उबाऊ; नीरस تھکا دینے والا؛ اُکتا دینے والا

Weary : *adj.* (way-eri) tiresome; tired थका देने वाला; निढ़ाल; थका-माँदा تھکا دینے والا؛ تھکا ہوا؛ تھکا ماندہ؛ نڈھال

Weary : *v.* to tire; to harass थकान; सुस्त क. تھکانا؛ سست کرنا

Weasand : *n.* (wee-gand) the windpipe; throat श्वास नली; गाला; हलक़ حلقوم؛ نرخرہ؛ گلا؛ حلق

Weasel : *n.* (wee-zel) a kind of mongoose नवला; नकुल ایک قسم کا نیولا؛ راسو

Weason : *n.* see Weasand

Weather : *n.* (wedh-er) the state of atmosphere at a particular time and place ऋतु; मौसम موسم

Weathercock : *n.* cock like figure indicating direction of wind; person suiting his principles to changed circumstances बाद नुमा; स्वार्थी ؛ مرغِ بادنما؛ ابن الوقت

Weatherglass : *n.* a barometer मौसम नुमा موسم نما

Weave : *v.* (weev) to make threads into clothes; to form by texture; to insert बुनना; गूंधना; जोड़ना بُننا؛ گوندھنا؛ جوڑنا

Weaver : *n.* one who weaves cloth जुलाहा; बुनने वाला جُلاہا؛ بُننے والا؛ نورباف

Web : *n.* (web) net; net spun by a spider; network; a film on the eye जाला; मकड़ी का जाला; आँख का जाला ؛ جالا؛ مکڑی کا جالا؛ آنکھ کا جالا

Wed : *v.* (wed) to marry; to join in marriage; to espouse विवाह क.; विवाह संस्कार सम्पन्न क.; शादी क. شادی کرنا؛ بیاہ کرنا

Wedding : *n.* marriage ceremony विवाह समारोह; विवाहोत्सव شادی؛ تقریبِ شادی

Wedge : *n.* (wej) triangular piece of steel driven between cloven surface पच्चड़; मेख़ فانہ؛ پچڑ؛ میخ

Drive a wedge between : *ph.* seperate; estrange अलग क. جدا کرنا؛ الگ کرنا

Wedge : *v.* to keep open with a wedge पच्चड़ लगाना فانہ لگانا؛ پچڑ لگانا

Wedlock : *n.* (wed-lok) the state of being married विवाहित होना شادی شدہ ہونا

Wednesday : *n.* the day before Thrusday; the day comes after Tuesday बुधवार بدھ؛ چہار شنبہ

Wee . *adj.* (wee) very small; diminutive बहुत छोटा; थोड़ा सा; ज़रा सा بہت چھوٹا؛ ذرا سا؛ تھوڑا

Wee bit : *ph.* a little ज़रा सा; अल्पमात्रा ذرا سا

Weed : *n.* (weed) a wild herbs; a wild plant; tobacco; cigar घास-पात; तम्बाकू; सिगार گھاس پھوس؛ تمباکو؛ سگار

Weed : *v.* to take weeds out of निराना نلائی کرنا؛ چھانٹنا

Weeds : *n.* a newly widowed woman's black mourning dress मातमी पोशाक نئی بیوہ کا ماتمی لباس

Week : *n.* (week) seven-day period from Sunday to Saturday सप्ताह; एक सप्ताह ہفتہ؛ ایک ہفتہ

Weekday : *n.* any day of the week except Sunday काम का दिन کام کا دن؛ کام کرنے کا دن

Weekly : *n.* (week-li) weekly periodical; every week साप्ताहिक ہفتہ وار؛ ہفت روزہ

Ween : *v.* (ween) to think; to suppose; to imagine; to understand ध्यान क.; समझना; सोचना خیال کرنا؛ قیاس کرنا؛ سمجھنا؛ سوچنا

Weep : *v.* to shed tears; to bewail; to lament रोना; शोक क. رونا؛ ماتم کرنا؛ رونا پیٹنا

Weep for joy : *v.* to shed tears owing to excessive joy ख़ुशी के कारण रोना خوشی کے مارے رونا

Weft : *n.* (weft) woof पौध پود

Weigh : *v.* (way) to try the weight of anything; to find out the mass; to leave up; have importance तौलना; वजन क.; वज़न रखना تولنا؛ وزن کرنا؛ وزن ہونا؛ وزن رکھنا

Weigh : *n.* haviness; load तोल; बोझ; तुलाई وزن؛ تول؛ بوجھ

Weigh down: *n.* (wayt) press heavily on बहुत बोझ डालना بہت بوجھ ڈالنا

Weigh anchor : *ph.* being voyage (ज़हाज का) लंगर उठाना (جہاز کا) لنگر اٹھانا؛ روانہ کرنا

Weight : *n.* (wayt) heaviness; owing gravitational pull; importance; load बाट, वज़न; महत्व; बोझ باٹ؛ وزن؛ اہمیت؛ وقعت؛ اثر ورسوخ؛ بوجھ

Weight : *v.* to make heavy by putting weight on वज़न रखकर भारी कर देना وزن رکھ کر بھاری کر دینا

Weighty : *adj.* very heavy; important; influential बहुत वज़नी; महत्वपूर्ण; प्रभावशाली بہت بھاری؛ بہت وزنی؛ اہم؛ اثر دار؛ بااثر

Weir : *n.* (way-er) dam बांध بند؛ باندھ

Weird : *adj.* (wee-e-rd) uncanny; supernatural; abstruse; fatal; witchlike अलौकिक; भयानक; पुरअसरार; जादू टोने का پُراسرار؛ فوق الفطرت؛ قابلِ فہم؛ مہلک؛ جادو ٹونے کا

Welcome : *n.* (wel-kum) kindly greetings स्वागत; आदर خوش آمدید؛ خیرمقدم؛ مرحبا؛ اہلاً وسہلاً

Welcome : v. to entertain hospitably; to greet with pleasure; to receive with pleasure स्वागत क.; आदर क. خوش آمدید کہنا؛ خیرمقدم کرنا

Welcome : *adj.* received gladly; pleasing अभिनन्दित; सुखद خوش آئند؛ مبارک

Weld : *v.* (weld) to join together by heat; unite closely वेल्डिंग क.; तपा कर जोड़ना; एक क.; जुड़ जाना ویلڈنگ کرنا؛ تپا کر جوڑنا؛ ایک ہوجانا؛ جڑ جانا

Welder : *n.* one who doing the welding work वेल्डर; भिलाईगर ویلڈر؛ بھلائی گر

Welfare : *n.* (wel-fay-er) prosperity; well-being; good health प्रसन्नता; खुशी; कल्याण; कुशल क्षेम خوشحالی؛ بہبودی؛ بھلائی؛ بہتری؛ صحت

We'll : *n.* (wee-el) abbriviation of we will or we shall हम करेंगें ہم کریں گے

Well : *n.* (wel) a spring; a round deep shaft for water supply; hole for mineral oil कुआँ; तेल का कुआँ چشمہ؛ باؤلی؛ کنواں؛ تیل کا کنواں

Well : *adv.* in a good condition; considerably अच्छी तरह; अच्छ; कहीं اچھی طرح؛ اچھا؛ کافی؛ کہیں

Well-being : *n.* welfare; heath; prosperity कल्याण; स्वास्थ; शाबाश بہبود؛ صحت؛ خوشحالی

Well-done : *adj.* expressing praise शाबाश شاباش

Well-known : *adj.* famous सुप्रसिद्ध مشہور

Well-mannered : *adj.* cultured शिष्ट تہذیب یافتہ

Well-nigh : *adv.* almost प्रायः; क़रीब-क़रीब قریب قریب؛ تقریباً

Well-to-do : *adj.* rich धनी; खुशहाल امیر؛ خوشحال؛ دولت مند

Well-wisher : *n.* one who wishes well of anothers दूसरों का हित चाहने वाला; मित्र; हितैषी; शुभचिन्तक خیرخواہ؛ دوست

Welter: *v.* (wel-ter) to roll in blood; to

wallow; to be steeped लथड़ना; लोटना; लिथड़ाना لتھڑنا؛ لوٹنا؛ لتھڑانا

Wench : *n.* (wench) a vicious woman; young country woman रण्डी; देहाती स्त्री; जवान स्त्री رنڈی؛ دیہاتی عورت؛ جوان عورت

Wend : *v.* (wend) to make one's way home घर की राह लेना گھر کی راہ لینا

West : *n.* (west) opposite of East; western countries; the region where the sun sets पश्चिम مغرب؛ پچھّم؛ مغربی اقوام یا ممالک

Go west : *ph.* die मर जाना مرجانا

Western : *adj.* pertaining to the west पश्चिमी مغربی

Wet : *adj.* (wet) rainy; moist; soaked भीगा; गीला; बरसात का بارش کا؛ پانی؛ نم؛ بھیگا ہوا

Wet : *v.* to make wet भिगों देना; गीला कर देना بھگو دینا؛ گیلا کر دینا

Wet blanket : *n.* person who damps conversation बातचीत बे मज़ा करने वाला گفتگو بے لطف بنانے والا

Wet Nurse : *n.* woman who suckles another's baby धाय; दूध पिलाई دایہ؛ انا

Wether : *n.* a sheep that in; castrated खसी मेंढा خصّی مینڈھا

Whack : *v.* (wayk) hit with a stick or whip जोड़ से मारना (لاٹھی سے) مارنا؛ زور سے مارنا؛ زناٹے سے مارنا

Whacked : *adj.* tired थका-मांदा تھکا ماندہ؛ چکنا چور

Whale : *n.* (wayl) a very large kind of sea animal; the largest of all fish हेल मछली وہیل مچھلی؛ بہت بڑی سمندری مچھلی

Whaler : *n.* ship or person hunting whales हेल का शिकारी وہیل کا پکڑنے والا جہاز یا شکاری

Wharf : *n.* (worf) pier, of the loading and unloading the ships घाट; जहाज घाट گھاٹ جہاں جہاز سے مال اتارا اور چڑھایا جاتا ہے؛ مال گودی

What : *non & adj.* exclamation; interogative; all that; which; how much क्या; कौन सा; कितना; जो कुछ भी; जो भी کیا؛ کون سا؛ کتنا؛ جو کچھ بھی؛ جو بھی

Whatever/ whatsoever : *adj & adv.* that which; at all जो कुछ भी; बिलकुल कुछ भी جو کچھ بھی؛ بالکل؛ کچھ بھی

wheat : *n.* (wheat) a well-known cereal; the finest grains गेहूँ گیہوں؛ گندم

Wheedle : *v.* (weed-el) to entice by soft words चापलूसी क. چاپلوسی کرنا؛ پھسلانا

Wheel : *n.* (wheel) disc turning on axle; a circular body for various uses पहिया; चक्कर پہیہ؛ چکر

Wheel : *v* to move on axle; to turn round धुरी पर घूमना; चक्कर खाना چکّر کھانا؛ گھومنا (دُھری پر)

Wheel-barrow : *n.* small cart pushed by hand ठेला; हाथ-गाड़ी ٹھیلا؛ ہتھ گاڑی

Wheel chair *n.* chair with wheels पहियादार कुरसी وہیل چیئر؛ پہیہ دار کرسی

Wheez : *n.* (weez) a whistling sound due to difficult respiration; trick; dodge; scheme (सास लेने में) घरघराहट; दाँव; चाल; योजना گھر گھر کی آواز ہونا (سانس لینے میں)؛ داؤ؛ چال؛ پینترے بازی؛ اسکیم

Whelm : *v.* (whlm) to cover; to turn down; to bury दुबाना; दबाना; गाड़ना ڈبانا؛ دبانا؛ گاڑنا

Whelp : *n.* (welp) a cub; puppy; the young of a dog or lion पिल्ला; कुत्ते या शेर का बच्चा پلا؛ کتے یا شیر کا بچہ

When : *adv.* (when) the time; at what time कब; होने का समय; जब کب؛ ہونے کا وقت؛ کب؛ جب

Whence *adv.* from what place कहाँ से کہاں سے

Whenever : *adj.* (when-ev-er) at every time; when जब कभी جب کبھی؛ کبھی بھی

Where : *n.* (whey-er) the place स्थान; जगह موقع؛ مقام

Where : *adj.* at which place; at what place कहाँ; किस जगह; किधर; किस तरफ को; जहाँ; जिस जगह کہاں؛ کس جگہ؛ کدھر؛ جہاں؛ کس طرف کو؛ جس جگہ

Whereabouts : *n.* place where someone or something is ठिकाना; अता-पता مقام؛ ٹھکانا؛ اتا پتہ

Whereas : *conj.* (whay-er-ez) although; since हालांकि; अगरचे حالانکہ؛ ہرگاہ؛ اگرچہ

Whereat : *adv.* at which जिस पर; किस पर جس پر؛ کس پر

Wherefore : *adv.* for what or which reason क्यों; किसलिये; इसलिए کیوں؛ کس لئے؛ کس کے لئے

Wherewithal : *n.* (whay-er-wi-thel) money with which to do something के लिए रुपया کے لئے روپیہ

Wherry : *n.* (whay-er-i) a light river boat डोंगी ناؤ؛ کشتی

Whet : *v.* (whet) to sharpen; to make the appetite; keen तीव्र क.; तेज़ भूक लगना سان پر لگانا؛ تیز بھوک لگنا

Whether : *pron.* (wedh-er) which of the two; either ख्वाह; या; गो; कि خواہ؛ گو؛ کہ؛ یا ...... یا

Whetstone : *n.* (wet-stohn) stone for whetting; a sharpening stone सान; पथरी सिल سان؛ سان رکھنے کا پتھر؛ پتھری سل

Whey : *n.* (way) watery part of milk दूध का पानी دودھ کا پانی؛ ماءالجبن

Which : *adj.* (wich) what कौन सा; जो کون سا؛ جو

Whiff : *n.* (wif) a puff; blast; breath फूंक; सांस; झोंका پھونک؛ دم؛ سانس؛ جھونکا

Whig : *n.* (wig) earlier name of the British Liberal party विग وِگ

While : *n.* (whil) time; a space of time; although; during; at the time that सयम; काल; जब; जिस समय; जब तक عرصہ؛ مدت؛ کے دوان میں؛ حالانکہ؛ جب؛ جس وقت؛ جب تک؛ عرصہ تک

Once in a while : *adv.* occassionally कभी-कभी کبھی کبھار؛ کبھی کبھی

While/Whiles/Whilst : *adv.* as long as जिस समय में; जब جس عرصہ میں؛ جب

Whim : *n.* (wim) caprice; an odd fancy मौज; भ्रम; तरंग لہر؛ موج؛ ترنگ

Whimper : *n.* (wim-per) weak cry of pain or tear रीं री; ठिनकना ریں ریں؛ ٹھنکنا

Whimsical : *adj.* (wim-si-kal) full of whimsies; capricious; often changing; odd; eccentric सनकी; ख़ब्ती; झक्की; मौजी خبطی؛ موجی؛ متلون مزاج؛ عجیب؛ جھکی

Whimsy : *n* (wim-zi) wim; fancy तरंग;

मन की मौज; सनक ترنگ؛ من کی موج؛ خبط

Whine : *n.* (win) long plaintive cry of a dog झींकना جھینکنا (کتّے کا)؛ رونا پیٹنا

Whine : *v.* to make a plaintive cry धीमी आवाज़ से रोना; झींकना دھیمی آواز سے رونا؛ کراہنا؛ جھینکنا

Whinny : *n.* (win-i) jouful neighing हिनहिनाना خوشی کی ہنہناہٹ

Whinny : *v.* to make a noise like horse घोड़े की तरह हिनकना گھوڑے کی طرح ہنہنانا

Whip : *n.* (whip) handle with a lash कोड़ा; चाबुक; पार्टी विहप کوڑا؛ چابک؛ پارٹی وہپ

Whip : *v.* to strike with a whip; to beat (eggs) कोड़े लगाना; चाबुक मारना; (अण्डे) फेंटना کوڑے لگانا؛ چابک مارنا؛ (انڈے) پھینٹنا

Whippy : *n.* (wipp-i) slender; flexible; nimble छरहरा; लचीला; फुर्तीला چھریرا؛ لچکیلا؛ پھرتیلا

Whir : *n.* (whir) a wizzing sound due to rapid motion घुर-घुर की आवाज گھر گھر کٹ کٹ کی آواز

Whirl : *n.* (we-rl) a rappid turning; a rappid revolving घूमना; घुमाना گھومنا؛ گھمانا

Whirl : *v.* to revlove rappidly तेज़ या तीव्रता से धूमना تیز گھمانا یا گھومنا

Whirlgig : *n.* (-gig) a whirling play thing फिरकी; चकाई چکئی؛ چکری؛ پھرکی

Whirlpool : *n.* (-pool) eddy; water moving circularly भंवर; गरदाब بھنور؛ گرداب

Whirlwind : *n.* whirl of dust; a storm moving circularly बगोला; बवण्डर گردباد؛ بگولا

Whisk : *n.* (whisk) small instrument for beating eggs; small bunch of hair used as brush रई; फेंटनी; झाड़ू; कूची رئی؛ جھاڑو؛ برش؛ چھوٹا مورچھل

Whisk : *v.* to brush off with a whisk; sweep quickly though the air; to beat eggs मोरछल से झाड़ना; वायु में तेजी से जाना; अण्डे फेंटना مورچھل سے جھاڑنا؛ ہوا میں تیزی سے گزرنا؛ انڈے پھینٹنا

Whisker : *n.* (wis-ker) hair on the lips; mostaches मूछें; मूछ مونچھیں؛ مونچھ

Whisky : *n.* (wis-ki) strong liquor made from barley विस्की وسکی

Wishper : *n.* (wis-per) a low voice; say somethings in undertones; speaking softly कानाफूसी; कान में कहना سرگوشی؛ کانا پھوسی

Whist : *n.* (wist) a well-known card game for four players; silence विस्ट; मौन ترپ؛ کوٹ پیس؛ خاموشی

Whist : *v.* to become silent; to play a card game चुप होना; तुरप खेलना چپ ہونا؛ خاموش ہونا؛ ترپ کھیلنا (تاش میں)

Whistle : *n.* (wis-tel) a small instrument सीटी سیٹی

Whistle : *v.* to blow a whistle सीटी बजाना سیٹی بجانا

Whit : *n.* (wit) a point; the smallest part; jot; a bit कण; टुकड़ा ذرہ؛ ریزہ؛ چھوٹا سا ٹکڑا؛ کن

White : *adj.* (whit) colourless; milk-like; snowy; pure; fair skinned; spotless श्वेत; स्वच्छ; बेदाग سفید؛ سپید؛ گورا؛ بے عیب؛ بے داغ

White ant : *n.* a destructive insect; termite दीमक دیمک

White coffee : *n.* coffee with milk दूध वाली काफ़ी دودھ والی کافی؛ شیردار قہوہ

White elephant : *n.* a rare albimistic Indian elephant सफेद हाथी سفید ہاتھی

White feather : *n.* cowardice बुज़दिली بزدلی

Show the white feather : *ph.* turn out to be a coward पीठ दिखाना پیٹھ دکھانا؛ بزدلی دکھانا

White flag : *n.* symbol of surrender or truce सफेद झंण्डा سفید جھنڈا؛ شکست یا عارضی صلح کا جھنڈا

White lie : *n.* a harmless and excusable lie सफ़ेद झूठ; निर्दोष قابلِ معافی جھوٹ؛ سفید جھوٹ

White paper : *n.* British govt's report on श्वेत पत्र قرطاسِ ابیض

White scourge : *n.* tuberculosis टी-वी; दिक़ تپدق؛ دق؛ دقِ سل

White smith : *n.* tin man कलईगर قلعی گر

White war : *n.* war without bloodshed रक्तपातहीन युद्ध خونریزی کے بغیر جنگ؛ سفید جنگ

Whitewash : *n.* lime coating for walls सफेदी; पुताई سفیدی؛ قلعی

Whiten : *v.* to make white सफेद क.; श्वेत क. سفید کرنا؛ گورا کرنا

Whiteness : *n.* quality or state of being white सफेदी; गोरापन سفیدپن؛ سفیدی؛ گوراپن

Whither : *adv.* (with-er) where; to what place किधर; कहाँ کدھر؛ کہاں؛ کہاں تک

Whitlo : *n.* (wit-lo) a swelling at the finger's end नाख़ून पीड़ा چھلوری

Whitsunday : *n.* seventh Sunday after Easter ईस्टर के पश्चात सातवाँ रविवार ایسٹر کے بعد کا ساتواں اتوار سفید اتوار؛

Whittle : *v.* (wit-el) to cut thin strips; to reduce gradually; to scratch काटना; छीलना; धीरे धीरे घटाना کاٹنا؛ چھیلنا؛ آہستہ آہستہ کم کرنا

Who : *pron.* (hoo) what; that कौन; कौन सा; जो; जिस ने کون؛ کون سا؛ جو؛ جس نے

Whole : *adj.* (hohl) all; total; entire; not cracked; undivided पूर्ण; सम्पूर्ण; सही پورا؛ مکمل؛ سالم؛ تمام؛ غیر منقسم

Whole hearted : *adj.* unhesitating (support) हार्दिक; एकनिष्ठ; सच्चा مکمل؛ دل سے؛ مخلصانہ

Wholesale : *n.* selling of goods for resale थोक تھوک

Wholesale dealer : *n.* one selling the things on wholesale थोक विक्रेता تھوک فروش

Wholesome : *adj.* (-sum) conducive to health; contributing to health स्वास्थ्य जनक; लाभदायक شفابخش؛ صحت بخش؛ فائدہ مند

Wholly : *adv.* (hohl-i) entirely पूर्ण रूप से; सर्वथा; पूर्णतया پوری طرح؛ سارا؛ سراسر

Whoop : *n.* (hoop) gasping sound after cough खों-खों کھانسی کے بعد کی آواز؛ کھوں کھوں

Whooping-cough/ Hooping cough: *n.* a children's disease काली खाँसी کالی کھانسی

Whop : *v.* (wop) to defeat; to thrash हराना; प्राजय क.; मारना; पीटना ہرانا؛ مارنا؛ پیٹنا

Whore : *n.* (wohr) prostitute वेश्या; रण्डी رنڈی؛ کسبی؛ طوائف

Why : *adv.* (wi) for what reason; the reason for which क्यों; किस लिए; किस कारण से کیوں؛ کس لئے؛ جس لئے؛ جس وجہ سے

Wick : *n.* (wik) the cotton of candle or lamp चिराग़ की बत्ती چراغ یا موم بتی کی بتی

Wicked : *adj.* (wik-ed) sinful; cursed; immoral; mischevious; bad बुरा; दुष्ट; दुराचारी فاسق؛ بداعمال؛ برا؛ بدطینت؛ بدکار

Wickedness : *n.* sinfulness; evil; mischief दुष्टता; बुराई; शरारत; नटखटपन فسق و فجور؛ برائی؛ شرارت

Wicker : *n.* (wik-er) plainted twigs लचीली टहनी या शाखा گندھی ہوئی شاخیں یا ٹہنیاں

Wicket : *n.* (eik-et) small door or window in a gate; three cricket stamps with bails on top; member of the batting team बड़े फाटक में लगी हुई छोटी-खिड़की; विकिट कीपर بڑے پھاٹک میں لگی ہوئی چھوٹی کھڑکی؛ وکٹ (کرکٹ میں)؛ بلے باز؛ ٹیم کا کھلاڑی

Wicket keeper : *n.* one who keeps an eye on wickets विकेट कीपर وکٹ کیپر

Wide : *adj.* (wid) broad; of big area; far; manifold; out of place खुला; चौड़ा; कई; दूर عریض؛ چوڑا؛ کشادہ؛ دور؛ بہت؛ کئی؛ متعدد؛ بے محل

Widen : *v.* (wid-en) to make or become wider चौड़ा होना چوڑا یا وسیع ہونا یا کرنا

Widow : *n.* (wid-oh) a woman whose husband is dead विधवा; रांड بیوہ؛ رانڈ

Widower : *n.* one whose wife is dead रंडवा رنڈوا

Widowhood : *n.* the state of being a widow विधवापन بیوہ پن؛ بیوگی؛ رانڈ پن؛ رنڈاپا

Width : *n.* (width) breadth चौड़ाई چوڑائی؛ عرض

Wield : *v.* (weeld) to hold; to use will full power to handle उठाना; प्रयोग क.. اٹھانا؛ استعمال کرنا؛ چلانا؛ گھسانا

Wife : *n.* (wif) a married woman स्त्री; बीवी بیوی؛ زوجہ؛ جورو

Wig : *n.* (wig) head covered with false hair; a periwig विग بالوں کی ٹوپی؛ مصنوعی بالوں کا وِگ

Wight : *adj.* a man or woman; a swift; पुरर्षा; मनुष्य شخص؛ تنفس

Wild : *n.* (wild) uncultivated areas; a desert and an uninhabited country उजाड़; जंगल; गेर आबाद भूमि غیرآباد علاقے؛ ریگستان؛ اجاڑ؛ جنگل

Wild : *adj.* untamed; deserted; growing in natural state जंगली; वहशी; आप ही उगने वाला جنگلی؛ وحشی؛ خودرو

Wilderness : *n.* (wild-der-nes) desert उजाड़ भूमि; रेगिस्तान; सहरा صحرا؛ ریگستان؛ اجاڑ زمین

Wildfire : *n.* greek fire अतिज्वलनशील पदार्थ آتشگیر؛ سیال

Wile : *n.* (wil) deceit; trick छल; धोखा دھوکہ؛ چھل؛ فریب؛ چال

Wilful : *adj.* obstinate; stubborn; selfwilled lenacious designed हट्ठी; जिद्दी; खुदसर خودسر؛ ضدی؛ خودپسندی؛ خودرائی

Will : *n.* (wil) wish; testament; power of determination इच्छा; संकल्प; मरज़ी خواہش؛ وصیت؛ مرضی؛ قوتِ ارادی

Will-o-the-wisp : *n.* Jack-o-lantern; elusive person छलावा; पकड़ में न आने वाला व्यक्ति چھلاوہ؛ پکڑ میں نہ آنے والا شخص

Will power : *n.* control over one's impulses संकल्प शक्ति قوتِ ارادی

Willing : *adj.* ready to do the needful; cheerfully ready सहमत; इच्छुक راضی؛ رضامند؛ آمادہ؛ خوش؛ تیار

Willingly : *adv.* voluntarily खुशी से; सहर्ष رضامندی سے؛ خوشی سے

Willingness : *n.* preparedness सहयोगशीलता آمادگی

Willow : *n.* (wil-oh) a kind of tree with thin soft branches बेदेमजनू بید مجنوں

Willy nilly : *adv.* (wil-i-nil-i) willingly or not जबरदस्ती; खाहमख़ाह خواہی نخواہی؛ مرضی ہو یا نہ ہو؛ زبردستی

Wily : *adj.* (wi-li) sly cunning धूर्त; चालाक چالاک؛ مکار؛ عیار

Wimple : *v.* (wim-pel) to cover; to lay in folds; to ripple ढक लेना; चुनना; लहराना ڈھک لینا؛ چننا؛ لہرانا

Win : *v.* (win) to gain a victory; to kindness; to gain by conquest; to allure विजय प्राप्त क.; जीतना; कृपालू बनाना فتح پانا؛ جیتنا؛ جیت حاصل کرنا؛ مہربان بنانا

Win : *n.* victory जीत فتح؛ جیت؛ کامیابی

Wince : *v.* (wins) to start back; shrink back झिझकना; हिचकिचाना; चौंक जाना جھرجھری لینا؛ جھرجھری آنا؛ جھجھکنا؛ ہچکچانا

Winch : *n.* (win-ch) a reel; a crank with a handle for giving motion to a machine; windlass मशीन घुमाने का हत्था چرخی؛ ہتھّا؛ مشین گھمانے کا دستہ

Wind : *n.* (wind) current of air; breath; gas in body पवन वायु; श्वांस; अफारा ہوا؛ سانس؛ اپھارہ؛ تبخیر

Wind : *v.* to twist funner of clock; to coil; to end चाबी देना; धागा लपेटना; समाप्त क. چابی دینا؛ دھاگا لپیٹنا؛ ختم کرنا یا ہونا

Wind pipe : *n.* passage from mouth to lungs श्वासनली نرخرا؛ سانس کی نالی

Wind screen : *n.* sheet of glass in motor car in front of driver हवा रोक शीशा ہوا روک شیشہ

Wind shield : *n.* see wind screen

Wind swept : *adj.* blown bare by strong wind आँधियों का मारा آندھیوں کا مارا

Windfall : *n.* fruit blown down by the wind; unexpected piece of good fortune आंधी से गिरा हुआ फल; अप्रत्याशित लाभ آندھی سے گرا ہوا پھل؛ نعمت غیر مترقبہ

Windguage : *n.* (wind-gayj) an instrument for measuring intensity of wind पवन-मापी باد پیما

Windmill : *n.* (wind-mil) grinding mill worked by wind पवन-चक्की پون چکی؛ ہوا سے چلنے والی چکی

Window : *n.* (win-doh) an opening in a house for fresh air and light खिड़की वातायान; झरोका کھڑکی؛ دریچہ؛ جھروکہ

Window dressing : *n.* arranging wares attractively in a shop window; skilful presentation of goods दुकान की बाहरी अलमारी में वस्तुऐं लगाना; प्रदर्शन कला دکان کی بیرونی الماری میں چیزیں لگانا؛ پرفریب نمائش

Windward : *adj.* lying towards the wind हवा की दिशा ہوا کی طرف

Windy : *adj.* with much wind (place or day) हवादार; बड़ी हवा वाला ہوادار (جگہ)؛ بڑی ہوا والا (دن)

Wine : *n.* (we-in) the fermented juice of grapes; liquor made from grapes juice अंगूरी शराब انگور کی شراب؛ انگوری شراب؛ خمر

Adam's wine : *n.* water पानी پانی

Wing : *n.* (wing) feathered arm of bird; wing like part of aircraft; part of building पंख; हवाई जहाज़ के पंख; खंड; कक्ष پر؛ بال؛ شہپر؛ بازو؛ ہوائی جہاز کا بازو؛ عمارت کا حصہ؛ پہلو

Wing : *v.* equip with wings; to travel by flying; to fit wings; to send flying पंख लगाना; उड़ कर जाना; उड़ाना; चलाना پر لگانا؛ اڑ کر جانا؛ اڑانا؛ چلانا

Winged : *adj.* having wings सपक्ष پروں والا

Wink : *n.* (wink) a hint given by the motion of eyes आँख का संकेत آنکھ کا اشارہ

Wink : *v.* to blink; to shut the eyes; to hint आँख झपकना; पलक झपकना; आँख से संकेत क॰ آنکھ جھپکنا؛ پلک مارنا؛ آنکھ سے اشارہ کرنا

Winner : *n.* (win-ner) one who wins; victor विजेता; विजयी فتح یاب؛ فتح مند؛ جیتنے والا

Winning : *n.* (winn-ing) victory जीत; विजय جیت؛ فتح؛ ظفر

Winning : *adj.* that wins; attractive; captivating; charming विजयी; मोहक; आकर्षक جیتنے والا؛ ظفریاب؛ دلکش؛ دلفریب

Winning post : *n.* post marking the end of लक्ष्य-संत्भ جیت پالا

Winnow : *v.* (win-oh) to separate chaff from grains; to fan; to shift फटकना; अलग क॰; पर मारना پھٹکنا؛ الگ کرنا؛ علیحدہ کرنا؛ پر مارنا

Winsome : *adj.* (win-sum) attractive; charming मोहक; आकर्षक دلکش؛ دلفریب

Winter : *n.* (wint-er) coldest season जाड़ा; शीतकाल موسم سرما؛ سردیوں کا موسم؛ سردیاں

Wintry : *adj.* (wint-er) of or like winter शीत ऋतु का سردی کے موسم کا؛ سرمائی

Wipe : *v.* (wip) to clean or dry by rubbing; to remove पोंछना; मिटाना پونچھنا؛ مٹانا؛ صاف کرنا

Wire : *n.* (wi-er) metal drawn out like thread; telegram तार; टेलीग्राम تار؛ ٹیلی گرام

Wire : *v.* to fasten with wire; to install insulated wires; to send telegram तार से बाँधना; बिजली के तार लगाना; तार देना تار سے باندھنا؛ بجلی لگانا؛ تار بھیجنا

Wireless : *n.* wireless telephony or telegraphy; radio बेतार; रेडियो لاسلکی نشریات؛ ریڈیو

Wireless : *adj.* without the use of wire बेतार بے تار؛ لاسلکی

Wireless : *v.* to send telegram; to broadcost through radio बेतार का तार भेजना; रेडियो द्वारा प्रसारित क॰ تار بھیجنا؛ ریڈیو کے ذریعے مشتہر کرنا

Wireless set : *n.* wireless receiving set रेडियो ریڈیو

Wireless station : *n.* a broadcasting house रेडियो स्टेशन نشرگاہ؛ ریڈیو اسٹیشن

Wireless telegraph : *n.* system for spoken messages by radio in type written form बेतार का पैग़ाम भेजना بے تار یا لاسلکی پیغام رسانی

Wireless telephony : *n*. system for spoken messages बेतार की बातचीत لاسلکی؛ دور گوئی

Wisdom : *n*. (wiz-dom) being wise; sound judgement; sagacity बुद्धिमानी; समझ्रा عقلمندی؛ دانشمندی؛ دانائی

Wisdom-tooth : *n*. one of the four cut usually after one is (20) twenty अकि़लदाढ़ عقل داڑھ

Wise : *adj*. (wa-iz) gudging a right; prudent; discreet; having knowledge; बुद्धिमान; ज्ञानी; समझदार عقلمند؛ دانا؛ دانشمند؛علم وعقل؛ دانشمندانہ؛عقلمندی کا

Wize : *suff*. (wiz) like की तरह; सा; के भाँती; प्रकार کی طرح؛ سا؛ کے مطابق

Wise man : *n*. magician जादूगर جادوگر

Wise saw: *n*. proverb कहावत ضرب المثل؛ کہاوت

Wise woman : *n*. midwife; witch; fortune teller दाई; बीचा; फाल खोलने वाली دایہ؛ چڑیل؛ فال کھولنے والی

Wiseacre : *n*. (wiz-ay-ke-r) person trying to appear wiser than he is ज्ञान-दंभी حکمت چھانٹنے والا

Wisecrack : *n*. (wiz-krayk) joke चुटकुला; लतीफ़ा لطیفہ؛ چٹکلا

Wish : *n*. (wish) desire; a longing desire इच्छा; चाह; अभिलाषा; कामना آرزو؛ خواہش؛ مرضی

Wish : *v*. long for; express a desire; to want; to pray for; say words of greeting चाहना; इच्छा क.; शुभकामनाऐं देना آرزو کرنا؛ تمنا کرنا؛ چاہنا؛ سلام کرنا؛ دعا دینا

Wishful : *adj*. having a desire; longing eager; desirable इच्छुक; अभिलाषी; आकांक्षी آرزومند؛ خواہشمند؛ آرزومندانہ

Wishful thinking : *n*. belief founded on wishes rather than facts इच्छाजनित विश्वास या धारणा خوش فہمی میں مبتلا ہونا یا شکار ہونا

Wishy wishy : *n*. watery soup etc. पतला पानी सा (सूप) پتلا پانی سا (سوپ)

Wistful : *adj*. (wist-ful) pensive; sad उदास; हसरत भरा اُداس؛ حسرت بھرا

Wit : *n*. (wit) quickness of fancy; a man of genius; quick grasp of situation; intelligence समझ; हाजिर जबाबी سمجھ؛ ہوشمندی؛ زیرکی؛ حاضر جوابی

Witch : *n*. (wich) ugly woman using magic; old hag जादूगरनी; बदसूरत बुढ़िया جادوگرنی؛ ساحرہ؛ بدصورت بڑھیا

Witchcraft : *n*. use of magic जादू جادو

Witchdoctor : *n*. male witch; magician जादूगर جادوگر

Witchery : *n*. witchcraft; great charm of beauty जादूगरी; काला जादू; मोह-माया جادوگری؛ کالا علم؛ دلکشی؛ سحرآفرینی؛ سحرانگیزی

With : *prep*. (widh) in the company of; beside; in the care of; in the possession of के साथ; के पास; के क़बज़े में کے ساتھ؛ ہمراہ؛ کے پاس؛ کے قبضے میں

Withdraw : *v*. (-draw) to draw back; to retreat; to take back पीछे हटना; वापस हटना; निकलवाना پیچھے ہٹنا یا ہٹانا؛ پسپا ہونا؛ نکلوانا؛ واپس ہٹنا

Withdrawal : *n*. (-draw-el) withdrawing or being withdrawn वापिस लेना या होना واپس لینا یا ہونا

Wither : *v*. (widh-er) to dry away; to

fade; to pine away; to snub कुम्लाना; मुर्झाना; डाट-डपट क॰ کملانا؛ مرجھانا؛ سرزنش کرنا

Withhold : *v.* (widh-hohld) refuse to give; to restrain रोक लेना; से रोकना روک لینا؛ سے روکنا

Within : *adv.* (widh-in) inside; not beyound भीतर; मन मे; भीतर ही भीतर درمیان؛ اندر؛ اندر اندر

Without : *prop.* (widh-out) outside of; lacking; out of doors के बाहर; के बिना; बाहर ही کے باہر؛ کے بغیر؛ باہر ہی

Withstand : *v.* (with-stand) to oppose; to hold out against attack; to resist; to endure का मुकाबला क॰; का विरोध क॰; सहन क॰; रोकना ڈٹ کر مقابلہ کرنا؛ مقابلہ کرنا؛ سامنا کرنا؛ برداشت کرنا

Witness : *n.* (wit-nes) one who has a deposes in a court of law; an evidence; spectator; a testimony गवाही; साक्षी; दर्शक گواہ؛ گواہی؛ شہادت

Witness: *v.* to be a witness; to be an eye witness of something; to see an event गवाही देना; चश्मदीद गवाह होना; देखना گواہی دینا؛ کسی چیز کا چشم دید گواہ ہونا؛ دیکھنا

Witticism : *n.* (wit-i-sizm) piece of wit; a joke; jest चुटकुला; लतीफ़ा; मज़ाक لطیفہ؛ پھبتی؛ چٹکلہ؛ مذاق

Wittingly : *adv.* (wit-ing-li) intentionally; knowingly जानबूझकर قصداً؛ عمداً؛ جان بوجھ کر

Witty : *adv.* (wit-i) humourous (person); interesting (talk) विनोदपुर्ण; मज़ेदार بذلہ سنج (شخص)؛ پرلطف بات (وغیرہ)؛ ظرافت بھری

Wizard : *n.* (wiz-e-rd) magician; great; ingenius; sorcerer; conjurer ओझा; मायावी; प्रतिभाशाली व्यक्ति جادوگر؛ حیرت انگیز؛ قابل شخص

Wizardry : *n.* sorcery जादूगरी; जादू-टोना جادوگری؛ جادوٹونا

Wizend : *adj.* (wi-zen) shrivelled (face); wrinkled सूखा; झुर्रीदार سوکھا اور جھریوں والا (چہرہ)؛ جھریوں دار

Woad : *n.* (wod) blue colour नीला रंग نیلا رنگ

Wobble/wabble : *v.* (wob-el) to move unsteadily from side to side; to rock; to stagger; to be undecided लड़खड़ाना; डगमगाना; हिचकना; ढुलमुल होना; अस्थिर होना ڈگمگاتے ہوئے چلنا؛ کھڑے کھڑے ادھر ادھر جھولنا؛ متذبذب ہونا؛ گومگو کی حالت میں ہونا

Woe : *n.* (woh) grief; sorrow; misery शोक; दुख; संकट غم؛ الم؛ دکھ؛ مصیبت

Woeful : *adj.* (-ful) full of woe; pitiful दुख दायक; दुख भरा دردناک؛ دکھ بھرا؛ درد انگیز

Wolf : *n.* (wulf) big dog like animal भेड़िया بھیڑیا؛ گرگ

Wolfish : *adj.* (wul-fish) savage; cruel क्रूर; ज़ालिमाना وحشیانہ؛ ظالمانہ

Woman : *n.* (wum-en) female; grown up girl; girl after marriage स्त्री; औरत; नारी عورت؛ صنف نازک؛ طبقۂ نسواں

Womanhood : *n.* woman in general; puberty of a woman नारीत्व صنفِ نازک؛ عورت کی جوانی

Womanish : *adj.* effiminate; more suitable for woman than man जनाना; स्त्रैण زنانہ؛ نسوانیت والا؛ عورتوں کے لئے مناسب

Womb : *n.* (woomb) uterus; any

deep cavity गर्भाशय; गर्भ; कोख بچہ دانی؛ رحم؛ گہرائی

Women : *n*. (wum-in) more than one woman स्त्रियाँ; औरतें عورتیں؛ ایک سے زیادہ عورتیں

Wonder : *n*. (wun-der) amazement; that which amazes; marvel आश्चर्य; अचम्भा; अदुभुत वस्तु حیرت؛ حیرانی؛ تعجب؛ عجوبہ؛ حیرت انگیز؛ پراعجاز شے

Wonderful : *adj*. remarkable; amazing आश्चर्यजनक حیرت انگیز

Wonderment : *n*. surprize आश्चर्य حیرت

Wondrous : *adj*. (wund-rus) wonderful आश्चर्यजनक حیرت انگیز

Wonky : *adj*. (wonk-i) tottery; unsteady; weak; unwell; wavering; hesitate अस्थिर; अस्वस्थ; दुलमुल ڈانوا ڈول؛ غیریقینی؛ کمزور؛ ہچکچانے والا

Wont : *n*. (wohnt) habit; routine; custom; general practice आदत; अभ्यास; रिवाज; प्रथा عادت؛ دستور؛ رواج؛ قاعدہ

Wonted : *adj*. (-ted) habitual; customary; usual स्वाभाविक; प्रचलित; प्रथागत; समान्य عادی؛ دستوری؛ عمومی؛ حسبِ عادت

Woo : *v*. (woo) to court; to coax; to pursue; to attempt to win प्रेम जताना; फुसलाना; प्रयतन क.; खोज में लगे रहना معاشقہ کرنا (شادی کی نیت سے)؛ خوشامد کرنا؛ پھسلانا؛ حاصل کرنے کی کوشش کرنا

Wood : *n*. (wud) hard substance of a tree; forest; firewood लकड़ी; वन; जलाऊ लकड़ी لکڑی؛ جنگل؛ جلانے کی لکڑی

Be unable to see the wood for the tree : *ph*. to see the whole because of too many details विस्तृत वर्णा में उलझ कर रह जाना تفصیلات میں الجھ کر رہ جانا

Out of the wood : *ph*. out of danger or confusion ख़तरे से या गड़बड़ से बाहर خطرے یا گڑبڑ سے باہر

Woodcraft : *n*. knowledge of forest conditions वन-विद्या جنگلات سے واقفیت

Woodcut : *n*. print from a wooden block लकड़ी के पतरे पर बनी हुई चित्र; काष्ठचित्र لکڑی کے پھٹے پر بنی ہوئی تصویر

Woodcutter : *n*. person who lives by selling wood he has cut लकड़हारा لکڑہارا

Woodengraver : *n*. artist who make painting after cutting the wood; a small insect who make hole in the wood कष्ठचित्रकार; एक प्रकार का कीड़ा जो लकड़ी में छेद कर देता हैं چوب کار؛ لکڑی پر نقش کھودنے والا؛ نقاش؛ ایک کیڑا جو لکڑی میں سوراخ کرتا ہے

Wood-land : *n*. tree covered land वृक्षों से भरा हुआ इलाक़ा درختوں سے بھرا ہوا علاقہ

Wood-land : *adj*. tree covered वृक्षों से भरा हुआ درختوں سے بھرا ہوا

Wood-man : *n*. forester; woodcutter वनपाल; लकड़हारा داروغۂ جنگل؛ لکڑ ہارا

Wood-pulp : *n*. wood crushed into pulp लकड़ी का गूदा لکڑی کا گودا

Wood-pecker : *n*. a well-known kind of insect eating bird कठफोड़वा ہُد ہُد؛ کٹھ پھوڑا

Wood-work : *n*. carpentry; articles made of wood; wooden parts of a building काष्ठशिल्प; बढ़ईगिरी; काष्ठकर्म;

लकड़ी का काम بڑھئی کا کام؛ لکڑی کی چیزیں؛ عمارت میں لکڑی کا کام

Wooden : *adj.* (wud-en) made of wood; awkward लकड़ी का; काष्ठीय چوبی؛ لکڑی کا؛ عجیب

Wooden spoon : *n.* last place in a competition; stupid मुक़ाबले में आख़री श्रेणी; मूर्ख آخری درجہ (مقابلہ میں)؛ احمق

Woof : *n.* (woof) thread running through breadth of cloth बाना; पौद بانا؛ پود

Wool : *n.* (wul) fine hair such as found on sheep ऊन; पशम اون؛ پشم؛ صُوف

Wool gathering : *adj.* absent minded अपने ही विचारों में खोया हुआ غائب دماغ؛ اپنے ہی خیالوں میں ڈوبا ہوا

Woollen : *adj.* made of wool ऊनी اونی

Woollens : pl.*n.* woollen clothes ऊनी कपड़े اونی کپڑے

Woolly : *adj.* (wul-i) made of wool ऊनी اونی؛ پشم جیسا

Wop : *adj.* (wop) Italion इटली का اٹلی کا

Word : *n.* (we-rd) unit of language; speech; meaningful single spoken sound; talk; promise शब्द; पद; वादा لفظ؛ کلمہ؛ بات؛ گفتگو؛ وعدہ

Work : *n.* (we-rk) doing; physical or mental labour; activity; act; undertaking job; out put कार्य; नौकरी; काम عمل؛ کام؛ نوکری؛ ملازمت؛ کارگزاری

Workable : *adj.* practicable कारणीय قابلِ عمل

Workaday : *adj.* ordinary; dull; practical साधारण; फीका; व्यावहारिक معمولی؛ پھیکا؛ عملی

Worker : *n.* one who works; active member; labourer श्रमिक; कार्य कर्ता; मज़दूर کام کرنے والا؛ کارکن؛ مزدور

Workhouse : *n.* poor house in Britain दरिद्रालय; महताज ख़ाना محتاج خانہ

Workshop : *n.* factory; place for repairing machinery वर्कशाप; कार ख़ाना ورکشاپ؛ کارخانہ؛ فیکٹری

Workshy : *adj.* shirking work (person) कामचोर; सुस्त; आल्सी کام چور؛ سست

World : *n.* (we-rld) the earth and everything onit scene of existance जगत; लोक دنیا؛ جہان

Worldwide : *adj.* embracing the whole world विश्वव्यापी عالمی؛ عالمگیر

Worm : *n.* (wo-rm) insect; maggot कीड़ा; कृमि کیڑا؛ کرم

Worm eaten : *adj.* antiquated पुराना پرانا

Wormy : *adj.* of worms; full of worms; worms eaten कृमि; कृमिण; घुणी کرمی؛ کیڑوں سے بھرا ہوا؛ گھن لگا ہوا

Worn : *v.* (voh-rn) past participle of wear पहना हुआ پہنا ہوا

Worn out : *adj.* in bad state owing to long or rough use; exhausted; trite घिसा हुआ; थका-माँदा; घिसा पिटा گھسا ہوا؛ تھکا ماندہ؛ گھسا پٹا

Worry : *n.* (wn-ri) anxiety परेशानी; चिन्ता پریشانی

Worry : *v.* to trouble; to pester तंग करना; चिन्ता क.; परेशान क. تنگ کرنا؛ پریشان کرنا

Worse : *adj*. (we-rs) comparative of bad or ill बदतर; बुरा بدتر؛ بُرا

Worship : *n*. (we-r-ship) adoration; devotion; religious service पूजा; भक्ति عبادت؛ پرستش

Worst : *adj*. (we-rst) superlative degree of bad or ill; most bad सबसे बुरा; सबसे ख़राब بدترین؛ سب سے زیادہ خراب

Worsted : *adj*. (wes-tid) defeated पराजित; हारा हुआ شکست خوردہ؛ ہارا ہوا

Worsted : *n*. (woos-ted) twisted woollen yarn; cloth manufactured from twisted wollen yarn बटा हुआ ऊनी धागा; ऊनी कपड़ा بٹا ہوا اونی دھاگا؛ اونی کپڑا

Worth : *n*. (we-rth) money value; merit; excellence मूल्य; महत्त्व قیمت؛ مول؛ خوبی

Worth : *adj*. deserving of; possessed of (के) योग्य; (का) स्वामी (کے) لائق؛ (کا) مالک

Worthless : *adj*. useless बेकार; रद्दी بیکار؛ ناکارہ؛ فضول

Worthwhile : *adj*. useful; of use लाभकर; लाभप्रद مفید؛ کارآمد؛ فائدے مند

Worthy : *adj*. (we-rdhi) deserving; able; deserving respect माननीय; आदरणीय مستحق؛ حقدار؛ قابلِ احترام

Would-be : *adj*. vainly aspiring to be; trying to be; prospective तथाकथित; होने वाला زبردست خواہشمند؛ ہونے کے لئے کوشاں؛ ہونے والا

Wound : *n*. (woond) cut or opening in the flesh; injury घाव; चोट; ठेस زخم؛ گھاؤ؛ ٹھیس؛ چوٹ

Wound : *v*. to injure; to hurt the feelings of घायल क॰; ठेस पहुचाना زخمی کرنا؛ صدمہ پہنچانا؛ ٹھیس پہنچانا

Wounded : *adj*. (woon-did) injured घायल زخمی؛ گھائل

Woven : *v*. past participle of weave बुना हुआ بنا ہوا

Wrack : *n*. (rak) wreck तबाही تباہی؛ بربادی

Wraith : *n*. (rayth) ghost; one's double; thin person प्रेतात्मा; हमज़ाद; दुबला पतला व्यक्ति بھوت؛ ہمزاد؛ دبلا پتلا آدمی

Wrangle : *n*. (rang-el) noisy dispute; argue; dispute angrily वाद-विवाद; बहस; झगड़ा; तूतू-मेंमें جھگڑا؛ تو تو میں میں؛ بحث؛ شور مچا کر جھگڑنا؛ تکرار

Wrangle : *v*. to argue; to dispute angrily; to dispute others झगड़ा क॰; तकरार क॰; तूतू-मेंमें تو تو میں میں کرنا؛ جھگڑا کرنا؛ شور مچا کر جھگڑا کرنا؛ تکرار کرنا

Wrangler : *n*. one who wrangles झगड़ालू व्यक्ति; बहस करने वाला; झगड़ा करने वाला جھگڑالو آدمی؛ جھگڑا کرنے والا؛ بحث کرنے والا

Wrap : *v*. (rap) to cover; to fold round; to conceal लपेटना; ढकना; छिपाना لپیٹنا؛ ڈھکنا؛ چھپانا

Wrap : *n*. covering; shawl; scarf; blanket आवरण; शाल; गुलूबन्द; कम्बल غلاف؛ شال؛ اسکارف؛ گلوبند؛ کمبل

Wrapper : *n*. paper cover for something रैपर; आवरण; लपेटने वाला काग़ज़ ریپر؛ لپیٹنے والا کاغذ

Wrath : *n*. (wroth) rage; angry क्रोध; गुस्सा غصّہ؛ غضب؛ قہر

Wrathful : *adj*. very angry; violent;

angry कुपित; बहुत क्रोध سخت غصّہ؛ بے پناہ طیش؛غضبناک؛ قہرآلود

Wreak : *v.* to inflict vengeance बदला लेना या चुकाना انتقام لینا؛ بدلہ لینا

Wreath : *n.* (reeth) chaplet; large ring of flowers (for placing on grave) फूलों की माला پھولوں کا مکٹ؛ پھولوں کی مالا (قبر پر چڑھانے کے لئے)

Wreathe : *v.* (reeth) to cover; to form into a wreath; to wind ढाँपना; गूथना; लपेटना ڈھانپنا؛ گوندھنا؛ لپیٹنا

Wreck : *n.* (rek) ruind ship; sunken ship बरबाद जहाज़; विध्वंस जहाज़ شکستہ جہاز؛ ڈوبا ہوا جہاز؛ تباہ شدہ جہاز

Wreckage : *n.* (rek-ij) fragments of something wrecked मलबा; विध्वसंन; टूटे-फूटे हिस्से تباہ شدہ چیز کے حصے؛ ٹوٹے پھوٹے حصے؛ شکستہ حصے

Wrench : *n.* (rench) violent pull; violent twist; tool for twisting nuts जोर की मरोड़; रिन्च زور کا جھٹکا؛ زور کا مروڑ؛ رنچ

Wrench : *v.* to pull violently झटका देना; जोर से मरोड़ देना جھٹکا دینا؛ زور سے مروڑ دینا

Wrest : *v.* (rest) to snatch violently; to misinterpret; to pervert; to twist; to distort छीन लेना; ग़लत अर्थ लगाना; मरोड़ना; बिगाड़ना چھین لینا جھٹکا دے کر؛ غلط مطلب نکالنا؛ توڑ مروڑ کر پیش کرنا؛ بگاڑ دینا

Wrestle : *n.* (res-el) fight; grapple कुशती کشتی؛ پہلوانی

Wrestle : *v.* to fight; to grapple with कुशती लड़ना; मल्लयुद्ध क. کشتی کرنا یا لڑنا؛ پہلوانی کرنا

Wrestler : *n.* one who wrestles पहलवान; कुश्तीबाज پہلوان؛ کشتی لڑنے والا؛ کشتی باز

Wretch : *adj.* (rech) unfortunate अभागा; कमबख़्त بدنصیب؛ کم بخت

Wretch : *n.* very pitiable person; very mean person; contemptible person अभागा आदमी; कमबख़्त व्यक्ति; कमीना व्यक्ति بدنصیب شخص؛ کم بخت آدمی؛ کمینہ آدمی

Wretched : *adj.* (rech-id) miserable; sad; unfortunate दुखी; अभागा; बदनसीब بدنصیب؛ بدبخت؛ مصیبت زدہ؛ پریشان

Wriggle : *v.* (rig-el) twist and turn the body; to squirm; to move along; to evade बल खाना; कुलबुलाना; तड़पना; रेंगना; टाल मटोल क. بل کھانا؛ کلبلانا؛ تڑپنا؛ رینگنا؛ ٹال مٹول کرنا

Wriggle : *n.* wriggling movement टाल-मटोल; रेंगना ٹال مٹول؛ رینگنا

Wriggler : *n.* one who wriggles रेंगने वाला; कुलबुलाने वाला رینگنے والا؛ کلبلانے والا

Wright : *suf.* (rit) maker बनाने वाला بنانے والا؛ ساز

Wring : *v.* (ring) to squeeze; to twist; by twisting hard; to pervert sense मरोड़ना; निचोड़ना; ऐंठना; ग़लत अर्थ लगाना مروڑنا؛ نچوڑنا؛ اینٹھنا؛ غلط مطلب لینا

Wring : *n.* twisting; pressing मरोड़; दबाव; निचोड़ مروڑ؛ دباؤ؛ نچوڑ

Wring neck of : *ph.* to twists one's neck to kill गरदन मरोड़ना; मार डालना گردن مروڑنا؛ مار ڈالنا

Wring one's hands : *ph.* twisted one's hands हाथ मरोड़ना ہاتھ مروڑنا

Wrinkle : *n.* (rink-el) crease in the skin; crease in cloth; tip; hint झुर्री;

सिल्वट; शिकन; संकेत جھری؛ چنٹ؛ شکن؛ اشارہ

Wrinkle : *v.* to get wrinkles in something किसी चीज़ पर झुर्री डालना; कपड़े में शिकन डालना کسی چیز پر جھریاں ڈالنا؛ کسی کپڑے میں شکن ڈالنا

Wrist : *n.* (rist) joint between hand and arm कलाई کلائی

Wristlet : *n.* (-let) ornamental band पहुँची (ज़ेवर) کلائی پر باندھنے کی کوئی چیز؛ پہنچی (زیور)

Wristwatch : *n.* watch for wrist कलाई घड़ी کلائی گھڑی

Writ : *n.* (rit) written command from high court; anything written हुकम-नामा; परमादेश حکم امتناعی؛ نوشتہ؛ لکھی ہوئی چیز؛ پروانہ

Writ petition : *n.* petition for issue of writ समादेश-याचिका درخواست برائے حکم امتناعی

Write : *v.* (rit) to make letters as symbol of words and meanings लिखना تصنیف کرنا؛ لکھنا؛ قلمبند کرنا

Write off : *v.* to cancel; a debt रद्द क.; बट्टे-खाते में डालना رد کرنا؛ بٹے کھاتے میں ڈالنا

Write up : *n.* write in praise; writtings लेख लिखना تفصیلات؛ مضامین

Write up : *v.* write out details; write in praise प्रशंसा क.; लेख लिखना; बढ़ा चढ़ा कर लिखना تفصیلات لکھنا؛ تعریف میں قلم اٹھانا

Writer : *n.* (rit-er) one who writes; author लेखक; रचयिता مصنف؛ لکھنے والا

Writing : *n.* something in written shape; hand writing; style; that which is written; art लिखा हुआ; लिखित; लेख; पत्र تحریر؛ خط؛ طرز تحریر؛ لکھا ہوا؛ تصنیف و تالیف

Writings : *pl.* literary productions रचनाएँ تصنیفات

Writhe : *v.* (ridh) twist the body in pain ऐंठन होना اینٹھن ہونا؛ تشنج ہونا

Written : *adj.* in writing लिखित; लिखा हुआ لکھا ہوا؛ تحریری

Wrong : *adj.* (rong) incorrect; not morally right; unjust; illegal; not suitable; other than the right ग़लत; अन्यायपूर्ण; अवैध; अनुचित; उल्टी तरफ़ غلط؛ بُرا؛ غیر منصفانہ؛ غیر قانونی؛ نامناسب؛ الٹی طرف

Wrong : *n.* wrong act; unfair treatment; injustice; sin; offence ग़लती; दुर्व्यवहार; अन्याय; पाप; अपराध غلطی؛ بدسلوکی؛ ناانصافی؛ گناہ؛ پاپ

Worngful : *adj.* unlawful; unfair अन्यायपूर्ण; अनुचित غیر قانونی؛ ناجائز؛ ناروا؛ نامناسب

Wrongly : *adv.* unfairly; wrongfully; inaccurately गलत ढंग से; अनुचित रीति से; भूल से غلط ڈھنگ سے؛ نامناسب طریقے سے؛ غلطی سے

Wroth : *adj.* (rohth) angry क्रुद्ध ناراض؛ خفا

Wrought : *adj.* (rawt) hammered ढाला हुआ; कूटा हुआ کوٹا ہوا؛ ڈھالا ہوا

Wrought iron : *n.* hammered iron पिटवाँ लोहा کوٹ کر تیار کیا ہوا لوہا

Wry : *adj.* (ri) twisted to one side देगी लोहा لوہا؛ دیگی لوہا

Wry : *adj.* twisted; oblique; expressing distaste मरोड़ा हुआ; टेढ़ा; अप्रसन्न مروڑا ہوا؛ ٹیڑھا؛ ترچھا؛ ناراض

X

X : *n*. (eks) twenty fourth letter of the English aplhabet; roman numeral ten अंग्रजी वर्ण माला का चौबीस्वाँ अक्षर; रोमन में दस के लिए प्रयोग किया जाता है ایکس؛ انگریزی حروفِ تہجی کا چوبیسواں حرف؛ رومن میں دس کے لئے استعمال ہوتا ہے

Xanthous : *adj*. (zan-thus) yellow; Mangolian पीला; मंगोलियन پیلا؛ منگولین؛ منگولی نسل کا

Xebec : *n*. (zee-bek) small three masted mediterranean ship of olden days जीबेक زیبق؛ بحر روم کی مستولی کشتی جس میں مثلث یا مربع بادبان لگاتے ہیں

Xebic : *n*. (zee-bek) small ship पाल नाव چھوٹی کشتی

Xenophobia : *n*. (zen-o-foh-bi-e) morbid dislike of foreigners विदेशी भीति بدیشی ہڑک؛ اجنبی سے نفرت جو مرض کی حد تک پہنچ جائے؛ اجانب بیزاری

Xmas : *n*. (x-mes) abbreviation of Christmas क्रिसमस کرسمس؛ بڑا دن؛ میلادِ مسیح

Xray : *n*. (eks-ray) Routgen rays; photograph taken by xrays एक्स किरण; फोटो لاشعاعیں؛ لاشعاعی عکس؛ ایکسرے

Xray : *v*. to examine with xrays; to take photograph with xray एक्स किरण फोटो लेकर जाँच क.; एक्सरे लेना معائنہ کرنا (ایکسرے سے)؛ لاشعاعی عکس لینا؛ ایکسرے لینا

Xylography : *n*. (zi-lo-graf) engraving on wood उत्कीर्णन; नक्काशी; काष्ठ-चित्र لکڑی پر نقاشی؛ لکڑی پر کھدائی کرکے ڈیزائن بنانا؛ نقاشی کا کام

Xylographer : *n*. one who works engraving नक़्काश; काष्ठ-चित्रकार نقاش

Xylography : *n*. an engraving on wood; the art of engraving on wood नक़्काशी क.; उत्कीर्णन क.; काष्ठ चित्रकला نقاشی؛ لکڑی پر کندہ کرنا؛ چوبی کندہ کاری

Xylophone : *n*. (zy-lo-phone) a musical instrument with wooden bars which produce sound when struck काष्ठ तरंग زائیلوفون؛ ایک قسم کا چوبی باجا جو ضرب لگانے یا رگڑنے سے بجتا ہے

Xyster : *n*. (zees-ter) an instrument for scraping bones खुरचनी ایک آلہ جس سے ہڈیاں کھرچ کر صاف کی جاتی ہیں؛ کھرچنی

Xystus : *n*. (zis-tus) an open portico for athletic exercise; lane in garden व्यायाम-मण्डप; विधी برآمدہ یا برساتی جس کے اندر قدیم یونان کے ورزشی ورزش کیا کرتے تھے؛ باغ کی روش

Y

Y : *n*. (wi) twenty fifth letter of the English alphabet; two side road अंग्रेजी वर्णमाला का पच्चीस्वाँ अक्षर; दो-शाखा सड़क انگریزی حروف تہجی کا پچیسواں حرف تہجی؛ دو شاخہ سڑک

Yabber : *v*. (yab-er) to talk; to speak बात क.; बोलना بولنا؛ بات کرنا

Yacht : *n*. (yot) light sailing vessel for racing or pleasure trip नौका ایک ہلکی بادبانی کشتی جو عموماً کشتیوں کی دوڑ میں استعمال کی جاتی ہے؛ بجرا؛ ڈونگی

Yacht : *v*. to sail in a yacht नौका में सैर क. بجرے میں سیر کرنا؛ ڈونگی دوڑ میں شریک ہونا

Yachtman : *n*. one who owns or sail a yacht नौका में सैर करने वाला; नौका चलाने वाला بجرے میں سیر کرنے والا یا بجرا چلانے والا

Yachting : *n*. the act of yacht नौका चलाना ڈونگی یا بجرے میں سفر کرنا؛ ڈونگی یا بجرا چلانا

Yahoo : *n*. (yah-oo) uncouth person याहू; गंवार یاہو؛ گنوار؛ اجڈ

Yahweh : *n*. (yah-we) Jewish word for God यहोवा خدا؛ یہوہ؛ اللہ؛ یہودیوں کا لفظ اللہ کے لئے

Yajna : *n*. (yaj-na) worship; sacrifice पूजा; बलिदान; त्याग عبادت؛ قربانی

Yak : *n*. (yak) Tibetan ox; a large and wild ox याक; सुरागाय تبتی بیل؛ یاک؛ جنگلی بیل

Yakan : *n*. (ya-kan) one of a tribe of Moros of the interior Philippine Island फिल्पाईन के द्वीप में से एक जाति فلپائن جزیرے کے قبائل میں سے ایک

Yakutat bear : *n*. a large brown bear भूरे रंग का जंगली भालू جنگلی و بڑا بھورے رنگ کا بھالو؛ خاکی رنگ کا بھالو

Yale blue: *n*. reddish blue लाली मिला नीला سرخی مائل نیلا رنگ

Yam : *n*. (yam) a sweet potato; an Indian potato रतालू; घुईयाँ رتالو؛ اروی

Yammer : *v*. (yam-er) to lament; to whine; to grumble; to whimper विलापना; झींकना; रिरियाना; बड़बड़ाना ماتم کرنا؛ جھیکنا؛ ریں ریں کرنا؛ بڑبڑانا

Yank : *v*. to pull with a jerk झटके से खींचना; झटक कर खींचना جھٹکے سے کھینچنا؛ جھٹک کر کھینچنا

Yank : *n*. a strong jerk झटका جھٹکا؛ زوردار جھٹکا

Yankee : *n*. (yan-ki) a U.S. citizen अमेरीकी; अमरीकी शहरी امریکی؛ امریکن شہری

Yaourt : *n*. (ya-urt) curd दही دہی

Yap : *n*. (yap) a shrill bark; a snappish bark भों-भों; भोंक; बकवाद بھوں بھوں؛ بھونک؛ بکواس

Yap : *adj*. quick; active; ready फुर्ती; चुस्ती; शीघ्रता پھرتی؛ چستی؛ جلدی

Yapp : *n*. (yap) limp leather binding of a book; a type of book binding जिल्द बन्दी; जिल्द साज़ी مڑواں کناروں کی نرم جلد؛ جلد بندی

Yard : *n*. (yah-rd) measure of three foot length; open ground round a building गज़; आड़ डण्डा; बाड़ा; अहाता؛ گز؛ بادبان کے سہارے کی بلی؛ احاطہ

Yardage : *n*. length; area; volume लम्बाई; क्षेत्रफल; आयतन; बाड़े या प्रगंण का किराया لمبائی؛ رقبہ؛ حجم

Yarn : *n.* (yah-rn) thread; story; ancedote; chattering धागा; सूत; धड़ी हुई बात; गप शप دھاگا؛ سوت؛ گھڑی ہوئی بات؛ گپ شپ

Yawn : *v.* (yawn) to open the mouth wide when sleepy जमाई; मुँह फैलाना; मुँह फैलना جماہی لینا؛ جماہی؛ منہ پھیلانا؛ منہ پھیل جانا

Yawner : *n.* one who which yawn जमाई लेने वाला جماہی لینے والا؛ منہ پھیلانے والا

Ye : *pron.* (ye) you तुम تم

Yea : *adv. & interj.* yes; certainly; affirmative vote हाँ; वाकई; जी हाँ ہاں؛ واقعی؛ جی ہاں

Yeas : *n.* (yayz) ayes; person voting for a motion क़रारदाद; के हक़ में वोट देने वाला قرارداد کے حق میں ووٹ دینے والا

Yean : *v.* (yeen) to bring forth young as a goat or sheep भेड़ या बकरी का ब्याना بھیڑ یا بکری کا بیانا

Yeanling : *n.* (yeen-ling) young lam or young goat बकरी या भेड़ का बच्चा برّہ؛ میمنا؛ بکری یا بھیڑ کا بچہ

Year : *n.* (yee-er) 365 days period of earth's revolution round the sun; age वर्ष; आयु سال؛ برس؛ عمر

Fiscal year : *n.* financial year वित्तीय वर्ष مالی سال

Year book : *n.* a book published yearly; any annual report अब्द कोश سالنامہ؛ کوئی ایسی سالانہ اشاعت جس میں ایک سال کی تمام معلومات جمع کردی گئی ہوں

Yearling : *n & adj.* an animal one year old or in the second year of Its age एकवर्षीय पशु और दो साल से कम; एक वर्षीय وہ جانور جس کی عمر ایک سال سے زیادہ مگر دو سال سے کم ہو؛ ایک سال کا؛ سال بھر کا

Yearly : *adj & adv.* annually; every year वार्षिक; प्रतिवर्ष سالانہ؛ ہر سال

Yearn : *v.* (ye-rn) to be filled with longing; for long; to feel pity के लिए ललकना; लालसा क.; पर तरस खाना مشتاق یا آرزومند ہونا؛ ترسنا؛ ترس کھانا؛ ترس آنا

Yearn: *n.* yearning; an eager desire; a longing लालसा; ललक; तरस آرزو؛ للک؛ خواہش؛ ترس

Yearning : *n.* longing; desire or need ललक; तमन्ना; आरज़ू آرزو؛ تمنا؛ خواہش

Yeast : *n.* (yeest) leaven; ferment खमीर; यीस्ट خمیر

Yeasty : *adj.* consisting of yeast; covered with yeast ख़मीरी خمیری

Yell: *v.* (yel) to shout; to scream चीख़ना; चिल्लाना چیخنا؛ چلا کر کہنا؛ چیخ کر کہنا

Yellow : *n.* (yel-oh) colour of gold; cowardice; meanness; joundice पीला रंग; बसन्ती रंग; कायरता; नीचता; पीलिया زرد؛ پیلا رنگ؛ بسنتی رنگ؛ سونے کا رنگ؛ بزدلی؛ کمینہ پن؛ پیلیا کی بیماری

Yellow : *adj.* cowardly; sensational; mean; jealous; melancholy डरपोक; कायर; नीच; ईर्ष्यालु; उदास ڈرپوک؛ بزدلانہ؛ سنسنی خیز؛ نیچ؛ کمینہ؛ حاسد؛ اُداس

Yellow back : *n.* cheap novel (formerly in yellow cover) घटिया नाविल گھٹیا ناول؛ سستے ناول

Yellow fever : *n.* a kind of tropical fever एक प्रकार का पीलिया; पीला ज्वार ایک قسم کا زرد بخار؛ یرقان؛ زرد بخار

Yellow press : *n.* sensational chauvinistic paper रोमांचकारी समाचारपत्र سنسنی خیز خبریں شائع کرنے والا قوم پرست اخبار

Yelp : *n.* (yelp) cry (in pain); dog cry चीख़; कुत्ते का भौंकना چیخ؛ کتے کا بھونکنا

Yen : *n.* (yen) Japanese unit of currency; almost equivalent to one rupee जपानी सिक्का; येन جاپانی سکہ؛ ین

Yeoman : *n.* (yoh-men) small holder छोटा जमींदार; भूमिधर چھوٹا زمیندار؛ چھوٹا کاشتکار

Yes: *interj.* (yes) affirmative answer to a question; further more हाँ; जी हाँ; सचमुच ہاں؛ جی ہاں؛ مزید برآں؛ اور ہاں

Yesman : *n.* weak characterless person जी हुजुरिया جی حضوریا

Yester year : *n.* the year last past; last year; recent year गत वर्ष ; پچھلا سال؛ گذشتہ سال

Yesterday : *n.* (yes-te-r-day) the day before today; a recent day कल; कल ही گذشتہ کل؛ کل؛ کل ہی

Yet : *adv.* (yet) till now; till then अभी तक; अब तक; इस समय तक ابھی تک؛ اب تک؛ اس وقت تک

Not yet : *ph.* not till now; still nevertheless अभी तक तो नहीं; और भी; फिर भी ; ابھی تک تو نہیں؛ اور بھی؛ تاہم؛ پھر بھی

Yew : *n.* (yoo) an evergreen tree सदाबहार वृक्ष ایک سدابہار درخت

Yield : *v.* (yeeld) to produce; to give profit; to submit; to surrender उत्पन्न क.; फल पाना; मान लेना; हवाले कर देना پیدا کرنا؛ نفع دینا؛ بات مان لینا؛ حوالے کردینا

Yielding : *adj.* flexible; compliant; inclined to yield झुकने वाला; सुनम्य; आज्ञाकारी جھکنے والا؛ لچکدار؛ نرم؛ اطاعت گذار؛ فرمانبردار

Yodel : *n.* (yoh-del) song or call quickly changing from deep to high notes पहाड़ी धुन; पहाड़ी ले پہاڑی دُھن؛ پہاڑی لے

Yoke : *n.* (yohk) wooden frame for coupling oxen; pair; bondage जुआ; बैलों की जोड़ी; जोड़ा; गुलामी جُوا؛ بیلوں کی جوڑی؛ جوڑا؛ غلامی

Yoke: *v.* to put a yoke on जुआ रखना جُوا رکھنا

Yokel : *n.* (yohk-el) rustic देहाती; गंवार دیہاتی؛ گنوار؛ سادہ دیہاتی

Yolk : *n.* (yohk) yellow part of an egg पीतक; ज़र्दी زردی

Yon/yonder : *adv.* away; opposite वहाँ; उधर; सामने का پرلا؛ پرے؛ وہاں؛ سامنے کا

Yore : *n.* (yoh-r) time long past प्राचीन काल اگلے وقت؛ ایامِ ماضی

Of yore : *ph.* in olden days प्राचीन काल में اگلے وقتوں میں

You: *pron.* (yoo) second person singular तुम; आप تم؛ آپ؛ تو

Young : *adj.* (yong) in the early age of life; fresh; vigorous किशोर; युवा; जवान نوجوان؛ کمسن؛ جوان؛ صحت مند؛ زوردار؛ قوی

Youngester : *n.* (yung-ster) male child बच्चा بچّہ

Your : *pron.* (yoo-er) possessive case of you तेरा; तुम्हारा; आप का تمھارا؛ آپ کا؛ تیرا

Yours : *pron.* (yoo-e-rz) form of your

तेरा; तुम्हारा; आप का تمھارا؛ آپ کا؛ تیرا

Yourself: *pron.* (yoo-er-slef) reflexive singular of you तुम आप; अपने आप; आप खुद; स्वयं आप تم آپ؛ خود؛ آپ تم خود؛ آپ خود

Youth : *n.* (yewth) being young; young person; adolescence जवान; जवानी; किशोरवस्था; उठती जवानी جوان؛ نوجوان؛ جوانی

Youthful : *adj.* (yewth-ful) young (person) युवा جوان

Yule : *n.* (yewl) Christmas क्रिसमस; बड़ा दिन میلادِ مسیح؛ کرسمس؛ بڑا دن

Yule tide : *n.* Christmas time; christmas season क्रिसमस का ज़माना کرسمس کے ایام؛ کرسمس

Z

Z : *n*. (zed) twenty sixth letter of the English alphabet; equivalent to urdu ز जैड; अंग्रेज़ी वर्णमाला का छबीस्वाँ अक्षर; हिन्दी में 'ज़' के बराबर زیڈ؛ انگریزی حروف تہجی کا چھبیسواں حرف؛ (اردو میں) 'ز' کا متبادل

Zany : *n*. (zan-i) baffoon; idiot; fool भाँड; मूर्ख; उल्लू بھانڈ؛ مسخرہ؛ بیوقوف؛ الّو

Zaptiah : *n*. (zap-tieh) a Turkish policeman एक तुर्की सिपाही ایک ترکی سپاہی

Zaqqum : *n*. (zak-um) an infernal tree with exceedingly bitter fruit mentioned in Quran जकूम; नर्क का वृक्ष जिसका फल बहुत कड़वा होता है زقوم؛ جہنمی درخت جس کا پھل انتہائی تلخ ہوتا ہے جیسا کہ قرآن شریف میں ذکر آیا ہے

Zaratite : *n*. (za-ra-tit) a basic nickle; emerald nickle ज़ैराटाइट زیراٹائٹ؛ ایک قسم کا نکل

Zariba/Zareba : *n*. (za-re-ba) stockade; enclosure; stockade of thorn bushes घेरा; बाड़ा گھیرا؛ باڑا؛ کانٹے دار جھاڑیوں سے گھرا ہوا باڑا

Zayin : *n*. (zay-in) the seventh letter of the Hebrew alphabet; equivalent to English language 'z' इबरानी वर्णमाला का सातवाँ अक्षर عبرانی زبان کے حروف تہجی کا ساتواں حرف؛ انگریزی زبان کے زیڈ حرف کا متبادل

Zea : *n*. (zee) a kind of grass which have a ribbon shaped leaves एक प्रकार का घास ایک قسم کی گھاس جس کی پتیاں لمبی لمبی ربن کی شکل کی ہوتی ہیں

Zeal : *n*. (zeel) ardour; enthusiasm; eagerness उत्साह; जोश جوش؛ شوق؛ سرگرمی

Zealot : *n*. (zee-lot) fanatic supporter of a cause; one who is zealous कट्टर समर्थक جوشیلا حامی؛ جوش والا ہیرو؛ مجنوبانہ جوش والا

Zealotry : *n*. (zel-et-ri) fanatic support of a cause कटटरपन वाली सरगर्मी نہایت پرجوش حمایت؛ مجنونانہ جوش والی سرگرمی

Zealous : *adj*. (zel-us) enthusiastic उत्साही; उत्साहपूर्ण پرجوش؛ سرگرم؛ جوشیلا

Zealously : *adv*. ethusiastically कट्टरपन से; उत्साह से جوشیلے پن سے؛ سرگرمی سے

Zebra : *n*. (zeeb-re) black striped horse like animal ज़ेबरा زیبرا؛ گورخر

Zebra corssing : *n*. street crossing place marked by black and white ज़ेबरा क्रासिंग زیبرا کراسنگ؛ پیدل چلنے والوں کے لئے گزرگاہ؛ پیادہ گزرگاہ

Zenith : *n*. (zen-ith) point of the sky directly overhead शिरोविन्दु سمت الراس

Zephyr : *n*. (zef-er) west wind पछवाँ हवा; हलकी पछवाँ پچھوا ہوا؛ ہلکی پچھوا ہوا

Zero : *n*. (zee-roh) cipher; nothing; lowest point; nil शून्य; सिफर; कुछ नहीं صفر؛ ہیچ؛ کچھ بھی نہیں

Zero hour : *n*. point or time for beginning a military operational movement आक्रमण बेला وقتِ آغاز

Zest : *n*. (zest) relish; piquency; stimulating flavour; appetizing flavour; gusto; keen interest सुस्वाद; चटपटापन; चाव; उत्साह; जोश; रूचि مزا؛ چٹخارہ؛ چٹ پٹاپن؛ ذوق وشوق

Zeta : *n*. (ze-ta) sixth alphabet letter of Greek यूनानी वर्णमाला का छठा अक्षर یونانی حروفِ تہجی کا چھٹا حرف

Zetetic : *n.* (ze-tet-ik) a search; investigation; a seeker तलाश; छानबीन; तलाश करने वाला تلاش؛ چھان بین؛ تلاش کرنے والا

Zetetic : *adj.* seeking; proceeding by inquiry तलाश क.; छानबीन क. تلاش کرنا؛ چھان بین کرنا

Zeus : *n.* (zyoos) Greek god of gods युनानी देवराज زیوس

Zibet : *adj.* (zib-it) the Indian civet खट्टाश; मुशकबिलाव مشک بلاؤ؛ ہندوستانی مشک بلاؤ

Ziganka : *n.* (zi-gan-ka) a Russian rustic dance; music for this dance रूसी देहाती नाच; रूसी देहाती नाच का संगीत روسی دیہاتی رقص؛ روسی دیہاتی رقص کی میوزک

Zigzag : *adj.* (zig-zag) (line, path etc. with) sharp turns टेढ़ा मेढ़ा (रास्ता व लकीर आदि) پُر پیچ وخم (راستہ، لکیر وغیرہ)

Zigzag : *n.* line or road with sharp turns टेढ़ी मेढ़ी लाईन और पथ پُر پیچ وخم راستہ یا لکیر

Zinc : *n.* (zinc) a well known bluish white metal जस्त; जिन्क جست؛ زنک

Zion : *n.* (zi-en) Jerusalem सियोन; जेरोसलम صیہون؛ بیت المقدس؛ القدس یروشلم

Zionism : *n.* (-sim) movement culliminating in the Jews grabbing Palestine and setting up a so-called state there after World War-II सियोनवाद صیہونیت

Zip : *n.* (zip) sound like that of bullet rushing through air सनसनाहट; सन की सी आवाज़ سنسناہٹ؛ سن کی سی آواز

Zipper/ Zip-Fastener : *n.* a kind of fastner for clothes ज़िप زِپ؛ چین

Zodiac : *n.* (zoh-di-ak) imaginary belt though sky which is divided into twelve equal parts राशिचक्र منطقۃ البروج؛ راس منڈل؛ راس چکر؛ پورا چکر

Sign of the zodic : *n.* one of the constellation forming the twelve parts into which the zodiac is divided; the sign of the zodic are Aries, Taurus, Gemini, Cancer Leo, Vigro, Libra, Scorpio, Sagittarious, Capricornus, Aquarious, and Pisces राशि; राशि के चिन्ह بُرج؛ بروج؛ راس؛ بُرج کی علامات حمل، ثور، جوزا، سرطان، اسد، سنبلہ، میزان، عقرب، قوس، جدی، دلو اور حوت ہیں

Zonal : *adj.* (zoh-nal) pertaining to zones; arranged in zones क्षेत्रीय علاقائی؛ علاقہ وار

Zone : *n.* (zohn) area; girdle; band; stripe क्षेत्र; पेटी; कमरबन्द; धारी علاقہ؛ حلقہ؛ پیٹی؛ کمر بند؛ پٹی؛ دھاری

Zone : *v.* to divide into zones; to encircle; to mark with stripes क्षेत्रों में विभाजित क.; पेटी लगाना; धारीदार क. علاقوں میں تقسیم کرنا؛ پیٹی باندھنا؛ دھاری دار کرنا

Zoo : *n.* (zoo) zoological garden चिड़िया घर; जन्तु शाला چڑیا گھر

Zoological : *adj.* (zoh-o-log-i-kel) pertaining to zoology प्राणि विज्ञान पर आधारित حیوانیاتی

Zoologist : *n.* (-jist) expert in zoology प्राणि विज्ञानी ماہرِ حیوانیات

Zoology : *n.* (-ji) science of animal life प्राणि विज्ञान علمِ حیوانات؛ علمِ حیوانیات

Zoom : *n.* (zoom) humming sound of aircraft गरजती हुई आवाज़ (जहाज़ की) زنّاٹے کی آواز (جہاز کی)

Zoon : *v.* to move fast in the air शीघ्रता से ऊपर उड़ना زن سے گذرنا

Zostera : *n.* (zos-te-ra) a type of sea plant एक प्रकार का समुन्दरी पौधा ایک قسم کا سمندری پودا

Zosterops : *n.* (zost-e-rops) a kind of small bird with twinkle eyes like silver एक प्रकार की छोटी चिड़िया जिस की आँख चाँदी जैसी चमकदार होती हैं ایک چھوٹی چڑیا جس کی آنکھیں سفید یا چاندی جیسی چمکدار ہوتی ہیں

Zounds : *int.* (zounds) a sentence speak in angry or annoyed position; expressing rang, curse & surprise क्रोध और गुस्सा जाहिर क.. غصہ اور طیش کا اظہار؛ لاحول ولاقوۃ

Zoysia : *n.* (zoi-sia) lawn grass लान की घास فرشی گھاس

Zubr : *n.* (zubr) European buffalo जंगली भैंस یورپی ارنا بھینس

Zubrowka : *n.* (zo-brow-ka) a kind of Russian whisky एक प्रकार की रूसी शराब ایک قسم کی روسی شراب

Zuisin : *n.* (zui-sin) a kind of duck एक प्रकार की बतख़ ایک قسم کی بطخ

Zulkadah : *n.* (zul-kadh) eleventh month of Islamic year इस्लामी वर्ष का ग्यारहवां मास ذوالقعدہ؛ اسلامی سال کا گیارھواں مہینہ

Zunibrown : *n.* (zu-ni-brown) light brown colour हलका भूरा रंग ہلکا بھورا رنگ

Zwanziger : *n.* (zawan-zi-gar) Australian silver coin आस्ट्रेलिया का चाँदी का सिक्का آسٹریلیا کا چاندی کا سکہ

Zygogenesis : *n.* born twin जुड़वाँ जन्म جڑواں پیدائش

Zygomatic bone : *n.* (zigo-mat-ik-bone) cheekbone आँख के भीतर गाल की हड्डी آنکھ کے نیچے گال کی ہڈی

Zymotic disease : *n.* any infectious disease बाहरी जरासीमी रोग خارجی جراثیمی بیماری

Zythum : *n.* (zi-thum) a kind of beer; the beer of ancient Egypt एक प्रकार की शराब; प्राचीन मिश्र की शराब ایک قسم کی جو کی شراب؛ قدیم مصر کی شراب کی ایک قسم

☆☆☆